RUDOLF STAMMLER

WIRTSCHAFT UND RECHT

NACH
MATERIALISTISCHER
GESCHICHTSAUFFASSUNG

Elibron Classics
www.elibron.com

Elibron Classics series.

ISBN 0-543-95812-4 (paperback)
ISBN 0-543-95811-6 (hardcover)

This Elibron Classics Replica Edition is an unabridged facsimile
of the edition published in 1906 by Veit & Comp., Leipzig.

WIRTSCHAFT UND RECHT

NACH

DER MATERIALISTISCHEN GESCHICHTSAUFFASSUNG

EINE SOZIALPHILOSOPHISCHE UNTERSUCHUNG

VON

DR RUDOLF STAMMLER
PROFESSOR AN DER UNIVERSITÄT HALLE A. S.

Vitam impendere vero

ZWEITE VERBESSERTE AUFLAGE

LEIPZIG
VERLAG VON VEIT & COMP.
1906

Druck von Metzger & Wittig in Leipzig.

MEINEM LIEBEN FREUNDE

PAUL NATORP

ZUGEEIGNET

Inhalt.

Einleitung.

Sozialphilosophie.

Erstes Buch.

Stand der Frage.

Erster Abschnitt.

Sozialer Materialismus.

Zweiter Abschnitt.

Gegner der materialistischen Geschichtsauffassung.

Zweites Buch.

Der Gegenstand der Sozialwissenschaft.

Erster Abschnitt.

Soziales Leben der Menschen.

Zweiter Abschnitt.

Die Form des sozialen Lebens.

Dritter Abschnitt.

Die Materie des sozialen Lebens.

Drittes Buch.

Monismus des sozialen Lebens.

Erster Abschnitt.

Rechtsordnung und Sozialwirtschaft.

Erste Abteilung.

Rechtswissenschaft.

Zweite Abteilung.

Nationalökonomie.

Dritte Abteilung.

Angebliche Wechselwirkung von Recht und Wirtschaft.

Zweiter Abschnitt.

Ökonomische Phänomene.

Erste Abteilung.

Vorerinnerungen.

Zweite Abteilung.

Systematik der sozialwirtschaftlichen Erscheinungen.

Dritte Abteilung.

Entwicklung ökonomischer Phänomene.

Dritter Abschnitt.
Der Kreislauf des sozialen Lebens.

Erste Abteilung.
Prinzip einer ursachlichen Erklärung rechtlicher Veränderungen.

Zweite Abteilung.
Die bestimmenden Gründe rechtlicher Veränderungen.

Viertes Buch.
Soziale Teleologie.

Erster Abschnitt.
Kausalität und Telos.

Zweiter Abschnitt.
Soziale Konflikte.

Dritter Abschnitt.
Prinzip der sozialen Gesetzmäßigkeit.

Fünftes Buch.

Das Recht des Rechtes.

Erster Abschnitt.

Recht und Willkür.

Zweiter Abschnitt.

Begründung des Rechtszwanges.

Dritter Abschnitt.

Sozialer Idealismus.

Einleitung.

Sozialphilosophie.

Ὁπότε γὰρ τὸ δίκαιον μὴ οἶδα ὅ ἐστι, σχολῇ εἴσομαι εἴτε ἀρετή τις οὖσα τυγχάνει εἴτε καὶ οὔ, καὶ πότερον ὁ ἔχων αὐτὸ οὐκ εὐδαίμων ἐστὶν ἢ εὐδαίμων.

Solange ich nicht weiß, was das Gerechte ist, hat es gute Wege, daß ich wissen sollte, ob es eine Tugend ist oder nicht, und ob der, welcher es an sich hat, nicht glückselig ist oder glückselig.

PLATON, de republ. I p. 354 C.

1

Die Wissenschaft von dem sozialen Leben der Menschen befindet sich heute in einer unsicheren und schwankenden Lage.

Gewaltig rollt die Flut ungebändigter Probleme unseres gesellschaftlichen Daseins einher, ohne an dem regelnden Damme, den nur eine wissenschaftlich begründete Technik zu errichten vermag, zur Auflösung zu gelangen; und die rastlos zuckenden Wogen des sozialen Drängens und Strebens dräuen mit blindem Verhängnis, unerkannt in ihrer letzten bestimmenden Gesetzmäßigkeit.

Es ist diese grundgesetzliche Einsicht, auf die es hier ankommt.

Alle genaue Einzelforschung hat nur dann einen wahrhaftigen Wert, wenn sie in abhängigem Zusammenhange mit einer allgemeinen Gesetzmäßigkeit steht und an einer allgemeingültigen Richtlinie der Erkenntnis geleitet ist. Ohne Beziehung auf eine solche grundlegende Gesetzmäßigkeit, auf einen einheitlichen unbedingten Gesichtspunkt für alle Einzelbetrachtung, wäre die letztere außer stande, den Beweis für ihre Existenzberechtigung zu erbringen. Und es ist nicht nur eine notwendige persönliche Einsicht von dem Werte und der Würde dessen, worum man sich müht, die den Forscher zwingen sollte, zur Tiefe hinabzusteigen und den bedingenden Grundgesetzen seiner Erkenntnis nachzuspüren; sondern es wird durch jene vorhin genannte Beziehung auf die allgemeingültige Gesetzmäßigkeit wahrer Erkenntnis überhaupt erst eine gefestigte Methode des Vorgehens in der Einzeluntersuchung möglich: Fehlt das Wissen jener Fundamentalgesetze, so muß jeder isolierte Versuch, an bestimmtem Punkte aufhellende Wahrheit zu erhalten, in seiner Ausführung wie seinem Erfolge zufällig sein.

Für die Sozialwissenschaft hat alles dieses wohl ganz im besonderen zu gelten. Noch hat sie die rechte Methode nicht gefunden, mit der sie, so wie es namentlich in der mathematischen Naturwissenschaft möglich ist, im einzelnen sicher fortschreiten könnte, auch ohne sich überall die grundlegende Gesetzmäßigkeit ihrer Erkenntnis zum Bewußtsein zu bringen. Vielmehr können wir ein ständiges Tasten nach der rechten wissenschaftlichen Methode finden; wovon kaum eine gründlichere Untersuchung im Gebiete der Jurisprudenz und Nationalökonomie frei zu sein vermag.

Aber schon die richtige Art und Weise, in der man Einzelerkenntnis in den erwähnten Wissensgebieten sammeln soll, kann nur unter stützender Bezugnahme auf die Einsicht in einen allgemeingültigen gesetzmäßigen Zusammenhang aller besonderen hier möglichen Erkenntnisse dargelegt werden. Denn nur aus dem letzteren heraus kann deduziert werden, in welchem Sinne man überhaupt in sozialen Dingen beobachten und feststellen soll. Jede juristische Einzeluntersuchung beispielsweise, die überhaupt wissenschaftlichen Erkenntniswert beansprucht, muß sich in das Ganze einer einheitlichen Grundauffassung vom Wesen und Werden des Rechtes einfügen.

Sodann ist es klar, daß jedes Hinausgehen über festgestellte Einzelbeobachtung als solche und jeder Versuch, das konkret Wahrgenommene als gesetzmäßig darzutun, nur auf Grund der Annahme einer allgemeingültigen Gesetzmäßigkeit des sozialen Lebens Sinn und Bedeutung hat. So oft jemand, sei es *de lege lata* oder *ferenda*, einen Satz besonderen Inhaltes aufstellt, mit der Behauptung, daß dieser notwendig sei: so hat er doch selbstverständlich ein allgemeines Gesetz angenommen, von dem jener Satz in seinem besonderen Inhalte die Eigenschaft der Notwendigkeit erst ableiten kann. Und wie der Physiologe allüberall das Kausalitätsgesetz in formaler Allgemeingültigkeit voraussetzt, und jede naturgesetzliche Erkenntnis auf der Grundlage der allgemeinen Gesetzmäßigkeit der Natur beruht, so muß das Gleiche in entsprechender Weise auch für die wissenschaftliche Erwägung des gesellschaftlichen Lebens der Menschen durchgeführt werden.

Wer bei der Bildung von Rechtssätzen und Rechtsinstituten und in der Entwicklung des sozialen Lebens überhaupt gesetzmäßige Vorgänge festzustellen bestrebt ist, der legt besonderen Tatsachen in dem gesellschaftlichen Dasein der Menschen die Eigenschaft der Notwendigkeit bei; — so muß er doch auch Rede und Antwort darauf stehen: was er damit eigentlich sagen will.

In welchem Sinne kann bei der Bildung neuen Rechtes von Notwendigkeit gehandelt werden? Läßt sich eine allgemeine

Gesetzmäßigkeit des sozialen Lebens der Menschen ebenso aufstellen und durchführen, wie die Gesetzmäßigkeit der Natur als Grundlage der Naturwissenschaft es ist; oder bestehen hier nicht vielleicht allgemeingültige Unterschiede? Inwieweit ist danach Übertragung oder parallele Anwendung naturwissenschaftlicher Begriffe und Methoden auf soziale Erkenntnis, insbesondere auf die Rechtswissenschaft, begründet und gerechtfertigt?

Es wird gewiß keinen denkenden Juristen oder Nationalökonomen geben, dem nicht solche Fragen schon zur Sorge gediehen wären. Wird er doch, wie bemerkt, ganz unerläßlich, sobald er ein Ziel wissenschaftlicher Erkenntnis in Selbständigkeit sich stecken will, auf die Frage der richtigen Methode, des rechten einheitlichen Verfahrens bei seiner Forschung gestoßen; und stellt sich doch nur zu leicht nach vollendeter Arbeit die zweifelnde Frage ein: Welchen Wert und welche Bedeutung hat nun das Ergebnis deiner Untersuchung im Ganzen unserer Wissenschaft?

Aber zu der radikal durchgreifenden Fragestellung, nach der es sich hier um einen eigenen Gegenstand kritischer Beobachtung und Klarstellung, nämlich um die Gesetzmäßigkeit aller unserer Erkenntnis in sozialen Dingen handelt, ist man zumeist nicht ausreichend vorgeschritten.

Das Gebiet der wissenschaftlichen Untersuchung ist weit und nicht leicht zu übersehen; wer in ihm ganz heimisch werden und es sicher beherrschen will, hat reiche und große Arbeit vor sich. Je schärfer und gewissenhafter er sie in Angriff nimmt, um so leichter bohrt er sich an bestimmtem Einzelpunkte fest, um nach dessen Erledigung der Bearbeitung eines anderen anheimzufallen. Je selbständiger er hierbei vorgeht, um so riesenhafter schwillt ihm die Aufgabe einer klaren Durcharbeitung seines Spezialfaches an. Kaum, daß er noch einige Berühung mit den ihm zunächst Karrenden behält. — Was bleibt da übrig für ein Problem, das den Schatz positiver Einzelkenntnisse gar nicht mehrt; das keine Aussicht auf ein Wissen von besonderem geschichtlichem Inhalte bietet und mit der Ergründung von formaler Einheit dieses Wissens und von der grundsätzlichen Art dieser Einheit sich begnügt?

Und doch braucht man eine Antwort auf dieses Problem, will man nicht in unsichere Zufälligkeit mit seiner ganzen forschenden Arbeit versinken. So ist die häufigste Erscheinung die, daß der einzelne für seinen, ich möchte sagen, Hausbedarf sich eine gewisse Grundauffassung nebenher zu beschaffen sucht, ohne daß man immer behaupten könnte, er habe tief genug gegraben, um ein solides Fundament seines wissenschaftlichen Gebäudes zu besitzen. Aber die ursprünglich vielleicht nur sehr von ungefähr aufgegriffene oder zusammengelesene theoretische Unterlage verhärtet sich ihm allgemach: und in mannigfachen Auslassungen über wissenschaftliche Aufgaben und Methoden treten Richtungen und Schulen auf, um in parteiischer Zerrissenheit einander zu bekämpfen.

Das ist aber kein Streit mehr, der die Akademie allein zu interessieren vermöchte. Die Frage nach der obersten Gesetzmäßigkeit, unter der das soziale Leben in Abhängigkeit zu erkennen ist, mündet praktisch in die grundsätzliche Auffassung über das Verhältnis des Einzelnen zur Gemeinschaft sofort aus; und von jener ersten prinzipiellen Einsicht hängt die Ergreifung und Lösung der Aufgabe von der Weiterbildung, der Umwandlung und der Vervollkommnung unserer sozialen Ordnungen ab. Jede politische Partei, die nicht sich selbst zur Eintagsfliege verurteilen und durch Beschränkung bloß auf konkrete Ziele den Todeskeim sich einpflanzen will, muß von einem festen Prinzip über Grund, Bestimmtheit und Aufgabe aller Gesellschaftsordnung ausgehen. In diesem Sinne werden die politischen Programme aufgestellt; oder sollten es doch sein, sofern sie logisch klar und begründet, sowie ehrlich und reell gemeint sind. Wenn es kein allgemeines Richtmaß des sozialen Lebens überhaupt gäbe, so könnte man über die einzelnen historisch auftretenden Gesellschaftsordnungen ein kritisch begründetes Urteil, welches dieselben billigen oder verwerfen wollte, gar nicht abgeben.

Durch die wissenschaftliche Einsicht in die für menschliches Gemeinschaftsleben überhaupt geltende Gesetzmäßigkeit ist daher die Möglichkeit bedingt, das menschliche Zusammenleben in jeweils besonderer geschichtlicher Lage gesetzmäßig zu gestalten und die Berechtigung bestimmter einzelner Bestrebungen objektiv überzeugend darzutun, indem die Entscheidung über konkrete sozialpolitische Fragen nicht mehr von einer dunkel gefühlten, d. i. zufällig zusammengerafften, Grundstimmung des betreffenden Subjektes aus zu treffen wäre, sondern nach dem Grundgesetze des sozialen Lebens nun gerichtet und bestimmt werden kann.[1]

Das Ringen aber nach gesetzmäßiger Ausgestaltung des gesellschaftlichen Lebens ist da, es läßt sich nicht verdecken, noch übersehen, — es heißt: die soziale Frage. —

Aus allen diesen Erwägungen entsteht die Forderung einer

Sozialphilosophie, das ist einer wissenschaftlichen Untersuchung darüber: Unter welcher grundlegenden formalen Gesetzmäßigkeit das soziale Leben der Menschen steht.

Sie fragt danach, was sich für das gesellschaftliche Dasein von Menschen notwendig und allgemeingültig feststellen läßt. Ihr Ziel ist somit Erkenntnis derjenigen Begriffe und Grundsätze, die für alles soziale Leben einheitlich gelten. Sie hat in ihrer Lehre von jedem besonderem Inhalte irgend eines geschichtlich gegebenen sozialen Daseins ganz zu abstrahieren und geht auf eine systematische Einsicht in die Gesetzmäßigkeit, welche dem gesellschaftlichen Leben der Menschen überhaupt eignet.

2

Alle seitherigen Systeme der Rechtsphilosophie stimmen in der Eigentümlichkeit überein, daß sie von dem Begriffe des Rechtes, als einer letzten Einheit für die hier anzustellenden Erwägungen, ausgehen. Die Gesetze PLATONS und das *φύσει δίκαιον* des ARISTOTELES, das *ius naturale sive divinum* der katholischen Kirche nicht minder, als das *ius naturae ac gentium* des GROTIUS, der *contrat social*, die „gemeinsame Überzeugung“ der in rechtlicher Gemeinschaft Stehenden, der „allgemeine Wille“, sie alle mit ihren verschiedenen Abarten und Begleitern nehmen stets das Recht zum Angelpunkte und zum obersten Gegenstande ihrer Betrachtung.

Sie vergleichen es wohl mit nachbarlichen Begriffen und grenzen es davon ab; suchen auch nach Beeinflussungen der rechtlichen Ordnung durch andere Faktoren des menschlichen Lebens und reden von einer „Wechselwirkung“, in der es zur sozialen Wirtschaft stehe; — stets aber wird angenommen, daß es sich um ein selbständig letztes Objekt einer wissenschaftlichen Untersuchung handele.

Nun unterliegt es keinem Zweifel, daß unter diesem einheitlichen Oberbegriffe des Rechtes sich eine eigene wissenschaftliche Disziplin ausbilden läßt: also, daß nicht nur von irgend einem begrenzten Rechtsinhalte Kunde gegeben und eine gewisse geschichtliche Rechtsordnung dargestellt wird, sondern dahin, daß ein System der formalen Bedingungen jeder Rechtserkenntnis sich ergibt. Aber eine solche allgemeine Rechtswissenschaft würde die Aufgabe nicht vollständig erfüllen, die wir soeben der Sozialphilosophie zugewiesen haben.

Denn das Gegenstück zur Natur, als dem Inbegriff der in

Raum und Zeit uns gegebenen Erscheinungen, bildet nicht der Begriff des Rechtes, sondern das soziale Leben der Menschen.

Seine wissenschaftliche Erörterung erfordert sonach eine eigene theoretische Grundlegung. Die allgemeingültigen Lehren der Rechtsbetrachtung kommen dann erst innerhalb jener sozialphilosophischen Untersuchung zur Frage. Andererseits würde dieser allgemeinen Rechtslehre auch die juristische Methodenlehre zufallen, welche die Möglichkeit und die Art der Anwendung jener allgemeingültigen Sätze auf besondere Rechtskunde zu zeigen hat.[2] So werden sich beide Disziplinen, Sozialphilosophie und allgemeine Rechtswissenschaft, zum Teil durchdringen, sich stützen und aushelfen, zum anderen Teile eine jede ihre eigene Aufgabe haben.

Die sachlich Übergeordnete ist dabei die Sozialphilosophie. Denn indem die allgemeine Lehre des Rechtes an die Spitze ihres Systems den Begriff des Rechtes stellt, so ist sie zugleich der Möglichkeit beraubt, diesen Begriff aus der von ihm abgeleiteten allgemeinen Rechtswissenschaft selbst wieder zu bestimmen. Hier bleibt vielmehr nur die Alternative: entweder den Begriff des Rechtes nach gewisser beschreibender Beobachtung einmal anzunehmen und von dieser bloß subjektiv gültigen Unterlage aus eine weitere allgemeine Lehre aufbauend zu versuchen, — oder aber über den genannten Begriff hinauszugehen, ihn in dem Ganzen der sozialen Erfahrung aufzusuchen und darin nach notwendigen Merkmalen zu bestimmen. Eine dritte Möglichkeit gibt es nicht. Im besonderen würde es irrtümlich sein, wenn jemand meinen wollte, durch Induktion aus geschichtlichen Rechtserfahrungen her den Rechtsbegriff selbst erhalten zu können. Das wird sich einfach zeigen lassen.

Wenn etwa die Rechtslehre beobachtet, in welchen Kreisen und Menschengruppen und durch welche Vorgänge in der Geschichte Recht entstanden ist, und wenn sie durch dieses gehäufte Nebeneinanderstellen solcher Bildungen rechtlicher Sätze ein Entwicklungsgesetz von verhältnismäßiger Allgemeinheit zu erlangen gedenkt: so hat sie doch den Begriff des Rechtes dabei vorausgesetzt. Und da es zweifellos ist, daß unendlich oft im Laufe der Geschichte neues Recht entstanden ist, ohne daß die darüber geltenden Rechtsnormen beobachtet wurden, so entsteht die Frage: Woran erkennt man überhaupt, ob ein sozialer Befehl Recht ist? Wodurch unterscheidet sich ein Machtbefehl, welcher willkürliche Gewalt darstellt und als solche dauernd verbleibt, von einem rechtsbrechenden Gebote, das zum Rechte wird? — Die Antwort auf solche Fragen kann durch eine induktive Betrachtung verschiedenartiger Vorgänge, in denen Recht entstanden ist, nicht gegeben werden. Denn hierbei ist der Begriff Recht in jedem einzelnen der durchforschten Vorgänge schon vorausgenommen; die Frage der Induktion ist diejenige nach übereinstimmendem Inhalte der Ereignisse, welche in gleicher Weise rechtliche Satzungen hervorgebracht haben. Da aber dieses letzte, daß nämlich Recht geschaffen worden sei, bei jedem der induktiv erwogenen Tatbestände bereits feststand, als man sie zum Zwecke vergleichender Untersuchung zusammentrug, so kann aus der letzteren der Begriff des Rechtes auch nicht gewonnen werden.

Andererseits wird der Begriff des Rechtes von allen Seiten mit Fug als ein allgemeingültiger Begriff der sozialen Erkenntnis erachtet und so behandelt. Man könnte ja gar nicht davon reden, daß der Inhalt der einzelnen Rechtsordnungen im Laufe der Geschichte beständig wechsle, wenn nicht als einheitliche formale Unterlage der Begriff des Rechtes genommen würde. Folglich muß die Einsicht in das Wesen und die Bedeutung des allgemeingültigen Rechtsbegriffes auf anderem Wege gewonnen werden, als durch Nebeneinanderstellen verschiedener einzelner Anwendungen jenes Begriffes, die man als solche gar nicht haben würde, wenn der Begriff des Rechtes nicht schon als logisches Prius vor ihnen feststände. Die einzelne Rechtserfahrung ist in klarer Erfassung von dem allgemeingültigen Begriffe des Rechtes abhängig, nicht umgekehrt. Der Begriff des Rechtes ist vielmehr ganz unabhängig von dieser oder jener besonderen Anwendung innerhalb konkreter Erfahrung. Er kann nicht von besonderen Rechtserfahrungen abgezogen werden, da jede derselben durch ihn überhaupt erst ermöglicht wird. Bei jeder einzelnen läßt sich die Zweifelsfrage erheben: Mit welchem Fug nennt ihr dieses eine Rechtserfahrung? Und dann kann eine befriedigende Antwort nur durch Bezugnahme auf den in eigener Methode deduzierten allgemeingültigen Begriff des Rechtes erteilt werden.

Welches diese notwendig einzuhaltende Methode der sozialphilosophischen Untersuchung ist, wird gleich des näheren auszuführen sein. Schon jetzt aber muß bemerkt werden, daß die Feststellung des Rechtsbegriffes zwar nicht von einzelnen Rechtserfahrungen her geschehen kann, daß aber damit auch nicht ein Herholen desselben aus einem Fabellande, außerhalb der Erfahrung überhaupt, gemeint ist. Es ist vielmehr auf die Tatsache des sozialen Lebens der Menschen zurückzugehen und diese Erfahrung des gesellschaftlichen Daseins auf ihre allgemeingültigen Bedingungen hin zu prüfen, um unter ihnen die sozialen Grundbegriffe, und so auch den des Rechtes, in ihrem notwendigen Aufbau klarzustellen. So verbleibt der allgemeinen Rechtswissenschaft die eigene Aufgabe, die wir oben nannten; aber sie ist außer stande, sich selbst ihren obersten Begriff, den des Rechtes, klärend zu bestimmen. Sie muß ihn aus den Händen der Sozialphilosophie entgegennehmen, die sie nicht nur nicht ersetzen kann, zu welcher, als einer selbständig aufgegebenen Forschung, sie vielmehr in folgerichtigem Ausdenken unvermeidlich hinführt.

Andererseits geht es auch nicht an, mit der durchgängig üblichen Art der politischen Ökonomie den Begriff der Wirtschaft als einen obersten Begriff zu behandeln und ihn in selbständiger Weise zur letzten Unterlage einer sozialwissenschaftlichen Forschung einzusetzen. Es ist übel getan, von einem „wirtschaftlichen Leben" als einem eigenen und an sich unabhängigen Dinge zu reden; das nun mit anderen Äußerungen des menschlichen Kulturlebens in Beziehung stände, von diesen sich Eingriffe gefallen lassen müßte und wiederum von seiner Art aus bestimmende Einflüsse zurückgäbe.[3]

Auch hier ist statt dessen nötig, mit der Untersuchung bei dem Begriffe des sozialen Lebens selbst, als unserem letzten problematischen Gegenstande, zu beginnen; bei dessen grundlegender Analyse erst dem Rechte, wie der sozialen Wirtschaft ihre zutreffende Stellung in dem Ganzen des gesellschaftlichen Daseins der Menschen anzuweisen; — für dieses Ganze des sozialen Lebens aber die allgemeingültige Gesetzmäßigkeit zu bestimmen und kritisch zu begründen.

Man hat doch den Begriff der sozialen Entwicklung, oder verwendet ihn wenigstens in Eigenart. Man spricht von einer Gesetzmäßigkeit in jener, überhaupt von sozialen Gesetzen und geht dabei über die Sonderbetrachtung des Rechtes wie über die der sozialen Wirtschaft, als abgeschlossene Objekte, hinaus. Sobald nun der Begriff der menschlichen Gesellschaft und des menschlichen Zusammenlebens vorgebracht und erwogen wird, so muß deutlich sein, daß es sich dabei um einen Grundbegriff handelt, neben welchem derjenige der Rechtsordnung und der Sozialökonomie in dienender Stellung sich befinden. Denn sie beide rücken in verschiedener Art in die Erwägung des gesellschaftlichen Zusammenlebens der Menschen ein; dieses letztere ist der Grundbegriff, hinter dem für die soziale Betrachtung ein weiterer nicht mehr ersichtlich ist, in welchem aber auch alle sozialen Einzelbegriffe, vor allem die angeführten Begriffe der rechtlichen Regel und der gesellschaftlichen Wirtschaft, ihre Wurzel und Stütze haben und in höherer Einheit sich zusammenfinden.

Darum hat jede kritische Grundlegung der Sozialwissenschaft bei dem Begriffe der menschlichen Gesellschaft und des sozialen Lebens überhaupt einzusetzen und hierfür eine begriffliche Klarlegung und gesetzmäßige Einsicht von allgemeingültigem Werte zu schaffen.

In welcher Methode kann man nun eine solche Einsicht bewirken und die Gesetzmäßigkeit des sozialen Lebens in überzeugendem Beweise aufrichten?

3

Das Verhältnis der allgemeingültigen Begriffe und Lehren zu den Einzelheiten ist nicht etwa dieses, daß jene eine Addition oder eine Verallgemeinerung von festgestellten besonderen Tatsachen sind. Man hat, objektiv erwogen, nicht erst einzelne, gesetzmäßig bestimmte Tatsachen im Bewußtsein, die für sich gesondert festgestellt wären, und die man dann hinterher zu weiten und aufzublasen und zu verallgemeinern hätte, um dadurch die maßgeblichen Grundbegriffe und die allgemein bedingenden Grundsätze einer wissenschaftlichen Einsicht zu erhalten. Vielmehr ist jede wissenschaftliche Bestimmung von Einzeldaten die Einreihung von mannigfaltigem Stoffe in eine einheitliche Auffassung nach gleichmäßiger Methode. Es steckt also in jeder gegenständlich festgestellten Tatsache der besondere bestimmte Stoff und die allgemein bedingende Art des Verfahrens notwendig und untrennbar verbunden darin. Die beiden — der bearbeitete Inhalt des Bewußtseins und die allgemeingültige Methode der Bearbeitung — sind weder im Raume, noch in der Zeit getrennt: Mit jeder Tat der wissenschaftlichen Lehre sind jene zwei ganz von selbst gegeben, und nur in der Abstraktion lassen sie sich gedankenmäßig trennen.

Hiernach hat die Klarstellung der unbedingt allgemeingültigen Begriffe und Lehren, die bei jeder sozialwissenschaftlichen Betrachtung vorausgesetzt sind, durch kritische Selbstbesinnung auf den Inhalt des sozialen Bewußtseins zu geschehen. Dagegen geht es nicht an, jene Grundlehren durch eine Verallgemeinerung von konkreten Ereignissen des gesellschaftlichen Daseins zu erhalten, da bei dem Feststellen und dem Generalisieren eines jeden von ihnen die allgemeingültigen Sätze, nach denen wir fragen, als methodische Bedingungen notwendig schon vorliegen, — nicht zeitlich und nicht kausal, sondern im logischen Verhältnis als Voraussetzung genommen.

Das läßt sich gerade für die soziale Geschichte noch etwas eindringlicher beachten. Hat man doch zu allen Zeiten die Geschichte gerne als Lehrmeisterin derartig nehmen wollen, daß aus ihr praktische Lehren und Maximen für den Staatsmann zu gewinnen seien. Indem man bestimmte historische Vorgänge als Äußerungen von allgemeineren gesetzmäßigen Gründen nimmt, so erhofft man in der Generalisation des Geschehenen zu der Einsicht in die letzteren und dann zu deren praktischer Bedeutung für spätere und jetzige wie auch kommende Fragen des sozialen Lebens zu gelangen. So zog MACHIAVELLI aus der römischen Geschichte nach LIVIUS nützliche Lehren für das spätere italienische Mittelalter; es verarbeitete besonders MONTESQUIEU ein reiches geschichtliches Material in gleichem Sinne; und es sind bis in die neueste Zeit Politiker und Nationalökonomen also vorgegangen, jene meist mahnend und warnend, letztere mehr lehrhaft nach der Formel: wenn diese und jene geschichtlichen Tatbestände sich zeigen, so folgt in der Regel in bedingter Abhängigkeit dies und das.

Nun sollte von vornherein klar sein, daß bei jeder Verallgemeinerung, die man für bestimmte geschichtliche Erlebnisse vornimmt, eine oberste Einheit für das in der Menschengeschichte sich abrollende soziale Leben notwendig vorausgesetzt wird. Man kann doch nicht in das Blaue hinein „verallgemeinern“; sondern muß stets auf die Frage gefaßt sein: In welchem Sinne wird denn eigentlich diese Verallgemeinerung vorgenommen, und mit welchem Rechte wird generalisiert? Nach welchem einheitlichen Gesichtspunkte ist in den jeweils besonderen Fällen von Generalisationen bestimmter Beobachtungen verfahren worden? Geschieht es im Sinne der Kausalität oder in dem der Zweckidee; warum das eine oder das andere, und in welchem Sinne jedes des näheren?

Jede Verallgemeinerung trägt in die generalisierte Einzelwahrnehmung den Gedanken der Notwendigkeit, unter der das Verallgemeinerte steht. Nur durch die nähere Bestimmung der notwendigen Bedingtheit des einzelnen kann dessen Erkenntnis zu dem Range einer allgemeinen Lehre erhoben werden. Wenn also soziale Lehren in ihrer Verallgemeinerung beweisende Kraft haben sollen, so müssen sie in formal einheitlicher Art und Weise, unter Verwendung allgemein zu grunde gelegter Begriffe und gestützt auf einheitliche Grundauffassung des sozialen Lebens und seiner Entwicklung auftreten. Alle Generalisationen geschichtlicher Tatsachen setzen die rechte Art, in der verallgemeinert werden darf, also eine formale allgemeingültige Gesetzmäßigkeit sozialgeschichtlicher Erkenntnis bereits voraus. Dann muß es aber auch möglich sein, diese oberste formale Gesetzmäßigkeit, unter der die einzelnen Generalisationen stehen müssen, wenn sie wissenschaftliche Wahrheit sollen beanspruchen können, für sich in Selbstbesinnung einzusehen.

Und das weist auf den Weg, der für die spezifisch sozialphilosophische Untersuchung nunmehr zu beschreiten ist.

4

Die wissenschaftliche Einsicht, von der hier gehandelt wird, sucht — im Gegensatze zur Feststellung von sozialen Einzelwahrheiten — dasjenige, was den einzelnen Erkenntnissen systematischen Zusammenhang in allgemeingültiger Notwendigkeit verleihen kann. Es unterliegt nun keinem Zweifel, daß das Aufstellen allgemein geltender Grundsätze und die Einbringung von Einzeldaten unter einheitliche Gesichtspunkte die Tat des menschlichen Bewußtseins ist. Die einheitliche Auffassung einzelner und wechselnder Erscheinungen, der wir den Namen des Gesetzes beilegen, fliegt nicht von außen her uns an, — sie muß gesetzt werden; und sie wird gesetzt durch das menschliche Bewußtsein.

Gesetzmäßigkeit des sozialen Lebens würde sonach eine einheitliche Erfassung des gesellschaftlichen Daseins der Menschen sein, eine oberste einheitliche Art, nach der alle sozialen Erscheinungen aufgefaßt und eingesehen werden. Die bewußte Einsicht in diese Gesetzmäßigkeit würde einen sicheren allgemeingültigen Leitfaden liefern, nach dem alle Einzelwahrnehmungen der sozialen Geschichte in übereinstimmender Weise aufgefaßt, beurteilt und gerichtet werden können.

Darum ist die erste Forderung, die an eine wohlbegründete sozialphilosophische Untersuchung gestellt werden muß, diese: daß wir diejenigen Begriffe und Sätze, in denen wir unsere soziale Erkenntnis vollziehen, in ihrem Inhalte zergliedern und objektiv-logisch analysieren, um daraus die Eigentümlichkeit der sozialwissenschaftlichen Erkenntnis, als einer Wissenschaft mit eigenem Gegenstande und eigenartigem Erkenntnisinhalte, klarzustellen. Wer von Gesetzmäßigkeit des sozialen Lebens, von gesellschaftlicher Entwicklung, von sozialen Schäden und der Möglichkeit oder Unmöglichkeit von deren Heilung spricht, wer die Gesetze der sozialökonomischen Phänomene aufbringt, von sozialen Konflikten handelt und an einen Fortschritt im gesellschaftlichen Dasein der Menschen glaubt oder ihn leugnen will, — ein solcher muß, bei Meidung irrelevanten subjektiven Geredes, vor allem über die Besonderheiten der sozialwissenschaftlichen Erkenntnis sich Klarheit verschaffen. Es soll doch eine besondere Erkenntnis vom sozialen Leben der Menschen mit wissenschaftlichem Charakter, das ist in einheitlicher Auffassung desselben, sein. Nun gut, was ist denn dieses soziale Leben; was macht dessen Eigentümlichkeit aus und konstituiert uns diesen Begriff als eigenen Gegenstand unserer Erkenntnis? Was kann verständigerweise unter einem sozialen Phänomen begriffen werden? Und welche begrifflichen Einzelelemente des sozialen Daseins der Menschen ergeben sich der logischen Analyse weiterhin, — und wie ist ihr Verhältnis unter einander?

Die Wissenschaft vom sozialen Leben der Menschen will von einer bloßen Erkenntnis der äußeren Natur verschieden sein. Es ist in jenem ein sicher empfundenes eigenes Objekt für menschliche Einsicht gegeben. Indem wir die allgemeinen Begriffe, die hier notwendig auftreten, nach ihrem Erkenntnisinhalte zergliedern, so werden wir demnach zuzusehen haben, durch welche begrifflichen Elemente die Möglichkeit einer sozialwissenschaftlichen Erkenntnis, gegenüber der bloßen Naturbetrachtung, überhaupt geliefert wird; welche von ihnen das soziale Leben als einen eigenen Gegenstand unserer Erkenntnis allererst begründen.

Diese Vorarbeit ist unerläßlich. Erst auf ihren gesicherten Ergebnissen kann die weitere Nachforschung nach der Gesetzmäßigkeit des sozialen Lebens aufgenommen werden. Wer Gesetze des menschlichen Gesellschaftslebens aufstellen will, muß vorher Klarheit über die allgemeinen Erkenntnisbedingungen besitzen, unter denen alle soziale Wissenschaft in ihrer Eigenart notwendig steht.

Das Problem der sozialen Gesetzmäßigkeit besteht in der Aufgabe, in dem Wechselvollen des sozialen Lebens Einheit herzustellen. Die prinzipielle Frage hiernach würde somit auf diejenigen bleibenden Bedingungen gehen, unter denen dieses allein möglich ist. Sie sind den Ergebnissen der vorhin genannten Voruntersuchung zu entnehmen, und zwar in folgerichtiger Verwertung derjenigen sozialen Grundbegriffe, die einen allgemeingültigen formalen Grundsatz des sozialen Lebens als eine grundlegende Einheit desselben in notwendigem Schlusse ergibt. Es ist, wie man auch sagen kann, mit Hülfe der systematischen Zergliederung unserer sozialen Begriffe derjenige Gedanke herauszufinden, unter dessen bewußter Feststellung allein eine Einheit in den wechselvollen Bestrebungen des sozialen Lebens möglich ist.

Dieser Forderung würde in formal-logischer Hinsicht die gleich näher zu erwähnende materialistische Geschichtsauffassung vollständig entsprechen, indem diese als Gesetzmäßigkeit des sozialen Lebens und danach als allgemeingültige Methode bei dessen wissenschaftlicher Erkenntnis die natürliche Abhängigkeit der Rechtsordnung, als der Form des gesellschaftlichen Lebens, von der sozialen Wirtschaft aufstellt; so daß eine Veränderung in den sozialökonomischen Phänomenen eine entsprechende Umwandlung des seitherigen Rechtes notwendig bedingt.

Ehe ich nun hierauf näher eingehe, möchte ich folgendes Mißverständnis ein für allemal ferne halten. Das ist die Meinung, als ob unsere Absicht auf irgendein absolutes Unding ginge, welches irgendwo im Raume, aber außerhalb des geschichtlichen sozialen Lebens zeitlich vor diesem bestände. Davon ist gar keine Rede.

Die Sozialphilosophie will in ihrer Lehre allerdings von jedem besonderen Inhalte der geschichtlichen Gesellschaftsordnungen unabhängig sein. Aber ich sage nicht: unabhängig von den geschichtlichen Ordnungen, sondern: von dem besonderen Inhalte einzelner historischer Satzungen. Sie sucht die allgemeingültige Gesetzmäßigkeit des in der Geschichte sich abrollenden sozialen Lebens. Diese Gesetzmäßigkeit steht doch selbstverständlich nicht außerhalb der historischen Gesellschaftsordnungen, sondern bedeutet die einheitliche und allgemeingültige Art ihrer Erkenntnis. Daß man es in allen Fragen der Sozialwissenschaft mit geschichtlichem Material zu tun hat, steht freilich außer allem Zweifel. Die Besonderheit der sozialphilosophischen Frage liegt nicht in dem Material, sondern in dem Standpunkte und der Art und Weise der Betrachtung: Sie erwägt den geschichtlich gegebenen Stoff mit dem Bestreben, darin Einheit und Gesetzmäßigkeit zu finden, und muß dann über die letztere sich Klarheit verschaffen. Dagegen ist es nicht an dem, daß die Sozialphilosophie etwa die Rechtsgeschichte antasten oder gar ihr gegnerisch gesinnt sein würde: Im Gegenteil, sie berührt die letztere in dem besonderen Inhalte ihrer Arbeit überhaupt nicht, und sie möchte ihr, sobald es auf das Ganze ankommt, nur helfend und ergänzend zur Seite treten. — Daraus folgt noch ein Weiteres.

Die oberste Einheit für alle soziale Erkenntnis, daraus jedes einzelne soziale Gesetz und jede wissenschaftlich beweiskräftige Deduktion von sozialen Bestrebungen abhängig ist, muß also natürlich von allem besonderen Inhalte der sozialen Geschichte abstrahieren; denn da sie als Grundgesetz für alles soziale Leben gelten soll, so kann ihre Einsicht nicht auf Besonderheiten einzelner historischer Daten sich gründen.

Aber da diese Einheit, als Grundgesetz des gesellschaftlichen Daseins der Menschen, den obersten Gesichtspunkt für die Untersuchung des sozialen Lebens abgeben soll, so ist es klar, daß diese Einheit des Mannigfaltigen und Wechselvollen im sozialen Leben zeitlich nicht früher dagewesen sein kann, als dieses gesellschaftliche Leben selbst. Im Gegenteil ist der Verlauf der menschlichen Erkenntnis der zeitlichen Reihenfolge nach derjenige, daß sie mit Einzelwahrnehmung und besonderen Beobachtungen beginnt; erst späterhin kommt menschliches Nachdenken zu gesetzmäßiger Synthesis des Mannigfaltigen sozialer Wahrnehmungen und schließlich zum kritischen Aufspüren der allgemeingültigen Grundlage, auf der sich die Möglichkeit gesetzmäßiger Beobachtung menschlichen Gesellschaftslebens im einzelnen dann ergibt. Es besteht also nicht eine „absolute" Gesetzmäßigkeit, als ein irgendwelches mystisches Etwas, — und dann käme zeitlich später die Wirklichkeit des sozialen Lebens in einer unklaren Abhängigkeit von jenem Undinge auf die Welt; — sondern mit der Einzelerfahrung fängt der Zeit nach auch in sozialen Dingen alle unsere Erkenntnis an. In der weiteren und schärferen Durchführung dieser kommt man dann erst, zeitlich hinterher, zu der Einsicht in soziale Gesetzmäßigkeit, die freilich als die einheitliche Richtung der Gedanken in jedem Versuche der wissenschaftlichen Bestimmung von Einzeldaten ganz von selbst bedingend und maßgeblich schon enthalten war, mag auch der Einzelarbeiter selbst sich dessen nicht bewußt sein.

Darum gerade ist es nichts mit dem Einwurfe, als ob die grundlegende Gesetzmäßigkeit des sozialen Lebens, als methodisches Prinzip für alle sozialwissenschaftliche Einsicht, durch ein Verfahren *„a priori"*, gänzlich außerhalb aller Rücksichtnahme auf geschichtlich vorliegendes soziales Leben, gefunden werden könnte. Nichts weniger als dieses: Unser Vorhaben setzt die genaueste Kenntnis des historischen Gesellschaftslebens der Menschen voraus. Das Objekt der Untersuchung ist nach ihm diese unsere Erkenntnis des geschichtlich vorliegenden sozialen Daseins von Menschen. Innerhalb dieses Wissens sozialer Geschichte unterscheiden wir aber die Erkenntnis von einzelnem wechselnden Material und die Einsicht dessen, was allgemeingültig und notwendig für alle soziale Erfahrung sein muß. Dieses letztere ist also gleichfalls in der wissenschaftlichen Erfahrungserkenntnis integrierend mitenthalten. Es kann daher auch nur gefunden und festgestellt werden durch eine Zergliederung des Inhaltes unserer sozialgeschichtlichen Erfahrung und durch Klarlegung der Einheit derjenigen Bedingungen, welche soziale Wahrnehmung zur Wissenschaft erheben kann, zu einer Erkenntnis mit einem obersten einheitlichen Gesichtspunkte und danach einer allgemeingültigen Methode, — mit nichten aber durch irgend ein mystisches Heraussaugen aus angeblich „rationaler“ Erwägung.

So hat die allgemeingültige Gesetzmäßigkeit des Gesellschaftslebens, wie wir schon wiederholten, zwar von allem besonderen Inhalte dieser oder jener Gemeinschaft Abstand zu nehmen und über diesem selbständig sich zu erheben; aber sie ist zu suchen in schärfster Analyse des Erkenntnisinhaltes von einem sozialen Leben der Menschen überhaupt.

Sie wird gefunden als die grundlegende Einheit sozialwissenschaftlicher Erkenntnisbedingungen.

5

Zu einem systematischen Aufbau im Sinne dieser Methode haben wir im ganzen Bereiche der sozialen Wissenschaft keinen Vorgänger. Auch KANT, dessen Erkenntniskritik — wie der Kundige bemerkt haben wird — für die Entwerfung unseres Planes von bestimmendem Einflusse gewesen ist, hat in seiner Metaphysik der Sitten eine grundlegende Theorie des sozialen Lebens nicht geliefert.

Wohl aber können wir bei unserem Unternehmen eine Anregung intensivster Weise erhalten, sobald wir auf die in der theoretischen Literatur bislang wenig beachtete materialistische Geschichtsauffassung eingehen. In dem oben von uns angeführten Grundgedanken dieser Richtung — der vollständigen notwendigen Abhängigkeit der Gesellschaftsform von der Art der sozialen Wirtschaft — liegt die Meinung enthalten, daß er fähig sei, die Art der Gesetzmäßigkeit aufzuzeigen, des einheitlichen Prinzips und methodischen Gesichtspunktes, unter welchem überall geschichtlich auftretendes soziales Leben der Menschen zu betrachten und erforschend zu erwägen ist.

Die materialistische Geschichtsauffassung stellt in den Mittelpunkt des Gesellschaftslebens die soziale Wirtschaft. Wie der Glaube der alten Welt die Erde als Zentrum des Weltalls erwogen, das kopernikanische System dagegen sie mit den anderen Planeten um die Sonne kreisen ließ und den Beweis hierfür dadurch erbrachte, daß nur in diesem Gedanken Einheit in dem Mannigfaltigen astronomischer Erscheinungen bestehen könne: — so wendet sich der soziale Materialist von der Meinung ab, daß als Zentralkraft des sozialen Lebens ideale Faktoren als eigenartige und selbständig wirkende Ursachen der Formen dieses sozialen Daseins angenommen werden dürfen; er dreht das Verhältnis um und läßt als letzte wirkende Ursache, von der alle sozialen Vorstellungen und somit auch die soziale Ordnung abhängig seien, nur die gesellschaftliche Wirtschaft zu. Je nach der empirisch wechselnden Gestaltung dieser bestimmen sich die menschlichen Ideale und die Formen ihres Gemeinwesens.

Damit will die materialistische Geschichtsauffassung in das Gewirr ständig wechselnder sozialer Erscheinungen Einheit und Gesetzmäßigkeit bringen. Sie ist bemüht, unter den verschiedenen Elementen, die das soziale Leben der Menschen in der Erfahrung konstituieren, das rechte systematische Verhältnis wissenschaftlich zu erkennen und mittels dieses eine Methode einheitlicher Geschichtsbetrachtung zu ermöglichen. Sie will damit einen allgemeingültigen Leitfaden geben, der durch das Getümmel geschichtlicher Tatsachen hindurch den Forscher in gesetzmäßiger Weise führt; an dessen Hand man infolge dessen die Gegenwart richtig verstehen mag und einen Ausblick in die Zukunft zutreffend gewinnen könne.

So ist die genannte Geschichtsphilosophie die erste, die den Begriff der Gesetzmäßigkeit des gesellschaftlichen Menschendaseins als einen besonderen Gegenstand des Nachdenkens vorstellt. Sie behauptet ihn im Sinne eines methodischen Prinzips, als eines Gedankens von rein formaler Bedeutung und scheidet sich von den früheren Unternehmungen konstruktiver Geschichtsbetrachtung, welche mehr oder weniger unvermittelt eine Darlegung der welthistorischen Erlebnisse geben. Und sie sucht die Einheit in einem festen Rangverhältnisse unter den Elementen des sozialen Lebens und geht nicht auf ein bestimmendes Etwas außerhalb des letzteren zurück.

Nach ihrer Grundmeinung können wir leicht den nötigen Unterschied erkennen und durchführen, welcher für jeden Forscher, der im Sinne gesetzmäßigen Strebens arbeitet, von entscheidender Bedeutung ist: den Unterschied zwischen erkannten Einzelgesetzen und zwischen der allgemeinen formalen Gesetzmäßigkeit, das ist der grundlegenden Art der rechten Synthesis von Tatsachen zu Gesetzen, welche die letzteren in ihrer Berechtigung erst möglich macht. Denn die Absicht der materialistischen Geschichtsauffassung ist darauf gerichtet, das Ganze der sozialen Entwicklung als einen Naturprozeß darzutun, welchem man seine Gesetze jeweils abzulauschen im stande ist. Hierbei sind zu unterscheiden einmal die besonderen Gesetze, welche für die einzelnen geschichtlichen Erscheinungen innerhalb eines sozialen Lebens Geltung haben, so z. B. nach der Meinung der die materialistische Geschichtsauffassung vertretenden Marxisten die der kapitalistischen Produktionsweise immanent innewohnenden Einzelgesetze, wie dasjenige der notwendigen Erzeugung von Mehrwert, das Gesetz der periodischen Handelskrisen u. a. m.; zweitens das für alles irgendwelche soziale Leben geltende formale Grundgesetz der notwendigen Abhängigkeit alles gesellschaftlichen Daseins von der sozialen Wirtschaft, auf welches Grundgesetz dann jene Einzelgesetze, die unter besonderen empirischen Bedingungen gelten, ihren Geltungswert und ihre wissenschaftliche Existenzberechtigung stützen.

Hiernach soll unsere sozialphilosophische Untersuchung an die Darlegung der Lehre der materialistischen Geschichtsauffassung anknüpfen. Es wird sich bei ihrer Betrachtung baldigst zeigen, daß diese Lehre nach jeder Richtung hin unfertig und nicht ausgeführt ist; und daß daher vor allem genau zu fragen und zu bestimmen ist, was unter den von ihr sorglos verwendeten sozialen Grundbegriffen mit Fug allein verstanden und festgehalten werden kann. Es wird sich aber auch herausstellen, daß jene Auffassung der sozialen Geschichte das ihr vorschwebende Ziel einer obersten Gesetzmäßigkeit des gesellschaftlichen Lebens der Menschen in der Tat nicht erreicht hat; und daß sie in der starren Durchführung ihrer Sätze zu Widerspruch und Unklarheit notwendig führen muß.

So können wir in der Verfolgung der genannten Lehre und in deren Korrektur zu den Grundzügen einer allgemeingültigen Theorie der sozialen Frage und zu einer Grundlegung der Sozialphilosophie gelangen. Wenngleich es, wie alsbald bemerkt werden mag, auf eine Vollständigkeit in literarischer Hinsicht in dieser Abhandlung nicht abgesehen ist, und wir für jetzt nicht die Absicht haben, einen kompendiösen Wegweiser durch die Bücher und Schriften der sozialen Wissenschaft erschöpfend zu liefern.

Doch ich ende hier meinen Prolog.

Wenn jemand, der das jetzt entworfene Programm bis hierher verfolgt hat, noch im Zweifel sein würde, wie solches auszuführen, und wie die angegebene Methode zu handhaben sei; falls er vielleicht ein Beispiel für sie wünschen möchte: Nun wohlan, dieses Buch gibt ihm ein solches. Wer es in das Studium nehmen will, wird die Nutzanwendung des Gesagten, wie ich denke, vollauf erhalten; und kann dann im Rückblick auf diese Einführung alle etwaige Fremdartigkeit, welche die bloße Entwerfung des Planes einem der Gedankenwelt des Autors noch fremden Manne gewiß bieten wird, ganz abstreifen.

Daß dieses freilich ohne ernste und willige Gedankenarbeit des geneigten Lesers geschehen könnte, wage ich nicht zu behaupten.

Erstes Buch.

Stand der Frage.

Der Materialismus ist die erste, die niedrigste, aber auch vergleichsweise festeste Stufe der Philosophie.
LANGE, Geschichte des Materialismus,
3. Aufl. (1876) II. S. 538.

Erster Abschnitt.

Sozialer Materialismus.

6

Seine Grundgedanken sind in kurzer Zusammenfassung diese: Der Mensch ist ein mit sozialen Instinkten ausgerüstetes Lebewesen; mit Trieben versehen, die ihn zu einer andauernden Geselligkeit mit seinesgleichen bewegen; — welchen sozialen Antrieben er folgt, um den Kampf um das Dasein und den Streit gegen verderbliche Naturgewalten besser führen oder überhaupt ihn aufnehmen zu können.

Die bestimmende Grundlage alles gesellschaftlichen Daseins von Menschen ist die gemeinsame Produktion ihres Lebens, die vereinte Beschaffung der zur Existenz nötigen Mittel und die zusammenstimmende Hervorbringung nützlicher und den Menschen erhebender Güter. Von der besonderen Art, in der sie zur Erhaltung und Förderung ihres Lebens zusammenwirken, von der jeweiligen sozialökonomischen Produktionsweise ist darum die Art und Weise des Zusammenschlusses, die Gesellschaftsordnung, abhängig und notwendig bedingt.

Das Recht eines Volkes, als regelnde Form des Zusammenlebens und Zusammenwirkens, ist nichts als ein Instrument im Kampfe um das Dasein, der verbunden und zusammenstimmend geführt werden soll. Darum kann es gar nicht anders sein, als daß das Recht der sozialen Wirtschaft gegenüber in die zweite Linie tritt. Es ist abhängig, gehorchend, dienend; und muß es sein, weil es sonst allen Sinn verlieren würde. Die gesellschaftliche Wirtschaft ist das Bestimmende und Befehlende; sie ist als Materie des sozialen Lebens das wahrhaft Reale, die wirkliche Substanz desselben. Und von der Besonderheit wirtschaftlicher Verhältnisse ist diejenige der rechtlichen Ordnung in bedingter Abhängigkeit befangen.

Wenn daher in der sozialen Wirtschaft eines Menschenkreises bedeutsame Veränderungen vor sich gehen, so machen diese eine entsprechende Umänderung der seitherigen Rechtsordnung nötig; wesentlich geänderte wirtschaftliche Verhältnisse bedingen notwendig eine parallel gehende Reform des geltenden Rechtes. Und da das Recht von der materialistischen Geschichtsauffassung als ein akzessorisches Instrument in dem gemeinsamen Kampfe um das Dasein aufgefaßt wird, und dasselbe nur eine geregelte Beherrschung der wirtschaftlichen Verhältnisse ermöglichen soll, so ist eine festgestellte Veränderung in der rechtlichen Organisation nur erklärlich und bestimmbar als Folge von Metamorphosen der sozialen Wirtschaft, welche jene Rechtsänderung notwendig machten.

So kann man nach der Theorie des sozialen Materialismus aus Umgestaltungen der sozialen Wirtschaft, als der Materie des menschlichen Gesellschaftslebens, auf demnächstige entsprechende Umgestaltungen der rechtlichen Form schließen, als von bestimmenden Gründen auf notwendige Folgen. Und wiederum umgekehrt kann bei jeder Umformung einer Rechtsordnung, die wir im Laufe der Geschichte wahrnehmen, nach dem angeführten Grundsatze auf vorausgegangene Veränderungen in der sozialen Wirtschaft ein sicherer Schluß gezogen werden.

Hieraus ergibt sich der besprochenen Lehre die Gesetzmäßigkeit des in der Menschengeschichte sich abrollenden sozialen Lebens. Dabei ist stets der entwicklungsgeschichtliche Standpunkt festzuhalten. Die wirtschaftlichen Unterlagen der Gesellschaftsordnungen sind niemals als feste und starr bleibende Zustände aufzufassen, sondern in stetigem Flusse begriffen. Klima, Bodenbeschaffenheit und sonstige Eigenschaften eines Landes kommen nur durch die Tatsache produzierender und austauschender Wirtschaft für die Bestimmung eines Rechtes in betracht: Die Sonne Homers lächelt auch uns; aber Rechts- und Staatszustände sind in den gleichen Ländern ganz andere geworden, denn, sagt die materialistische Geschichtsauffassung, die soziale Wirtschaft hat sich dort ganz und gar geändert, wie sie ja stets und notwendig in unaufhörlichem Wechsel sich befindet. Diese Bewegung kann in naturwissenschaftlicher Methode verfolgt und erkannt werden. Die Erforschung des gesetzlichen Entwickelungsganges der ökonomischen Phänomene bildet also die erste und grundlegende sozialwissenschaftliche Arbeit. Auf ihrer Basis kann man, in Ausführung des vorhin Gesagten, notwendige Änderungen der fraglichen Rechtsordnung erkennen.

Dieses ist sogar soweit für die Zukunft möglich, als sich auch hier mit einiger Sicherheit eine gesetzliche Tendenz in der kommenden Entwicklung ökonomischer Erscheinungen konstatieren läßt. Soweit solche Tendenzen der sozialen Entwicklung vorausgesehen und dargetan werden können, ist auch eine Voraussage entsprechender notwendiger Rechtsänderungen möglich, selbst wenn deren Notwendigkeit zur Zeit noch nicht in vollem Umfange bestände. Denn die Ausgestaltung wirtschaftlicher Phänomene zeitigt soziale Konflikte zwischen ihnen und der bestehenden Rechtsordnung. Diese Widersprüche heischen früher oder später in unabwendbarer Dringlichkeit ihre Lösung und machen nach dem allgemeinen Gesetze des sozialen Lebens die der geänderten Wirtschaft korrespondierende Umformung des Rechtes notwendig.

Die Gesetzmäßigkeit des sozialen Lebens der Menschen ist nach der Lehre des sozialen Materialismus eine Gesetzmäßigkeit der ökonomischen Phänomene. Diese, die sich in dem Inbegriffe der sozialen Wirtschaft zusammenschließen, entwickeln sich in naturgesetzlicher Art. Sie erhalten ihren Ausbau, zeigen Bewegungen, erleiden Veränderungen, gehen unter — alles in einem nach naturwissenschaftlicher Methode zu erforschenden Prozeß. In ihrer Totalität bilden sie die Materie des sozialen Daseins der Menschen; in ihrem Leben und Vergehen stellen sie deren Bewegungen dar. In den für sie geltenden Gesetzen faßt sich die Gesetzmäßigkeit des menschlichen Gesellschaftslebens zusammen: mehr und anderes gibt es als soziale Gesetzmäßigkeit nicht.

Der eherne Gang der ökonomischen Phänomene ist demjenigen anderer Naturgebilde gleichwertig. Die gesetzmäßige Entwicklung wirtschaftlicher Verhältnisse mag man beklagen: sie aufhalten oder sie anders gestalten, geht über menschliches Können. Es ist ein naturnotwendiger Prozeß, in welchem die ökonomischen Erscheinungen wachsen und aufgehen, zur Blüte gelangen und sterben, — es sind gesetzmäßige Vorgänge, welche menschliche Erkenntnis in wissenschaftlichem System wohl begreifen kann.

Nur unverstandene Elementargewalten, wie der Natur so des sozialen Lebens, sind es, die dämonisch verderben und schreckhaft vernichten. Sind sie in ihrer Gesetzmäßigkeit erst erkannt, so vermag der Mensch vielem Schadenbringenden auszuweichen, ja bis zu gewissem Grade der lenkende Herrscher über die blinden Mächte naturnotwendig waltender Bewegungen in der Entwicklung ökonomischer Phänomene zu werden. Wenn freilich sich einer dem gesetzmäßig vorgeschriebenen Gange von wirtschaftlichen Erscheinungen im Hemmungsversuche in den Weg stellt, den werden sie erdrückend zermalmen; jedoch wer den unabwendbaren entwicklungsgeschichtlichen Lauf in den Bewegungen einer Sozialwirtschaft erkannt hat, vermag begünstigend, helfend, leitend zur Seite zu treten und nach seinem Sinne heilsam einzugreifen.

Indem dieses letztere für das soziale Leben vornehmlich durch die regelnde Ordnung rechtlicher Organisation zu geschehen habe, so ergibt sich dem sozialen Materialisten die unabwendbare Gebundenheit, das naturnotwendige Vasallenverhältnis des Rechtes zur Wirtschaft. Jede Gesellschaftsform — so lautet sein Ausdruck — hat ihr eigenes Recht. Es ist ihm eine unentrinnbare Notwendigkeit, daß eine bestimmte Rechtsordnung durch eine ihr widersprechende Entwicklung der Sozialwirtschaft vernichtet wird, daß der feste Gang und die sichere Tendenz im Vorschreiten ökonomischer Phänomene ein gewisses neues Recht unerläßlich hervorbringt. Denn das Recht ist nichts, als ein menschlicher Versuch, die sonst wilden und ungezügelten Kräfte sozialer Produktion zu lenken und zu leiten: Setzt es sich mit ihnen in Zwiespalt, so wird es von ihnen zertreten werden; will es lebenskräftig bleiben und weiter bestehen, so muß es notwendig der gesetzmäßigen Entwicklung wirtschaftlicher Verhältnisse folgen und sich ihr anpassen.

7

Die materialistische Geschichtsauffassung stellt sich selbst in bewußten Gegensatz zu der ideologischen Betrachtung der Menschengeschichte, das ist der Meinung von selbständig entstehenden und wirkenden Ideen. Dabei leugnet der materialistische Historiker keineswegs das Auftreten idealer Ziele in menschlichen Vorstellungen und Bestrebungen, noch auch die Tatsache, daß Rechtsänderungen im Namen der Gerechtigkeit gefordert und ererbte Institutionen bald als gut oder böse beurteilt werden: aber er stellt in Abrede, daß die menschlichen Vorstellungen über Recht und Gerechtigkeit eine selbständige Existenz in einer abgegrenzten Welt für sich hätten, mit eigener Entstehung in einer zweiten und abgesonderten Kausalreihe; und er behauptet, daß nicht die Ideen die wahren Ursachen im gesellschaftlichen Leben seien, sondern daß sie als Widerschein bestimmter Sozialwirtschaft jeweils erst entständen.

1. In Übereinstimmung mit der theoretischen Grundmeinung

des Materialismus bestreitet die materialistische Geschichtsauffassung, daß es zwei verschiedene Erfahrungen, zwei getrennte Erkenntniswelten gebe. Es bieten sich unserer Erkenntnis nicht zwei selbständige Reihen von Phänomenen dar, in zwei gesonderten Gebieten zu begreifende Tatsachen; und das Kausalitätsgesetz, das für die wissenschaftliche Auffassung von der Natur jede Erscheinung als notwendige Folge einer vorausgehenden anderen Erscheinung begreift, kann nicht in zweierlei Reihen auftreten, die parallel nebeneinander herliefen, und von denen die eine Reihe für die physischen Erscheinungen, die andere für die — alsdann doch nicht recht klar gedachte — Einheit der Ideen Geltung hätte.

Allein dies ist noch nicht dasjenige, was den Materialismus auszeichnet. Daß alle unsere objektive Erkenntnis eine ist, daß nur eine Ordnung der Gesetze eines von uns einzusehenden Geschehens im Weltall möglich ist, das hat kein Geringerer als KANT in eindringlichem Ausbau platonischer Grundgedanken zum erschöpfend klaren Ausdruck gebracht.

„Es ist nur eine Erfahrung, in welcher alle Wahrnehmungen als im durchgängigen und gesetzmäßigen Zusammenhange vorgestellt werden; ebenso wie nur ein Raum und eine Zeit ist, in welchen alle Formen der Erscheinung und alles Verhältnis des Seins oder Nichtseins stattfinden. Wenn man von verschiedenen Erfahrungen spricht, so sind es nur so viel Wahrnehmungen, sofern solche zu einer und derselben allgemeinen Erfahrung gehören.“[4]

„Wir könnten auch sagen — so erläutert dieses NATORP in trefflicher Paraphrase[5] —: es ist nur eine gegenständliche Wahrheit, nur eine Objektivität unserer Erkenntnis. Das ist ja überhaupt der Begriff des „Gegenstandes“: die notwendige Einheit, in der alle auf ihn bezogene Erscheinung sich zusammenfassen soll. Die Einheit des Gegenstandes wird aber konstituiert durch die Einheit des Gesetzes, Bedingungen derselben sind die Einheit der Zeit wie des Raumes. Diese Einheit der Natur, identisch mit der der „Erfahrung“, darf nicht bloß als „regulative“ Maxime, sondern als „konstitutiver“ Grundsatz der Wissenschaft ausgesprochen werden. Wissenschaft, Erkenntnis des Gegenstandes besteht nur kraft dieser Voraussetzung. Irgend eine Aufstellung, vollends eine Methode, welche diesen Grundsatz ignoriert, stellt sich damit außerhalb der Wissenschaft.“

Darum entfernt sich auch die materialistische Geschichtsauffassung grundsätzlich noch gar nicht in eine eigenartige Sonderstellung, wenn sie das soziale Leben der Menschen in einer Einheit begreifen und ergründen will; so daß es nur eine einheitliche Art sozialer Phänomene und nur eine formal gleichartige Möglichkeit ihrer Entstehung und Wirkungen gebe. Diese Grundauffassung des gesellschaftlichen Lebens der Menschen bedarf freilich sehr der kritischen Untersuchung und Klarlegung; liefert jedoch keineswegs notwendig einen sozialen Materialismus. Dies geschieht erst

2. Durch Einschiebung der Meinung, daß auch für das soziale Leben Materie (soziale Wirtschaft) und Bewegung (der ökonomischen Phänomene) als das betrachtet werden könne, was allein wahrhaft ist und geschieht; daß dagegen soziale Ideen, Vorstellungen und Wünsche als bloße erscheinende Abbilder zu erachten seien, gesetzmäßig abhängig von der sozialen Materie, das ist der gesellschaftlichen Wirtschaft und deren realen Veränderungen.

Nach der materialistischen Sozialphilosophie gibt es keine andere Gesetzmäßigkeit für menschliches Gesellschaftsleben, als diejenige der Sozialwirtschaft, als der Materie des sozialen Zusammenlebens der Menschen. Die soziale Wirtschaft ist das alleinig Reale im sozialen Leben; ihre Bewegungsgesetze sind die einzigen Wahrheiten in diesem Gebiete. Alles, was sonst neben diesen Realitäten der ökonomischen Phänomene erscheint, wie vor allem Ansichten über die gesetzmäßige Berechtigung bestimmter sozialer Bestrebungen, ist nur Reflex, sind lediglich Spiegelbilder, die als selbständige Gegenstände anzunehmen eine wissenschaftliche Täuschung bedeutet.

Das gesamte geistige Leben eines Volkes ist nach der materialistischen Geschichtsauffassung weiter nichts, als ein von der Materie der betreffenden Gesellschaft, der sozialen Wirtschaft derselben, hervorgebrachter und abhängiger Widerschein dieser sozialen Wirtschaft. Wie dem Materialisten seit Demokrit die Materie die allein wahre Substanz, die Seele nur abhängiger Schein ist, und er die psychischen Vorgänge im Menschen aus Bewegungen der Materie ableiten und erklären will, so wird dieses von dem sozialen Materialismus auf das Gesellschaftsgebiet dahin übertragen, daß nur das wirtschaftliche Zusammenwirken als reale Substanz des menschlichen Gemeinschaftslebens zu behandeln sei, daß aus der besonderen Art der ökonomischen Verhältnisse die Äußerungen psychischen Lebens sich erklären und entsprechend bestimmen, und daher die einzig mögliche Gesetzmäßigkeit des sozialen Lebens in der Erkenntnis gesetzmäßiger Bewegungen der ökonomischen Phänomene zu finden sei.

In diesem Sinne bezeichnen die sozialen Materialisten alle geistigen Gesamtanschauungen, die einer gewissen Kulturepoche eigen sind, als einen „Überbau“ der betreffenden gesellschaftlichen Wirtschaft. Sie tun es in der eben besprochenen Meinung, daß die soziale Wirtschaft das einzig Reale in bezug auf das soziale Leben sei, welches allein wissenschaftlich erkannt werden kann: Die sozialen Bewußtseinserscheinungen sind, wie schon angegeben, nur Reflexwirkungen der wirtschaftlichen Verhältnisse, aus diesen hervorgegangen und von ihnen bedingt. Sind die ökonomischen Phänomene in ihren gesetzmäßigen Bewegungen erkannt, so sind damit zugleich schon die psychischen Abbilder der entsprechenden sozialen Ideen wissenschaftlich erklärt; denn die Art des übereinstimmenden Denkens und des danach vorgehenden, scheinbar freien, Handelns ist in dem Sinne von der sozialen Wirtschaft abhängig, daß jene nur der äußere Schein der allein wahren Substanz, der Materie des sozialen Lebens im Sinne der Sozialwirtschaft, ist.

Dieses findet seine Anwendung ebensowohl für Moral und Religion, wie für Kunst und Wissenschaft und für die unmittelbaren Anschauungen und Bestrebungen, die auf Erhaltung oder Abänderung einer Gesellschaftsordnung gehen.

Anders sind die Auffassungen über dasjenige, was erlaubt oder was schlecht ist, bei dem nomadisierenden Hirtenvolke, das nur gemeinsame Ausnutzung der Weideplätze kennt, als sie der Bauer hat und hegt, der auf abgegrenztem Privateigentum sitzt; verschieden von ihnen ist die Moral des handeltreibenden Großkaufmannes, des kleinbürgerlichen Handwerkers, der plündernden Raubritter. Die religiösen Vorstellungen eines Jäger- und Fischervolkes sind mit Notwendigkeit ganz unähnlich denen, die in fortgeschrittenen Gemeinwesen mit Warenproduktion und freiem Gewerbe und Verkehr herrschen. Und erst bei höher entwickelten wirtschaftlichen Verhältnissen vermögen Kunst und Wissenschaft zur Blüte zu gelangen; mit dem Aufsteigen oder Sinken jener müssen die letzteren in abhängiger Parallele gehen.

In dieser Weise lehrt der soziale Materialismus, daß die gemeinsamen Geisteserscheinungen in der Menschengeschichte nichts als widergespiegelte Abbilder der wirtschaftlichen Verhältnisse sind. Nur die letzteren sind wahre Realitäten des sozialen Lebens; jene anderen aber bedeuten bloß unselbständige Erscheinungen, in denen die substantiellen Objekte des Gesellschaftslebens, die ökonomischen Phänomene, zu einem gewissen Ausdrucke gelangen. Nimmt man aber, so meint die materialistische Geschichtsauffassung, die Ideen als eigene und selbständige Dinge, von besonderem Bestande für sich, so unterliegt man einer Täuschung. Wie der Regenbogen kein besonderes selbständiges Wesen ist, sondern nur ein Reflex, aus Bewegungen der Materie zu erklären, so hält es der soziale Materialist mit den im Völkerleben auftauchenden Ideen, wie den in obigen Beispielen genannten. Man mag immer der Entstehung und der Bedeutung sozialer Vorstellungen nachgehen, das Aufkommen, die Einflüsse, den Niedergang von Ideen in der Geschichte beobachten: aber man muß sich stets bewußt sein, daß damit die eigentlich wahren Gegenstände der sozialwissenschaftlichen Betrachtung und die wirklichen Gesetze der geschichtlichen Bewegungen nicht wiedergegeben und erkannt sind. Indem man von Ideen handelte, hat man bloß von Spiegelbildern geredet, nicht aber von den realen Objekten, deren Reflex jene Ideen waren.

Wer wirklich wissenschaftlich das menschliche Gesellschaftsleben erforschen und dessen Gesetzmäßigkeit darlegen will, der mag die sozialen Ideen, als die Reflexwirkungen, welche die wahren sozialen Substanzen in den menschlichen Köpfen bewirken, als Mittel benutzen; aber er darf sie, nach der besprochenen Lehre, nicht hypostasieren und ihnen selbständige Existenz und eigene Gesetzmäßigkeit zuschreiben. Ihre Benutzung als heuristische Maxime ist gestattet; doch nur, soweit sie zu den realen Phänomenen des sozialen Lebens und zu der wahren Gesetzmäßigkeit dieses hinführt: zu den sozialwirtschaftlichen Erscheinungen und den Entwicklungsgesetzen dieser.

Vor allem ergibt sich danach als Lehre des sozialen Materialismus, daß die besondere Gestalt eines menschlichen Gemeinwesens, die Form einer bestimmten Gesellschaft ganz notwendig nur von der Wirtschaft dieser sozialen Gemeinschaft bedingt und abhängig ist. Denn da nach der materialistischen Geschichtsauffassung alle Ideen von Gerechtigkeit nur Spiegelbilder der wahren Realitäten ökonomischer Zustände sind und eine eigene selbständige Existenz gar nicht besitzen, so sind auch alle Rechtsänderungen, die im Namen der sozialen Gerechtigkeit gefordert oder durchgesetzt werden, in Wahrheit durch die unterliegenden Wirtschaftsverhältnisse bewirkt worden, für welche die angenommene Formel der sozialen Gerechtigkeit nur ein anderer Ausdruck ist; so zwar, daß die Wirtschaft die Realität, die Idee dagegen nur ein reflektiertes Abbild derselben ist.

Darum sind auch — fährt die genannte Lehre fort — die Meinungen darüber, was sozial gerecht sei, allezeit so außerordentlich verschieden; und zwar verschieden nicht nur nach Völkern, sondern innerhalb derselben nach Ständen und Klassen. Denn jene Meinungen spiegeln nur die wahre und reale Unterlage der betreffenden sozialwirtschaftlichen Verhältnisse ab. Diese aber sind in der angegebenen Art verschieden, wonach die Differenzen in den erwähnten Meinungen über Gerechtigkeit für die materialistische Geschichtsauffassung selbstverständlich sind.

Nicht eigenartige und selbständige Bewegungen in einem besonderen, zweiten Reiche der Ideen sind es, die als die wahren Bestimmungsgründe rechtlicher Änderungen betrachtet werden dürfen, sondern Bewegungen in dem einer wissenschaftlichen Erkenntnis allein zugänglichen Gebiete der sozialen Materie, der sozialen Wirtschaft; — das ist ein Grundgedanke des sozialen Materialismus, den er auch dahin formulieren zu dürfen glaubt: Nicht fortschreitende Einsicht in eine mögliche Gerechtigkeit bei der Gestaltung des sozialen Lebens der Menschen vermag zu einer gesetzmäßigen Art des letzteren zu führen; sondern dieses wird durch Klassenkämpfe bestimmt, als Ausfluß ökonomischer Phänomene, soweit nur die geschriebene Menschengeschichte zurückreicht.

Daß auf die Ausbildung und Gestaltung des Rechtes religiöse Vorstellungen und sittliche Ideen ihren Einfluß haben, kann also auch nach der materialistischen Geschichtsauffassung ruhig stehen bleiben. Aber es sind dieses nicht Faktoren, die aus einer eigenartigen und selbständigen Welt stammen, welche von der materiellen Welt der Art nach geschieden wäre und ihre eigenen kausalen Entwicklungsgänge besäße; sondern jene Ideen gehen in ihrer Entstehung auf die materielle Grundlage des sozialen Lebens zurück und sind in ihrer Besonderheit durch die Art und Weise jener materiellen Basis notwendig bedingt. Sofern das Recht unmittelbar durch Ideen bestimmt wird, ist es innerhalb des einheitlichen Kausalzusammenhanges aller Gegenstände unserer Erkenntnis bestimmt worden, und zwar durch etwas, was selbst wieder von der Materie des gesellschaftlichen Daseins der Menschen abhängig ist.

Eine andere Art von Gesetzmäßigkeit des menschlichen Gesellschaftslebens, als die der wissenschaftlich erkannten Bewegungen wirtschaftlicher Erscheinungen und ihnen entsprechender Klassenkämpfe, gibt es nach der Lehre des sozialen Materialismus nicht. Dieses ist die letzte und oberste Einsicht, meint er, die uns in einheitlicher und methodisch allgemeingültiger Weise in das soziale Dasein der Menschen zu tun vergönnt ist.

8

Die materialistische Geschichtsauffassung ist nicht als ein System des Fatalismus gemeint.

Jedenfalls nicht in dem Sinne einer unerforschlichen Notwendigkeit des Fatums, in der aller Gang der Geschichte in fester, doch unerkennbarer Bahn vorgezeichnet sei. Die Meinung Homers, nach der jedem Menschen des Lebens Ziel in unverrückbarer Weise und unbedingt vorgesteckt ist, ohne daß es ihm möglich wäre, den Schleier von dem unausweichlichen Gange der Ereignisse zu lüften, findet sich freilich bei unaufgeklärten Menschen überall; wie sie der Kindheit des Verstandes entspringt, so begleitet sie die in solchem Zustande befindlichen Leute in den verschiedensten Zeiten und durch die mannigfachsten Umgebungen, den Allah ergebenen Mohammedaner so gut, wie den nieder gebildeten Mann in westeuropäischen Landen. Aber mit der Philosophie des Materialismus hat sie nichts zu tun.

Diese geht von dem durchgängigen Grundsatze der Kausalität aus; sie fußt auf dem Satze *non datur fatum* und gründet auf dem Prinzip, daß keine Naturnotwendigkeit eine blinde, sondern eine bedingte, mithin verständliche Notwendigkeit ist. Letztere ist zu begreifen aus ihrer Bedingung: Die Wirkung ist nach ihrer Ursache notwendig; und es läßt sich diese Notwendigkeit aus der Ursache verstehen. Deshalb ist die Tendenz der materialistischen Geschichtsauffassung einem Fatalismus nach dieser Richtung hin durchaus entgegengesetzt. Sie will die gesetzmäßige Notwendigkeit der ökonomischen Phänomene nach dem Kausalitätsgesetz begreifen und darin die allgemeingültige Gesetzmäßigkeit des sozialen Lebens darlegen. Sie unterscheidet sich von der fatalistischen Weltanschauung in gleicher Weise, wie der wissenschaftliche Naturforscher, der in bakteriologischen Untersuchungen die gesetzmäßige Erregung von Krankheiten begreifen will, von dem gemeinen Aberglauben in feindlicher Lösung sich entfernt, der in dumpfer Ergebenheit ein Ende erwartet, dessen ursächliche Einzelbedingungen er verstandesmäßig nicht einsehen zu können glaubt.

Aber es will die materialistische Geschichtsauffassung auch gar nicht in dem Sinne fatalistisch sein, daß sie die wissenschaftlich erkannte Gesetzmäßigkeit in der Entwicklung ökonomischer Phänomene als unabwendbares Schicksal für jede einzelne menschliche Gesellschaft hinnehmen wollte, welche man zu tragen hätte, ohne sich irgendwie zu rühren, und dem gegenüber man überhaupt etwas hülfreich zu leisten gar nicht im stande sei.

Es ist zuzugeben, daß sie in ihren Schlüssen zu diesem Ergebnis sich hätte wenden können. Vielleicht ersteht noch einmal ein sozialer Denker, der der Anregung eines PLETHO und SPINOZA folgt und das Prinzip ihrer Lehren auf das soziale Gebiet in folgerichtiger Ausführung überträgt. Die materialistische Geschichtsauffassung hat es nicht getan.

Ihre Vertreter sind der Meinung, daß durch Operation und heilende Mittel ein Kranker, der nach physiologischen Gesetzen hätte sterben müssen, am Leben erhalten werden kann; und daß der Geburtshelfer, in Kenntnis der hier waltenden Naturgesetze, gar vieles zu tun vermag, um ein lebenskräftiges Kind zur Welt zu befördern, wo sonst ein solches mit fehlender Vitalität geboren worden wäre. Die materialistische Geschichtsauffassung nimmt allgemein an, daß der Mensch im stande ist, wissenschaftlich erkannte Naturgesetze seinen Zwecken dienstbar zu machen. Sie beruft sich auf die vulgäre Erfahrung des alltäglichen Lebens und hält die Möglichkeit einer zweckmäßigen Benutzung von Naturgesetzen für eine so ausgemachte Sache, daß ENGELS sogar von der Lenkung wissenschaftlich erkannter ökonomischer Phänomene vermittelst einer sozialistischen Gesellschaftsordnung meint: „Es ist der Sprung der Menschheit aus dem Reiche der Notwendigkeit in das Reich der Freiheit";[6] — ein Satz von besserem äußeren Klingen, als klarem sachlichen Gehalte.

Denn dieses ist freilich von jedem sozialen Materialisten konsequent festzuhalten, daß alle zweckverfolgende Regelung des Zusammenlebens von der gesetzmäßigen Entwicklung ökonomischer Phänomene ausnahmslos abhängig und in ihrer Sonderart von jener notwendig bedingt ist; so daß von vornherein unklar bleibt, wie dieses Grundgesetz notwendig bestimmender ökonomischer Phänomene an einem gewissen Einzelpunkte menschheitlicher Entwicklung — hier: bei der supponierten Einführung der sozialistischen Produktionsweise — plötzlich außer Kraft treten sollte.

Sieht man jedoch von diesem einzelnen Zweifelsbedenken ab, so verbleibt als Fundamentalmeinung des sozialen Materialismus in der zuletzt besprochenen Hinsicht diese: daß die Menschen im stande sind, gesetzmäßig erkannte Bewegungen ökonomischer Phänomene in zweckmäßiger Art sich nutzbar zu machen, ohne daß durch ein ehernes und unerforschliches Fatum ein prinzipielles Hindernis vorläge; daß aber das Medium des Rechtes in seinem besonderen

Vorgehen durch die betreffenden ökonomischen Phänomene notwendig bestimmt wird. Es ist abhängig und notwendig bedingt, wie die Tätigkeit des Arztes durch die wissenschaftlich erkannten Gesetze des menschlichen Lebens notwendig bestimmt wird. Bei diesem Verhältnis kommt die rechtliche Regelung im Range erst an zweiter Stelle; sie hat sich nach dem gesetzmäßigen Entwicklungsgange der wirtschaftlichen Erscheinungen unerläßlich zu richten und dieser sich folgsam anzupassen: Eine eigene und selbständige Gesetzmäßigkeit gibt es aber, nach der Meinung der materialistischen Geschichtsphilosophie, für sie nicht.

9

Die materialistische Geschichtsauffassung führt als sozialphilosophische Grundlegung auf Karl Marx zurück.[7]

Es ist zwar auch vor ihm gelegentlich schon betont worden, wie die Ausgestaltung des Rechtes von der unterliegenden Wirtschaft bedeutsam abhängig sei, und man hatte bereits in früheren Zeiten nicht selten hervorgehoben, daß die Eigenart eines wirtschaftlichen Lebens von starkem Einflusse auf Ideen und Meinungen und auf den Stand von Kunst und Wissenschaft sein müsse.

Aber um solche kleinere Betrachtung handelt es sich bei der materialistischen Geschichtsauffassung, als einer Sozialphilosophie, gar nicht. Diese will eine objektiv richtige Methode bedeuten, nach welcher das in der Geschichte sich ständig entwickelnde soziale Leben der Menschen in wissenschaftlich begründeter Weise untersucht und begriffen werden soll. Darum liegt in ihrem Prinzip der notwendige Gedanke von einer durchgängigen Gesetzmäßigkeit und einem unbedingt einheitlichen formalen Verfahren bei der Auffassung sozialgeschichtlicher Ereignisse. Es kann nach ihr nicht mehr davon die Rede sein, daß unter anderem das Recht auch von der Wirtschaft abhängig ist; — sondern es sind alle Einzeläußerungen des gesellschaftlichen Daseins der Menschen, und so auch seine rechtliche Form und die staatliche Ordnung im besonderen im letzten Grunde ausschließlich durch Bewegungen der sozialen Wirtschaft bedingt und bestimmt. Und es tritt der soziale Materialismus erst dann hervor, wenn zum Prinzip genommen wird, daß außer der gesetzmäßigen Entwicklung der ökonomischen Phänomene keine andere und höhere Gesetzmäßigkeit des sozialen Lebens des Menschen sei.

Dieser Grundgedanke, welcher das materialistische Prinzip überall erst in das soziale Leben hineinträgt, dürfte aber vor MARX von niemandem in bewußter Klarheit erfaßt und geäußert worden sein.[8] Daß er, der von HEGEL ursprünglich ausgegangen war, in der Ausbildung seiner fundamentalen Gedankenreihe durch LUDWIG FEUERBACH angeregt und gerichtet worden ist, dies ist von marxistischer Seite bereitwillig zugestanden worden. Ein persönlicher Prioritätsstreit über das erste Aufbringen des sozialen Materialismus ist aber für die systematische Erkenntnis sachlich um so mehr gleichgültig, als zweifellos innerhalb des letzten halben Jahrhunderts die genannte Theorie eigentlich ausschließlich an MARX angeknüpft hat.[9]

Allerdings hat MARX niemals eine genügende Ausführung seiner Sozialphilosophie veröffentlicht und überhaupt keine systematische Darlegung und kritische Begründung der materialistischen Geschichtsauffassung geliefert. Sie tritt bei ihm immer nur innerhalb anderer Untersuchungen und literarischer Arbeiten hervor und trägt auch innerlich stets den Charakter des gelegentlich Hingeworfenen. Am eindringlichsten hat er die hier in Frage stehenden Gedanken in dem Vorwort zur Kritik der politischen Ökonomie formuliert;[10] nächstdem in seiner Polemik gegen PROUDHON;[11] und überhaupt hier und da in seinen kleineren Schriften.[12] Am wenigsten finden sich prinzipielle Ausführungen des sozialen Materialismus im „Kapital". Dieses Hauptwerk des genannten Autors zielt in seiner letzten Absicht auf eine Analyse unserer heute bestehenden Wirtschaftsordnung ab. Seine Ergebnisse haben mit der Deduktion einer grundlegenden Sozialphilosophie an sich gar nichts zu tun; weshalb auch die Meinung ganz verkehrt ist, als habe MARX seinen Sozialismus auf seine Durchforschung der kapitalistischen Produktionsweise, etwa auf den angeblich ungerechten Mehrwert des Unternehmers gegründet, während er ihn in der Tat — wie alsbald noch darzutun sein wird — auf der materialistischen Geschichtsauffassung aufbaut. Wer also die von MARX erhaltenen Ergebnisse seiner analytischen Durchforschung der heutigen Wirtschaftsordnung mit einer anderen grundsätzlichen Anschauung vom sozialen Leben zusammenbringt, als der materialistischen Sozialphilosophie, der verfehlt die wahre Meinung und politische Schlußfolgerung jenes Denkers. Dabei ist es selbstverständlich, daß auch im „Kapital" eine Reihe von Einzelanwendungen der marxistischen Sozialphilosophie sich findet; worunter besonders die Ableitung der Ideen von Freiheit, Gleichheit, Brüderlichkeit aus ökonomischen Bedingungen hervorgehoben werden mag.[13]

Derjenige Schriftsteller, welcher am meisten zur Verbreitung der neuen Lehre beigetragen hat, ist FRIEDRICH ENGELS.[14] Er hat ihre Grundgedanken, nach seiner Mitteilung, zum Teil gemeinsam mit MARX ausgearbeitet; dann aber in einigen neuen Wendungen und mannigfachen konkreten Ausführungen aus der sozialen Geschichte sie selbständig vertreten und bei zahlreichen Anlässen vorgestellt. Vor allem hat er durch den erfolgreichen Schlag gegen die unter DÜHRINGS Führung in den siebziger Jahren des vorigen Jahrhunderts sich sammelnde Schar unklarer und eklektischer Sozialisten in Deutschland alle anderen sozialistischen Richtungen fast völlig verdrängt und derjenigen, welche sich auf die materialistische Geschichtsauffassung stützt und als Einzelanwendung für unsere Zeit aus dieser sich ableitet, zum alleinigen Siege verholfen.[15]

So kann man die Darstellung von ENGELS als die vollendetste und als die authentische Wiedergabe der Prinzipien des sozialen Materialismus behandeln. Seine Ausführungen dringen am weitesten in dem Versuche einer allgemeingültigen Theorie des sozialen Lebens und einer grundlegenden Methode der Sozialwissenschaft vor; in ihnen spiegelt sich der Vorzug der materialistischen Geschichtsauffassung, als einer auf Klarlegung der obersten Gesetzmäßigkeit des gesellschaftlichen Menschendaseins gerichteten Bestrebung, ebenso klar wieder, wie alle Schwächen derselben, die aus dem Mangel kritischer Untersuchung der verwendeten Grundbegriffe fließen, dortselbst typisch hervortreten.

Von den nachmaligen Anhängern und literarischen Vertretern des sozialen Materialismus hat keiner die beiden Vorgänger erreicht oder gar übertroffen. Sie alle geben nur Wiederholungen der von jenen gelehrten Sätze. Und nur selten findet sich ein Versuch, einen Zweifel, der sich gegen die gleichförmige Tradition richtet, zum Ausdruck zu bringen oder denselben in gegenseitiger Erörterung und vorurteilsloser Untersuchung zu heben und zu erledigen.[16]

Die gesamte Signatur der marxistischen Literatur läßt sich in der hier interessierenden Richtung dahin bezeichnen, daß sie mit wenigen, mehr aphoristisch hingeworfenen Grundgedanken sich begnügt. Es kommt ihr weniger auf eine theoretische Ausführung ihrer Prinzipien an, und leider noch weniger auf eine kritische Fundierung derselben, als vielmehr auf die einzelne praktische Nutzanwendung der axiomatisch aufgestellten Leitsätze bei der Durchgehung des geschichtlichen und des werdenden sozialen Lebens. Und während sie in eigentümlicher Sorglosigkeit schwierige Kategorien der Sozialphilosophie einsetzt, ohne mit deren begrifflicher Klarlegung und erkenntniskritischer Bedeutung sich aufzuhalten, so hat sie ihre Tätigkeit auf die Einzelbeobachtung des Gesellschaftslebens der Menschen konzentriert, das sie jenen höchst summarisch angenommenen Begriffen in einheitlicher Methode zu unterwerfen sucht.[17] So ist allmählich in ihr ein quantitativ ausgedehntes Material erwachsen, dessen wissenschaftliche Bedeutung vollständig und ausnahmslos von der Möglichkeit abhängig ist, das untergelegte theoretische Fundament und die angenommene philosophische Methode der Geschichtsforschung als Wahrheit und oberste Gesetzmäßigkeit des sozialen Lebens aufrecht zu erhalten. Danach rechtfertigt es sich, wenn wir unsere Betrachtung in strengem Festhalten des Grundgedankens sozialphilosophischer Erwägung nur auf das Prinzip des sozialen Materialismus und nicht schon auf seine versuchte Einzelanwendung richten. Und ich erinnere nur im Vorbeigehen wiederholend daran, daß es sich bei der letzteren ebensowohl um die Abhängigkeit der Religion und der Moral, wie der Kunst und Wissenschaft von dem Wirtschaftsleben handelt; vor allem aber um die Bedingtheit der Bildung sozialer Vorstellungen und Ideen über Gerechtigkeit und Zweckmäßigkeit von ökonomischen Momenten, wie überhaupt um die maßgebliche Bestimmung des gesamten Rechtssystemes durch die soziale Wirtschaft.

10

Die bedeutsamste Einzelanwendung der materialistischen Geschichtsauffassung ist der moderne deutsche Sozialismus.

Es wird nachgerade allgemein als bekannt vorausgesetzt werden dürfen, daß es nicht gelungen ist, unter dem so viel gebrauchten Schlagworte des „Sozialismus“ überhaupt einen einheitlichen Begriff sozialer Theorien und Bestrebungen unterzubringen. Nach beiden Seiten hin — der theoretischen Erwägung wie der praktischen Reformarbeit — fassen sich vielmehr die verschiedenartigsten Richtungen darunter: sowohl hinsichtlich der theoretischen Begründung von der Notwendigkeit einer radikalen Umänderung der überlieferten Rechtsordnung überhaupt, als auch in betreff der Meinungen über die Art und Weise einer solchen Metamorphose. Man hat sich beispielsweise daran gewöhnt, ebensowohl Saint-Simon und Fourier, wie Lassalle und Rodbertus, oder Proudhon und Louis Blanc jeweils als Sozialisten zu kennzeichnen; und doch weisen die Lehren dieser Männer nach den beiden genannten Richtungen hin keine prinzipielle Übereinstimmung und keinen einheitlichen Grundgedanken auf. Denn sie motivieren ihre Reformvorschläge in ganz verschiedener, theoretisch meist recht kümmerlicher Art und gehen in diesen Vorschlägen, was das Verhältnis des Individuums zur Gesamtheit anlangt, weit, ja feindlich auseinander. Christliche Lehre, psychologische Beschaffenheit des menschlichen Trieblebens, soziale Gerechtigkeit, Glück möglichst vieler, und manche andere prinzipielle Auffassung von Ziel und letzter Aufgabe der menschlichen Gesellschaft treten hier auf. Und in den als Mittel eingeführten praktischen Vorschlägen liegt bei jenen Autoren keineswegs der Gedanke eines kommunistischen Zusammenlebens in irgend welcher Übereinstimmung unter ihnen zu grunde; gar manche derselben (besonders energisch PROUDHON) verwerfen sogar jede Anlehnung hieran; und selbst die Verstaatlichung der Produktionsmittel ist durchaus nicht in allen Fällen ein notwendiger Bestandteil der einzelnen Lehre, welche sie fordert, — geschweige denn, daß jene Maßregel den ungeteilten Beifall aller angedeuteten Systeme genösse. Das bloße Moment aber, daß alle diese Richtungen in einer radikalen Weise eine Abänderung der überlieferten Gesellschaftsordnung erstreben, kann unmöglich genügen: Die Aufhebung der Zunftverfassung, die Beseitigung von Sklaverei und Leibeigenschaft war gewiß eine radikale Maßregel gegenüber dem ererbten Rechte, aber niemand spricht hier von „sozialistischer" Reform; und die Lehre des Anarchismus ist wahrlich nicht minder radikal gegenüber der bestehenden Gesellschaft, als die davon mit Fug geschiedenen sozialistischen Ziele.

Endlich würde es auch nicht zutreffend sein, wollte man als sozialistisch solche Bestrebungen bezeichnen, welche auf Gleichheit der einzelnen Menschen bei der Regelung der sozialen Wirtschaft gehen. Denn wenn man dieses als quantitativ gleiche Zwangszuteilung äußerer Güter an die einzelnen fassen wollte, so umfaßt es nur einen Teil dessen, was in fest eingebürgerter Bezeichnung als Sozialismus allgemein angenommen worden ist; sobald jedoch mit jenem nur eine qualitative Gleichartigkeit der Genossen gemeint wäre, so haben dieses die es verfolgenden sozialistischen Richtungen mit freiheitlichen Rechtsbestrebungen und mit anarchistischen Erwägungen gemeinsam.

Es ist eine unlösliche Aufgabe, zu denjenigen sozialen Richtungen, welche im Laufe des vergangenen Jahrhunderts den Beinamen der sozialistischen sich in allgemein üblicher Sprechweise errungen haben, einen einheitlichen sachlichen Begriff zu finden. Man hat sich daran gewöhnt, sehr verschiedene politische Strömungen, die sich in radikaler Art gegen geschichtlich überlieferte Verschiedenheiten der Menschen in deren sozialem Leben wenden, jeweils als sozialistische Bestrebungen zu bezeichnen. Nun aber, da der Sprachgebrauch in dieser Hinsicht sich verhärtet hat, und man eine größere Anzahl politisch radikaler Systeme mit demselben Beiworte des Sozialismus gekennzeichnet hat, müht man sich ganz vergebens, für sie alle einen sachlich einheitlichen Gesamtbegriff zu finden, von welchem jedes einzelne nur eine besondere Abart darstellt. Dieses ist unmöglich. Die verschiedenen Bestrebungen, die man nach und nach jeweils sozialistische genannt hat, hängen im Worte nur zusammen, nicht aber in der Sache.

Es gibt also keinen geschlossenen Begriff des Sozialismus und keine gegenständlich abgegrenzte Bestimmung desselben. Man bezeichnet mit dem Worte Sozialismus verschiedene einzelne Soziallehren, welche den Versuch einer allgemeingültigen Sozialphilosophie geben und es unternehmen, auf dem Grunde dieser entsprechende durchgreifende Reformen zu deduzieren. Aber ihre Philosophie und ihre Praxis stimmt in keinem einheitlichen Prinzip zusammen, nach dem man sachlich einen festen Begriff einer sozialistischen Umformung der Gesellschaft geben könnte.[18]

Diese Zersplitterung geht sogar dermalen immer weiter. Von der dadurch geschaffenen zwanglosen Freiheit der Terminologie hat man in neueren Zeiten nicht nur durch feste Prägung der Ausdrücke vom Staatssozialismus, Kathedersozialismus und evangelisch-christlichen Sozialismus besonderen Gebrauch gemacht, sondern es werden in der sozialen Literatur beständig weitere Versuche unternommen, den hergebrachten Worten einen neuen Sinn zu verleihen.[19]

Wohl aber ist neuerdings in den Ländern westeuropäischer Gesittung eine besondere sozialistische Richtung auf den Plan getreten, welche in verhältnismäßig kurzer Zeit zu ganz außerordentlicher Bedeutung angewachsen ist und vor allem in Deutschland alle anderen Systeme des Sozialismus fast gänzlich verdrängt hat: der marxistische Sozialismus, den wir wegen seiner grundsätzlich verschiedenen Lehre in der sozialen Theorie wie der politischen Taktik gegenüber früheren Sozialisten auch als modernen Sozialismus bezeichnen.

Allerdings wird sein Ziel auch von anderen sozialistischen Richtungen geteilt: Es ist die Kollektivierung der Produktionsmittel, die Überführung aller zur sozialen Wirtschaft nötigen Werkzeuge irgend welcher Art, vor allem des gesamten Grund und Bodens in das Eigentum der Gesellschaft, welche die ökonomische Produktion und den vereinten Kampf um das Dasein dann in planmäßiger Organisation von großen Zentralpunkten aus zu leiten hätte, ein Sondereigentum an Produktionsmitteln und eine freie produktive Arbeit des einzelnen auf seine eigene Verantwortung allerdings fürder nicht zulassen würde.

Das Eigentümliche des modernen Sozialismus im marxistischen Sinne ist aber seine Deduktion aus der Theorie des sozialen Materialismus. Er selbst nennt sich gerne den wissenschaftlichen Sozialismus und meint damit einen nach naturwissenschaftlicher Methode begründeten, der sich auf die Sozialphilosophie der materialistischen Geschichtsauffassung stützt und die konkrete Anwendung dieser letzteren für die sozialen Zustände unserer Tage darstellt.

Der Gedankengang dieser Deduktion ist der folgende:

1. Die soziale Wirtschaft der Neuzeit ist zum größten Teile schon sozialisiert und wird dieses immer mehr. Das heißt: Die Produktion erfolgt in planmäßig organisierter Weise innerhalb ökonomischer Einheiten, in denen Menschen zu gemeinsamer Arbeit für einheitliche Ziele zusammengefaßt werden. Es sind dieses die Fabriken, Bergwerke, der Großgrundbesitz, die Firmen des Großhandels und die mächtigen wirtschaftlichen Unternehmungen jeglichen Großbetriebes überhaupt. Diese ökonomischen Einheiten schwellen im einzelnen stetig an und verringern sich zugleich an Zahl, indem die kleineren von den größeren aufgesogen werden und verschwinden. So hat sich die soziale Wirtschaft unserer Tage gegen die Zustände seit dem Ende des Mittelalters wesentlich verändert: An die Stelle des handwerksmäßigen und des Kleinbetriebes überhaupt ist in weitem und stetig anwachsendem Umfang der planmäßige Großbetrieb, die kapitalistische Produktionsweise, die Herstellung von Waren im Vorrat durch organisierte zusammenstimmende Arbeit vieler getreten. Dadurch sind die ökonomischen Phänomene, welche noch im vorletzten Jahrhundert überwogen, gänzlich umgewandelt; sie haben anderen ökonomischen Erscheinungen Platz gemacht, die in ihrer Eigenart der sozialisierten Wirtschaft immer mehr sich ausdehnen und erstarken.

Über dieser wirtschaftlichen Grundlage schwebt nun aber noch immer die altüberkommene Rechtsordnung längst vergangener Zeiten. Sie hat zu ihrem Kerne Privateigentum des Arbeiters an den Produktionsmitteln und danach ein selbstverständliches Privateigentum an den von ihm selbst (vielleicht mit seinen Familienangehörigen oder wenigen und vorübergehenden Gehülfen) hergestellten Objekten.

Diese Privateigentumsordnung paßt nicht mehr zu der wesentlich geänderten, der sozialisierten Wirtschaft, die in der geschilderten Richtung immer weiter gehen und schließlich völlig sozialisiert sein wird.

Es entsteht ein sozialer Konflikt zwischen der geänderten Wirtschaft und dem stehen gebliebenen Rechte. Im Mittelalter bestand private Produktion und private Aneignung; heute dagegen sozialisierte Produktion und trotzdem Privateigentum an den Produkten. Hier klafft ein Widerspruch zwischen Produktionsweise und Aneignungsweise. Das alte Privateigentum an den Produkten beruhte darauf, daß der Eigentümer diese selbst erschaffen. Heute aber liefert in sozialisierter Produktion jeder nur einen kleinen Anteil zu jedem Produkt; er für seine Person immer nur bestimmte Einzelleistung, vielfach nur einen und denselben Handgriff: Von der Stecknadel bis zur Dampfmaschine gibt es kein Erzeugnis menschlicher Arbeit, das in solchem sozialisierten Betriebe hergestellt wird, von dem nur irgend einer sagen könnte: Das ist mein Produkt, das habe ich gemacht!

Die wirtschaftlichen Verhältnisse bedingen die Gestaltung der Rechtsordnung. Für die letztere gibt es keine selbständigen bestimmenden Gründe, die von der sozialen Wirtschaft unabhängig wären; soziale Ideen und Bestrebungen sind nur Ausfluß und Widerschein von wirtschaftlichen Verhältnissen. Wenn die ökonomischen Phänomene wesentlich andere geworden sind und früheren wirtschaftlichen Erscheinungen nicht mehr entsprechen, so fordern sie auch ein neues Recht. Die bestehende Eigentumsordnung ist nicht ungerecht, gemessen an einem ewig unveränderlichen Idealrechte, — sie ist wirtschaftlich veraltet. Die wissenschaftliche Erkenntnis der ökonomischen Phänomene lehrt, daß deren Wesen in Widerspruch mit dem geltenden Rechte steht, welches auf eigener Produktion mit eigenen Werkzeugen fußte, zu einer sozialisierten Wirtschaft jedoch nicht harmonisch stimmen will.

Das ist der unbehagliche Zustand der heutigen Zeit.

Der soziale Konflikt, der zwischen Wirtschaft und Recht jetzt besteht, zeigt sich namentlich in den industriellen und kommerziellen Krisen der Neuzeit. Sie sind in ihrer ziemlich regelmäßigen Wiederkehr — seit den zwanziger Jahren des neunzehnten Jahrhunderts durchschnittlich etwa alle fünfzehn Jahre — ein Symptom des inneren gesellschaftlichen Widerspruches, unter dem wir leben.

Die sozialisierte Wirtschaft produziert ungeheure Massen von

Waren; und sie ist in ihrer planmäßigen Organisierung einer unbegrenzten Ausdehnung in dieser Hinsicht fähig; wenigstens sehen wir zur Zeit keine Grenze, an der man damit sicher anlangen wird. Aber die geltende Rechtsordnung verlangt, daß die Waren, die in das Privateigentum des kapitalistischen Unternehmers geflossen, erst wieder zu Geld gemacht worden sind, ehe weiter produziert werden kann. Die wirtschaftliche Art unserer Produktion in ökonomischen Einheiten teilt jeder dieser letzteren eine bestimmte Warensorte zu; so daß ein Austausch und eine Ausgleichung zwischen den einzelnen Produktionszentren stattfinden muß. Jeder einzelne Fabrikant, der ausschließlich in seinen Waren säße, und wären sie bergehoch aufgeschichtet, würde ein elendes und kümmerliches Leben führen, wenn er nicht jene Waren gegen andere austauschte. Die ganze Art der Warenproduktion im großen, dergestalt, daß jede wirtschaftliche Einheit nur eine bestimmte Sorte hervorbringt, hat gar keinen Sinn, wenn nicht ein austauschender Verkehr wäre.

Nun findet die sozialisierte Produktion unter Aufbietung aller oder doch möglichst vieler Arbeitskräfte statt; die private Aneignung der produzierten Waren aber geschieht nur von den wenigen Unternehmern, denen die großen Produktionsstätten gehören. So kommt es, daß die Massenproduktion von Waren schneller vorwärts geht, als der Austausch folgen kann. Es entsteht eine Überproduktion, welche die wirtschaftliche Krise hervorruft.[20]

Die sozialisierte Wirtschaft der neuen Zeit strebt nach steter und, soviel wir sehen, unbegrenzter Ausdehnung der Produktion; es liegt in ihr als naturgesetzlicher Zug die Kraft der Ausdehnung. An jeder ihr zugehörigen Einzelerscheinung kann man es beobachten; da, wie erwähnt, ein jeder Produzent angespornt wird, in seinem Unternehmen die Produktion auf das äußerste anzuspornen, weil ihm sonst der gewisse Untergang droht.

In dieser Tendenz und Kraft einer schrankenlosen Expansion ist die Natur der heutigen ökonomischen Phänomene enthüllt und wissenschaftlich eingesehen.

Umgekehrt ist dem Privateigentum von einzelnen Unternehmern an Produktionsmitteln und produzierten Waren eine allgemeine schrankenlose Ausdehnung der Produktion ganz zuwider. Denn je mehr im Ganzen einer sozialen Wirtschaft produziert wird, um so schwieriger wird es für den einzelnen Unternehmer, seine Waren abzusetzen. Und da die Rechtsordnung bei dem Festhalten an dem genannten Privateigentum grundsätzlich darauf beharren muß, daß erst ein austauschender Umsatz stattgefunden habe, ehe die Produktion mit Nutzen weiter gehen kann, so erhellt daraus, daß der beschriebene Widerspruch zwischen Wirtschaft und Recht ganz unauflöslich ist und nur durch das bedingungslose Nachgeben eines von ihnen beseitigt werden kann. Die Triebkraft und Richtung der sozialisierten wirtschaftlichen Produktion, die auf ungemessene Ausdehnung derselben geht, kann mit derjenigen der bestehenden Privateigentumsordnung, die eine Beschränkung der Produktion und Vermeidung der Überproduktion wünschen muß, unmöglich in Einklang gebracht werden: Für beide ist auf die Dauer kein Raum neben einander, so wenig, wie an des KARNEADES Brett im Schiffbruche — eines muß hinab, und nur das andere vermag sich zu retten.

Sobald aber der Marxist einen solchen in Güte nicht löslichen Konflikt zwischen Wirtschaft und Recht deutlich und sicher erkennt, so ist es ihm selbstverständlich, daß das Recht nachgeben muß — zufolge der allgemeinen Gesetzmäßigkeit des sozialen Lebens. Denn für ihn, den Anhänger der materialistischen Geschichtsauffassung, gibt es keine andere soziale Gesetzmäßigkeit, als eine solche der ökonomischen Phänomene. Diese sind ihm, wie oben angeführt, als Materie des sozialen Lebens das einzig Reale und Wahre; sie bedeuten ihm soziale Naturgebilde, deren Wesen und Entwicklungsgesetze man naturwissenschaftlich zu studieren und einzusehen hat. Das Recht aber ist nichts anderes als ein menschlich gefertigtes Instrument; ein Werkzeug, das zur zweckmäßigen Leitung der den ökonomischen Phänomenen innewohnenden Naturkräfte dienen mag, das also ganz und gar von diesen letzteren abhängig ist, sich nach ihnen richten muß und durch sie notwendig bedingt wird.

Die ökonomischen Phänomene sind, nach dieser Lehre, von Natur; — die rechtliche Regelung aber ist ein daneben getretenes Hülfsmittel der Menschen. Die Naturgewalt und die notwendige Gesetzmäßigkeit jener besteht ganz selbständig für sich; und ihre wissenschaftlich erkannten Gesetze vermögen als solche durch Menschenhand so wenig geändert zu werden, wie irgend welches sonstige gesetzmäßige Walten der Mutter Natur. Nur das ist möglich, daß der Mensch nach einer gewonnenen Einsicht in das elementare Treiben der ökonomischen Mächte in geeigneter Weise nach dem unabänderlichen naturgesetzlichen Gange derselben sich richtet und es nicht bei einem blinden Wüten wirtschaftlicher Naturgewalten beläßt, sondern diese, wie andere Kräfte der Natur, für seine Zwecke in seinen Dienst nimmt.

Wohltätig ist des Feuers Macht, — doch wenn der Mensch versucht, das Zähmen und Bewachen mit dürrem Holz und Stroh zu vollführen, so verkennt er dasjenige, was die Gesetzmäßigkeit jener Naturgewalt fordert, und wird das Gegenteil seiner Absicht erreichen. Wer den verheerenden Lauf des Bergstromes im tauenden Frühjahr erschaut, der weiß, daß der quer gezogene Deich des Unterlandes, der ein leises und schwaches Rinnsal aufzuhalten vermöchte, die Fluren vor jäher und gewaltiger Überschwemmung nicht schützen kann; sondern daß man planmäßig an der Quelle beginnen muß, um durch berechnende Regulierung des auszumauernden Bettes dem Streben nach wilderem Ausbrechen des mächtig schwellenden Wassers in richtiger, wissenschaftlich begründeter Weise entgegenzutreten, die Kräfte der Natur zu leiten und friedlich zu führen, anstatt sie wüst zu entwickeln und dann ganz ungenügend eindämmen zu wollen.

So stellt der marxistische Sozialist die Notwendigkeit der Umwandlung unserer Gesellschaftsordnung sich vor. Er fordert sie nicht, um zu einer moralisch guten Ordnung zu gelangen oder zu einem Himmel auf Erden: Sie ist ihm ein notwendiges Gebot der elementar wirkenden Naturmächte ökonomischer Phänomene. Die Privateigentumsordnung ist für ihn nicht unsittlich und ungerecht, sondern ein technisch ungeeignetes Mittel; und in diesem Sinne allerdings gleich welkem Gras und dürrem Herbstlaub im Frühling.

Solange der murmelnde Bach eines gering produzierenden Kleinbetriebes behaglich einherfloß, da konnte der niedere Damm, den der Eigentümer des kleinen Gutes selber aufgerichtet, das rieselnde Wasser in geordnetem Flusse erhalten und sogar es nützlich im Dienste der blühenden Auen verwerten; — jetzt ist es zu starkem Strome gewachsen, immer mächtiger rast er dahin, er paßt nicht mehr in das alte Bett. Weithin strebt das Gewässer sich verderblich zu ergießen, die alten Deiche und Siele können es nicht mehr stauen; ohnmächtig ist die Wehr, die die magern Wellen dereinst geordnet erhielt, vergebens der Versuch, mit ihr die Wucht unermeßlicher Massen zu bannen.

Die Natur fordert ihr Recht. Wer ihrem Walten in dessen sicherem Wesen zuwider sich hält, den verfehlten Versuch wohl erneut, gegen die natürliche Entwicklung zu gehen und diese in seine kleinen Schranken zu pressen, den wird sie zermalmend vernichten. So türmt die Flut der ökonomischen Phänomene unserer Tage als soziale Naturgewalt mit unabänderlichen Gesetzen sich auf: Richte dich nach ihnen, o Mensch, mit deinem Instrument und dem ordnenden Werke, das du jener errichtest! Der Damm, der das Bächlein lenkte, taugt nicht für die Großflut des Stromes — das Recht, das dem handwerksmäßigen Kleinbetriebe regelnd zur Seite stand, frommt nimmermehr als Leiter einer sozialisierten Wirtschaft, als führende Norm der stetig wachsenden und stärker allezeit sich ausdehnenden ökonomischen Phänomene des Großbetriebes.

Das alte Recht ist veraltet. Es fällt nicht ob moralischer Schlechtigkeit, die ihm eignete; es muß den Platz räumen, weil die sozialisierte Wirtschaft gebieterisch es verlangt. Es steht im unversöhnlichen Konflikt mit den ökonomischen Phänomenen unserer Tage, denen es hemmend widerspricht. Sie allein, sie fordern, daß es stirbt. So muß es fallen, es wird fallen, — spricht der moderne Sozialist!

2. Aber die wissenschaftliche Erkenntnis der naturgesetzlichen Entwicklung unserer ökonomischen Phänomene weist zugleich den Weg und das Ziel, auf welches sie hindrängen, und das naturnotwendig erreicht werden wird: die neue Rechtsordnung.

Der Grundcharakter der modernen Industrie ist das planmäßige und zentral organisierte Zusammenwirken von Menschen in direkter Verwendung des einzelnen zu bestimmter, ihm zugewiesener Teilarbeit, die in berechneter Weise mit der der anderen zu einem Ganzen sich zusammenfügt. Innerhalb der einzelnen ökonomischen Einheiten, die in ihrer Bedeutung oben angegeben wurden, ist das bewundernswürdig durchgeführt.[21]

Mit dieser Tendenz steht die Anarchie der Produktion im Ganzen im vollen Widerspruch. Während innerhalb der einzelnen Unternehmung das planmäßig berechnete Schaffen und die Leitung der Produktion in zentraler Art vor sich geht, so vollführt sich das Ganze der sozialen Wirtschaft in planloser Weise. Jede einzelne Unternehmung wirft auf den Markt, was und wie viel ihr gut dünkt. Und dieses führt nun ebensowohl eine Vergeudung von Arbeitsmaterial und Arbeitskräften herbei, als es ein wesentliches Moment zur Aufrechterhaltung der wirtschaftlichen Krisen ist, von denen oben die Rede war.

Das gesetzmäßige Wesen der heutigen ökonomischen Phänomene widerspricht hiernach ebenso unversöhnlich dem Eigentum einzelner Privater an den Produktionsmitteln, wie es der Anarchie in der ökonomischen Produktion des Ganzen der Sozialwirtschaft zuwiderläuft. Die Versenkung in das Grundgesetz der modernen Wirtschaft und ihrer einzelnen Phänomene führt den Sozialisten zu der

Erkenntnis, daß die Triebkraft der natürlichen Lebenselemente unserer wirtschaftlichen Verhältnisse auf eine Vernichtung der beiden genannten Eigentümlichkeiten unseres sozialen Lebens — des Privateigentumes an Produktionsmitteln und der Anarchie in der Gesamtproduktion — hingeht.

Das naturgesetzliche Bestreben der neuzeitlichen ökonomischen Phänomene, sich in das Ungemessene auszudehnen, verlangt daher — eben in naturnotwendiger Art —, daß jene beiden Eigentümlichkeiten beseitigt werden. Und wenn in dem Privateigentum ein veraltetes Positivum menschlicher Einrichtungen vorliegt, das zu streichen und zu beseitigen ist, so ist in der Anarchie der Produktion ein Vakuum gegeben, das durch geeignete positive Maßnahmen zu erfüllen ist.

Dieses kann nicht anders geschehen, als daß durch soziale Gesamtheiten die Produktionsmittel in gesellschaftliches Eigentum genommen werden, und die soziale Wirtschaft als Ganzes in einer planmäßig organisierten Weise unter zentraler Leitung erfolgt.

So erhalten wir als positives Ziel des Anhängers der materialistischen Geschichtsauffassung, der vorstehender Einzelanwendung derselben zustimmt, die Kollektivierung der Produktionsmittel in dem oben näher angeführten Sinne: — nicht als ein zu schaffendes Ideal, als eine frei sich bildende Gesellschaft, welche der Freiheit, Gleichheit, Brüderlichkeit huldige; sondern als naturnotwendiges Ergebnis der Entwicklung unserer wirtschaftlichen Verhältnisse.

Die gesetzmäßige Entwicklung der heutigen ökonomischen Phänomene, das ist die Gesetzmäßigkeit unseres sozialen Lebens überhaupt, treibt notwendig auf eine Aufhebung der Anarchie in der sozialen Produktionsweise als Ganzes, auf eine Verwirklichung und Durchführung des Wesens der schon eingeführten und sich ständig ausbreitenden sozialisierten Wirtschaft: auf die sozialistische Gesellschaftsordnung der hier geschilderten Art.

11

Es ist sonach ein schwerer Irrtum, anzunehmen, daß der moderne Sozialismus, der auf der Lehre von Marx gründet, das Eigentum abschaffen wolle, und daß dieses fallen solle, weil es in sich eine ungerechte Einrichtung involviere, wenn der eine viel, der andere wenig oder gar nichts sein Eigen nennen kann. Ein Soll, als einen selbständigen Bestimmungsgrund für gesellschaftliche Regelung, der einer eigenen Gesetzmäßigkeit unterliegt, gibt es für den sozialen Materialisten überhaupt nicht; sondern nur die Notwendigkeit einer naturgesetzlich sich vollziehenden wirtschaftlichen Entwicklung, auf die man sich einrichten und nach welcher man sich richten kann — notwendig abhängig und bedingt von ihr.

Der Marxismus macht nicht etwa den Vorschlag, die Produktionsmittel den Unternehmern gegen Entschädigung oder ohne solche abzunehmen und dann kommunistisch zu produzieren; er behauptet diese Kollektivierung als eine Notwendigkeit, die in jedem Falle sicher eintreten wird. Nicht weil die sozialistische Gesellschaft ein gerechter und freier Idealzustand von absoluter Geltung für die Menschheit sei, so soll sie proklamiert werden; sondern weil die ökonomische Produktionsweise der neuen Zeit es gebieterisch erheischen wird, so wird sie kommen. Darum ist es auch falsch, wenn man geglaubt hat, daß Marx seinen Sozialismus auf seine Lehre vom Mehrwerte in der kapitalistischen Produktionsweise gestützt hätte; etwa dahin, daß er meine: Weil der Kapitalist den Lohnarbeiter mit Sicherheit ausbeute und ihn mehr arbeiten lasse, als der Lohnzahlung entspreche, deshalb sei der Gewinn des Unternehmers in seiner Eigenschaft als „Mehrwert" unsittlich und verdiene es, abgeschafft zu werden; was nun bloß durch den sozialistischen Staat geschehen könne. Marx liegt dieser Gedanke ganz fern. Und alle erwähnenswerten Anhänger von ihm haben sich hierüber niemals im Schwanken befunden.[22]

In ganz gleicher Weise verfehlt den Grundgedanken des Marxismus, wer dessen sozialistische Doktrin auf das kränkende Gefühl mangelnder Gleichheit in der sozialen Stellung der Menschen stützen und daraus die Forderung eines sozialistischen Staates herleiten will.[23] Und auch Lange spricht von einem ganz anderen Sozialismus, als dem marxistischen, wenn er dessen Begründung letztlich darin findet, daß der vierte Stand von der Kultur, die er wesentlich erzeugen helfe, sich ausgeschlossen sehe; so daß nun der Vorschlag eines sozialistischen oder gar kommunistischen Gemeinwesens zur Abstellung jenes Übels auftrete.[24]

Der Marxismus fordert nichts; er konstatiert und will die sozialen Vorgänge nach naturwissenschaftlicher Art und Methode erkennen. Er geht mit nichten davon aus, daß es eine Ungerechtigkeit sei, wenn der eine Mensch über mehr und bessere Güter dieses Lebens zu verfügen habe, als ein anderer; er entwirft nicht ein ideales Staatsgebilde, in welchem brüderliche Gerechtigkeit herrsche.

Sondern er beobachtet kühl den Gang der ökonomischen Phänomene. Diese verraten ihm, wie er sagt, daß die heutige Gesellschaftsordnung mit der sozialistischen schwanger geht und die letztere naturnotwendig gebären muß; ihm, dem erkennenden Sozialisten, verbleibt nichts, als auf die sicher eintretende Notwendigkeit der sozialen Umgestaltung, auf Grund der gewonnenen Einsicht des Kommenden, geeignet sich und andere vorzubereiten und dann hülfreichen Beistand zu leisten.[25]

Man fragt häufig: ob denn der sozialistische Staat sich nicht als eine unerträgliche Zwangsanstalt darstellen würde; und ob der Kommunismus nicht deshalb ganz unzweckmäßig sein müßte, weil bei fehlendem eigenen Interesse jedes einzelnen keiner sich genügend abmühen und dann die Produktion znrückgehen würde. Man zweifelt auch daran, daß in zweckentsprechender Weise eine gut funktionierende Zentralleitung der Produktion, und vor allem der Erziehung und der Berufswahl des einzelnen sich einrichten lasse. Für den Marxisten bestehen diese Zweifel nicht, weil die dabei unterliegende Fragestellung ihm überhaupt nichts bedeutet. Nach seiner Theorie gibt es kein Erschaffen eines guten oder ungerechten Staatswesens; sondern nur die Möglichkeit, nach naturgesetzlich weiter treibenden ökonomischen Phänomenen sich zu richten und einer kommenden Naturnotwendigkeit der sozialen Entwicklung sich anzupassen. Für ihn steht der Wille, die bestehende Eigentumsordnung aufrechtzuerhalten, auf einer Linie etwa mit einem Gesetzesvorschlage dahin, daß die Erde nicht weiter zu erkalten habe. Beschließt immerhin, würde er sagen, die ihr im vollen Herbste jetzt erntet, daß diese euch so freundliche Jahreszeit ewig dauern soll: Der Winter wird doch kommen; und wer solches weiß, der wird bei rechter Zeit darauf sich einrichten.

Ob das in festem Naturprozeß sich ausreifende Kind dereinst kräftiger, gesünder, schöner und besser als die Mutter sein werde, — wer kann es wissen? Für den modernen Sozialisten kann es in keinem Fall entscheidend sein. Er fordert nicht die sozialistische Gesellschaftsordnung, sondern er erwartet sie. Sie muß kommen, denn die soziale Wirtschaft unserer und der nächstkommenden Zeit, die man wissenschaftlich erkennt, die fordert es. Und wenn diese Forderung der sozialen Wirtschaft in einen gedrückten und menschenunwürdigen Zustand hineinführen würde: Der allgemeinen Gesetzmäßigkeit können wir nicht ausweichen. Die Wirtschaft befiehlt, das Recht hat ihr zu folgen — das ist das Grundgesetz des sozialen Lebens, das allgemeine Gesetz der Menschengeschichte. Wenn die ökonomischen Phänomene die Kollektivierung der Produktionsmittel fordern, so bleibt von der Frage, ob diese Umgestaltung erfreulich ist oder nicht, nach der Lehre der materialistischen Geschichtsauffassung gar nichts mehr übrig. Wir können es nicht ändern, daß bei Frost und Hunger der Mensch schließlich umkommt; man muß sich dem zwingenden Gebote des Naturgesetzes fügen. Ob das Eintreffen des Sozialismus zweckmäßig sei, ist nach dem Marxisten ganz falsch gefragt: — Es ist notwendig.

Es klingt etwas an die Stimmung des Egmont an.

„Wie von unsichtbaren Geistern gepeitscht, gehen die Sonnenpferde der Zeit mit unsers Schicksals leichtem Wagen durch; und uns bleibt nichts als, mutig gefaßt, die Zügel festzuhalten, und bald rechts, bald links, vom Steine hier, vom Sturze da, die Räder wegzulenken. Wohin es geht, wer weiß es? Erinnert er sich doch kaum, woher er kam.“

Allein die materialistische Geschichtsauffassung nimmt den notwendigen Gang der sozialen Geschichte, wie oben schon von uns bemerkt, nicht in wirklich fatalistischem Grundzuge. Ihr letzter Gedanke ist nicht ein unabänderlich beschließendes Schicksal, dessen unerforschlicher Machtspruch von vornherein unweigerlich feststände: Ihre Meinung geht auf gesetzmäßiges Walten sozialer Naturmächte, die der Mensch zu erkennen hat, um dann danach zielbewußt vorzugehen. Ihr Bild ist für das letztere die Tätigkeit des Geburtshelfers. Der ideal entworfene Staat ist für den auf dem Boden der materialistischen Geschichtsauffassung stehenden Sozialisten ein Homunkulus, das gerechterweise organisierte Utopien gleicht dem Machen eines Menschen in der Retorte. Die sozialistische Gesellschaft aber ist im Mutterleibe der jetzigen enthalten; sie reift heran und drängt dann zu neuem eigenen Leben, — so sorge man beizeiten dafür, sagt der Marxist, daß ein gesundes und lebenskräftiges Kind zur Welt komme; man erleichtere den Akt der Geburt, man helfe, begünstige!

Wie späterhin das Kind zu nähren und zu kleiden ist; wie es erzogen, geleitet und ausgebildet werden muß, das kann derjenige nicht wissen, dem die Rolle des Geburtshelfers zugefallen ist. Marx hat niemals des näheren mit den entsprechenden Fragen für die naturgesetzlich kommende sozialistische Gesellschaft sich befaßt und gar nicht irgend wann einmal von der Organisation und der Lenkung der alsdann eingetretenen sozialistischen Produktionsweise gesprochen; noch auch von der Art der Konsumtion und der Verteilung der

Produkte an die Genossen. Ebenso kann und muß der Marxist, solange er strenge auf dem Boden der materialistischen Geschichtsauffassung verbleibt, ganz folgerichtig jede Einzelauskunft über den sozialistischen Zukunftsstaat ablehnen. Seine Aufgabe ist nicht die Entwerfung des Organisationsplanes einer zu schaffenden Gesellschaft, sondern nur die Vorbereitung auf ein notwendig eintretendes soziales Ereignis.

Wehe der Mutter, die es beizeiten versäumt, auf den Zustand ihrer Schwangerschaft achtzuhaben und auf die kommende Geburt sich vorzubereiten! Dreimal wehe über solche, die es unternehmen, dem jungen keimenden Leben in seinem naturgemäßen Vorwärtsdrängen quacksalbernd entgegenzuarbeiten und den notwendigen Austritt aus der Mutter Schoß freventlich hintanhalten zu wollen! — nichts kann der marxistische Sozialist von dem Standpunkte seiner sozialwissenschaftlichen Erkenntnis aus schärfer verurteilen. Doch steht es freilich nicht anders, falls jemand versuchen wollte, das Kind zur Welt zu bringen, bevor es genügend zur Reife gelangt ist. Dieses zu bewirken, liegt außer menschlicher Macht: — ganz ebenso ist es mit der kommenden Gesellschaft. Nichts kann, gerade nach der Meinung des modernen Sozialisten, schädlicher, nichts verderblicher sein und allem Naturgesetze schärfer widersprechen, denn ein Versuch, durch eine gewaltsame Revolution ein sozialistisches Gemeinwesen plötzlich erschaffen zu wollen. Die Entwicklung der ökonomischen Phänomene führt uns, seiner Ansicht nach, zu dem Punkte, da die Umgestaltung zur Notwendigkeit wird; bevor wir dahin gelangt sind, braucht man nicht sowohl durch Revolution jenes Ziel nicht zu erreichen, sondern kann es gar nicht.

Man muß die Pflanze behüten und bewachen, aber darf nicht zerstörend die Knospe gewaltsam aufbrechen: dann wird sie in ruhiger Sicherheit, den Gesetzen der allwaltenden Natur gehorchend, leicht sich selbst erschließen. So reift auch die sozialistische Gesellschaft heran; nimmt man das Bild nicht zu genau, so kann man in schulgerechter Anwendung der materialistischen Geschichtsauffassung allerdings sagen: Wir wachsen in jene hinein.

Es verwirft also der marxistische Sozialist den Gedanken, daß durch einen gewaltsamen Umsturz die jetzige Gesellschaftsordnung vernichtet und durch Dekret gewalttätiger Machthaber an der Spitze aufrührerischer Volksmassen das sozialistische Gemeinwesen eingeführt werden solle. Und zwar meint er nicht sowohl, daß sich die Überzeugung von der Vortrefflichkeit und Gerechtigkeit der Kollektivierung der Produktionsmittel allgemach in weiterer Aufklärung allüberall verbreiten und schließlich alle oder doch weitaus die meisten Menschen beherrschen werde; sondern er gründet die Notwendigkeit einer abwartenden und nur vorbereitenden Haltung auf die von ihm angegebene wissenschaftliche Erkenntnis des gesetzmäßigen Entwicklungsganges der ökonomischen Phänomene. Allerdings nennt er sein Bestreben revolutionär. Aber es ist das nur in übertragener Weise gemeint:[26] Der Marxist will die Köpfe revolutionieren, das heißt in den Gemütern der Volksgenossen die materialistische Geschichtsauffassung in allen ihren Konsequenzen einbürgern und durchführen. —

Über diese theoretische Begründung des modernen Sozialismus auf der Basis der materialistischen Geschichtsauffassung herrscht weithin Unklarheit und Nichtwissen. Der Marxismus hat sich heute zur Leitung der mächtigsten sozialen Bewegung aufgeschwungen. Aber über seine Theorie und seine Ziele im praktischen Vorgehen dürften nur ganz wenige gründlich unterrichtet sein. Das gilt nicht zum wenigsten von solchen, welche der von ihm geführten Bewegung zweifelnd oder feindlich gegenüberstehen und dieses innerhalb der praktischen politischen Kämpfe zum Ausdrucke bringen. Verhielte sich das anders, so wäre es ganz unerklärlich, wie man überall da, wo der moderne Sozialismus bekämpft werden soll, auf eine Grundmeinung seiner Gegner stößt, welche von demjenigen, was er selbst zur theoretischen Unterlage nimmt und folgerichtig zu bewähren sucht, ganz und gar verschieden ist.

Bürger und Sozialisten reden heftig aufeinander los; jeder will den andern treffen, möchte die Hörer für sich gewinnen, den Gegner widerlegen. Aber sie reden aneinander vorbei. Sie sprechen von ganz verschiedenen Grundauffassungen des sozialen Lebens. Keiner trifft das, was der andere gemeint hat.

Lasset uns ihr streitendes Zwiegespräch einmal belauschen!

12

Der Bürger. Welch ein verkehrter Plan, dieser sozialistische Zukunftsstaat! Wenn Ihr solchen verwirklicht, so werdet Ihr ein Gemeinwesen einrichten, das nicht besser als ein Zuchthaus ist. Niemand wird mehr freie Selbstbestimmung über sich, über seine Habe und sein Heim besitzen. Es werden lauter Sklaven einer allmächtigen Gesellschaft sein, die über den einzelnen nach schrankenlosem Belieben verfügt.

Der Sozialist. Die wirtschaftlichen Verhältnisse haben sich dahin gestaltet, daß eine stets wachsende Anzahl von Menschen schon heute jene freie Selbstbestimmung, die Ihr nennt, verloren hat. Die Tendenz dieser unabänderlichen Entwicklung geht dahin, sie immer zahlreicheren Existenzen zu rauben. Unsere Wirtschaft sozialisiert sich in ehernem Naturprozeß immer mehr. Das Wesen unserer naturgesetzlich unaufhaltsam weiter treibenden ökonomischen Phänomene bedingt in sicherer Notwendigkeit, daß die Anarchie der Produktion aufhöre.

Der Bürger. Wie soll dieses je ersprießlich durchgeführt werden? Wenn die Verantwortung des einzelnen für sich und seine Angehörigen schwindet, so wird Unfleiß und Sorglosigkeit herrschen, eine unerhörte Vergeudung von Material und Produkten eintreten, und niemand mehr um Verbesserungen und Fortschritt sich mühen. Wir würden in einem interesselosen Dasein verharren, etwa wie Südsee-Insulaner. Es wäre die Blütezeit der Faulen und Energielosen und Liederlichen; die in höchst ungerechter Weise die Minderheit der Tüchtigen und Gewissenhaften ausbeuten möchte. Euer Vorhaben geht gegen die menschliche Natur: Man darf keine Anstrengung des Menschen erwarten, wenn der Ansporn fehlt, der nur in einer gesunden Begünstigung der Eigenliebe eines jeden liegen kann.

Der Sozialist. Die Durchschnittseigenschaft der Menschen, die Ihr menschliche Natur nennt, ist in ihrer Sonderart nur der Reflex der wirtschaftlichen Verhältnisse und in ihrer eigentümlichen Besonderheit völlig von diesem Nährboden abhängig. Ändert die soziale Umgebung, das „milieu", und Ihr verändert mit Einem Schlage die Sitten, die Gewohnheiten, die Leidenschaften und die seelischen Empfindungen der Menschen. In einer sozialen Wirtschaft, die sich prinzipiell auf dem Egoismus der einzelnen aufbaut, geschieht natürlich kaum etwas Großes, das von jener Triebfeder ganz unabhängig wäre. Aber menschliche Ideen und Beweggründe sind nur Wirkung und Widerschein ökonomischer Phänomene; wenn diese sich so geändert haben werden, wie wir es in seinem sicheren Verlaufe im voraus erkennen, wenn das wirtschaftliche Leben ganz und gar sozialisiert sein wird, und alle gesellschaftlichen Bedingungen, unter denen Menschen leben, jenen entsprechend gestaltet sind: so ist es eine sichere Notwendigkeit, daß menschliches Empfinden und Tun den sich frei entfaltenden

Produktivkräften in spielender Lenkung derselben sich anschließt und den sozialistisch gewordenen ökonomischen Phänomenen parallel gehen wird.

Der Bürger. Das könnt Ihr nicht beweisen, daß die Menschen jemals eine solche Umformung der menschlichen Natur zu stande bringen können. Es sind dies philanthropische Träume, für deren Realisierung sich die einzelnen weder als Bildner noch als zu Bildende jemals eignen werden. Den egoistischen Grundzug im Wesen jedes einzelnen werdet Ihr nie ausmerzen. Und wenn Ihr Euern sozialistischen Staat wirklich zu stande bringen würdet, so müßte er wegen der psychologischen Unmöglichkeit seiner Durchführung wieder fallen und zu grunde gehen.

Der Sozialist. Wir haben keine Wahl. In letzter Linie entscheiden nicht die Menschen in angeblicher Freiheit, sondern die wirtschaftlichen Verhältnisse, die stärker sind, als jene. Sollten wirklich die Menschen sich ganz unfähig erweisen — wofür kein Grund vorliegt —, in eine sozialistische Gesellschaft einzutreten, so würde das Menschengeschlecht zu grunde gehen oder doch alles Kulturleben verlieren. Der naturnotwendige Gang der ökonomischen Phänomene aber läßt sich nicht aufhalten. Diese machen die Sozialisierung der Gesellschaft unabweislich notwendig; — erziehen wir darum die Menschen zu Sozialisten: Daß wir bei der jetzigen Gesellschaftsordnung stehen bleiben, das duldet die wirtschaftliche Entwicklung nicht, die allein in dieser Frage souverän ist.

Der Bürger. Und was wäre gewonnen, wenn man es zuwege brächte, den Zukunftsstaat zu schaffen und durchzuführen? Bei gleicher Ertragsteilung würden nach zuverlässiger Berechnung auf jeden nur jährlich 842 Mark entfallen. Das aber nur in der heutigen Gesellschaft, da jeder gezwungen ist, mit Anspannung aller seiner Kräfte zu schaffen und als nützliches Glied des Gemeinwesens sich zu erweisen. Im sozialistischen Staate, wo sich niemand für sich selbst unmittelbar zu mühen hat, wird wegen der sicher zu erwartenden Unterproduktion geradezu Not eintreten. Auch rein technisch kann man die Schaffung einer derartigen Gesellschaftsordnung nicht befürworten.

Der Sozialist. Die jetzige Not kommt nur daher, daß eine veraltete Rechtsordnung der ungehemmten Tätigkeit wirtschaftlicher Produktivkräfte sich hindernd in den Weg stellt. Diese ökonomischen Kräfte sind einer ungemessenen Entwicklung fähig, sobald das Hindernis des Privateigentums an den

Produktionsmitteln beseitigt ist. Wer die ungeheure Expansionskraft unserer ökonomischen Phänomene in ihrem naturgesetzlichen Walten wissenschaftlich erkannt hat, der weiß auch, daß sie in unaufhaltsamem Vorgehen die erwähnten Fesseln des Privateigentums sicher sprengen werden. Und dann kann die Produktion in das Ungemessene gehen: Der Tisch ist für alle gedeckt.

Der Bürger. Es ist ja ganz unmöglich, von einem einzigen Zentralpunkte aus in einem großen und entwickelten Gemeinwesen alles zu leiten; genau und zweifelsohne zu überschauen, welche Bedürfnisse zu befriedigen sind, was für welche auftreten werden, und was in der gesellschaftlichen Produktion vorzusehen ist. Die Schöpfung eines sozialistischen Staates würde bald nach der Gründung desselben auf unübersteigliche Hindernisse in jener Richtung stoßen; und sie würde solche auch darin bieten, daß die rechte Ausbildung und Beschäftigung des einzelnen durch zwangsweise Anordnungen staatlicher Beamten stets unvollkommen und verderblich wirken muß. Welch ein ungeheures Beamtenheer würde dieser Zukunftsstaat erfordern. Gebt mir ein Bild davon, wie Ihr Euch das sozialistische Gemeinwesen, das Ihr vorschlagt, überhaupt denkt.

Der Sozialist. Wir erkennen deutlich, wie die naturgesetzliche Entwicklung der ökonomischen Phänomene dahin drängt, daß die gesamte Wirtschaft der zivilisierten Völker sozialisiert werden wird. Diese Tendenz des gesetzmäßigen Vorwärtsschreitens unserer Sozialökonomie ist außer Zweifel. Wir begünstigen diese naturnotwendige Entwicklung, weil es ein Unding ist, dem, was die Natur sonst mit elementarer Gewalt bewirken wird, sich entgegenzustemmen; und weil es ein Unrecht ist, der gesetzmäßigen Forderung der Weltgeschichte gegenüber untätig zu bleiben. So treffen wir Fürsorge, daß dann, wenn die ökonomischen Phänomene die Umgestaltung der Gesellschaft den Menschen notwendig machen, in dem zielbewußten Proletariat tüchtige Leute da sind, welche die notwendige Reform gut vollziehen. In welcher einzelnen Weise das demnächst geschehen wird, kann niemand wissen; ebensowenig, wie die Einzelheiten der Zukunft irgend jemand voraussagen kann. Die unausweichliche Richtung im ganzen sehen wir ein: Wir erkennen, daß die heutige Gesellschaft zu gunsten der sozialistischen abdanken muß, die sie selbst in notwendigem Gange gebiert; was für Augen und Glieder das Kind haben wird, das jetzt im Mutterleibe ist, und ob es vielleicht rote Haare besitzen mag, das können wir nicht wissen.

Der Bürger. Es ist also auf eine Vernichtung unserer altererbten Kultur abgesehen! Ihr wollt die Familie auflösen und die freie Liebe einführen, den Menschen ihre Kinder nehmen und diese in ausschließlich staatliche Erziehung bringen und eine Rechtsordnung aufstellen, in der eine öde und unfruchtbare Gleichheit aller zutage gefördert wird. Das ist aber gar kein idealer Zustand, der in diesem Entwurfe Eurer Staatsverfassung sich darstellt.

Der Sozialist. Die wirtschaftlichen Verhältnisse haben das Familienleben des Proletariers vernichtet, als sie Frau und Kinder, vom häuslichen Herde weg, auf die Arbeitsstätte, dem Manne gleich, beriefen; sie lösen auch weiterhin die Bande der Familie alter Zeiten, die auf anderer ökonomischer Grundlage gebildet war. Es sind die wirtschaftlichen Erscheinungen der Neuzeit, welche eine andere Gesellschaftsordnung fordern. Die Arbeiterklasse hat keine Ideale zu verwirklichen; sie hat nur die Elemente der neuen Gesellschaft in Freiheit zu setzen, die sich bereits im Schoße der zusammenbrechenden Bourgeoisgesellschaft entwickelt haben.

Der Bürger. Diese Neuschöpfung eines ganz anders gearteten Staatswesens würde eine blutige Revolution bedeuten. Ihr predigt den gewaltsamen Umsturz; auch wenn Ihr dieses leugnet. Denn Ihr wollt eine Gesellschaftsverfassung einführen, der die meisten von uns widerstreben; so ist die notwendige Folge Eurer Lehre und Eures Strebens der Bürgerkrieg und brutale Gewalt.

Der Sozialist. Die Gewalt ist reaktionär und kulturfeindlich. Wir revolutionieren die Köpfe; wir befreien sie von den ideologischen Vorurteilen und zeigen dem denkenden Proletariat, wie die gesetzmäßige Entwicklung unseres sozialen Lebens sich notwendig vollziehen muß, und welche Aufgaben hieraus jenem erwachsen. Es ist ein naturnotwendiger wirtschaftlicher Prozeß, daß die heutige Gesellschaft zu grunde geht und von der sozialistischen abgelöst wird.

13

Man sieht, sie verstehen sich nicht!

Der erste spricht von einem Staate, der gemacht werden soll, der andere von einer Art des menschlichen Gesellschaftslebens, das notwendig kommen wird; — auf dessen gesetzmäßiges Eintreffen man sich für jetzt nur einzurichten hat.

Jener meint, daß von einem idealen Staatswesen die Rede sei, das nach Ideen des Guten und Gerechten in unbedingter Vollkommenheit auszusinnen und als Ziel zu verfolgen wäre; und dann bekämpft er diesen Zukunftsstaat als unausführbare Utopie. Der moderne Sozialist handelt dagegen von einer empirisch erwachsenden Notwendigkeit, nach der unter den neuzeitlichen Verhältnissen der kapitalistischen Sozialwirtschaft die Kollektivierung der Produktionsmittel sicher kommen werde.

So setzt jeder bei dem andern diejenige theoretische Grundlage voraus, von der er selbst ausgeht. Gerade diese Fundamente sind jedoch ganz verschieden. Sie gehen von zwei sich völlig widersprechenden Auffassungen des sozialen Lebens aus und tummeln sich in getrennten Elementen.

Darum hat der Kampf mit geistigen Waffen gegenseitig noch nichts helfen wollen. Weder im Guten noch Schlimmen hat er zu wirken vermocht. Die Gegner fanden sich gar nicht; sie trafen sich nicht und konnten sich nicht treffen. Es war der Kampf des Bären mit dem Haifische.

Wer den modernen Sozialisten verstehen will, muß auch auf dessen Gedankengang eingehen. Es ist ja nicht nötig, daß jeder den ersten Teil des eben genannten Satzes erfülle. Wer sich insbesondere auf Spezialstudien im Gebiete der Wissenschaft des sozialen Lebens der Menschen grundsätzlich beschränken will und beispielsweise auf geschichtliche Sonderforschung sich zurückzuziehen beliebt, hat vorderhand nicht nötig, um diese mächtigste aller unserer sozialen Bewegungen — die auf das Ganze unseres gesellschaftlichen Daseins geht — sich seinerseits persönlich zu bekümmern. Ich spreche vielmehr nur von demjenigen, dem die moderne sozialistische Bewegung einiges Interesse abzugewinnen vermag; der darüber nachdenken und sich dabei ein Urteil selbständig bilden will. Wem dieses erwünscht scheint, dem kann freilich die Kenntnisnahme der Theorie, welche die erwähnte Bewegung in unseren Tagen leitet, durchaus nicht gespart werden; und jemand, der nun gar hierüber mitreden und seine Ansicht davon irgendwie kundgeben will, von dem darf man mit Fug verlangen, daß er die Meinung, gegen die er so eifrig loszieht, auch in ihrem wirklichen Sinn erforscht. So aber ist es ganz unleidlich, daß jemand, der von Kollektivierung der Produktionsmittel und von Beseitigung der sozialen Klassen und Stände unseres historischen Herkommens hört, bei sich zu Rate darüber geht: wie wohl einer auf diese Bestrebung gekommen sein mag; und dann gegen dasjenige loszieht, was ihm als angenommene theoretische Grundlage in persönlichem Meinen erschienen ist.

Nur durch ein derartiges unzulässiges Vorgehen erklärt es sich, daß immer wieder von dem kommunistischen Staatsideal, als der angeblichen Grundmeinung des modernen Sozialismus, geredet wird; und daß das stets wiederholte Bemühen auftritt, gegen jene vorgegebene ideale Rechtsordnung, welche die Marxisten zu erschaffen versuchten, ethische und technische Einzelbedenken vorzubringen. Wir zeigten, daß dieses eine unrichtige Unterstellung ist.[27]

Ich bestreite dabei nicht, daß in der jetzt sehr angeschwollenen sozialistischen Flut eine starke idealistische Unterströmung sich findet. Schon bei einzelnen hervorragenderen Vertretern des Marxismus schimmert auch in ihren theoretischen Auslassungen über den vielleicht mühsam angequälten sozialen Materialismus der ideale Zug, das Ziel und Streben nach sozialer Gerechtigkeit, hindurch. In der breiten Masse vollends tritt dieser unversöhnliche Widerspruch mit der materialistischen Geschichtsauffassung des Marx au allen Ecken und Enden scharf genug zutage. Es mag dem Geschichtschreiber in kommenden Zeiten eine anziehende Aufgabe sein: das Zerbröckeln und Zerteilen der in diesen Tagen äußerlich so ausgedehnten sozialistischen Partei Deutschlands in seinen Gründen zu erforschen. Dann wird er aber nicht bei feindlichem Drucke und zwangsweiser Verfolgung, noch auch bei persönlicher Gegnerschaft und subjektiver Eifersucht von Führern, oder bei anderen kleinen Äußerlichkeiten stehen bleiben dürfen; dann muß das schärfste Augenmerk auf den klaffenden Zwiespalt fallen, der sich im Schoße der Bewegung zwischen der leitenden Theorie materialistischer Sozialphilosophie und zwischen dem dadurch nur zeitweise niedergehaltenen Zuge nach einer guten und gerechten Ausgestaltung des sozialen Lebens aufgetan.[28]

Doch wir sind in Gefahr, von dem Thema unseres Werkes abzuschweifen. Wir haben es weder mit dem Sozialismus als solchen, noch mit den politischen Strömungen unserer Tage an und für sich zu tun. Es ist uns eine vorübergehende Berührung dieser Fragen nur dadurch aufgenötigt worden, daß der moderne Sozialismus als eine Einzelanwendung der behandelten materialistischen Geschichtsauffassung aufgetreten ist und darum in der besonderen Gestalt, die er durch den Marxismus erhalten hat, zur Illustrierung der genannten Sozialphilosophie besonders geeignet erscheint.

Es ist also nicht der Sozialismus, den wir behandeln, sondern die dem modernen Sozialismus zu grunde liegende soziale Theorie, welche hier untersucht und erörtert werden soll. Jener kann überhaupt keine Sozialphilosophie bedeuten. Er kann immer nur die besondere Anwendung einer solchen sein. Am wenigsten aber tritt der marxistische Sozialismus mit dem Anspruche auf, eine allgemeingültige Rechtsordnung dergestalt zu liefern, daß sie für alle Zeiten und Völker berechtigt und möglich wäre.

Als vor einiger Zeit (ich weiß nicht, ob mit Recht) das Gerücht sich verbreitete, daß die Isländer ihre Heimat zu verlassen und nach Amerika auszuwandern beabsichtigten, so wurde der Vorschlag laut, das Land den marxistischen Führern der Sozialisten zur Verwirklichung ihres Zukunfsstaates zu überlassen. — Nichts kann den Grundgedanken des Marxismus mehr verfehlen, als dieser Vorschlag es tat. Er mochte die Phalanstère des Fourier treffen; dem marxistischen Sozialismus, der die Kollektivierung der Produktionsmittel als notwendiges Ergebnis einer naturgesetzlichen Entwicklung bestimmter ökonomischer Phänomene erwartet, begegnet er überhaupt nicht.

Wer also über den modernen Sozialismus urteilen und sprechen will, muß auf dessen theoretische Grundlage, auf die materialistische Geschichtsauffassung, zurückgehen; oder aber er wird den Sinn, in welchem jener aufgestellt ist, ganz und gar verfehlen. Noch herrscht aber in der Führung der sozialistischen Bewegung der soziale Materialismus; er wird bewußt festgehalten und allenthalben so viel wie möglich durchzuführen gesucht. Vor allem geht nach außen hin die ganze Bewegung geschlossen vor: In dem Programm, das sie sich gegeben, und in dem Streite mit den Gegnern fußt sie auf der materialistischen Sozialphilosophie als ihrer letzten Grundlage; zu ihr kehrt sie immerdar, als dem festen Halte und den Wurzeln ihrer Kraft, zurück; und alle ihre Deduktionen sind aus der materialistischen Geschichtsauffassung als ihrer allgemeingültigen Methode für gesetzmäßige Erforschung des sozialen Lebens der Menschen hergeleitet.[29]

Es steht zu hoffen, daß diese Erkenntnis einer in sich doch einfachen und geschichtlich zweifellosen Tatsache endlich Gemeingut aller werde, denen eine sozialphilosophische Erkenntnis und eine gesetzmäßige Erwägung der sozialen Frage am Herzen liegt. Dann wird man auch die verbrauchten Argumente beiseite legen, die dem materialistischen Gegner gegenüber gar nicht am Platze sind.

Es ist nicht genügend, „die Ansprüche des Sozialismus als zu weitgehend und mit der menschlichen Natur unvereinbar zurückzuweisen“;[30] — denn der soziale Materialist beruft sich dem gegenüber auf die naturgesetzlich zwingende Kraft der ökonomischen

Phänomene, der gegenüber man nur die Wahl hat, entweder unterzugehen oder sich nach ihnen zu richten und — weil sie, wie er sagt, die sozialistische Wirtschaft unerläßlich fordern — die Produktionsmittel zu kollektivieren. Und man wird ganz auf die Forderung von einer genauen Ausmalung des Zukunftsstaates in dieser Lage des Streites verzichten müssen; — denn der Marxist weist dieses ebenso zurück, wie den Wunsch, daß man das Wetter in der zukünftigen Gesellschaft prophezeie.[31]

Schließlich kann ich aber auch dem Vorgehen solcher nicht zustimmen, welche teilweise und anscheinend auf die materialistische Geschichtsauffassung eingehen und diese gerade benutzen wollen, um die sozialistische Bewegung zum Schweigen zu bringen. Sie meinen, daß bei der Annahme, die ökonomischen Phänomene besorgten von sich aus den Gang der Weltgeschichte, eine auf Erlangung derzeitiger politischer Macht gerichtete Strömung eine *contradictio in adiecto* bedeute. Wenn es richtig ist, schreibt Brentano,[32] daß nach dem Worte von Marx „eine Gesellschaftsformation nie untergeht, bevor alle Produktivkräfte entwickelt sind, für die sie weit genug ist, und neue höhere Produktionsverhältnisse nie an die Stelle treten, bevor die materiellen Existenzbedingungen derselben im Schoße der alten Gesellschaft selbst ausgebrütet sind," dann kann eine Partei, welche die Ziele der sozialdemokratischen verfolgt, nur innerhalb der bestehenden Ordnung dahin streben, die materiellen Existenzbedingungen umzugestalten; ein politischer Triumph über die bestehende Ordnung würde sie in die Lage bringen, ihren Sieg wegen der fehlenden Vorbedingungen bestenfalls wieder preisgeben zu müssen.

Allerdings haben die Vertreter des Marxismus diesem Einwande gegenüber nichts Rechtes vorzubringen gewußt. Die naheliegende Replik Bernsteins,[33] daß die Erlangung der politischen Macht durch das Proletariat nicht eher erfolgen könne, bis die Entwicklung der ökonomischen Phänomene die notwendige Umgestaltung zur Reife gebracht habe, ist keineswegs durchschlagend. In dieser Weise ist die Möglichkeit, in der bestehenden Gesellschaftsordnung zur politischen Herrschaft zu gelangen und der im sozialen Leben ausschlaggebende Faktor zu werden, nicht notwendig identisch mit der Entwicklung aller Produktivkräfte der jetzigen Sozialwirtschaft; es ist denkbar und mit der Theorie der materialistischen Geschichtsauffassung völlig vereinbar, daß die überwiegende Entwicklung der ökonomischen Phänomene in gewisser Richtung eine maßgebliche Bedeutung des Proletariats herbeigeführt hätte, obgleich die ausnahmslose Entwicklung der Bedingungen für die neue sozialistische Produktionsweise noch nicht vollendet wäre.

Andererseits ist bei Brentano außer acht gelassen, daß die von ihm hypothetisch angenommene Erlangung der politischen Macht durch das Proletariat gar nicht notwendig die sofortige Umwandlung der kapitalistischen Produktionsweise in eine sozialistische im Sinne der materialistischen Geschichtsauffassung mit sich führen muß. Nach der materialistischen Sozialphilosophie besteht die Gesetzmäßigkeit des sozialen Lebens in einer naturgesetzlichen Entwicklung der ökonomischen Phänomene. Indem diese zu erkennen ist und eingesehen werden kann, so ergibt sich daraus für menschliches Streben die Aufgabe, sich nach dem sichern und gesetzmäßigen Gange in der Entwicklung der wirtschaftlichen Verhältnisse zu richten und einzurichten. Indem nun der wissenschaftliche Beobachter der ökonomischen Erscheinungen für deren kommenden Gang eine gewisse Tendenz konstatiert, so erhält er für die Jetztzeit die besondere Aufgabe, auf die notwendig bevorstehenden Ereignisse sich vorzubereiten. Wer für den Winter Kohlen einfährt, handelt nicht unlogisch, wenn er nach genügender Füllung des Kellers erklärt: Nun warte ich den Winter ab; ich beginne nicht alsbald mit dem Verbrennen, sondern suche mich auf die kommende rauhe Jahreszeit nun nach anderer Richtung noch besser zu rüsten.

Die wesentlichen Punkte in der Theorie der materialistischen Geschichtsauffassung sind: Naturgesetzliche Entwicklung der wirtschaftlichen Phänomene; und alleinige Realität und alleinige Gesetzmäßigkeit des sozialen Lebens in jener. Infolge davon notwendige Bedingtheit der Rechtsordnung als eines Instrumentes und Hülfsmittels von dem gesetzmäßig unerbittlichen Gange der Erscheinungen sozialer Wirtschaft. Wer sich den maßgeblichen Einfluß auf Herstellung und Benutzung von Instrumenten sichert, mit denen der Mensch die Fährlichkeiten natürlicher Ereignisse ohne Schaden bestehen will, der handelt damit nicht gegen seine Lehre, daß jene Ereignisse nach festen Naturgesetzen geschehen und an und für sich in ihrer gesetzmäßigen Eigenschaft nicht abwendbar sind. So erkennt der Marxist, wie er sagt, daß die wirtschaftliche Entwicklung unaufhaltsam zur Sozialisierung der gesellschaftlichen Wirtschaft, vor allem zur Kollektivierung der Produktionsmittel dränge und diese schließlich mit Notwendigkeit eintreten lassen werde.

Auch der Klassenkampf — ein notwendiges Abbild und unvermeidlicher Widerschein der heutigen wirtschaftlichen Verhältnisse —

ist dem modernen Sozialisten ein Mittel, um alle Unterschiede dereinst beseitigen zu können. Er bedeutet ihm die Vorbereitung für den Augenblick, da die naturgesetzliche Entwicklung der ökonomischen Phänomene die Kollektivierung der Produktionsmittel notwendig macht. Diese Vorbereitung freilich ist nach seiner Meinung in zielbewußter Weise zu bewirken, — andernfalls hätte ja die Umsetzung seines Gedankens in Parteibestrebungen und in einen von Menschen durchzuführenden Klassenkampf keinen Sinn. In solcher Meinung will er das denkende Proletariat geistig und ethisch tüchtig erhalten und es in beiderlei Hinsicht möglichst fördern und heben.[34] In dieser seiner Überzeugung kann er auch sehr wohl nach dem politischen Einfluß der Arbeiterklasse streben, — eben um die Vorbereitung auf die späterhin notwendige Umgestaltung besser betreiben zu können.[35]

Der erwähnte Einwand Brentanos, der aus der materialistischen Sozialphilosophie die Folge ziehen wollte, daß wegen der notwendigen Abhängigkeit des Rechtes von der Wirtschaft Fortschritte nur für die letztere angestrebt werden könnten, widrigenfalls man inkonsequent werden würde, ist also nicht gegründet. Die soziale Wirtschaft entwickelt sich nach jener Lehre überhaupt naturgesetzlich. Man hat sich danach für das Kommende einzurichten, hat die Entwicklung zu begünstigen und sich für den eintretenden Geburtsakt bereit zu halten. Wenn diese präparatorische Tätigkeit für den erst noch zu erreichenden Punkt der Entwicklung, da die kapitalistische Produktionsweise in ihr Gegenteil, die sozialistische, umschlägt, durch die politische Macht des Proletariats in der jetzigen Gesellschaft stärker und besser vorgenommen werden kann, so ist diese politische Herrschaft gerade nach der Lehre des Marx zu erstreben — eben um der besseren Vorbereitung willen, der Vorbereitung auf das genannte, demnächst notwendige Ereignis.[36] —

Es gibt nur zwei Möglichkeiten einer Gegenrede gegen den modernen Sozialismus, welche überhaupt logisch geschlossenen Sinn besitzen und formalen Wert konsequenterweise beanspruchen können:

Entweder, man zeigt, daß die naturgesetzliche Entwicklung der ökonomischen Phänomene unserer Zeit im einzelnen eine andere ist, als die Marxisten sie angeben; man leugnet, daß das Wesen und die Tendenz unserer Wirtschaft und Produktionsweise die sei, sich zu sozialisieren, und daß deshalb die Kollektivierung der Produktionsmittel nicht unvermeidlich notwendig ist. Wer dieses tut, der nimmt die Grundgedanken des sozialen Materialismus als richtig hin und will nur dartun, daß dessen Anwendung auf unsere sozialen Zustände nicht unvermeidlich zum Sozialismus hindrängt.

Oder, es wird die Lehre der materialistischen Geschichtsauffassung als begründetes Fundament der Sozialphilosophie in Zweifel gezogen und kritisch erörtert. Dieses letztere Verfahren ist an sich zweifellos das allein berechtigte. Man muß bis zu dem Punkte zurückgehen, wo sich die Ansichten wirklich spalten: das ist bis zur Scheidung des sozialen Materialismus von dem sozialen Idealismus.

Hängt eine Gesellschaftsordnung wirklich notwendig von der Entwicklung der ökonomischen Phänomene ab; und wie steht es mit dieser gesetzmäßigen Bedingtheit des näheren?

Das ist unser Thema. Wenn wir ihm folgen wollen, so wird man zunächst zu fragen geneigt sein: inwieweit seiner Erörterung und Durchführung durch Auslassungen von literarischen Gegnern der materialistischen Geschichtsauffassung bereits präjudiziert ist.

Ich lege das vorhandene Material kurz vor.

Zweiter Abschnitt.

Gegner der materialistischen Geschichtsauffassung.

14

Wenn dereinst in späten künftigen Tagen ein Erforscher des grauen Altertums vielleicht auf das Ende des 19. und den Beginn des 20. Jahrhunders nach Christi Geburt einzugehen bestrebt sein wird; wenn er dabei im besonderen das Thema sich stellen würde, welche Geschichtsphilosophie in dieser Zeit die zweifellos herrschende in Deutschland gewesen wäre, und — setze ich weiter voraus — falls ihm alles hierüber im Druck erschienene Material noch zur Verfügung stehen sollte, so könnte er kaum anders sagen, als daß die in unserem Zeitalter wohl allgemein geltende Grundauffassung der Menschengeschichte die materialistische gewesen sei. Es finden sich nämlich, so möchte er etwa argumentieren, überhaupt nicht allzu viele Äußerungen aus jener Zeit, die auf das Problem der allgemeingültigen formalen Gesetzmäßigkeit für das in der Menschengeschichte sich abrollende soziale Leben eingehen; aber unter zehn Autoren, die einmal darauf Bezug nehmen, sind gewiß neun vorhanden, welche die materialistische Geschichtsauffassung vertreten, und nur der zehnte wagt gelegentlich einmal einen kleinen Versuch des Widerspruchs.[37]

Allein es leidet die Gegnerschaft, die sich gegen die materialistische Geschichtsauffassung erhoben hat, in entscheidender Weise nicht sowohl an dem Umstande geringen Anhanges und der kleinen Zahl ihr verbündeter Streiter, als vielmehr an sachlich fehlerhaftem Vorgehen, an der ungenügenden Stärke des von ihr eingeschlagenen Feldzugsplanes. Anstatt auf das Ganze zu gehen und dem Feinde in offener Feldschlacht entgegenzutreten, hat sie das Mittel des Scharmützelkrieges gewählt, der mehr im einzelnen plagen kann, als daß er das Gesamtschicksal des Kampfes entschiede.

Es befolgen nämlich die seither gegen den sozialen Materialismus erhobenen Einwände die Methode, daß sie versuchen, an Einzelbeispielen nachzuweisen: daß bestimmte soziale Vorkommnisse und einzelne konkrete Lebensäußerungen der menschlichen Gesellschaft mit dem ökonomischen Element dieser unmittelbar nichts zu tun haben, daß für jene eine gewisse Selbständigkeit bestehe, und die Wirtschaft keineswegs in allen Fällen als ausschließlich zureichende Ursache erkannt werden könne.

So werden die Kreuzzüge aus dem Wirken religiöser Ideen hergeleitet; und die Rezeption des römischen Rechtes in Deutschland auf die Begeisterung für die Antike und deren ideale Überlegenheit zurückgeführt. Die Sklaverei, die ursprünglich aus Krieg und Kriegsgefangenschaft herausgewachsen ist, wäre nur zum Teil ökonomischen Ursprungs, aber nicht ausschließlich; religiöse Motive, ehrgeizige Absichten eines Häuptlings, Rachsucht werden vielfach als den Kriegen der Wilden zu grunde liegend angegeben, und ebenso sei in der historischen Zeit der oft religiös umkleidete Ehrgeiz der Dynasten ein häufiges Kriegsmotiv gewesen, die Sklaverei demnach zum großen Teil in letzter Instanz ein Produkt der Politik.

Die Familienverhältnisse der ältesten Zeit und die ökonomischen Bedingungen sind, nach mancher Ansicht, derartig in das Verhältnis zu setzen, daß aus den Familienbedingungen heraus alle spezifisch menschlichen ökonomischen Verhältnisse sich entwickelt haben.

Die feudalen Gewalten des Mittelalters hat man im Gegensatz zu Marx aus politischen Gewalten herleiten wollen. Die feste Verfassung des germanischen Staates, bei dem in der merowingischen Zeit die Staatsgewalt auf einem dem Könige geleisteten Untertaneneide beruhte, wurde durch die Übertragung staatlicher Hoheitsrechte an den Senior, das heißt den größten Grundbesitzer in der Hundertschaft, zersprengt, indem die Staatsgewalt in Einzelgewalten zerstückelt und in einen Privatbesitz verwandelt wurde. Dabei, meint man, hätten als Ursachen jener Übertragung von Hoheitsrechten ebensowohl politische und religiöse, wie wirtschaftliche Momente eingewirkt.

Besonders erwähnt Barth[38] die Vertreibung der englischen bäuerlichen Hintersassen durch die Feudalherren, welche der steigenden Wollpreise wegen das Land in Schafweide mit wenigen Hirten verwandelten („*enclosures*"). Während Marx darauf hinweist, wie durch jenes Vorgehen die Bauern in vogelfreie Proletarier umgewandelt wurden, die sich nun der aufkommenden Manufaktur zu Gebote stellten, und wie in dieser Weise eine der ersten Ursachen der ursprünglichen Akkumulation des Kapitales geschaffen wurde, so meint BARTH, daß für diese sogenannte Agrikulturrevolution die feudalen Gewalten, die gewinnsüchtigen Landlords zu Hebeln geworden, daß also eine politische Macht als ein Glied in der Kette der wirtschaftlichen Umwälzungen aufgetreten sei.

Es ist derselbe Schriftsteller, der „die selbständige, eigene, wenn auch nicht unabhängige Existenz des Rechtes“ dahin betonen zu müssen glaubt, daß wir heutigen Tages sähen, wie „gewisse Rechtsideen und politische Grundsätze, dem freien Schalten der ökonomischen Mächte entgegenwirkend, zuerst in England, dann in fast allen Kulturstaaten eine Arbeiterschutzgesetzgebung geschaffen haben und fortwährend zu erweitern bestrebt sind.“

Man kann billigermaßen zweifeln, ob diese Beispiele als Exempel von Fällen, da soziale Ereignisse und Bewegungen auf wirtschaftliche Gründe nicht erkennbar zurückzuführen seien, ganz glücklich gewählt sind.

Für die Kreuzzüge hat schon ein des Materialismus so unverdächtiger Schriftsteller, wie JUSTUS MÖSER, darauf hingewiesen, daß die Größe der Venetianer und die Flotten, womit die unglücklichen Kreuzzüge unterstützt und die wichtigeren Unternehmungen auf Afrika und Asien ausgeführt wurden, aus dem Handel erwachsen sind, welchen die verbundenen Städte in Oberdeutschland aus den italienischen Häfen trieben.[39] Hinsichtlich der Rezeption des römischen Rechtes aber gibt BARTH selbst zu, daß die Entwicklung des Handels am Ausgange des Mittelalters in Westeuropa und Deutschland die Einführung des römischen Rechtes, als eines auf Warenbesitz und Warenaustausch gegründeten Rechtssystems, notwendig gemacht habe.

Daß die Familie der Urzeit nicht auch ein Verband zur besseren Führung des Kampfes um das Dasein gewesen sei und darum in ihrer Eigenart in entscheidender Abhängigkeit von der dortigen sozialen Wirtschaft gestanden habe, wird schwer abzuleugnen sein. Und für die Entstehung der Sklaverei verfechten die Marxisten die gar nicht unplausible Hypothese, daß bei wirtschaftlichem Fortschritt der primitiv lebenden Menschenhorde sich die Möglichkeit herausgestellt habe, den besiegten Feind zu erhalten und durch Ausnutzung seiner Arbeitskraft sich und den Seinigen gerade Vorteile zuzuwenden.

Am wenigsten wird freilich die Behauptung von der Selbständigkeit des Rechtes in dem Beispiele von der Arbeiterschutzgesetzgebung einleuchten. Wenn irgendwo, so ist hier das unmittelbare, kausal bedingte Herauswachsen dieser modernen Rechtsgebilde aus der eigenartigen Unterlage der kapitalistischen Produktionsweise deutlich erkennbar.

In der Tat würde aber mit der Beschränkung auf derartige Einzelfragen und auf den Zweifel, ob das kausal bedeutsame und letztlich entscheidende Eingreifen wirtschaftlicher Momente überall erkennbar sei, ein verhängnisvoller Irrweg eingeschlagen sein, auf dem man zu einer rechten Würdigung der materialistischen Geschichtsauffassung niemals gelangen kann, vielmehr das Ziel einer prinzipiellen Methode gesetzmäßiger Erkenntnis des sozialen Lebens notwendig verfehlen muß.

Die materialistische Geschichtsauffassung behauptet gar nicht, daß jedes einzelne geschichtliche Ereignis oder jede erfolgreiche oder scheiternde Rechtsreform in unmittelbarer Weise von irgend einem wirtschaftlichen Moment hervorgebracht sei. Sie sagt nicht, daß jegliche religiöse und sittliche Vorstellung, jedes Wollen und Streben, oder der jeweilige Stand der Wissenschaft wie einer Kunst direkt aus einem entsprechenden wirtschaftlichen Phänomen herfließe.

Der Prozeß der sozialgeschichtlichen Entwicklung ist ein überaus komplizierter. Es ist nicht für jedes besondere Vorkommnis nur eine einzige Ursache gegeben, nämlich ein wirtschaftlicher Grund; sondern in dem Werden und Vergehen der mannigfachen Erscheinungen im sozialen Dasein der Menschen verwebt sich ein wirres Geflecht einander durchkreuzender Einzelursachen und Wirkungen. Bezüglich ihrer mag man ruhig behaupten, daß daselbst an ihrem Sonderplatze materielle Momente, physiologisch erkannte Kausalität für menschliches Begehren neben (wie man allgemein sagt) geistigen bestimmenden Gründen, die in ihrem physiologisch kausalen Werden wissenschaftlich nicht erklärt sind, sich befinden; und daß die Ideen des Guten und Gerechten, sowie religiöse Vorstellungen und bestimmte geistige Entwickeltheit überhaupt von maßgeblichem Einflusse auf die Ausgestaltung des Rechtes und des gesellschaftlichen Lebens der Menschen seien. Der soziale Materialist wird dem nicht widersprechen.[40] Es ist ein Irrtum, falls man meint, daß er solchen Widerspruch erheben müßte, um sein Grundprinzip und seine daraus abgeleitete allgemeingültige Methode der Sozialwissenschaft zu retten.

Dieses sein Prinzip geht dahin: daß das Ganze des sozialen

Lebens der Menschen eine nach mechanischen Gesetzen wissenschaftlich zu begreifende Einheit sei. Die gesetzmäßige Erkenntnis des gesellschaftlichen Menschendaseins besteht danach in der Analyse des kausalen Werdeganges der sozialwirtschaftlichen Phänomene. Indem man jede soziale Erscheinung nach dieser Methode zu erklären sich bemüht, stößt man auf einen viel verschlungenen Prozeß, innerhalb dessen im einzelnen auch sogenannte ideelle Momente als wirksame Faktoren auftreten. Aber da jede ursachlich wirkende Erscheinung selbst wieder als Wirkung einer anderen Ursache erachtet werden muß, so käme man bei solchem Regressus im sozialen Leben schließlich auf materielle Bedingungen, auf denen im letzten Grunde, wie das einzelne Menschenleben, so auch das soziale Dasein der Menschen sich aufbaut.

Es widerlegt also die Theorie des sozialen Materialismus in nichts, wenn dargetan werden kann, daß in einem besonderen Falle die nächstliegende Ursache einer sozialen Erscheinung nicht ökonomische Bedingungen, sondern ideelle Momente waren: Rollt man die Kette der Ursachen weiterhin auf und erkennt sie in ihrem einheitlichen Zusammenhange vollständig, so gelangt man schließlich immer zu der Unterlage des sozialen Lebens, — zu der sozialen Wirtschaft.

Was sollte auch die „selbständige" Existenz des Rechtes, die — nach dem Ausdrucke von Barth — doch keine „unabhängige" sein kann, eigentlich bedeuten? Es stehen doch die einzelnen Äußerungen des sozialen Lebens nicht unvermittelt neben einander; so daß eine jede zwar von irgend welchen mächtigen Faktoren abhängig wäre, sie aber unter sich rücksichtlich ihrer Herkunft und Bestimmung nichts mit einander zu schaffen hätten! Alle menschlichen Bestrebungen, alle Bewegungen der Gesellschaft, mögen sie auf Abänderung oder auf Beibehaltung bestehenden Rechtes gerichtet sein, oder sich sonst in Moral oder Religion, in erkennender Wissenschaft oder künstlerischem Gestalten äußern, sie alle müssen doch, wenn man ihre konkrete Bedingtheit nach bewirkenden Ursachen wissenschaftlich erforschen will, in Wirklichkeit in einem einheitlichen Gesamtzusammenhange gedacht werden. Denn alle Einzelbetrachtung, die unter dem Grundsatze des Kausalitätsgesetzes vollzogen wird, muß als grundlegende Bedingung die durchgängige Verbindung aller Sondererscheinungen nach einem allgemeinen Gesetze annehmen, welches Gesetz dann im einzelnen aufzuweisen ist. Ohne diese Voraussetzung einer grundsätzlichen Zusammengehörigkeit der auf einander folgenden Zustände hätte die Behauptung und Lehre einer gesetzmäßig, nach Ursache und Wirkung, geschehenen Erkenntnis bestimmter Einzelereignisse gar keinen Sinn. Es ist aber unmöglich, eine Anzahl von grundlegenden Einheiten anzunehmen, in denen ganz getrennte Kausalitätsreihen neben einander herliefen; also daß zum Beispiel die kausale Entstehung von Rechtssätzen in einer abgeschlossenen Welt für sich zu begreifen wäre und in diesem Sinne „selbständig" existierte. Es kann das Recht als eine Form des sozialen Lebens nur in sehr relativer Selbständigkeit erwogen werden, nämlich als eine Einzelbetrachtung, die abstrahiert aus dem Ganzen der Einheit des sozialen Lebens herausgehoben ist.

Es ist also die grundsätzliche Einheit des sozialen Lebens, welche die materialistische Geschichtsauffassung als formales Prinzip wissenschaftlicher Durchforschung desselben behauptet. Alle gesellschaftlichen Einzeläußerungen müssen in die Einheit menschlichen sozialen Lebens eingefügt werden. Was sich dabei als nächstliegende Ursache ergibt, ist nun lediglich Einzelfrage. Grundprinzip ist nur, daß die Aufsuchung der Ursachen nach einheitlichem Verfahren auf dem Boden des genannten Prinzips geschieht. Und dann hat man in der Verkettung der Ursachen, welche selbst wieder Wirkungen anderer sozialer Veränderungen sind, stetig zurückzugehen, soll der Aufgabe wissenschaftlicher Einsicht in dieses soziale Getriebe genügt werden, — bis man, sagt der soziale Materialismus, bei der Grundlage alles Gesellschaftslebens, bei der sozialen Wirtschaft, angelangt ist; aus deren gesetzmäßig erkannten Bewegungen darum umgekehrt auf notwendige entsprechende Veränderungen in jeweils besonders nachzuweisender und konkret zu stützender Einzelerkenntnis wissenschaftlich geschlossen werden muß.

Man sieht, daß der Vorwurf ganz ungerecht ist, als ob die materialistische Geschichtsauffassung nichts weiter bedeute, als eine zu weit getriebene Generalisation von einzelnen sozialgeschichtlichen Geschehnissen. Nein, sie will eine Methode sein, nach der überhaupt erst die Einzeldaten der Gesellschaftsgeschichte in wissenschaftlich begründeter Weise erforscht und recht gewürdigt, also unter einem obersten einheitlichen Gesichtspunkte für alles soziale Leben begriffen werden können. Ihr Prinzip, das ich nannte und erläuterte, ist nicht gefunden und wird nicht bewiesen durch eine Verallgemeinerung von Einzelheiten sozialer Geschichte; — denn, wenn eine solche die grundlegende Methode liefern sollte, so müßte man doch immer fragen: Mit welchem Rechte und nach welchem einheitlichen Grundgedanken wird denn „verallgemeinert"? — Sondern es will jenes Prinzip den letzten Grundgedanken, nach welchem berechtigter Weise wissenschaftliche Einzelerkenntnis auch in etwaiger Generalisation von besonderen Daten gewonnen werden kann, selbst erst bedeuten.

Darum ist es verkehrt, einen Beweis gegen die materialistische Geschichtsauffassung, als grundlegendes Formalprinzip der sozialen Forschung, durch Erwägung historischer Einzelheiten antreten zu wollen. Der soziale Materialismus ist eine systematische Methode dafür, in welcher allgemeingültigen Art und Weise die konkreten Vorgänge des Gesellschaftslebens überhaupt erst wissenschaftlich begriffen werden können. Dieses grundlegende Prinzip ist von allem besonderen Inhalte sozialer Einzelgeschehnisse mithin ganz unabhängig. Seine Richtigkeit kann sonach auch nur durch Zergliederung der Grundbegriffe, die wir bei aller sozialwissenschaftlichen Erkenntnis verwenden müssen, und durch Feststellung ihres logischen Verhältnisses zu einander geschehen; alles immer mit dem Ziele: Was ist und heißt überhaupt Gesetzmäßigkeit des sozialen Lebens der Menschen? Bietet danach die materialistische Geschichtsauffassung die grundsätzlich begründete formale Methode für die gesetzmäßige Einsicht in konkretes gesellschaftliches Dasein dar?

Ob dann die Anwendung dieser Methode im besonderen Falle gelingt, was liegt daran für die Frage nach der prinzipiell rechten Art ihrer selbst? Wie häufig läßt auch sonst die Durchführung allgemeingültiger Grundsätze für Gewinnung gesetzmäßiger Erkenntnis den Menschen schwach und unbefriedigt stehen! So kann es auch in der Sozialwissenschaft für die Begründetheit der Methode gar nichts ausmachen, wenn bei einer einzelnen Gelegenheit ihre Verwirklichung nicht glücken will, und es nicht gelingen mag, die zusammenhängende Kette wirkender Einzelursachen von sozialen Veränderungen bis zu der untersten Grundlage des Gesellschaftslebens, bis zu bedingender sozialer Wirtschaft, in klarer Einsicht zu verfolgen und darzulegen. Daß auch die Verfolgung des sozialen Lebens der Menschen im besprochenen Sinne ganz besondere und weit größere Schwierigkeit für den nach dem Grundsatz der Kausalität wissenschaftlich beobachtenden Forscher bietet, als die Erscheinungen äußerer Natur, bedarf keiner besonderen Ausführung.

Wenn einer darüber Genugtuung empfindet, daß es in so und so vielen Fällen dem Forscher nicht möglich gewesen ist, einen Kausalzusammenhang der geschilderten Art aufzuweisen, so erregt er Verdacht gegen sich, daß es ihm mit Untersuchung und Erkenntnis der Gesetzmäßigkeit des sozialen Lebens der Menschen überhaupt nicht recht Ernst sei. Wer aber Vergnügen daran hat, wenn er dem sozialen Materialisten im einzelnen etwas auswischen kann und ihm darzutun vermag, daß man zwar die nächstliegenden ideellen Gründe einer bestimmten sozialen Bewegung aufzeigen könne, daß aber eine weitere Zurückführung auf die in letzter Linie bedeutsamen Momente der Sozialökonomie nicht gelungen sei, — er gleicht dem kleinen Schachspieler, der sich freut, dem Gegner einen Springer abzugewinnen, und dabei es übersieht, wie er mit seinem Könige matt gesetzt wird.

15

Ist denn nun das dargelegte Prinzip des sozialen Materialismus wirklich schon in sich so zweifellos falsch; so daß es von vornherein, wie man sagt, als eine Irrlehre zu bezeichnen sei?

Beschränkt man sich nicht auch sonst in Kreisen der Geschichtschreibung und der sozialen Gelehrsamkeit überhaupt auf eine Betrachtung des Gesellschaftslebens und der Menschengeschichte ausschließlich nach dem Grundsatze der Kausalität, genau so wie der soziale Materialismus? Nur daß dieser die genannte Beschränkung mit Bewußtsein zum leitenden Prinzip nimmt, indessen anderen über das, was sie tun, prinzipielle Klarheit nicht selten fehlt!

Wenn man aber erst einmal den Begriff der Gesetzmäßigkeit des sozialen Lebens mit demjenigen des kausal erklärten Werdeganges sozialer Veränderungen identifiziert: wie will man dem Satze ausweichen, daß schließlich einmal alle gesetzmäßig erkannten Vorkommnisse des Gesellschaftslebens auf die Grundlage der sozialen Wirtschaft in Abhängigkeit zurückgehen?

Das Haus geht auf die materiellen Bedürfnisse der Menschen zurück; diese sind die letzte Unterlage für die Architektur. Mögen nun immerhin in verwickelter Sachlage bei einem Hausbau diese und jene Sondergründe für die Wahl der Fassade und für die Art der Einzelausführung hineinspielen, und künstlerische Ideen von bestimmender Bedeutung dabei auftreten, — wer im ganzen den Gang der Architektur verfolgt und dessen Vorschreiten nach seinen kausalen Bestimmungsgründen in wissenschaftlicher Vollständigkeit und mit erschöpfender Sicherheit haben wollte, der könnte wohl schwerlich davon abkommen, daß im letzten Grunde es wirtschaftliche Bedingungen sind, die als wirkende Ursachen von maßgeblichem Einflusse gewesen sind.

In vergleichsweiser Parallele würde dieser Gedanke für das soziale Leben festzuhalten und durchzuführen sein. Es ist, wiederhole ich, die Lehre des sozialen Materialismus eine allgemeingültige formale Methode, in deren voller und erfolgreicher Beobachtung eine wissenschaftliche Aufhellung und gesetzmäßige Erkenntnis des sozialen Lebens der Menschen angeblich allein möglich ist. Gehe in der Reihe der Ursachen und Wirkungen von sozialen Veränderungen tunlichst weit zurück; kläre das ursachliche Werden derselben so vollständig wie möglich auf: damit bist du — sagt die materialistische Geschichtsauffassung — in dem grundlegenden Verfahren gesetzmäßiger Erforschung des gesellschaftlichen Daseins der Menschen befangen. Gelingt es, so wird solche wissenschaftliche Einsicht notwendig bis zu den letzten Quellen des Gesellschaftslebens zurückführen, zu der sozialen Wirtschaft, zu den ökonomischen Lebensbedingungen der Gesellschaft und wiederum zu der gesetzmäßigen Entwicklung der betreffenden wirtschaftlichen Erscheinungen. In der Einsicht in dieses in letzter Linie auf die Sozialökonomie zurückführende kausale Werden gesellschaftlicher Phänomene ist nach der Theorie des sozialen Materialismus die gesetzmäßige Erkenntnis des sozialen Menschenlebens beschlossen.

Die hierdurch noch nicht gelöste und sachlich unvermeidliche Grundfrage wird daher nur die sein, ob die Methode des sozialen Materialismus überhaupt formal geeignet ist, uns eine gesetzmäßige Betrachtung des gesellschaftlichen Menschendaseins zu liefern. Das ist die Frage, die, wie früher bemerkt, uns zu dem Grundproblem der Sozialwissenschaft hinführt und auf dessen notwendig erkenntniskritische Lösung verweist: auf den Begriff der Gesetzmäßigkeit des sozialen Lebens.

Hier fehlt eine klare und befriedigende Antwort seither vollständig.

Man spricht zwar allenthalben von „gesetzmäßigen“ Bewegungen im Völkerleben, von „berechtigten" Bestrebungen, von „gerechtfertigten" Maßnahmen im sozialen Leben; — aber es fehlt die Besinnung darauf: welches die Gesetzmäßigkeit des sozialen Daseins der Menschen überhaupt sei, in welchem Sinne eine Rechtfertigung sozialen Wollens und Strebens stattzufinden habe. Wie beschaffen ist denn das allgemeingültige und einheitliche formale Verfahren, nach dem man Einzelwahrnehmungen aus der Geschichte des Menschengeschlechtes verallgemeinert und als „gesetzmäßige" Erscheinungen erkennt und bestimmt? — Wenn jemand aber gar nicht weiß, was es überhaupt heißt: eine Erscheinung des Gesellschaftslebens rechtfertigen, so hat es auch keinen Sinn, im einzelnen darüber zu streiten, ob ein bestimmtes soziales Meinen und Streben gerechtfertigt sei oder nicht.

Wir fragen dem gegenüber: Was hat man formal und allgemeingültig unter Gesetzmäßigkeit des sozialen Lebens zu verstehen? Welches ist der Begriff von objektiv richtiger Betrachtung des gesellschaftlichen Daseins der Menschen? Wie ist die oberste Aufgabe und danach die rechte Methode der Sozialwissenschaft, des Forschens und Urteilens in Sachen des menschlichen Gesellschaftslebens?

Zur Lösung dieser Fragen gibt, wie schon angeführt, die materialistische Geschichtsauffassung gute und starke Anregung; aber freilich, erledigt hat sie dieselben nicht.

Sie teilt das Schicksal aller materialistischen Systeme, welche die erkenntniskritische Klarstellung der beim Aufbau des methodischen Prinzips verwendeten Grundbegriffe vernachlässigen.

Der soziale Materialismus will die gesetzmäßige Entwicklung der menschlichen Gesellschaft aus derjenigen der ökonomischen Phänomene her begreifen, — aber niemals sagen seine Vertreter auch nur entfernt oder wenigstens versuchsweise, was sie unter „ökonomischen Phänomenen" begreifen; — was man unter Bewegungen der Materie des sozialen Lebens zu verstehen habe; was die vielberufenen „wirtschaftlichen Verhältnisse" eigentlich seien. Die materialistische Geschichtsauffassung bestimmt gar nicht, was unter gesellschaftlicher Wirtschaft oder unter ökonomischer Produktionsweise im sozialen Leben zu verstehen sei; und obgleich sie die Wissenschaft von der menschlichen Gesellschaft als eigene Erkenntnis der Naturwissenschaft gegenüberstellt,[41] so fehlt bei ihr alle kritische Überlegung darüber, was „sozial" mit Fug heißen müsse, und worin die grundsätzliche Eigentümlichkeit der *Sozialwissenschaft* beschlossen sei.

Die materialistische Geschichtsauffassung ist in dieser entscheidenden Richtung ganz und gar *unfertig*.

Aber es ist auch die Art der Gesetzmäßigkeit des sozialen Lebens bei ihr *nicht ausgedacht*. Es fehlt die Rechtfertigung dafür — sie ist freilich auch gar nicht möglich —, daß *soziale Gesetzmäßigkeit* und *kausal begriffener Werdegang* sozialer Bestrebungen *ein und dasselbe* seien. Und während sie davon spricht, daß in einer bestehenden Gesellschaft sich möglicherweise ein *sozialer* Konflikt erhebe und eine Umänderung der sozialen Ordnung *notwendig* mache, so mangelt ebensowohl eine Angabe darüber, was ein solcher *Widerspruch im gesellschaftlichen Leben* sei, wie auch darüber, nach welchem Grundgesetze *die Notwendigkeit* der Umwandlung einer Gesellschaft behauptet werden müsse.

Es ist ein ständig wiederkehrender Satz der materialistischen Geschichtsauffassung: daß das Recht von den Besonderheiten der unterliegenden sozialen Wirtschaft „*notwendig* abhängig, — bedingt, — bestimmt sei, — daß es sich nach ihr richten, — ihr entsprechen, — ihr folgen müsse, — daß es in ihr wurzele, — auf ihr fuße, — ruhe, — von ihr auszugehen, — auf sie zurückzukommen habe, —" und wie die vagen Redewendungen alle lauten. Aber es ist dabei leider ganz und gar unausgetragen geblieben, *in welchem Sinne* hier eine *Notwendigkeit* behauptet wird. — *Welche formale Beschaffenheit* hat denn diese Abhängigkeit des Rechtes von der Wirtschaft? Und was heißt hiernach: eine politische Bewegung und Bestrebung *wissenschaftlich begründen*? Unter welcher Bedingung kann das Ziel einer solchen Bewegung die Eigenschaft *objektiver Richtigkeit und Berechtigung* in Anspruch nehmen?

Es wird hiernach die folgende Untersuchung in zweifacher Hinsicht vorzugehen haben; und sollen in der äußeren Darstellung dabei jeweils zwei Bücher ausgeführt werden. Zunächst wird es darauf ankommen, die letzten Grundbegriffe der Wissenschaft vom sozialen Leben der Menschen scharf und deutlich herauszuschälen und den dieser Erkenntnis eigenen Gegenstand klar zu bestimmen, verbunden mit der grundsätzlichen Auffassung der der Sozialwissenschaft in ihren einzelnen Abteilungen zufallenden Aufgabe. Alsdann mag die Frage nach der Gesetzmäßigkeit des sozialen Lebens erkenntniskritisch aufgenommen und zu positiv lösendem Ziele durchgeführt werden.

Das Ergebnis nannte ich schon; flüchtig, im Vorbeigehen. Die Augen des Lesers weilen gerade jetzt auf denjenigen Zeilen, die bei der Abfassung dieses Buches zuletzt niedergeschrieben wurden. Möge er das Kommende in gleicher Vorurteilslosigkeit, wie ich in freier Untersuchung es fand, bei sich aufnehmen, nachprüfen, verarbeiten — niemandem zuliebe noch zuleide: . . „Denn es ist sehr was Ungereimtes, von der Vernunft Aufklärung zu erwarten und ihr doch vorher vorzuschreiben, auf welche Seite sie notwendig ausfallen müsse."[42]

Zweites Buch.

Der Gegenstand der Sozialwissenschaft.

Endlos unter mir seh' ich den Äther, über mir endlos,
Blicke mit Schwindeln hinauf, blicke mit Schaudern hinab.
Aber zwischen der ewigen Höh' und der ewigen Tiefe
Trägt ein geländerter Steig sicher den Wandrer dahin . . .
Freundliche Schrift des Gesetzes, des menschenerhaltenden Gottes,
Seit aus der ehernen Welt fliehend die Liebe verschwand! . . .
Näher gerückt ist der Mensch an den Menschen. Enger wird um ihn,
Reger erwacht, es umwälzt rascher sich in ihm die Welt.
Sieh, da entbrennen in feurigem Kampf die eifernden Kräfte,
Großes wirket ihr Streit, Größeres wirket ihr Bund.
Tausend Hände belebt ein Geist, hoch schläget in tausend
Brüsten, von einem Gefühl glühend, ein einziges Herz.

SCHILLER, Der Spaziergang (1795), V. 33 ff.

Erster Abschnitt.

Soziales Leben der Menschen.

16

Ich stelle die Frage:

Welches ist das feste Merkmal, durch das der Begriff des sozialen Lebens der Menschen als eigener Gegenstand wissenschaftlicher Betrachtung konstituiert wird?

Es ist ein sicheres Kriterium festzustellen, unter dessen Gegebensein erst die Vorstellung von dem gesellschaftlichen Leben der Menschen einen klaren Begriff bedeutet und zu einem Gegenstand besonderer wissenschaftlicher Erforschung tauglich wird, — bei dessen Fehlen dagegen jede Möglichkeit schwindet, das soziale Dasein als ein eigenartiges Objekt unserer Erkenntnis zu behandeln. Unter welcher notwendigen Bedingung, so frage ich, hat der Begriff des menschlichen sozialen Lebens überhaupt Sinn und Bedeutung: — was ist das soziale Leben?

Bei Stellung und Lösung dieser Frage können wir uns auf gesicherte Ergebnisse seitheriger Forschung nicht stützen.

Ich wüßte nur zwei bemerkenswerte Versuche anzuführen, die darauf gerichtet sind, den Begriff der Gesellschaft sicher zu erhalten und auf diesem, der dem von uns geforderten Begriffe des sozialen Lebens entsprechen würde, die Sozialwissenschaft aufzubauen.[43] Es sind zwei ganz verschiedene Wege, die hierbei, teilweise in bewußter Gegensätzlichkeit, eingeschlagen worden sind. Ich kann keinen derselben für geeignet erachten, zu dem gewünschten Ziele hinzuführen.

Der erste jener Versuche ist in der modernen Soziologie gegeben, als deren eindringlichsten Vertreter wir Herbert Spencer nennen.

Es ist der Versuch, für eine sozialwissenschaftliche Erwägung dadurch einen sicheren Boden zu erhalten, daß man naturwissenschaftliche Begriffe und Forschungsmethoden kurzerhand auf das soziale Leben der Menschen überträgt, an jenen eine Stütze und leitende Hülfe sucht und in dieser Weise vor allem den Begriff der Gesellschaft verfolgt.

Wir müssen ausmachen, meint SPENCER, ob eine Gesellschaft von Menschen als ein besonderes Wesen betrachtet werden muß; und ob sie als allen übrigen Wesen absolut ungleich oder als einigen derselben ähnlich hinzustellen ist.

Er bejaht das erste. Aber er will zwei Arten des Zusammenseins von Menschen unterscheiden: Die eine nur sei eine Gesellschaft als eigenes Wesen, im anderen Falle hätte man bloß einen Sammelnamen für eine Anzahl von Einzelwesen; — als Beispiel für das erste wird die Nation, für das zweite die Zuhörerschaft eines Professors von ihm angeführt. Die Grenze zwischen beiden soll nämlich darin liegen, daß im ersten Falle die Zusammenfügung dauernd, bei der andern Art dagegen nur zeitweilig ist. Es ist die Dauer der Beziehungen zwischen den einzelnen Bestandteilen, meint er, welche die Individualität eines Ganzen im Unterschiede von den Individualitäten seiner Teile ausmacht. Somit könne man ganz rechtmäßiger Weise eine Gesellschaft als ein eigenes Wesen betrachten, weil, obschon es sich aus diskreten Einheiten aufbaut, doch eine gewisse Konkretheit in dem Aggregat desselben durch die allgemeine Fortdauer der Lagebeziehungen zwischen den Einheiten auf dem ganzen von ihnen eingenommenen räumlichen Gebiete schon gegeben ist.[44]

Es gebe nun, fährt SPENCER fort, zwei große Klassen von Aggregaten, mit denen das soziale Aggregat verglichen werden kann: unorganische und organische. Da nun aber die Gesellschaft doch ein Ganzes sei, dessen einzelne Teile lebendig sind, so sei es sofort klar, daß die menschliche Gesellschaft einem Organismus analog zu behandeln sei.

Es ist nicht meine Absicht, dem SPENCERschen Gedankengange des weiteren im einzelnen zu folgen; es kommt nur darauf an, den Mangel des von ihm gelieferten Unterbaues als symptomatisch interessant hervorzuheben. Was ist denn nun eigentlich gesellschaftliches Leben der Menschen, das als Organismus oder doch nach Art solcher behandelt werden soll? Ein Beisammensein von Menschen, das von einer gewissen Dauer ist? Aber wo soll da die Grenze laufen; bei welcher Zeitdauer wird das nur zeitweilige Aggregat zu einem solchen von längerem Bestande? Man kann doch nicht die Verjährungsfristen des römischen und kanonischen Rechtes einsetzen!

Ein Haus, sagt SPENCER, wird zu einem Einzelding, wenn Quader, Ziegelstein, Holz und anderes in bleibender Weise zusammengefügt werden. — Aber weshalb soll ein Gebäude, das von vornherein zu ganz vorübergehendem Zweck errichtet ist und dann sofort wieder niedergerissen wird, während seines Bestandes nicht auch ein Haus sein? Wenn die *universitas rerum cohaerentium* wirklich ein eigenes Ding gegenüber den einzelnen Bestandteilen darstellen soll, so kann es unmöglich auf das quantitative Moment einer längeren oder kürzeren Dauer der Zusammenfügung ankommen, sondern in entscheidender Weise allein auf die Art der Verbindung. Dieses Merkmal fällt aber bei SPENCER ganz unter den Tisch.

Kritisch unbekümmert setzt er die soziale Verbindung von Menschen in einer Gesellschaft dem Zusammenfügen mit Mörtel und Kalk parallel oder bringt es mit dem Zellengewebe des tierischen Organismus in ausschlaggebende Analogie. Und doch ist es von vornherein klar, daß die eigene Art der sozialen Verbindung von derjenigen jener vergleichsweise zur Seite gestellten mechanischen oder organischen Zusammensetzungen ganz verschieden ist und sein muß. Die besondere Art und Weise dieser gesellschaftlichen Verbindung bestimmt notwendigermaßen den Begriff des sozialen Lebens und vermag menschliche Gesellschaft als eigenen Gegenstand erst zu konstituieren. Wenn aber das bloß quantitative Moment einer mehr oder weniger langen Dauer der Zusammenfügung zur Angabe der begrifflichen Eigentümlichkeit des sozialen Menschendaseins ungeeignet und nicht genügend ist: Welches Merkmal würde dann für diesen Begriff konstitutiv einzusetzen sein? Was ist und heißt überhaupt sozial?

In einer seiner geistvollen Reden hat G. RÜMELIN d. Ä.[45] einen anderen Weg zwecks Feststellung des Begriffes der menschlichen Gesellschaft und einer möglichen Gesellschaftswissenschaft eingeschlagen und besonders eindringlich auf den Sprachgebrauch hingewiesen, der stets die ersten, wenn auch keineswegs die letzten Aufschlüsse bei derartigen Fragen, wie unserer jetzt verhandelten, gebe.

Die Bemerkung ist richtig. Der Sprachgebrauch, sowohl in seiner heutigen gewöhnlichen Übung, wie in seiner geschichtlichen Herkunft, ist nur ein Versuch, einen Begriff klar zu bezeichnen. Ob ihm das gelungen ist, muß allezeit offene Frage sein. In nur allzu vielen Fällen ist es zu verneinen, und muß die Wissenschaft, um Einheit in dem Mannigfaltigen vorliegender Erscheinungen zu bewirken, den seither allgemein üblichen Sprachgebrauch sachlich korrigieren. Das bloße Festhalten am Sprachgebrauche führt aber überhaupt unweigerlich zum unfruchtbaren Wortstreit, dessen objektive Lösung ganz unmöglich ist, da ja für die Meinung, ob man beispielsweise dieses oder jenes Verbundensein von Menschen eine „Gesellschaft“ nennen dürfe oder nicht, eine sichere Instanz von allgemeingültiger Bedeutung überhaupt nicht besteht. Es kann nur darauf ankommen: ob es nicht ein festes Merkmal gibt, durch das allein es möglich wird, die betreffenden problematischen Erscheinungen zu der begrifflichen Einheit zusammenzufügen, die man seither mehr dunkel vorgestellt, als klar erfaßt hatte; während beim Fallenlassen jenes Kriteriums der Begriff — etwa: der menschlichen Gesellschaft — eine Einheit eigener Art überall nicht mehr darstellt. Unser Sprachgebrauch aber kann nur als Einleitung und subjektives Hülfsmittel dienen, eine Erforschung und klare Herausschälung des genannten sachlichen Merkmales jedoch nicht ersetzen.

Hinsichtlich des Wortes „Gesellschaft“ macht RÜMELIN am angeführten Orte diese Unterscheidung: 1. Es bezeichne zunächst bestimmte Arten von Gruppen und Vereinigungen der Menschen. Und zwar einmal solche Kreise, die einen freien Umgang mit einander pflegen, sodann die *societates*, welche dem gemeinsamen Erwerbe dienen. 2. Es besitze dann aber eine Bedeutung in der Einzahl und mit dem bestimmten Artikel, und dieses sei diejenige Bedeutung von Gesellschaft, bei der die Möglichkeit einer eigenen Gesellschaftswissenschaft einsetzen könne.

Der Begriff der menschlichen Gesellschaft in diesem Sinne werde nun durch zwei sachliche Kriterien bestimmt: Das eine liege in der christlich-europäischen Gesittung, da wir nur die hierin verbundenen Völker in das Ganze Einer Gesellschaft zusammenfassen könnten; das zweite werde durch den Gegensatz zum Staate gegeben und bestehe in einem freien Zusammenleben ohne ordnende und befehlende Herrschergewalt.

Die Gesellschaftslehre würde nun namentlich das Verständnis der gesellschaftlichen Tatsachen nicht bloß durch Beschreibung in der Gegenwart oder nach rückwärts gehend für vergangene Zeiten, sondern auch durch Erklärung, das wäre Aufweisung ihrer Gesetze, zu liefern haben; — in welchem letzteren Falle man auf die Natur, auf die angeborenen Kräfte und Triebe der menschlichen Gattung als Ausgangspunkt zurückzugehen habe: Eine Gesellschaftslehre, lautet die Definition unseres Verfassers, ist nichts anderes, als die Lehre von den natürlichen Massen- und Wechselwirkungen des menschlichen Trieblebens unter den Einflüssen des Zusammenlebens vieler.

Ich habe gegen die Grundgedanken dieser Ausführung folgendes sachlich einzuwenden.

Die Abgrenzung des Gesellschaftsbegriffes einmal nach der Gleichartigkeit einer geschichtlich bedingten höheren Gesittung und sodann auf Grund der Gegensätzlichkeit zum Begriff des Staates bringt in der ersten Richtung den Gedanken einer inhaltlichen Eigenart gesellschaftlichen Zusammenlebens der Menschen hinein, während das zweite auf eine formale Scheidung der Begriffe abzielt, die von wechselndem geschichtlichen Inhalte unabhängig ist. Nun kann für die hier interessierende Frage doch nur die an letzter Stelle angeführte Erwägung in ausschlaggebende Betrachtung kommen. Wenn die angeführte Rede die Gesamtheit der christlich-europäischen Völker als *die* Gesellschaft fassen will, so würde diese Annahme einer, wie der Verfasser an der einschlägigen Stelle sich ausdrückt, „modernen Gesellschaft" doch nur eine mögliche besondere Anwendung des allgemeinen Gesellschaftsbegriffes sein. Dieses geht gar nicht mehr den formalen Begriff eines menschlichen Gesellschaftslebens an, sondern würde nur von bestimmter Art desselben dem Inhalte nach handeln. Eine nach inhaltlichen Kriterien historisch wechselnder Einzelheiten abgegrenzte Gesellschaft kann aber niemals Fug haben, in ihrer nach diesem veränderlichen Stoffe geschehenen Abgrenzung von anderen menschlichen sozialen Gruppen als *die* Gesellschaft zu erscheinen. Daß uns die Welt des Islam, des Brahminismus und Buddhaismus, oder gar die der Aschanti, Botokuden und Papuas „teils unbekannt und unverständlich, teils völlig fremd und abstoßend erscheinen muß", ist kein Grund dafür, daß nicht das Zusammenleben jener Menschenarten dem *formalen* Begriffe des gesellschaftlichen Lebens der Menschen zu entsprechen vermöchte. In der Tat paßt die von Rümelin aufgestellte Aufgabe der Gesellschaftslehre, wie wir sie oben in seinen eigenen Worten anführten, sehr wohl auf *alles* soziale Leben, ohne Rücksicht auf dessen besonderen, in einer bestimmten geschichtlichen Entwicklung gerade hervortretenden Inhalt.

Allein auch wenn wir dieses Moment der christlich-europäischen Gesittung aus der Begriffsbestimmung einer menschlichen Gesellschaft überhaupt ganz weglassen, so würde ich der von Rümelin gegebenen Charakterisierung des Gesellschaftslebens nicht beistimmen können.

Er stellt dieses, wie erwähnt, in Gegensatz zur staatlichen Ordnung des menschlichen Zusammenlebens und meint, daß es das Ganze eines unbefohlenen Netzes des Zusammenlebens und Wirkens vieler und aller sei. Die Glieder der Gesellschaft dieses Sinnes seien freie Privatpersonen, deren natürliches Triebleben allerdings unter den Einflüssen des Zusammenlebens vieler stehe.

Aber damit ist selbstverständlicherweise doch nicht ein bloßes Naturleben der Menschen und nicht ein, dem staatlichen ganz entgegengesetzter, Naturzustand gemeint, der bloß von der Ordnung des Staates zu trennen sei und gar nichts mit ihm gemein habe. Gerade umgekehrt sollen beide, auch im Sinne der besprochenen Rede, Glieder einer und derselben höheren Einheit, des gesellschaftlichen Lebens im weiteren Sinne, sein. Und sehr mit Recht bemerkt RÜMELIN, daß man die Staatswissenschaft in der engeren Bedeutung und die Gesellschaftswissenschaft in entsprechendem Sinne in dem einheitlichen Ganzen der sozialen Wissenschaft gleichmäßig umfassen müsse.[46]

Und damit kommen wir wiederum ganz notwendig auf die von uns präzisierte Frage: Welches diese höhere Einheit des sozialen Lebens sei, die das staatliche und das gesellschaftliche Dasein im engeren Sinne gemeinsam in sich begreife.

Auf diese Frage ist die angeführte Rede RÜMELINS nicht eingegangen. Und doch wird es in sich klar sein, daß dieses Ganze des sozialen Lebens in seinen eigentümlichen Merkmalen, dadurch es einem bloßen Naturzustande gegenüber steht, erst bestimmt werden muß, ehe eine völlig zutreffende Unterabteilung desselben in Staat und Gesellschaft im engeren Sinne mit Sicherheit unternommen werden kann. Wir wollen daher von dieser sekundären Differenz zuvörderst absehen und unsere Aufmerksamkeit auf die begriffliche Bestimmung des sozialen oder gesellschaftlichen Lebens im allgemeinen konzentrieren.

Überlegt man nun, worin das einheitliche Kriterium alles staatlichen und gesellschaftlichen Lebens gelegen sein soll, so scheint nichts als menschliches Zusammenleben übrig zu bleiben. Darin müßte die höhere Einheit gesucht werden, der jene beiden unterlägen, innerhalb deren sie sich in gegensätzlichem Unterschiede zerteilten, — die obere Einheit, welche das soziale Leben nach unserer Forderung darstellen würde.

Nun ist mit der Vorstellung eines gesellschaftlichen Zusammenlebens von Menschen zweifellos etwas anderes und mehr gemeint, als bloß die Tatsache eines in Zeit und Raum zugleich vorhandenen Daseins von Menschen. Jener Begriff geht auf eine besonders ausgezeichnete Art des Zusammenlebens, wodurch das im einzelnen mannigfaltige soziale Dasein der Menschen doch in einheitlicher Art dem bloßen gleichzeitigen Beisammensein als Naturexistieren einzelner Menschen gegenübergestellt wird.

Wodurch wird nun dieses gesellschaftliche Zusammenleben gegenüber dem bloß physischen Beisammensein begrifflich bestimmt?

Hier hat das Merkmal einzutreten, nach dem wir oben fragten, — dasjenige Moment, welches das soziale Leben als eigenen Gegenstand unserer Erkenntnis also konstituiert, daß es dem bloß physischen Nebeneinanderbestehen verschiedener Menschen in bleibender formaler Eigenart sicher gegenübertritt.

Dieses Moment ist die von Menschen herrührende Regelung ihres Verkehrs und Miteinanderlebens.

Die äußere Regelung des menschlichen Verhaltens gegen einander ermöglicht erst den Begriff eines sozialen Lebens als eines besonderen Objektes. Sie ist das letzte Moment, auf das formal alle soziale Betrachtung in ihrer Eigenart zurückzugehen hat. Erst unter der Bedingung bestimmter äußerer Regelung des menschlichen Zusammenlebens ist eine eigenartige Synthesis in Begriffen möglich, die nun in sachlicher Besonderheit als sozialwissenschaftliche auftreten können.

Erst auf der Grundlage dieser so begriffenen Wechselbeziehungen unter äußeren Regeln kann dann zwecks Erkenntnis gesellschaftlicher Vorgänge psychologische und sonstige naturwissenschaftliche Betrachtung einsetzen, und vermögen wir von sozialen Erscheinungen zu handeln und deren Beschreibung und Erklärung zu versuchen.

Als Beispiele führe ich einstweilen einzelne Beobachtungen an, auf die Rümelin in seiner Rede aufmerksam gemacht hat.

Die sinkende oder steigende Heiratsfrequenz, sagt er, ist eines der wichtigsten Symptome für die wirtschaftlichen, die Verminderung oder Vermehrung der Verbrechen ist es für die sittlichen Zustände eines Volkes... Im Erwerbsleben ist der einzelne nur darauf bedacht, daß er im Kampfe ums Dasein seinen Platz erringe und behaupte, unbekümmert um die anderen, wo nicht kämpfend gegen ihr Emporkommen; aber die Massenwirkung dieser Bestrebungen ist ein stetiges und wechselseitiges Überbieten und damit ein Fortschritt der Technik und der Geschicklichkeit, eine allmähliche Entwicklung aus kleinen Sonderwirtschaften zu einem großartigen Weltmarkt.

Und nun prüfe man die hier eingesetzten Begriffe der Eheschließungen, der Verbrechen, des Erwerbes im Handel und Wandel; und man wird sofort und sicher gewahren, wie sie, ohne durch äußere Regeln konstituiert zu sein, überhaupt keinen Sinn mehr haben.

Soziales Leben ist äußerlich geregeltes Zusammenleben von Menschen.

Das ist nunmehr des näheren darzulegen.

17

Das gesellschaftliche Leben der Menschen findet seinen sicheren sachlichen Gegensatz, worin sein Begriff zu bestimmen ist, in dem isolierten Dasein des einzelnen.

Zwar ist es richtig, daß der vereinzelte Mensch als ein gänzlich isoliert lebendes Wesen schwer vorzustellen ist. Denn dazu würde gehören, daß er niemals in geregelter Gemeinschaft gestanden hätte; daß er zu dem Erzeuger und der Mutter in keinem anderen Verhältnis wie das Tierjunge gestanden und bei Erlangung der Fähigkeit, aus eigener Kraft möglicherweise zu existieren, in den Zustand gänzlicher Trennung von seinesgleichen übergegangen sei. Der Vorstellung von einem solchen Lebewesen könnte es auch nicht genügend entsprechen, wenn ein Mensch seiner seitherigen sozialen Gemeinschaft als nunmehriger Einsiedler sich möglichst entziehen will oder zeitweilig dieses, wie Robinson, gänzlich ausführen muß; denn diese letzteren kommen aus bestimmtem gesellschaftlichen Leben heraus, sind in diesem ausgebildet und hängen nach ihrem ganzen Sein und Wesen davon ab. Von einem grundsätzlich vereinzelten Menschen jener ersten Art dagegen wissen wir aus geschichtlicher Erfahrung nichts. Wir kennen in Wirklichkeit nur Menschen, die in geregelten Vereinigungen leben, aus solchen hervorgegangen sind, ihr Bestes, was sie ihr eigen nennen, aus ihrer Gemeinschaft empfangen haben, um es in bestimmter Art ihr wieder zurück zu erstatten: Für das uns wissenschaftlich allein bekannte Leben der Menschen kenne ich nach der eben besprochenen Richtung hin kein treffenderes Wort, als die von Natorp einmal gebrauchte Wendung: „Der einzelne Mensch ist eigentlich nur eine Abstraktion, gleich dem Atom des Physikers."[47]

Aber in der Abstraktion von allen seitherigen Daten unserer Erfahrung über Menschenleben können wir dem geschichtlichen Faktum des sozialen Daseins der Menschen den Begriff des gänzlich isolierten Einzelmenschen allerdings gegenüberstellen; — eben zu dem Zwecke, um Merkmal und Bedingung des sozialen menschlichen Daseins hierbei klar zu erhalten. In diesem Gegensatze fällt nun das oben genannte Moment einer die einzelnen verbindenden äußeren Regelung ihres Verhaltens als dem Begriffe des sozialen Lebens eigentümlich in die Augen.

Wir nehmen dabei — wie gleich eingeschaltet werden mag — den Begriff der sozialen Regel keineswegs schon in dem Sinne einer von staatlicher Autorität gesetzten Norm, ja noch nicht einmal in der Meinung einer sonst woher kommenden rechtlichen Satzung. Der juristische Charakter einer sozialen Regel ist für den Begriff dieser letzteren selbst keineswegs wesentlich. Die Rechtsgebote, und unter ihnen wieder die engere Gruppe der Staatsgesetze, bilden nur einen Teil der das soziale Leben konstituierenden Regeln. Neben ihnen stehen andere Normen des menschlichen Verhaltens, wie sie in Sitte und Brauch und Etikette und anderen bloß konventionalen Regeln jedem im einzelnen und in ihrem praktischen Gebrauche geläufig sind, und deren Verhältnis zu der Rechtssatzung wir demnächst in erschöpfender theoretischer Erwägung systematisch klar zu stellen haben. Hier genügt zunächst die Ablehnung der Identifizierung von sozialer Regel mit rechtlicher oder gar staatlicher Regel und die Beschränkung dieser beiden letzten auf die Bedeutung einer Unterabteilung des erstgenannten Begriffes.

Zu dem Begriffe einer soziales Leben konstituierenden Regel gehört weiter nichts, als daß es eine von Menschen ausgehende Norm ist, die das Verhalten von zusammenlebenden Menschen zu einander bestimmen will. Sie verbindet diese in dem Begriffe der Gesellschaft und erschafft damit das soziale Leben als einen besonderen Gegenstand, weil dadurch bestimmende Gründe für den einzelnen eingeführt werden, die für ihn, als gänzlich isolierten Menschen gedacht, so nicht bestehen könnten. Die soziale Regel fordert von dem ihr Unterstellten eine äußere Legalität, sie steht außerhalb seiner und ist ihm gegenüber selbständig; und sie geht sachlich auf das Setzen gemeinsamer Zwecke und verbindet damit die einzelnen. Sie abstrahiert in ihrem formalen Auftreten von den Triebfedern, die dem einzelnen für sich eigen sind; und sie ermöglicht damit erst den äußeren Hinausschritt über ihn in der Gestalt, daß in eigenartig geordneten Wechselbeziehungen eine Vielheit einzelner ihre Kräfte zur Verfolgung bestimmter Zwecke vereint.

Eine derartige äußere Regelung des menschlichen Zusammenlebens finden wir nun, wie erwähnt, in allen Phasen der uns bekannten menschlichen Geschichte.[48]

Auch bei der Vorstellung des Urstammes oder der Urfamilie (gleichviel, welches von beiden man als das Frühere und Ursprünglichere vermeint) ist es nicht anders. Das von Familiengliedern in naturwüchsiger Arbeitsteilung[49] vollzogene Zusammenwirken zur Befriedigung ihrer Bedürfnisse kann ohne regelnde Befehle gar nicht vorgestellt, wenigstens nicht in den Begriff eines gemeinsamen Hauswesens und einer engen Verbindung in ausgedehnter Lebensgemeinschaft klar eingefügt werden. Daher auch in der viel berufenen Stelle des Homer, in der er den Zyklopen ein ungeselliges und rechtloses Leben vindiziert, das Moment der äußeren Regelung keineswegs ausgelassen ist: sondern des Dichters Phantasie doch einen jeden als Hausvater über seine Kinder und Angehörige mit Fug gebieten läßt.[50]

Daß nun durch äußere Regelung des Tuns und Wirkens zusammenlebender Menschen eine eigenartige Verbindung derselben also begreiflich wird, daß diese dem bloßen Nebeneinanderbestehen von solchen in einer gemeinsamen Gegend und zu derselben Zeit als ein ganz neuer Begriff von gesellschaftlichem Leben gegenübertritt, das ist zweifellos und wird sicherlich von keiner Seite in Abrede gezogen werden. Durch eine Regelung angegebener Art hört der Gedanke eines gänzlich isoliert existierenden Menschen in seiner Möglichkeit auf: Der Gegensatz des gesellschaftlichen Lebens und eines völlig isolierten Daseins erhält eine Ausfüllung auf beiden Seiden, der Begriff eines sozialen Lebens ist erfüllt. Die Frage kann nur die sein, ob die Verbindung mittels jener äußeren Regeln die einzige Möglichkeit ist, um den Begriff von sozialem Leben zu konstituieren, oder ob gesellschaftliches Dasein im angeführten gegensätzlichen Unterschiede vom getrennten Einzelbestehen noch in anderer Weise möglich ist.

Auch hier lassen wir die zufällige Sprechweise, die in dieser Frage sich etwa gebildet hätte, nicht als ausschlaggebend zu; es kann nichts darauf ankommen, ob man ein Beisammensein und Zusammenleben von Menschen, bei dem man von aller äußeren Regelung, die wir die soziale nannten, gänzlich absehen wollte, doch noch mit dem Ausdrucke des sozialen Lebens bezeichnen möchte. Wir gehen lediglich sachlich davon aus: Es gibt soziales Leben der Menschen, und es läßt sich gänzlich isoliertes Existieren der einzelnen denken; — in welchem Kriterium wird sich der Inhalt der einen und der anderen dieser Vorstellungen in Sicherheit gegenständlich abgrenzen lassen?

Bei dem Zweifel daran, ob die äußere Regelung die alleinige Bedingung sei, unter der soziales Leben der Menschen als eigener Gegenstand unserer Erkenntnis aufzutreten Möglichkeit habe, kann man in doppelter Richtung vorgehen:

1. Es könnte jemand auf das Zusammenleben von Tieren Bezug nehmen und die Frage aufwerfen, ob nicht die in gleicher Weise, wie jene, mit einander lebenden Menschen den Begriff eines *gesellschaftlichen* Daseins von Menschen gegenüber dem hypothetisch angenommenen *isolierten Naturzustand* erfüllen würden, so daß dabei eine eigene *soziale* Betrachtung als möglich erstände.

2. Oder man möchte vielleicht es für problematisch erklären, ob nicht auch bei einem gänzlich isoliert gedachten Menschen eine derartige Entwicklung seiner menschlichen Fähigkeiten denkbar erschiene, daß er als Vernunftwesen schließlich aufträte und nicht bloß als Tier anderen seinesgleichen gegenüberstände und demnach handeln würde, sondern nach allgemeingültigem Gesetze seine Zwecke setzen dürfte. Wäre dann — so würde hiernach die Frage lauten — der Begriff des sozialen Lebens nicht gegeben, wenn in Abstraktion von jeglicher äußerer Regelung ein Nebeneinanderleben von Menschen als Vernunftwesen statt hätte und ein jeder in voller Unabhängigkeit doch nicht bloß seinen eigenen Zweck verfolgte, sondern zugleich denjenigen des anderen zu dem seinigen machte?

18

Was den ersten Vorschlag anlangt, so ist gegen die tatsächliche Möglichkeit eines bloß tierischen Zusammenlebens von Menschen nicht das geringste einzuwenden. Es widerstreitet einer möglichen Erfahrung ganz und gar nicht, eine volle Auflösung des geschichtlichen sozialen Lebens der Menschen sich vorzustellen. Der Mensch könnte als ledigliches Naturwesen, anderen Tieren gleich, in voller Regellosigkeit auch leben und sich mit anderen Menschen in ähnlicher oder übereinstimmender Art zusammenfinden, wie es in dem sogenannten Genossenschaftsleben von Tieren der Fall ist.

Aber was ich bestreite, das ist, daß hierbei ein *soziales* Leben gleicher Art, wie es das Zusammenleben unter äußerer Regelung ist, als Gegenstand eigenartiger Betrachtung möglich bleibt; daß wir den Begriff einer menschlichen Gesellschaft als eigenartigen Gegenstand einer sozialen Erkenntnis behalten.[51]

Man hat sich neuerdings mit zusammenlebenden Organismen mehrfach beschäftigt und dabei allgemach gefunden, daß gar vieles hier auszuscheiden ist, bis man zu einer einigermaßen interessierenden Analogie mit dem sozialen Leben der Menschen, wie es auch die gemeinste Erfahrung lehrt, gelangen kann.

In der hierher gehörigen Literatur sind die Korallenstäbe schon geradezu zu einer Art von *exemplum tralaticium* geworden; sie umwachsen oft ganze Inseln und ragen, wenn diese gesunken und im Meere verschwunden sind, als Koralleninseln aus dem Wasser empor. Ganz merkwürdige Gebilde sind zuweilen die frei schwimmenden, nicht an die Scholle, auf der sie entstanden, gebundenen Polypenstöcke, die in ihrem Gesellschaftsleben — wie die Naturforscher sagen — ein eigenartiges System der Arbeitsteilung durchführen: Obwohl sie alle von Einem Tiere abstammen, nehmen die einzelnen Polypen die verschiedenartigsten Gestalten an, je nachdem sie in ihrem Stocke das Geschäft der Fortbewegung, der Fortpflanzung, der Ernährung oder des Schutzes zu besorgen haben. Derartige Vielheiten von Lebewesen, die zur physiologischen Einheit geworden sind, wird wohl niemand in schärfere Parallele zu dem Gegenstande unserer Untersuchung setzen wollen. Man müßte, wie KAUTSKY bemerkt,[52] sonst auch den Wurm hierher ziehen, dessen einzelne Teile einer gesonderten Existenz fähig sind, oder das trächtige Tier zu einer sozialen Erscheinung stempeln. Es kann hier nur ein tierisches Zusammenleben organisch selbständiger Organismen in Betracht kommen.

Da hat es nun bis jetzt nicht recht gelingen wollen, eine Art genossenschaftlichen Lebens unter Tieren aus verschiedenen Familien zu entdecken. Von zoologischer Seite wird als charakteristisches Beispiel dieser Möglichkeit das Zusammenleben des Einsiedlerkrebses mit anderen Tieren angeführt. Da ihm der Panzer fehlt, läßt er sich von den Häusern gewisser Schnecken beschützen, duldet aber auf dem Rücken dieser seiner geborgten Rüstung noch die Ansiedlung ganzer Gruppen von Schwämmen oder Wasseranemonen, die sich durch ihn fortbewegen lassen, während sie ihm andererseits helfen, sich Nahrung zu verschaffen. Das ist nun ein höchst bescheidener Anflug einer gesellschaftlichen Bildung, über welche auch die bis jetzt gemachten Beobachtungen der Beziehungen von Ameisen zu anderen Tieren kaum hinausreichen; denn die meisten der sehr zahlreichen Insektenarten, die sich als Gäste im Ameisenneste vorzufinden pflegen, mag Wärme- oder Schutzbedürfnis hineingetrieben haben, und nur einzelne, wie die kleinen Keulenkäferchen, sind den Ameisen nützlich und nehmen an deren Nahrung teil.[53] Dieses alles sind so geringe und vereinzelte Ansätze, daß man sich nicht wundern darf, wenn der Beschauer der Natur ihnen ganz gleichwertig Beziehungen von Tieren zu Pflanzen zur Seite stellt, wobei wir nur auf naturwissenschaftliche Genossenschaften auf Gegenseitigkeit kurz hinweisen können. Als Vertreter dieser Art sind die Flechten, Verbindungen von Algen und Pilzen, anzusehen; hierher gehört auch die Verbindung der Lupine mit Bakterien, die in den Wurzelknötchen der Pflanze Aufnahme finden und dort den Stickstoff anhäufen. Was schließlich zu der interessanten Entdeckung von Frank überleitet, der nachgewiesen hat, daß die meisten unserer Waldbäume ihre Nahrung nicht direkt, sondern durch Vermittlung primitivster pflanzlicher Organismen dem Boden entnehmen.[54]

Man sieht, daß alle diese Erscheinungen eine nicht genügende Unterlage für die Begreiflichkeit eines menschlichen sozialen Lebens in gänzlicher Abstraktion von äußerer Regelung des Zusammenlebens abgeben können. Ihre gesetzmäßige Erklärung läßt noch nicht einmal einen Schluß auf tierisches Zusammenleben überhaupt zu, sondern beschränkt die in ihnen gemachten und erklärten Beobachtungen genau auf die Besonderheiten jener Fälle. So bleiben in dem hier fraglichen Interesse nur solche Vereinigungen von Tieren übrig, die sich auf Glieder derselben Gattung beziehen. Hier aber hat sich nun die eigentümliche Beobachtung eingestellt, daß es kein Tier gibt, das sich nicht zeitweilig in der Gesellschaft seinesgleichen befände; selbst die für das Gegenteil viel berufenen Spinnen vereinen sich nicht bloß in der geschlechtlichen Paarung selbst, sondern bleiben in dieser Zeit tagelang spielend zusammen, so wie die Jungen noch einige Zeit nach dem Ausschlüpfen gesellig leben. Da man hier eine Grenze wünschte, so ist man auf das Kriterium eines Beisammenseins von längerer Dauer verfallen; nur solche Tiervereinigungen seien „soziale“, wobei organisch selbständige Individuen ein Zusammenleben von nicht vorübergehender Art, sondern längere Zeit hindurch zu führen pflegen.[55]

Ohne nun das ganz Relative und Schwankende dieser Abgrenzung einer mehr oder weniger langen Dauer an dieser Stelle besonders beanstanden zu wollen, bemerke ich, daß die von materialistischer Seite auf jener Grundlage aufgeführte Lehre sich in folgender Art weiter verbreitet. Es findet ein Zusammenführen von Tieren vornehmlich aus drei Gründen statt: Gemeinsamkeit des Ortes, da sie zur Welt kommen; Massenwanderung, aus Fortpflanzungstrieb, wegen Mangels an Nahrung oder Wechsels der Jahreszeiten; und Gemeinsamkeit der Nahrung spendenden Örtlichkeit, wonach beispielsweise die Aas fressenden Tiere sozialer als diejenigen sind, die nach lebendem Wild jagen und deshalb ein größeres Jagdgebiet nötig haben, am meisten aber jenes für solche Tiere gilt, die auf dieselbe Weide oder gar den gleichen Baum angewiesen sind.

Indem der Naturtrieb kausal Tiere gesellig zusammenführte und in längerer Zeit etwa zusammenhielt, so werden im Kampfe um das Dasein die Tiere, denen ihre Vereinigung Vorteil brachte, sich leichter erhalten und ihre Hinneigung dazu vererbt haben. Durch fortgesetzte Vererbung — lautet die aufgestellte Hypothese weiter — wurde das verstärkt, bis sich schließlich ein solcher Trieb zur Geselligkeit entwickelte, daß seine Befriedigung Lust, seine Unbefriedigtheit Unlust gewährte. So entwickelten sich die sozialen Triebe und die Tiervereinigungen als Waffen in dem Kampfe um das Dasein.

Hierbei läßt sich im einzelnen wahrnehmen, daß Vereinigungen stattfinden: a) nur zum Schutze der Nachkommenschaft, also nur für Weibchen und Junge, wie bei den Gemsen; b) als Polygamie eines Männchens mit vielen Weibchen, wie bei Rindern, Hirschen, Pferden, Hühnern; c) endlich für alle Glieder der Gattung, zur besseren Verteidigung (Meerkatzen), oder zur gemeinsamen Warnung vor Gefahr (Kraniche), oder zur Erleichterung des Nahrungserwerbes (Wölfe).

Die höchste Stufe tierischer Gesellschaften stellen diejenigen Vereinigungen dar, in denen die Zwecke des Nahrungserwerbes und des Schutzes vereint auftreten, wie bei Pavianen; vor allem die allbekannten, dauernd zusammenlebenden Völker der republikanischen Ameisen und der mehr monarchischen Systeme der Bienen, Termiten, Wespen.

Auch die Menschenvereinigungen, fährt der zitierte materialistische Schriftsteller fort, gehören dieser Stufe an. „Sie unterscheiden sich von den Horden sozialer Affen nur durch die Art und Weise, durch die sie ihre Zwecke erreichen."

Dem gegenüber muß ich das Unvermittelte und Unvollständige dieses letzten Schlusses betonen.

Daß es an sich denkbar ist und auf Bedenken aus der Empirie

her nicht stoßen würde, das Existieren des Menschengeschlechtes auf Erden nach Art der Affenhorden sich vorzustellen, haben wir anerkannt. Der Mensch kann als bloßes Tier auch in der Richtung gedacht werden, daß er mit seinesgleichen ausschließlich einen eben solchen Verkehr wie zusammenlebende Tiere unterhielte.

Daß ein derartiger Zustand jemals geschichtlich dagewesen wäre, bedeutet eine unbewiesene Hypothese; — daß er dem in der Erfahrung uns entgegentretenden Begriff des sozialen Lebens der Menschen kongruent sei, ist eine unrichtige Behauptung.

Denn dieses empirisch gegebene soziale Leben ruht auf äußerer Regelung, die es als besonderen Begriff und eigenen Gegenstand begreiflich macht; weil wir in ihr die Möglichkeit ersehen, über die den einzelnen als solchen bestimmenden Triebfedern hinauszugehen und eine Verbindung unter den Menschen zu begreifen, die von der bloßen Feststellung des natürlichen Trieblebens des einzelnen an sich unabhängig ist. Bei einem nur physischen Nebeneinanderleben und nicht normierten Durcheinanderlaufen der in gleicher Zeit und an gleichem Ort existierenden Menschen hätten wir ausschließlich die Möglichkeit, elementare Naturvorgänge in der Art zu betrachten und zu erforschen, wie dies Sache der Naturwissenschaft ist. Bei dem gesellschaftlichen Dasein von Menschen, das ist einem äußerlich geregelten Zusammenleben, tritt ein neuer eigenartiger Gesichtspunkt der Betrachtung menschlichen Verhaltens zu einander auf. Woher diese Regelung stammt und wie sie in ihrem Inhalte und ihrer jeweiligen Art beeinflußt oder bewirkt wird, das bleibt für jetzt ebenso außer Betracht, wie die Frage, welches nun ihre Wirkung im einzelnen sein kann. In diesem jetzigen Zusammenhange liegt das Schwergewicht auf der Feststellung, daß mit dem Einbringen des Gedankens äußerer Regelung von menschlichem Zusammenleben das Verhältnis der einzelnen zu einander nun in einer eigenen und selbständigen Art und Weise begrifflich erfaßt und zur Einheit zusammengezogen wird. Dadurch werden die Beziehungen der verbundenen Menschen unter einem besonderen Gesichtspunkte erwogen und bestimmt und werden dadurch — durch ihre Erkenntnis unter der grundlegenden Bedingung äußerer Regelung — zu möglichen Objekten einer eigenen und selbständigen Wissenschaft. Die Gegenstände dieser, der sozialen Wissenschaft stehen nun auf Grund der genannten Erkenntnisbedingung in gegensätzlicher Trennung zu den Objekten der Wissenschaft der Natur. Darum gehört alles, was jemals über Tier- und Pflanzengenossenschaften vorgebracht worden ist, ausschließlich zu dem Gebiete der Naturwissenschaft; es hat mit Gesellschaftswissenschaft nichts zu tun, da diese, wenn sie überhaupt eine selbständige Wissenschaft sein soll, ein selbständiges Objekt auch haben muß. Sie besitzt aber ein solches, gerade im Gegensatz zu der bloßen Naturbetrachtung, in dem äußerlich geregelten Zusammenleben von Menschen und den hieraus entquellenden Beziehungen dieser zu einander.

Wir haben also in der Richtlinie dieser Betrachtung zwei Arten eines möglichen menschlichen Zusammenlebens zu unterscheiden: das bloß physische Nebeneinanderbestehen, gleich anderem Tierleben, und das äußerlich geregelte Zusammenleben, als soziales Dasein von Menschen.

Vom Menschen wissen wir aus aller uns gewordenen Erfahrung nur von der zuerst erwähnten Art des gemeinsamen Seins, von der des sozialen Lebens, eines Zusammenlebens unter äußeren Regeln.[56] Bei den Tieren ist es umgekehrt. Wir fassen ihr Miteinanderleben ausschließlich unter den Grundsätzen der theoretischen Naturwissenschaft auf und kennen für ihr Verhalten mit und gegen einander weiter keinen Gesichtspunkt als den eines instinktiven Trieblebens. So scheidet sich tierische Genossenschaft, ebenso wie eine in der Hypothese supponierte bloß physische Existenz zusammenwohnender Menschen, in Gleichmäßigkeit ab von menschlichem sozialen Leben als einem Verbundensein unter äußerer Regelung.

Aber könnte man vielleicht auch soziale Regelung bei den sogenannten Tierstaaten annehmen? So daß Verabredung und gesellschaftliche Normen als selbständige Faktoren und eigene Beweggründe neben dem bloß kausal erwogenen Naturgetriebe tierischer Instinkte Platz griffen?

Tritt man dieser Frage näher, so kann zweierlei darin problematisch gemeint sein: einmal eine selbständige Art sozialer Regelung wenigstens unter gewissen Tieren; zum andern die etwaige Möglichkeit einer Verständigung der Menschen mit ihnen und eine Ausdehnung der seither begrenzten Menschengemeinschaft auf jene.

Bei dem ersten würde es fraglich sein, ob wir in unserer Erkenntnis der Tierwelt so weit kommen können, daß wir dortselbst neben bloßem Tierleben in dem Inhalte dann vorausgesetzter tierischer Vorstellungen den bewußten Zweckgedanken klar erkennen und unterscheiden möchten, so daß eine Regelung des Verhaltens anderer Glieder dieser Gattung in dem Tierstaate als Besonderheit möglich wäre. Davon wissen wir nun nichts. Es ist die Erwägung dessen vielmehr, wie KANT sagen würde,[57] eine Meinungssache. Sie gehört zu den Gegenständen einer wenigstens an sich möglichen Erfahrungserkenntnis, die aber, nach dem bloßen Grade des Vermögens dazu, den wir besitzen, für uns unmöglich ist. Ob die Planeten mit vernünftigen Bewohnern bevölkert seien, ist eine Sache der Meinung; nach Gesetzen unserer Erfahrung würden wir über Sein oder Nichtsein solcher Planetenbewohner, da sie als Gegenstände unserer Sinnenwelt gemeint sind, Erkenntnis sammeln können. Aber da wir ihnen niemals so nahe kommen werden, daß wir sie durch Erfahrung kennen lernen könnten, so wird es auch in Zukunft bei dem verbleiben, wobei wir jetzt in dieser Frage stehen, — bei dem Meinen.

So müssen wir es noch erwarten, daß ein Eindringen in das Leben der Tierwelt derartig stattfände, daß wir eine vielleicht bei ihnen vorhandene und ihnen eigentümliche Regelung ihres Zusammenlebens erkennen möchten. Aber bis jetzt ist das eine bloße Meinungssache; und wir werden es einer Zeit überlassen müssen, da des Menschen Sinne und Beobachtungsmittel derartig geschärft seien, daß man vielleicht auch den Fortgang im Wachstum des Grases hören oder solches nach Sekunden optisch beobachten kann.

Ich setze nun den Fall einer dahin fortgeschrittenen Zeit. Wir verstehen, supponiere ich, die Abrede, die in dem Geheul der Wolfsbande liegt, die sozial verbunden dem einsam verkehrenden Schlitten folgt; wir wissen die Normen, die die Landkrabben für ihren Zug aufgestellt haben, wenn sie im Frühjahre in Scharen in die Meere Westindiens ziehen, um dort zu laichen; und es sind uns die Regeln bekannt geworden, in deren Befolgung die Antilopenherde in gesellschaftlichem Verbande einem Landstrich entflieht, der nicht genügend Weide mehr ihr bot, oder die sozialen Gesetze, welche die Ordnung und Geschwindigkeit des Heeres der Zugvögel bestimmen, wenn sie die Winterquartiere aufsuchen; — ein glücklicher Zufall oder scharfe Beobachtung hat einem Forscher das Gewohnheitsrecht der Termiten in die Hand gespielt, nach dem die einzelne vorwurfsvoll gerichtet wird, falls sie dem Naturtriebe bloß sich preisgegeben und die selbständig daneben stehende soziale Regel mißachtet hat; oder es ist gelungen, die Baupolizeiordnung der Biber und die herkömmlichen Verfassungsparagraphen des Bienenstaates zu erlangen, denen gemäß die Honigzellen zu bauen sind, und hinter welchen die bloßen Antriebe aus dem physischen Leben jener Staatsangehörigen gezügelt zurücktreten; — was würde durch solche Feststellungen anders gewonnen sein, als eine genaueste Bestätigung unserer Aufstellung von einem eigenen Begriff des sozialen Lebens der Menschen?

Unsere Deduktion hat diesen Gang genommen. Es ist bei allen organischen Lebewesen möglich, ein Nebeneinanderbestehen ihrer lediglich als natürliche Tatsache anzunehmen und ein bloß physisches Zusammenleben von Tieren zu beobachten; so könnte man auch, obgleich wir davon empirisch nicht das geringste wissen, ein ausschließlich tierisches Leben von Menschenherden in geschichtlicher Möglichkeit unterstellen. Neben dieser ersten Möglichkeit eines bloß physischen Zusammenlebens von Tieren kennen wir in weiter und reicher Erfahrung ein soziales Zusammenleben von Menschen, dessen Eigentümlichkeit in der Unterstellung desselben unter äußere Regeln gegeben wird. Daß bei Tiervereinigungen solche äußere Regeln von den betreffenden Tieren aufgestellt wären, ist uns ganz unbekannt und nur Meinungssache; aber auch wenn man darüber Kenntnis hätte, so würde dann soziales Dasein von solchen Tiervereinigungen als eine eigentümliche Art von gesellschaftlichem Existieren vorliegen, — das soziale Leben von Menschen bleibt in seiner Eigenart, als ein normiertes Zusammenleben, dessen äußere Regeln auf Menschensatzung zurückführen, ganz unberührt bestehen. Dieses soziale Leben der Menschen ist der Gegenstand unserer wissenschaftlichen Forschung. Und ein jeder hat das Recht, Aufgabe, Ziel und Grenzen seiner Untersuchung und erkennenden Arbeit abzustecken, sofern er nur den Gegenstand derselben in sachlicher Deutlichkeit bestimmt.

Ich erwähnte oben eine noch weitergehende Phantasie, als die soeben besprochene: Die phantastische Annahme einer sich stets steigernden Möglichkeit von Verständigung mit Tieren, des Grades, daß diese in vernunftgemäßem Vorstellen also ausgebildet würden, daß der soziale Verband der Menschen sie als Subjekte umschließen würde. Man hat schon häufig bemerkt, daß das tierische Triebleben in sich einfach und zusammenstimmend ist; es kennt keine Konflikte des Wollens, außer etwa die Ansätze von solchen, die sich aus menschlichem Eingriffe in dasselbe ergeben können.[58] Es würden diese geringfügigen Anfänge unserer Verständigung mit bestimmten Tiergattungen sein, die hier träumerisch in Gedanken weiter geführt wären und den Begriff des ULPIAN von einem *ius quod natura omnia animalia docuit* in eigentümlicher Weise realisierten. Aber es liegt mir ganz ferne, diesem Traumgebilde nähere Beachtung hier zu schenken. Gesetzt, es wäre wirklich, so würde man ja zunächst nur eine quantitativ erweiterte Anwendung des jetzigen sozialen Daseins der Menschen besitzen; der Begriff von einem solchen wäre dabei bereits so vorausgesetzt, wie wir ihn nun seither bestimmt haben.

Ich bin auf die Frage nach dem Begriffe der Tiergesellschaften nur eingegangen, einmal aus dem Grunde, weil von materialistischer Seite die Parallele dieser zu menschlichen Verbänden in allzu schneller Weise angenommen und durchgeführt worden ist, ohne daß hierfür sachlich berechtigender Halt gegeben wäre; sodann aber in dem Interesse, dadurch gerade den Begriff des sozialen Lebens der Menschen in scharfer Abgrenzung von seinen Gegensätzen klar beleuchten zu können. Unser Ergebnis fasse ich dahin zusammen: daß man zwischen einem bloß physischen und zwischen einem gesellschaftlichen Zusammenleben der Menschen unterscheiden kann, von denen geschichtlich bloß das zweite bekannt ist, während das erste dem Zusammenleben von Tieren begrifflich ganz gleich sein würde und daher in voller Parallele zu diesem anschaulich gemacht werden kann. Hält man sich stets diese sichere Gegensätzlichkeit eines nur natürlichen Zusammenlebens und eines gesellschaftlichen Daseins von Menschen vor, so wird das Schwanken in dem grundlegenden Begriffe des sozialen Lebens der Menschen ferne bleiben, und dieses in seiner notwendigen Erkenntnisbedingung der äußeren Regelung einen klaren und sicheren Gegenstand der Sozialwissenschaft abgeben, wie sie ihn bislang in bestimmter Weise entbehrt hat.

19

Der zweite Einwand, dessen wir oben (§ 17 a. E.) Erwähnung taten, würde daraus hergenommen werden, daß auch der in gänzlicher Isoliertheit lebende Mensch doch eine gewisse Ausbildung seiner Fähigkeiten und den Gebrauch der Vernunft und gesetzmäßiges Wollen sich erringen könnte. Vielleicht möchte danach einer annehmen, daß auch ohne die Erkenntnisbedingung äußerlich gebietender Normen der Begriff des sozialen Lebens möglich sei.

Könnte man sich nicht denken, würde ein solcher Zweifler fragen, daß auch der isoliert vorgestellte Mensch sich zufolge eingepflanzter Anlagen allmählich soweit entwickeln könnte, daß er vernunftgemäß handelte; und daß deshalb, weil nämlich alle oder viele so täten, doch eine gemeinsame bloß-ethische Verfassung unter den

Menschen bestände? — Würde dieses nicht mindestens das Ideal des Menschenlebens sein; so daß also eine Abstreifung der äußeren Regelung zu gunsten einer freien bloß-sittlichen Ordnung des Menschenlebens das eigentliche Ziel der sozialen Entwicklung wäre? — Und warum soll ein soziales Leben unter äußerlich regelnden Normen überhaupt unentbehrlich und absolut notwendig sein?

Ich beantworte diese Interpellation alsbald, wie folgt.

Es darf zugegeben werden, daß die Abstraktion von aller seitherigen geschichtlichen Erfahrung so weit durchgeführt werden kann, daß der gänzlich isoliert vorgestellte Mensch sein Vornehmen und Wollen nach vernunftgemäßem Endzwecke einrichte; keine logische Einsicht noch naturwissenschaftliche Erkenntnis verbietet uns, diese Figur in Gedanken einzuführen. Dieselbe mit der Wirklichkeit, die uns bis jetzt allein entgegengetreten ist, in vollen Einklang zu bringen, will allerdings nicht leicht fallen; — „im einsamen Luftraum hängt nur der Adler und knüpft an das Gewölke die Welt." — Wem die Erfahrungen vergangener Jahrhunderte nicht direkt zu nutze kommen, der müßte mit der seinigen wohl auch erst die Zeit patriarchalischer Lebensdauer erfüllen, ehe seine Erhebung über den unmittelbaren Stand des tierischen Daseins von merklichem Interesse sein könnte. Aber immerhin steht es richtig, daß die Möglichkeit der isolierten Ausbildung zu vernünftigem Wollen *a priori* nicht geleugnet werden kann; daß sie im Rahmen möglicher Erfahrung sich befindet, wenngleich ihre Ausführung nach allem unserem Ermessen kaum glaubhaft erscheint.

Gesetzt aber auch, diese Einzelausbildung des ganz isoliert existierenden Menschen wäre zu vollkommner Reife gelangt, so würde der weitere Gedanke eines gemeinsamen Wirkens wiederum auf die größten Schwierigkeiten stoßen. Nach der früher von uns mitgeteilten Fassung stände dann eine ausschließlich ethische Gemeinschaft derartig in Frage, daß jeder nicht bloß egoistisch und rücksichtslos für sich lebte, sondern zugleich auch die Zwecke der mit ihm in Raum und Zeit zusammenlebenden Menschen als die seinigen behandelte und dadurch eine Gemeinschaft im edelsten Sinne begründete.

Aber wie will man sich eine derartige gemeinsame Zwecksetzung und eine solche Gemeinschaft empirisch vorstellen ohne alle und jegliche Verständigung der einzelnen unter einander? Sobald diese Verständigung zu zusammenwirkendem Verhalten aber eingeführt wird, so ist der Begriff der äußeren Regelung des

Zusammenlebens eingesetzt und derjenige des gänzlich isoliert gedachten Menschen verlassen.

Die Sprache ist in der hier fraglichen Bedeutung nichts als eine primitive Konvention. Der bloße stimmliche Laut ist hierbei ganz ohne Interesse; wenigstens kann er an und für sich kein anderes beanspruchen, als irgend ein sonstiges Getöne des menschlichen Körpers. Aber er gewinnt eine soziale Bedeutung, sobald mit ihm etwas übereinstimmend bezeichnet werden soll. Denn darin liegt der Gedanke einer (ausdrücklichen oder stillschweigenden) konventionalen Regelung.

Die Sätze der Grammatik sind nicht gemeint als Erkenntnisse des kausalen Werdeganges einer kommenden Erscheinung, sondern als Regeln darüber, wie man sich ausdrücken soll. Daß sie auf kausalem Wege selbst geworden sind, ist hierbei gleichgültig, da wir jetzt nicht von ihrer Herkunft, sondern von dem in ihnen liegenden Sinne handeln. Und da bleibt es dabei, daß Sinn der grammatischen Regeln nicht der ist, den kommenden Ausdruck jemandes als einen kausal notwendigen zu erkennen, — das ist Sache einer anderen wissenschaftlichen Erwägung, und nicht die der Grammatik; — sondern daß sie eine Vorschrift geben, deren Erlernung eine bestimmte Ausdrucksweise bewirken soll.

Es sind jene Sätze also äußere konventionale Regeln für menschlichen Verkehr mit einander — *ius et norma loquendi* —, die ihrem Sinne nach ebenso gelten, als Art seine Gedanken auszudrücken, wie es parallelerweise die Regeln der Etikette, der Höflichkeit, des Anstandes für menschliches Verhalten überhaupt tun. In den Begrüßungen der Schiffe, dem Flaggenhissen, den Freudenfeuern, der Blumensprache und anderem zeigt sich sogar ein Ineinanderfließen der genannten konventionalen Regeln sehr deutlich; auch ganz abgesehen davon, daß ja sprachliche Ausdrucksweise (wie in den Schulen und in dem bureaukratischen Verkehre) unmittelbar unter rechtliche Zwangsnormen gesetzt zu werden vermag. Die natürliche Sprache, sagt LUTHER, ist Frau Kaiserin.

Sobald demnach jemand ein gänzlich isoliertes Nebeneinanderleben von intellektuell und ethisch vorgeschrittenen Menschen in Gedanken vorstellen will, muß er auch von einer Übereinstimmung derselben in Sprache und Gebärden Abstand nehmen. Er könnte nicht mehr Sprache als mitteilendes Mittel annehmen, was eine äußere Regelung menschlichen Verkehrs bedeuten würde; sondern von ihr nur reden als einem besonderen Mittel für den einzelnen, der etwa

Zeichen für sich verwendete, um seinem Gedächtnis zu Hülfe zu kommen. Dieses Streichen jeder irgend welchen Verständigung und Übereinkunft ist, wie auf der Hand liegt, ein ganz abstruser Gedanke.

Er müßte aber durchgeführt werden, wenn anders jemand den an die Spitze dieses gestellten Einwand wirklich behaupten wollte. Denn als konstitutives Moment des Begriffes vom sozialen Leben der Menschen haben wir nur die äußere Regelung ihres Zusammenlebens gefunden. Man darf dieses nicht mit einer äußeren Autorität verwechseln, die als dritte Größe über zweien stände und diese tatsächlich zu etwas mit Gewalt zwänge. Das ist lediglich eine Unterart der äußeren Regelung. Ihre nähere Besprechung gehört noch gar nicht an diese Stelle, sondern wird im weiteren Verlaufe unserer Untersuchung gebührenden Platz finden. Wir würden durch ein Eingehen auf diese Frage in dem gegenwärtigen Zusammenhange den springenden Punkt dieser Erörterung aus den Augen verlieren. Denn dieser ist darin gegeben, daß es sich um den Gegensatz des sozialen Lebens und des isolierten Daseins von Menschen handelt; wobei nach demjenigen festen Merkmale zu fragen ist, durch das der erste Begriff von dem letzteren in allgemeiner Geltung sich sachlich scheidet.

Als dieses Merkmal besteht also die äußere Regelung des Zusammenlebens. Daß dadurch, infolge der nur äußere Legalität fordernden Normen des Verhaltens, ein Unterschied in der Art des Zusammenlebens von Menschen geschaffen wird, gegenüber nämlich einem isolierten gleichzeitigen Nebeneinanderbestehen, das wird nun ebensowenig in ernsten Zweifel gezogen werden können, wie dieses, daß die letztgenannte Vorstellung eines ganz vereinzelten Daseins von Menschen nach vorliegendem empirischen Wissen etwas Kuriöses in sich trägt. Aber da es sich hier um scharfe Feststellung des Begriffes vom sozialen Leben der Menschen handelt, und dieses den fundamentalen Gegenstand aller sozialwissenschaftlichen Erwägung, insbesondere des Problems einer hier möglichen allgemeingültigen Gesetzmäßigkeit, notwendig bildet: so ist nun genau anzugeben, warum nur unter der Bedingung des Begriffes der äußeren Regelung (der dabei noch näher zu analysieren sein wird) das soziale Leben der Menschen als ein eigener Gegenstand unserer Erkenntnis eingesehen werden kann.

Unter einer äußeren Regel menschlichen Verhaltens haben wir eine Regel zu verstehen, welche sich von der Triebfeder des einzelnen, sie zu befolgen, ihrem Sinne nach ganz unabhängig stellt.

Sie kann von dem Regelunterworfenen befolgt werden, weil er sie in moralischer Gesinnung für die rechte Vorschrift hält, so daß er autonom, aus Achtung vor dem Gesetze, sich fügt. Es kann aber auch sein, daß er dieses lediglich aus eigennützigem Streben, aus Sucht nach Vorteil und Furcht vor sonst drohenden Übeln tut. Der äußeren Regel ist dieses gleichgültig. Es kommt ihr auch nicht darauf an, ob der Unterworfene überhaupt sich darüber besinnt, oder ob er in dumpfer Gewöhnung der äußeren Legalität frönt. Sie legt auf alles dieses kein Gewicht. Sie ist ihrem Sinne nach zufrieden, wenn sie überhaupt befolgt wird: — Aus welchen Beweggründen der Angeredete sich unterwirft und ihr gehorsam ist, das ist für den Sinn ihrer formalen Geltung ohne Belang.

So steht die äußere Regelung des menschlichen Zusammenlebens den Lehren der Moral gegenüber. Die letzteren gehören nicht hierher. Sie sind Anweisungen dafür, wie der einzelne in seinen wünschenden Gedanken in objektiv begründeter Weise wollen soll.[×] Ihre Autorität liegt lediglich in der Einsicht begründet, daß sie die rechte Lehre geben, um jemanden in seinem Innern von persönlichem Begehren mit einer bloß subjektiven Gültigkeit zu entfernen und ihn auf eine subjektiv unbedingte, mithin objektiv gültige Richtung der Gedanken zu leiten.

Nur in der inneren Übereinstimmung und überzeugten Hingebung des Wollenden an ihre Wahrheit liegt dem notwendigen Sinne der Ethik nach ihre Befolgung.

Danach sind zu unterscheiden:

1. Lehren der Moral, als Anweisung zu objektiv rechtem Wollen in seinem Innern, seinem Sinnen, Wünschen, Begehren; mit alleiniger Autorität der inneren Überzeugung des sie Befolgenden von ihrer Wahrheit und objektiven Gültigkeit.

2. Soziale Regeln, als Normen eines äußeren Zusammenlebens und Zusammenwirkens; welche gebieten ohne alle Rücksicht auf die Triebfedern des sie Befolgenden. Sie wenden sich an diesen und wünschen innegehalten zu sein, gleichviel, ob der von ihnen Angesprochene von ihrer objektiven Begründetheit und wahren Berechtigung innerlich überzeugt und durchdrungen ist oder nicht.

[×] S. hierüber des näheren IV. Buch, 1. Abschnitt, bes. § 69.

Sie sind ihrem ganzen Sinne nach zufrieden mit äußerer Korrektheit des Unterstellten.

Wenn der Mensch in gesellschaftliches Zusammenleben mit anderen seinesgleichen also treten soll, daß diese Gesellschaft nun ein eigenes Ding sei, so muß man über den einzelnen hinausgehen und sie, zum mindesten ihrer zwei, in neuer, eigenartiger Weise verbinden. Dies wird aber nur dann möglich sein, wenn die verbindende Regel — in der doppelten Bedeutung des Verbindens genommen — von den Triebfedern, die dem isolierten Menschen als solchem eigen sind, sich ganz unterscheidet, bei diesen sich nicht vorfindet und darum als ein neuer, selbständiger Bestimmungsgrund für menschliches Verhalten auftritt. Was nun bloß die eben erwogene äußere Regelung des menschlichen Zusammenlebens tut. Es gibt diese Regelung die Möglichkeit einer neuen Einheit unter den Bestimmungsgründen menschlichen Verhaltens gegeneinander, und dadurch eines besonderen und eigenen Gegenstandes unserer Erkenntnis.

Die konstitutive Bedingung vom Begriffe des sozialen Lebens, als eines eigenartigen Gegenstandes, ist also ausschließlich der Gedanke einer äußeren Regelung des Verhaltens von Menschen gegeneinander; die von Menschen gesetzt ist, nicht im Sinne des Naturgesetzes, als einer nur erkennenden Einheit natürlicher Erscheinungen, sondern als Satzung, die bestimmtes Zusammenleben herbeiführen will. Dadurch schafft sie Wechselbeziehungen eigener Art unter den durch sie verbundenen Menschen, in welchen Wechselbeziehungen das gesellschaftliche Dasein jener Regelunterworfenen sich darstellt: als ein möglicher eigenartiger Gegenstand unserer Forschung und Erkenntnis, der ohne die Bedingung jener äußeren Regelung uns überhaupt nicht gegeben wäre.

Darum können wir diese äußerlich gesetzten und äußerlich gebietenden Regeln nun auch soziale Regeln nennen, weil sie allein das letzte konstitutive Merkmal des sozialen Lebens als eigenen Erkenntnisobjektes sind und außerhalb ihrer und in gänzlicher Abstraktion von ihnen irgend welche sozialwissenschaftliche Betrachtung überall nicht möglich ist.

Vor allem kann der so in der Erfahrung konstituierte Begriff des sozialen Lebens durch die gesteigertste Verwertung ethischer Gesinnung bei den in gänzlicher Isoliertheit gedachten Menschen niemals hervorgebracht werden. Mag in diesen Gedankenbildern der eine dem andern gegenüber, und dieser auch für jenen vernunftgemäß wollen und nach gesetzmäßiger Erwägung wünschen, und in allgemeingültiger Rücksichtnahme auf die umgebenden anderen Isolierten ein jeder sein Begehren zügeln: immer bleiben sie isoliert. Es wird nicht eine Verbindung und ein gesellschaftliches Dasein geschaffen, welches über die Summe von lauter isoliert gedachten Einzelindividuen hinausgeht. Die Moral läßt an sich den einzelnen isoliert. Weder gibt sie dem andern ein Recht auf ethisches Wollen des ersten, sondern legt diesem nur Pflichten auf, — noch auch ist die Geltung ihres Gebotes von einer Reziprozität irgend welcher Art und dem Wenn des gleichen guten Wollens des andern jenem gegenüber abhängig. In dem Begriffe des sozialen Lebens werden aber Wechselbeziehungen und gegenseitiges Verhalten unter Regeln gedacht. Es soll ein Übereinstimmen bewirkt werden in Recht und Pflicht; und sollen nicht bloß zwei einseitige Verpflichtungen vorliegen, sondern in synallagmatischem Verhältnis verschmolzen. Dazu ist nötig — ich berufe mich auf meine obige Ausführung —, daß verbindende Regeln gesetzt werden, die von den inneren Beweggründen des Einzelsubjektes überhaupt ganz unabhängig sind; welche nur eine äußere Legalität fordern, der beliebig genügt werden kann, ohne daß man auf die Besonderheiten in den Triebfedern des einzelnen zurückzugehen braucht. Dadurch wird der Gedanke des Verbundenseins, gerade gegenüber dem gänzlich isoliert vorgestellten Menschen, allererst ermöglicht; man erhält eine Instanz für die Bewegung des einzelnen, die von ihm in seiner abstrakt vorgestellten Isoliertheit sich loslöst, selbständig stellt und so in eigener neuer Tat das soziale Leben begrifflich konstituiert.

20

Die äußere Regelung ist in dem Begriffe des menschlichen Zusammenwirkens das formal bestimmende Element. Wenn man überlegt, in welcher einheitlichen Richtung der Gedanken das gemeinsame Leben und Wirken von Menschen als Gegenstand einer eigenen, dadurch möglichen Wissenschaft vom sozialen Dasein bestehen kann, so ergibt sich die Antwort: sofern man das Zusammenwirken von Menschen als ein äußerlich geregeltes einsieht.

Es ist also mit jeder besonderen Art des Zusammenlebens, das als soziales erwogen werden soll, der Gedanke der äußeren Regelung notwendig schon gegeben. Denn es wird das menschliche

Zusammenwirken hierbei formal als eine Verfolgung gemeinsamer Zwecke aufgenommen, welche an einen jeden der dadurch verbundenen Menschen von außen herantreten und wiederum von Menschen gesetzt sind. Und zwar ist das Setzen der gemeinschaftlichen Zwecke das logisch bedingende Element, weil der Gedanke des sozialen Zusammenwirkens als solcher gar nicht ohne jenes regelnde Element besteht, wohl aber dieses letztere auch einmal unabhängig für sich erwogen werden kann.

Andererseits besteht die bloße Regelung für sich allein genommen — von dem dadurch formal bestimmten Stoffe des gemeinsamen Arbeitens und Kämpfens etwa räumlich getrennt gedacht — in der geschichtlichen Erfahrung überhaupt nicht. Denn sobald eine besondere soziale Regel historisch auftritt, so zeigt sie als konkreten Inhalt notwendig immer schon eine gewisse, zu bewirkende Art des Zusammenwirkens. Darum bedeutet der Gedanke der äußeren Regelung, als das Setzen gemeinsam zu verfolgender Zwecke, nur die erkenntniskritische Bedingung, unter welcher der Begriff des sozialen Lebens als ein besonders geartetes Objekt wissenschaftlicher Betrachtung möglich wird, und durch welche zugleich die formale Richtlinie angegeben wird, in der die gesetzmäßige Erfassung des gesellschaftlichen Menschendaseins aufzunehmen ist.

Hiernach gibt das gedankliche Element der äußeren Regelung für das darin normierte Verhalten nicht das zeitliche, sondern das logische Prius ab; sie ist die notwendige formale Bedingung, unter welcher Gedanke und Gesetz der sozialen Wissenschaft steht.

Dabei ist es selbstverständlich, daß nun innerhalb eines bestimmt geregelten Zusammenwirkens immer neue Fragen und Tatbestände auftreten, worin die besondere Verwirklichung des dortigen Gesellschaftslebens vor sich geht; und es mag in diesem Auf- und Abwogen die zeitliche Reihenfolge, besonders an einzelnen Akten des Handels und Wandels gegenüber der zu grunde liegenden Ordnung im ganzen, von Interesse sein. Aber eine solche Beobachtung von konkreten sozialen Vorgängen betrifft nicht die Frage, wie sich der Gedanke der äußeren Regelung als solcher zu dem darin gefaßten Zusammenwirken erkenntniskritisch verhält, sondern beschäftigt sich mit Einzelheiten von tatsächlichem sozialen Geschehen. Sie setzt also den Begriff des sozialen Lebens der Menschen und die Möglichkeit einer wissenschaftlichen Erfassung desselben bereits voraus. Deshalb ist es für die hier vorgenommene Untersuchung gleichgültig, ob ein einzelner sozialer Vorgang sich innerhalb des Rahmens einer schon bestehenden, besonderen Gesellschaftsordnung abspielt, oder ob zeitlich jener Einzelakt mit dem Setzen einer konkreten sozialen Regelung zusammenfällt. Zumeist sind wir gewohnt, jenes erste zu erblicken; und es wird uns diese Art der sozialwirtschaftlichen Phänomene bald näher beschäftigen. Allein es lassen sich auch für das zweite interessierende Möglichkeiten unschwer anführen.

Als beispielsweise die Versailler Verträge abgeschlossen wurden, so entstand unser Deutsches Reich gleichzeitig mit der es konstituierenden Rechtsverfassung. Und in entsprechender Weise verhält es sich mit völkerrechtlichen Verträgen zwischen seither einander ganz fremden Staaten, zum mindesten im Beginne des neuzeitlichen Völkerrechtes, als man dieses noch nicht als feste Norm über den zivilisierten Ländern ansehen konnte, nach der etwa auch gewohnheitsrechtliche Bildung unter Berufung auf jene gesamte völkerrechtliche Ordnung entstehen konnte.

Wenn auf überseeischer Reise ein Schiffsmann mit einem Wilden Glasperlen und Flitter gegen Gold und Elfenbein eintauscht, so setzen sie in demselben Augenblicke eine Regelung ihres demnächstigen Verhaltens nach dieser Tauschberedung ein. Es ist damit keineswegs eine *lediglich* Naturtatsache gegeben. Denn wir betrachten hierbei nicht mit Interesse die Muskelbewegungen der beiden Paziszenten oder die Veränderung der Ortslage ihrer Objekte, sondern den Tausch als eine Beredung und Festsetzung unter ihnen, die als Rechtsgeschäft besteht, auch wenn keiner des anderen Sprache kennt. Der Sinn der Hingabe seiner Sache und der Entgegennahme derjenigen des anderen ist notwendig der: Du sollst dieses als dein eigen haben, und ich will das hier nunmehr beherrschen. Dieser Sinn ihres Verhaltens ist bei jedem *Tausche* gar nicht wegzubringen; und er bildet das Essentiale für diesen, ohne welches wir eben einen Tausch, den wir voraussetzten, nicht haben würden. Alle Verfügung und jede irgend wie erklärte Beredung sind nur begreiflich als Begründung von Pflichten und Rechten nach vorausgesetzten Regeln, die entweder wirklich jetzt erst neu geschaffen oder von anders woher in ihrem Inhalte übernommen werden, jedenfalls aber dann für ein Tauschgeschäft, wie dasjenige unseres Beispieles, für die beiden Handelnden als verbindend nun eingesetzt sind. Sie wollen etwas für die Folgezeit festsetzen. Es soll fürder nicht mehr dem bloßen Augenblickstriebe eines von ihnen überlassen bleiben, wie sich ihr Verhältnis hinsichtlich der jetzt getauschten Objekte gestalten möge; sie wollen über die nicht übersehbaren Einfälle des natürlichen tierischen Trieblebens des einzelnen hinaus eine Garantie einsetzen und bestimmen, wie es von nun ab mit den Gegenständen unseres Realkontraktes gehalten werden soll, mit anderen Worten: sie erschaffen eine Regelung, die ihre soziale Verbindung nun konstituiert.

Aus der *logischen* Bedeutung des Begriffes der *äußeren Regelung*, wie wir sie nun dargelegt haben, ergeben sich alsbald einige Folgerungen, die man im allgemeinen festhalten möge.

Einmal sei im besonderen daran erinnert, daß es sich gar nicht um *staatliche Organisation* dabei handelt. Der *Staat* bildet bloß eine Unterabteilung von möglichem sozialen Leben, eine Art von gesellschaftlichem Dasein der Menschen, deren besondere Abgrenzung eine Einzelfrage abgibt und bei der grundsätzlichen Bestimmung des Begriffes *soziales Leben* dahingestellt bleiben kann. — Daher ist das vorhin für urwüchsigen Tauschverkehr und dergleichen Handel Ausgeführte nicht mit der Meinung zu verwechseln, als ob irgend eine staatliche Autorität schon hinter den einzelnen Austauschenden, die sich im übrigen nichts angingen, stehen würde. Wäre dieses eine notwendige Voraussetzung, so würden diejenigen recht haben, welche in so und so vielen Fällen jener Art eine soziale Betrachtung gar nicht anlegen zu können glauben. Dem ist aber keineswegs so. Ob eine *staatliche* Autorität schützend oder treibend sich hinter den fraglichen Einzelindividuen aufstellt, das ist hier eine zufällige Möglichkeit, als eine Unterart von sozialer Regelung überhaupt. Eine *staatliche* Autorität kann allerdings dabei völlig fehlen und nirgends bei solchem Handel zu ersehen sein, aber eine *soziale* Handlungsweise und die Möglichkeit *sozialwissenschaftlicher* Betrachtung liegt bei dem mehrfach erwähnten Tauschkontrakt allerdings vor. Denn immer handelt es sich dabei um ein Hinausschreiten über die Person des isolierten einzelnen; und es werden in äußerer Regelung (vielleicht nur in Vereinbarung der nun dadurch Verbundenen oder in gemeinsamer Anerkennung und Verständigung derselben) *besondere* Richtlinien für ihr demnächstiges Verhalten gegen einander eingeführt und *eigenartig* zu erwägende Beziehungen unter jenen geschaffen. Der Begriff des *sozialen* Lebens fängt gegenüber dem *isolierten* Existieren da an, wo solche neue und selbständig bedeutungsvolle Verbindungen durch äußere

Regeln einsetzen: Welcher einzelnen Art diese sind, und ob eine staatliche Organisation moderner oder sonstiger Observanz diese gerade aufnimmt und einführt, ja sogar, ob es sich überhaupt um eine rechtliche oder um eine andere äußere Regelung handelt: das ist eine in zweiter Linie erst zu erörternde Frage. Die maßgebliche systematische Disponierung ist diese: 1. Isoliertes Dasein des Menschen, gleichviel, ob auch in natürlicher Abgeschlossenheit eines Vereinzelten gedacht oder in ungeregeltem Zusammenleben von Menschen sich vorgestellt; 2. Soziales Leben derselben, entweder in staatlicher Organisation oder unter sonstiger äußerer Regelung, sei es rechtlicher oder konventionaler Art.

Zum zweiten darf man aus der logischen Funktion der äußeren Regelung nicht etwa ein kausales Wirken machen. Unsere Auseinandersetzung ist nicht etwa eine Geschichte der Schöpfung der menschlichen Gesellschaft in ihrem ersten Anfang; sie hat mit Hypothesen hierüber nichts zu tun. Aber sie erörtert auch keineswegs die tatsächlichen Gründungen von besonderen geschichtlichen Gemeinschaften.[59] Sie nimmt vielmehr das historisch gegebene soziale Dasein der Menschen und fragt: Unter welchen formalen Bedingungen, *das ist* in was für einer grundlegenden und einheitlich festgehaltenen Richtung der Gedanken ist die Betrachtung des menschlichen Zusammenlebens als eine eigenartige Wissenschaft möglich?

An dritter Stelle folgt aus der gegebenen methodischen Klarlegung, daß in keinem Falle zwischen isoliertem und sozialem Leben eine Zwischenstufe angenommen werden darf. Es ist entweder das eine oder das zweite vorhanden, ein drittes ist ganz undenkbar. Ich kann mir in dieser Hinsicht nur entweder einen gänzlich isoliert hausenden Menschen vorstellen oder sein Leben unter äußeren Regeln, verbunden mit anderen, begreifen, — beides aber bedeutet eine ausschließliche Alternative und erschöpft in seiner Wahl alle Möglichkeiten. Eine Entwicklung ist für unsere Betrachtung immer nur möglich innerhalb eines der beiden Zustände; so vor allem hinsichtlich des Inhaltes der äußeren Regelung, keineswegs aber betreffs des Ob derselben.

Versenkt man sich dem gegenüber in die Lage des für die Jugend und die Nationalökonomie gleich unsterblichen Robinson, so interessiert im ersten Stadium seines Lebens auf der einsamen Insel nur die Technik seiner isolierten Wirtschaft und Haushaltung. Von dem Augenblicke an, da er den Freitag zum Gefährten erhielt, als der junge Indianer auf seinen Nacken den Fuß des weißen Mannes setzte, mit dem sichtlichen Zeichen dessen: Du sollst mein Herr sein, — da trat neben die auch weiterhin mögliche und im Zusammenwirken interessierende technische Art ihrer Lebensfristung noch die zweite Erwägung, die soziale Frage für sie beide. Jeder weiß, wie unser Schiffbrüchiger sein Verhältnis zu dem Wilden regelte, ihn zur Arbeit anhielt, ihm befahl, ihn leitete und erzog; wie in späteren Zufällen „sein Reich“ sich vergrößerte, der Kommunismus, der unter den beiden geherrscht hatte, nun sein Ende erreichte, und die Frage nach dem Privateigentume an der Insel und ihren Wertobjekten auftauchte. Die erste Periode seines Leidens war die des unfreiwillig isolierten und zeitweilig vereinzelt lebenden Menschen; von dem Moment geregelten Zusammenlebens mit dem geretteten Flüchtling wurde eine — sehr einfache, primitive — soziale Erwägung ihres Lebens möglich; und alles Weitere, was mittels des Unterrichtes des Wilden und durch Hinzutritt anderer Personen geschah, bildete dann nur eine inhaltliche Veränderung und Vervollkommnung ihres für besondere und eigenartige Betrachtung offen stehenden gesellschaftlichen Daseins. Von irgend einem Mittelding zwischen dem isolierten Zustande unseres Robinson und dem geregelten Zusammenleben mit seinem Freitag ist gar keine Rede; ein Zwischenstadium, das einen dritten selbständigen Begriff neben dem vereinzelten Dasein einerseits und dem gesellschaftlichen Leben zum andern Teile darstellt, ist nicht einsehbar.

Wollte aber jemand eine Hypothese über die allmähliche Vorbereitung sozialer Regelung ausarbeiten und seine Phantasie in eine Periode menschlicher Existenz konkret ausmalend hineinversetzen, da allgemach in den Gemütern der Erdenbewohner ein Drängen zu einem Aneinanderschließen unter äußeren Regeln sich entwickelte und ausbildete: so käme doch alles auf den Zeitpunkt der Neuentstehung solcher Satzungen an. Von da ab haben wir soziales Leben, vorher nicht; ein Zwischenstadium, das inhaltlich weder das eine noch das andere wäre, hat keinen Sinn.

Wenn die Historiker darüber streiten, ob als älteste Form des Gemeinwesens die Familie zu erachten sei, und daraus der Staat erst erwachsen wäre, oder ob man nicht vielmehr notwendigerweise den letzteren immer schon neben der Familie annehmen müsse, ohne über seine Entstehung etwas geschichtlich Sicheres ausmachen zu können,[60] — so fällt dieses wieder unter die Frage nach besonderer Art des sozialen Lebens und nach inhaltlicher Entwicklung desselben von primitiven zu vollkommneren Zuständen. Aber es ist kein begrifflicher Übergang und keine Entwicklung von dem gedachten isolierten Naturzustand zu dem sozialen Leben darin enthalten, man mag zu jener Kontroverse Stellung nehmen, wie man will; der Form nach ist, wiederhole ich, ein drittes, außer den beiden genannten Zuständen, nicht denkbar, sondern immer Entwicklung des besonderen Inhaltes dieses oder jenes von ihnen.[61]

21

Die Frage nach dem Gegenstande der Sozialwissenschaft, nach ihrer methodischen Eigenart und danach ihrer Gesetzmäßigkeit, mag dadurch noch eine Klärung erhalten, daß wir uns auf das Verhältnis der hier aufgeworfenen Frage zu den Aufgaben der Naturlehre und auf die Bedeutung der Scheidung beider Untersuchungen von einander besinnen.

Dabei darf in der jetzigen Lage von dem philosophisch gesicherten Bestande der Naturwissenschaft ausgegangen werden; und es würde das Problem, nach dieser Seite der Erwägung hin, also gefaßt werden können: Ist es möglich, nach dem allgemeinen Begriffe der „Wissenschaft" eine Wissenschaft von dem „sozialen Leben" der Menschen in Selbständigkeit und grundlegender Eigenart neben der Wissenschaft von der „Natur" auszuführen?

Diese Frage ist in diesem Zusammenhange vor allem zu stellen, und man muß sich ihr gegenüber bejahend oder verneinend mit Gründen abfinden. Sie ist auch in allen „sozialwissenschaftlichen" Erörterungen ja notwendig sachlich vorausgesetzt, dürfte aber in der nun gegebenen Bestimmtheit noch nicht geformt gewesen sein. Wir wollen zunächst in Kürze von der gefragten Möglichkeit handeln und dann zusehen, wie es mit der Notwendigkeit stehe, von jener Gebrauch zu machen.

Wenn nun jene Möglichkeit bestehen soll, so ist es nötig, das menschliche Zusammenleben in einer solchen grundsätzlich eigenartigen Richtung der Gedanken zu betrachten, wie sie für die wissenschaftliche Erkenntnis der Natur nicht besteht. Denn da „Wissenschaft" die einheitliche Ausgestaltung des Inhaltes unseres Bewußtseins ist, so kann die prinzipielle Eigenart einer Wissenschaft nur in den letzten formalen Bedingungen beschlossen sein, unter denen jene

Ausgestaltung allein begreiflich ist. Nicht die „Gegenstände“ sind es, welche für sich herumflattern und ihre „Eigenart“ auf dem Rücken mit sich herumtragen, so daß man sie nur einzufangen und ihrer Last zu entledigen brauchte: sondern die einheitlichen Richtlinien unseres Bewußtseins sind es, deren Verfolgung uns jene Objekte und ihre Grundweise gibt.

Es ist versucht worden, als solche grundsätzliche Richtlinie für die Betrachtung von menschlichem Zusammenleben, als einem sozialen Dasein, die Kategorie der „Wechselwirkung“ einzusetzen. „Gesellschaft im weitesten Sinne“ — sagt SIMMEL[62] — „ist offenbar da vorhanden, wo mehrere Individuen in Wechselwirkung treten.“ — Welches ist nun die Bedeutung dieses Versuches gegenüber der von uns gegebenen Bestimmung der sozialen Betrachtung?

Die Antwort muß lauten: Es liegt nicht ein inhaltlicher Widerspruch zwischen zwei formal gleichstehenden Lehrsätzen vor, sondern es bleibt jener angeführte Versuch auf halbem Wege stehen und gelangt gar nicht zur Lösung der vorhin scharf bestimmten Frage.

Wie immer man den Begriff der „Wechselwirkung“ erkenntniskritisch aufnehmen möge, ob als eigene Kategorie oder nur als besonders gearteten Unterbegriff der Kausalität: in jedem Falle handelt es sich bei ihm um einen Grundbegriff zum Ordnen und Richten von Erscheinungen, von Wahrnehmungen in Raum und Zeit. Wer also annimmt, daß für die Betrachtung des Zusammenlebens verschiedener Menschen die Erwägung ihrer Wechselwirkung auf einander zu der letzten grundsätzlichen Richtung der Gedanken leite, der hat die einzelnen auf sich tatsächlich wirkenden Menschen doch wieder nur nach Grundsätzen der Naturerkenntnis eingeführt. Er betrachtet sie als Lebewesen, jedes für sich genommen; und behält in dieser Weise natürlich den einzelnen Menschen als einzelnen zum Gegenstande, auch wenn er fragt, ob dieser einzelne auf andere Menschen naturgesetzlich einwirke oder durch andere wirksam beeinflußt werde. Dagegen gelangt er mit der Beschränkung auf die Untersuchung der in Wechselwirkung stehenden einzelnen Menschen niemals zu einem Begriffe der Gesellschaft, niemals zu dem Gedanken eines verbundenen Daseins von Menschen, dessen wissenschaftliche Erwägung eine neue und eigenartige Einheit gegenüber der der Naturbetrachtung voraussetzt und fordert.

Wenn wir die geschichtliche Tatsache des sozialen Lebens der Menschen begreifen wollen, so müssen wir fragen, unter welcher Bedingung wir über die einzelnen derartig hinausgehen können, daß wir in ihrer Verbindung einen eigenen Gegenstand unserer Nachforschung und Einsicht erhalten. Die Verweisung auf das Vorhandensein von „Wechselwirkungen“ unter den Menschen ist hierfür ungenügend, da dieses immer nur eine spezifisch naturwissenschaftliche Betrachtung von einzelnen Menschen bedeuten kann. Und einen weiteren Versuch zur Erledigung unserer jetzigen Fragestellung finde ich nirgends vor.

Dagegen löst sich die hier geformte Aufgabe vollständig auf, sobald wir das menschliche Zusammenleben in seiner Eigenschaft als ein von Menschen äußerlich geregeltes aufnehmen. Damit erhalten wir eine grundlegende formale Art und Weise der Erwägung des Zusammenwirkens, welche von den methodischen Bestimmungen der bloßen Naturbetrachtung sich scheidet. Die Möglichkeit einer selbständigen und eigenartigen sozialen Wissenschaft ist damit dargetan.

Aber ist es denn nun notwendig, diese also dargelegte Möglichkeit einer für sich einheitlich abgeschlossenen Untersuchung des sozialen Lebens zu ergreifen?

Es ist zuweilen gesagt worden, daß es nur eine einzige Art von „Wissenschaft“ geben könne, nämlich eine solche, die auf Betrachtung von Erscheinungen der uns umgebenden Natur gerichtet sei. Nun ist es richtig, daß das Wort „Wissenschaft“ heute vielfach in vager Art und allzu weitherzig etwa für „Gelehrsamkeit“ oder auch für „Genauigkeit“ gebraucht wird; allein man sollte sich andererseits vor einer sachlich unbegründeten Einengung hüten, die in der Identifizierung von Wissenschaft mit Naturwissenschaft bestehen würde. Denn da es eine wissenschaftliche und eine unwissenschaftliche Beobachtung der Naturerscheinungen gibt, so kann das sachliche Merkmal der Wissenschaft nicht in diesen beobachteten Gegenständen liegen, sondern nur in der Besonderheit der formalen Art und Weise des Beobachtens. Diese ist der Gedanke der unbedingt einheitlichen Auffassung. Darum wird jeder Inhalt des Bewußtseins unter das oberste Kriterium des Begriffes Wissenschaft fallen, der auf Einheit geht und in der Umformung zu dieser sich vollendet. So unterstehen Naturwissenschaft und Sozialwissenschaft gleichermaßen dem Oberbegriffe Wissenschaft, weil sie den ihnen jeweils zugewiesenen Inhalt in eigener Weise, aber doch gleichartig in dem formalen Streben nach Einheit bearbeiten.

Es ist also in diesem Sinne das Suchen nach einer selbständigen sozialen Wissenschaft, neben derjenigen von der Natur, notwendig, weil es in sich deutlich ist, daß die Begriffe: einheitliche Erfassung von äußeren Erscheinungen, und: formale Einheit überhaupt — keineswegs ein und dasselbe sind, der erste vielmehr nur eine Unterart des zweiten Gesamtbegriffes Wissenschaft bedeutet. Aber freilich besagt die Behauptung der Notwendigkeit einer Sozialwissenschaft hier nur: ihre Berücksichtigung, falls jemand Klarheit und Vollständigkeit in den Grundrichtungen des erkennenden und wollenden Bewußtseins haben will. Es ist nur die Sorge für die Geschlossenheit der Gedanken, die dazu nötigen muß, der Möglichkeit einer spezifisch sozialen Wissenschaft nachzugehen. Wo die Herrschaft dieser Sorge aufhört, gibt es außerdem eine unbedingte Notwendigkeit freilich nicht weiter.

Das hat seine Parallele bei allem gesetzmäßigen Erkennen und Wollen. Es ist unmöglich, eine unausweichliche Notwendigkeit dafür aufzuzeigen, daß jemand sich um die wissenschaftliche Erkenntnis der Natur mühe; oder ihm als absolut unvermeidlich zu beweisen, daß er in seinem Wollen objektiv richtig wähle. Wohl aber ist es möglich, erkenntniskritisch die fundamentalen Bedingungen aufzuzeigen, unter denen menschliches Erkennen den Rang wissenschaftlicher Wahrheit behaupten kann, menschliches Wollen in seinem Inhalte als gesetzmäßig erachtet zu werden vermag. Und dann ist es Sache geeigneter Erziehung, den Enthusiasmus für das also begründete, das ist als möglich aufgewiesene und in seinen grundlegenden Erkenntnisbedingungen eingesehene Wahre, Gute, Schöne zu wecken und zu pflegen. Gelingt letzteres nicht, würde es auf trotzige Gegenrede im Sinne bewußter Ablehnung stoßen, — ein unvermeidlicher Zwang, daß Wissenschaft, rechtes Wollen und Kunst sein müsse, ist mit Gründen beweisend nicht beizubringen. Wer danach fragt, fragt mehr, als menschliche Einsicht beantworten kann. Die Möglichkeit von gesetzmäßigem Erkennen, Wollen und künstlerischem Gestalten vermag Erkenntniskritik aufzuweisen; eine „absolute“ Notwendigkeit dafür darzutun, das kann sie nicht.

Bei einer erkenntniskritischen Grundlegung der Sozialwissenschaft ist dieses nicht minder festzuhalten.

Wir nehmen das in der geschichtlichen Erfahrung überall gegebene soziale Leben der Menschen, wir sehen seinen Wert und seine kaum erläßliche Notwendigkeit ein und vermögen es uns nicht wohl aus der gegebenen Wirklichkeit unseres Daseins als entbehrlich und fehlend vorzustellen. Und nun setzen wir mit der Frage ein:

Unter welcher Bedingung kann allein das soziale Leben der Menschen in der Erfahrung als besonderes Objekt unserer Erkenntnis auftreten; — und wie kann es gesetzmäßig werden?

Für das erste haben wir die konstituierende Bedingung in der oben näher analysierten äußeren Regelung des menschlichen Zusammenlebens grundsätzlich gefunden. In der weiteren Untersuchung derselben werden wir zu genauer Grundlegung einer wissenschaftlichen Erkenntnis vom gesellschaftlichen Dasein der Menschen kommen; und dadurch zu einer Beantwortung der zweiten eben angeführten Frage gelangen.

Zweiter Abschnitt.

Die Form des sozialen Lebens.

22

In dem Begriffe der menschlichen „Gesellschaft" sind seine Form und seine Materie als notwendig verbundene Elemente zu unterscheiden. Sie sollen in den nun kommenden beiden Abschnitten näher bestimmt werden. Um dieses zu erreichen, ist es jedoch wünschenswert, Sinn und Bedeutung der hier wichtigen Unterscheidung von Form und Materie zuvor einmal im allgemeinen anzugeben und dann für den Begriff des sozialen Lebens zu verwerten. Denn es liegt die Gefahr nahe, daß in den eingangs eingeführten Ausdrücken nur bildliche Benennungen erblickt würden, während sie sachlich scharfe Bezeichnungen für das methodische Verhältnis gedanklicher Elemente sind. Und es muß weiterhin von vorn herein vermieden werden, daß jemand unter der äußeren Regelung etwa ein Gefäß sich vorstellte, in welches hinterher eine wirtschaftliche Masse hineingeschüttet würde.

Wir wollen versuchen, hier zu voller methodischer Klarheit zu gelangen.

Jeder besondere Inhalt unseres Bewußtseins stellt sich bei näherer Betrachtung als zusammengesetzt dar. Er läßt sich in kritischer Abstraktion in eine Reihe einzelner Bestandteile zerlegen. Diese Teile sind aber an Art und Wert einander nicht gleich. Sie zerfallen in zwei Klassen: die eine begreift die Elemente in sich, die stetig sind und bei den erwogenen besonderen Vorstellungen immer wiederkehren, — die anderen sind in ihrer Eigenart veränderlich und in ihrem Auftreten wechselnd. So ist in jedem Paragraphen eines Gesetzbuches der Gedanke enthalten, daß es um rechtliche Sätze, mit allen allgemeinen Voraussetzungen und

Folgen von solchen, sich handelt, — und es fügen sich diesem die verschiedenen Sonderbestimmungen ein, die das bunte Getriebe der mannigfachen Rechtsgebilde ausmachen. Jene halten erst die veränderlichen und unter sich verschiedenen zweiten Bestandteile in der Einheit der Betrachtung zusammen, in der das so Verbundene unseres Bewußtseinsinhaltes begriffen werden kann. Die ersten sind die bedingenden Elemente, die anderen die bestimmbaren: der Gedanke von jenen heißt dann die Form, von diesen dagegen die Materie des Begriffes.

Die Scheidung dieser zwei Arten von Elementen und ihre jeweilige Zuteilung zu der einen oder der anderen Klasse geschieht — wie schon bei früherer Gelegenheit hervorgehoben wurde — durch kritische Selbstbesinnung auf den gegenständlichen Inhalt unserer Gedanken, auf das, was wir objektiv tun, wenn wir ein Mannigfaltiges in einem einheitlichen Oberbegriffe festhalten. Der letztere selbst erscheint in der Welt der Erfahrung immer als ein besonders bestimmter Inhalt des Bewußtseins, er bietet sich stets in einer konkreten Gestalt dar. Wir versuchen alsdann, die zunächst noch wild und wirr durcheinander laufenden Sonderbegriffe festzuhalten, sie einzuteilen und zu ordnen. Das kann wiederum nur geschehen, sofern man einsieht, wie der mannigfaltige Stoff konkreter Vorstellungen unter allgemeinere und übergeordnete Begriffe sich einfügt, zum Beispiel in unseren Fragen unter den des Rechtes oder, noch allgemeiner, des gesellschaftlichen Lebens der Menschen. Sollen dann diese Oberbegriffe klar erfaßt worden, so ist eine kritische Besinnung darauf einzustellen: Welche Bestandteile können wir in Gedanken weglassen und doch noch den Begriff festhalten, unter den wir die geprüfte Vorstellung bringen, bei was für anderen Elementen verschwindet mit ihrem Wegbleiben auch jener Begriff vollständig? Mit den letzteren wird die Form des Begriffes erfaßt, jene gehören zu der Materie.

Nehmen wir irgend eine soziale Betrachtung. Wir können aus einem besonderen Rechtsstreite oder aus gewissen Bestrebungen einer Bevölkerungsklasse alle eigenartigen Momente in unserer Vorstellung weglassen, die gerade diesem konkreten Erlebnis eignen, und doch behalten wir immer noch das eine, daß es sich um eine gesellschaftliche Beobachtung gegenüber derjenigen einer Naturerscheinung, als einer räumlichen Wahrnehmung dreht. Aber den Gedanken, daß es sich um geregelte Beziehungen unter Menschen überhaupt handelt, den kann ich nicht fortnehmen, ohne die grundlegende Unterscheidung von sozial und natürlich durchaus zu verlieren. Und wenn jemand heute den Verlauf eines Arbeiterausstandes oder einer einzelnen Lohnbewegung beobachtet, und er wollte davon Abstand nehmen, daß es rechtlich zu regelnde Fragen sind, so würde er überall nichts mehr von jener besonderen Beobachtung in seinem Geiste haben. Also ist der methodische Gedanke des zu Regelnden die formale logische Bedingung für diejenige grundsätzlich eigenartige Betrachtung des menschlichen Zusammenwirkens, welche wir die soziale Betrachtung nennen. Und es ist damit der Begriff des sozialen Lebens festgestellt.

Denn darin liegt nun die aufbauende und schöpferische Bedeutung unserer methodischen Unterscheidung von Form und Materie: daß sie den Beweis für die Richtigkeit der Kennzeichnung eines allgemeingültigen Begriffes ermöglicht. Es ist ein jeder solcher Begriff dann sachlich zutreffend bestimmt, wenn gezeigt ist, unter welchen bedingenden Elementen in einem Mannigfaltigen unseres Bewußtseinsinhaltes allein einheitliche Ordnung sich durchführen läßt. In der bleibenden Einheit dieser bestimmenden Denkelemente ist dann das Wesen des Begriffes gefunden.

Das mündet für unsere Untersuchung des Gegenstandes der Sozialwissenschaft in die Frage, die wir am Eingange des vorigen Abschnittes (§ 16) als grundlegend gestellt haben. Der Beweis dafür, daß die soziale Betrachtung eine Erwägung des menschlichen Zusammenlebens als eines äußerlich geregelten ist, liegt nun darin begründet, daß ausschließlich bei dieser Betrachtungsweise eine eigene einheitliche Erfassung und Ordnung der Gedanken von einem gesellschaftlichen Dasein der Menschen sich errichten läßt. Daß man freilich der Menschen Tun und Treiben auch bloß naturwissenschaftlich erwägen kann, steht außer Frage. Die Aufgabe aber war diese: zu sehen, ob nicht eine selbständige Sozialwissenschaft möglich sei, mit einer in sich abgeschlossenen Einheit des Bewußtseins von dem sozialen Menschenleben. Den Grund hierzu legt unsere Bestimmung des Begriffes der menschlichen Gesellschaft und seiner ihn innerlich abgrenzenden Form, von deren allgemeiner Bedeutung jetzt die Rede war.

Es wird nun im besonderen deutlich sein, daß das gesuchte Merkmal, das den Gedanken des sozialen Lebens begrifflich erschafft, nicht ein für sich bestehendes Ding sei, das außerhalb jenes Begriffes bestände: sondern, daß es eine formale Grundrichtung der Betrachtung darstellt, Betrachtung des menschlichen Zusammenwirkens als unter gemeinsamen Zwecken befindlich, die eben für die dabei verbunden gedachten Menschen nur durch äußere Regelung zu bestehen vermögen.

Wir fassen es dahin zusammen: Die Form der menschlichen Gesellschaft ist der Gedanke von der äußeren Regelung, als der logischen Bedingung, unter welcher der Begriff des sozialen Zusammenwirkens von Menschen erst möglich wird. Sie ist von den formalen Bedingungen, unter denen die gegenständliche Erfassung von Erscheinungen der Natur steht, durchaus verschieden. Sie ermöglicht mithin die grundlegende Unterscheidung der Sozialwissenschaft von der Naturbetrachtung, während alle sonstigen Versuche, den Begriff der „Gesellschaft“ zu bestimmen, eine solche fundamentale Zerteilung nicht erreichen. Liegt aber die Möglichkeit jener durchgreifenden Unterscheidung bewiesen vor, so ist gerade ihr in fest gerichteter Untersuchung nachzugehen, um in der unbedingten Einheit, die für die bedingende Form des gesellschaftlichen Daseins gilt, die oberste Gesetzmäßigkeit dieses letzteren zu erhalten.

Mit welchem Rechte wollte man anders eine solche sich besinnende Nachforschung grundsätzlich vermeiden? — Nicht um ein mystisches „absolutes“ Etwas kann es sich bei der Frage nach dem Grundgesetze des sozialen Lebens handeln, sondern um die einheitliche formale Art seiner Erwägung. Es wohnt nicht außerhalb der menschlichen Gesellschaft, es ist immanent mit ihrem Begriffe gesetzt; es unbeachtet lassen, würde deshalb einen Verzicht auf die Klarstellung der eigenen Gedanken bedeuten. Und nur in dem Sinne ist jene formale Weise „unbedingt“, weil sie in der Einheit derjenigen gedanklichen Elemente sich vollendet, die zwar für alle besondere sozialwissenschaftliche Erfassung des menschlichen Zusammenlebens die Bedingung darstellt, selbst aber wieder von anderem logisch nicht bedingt ist. Denn einmal muß logisch ein Anfang sein, wenn Einheit und Ordnung in dem Inhalte des Bewußtseins herrschen soll; — ich sage: logisch, und nicht etwa „zeitlich“ oder gar „kausal“.

Das mag noch nach einer Seite hin genauer ausgeführt werden, indem wir eine Betrachtungsweise prüfen, welche sich selbst die „sozialpsychologische“ genannt hat.

Den Bearbeitern der Sozialpsychologie schwebt im allgemeinen, bei aller Verschiedenheit im einzelnen, doch dieses gemeinsam vor, daß sie Erkenntnisse suchen, die als psychische „Tatsachen“ oder „Gesetze“ bei den sozialen Gruppierungen der Menschen beständen.[63] Dabei ist es nicht vermeidlich, daß der Begriff der „sozialen“ Gruppierung, und mit ihm die Möglichkeit, darüber „Tatsachen“ und „Gesetze“ aufzustellen, vorausgesetzt und von anderer, erkenntniskritischer Betrachtung her erwartet wird. Soweit die genannte Richtung als sozial-psychologische auftritt, steht ihre Erwägung logisch ja nicht über, sondern unter dem Begriffe „sozial“. Sie kann also ihre Stellung nur von diesem Begriffe her angewiesen erhalten und nicht umgekehrt ihn selbst erst begründen. Was würde man z. B. von einer Bestimmung des Begriffes „Eigentum“ sagen, die vom „eigentums-psychologischen“ Standpunkte aus erfolgen wollte?

Sofern dagegen eine soziale Betrachtung psychologisch sein soll, muß sie innerhalb der Umgrenzung dieser Art unserer Erwägung liegen. Es ist aber die Eigenart der „psychologischen“ Besinnung darin beschlossen, daß sie einen besonderen gegenständlich vorgestellten Bewußtseinsinhalt mit einem bestimmten Subjekt verknüpft, mit einem Inbegriffe von Eigenschaften und Fähigkeiten, als Einheit — Mensch — gedacht. Wir sagen dann, daß eine Beobachtung „psychologisch“ interessant sei, wenn wir einen gewissen Inhalt des Denkens oder Wollens gerade mit Rücksicht auf eine bestimmte Person beschauen. So würde sich entsprechend als Aufgabe der Sozialpsychologie ergeben: Das Beziehen von besonderem „sozialen“ Wollen auf eine bestimmte „Gesellschaft“.

In diesem Sinne kann die psychologische Frage gute Dienste bei der empirischen Beobachtung von konkretem sozialen Leben leisten. Wir lehnen sie für sich durchaus nicht ab und bemühen uns gar nicht (wie fälschlich behauptet worden ist), jedwede sozialpsychologische Betrachtung aus der Sozialwissenschaft grundsätzlich auszuschalten. Wohl aber ist dieselbe untauglich, den Begriff „sozial“ nach seinen wesentlich bedingenden Elementen festzustellen und die kritische Methode der sozialphilosophischen Untersuchung zu ersetzen.

Das zeigt sich überall, gleichviel, in welcher Richtung man „sozialpsychologisch“ vorgeht.

Falls man etwa den sozialen Beobachter psychologisch betrachten möchte, so würde man fragen: in welcher Art und Weise bestimmte Vorstellungen als soziale ihm geworden seien. Allein dieses ist eine grundsätzlich andere Frage als die nach den objektiven Kriterien, in denen der Begriff „sozial“ beschlossen ist. In diesem letzten Problem handelt es sich um das logische Rangverhältnis der Elemente unserer Gedanken, welches Begriff und Methode systematisch klärt und bestimmt; bei der anderen Betrachtung dreht es sich um das Werden eines zusammengesetzten Bewußtseinsinhaltes und um die zeitliche Folge in dem Gewinnen jener systematischen Erwägung. Es ist diese systematische Einsicht, die als solche unabhängig für sich gewonnen sein will, und deren Ergebnis eine logische Bestimmung und nicht eine zeitliche Reihe der Denkelemente bedeutet.

Wollte dagegen jemand sein Augenmerk darauf richten, daß die soziale Regelung, da sie menschliche Tat sei, doch psychologisch veranlaßt angenommen werden müßte, so würde das für die Entstehung des besonderen Inhaltes einer bestimmten sozialen Regelung — wie er geschichtlich allein auftritt — nur selbstverständlich sein. Aber der Gedanke der äußeren Regelung überhaupt, als des Elementes, das eine grundlegend eigenartige soziale Wissenschaft erst ermöglicht, der ist in dieser seiner logischen Funktion von jeder besonderen psychologischen Überlegung gänzlich unabhängig. Indem wir ihn herausschälen und in der genannten Bedeutung klarstellen, vermögen wir erst die rechte Richtung einzusehen, in der in formaler Grundsätzlichkeit der Weg der sozialen Betrachtung zu verfolgen ist. Und dieses ist ja der allgemeingültige Grund, aus dem der Gedanke von der äußeren Regelung überhaupt uns die Form des Begriffes von dem sozialen Leben der Menschen bedeutet.

Endlich könnte eine sozialpsychologische Erwägung in dem Sinne einsetzen, daß nach der erfolgreichen Einwirkung einer sozialen Regel auf die ihr unterstellten Menschen gefragt wird. Allein auch damit würde man weder an dem logischen Anfang der Sozialwissenschaft stehen, noch auch unsere Unterscheidung von Form und Materie überflüssig oder gar unmöglich gemacht haben. — Man müßte sonst geradezu versuchen, als „Form“ der „sozialen“ Betrachtung jede beliebige Tatsache aufzufassen, welche als Ursache auf gewisse Menschen im „sozialen“ Sinne eingewirkt hätte, als „Materie“ diese bestimmten, tatsächlich verbundenen Menschen anzunehmen.[64]

Aber hierbei ist ein allgemeiner Begriff des sozialen Lebens hypothetisch bereits eingeführt, bei dessen Einzelbetätigung die Sozialpsychologie gewisse beschreibende Wahrnehmungen sucht, — während es doch gerade auf die sichere Bestimmung des genannten Begriffes ankam. Es ist daher die Erwägung von der ursächlichen Einwirkung einer äußeren Einwirkung auf bestimmte Menschen eine zweite Art der Untersuchung; und zwar notwendig eine solche an zweiter Stelle: Denn sie kann ja erst eintreten, sofern gewisse „soziale" Gebote in ihrer Eigenschaft als erfolgreiche Bewegungen in Frage stehen. Diese Eigenschaft ist aber nicht dasselbe, wie das nach logischen Merkmalen bestimmte Wesen der Regelung überhaupt. Vielmehr nehmen jene wirksam beeinflussenden Prozesse, wie man sieht, den Grundbegriff und die Grundrichtung der sozialen Wissenschaft wieder voraus.

Dem kann man nicht mit der Annahme entgehen, als ob dieser Begriff erst dann und dadurch gegeben sei, wenn eine „soziale" Einwirkung auf gewisse Menschen tatsächlich vollzogen sei. Mit welchem Rechte wollte man überhaupt die methodische Eigenart der sozialen Betrachtung von einem konkreten Erfolge einer wirkenden Ursache abhängig machen? — Wer ein Gesetzbuch, einen Schiedsspruch, eine Fabrikordnung betrachtet, der hat nicht erst von demjenigen Punkte seiner Gedankenreihe an eine „soziale" Betrachtung angestellt, da er eine tatsächliche Einwirkung auf die also verbundenen Menschen wahrnehmen kann. Denn er hat sachlich bereits früher eine allgemeine und einheitliche Art und Weise befolgt, ein besonderes Zusammenwirken aufzufassen und zu bestimmen. Jene einheitliche Art und Weise des Betrachtens, jenes allgemeine logische Verfahren als solches liefert den Gedanken einer sozialen Wissenschaft und als ihren Gegenstand den Begriff der Gesellschaft, deren Form eben die grundlegende methodische Richtung der Gedanken — das Erwägen des menschlichen Zusammenwirkens als eines äußerlich geregelten — ausmacht. Dagegen ist die äußere Regelung nicht deshalb die Form des Begriffes „Gesellschaft", weil und soweit es ihr geglückt ist, auf gewisse Menschen in deren „Motivationsmechanismus" irgendwie „einzuwirken".

Der entscheidende Fehler jemandes, der hier nichts weiter, als „Sozialpsychologie" kennen möchte, liegt darin beschlossen, daß er sich den Gedanken einer „Verbindung" nicht anders, denn als Zusammenschluß von Körpern vorzustellen im stande ist, welcher Zusammenschluß wissenschaftlich nach der Methode des kausalen Ordnens zu durchleuchten ist. In der Tat hat aber der Gedanke der äußeren Regelung an und für sich noch gar nichts mit der Erkenntnis einer erfolgreichen Verursachung zu tun, sondern besteht in sich geschlossen in dem Setzen von Zielen, die erreicht werden sollen. Und der Begriff von verbundenen Menschen vollendet sich nicht nur in kausalen Einwirkungen, wie sie bei Magnet und Eisen auftreten, vielmehr in der Gemeinsamkeit der Zwecke, welche zusammenlebende und kämpfende Menschen nach äußerem Bestimmen zu verfolgen haben.[65]

Wir nehmen — gegenüber dem gekennzeichneten Fehler — die beiden Erörterungen, die erkenntniskritische wie die psychologische, in ihrer Anwendung auf das soziale Leben auf; aber wir behaupten den logischen Primat der kritischen Besinnung, welche mit der Klarlegung der formalen Bedingungen sozialer Einsicht die Grundrichtung dieser anweist. Auf dem so bereiteten Boden mag dann die „Sozialpsychologie" mit konkret bestimmten Ursachen und Wirkungen im einzelnen gleichfalls ihre Arbeit beginnen: Davon wird im weiteren Verlaufe dieses Werkes noch die Rede sein — für die hier gegebene prinzipielle Grundlegung ist das zunächst ohne Bedeutung.

Wir vollenden nun noch die allgemeine Untersuchung des Unterschiedes von Form und Materie, indem wir die Bedeutung des ersten dieser beiden Begriffe abschließend dartun.

Wenn die Form eines Begriffes die Einheit seiner bleibenden und bestimmenden Gedankenelemente ist, so kann sich die Frage nach solchen allgemeinen Bedingungen auch innerhalb eines Begriffes wiederholen, der sich gerade als formale Bedingung von besonderen Inhalten des Bewußtseins darstellt. Dann sind in diesem übergeordneten Begriffe wiederum die allgemeinen und steten Elemente von denen zu scheiden, die sich als wechselnd und mannigfaltig erweisen und somit durch jene logisch bedingt sind. Und das ist zu wiederholen, bis man zu den Gedanken gelangt, welche in ihrer begrifflichen Fassung sich nicht weiter zerlegen lassen, und die darum nur noch die Bedeutung des einheitlichen methodischen Bestimmens von bestimmbarem Inhalte des Bewußtseins haben. Ein derartiger Grundbegriff ist in sich nichts weiter, als ein grundlegendes Verfahren, mannigfachen Stoff gleichmäßig zu bestimmen. Er erschöpft sich darin, eine allgemeingültige formale Art und Weise des Ordnens und Richtens zu sein. Gegenüber solchen formalen Bedingungen, die selbst wieder empirisch bedingt sind und darum unter noch höheren bestimmenden Formen stehen, kann jener eine reine Form heißen. Die Besinnung auf sie, die Einsicht in ihre Art und Bedeutung, ihr Festhalten und ihr Durchführen sind es, welche das Fundament einer wissenschaftlichen Einsicht herstellen und die Eigenart des gesetzmäßigen Bewußtseins liefern.

So ist der besondere Inhalt einer sozialen Regelung die Form für die Darlegung eines bestimmten gesellschaftlichen Treibens. Denn es können die konkreten Geschehnisse aus einem sozialen Zusammenwirken nicht sozialwissenschaftlich vorgestellt werden, als unter der Bedingung der formalen Regeln, in denen die Eigenart jenes Zusammenwirkens sich bestimmt. Wenn z. B. eine Lohnbewegung im Maurergewerbe erörtert wird, so ist die formale Voraussetzung dazu in der Einrichtung der Vertragsfreiheit und des rechtlichen Zwanges zu eingegangenen Vertragspflichten gelegen. Würde man diese formale Bedingung gänzlich aus seinen Gedanken weglassen, so wäre es unmöglich, die Frage nach Art und Höhe des nun gerade streitigen Lohnes überhaupt noch zu haben.

In diesem Sinne wurde oben erschöpfend dargelegt, daß der Gedanke von der äußeren Regelung überhaupt die Form des Begriffes Gesellschaft ist. Andererseits erfüllt der Begriff der äußeren Regelung als solcher noch nicht den Gedanken einer unbedingt reinen Form, so daß mit seiner Klarstellung sozialwissenschaftlich zum letzten Ende ausgedacht wäre. Denn unser Begriff ist seinem Wesen nach mit dem Setzen gemeinsamer Zwecke bestimmt. Hierfür gibt es bei weiterer Untersuchung aber wiederum zwei formale Möglichkeiten von grundlegender methodischer Bedeutung: Es kann sein, daß der oberste Punkt für eine gewisse soziale Regelung in der Bedingtheit von nur subjektiv gültigem Meinen und Wünschen gelegen ist, vielleicht auch solches von mehreren verschiedenen Subjekten oder großen Mengen derselben auftritt; es ist jedoch auch möglich, daß das formale Verfahren, den Inhalt von sozialem Wollen zu ordnen und zu richten, den Charakter der allgemeinen Gültigkeit, des unbedingt einheitlich geltenden Verfahrens besitzt. Diese letzte Art und Weise, den bedingten Inhalt empirisch erwachsender Bestrebungen objektiv zu bestimmen, würde die reine Form der Sozialwissenschaft abgeben. Denn für diese objektiv richtige Erfassung und Bestimmung gibt es unbedingt nur eine einzige formale Art, ohne die Möglichkeit, auch den ihr eigenen Gedanken wiederum in doppelter Weise aufzunehmen. Sie beantwortet das Problem der Gesetzmäßigkeit sozialen Lebens, mit dessen Auflösung die Untersuchung dieses Werkes schließt.[66]

Zu seiner Vorbereitung haben wir zuvörderst eine weitere Analyse vorzunehmen.

23

Das formale Element innerhalb des Begriffes vom sozialen Leben der Menschen ist die äußere Regelung in dem von uns charakterisierten Sinne. Indem wir der Betrachtung dieser Form des sozialen Lebens näher treten, zeigt sich, daß zwei Klassen sozialer Regeln zu unterscheiden sind. Es sind dieses:

1. Die rechtlichen Satzungen;

2. Die Masse jener Normen, die in den Weisungen von Anstand und Sitte, in den Forderungen der Etikette und den Formen des geselligen Verkehres im engeren Sinne, in der Mode und den vielfachen äußeren Gebräuchen, wie in dem Kodex der ritterlichen Ehre uns entgegentreten. Ich nenne alle diese die Konventionalregeln[67] und frage nun zuvörderst nach dem unterscheidenden Kriterium unserer zwei Klassen.[68]

Der Laie wird vielleicht geneigt sein, den Unterschied dahinein zu setzen, daß die Rechtssätze von dem Staate ausgehen, während die Konventionalregeln in der Gewohnheit des „gesellschaftlichen" Verkehrs ihre Entstehung finden. Aber er würde damit nicht das Zutreffende gesagt haben.

Es ist durchaus nicht notwendig, daß juridische Normen von einer organisierten Gewalt erlassen werden, die wir als die staatliche begreifen. Häufig ist vielmehr im Laufe der Geschichte Recht innerhalb menschlicher Gemeinschaften begründet worden, die keine Staaten in unserem Sinne waren. Fahrende Horden und Stämme und nomadisierende Völkerschaften leben unter rechtlicher Ordnung, aber nicht in einem Staate; und die Kinder Israel stellen während ihrer überlieferten vierzigjährigen Wanderschaft durch die Wüste zwar eine straff zusammengehaltene und streng beherrschte Rechtsgemeinschaft, aber keinen Staat dar; — denn in allen diesen Fällen fehlt die feste Beziehung zu einem bestimmten Territorium, die wir als wesentliches Merkmal dem Begriffe des Staates unterlegen. Dazu kommt, daß in langen Zeiträumen der sozialen Geschichte die Reform und Neubildung des Rechtes der Kirche, autonomen Kommunen und anderen Körperschaften, selbst Familienverbänden, überlassen war, auf welche wiederum der Begriff des Staates keine Anwendung findet; und daß endlich in dem neuzeitlichen Völkerrecht durch Rechtsquellen, die über den einzelnen Staaten stehen, Rechtsnormen in das Leben zu treten vermögen.

Aber alles dieses möchte mehr zufällig erscheinen können, da es ja jedem frei steht, Wort und Begriff „Staat" auf irgend welche Rechtsgemeinschaft anzuwenden und niemand gerade an die moderne Vorstellung von einem Staatswesen dabei unauflöslich gebunden ist.[69] Wohl aber dürfte das Gesagte hinreichendes Material bieten, um nun zu der Erkenntnis leicht führen zu können: daß man niemals einen Begriff vom Staate zu geben vermag, ohne denjenigen des Rechtes schon vorausgesetzt zu haben. Dieser ist das logische Prius. Man kann die Rechtsordnung definieren, ohne auf die staatliche Organisation im geringsten Bezug zu nehmen;[70] nicht aber ist es möglich, von einer Staatsgewalt zu reden, es sei denn, daß man rechtliche Bindung von Menschen dabei in Gedanken hätte. So wie der Begriff einer Organisation menschlichen Zusammenlebens überhaupt nur durch Bezugnahme auf menschlich gesetzte, regelnde Normen gegeben werden kann, so muß dieses bei dem Staate gerade durch Hinweis auf rechtliche Sätze geschehen, durch welche der Begriff einer staatlichen Gemeinschaft allererst konstituiert wird. Wer angibt, daß „rechtliche" Norm eine „staatlich" geschaffene Regel sei, hat unbewußt das zu Definierende in die Begriffsbestimmung selber wieder aufgenommen.

Andererseits darf der Rechtsbegriff im Gegensatze zu den Konventionalregeln nicht einfach auf das Moment der „Organisation" gestellt werden, welche bei jenem vorhanden sei, bei den letzteren fehle. Organisieren heißt weiter gar nichts als: unter äußeren Regeln vereinigen; — dieses aber ist bei den beiden Klassen sozialer Regelung gleichmäßig möglich. Und es fehlt geschichtlich durchaus nicht an sehr charakteristischen Beispielen von konventionalen Organisationen. Die Erörterung, wie man Recht und Konventionalregel ihrem Begriffe nach zu trennen und unterschieden zu bestimmen habe, wird durch den Hinweis auf den Begriff der Organisation überhaupt noch nicht in Angriff genommen.

Wie nun aber die aufgeworfene Frage richtig zu beantworten sei, darüber findet sich in der sozialwissenschaftlichen Literatur regelmäßig nicht genügend Schärfe und Klarheit. Selbst ein so scharfsinniger Jurist wie Adolf Merkel sagt hierüber nur dieses,[71] daß gegenüber den Normen des Rechtes bei denjenigen der Sitte oder des Herkommens „im allgemeinen das beschränkende Element überwiegt, und für sie die scharfe Ausprägung jener Doppelseitigkeit, die beständige Gegenüberstellung von Sollen und Dürfen, Pflichten und Befugnissen, nicht in der Weise wie für die Rechtsvorschriften charakteristisch ist;" — ein Ausspruch, der auch bei sparsamerer Verwendung aller möglichen reservierenden Klauseln doch nichts anderes als eine recht äußerliche Deskription liefern könnte.

Allein der sachliche Vorwurf, den ich gegen MERKELS Darstellung dieser Frage erheben muß, geht tiefer. MERKEL beschreibt nämlich einigen bestimmten geschichtlichen Rechtssatzungen gegenüber nur einzelne wenige Konventionalregeln, und stellt im Grunde dem regelmäßigen Inhalte unseres heutigen Rechtes den Inhalt von besonders wichtigen Konventionalregeln unserer dermaligen Zeit gegenüber. Wir aber wollten wissen: wie sich der Begriff der Rechtssatzung von demjenigen der Konventionalregel abgrenzt, ohne alle Rücksicht auf diesen oder jenen Inhalt, den die eine oder die andere in sich aufgenommen hat und enthält. Denn dieser Inhalt ist durchaus schwankend und beliebig wechselnd. Es gibt Regeln, die wir heute als lediglichе Konventionalnormen behandeln, während andere Zeiten genau dieselben Regeln als Rechtssatzungen aufstellten, wie z. B. die Kleiderordnungen, die Gesetze über die Art von Festlichkeiten bei Hochzeiten, Kindtaufen, ja sogar über die Form der Verlöbnisse usw.; und wir besitzen umgekehrt im modernen Verkehre, beispielsweise im heutigen Völkerrecht, manche Rechtssätze, die eine alte Zeit ausschließlich als Konventionalregeln gelten ließ. Die Heiligung des Feiertages und die ritualen Gebräuche sind im Alten Testament ausschließlich rechtlicher Art, während andere Zeiten sie mehr der konventionalen Regelung überließen. Wogegen wieder oft genug an die Rechtsgesetzgebung geradezu die Forderung gestellt worden ist, in reformatorischem Vorgehen doch möglichst nur solche Einrichtungen zu übernehmen, die seither schon der Übung und Gepflogenheit nach konventionalen Regeln entsprachen.[72]

Die inhaltliche Verwendung der Begriffe Rechtssatzung und Konventionalregel geht also in den einzelnen Zeiten und bei den verschiedenen Völkern auseinander; die Bestimmung dieser Begriffe in ihrer Gegensätzlichkeit muß mithin durch ein von ihrem zufälligen geschichtlichen Inhalte unabhängiges Kriterium, nach der Art ihrer formalen Geltung, geschehen. Für die präzise Frage nach diesem

Merkmal, das Rechtssatzung und Konventionalregel trennt, da sie doch in gleicher Weise Normen sind, die von außen her an den einzelnen bestimmend herantreten, ist aus dem zitierten „im allgemeinen überwiegen“ und „mehr oder weniger charakteristisch“ nichts zu entnehmen.

24

Wir müssen zwecks Lösung der jetzt zur Erörterung stehenden Frage die Untersuchung darauf richten: Was für ein Merkmal kann nur bei der einen Klasse von äußeren Regeln vorkommen und bei der anderen nicht; welches Kriterium ermöglicht in allgemeingültiger Weise eine formale Scheidung von zwei Arten sozialer Regelung?

Bei dem Nachsinnen hierüber muß man festhalten, daß es sich bei aller äußeren Regelung, dadurch der Begriff des sozialen Lebens konstituiert wird, um menschlich gesetzte Normen handelt. Es führt irre, wenn man das Recht als einen eigenen Gegenstand erachtet. Oder gar so weit geht, daß man von Interessen oder Wünschen des Rechtes als eigenen Subjektes spricht. Überall dreht es sich vielmehr um Handlungen bestimmter Menschen, um menschliche Regeln und Gebote, — die nach verschiedenen formalen Eigenschaften hier klassifiziert werden sollen.

Man kann daher schärfer auch so fragen: Was für eine durchgreifende verschiedene formale Eigenschaft kann bei der einen Gruppe menschlicher sozialer Anordnungen bemerkt werden, während sie bei der zweiten Art äußerer Regelung gänzlich fehlt?

Soll eine solche allgemein unterscheidende Qualität gefunden werden, so muß man auf den Sinn des Geltungsanspruches zurückgehen, in welchem die betreffende soziale Regel aufgestellt wird. Und da bietet sich in der Tat ein formaler Gegensatz unter einem nie versagenden Kriterium.

Dieses allgemeingültige Merkmal, nach welchem Recht und Konventionalregel sich scheiden, und das in dem jeweilig besonderen Anspruche: zu gelten gelegen ist, wird durch die Alternative der autokratischen Satzung gegenüber der hypothetisch geltenden Norm geliefert.

Das Recht will formal als selbstherrliches Gebot in Geltung stehen. Es erhebt den Anspruch, zu gebieten, ganz unabhängig von der Zustimmung des Rechtsunterworfenen. Die rechtliche Satzung bestimmt, wer ihr unterworfen ist, unter welcher Voraussetzung jemand in ihren Verband eintritt, wann er ausscheiden darf. Wer sich dem Rechtsgesetze entziehen will und vielleicht äußerlich tatsächlich sich ihm entzieht, der bricht das Recht, aber ist mit nichten davon frei: Er steht nach wie vor unter ihm, dessen Geltungsanspruch erst in Gemäßheit seiner eigenen Bestimmung erlischt.

Die Konventionalregel besteht in dem formalen Sinne einer bedingungsweisen Einladung. Sie beansprucht selbst nur, zu gelten zufolge der Einwilligung des Unterstellten; vielleicht einer stillschweigend abgegebenen, wie es in unserem sozialen Verkehre ja zumeist der Fall sein wird, aber immer zufolge der besonderen Zustimmung.

Von einfachen Beispielen des täglichen Lebens an bis zu schwerwiegenden Fragen läßt sich dieses konkret leicht erläutern: Wer nicht grüßt, empfängt keinen Gegengruß; wer keine Satisfaktion gibt, steht außerhalb des ritterlichen Ehrenkodex; und es ist in diesem Sinne unserer Konventionalregeln, wenn neuerdings SOHM für die kirchliche Organisation den rechtlichen Zwang als unberechtigt verwirft und lediglich eine solche, wie wir sagen würden, unter Konventionalregeln als mit dem Wesen der Kirche übereinstimmend anerkennen will.[73]

Nach dem angegebenen Kriterium ist es möglich, zwischen Rechtssatzung und Konventionalregel einen allgemeingültigen formalen Unterschied festzustellen; und den zwischen diesen beiden Klassen sozialer Regelung seit langem mehr dunkel empfundenen, wie deutlich erkannten Gegensatz in wissenschaftlicher Klarheit zu beherrschen. Und es bedeutet zugleich unsere Gegenüberstellung die einzige formale Möglichkeit, innerhalb des Gesamtbegriffes der äußeren Regelung, wie wir ihn im vorigen Abschnitte darlegten, zwei Arten in nie versagender Gegensätzlichkeit zu scheiden.[74]

Eine Verständigung über die jetzt behandelte Frage ist zuweilen dadurch erschwert worden, daß unmerklich eine entgegengesetzte Voraussetzung darüber gemacht wurde: Ob man von dem Standpunkte der gesetzten Regel oder von dem der Regelunterstellten auszugehen habe. Fast alle Einwendungen gegen unsere seitherigen Ausführungen gründen darauf, daß unwillkürlich der zweite Standpunkt als Ausgang genommen wurde.[75] Und doch ist er hier weder gemeint, noch auch zur Lösung der nun vorgestellten Probleme zulässig. Denn der Gegenstand unserer Untersuchung ist das menschliche Zusammenwirken als ein äußerlich geregeltes. Das logisch bestimmende Moment ist also diese Regelung. Sie ist es, welche von außen her an die in ihr verbunden gedachten Menschen herantritt. Darum kommt es auf ihren Sinn und Inhalt in fundamentaler Weise an, und nicht darauf, wie solches von den von ihr Angeredeten aufgenommen wird.

Hält man dieses fest, so ist es deutlich, daß der Geltungsanspruch ein formal begleitender Gedanke ist, der bestimmten Zwecksetzungen des Zusammenwirkens sich verbindet. Er ist in der einen seiner doppelten Möglichkeiten — der selbstherrlich gebietenden und der einladenden Gestalt — einer jeden sozialen Regelung zugesellt; und er ist der einzige Formbegriff, der diese zweifache Wahl für die äußeren Regeln gestattet. Der Beweis, daß das angegebene Merkmal des Autokratischen und des Hypothetischen hier richtig ist, liegt gerade in der Möglichkeit seiner unbedingt allgemeingültigen Anwendung für alle denkbare soziale Erwägung und in dem alleinigen Besitze dieser Eigenschaft begründet. Auch ist es klar, daß ein Gegenbeweis nicht etwa aus „der Erfahrung" her geführt werden könnte, indem man etwa meinte, daß diese oder jene nach unserem Kriterium vorzunehmende Zuteilung anders zu bestimmen sei: Denn indem jemand das letztere vornehmen würde, so hätte er selbst schon wieder ein formales Scheidungsmerkmal befolgt, welches nun als solches erst herausgeschält und dem hier dargelegten gegenüber gestellt werden müßte.

Nach dem Bemerkten ist es auch für alle diese Fragen gleichgültig, ob tatsächlich es jemandem leicht fallen wird, sich einer konventionalen Einladung zu entziehen, oder ob ihm solches in Wirklichkeit vielleicht die größten Schwierigkeiten verursacht. In dieser Hinsicht faktischer Stärke mögen unsere Konventionalregeln gar manches Mal den entschiedenen Vorrang vor dem juridischen Gebot beanspruchen dürfen. Wer hätte nicht schon unter dem Drucke eines konventionalen Zwanges gelitten; und wie häufig geschieht es geradezu in Konflikten solchen Zwanges mit einem entgegenstehenden Gebote der Rechtsordnung, z. B. bei der Frage nach Annahme und Austragung eines Zweikampfes, daß die Forderung des rechtlichen Gesetzes nicht beachtet wird und die ihr widerstreitende Konventionalnorm den stärkeren Antrieb zu ihrer Befolgung ausübt.

Aber, was wir hier aufstellen, das ist nicht eine geschichtliche Beobachtung und nicht eine Beschreibung und Vergleichung der beiden Klassen von Regeln nach ihrer tatsächlichen Stärke, sondern eine Klarlegung ihrer beiden Begriffe in logischer Hinsicht. Es ist der Sinn des Geltungsanspruches, der bei ihnen beiderseits in der ausgeführten Art im Kontrast liegt. Und damit ist ein überall leicht anzuwendendes, allgemeingültiges Merkmal für die Trennung der zwei möglichen Gruppen von Regeln gegeben, das von der Frage, welchen Gebrauch man seither von beiden Begriffen im Laufe der Geschichte gemacht habe oder welchen man noch inszenieren könne, ebenso unabhängig ist wie von derjenigen, welcher faktische Einfluß auf den einzelnen Genossen unter diesen oder jenen empirischen Umständen von einer unserer Regelarten wohl erfahrungsgemäß erwartet werden dürfe.

Darum ist es auch nicht zu billigen, wenn man den Begriff des Rechtes dahin hat wiedergeben wollen, daß es diejenige soziale Regel sei, hinter der die Gewalt stehe. Eine solche Identifizierung von Recht und tatsächlicher Gewalt ist unrichtig; denn:

1. Das Recht kann gewalttätig gebrochen werden und bleibt doch Recht, während der betreffende Gewaltakt nicht den Charakter eines Rechtsgebotes erlangt. Wenn in einem verrotteten Staatswesen der Minister einen gesetzlich unabsetzbaren Richter doch seines Amtes willkürlich entheben würde; falls dem Privatmanne sein Eigentum gegen Recht und Gesetz entzogen werden sollte, oder ein staatlicher Gewalthaber unter Mißachtung rechtlicher Vorschriften einen persönlichen Feind einkerkern ließe, so lägen befehlende Maßnahmen vor, hinter denen die Gewalt stände, — aber rechtliche Gebote wären gerade nicht gegeben. Nicht jede Art von sozialen Gewaltbefehlen hat die Eigenschaft von rechtlichen, sondern nur ein Teil derselben. ×

2. Umgekehrt ist es für den Begriff des Rechtes gleichgültig, ob in einem einzelnen Falle hinter einem als Recht erlassenen Gesetze die Macht, es durchzusetzen, steht. Der flüchtige Verbrecher, der *frustra excussus*, sie sind dem Rechte verfallen, und es wendet sich rechtliches Vorgehen gegen sie; daß das Rechtsgebot alsdann tatsächlich nicht verwirklicht werden kann, streift ihm den Charakter der rechtlichen Regel keineswegs ab.

× Wonach sich das des genaueren abgrenzt, darüber siehe die erschöpfende Ausführung im V. Buch 1. Abschnitt: Recht und Willkür.

Es gibt also rechtliche Regelung, hinter der im besonderen Falle die tatsächliche Gewalt nicht steht; und es ist auf der anderen Seite gewalttätiges Vorgehen im sozialen Leben möglich, das kein Rechtsgebot darstellt. Man darf den Begriff der rechtlichen Maßregel nicht mit sozialem Gewaltbefehl identifizieren, noch auch ihn auf tatsächlich ausgeübten Zwang abstellen. Darum ist das Moment einer Gewalt, die in dem betreffenden Falle tatsächlichen Erfolg aufweisen kann, für die Bestimmung des Rechtsbegriffes als solchen überhaupt nicht entscheidend; mithin ist es auch nicht das richtige Merkmal für die Zweiteilung sozialer Regeln, von der wir hier reden. Wenn Rechtssatzung von Konventionalregel begrifflich abgegrenzt werden soll, so muß die Frage nach dem faktischen Erfolge im einzelnen Falle ganz beiseite bleiben.[76]

Für unsere Erörterung ist es schließlich ohne Belang, ob eine Rechtsordnung ihren Unterworfenen das Ausscheiden aus dem rechtlichen Verbande sehr erleichtert, oder sogar ganz beliebig frei stellen würde. Wir kennen in der neueren Zeit, früheren engen Gesetzen dieser Art gegenüber, sehr geringfügige Beschränkungen, da nach dem heutigen Reichsrecht jedem deutschen Staatsangehörigen die Entlassung nur aus gesetzlich bestimmten Gründen des Kriegsdienstes verweigert wird, ein Entlassener aber freilich auch regelmäßig binnen sechs Monaten auswandern muß.[77] Aber wie immer die einzelne Gesetzgebung sich in dieser Frage liberal erweisen möge, stets ist es grundsätzlich die Gestattung der betreffenden Rechtsordnung, welche das befugte Ausscheiden eines Unterworfenen begründet, und jeden Augenblick kann eine Änderung dieser rechtlichen Bestimmungen erfolgen, durch welche der besondere, mehrfach angegebene Geltungsanspruch des Rechtes sich dann wieder dokumentieren würde.

Freilich darf hierbei andererseits die gemeinsame Stammesangehörigkeit beider Regelarten, der rechtlichen und der konventionalen, nicht aus den Augen verloren werden. Es sind immerhin Unterabteilungen des einen übergeordneten Begriffes der äußeren Regeln menschlichen Zusammenlebens, wodurch dieses letztere als soziales Leben im Sinne eines eigenen Objektes unserer Erkenntnis konstituiert wird.[78] Ihr gemeinsames Wesen liegt darin, daß sie von außen her an den einzelnen herankommen und ein äußerlich korrektes Verhalten ihm ansinnen. Sie treten als neue und selbständige

Bestimmungsgründe ihm gegenüber auf, — auf seine Triebfedern kommt es nun gar nicht mehr an, und aus welchen Beweggründen er jenen folgt, ist ihrem Sinne nach ganz gleichgültig.

Man darf nicht etwa sagen, daß Konventionalregel eine solche Norm darstelle, deren Befolgung nur dann Wert habe, wenn sie aus innerer Überzeugung von deren objektiver Richtigkeit geschieht. Denn die konventionalen Vorschriften unserer Sitten und gesellschaftlichen Gebräuche, der Anstands- und Satisfaktionsregeln, und was sich ihnen anschließt, sie verlangen ihrem eigenen Sinne nach gar nicht irgend welche Beschaffenheit der Gesinnuug und Überzeugung dessen, der sie befolgt; ihrer Forderung ist vollständig genügt, wenn das Verhalten des sich ihnen Fügenden äußerlich korrekt war.

Wer das Duell für ein sinnloses Überbleibsel mittelalterlicher Vorstellungen erachtet, trotzdem aber im gegebenen Fall aus Furcht vor äußeren Nachteilen eine Herausforderung zum Zweikampfe annimmt und durchführt, hat die Konventionalregel des ritterlichen Ehrenkodex durchaus erfüllt; — zieht jemand vor einem einflußreichen Manne den Hut, den er innerlich aus bewegenden Gründen sittlich verachtet, so ist der konventionalen Norm der Begrüßung sich begegnender Bekannter vollauf genügt: Die Konventionalregel fordert nicht, daß ihre Befolgung im Sinne innerer Hingebung und Überzeugtheit geschieht; sie ist mit äußerlich richtiger Wahrung zufrieden.

Dieses Moment grundsätzlicher Genügsamkeit bei äußerer Legalität des Unterstellten ist aller sozialen Regelung gemeinsam; es eignet gleichermaßen der Rechtssatzung wie der Konventionalregel. Will man diese beiden begrifflich unterscheiden, so ist anders zu verfahren: Es ist auf den Sinn der äußeren Regel selbst zu sehen; wonach die äußere Legalität in doppelt verschiedener Weise gefordert sein kann.

Was wir ausgeführt haben.

In allen geschichtlich uns bekannten sozialen Verhältnissen kommen unsere beiden Klassen äußerer Regelung nicht gleichwertig neben einander vor. Wir kennen nur rechtlich geordnete Menschengemeinschaften; und innerhalb dieser in einer nebensächlichen und geduldeten Weise einzelne konventionale Regeln. Daß einmal eine Konventionalgemeinschaft bestanden hätte, in welcher der von uns festgelegte charakteristische Anspruch rechtlicher Sätze gar nicht vorhanden gewesen wäre, davon ist nie etwas zu unserer Kenntnis gelangt.[79]

Dieser Umstand wird auf die folgende Darstellung den Einfluß haben, daß wir bei der Analyse des sozialen Lebens als Form desselben repräsentativ zunächst das Recht allein in Betracht ziehen werden. Es wird dadurch der Vorzug einer größeren Einfachheit in Gedanken und Ausdruck erzielt werden können. In dem letzten Teile der Untersuchung werden wir dann auf die doppelte Möglichkeit äußerer Regelung des menschlichen Zusammenlebens entscheidend zurückkommen.

Dritter Abschnitt.

Die Materie des sozialen Lebens.

25

Wir haben nun zuvörderst klarzustellen, was denn eigentlich den sachlichen Gehalt des sozialen Lebens ausmacht und die Materie desselben. Der formalen Regelung, die als bedingendes Merkmal den Begriff des gesellschaftlichen Daseins der Menschen herstellt und dieses als einen Gegenstand eigener Art möglich macht, hat jeweils ein geregelter Stoff zu entsprechen.

Man könnte versucht sein, als die geregelte Materie die den Menschen umgebende Natur und seine natürlichen Lebensbedingungen zu erachten. Dann würde man die Vorstellung pflegen, daß der einzelne Mensch, als bloßes Naturwesen erwogen, den Einflüssen der Natur als Objekt preisgegeben wäre, daß er sein Dasein und den unvermeidlichen Kampf um dasselbe in schwieriger Weise und mit allzu unsicherem Erfolge zu führen hätte, und daß die sozial verbundene Gesellschaft nun dieses Streiten mit Naturgewalten aufzunehmen und diese zu regeln und soviel wie möglich zu binden und zu leiten hätte.

Das könnte Sinn und Aufgabe der sozialen Regelung in keiner Weise treffen.

Naturgesetze können durch menschlichen Eingriff überhaupt nicht beeinflußt werden. Das Fallgesetz ist nicht zu regeln; es liegt außerhalb des Bereiches menschlicher Möglichkeit, eine Modifikation desselben derartig herbeizuführen, daß die Erde nicht mehr die Körper in der durch jenes Gesetz bestimmten Weise anziehe. Wissenschaftlich festgestellte Gesetzmäßigkeit der Natur zum Objekt menschlicher Regelung machen und sie dadurch beeinflussen und ändern zu wollen, wäre widersinnig.

Es kann sich dem gegenüber nur darum handeln, daß die

Menschen die von ihnen eingesehene Gesetzmäßigkeit der Natur zur Verfolgung ihrer Zwecke benutzen und danach werktätig schaffend sich erweisen. Dieses ist die Aufgabe der Technik. Auch sie stellt jedoch an und für sich keineswegs den von der sozialen Regelung zu bestimmenden Stoff dar. Jenes kann auch vom Robinson geschehen und ist für den gänzlich isoliert gedachten Menschen gleichfalls möglich. Durch die bloße Betonung der technischen Möglichkeiten, sicher erkannte Naturgesetze zu menschlichen Zwecken gestaltend zu verwerten, wird die eigentümliche Aufgabe des sozialen Lebens der Menschen mit nichten angegeben.

Dessen Eigentümlichkeit liegt vielmehr darin, daß die technische Benutzung, Verwertung und tunlichste Beherrschung der Natur durch vereinte Tätigkeit unter äußeren Regeln zu geschehen hat. Es ist die Besonderheit, daß der Kampf um das Dasein durch ein geregeltes Zusammenwirken geführt werden soll, die den eigenen Charakter des gesellschaftlichen Lebens der Menschen ausmacht. Die äußere Regelung, welche die grundlegende Bedingung des sozialen Lebens als eigenartigen Erkenntnisgegenstandes ausmacht, wendet sich also nicht an die Natur, sondern an die zusammenlebenden und zusammenwirkenden Menschen und hat deren zusammenstimmendes Verhalten zum Gegenstande.

Alles Tun und Wirken der Menschen geht nun aber auf Befriedigung menschlicher Bedürfnisse. Mithin ist der Stoff des sozialen Lebens das auf Bedürfnisbefriedigung gerichtete menschliche Zusammenwirken.

Die soziale Ordnung regelt nicht die Natur, so daß sie ihren gesetzmäßigen Gang modifizierte oder die Möglichkeit technischer Beherrschung der Natur beeinflußte; sondern sie normiert das menschliche Zusammenwirken. Das auf Bedürfnisbefriedigung gerichtete geregelte Zusammenwirken der Menschen — das ist der Gegenstand der Sozialwissenschaft. Sofern wir also eine sozialwissenschaftliche Erkenntnis als eigenartige Einsicht haben wollen, so werden wir von der bloß naturwissenschaftlichen Erwägung eines Vorganges ebenso absehen müssen, wie von der Frage, die lediglich auf technische Möglichkeit der Beherrschung und Leitung natürlicher Lebensbedingungen geht.

Auch beim Spiele rollen die Würfel nach Gesetzen natürlicher Kausalität; und man kann ihre Verfertigung technisch für sich in Betrachtung nehmen und prüfen, aus welchem Stoff und mit was für Gerät man sie am vollkommensten zu gleichmäßigem Falle zu bringen vermöge. Aber die Spieler betrachten die gefallenen Würfel unter eigenem Gesichtspunkte, nach den Regeln des Spiels, die eine neue kleine Welt für sie eröffnen, in deren Kenntnis und berechnender Beherrschung sie ihr Vergnügen finden. Dabei aber wirken die Regeln nicht auf das Fallen der Würfel ein, das nach dem Gesetze der Schwere sich vollzieht, auch nicht dann, wenn nach den Spielnormen einmal nur mit dem einen Würfel oder mit zweien geworfen werden darf oder soll; — sondern das geregelte Verhalten der Spieler ist auf Grund des Gesichtspunktes bestimmter Normen etwas Neues und Besonderes, und das Ergebnis des Spieles ist als solches ganz und gar unabhängig von dem Gesichtspunkte der Kausalität; welche, naturgesetzlich erwogen, von jener Regelung andererseits gar nicht beeinflußt werden kann.

Ich wahre dem Vergleiche ausdrücklich sein natürliches Recht des Hinkens und mache darauf aufmerksam, daß sich der Gegensatz der technischen und der sozialen Betrachtungsweise in konkreter Weise bei jedem Einzelbeispiel aus der gesellschaftlichen Wirtschaft leicht aufzeigen läßt.

Wodurch der mir lästige Dampf und Ruß in einem nachbarlichen Betriebe verursacht wird, und ob es kein technisches Mittel der Abhülfe giebt, das ist eine Betrachtung für sich; wenn ich aber frage, ob ich es zu dulden brauche oder Abstellung oder Entschädigung verlangen kann, so habe ich nicht etwa ein von der Rechtsordnung kausal beeinflußtes Qualmen in Gedanken, sondern eine geregelte Wechselbeziehung zum Nachbar. Und falls dieser danach seinen Fabrikbetrieb einzustellen genötigt würde, so hat nicht das Recht die Ursachen der Rauchentwicklung alteriert, — die bleiben nach wie vor dieselben und können vom Staatsgesetze nicht mediatisiert werden; es ist vielmehr mit dem neuen Gesichtspunkte gewisser sozialer Regelung eine besonders bestimmte Art des Zusammenlebens als Gegenstand unserer Untersuchung vorhanden, der nun juristisch und sozialwirtschaftlich eingesehen und des genaueren klargelegt werden mag.

Bei dem Projekt einer auf die Jungfrau führenden Eisenbahn sind naturwissenschaftliche Forschungen und technische Erwägungen der Ausführbarkeit zu grunde zu legen; aber man hat zweitens und ganz selbständig auch an Schwierigkeiten aus der Schweizer und Berner Verfassung und Verwaltung zu denken und die Rentabilität des Unternehmens, die Möglichkeit der Unterbringung von Aktien und die etwaige Verzinsung des aufgewendeten Kapitals zu überlegen. Dort bildet die Natur und deren technische Beherrschung das Objekt der Erörterung; hier sind es geregelte Beziehungen unter Menschen, deren Einzelverwendung in Frage steht. Aber es wird nicht die natürliche und technische Möglichkeit des Bahnbaues durch rechtliche Regelung beeinflußt, denn das ist gar nicht möglich; sondern es handelt sich um Anwendung und Einzelausführung einer bestimmt geregelten Sozialwirtschaft und um die konkrete Möglichkeit der Begründung geordneter Beziehungen auf Grund jener Regelung. Die Gegenstände der Betrachtung — die Naturkräfte und die geregelten Beziehungen — sind der Art nach total verschieden.

Es gibt eben eine technische Möglichkeit der Ausführung jener Alpenbahn und eine soziale Möglichkeit. Aber die letztere ist nicht die technische Möglichkeit, die durch das Recht kausal bestimmt wäre; sondern sie ist ein eigen Ding für sich und gründet sich ganz und gar auf geregeltes Zusammenwirken, das als Gegenstand einer besonderen und eigenartigen Erkenntnis erfaßt sein will.

So kann jedes Zusammenwirken im Dienste menschlicher Bedürfnisbefriedigung entweder von seiner natürlichen Möglichkeit aus erwogen werden oder auf Grund einer bestimmten Regelung desselben.

Die soziale Betrachtung bezieht sich also auf die besondere Art des auf Bedürfnisbefriedigung gerichteten Zusammenwirkens. Diese besondere Art steht aber ausschließlich unter der Bedingung der jeweiligen Regelung des betreffenden Zusammenwirkens. Woher die Regelung ihren konkreten Inhalt empfängt und unter welchem Gesetze dieses steht, ist demnächst von uns genau zu untersuchen. In jedem Falle ist festzuhalten, daß als Materie des sozialen Lebens ein Zusammenwirken zwecks Befriedigung menschlicher Bedürfnisse vorliegt, das als bestimmt geregeltes erkannt das soziale Leben dieses Ortes und dieser Zeit ausmacht.[80]

Das Zusammenwirken, wie ich es schilderte, das auf Befriedigung menschlicher Bedürfnisse gerichtet ist, bezeichne ich mit dem Ausdrucke Sozialwirtschaft.

Dabei ist es selbstverständlich, daß der Begriff der zusammenwirkenden Tätigkeit nicht mit demjenigen einer gemeinschaftlichen und kommunistisch durchgeführten zu verwechseln ist. Es steckt in unserem Begriffe und der für ihn gewählten technischen Bezeichnung keineswegs notwendig die Vorstellung einer planmäßig und direkt befohlenen gemeinsamen Arbeit und zentral geleiteten Produktion. Auch in dem System freiester Konkurrenz sozial verbundener

Menschen liegt ein auf Bedürfnisbefriedigung gerichtetes Zusammenwirken vor.

Und auch diese Beobachtung tut dem Gesagten keinen Eintrag, daß in allen sozialen Verbänden es Hülfsbedürftige und Arbeitsunfähige gibt, für die lediglich gesorgt werden muß, und die selbst an dem sozialen Ernährungsprozeß — diesen in dem weitesten Sinne aller auf Bedürfnisbefriedigung gerichteten Tätigkeit angenommen — keinen werktätig schaffenden Anteil nehmen; oder daß wir Drohnen der menschlichen Gesellschaft gewahren, die sich als unnütze Glieder derselben erweisen, und deren Mitwirkung auf ein Mindestmaß zusammenschrumpfen oder auch einmal ganz wegfallen mag. Mit dem formalen Begriffe eines geregelten Zusammenwirkens, das auf Befriedigung menschlicher Bedürfnisse gerichtet ist, verträgt sich ein solcher inhaltlich vielleicht sehr schlechter Zustand vollständig.

Denn in dem Begriffe des Zusammenwirkens soll nur der Gedanke zum Ausdrucke gelangen, daß mehrere Personen verbunden in Arbeit und Tätigkeit gesetzt werden müssen, sollen bestimmte Bedürfnisse befriedigt werden. Daß dabei alle jeweils in Betracht zu ziehenden Menschen ohne Ausnahme arbeitsam innerhalb der Produktion beschäftigt werden, oder gar, daß dieses von einem Zentralpunkte aus planmäßig geschieht, oder endlich, daß dabei jedem ein nach bestimmten Maximen gleich berechneter Teil zufällt, das ist in unserem Begriffe einer zusammenwirkenden Tätigkeit noch nicht notwendig enthalten, sondern verbleibt offene Frage. Nur dieses ist erforderlich, daß es sich um Befriedigung von derartigen menschlichen Bedürfnissen handelt, die durch zusammenstimmendes Eingreifen mehrerer erreicht werden soll.

Man kann Bedürfnisse des einzelnen Menschen für sich unterscheiden, beispielsweise den Sinn für Naturschönheiten, das Verlangen, an Gott zu denken und zu ihm zu beten. Und es geht auch an, daß wir auf eine vereinzelt herausgehobene Tätigkeit jemandes acht haben, die innerhalb sozialer Ordnung doch als isoliertes Wirken auftritt, wie Kinderspiel im Sande des Meeresufers. Aber solche Fälle müssen schon gesucht werden. Sie brauchen uns hier nicht zu interessieren. Wir haben es nur mit sozialen Bedürfnissen zu tun, die eine zusammenwirkende Tätigkeit von Menschen fordern.

Indem wir also die individualen Bedürfnisse von den sozialen trennen, verstehen wir unter den letzteren diejenigen, bei deren Befriedigung ein tätiges Verhalten jemandes in unmittelbarer Rücksicht auf ein solches anderer Menschen stattfinden muß, sei es, daß von vorn herein eine irgend wie zusammenstimmende Arbeit mehrerer aufgewendet wird, oder daß doch der einzelne eine durch individuale Tätigkeit zu erlangende Bedürfnisbefriedigung nicht erhält, sofern nicht ein anderer mit Rücksicht hierauf in besonderer Weise eingeschränkt ist und sich zurückzieht.

So ist zwar das Gebet des Andächtigen zu seinem Schöpfer nicht sozial; wohl aber die gemeinsame Aufführung von Kirchen und Tempeln, die Veranstaltung von Gottesdienst und von geistlicher Musik, sowie schon das Verhalten derer, die nach äußerer Regel die einsame Andacht des anderen nicht stören sollen. Das Genießen einer schönen Aussicht, das Verfolgen des Sonnenaufganges auf hoher Bergeswarte bleiben an sich außer der sozialen Betrachtung; doch das Dingen von Führern und Trägern, die zum Gipfel geleiten sollen, bringt sofort auf ein unter äußeren Regeln stehendes Zusammenwirken zurück und verfällt der Möglichkeit sozialwissenschaftlicher Erwägung nicht minder als das normierte Nebeneinanderstehen derer, die das vorhin erwähnte Naturschauspiel erwarten.

Zusammenwirken in unserem Sinne heißt mithin ein tätiges Verhalten von Menschen, das ineinander greift und in dem Gedanken einer zusammenstimmenden Zielverfolgung sich verbindet. Die Art und Weise des sozialen Zusammenwirkens wird durch die Besonderheit der betreffenden äußeren Regelung bestimmt; das Ziel, auf welches es geht, ist die Befriedigung menschlicher Bedürfnisse. So ist das auf Bedürfnisbefriedigung gerichtete Zusammenwirken der Stoff, der durch eine äußere Regelung in seiner formalen Art bestimmt ist: — die Materie des sozialen Lebens.[81]

26

Innerhalb des hier vorgezeichneten Rahmens kommt es auf verschiedene Klassen von Bedürfnissen weiter nicht an. Daß ein Bedürfnis jedes auf Erzeugung von Lust und Abwehr von Unlust gerichtete Begehren ist, und daß in der Verfolgung dessen der empirische Verlauf des Menschenlebens ohne Rest aufgeht, kann hier als einfache und sichere Unterlage von uns vorausgesetzt werden.

Wenn neuere Schriftsteller der politischen Ökonomie es gelegentlich bedauert haben, daß in der nationalökonomischen Literatur auf den Begriff von menschlichen Bedürfnissen und auf eine mögliche

Klasseneinteilung derselben nicht genügend acht gegeben sei, so haben sie mit diesem Vorwurfe und dem Versuche, diesem Tatbestande abzuhelfen insoweit ganz recht, als sie als Nationalökonomen über die natürlich-technische Unterlage ihrer Beobachtungen im einzelnen einige Auskunft suchen. Dagegen kommt eine nach solcher Richtung etwa vorgehende Klassifizierung für unsere Frage der Grundbegriffe des sozialen Lebens gar nicht in Betracht. Denn hierbei haben wir nicht von den empirisch auftretenden einzelnen Bedürfnissen von Menschen auszugehen, sondern von dem Begriff eines äußerlich geregelten Zusammenwirkens. Dieses ist auf die Befriedigung menschlicher Bedürfnisse gerichtet, aber es erleidet grundsätzlich keine begriffliche Verschiedenheit und Zerteilung je nach der Sonderart der einzelnen, dann gerade einzubeziehenden Bedürfnisse. Immer vorausgesetzt, daß es sich um soziale Bedürfnisse, in dem Sinne des vorhergehenden Paragraphen, und nicht um individuale handelt.

Insbesondere ist es ganz unangebracht, wie manche es versucht haben, hier den Gegensatz von „höheren" und „niederen" Bedürfnissen als ausschlaggebend für die Begriffsbestimmung der Sozialwirtschaft einzubringen; und etwa der sozialen Ökonomie die Beschäftigung nur mit materiellen, als sogenannten „wirtschaftlichen" Bedürfnissen und mit den zu der Befriedigung dieser dienenden Gütern und Tätigkeiten zuzuweisen, die Befassung mit ideellen Bedürfnissen dagegen von ihr auszuschließen.

Hiergegen sprechen zweierlei Gründe.

Zunächst ist eine sichere Grenze dabei ohne subjektive Willkür nicht zu finden. Es gibt kein festes Merkmal, wonach man zwischen zwei Klassen von Bedürfnissen als höher stehenden und solchen von geringerem Werte allgemeingültig unterscheiden könnte.

Soll die Fabrikation von Leinwand nur dann zur Nationalökonomie gehören, wenn selbige zu Kleidungsstücken, Kartoffelsäcken, Zelten, Schiffssegeln verwendet wird, dann aber nicht mehr, falls sie von dem Maler für ein historisches Gemälde gekauft wird? Ist die Anfertigung von Glocken und Orgeln der Materie des sozialen Lebens entrückt? Und soll zur Sozialwirtschaft es nur zählen, falls ein Schreiner Stühle zum Hausgebrauche oder in den Gasthof liefert, aber nicht mehr, wenn er dieses für Schulen, Kirchen, Museen tut; oder wenn der Maurer beim Bau von Häusern nur zum Schutze gegen Kälte und Wind, von Scheunen zur Bergung der Feldfrüchte tätig ist, jedoch dann nicht, sobald er bei Konzerthäusern, Theatern, Bibliotheken mitarbeitet?

Und doch müßte dieses konsequent angenommen werden. Denn es handelt sich um die Betrachtung zusammenwirkender Arbeit von Menschen zum Zwecke der Bedürfnisbefriedigung. Meine These geht dahin, daß nach verschiedenen Arten von Bedürfnissen, die befriedigt werden sollen, das soziale Zusammenwirken grundlegend nicht geschieden werden kann. Es sind lauter Einzelbeobachtungen. Der Begriff des im sozialen Leben geregelten Stoffes wird durch diese aber nicht berührt und nach außen hin mit Hülfe solcher möglichen Einteilungen keineswegs abgegrenzt. Die Materie des sozialen Lebens umfaßt sie alle. Wenn der Begriff dieser sozial geregelten Materie nach außen hin, also in seinem Gegensatze zu anderen Begriffen, klar abgegrenzt werden soll, so hat man auf die innerhalb seiner sich dann etwa findenden Unterabteilungen noch gar nicht einzugehen. Sein Gegensatz ruht in einem menschlichen Tätigsein, das als bloß individuale und isolierte Bedürfnisbefriedigung auftritt. Seine Grenzen umspannen daher alles auf Bedürfnisbefriedigung gerichtete Zusammenwirken von Menschen; und der Versuch, dieselben enger zu stecken und nur dasjenige als soziale Wirtschaft zuzulassen, was auf niedere und materielle Bedürfnisse geht, stößt schon in seiner Ausführung auf unüberwindliche Schwierigkeiten.

In der Tat hat auch keiner der Nationalökonomen, welche ihr Untersuchungsgebiet auf soziales Zusammenwirken zur Befriedigung materieller Bedürfnisse einschränken wollten, es verschmäht, auf Buchdruckerei, Buchbindergewerbe, Verlags- und Sortimentshandel, Zeitungswesen ihre Beobachtungen auszudehnen. Niemand scheidet die Arbeitsverhältnisse in Klavierfabriken von der nationalökonomischen Betrachtung aus; oder verlangt, daß das Schul- und Unterrichtswesen und die Aufwendungen für Kirchenbauten jener fern blieben. Immer wird man das gesamte Verkehrswesen in die erwähnte Erörterung einbeziehen, ohne zu unterscheiden, ob es der Beschaffung von Nahrungsmitteln oder dem erleichterten Besuche schöner Landschaften oder kunstreicher Städte diene.

Oder sollte man meinen, daß es eine Grenze in der Feststellung des Existenzminimums gebe? Dann würden also materielle Bedürfnisse solche sein, die unumgänglich notwendig seien, um die menschliche Existenz zu fristen und die Integrität von Leib und Leben zu erhalten. Das ist einmal sehr wenig, und doch auf der anderen Seite möglicherweise recht viel. Der stark gebaute und gesunde Mensch braucht vielleicht zum Leben herzlich wenig; so wenig, daß für dessen Eruierung und für die Beobachtung seiner sozialen Beschaffung eigene Lehrstühle der Nationalökonomie zu kreieren kaum Veranlassung wäre. Selbstverständlich müßte man dann auch wirklich den Gedanken festhalten, daß es sich nur um die zur unmittelbaren Lebenserhaltung notwendigen Mittel handele; nicht schon um Herbeiführung irgend einer besonderen Qualität in Arbeitsfähigkeit oder Wohlbefinden, welches immer ein ganz schwankendes und unsicheres Kriterium involvieren würde. Aber auch beim ersten hat man selbst bei einem als normal anzunehmenden Menschen keinen festen Halt. Jede Krankheit, jeder Unglücksfall mit äußerer Insulte seines Körpers kann ihn an die ärztliche Wissenschaft und die Kunst des Chirurgen verweisen; und dann ist zur einfachen Fristung seines Lebens und zur möglichsten Erhaltung seiner leiblichen Unversehrtheit ein weitgediehener Stand naturwissenschaftlicher Erkenntnis und methodischer Beherrschung der Technik erforderlich, wie sie wiederum nur auf dem Boden und im Gefolge eines entwickelten Unterrichtswesens und einer hohen geistigen Bildung erwachsen kann. So verwebt sich eines dem andern. Der Hinweis auf das Existenzminimum stellt in der Forderung der Lebenserhaltung ganz von selbst das Postulat nach geistiger Förderung, nach Vervollkommnung der Menschen im Wissen und Können, wie in der Bereitschaft zur werktätigen Nächstenliebe auf; und jeder, der an der Hand der begonnenen Beispiele die hier leicht sich einstellenden Fragen durchdenkt, wird der Unmöglichkeit inne werden, in diesem eng verflochtenen Zusammenhange ein Glied zu lösen, ohne andere schädigend zu zerreißen.

Dabei will ich nicht unterlassen, auf die Gefahr aufmerksam zu machen, wie man in den Begriff des Existenzminimums leicht eine entschiedene Unklarheit dadurch hineinbringt, daß man es als Notwendigkeit zum Bestehen für gewisse Zeit auffaßt. Wie lange soll diese Frist denn allgemeingültig dauern? Der Physiologe mag feststellen, wie viel an Eiweißstoffen und anderen Nährwerten der menschliche Körper während vierundzwanzig Stunden bedarf, um nach dieser Zeit noch lebendig zu sein. Aber mit welchem Rechte will der Nationalökonom gerade auf die Betrachtung dieser Bedürfnisse und deren soziale Beschaffung seine wissenschaftliche Erwägung beschränken? Warum nicht auf diejenigen, welche das menschliche Leben sechs Stunden lang erhalten oder zwei Tage oder zwölf Monate oder dreißig Jahre? Hier fehlt notwendig und unverbesserlicher Weise jede objektive Grenze.

Wer eine derartige allgemein geltende Grenze für das Existenzminimum sucht, muß also nur die Existenz als solche als Ziel nehmen und die unerläßlichen Bedingungen dieser in jedem beliebigen Augenblick vor sich fordern. Dann aber wird er nicht einen einheitlichen Begriff erhalten, sondern ein Konglomerat von lauter Zufälligkeiten; und nicht eine Angabe von allgemeingültiger Bedeutung besitzen, wie sie das vorschwebende Postulat des Existenzminimums bedang, sondern ein unendliches Wirrwarr einzelner Fälle von ausschließlich singulärer Bedeutung.

So erweist sich eine scharf geschiedene Klasseneinteilung von menschlichen Bedürfnissen in die höheren und in die diesen entgegengesetzten niederen Bedürfnisse als ganz unmöglich.

Man mag sich im großen und ganzen eine Stufenleiter von Bedürfnissen vorstellen, die danach aufwärts geht, daß in deren Verfolgung der Mensch über die bloßen Einflüsse der Natur zu wissenschaftlicher Erkenntnis und tunlichster technischer Beherrschung derselben, zu künstlerisch schaffendem Gestalten und vor allem zu bewußter Zweckverfolgung im guten Sinne sich erhebt: aber alles dieses schwimmt in der tätigen Ausführung des sozialen Zusammenwirkens in eins zusammen. Keines kann ohne notwendige Bezugnahme auf das andere in tüchtiger Weise verfolgt und befriedigt werden. Und sie fallen durchaus nicht in zwei systematisch scharf getrennte Klassen von Bedürfnissen auseinander, so daß die zusammenwirkende Verfolgung der einen, als soziale Wirtschaft, von derjenigen der zweiten, als einer selbständigen Art des Zusammenwirkens, getrennt zu werden vermöchte.

Nicht anders steht es mit dem Versuche, die Tätigkeiten und Leistungen der Menschen, unter Festhaltung des unterliegenden Gedankens niederer und höherer Bedürfnisse doch selbständig dahin in zwei Klassen einzuteilen, daß die fragliche Arbeit selbst als eine mehr mechanische und niedere oder als eine vorwiegend geistige und höhere aufgefaßt wird. Auch dieses eignet sich zur Abgrenzung derjenigen zusammenwirkenden Tätigkeiten, die als Stoff des sozialen Lebens zu betrachten seien, von solchen, die nicht dahin gehörten, gar nicht. Es kann vielmehr eine derartige Klassifizierung höchstens innerhalb einer bestimmten Rechtsordnung unternommen werden; und ist dann niemals auf eine Beobachtung selbständiger Kriterien sicher zu stützen, sondern nur auf positive Bestimmungen eines Gesetzgebers, dessen Eingreifen den Charakter einer eigentümlichen Beliebigkeit dabei nicht verlieren wird. Es ist bekannt, welche merkwürdigen Ergebnisse die Einteilung des römischen Rechtes in *operae liberales* und *illiberales* gezeitigt hat: da es den Maler auch auf der höchsten Stufe seiner Kunst der letztgenannten Art zugesellte und zu den höheren Arbeiten, im Gegensatze zu *mercennaria opera*, ebensowohl die Tätigkeit der Lehrer der Wissenschaft, der Rhetoren, Grammatiker, Mathematiker zählte, wie die Dienstleistungen aller Ärzte, einschließlich — der Hebammen.[82]

Derartige Absonderlichkeiten werden bei keiner versuchten Abgrenzung von Dienstleistungen und sozialen Tätigkeiten nach dem Prädikat der höheren oder niederen Beschaffenheit ausbleiben.

Dabei fällt mir nicht ein, die Möglichkeit einer Abgrenzung der auf Bedürfnisbefriedigung gerichteten Tätigkeiten des Menschen im Werturteile nach ethischer Schätzung abzuleugnen. Ob jemand in eigennützigem Wünschen und selbstischem Begehren handelt und subjektive Maxime aus Lust- oder Unlustempfindung ihn leitet; ob er aus guter Gesinnung will und nach der Idee einer allgemeingültigen Gesetzmäßigkeit im jeweiligen besonderen Falle seine Zwecke setzt: das sind mir sichere Gegensätze, in denen man wohl die niedrige Gesinnung von der idealisch höheren zu trennen vermag. Aber davon ist jetzt in der hier fraglichen Unterscheidung auch gar nicht die Rede. Es handelt sich dermalen nicht um niedrige oder gute Triebfedern für das Vorgehen bei Befriedigung menschlicher Bedürfnisse; sondern um eine angeblich objektive Abgrenzung dieser letzteren selbst in zwei entsprechende Klassen. Jene zwei Arten von Triebfedern, nach denen die Ziele und Wünsche jemandes gut oder schlecht erscheinen, können bei allen Möglichkeiten von Bedürfnisbefriedigung vorkommen. „Der gemeine Mensch, sagt Natorp mit Recht,[83] nimmt auch mit stumpfen Sinnen Tag um Tag das Brot hin und genießt die tausend Annehmlichkeiten, die der Schweiß anderer ihm erarbeitet, für die andere ihr Lebensblut eingesetzt haben; mit demselben bequemen Behagen schlürft er seine geistige Nahrung ein, als ob die Menschheit die Jahrtausende durch nur deshalb ihr Hirn verbraucht hätte, um gerade ihn werden zu lassen, um mit der Frucht ihrer Mühe seinen leeren Stunden ein wenig Inhalt, seiner Null einen gewissen eingebildeten Wert zu erteilen.“

Nicht die Art des Bedürfnisses also ist es, noch auch die technische Eigenschaft der Arbeit, die zu seiner Befriedigung verrichtet wird, welche objektiv eine Scheidung des menschlichen Wirkens und Tuns in zwei Klassen nach dem Werturteile des höheren oder niedrig stehenden ermöglicht; sondern die Gesinnung, in der einer tätig wird. Nach ihr ist es überall möglich, im gegebenen Fall zwischen niedrig und hoch zu trennen; nach der Sonderart der zu befriedigenden Bedürfnisse kann eine solche Klasseneinteilung nur sehr schwankend und verschwommen und willkürlich erfolgen. Diese Eigenart gibt keine scharfe Grenze für das Gebiet der sozialen Wirtschaft ab, die durch äußere Regelung ergriffen werden soll. In dieses Gebiet gehören vielmehr alle Bedürfnisse, die durch geregeltes Zusammenwirken zu erfüllen sind; den Stoff des sozialen Lebens aber gibt nur die zusammenwirkende Tätigkeit als solche ab, die auf Befriedigung irgend welcher Bedürfnisse gerichtet ist.[84]

Ich setze nun aber den Fall, es wäre geglückt, zwischen zwei Klassen von menschlichen Bedürfnissen, als den niederen oder „wirtschaftlichen" und den höheren, nach einem noch aufzufindenden Merkmale von formaler Allgemeingültigkeit scharf zu unterscheiden; vielleicht auch nur solche Bedürfnisse abzutrennen, deren Befriedigung in allgemein geltender Notwendigkeit für die lebende Existenz des Menschen zu jeder Zeit unentbehrlich sei: so würde doch damit eine Bestimmung des stofflichen Gehaltes des sozialen Lebens der Menschen in nichts ermöglicht werden. Indem die Nationalökonomie vorgibt, sich mit der Frage nach der Befriedigung materieller Bedürfnisse des Menschen beschäftigen zu wollen, so hat sie nicht nur unter jenen Bedürfnissen eine Scheidung angenommen, die sich in keiner klaren Weise erkennen und durchführen läßt und auch von den Nationalökonomen selbst nachher niemals konsequent beibehalten worden ist, sondern sie hat vor allem dessen vergessen, daß sie in ihrer Eigentümlichkeit doch zur sozialen Wissenschaft zählt und zählen will, daß die ihr eigenen Probleme sich aus der Tatsache eines geregelten Zusammenlebens der Menschen, als einer eigenen Art menschlicher Existenz, sich herleiten. Die bloße Frage nach möglichst guter Befriedigung menschlicher Bedürfnisse ist, wie erwähnt, nur eine solche der Technik auf der Grundlage wissenschaftlicher Naturerkenntnis. Daß jemand in seiner Person sowohl die technologische Betrachtungsweise als auch die soziale Erwägung betreiben kann, steht außer Zweifel und braucht nicht in Frage und Erörterung gezogen zu werden. Aber wenn er es tut, so vollzieht er eben zwei sachlich getrennte Untersuchungen und hat zweierlei verschiedenen Gegenstand in Gedanken.

Nimmt man die relative Abgrenzung notwendiger Lebensbedürfnisse in der vergleichsweisen Allgemeinheit dieses Begriffes und erwägt man etwa die Notwendigkeit periodischer Zuführung von Nahrungsmitteln in den menschlichen Organismus, so ist es mit nichten Sache der Nationalökonomie, als eines Zweiges der sozialen Wissenschaft, auf die Art und Menge wünschenswerter oder konkret dringend erforderlicher Speisen einzugehen und sich also mit der Frage nach Befriedigung materieller Bedürfnisse zu befassen. Sondern dieses kommt für sie in ihrer sozialen Eigenart in Betracht: In welchem geregelten Zusammenwirken der einzelne zur Befriedigung dieser Bedürfnisse gelangen mag?

Zu menschlichem Leben von einiger Dauer gehört die Atmung von sauerstoffhaltiger Luft; zu einer Existenz von längerer Dauer die Zuführung von guter Luft. Zu der Eigenart der sozialen Betrachtung aber gehört es nicht, die Einwirkung bestimmter Gase auf den menschlichen Körper zu studieren und davon zu handeln, in welchem Umfange der einzelne Mensch als solcher notwendig vor schädlicher und schlechter Luft bewahrt werden müsse. Sozial wird die Erwägung allererst dann, sofern man den Gesichtspunkt auf die Sonderart des Zusammenlebens von Menschen richtet, wie sie als eigenes Objekt unserer Erkenntnis auf Grund äußerer Regelung jenes Zusammenlebens uns geboten wird; — sofern sie also von dem einzelnen und seinem lediglichen Verhältnis zu natürlichen Lebensbedingungen und der ausschließlichen Frage nach seinen, des einzelnen, Bedürfnissen absieht und vielmehr als eigenen Gegenstand das geregelte Zusammenwirken, das auf Befriedigung menschlicher Bedürfnisse gerichtet ist, nimmt.

Wir erhalten somit folgendes Ergebnis. Als Materie des sozialen Lebens, das ist der von der sozialen Regelung betroffene Stoff, ist nicht die Bedürfnisbefriedigung an sich aufzufassen, — denn deren Erwägung kann auch ganz außerhalb aller gesellschaftlichen Betrachtung stehen; sondern das darauf gerichtete Zusammenwirken. Umgekehrt gehört alles zusammenwirkende Verhalten, das auf Befriedigung menschlicher Bedürfnisse geht, zu einem möglichen Stoffe sozialen Lebens. Es besteht als solches, sofern es in seiner Eigenart nach äußerer Regelung, rechtlicher oder konventionaler Art erwogen wird; wie wir solches Zusammenwirken in der uns überhaupt bekannten Menschengeschichte überall beobachten können.

27

Wenn wir gefunden haben, daß als derjenige Stoff, der von der Sozialwissenschaft als ein äußerlich geregelter untersucht wird, das auf Bedürfnisbefriedigung gerichtete Zusammenwirken von Menschen zu fassen ist, daß aber auf Abgrenzung und Zerteilung der zu befriedigenden Bedürfnisse bei dieser Frage, bei derjenigen nach der Materie des sozialen Lebens, gar nichts ankommt: so wird sich leicht auch noch in einer anderen Richtung zeigen lassen, wie die politische Ökonomie in ihrem zumeist gewohnten Ausgangspunkte und in der Angabe des ihr eigenen Gegenstandes verbessert werden dürfte.

Der Ausgangspunkt der in dieser Disziplin im allgemeinen herrschenden Ansicht — auf die davon abweichenden näher einzugehen, ist für unseren Zweck nicht erforderlich — wird in „der Wirtschaft" gesucht. Soweit dieser auf die Frage nach materiellen oder niederen Bedürfnissen und den sie befriedigenden Gütern gestellt wird, ist sie durch unsere früheren Ausführungen erledigt. Indem wir von einer entsprechenden Wiederholung Abstand nehmen, ist es hier auch auf eine Einzelbesprechung der mannigfachen von jener Vorfrage unabhängigen Versuche, eine sichere Begriffsbestimmung der Wirtschaft überhaupt zu finden, keineswegs abgesehen; am wenigsten auf diejenigen Unternehmungen, welche, wie NEUMANNS Untersuchungen es tun, darauf ausgehen, zu dem Worte „Wirtschaft" den zutreffenden Begriff zu suchen.[85] Wohl aber wird es im Interesse weiterer sachlicher Klärung liegen, den grundsätzlichen Gegensatz in dem seither gewohnten Ausgangspunkte der Volkswirtschaftslehre von dem hier für sie als zutreffend dargelegten noch kurz zu besprechen.

Die gemeinte Lehre nimmt als Grundbegriff die wirtschaftliche Handlung des Menschen; zerteilt diese dann in die Tätigkeiten der Einzelwirtschaft und der gesellschaftlichen Wirtschaft, — muß aber dabei immer suchen, diese beiden nun als Einzelanwendungen ihres eigentlichen und gesamten Grundbegriffes zu behandeln.

Hierbei ist jedoch wiederum übersehen, daß die politische Ökonomie in ihrer wissenschaftlichen Eigenart ein Zweig der sozialen Wissenschaft sein will. Das ihr eigentümliche Objekt muß sein wesentliches Charakteristikum, bei Meidung mangelnder Klarheit überhaupt, durch die Besonderheiten finden, die sich aus dem menschlichen Zusammenleben als einem eigenen Gegenstande menschlicher

Erkenntnis ergeben. Seine Bestimmung ist von den Bedingungen abhängig, unter denen man überhaupt erst von gesellschaftlichem Leben der Menschen als einem besonderen Objekt handeln kann.

Die Grundbedingungen der nationalökonomischen Erkenntnis müssen daher solche sein, unter denen menschliches Gesellschaftsleben als eigenartiger Gegenstand wissenschaftlicher Erkenntnis überhaupt möglich ist.

Der Ausgangspunkt einer solchen wissenschaftlichen Betrachtung, die etwas anderes sein will, als nur Technologie und Naturwissenschaft, die ihre Eigentümlichkeit gerade darin zu finden gedenkt, daß sie zur Sozialwissenschaft gehört, darf sonach gewiß nicht die menschliche Wirtschaft *in abstracto* sein; sondern die soziale Wirtschaft, wie wir sie bestimmten: das unter äußeren Regeln stehende Zusammenwirken, auf Befriedigung irgend welcher menschlicher Bedürfnisse gerichtet.

Fragt man also nach dem letzten Ausgangspunkte, den die politische Ökonomie mit Fug für die Ausführung ihres Lehrvortrages zu nehmen hat, so kann er für diese Abteilung der sozialen Betrachtung kein anderer sein, als derjenige, der schließlich allen Richtungen und Arten der Sozialwissenschaft zu eigen ist: das gesellschaftliche Dasein der Menschen; — nicht die wirtschaftliche Handlungsweise des Menschen an und für sich, sondern: das soziale Leben. Bei dessen wissenschaftlicher Untersuchung benötigt man außer derjenigen Erörterung, die auf die Form und speziell auf die rechtliche Form des sozialen Lebens abzielt, nämlich der Rechtswissenschaft, noch einer weiteren forschenden Erwägung, die sich auf die jeweils tatsächliche Ausgestaltung eines geregelten Zusammenwirkens bezieht und mit den gewöhnlichsten ihrer Rufnamen auch weiterhin die politische oder die Nationalökonomie heißen kann. Doch nur durch enge methodische Eingliederung in das Ganze derjenigen wissenschaftlichen Einsicht, der sie zugehört, der Wissenschaft von dem gesellschaftlichen Dasein der Menschen, in der Erklärung des sozialen Lebens als letzten Ausgangspunktes ihrer Erörterung vermöchte sie wohl das sichere Fundament und dann auch die klare Methode für ihr Vorschreiten zu gewinnen, deren sie bislang zu ihrem eigenen Schmerze hat entbehren müssen.

Ob man alsdann innerhalb des Rahmens sozialwissenschaftlicher Untersuchung das nebensächliche Hülfsmittel mit Nutzen anwenden kann, daß man den prinzipiellen Gegensatz eines gänzlich isoliert gedachten Menschen und dessen auf seine Bedürfnisbefriedigung gerichtete Tätigkeiten einmal irgend wie heranzieht, braucht jetzt nicht näher in Erwägung genommen zu werden, kann vielmehr ganz auf sich beruhen bleiben. Durch Zusammenstellung mit prinzipiell gegensätzlichen Erscheinungen kann man über gerade in Frage stehende Objekte möglicherweise gute Klarheit erhalten und mancherlei ersprießliche Einzelerkenntnis sammeln. Es handelt sich also nicht um eine angebliche Unzulässigkeit der Vergleichung von isolierter Einzelwirtschaft und von Sozialökonomie. Aber die hier als berechtigt bestrittene Grundmeinung unserer Nationalökonomie geht auch weiter und auf etwas anderes: Ihr schwebt vor, daß sie eine Lehre von „der Wirtschaft“ sei, die dann in die zwei eben genannten Klassen zerlegt werden könnte. Dieses ist es, was nicht als sachlich zutreffende Meinung gebilligt werden kann. Und zwar handelt es sich nicht um eine nach Konvention abzusteckende Grenze einer arbeitenden Forschung; sondern um die sachliche Unmöglichkeit, die beiden gemeinten Verhaltungsarten, die auf Befriedigung menschlicher Bedürfnisse gehen, in den genannten Richtungen als Glieder eines homogenen oberen Begriffes der Wirtschaft zu fassen. Ich bestreite, daß man in diesem Versuch einen einheitlichen Gegenstand wissenschaftlicher Untersuchung mit der Möglichkeit einer gleichheitlichen Methode erkennender Durchforschung erhält.

Meine Gründe sind diese.

Bei den zwei Arten der Wirtschaft, die hier vorausgesetzt werden, steht man in ihrer wissenschaftlichen Untersuchung unter ganz verschiedenen grundlegenden Erkenntnisbedingungen.

Bei der Wirtschaft des gänzlich isoliert gedachten Einzelmenschen, als der Tätigkeit, die auf Befriedigung seiner Bedürfnisse gerichtet ist, haben wir als Fundamentalbegriffe und Grundsätze lediglich solche der theoretischen Naturwissenschaft und der darauf gebauten Technik zu verwenden. Es ist überhaupt weiter nichts als eine technische und naturwissenschaftliche Betrachtung. Es kann gar nichts anderes sein, als eine Sammlung bloßer Naturbeobachtungen, unter tunlichster Erklärung mittels Physiologie oder im einzelnen beobachtender Psychologie. In diesen Rahmen bleibt alle Erwägung von Bedürfnissen eines isolierten menschlichen Wesens und von geeigneter Befriedigung derselben gebannt. Die Frage, wie der vereinzelt wirtschaftende Mensch seine Bedürfnisse befriedigen könnte, und welche geringeren oder technisch vollendeteren Stufen der Entwicklung sich dabei ergeben möchten, ist auf Grund keiner anderen allgemeinen

Bedingung erkennender Forschung zu verfolgen und zu lösen, als sie für alle naturwissenschaftliche Einsicht und die auf dieser fußende Technologie bestehen.

Sobald jedoch die soziale Wirtschaft im Gegensatze zu der isolierten Wirtschaft des vereinzelt angenommenen Menschen in das Auge gefaßt und als etwas Eigenartiges erwogen wird, so steht diese unter der neuen und notwendigen Bedingung der äußeren Regelung desjenigen Zusammenwirkens von Menschen, das als gesellschaftliche Wirtschaft im eben angeführten Gegensatze gemeint ist. Nun haben wir nicht mehr die physiologisch und psychologisch aufzuhellenden Bedürfnisse von isolierten Einzelmenschen und die rechte Technik zu der Befriedigung jener als unser Objekt, sondern die besondere Art des Zusammenwirkens, die sich nach bestimmter Regelung desselben ergibt. Nur dadurch erhalten wir, wie früher dargelegt, die Möglichkeit, das soziale Zusammenleben der Menschen als einen eigenen Gegenstand zu erfassen. Mit der äußeren Regel konstituiert sich als ein neues Objekt die normierte Beziehung zwischen Menschen. Die Lehre von den Bedürfnissen der einzelnen Menschen und von den technisch geeigneten Mitteln ihrer Befriedigung läuft ruhig daneben her; sie hat ihre eigene Betrachtung auf naturwissenschaftlicher Unterlage und besitzt ihre gesonderte Theorie für sich. Aber eine soziale Untersuchung in dem Sinne, daß sie die in der Geschichte in zweifelloser Erfahrung vorliegende Tatsache eines menschlichen Zusammenlebens als ein besonderes Ding mit eigentümlichem Wesen und Charakter zu erforschen, klar zu legen und in seiner Gesetzmäßigkeit zu begreifen strebte und vollbrächte, — das ist die technische Erörterung von den Bedürfnissen und ihrer Befriedigung nicht. Um zur Sozialwissenschaft zu gehören, muß sie sich des gesellschaftlichen Daseins der Menschen in seiner Eigenart bemächtigen und dieses als solches zum eigenen Gegenstande der Erkenntnis machen. Das aber geht nicht — wenn ich mich wiederholen darf —, es sei denn, daß man das auf Bedürfnisbefriedigung gerichtete Znsammenwirken in seiner tatsächlich gegebenen Eigenschaft eines äußerlich geregelten nimmt.

Und nun umgekehrt.

In dem Augenblicke, da man die soziale Wirtschaft, das unter äußeren Regeln stehende Zusammenwirken, welches auf Befriedigung menschlicher Bedürfnisse hingeht, in der gedachten Eigenart untersucht, hat man die lediglich naturwissenschaftlich-technische Erörterung beiseite getan. Es hat sich ein neues Feld der wissenschaftlichen Betrachtung in dem gesellschaftlichen zusammenwirkenden Verhalten von Menschen eröffnet, das sich von dem Arbeitsgebiete des Technikers scharf und vollständig abgrenzt. Es sind zwei verschiedene Gegenstände, die in Frage stehen: einmal, die Bedürfnisse des einzelnen und die technisch zu ihrer Befriedigung möglichen Mittel; zweitens, ein geregeltes zusammenwirkendes Verhalten. Der letzte Begriff steht unter einer ganz neuen und eigenen Bedingung, die dem ersteren ganz mangelt: der äußeren Regelung, die in ihrer Bestimmung von den persönlichen Triebfedern des Unterstellten absieht. Dadurch wird das geregelte zusammenstimmende Verhalten zu einem von der Tätigkeit des isoliert gedachten einzelnen Menschen qualitativ verschiedenen Gegenstande. Es ist in jenem durchaus nicht eine bloße Zusammenzählung gegeben und eine Summe von Handlungsweisen einzelner, die ihre Bedürfnisse befriedigen, geliefert. Das zusammenwirkende Verhalten unter äußeren Regeln, das wir nannten, ist von einer solchen Summe isolierter Einzeltätigkeit der Art nach verschieden. Es bildet, wie nun mehrfach von uns hervorgehoben wurde, eine eigenartige begriffliche Einheit, die durch das Moment bestimmter äußerer Regeln konstituiert wird, und die, nach früherem, den eigenen Gegenstand der Gesellschaftswissenschaft abgibt.

Sonach haben wir keine sachliche Möglichkeit, die Lebensfristung und Bedürfnisbefriedigung des gänzlich isoliert gedachten Menschen, als sogenannte Einzelwirtschaft, mit dem geregelten Zusammenwirken von Menschen, als der Sozialwirtschaft, unter einem einheitlichen oberen Begriffe, der Wirtschaft *in abstracto*, zusammen zu nehmen und jene beiden nur als unmittelbare Unterabteilungen eines und desselben Objektes zu fassen. Die „Wirtschaft" des Einzelmenschen geht in der Tätigkeit seiner Lebenshaltung ohne Rest auf; das mag man nach Kausalität und Zwecksetzung gebührend dann untersuchen. Das auf Bedürfnisbefriedigung gerichtete zusammenwirkende Verhalten von Menschen, die durch äußere Regeln verbunden sind, ist ein eigen Ding; sein Begriff hängt von diesem Moment der Regelung ab und wird durch dieses ganz und gar erst hergestellt.

So haben wir zwei verschiedene Einheiten und zwei der Art nach getrennte Gegenstände. Die Begriffe von beiden sind im ganzen wie in der Einzeldurchforschung qualitativ unterschieden, stehen unter getrennten Erkenntnisbedingungen; — wie sollte es da einheitliche Lehrsätze geben, die allgemein für beide Geltung hätten und dann in den getrennten Unterklassen nur Einzelmodifikationen aufweisen würden?

28

Einen einheitlichen Oberbegriff der Wirtschaft *in abstracto* erhält man auch nicht durch das neuerdings von ADOLF WAGNER besonders stark betonte sogenannte ökonomische Prinzip. Darunter wird das Streben verstanden, freiwillig nur solche Arbeit vorzunehmen, bei welcher nach der inneren Schätzung des Menschen die Annehmlichkeit der Befriedigung die Pein der Anstrengung überwiegt, sowie das fernere Streben nach einer möglichst hohen Summe Arbeitserfolg und damit Möglichkeit der Befriedigung für ein möglichst geringes Maß nicht in sich selbst ihren Zweck und Lohn allein tragender Anstrengung der Opfer in der Arbeit.[86] Von diesem Prinzip der Wirtschaftlichkeit sagt dann WAGNER, daß es den Menschen „bei aller auf Bedürfnisbefriedigung gerichteten Tätigkeit leitet — und ihn leiten darf und oft auch soll.“

Hier bleibt zunächst unklar, in welchem Sinne und mit welcher Notwendigkeit dieses ökonomische Prinzip aufgestellt wird: ob im Sinne des naturnotwendigen Geschehens oder des Ziele verfolgenden Sollens. WAGNER gibt in dem zitierten Satze beides an; was nicht sein kann. Man möchte gerade so gut sagen: Die Erde zieht die Körper an und soll sie auch anziehen; — oder: Im Alter bekommt der Mensch graue Haare und darf und oft auch soll sie bekommen; — oder, falls man geradezu ein ethisches Gebot einführen will: Der Mensch heiligt den Feiertag und soll und darf ihn heiligen. — Wenn ein Geschehen als Naturnotwendigkeit erkannt wird, so hat es keinen Sinn, diese noch zu erlauben oder als Pflicht zu fordern; falls das letztere gemeint ist, so darf der Eintritt des als Soll Geforderten gerade noch nicht als kausal notwendig eingesehen sein.

Die Bedeutung des sogenannten ökonomischen Prinzipes bleibt dabei um so mehr unsicher, als WAGNER sagt, daß nach ihm den Menschen das Streben leitet, freiwillig nur lohnende Arbeit näherer Art zu verrichten; man aber doch nicht als seine Meinung annehmen darf, daß der Mensch durch Naturanlage und Naturtriebe kausal dazu genötigt werde, „freiwillig“ etwas auszuführen.

Als verständlicher Sinn des Ganzen bleibt nur der Satz des Eudämonismus überhaupt: Wenn der Mensch sich nur seine subjektive Befriedigtheit zum Ziele setzt, so sind nur solche Mittel am Platze, durch die seine Lust auch wirklich bewahrt oder gesteigert wird. Ob jenes Wenn im einzelnen Falle vorliegt, ist offene Frage. Es ist weder die einzige und unvermeidliche Zielsetzung, noch auch liegt in ihr das allgemeingültige Gesetz menschlicher Zweckverfolgung enthalten.

Worauf es aber an dieser Stelle entscheidend ankommt, das ist dieses, daß für unser jetziges Thema der allgemeine Lehrsatz des Eudämonismus, den ich nannte, auf die wirtschaftlichen Tätigkeiten erst jeweilige Anwendung finden muß, ehe er uns im dermaligen Zusammenhange etwas lehren kann. Der Satz gibt eine Anweisung dafür, wie man sich hypothetisch zu verhalten habe. Sobald er aber im praktischen Leben angewendet werden soll, so ist er von der konkreten Sachlage abhängig, in der seine Anwendung zu erfolgen hat. Diese Sachlage wird nicht *a priori* von ihm geliefert, sondern für sich vorausgesetzt; und erst an die also gegebene kann man dann ihn als formale Maxime des Handelnden heranbringen. Das Prinzip der Wirtschaftlichkeit beschafft sonach keinen besonderen Gegenstand einer wissenschaftlichen Betrachtung, sondern kann nur innerhalb verschiedener Wissenszweige vom menschlichen Tun und Verhalten seine besondere Anwendung finden, während die Abgrenzung dieser Wissenszweige voneinander nach den grundlegenden Qualitäten des zu bearbeitenden Objektes unabhängig vom ökonomischen Prinzip zu vollziehen ist.

Durch die Berufung auf das ökonomische Prinzip kann man hiernach einen einheitlichen oberen Begriff der Wirtschaft *in abstracto* als einen geschlossenen und eigenartigen Gegenstand wissenschaftlicher Erkenntnis nicht erhalten. Dieses sogenannte Prinzip der Wirtschaftlichkeit ist kein naturnotwendiges und unabänderliches Muß, bei dessen Verletzung der Mensch überhaupt nicht existieren könnte; es kann nur eine subjektive Maxime sein, eine relativ allgemein beobachtete Art, in welcher die Menschen zweckverfolgend ihrer Bedürfnisbefriedigung nachgehen. Diese „ökonomische“ Art ist nicht ausnahmslos; es gibt auch andere Möglichkeiten, die ihr widersprechen, und denen im besonderen Falle die Menschen unter den verschiedensten Einflüssen nachgeben. Und darum kann sie ebensowohl bei der abstrahierten isolierten Existenz auftauchen, als innerhalb der Sozialwirtschaft; — noch dazu beides in mehr oder weniger starkem Grade. Es wird aber kein Nationalökonom mit Fug darauf verzichten, daß er auch dasjenige soziale Zusammenwirken in den Kreis seiner wissenschaftlichen Untersuchung zieht, bei welchem unwirtschaftlich im genannten Sinne verfahren wird.

So wird die Tatsache, daß das geregelte zusammenwirkende Verhalten von Menschen als eigenes Objekt einer besonderen Erörterung sich bietet, welches von dem wirtschaftlichen Tätigsein des vereinzelten Menschen der Art nach ganz verschieden ist, durch das besprochene ökonomische Prinzip in nichts berührt.

Ich leugne, daß der der Nationalökonomie eigentümlich zugehörige Gegenstand wissenschaftlicher Untersuchung die Wirtschaft *in abstracto* ist; die in die isolierte Wirtschaft und in die soziale zerfiele. Denn diese wissenschaftliche Forschung der Volkswirtschaftslehre oder politischen Ökonomie will zum Kreise der Gesellschaftswissenschaft gehören und mit den Besonderheiten des geordneten Zusammenlebens, des sozialen Daseins der Menschen sich befassen. Zu diesem gehört aber die Bedürfnisbefriedigung eines in voller Isoliertheit gedachten Menschen überhaupt nicht. Die letztere kann als Naturerkenntnis und für eine darauf fußende Technik erwogen werden; erst jene, die zusammenwirkende Tätigkeit unter Regeln kann hier als ein zu einer eigenen wissenschaftlichen Betrachtung geeignetes besonderes Objekt vorgenommen werden. Soweit also die Nationalökonomie wirklich das erfüllen will, worauf ihr Plan in seiner ganzen Anlage hinzielt: eine Erforschung und Klarlegung von menschlichem Gesellschaftsleben, so gehört die Bedürfnisbefriedigung des vereinzelten Menschen gar nicht in ihren Bereich. Diese ist Sache einer naturwissenschaftlichen Technologie. Jenes aber scheidet sich davon in unüberbrückbarer Weise dadurch ab, daß es ein Verbundensein von Menschen durch äußere Regeln ist; durch welche es erst als ein möglicher eigener Gegenstand wissenschaftlicher Erkenntnis besteht, — ohne welche es für sich überhaupt nichts mehr ist, noch bedeutet.

Es ist selbstverständlich, daß in der Person eines Nationalökonomen Kenntnisse aus beiden Gebieten vereinigt sein können, und er mit Nutzen in beiden Wissenszweigen beschlagen sein mag. Es ist kein Zwangsverbot ersichtlich, nach dem ein Theoretiker der politischen Ökonomie sich nicht außerdem noch auf Technologie verstehen dürfte; es mag ihm Ackerbau, Schiffahrt, Bergwerk und Forstwirtschaft, die Technik der Gewerbe für Nahrungsmittel, Bekleidung, Wohnung und anderes geläufig sein, er kann in der Maschinenkunde zu Hause sein und die technische Durchführung des Eisenbahnwesens, des Telegraphen und Fernsprechers und der elektrischen Beleuchtung und Heizung und des Fahrbetriebes beherrschen: aber als Mann der Sozialwissenschaft hat er damit den ihm pflicht- und berufsgemäß obliegenden Gegenstand nicht getroffen und gepflegt, sondern von anderen Objekten als denjenigen der Gesellschaftslehre gehandelt.

Ich schließe dieses damit:

Die Lehre der politischen Ökonomie hat sich mehr, als bisher, darauf zu besinnen, daß sie eine wissenschaftliche Kunde von dem gesellschaftlichen Dasein der Menschen sein will. Ihr rechter Ausgangspunkt — in Konsequenz dieses ihres eigensten Planes — ist somit nicht der Begriff der Wirtschaft *in abstracto*, — der Bedürfnisse der Menschen und der sie befriedigenden Güter, sondern: der Begriff des sozialen Lebens. Dieses ist, wie wir darlegten, ein äußerlich geregeltes Zusammenleben von Menschen. Bei ihm ist die regelnde Form, von rechtlichem oder konventionalem Charakter, zu unterscheiden von dem geregelten Stoffe, dem auf Bedürfnisbefriedigung gerichteten menschlichen zusammenwirkenden Verhalten. Die Volkswirtschaftslehre hat es mit dem letzteren, mit der Materie des sozialen Lebens, zu tun. Und da dieses zusammenwirkende Verhalten, als soziales, unter bestimmter äußerer Regelung sich erst darbietet, auf eine Betrachtung der bloßen Form des sozialen Lebens es gerade nicht abgesehen ist, so verbleibt als Objekt der Nationalökonomie: die konkrete Ausgestaltung eines bestimmt geregelten zusammenwirkenden Verhaltens, das auf Befriedigung menschlicher Bedürfnisse gerichtet ist.

Welche fundamentale Feststellung geeigneten Ortes weiter zu verfolgen und zu verwerten sein wird. (Vgl. § 34 ff.)

29

Man hat zuweilen gefragt, ob das Recht noch etwas anderes zu regeln habe, als die soziale Wirtschaft; ob ihm außer der Aufgabe einer Wirtschaftsordnung noch Weiteres selbständig zugewiesen sei.

Nun ist es klar, daß eine sichere Lösung dieses Zweifels davon abhängt, was unter sozialer Wirtschaft befugtermaßen zu verstehen ist. Die häufige schroffe und hastige Bejahung der vorangestellten Frage seitens mancher Juristen ist gewiß nur darauf zurückzuführen, daß sie unter Wirtschaft in dunkler Vorstellung eine Tätigkeit auf Befriedigung von materiellen und mehr niederen Bedürfnissen sehen; und dann meinen sie, daß das Recht nicht nur das hierauf gerichtete Zusammenwirken zu normieren habe, sondern auch das zusammenstimmende Verhalten der Menschen bezüglich höherer, geistiger Güter. Was freilich eine allzu einfache Sache ist.

Hat man sich dagegen klar gemacht, daß jene Unterscheidung zwischen niederen und höheren Bedürfnissen eine ganz flüssige und verschwommene ist, und daß der rechte Ausgangspunkt der sozialwirtschaftlichen Betrachtung der des äußerlich geregelten Zusammenwirkens überhaupt ist, und ihr als Unterlage nicht die ungreifbaren „wirtschaftlichen", sondern die „sozialen" (durch geregeltes zusammenwirkendes Verhalten zu befriedigenden) Bedürfnisse zu dienen haben, so verschwindet aller Grund, sich gegen die Fassung zu erklären, daß das Recht die äußere Regelung der sozialen Wirtschaft ist.

Soziale Wirtschaft ist zusammenwirkendes Verhalten von Menschen, das auf Befriedigung menschlicher Bedürfnisse gerichtet ist, gleichviel, welcher Art von Bedürfnissen im einzelnen. Für die regelnde Form haben wir, unter Berufung auf die bis jetzt allein vorliegende geschichtliche Erfahrung, repräsentativ das Recht genommen. Welcher andere Stoff, außer dem eben noch einmal fixierten, sollte denn dem Rechte noch zufallen?

Das menschliche Leben besteht in der Befriedigung von Bedürfnissen und geht inhaltlich hierin ohne Rest auf. Das prüfende Werturteil über Nachgeben oder Widerstehen betrifft nur den formalen Gesichtspunkt der Auffassung jenes Geschehens oder Unterlassens. Das hiernach sich vollziehende empirische Geschehen jedoch kann, eben in seiner Eigenschaft als Erscheinung der Außenwelt, von kausalen Bedingungen der Lustverfolgung oder Unlustvermeidung nicht abgelöst werden. — Und nicht anders steht es mit erkennender Wissenschaft oder künstlerischem Urteile. Sie bedeuten gleichfalls nur eine besondere einheitliche Art der Auffassung und Beurteilung. Ihr Charakteristikum liegt in der Eigenschaft des objektiv Richtigen gegenüber Wahrnehmen, Wollen und Gestalten von nur subjektivem Geltungswerte; — aber ihre konkrete Betätigung fällt dem stofflichen Inhalte nach keineswegs außerhalb des Rahmens menschlicher Bedürfnisbefriedigung. Wie hoch durch ihre Wirksamkeit die Kultur menschlicher Anlagen und Fähigkeiten gesteigert werden kann, und wie sehr die Bedürfnisse sich zu verfeinern und zu veredeln vermögen, bleibt dabei ganz gleichgültig: Die am Eingange des vorigen Absatzes wiederholte Begriffsbestimmung von sozialer Wirtschaft umspannt sie alle.

Bleiben wir demnach dabei stehen, daß es sich bei dem sozialen Leben der Menschen nie um etwas anderes handeln kann, als um äußerlich geregeltes Zusammenwirken, das auf Befriedigung irgend welcher menschlicher Bedürfnisse abzielt, so erhebt sich doch noch die Frage, ob man innerhalb dieses nicht zwei Begriffe präzis trennen müsse: ökonomisches und politisches Moment.

Man sagt beispielsweise, daß die erste französische Revolution im wesentlichen einen politischen, die Februarrevolution ebenso einen ökonomischen Charakter getragen habe. Es findet sich der Ausspruch, daß in neuerer Zeit rein politische Interessen hinter wirtschaftlichen zurückgetreten seien; und man weiß, daß politische Parteien, wie sie sagen, in wirtschaftlichen Fragen ihren Mitgliedern freie Hand lassen und sie nicht auf ein bestimmtes Programm verpflichten. Auch ist es schließlich kein anderer Gedanke, wenn die materialistische Geschichtsauffassung das Bild anwendet, daß sich auf der ökonomischen Grundlage des sozialen Lebens ein politischer Überbau erhebe.

Was hat man nun unter diesem Gegensatze zu verstehen? Wie sind diese beiden Begriffe der Sozialwissenschaft — ökonomisch und politisch — in formaler Schärfe zu erfassen?

Geht man dieser Frage nach, so zeigt sich, daß wir es dabei nicht mit zwei der Art nach ganz getrennten und sachlich auseinander fallenden Gebieten zu tun haben; daß sie nicht etwa einander gegenüberstehen, wie soziales Leben der Menschen einerseits und isoliertes Dasein derselben zum anderen Teile, sondern daß man damit die zwei Endteile eines und desselben Gegenstandes nur meinen kann, welche in ununterbrochenem Zusammenhange ineinander fließen.

Adam Smith richtet sich gegen nationalökonomische Vorgänger von ihm, die den Ackerbauer als allein wirtschaftlichen Menschen behaupteten; also der Schweinezüchter und sein Hirt, spottet er, würden nicht hierher gehören! Er hätte auch fortfahren können und den Flurschützen heranziehen mögen oder den Urteiler im Dorfgericht, den Nachtwächter und den Verwaltungsbeamten; oder zur Frage ein Recht gehabt haben, ob der Maurer etwa zur wirtschaftlichen Produktion beitrüge, der Lehrer an der technischen Schule aber nicht; und wenn dieser, warum nicht auch der Volksschullehrer und der Universitätsdozent? Ein jeder von ihnen hat seine soziale Funktion und vollführt seine Rolle in dem geregelten Zusammenwirken, das auf menschliche Bedürfnisbefriedigung gerichtet ist.

Es ist wahr, der Mensch muß essen und trinken und vor verderblicher Witterung geschützt sein, soll er leben; und mit den äußeren Bedingungen seiner physischen Existenz fängt alle Erwägung des Menschendaseins und so auch die des sozialen Lebens an. Aber es geht von da ab in ununterbrochenem Zusammenhange und in grundsätzlich nicht unterscheidbarer Weise weiter.

Der Mensch lebt nicht von Brot allein. Früh erwacht die Freude am bildenden Gestalten, der Wunsch, die Vorgänge um ihn zu wissen und zu verstehen. Die Geschicklichkeit wächst, die Anlagen entwickeln sich, Kräfte treten hervor. Er lernt Genüsse materiellen Lebens kennen und im Laufe der Zeit bis zu raffinierter Sucht steigernd sich zuführen. Die Bildung schreitet vor, die Erkenntnis der Natur entfaltet sich, künstlerische Tat wird erstrebt und geehrt; und es freut, das Menschenleben in seinem Werden und seinem Sein zu begreifen. Es ersteht die Lehre vom Wahren, Guten, Schönen; Unterricht und zielbewußte Ausbildung kommen als mächtige Hebel, weiter fördernd und treibend.

Und dieses alles vollzieht sich in gleichheitlicher Weise unter ordnenden Regeln; — unentbehrlichen Erfordernissen, soll menschliche Kultur zur Blüte gelangen und gedeihen; und notwendigen formalen Bedingungen, soll überhaupt eine soziale Erwägung statthaben.

So gehört selbstredend auch zum geregelten Zusammenwirken die Aufgabe, die Regeln, welche das soziale Leben konstituieren, aufrecht zu erhalten und tatkräftig durchzuführen und um ihre Besserung sich zu mühen.

Es ist das soziale Leben der Menschen seinem Begriffe nach als Einheit aufzufassen. Untrennbar hängt alles zusammenwirkende Verhalten unter äußeren Regeln in geschlossenem, einheitlichem Ganzen zusammen, soll anders wissenschaftliche Erwägung desselben möglich sein. Es sind nicht zwei Stücke, getrennt, jedes für sich bestehend, die äußerlich neben- oder aufeinander gestellt werden könnten, — das wirtschaftliche Leben und das politische Leben: sondern beide sind nur zwei Ausläufer einer und derselben Einheit, des gesellschaftlichen Daseins der Menschen.

Worin besteht denn nun aber der doch auch hier zweifellos mögliche Unterschied, der in gebräuchlicher Weise zwischen wirtschaftlicher und politischer Tätigkeit, zwischen ökonomischen und politischen Interessen und Bestrebungen gemacht wird?

Offenbar in nichts anderem, als in dem konkreten Ziele, das bei der Hingabe an die eine oder andere Betätigung seitens des einzelnen Gesellschaftsgenossen speziell verfolgt wird; in der besonderen Aufgabe, die sachlich bei der Betreibung der sozialen Wirtschaft sich ergeben kann.

Bei jeder Verbindung von Menschen unter äußeren Regeln zu zusammenwirkendem Verhalten werden unvermeidlich Normen erfordert, durch welche die Zusammenfassung als solche überhaupt erst aufrecht erhalten und durchgeführt werden soll. Es ist die auf Sicherung der Gemeinschaft nach außen und innen gerichtete Tätigkeit und das Bemühen, die äußere Regelung dieses Gesellschaftslebens recht und fest durchzuführen, sowie weiterhin zu bessern, welche vornehmlich von der Bezeichnung der politischen oder auch öffentlichen Wirksamkeit betroffen zu werden pflegt.

Im Gegensatze dazu würden alle diejenigen Tätigkeiten, welche in einer mehr unmittelbaren Art und in relativ direkter Weise auf die Beschaffung der zur Lebenshaltung nötigen, nützlichen, angenehmen Güter gehen, in einer engeren Bedeutung des Wortes als wirtschaftliche, merkwürdigerweise gelegentlich sogar als soziale[87] gemeint sein.

Die Unterscheidung nach konkreten Aufgaben im sozialen Leben ist also möglich. Und wie jemand das eine Mal ein Fußleiden haben kann, des weiteren eine Herzkrankheit oder eine Verletzung im Auge, so kann der Sozialhistoriker mit Fug unterscheiden, ob bei einer Erschütterung eines menschlichen Gemeinwesens, oder bei sozialen Bestrebungen überhaupt, und bei politischen Parteiprogrammen, gerade mehr auf die Art des Zusammenwirkens nach dieser oder jener sozialen Betätigung, so nach der eben besprochenen politischen oder der davon unterschiedenen ökonomischen Richtung, seitens der Streitenden Gewicht gelegt wurde.[88]

Bedenklicher ist das Bild von dem politischen Überbau, der

über der ökonomischen Basis sich erhebt. Zweifellos geht es davon aus, daß zunächst für die gewöhnlichen niederen Bedürfnisse gesorgt werden müsse, und daß die Regelung der Staatsmaschine und die Art der Verwaltung und der Gesetzgebung etwas Sekundäres sei. Aber dabei ist in jedem Falle übersehen, daß es sich jetzt nicht um die Betrachtung des einzelnen Menschen als solchen handelt, von dem man sagen kann, daß er zuerst physischen Unterhalt haben muß, ehe er an weitere Kultivierung seiner denken kann; sondern daß es sich nunmehr um soziale Wirtschaft dreht, also um äußerlich geregeltes Zusammenwirken. Die auf Bedürfnisbefriedigung gerichtete Tätigkeit mehrerer steht unter äußeren Regeln, welche jene zu zusammenstimmendem Verhalten verbinden. Folglich ist es ganz unvermeidlich, daß bei der Vollführung des sozialen Zusammenwirkens auf die Beobachtung und Durchführung der das gesellschaftliche Arbeiten und Verhalten überhaupt erst konstituierenden Regeln acht gegeben wird, und daß die Gesellschaft als solche nach außen und innen sicher gestellt, kurz die soziale Wirtschaft im ganzen ermöglicht wird. Auch in den primitivsten Verhältnissen menschlichen sozialen Lebens kann daher das sozialökonomische Moment von dem sogenannten politischen niemals getrennt und als etwas Selbständiges erachtet werden. Das, was man ihm zuweist, ist immer nur die eine Richtung, in der soziale Wirksamkeit sich bewegt, die eine Aufgabe, der dadurch genügt werden soll: Immer und notwendig verbunden ist aber anderenteils dasjenige, was man die politische Seite des sozialen Lebens nennen kann.[89]

In wie weit das Bild von der wirtschaftlichen Basis des sozialen Lebens und dem politischen Überbau dahin gehalten werden kann, daß im sachlichen Inhalte der politischen Einrichtungen (im weitesten Sinne) eine Abhängigkeit der letzteren von der sozialen Ökonomie stattfindet, wird im folgenden an geeignetem Platze (§ 61) seine Erledigung finden.[90]

An dieser Stelle galt es, die Besinnung darauf festzuhalten, daß alles soziale Leben der Menschen als Einheit aufzufassen ist, und daß der Gedanke an diese einheitliche Zusammengehörigkeit aller Einzeläußerungen des gesellschaftlichen Menschendaseins das erste Prinzip für die wissenschaftliche Durchforschung und Erkenntnis desselben sein muß. Alle soziale Regelung hat zum Stoffe zusammenwirkendes Verhalten von Menschen, das auf Bedürfnisbefriedigung gerichtet ist. Innerhalb des so geregelten Zusammenwirkens lassen sich je nach den verschiedenen konkreten Aufgaben im einzelnen Klassenunterschiede machen; die nun namentlich auch mit Rücksicht auf die noch eben besprochene Verschiedenheit der dann speziell sozialökonomisch genannten oder der als politisch bezeichneten Richtung der Tätigkeit des einzelnen Gesellschaftsgenossen auftreten mag. Aber immer ist es nur eine zeitweilige Beschränkung, wenn man den Blick vornehmlich auf das eine oder das zweite richtet. Stets ist vorausgesetzt, daß man bloß die eine Spezialäußerung des unbedingt einheitlichen sozialen Lebens der Menschen vor Augen hat.

Es ist der Gedanke von der durchgängigen Einheit des sozialen Lebens, dem wir nunmehr genau nachzugehen haben, um ihn im einzelnen aufzuklären und darzulegen. Er wird sich als überaus fruchtbar für die Methode sozialer Forschung erweisen; und seine Durchführung muß geeignet sein, der Sozialwissenschaft ein neues und wissenschaftlich gesichertes Fundament zu verleihen.

Drittes Buch.

Monismus des sozialen Lebens.

Die Forderung des „Monismus“: alles Erfahrbare in einer Einheit des gesetzlichen Zusammenhanges zu begreifen, muß anerkannt werden, nicht als ein bloßes, vielleicht unrealisierbares Ideal der Erkenntnis, sondern als ein Grundgesetz der Wissenschaft.

NATORP, Einleitung in die Psychologie (1888) § 11 S. 73.

Erster Abschnitt.

Rechtsordnung und Sozialwirtschaft.

Erste Abteilung.

Rechtswissenschaft.

30

Wenn wir in dem Begriffe des sozialen Lebens die regelnde Form von dem geregelten Stoffe unterschieden haben, so darf doch niemals übersehen werden, daß solches nur in der Abstraktion möglich ist, daß aber in Wirklichkeit für alle soziale Betrachtung jene beiden, Form und Materie, stets untrennbar auftreten. Für die Sozialwissenschaft gibt es bloß äußerlich geregelte Wirtschaft: Eine Regel ohne normierten Stoff ist leer, die Vorstellung einer gesellschaftlichen Wirtschaft ohne den Gedanken an bestimmte Regelung des Zusammenwirkens ist wirr.

Daß man trotzdem diese beiden, das soziale Leben in der Erfahrung darstellenden Elemente abstrahierend in Absonderung betrachten kann und soll, wird nicht überraschend oder dem Obigen widersprechend erscheinen. Aber freilich ist diese Möglichkeit, die wissenschaftliche Untersuchung auf eines unserer beiden Momente abgesondert zu beschränken, bei ihnen sehr verschieden.

Es ist die allgemeine Eigentümlichkeit der Form, für sich wissenschaftlich behandelt werden zu können.[90] So ist Physik als Wissenschaft nur in mathematischer Form möglich, Mathematik aber mag für sich gesondert betrieben werden; und so läßt sich soziale Wirtschaft nicht behandeln, ohne das Recht, ausdrücklich oder stillschweigend, einzuschließen, — das Recht aber ist einer selbständigen wissenschaftlichen Bearbeitung fähig.[91]

Die Vollführung dieser Aufgabe ist Sache der technischen Jurisprudenz. Sie betrachtet die in der Geschichte aufgetretenen rechtlichen Regeln in ihrem formalen Dasein und die durch jene ermöglichten Rechtsverhältnisse; sie sucht diese in sicheren Begriffen zu erfassen und zu beherrschen, die jedesmal ein einheitliches Verfahren bedeuten, eine bestimmt geregelte Beziehung unter Menschen sich vorzustellen. Wie die Logik die Begriffsbildung als solche erörtert, die Formen des Denkens gegenüber dem Mannigfaltigen der Anschauung für sich ausführt: so hat die Rechtswissenschaft die regelnde Form darzulegen, unter der sich das dadurch begrifflich ermöglichte soziale Leben abspielt.

Dabei geht sie zunächst darauf aus, den Inhalt von rechtlichen Bestimmungen klar zu stellen, und sodann darauf, ihn im ganzen beherrschend zu erfassen. Das erste ist seinem Charakter nach Einzelarbeit, in dem zweiten wird die Einheit, in der sich rechtliche Regeln zu dem Ganzen eines Systems zusammenschließen, aufgenommen. Aber es ist einfach einzusehen und in sich klar, daß beide Forschungs- und Arbeitsrichtungen sich notwendig durchdringend kreuzen und keine der anderen entraten kann. In der vollen Erfassung von rechtlichen Normen und den in ihnen begründeten Rechtsbeziehungen nach den beiden Seiten hin, die wir nannten, liegt die Arbeit der juristischen Konstruktion. Diese in unserer neuzeitlichen Jurisprudenz aufgestellte und festgehaltene Forderung nach konstruktiver Durcharbeitung des Rechtsstoffes trifft befugtermaßen einen richtigen und unerläßlichen Gedanken, sofern wirklich die bestehende Rechtsordnung geistig beherrscht werden soll. Aber es wäre freilich nicht nötig gewesen, zu der Klarstellung der darin gelegenen Aufgabe auf Leistungen aus dem Gebiete der Sprachkunde oder der Naturwissenschaft als bestimmende Vorbilder hinzuweisen: Die genannte Aufgabe ist weiter nichts, als diese, — in den einzelnen Rechtsgedanken eines juridischen Verbandes Einheit der Auffassung zu bewirken; so daß sie alle, in ihrem formalen Auftreten, wie ihrer konkreten Anwendung im einzelnen Falle, in gleichheitlicher Art eingesehen werden.

Bei aller dieser Tätigkeit braucht die Jurisprudenz in ihrer eigenen und abgeschlossenen Aufgabe auf die wirkliche konkrete Anwendung, welche die betreffende Rechtsordnung in dem in ihr gefaßten sozialen Leben erfährt, keine Rücksicht zu nehmen. Die Kraft ihrer Beweise in der Darlegung des Inhaltes eines bestimmten Rechtes, sowie bei der Konstruktion desselben in seinen einzelnen Gebilden ist davon nicht abhängig, welcher Gebrauch von diesem Rechte in Wirklichkeit gemacht wird, und welche konkrete Ausgestaltung das fragliche gesellschaftliche Leben aufweist.

Die Sätze über das Privateigentum und die ihm entspringenden Rechte und Pflichten, über den Schutz des Besitzes oder die Haftung des Verkäufers, die Lehren von der Rechtsstellung des Erben oder des *pater familias* bedürfen zum Beweise ihres empirischen Bestandes keiner Bezugnahme auf gewisse konkrete Fälle, die sie regeln. Ihre Darstellung setzt eine bestimmte Art und Weise ihrer wirklichen Anwendung nicht voraus: Der Begriff des Eigentums bleibt bei ungeändertem Rechte derselbe, mögen sich die Eigentumsobjekte in vielen oder wenigen Händen wirklich zusammengezogen haben; und der Beweis, daß der ehrliche Finder für den Verlierer „mittelbaren Besitz" erwerbe, ist in seiner überzeugenden Kraft ganz und gar nicht von der Zahl der Fälle abhängig, in denen diese Frage aufgeworfen worden ist.

Dieses wiederholt sich bei jeder Frage nach Inhalt und Sinn eines bestehenden Rechtes. Alle dahin einschlagenden juristischen Erörterungen und Kontroversen geben Belege dafür. Ich greife beliebig einige heraus und erinnere an die Frage: ob die Adoption des eigenen unehelichen Kindes nach dem B.G.B. zulässig sei; was das römische und moderne Recht unter *vis maior* verstehe; ob eine positive Vertragsverletzung den Geschädigten zum Rücktritte berechtige. Ist der Versuch mit untauglichen Mitteln im Sinne des St.G.B. strafbar? Was versteht dieses unter Beleidigung? In welchem Sinne gewährt die Verfassung den Abgeordneten der Parlamente Immunität? Was ist nach der Z.P.O. ein klagend geltend gemachter Anspruch; was eine Widerklage?

Bei dem Gewohnheitsrechte ist es nicht anders. Denn obgleich bei der Feststellung seines Bestehens auf häufige Akte gleichförmiger Ausübung notwendig zurückgegangen werden muß, so ist doch die Frage: welchen Sinn nun ein solches festgestelltes Gewohnheitsrecht habe, in ihrer Erörterung und Entscheidung von der Erwägung zu trennen: in welchem tatsächlichen Umfange von dem ausgebildeten und geltenden Gewohnheitsrechte wirklich Gebrauch gemacht werde. Ob die gerichtliche Todeserklärung eines Verschollenen nach Pandektenrecht konstitutive oder nur deklaratorische Bedeutung hatte, in wie weit und mit welchen Rechtswirkungen eine Übernahme fremder Schulden als gemeinrechtliches Institut galt; — darüber kann man juristisch erschöpfend befinden, ohne die Zahl der wirklich Verschollenen und der gerichtlichen Todeserklärungen zu berücksichtigen oder auf die größere oder geringere Menge von Schuldübernahmen zurückzukommen, welche die Privatleute etwa innerhalb eines Jahres vorgenommen hatten. Die beiden Fragen, die ich nannte — die nach Geltung und Sinn eines Rechtssatzes und die nach der konkreten Fülle seiner wirklich veranlaßten Anwendung —, können überall getrennt und jede für sich genommen werden, ohne Rücksicht darauf, ob die fragliche Rechtsregel in ihrer Entstehung und Geltung sich auf Gesetzesbefehl oder auf Gewohnheitsrecht gründet.

Je schärfer man alsdann mit bewußter juristischer Konstruktion in das Ganze einer Rechtsordnung systematisch einzudringen bemüht ist, um so eindringlicher erweist sich die hervorgehobene Unabhängigkeit einer spezifisch juristischen Aufgabe. Der Gegensatz der dinglichen und obligatorischen Rechte, die rechte begriffliche Auffassung der juristischen Personen, die Konstruktion der Buße im Strafrecht, der Vorpfändung nach der Zivilprozeßordnung, die rechtliche Auffassung von dem Wesen des Deutschen Reiches, des Reichslandes, der Schutzgebiete — mögen als abgerissene Exempel für das Gesagte kurz dienen.

Auch ist es innerhalb unserer juristischen Kreise bekannt genug, daß diese Unabhängigkeit der Rechtswissenschaft nicht selten zu Auswüchsen und methodischen Verirrungen geführt hat. Von den Zeiten Puchtas und Mühlenbruchs an, da man die direkte Stellvertretung als logisch unmöglich vermeinte und es mit Natur und Wesen der Obligation für unvereinbar erklärte, daß sie im Wege der Singularsukzession auf einen anderen übergehe, ist in gleichem Sinne oftmals gefehlt worden. Man hat es verspottet und von einem juristischen Begriffshimmel gesprochen, in welchem der Rechtsgelehrte hause und schaffe, ohne Rücksicht auf die realen Interessen des gesellschaftlichen Lebens. Aber soweit dieses eine grundsätzliche Auffassung bedeuten sollte, ist sie ganz unbegründet; sie übersieht den berechtigten Hintergedanken in dem Unternehmen jenes stolz selbständigen Gedankenfluges juristischer Art.

Hier ist er nun angegeben. Er wurzelt in dem richtigen Empfinden, daß die Betrachtung und Beweisführung der Jurisprudenz bei Lösung der ihr eigenartig zufallenden Aufgabe von der Frage, welches die wirkliche Ausgestaltung eines sozialen Lebens, die tatsächliche Vollführung des betreffenden rechtlich geregelten Zusammenwirkens denn sei, ganz und gar getrennt und unabhängig gestellt werden kann. Die rechtliche Regelung ist die Form des sozialen Lebens. Sie kann als Form für sich erwogen und technisch wissenschaftlich untersucht und dargestellt werden, ohne daß Erörterung und Argumentation über den Inhalt dieser Rechtsbestimmungen von ihrer konkreten Ausführung innerhalb einer bestimmten sozialen Wirtschaft abhängig wären.

Von nun ab ist aber in der juristischen Erörterung alles Weitere eine Einzelfrage. In wie weit man dabei zur Klarstellung des Sinnes eines Gesetzes auf dessen besondere Veranlassung und die praktisch singulär ihm vorschwebenden Einzelzwecke zurückgehen muß; ob eine Beweisführung innerhalb der juristischen Lehre, eine Begriffsbestimmung und die daraus gezogenen Folgerungen korrekt und logisch begründet seien: Das ist alles eine Erwägung des einzelnen Falles. Für einen prinzipiellen Gegensatz, der den Namen eines prinzipiellen mit Fug führen könnte, ist innerhalb der technischen Jurisprudenz berechtigterweise kein Raum.

31

Die Unabhängigkeit der formalen Rechtsbetrachtung von der jeweils wirklichen sozialen Wirtschaft, die sich als konkrete Ausgestaltung des betreffenden Rechtssystemes unter diesem abspielt, verleitet nun leicht dazu, daß der mit dem Rechte sich Befassende hinsichtlich des Inhaltes desselben einen Schritt über die erlaubte Grenze hinausgehe, und daß er von aller unterliegenden und zu regelnden Materie den Inhalt der rechtlichen Bestimmungen ganz entfernen zu dürfen glaube. Angeregt durch das Empfinden sozialer Mängel und Schäden, versucht es eine vorausschauende Phantasie mit Besserungsvorschlägen. Und da der Aufbau von solchen gelingt, ohne notwendig in Widersprüche und innerlich unhaltbare Aufstellungen zu geraten — eben weil die vorgestellte soziale Regelung in ihrem Gedanken von ihrer konkreten Ausführung zunächst unabhängig ist —, so tritt der Wunsch zu tage, die Möglichkeit einer besseren Ordnung in einem System zu begreifen. So entsteht das Problem des Naturrechtes.

Naturrecht ist ein Recht, das in seinem Inhalte der Natur entspricht.

Das wesentliche Merkmal aller hierher gehörigen Rechtsbetrachtungen liegt also in einer gewissen Beschaffenheit von bestimmtem Rechtsinhalt. Aber freilich ist das Richtmaß, wonach hierbei ein Rechtsinhalt zu bestimmen ist — „die Natur" —, keineswegs in sich gleichmäßig feststehend; namentlich sind dabei die Vorstellungen von einer sicheren Größe der „Natur des Menschen" oder aber der „Natur des Rechtes" in verschiedener Art aufgetreten.

Soviel man sieht, geht unser Ausdruck überhaupt auf ARISTOTELES zurück, der zuerst das *φύσει κοινὸν δίκαιον* aufgestellt, als dasjenige, was nach natürlichem Empfinden als Recht zu gelten hat, — dem Menschen von Natur eingepflanzt, und zu finden und zu beweisen durch empirische Beobachtung dessen, was alle Menschen hierüber denken.[92]

Die Römer nahmen *ius naturale* gleichbedeutend mit *ius gentium — quod peraeque apud omnes gentes custoditur*; sie führten es auf *naturalis ratio* zurück, ohne hierüber, soweit wir sehen, sich in eindringlicher Weise Gedanken zu machen.[93] So konnte es geschehen, daß ULPIAN den widersinnigen Begriff des oben von uns erwähnten *ius naturale* postulierte, das „die Natur" für alle lebenden Wesen gesetzt;[94] und daß JUSTINIAN die *naturalis ratio* ohne weiteres in die *divina quaedam providentia* umwandelte.[95] Und das blieb in systematisierter Weise im kanonischen Rechte und dem Thomismus, indem das *ius naturae* einfach als Ausfluß göttlichen geoffenbarten Befehls erfaßt wurde, mithin nach den Normen der Bibel und den Lehren der Kirche inhaltlich einzusehen war.[96] Erst GROTIUS löste die Rechtsphilosophie von der Hörigkeit der klerikalen Lehre. Er wollte ein Rechtssystem aus der *natura hominis socialis ac rationalis* herleiten und dieses so fest beweisen, daß niemand, ohne sich Gewalt anzutun, die Sätze des Naturrechtes leugnen könnte, und tat dazu den berühmten Ausspruch, daß jene Sätze Geltung haben würden, selbst wenn man annähme, daß es keinen Gott gäbe.[97]

Es ist gewiß ein interessanter Vorwurf, der weiteren Ausbildung solcher Gedanken in der Geschichte der Rechts- und Staatstheorien nachzugehen und zu sehen, wie HOBBES die Frage nach der menschlichen Natur auf neue Basis zu stellen sich bemühte, und wie dann PUFENDORF und noch mehr THOMASIUS nach Rechtsprinzipien gesucht haben, die auf „die Natur", das ist das Wesen der rechtlichen Ordnung selbst, abgestellt waren. Aber wir dürfen an dieser Stelle den systematischen Gedankengang nicht aus dem Auge verlieren, der uns zu der rechten Art einer möglichen material unabhängigen Rechtsbetrachtung führen soll. Darum lassen wir für jetzt auch das scharfe Vorgehen ROUSSEAUS beiseite, der zwar ganz mit Recht die Hypothesen von dem ersten Ursprunge des Staates aus seiner Untersuchung ausschaltet und nur den Wunsch hegt, *une règle d'administration légitime et sûre* zu zeigen,[98] — der aber dem doch in seiner eigenen und für sich besonders zu würdigenden Weise nachzukommen bestrebt ist.[99]

Nun zeigt sich aber, daß bis heute alle wissenschaftlichen Bemühungen, die auf einen mit der Natur übereinstimmenden Rechtsinhalt gerichtet waren, diesen ohne Ausnahme in einem idealen Gesetzeskodex gesucht haben. Sie waren sämtlich der Meinung, daß es sich alsdann um Rechtssätze handeln müsse, die mit einem unwandelbaren Inhalte beständen, der für alle Länder und Zeiten unbedingt zutreffend wäre.

Ein Naturrecht in diesem Sinne muß als wissenschaftlich unmöglich erachtet werden. Freilich nicht aus denjenigen Gründen, die in der Rechtsliteratur der neueren Zeit hierüber zumeist hervorgetreten sind;[100] sondern nach Erwägungen besonderer Art, welche eine sachliche Lösung dieses Problems auf Grund der hier eingeführten monistischen Auffassung des sozialen Lebens ermöglichen.

Es ist für die jetzt interessierende Frage ganz unbeweisend, wenn man sich auf die unzähligen Verschiedenheiten der mannigfachen Rechtsordnungen und auf deren stets unterschiedlichen Inhalt bei den einzelnen Völkern und zu verschiedenen Zeiten berufen will. Denn bloß aus der Tatsache des seitherigen beständigen Wechsels läßt sich ein zwingender Schluß auf eine *a priori* feststehende Notwendigkeit der örtlichen und zeitlichen Verschiedenheiten der Rechtsordnungen nicht ziehen. Man hätte gerade so gut aus der geschichtlichen Tatsache, daß es niemals in Deutschland ein gänzlich einheitliches Privatrecht gegeben hat, die Folgerung auf eine in Ewigkeit unabänderliche Unmöglichkeit einer uniformen Kodifizierung nehmen können. Wenn also jemand die Unmöglichkeit eines Idealrechtes wissenschaftlich beweisen will, so muß er auf anderes und auf mehr Bezug nehmen, als ausschließlich auf den tatsächlichen Umstand einer bis jetzt nur beobachteten Verschiedenheit der jeweils geltenden Rechtsordnungen.

Noch schwächer würde der Einwand aus dem ständigen Wechsel und dem Gegensatze der Ansichten über dasjenige, was idealen Rechtens sein sollte, sich ausnehmen. Durch Irrtümer und Meinungsverschiedenheiten vermag sich wohl die rechte Ansicht durchzuringen. Es besteht vielleicht kein einziges Ergebnis wissenschaftlicher Feststellung, das nicht während langer Zeiten der Gegenstand starken Streites und sich widersprechender Annahmen gewesen ist. Und wer wollte nur nach der Tatsache der Kontroversen und dem Umstande, daß trotz vieler Forschungen und Nachsuchungen eine problematische Frage wissenschaftlich noch nicht gelöst und ihre Lösung noch nicht bewiesen werden konnte, der Folgerung sich vermessen, daß es überhaupt unmöglich sei, sie zu einem erstrebten befriedigenden Abschlusse zu bringen?

Ganz mißglückt erscheint auch der Versuch, die Unzulässigkeit naturrechtlicher Erörterungen darauf zu stützen, daß diese für sich doch niemals Recht liefern könnten. Es war eine sachlich kaum lohnende Mühe, wenn man sich dafür ereifert hat, daß das Naturrecht den Namen „Recht“ nicht führen dürfe. Das würde an und für sich der reine Wortstreit sein, bei dem das Naturrecht sachlich sehr wohl weiter bestehen könnte. Daß es in seiner Bedeutung für das soziale Leben der Menschen der Art nach von dem positiv geltenden Rechte verschieden ist, das ist selbstverständlich und kein Gegenstand ernstlicher Meinungsverschiedenheit. Der Entwurf eines mit der Natur inhaltlich übereinstimmenden Rechtes hat als Anspruch seiner „Geltung“ zunächst nur den: ein Ziel für den Gesetzgeber aufzustellen, an und für sich aber keineswegs: eine Norm für den Richter und Verwaltungsbeamten abzugeben. Sollte dem aber auch früherhin teilweise anders gewesen sein, und würden manche Naturrechtslehrer den elementar auf der Hand liegenden Unterschied von positivem und natürlichem Rechte hinsichtlich deren Qualität innerhalb des gesellschaftlichen Daseins der Menschen übersehen haben, was könnte uns daran liegen, die wir systematisch über die Möglichkeit sozialer Gesetzmäßigkeit — hier: einer solchen für die Form des sozialen Lebens — in das Klare kommen wollen, und denen das Streiten mit Irrtümern vergangener Zeiten doch nur ein nebenher angewandtes Mittel für unser Ziel zu sein vermag!

Es kann sich verständigerweise nur um die Frage handeln, ob neben dem positiv geltenden Rechte noch die Erwägung eines Rechtes, wie es sein sollte, und nach welchem sich jenes zu richten hätte, zulässig und möglich ist.

Daß dieses zu verneinen und das Naturrecht als eine zweite Art wissenschaftlicher Erwägung in Dingen des Rechtes unmöglich ist, hat neuerdings Bergbohm mit besonderem Eifer behauptet, doch keineswegs überzeugend bewiesen.[101] Ich nehme dabei nur auf diejenige Erwägung Bezug, nach der das ideal ersonnene Recht den Maßstab und Zielpunkt für das geltende positive Recht abgeben soll; ohne daß es in diesem Zusammenhange auf die Frage ankäme, ob natürliche Rechtsgrundsätze als Ergänzung des positiven Rechtes bei dessen praktischer Anwendung, zur Ausfüllung von Lücken, insbesondere im Falle von Antinomien, tauglich seien, — wie das österreichische bürgerliche Gesetzbuch im Artikel 7 positiv vorschreibt. Nun behauptet BERGBOHM, daß Naturrecht und positives Recht in jeder Weise exklusiv seien; daß man immer nur die Wahl zwischen einem von ihnen habe: „Entweder man hält das natürliche Recht aufrecht — dann folgt daraus die unerträgliche Konsequenz, daß die positive Rechtsordnung völlig zusammenbricht, oder man macht mit der Anerkennung des positiven Rechtes Ernst — dann ist das nicht positive Recht eine bloß verwirrende und also aufzugebende Annahme."

Es wird BERGBOHM schwerlich geneigt sein, die Möglichkeit zu bestreiten, daß man ein positiv nicht geltendes Rechtssystem ersinnen und bis in das einzelnste ausmalen kann. Die von anderer Seite gelegentlich aufgestellte Behauptung, daß es unmöglich sei, ein Rechtssystem mit bestimmtem Inhalte schöpferisch zu erfinden, ist eine lächerliche Meinung, die durch die literarische Tat des PLATON in dessen „Republik" und noch mehr in der „Atlantis" schon völlig widerlegt wird. Und jede Utopie irgend welcher Art ist in jedem Falle ein geschlossener und völlig ausreichender Beweis dafür, daß es möglich ist, eine rechtliche Verfassung eines vorgestellten menschlichen Gemeinwesens zu ersinnen.[102] Es kann sich nur fragen: was für Sinn und Bedeutung die Aufstellung eines Idealstaates habe. Obwohl nun BERGBOHM in der Fülle seines Materials von den Utopien mit keiner Silbe spricht, so darf, wie bemerkt, angenommen werden, daß er die Möglichkeit des Entwurfes einer ersonnenen Rechtsverfassung, wie sie in Wirklichkeit zahlreich vorliegen, um so weniger bestreiten wird, als schließlich sogar jeder Reformvorschlag dem geltenden Rechte gegenüber zunächst „utopisch" sich vorstellt.

Wenn aber dem so ist, so ist auch gar nicht einzusehen, weshalb man denn ein positiv geltendes Recht mit einer idealisch vorgestellten Rechtsordnung nicht in kritische Vergleichung ziehen und dabei das erstere als das minderwertige dartun könnte. Wir vergleichen ja wohl auch die Rechtssysteme verschiedener Länder oder auseinander liegender Zeiten miteinander und meinen dann gelegentlich auch, daß das unserige das schlechtere sei; und BERGBOHM gibt die Möglichkeit eines schlechten Rechtes, das formal in positiver Geltung stehe, natürlich zu. So gut nun ein derartiger Vergleich geschehen kann, ebensowohl ist er formal möglich und logisch berechtigt zwischen dem bei uns positiv geltenden Rechte und einem erdichteten und ideal abstrahierten Rechtssystem. Und wie allezeit Forderungen aufgetreten sind, daß wir aus dem Rechte Englands oder Frankreichs oder sonst woher bestimmte Institutionen nehmen sollten, mit formal gleich berechtigter Möglichkeit darf man auch fordern, daß jenes aus dem Rechte der Insel Utopien oder dem Gemeinwesen der Freiländer her geschehe; oder wenn man das in idealer Begeisterung vorgestellte römische Recht verteidigte und mit dem überschwenglichen Ausdrucke der *raison écrite* jedenfalls als das bessere Gesetzbuch dem bislang positiv geltenden Rechte Deutschlands gegenüberstellte und erhob, — warum soll es nicht möglich sein, in formal gleich befugter Weise unser positives Recht einem ideal konzipierten Gesetzbuche gegenüber in kritische Vergleichung zu ziehen, das positive Recht dann zu verurteilen und sonach an unseren Gesetzgeber die Forderung zu stellen: Richte dich in deinen Maßnahmen nach jenem, dem Idealrechte?

Die Behauptung Bergbohms, die dem widerstreitet, beruht auf einem sicheren Trugschlusse. Wir haben, sagt er, positives Recht bei uns in Geltung; — über dem positiven Rechte, das wirklich gilt, kann nicht zu gleicher Zeit ein anderes positives Recht, das dem ersten widerstreitet, in Geltung stehen. — Das war freilich leicht zu beweisen, doch nun reiht sich der Fehlschluß an. Weil, ist der Kern seiner weiteren Ausführung, zu gleicher Zeit an demselben Orte zwei einander widerstreitende Rechtsordnungen nicht gelten können, so ist es überhaupt unmöglich, daß neben dem einen, wirklich geltenden Rechtssystem noch ein zweites, ideal entworfenes in Gedanken bestehe, mit welchem das ihm widersprechende positive Recht in kritische Vergleichung gezogen werden, und nach dem es durch den Gesetzgeber gerichtet und vervollkommnet werden soll.

Warum soll dieses letztere nicht möglich sein? Ein Rechtssystem, das als Maßstab und ideales Vorbild für eine andere rechtliche Ordnung dienen soll, braucht überhaupt nicht zu gleicher Zeit und an demselben Orte in positiver Geltung zu stehen, wie das nach ihm kritisierte und zu richtende Recht. Das Naturrecht, das die Aufgabe eines Richtmaßes und eines vorbildlichen Zieles übernimmt, kann allerdings neben dem geltenden Rechte bestehen; es schmälert dessen formale Geltung gar nicht. Seine Geltung ist eine Geltung anderer Art, als diejenige des positiven Rechtes, mit der sie keineswegs unverträglich ist. Sein Auftreten, als das einer idealen Größe, widerspricht dem elementaren Satze gar nicht, daß im gleichen Raume und zu derselben Zeit nicht zwei einander widersprechende Rechte in gleicher Berechtigung nebeneinander positiv gelten können. Es gilt nicht, wiederholen wir, für die Rechtsunterworfenen als äußere Zwangsnorm, noch für die Vollzugsorgane des Staates, sondert wendet sich an den Gesetzgeber. Es ist ein Rechtssystem, das nicht mit dem betreffenden geschichtlichen Rechte gleichzeitig und in dessen Land positiv gilt, aber dem Gesetzgeber jenes vorleuchten will. Aus welchem Grunde soll dieses sachlich klare Verhältnis, wie BERGBOHM behauptet, logisch unmöglich sein?

Selbst wenn jemand den Namensstreit darüber aufnehmen wollte, ob das Naturrecht die Bezeichnung „Recht" verdiene, so würde nichts Wesentliches gegen die Bejahung dieser Frage sprechen. Enthalten das Werk des MORUS oder die Phantasie des BELLAMY nicht etwa voll ausgeführte Rechtssysteme? Oder soll man dem Rechte eines längst abgestorbenen Volkes den Namen des Rechtes abstreiten, weil es nirgends mehr gilt? Und welchen Vorrang kann die abgeschlossene Vergangenheit in dieser Hinsicht vor dem Jahre 2000 beanspruchen, oder das Recht der Pfahlbautenbewohner vor dem der Ikarier? Für die hier behandelte Frage kommt es nur auf die Negative an, daß alle diese Rechtsordnungen, die wir mit unserem Rechte kritisch prüfend vergleichen, bei uns jetzt nicht in positiver Geltung sind. Wenn dieser Umstand die Rechtsordnungen längst entschwundener Zeiten des Titels eines Rechtes nicht zu berauben vermag, so kann er als solcher diesen Namen auch dem Naturrechte und den ihm entsprossenen ideal konzipierten Rechtssystemen nicht absprechen. Vergangenheit oder Zukunft machen da keinen Unterschied: Es ist wahrlich ein ebenso müßiges wie sprachlich unbegründetes Streiten, wenn man eifrig es verbieten will, daß nicht mehr von einem anzustrebenden „Rechte" gesprochen werden soll.

Auch BERGBOHM, der in mutigem Plane auszog, das ganze Naturrechtsnest, wie er sagt, auf einmal auszunehmen, hat sich freiwillig eine Sisyphusarbeit aufgeladen. Er glaubt, nur seinen Stein und dessen jeweiliges Rollen kennen zu dürfen, und will den Felsen des positiven Rechtes in gefestete Lage bringen, ohne sich um das Naturgesetz der Anziehungskraft unserer Erde zu kümmern. Aber nur in bewußter Erkenntnis einer bestimmenden allgemeingültigen Gesetzmäßigkeit kann es möglich sein, jenem Wunsche in konkreter Art ein Genüge zu tun: Wenn einer auf das Gesetz der Schwere nicht Acht hat, so vermag er auch niemals beweisend zu zeigen, wie der Block liegen sollte, um sicheren Halt zu besitzen, — und wer sich nicht vorher darauf besinnt, was gegenüber der jetzt gegebenen Lage gesetzmäßiger Weise das Richtige ist, kann mit seiner beschränkten Zielsetzung befriedigend nimmermehr abschließen.

32

Alles sogenannte Naturrecht war weiter nichts, als eine Äußerung des Strebens, auf Grund allgemeingültiger gegenständlicher Erkenntnis rechtliche Satzungen zu entwerfen, wie sie richtiger Weise sein sollten, und wie sie in kritischer Erwägung als leitendes Vorbild dem Gesetzgeber des positiven Rechtes zu dienen hätten. In diesem Sinne ist gegen die Aufstellung solcher Satzungen neben dem gerade geltenden positiven Rechte formal mit Fug nicht das Geringste einzuwenden. Ja, es ist sogar dieses Vorgehen ganz unvermeidlich und tritt bei jeder irgend welchen Rechtsreform notwendig auf; überall muß man hier Rechtssätze in Gedanken entwerfen, dem geltenden Rechte gegenüber stellen und diesem als zu erreichendes Ziel vorhalten. Es kann sich nur fragen:

1. Wie lautet das fundamentale Gesetz, welches allen als notwendig auftretenden Zielen und Bestrebungen zu grunde liegt? Nach welchem obersten Gesichtspunkte kann man bestimmen, ob gewisses gesellschaftliches Wollen und Wünschen objektiv berechtigt ist? Was für ein formal einheitliches Verfahren muß überall angewandt werden, um einer sozialen Bewegung die Eigenschaft der Gesetzmäßigkeit, das ist der gegenständlichen Richtigkeit, zu verleihen?

2. In welcher methodischen Art und Weise und in welcher Bedeutung können danach Rechtssatzungen, wie sie sein sollten, abgeleitet und dem positiven Rechte gegenübergestellt werden?

Die erste dieser Fragen ist das Thema unserer Untersuchung. Wir haben es an die materialistische Geschichtsauffassung angeknüpft. Sie meint, daß das Grundgesetz also heiße: Abhängigkeit der rechtlichen Ordnung eines Volkes in letzter Linie von der sozialen Wirtschaft, im besonderen der Art der gesellschaftlichen Produktionsweise. Änderung dieser bedinge notwendig eine Änderung des überlieferten Rechtes. Die Entwicklung der ökonomischen Phänomene zeige ganz sicher den Weg der Fortbildung der Rechtsordnung. Nach jener erstehen in unbedingter Abhängigkeit die Postulate, die im Sinne des alten Naturrechtes dem positiven Rechte gegenübertreten und dem Gesetzgeber die Richtschnur zu dessen Vervollkommnung weisen. Und diese Gedanken gelten, nach der jetzt untergelegten Lehre als oberste einheitliche Erkenntnis für alle Erforschung des gesellschaftlichen Daseins der Menschen: Sie stellen die formale Gesetzmäßigkeit des sozialen Lebens dar.

Wir werden dieses systematisch nachprüfen und zusehen, ob damit die oberste soziale Gesetzmäßigkeit in Wahrheit angegeben ist. Schon jetzt aber kann mit Bezug auf die zuletzt gepflogene Erörterung die oben unter der zweiten Ziffer angegebene Frage beantwortet werden.

Ich gehe von der von uns dargelegten monistischen Auffassung des sozialen Lebens aus.

Die rechtliche Regelung ist eine Form des gesellschaftlichen Daseins der Menschen.

Es war gewiß kein glücklicher Ausdruck, wenn bezüglich dessen in der Literatur gesagt worden ist, daß „das Recht die äußere Form der Lebensverhältnisse der Menschen beherrschen wolle“,[103] oder, wie ARNOLD sich ausdrückt, daß „alle Rechtssätze zugleich einen wirtschaftlichen Inhalt haben“.[104]

Dadurch wird das Mißverständnis mindestens nahe gelegt, als ob wir in Recht und Sozialwirtschaft zwei selbständige Objekte haben; während in Wirklichkeit immer nur ein einziger Gegenstand, das rechtlich geregelte Zusammenwirken von Menschen, vorhanden ist, dessen Form und Materie wir begrifflich unterscheiden können. Dabei vermag, wie oben ausgeführt wurde, die rechtliche Regelung in ihrer formalen Art für sich gesondert betrachtet und abstrahierend von ihrer konkreten Ausführung im Zusammenwirken untersucht zu werden. Aber obgleich man die rechtlichen Begriffe unabhängig von der besonderen tatsächlichen Ausgestaltung des sozialen Lebens darzulegen und ohne Rücksicht auf die quantitative Realisierung den Beweis für diesen oder jenen Inhalt eines Rechtes zu führen vermag, so kann doch keine Rechtsregel davon abstrahieren, daß sie auf ein mögliches zusammenwirkendes Verhalten von Menschen geht. Das von ihr Geregelte ist nicht von aller besonderen Erfahrung unabhängig; und darum kann auch der Inhalt von rechtlichen Satzungen eine derartige Unabhängigkeit nicht besitzen.

Hier liegt mithin ein wesentlicher Unterschied von der mathematischen Wissenschaft vor, der sich die Betrachtung von rechtlicher Regelung, als einer bloßen Form des sozialen Lebens, sehr genähert hat. Jene hat es mit den Bestimmungen von Raum und Zeit, als den reinen Formen unserer Anschauung, zu tun; Objekt und Ergebnis ist bei ihr von einer besonderen Erfahrung ganz unabhängig. Die Betrachtung eines bestimmten Rechtsinhaltes hat die formale Regelung eines menschlichen zusammenwirkenden Verhaltens, das auf Bedürfnisbefriedigung gerichtet ist, zum Vorwurfe. Auch wenn die Untersuchung und Beweisführung hinsichtlich der juristischen Begriffe und Sätze von der Besonderheit der tatsächlichen Ausführung des betreffenden geregelten Zusammenwirkens getrennt werden kann, so kann der Inhalt der jenem Vorgehen unterliegenden Rechtsnormen von den besonderen Möglichkeiten eines bestimmten Zusammenwirkens von Menschen nicht geschieden und lediglich auf sich selbst gestellt werden: Es bliebe dann überhaupt kein Inhalt von Rechtsregeln mehr, da diese keinen anderen Sinn haben können, als einheitliches Verfahren in zusammenwirkendem Verhalten, das auf menschliche Bedürfnisbefriedigung geht, zu bewirken.

Alles, was sich aber auf menschliche Bedürfnisse und auf die Art von deren Befriedigung bezieht, ist bloß empirisch, ist stetem Wechsel und unvermeidlicher Veränderung unterworfen. Der Begriff eines Bedürfnisses gründet sich auf denjenigen des Lustgefühles oder der Unlustempfindung, die man abzuwehren, oder welches man sich zu beschaffen bemüht ist und getrieben wird. Die Möglichkeit, dem Genüge zu tun, kann aber wiederum nur in besonderer Erfahrung erprobt und erwiesen werden. Die Erkenntnis alles dieses, wie nicht minder die Fähigkeit, solcher Einsicht Folge zu leisten, ist notgedrungen empirisch bedingt und innerhalb der geschichtlichen Erfahrung wechselnd. Darum ist die Möglichkeit eines auf Bedürfnisbefriedigung gehenden Zusammenwirkens von Menschen, von deren einzelnen Bedürfnissen und von der jeweils besonderen Fähigkeit zu deren Befriedigung abhängig; sie wird im geschichtlichen Verlaufe des menschlichen Daseins empirisch gegeben, sie ist stetig wechselnd, unaufhörlichen Bewegungen, Schwankungen, Änderungen unterworfen und kann darüber hinaus allgemeingültig überhaupt nicht festgelegt werden.

Das Recht aber hat, als Form des sozialen Lebens, weiter keinen Sinn, als diese eben erwähnte Möglichkeit zusammenwirkenden Verhaltens in bestimmter Art (die in ihrer formalen Gesetzmäßigkeit jetzt zu erforschen ist) aufzunehmen und sozial zu bestimmen. Seine Sätze sind Bestimmungen eines Stoffes, der sich nur in gewisser konkret bedingter und veränderlicher Beschaffenheit der Möglichkeit sozialer Regelung bietet. So kann der Inhalt von rechtlicher Regelung des Zusammenwirkens von der geschichtlich gerade besonders und wechselnd bedingten Möglichkeit dieses zusammenstimmenden Arbeitens und Verhaltens niemals völlig abstrahieren, wenn er anders auf diesen möglichen Stoff sozialer

Regelung in Wirklichkeit Anwendung finden will. Ein Rechtsinhalt, der nicht ein empirisch mögliches und darum notwendig wechselndes und veränderliches Zusammenwirken von Menschen zum Gegenstand hätte, wäre ganz leer und sinnlos. Auch die frei erdichtete Utopie hat jedesmal eine ganz konkrete und empirisch bedingte Möglichkeit zusammenstimmender Arbeit vorausgesetzt. Der Inhalt eines Rechtes, eines wirklich geltenden oder eines ersonnenen, ihm gegenüber gestellten, kann also niemals allgemeingültige Geltung beanspruchen.

Wohl gibt es dabei lebhafte Gradunterschiede, nach denen man in einer relativen und ganz flüssigen Unterscheidung zwischen mehr oder weniger abstrakten Rechtssatzungen unterscheidet. Je treuherziger eine rechtliche Regelung von zusammenwirkendem Verhalten auf die empirisch gerade vorliegende äußere Möglichkeit desselben eingeht, um so mehr geht die Bedingtheit des Inhaltes dieser Satzungen vor Augen; um so stärker sind sie der Gefahr ausgesetzt, zu veralten. Wenn das preußische Landrecht fordert, daß ein Antrag unter Abwesenden „mit der nächsten fahrenden oder reitenden Post beantwortet werden muß", daß aber der Antragende „noch den nächstfolgenden Posttag abzuwarten schuldig ist", so ist dieses ungleich konkreter und spröder, als die Bestimmung etwa unseres Bürgerlichen Gesetzbuches, das im gleichen Falle sagt, daß der Antragende bis zu dem Zeitpunkte gebunden ist, in welchem er „den Eingang der Antwort unter regelmäßigen Umständen erwarten darf."[105] Hier kann also komparativer Weise vieles zu- und abgetan werden. Es ist bekanntlich eine durchgreifende Eigenschaft des klassischen römischen Rechtes, in seinen Hauptteilen sich außerordentlich elastisch erwiesen zu haben, ohne daß Schärfe und Sicherheit seiner Begriffe und Sätze dabei wesentlich gelitten hätten. Aber vollständig kann keine Rechtsbestimmung von empirisch bedingter und stets veränderlicher Möglichkeit des Zusammenwirkens sich loslösen. Nicht wegen menschlicher Schwäche, welche dieses für die rechtliche Regelung nicht fertig brächte; sondern nach dem Sinne und Wesen der letzteren, als einer bloßen Form des sozialen Lebens, die inhaltlich eine geschichtlich zufällige und wechselnde Materie zu bestimmen hat.

Von dieser konkreten Abhängigkeit des Inhaltes rechtlicher Normen kann man auch keineswegs durch ein Zurückgehen auf die menschliche Natur loskommen. Die Meinung würde dann die sein, daß dem Menschen bestimmte Eigenschaften für das Zusammenleben mit seinesgleichen und gewisse Triebfedern für sein

Verhalten in solchem Zustande *a priori* zukämen; so daß nun eine dadurch bestimmte äußere Regelung des zusammenwirkenden Verhaltens in allgemeingültig zu erkennenden Normen als notwendig sich ergäbe.

In diesem Sinne wurde das Naturrecht in früheren Zeiten in oppositioneller Absicht gegen das bestehende positive Recht und zwecks Begründung radikaler Erwägungen und Forderungen im staatlichen Leben verwendet. Neuerdings ist es mehr konservativ geworden. Ein Hauptsatz des Naturrechtes unserer Tage, soweit dasselbe aus der menschlichen Natur unmittelbar Rechtssätze als notwendig beweisen will, ist die erneute Begründung der Einrichtung des Privateigentumes, wie sich geschichtlich entwickelt hat.[106]

Es ist aber nicht möglich, in der menschlichen Natur eine Grundlage von voller Allgemeingültigkeit derartig zu erhalten, daß nun auch der Inhalt von rechtlicher Regelung als ein zu allen Zeiten und an jedem Orte allgemein geltender daraus sich notwendig ableiten ließe. Alle Beobachtungen, die man für jenes machen kann, sind bedingt und nur von vergleichsweiser Allgemeinheit. Denn wenn man alle geschichtlichen Besonderheiten in den Qualitäten und Grundtrieben der Menschen, wodurch sie sich voneinander in der Erfahrung zweifellos unterscheiden, streicht, so bleibt überhaupt nichts übrig, als physiologische Anlagen und Fähigkeiten, die ihrer Ausbildung und Erziehung allererst noch harren, um dann in besonderen Beschaffenheiten und Fertigkeiten, die man gemeinhin als menschliche Natur bezeichnet, als relevante Faktoren für das soziale Leben der Menschen aufzutreten.

Zu dem hierbei nötigen zusammenwirkenden Verhalten bestimmter Art braucht man gewisse Vorstellungen, psychische Qualitäten, Fähigkeiten bestimmter Zielsetzung. Derartiges findet sich aber nicht als Beschaffenheit, die der Mensch auf die Welt mitbringt. Er tritt in diese als lediglich Naturwesen. Soll er über diesen Stand hinauskommen, so ist Bildung notwendig. Die *natura rationalis*, wie sie schon Grotius vertrat, führt zum inneren Widerspruch. Vernunft im Sinne des guten Wollens, der objektiv richtigen Zwecksetzung gehört nicht zur Natur; sondern geht ihrem Wesen nach neben dieser, die bloß kausales Getriebenwerden kennt, einher. Daß aber die Vernunft sich von den Tagen des Säuglings an in einem naturnotwendigen Prozeß entwickle, wie Pubertät oder weiße Haare, und dann als „menschliche Natur“ in gleichmäßiger Weise bei allen Menschen vorhanden sei, dafür fehlt nicht nur jeder exakte Beweis, sondern es wird sogar das Gegenteil durch einfache Erfahrung dargetan. Und soweit wir darüber einiges Material haben, sehen wir auch, daß ein einsiedlerisch aufgewachsener Mensch stumpfsinnig und mehr vertiert bleibt. Wir können nur ahnen, wie in langen, langen Zeiträumen unter dem Walten unermeßlicher und unerforschlicher Eindrücke sich jene Fähigkeit vernünftiger Zielsetzung allgemach ausgebildet, von der wir eben sprachen; wie durch die Möglichkeit der Erziehung und Unterweisung die Enkel das von den Vätern Ererbte erwarben, und die Menschen in langsamem Fortschreiten sich den Pforten jener Zeit genähert haben, welche wir die geschichtliche nennen. Denn dieses ist die Wahrnehmung, von der wir im Analogieschlusse auszugehen hätten: daß zu verschiedenen Anlagen und Fähigkeiten, die der einzelne in das Leben mitbringt, die unterschiedlichen Eindrücke in bewußter oder mittelbarer Erziehung hinzukommen, welche die empirische Eigentümlichkeit ausmachen, in der dann der einzelne Mensch uns wirklich entgegentritt.

Sofern man also unter menschlicher Natur eine gleichheitliche und allgemeine Art der Zwecksetzung und Zielverfolgung der Menschen verstehen würde, so ist diese in ihrem wirklichen Geschehen gerade kein Gegenstand, der in allgemeingültiger Einheit angenommen und bestimmt zu werden vermag. Sie kann es nicht sein, weil diejenige Beschaffenhit der Menschen, die danach unter jene Vorstellung gefaßt werden sollte, von zwei unsteten und gleichheitlich nicht zu fassenden Faktoren notwendig abhängt: von ererbten subjektiven Anlagen und von der Einwirkung ungezählter und kaum kontrollierbarer Einflüsse in planmäßiger oder unwillkürlicher Erziehung und Ausbildung.

Nun hat gewiß auch denen, welche auf menschliche Natur sich beriefen, mehr ein mechanisches Triebleben vorgeschwebt, ein kausal wirkender Anreiz des Menschen in seinem Verhalten zum Menschen, welcher Reiz durch Erziehung und sozialen Einfluß gerade nicht gehoben werden könnte. Aber auch in diesem Sinne ist Natur des Menschen, als ein inhaltliches Triebleben, wonach ein Mensch dem andern gegenüber in naturgesetzlich zwingender Weise derartig bestimmt würde, daß die soziale Regelung des Zusammenlebens damit als einer unveränderlichen und zwingend bedingenden Unterlage rechnen müßte, ganz unfaßbar; — bei näherem Zusehen zerrinnt es einem völlig unter den Händen. Auch *cabaliste, papillone, composite* und alle auf je 810 Menschen harmonisch verteilten Triebe des Fourier sind zwar geistreich ausgedacht, aber als allgemeingültige

Naturkräfte, die den Menschen treiben und regieren und für ihn in unbedingter Notwendigkeit gelten, mit nichten erwiesen.

So zieht sich denn die ganze Floskel von der allgemeingültigen menschlichen Natur bei näherer Verfolgung auf die viel beliebte Berufung von der unvermeidlichen Eigenliebe eines jeden zurück. Dann verzichtet man also auf Feststellung der angeblich naturgesetzlich sich einstellenden und wirkenden Triebe des Menschen in seinem Verhalten anderen Menschen gegenüber. Das bloße Abstellen auf die Eigenliebe ist aber ganz ungenügend. Denn nun bleibt es offene Frage, in welcher Stärke und in was für einer Richtung den einzelnen die Liebe zu sich selbst treibt oder hinreißt. Auch hier liefert die gemeine Beobachtung genugsam Material zur Feststellung der allergrößten Verschiedenheiten; und immer wieder müssen auch von den vagsten Regeln, die man aufstellen mag, bedeutsame Ausnahmen zugegeben werden. Einer naturgesetzlichen Erkenntnis ist gerade diese Berufung auf „die Natur" des Menschen entgegengesetzt: Sie muß es sein, da alles hierunter überhaupt zu Fassende nur unzureichende Generalisation nicht exakt begriffener Daten sein kann, — das Experiment aber, das den Naturforscher auf dem Wege zu gesetzmäßiger Erkenntnis der Phänomene leitet, hier gänzlich versagt.

In der Tat sind alle Naturrechtslehrer, die von hier aus ihren Ausgang nahmen, schon bei der ersten Frage, nach welcher Richtung hin und in welcher zwingenden Stärke seine Natur den Menschen treibe, ganz auseinander gekommen; ohne daß der eine oder andere gerade für seine Meinung sicher überzeugende Gründe hätte beibringen können. Bald ist es Furcht oder Haß, die der Mensch an sich vor dem Menschen naturnotwendig empfinde, bald wird als solches Liebe und Zuneigung und Wohlwollen, sowie Wunsch nach dauernder Vereinigung angegeben, oder auch eine Mischung aus ihnen in verschiedentlich behauptetem Prozentsatze als die wahre menschliche Natur ausgegeben. Das geht also in das Unsichere; ein wissenschaftlicher Beweis dafür, was nun allen Menschen in unvermeidlicher Notwendigkeit als Folge ihrer Eigenliebe gemeinsam sei, und wie sie danach allgemeingültig in natürlichem Zwange bestimmt würden, ist nicht geführt noch erscheint er als möglich.

So ist es erklärlich, wenn SCHÄFER bei seiner These von der Unvereinbarkeit des Sozialismus mit der menschlichen Natur ganz unbefangen von dem Durchschnittscharakter der meisten heutigen Menschen als derjenigen Beschaffenheit spricht, die er im

Titel der Schrift menschliche Natur nannte. Dadurch werden seine Sätze nicht mehr naturwissenschaftlich fundiert, sondern aus einer Generalisation besonders hervorstechender geschichtlich wechselnder Einzelbeobachtungen hergeleitet, unter bewußter Beiseitelassung von anderen Erscheinungen, die mit den verallgemeinerten in Widerspruch stehen. Als derartige relative Grundtriebe nennt SCHÄFER den Trieb nach Ehre und Auszeichnung, das Freiheitsgefühl und die Unwirtschaftlichkeit. Nach diesen drei Klassen kann man, meint er, alle Menschen einteilen, „doch kommen sie auch bei jedem einzelnen gemischt vor, ja es dürfte wohl kaum einen Menschen geben, der nicht etwas von allen drei Grundtrieben in sich verspürte.“[107]

Aber sind dieses wirklich Naturtatsachen des Sinnes, daß sie unabänderlich als natürliche Beschaffenheit und danach als menschliche Natur einzusehen sind? Der Trieb nach Ehre und Auszeichnung setzt ein geregeltes Zusammenleben schon voraus; die Freiheit, die SCHÄFER meint, ist diejenige der entwickelten Kulturvölker, während er gerade für ältere Epochen die jener widerstreitende Gütergemeinschaft zugibt; und unter einem wirtschaftlichen Menschen versteht er einen solchen, der seinen Bedarf an äußeren Gütern, „die in ihrer Summe für jede Einzelwirtschaft Vermögen genannt werden,“ planmäßig, „natürlich ohne mit Recht und Gesetz in Kollision zu kommen,“ zu befriedigen versteht.

Bei jedem einzelnen dieser angeblichen Grundtriebe der menschlichen Natur zeigt sich also deutlich, daß er als Triebfeder für bestimmtes menschliches Handeln nur Sinn hat unter der Voraussetzung bestimmter Gesellschaftsordnung und besonderer geschichtlicher Zustände. Es gibt zu allen Zeiten Menschen und ganze Völker, denen diese Triebe nicht innewohnen, am wenigsten in übereinstimmender Art zu eigen sind; und wenn dieselben sich finden, so ist ihr Werden und Bestehen nicht als ein bloßer mechanisch sich vollziehender Naturprozeß nach einem nur im physiologischen Sinne begründeten Gesetze zu bestimmen, nach einem Gesetze der menschlichen Natur, dem keiner zu entrinnen vermöchte: sondern im Gegenteil, sie sind erst infolge bestimmter historischer Gesellschaftseinrichtungen und Zustände da. Wer für die Notwendigkeit bestimmter bestehender Rechtseinrichtungen konkreten Inhaltes auf die menschliche Natur nur sich steift, argumentiert nicht zwingender, als DIO CASSIUS in seinem berühmten Ausspruche es tat: daß, so lange die menschliche Natur dieselbe bleibt, es immer Straßenräuber geben werde.

Es ist selbstverständlich, daß bei Vorschlägen zur Neugestaltung einer sozialen Regelung man auf die durchschnittlichen Besonderheiten derzeitiger menschlicher Qualitäten lebhaft Rücksicht nehmen muß; es kann auch sehr wohl sein, daß dann geradezu die Frage so gestellt wird, ob diese also waltenden Antriebe für menschliches Tun und Lassen auch fürderhin zu erhalten und tunlichst zu begünstigen seien; — aber daraus kann niemals mit Fug gefolgert werden, daß dasjenige, was sich so für konkrete Zustände besonderer geschichtlicher Art nach vorausgesetztem formalen Obersatze als theoretisch richtig ergibt, seinem Inhalte nach als absolut berechtigt anzunehmen sei.

Es besteht keine Möglichkeit, den bedingten Inhalt irgend eines besonderen Rechtssatzes als ein unbedingtes Ideal für alle Zeiten und alle Völker aufzustellen. Auch die Berufung auf die menschliche Natur gestattet dieses nicht. Denn sie soll in diesem Zusammenhange eine bestimmte Qualität des ausgebildeten Menschen und gewisse Triebfedern desselben im Verhältnis zu anderen seinesgleichen bezeichnen. Dies aber zieht sich entweder in die ganz vagen und für die Begründung des besonderen Inhaltes von Rechtssätzen an sich irrelevanten Gemeinplätze der Selbstliebe oder des Gemeinsinnes oder gar Rechtssinnes zurück; oder aber es sind selbst schwankende und geschichtlich wechselnde Eigentümlichkeiten, beeinflußbar und beeinflußt gerade durch den besonderen Inhalt historischer Rechtssatzungen und das unter ihnen ausgeführte Gesellschaftsleben.

Es gibt keinen einzigen Rechtssatz, der seinem positiven Inhalte nach *a priori* feststände.[108]

33

In dem gewonnenen Ergebnis stimmen wir mit den seitherigen prinzipiellen Gegnern des Naturrechtes überein, keineswegs jedoch in der Art der Beweisführung. Wir gründen jenes auf die monistische Auffassung des sozialen Lebens. Indem der bestimmte Inhalt einer rechtlichen Ordnung die Bedeutung hat, die formale Bedingung des Zusammenwirkens abzugeben, so kann er von dessen bedingten Möglichkeiten in einem eigenen Dasein sich gar nicht loslösen und vermag nicht, unabhängig von der stets veränderlichen Materie des sozialen Lebens zu bestehen. Rechtssätze mit bestimmtem Inhalte, die zugleich doch von unbedingter Gültigkeit sein möchten, sind aus diesem Grunde widerspruchsvoll und unhaltbar.

Aber mit dieser ausschließenden Abgrenzung ist die kritische Frage im Innern des besonderen, geschichtlich bedingten Rechtsinhaltes noch nicht zum Schweigen gebracht. Es genügt nicht, lediglich die Notwendigkeit des Wechsels der Einzelheiten rechtlicher Anordnungen zu betonen oder gar sich damit zufrieden zu geben, daß die letzteren nun einmal „unvollkommen" sein müßten: sondern innerhalb des wechselnden und unvollkommenen Rechtsinhaltes sind zwei Klassen grundlegend zu scheiden — objektiv richtige und sachlich unberechtigte Sätze. (Vgl. § 102: *Epimetrum.*)

Auch die Naturforschung kennt keine stofflich bedingten Feststellungen von absoluter Gültigkeit, unwandelbar für alle Völker und Zeiten, — sie ist im Gegenteil stolz darauf, daß es einen Fortschritt der Wissenschaft gibt, also jede besondere Lehre ohne Ausnahme dem möglichen Wechsel unterliegt und in ihrem Inhalte nicht vollkommen ist. Aber darum wirft sie doch wahrlich die prinzipielle Scheidung von objektiv richtiger Erkenntnis und sachlich unbegründetem Meinen für den Gehalt ihrer Lehre nicht weg.

Mithin taten zwar die alten Rechtslehrer unrecht, sobald sie nach einem bestimmten Recht von absoluter Bedeutung spürten; aber sie hätten begründet gehandelt, wenn sie ein Naturrecht mit wechselndem Inhalte angestrebt hätten: das sind solche Rechtssätze, die unter empirisch bedingten Verhältnissen ein theoretisch richtiges Recht enthalten.

Der Beweis für die theoretische Richtigkeit eines Rechtssatzes ist dadurch zu liefern, daß kritisch geprüft und entschieden wird, welche Rechtssätze unter gegebenen empirischen Verhältnissen dem allgemeingültigen Endziele des sozialen Lebens entsprechen würden; wonach sich dann ergibt, ob durch das geschichtlich überlieferte Recht in der betreffenden konkreten Lage der allgemeinen gesetzmäßigen Aufgabe der Rechtsordnung richtig entsprochen werde, oder aber ein Zwiespalt zwischen demjenigen entsteht, was als positives Recht überliefert gilt, und dem, was in der genannten Richtung Rechtens sein sollte.

Es kann allerdings zwischen demjenigen, was in spezieller Lage, unter besonderen Umständen, die von außen her erwartet und gegeben werden müssen, das für rechtliche Regelung theoretisch Richtige ist, und zwischen Sätzen, die man unter anderen geschichtlichen Verhältnissen mit dem gleichen formalen Anspruche aufstellen muß, inhaltlich ein Unterschied bestehen. Und man vermag in solcher Weise von einer geschichtlichen Berechtigung eines Rechtsinstitutes zu reden. Aber dieses doch nur darum, weil der geschichtlich bedingte und wechselnde Stoff eines jeweils in Verschiedenheit möglichen Zusammenwirkens nach allgemeingültiger Gesetzmäßigkeit zu regeln ist, und es deshalb geschehen kann, daß unter gleicher Beobachtung des formalen sozialen Grundgesetzes, als des obersten einheitlichen Gesichtspunktes für alles Gesellschaftsleben, die stofflich verschiedene Lage eine verschiedene Regelung jeweils als richtig ergibt.

Wahrem Eifer genügt, daß das Vorhandne vollkommen
Sei; der falsche will stets, daß das Vollkommene sei.

Hiernach braucht man eine kritische Untersuchung und Einsicht darüber: unter welchen allgemeingültigen Bedingungen des näheren einer geschichtlich bedingten sozialen Regelung die Eigenschaft der objektiven Richtigkeit zukommen mag. Indem wir die Einheit dieser Bedingungen mit dem hergebrachten Ausdrucke der „Gesetzmäßigkeit“ bezeichnen, so gilt es, diese für das soziale Leben festzustellen: Wir forschen nach dem Begriffe der sozialen Gesetzmäßigkeit.

Diese grundlegende einheitliche Einsicht für alles soziale Dasein von Menschen kann nach dem Besprochenen nur formal sein und muß von allem besonderen Inhalte einer möglichen Regelung des sozialen Lebens sich entfernt halten. Es handelt sich hier keineswegs um die Aufgabe, ein ausgeführtes Gesetzbuch in genauen Paragraphen von „ewiger“ Dauer zu entwerfen. Was über dem einzelnen Rechte steht, das ist nicht ein ideales Rechtssystem konkreten, doch unveränderlichen Inhaltes; das ist vielmehr der einheitliche Gesichtspunkt der Betrachtung und Beurteilung, der es mit allen anderen nur denkbaren Rechten verbindet. Aber wenn die allgemeingültige Gesetzmäßigkeit des sozialen Lebens bewußtermaßen eingesehen ist, dann ist es allerdings möglich, in jedem besonderen Falle, da nun Zweifel entstehen mögen, in methodisch sicherem Beweisgange danach zu forschen, was nun in dieser besonderen Lage nach dem fundamentalen Grundgesetze des sozialen Lebens das objektiv Richtige ist. Für jeden, der in diesen Fragen überhaupt zur Sicherheit kommen will, muß daher die Frage nach der Gesetzmäßigkeit des sozialen Lebens diejenige sein, auf die er seine Aufmerksamkeit zunächst ganz zu konzentrieren hat. Und da ist nun in dem gegenwärtigen Zusammenhange hervorzuheben, daß eine Frage nach grundlegender Gesetzmäßigkeit betreffs der Form des sozialen Lebens in sich wohl berechtigt ist. Form des sozialen Lebens ist die äußere Regelung desselben, in rechtlicher oder in konventionaler Art. Diese Form ist das bedingende Moment, unter dem überhaupt der besondere Begriff eines gesellschaftlichen Daseins von Menschen möglich ist, und eine sozialwissenschaftliche Betrachtung auftreten kann. Wenn es daher einen einheitlichen und allgemeingültigen Gesichtspunkt für alles soziale Leben geben soll, so muß er sich auf die Form desselben, das ist die Bedingung seiner Erkenntnis als eines eigenen Gegenstandes, notwendig beziehen.

Es ist aber möglich, eine derartige allgemeingültige Erwägung der Form des sozialen Lebens zur besonderen Aufgabe zu stellen, da die letztere nach unseren obigen Ausführungen überhaupt für sich im besonderen untersucht und in ihrer formalen Bedeutung eingesehen werden kann, ohne auf die konkreten Besonderheiten der jeweiligen Wirklichkeit einer unter der Form sich abspielenden Sozialwirtschaft einzugehen. Und wie die inhaltlich bestimmten Sätze einer gewissen Rechtsordnung die formalen Bedingungen des Zusammenwirkens abgeben, so lassen jene sich wiederum unter dem formal einheitlichen Gedanken einer gesetzmäßigen Art ihrer Zielsetzung begreifen, welchem einheitlichen Gedanken gegenüber die mannigfaltigen Anordnungen in ihrer Besonderheit einen bedingten Stoff darstellen. Auf diese reine Form der äußeren Regelung kommt es nun ausschlaggebend an. (Vgl. oben § 22 a. E.)

Indem ich daher feststelle, daß die Frage nach der grundlegenden Gesetzmäßigkeit des sozialen Lebens an dem Problem des einheitlichen Gesichtspunktes für die soziale Regelung nicht vorbeigehen darf, und daß es jedenfalls möglich ist, — wie in jeder eigentlichen Rechtsphilosophie auch *implicite* schon geschehen — eine besondere Untersuchung nach allgemeingültigem Gesetze für die soziale Regelung anzustellen: so behalte ich mir vor, nun den Nachweis zu liefern, daß dieses beides, das ich nannte, in der Tat in eins zusammenfällt, und es außerdem eine Erkenntnis sozialwissenschaftlichen Charakters, die auf Allgemeingültigkeit Anspruch zu erheben und von besonderem Inhalte irgend eines Gesellschaftslebens abzusehen vermöchte, unmöglich geben kann; — mit anderen Worten, daß die Gesetzmäßigkeit des sozialen Lebens der Menschen eine solche der rechtlichen Form desselben ist.

Zweite Abteilung.

Nationalökonomie.

34

Ganz anders, als mit dem Rechte, ist es mit der Materie des gesellschaftlichen Lebens, der sozialen Wirtschaft, bestellt.

Das Recht, als Form des sozialen Daseins, kann in gänzlicher Abstraktion von dem geregelten Stoffe technisch-wissenschaftlich in Besonderheit untersucht und dargestellt werden; bei der sozialen Wirtschaft ist dieses nicht in entsprechender Weise möglich. Bei ihrer wissenschaftlichen Erforschung ist vielmehr immer eine bedingende Bezugnahme auf die besondere Form notwendig, in welcher sich das Zusammenwirken als ein bestimmt geregeltes darstellt; mag dieses auch zeitweilig dem Betrachtenden nicht deutlich und bewußt sein. Bei allen nationalökonomischen Untersuchungen, also allen Betrachtungen der Volkswirtschaft in sozialer Erwägung, liegt ganz unvermeidlich eine bestimmte rechtliche (oder konventionale) Regelung in dem Sinne zu grunde, daß diese konkrete rechtliche Normierung die logische Bedingung des betreffenden nationalökonomischen Begriffes und Satzes ist; und in dem Augenblicke, da man diese bestimmte, jeweils notgedrungen vorausgesetzte Regelung in Gedanken entfernt, wird der erwähnte nationalökonomische Begriff und Lehrsatz völlig in sich zusammenfallen.

Die Rechtswissenschaft bedeutet, wie wir sahen, die systematische Durchforschung bestimmter Rechtsordnung rein nach ihrer formalen Seite. Ihre Untersuchung und Beweisführung ist von der konkreten Art und Weise, in welcher diese regelnde Form tatsächlich innerhalb des betreffenden geordneten Zusammenlebens zur Anwendung gelangt, unabhängig. Die Frage, ob nach römischem Rechte das ädilicische Edikt bloß auf den Spezieskauf oder auch auf generische Verkaufsverträge Anwendung finde, wird gar nicht von dem Umstande berührt, ob schon jemals ein Gattungskauf in dem von dem Rechte geordneten Sinne in dem betreffenden Lande vorgekommen, oder wie viele Genuskaufverträge, und etwa über welche Quantitäten von Waren; eine wissenschaftlich begründete Entscheidung der genannten Kontroverse ist durchaus möglich ohne die Voraussetzung einer bestimmten wirtschaftlichen Verwertung derselben: Der Satz, so oder anders entschieden, gilt natürlich für die soziale Wirtschaft in unserem früher festgestellten Sinne, aber der Beweis seiner empirischen Richtigkeit, der Wirklichkeit seiner positiven Geltung in der einen oder anderen inhaltlichen Bedeutung ist nicht bedingt durch irgend welche konkrete Art wirtschaftlichen Vorgehens derer, für welche er gilt.

Wer dagegen die soziale Wirtschaft selbst, als verbundenes Zusammenwirken, zum unmittelbaren Gegenstande seiner wissenschaftlichen Untersuchung machen will, kann keinen einzigen sozialwissenschaftlichen Satz aufstellen und als begründet dartun, der nicht eine bestimmte Regelung des sozialen Lebens zur bedingenden Voraussetzung hätte. Jede Erörterung der Grundrente, des Arbeitslohnes, des Kapitalzinses oder des Unternehmergewinnes ist von dem Bestehen einer konkreten Rechtsordnung ebenso abhängig, wie alle Lehren über Geld, Kredit, Preisbildung, oder irgend ein sonstiges Kapitel nationalökonomischer Forschung.

Für das Geld hat man dieses merkwürdiger Weise in Abrede stellen wollen: Völlig urwüchsig und ohne Zutun und Befehl der Staatsgewalt habe sich im Verkehre ausgebildet, daß beim Austausche von Waren die eine von ihnen als allgemeiner Wertmesser angenommen worden sei; eine ausdrückliche Erklärung durch staatliches Gesetz sei hierbei geschichtlich nicht immer zu erkennen. Aber das trifft den hier aufgestellten Satz gar nicht. Denn dieser spricht nicht von dem Eingreifen einer staatlichen Zentralbehörde im besonderen, sondern ganz allgemein von menschlich gesetzten Regeln, von denen Staatsgesetze im modernen Sinne nur einen Bruchteil und eine besondere Klasse bilden. Unser grundlegender Gegensatz ist derjenige des durch menschliche Satzung äußerlich geregelten Zusammenwirkens im Unterschiede von einem äußerlich ungeregelten bloßen Triebleben im Verhalten der Menschen zu einander. Nur das erstere beschäftigt uns hier. In dem nur naturgesetzlich erwogenen menschlichen Triebleben findet sich weder der Begriff vom Gelde, noch ein anderer, der für die spezifisch sozialwirtschaftliche Erkenntnis von eigenartiger Bedeutung ist. Zins, Rente und Gewinn, Preis, Lohn und Kredit haben überhaupt keinen Sinn mehr, sobald man von der bestimmten, dabei vorausgesetzten sozialen Regelung konkreten Inhaltes absehen möchte. Und so geht unsere These allgemein dahin: daß man die Materie des sozialen Lebens, die Art des geregelten Zusammenwirkens, zu einem eigenen Gegenstande wissenschaftlicher Untersuchung, nämlich der sozialökonomischen Forschung, nur als bestimmt geregelte, also nur im bedingenden Zusammenhalte mit der jeweiligen konkreten Normierung, zu erheben die Möglichkeit habe.

Durch welche Menschen aber und in welcher näheren Art und Weise die Regelung erfolgt, insbesondere, ob Staatsgesetz oder Gewohnheitsrecht vorliegt, ist für jenes zunächst ganz gleichgültig. Der nicht selten angewandte Sprachgebrauch der Nationalökonomen, in dem sie zwischen „wirtschaftlichem“ und zwischen „rechtlichem“ Gelde unterscheiden, kann daher nur den Sinn verständlich haben, daß das letzte den staatlich anerkannten und spontan normierten Wertmesser bedeutet, jenes erste dagegen denjenigen Maßstab darstellt, der sich außerdem und unabhängig von dem Staatsgesetz gewohnheitsmäßig innerhalb des Tauschverkehrs ausgebildet hat. Wonach es klar ist, daß auch dieses sogenannte wirtschaftliche Geld nur ein Wertmesser ist, der durch eigentümliche soziale Normierung für den Rechtsverkehr eingebracht und festgehalten worden ist, und wir es bei der fraglichen Unterscheidung mit Unterabteilungen eines Begriffes vom Gelde zu tun haben, der in gänzlicher Abstraktion von besonderer äußerer Regelung des menschlichen Zusammenwirkens allen Sinn überhaupt einbüßen würde.

Auch die lediglich Haus- und Familienwirtschaft, in vereinzelter Betätigung für sich genommen, hat ein sozialwissenschaftliches Interesse nur deshalb, weil innerhalb des *Oikos* eine ausgebildete rechtliche Ordnung in Ehe und väterlicher Gewalt, Sklaverei und *mancipium* bestand, oder sofern bestimmte geregelte Beziehungen zu Nachbarn angeknüpft wurden. Davon abgesehen kann hier gleichfalls — wie bei einer regelrechten Robinsonwirtschaft — nur eine Betrachtung der Technik als solcher möglich sein.

Nun ist es ja selbstverständlich zulässig, die Wirtschaft eines Menschenkreises für sich nur vom naturwissenschaftlich-technischen Standpunkte aus zu betrachten. Man kann die Fruchtbarkeit eines Landes und die Kunstfertigkeit seiner Bewohner lediglich für sich beschreiben; es ist möglich, eine Technik der Ackerbaues in der Erwägung zu betreiben, wie man dem Boden möglichst gute und zahlreiche Lebens- und Genußmittel entnehme. Man kann die Herstellung von Arbeitsgerät, den Bau von Maschinen lehren und zeigen, wie es mit ihrer Leistungsfähigkeit in Produktion und Vertrieb bestellt sei; und es mag allenthalben so erörtert werden, in welcher Art man sparsam wirtschaften und mit tunlichst geringem Kraftaufwande möglichst große und gute Befriedigung menschlicher

Bedürfnisse erreichen könne. Aber diese Fragen der Naturerkenntnis und ihrer technischen Verwertung liegen gänzlich außerhalb der hier vorgestellten Aufgabe. Mit Recht hat schon KNIES hervorgehoben, daß die Fragen der Technik als solche, die Erörterungen über die Kunst des äußeren Verfahrens bei der Herstellung von Sachgütern, der politischen Ökonomie nicht angehören. Nicht sie ist es, welche etwa den Jäger, den Fischer und den Bergmann, den Landwirt und den Gewerksmann über die besonderen Operationen zu belehren hat, welche an, mit und gegenüber bestimmten sachlichen Gegenständen vorgenommen werden müssen, damit Erze gewonnen, Früchte geerntet, Häuser oder Maschinen gebaut werden können.[109]

Soll aber der Stoff des sozialen Lebens nicht *nur* durch Naturwissenschaft und Technik untersucht werden, sondern eine *eigene* wissenschaftliche Disziplin für die Erforschung der sozialen Wirtschaft, das ist des Zusammenwirkens durch Regeln verbundener Menschen, ausgeführt werden, so kann dieses nicht unabhängig von der Bezugnahme auf die jeweilige *bestimmte* Regelung geschehen.

Die nationalökonomische Lehre hat dieses trotzdem seither durchgängig tun zu dürfen geglaubt. Und dies ist ihr äußerst verhängnisvoll geworden; es gab den ersten Grund für die Unsicherheit ab, in der das Lehrgebäude der genannten Disziplin noch jetzt sich weithin befindet. Nicht die Jugend dieser Wissenschaft ist es und die mangelnde Tradition in exakter Methode oder die besondere Kompliziertheit der ökonomischen Erscheinungen, was die Nationalökonomie in unbefriedigendem Schwanken bislang belassen hat und sie in der Schärfe der Untersuchung, wie der Sicherheit der Ergebnisse oftmals hinter der Jurisprudenz neidvoll zurückstehen läßt, sondern die fehlende Klarheit über *den ihr eigenen Gegenstand*, durch dessen besondere Hervorhebung erst das ihr eigentümliche Feld der Forschung abgesteckt werden kann.

Da sie eine *sozialwissenschaftliche* Disziplin bedeuten will, und der Nationalökonomie Probleme zugewiesen werden, durch welche man über die Besonderheiten *des gesellschaftlichen Daseins der Menschen* wissenschaftliche Aufklärung zu erhalten wünscht, so muß doch wohl die erste Frage die sein: unter welchen Erkenntnisbedingungen eine solche Wissenschaft überhaupt möglich sei?

Wir gaben an: zu unterscheiden sei das soziale Leben der Menschen von demjenigen Miteinanderhausen und Sichverhalten, das auf bloßen Naturantrieben beruhe, und fanden als Erkenntnisbedingung für jenes erste eine menschlich gesetzte äußere Regelung des Zusammenlebens. Dabei weist für das soziale Menschendasein die logische Analyse die Regel, als Form des Gesellschaftslebens, auf gegenüber dem geregelten Stoffe, dem auf Bedürfnisbefriedigung gerichteten Zusammenwirken, der sozialen Wirtschaft. Die Betrachtung dieses letzteren Elementes läßt sich von doppeltem Standpunkte aus vollziehen, entweder in naturwissenschaftlich-technischer Erörterung oder als Erwägung dieser sozialen Wirtschaft nach ihrer bestimmten Regelung. Aber nur das letzte liefert einen besonderen Gegenstand eigenartiger wissenschaftlicher Untersuchung; die zuerst genannte Betrachtung ist bloß Anwendung allgemeiner naturwissenschaftlicher Erkenntnis oder kann bestenfalls ein besonderes Kapitel dieser abgeben.

Im Gegensatze hierzu hat man seither ganz unberechtigterweise gemeint, daß man in der Volkswirtschaft eines rechtlich organisierten Menschenkreises einen eigenen selbständigen Organismus vor sich habe, der von der rechtlichen Regelung beeinflußt, vielleicht sehr stark alteriert werden könnte, der aber an sich als eigenes Ding bestände und als solches in Wirklichkeit in der Geschichte aufträte; und man hat die unhaltbare Vorstellung gehegt, als ob die soziale Wirtschaft eines Volkes nicht nur entweder vom lediglich naturwissenschaftlich-technischen Standpunkte aus oder als eine in konkreter Weise geregelte erforscht und erkannt werden könnte, sondern von einem dunkel vorschwebenden dritten Standpunkte aus.

Einen derartigen dritten Gesichtspunkt einer hier möglichen wissenschaftlichen Erwägung gibt es mit nichten.

Man gewinnt einen solchen nicht dadurch, daß man von dem Begriffe der Einzelwirtschaft und der Tätigkeit des einzelnen, isoliert gedachten Menschen, die auf Befriedigung seiner Bedürfnisse gerichtet ist, seinen Ausgang nimmt. Die Sozialwissenschaft kann nicht in einer naturwissenschaftlichen Deskription der Technik von derartigen Einzelwirtschaften und in einer mechanischen Addition derselben bestehen; denn vom Standpunkte der sozialwissenschaftlichen Untersuchung der Wirtschaft zusammenlebender Menschen gibt es jene supponierten Einzelwirtschaften überhaupt nicht mehr. Die soziale Wirtschaft besteht ihrem Begriffe nach ganz elementar im Zusammenwirken, in welchem die wirtschaftliche Tätigkeit der Beteiligten sich durchdringt, formal sich vollziehend durch gesetzte Beziehungen unter Regeln. Wir haben oben (S. 105f.) des näheren dargelegt, wie die Wirtschaft des Robinson ein positives sozialwissenschaftliches Interesse überhaupt nicht hat; wie ein solches erst eintritt, da er den kriegsgefangenen Flüchtling rettet, und sie sich zu geregelter zusammenschaffender Tätigkeit verbinden. Ich erinnere hier nur kurz unseres jetzigen Gegensatzes halber daran. Von nun ab ist es erst möglich, neben der bloßen Technik der Produktion auch die geregelten Beziehungen der beiden zu einander zu verfolgen und dadurch eine von der naturwissenschaftlich-technischen Betrachtung verschiedene soziale Erörterung, wenngleich in selbstverständlich äußerst schwacher Weise, allererst anzustellen. Das erste aber, was wir dabei nun erhalten, ist gerade die Vernichtung der isolierten Einzelwirtschaft: Es sind jetzt nicht zwei Einzelwirtschaften nebeneinander vorhanden, sondern eine Sozialwirtschaft der beiden, möglich geworden durch die gesetzte Regelung ihres Zusammenarbeitens und die äußere Normierung ihres Verhaltens gegeneinander.

Eine andere Bewandtnis, als mit der isolierten Einzelwirtschaft des gänzlichen Einsiedlers, hat es mit den Privatwirtschaften von Rechtsgenossen. Mögen diese in ihrer Gemeinschaft dabei als Individuen oder in familiären oder anderen Verbänden auftreten, so steht die Erwägung dieser Privatwirtschaften natürlich unter bestimmter äußerer Regelung, durch welche sie innerhalb des betreffenden Rechtskreises ihre Existenzmöglichkeit, im Sinne einer anderen Erörterung als der bloß technischen, überhaupt erst empfangen. Auch macht es gar nichts aus, wenn man nun je nach der inhaltlichen Art die bekannten drei Klassen unterscheidet: Hauswirtschaft, Volkswirtschaft im engeren Sinne und Weltwirtschaft; — denn alle drei sind nur Unterabteilungen des einen Oberbegriffes der sozialen Wirtschaft. Wie immer die letztere sich dann in konkreter Art des menschlichen Zusammenlebens gestalten möge, das ist allemal sicher, daß es sich dabei um ein Arbeiten und einen Verkehr der Menschen unter äußeren Regeln handelt.

Insbesondere sind alle denkbaren Maximen einer Privatwirtschaftslehre und die Anweisungen zu tunlichst „wirtschaftlichem“ Verfahren für den Landwirt, den Geschäftsmann, den Industriellen selbstverständlich nur in Beachtung und folgerichtiger Verwertung der jeweils maßgeblichen konkreten Rechtseinrichtungen und der dadurch bestimmt geregelten Sozialökonomie möglich. Und es wiederholt sich für jede Privatwirtschaft, die ihren Mittelpunkt in einem einzelnen oder in einem um ihn geschlossenen Verbande findet, die doppelte Möglichkeit wissenschaftlicher Betrachtung: entweder vom naturwissenschaftlich-technischen Standpunkte aus, oder aber auf

Grund der besonderen Beziehungen zu anderen Subjekten, auf der Basis bestimmter rechtlicher Regelung.

Über diese ausschließende Alternative kommt keine Erwägung des sozialen Lebens hinweg; und niemals kann sie unter einem dritten neuen Gesichtspunkte ein besonderes und eigenartiges Objekt wissenschaftlicher Erforschung ausfindig machen.

Auch bleibt für die politische Ökonomie nicht etwa irgend ein unbegebener Rest der sozialen Wirtschaft übrig, der von menschlich gesetzter Regelung nicht ergriffen wäre und doch zu einer sozialen Erwägung Anlaß und Möglichkeit böte.

Nimmt man Gebrauchsgüter, tauglich zur Befriedigung menschlicher Bedürfnisse, in unbewohnten, rechtlich nicht beherrschten Gebieten, fragt man etwa nach den Mitteln ihrer Ausbeutung und ihrem Einflusse auf Handel und Wandel in Europa, so fußt dieses entweder auf der Voraussetzung der geltenden Rechtsordnung, innerhalb deren jene seither herrenlosen Objekte nun Verwendung finden sollen, oder in welche man sie doch in Gedanken hineinversetzt, — oder es stützt sich auf die Annahme, daß nunmehr auch dort bestimmte Rechtsprinzipien, vielleicht Privateigentum an okkupiertem herrenlosen Lande, in Geltung kämen.

Falls man sich jedoch auf die Tatsache beziehen würde, daß dem einzelnen in weitgehender Weise die Freiheit verblieben ist, in wirtschaftlichen Dingen etwas zu tun oder zu unterlassen und so oder anders zu verfahren, und daß daraus sich doch vielleicht eine besondere soziale Wirtschaft entwickele: so ist zu antworten, daß die Frage des freien Verkehrs, die nach dem Privateigentume, der Vertragsfreiheit und freien Vererbung — den drei wesentlichen Prinzipien des römischen und modernen Privatrechtes — eine solche nach einer bestimmten Regelung gerade darstellt. Die Beziehungen, die in grundsätzlich freier Privatwirtschaft der einzelne mit dem andern anknüpft, bestehen eben kraft bestimmter rechtlicher Sanktion und sind als soziale Verhältnisse ganz und gar von dieser konkreten Rechtsordnung abhängig. Man versetze sich in Gedanken nach Utopien oder in den Staat Bellamys, und die Frage etwa nach dem Einflusse des Zwischenhandels auf die Preise ist ohne allen Belang, denn alle derartige Erörterung hat eben eine bestimmte Regelung des sozialen Lebens zur bedingenden Voraussetzung, mit deren Wegfall die seither vielleicht ganz richtigen Lehren allen Sinn verlieren.

Darum ist es auch völlig verkehrt, wenn man gemeint hat, daß in mancherlei Fällen zuerst gewisse „Lebensverhältnisse“ da wären, welche dann vom Rechte ergriffen und zu äußerlich geregelten Verhältnissen gestempelt würden. Soll der in dieser Ausdrucksweise noch herzlich undeutliche Gedanke überhaupt einen klaren und verständlichen Sinn erhalten, so ist nur zweierlei möglich. Man kann einmal damit solche Beziehungen unter Menschen begreifen, welche seither nur unter freien Konventionalregeln standen, nunmehr aber unter rechtliche Zwangsnormierung genommen werden. Oder es ist gemeint, daß durch inhaltlich eigenartige Dispositionen und Beredungen von Privatpersonen sich entsprechende eigentümliche Rechtsverhältnisse gebildet haben, auf welche die gesetzgeberischen Organe seither noch nicht genügend acht gehabt haben; was sie jetzt aber nachholen, indem sie die bislang unter den allgemeinen Rechtsnormen stehenden Verhältnisse besonderen eigenartigen Regeln unterwerfen. In beiden Fällen hat man es, wie sofort klar ist, von vornherein mit sozial geregelten Verhältnissen zu tun: „Lebensverhältnisse", die nicht unter sozialen Normen gestanden hätten und dadurch erst konstituiert wären, die aber trotzdem als soziale Beziehungen in Eigenart gegenüber bloßer mechanischer Kausalität physiologischer Antriebe beständen, laufen auf einen leeren und sinnlosen Gedanken hinaus.[110]

Die menschliche Gesellschaft führt nicht ein besonderes wirtschaftliches Leben und ein davon getrenntes rechtliches Dasein: Rechtsordnung und Wirtschaftsordnung ist notwendig ein und dasselbe, sobald nicht jemand an dem Gebrauche des Wortes Sozialwirtschaft im Sinne von jeglichem Zusammenwirken, das auf menschliche Bedürfnisbefriedigung gerichtet ist, terminologisch Anstoß nehmen will und den Ausdruck der Wirtschaft für einen beliebigen engeren, subjektiv von ihm noch abzugrenzenden Teil des zusammenwirkenden Verhaltens von Menschen reservieren möchte.

Aber es kommt hier auf Deduktionen aus einem gebilligten oder verworfenen Sprachgebrauche gar nicht an, sondern nur auf die sachliche Besinnung dahin, daß alles gesellschaftliche Wirtschaftsleben notgedrungen ein äußerlich geregeltes Zusammenwirken ist; so daß die Nationalökonomie, als Zweig der Gesellschaftswissenschaft und in der Absicht einer Erforschung der sozialen Wirtschaft, diese auch gar nicht anders erwägen und erkennend durchdringen kann, als unter der Bedingung der bestimmten äußeren Regelung, unter der sich die zu erkennende Sozialwirtschaft gerade befindet. Die regelnde Form vermag, wie ausgeführt, von der Rechtslehre abstrahierend für sich erwogen zu werden; der geregelte Stoff, die soziale

Wirtschaft, kann unmöglich in seiner Eigentümlichkeit als gesellschaftliches Zusammenwirken betrachtet werden, ohne die betreffende bestimmte Regelung als grundlegende Bedingung dabei zu beachten.

Der Ausschließlichkeit unserer oben genannten Alternative ist nicht zu entrinnen: entweder betrachtet man das auf Bedürfnisbefriedigung gerichtete Zusammenwirken von Menschen bloß naturwissenschaftlich-technisch oder als ein gesellschaftliches, das ist ein äußerlich geregeltes. Naturökonomie oder Sozialökonomie, — ein drittes gibt es nicht.

Will aber die Nationalökonomie überhaupt eine selbständige Wissenschaft sein und eine eigene erkennende Einsicht liefern, so muß sie in Selbständigkeit ein Objekt ihrer Forschung besitzen. Und das ist nur möglich, wenn sie als solches die Sozialwirtschaft, das äußerlich geregelte Zusammenwirken, nimmt.

Die Betrachtung der Bedürfnisbefriedigung und der darauf gerichteten zusammenwirkenden Tätigkeit nur als natürliche ist entweder Feststellung von Naturgesetzen oder eine praktische Verwertung derselben vom Standpunkte der Technik aus; ein Kapitel, dessen Herübernahme in die Nationalökonomie somit auf *furtum* oder bestenfalls einem *precarium* beruht.

Wohl aber kann die Nationalökonomie zu einem eigenen und von ihr unentreißbar zu beherrschenden Gebiete gelangen, sobald sie als Gliedstaat in das Reich der Sozialwissenschaft in loyalem Anschlusse eintritt, sonder Gefährde. Indem sie der Jurisprudenz die Darlegung der regelnden Form des sozialen Lebens in abstrahierter Absonderung überläßt, verbleibt ihr als eigener Gegenstand wissenschaftlicher Durchforschung die konkrete Ausführung eines geregelten Zusamenwirkens. Dann freilich nötigt der Hinausschritt über die ausschließlich technische Erwägung des auf Bedürfnisbefriedigung abzielenden menschlichen Wirkens auf dessen Erfassung als eines äußerlich geregelten. Ein drittes, wiederhole ich, eine sogenannte wirtschaftliche und als solche ganz und gar selbständige Betrachtungsweise, die von einer ganz bestimmten sozialen Regelung an sich unabhängig und von ihr in konkreter Bestimmtheit logisch nicht bedingt wäre, einen solchen dritten souveränen Standpunkt mit neuem eigenen Objekt gibt es nicht.[111]

35

Die notwendige Bedingtheit aller sozialökonomischen Betrachtung von einer bestimmten äußeren Regelung wirtschaftlichen Zusammenwirkens ist bis jetzt nicht vertreten gewesen; daher ich auf eine literarische Erörterung dieser Grundlegung nicht verweisen kann. Aber es steht mir doch aus anderer Erfahrung her ein genügendes Material für das Verhalten spezifisch nationalökonomischer Lehrer wie Schüler zu Gebote, um dieses als eine gleichmäßige Massenerscheinung selber konstatieren zu können. Solche Gelehrte nämlich, die — ganz unberechtigter Weise — aus einer Durchführung des vorgebrachten grundlegenden Gesichtspunktes eine Schmälerung von Würde und Wert der politischen Ökonomie befürchten mögen, pflegen zunächst die negative „Kriegsbefestigung" vorzunehmen: sie leugnen es ab, daß die Nationalökonomie es mit weiter nichts zu tun habe, als mit der Betrachtung der konkreten Ausführung eines bestimmt geregelten Zusammenwirkens; und versuchen es, zuvörderst Begriffe und Lehrsätze sozialökonomischer Wissenschaft zu behaupten, welche von einer bestimmten Regelung nicht abhängig wären.

Aber was soll da vorkommen? Jene meinen dann wohl, daß es auch in der kommunistischen Gesellschaft immer „Kapital" geben müsse. Aber die Eigentümlichkeiten der kapitalistischen Produktionsweise kämen dann doch gerade nicht mehr vor! Begriff und Lehre vom Kapital nach dieser Richtung setzen das Privateigentum einzelner an den Produktionsmitteln allerdings voraus. Mit dem Wegdenken dieser Rechtseinrichtung verschwindet alles, was von der kapitalistischen Art der Sozialwirtschaft beobachtet und gelehrt worden ist; und ob man nun für etwas ganz anderes, nämlich für die im Gemeineigentum stehenden Produktionsmittel, denselben Namen des Kapitales anwenden will, ist bloß terminologisch. Will also jemand den Ausdruck „Kapital" einfach für „produzierte Produktionsmittel" gebrauchen, so kann eine sozial bedeutsame Lehre davon doch niemals aufgestellt werden, als nach vorausgegangener Frage: Wer ist nach der betreffenden sozialen Regelung über jene verfügungsberechtigt?[112]

Mit den Konsumtionsgütern steht es selbstredend ebenso. Die bloße Anhäufung von Gebrauchsobjekten ist von verschiedenem sozialen Interesse, je nach der Frage, wer darüber in letzter Linie oder vorgängig nutzend zu disponieren befugt ist. Und es kann ohne alles Eingehen auf diese Frage eine soziale Erörterung überhaupt nicht angestellt werden. Es ist beispielsweise das Privateigentum und die freie Verkäuflichkeit der Sache, welche diese zur Ware allerst stempeln kann.

Und so muß näheres Nachdenken den Nationalökonomen allgemach auf die sichere Einsicht leiten, daß er die behauptete logische Unabhängigkeit der sozialwirtschaftlichen Betrachtung von einer bestimmten äußeren Regelung nicht halten kann. Ja, erklärt er nun von der Bedingung äußerer Regelung: Das ist in der Nationalökonomie stillschweigend vorausgesetzt.

Leider steht das keineswegs außer Zweifel. Vielmehr muß jeder kurze Überblick über die in der Geschichte der Nationalökonomie maßgeblichen Gesichtspunkte, unter denen die soziale Wirtschaft erwogen worden ist, Unsicherheit und Bedenken hier wach erhalten.

Am meisten könnte die stillschweigende Voraussetzung einer bestimmten äußeren Regelung bei der Aufstellung nationalökonomischer Lehren für die älteren Schulen behauptet werden. Vor allem für die Merkantilisten, die angeblich mangelhaften Theoretiker, deren Grundsätze gemeinhin unverdient unterschätzt und nicht richtig gewürdigt werden. Da sie den Rat gaben und tatkräftig in der Praxis danach zu handeln suchten, daß der Staatsmann möglichst das Geld in das Land hereinzuziehen und darin festzuhalten habe, so hat sich vielfach die Meinung festgesetzt, als ob sie von dem Golde und dem Edelmetall überhaupt eine Art magische Kraft und mystische Qualitäten erwarteten. Aber es braucht dieser Geringschätzung gar nicht. Ihre Ansicht wird ganz verständlich, sobald man eben voraussetzt, daß man für Gold unter der bestehenden sozialen Regelung ziemlich alles haben kann.

Denn es ist zwischen natürlichem und sozialem Reichtume zu unterscheiden. Man kann sagen: Dieses Land ist reich an Getreide, Obst, Metallen; das heißt, es enthält Mengen von solchen Objekten, groß im Vergleiche mit demjenigen, was durchschnittlich der Mensch gebraucht. Oder aber es handelt sich darum, den Reichtum eines Landes mit demjenigen eines anderen in Parallele zu setzen. Urteilt man dann, daß das eine reicher sei, so drückt dieses ein Verhältnis zwischen zwei Vermögensmassen aus (jedes Land dabei für sich zusammengeschlossen angenommen); Vermögen hat aber nur Sinn unter der Voraussetzung einer sozialen Regelung, geschichtlich genommen derjenigen, wonach Privateigentum und Tauschverkehr besteht. Zu dem Reichtume im ersten Sinne braucht man nur einen einzigen Menschen; es fällt dieses an sich außerhalb der sozialen Betrachtung; — zu dem Reichtume im sozialen Sinne sind mindestens zwei Subjekte nötig. Wollte man auch hierfür den Begriff des Reichtumes allgemein dahin festhalten, daß es wiederum ein günstiges Verhältnis zwischen menschlichen Bedürfnissen und Mitteln, sie zu befriedigen, sei, so braucht man doch nur zu fragen, was für Mittel das sein sollen, und es zeigt sich alsbald, daß es eben solche nach bestimmter sozialer Regelung seien.

Auch geht es nicht an, für die Vergleichung des Reichtumes zweier Länder im sozialen Sinne etwa eine Proportion des jeweiligen Verhältnisses von brauchbaren Objekten zu den durchschnittlichen Bedürfnissen dieser Menschen zu nehmen; — denn wir wissen ja gar nicht, ob dasjenige, was im Lande wächst, nicht gerade zufolge konkreter Ausführung von bestimmter sozialer Regelung einem anderen Volke zukommt, sei es, daß die zum Beispiel an Wein fruchtbare und danach natürlich reiche Gegend unmittelbar einem unterdrückenden Staate unterworfen ist oder doch, bei staatlicher Unabhängigkeit, jenem anderen Volke verschuldet und zinsbar sich befindet. Alsdann ist ja das fruchtbare Land sozial arm. Der natürliche Reichtum hilft nicht; reich im sozialen Sinne ist es nicht. Um die Frage des sozialen Reichtumes hat sich aber in eigentlicher und letzter Linie die hier auftretende Untersuchung der politischen Ökonomie zu kümmern.

Unter der Voraussetzung von Privateigentum und privatem Tauschhandel auf Grund eines geregelten und sozial allgemein anerkannten Wertmessers hatten also die Merkantilisten nicht unrecht, wenn sie Reichtum mit verhältnismäßig viel Eigentum an Geld und Edelmetallen bezeichneten. Ob dann freilich dieser Reichtum etwas Erstrebenswertes und vielleicht derartig Wünschenswertes sei, daß andere Rücksichten davor zurückzutreten hätten, — das ist eine Frage auf anderem Blatte. Sie hat ihre Antwort nicht mehr von der Nationalökonomie, sondern von der Philosophie zu erwarten.

Ganz offen muß ich unsere Frage von der angeblich stillschweigenden Voraussetzung bestimmter äußerer Regelung rücksichtlich der Physiokraten und der klassischen Nationalökonomie belassen. Der Fehler jener lag offensichtlich darin, daß sie bei ihrem Axiom, wonach der Reichtum allein der Erde entstamme, den bedingenden Begriff des Reichtumes ohne nähere Erwägung ließen; ja ihn unmerklich mit ihrer Angabe in die Vorstellung einer Menge lediglicher Gebrauchsgüter überzuleiten Gefahr liefen. Andererseits hat weder ADAM SMITH mit seiner Frage: Wie die Nationen möglichst reich werden, noch RICARDO mit dem Problem: Wonach sich die Preise der Güter bestimmen, noch sonst ein Anhänger dieser Richtung von der mehrfach angeführten Voraussetzung bestimmter sozialer Ordnung für alle ihre Begriffe und Sätze in zweifelloser Erklärung Abstand genommen. Doch ich gebe zu, daß man bei ihnen zur Not dieses hineininterpretieren kann.[113]

Dies änderte sich jedoch vollends, als vor etwa sechzig Jahren in der Nationalökonomie die sogenannte geschichtliche Richtung das Übergewicht erhielt. Ihre Gegnerschaft gegen die klassische Nationalökonomie gipfelte in der Bestreitung der Möglichkeit von einfachen oder, wie sie weniger gut sagte, von „absoluten“ Gesetzen in der wirtschaftlichen Entwicklung. Sie betonte dem gegenüber mit Fug die außerordentliche Kompliziertheit des sozialen Lebens der Menschen und erhob durchdringenden Zweifel gegenüber Lehrsätzen der alten Nationalökonomie, wie demjenigen, daß nach einem festen unwandelbaren Gesetze bei aufblühenden Staaten die Grundrente steigen müsse, und anderen allzu apodiktisch und einfach gemachten Aufstellungen.

Aber sie erhielt neben dieser wohlberechtigten Bescheidung nur um so unverhohlener die unhaltbare Grundmeinung von einer möglichen volkswirtschaftlichen Erkenntnis, die in ihrer eigentümlichen Art von der Besonderheit einer bestimmten sozialen Regelung an sich unabhängig wäre. Sie ließ die grundlegende Scheidung in Naturforschung und Sozialwissenschaft unbeachtet und setzte sich, nach HILDEBRAND, als Lehre von den „ökonomischen“ Entwicklungsgesetzen der Menschheit, oder gar, wie ROSCHER sagte, von den „Naturgesetzen, nach welchen die Völker die Befriedigung ihrer materiellen Bedürfnisse vornehmen“, — und suchte einem derartigen, sachlich ganz unklaren Ziele durch nationalökonomische Begriffe näher zu kommen, die nicht durch bestimmte äußere Regelung bedingt wären. Daß dieses nur durch das Mittel eines wirren Durcheinanderlaufens der sozialen und der natürlich-technischen Erwägung geschehen konnte, ist nach unseren Ausführungen selbstverständlich; und braucht hier nur an das Schulbeispiel der sechs Fische erinnert zu werden, welche ein isolierter Fischer gefangen und von denen er drei verzehrte und drei als „Kapital“ aufhob. Was hat es, müssen wir wiederholen, für einen wissenschaftlichen Erkenntniswert, zurückgelegte Nahrungsmittel des Einsiedlers mit den im Privateigentume stehenden Produktionsmitteln und Waren mit demselben Ausdrucke zu bezeichnen, während alle begriffliche Erfassung und wissenschaftliche Lehre von dem letzteren, der sozialen Erscheinung, unter ganz anderen und besonderen Erkenntnisbedingungen steht, als jener simple Naturakt?

Die Unmöglichkeit, gesellschaftliche Wirtschaftsakte unabhängig von der Bedingung bestimmter Regelung zu erwägen, mag noch besonders an dem mißglückten Versuche von Knies deutlich werden, der als Beispiel für die ihm vorschwebende Selbständigkeit der nationalökonomischen Betrachtung die Okkupation herrenloser Güter anführt. Er meint, daß für die Rechtslehre die *occupatio* als Erwerb des Eigentumes an einer *res nullius* durch den ersten Besitznehmer sich verstehe, während es für den Begriff der „wirtschaftlichen" Produktion durch Okkupation gerade gar nicht in Betracht komme, ob der Bergmann, der Jäger, der Fischer für seine Person Eigentümer des okkupierten Gegenstandes werde, oder ob er denselben als Lohnarbeiter oder auch als Sklave an eine andere Person abzuliefern habe; — und „während der Jurist das Eintreten einer Sache in den staatlich anerkannten Machtbereich des Willens einer Person betrachtet, blickt der Nationalökonom auf das Eintreten eines Gutes in den Gebrauchsbereich für gesellschaftliche Befriedigung wirtschaftlicher Bedürfnisse, welches sich auch immerhin seinerseits nicht in einem rechtsleeren Raume vollzieht."[114]

Der erste Teil der von Knies gemachten Bemerkung bedeutet einen einfachen Irrtum: Der Satz *res nullius cedit occupanti* heißt nicht, daß der Besitznehmer für seine Person Eigentum an dem seither herrenlosen Gut erhalten solle, da doch das römische Recht gerade beim Besitzerwerbe bereits direkte Stellvertretung als möglich anerkannt hat, der Sklave aber in jedem Falle notwendiges Erwerbsorgan seines Eigentümers war. Wenn er es aber einmal (nach einem anderen Rechtssystem) besagen würde, so könnte auch die politische Ökonomie als Erwägung gesellschaftlicher Wirtschaft ihre konkrete Lehre nur unter der Beachtung der besonderen Art der Zuteilung seither herrenlosen Gutes an eine Privatperson aufzustellen und im einzelnen auszuführen im stande sein. Die vorausgesetzte soziale Regel vom Erwerbe des Privateigentumes ist also für die juristische wie für die nationalökonomische Betrachtung selbstverständlich die gleiche; und die letztgenannte Erwägung ist um so weniger von der Besonderheit bestimmter äußerer Regelung unabhängig, als die von KNIES verwendeten Begriffe des Lohnarbeiters und des Sklaven doch nur unter der Bedingung einer solchen überhaupt Sinn und Bedeutung haben. Ob man aber sagt: daß die Sache in das Eigentum eines Rechtssubjektes eintrete, oder: daß sie „in den Gebrauchsbereich gesellschaftlicher Wirtschaft“ komme, ist sachlich ein und dasselbe. Das Gut kann gar nicht als Gebrauchsobjekt in einer sozialen Wirtschaft, also in einem geregelten menschlichen Zusammenwirken auftreten, ohne daß es in die rechtliche Verfügungsgewalt irgend jemandes komme, sei es des Okkupanten selbst oder der von ihm vertretenen Privatperson oder des Staates, der Gemeinde usw. Und es ist keine nationalökonomische Betrachtung möglich, welche die soziale Wirtschaft eines bestimmten Menschenkreises klärend erkennen will, es sei denn, daß sie von der besonderen sozialen Regelung ausgeht, welche beispielsweise in der angeregten Frage über den Erwerb herrenloser Güter gerade gilt.

Und doch gibt es allerdings eine spezifisch sozialökonomische Erwägung, die von der juristischen Aufgabe getrennt werden kann und soll. Nur suchte sie die historische Nationalökonomie in falscher Richtung. Ihre kritisch nicht geklärte Meinung ging dahin, daß „die wirtschaftlichen Zustände und ihre Entwicklung als ein mit dem gesamten Lebensorganismus des Volkes eng verbundenes Glied“ anzusehen seien. In der Tat ist aber die Volkswirtschaft nicht ein eigenes, nur organisch verbundenes Glied der menschlichen Gesellschaft, während etwa das Recht und die Sitte andere „Glieder“ gleicher Art wären, — sondern diese sind die Form des sozialen Lebens, jene aber ist dessen Materie, der geregelte Stoff. Gesellschaftliches Dasein der Menschen ist ein einheitlicher Gegenstand; es ist ein äußerlich geregeltes Zusammenwirken. Und dieses ist, wie wir oben ausführten, der Unterschied der juristischen und der nationalökonomischen Betrachtungsweise, daß jene auf die rechtliche Form einer menschlichen Gesellschaft für sich abstrahierend abzielt, während die letztere die konkrete Durchführung eines sozial geregelten Zusammenwirkens, das auf menschliche Bedürfnisbefriedigung hingeht, zum Gegenstande zu nehmen hat.

Eine klare Aussprache hierüber findet sich auch bei MARX und seinen Anhängern nicht.

Allerdings war jener Autor der grundsätzlich richtigen Auffassung sehr nahe. Er spottet in treffender Weise über die Nationalökonomen, welche das Kapital dahin definieren, daß es aufgehäufte Arbeit sei, da es aus Rohstoffen, Arbeitsinstrumenten und Lebensmitteln aller Art bestehe, die verwandt werden, um neue Rohstoffe, neue Arbeitsinstrumente und neue Lebensmittel zu erzeugen; — „was ist ein Negersklave? Ein Mensch von der schwarzen Rasse. Die eine Erklärung ist die andere wert."

„Ein Neger ist ein Neger. In bestimmten Verhältnissen wird er erst zum Sklaven. Eine Baumwollspinnmaschine ist eine Maschine zum Baumwollspinnen. Nur in bestimmten Verhältnissen wird sie zu Kapital. Aus diesen Verhältnissen herausgerissen, ist sie so wenig Kapital, wie Gold an und für sich Geld oder der Zucker der Zuckerpreis ist."

„Das Kapital ist ein bürgerliches Produktionsverhältnis . . Es ist eine Summe von Waren, von Tauschwerten, von gesellschaftlichen Größen."

Das ist ganz richtig. Es bedurfte nur noch eines Schrittes, um zur Klarheit über die grundlegende Bedingung einer sozialen Erkenntnis überhaupt zu gelangen und als solche notwendige Bedingung eine bestimmte äußere Regelung des menschlichen Zusammenlebens einzusehen, unter welcher auch der Begriff vom Kapital erst einen festen Halt gewinnen kann und eine klärende Lehre darüber möglich wird. Die „bestimmten Verhältnisse", die bei Marx überall wiederkehren, sind eben rechtlich bestimmte Verhältnisse, besonders ausgestaltete Rechtsverhältnisse; und die Vorführung von „gesellschaftlichen" Größen fußt unvermeidlicherweise auf Beziehungen, die durch äußere Regelung bestehen. Statt dessen hat sich Marx davon in anderen Erörterungen direkt abgewandt.

In der Vorrede zur Kritik der politischen Ökonomie sagt er, daß die Gesamtheit der Produktionsverhältnisse die ökonomische Struktur einer Gesellschaft bilde, die reale Basis, worauf sich ein juristischer Überbau erhebe; — was ganz unzutreffend ist, da die gesellschaftlichen Produktionsverhältnisse überhaupt gar nicht außerhalb einer bestimmten juristischen Regelung bestehen. Es sind weiter gar nichts, als bestimmt erwogene Rechtsverhältnisse, als rechtlich geordnete Beziehungen der Menschen zueinander. Wenn es aber richtig ist, daß es sich — wie Marx in seinem Streite gegen Proudhon selbst sagt — bei den Produktionsverhältnissen um Eigentumsverhältnisse in einer gewissen realen Ausführung handelt, so ist auch das Bild von dem juristischen Überbau, der angeblich „über den Eigentumsverhältnissen" ausgeführt sei, schon in sich verworfen und gerichtet, da ja doch aller Begriff vom Eigentum sich auf der Bedingung einer ihn allererst konstituierenden rechtlichen Norm nur erhebt.

Die sonach bei Marx nicht deutlich zum Austrag gekommene Grundbedingung der sozialen Regelung ist von seinen Nachfolgern noch mehr verwirrt und in das Unklare gebracht worden. Sie behandeln zwar die ökonomische Lehre und deren Objekte als gesellschaftliche und bemühen sich auch wohl geradezu, den Gegensatz der sozialen Wissenschaft von der bloßen Naturforschung hervorzuheben. Sie geben jedoch nicht an, wodurch diese Scheidung ermöglicht wird, noch auch, welches nun der Gegenstand der Gesellschaftswissenschaft sei, und was ihn in seiner Besonderheit möglich mache und bestimme.

Der Wert soll nach der Interpretation der Marxisten „eine historische Kategorie einerseits und ein gesellschaftliches Verhältnis andererseits“ sein, das nur aus den gesellschaftlichen Funktionen und nicht aus den natürlichen Eigenschaften der Ware abgeleitet werden kann; — und sie tadeln es, wenn den Naturalformen der Waren heute Eigenschaften zugeschrieben werden, die mystisch erscheinen, solange sie nicht aus den Verhältnissen der Produzenten zueinander erklärt werden. Allein es fehlt die Besinnung darauf, was nun ein gesellschaftliches Verhältnis, was soziale Beziehungen zusammenwirkender Menschen denn seien.

Die genannten Schriftsteller halten vielmehr darauf, daß die sozialökonomische Wissenschaft für sich selbständig gestellt werde und ihre Lehre von der Bedingung bestimmter rechtlicher Regelung, wenngleich nicht von der Abhängigkeit des Wechsels der menschlichen Gesellschaft im Laufe der Geschichte, frei bleibe. So findet sich der Plan, „das Wesen der Gesellschaft aus rein ökonomischen Begriffen herzuleiten“, während man sonst geneigt sei, Rechtsinstitutionen zu sehen; — und es kommen immer wieder Redewendungen, wonach das Recht nur die ökonomischen Bedingungen einer bestimmten Gesellschaft widerspiegele, und die wirtschaftlichen Verhältnisse in einer Gesellschaft die reale Unterlage der darüber sich erhebenden Rechtsordnung abgeben, welche letztere wiederum die Aufgabe habe, die sonst wilden und ungezügelten Kräfte der gesellschaftlichen Produktion zu menschlichen Zwecken zu leiten und zu führen.[115]

Aber das ist alles nicht klar und scharf zu Ende geführt.

Die Charakterisierung der sozialökonomischen Begriffe als historische Kategorien, die Berufung darauf, daß deren Inhalt im

Laufe der Geschichte notwendig wechselt, ist an und für sich irrelevant. Eine Geschichte hat auch die Erde, oder etwa die mathematische Wissenschaft. Das Moment des geschichtlichen Wechsels kann also von der Aufgabe, sich systematisch auf den Gegenstand der Sozialwissenschaft und dessen fundamentale Erkenntnisbedingungen zu besinnen, durchaus nicht entbinden. Nimmt man nun als solchen den vereinten Kampf um das Dasein, die Verbindung von Menschen, um zu produzieren, so liegt die neue und besondere Eigenschaft des sozialen Lebens in der Vereinigung und dem Verbundensein; welches nun, wie von uns bewiesen worden ist, nur nach äußerer Regelung des menschlichen Zusammenwirkens bestimmt werden kann. Auch darf man nicht sagen, daß die Art, wie gesellschaftlich produziert und der gemeinsame Kampf um das Dasein geführt würde, die Grundlage der sozialen Regelung abgebe, — denn diese besondere Art und Weise bedeutet wieder nur die eigenartige Vollführung eines bestimmt geregelten Zusammenwirkens: Alle Möglichkeit technischer Naturbeherrschung kann auf keine andere Weise in den Bereich sozialer Untersuchung hineingebracht werden, als durch die Erwägung ihrer Vornahme in äußerlich geregeltem Zusammenarbeiten. So sind alle „wirtschaftlichen Verhältnisse“ im nationalökonomischen Sinne allemal äußerlich geregelte Verhältnisse. Ökonomische Kategorien“ aber zur Erkenntnis menschlichen Gesellschaftslebens, bei denen nicht als grundlegende Bedingung eine bestimmte soziale Regelung vorausgesetzt ist, gibt es überhaupt nicht.

Endlich ist auch in der neueren Zeit in der so sehr zersplitterten Nationalökonomie die Auseinandersetzung der Begriffe Rechtsordnung und Sozialwirtschaft keineswegs in der Weise vorgenommen worden, daß es einem leicht fiele, darin die bewußte, obschon unausgesprochene, Grundmeinung zu sehen: daß die nationalökonomische Untersuchung es nur mit rechtlich geregeltem Zusammenwirken zu tun habe, und sie weiter nichts sei, als die Betrachtung der konkreten Ausführung einer bestimmten Rechtsordnung. Statt dessen finde ich gerade durchgängig die Ansicht hervorleuchten, daß die politische Ökonomie es als solche zwar keineswegs mit bloßer Technik und naturwissenschaftlicher Forschung zu tun habe, daß sie aber auch nicht nur ein bestimmt geregeltes menschliches Zusammenwirken erörtere und darum notgedrungen in ihren Begriffen und Lehrsätzen von den Besonderheiten einer konkreten Regelung in bedingter Abhängigkeit stehe, — sondern daß es sich um etwas drittes handele, um „die Volkswirtschaft" als etwas von bestimmter sozialer Regelung an sich unabhängig Gegebenes.

So sagt SCHMOLLER, daß die Volkswirtschaftslehre mitten inne zwischen den angewandten Naturwissenschaften, der Technologie, Maschinen-, Landwirtschafts-, Forstwirtschaftslehre und dergleichen auf der einen Seite und zwischen Staats-, Rechts-, Gesellschaftslehre auf der anderen Seite stehe. Und er meint, daß „zu der freien Verbindung durch Arbeitsteilung und Verkehr die rechtliche und organisatorische hinzukomme; und die Volkswirtschaft, die „ein integrierender Teilinhalt des gesellschaftlichen Lebens bleibe", an „das Recht sich anlehne".[116]

Besser und richtiger hatte schon ARNOLD bemerkt, daß jeder wirtschaftliche Akt Rechtsformen voraussetze und „daß jedes wirtschaftliche Verhältnis zugleich ein Rechtsverhältnis einschließt". Aber auch er verfolgt dann diesen Gedanken nicht in nötiger Konsequenz und Schärfe. In bedenklicher Fassung resümiert er, daß jeder wirtschaftlichen Form eine Rechtsform parallel laufe"; — und es mag gerade auf ihn die unglückliche Ausdrucksweise zurückzuführen sein, die einen verwirrenden Erfolg unvermeidlich haben muß: daß „das Recht und die Wirtschaft in Wechselwirkung" ständen, beide von einander abhängig seien, aber auch jedes über das andere herrsche.[117] Wir werden auf jene angebliche Wechselwirkung im folgenden Kapitel noch einzugehen haben. Aber man sieht jetzt schon, daß auch bei ARNOLD es immer wieder durchdringt, daß „die Wirtschaft" — ein nebelhaftes Etwas — als ein eigener und selbständiger Gegenstand unabhängig und gleichartig neben „dem Rechte" stehe. Von der zutreffenden Auffassung, daß es sich in deren logischem Verhältnis nur um die Unterscheidung von Regel und geregeltem Stoffe, von Form und Materie des sozialen Lebens handele, daß sie für die soziale Betrachtung als Einheit, als geregeltes Zusammenwirken, genommen werden müssen, ist ARNOLDS Auffassung weit entfernt.

Unter den neueren Nationalökonomen hat vor allem ADOLF WAGNER das Verdienst, auf eine schärfere Beachtung der Bedeutung des Rechtes für die volkswirtschaftliche Erwägung gedrungen zu haben. Aber die eigene Art und Weise, in der dieser Autor es getan, dringt nicht zur vollen Klarheit über diesen Gegenstand vor; und ist von unserer Grundmeinung verschieden.

WAGNER nimmt als Unterlage der nationalökonomischen Betrachtung nach wie vor die Einzelwirtschaft, das sei „eine Wirtschaft, die von einem einheitlichen Willen geleitet wird"; entweder die des einzelnen Individuums, welche in der Familienwirtschaft eine besondere Erweiterung erfährt, oder die Wirtschaft von juristischen Personen. Sie sei keine „rein wirtschaftliche Erscheinung, sondern zugleich von der Gestaltung des Rechtes abhängig". Die Einzelwirtschaften schließen sich dann zur Volkswirtschaft zusammen, und zwar in organischer Weise. Die Volkswirtschaft ist „ein nationales Besitztum, ist Nationalökonomie und insoweit ein Naturprodukt". Allerdings sei die Volkswirtschaft auch als Organismus keineswegs ein bloßes Naturgebilde, sondern sei durch den Staat und die Rechtsordnung beeinflußt. Es wird alsdann „in das Naturgebilde der Volkswirtschaft das Moment selbst organisierender menschlicher Tätigkeit planvoll hineingetragen, durch welches die Volkswirtschaft aus einem Naturprodukt des bloßen menschlichen Trieblebens ein menschliches vernunftgemäßes Kunstprodukt wird". Endlich schließen sich die Volkswirtschaften (worauf hier weniger ankommt) zu der Weltwirtschaft zusammen. — Hinsichtlich der grundsätzlichen Stellung des Rechtes meint nun WAGNER, daß die Volkswirtschaft ein geschichtliches Produkt von vier Momenten sei; es kämen als solche in Betracht: ein persönliches und nationales, das im Volke und seiner geschichtlichen Entwicklung, ein natürliches, geographisches, das im Lande und seiner Naturbeschaffenheit, ein technisches, das in der Gestaltung seines Produktionsbetriebes und, in engem Zusammenhange mit dem zweiten Moment, in der Gestaltung der Kommunikations- und Transportverhältnisse, endlich ein rechtliches und politisches, das im Staate und in der Gestaltung der wirtschaftlichen Rechtsordnung liegt. Und indem er an anderer Stelle richtiger die drei ersten in den einen Begriff der Technik zusammenzieht, so sucht er späterhin auszuführen, daß „zwischen Technik, Ökonomik und Recht innige Wechselbeziehungen" statt hätten.[118]

Hiergegen ist zu bemerken:

Die formale Bedeutung der rechtlichen Regelung ist bei der von WAGNER gegebenen Analyse des sozialwirtschaftlichen Lebens der Menschen nicht klar herausgeschält. Es ist nicht beachtet, daß jede rechtliche Norm zu ihrem Inhalte ein mögliches Zusammenwirken von Menschen notwendig hat, wenn sie nicht in sich leer und sinnlos sein will. Das Recht, als Inbegriff solcher Normen, bedeutet also nur die Form des sozialen Lebens. Es ist in seinen konkreten Bestimmungen die Bedingung, unter der sich die

Ausführung des letzteren als eigener Gegenstand unserer Erwägung überhaupt erst fassen läßt. Die bloße Angabe, daß die soziale Wirtschaft „ein Produkt“ aus den Momenten der Technik und des Rechtes sei, genügt zur wissenschaftlichen Klarstellung des Sachverhaltes nicht, so lange nicht deutlich und sicher erkannt ist, daß die Rechtsordnung die Form, das technisch mögliche Zusammenwirken von Menschen aber den geregelten Stoff des sozialen Lebens abgibt. Wenn WAGNER neben dem Rechte noch „die Sitte“ erwähnt, so wissen wir aus früherem, daß sich diese als Konventionalregel mit dem Rechte unter dem Oberbegriffe der äußeren Regelung vereint; für welche wir aber repräsentativ das Recht einstweilen einzusetzen befugt waren.

Zweitens bleibt in WAGNERS Darstellung der Begriff der sozialen Wirtschaft undeutlich. Denn auch er spricht, wie die angeführte Nebeneinanderstellung von Technik, Ökonomik, Recht beweist, von einer dreifachen grundlegenden Art der Erwägung menschlichen Zusammenwirkens, welche Dreiteilung in gleichwertiger Weise vorgenommen werden könne. Er sucht zu der dritten, zu der Ökonomik, durch Anwendung des früher (§ 28) von uns besprochenen ökonomischen Prinzips zu gelangen: Ökonomik würde danach die Lehre von der wirtschaftlichen Vollführung eines auf Bedürfnisbefriedigung gerichteten menschlichen Zusammenwirkens sein.

Auch hier ist übersehen, daß die ökonomische wie die unwirtschaftliche Ausführung des Zusammenwirkens bei den beiden Betrachtungsweisen des letzteren, die in der Tat in ausschließender Alternative allein grundlegend möglich sind: die technische und die rechtlich geregelte, — als Unterabteilungen gleichartig sich einstellen. Es gibt für die technische Betrachtung menschlichen Zusammenarbeitens eine wirtschaftliche und eine unökonomische Erwägung; und es ist für die rechtlich geregelte Art des Zusammenwirkens auch beides möglich, und zwar für den einzelnen wie für das Ganze der Regelung: — eine „ökonomische“ Erwägung aber, nach dem Prinzip der Wirtschaftlichkeit angestellt, die sich weder auf die technische Möglichkeit noch auf eine rechtlich geregelte Art menschlichen Zusammenwirkens als vorausgesetzte Unterlage bezöge, welche ein Miteinanderarbeiten weder in der Richtlinie der Technologie noch in dem Sinne eines sozial bestimmt normierten Verhaltens von Menschen zum Gegenstande hätte, sondern dieses ausschließlich und grundlegend vom ökonomischen Prinzip aus betrachtete, — eine solche prinzipiell selbständige sozialwirtschaftliche Erwägung gibt es nicht. Nachdem man das Zusammenwirken entweder als technisch interessierendes oder als sozial geregeltes in Gedanken genommen hat, kann es weiterhin als ein wirtschaftliches oder als ein unökonomisches erwogen werden. Aber es geht nicht an, die letztere Betrachtung vorauszutellen, den Begriff eines menschlichen Zusammenwirkens zu nehmen, das weder in technischem Interesse noch äußerlich normiert gedacht wäre, sondern von dem weiter nichts gesagt wäre, als daß es „wirtschaftlich" sei, um es dann hinterher technologisch und sozial einzuteilen. Nur von einem technisch erwogenen oder aber von einem geregelt genommenen Zusammenwirken kann man in zweiter Linie angeben, ob es wirtschaftlich zweckmäßig sei oder nicht; nicht aber umgekehrt. Die erkenntniskritische Analyse der hier verwendeten Begriffe liefert also den logischen Vorrang der von uns gegebenen Alternative in der Betrachtung menschlichen Zusammenwirkens. Die sogenannte ökonomische Erörterung tritt logischer Weise sekundär auf, ist der technischen und der Erwägung nach äußerer Regelung nicht gleichwertig.

Wagner selbst hat eine praktische Verwendung der sogenannten rein ökonomischen Betrachtungsweise nur selten versucht; so beispielsweise bei dem Begriffe des Vermögens, bei dem er einen rein ökonomischen von einem rechtlich geregelten unterscheiden will. Sehr mit Unrecht. Jenes sei „ein in einem Zeitpunkte vorhandener Vorrat wirtschaftlicher Güter als realer Fonds für die Bedürfnisbefriedigung"; von dem „wirtschaftlichen Gute" aber sagt er, daß es „kein rein ökonomischer, sondern zugleich ein Rechtsbegriff ist, sobald man von dem zweiten, dem sozialen Standpunkte der Betrachtung aus die sozialen Verschiedenheiten in der Lage der Individuen und der Menschengruppen berücksichtigt." Wo bleibt nun das „rein ökonomische" Vermögen, wenn die es bildenden wirtschaftlichen Güter wieder nicht „rein ökonomisch" sind?

Die Bestimmung der letzteren im sozialen Sinne war eben ganz richtig; der angeblich rein ökonomische Begriff des Vermögens dagegen ein unnützer Versuch. Der ausschließenden Alternative — entweder technisch erwogenes oder rechtlich geregeltes Zusammenwirken — entweichen zu wollen, verbleibt ein in sich unmögliches Unterfangen.

Bei der Verkennung der Ausschließlichkeit jener Alternative bleibt es eine Halbheit, wenn Wagner für das privatwirtschaftliche System, das ist dasjenige eines verhältnismäßig freien Verkehrs der Privatwirtschaften unter einander, eine Rechtsbasis als nicht wohl entbehrlich postuliert. „Sie ist ein unbedingtes Bedürfnis für die Privatwirtschaften, ohne dessen genügende Befriedigung die letzteren in der Fürsorge für andere Bedürfnisse im verkehrswirtschaftlichen Zustande der Volkswirtschaft großenteils lahm gelegt wären.“ — Aber die rechtliche Regelung des Verkehrs ist nicht ein materielles Bedürfnis, ohne dessen Befriedigung das soziale System der Privatwirtschaft auch noch bestehen könnte, nur mangelhaft und geringwertiger; sondern sie ist die notwendige Erkenntnisbedingung, ohne welche eine sozialökonomische Untersuchung formal überhaupt gar nicht möglich ist. Und es ist „die Rechtsbasis“ nicht nur für den Verkehr unter den Einzelwirtschaften sozialökonomisch erforderlich, welche letzteren auch von der Gestaltung des Rechtes „zugleich abhängig wären“; vielmehr sind diese als soziale Erscheinungen ganz und gar nur unter der Bedingung bestimmt äußerer Regelung begreifbar. Denn die in einem einzelnen Individuum im Begriffe von dessen Wirtschaft zusammengezogenen Tätigkeiten zu seiner Bedürfnisbefriedigung vollziehen sich, als soziale erwogen, nur mittels geordneter Beziehungen zu anderen; und die kleineren Personenkreise, deren vereintes Wirken nach Wagner auch noch als Einzelwirtschaft gefaßt werden soll, treten eben als sozialwirtschaftliche Phänomene, nur in konkreter Ausführung eines bestimmt geregelten Gesellschaftslebens hervor: ob Bauernhof oder Fabrik, Klostergut oder die große Gesamtfamilie der Utopier — immer handelt es sich für deren sozialökonomische Erörterung um die besondere Verwirklichung eines bestimmt normierten zusammenstimmenden Arbeitens und Verhaltens. Ohne es zu bemerken, ist Wagner, an Stelle der erkenntniskritischen Grundlegung, bereits mitten in der Vollführung derjenigen Aufgabe begriffen, welche allerdings der Nationalökonomie allein mit Fug zufallen kann und soll: der Klarlegung der konkreten Ausgestaltung eines rechtlich geregelten zusammenwirkenden Verhaltens von Menschen.[119]

36

Ein Fürsprech der seither gepflogenen Lehrart unserer politischen Ökonomie, wonach sie von ihrer letzten Erkenntnisbedingung bestimmter sozialer Regelung überall ausdrücklich zu reden vermied und jene auch nicht ein einziges Mal als dasjenige Moment aufführte, dadurch sie als eigene Wissenschaft überhaupt konstituiert und möglich wurde, könnte nun vielleicht es noch mit der

Anzweiflung versuchen: ob diese bewußte Selbstbestimmung und scharfe Hervorhebung der unvermeidlichen logischen Voraussetzung einer sozialwissenschaftlichen Einsicht wirklich durchaus von nöten, von wissenschaftlichem Werte und maßgeblichem Einflusse sei.

Aber es würde dieses ein nicht glückliches advokatorisches Vorgehen bedeuten.

Von einer klaren Voranstellung des Objektes und Zieles, das einer wissenschaftlichen Nachforschung in Besonderheit eignet, hängt Sicherheit und gegründete Festigkeit der Methoden der Untersuchung gänzlich ab. Und solches sich zu erringen, hätte unsere heutige Nationalökonomie eigentlich genugsam Anlaß.

Der oben (§ 27) des näheren erwähnte Streit über den rechten Ausgangspunkt der politischen Ökonomie, und der krankhafte Heißhunger dieses Faches nach stets neuen „Grundlegungen“, führt doch in letzter Linie nur auf eine ausgezeichnete Unsicherheit über den der sozialökonomischen Betrachtung in Eigenart zufallenden Gegenstand wissenschaftlicher Untersuchung zurück. Das nicht zur Ruhe gelangende Streiten über die Methoden der Nationalökonomie, der Zweifel, in wie weit und mit welchem Zielpunkte man auf psychologische Beobachtungen zurückzugehen habe, die Kontroverse über die rechte Anwendung des deduktiven oder induktiven Verfahrens bei der Erörterung sozialwirtschaftlicher Erscheinungen und Vorgänge würde weniger empfindlich und von fühlbarem Einflusse gewesen sein, wenn man sich bewußt und ausdrücklich vorgehalten hätte, daß alle Betrachtung sozialer Wirtschaft der Menschen nur die Erwägung eines bestimmt normierten Zusammenwirkens sein kann, daß also die Ergebnisse der nationalökonomischen Forschung weiter gar nichts anderes darstellen und bedeuten können, als Klarheit über die konkrete Ausführung eines bestimmt geregelten Zusammenarbeitens und Zusammenlebens zu verschaffen.

Nicht „der Mensch“ oder „die Bedürfnisse“ oder „die Wirtschaft *in abstracto*“ haben Anfang und grundlegenden Begriff der Volkswirtschaftslehre abzugeben; sondern das soziale Leben der Menschen, dessen besondere Ausführung und konkrete Verwirklichung von der politischen Ökonomie in eigener Aufgabe zu erforschen ist.

Was für Hülfstruppen der Nationalökonom dabei sich heranziehen möge, ergibt sich ganz im einzelnen Falle aus der jeweiligen Spezialaufgabe. Nun kann er Psychologie und Naturforschung, Technologie und medizinische Kunde und sonstiges mehr zum Mittel nehmen. Aber Hilfsheere sind, wie MACHIAVELLI sagt, allemal bedenklich und gefährlich für den, der sie ruft; nur zu leicht kommt er in ihre Botmäßigkeit, statt daß sie ihm untertänige Diener verbleiben. Wollen die Nationalökonomen nicht als *peregrini dediticii* der naturwissenschaftlichen Technik dastehen, so mögen sie darauf sinnen, jene Helfer auch nur nebensächlich zu beschäftigen und ihr eigenes Objekt in Selbständigkeit zu beherrschen. Und sie können einen eigenartigen Gegenstand als sozialwissenschaftliche Betrachtung haben und besitzen. Doch freilich nur in der Begrenzung, daß sie ihre Arbeit unter die Bedingung jeweilig bestimmter sozialer Regelung stellen.

Die letztere kann auch ohne Beachtung ihrer konkreten Ausführung wissenschaftlich erwogen werden, wie die Jurisprudenz seit Jahrhunderten es vollzieht. Und die konkrete Ausführung wiederum vermag sich selbstredend vollendet zu vollführen, ohne daß überhaupt ein systematisch gerichtetes Nachdenken darüber statt hat. Aber es ist des Schweißes wert, diese Lücke auszufüllen und Klarheit über die konkrete Verwirklichung einer bestimmten sozialen Ordnung des menschlichen Zusammenlebens zu beschaffen. In diese Bresche trat seit nicht langer Zeit die Disziplin der Volkswirtschaftslehre; das war ein Verdienst; — niemand wird wünschen, sie zu entbehren.

An Arbeit fehlt es dabei nicht. Und je mannigfaltiger und reicher das soziale Leben sich ausgestaltet, je verwickelter und wechselnder die Verwirklichung unseres gesellschaftlichen Daseins sich vollzieht, um so eindringlicher wird die Aufgabe nach Klarlegung der konkreten Realisierung der geschichtlichen Rechtsordnungen Aber der Art nach bleibt das Ziel der Nationalökonomie stets gleichmäßig: Es ist allemal Aufhellung der sozialen Wirtschaft der Menschen; es gibt aber keine solche gesellschaftliche Wirtschaft außerhalb bestimmter äußerer Regelung. Soziale Wirtschaft ist nur bestimmt geregeltes Zusammenwirken; und alles Wünschen, alles Sehnen der Volkswirte, daß sie einen Lehrvortrag ohne Rücksicht auf eine bestimmte soziale Ordnung als Beitrag zur wissenschaftlichen Erkenntnis des menschlichen Gesellschaftslebens vorbringen möchten, ist in sich eitel und vergeblich, — ein Versuch am absolut untauglichen Objekt.

Ob von der Nationalökonomie dabei eine oder mehrere und wie viele Rechtsordnungen in Betracht gezogen werden, ist natürlich prinzipiell gleichgültig. Denn aus der Verschiedenheit der Absichten und Ziele von Rechtswissenschaft und politischer Ökonomie ergibt sich namentlich auch, daß die letztere nicht in gleicher Weise Anlaß hat, in das feine Geäst unserer komplizierten juridischen Organisation auf das genaueste einzudringen und allen Einzelheiten der rechtlichen Ordnung ebenso präzise nachzugehen, wie es der Jurisprudenz Pflicht ist. Jene kann das weit verzweigte System der gerade zur Durchführung der rechtlichen Ordnung selbst wieder bestimmten Rechtsteile, zum Exempel die Prozeßrechte, in der Regel ziemlich entbehren; und es kommt ihr zur Beobachtung der sozialen Wirtschaft weniger auf die Einzelausgestaltung eines Rechtes an, als auf gewisse grundsätzliche Einrichtungen, in deren konkreter Anwendung und Durchführung dann jene sozialwirtschaftlichen Massenerscheinungen auftreten, von deren Sonderart und sozialer Bedeutung wir geeigneten Platzes noch näher zu handeln haben. Da nun zur Befassung mit diesen ökonomischen Phänomenen die allgemeinen Institutionen einer rechtlichen Ordnung regelmäßig ausreichen, so ist auch die Betrachtung jener Einrichtungen über das räumliche und zeitliche Geltungsgebiet eines einzelnen Rechtes hinaus möglich, sobald wir auf die gleichen grundsätzlichen Einrichtungen in einem anderen Rechtskreise stoßen.

Diese Bemerkung kann auch dazu dienen, den irrigen Glauben mancher Nationalökonomen an eine Unabhängigkeit ihrer Lehre von ganz bestimmt gegebener Rechtsordnung etwas zu erklären. Da sie gerade für die interessantesten und bedeutsamsten sozialwissenschaftlichen Erörterungen regelmäßig nur die allgemeinen und grundsätzlichen Einrichtungen unseres Rechtes voraussetzen müssen, diese aber im Laufe der Jahrhunderte aus geschichtlich bekannter Zeit und bei den uns interessierenden Völkern im großen und ganzen übereinstimmen, weil wir seit langen Zeiten die oben als für uns ausschlaggebend genannten Institutionen des grundsätzlichen Privateigentumes, der Vertragsfreiheit und freien Vererbung finden, so konnte ein Übersehen des Umstandes, daß man bei allen nationalökonomischen Erörterungen eine bestimmte Regelung des menschlichen Zusammenlebens zur bedingenden Voraussetzung genommen hatte, wohl entstehen. Und es ist andererseits leicht erklärlich, daß der moderne Sozialismus, wie wir sahen, alle jene Untersuchungen einfach als historisch bedingte erklären mußte, da es ihm ja auf eine polemische Stellungnahme zu den angeführten grundlegenden Sätzen der überlieferten Rechtsordnung ankam; indessen er freilich, wie bemerkt, den wissenschaftlichen Grund für die Notwendigkeit historischer Bedingtheit aller sozialökonomischen Betrachtung auch seinerseits keineswegs erkannt und klar hervorgehoben hat. Und wenn es endlich der nationalökonomischen Forschung seither möglich war, die soziale Wirtschaft verschiedener Länder und Zeiten in ihrer Übereinstimmung oder Verschiedenartigkeit zu erwägen, obgleich die einzelne Ausbildung der dort geltenden Rechtsordnungen mannigfache Verschiedenheiten aufwies, so beruhte dies nur darauf, daß ihre Erwägungen auf der allgemeinen Basis bestimmter Rechtseinrichtungen angestellt werden konnten, und diese Institutionen in ihren großen Grundzügen in den betreffenden Gemeinwesen übereinstimmten: Man nehme an, daß an Stelle jener Rechtseinrichtungen grundsätzlich andere getreten wären, und alle Lehrsätze, die etwa für eine Rechtsordnung mit Privateigentum an Produktionsmitteln ganz berechtigt gewesen waren, hören unter dem entgegengesetzten sozialistischen Rechtssystem auf, irgend einen Sinn noch zu haben; — mit dem, was die Bedingung ihrer Existenzberechtigung und Wahrheit gewesen war, mit einer bestimmten rechtlichen Regelung des sozialen Lebens, fallen sie ganz von selbst in sich zusammen.

Aus früher Bemerktem wird man sich erinnern, daß an sich eine Organisation des sozialen Lebens in der Art denkbar wäre, daß an Stelle des rechtlichen Zwanges freie Vereinigungen nur unter Konventionalregeln beständen. Ein solcher rechtloser Zustand, wie er von der einen Seite der anarchistischen Richtungen gefordert wird, könnte immer noch zu sozialwissenschaftlicher Erörterung Möglichkeit geben. Denn es würde ja hierbei eine äußere Regelung des menschlichen Zusammenlebens vorliegen; bloß mit dem Unterschiede, daß nicht ein Rechtszwang obwaltete, sondern nur frei vereinbarte, also auch von Menschen gesetzte Normen beständen, deren Geltungsanspruch ausschließlich auf der Zustimmung der Unterworfenen sich aufbaute. Aber ein derartiger sozialer Zustand, in dem bestimmte Menschen lediglich unter Konventionalregeln leben würden, ist geschichtlich nicht bekannt. Wie er sich *in concreto* ausnehmen würde, steht ganz dahin. Soweit also die Nationalökonomie als Sozialwissenschaft es mit historischen Erscheinungen der sozialen Wirtschaft zu tun hat, ist es nicht fehlerhaft, ihre Aufgabe auf die Erwägung bestimmter rechtlicher Ordnung in ihrer konkreten wirtschaftlichen Gesamtdurchführung zu beschränken.

Wie würden wir uns nun eine nach dem hier dargelegten Prinzip systematisch durchgeführte Lehre der politischen Ökonomie zu denken haben? — Es ist möglich, daß sie in vielem oder dem meisten gar nicht so sehr von der gebräuchlichen nationalökonomischen

Lehre abwiche, soweit es sich um genaue Feststellung aus wirklich gegebener gesellschaftlicher Wirtschaft handelt. Von demjenigen, was SCHMOLLER „eine abstrakte Durchschnittsvolkswirtschaft" genannt hat, müßte freilich selber abstrahiert werden, indessen die Zerteilung in einen allgemeinen und einen besonderen Teil (meinethalben mit den althergebrachten Titulaturen) selbstredend überall angängig wäre, und die gemeinsamen Faktoren der systematisch zu gruppierenden Produkte als „theoretische" Lehre vor die Klammer gesetzt werden dürften; — was alles nun genau auszuführen für jetzt anderen Kräften überlassen bleiben muß.

Denn ob diese oder jene Einzelheit im seitherigen nationalökonomischen Lehrvortrag — soweit von einem solchen als einer einigermaßen übereinstimmend festzustellenden Größe überhaupt gesprochen werden kann — eine Verbesserung erfahren mag, darauf würde in diesem Zusammenhange und aus dem Interesse, dem unsere Untersuchung entstammt, weniger Gewicht zu legen sein. Was wir zu betonen haben, geht dahin: daß aus der methodischen Verirrung einer von bestimmter sozialer Regelung angeblich unabhängigen volkswirtschaftlichen Forschung und Lehre ein schwer wiegendes Mißverständnis über die prinzipielle Bedeutung und Fähigkeit der Ergebnisse sozialökonomischer Erwägung für das soziale Leben der Menschen überhaupt erwachsen ist.

Zwar streiten die Nationalökonomen darüber, in welchem Sinne man von sozialen Gesetzen reden dürfe. Aber daß dasjenige, was sie als soziale Lehre vorbringen, in seinem Inhalte von allgemeingültiger Bedeutung sei, — und umgekehrt, daß, wenn es sich um Gesetzmäßigkeit sozialwirtschaftlicher Bewegungen handelt, dieses durch „nationalökonomische" Forschung klar zu stellen sei: das scheint allen verschiedenen Vertretern der politischen Ökonomie festzustehen.

Und doch bedeutet dieses einen grundsätzlichen Irrtum.

Alle nationalökonomische Erkenntnis, die in Geschlossenheit vorgehen und eine eigene Disziplin wissenschaftlicher Forschung darstellen will, ist von geschichtlich bedingtem Inhalte bestimmter rechtlicher Regelung abhängig. Davon abgesehen, ist sie außer stande, ein Wissen zu liefern, das außerhalb bloßer naturwissenschaftlich-technischer Erörterung stände und eine Einsicht in das gesellschaftliche Dasein von Menschen ergäbe. Es ist nicht möglich, einzelne nationalökonomische Lehrsätze zu geben, die notwendig und allgemeingültig und von wechselndem Inhalte besonderer

Rechtsordnungen unabhängig wären. Nimmt man vielleicht das gelegentlich hierfür angezogene Beispiel der Zinsen: — Es wird gezeigt, wie sich immer wieder im Laufe der sozialwirtschaftlichen Entwicklung die gesetzlichen Zinsbeschränkungen als ohnmächtig erwiesen haben und insbesondere das kanonische Zinsverbot schließlich auch wieder hat weichen müssen; — aber alle diese Beobachtungen geben doch keine gesetzmäßige Erkenntnis von unbedingter Allgemeingültigkeit, sondern sie können nur besagen: Unter der rechtlichen Einrichtung des Kapitaleigentumes, des Privatkredites, des freien Darlehensvertrages muß die juridische Gesetzgebung, wenn sie eines Erfolges der von ihr beabsichtigten Einwirkung auf die Unterworfenen sicher sein will, auch Zinsen, und zwar in möglichst freier Privatfestsetzung, gestatten. Wie es bei Streichung jener bedingenden Voraussetzung sich damit verhalten würde, steht ganz dahin, — für das gesellschaftliche Leben der Menschen gilt jener Lehrsatz nicht.

Soll rücksichtlich des letzteren daher wissenschaftliche Erkenntnis mit allgemeingültigem Werte zu stande kommen, und eine gesetzmäßige Erkenntnis geliefert werden, die von allem besonderen Inhalte irgend einer bestimmten äußeren Regelung des menschlichen Zusammenwirkens unabhängig ist, so kann das nur mit Bezug auf die Form des sozialen Lebens selbst geschehen. Soziale Gesetzmäßigkeit und Gesetzmäßigkeit für die regelnde Form des gesellschaftlichen Daseins der Menschen ist somit ein und dasselbe. Es gibt keine andere soziale Erkenntnis, die derartig allgemeingültig und notwendig ist, daß sie von den geschichtlichen Besonderheiten im wechselnden Inhalte sozialer Ordnung Unabhängigkeit genösse, als eine Erkenntnis der Form des sozialen Lebens selbst.

Das zeigt sich bei jeder zweifelnden oder verwerfenden Einzelbetrachtung von sozialen Zuständen. Sobald man die Frage aufwirft, ob solche Zustände grundsätzlich berechtigt oder verwerflich seien, so wird die Kritik sich notwendig gegen dasjenige richten, was dem Stoffe des betreffenden gesellschaftlichen Zustandes seine bedingende Form gegeben hat, — gegen die Regelung, im besonderen gegen die jeweilige Rechtsordnung. Denn diese gibt die logische Voraussetzung, unter der jene sozialen Zustände als soziale überhaupt erst begreiflich werden. So kann eine kritische Erwägung des Ganzen dieser Verhältnisse unter Umgehung ihrer notwendigen Bedingung, nämlich der betreffenden sozialen Regelung, mit Fug gar nicht geschehen. Und wenn an eine nationalökonomische Erwägung ein prinzipiell richtendes Urteil herangebracht wird, so steckt allemal unvermeidlich eine Kritik derjenigen formalen Regelung darin, ohne welche jene sozialökonomische Erscheinung gar nicht möglich gewesen wäre. Ein kritisches Urteil, das auf einen einheitlichen Gesichtspunkt unbedingter Richtschnur für menschliches Wollen zurückgeht, ist als soziales, das heißt für geregeltes Zusammenwirken als solches, eben nur für die bedingende Form des sozialen Lebens, für die menschlich gesetzte Regelung zulässig. Vielleicht wird es zunächst nur über die konkrete Ausführung dieser besonderen Ordnung im einzelnen und gegenüber dem einzelnen gefällt; aber das ist im letzten Grunde doch immer abhängig von dieser bestimmten Regelung, mit welcher auch jenes kritische Einzelurteil verschwinden müßte, weil die einzelne Handlungsweise als soziale nun gar nicht so da wäre. Indem wir auf die Frage nach dieser Verantwortlichkeit des Rechtes für die besonderen sozialen Phänomene in späterem Zusammenhange (§ 54) genau noch eingehen werden, verbleibt als unser Ergebnis an hiesiger Stelle dieses: daß in jedem Falle sich das kritische Urteil immer gegen die betreffende regelnde Ordnung richten muß, vielleicht zunächst gegen des einzelnen Tun und Lassen unter jener Regelung, — niemals aber in Abstraktion von der letzteren gegen ein unklares Ding einer von bestimmter sozialer Normierung angeblich unabhängigen Volkswirtschaft.

Aber bildet denn nun nicht die Materie des sozialen Lebens, die besondere Art des auf Bedürfnisbefriedigung gerichteten Zusammenwirkens die bestimmende Grundlage? Bedeutet sie nicht den maßgeblichen Anlaß der rechtlichen Regelung? Gibt sie nicht gerade den notwendigen Ausschlag für die besondere Art und Weise des sozialen Lebens, also daß das Recht als das subordinierte und folgsame, das schwächere und tatsächlich bestimmte Moment angesehen werden muß, während das ökonomische Element, die Materie des sozialen Lebens, als das gebieterisch fordernde auftritt?

Diese Fragen sind durch unsere bisherigen Untersuchungen noch gar nicht berührt.

Wir haben nur festgestellt, daß eine bestimmte äußere Regelung des menschlichen Zusammenwirkens die Erkenntnisbedingung für alle Sozialwissenschaft in ihrer Eigenart ist. Sobald man eine wissenschaftliche Einsicht in das gesellschaftliche Dasein der Menschen haben will, die nicht bei lediglichem Triebleben der einzelnen stehen bleibt und nicht gesonnen ist, feststehende Daten der Geschichte zu ignorieren, so ist es nötig, auf bestimmt gegebene

Regeln als unvermeidliche Unterlage zurückzugehen. Aber diese Regeln, und so im besonderen die Rechtsnormen, bilden nur die formale logische Bedingung gegenüber dem Stoffe des sozialen Lebens; so daß durch sie eben eine besondere wissenschaftliche Erkenntnis des letzteren ermöglicht wird.

Man hat gegen unsere Lehre von der formal bedingenden Bedeutung, welche die äußere Regelung für die Möglichkeit einer eigenen Sozialwissenschaft besitzt, den Einwand erhoben: daß die äußere Regelung selbst doch nur ein Produkt der psychischen Wechselwirkung zwischen den Individuen eines bestimmten Kreises sei und deshalb zur Bildung von Gesellschaften nicht oder doch nicht allein geführt haben könne.[120] — Aber wir lehren gar nicht, daß eine äußere Regelung zeitlich zuerst da sei und (nachdem sie irgend wie für sich erschaffen worden worden wäre) eine Zeit lang für sich allein bestehe, um dann als Ursache eine „Gesellschaft" hervorzubringen. Unsere seitherige Darlegung bedeutet keineswegs eine beschreibende Schilderung bestimmter geschichtlicher Vorgänge. Für jetzt handelt es sich vielmehr um die erkenntniskritischen Bedingungen einer wissenschaftlichen Volkswirtschaftslehre und einer möglichen Sozialwissenschaft überhaupt. Wir nehmen das soziale Leben der Menschen als geschichtlich gegeben an und fragen nach der formalen Möglichkeit, es in Einheit und System zu begreifen. Wir erinnern in dieser Absicht daran, daß eine soziale Wirtschaft nur im Sinne eines Zusammenwirkens besteht, welches mit geregelter Verfolgung gemeinsamer Zwecke gleichbedeutend ist; und lehren also, daß die wissenschaftliche Betrachtung der Sozialwirtschaft sich dieser logischen Bedingung der äußeren Regelung beim Entwerfen ihres Grundplanes bewußt sein soll, — von einem „kausalen Produzieren" seitens der äußeren Regelung ist dabei überall keine Rede.

Indem sonach bis jetzt die Frage nach den tatsächlich bestimmenden Ursachen besonderer sozialer Veränderungen noch ganz dahin steht, so wäre es endlich ein grobes Mißverständnis unserer Lehre und eine ungerechtfertigte Voreiligkeit, wenn man meinen wollte, daß jene daraut hinausliefe, — wie soziale Materialisten es sonst schon ausgedrückt haben — daß der Gang der Weltgeschichte nach „juristischen Ideen" sich richte und nicht vielmehr durch „wirtschaftliche Verhältnisse" bestimmt werde. Ganz und gar nicht. Wir stellen nur fest, daß die wirtschaftlichen Verhältnisse, als Beziehungen von Menschen innerhalb des sozialen Lebens, überhaupt nur als äußerlich geregelte Verhältnisse gefaßt werden können. Wie aber diese — bestimmt geregelten — wirtschaftlichen Verhältnisse wissenschaftlich des näheren zu begreifen sind, welchen Einfluß ihr Gang und ihre Entwicklung dann wiederum auf Abänderung der sie selbst logisch bedingenden rechtlichen Ordnung auszuüben geeignet sein kann, und endlich, in welcher gesetzmäßigen Art und Weise rechtliche Umänderungen durch vorausgegangene Umwandlungen der unter dem seitherigen Rechte zu begreifenden Sozialwirtschaft bedingt werden: das soll gerade noch durch die nun kommende Untersuchung in das Reine gebracht werden.

Notwendige Vorarbeit für diese aber war die hiermit vollendete Klärung über Bedingtheit aller spezifisch sozialökonomischen Betrachtung durch bestimmte soziale Regelung. Was ich dahin resümierend abschließe: Da soziales Leben ein bestimmt geregeltes Zusammenwirken von Menschen ist, und es nur unter der Bedingung geschichtlich erstehender, äußerer Normierung als Gegenstand unserer Erkenntnis sich zu bieten vermag, so fällt das Problem nach der Gesetzmäßigkeit des sozialen Lebens der Menschen zusammen mit der Frage nach der gesetzmäßigen Erfassung der jeweiligen regelnden Form einer menschlichen Gesellschaft.

37

Unsere Untersuchung hat uns die Notwendigkeit zweier sozialwissenschaftlicher Betrachtungen herausgestellt. Die eine befaßt sich mit der Einsicht dessen, was für alles soziale Leben der Menschen in unbedingter Allgemeinheit gilt; sie hat es im letzten Grunde mit den reinen Formen (§ 22) der sozialen Betrachtung zu tun. Die zweite erörtert den besonderen Inhalt von bestimmtem sozialen Dasein, entweder nach der Seite seiner geschichtlich bedingten Form oder der dadurch logisch bestimmten Materie So erhalten wir: Sozialphilosophie, Rechtslehre, Volkswirtschaftslehre.

Wie verhält sich nun hierzu der in der neueren Zeit unternommene Versuch einer sogenannten Soziologie?

Dieses seit Comte viel gebrauchte Wort hat freilich in kurzer Zeit so viele und grundlegend verschiedene Bedeutungen erhalten, daß eine sachlich ersprießliche Erörterung immer erst den Sinn angeben muß, in dem jener Ausdruck verwendet werden soll.[121]

So findet sich der Ausdruck „Soziologie“ geradezu als gleichbedeutend mit „Philosophie der Geschichte“ verwendet;[122] oder auch als Lehrart, welche eine Sozialphilosophie in dem von uns dargelegten Sinne überflüssig erscheinen lassen und entbehrlich machen kann.[123] Zuweilen wird jenes Wort für politische Ökonomie gebraucht, oder für ein System charitativer und philanthropischer Werke, andererseits für Anthropologie, und wieder für Darstellung von Gesetzen der Nachahmung.[124] Die meisten aber suchen in der Soziologie eine neue, eigenartige Disziplin, die auf Erforschung des sozialen Lebens der Menschen nach naturwissenschaftlicher Methode gerichtet ist.[125]

Dieser an sich interessierende Versuch einer selbständigen Soziologie würde sich danach durch folgendes näher charakterisieren:

1. Er geht auf eine Aufhellung des sozialen Lebens der Menschen und will nicht etwa ein unselbständiger Bestandteil der Naturwissenschaft sein, sondern in der menschlichen Gesellschaft einen eigenen Gegenstand des Nachsinnens vorstellen, der von den sinnlichen Erscheinungen der Natur sich wesentlich unterscheidet. 2. Eine solche „Soziologie" würde sich von der Sozialphilosophie dadurch unterscheiden, daß die letztere es nur mit den allgemeingültigen formalen Bedingungen zu tun hat, unter denen eine soziale Betrachtung als Wissenschaft möglich ist, Gesetz und Einheit zu haben vermag; während jener anderen ein System von besonderen „Gesetzen" vorschwebt, die bereits einen geschichtlich bedingten Inhalt von sozialem Leben darstellten. 3. Andererseits müßte der neue Vorschlag sowohl von Rechtslehre, wie von Volkswirtschaftslehre im überlieferten Sinne abweichen, da er für seine stofflich bedingten „Gesetze" doch strenge Allgemeingültigkeit in Anspruch nähme, indessen die beiden genannten Disziplinen im besonderen Inhalte ihrer Darlegung der sachlich begrenzten Eigenart ihrer Lehre bewußt Rechnung zu tragen haben. 4. Die Ausführung der „Soziologie" wird endlich in Parallele zur wissenschaftlichen Erforschung der Natur gedacht; die Möglichkeit von sozialen „Gesetzen" wird dabei im gleichen Sinne unerwogen vorausgesetzt, wie die Möglichkeit von Naturgesetzen besteht.

In dieser letzten und entscheidenden Annahme liegt jedoch ein grundsätzlicher Fehler verborgen. Der Gegenstand der körperlichen und der sozialen Betrachtung steht unter methodisch verschiedenen Erkenntnisbedingungen; die Gesetzmäßigkeit der äußeren Natur ist darum von der des geregelten Zusammenwirkens unvermeidlich der Art nach verschieden.

Wir nennen dasjenige, was wissenschaftlich bestimmbar und

durch Erkenntnis zu bestimmen ist, die Materie (vgl. § 22). Bei ihr setzt die prinzipielle Verschiedenheit in der Art der Natur- und der Sozialwissenschaft ein.

Die Naturwissenschaft geht, in der hier interessierenden Richtung der Gedanken, auf die Bestimmung der Materie — als des Beweglichen im Raume. Nun bleibt aber in der Natur das Quantum der Materie als Ganzes allezeit das gleiche, es vergeht nicht, noch wird es neu geschaffen, er vermehrt und verringert sich nicht. Für die Naturwissenschaft ist dieser Grundsatz eine notwendige Bedingung, unter welcher Wahrnehmungen allein sich zu einer Einheit vor dem Bewußtsein verbinden lassen. Und jedes besondere Naturgesetz nimmt sein Recht als gesetzmäßige Erfahrung von dem bedingenden Grundgesetz her, daß die Materie im Raume als Ganzes quantitativ beharrend gedacht werden muß.

Dagegen bedeutet die Materie in dem Begriffe des sozialen Lebens das Zusammenwirken, das auf menschliche Bedürfnisbefriedigung gerichtet ist. Und die wissenschaftliche Betrachtung dieses Zusammenwirkens als solchen steht grundlegend unter anderen Erkenntnisbedingungen, als die Erfassung räumlicher Substanz in ihrer Eigenart.

Man kann von vornherein noch nicht einmal behaupten, daß das Quantum menschlicher Bedürfnisse als Ganzes sich niemals vermehren noch verringern könne. Aber wir haben es in der sozialen Erörterung an und für sich auch gar nicht mit den Bedürfnissen als solchen zu tun, sondern mit der Art des Zusammenwirkens, das auf Befriedigung jener gerichtet ist. Diese Art und Weise ist wissenschaftlich zu bestimmen und gesetzmäßig zu richten. Dabei entfällt aber der Gedanke der Größe und des Quantums im Ganzen vollständig. Hier handelt es sich um die einheitliche Richtung im Inhalte gemeinsamer Zwecke; und um eine solche zu bestimmen, ist ein Grundsatz, daß jener Inhalt der Größe nach sich gar nicht verändern könne, als Bedingung weder erforderlich, noch überhaupt begreiflich.

Sonach steht die wissenschaftliche Behandlung der Materie in der Natur einerseits und des sozialen Zusammenwirkens andererseits unter verschiedenen Grundbedingungen. Die nähere Darlegung derjenigen Bedingungen, welche die soziale Gesetzmäßigkeit ausmachen, soll dieses Werk weiterhin bringen. An dieser Stelle erhalten wir das negative Ergebnis: daß es nicht in gleichem Sinne möglich ist, inhaltlich besondere Sozialgesetze von allgemeiner Gültigkeit zu deduzieren, wie besondere Gesetze der äußeren Natur.

Als die sogenannte Soziologie es unterließ, die Gesetzmäßigkeit und die Methode der sozialen Betrachtung in selbständiger Erwägung klar zu stellen, wies sie einen nicht wünschenswerten Mangel auf; da sie dazu überging, unbesehen nach sozialen „Tatsachen" und „Gesetzen" zu suchen, die allein unter den erkenntniskritischen Grundbedingungen der Naturbetrachtung eine formale Berechtigung besessen hätten, von denen des sozialen Lebens aber nicht gestützt werden können, so beging sie einen vernichtenden Fehler.

Man mag subjektiv darauf verzichten, über die kritische Möglichkeit einer selbständigen Sozialwissenschaft neben der Naturwissenschaft sich zu besinnen; man kann sich damit begnügen — wir betonen dieses als subjektiv mögliche Maxime ganz ausdrücklich —, das menschliche Zusammenwirken ausschließlich vom naturwissenschaftlichen und technologischen Standpunkt aus zu betrachten: Aber es ist folgerichtiger Weise durchaus unmöglich, zu gleicher Zeit den Gedanken der menschlichen Gesellschaft den Wahrnehmungen räumlicher Erscheinungen als eigenen Gegenstand der Betrachtung gegenüber zu stellen und auf dessen wissenschaftliche Ausführung doch lediglich die Methoden der Naturforschung anzuwenden, während die prinzipiellen Erkenntnisbedingungen dieser letzteren hier gerade nicht zutreffen.

Im ganzen also: Es kann immer nur die drei „sozialen" Disziplinen geben, die wir im Eingange dieses Paragraphen nannten; jede Abzweigung bedeutet bloß eine empirisch und konventional gewünschte Unterabteilung.[126]

Dritte Abteilung.

Angebliche Wechselwirkung von Recht und Wirtschaft.

38

Aus unseren Ausführungen wird deutlich hervorgehen, daß es nicht genügt, wenn man für Recht und Wirtschaft „eine verwandtschaftliche und nachbarliche Zusammengehörigkeit" aufstellt und „einen Zusammenhang zwischen den verschiedenartigen Gebieten des menschlichen Kulturlebens" angibt. Diese vagen Formulierungen, die sich in den mannigfachsten Wendungen in der darüber erwachsenen Literatur wiederholen, lassen das Verhältnis in der Tat ganz unbestimmt und geben dem zutreffenden Gedanken, daß es sich um bedingende Form und geregelte Materie handelt, noch keinen Raum.

Dieser Mangel wird aber durch die Auskunft, daß Recht und Wirtschaft in „Wechselwirkung" zu einander ständen, durchaus nicht verbessert. Dieses unklare Schlagwort ist heute so weit verbreitet und oft gebraucht worden, daß wir einer näheren Durchgehung der dadurch angeregten Fragen nicht entraten können.

Dabei werde ich in meiner Darstellung die zwei Seiten des Verhältnisses trennen. Von der sozialen Wirtschaft kann man allerdings sagen, daß sie in ihrer Entwicklung und besonderen Ausgestaltung einen bestimmenden Einfluß auf die Umänderung der seitherigen rechtlichen Regelung auszuüben im stande ist. In welcher Weise sich solches vollziehe und unter welcher obersten Gesetzmäßigkeit es zu geschehen habe, wird in diesem Werke im nachstehenden genau ausgeführt werden. Ich schicke dem an dieser Stelle die Erörterung voraus, daß es in jeder Weise das richtige Sachverhältnis verschleiern und damit die Klarheit wissenschaftlicher Einsicht trüben muß, wenn man sich damit begnügt, von einer Einwirkung des Rechtes auf die soziale Wirtschaft zu reden.

Es ist nicht zutreffend, das Verhältnis der rechtlichen Regelung zu der Sozialwirtschaft als dasjenige eines kausalen Einwirkens zu erachten und unter den Gesichtspunkt von Ursache und Wirkung zu bringen. Denn dieses würde voraussetzen, daß die beiden, Recht und Wirtschaft, als zwei selbständige, einander gegenüber stehende Objekte beständen, während dieses gar nicht der Fall ist, sondern sie für die soziale Betrachtung nur zwei notwendig verbundene Elemente eines und desselben Gegenstandes sind.

Das Recht ist nicht ein für sich bestehendes Ding, das dem sozialen Zusammenleben in Selbständigkeit gegenüber stände und auf dieses in bestimmter Weise einwirkte; sondern in jeder rechtlichen Normierung liegt immer und notwendig eine Regelung von unterliegender sozialer Wirtschaft. Es gibt gar keinen Rechtssatz, der nicht als Inhalt eine bestimmte Regelung des sozialen Zusammenwirkens von Menschen enthielte. Es ist das Recht nicht wie ein Kleid, das man anzieht, oder wie ein Haus, in das man eintritt, um darin zu wohnen oder es wieder zu verlassen. Recht bedeutet an sich nur eine (später noch im einzelnen zu bestimmende)[×] Eigenschaft bestimmter menschlicher Befehle, die auf Regelung von sozialer Wirtschaft, früher erörterten Sinnes, gehen; und dann heißen so auch diese befehlenden Normen in ihrem Gesamtbegriff. Aber das bleibt

× V. Buch 1. Abschnitt: Recht und Willkür.

alles ganz leer und sinnlos, sofern man es als ein eigenes Ding nehmen wollte, das äußerlich zu einer wieder für sich bestehenden Sozialwirtschaft hinzuträte und auf diese nun ursachlich einwirkte; die Rechtsbefehle haben nur Sinn und Gehalt in ihrem regelnden Bezuge auf ein durch sie als gesellschaftliches ermöglichtes menschliches Zusammenwirken.

Jede Rechtsnorm enthält also inhaltlich ganz von selbst eine bestimmte Regelung des Zusammenlebens von Menschen. Sie alle zusammen, zunächst in der jeweiligen Einheit eines bestimmten Rechtskreises, ergeben die Gesamtregelung einer sozialen Wirtschaft. Aber sie führen nicht eine Existenz für sich und wirken dann auf die betreffende Sozialwirtschaft ein.

Es paßt die Kategorie der Kausalität hier gar nicht. Die rechtlichen Regeln stellen vielmehr die formale Seite des einheitlichen Objektes sozialwissenschaftlicher Untersuchung, des sozialen Lebens, dar und sind für diese Betrachtung mit der von ihnen geregelten Materie, dem bezüglichen menschlichen Zusammenwirken stets in sich vereint nur gegeben.

Aber auch die soziale Wirtschaft ist kein selbständiges und besonders existierendes Ding, auf welches die rechtliche Regelung nun einwirken könnte.

„Wo — sagt Laveleye[127] —, wie in Athen oder Rom, drei Viertel der Bevölkerung Sklaven sind, müssen die volkswirtschaftlichen Gesetze natürlich eine ganz andere Wirkung als in einem Lande der Freiheit haben.“ Aber solche „volkswirtschaftlichen Gesetze“, die ohne die Bedingung bestimmter Rechtsregeln durch die Sozialwissenschaft aufgestellt werden könnten, gibt es naeh unseren früheren Ausführungen nicht; die Begriffe und Lehrsätze einer für die antiken Sklavenstaaten geltenden Volkswirtschaftslehre stehen von vornherein unter der Bedingung der dort im ganzen geltenden Rechtsordnung und führen nicht ein davon unabhängiges Bestehen unter partieller Beeinflussung durch einzelne Rechtssatzungen.

Vom Standpunkte der sozialwissenschaftlichen Betrachtung aus gibt es immer nur bestimmt geregeltes Zusammenwirken, das auf Befriedigung menschlicher Bedürfnisse gerichtet ist. Dann aber wird diese soziale Wirtschaft nicht als eigenes Objekt von dem gegenüberstehenden Rechte kausal beeinflußt, sondern es liegt überhaupt gar nichts anderes vor, als der eine einheitliche Gegenstand der sozialen Erwägung: eine bestimmt geregelte Sozialwirtschaft.

Betrachtet man dagegen die gesellschaftliche Wirtschaft, das auf

Befriedigung menschlicher Bedürfnisse gehende Zusammenwirken, vom naturwissenschaftlichen und technischen Standpunkte, so hat das Recht selbstverständlich nicht den geringsten Einfluß auf die hier als wissenschaftliche Wahrheit aufzustellenden Sätze.

Was ist geeignet, menschliche Bedürfnisse zu befriedigen? durch welche technische Art der Produktion wird dieses am vollkommensten erreicht? mit welchen natürlichen Unterlagen und Hülfsmitteln und durch welche technische Verwertung derselben kann mit möglichst geringer Kraftaufwendung möglichst viel und gut produziert werden? — so lange man diese und ähnliche Fragen eben als naturwissenschaftlich-technische in das Auge faßt, spielt das Recht gar keine Rolle. Die rechtlichen Gebote stellen doch nicht einen wirkenden Faktor für mögliche Naturwissenschaft und eine darauf aufgebaute Technik dar: Die Naturgesetze und die Möglichkeit ihrer technischen Verwertung sind als solche ganz und gar unabhängig von irgend welcher rechtlichen Norm und können niemals durch eine solche „beeinflußt" werden. Fragt man, unter welchen Bedingungen Menschen den physischen Kampf ums Dasein am besten zu führen vermögen, durch welche technischen Mittel sie zusammenwirkend unerfreulichen Forderungen der Natur in einigem widerstehen können und die Widrigkeiten feindseliger Naturmächte zu überwinden im stande seien, — so kann das Recht zu der Entscheidung solcher Fragen nichts zu- oder abtun. Es ist überhaupt keine Instanz, die bei der Beantwortung jener mitzusprechen hätte: Es mag bestimmen, was es will, die wissenschaftlich begründete Antwort auf jene Probleme bleibt nach wie vor dieselbe.

Erwägt man also das wirtschaftliche Zusammenwirken naturwissenschaftlich und technisch, so hat die rechtliche Anordnung auf die hier wissenschaftlich darzulegenden Lehren gar keinen Einfluß; — will man jenes in sozialwissenschaftlicher Betrachtung untersuchen, so muß man es (da das bloße natürliche Triebleben der einzelnen gegen einander nach unserer früheren Darlegung ausscheidet) als bestimmt geregeltes nehmen. Die Regeln gelten aber nicht für die natürlichen Lebensbedingungen der Menschen, sondern für diese letzteren selbst, die sie befolgen sollen; geregelt wird — wie oben § 25 dargetan wurde — das auf Bedürfnisbefriedigung gerichtete Zusammenwirken von Menschen. Die besonderen Objekte dieser Betrachtung bilden alsdann die geregelten Wechselbeziehungen zwischen den Gesellschaftsgenossen, die sich aus der betreffenden bestimmt geregelten Sozialwirtschaft, das ist dem normierten Zusammenwirken, im einzelnen ergeben und als eigene Gegenstände einer eigenartigen wissenschaftlichen Erkenntnis zu unterstellen sind.

Dann aber paßt für das Verhältnis der äußeren Regel zu dem geregelten Zusammenwirken wieder nicht die Kategorie der Kausalität, sondern nur die von bedingender Form und geregeltem Stoffe.

Es ist nicht zeitlich erst die Rechtsordnung gegeben, und diese produzierte nun eine soziale Wirtschaft. Und es wird andererseits — beispielsweise in dem kapitalistischen Produktionsprozeß der Waren — nicht eine Sozialwirtschaft als ein für sich bestehendes Objekt betrachtet, das von rechtlicher Regel im einzelnen beeinflußt würde, sondern es ist das, was man hier erwägt, immer ein bestimmt geregeltes Zusammenwirken, das nunmehr sozialwissenschaftlich untersucht werden kann und nach seinen gesellschaftlichen Eigentümlichkeiten, in der Richtung der normierten Wechselbeziehungen der sozial verbundenen Menschen, analysiert zu werden vermag. Sobald man aber hier von der bestimmten Regelung — im obigen Falle von dem Privateigentume an den Produktionsmitteln — abstrahieren wollte, so würde überhaupt kein Gegenstand sozialer Betrachtung mehr übrig bleiben, am wenigsten ein von dem Rechte kausal beeinflußter oder zu beeinflussender.

Ich bin im Zweifel, ob man an diesem Punkte noch konkrete Beispiele wünschen würde. Wenn man sich den ausschließlichen Gegensatz in der Möglichkeit des einen oder des anderen Gesichtspunktes der Erwägung klar gemacht hat, so ist die Nutzanwendung in jedem einzelnen Falle eine außerordentlich einfache. Nehmen wir die Bevölkerungsfrage, etwa die Erwägung über die Dichtigkeit der Bevölkerung. Entweder kann man dieses naturwissenschaftlich und technisch erwägen, und untersuchen: wie viele Menschen ein gegebener Distrikt mit besonderen natürlichen Eigenschaften zu ernähren im stande ist, und in welcher Art man sie unter Wahrung hygienischer Interessen am besten wohnlich unterbringen könne, usf.; oder aber es wird der soziale Standpunkt eingenommen und gefragt: wie und durch welche Mittel eine gegebene Bevölkerung nach sozialen Zwecken verteilt oder zu verteilen sei? In diesem letzteren Sinne wirkt aber nicht das Recht auf ein mystisches Ding einer „natürlichen" Verteilung der Bevölkerung, als ein selbständig gegebenes Objekt, ein; sondern etwas Derartiges kennen wir überhaupt nicht. Da die Bevölkerungs- und Wohnungsverhältnisse geschichtlich stets geregelt und unter einer bestimmten Rechtsordnung auftreten, und für die sozialwissenschaftliche Betrachtung jedenfalls nur als geregelte erwogen werden können, so vermag es sich immer nur um diese oder jene Art der Regelung zu handeln. Die Normierung der Niederlassungs- und Wohnsitzfragen kann sich ändern und ist häufig in starkem Wechsel gewesen. In und mit einer Änderung der betreffenden Rechtsregeln ändert sich dann selbstverständlich die Art des seitherigen sozialen Lebens. Aher es ist eine schiefe Vorstellung, als ob dieses mittels eines von außen her kommenden Einflusses geschehe, den das Recht auf das Naturding einer sonst auch noch und selbständig bestehenden Volkswirtschaft ausübe, welche — vom Rechte ganz in Ruhe gelassen — in anderer Weise bestehen würde.

Darum ist es unmöglich, eine naturwissenschaftlich und technisch erwogene soziale Wirtschaft als besonderen Gegenstand in Gedanken festzuhalten, dieselbe sodann in unklarer Meinung für einen „Organismus" auszugeben und nun von einem Einflusse und einer kausalen Einwirkung von rechtlicher Regelung auf jene zu sprechen. Wenn man neben der Naturbetrachtung eine eigenartige Sozialwissenschaft ausführen will, so erhält man für solche soziale Beschauung keinen eigentümlichen Gegenstand wissenschaftlicher Untersuchung in einem angeblich „organischen" Gebilde von volkswirtschaftlichem Leben, es sei denn unter der Bedingung bestimmter menschlicher Regelung des sozialen Zusammenwirkens; und falls dieses geschieht, so ist für die geregelte Sozialwirtschaft und die dabei auftretenden normierten Einzelbeziehungen die jeweilige Regelung nicht die wirkende Ursache, sondern die bedingende Form, unter deren Bedingung die eigenartigen Gegenstände einer nun möglichen sozialen Wissenschaft überhaupt nur begreiflich sind.

Und daran muß man sich nun bei aller sozialwissenschaftlichen Betrachtung, und zuvörderst bei der Erwägung des Ganzen der sozialen Wirtschaft, und der hier entspringenden Forschungsaufgabe erinnern: daß es sich um einen neuen, einen besonderen, eigenartigen Gesichtspunkt für wissenschaftliche Erkenntnis handelt, unter dem das wirtschaftliche Zusammenwirken zu erwägen ist; daß unter der Erkenntnisbedingung menschlicher Regelung man als Gegenstand der Untersuchung eine bestimmt geregelte Sozialwirtschaft des früher festgestellten Sinnes erhält; und daß mithin nicht ein Festhalten der naturwissenschaftlich beobachteten Sozialwirtschaft, als eines angeblich selbständigen Gegenstandes sozialer Erforschung, unter kausaler Beeinflussung durch das Recht die zutreffende Richtung wissenschaftlicher Einsicht hier bedeutet, sondern daß es sich um das einheitliche Objekt des sozialen Lebens der Menschen handelt, in welchem durch Einfügung des erwähnten eigenen Gesichtspunktes ein neues Feld der Untersuchung mit den besonderen Forschungsobjekten bestimmt geregelter Menschenbeziehungen ersteht.

39

In einer besonderen Wendung findet sich die Behauptung von einem wirksamen Einflusse des Rechtes auf die Technik. Alsdann wird eine geschichtlich aufgetretene rechtliche Regelung in das Auge gefaßt und dieser eine bestimmende Entscheidung darüber zugeschrieben: ob und welche Veränderungen der Technik überhaupt eintreten. Da man zum Exempel bei der Institution der Sklaverei wohlfeile Arbeitskräfte stets zur Hand habe, und unfreie Arbeit überhaupt sich hinreichend technisch verwenden lasse, so werde durch ein derartiges Vorwalten des Arbeitsfaktors im Produktionsprozeß vor dem Werkzeug- und Maschinenkapital die Verbesserung der Technik gehemmt; ein Satz, zu dessen Beleg sich dann auf das besondere Beispiel des klassischen Altertums berufen wird.

Dies würde sich also auf die Frage beziehen, in wie weit der einzelne durch die bestehende Regelung eine Anspornung zu eifrigem Bemühen um Verbesserung der technischen Produktionsmittel erhielte. Es würde die Technik als solche, bloß als Möglichkeit geeigneter Naturbeherrschung beiseite lassen und die fehlerhafte Auffassung vermeiden, als ob zwischen Recht und Naturerkenntnis, wie der Möglichkeit von deren Verwertung überhaupt ein objektiv bedeutsames Verhältnis, wie dasjenige von Ursache und Wirkung, obwalte, als ob die rechtliche Regelung auf die Beherrschung der Natur, vom naturwissenschaftlichen und technischen Standpunkte aus erwogen, überhaupt irgend welchen Einfluß hätte.

Dem gegenüber liegt in dem Hervorkehren der Bestimmung einzelner zur Bewährung technischer Erfindungsgabe nur ein subjektives Moment. Es besagt jetzt nicht mehr ein gegenständliches Kausalverhältnis zwischen der sozialen Regelung und dem angeblichen Naturgebilde der Volkswirtschaft und der bei ihr verwendeten natürlichen Technik, sondern zieht sich auf die Beobachtung dessen zurück, was den Forscher und Erfinder persönlich zu der Bemühung um sein Werk veranlassen und fördernd bewegen mag. Die objektive

Betrachtung der Erkenntnis und der Technik steht also nicht mehr in Frage, sondern ein subjektiver Prozeß, im besonderen die Erwägung der Triebfedern, die für das entdeckende Subjekt von bewegender Bedeutung waren.

Diese selbige psychologische Frage kann auch hinsichtlich der technischen Ausbildung der einzelnen Rechtsgenossen verfolgt werden, ohne Rücksicht auf eine Vervollkommnung allgemein möglicher Technik, wie sie in der Erfindung und Verbesserung von Handwerksgerät und Maschinen gelegen ist. Welches Geschick und welche Fertigkeit der einzelne für sich persönlich erreicht, das wird allerdings in manchem von den Bestimmungen jener Regeln abhängen, unter denen er in seiner Gemeinschaft lebt.[128]

Endlich sind mit der Vervollkommnung der Technik in allgemeiner und persönlicher Hinsicht keineswegs die Richtungen erschöpft, in denen die Regelung des sozialen Lebens auf die einzelnen Unterworfenen einzuwirken sucht. Dieses geschieht vielmehr rücksichtlich aller möglichen Äußerungen des sozialen Zusammenlebens, welches durch das Mittel der Einwirkung auf die einzelnen als geregeltes auftritt. Es mag gerade diese Beobachtung sein, daß der einzelne in seiner Privatwirtschaft veranlaßt wird oder werden soll, in bestimmter Richtung wirtschaftlich tätig zu sein, welche zu dem Mißverständnisse, als ob das Verhältnis von Recht und Wirtschaft dasjenige von Ursache und Wirkung sei, besonderen Anlaß gegeben hat.

Allein in der bestimmenden Einwirkung äußerlich auftretender Vorschriften auf den einzelnen vollzieht sich, vom Standpunkte der sozialen Wirtschaft aus, gerade die Regelung dieser; so, wie umgekehrt in *jeder* sozialen Regelung notwendig der Versuch einer bestimmten Einwirkung auf die einzelnen Rechtsunterworfenen liegt. Jene Regelung geschieht gerade durch Setzung von Normen, welche die Genossen zu vorgesetztem Verhalten zu bestimmen suchen. Die Regeln sind Mittel zum Zwecke eines besonderen Sichverhaltens der Menschen; sie zielen auf tunlichst sichere Schaffung der rechten Art des sozialen Zusammenwirkens. So ist in jedem Falle der sozialen Regelung eine irgend welche Einwirkung auf den einzelnen, ein Anspornen und Bestimmen desselben gewollt.

Und nun kann man wieder umgekehrt sagen: Da jede Regelung des menschlichen Zusammenwirkens mittels irgend welcher vorschreibender Einwirkung auf den einzelnen betreffs seines Tuns und Verhaltens in der sozialen Gemeinschaft geschehen will, so kommt man auch von der Beobachtung einer solchen sozial gemeinten Einwirkung immer wieder auf die menschlich gesetzte Regelung als Bedingung des sozialen Lebens zurück. Was vom Standpunkte des einzelnen aus als Versuch bestimmender Einwirkung betrachtet werden kann, das ist vom sozialen Zusammenwirken her genommen die Regelung dieses letzteren und geht, als Ganzes erwogen, in dieser auf. Auch bei dieser Probe verbleibt der Gegenstand der Sozialwissenschaft stets einheitlich: die äußerlich geregelte Sozialwirtschaft.

Will man diese subjektive Einwirkung auf den einzelnen zu besonderer technischer Betätigung Einwirkung auf „die Technik" nennen, so ist der Gedanke nicht falsch. Aber der Ausdruck ist mißverständlich und ist von manchem in unhaltbarem Sinne gebraucht worden. Eine weitere Kausalbeziehung der Rechtsordnung zu einem anderen, vielen vielleicht unklar vorschwebenden Objekte liegt nicht vor; es sind immer nur die einzelnen Gemeinschaftsglieder, die durch die regelnden Normen bestimmt werden sollen, in deren versuchter Beeinflussung sich eben die Regelung der Sozialwirtschaft äußert.

40

Man kann nicht darüber hinauskommen, daß bei der Regelung des sozialen Zusammenwirkens eine bestimmende Einwirkung unmittelbar nur auf die einzelnen Rechtsunterworfenen festgestellt werden kann; irgend ein anderes Ding, auf welches jene Regelung in ihrer Eigenart einwirken könnte (und nach dem vagen und unklaren Sprachgebrauche vulgärer Übung einzuwirken scheint), ist nicht erkennbar. In der Absicht der Bestimmung der einzelnen vollzieht sich die soziale Regelung. Es ist sachlich nicht zu trennen, sondern fällt in einem zusammen und kann nur entweder von Seite des einzelnen Angegangenen aus oder von der Warte des Überblickes über das Ganze des sozialen Lebens her angesehen werden.

Denn dieses Ganze der sozialen Wirtschaft setzt sich nicht, mechanisch addiert, aus vielen Privatwirtschaften zusammen, so daß gesagt werden könnte, man käme wegen der erwähnten Absicht der Einwirkung auf die einzelnen schließlich zu einer solchen auf die Volkswirtschaft. Zu dem Begriffe der letzteren kann man nur gelangen, wenn man von der Erwägung des Zusammenwirkens zur Befriedigung menschlicher Bedürfnisse ausgeht. Dieses, als Materie des sozialen Lebens, besteht als geregeltes und dadurch nun als soziales Dasein der Menschen. Die Regelung vollzieht sich durch Normierung des Verhaltens der einzelnen, in dem Versuche, diese im Sinne jener Normen zu bestimmtem Tun zu bewegen. Und danach wird nun eine Privatwirtschaft als soziales Gebilde überhaupt erst möglich: als die Ausführung des ihm zugefallenen Partes im sozialen Lebensprozesse seitens des Individuums. Die bestimmende Einwirkung der sozialen Ordnung beschränkt sich mithin auf den einzelnen. Das Ganze des Zusammenwirkens aber wird durch die Regelung nicht kausal bestimmt, sondern ist sozial nur als geregeltes da.

Und nun ist hervor zu heben, daß die von der sozialen Regelung auf den einzelnen ausgeübte Einwirkung in sehr verschiedener Art und Weise ausgeführt werden kann, und die Erfassung des Regelunterworfenen in recht auseinander gehender Möglichkeit einer mehr oder weniger unmittelbaren Angehung und Anweisung sich zu vollziehen vermag.

Die regelnde Anordnung, mit der die soziale Norm an den einzelnen sich wendet, kann in einem direkten Befehle zu einer genau bestimmten Beteiligung am sozialen Leben sich äußern, wie bei dem Schulzwange oder bei der zusammenwirkenden Verteidigung des Vaterlandes mittels allgemeiner Wehrpflicht in unserem Systeme scharf hervortritt und in einer Ordnung des radikalen Kommunismus am stärksten durchgeführt sein würde; — oder es steht ihr die Möglichkeit offen, in einer mittelbaren Einwirkung bestimmend vorzugehen. Die Regelung des sozialen Zusammenwirkens geschieht alsdann dadurch, daß dem einzelnen eine mehr oder weniger weitgehende Freiheit in der Wahl seiner Betätigung am sozialen Lebensprozesse belassen wird; und daß ihm je nach seiner Entschließung und deren Ausführung Vorteile aus der Errungenschaft des sozialen Gemeinwesens zugebilligt oder abgesprochen werden. Das Recht fußt dabei auf altüberlieferten Ordnungen solcher Art; und es gründet sich auf jeweilige empirische Beschaffenheit bestimmter Menschen. Aber auch bei der am weitesten gehenden Freiheit, die eine Menschengemeinschaft den einzelnen zubilligen mag, geht die soziale Regelung ihrem Sinne nach auf ein Ganzes von sozialem Leben, das sie einem vorgesteckten erwünschten Ziele nahe zu bringen wünscht. Auch „die freie Konkurrenz“ ist nur ein Mittel auf dem Wege zu solchem Zielpunkte, und zwar ein Mittel, das sich auf ganz bestimmte Rechtseinrichtungen, wie vor allem Privateigentum und Vertragsfreiheit, gründet und in deren konkreter Verwendung für die soziale Betrachtung ohne Rest sich auflöst. Darum darf nie verkannt werden, daß auch in jeder liberalen Ordnung einer sozialen Wirtschaft nur eine bestimmte Art von Regelung des gesellschaftlichen Zusammenwirkens gegeben ist; ja daß auch in den freien Genossenschaften bloß auf Grund von Konventionalregeln, wie der individualistische Anarchismus im Anschlusse an die Philosophie Stirners sie fordert und erstrebt, es sich wiederum nur um eine eigentümliche Organisation des menschlichen Zusammenlebens handeln würde, die einer eigenartigen sozialen Erörterung auch wieder nur in ihrer Eigenschaft als besonders geregelte zugänglich wäre. Nicht von der natürlichen Freiheit des einzelnen Menschen ist der richtige Ausgangspunkt einer sozialwissenschaftlichen Untersuchung zu nehmen, welche natürliche Willkür durch soziale Ordnung beschränkt würde: vielmehr ist diese regelnde Normierung die allererste und oberste Bedingung jeder sozialen Betrachtung des Menschendaseins. Erst unter ihrer Voraussetzung und bei der besonderen Gewahrung einer dahin bezüglichen Regelung kann von einer sozialen Freiheit des Individuums die Rede sein. Die natürliche Freiheit besteht für die Sozialwissenschaft als Objekt der Untersuchung gar nicht. Daher hat man sich stets dessen zu erinnern, daß auch bei der denkbar geringsten direkten Einwirkung auf den einzelnen und bei ganz offener Freilassung des Verkehrs auf Grund zur Verfügung gestellter Einrichtungen stets eine bestimmte Regelung des Ganzen der betreffenden sozialen Wirtschaft vorliegt.

Die Regelung des sozialen Lebens stößt dabei nach jeder Seite hin auf starke Schwierigkeiten.

Der direkte Befehl an den einzelnen zu bestimmter Tätigkeit und zu bestimmtem Verhalten innerhalb der sozialen Gemeinschaft trifft auf widerstreitende Instinkte der Angegangenen. In dem Wesen der Regelung liegt bereits der Gegensatz zu einem bloß wahrgenommenen Dahinrollen, zu einem von Natur sich vollziehenden Lebensprozesse. Die Norm, die das soziale Leben formal konstituiert, wäre ja überflüssig und ohne alle Existenzberechtigung, wenn es sich nicht gerade um eine Korrektur unmittelbarer Sinnenantriebe und roher Instinkte handelte. Also gilt es, einen Kampf mit diesen zu führen und im Hinblicke auf das hehre Ziel wahrer Menschengemeinschaft auf den einzelnen bestimmend einzuwirken, erziehend, leitend. Man darf hier noch nicht eine Schwierigkeit in der Frage finden: Von wem dieses denn zu geschehen habe, und worauf sich die Berechtigung des Regelsetzenden wohl gründen lasse? Indem wir diesem Probleme seiner Zeit volle Genüge tun wollen, ist es für diesen Zusammenhang angebracht, uns auf die Tatsache, daß von rechtlich dazu berufenen Menschen regelnde Satzungen erlassen werden, zu beschränken; weil es sich ja jetzt um die verschiedene Art eines dabei überhaupt möglichen Vorgehens handelt, und die Erinnerung an die vielfachen Schwierigkeiten, mit denen der Regelsetzende ganz allgemein zu tun hat, uns beschäftigt. Und da zeigt sich nun, daß auch bei dem Versuche schärfster Einengung des einzelnen und den schroffsten Vorschriften für eine bestimmte Beteiligung seiner am sozialen Zusammenwirken niemals der Erfolg völlig sicher ist, und jede Regel mit widerstrebenden Antrieben des Unterworfenen zu kämpfen hat. Ja, man darf vermuten, daß eine krasse Durchführung einer durch lauter direkte Befehlsanordnungen geregelten Sozialwirtschaft, welche die Menschheit als eine Sklavenhorde ohne persönlichen Eigentümer organisieren wollte, notgedrungen das Schicksal jedes überspannten Bogens im Brechen teilen müßte.

Wir kennen aus der Geschichte nur Organisationen, die grundsätzlich in indirekter Weise den einzelnen hinsichtlich des sozialen Zusammenwirkens zu bestimmen suchen, und die in der oben geschilderten mittelbaren Art in verwickelter Berechnung die Regelung des sozialen Lebens unternehmen. Dieses bringt sich namentlich auch in der dann hervorstechenden negativen Form zum Ausdrucke. Die Rechtsordnung wendet sich an den einzelnen, verbietet ihm, als Mitglied der sozialen Gemeinschaft, bestimmtes verletzendes Tun und sucht durch Androhung von Nachteilen ihn „als pathologisch-affizierbares Wesen“ zu legalem Verhalten zu bewegen. Die Sätze des Dekaloges mögen in ihrer durchgehenden Verbotsfassung als ein hervorragendes Beispiel dieser Möglichkeit des gesetzgeberischen Vorgehens gelten.

Daß nun hierbei schon, bei der bloßen Durchführung jeweils vorhandener Normen und der Verhütung von deren direkter Verletzung Schwierigkeiten entstehen können und stets beobachtet worden sind, ist jedermann geläufig. Aber ich möchte an dieser Stelle auf die Aufgabe, die Rechtsordnung wider unmittelbaren Bruch mit präventiven und repressiven Maßnahmen zu schützen, nicht näher eingehen. Es kommt für unsere Zwecke vielmehr auf die Erörterung derjenigen gesellschaftlichen Eigentümlichkeiten an, die bei einer indirekten Regelung des sozialen Lebens festzustellen sind; wobei also dem einzelnen eine Verschiedenheit seines Verhaltens, Tuns und Wirkens im Rahmen der Rechtsordnung als möglich verbleibt, und er bei der Wahl zwischen diesen Möglichkeiten dem Gebote der sozialen Normen formal nicht zuwider handelt; während allerdings die betreffende Rechtsordnung — in Erwägung und unter praktischer Verwertung besonderer, ihr von außen gegebener, Umstände — eine bestimmte Entschließung und Verfahrensweise des einzelnen wünscht und in indirekter Weise erstrebt.

Soweit eine rechtliche Regelung des sozialen Lebens diese Art des Vorgehens beliebt, tritt der Charakter derselben, als Inbegriff der formalen Bedingungen, unter denen sich das gesellschaftliche Zusammenwirken vollzieht, besonders deutlich hervor. Die Stellung, die hiernach ein Mitglied der sozialen Gemeinschaft gegenüber anderen in Rücksicht auf den von ihm zu leistenden und zu erhaltenden Beitrag des sozialen Wirtschaftslebens einnehmen kann, stellt sich dabei als eine Möglichkeit dar, der sich jeder bedienen mag. Mit der Aufstellung dieser Möglichkeit begnügt sich alsdann in mehr oder weniger weitgehendem Maße und in geschichtlich beständig wechselnder Art die einzelne Rechtsordnung, was den Inhalt ihrer Bestimmungen angeht. In der jeweiligen Eröffnung oder Ausschließung der Möglichkeit, sich eine bestimmte vorteilhafte Position im sozialen Leben zu verschaffen, oder aber sie einzubüßen, liegt nun gerade das Mittel, welches auf den einzelnen in einer vorgestellten Richtung einwirken und ihn zu einem gewünschten Vorgehen veranlassen soll, so z. B. zu tüchtigen Leistungen in der Produktion nötiger und nützlicher Güter, zu ehrlichem und verlässigem Tun im Handel und Wandel.

Allerdings weiß jeder, daß die angedeuteten vorteilhaften oder nachteiligen Folgen wegen der nur indirekt bereit gestellten Möglichkeiten schon für den einzelnen nichts weniger als sicher zu berechnen und als gewiß zu erwarten sind; und es ist kein Geheimnis, daß bei der verwickelten und weit verzweigten Ausgestaltung des sozialen Lebens auf der Höhe uns bekannter Zivilisation die mögliche Erlangung guter Stellung in der sozialen Wirtschaft keineswegs allein und ausschließlich von der Tüchtigkeit und dem guten Willen des einzelnen und von dessen sozial gewünschtem Tun und durch die Regelung erstrebten Verhalten abhängig sind. In der langen Dauer der Geltung gewisser rechtlicher Grundsätze hat sich nicht selten diese oder jene besondere Anwendung und Ausführung derselben in fester Weise verhärtet und schiebt sich als konkretes Hindernis zwischen den einzelnen nun in einer sozialen Gemeinschaft Auftretenden und die von der Regelung dieser letzteren abstrakt ihm vorgehaltene Möglichkeit. Aber dieses muß jeglichem, dem überhaupt ein Nachsinnen und Beobachten unseres sozialen Daseins am Herzen liegt, so sehr in mannigfachen Nutzanwendungen geläufig sein, daß ich einen aufmerksamen Leser nicht durch leicht trivial klingende Einzelhinweise aufhalten möchte. Das lange Seil, als welches eine grundsätzlich nur mittelbare Regelung der sozialen Wirtschaft sich darstellt, versagt in Wirklichkeit gar vielfach die beabsichtigte leitende und bestimmende Wirkung auf den einzelnen: In unserem, wie wohl in allen geschichtlich gesehenen Gemeinwesen, erscheint die besprochene indirekte und mehrfach bedingte Wirkung der sozialen Regeln als eine unsichere und keineswegs verlässige, die des gewünschten oder zu wünschenden Erfolges oft genug entbehrt.

Dazu tritt jene Unsicherheit, die sich aus der Schwäche menschlicher Voraussicht auf der Seite des Regelsetzenden notgedrungen ergibt. „Folgen eines Gesetzes" bedeuten die vermuteten oder erkannten Einwirkungen einer gesetzten Regel auf die davon betroffenen einzelnen. Diese Folgen einer vorzunehmenden sozialen Regelung unter gegebenen Umständen richtig voraus zu berechnen, muß unvermeidlicher Weise eine schwierige Aufgabe sein, deren Lösung sich für menschliche Voraussicht vielfach bis zur Unmöglichkeit steigert. So kommt es, daß häufig auch soziale Erscheinungen auftreten, die als solche von dem die Regel Schaffenden weder gewollt noch vorausgesehen waren. Als Rom seine Herrschaft ausdehnte, sagt man, so wurde aus den Provinzen bald in Masse billiges Getreide herbeigeschafft, und die Landwirtschaft in Italien mußte sich ändern, es trat an die Stelle des Getreidebaues Gartenwirtschaft. Die Absicht der Neuregelung des römischen Staatswesens durch und nach Eroberungen war sicherlich bewußtermaßen nur auf Erweiterung der Machtsphäre und Vermehrung des Reichtumes von *cives Romani* gerichtet; bei dieser Art der Regelung des Gemeinwesens wurde nun aber als anhängende Folge mit der zunächst und bewußt allein beabsichtigten Einwirkung auf die Unterworfenen auch die vorhin genannte vorgenommen, von der der Regelsetzende in ihrer Möglichkeit vielleicht sich nichts hatte träumen lassen. Freilich muß auch die nun in Frage stehende Art des Zusammenwirkens, auch wenn diese besondere Ausgestaltung desselben nicht vorausgesehen war, nichts desto weniger als geregelte erachtet werden; es liegt wiederum gar nichts anderes vor, als die Einzeldurchführung einer bestimmt geregelten Sozialwirtschaft.

Bei der Erwägung der mannigfachen Unsicherheit des Erfolges einer indirekt angelegten sozialen Regelung kann man es leichter wohl begreifen, wie bei manchen sonst nachdenklichen Männern das System des aufgeklärten Despotismus, *in thesi* wenigstens, geradezu Sympathie gefunden hat und fortdauernd findet: und wie die Gefahr eines quacksalberischen Eingreifens nach der Seite nicht fern liegt, daß man bei unerfreulichen Erscheinungen des sozialen Lebens, da die entsprechende regelnde Norm ihre Absicht einer bestimmten Einwirkung auf die einzelnen nicht erreicht hat, alsbald für jegliches solches Einzelphänomen nach besonderer gesetzlicher Maßnahme ruft, unbekümmert darum, ob diese scharfe Einzelfürsorge für ein ganz bestimmtes soziales Benehmen in die sonstige verbleibende Regelung des betreffenden gesellschaftlichen Daseins sich harmonisch und zweckdienlich einfügt.

Vollständig hat man ja bis jetzt auf direkt befehlende Einwirkung niemals verzichtet. Ich habe oben schon auf den Schulzwang und die militärische Dienstpflicht hingewiesen, als der Pflicht, sich zu geeignetem sozialen Zusammenwirken schulen zu lassen, und derjenigen, die Gemeinschaft nach außen hin schützen zu helfen. Und es wären alle ähnlichen, von unserem Rechte aufgestellten, staatsbürgerlichen Verpflichtungen zu bestimmtem positiven Tun für die soziale Bedürfnisbefriedigung hierher zu stellen. Daneben gibt es Fälle, in denen unmittelbare Vorteile für bestimmte Tätigkeiten in Aussicht gestellt werden, — Belohnung für Einlieferung schädlicher Tiere, Exportprämien für gewisse Waren[129] u. a. m.; wobei freilich schon die Beispiele zeigen, daß es sich in die Richtung des modernen Rechtsstaates nur schwer einfügen will.

Es ist eben in allen Fällen ein relativer und ganz flüssiger Unterschied in den Mitteln, die eine geschichtlich gegebene Regelung des sozialen Lebens zur Beeinflussung des einzelnen zwecks rechter Lieferung seines Beitrages zu dem sozialen Wirtschaftsprozesse anwendet. Und worauf es hier ankam, das war die Ausführung des Gedankens, daß jede Regelung des sozialen Lebens durch eine irgend welche Einwirkung auf die einzelnen Regelunterworfenen sich vollzieht und von dem Standpunkte sozialer Betrachtung aus beides vollständig koinzidiert. Darum ist es auch unklar, wenn von manchen Sozialisten die Formel aufgebracht und festgehalten worden ist: daß nach einer Kollektivierung der Produktionsmittel und bei einer planmäßig berechneten Produktion, die für ein systematisch vorher festgestelltes Konsumtionsbedürfnis zugeschnitten werde, es nur auf „eine Leitung der Produktion" ankäme und „die Regierung" überflüssig werde. Denn eine Leitung der Produktion kann doch natürlich nicht anders geschehen, als durch Organisierung von gemeinsam produzierenden Menschen. Organisieren aber ist, wie schon früher bemerkt wurde, mit dem Vereinigen unter äußeren Regeln gleichbedeutend; und Regeln, die keine Gebote für den einzelnen wären und diesen nicht zu einem gewissen Verhalten und Wirken bestimmen wollten, das nicht schon mechanisch naturgemäß flösse, wären sinnlos. Es handelt sich bei dem jenen vorschwebenden Gedanken um eine inhaltlich andere Art der Regelung sozialer Wirtschaft, als die jetzige, also um eine von der heutigen sachlich verschiedene Weise der Einwirkung auf die einzelnen; niemals aber kann eine Regelung des gesellschaftlichen Zusammenwirkens gedacht werden, welche nicht eine Leitung und Regierung des einzelnen bedeutete. Die Formel von der Leitung „der Produktion", die einer Regelung des sozialen Zusammenwirkens durch bestimmende Einwirkung auf den einzelnen gegenüberstände, ist eine unschuldige, aber auch ganz unklare Redensart.

Zweiter Abschnitt.

Ökonomische Phänomene.

Erste Abteilung.

Vorerinnerungen.

41

Ohne eine Grundlegung sozialwissenschaftlicher Erkenntnis überhaupt ist es nicht möglich, die materialistische Geschichtsauffassung in rechter und gerechter Art zu würdigen und zu beurteilen. Und sie drängt andererseits jeden, der sie ernst in das Auge faßt, zu dem sehnlichen Wunsche nach einer exakt begründeten Sozialphilosophie. Allerdings wird dieses gerade durch die Unfertigkeit des sozialen Materialismus in den von ihm verwendeten Grundbegriffen hervorgerufen. Hier teilt er das Schicksal aller übrigen seitherigen sozialwissenschaftlichen Richtungen.

Dies zeigt sich vor allem in seinem Gebrauche des Begriffes von der Sozialwirtschaft, wie nicht minder bei demjenigen der sozialen Produktionsweise.

Wenn nämlich die materialistische Geschichtsauffassung von einer bestimmten Art der Wirtschaft spricht, die auf Änderung oder Umgestaltung rechtlicher Ordnung von bestimmendem Einflusse gewesen sei oder sein werde, so wiederholt sich auch bei ihr das Eintreten einer verwirrenden Unklarheit dadurch, daß dabei das Wort „Wirtschaft" in doppeltem Sinne gebraucht und dann trotz dieser zwiefachen Bedeutung einheitlich und gleichmäßig in der weiteren Deduktion verwendet wird. Einmal findet sich nämlich Wirtschaft als eine Tätigkeit und technische Fertigkeit genommen, die in bestimmter Art gewisse menschliche Bedürfnisse befriedigt oder doch es zu tun vermöchte, — man spricht von Wirtschaft der Steinzeit, von der durch Anwendung des Feuers veränderten Wirtschaft der Menschen, von einer solchen, die auf des Lebens Notdurft beschränkt bleibt oder darüber hinaus zu Luxus und tüchtigem technischen Fortschritt sich erhebt, usw.; zum andern ist das genannte Wort unmittelbar als soziale Wirtschaft genommen und demnach als ein konkretes bestimmt geregeltes Zusammenwirken und ein auf solchem sich aufbauender Verkehr gefaßt, — wie es in dem Gegensatze der Geldwirtschaft zur Naturalwirtschaft sofort besonders deutlich uns entgegentritt. Im besonderen reden die Marxisten von der ökonomischen Produktionsweise, als der Grundlage aller Gesellschaftsordnung und sprechen beispielsweise ganz unbefangen von Perioden, da der Ackerbau die herrschende Produktionsweise war, und von Zeiten der kapitalistischen Produktionsweise.[130] Es liegt aber auf der Hand, daß in dem ersten Beispiele der Ackerbau einen Gegensatz zu der Ernährung durch Jagd, Fischerei, nomadisierendes Hirtenleben bedeutet, also bloß eine natürliche Technik der Beschaffung von Gütern zur Bedürfnisbefriedigung angibt; während der Begriff der kapitalistischen Produktionsweise erst unter der Bedingung einer ganz bestimmten sozialen Regelung, insbesondere des Privateigentumes an Produktionsmitteln und des freien Lohnvertrages möglich ist und allein auf dieser Grundlage des näheren ausgeführt werden kann; also daß bei Streichung dieser Voraussetzung der genannte Begriff überhaupt keinen Sinn mehr hat.

Nimmt man nun den Begriff einer Produktionsweise als ein besonderes soziales Zusammenwirken, das auf einer bestimmten Regelung sich aufbaut und von dieser Bedingung nicht losgelöst werden kann, ohne als solches überhaupt zu verschwinden, so kann eine derartige Produktion nicht kurzer Hand mit einer besonderen Weise der Technik, die bloß in ihrer natürlichen Eigenart betrachtet würde, in ebenmäßige Vergleichung gezogen werden. Die letztere hat zum Gegensatze und als Vergleichsobjekte wieder nur andere Arten technischer Naturbeherrschung; die Produktionsweise als ein jeweils besonderes soziales Zusammenwirken kann nur mit sonstwie geregeltem sozialen Leben vergleichend erwogen werden.

Die spezifisch sozialwissenschaftliche Betrachtung geht nun ausschließlich auf Wirtschaft und Produktionsweise in der zweiten Bedeutung.

Wie viel Weide, Wald oder Ackerland in einer Gegend sich vorfinde, ob Flächen des einen zu dem anderen geschlagen werden, — diese Fragen betreffen die natürliche und technische Seite einer möglichen Wirtschaft; für die soziale Betrachtung aber gewinnt dieses erst ein Interesse, sofern die besondere Regelung in Erwägung gezogen wird, unter der die Bearbeitung des Landes durch zusammenlebende und zusammenwirkende Menschen sich vollzieht. Ein Bauer in unserem, dem sozialwissenschaftlichen Sinne, ist nicht identisch mit einem Menschen, der Land zum Zwecke der Gewinnung von Getreidefrüchten und dergleichen bebaut; das Eigentümliche desselben als einer besonderen sozialen Erscheinung ist nicht in seiner Tätigkeit des Feldbaues gelegen. Für das Charakteristische dieses beispielsweise herangezogenen Begriffes ist maßgeblich und wesentlich die besondere Realisierung einer rechtlichen Regelung nach Art und Quantum, das Kriterium eines Privateigentümers von Ackerland minderer Größe. Die technische Arbeit und die Gesamttätigkeit im Feldbau kann bei vielen auf dem Felde beschäftigten Menschen ganz gleich sein, indessen doch soziale Unterschiede von größter Bedeutung vorliegen mögen: Der Bauer bedeutet der sozialen Wissenschaft ein anderes Phänomen, als der Landarbeiter oder ein Sklave und Institor eines römischen Landgutes, er ist zu trennen von einem Rittergutsbesitzer, wie dem Domänenpächter und unterscheidet sich von dem Inspektor nicht minder, als von einem Instmanne oder Heuerling. Die Sonderart und die konkrete Ausführung einer bestimmten juridischen Normierung ist es, die den Bauer als eigene wirtschaftliche Erscheinung erst ermöglicht, — man entferne in Gedanken diese besondere rechtliche Regelnng des Privateigentumes an landwirtschaftlichen Grundstücken, und der Begriff vom Bauern, den wir jetzt meinen, entschwindet vollständig; alle sonstigen Eigentümlichkeiten, die man mit ihm in engere oder weitere Verbindung setzen mag (z. B. bestimmt beobachtete Charakterzüge der Bauern), können auch fehlen und den erwähnten Begriff an sich doch bestehen lassen: Die genannte Rechtsnormierung, die in ihrer besonderen Bestimmtheit konkrete Anwendung gefunden hat, ist hier unentbehrlich.

Ein „Lehrling“ ist nicht jede Person, die ein Handwerk erlernt. Ein Prinz, der in der Fertigkeit, Bücher einzubinden, ausgebildet wird, kann zwar technisch für seinen Einzelfall dem Lehrlinge eines Handwerksmeisters verglichen oder gleichgestellt werden; aber unter die sozialökonomische Kategorie des Lehrlings fällt doch nur einer, der einen Lehrvertrag mit dem Meister eingegangen ist und danach dem Handwerke auf Grund der Gewerbeordnung sich widmet, und alle sozialen Erörterungen über unseren Lehrlingsstand treffen allemal nur diese letztgenannten Persönlichkeiten und keineswegs jeden, der technisch in einem Gewerbe sich ausbildet.

Ganz besonders wird die Anwendung der genannten methodischen Betrachtung auf das viel besprochene Kapitel von der Arbeitsteilung von Interesse und bedeutungsvoller Folge sein.

Das tot gehetzte Beispiel, daß zwanzig arbeitende Menschen, wenn sie in berechnender Weise mit Arbeitsteilung vorgehen, mehr Stecknadeln zuwege bringen, als wenn jeder von ihnen jede einzelne Nadel von Anfang bis zur Vollendung in Arbeit nimmt, ist noch keine nationalökonomische Erwägung sozialen Sinnes, sondern nur eine technische Feststellung. Eine sozialwirtschaftliche Erscheinung ist erst dann gegeben, wenn zugleich die besondere soziale Regelung in das Auge gefaßt wird, unter der sich jener Vorgang vollzieht; sei es, daß die geregelte Art der Organisation und der Stellung der Arbeiter zu einander betrachtet wird, oder das Verfügungsrecht über das Produkt; vielleicht auch, daß man jene technische Möglichkeit des Zusammenwirkens in ihrer Bedeutung für den Nationalwohlstand erwägt.

Ob die berühmten zwanzig Stecknadelverfertiger freie, von dem Fabrikeigentümer bezahlte Lohnarbeiter sind oder Sklaven, ob es die Miteigentümer der Manufaktur in Selbstperson sind oder Paraguay-Indianer unter Anleitung und Regierung eines Jesuitenpaters, ob Genossen eines sozialistischen Volksstaates, — diese Fragen geben die Richtung des Interesses der Sozialwissenschaft an. Und nur weil Adam Smith die erste der eben angeführten Möglichkeiten als selbstverständlich ansah und es weiterhin als undiskutierbare Tatsache erachtete, daß der Fabrikeigentümer die von seinen Lohnarbeitern gefertigten Stecknadeln für Geld in alle Welt verkaufen könnte, so vermochte er Lehrsätze über den Nationalwohlstand derartig aufzustellen, daß sie als notwendige und allgemeingültige Gesetze erschienen, während sie in der Sache doch nur unter der Bedingung ganz bestimmter rechtlicher Ordnung Sinn und Verstand haben konnten.

In der seitherigen Nationalökonomie sind häufig auch in der Lehre von der Arbeitsteilung beide möglichen Gesichtspunkte vermengt. Bald ist von der Gliederung in Arbeit und Produktion bloß in technischer Hinsicht und Bedeutung die Rede; bald auch werden Beobachtungen und Sätze versucht, die darüber hinaus eine soziale Einsicht in Sachen der Arbeitsteilung gewähren sollen. Man spricht von dem Nutzen der Arbeitsteilung und bringt dahin ebensowohl die durch sie erzielte größere Virtuosität des Arbeiters und die Ersparnis an Zeit und Mühe, als auch einen dadurch angeblich bewirkten Reiz zur Produktion, „weil nun erst jeder gewiß sein kann, mit Hülfe des Tausches über die Erzeugnisse aller anderen zu verfügen".[131] Unter den Bedingungen dieser Arbeitsteilung findet sich einmal erwogen, ob man im Ackerbau oder bei der Anfertigung von Möbeln oder der Errichtung von Gebäuden sich von jener Teilung technische Vorteile versprechen könne; wie andererseits eine bestimmte Größe eines Geldkapitales und möglichste Ausdehnung des Marktes und Absatzgebietes angeführt werden. Und unter den Schattenseiten unserer Einrichtung wird wiederum von der einseitigen technischen Ausbildung des einzelnen gehandelt, der etwa als Robinson verschlagen der Natur hülflos gegenüberstände, als auch von der Frage geredet, ob sie nicht die soziale Ungleichheit unter den Menschen fördere.

Die Frage, wie viele Menschen man nötig hat, um die Segel eines Dreimasters zu reffen, und in welcher Art dabei ein jeder verfahren muß, wenn das Schiff vor dem Sturme sicher gehen soll, würde in das Gebiet der Sozialwissenschaft gar nicht hineingehören, sobald dieses nach eigenem Standpunkte der Betrachtung abgesteckt wird. Vom sozialen Standpunkte aus interessiert uns die Art des Zusammenwirkens als eines geregelten, — die Erörterung, wer das Einziehen der Segel anzuordnen hat, und die Beziehungen der Matrosen zu Reeder, Kapitän oder Lotsen.

Wenn es auf Gewinnung von sozialwissenschaftlicher Erkenntnis ankommt, ist es mithin überhaupt nicht angebracht, von der Arbeitsteilung und Arbeitsvereinigung, als einer bestimmten Art technischen Wirkens auszugehen. Das kann man, so lange man nur die Frage nach der größeren oder besseren Produktivität zusammenstimmender Arbeit erörtert und sich damit auf das rein technische Gebiet gerade zurückzieht. Für die Erkenntnis des sozialen Lebens der Menschen aber ist es nötig, von bestimmt geregelter Art des Zusammenwirkens und von besonderen unter der Regelung und in ihrer Ausführung entstandenen gesellschaftlichen Phänomenen auszugehen.

Von Interesse sind in diesem Zusammenhang neuere Aufsätze von Bücher über Arbeitsteilung und soziale Klassenbildung.[132] Der Verfasser unterscheidet fünf verschiedene Möglichkeiten von Arbeitsteilung und stellt namentlich die Arbeitszerlegung der Produktionsteilung gegenüber, unter jener etwa den oben zitierten Vorgang in der Stecknadelmanufaktur begreifend, während für das letztere die Erzeugung von Wollentuch als Beispiel angeführt wird. Im ersten Falle liege eine Kette unselbständiger Arbeitsverrichtungen vor, das Objekt der Teilung bilde nicht ein ganzer Produktionsprozeß, sondern ein einzelner Produktionsabschnitt; im anderen Falle dagegen „muß das Gut, das zu seiner Vollendung gelangen soll, von der Entstehung des Rohstoffes ab auf dem Wege des entgeltlichen Besitzwechsels eine Reihe von Wirtschaften durchlaufen, ehe es zum Gebrauche bereit gestellt werden kann.“ Es wird also zunächst nur der technische Produktionsprozeß als solcher in Betrachtung eingeführt und in den verschiedenen Abschnitten seiner Durchführung verfolgt; je nachdem man den ganzen Prozeß als Einheit auffaßt oder ein einzelnes Stadium desselben für sich abgegrenzt nimmt, erhält man dann zwei verschiedene Möglichkeiten von Arbeitsteilung. — Aber dieses alles ist lediglich technisch und gar nicht sozialwissenschaftlich. Allerdings läßt Bücher bei dem Durchlaufen des gesamten Produktionsprozesses die Abschnitte durch Eigentumswechsel des bis dahin halb fertig gestellten Produktes sich vollziehen; es ist jedoch klar, daß das nach der angenommenen Grundlage der ganzen Erwägung — wonach die zur Hervorbringung des vollendeten Fabrikates notwendige Arbeit unter eine große Zahl von Händen geteilt wird — ganz zufällig und unnötig ist, und die Arbeitsteilung technisch vollständig die gleiche bleibt, auch wenn das Halbfabrikat nicht „im Wege des entgeltlichen Besitzwechsels eine Reihe von Wirtschaften durchläuft.“ Und wenn es einmal zusammenstimmen sollte, daß eine nach technischen Gesichtspunkten vorgenommene Zerlegung eines Produktionsprozesses verschiedene Abschnitte desselben liefern würde, die zugleich auch aus der sozialen Betrachtung des betreffenden Zusammenwirkens in Zerteilung sich ergeben, (wenn z. B. ein fertig gestelltes Halbfabrikat, wie der Draht, zwecks seiner weiteren Verwendung nach dermaliger sozialer Wirtschaft erst den Eigentümer wechselt), so würde doch ein solches Zusammenstimmen zweier nach ganz verschiedenen Kriterien vorgenommener Einteilungen etwas Zufälliges und für eine rechte Systematisierung Belangloses sein.

Man kann den technischen Vorgang der Erzeugung eines bestimmten Gutes bloß als technischen einer wissenschaftlichen Betrachtung unterziehen und darauf ausschließlich das Augenmerk richten; dann ist es möglich, nach Maximen der Technik diesen Produktionsprozeß in verschiedene Abschnitte zu zerlegen und zuzusehen, ob diese von verschiedenen Personen in abgeteilter Arbeitsleistung technisch zweckmäßig durchgeführt werden, und ob vielleicht innerhalb eines jeden Abschnittes eine Teilung von in sich technisch unselbständigen Arbeitsleistungen und Handgriffen stattfindet. So kommen bei einem Hausbau verschiedene Gewerke nach oder selbständig neben einander in Arbeit; aber schon beim Mauern beginnt für diesen besonderen Abschnitt regelmäßig eine eigentümliche Arbeitsteilung.

Dagegen verbleibt weiterhin die Möglichkeit, das wirtschaftliche Zusammenwirken von Menschen als ein bestimmt geregeltes zu erwägen. Auch dann kann man von Arbeitsteilung handeln; aber dieser Begriff fußt nun nicht mehr auf technischer Abteilung, sondern auf der Basis einer bestimmten sozialen Ordnung. So können wir unterscheiden, ob ein bestimmtes Arbeitsresultat erreicht wird durch das Zusammenwirken mehrerer Eigentümer, die nach einander oder gleichzeitig einen Teil des Gesamtergebnisses liefern; oder ob jenes erzielt wird durch die zusammenstimmende Tätigkeit von Personen, die zu dem einen unternehmenden Eigentümer in bestimmt geregeltem Verhältnisse stehen. Ob aber etwa in dem letzten Falle ein jeder der betreffenden, zur Verfügung stehenden Arbeiter eine technisch unselbständige Arbeitsverrichtung vornimmt oder seine Arbeitsleistung schon zu einem relativ selbständigen Produkte und technisch für sich verwendbaren Halbfabrikate führt, das ist jetzt — für die sozialwissenschaftliche Betrachtung — nicht von grundlegender Bedeutung, sondern kommt erst innerhalb der nach sozialen Gesichtspunkten entworfenen und durchgeführten Einteilung in hinterer Linie.

Will man nun zwei verschiedene Arten von Arbeitsteilungen mit einander vergleichen, so kann man entweder zwei lediglich technische Möglichkeiten neben einander stellen, oder aber zwei soziale. Dagegen ist es verwirrend, wenn man etwa sagen wollte: In dem einen Falle liefert der Arbeitende nur eine technisch unselbständige Arbeitsleistung, aus deren Kette sich dann das Ganze zusammensetzt, und in dem entgegengesetzten Falle ist die Vollendung des Produktes unter mehrere arbeitende Privateigentümer zerteilt.

Es muß also Klarheit darüber herrschen, daß Arbeitsteilung entweder eine besondere Art äußerer wirtschaftlicher Technik bedeutet oder als eine besondere Art, eine bestimmte soziale Ordnung zur konkreten Ausführung zu bringen, auftritt. Die erste grundlegende Einteilung des Zusammenwirkens, das auf Befriedigung menschlicher Bedürfnisse abzielt, kann stets nur in ausschließender Alternative davon ausgehen, daß man es bloß als technisches nimmt oder in Unterscheidung davon als ein jeweilig bestimmt geregeltes. Die gleichzeitige und gleichwertige Anwendung jener beiden Gesichtspunkte der Betrachtung, ohne klares Bewußtsein ihrer verschiedenen Art, muß notgedrungen Konfusion bewirken.

Die mit Recht geschätzte Ausführung von Marx über Arbeitsteilung[133] war auch hier (vgl. S. 198 ff.) in der Sache methodisch auf dem richtigen Wege. Er geht nicht von dem Begriffe einer möglichen Arbeitsteilung im lediglich technischen Sinne als Unterlage aus, sondern erörtert diejenige Art der Arbeitsteilung, die in der Manufakturperiode auf Grund der damaligen Rechtsordnung statthatte; nimmt also einen ganz bestimmten sozialen Zustand zur Basis und versucht dessen Ausbildung und Weiterführung im einzelnen, wobei er auf die Vereinigung von freien Arbeitern durch Lohnverträge zurückkommen mußte. Das gemeinsame und letztlich entscheidende Kriterium für diese soziale Arbeitsteilung ist ihm daher auch mit Recht die Vereinigung jener Arbeiter unter demselben Kapitalisten in einer diesem gehörigen Werkstatt: ob aber dabei verschiedenartige selbständige Handwerker vereinigt werden, wie bei der Anfertigung von Kutschen, oder solche, die in gleicher Art und Weise tätig sind, wie in der Papier- und Nadelmanufaktur, das ist jetzt hier nicht mehr von interessierender Bedeutung; — es ist die besondere soziale Art des Zusammenwirkens, die konkrete Ausgestaltung und Ausführung des damaligen sozialen Lebens, nämlich die übereinstimmende Tatsache der sozialen Zusammenziehung vieler Arbeiter unter dem einen Geschäftsherrn in gleichmäßigen Verträgen, die das Wesen der hier von Marx untersuchten Angelegenheit ausmacht. Marx unterläßt dabei nicht, die technischen Konsequenzen einer sozialen Arbeitsteilung zu beleuchten; und er geht auch verschiedene geschichtliche Gesellschaftsordnungen durch, um sie darauf zu prüfen, in wie weit sie diese besondere Art sozialen Zusammenwirkens und die dabei hervortretenden ökonomischen Phänomene, die er in der Manufakturperiode verfolgt, in ähnlichen Gebilden auch aufwiesen; aber er beharrt schließlich mit Recht dabei, „daß die manufakturmäßige Teilung der Arbeit eine ganz spezifische Schöpfung der kapitalistischen Produktionsweise sei."

Wir werden jedoch einen Schritt über Marx hinaus tun müssen.

Denn es entging jenem scharfsinnigen Autor, daß der Grund, aus dem man nicht einfach die technisch mögliche Arbeitsteilung zu grunde legen und nicht bei ihr grundsätzlich stehen bleiben darf, dadurch geliefert wird, daß die zweite, neben der bloß technischen allein noch grundlegend mögliche Betrachtung von menschlichem

Zusammenwirken die Erwägung desselben unter bestimmten äußeren Regeln ist. Marx sagt mit Recht, daß es die besondere Art von Arbeitsteilung, die wir heute haben, erst in der modernen Industrie „unter der Herrschaft der Konkurrenz" gibt. Er bekämpft es, daß man Handwerkszeug und technische Produktionsmittel an sich als ökonomische Kategorien im sozialen Sinne nehmen dürfe, und er besteht darauf, daß man die einzelne soziale Ordnung in ihrer Besonderheit für sich nehme und in ihrem Wesen und ihren notgedrungenen Folgen also untersuche.

„Es heißt der Geschichte in das Gesicht schlagen, wenn man mit der Arbeitsteilung im allgemeinen beginnt, um in der Folge zu einem speziellen Produktionsinstrument, den Maschinen, zu gelangen. Die Maschinen sind ebensowenig eine ökonomische Kategorie als der Ochse, der den Pflug zieht, sie sind nur eine Produktivkraft. Die moderne Fabrik, die auf der Anwendung von Maschinen beruht, ist ein gesellschaftliches Produktionsverhältnis, eine ökonomische Kategorie."

Aber was macht denn den Unterschied zwischen der Betrachtung der modernen Fabrik, als eines gesellschaftlichen Produktionsverhältnisses, und derselben Anstalt, als einer besonderen Art technischer Produktion, aus? Welches ist die Bedingung, unter der der Begriff eines sozialwissenschaftlich erkannten „gesellschaftlichen Verhältnisses" und einer „ökonomischen Kategorie" als eines Objektes einer eigenartigen sozialen Einsicht uns überhaupt erst etwas bedeuten kann? Wodurch grenzt sich die Sonderart einer solchen sozialen Erwägung von der bloß technischen Betrachtung einer Produktion allererst ab?

Doch nur durch die Bedingung irgend einer bestimmten menschlich gesetzten Regelung, durch eine bestimmte Normierung von menschlichem Zusammenwirken. Der Begriff eines gesellschaftlichen Produktionsverhältnisses bedeutet gar nichts, wenn man nicht Regeln voraussetzt, nach welchen sich Menschen zu einander verhalten sollen, durch welche sie in einer Gesellschaft verbunden werden, nach welchen ein produzierendes Zusammenwirken zu geschehen hat, mag nun hinsichtlich dessen besonderer Durchführung durch jene Regeln ein noch so großer Spielraum gelassen werden, und danach jeweils noch so weitgehende geschichtliche Verschiedenheit stattfinden. Die Einheit, die der Begriff fordert, die Einheit hier in den verschiedenen Erscheinungen menschlichen Zusammenlebens und Zusammenwirkens wird in letzter Linie und für die soziale Betrachtung grundlegend durch das Medium äußerer Regeln bewirkt. Ohne sie gibt es keine Erkenntnis, die in Eigenart von der bloß technischen Überlegung bestimmter Produktion und Wirtschaft fundamental verschieden wäre; während mit ihnen und auf ihnen aufbauend eine wissenschaftliche Untersuchung und Klarlegung des sozialen Lebens von jener Erörterung sich loszulösen und selbständig zu stellen vermag. In jeder wahrhaft sozialen Erwägung stecken sie natürlich ganz von selbst darin. Es kommt nur darauf an, sich erkenntniskritisch darauf zu besinnen und dadurch die Eigenart, die Bedingungen und die Gesetzmäßigkeit der sozialen Wissenschaft klar und sicher zu erhalten.

Sehr einfach und leicht erkennbar treten sie, die obenhin vielleicht verborgenen sozialen Regeln, bei Änderungen ihrer selbst in der fundamentalen Bedeutung hervor, die sie für das soziale Leben haben. So ist in dem vorhin zuletzt besprochenen Falle von maßgeblicher Bestimmung das Privateigentum an der Fabrik, die unbeschränkte Möglichkeit der Ansammlung von Privatvermögen, sowie die Einrichtung des grundsätzlich freien Arbeitsvertrages. Indem von diesen sozialen Einrichtungen ein gewisser Gebrauch gemacht wird, entstehen erst die Besonderheiten historisch wechselnder Produktionsverhältnisse und danach die ökonomischen Kategorien im sozialen Sinne; — welche in ihrem Bestande von jener ganz bestimmten und selbst geschichtlich veränderlichen äußeren Regelung in unablöslicher Abhängigkeit sich befinden. Es ist ganz vag und ungenau, zu sagen, daß die Erfindung der Dampfmaschine das moderne Proletariat und dessen Eigenart geschaffen habe. Nicht die Maschine tat das, sondern ihre Herübernahme in das Privateigentum der Kapitalisten und die konkrete Ausführung einer bestimmten sozialen Ordnung, welche Ausführung durch das technische Mittel des Dampfbetriebes möglich wurde. Die bedingende Unterlage für unsere soziale Betrachtung bildet die bestimmte äußere Regelung, — die Verwendung der Dampfmaschine innerhalb des geregelten Zusammenwirkens gab nur eine andere Art der konkreten Ausführung jener fundamentalen Bedingung ab.

42

Es wird nun nur weniger Bemerkungen bedürfen, um für den Begriff der sozialen Produktionsweise die zutreffende und umfassende Definition zu finden. Die Klarstellung dieses Begriffes wird uns zur sicheren Erlangung desjenigen der ökonomischen Phänomene, die in der gesellschaftlichen Produktion auftreten, behülflich sein.

Die materialistische Geschichtsauffassung legt, wie wir früher berichteten, den entscheidenden Nachdruck auf die Art der Produktion. Ich zitiere die allgemach fast zur Legaldefinition verhärtete Formel, die ENGELS hierüber aufgestellt hat.[134]

„Die materialistische Anschauung der Geschichte geht von dem Satze aus, daß die Produktion und, nächst der Produktion, der Austausch ihrer Produkte die Grundlage aller Gesellschaftsordnung ist; daß in jeder geschichtlich auftretenden Gesellschaft die Verteilung der Produkte, und mit ihr die soziale Gliederung in Klassen oder Stände, sich danach richtet, was und wie produziert und wie das Produzierte ausgetauscht wird."

Es ist sofort klar, daß in diesem Lehrsatze zweierlei unerklärt und nicht ausgetragen ist. Denn es wird weder angegeben, was es heißen soll „Grundlage sein" und „sich richten", noch auch ist Klarheit über den hier gemeinten Begriff der Produktion vorhanden.

Das erste stellen wir für jetzt zurück; es ist später entscheidend darauf zurückzukommen. Das andere aber muß hier erledigt werden.

Nun kann es keinem Zweifel unterliegen, daß es sich in dem zitierten Satze bei „Produktion und Austausch ihrer Produkte" um soziale Produktion und um Verkehr innerhalb menschlicher Gesellschaft handeln muß.

Nicht die technisch mögliche, sondern die sozial verwirklichte Produktionsweise ist dasjenige, was hier als von ausschlaggebender Bedeutung für die Form einer bestimmten Gesellschaft eingeführt werden kann. Die technologische Ausführbarkeit, als bloße Möglichkeit genommen, ist selbstredend für Umbildung der rechtlichen Form einer Gesellschaft zunächst noch irrelevant, solange sie nicht in Wirklichkeit getreten ist. Und niemand wird andererseits behaupten, daß jede neue Möglichkeit einer technischen Veränderung in der Produktion nun auch sofort und naturgesetzlich zwingend in die Besonderheit des sozialen Zusammenwirkens sich umsetzt. Das entscheidende Moment liegt also darin, daß eine bestimmte sozial verwirklichte Produktionsweise vorliegt. Bei dieser entstehen ökonomische Phänomene, mit deren Begriff und Bedeutung wir nun ausführlich zu tun haben werden; und ihre Umwandlungen sind es, die von der materialistischen Geschichtsauffassung als die maßgeblichen Bewegungen vorgeführt werden, nach denen die überlieferte Gesellschaftsordnung sich zu richten habe.

Daß dieser Gedanke in den Leitsätzen der materialistischen Geschichtsauffassung in der Tat versteckt enthalten war, ist bei ihrer nochmaligen Erwägung leicht festzustellen.

Die von uns genau hervorgehobene Tendenz dieser Sozialphilosophie geht auf Klarstellung der grundlegenden Methode, die bei wissenschaftlicher Erforschung des gesellschaftlichen Daseins der Menschen anzuwenden ist. So kann auch das obige „was und wie produziert wird" doch nicht auf die bloß technische Seite gehen, sondern zielt auf eine soziale Betrachtung ab. Es ist nicht so gemeint, daß eine Änderung in technischer Möglichkeit als solcher ganz von selbst und unmittelbar eine Änderung der Gesellschaftsordnung immer und notwendig hervorbringe; vielmehr ist mit Art und Weise des Produzierens und des Umsatzes sicherlich die gesellschaftlich verwirklichte Produktion angenommen und eine sozialwissenschaftliche Betrachtung unternommen, die über die Frage der bloßen technischen Möglichkeit des Wirtschaftens hinausgeht und eine selbständige Untersuchung veranlaßt und bedeutet. Gerade aus den von Engels am angeführten Orte vorgenommenen Erörterungen geht dieses deutlich hervor, da er auf die Produktion unter der Zunftverfassung und auf die unter der Gewerbefreiheit verweist und von der „der Bourgeoisie eigentümlichen Produktionsweise" spricht, also mit jenem „was und wie" hier auf die Frage hinausläuft: ob für Bestellung nach jeweiligem besonderen Werkvertrage oder für das Warenlager, um das Produzierte zum Verkaufe bereit zu halten, angefertigt wird, — ob durch selbständige Handwerker mit Eigentum an den Produktionsmitteln oder durch Lohnarbeiter in der durch Kapitalisten organisierten Fabrik. Es nimmt also alles dieses die soziale Produktion als Grundlage und meint nicht bloß eine bestimmte Art von Naturbeherrschung und Technik vom naturwissenschaftlichen Standpunkte aus. Und es stellt sich das um so mehr außer allem Zweifel, da in zweiter Linie wirkend, sachlich und der Art nach aber gleichbedeutend, „der Austausch der Produkte" genannt wird, der in sich doch nur als ein Objekt sozialer Erkenntnis zu fassen ist.

Es gibt aber keine andere Art eines sozialen Zusammenschlusses als durch menschlich gesetzte Regeln. Das Walten bloß von Naturtrieben bei dem Verhalten des einen Menschen zum andern bleibt rein naturwissenschaftliches Objekt. Die Bestimmung zweier kausal getriebener Lebewesen ist grundsätzlich in gar nichts von solchen Vorgängen zu unterscheiden, die den Gegenstand der Mechanik ausmachen. Wir haben aber ein soziales Leben als eigenartiges Zusammenleben von Menschen; und diese geschichtlich zweifellose Erfahrung von einem gesellschaftlichen Menschendasein, das nicht nur als ein Nebeneinanderbestehen mechanisch bestimmter Körper gefaßt werden kann, heischt gleichfalls ihre gesetzmäßige Erkenntnis und eine erklärende Einsicht vor allem von den letzten Bedingungen, durch welche das soziale Leben als Gegenstand eigener wissenschaftlicher Untersuchung möglich wird.

Auch die materialistische Geschichtsauffassung nimmt die menschliche Gesellschaft und deren Geschichte als etwas Eigenartiges an, dessen Gesetze sie zu erkennen bestrebt und behülflich sein will. Sie möchte eine Methode liefern, durch deren Befolgung man über das soziale Leben und die ökonomischen Phänomene auf die rechte Art in das Klare käme. Doch indem sie diese Begriffe als eigentümliche Gegenstände wissenschaftlicher Betrachtung mit Fug aufstellt, vermeidet sie es, das Merkmal ihrer Eigenart erkenntniskritisch darzulegen. Die etwa mögliche Ausflucht, daß dieses alles bei ihr stillschweigend vorausgesetzt sei, würde auch hier (s. § 35) nicht in glücklicher Weise durchschlagen können. Mit vorliegenden literarischen Daten will sie an sich nicht stimmen, wie aus früher (S. 199 f.) hierüber Bemerktem sich ergibt. Aber wenn die Einrede trotzdem sachlich begründet wäre, so ist es übel getan, von jener angeblich gemachten Voraussetzung nirgendswo zu reden, nicht nur andere, sondern sich selbst dadurch in ein unsicheres Licht zu setzen und zu undeutlichen und nicht begründeten Folgerungen zu verleiten.

Soziales Leben, gesellschaftliche Verhältnisse können ohne bewußte Bezugnahme auf bestimmte menschlich gesetzte Regeln, die diese Begriffe überhaupt erst möglich machen, niemals deutlich und richtig erkannt werden; und die Deduktionen eines sozialwissenschaftlichen Denkers, die ohne klares Bewußtsein des eigenartigen Gegenstandes einer möglichen sozialen Erkenntnis von einer so obenhin angenommenen Basis ausgehen, werden unvermeidlich zu zweifelhaften und nicht gesicherten Schlüssen führen und die hier interessierenden Probleme einer durchgreifenden Erledigung nicht zuführen können.

Alle hier entstehenden Verlegenheiten werden damit sofort und endgültig beseitigt, daß man sich der Form des sozialen Lebens, der menschlich gesetzten Regeln des Verhaltens von Menschen gegen und zu einander, als Bedingung einer jeden eigenartigen sozialwissenschaftlichen Betrachtung erinnert. Vielleicht würde die ablehnende Haltung hiergegen, die man in der Schule des Marx seither beobachtet, gar nicht beibehalten worden sein, wenn man an die Stelle des Begriffes von sozialen Regeln nicht gleich denjenigen des Staates moderner Observanz oder auch nur den einer ausgebildeten Rechtsorganisation eingesetzt hätte. Daß dieses nicht unsere Ansicht ist, wurde an früherer Stelle im geeigneten Zusammenhange schon erörtert und mag jetzt auf sich beruhen bleiben; daß aber die Voraussetzung von bestimmten gesellschaftlichen Regeln überhaupt die unerläßliche Bedingung von sozialwissenschaftlicher Erkenntnis sein muß, das wird nun zwecks Einzeldurchführung unseres dermaligen Gedankenganges weiterhin stets zu grunde gelegt.

Vor allem gewinnt nun der Begriff einer sozialen Produktionsweise einen klar verständlichen und sicher ausgedachten Sinn, wobei sie in einen deutlichen Unterschied von einer bloßen Art technischer Naturbeherrschung gebracht wird.

Produktionsweise im sozialen Sinne heißt: eine besondere Art äußerlich geregelten Zusammenwirkens, das auf Hervorbringung von Mitteln zur Bedürfnisbefriedigung gerichtet ist. Und in gleichem Sinne ist der Umsatz der Produkte, als sozialer Verkehr, zu verstehen. Immer handelt es sich um eine konkrete Ausführung eines unter der Bedingung bestimmter Regelung stehenden gesellschaftlichen Lebens von Menschen.

Damit verbessert und klärt sich der vage Satz von der ökonomischen Produktionsweise als Grundlage der Gesellschaftsordnung und den Umwälzungen in der Art wirtschaftlicher Produktion als letzten Gründen für darauf folgende Änderungen des Rechtes. Er muß heißen:

Die bestimmenden Gründe für Änderungen der Rechtsordnung, wie der Form des sozialen Lebens überhaupt, sind in letzter Linie zu suchen in der vorausgegangenen konkreten Ausführung des betreffenden geregelten Zusammenwirkens. Welchem Satze wir demnächst erschöpfend nachgehen werden.×

Die bei jenen zu Tage tretenden Einzelerscheinungen, als

× III. Buch 3. Abschnitt: Der Kreislauf des sozialen Lebens.

Objekte einer sozialwissenschaftlichen Betrachtung genommen, können sehr wohl ökonomische Phänomene heißen.[135]

Wonach es nun weiterhin möglich ist, den Begriff dieser sozialwirtschaftlichen Erscheinungen und die mögliche Erkenntnis eines notwendigen Ganges ihrer Entwicklung methodisch sicher zu untersuchen und festzustellen.

43

Die seitherige Untersuchung hat gelehrt, daß es bei ökonomischen Phänomenen im Sinne einer sozialen Erkenntnis nur auf die konkrete Ausführung einer bestimmten Gesellschaftsordnung ankommen kann. Es handelt sich bei den sozialen Einzelerscheinungen, die man als wirtschaftliche Phänomene nehmen mag, immer um sozial geregelte Verhältnisse, die bei der Durchführung und Verwirklichung eines sozialen Lebens von Menschen im einzelnen zu Tage treten. Begriff und Bedeutung dieser ökonomischen Phänomene ist mithin in Betrachtung dieser Einzelausführung einer gesellschaftlichen, repräsentativ genommen: einer rechtlichen, Ordnung klar zu legen und des näheren festzustellen.

Nun ist das eigentümliche Merkmal der rechtlichen, wie jeder sozialen Ordnung, daß sie eine solche äußerlich gesetzter Regeln ist. Es wird dem Unterworfenen ein bestimmtes Verhalten von außen her durch andere angesonnen, ohne daß der gewünschte Erfolg schon an und für sich bloß als bewirkte Wahrnehmung als sicher eingesehen wäre: es wird versucht, auf ihn einzuwirken. Dabei kann, wie wir wissen, in mehr oder weniger direkter Weise dem einzelnen gegenüber getreten werden (§ 40). Eine vollständige Bestimmung des sozialen Lebens durch lauter direkte Befehle an den Regelunterworfenen hinsichtlich der Art seines positiven Verhaltens und der Lieferung seines Beitrages im sozialen Zusammenwirken ist freilich kaum denkbar. In einem schrankenlos despotischen Gemeinwesen, das doch noch als ein rechtlich geordnetes zu betrachten wäre, würde mindestens die Verfügungsberechtigung des Despoten über die Untertanen eben nur als Möglichkeit auftreten, von der er in verschiedener Ausführung erst Gebrauch machen müßte. Aber selbst unter seinen Untertanen wird immer eine gewisse Möglichkeit eigener Disposition in bezug auf Ehe, Berufswahl, Vertragsschluß gegeben sein. Auch in Utopien, wo der einzelne am schärfsten als maschinelles Glied in das Getriebe des sozialen Ernährungsprozesses eingereiht wird, wo den kinderreichen Familien ihre Sprößlinge genommen und die überschüssigen Bewohner zwangsweise hin und her geschoben oder außer Landes gewiesen werden, gibt es doch gesetzlich gewährleistete Möglichkeiten eigener Disposition: durch Vertrag mit dem Gemeinwesen kann man die dauernde Überweisung zur Landwirtschaft erlangen, mittels Adoption in eine Familie das Recht auf einen bestimmten Berufsbetrieb erwerben, infolge einer Meldung beim staatlichen Magazin Konsumtionsmittel zu eigenem Verbrauche zugewiesen erhalten. Auch beim Untertauchen des Einzelindividuums im völlig kommunistischen Produzieren und Genießen dürften also immer noch Regeln übrig bleiben, die nur in indirekter Weise auf ein Normieren des Zusammenwirkens abzielen. Falls es freilich gelingen sollte, in einem Gemeinwesen das letztere ganz zu eliminieren und bloß in direkten Befehlen ein gewisses Mittun jedem aufzuerlegen, so würde es nur zwei Arten von sozialen Erscheinungen geben: gesetzmäßiges und regelwidriges Verhalten der Unterworfenen. Diese beiden aber wären sicher, denn eine objektive Gewißheit einer kongruenten Befolgung der sozialen Regeln kann niemals da sein, eben weil es nur menschlich gesetzte Regeln sind, und keine Naturgesetze.

Aber wir wollen lieber von solchen, etwa gedankenmäßig nicht unmöglichen Phantasiestaaten auf den Boden geschichtlicher Wirklichkeit zurückgehen und zusehen, was innerhalb gegebener sozialer Erfahrung der Begriff eines ökonomischen Phänomens mit Fug bedeuten kann; denn innerhalb dieser empirisch begrenzten Sphäre ist er aufgestellt und verwertet worden.

Da zeigt sich nun, daß alle historisch bekannt gewordenen Rechtsordnungen, in zwar mehr oder weniger ausgeprägter Weise, aber doch grundsätzlich übereinstimmend, die Regelung des sozialen Zusammenwirkens in der Art vorgenommen haben, daß sie den einzelnen Rechtsangehörigen Möglichkeiten zu Einzelverbindungen unter einander gewähren, vermöge deren sich das gesamte Getriebe des sozialen Zusammenwirkens dann vollzieht. Neben stets auftretenden direkten Rechtsbefehlen positiven Charakters wird grundsätzlich die Art dieses auf Bedürfnisbefriedigung gerichteten Zusammenwirkens dem Vorgehen der einzelnen Privaten überlassen. Indem ein gegenseitiges Garantieren der dem einzelnen eigentümlich überlassenen Objekte stattfindet, und die Gesamtheit der Rechtsgenossen jeglichem seine Habe bei dessen Einfügung unter diese soziale Ordnung gewährleistet, so verbleibt es den einzelnen, ihren Beitrag zu dem sozialen Ernährungs- und Ausbildungsprozeß in privatem

Vorgehen und subjektivem Entschließen zu liefern. Familiengründung und Güterproduktion, Austauschverkehr und Gebrauchsüberlassung vollziehen sich nun nach dem Entschlusse der Individuen und nicht in versuchter lückenloser, direkter Anordnung von einem aktiv bestimmenden Zentralpunkte aus.

Da der letztere für jenen Regelverkehr fehlt, und das soziale Leben auf die Brennpunkte der Einzelindividuen und ihres persönlichen Vorgehens sich zurückzieht, so ist zu seiner Durchführung es notwendig gegeben, daß die einzelnen sich nach den gesetzten Regeln ihres Gemeinwesens verbinden.

Soziales Leben in diesem Sinne heißt also Inbegriff geregelter Wechselbeziehungen unter Menschen.

Inhaltlich haben wir ungezählte einzelne Verbindungen von Privaten, gerichtet auf Bedürfnisbefriedigung unter gesetzten Regeln; und während diese geregelten Privatverhältnisse als Einzelerscheinungen für die soziale Betrachtung auftreten, so vereinen sie sich zu dem Begriffe des sozialen Lebens, nicht anders wie die äußeren Erscheinungen zu demjenigen der Natur. Und es erwächst das soziale Zusammenwirken eines Rechtsverbandes aus solchen Einzelvereinigungen von Privaten.

Subjektiv aber wird dieses, wie vorhin schon angedeutet, dadurch vermittelt und ermöglicht: daß die rechtliche Verfügungsgewalt über die zur Bedürfnisbefriedigung irgendwie geeigneten Güter historisch auf Grund rechtlich festgelegter Tatsachen in letzter Linie einzelnen jeweilig zukommt, also daß jedem Individuum dieses sein Privateigentum von der rechtlichen Ordnung gewährleistet wird, es mithin bezüglich dieser „seiner" Güter im rechtlichen Verhältnis zu der Gesamtheit der mit ihm rechtlich Verbundenen steht.

Dadurch wird nun indirekt auf jeden Rechtsgenossen eingewirkt. Da es für die Durchführung der sozialen Bedürfnisbefriedigung nötig wird, jene Güter zur Produktion und Konsumtion in Bewegung zu setzen, zu gebrauchen und zu verwerten, so ergeben sich daraus entscheidende Anlässe für die Individuen, sich untereinander in bestimmte engere Privatverbindungen zu setzen, wozu ihre Rechtsordnung die formale Möglichkeit eben bietet.

Auch für diese Vereinigungen von Privaten haben wir seit langem den Namen der Rechtsverhältnisse. Nach darüber stehenden Regeln übernehmen die in ihnen Verbundenen gegeneinander Verpflichtungen bestimmten Verhaltens, Verbindlichkeiten zu gewissem Tun, Dulden oder Unterlassen. Also vollzieht sich die Ausführung des sozialen Lebens, soweit wir solches historisch kennen, durch stete Begründung und Durchführung von Rechtsverhältnissen; deren Inhalt freilich im Laufe der Geschichte nach den Bestimmungen jener Regeln, wie auch nach der konkreten Art der Verwirklichung, unter gleichen Regeln ständig wechselnd und verschiedenartig ist.

Die übliche Darstellung unserer Privatrechtswissenschaft scheint hiermit nicht übereinzustimmen, da sie als letzten Grundbegriff des privaten Rechtsverkehrs regelmäßig das subjektive Recht voranstellt und dieses zuweilen geradezu „als Eckpfeiler des ganzen Rechtsbaues" bezeichnet.[136] Aber der Widerspruch ist mehr scheinbar, als sachlich tief eindringend. Denn es ist nicht nur nicht geglückt, für eine sichere Begriffsbestimmung des Rechtes im subjektiven Sinne die Rechtslehrer in Einhelligkeit zu gewinnen, sondern es zeigt die Nachprüfung der hierüber entsponnenen Kontroverse, daß alle Bedeutungen, in denen man den Ausdruck des subjektiven Rechtes eingebracht hat, auf die Rechtsverhältnisse als logisch vorgehende Bedingungen hinweisen.

Die Schwierigkeit, das Recht im subjektiven Sinne zweifellos zu definieren, führt offenbar darauf zurück, daß wir im Laufe der Zeit von jenem Worte einen dreifach verschiedenen, sicher verhärteten und vielleicht noch manchen anderen nicht übereinstimmenden Sprachgebrauch erhalten haben; und daß nun die Juristen sich abmühen, für diese verschiedene Verwendung des Wortes „Recht" im subjektiven Sinne eine einheitlich umfassende Formel zu finden.

Wir sagen: Der Hypothekengläubiger hat ein Pfandrecht; — zufolge desselben hat er das Recht, das Pfandobjekt zu verkaufen; — jeder Großjährige hat das Recht, eine Hypothek zu bestellen. Im ersten Sinne heißt es das Rechtsverhältnis selbst und stellt eine bestimmte geregelte Beziehung unter Menschen dar;[137] das andere Mal bedeutet es eine gewisse Einzelbefugnis, die jener geordneten Rechtsbeziehung entspringt; im dritten Falle besagt es die Möglichkeit, ein Rechtsverhältnis zu begründen. — Wir können es nun ganz auf sich beruhen lassen, ob es möglich sei, diese drei verschiedenen Verwendungen des Wortes „subjektives Recht" in einer treffenden Formulierung zusammenzuziehen, und wie solche etwa zu lauten habe;[138] denn in jedem Falle sieht man, daß für alles dieses der Begriff des Rechtsverhältnisses, der rechtlich geordneten Beziehung von Menschen zu einander als sachlich letzte Unterlage bei der Erwägung der Durchführung eines sozialen Verkehrslebens sich herausstellt.[139] In ihrer Eingehung, Erfüllung und Lösung spielt das soziale Zusammenwirken der Menschen sich ab.

Zweite Abteilung.
Systematik der sozialwirtschaftlichen Erscheinungen.

44

Auf Grund der Erkenntnis, daß die konkrete Ausführung eines sozialen Lebens, soweit sie nicht von Zentralpunkten aus in direkter positiver Normierung versucht wird, in Begründung und Durchführung von Rechtsverhältnissen sich vollzieht, kann nun der Begriff der ökonomischen Phänomene klar gelegt werden.

Nicht jedes von Privaten geschaffene Rechtsverhältnis bedeutet schon eine wirtschaftliche Erscheinung für den das soziale Leben im ganzen untersuchenden Beschauer. Die Feststellung eines ökonomischen Phänomens führt den Gedanken einer Notwendigkeit mit sich; den Gedanken, daß unter dieser betreffenden sozialen Regelung bei obwaltenden Umständen es sicher so kommen mußte, wie es geschehen.

Es würde selbstverständlich nichts im Wege stehen, jede besondere Anwendung sozialer Regelung, im einzelnen für sich genommen, eine wirtschaftliche Erscheinung zu nennen. Aber es ist dies nicht dasjenige, was hier interessiert; es bliebe dem Gedanken, in welchem in diesem Zusammenhange nach dem Auftreten ökonomischer Phänomene gefragt wird, ganz fern. Dieser geht dahin, daß etwas erkannt werden soll, was bei der konkreten Durchführung einer bestimmten Wirtschaftsordnung mit Notwendigkeit erscheint; was sich als ein unvermeidliches Ergebnis dieser Durchführung herausstellt. Es handelt sich also bei der Frage nach sozialen Phänomenen um wissenschaftlich bestimmbare Erscheinungen, die deshalb den Gedanken der Notwendigkeit ihres Auftretens schon in sich tragen.

Nun ist zweifellos eine jede Begründung eines Privatrechtsverhältnisses, dieselbe als geschichtliches Ereignis genommen, unter dem Gesichtspunkte zwingend wirkender Kausalität anzunehmen. Aber die Einzelursachen, die dabei als bestimmende festzustellen wären, verlieren sich in unkontrollierbare Komplikationen. Es geht hier, wie in allen anderen Fällen, da Feststellung der Verursachung menschlicher Taten einem höchst erwünscht wäre, — man kann nur sagen, daß das Geschehnis kausal bewirkt ist, man mag von Motiven und bestimmenden Umständen reden, die jemanden zu seiner Handlung, hier der Eingehung des Rechtsverhältnisses, bewogen und hingedrängt haben, aber der exakten Feststellung eines Kausalverhältnisses nach Art der Mechanik werden jene konkreten Probleme auf unabsehbare Zeiten bedauerlicher Weise widerstehen.

Und doch sucht man auch hier Einheit und Regel und wünscht, in ihrem Sinne die Einsicht ursachlicher Notwendigkeit von sozialen Erscheinungen zu erhalten. So verbleibt nichts anderes, denn aus regelmäßigen Wiederholungen auf unterliegendes gleichmäßig Wirkendes zu schließen. Ein ökonomisches Phänomen heißt daher eine gleichheitliche Massenerscheinung von Rechtsverhältnissen.

Wie groß das Quantum der letzteren sein müsse, ist niemals im allgemeinen und wohl gar zahlenmäßig anzugeben; es ist eine offene Frage des einzelnen Falles, in wie weit gleichartige Wiederholungen den Schluß auf einen in Regelmäßigkeit bestimmenden Grund zulassen und es ermöglichen, den voraussichtlichen Weitergang einer sozialen Entwicklung einleuchtend anzusagen. Aber wer immer Regel und Einheit in den mannigfachen Vorkommnissen des sozialen Lebens feststellen will, kann ein einzelnes Geschehnis als solches noch nicht für sich anführen; indem er, wie besprochen, die Kausalität dieses isolierten Vorganges nicht exakt und völlig unzweifelhaft darzulegen vermag, ist es nötig, von gleichen Folgen auf gleiche Gründe einen Schluß zu ziehen, — mit anderen Worten, erst mehrere gleiche Vorgänge, die als Folgen behandelt werden können, aufzuweisen.

Man kann es auch dahin ausdrücken, daß die Nationalökonomie ihre Sätze und Lehren durch Bezugnahme auf Massenerscheinungen beweisen muß und in der Betrachtung von bestimmten ökonomischen Phänomenen ganz von selbst solche Massenerscheinungen erwägt. Sie will aus Beobachtungen der sozialen Wirtschaft Schlußfolgerungen hinsichtlich eines notwendigen Ganges und einer Entwicklung derselben im einzelnen ziehen und erstrebt Aufstellung von Lehren für eine soziale Wirtschaft, wobei sie von der Verwirklichung und Durchführung bestimmter Gesellschaftsordnung notwendig handelt; aber für alle derartige Lehrsätze, die immer geschichtlich bedingt sind und nur von komparativer Allgemeingültigkeit sein können, steht ihr nicht in gleicher Weise, wie dem Naturforscher, das Experiment zu Gebote: Es geht nicht wohl an, das soziale Leben eines Menschenkreises als Objekt eines Versuches zu überlassen, um genauer, als in gewöhnlicher Beobachtung, festzustellen, ob in der Tat aus der konkreten Durchführung einer bestimmten sozialen Ordnung gewisse ökonomische Phänomene mit unvermeidlicher Notwendigkeit entspringen müssen, und ob bei neuer und abweichender Regelung man zur Vermeidung dieser und Erlangung anderer Erscheinungen sicher gelangen würde. Solange man sich wenigstens hierzu im sozialen Leben nicht entschließt, so hat die politische Ökonomie gar keine andere Unterlage zu Gebote, als Bezugnahme auf beobachtete und festgestellte soziale Massenerscheinungen.

Hierdurch sinkt die Nationalökonomie keineswegs zu einer handwerksmäßigen Aufnahme fester Daten hinab, noch auch hat sie in mechanische Statistik eines fertig daliegenden, zahlenmäßig bloß aufzuschreibenden Materiales zu zerfließen. Sie hat nicht nur den Wechsel in der konkreten Ausführung einer und derselben Gesellschaftsordnung zu verfolgen, sondern ihr verbleibt nach wie vor die eigenartige Aufgabe, für alle Erkenntnis wirklichen sozialen Lebens allererst den Plan zu entwerfen. Sie hat von dem Wissen eines gesellschaftlichen Daseins nach Form und Inhalt auszugehen und dieses mit der Exaktheit einer technischen Wissenschaft, deren konkrete Bedingungen und Zielpunkte deutlich begrenzt vorliegen, bis in die genauen Einzelheiten seiner wirklichen Durchführung zu erweitern und zu vertiefen und dadurch die Wirklichkeit eines sozialen Lebens von aller Dunkelheit zu befreien und klar zur Einsicht zu bringen. Dazu aber bedarf sie eines Begriffsmateriales, das sie sich selber durch sozialwissenschaftliche Untersuchung erst schmieden muß; das in seiner Wahrheit und Brauchbarkeit zwar selbstredend von der Voraussetzung einer gewissen sozialen Form, einer bestimmten Regelung menschlichen Zusammenwirkens abhängig ist, unter dieser Bedingung aber für die Zwecke der Durchdringung und Beherrschung konkreter Durchführung und Verwirklichung des betreffenden sozialen Daseins selbständig aufgestellt und ausgearbeitet sein will.

In diesen Zusammenhang fügt sich vor allem das Marxsche Wertgesetz zutreffend ein.

Denn dieses bezieht sich nur auf die Untersuchung der kapitalistischen Produktionsweise und will gerade im besonderen unsere heutige soziale Wirtschaft erkennend durchdringen, deren Eigentümlichkeit auf der Produktion von Waren, der Massenherstellung von Gütern, die nicht zum eigenen Gebrauche des Produzenten, sondern zum Umtausche durch Kauf und Verkauf, zum Umsatze gegen Geld bestimmt sind, beruht. Diese von Marx sogenannte kapitalistische Produktionsweise bedeutet selbstverständlich auch nichts anderes, als die konkrete Ausführung eines bestimmt geregelten Zusammenlebens und Zusammenwirkens; und auf die wissenschaftliche Einsicht in diese konkrete soziale Wirtschaft kommt es nun an.

Der isolierte Selkirk konnte bloß subjektiven Gebrauchswert kennen. Wert in dem hier gefragten Sinne hat nur Bedeutung für den Warenaustausch auf Grund unserer bestehenden Rechtsordnung. Und ob in einem kommunistischen Gemeinwesen das Gleiche oder Ähnliches gelten würde, oder etwa jeder nach seinem subjektiven Bedürfnis beliebig Güter zugeteilt bekäme, steht ganz dahin. So ist es unsere heute vorliegende Sozialwirtschaft, um deren Klarlegung es sich dreht.

Will man dessen vollkommen Herr werden, so genügt es nun nicht, einfach statistische Schilderungen und Beschreibungen der einzelnen verwickelten Vorgänge unseres sozialen Lebens zu unternehmen; — das würde ebenso am Anfange einer Lösung der gestellten Aufgabe verbleiben, als wenn wir für die Probleme wissenschaftlicher Naturerkenntnis bei deskriptiver Darlegung einzelner natürlicher Erscheinungen verharren wollten: Es ist vielmehr angebracht, zu fragen — wie Marx mit Fug es getan —, ob sich dieses weite Getriebe sozialwirtschaftlicher Vorgänge nicht in einem einheitlichen Gesichtspunkte erfassen läßt, ob nicht der sich im einzelnen unendlich stets durchkreuzende Verkehr, der unaufhörliche Umsatz von Waren gegen Geld und wieder gegen Waren auf eine objektive Einheit zurückgeführt und unter dieser gleichmäßig begriffen werden kann. Die Antwort darauf unternimmt das Marxsche Wertgesetz, das freilich besser als Feststellung des Wertbegriffes angegeben würde.

Indem es, wie bemerkt, den einheitlichen Gesichtspunkt für die grundlegende Massenerscheinung gleichheitlicher Rechtsverhältnisse angeben will, in welcher unsere heutige Sozialwirtschaft ihr Charakteristikum findet, und es sich nun um die Einheit in dem Gewirre der Warenproduktion, ihrer Bereithaltung für den Verkauf und die rastlosen Tauschberedungen über sie handelt: so muß die sozialwissenschaftliche Beobachtung mithin davon ausgehen, daß in den synallagmatischen Rechtsberedungen der Regelunterworfenen ständig

Urteile gefällt werden, in denen bestimmte Waren einander gleich gesetzt sind.

Und nun fragt es sich: Gelten diese Urteile immer und ausnahmslos nur subjektiv? Ist eine konkrete Gleichsetzung von a und b im Tauschverkehre bloß von persönlicher Gültigkeit, so daß jedes Einzelsubjekt die betreffende Gleichsetzung lediglich für sich vornimmt, ohne daß sich sein Urteil mit demjenigen anderer in gleichartigem Vorgehen objektiv einheitlich erfassen ließe? Oder gibt es nicht vielleicht auch hier zwei Klassen von Urteilen, je nach dem Inhalte dieser: subjektive Meinungen und objektiv begründete Auffassung; und besteht die Möglichkeit von gegenständlich richtigen, das ist dem Werte der Waren entsprechenden Gleichsetzungen?

Es ist dabei selbstverständlich, daß es sich in diesem Problem um Urteile, um Wollen und Entschließen der Individuen handelt, also um psychische Erscheinungen. Aber es ist eine verkehrte Auffassung — an deren Aufkommen MARX und seine Anhänger ganz unschuldig sind —, wenn man vermutet hat, daß das MARXsche Wertgesetz von seinem Urheber psychologisch hätte begründet werden sollen. Diese letztere Erwägung würde dann vorliegen, wenn gefragt worden wäre: welche Momente in den einzelnen Vertragschließenden diese oder jene Schätzung eines Gutes hervorgerufen haben, — was überhaupt niemals zu der Feststellung einer etwa möglichen objektiven Einheit führen kann. Die von MARX mit Recht gewählte erkenntniskritische Erwägung geht dahin: unter welcher Bedingung eine konkrete Gleichsetzung von Waren objektiv richtig sei?[140]

Diese beiden Eigenschaften — die nur subjektive Gültigkeit einer Ansicht und die gegenständliche Begründetheit einer solchen — finden sich allenthalben im Inhalte menschlicher Vorstellungen: im Durchforschen und Erkennen der Natur, bei dem künstlerischen Gestalten, im Wollen und Entschließen der Menschen überhaupt. Sie sind es, nach denen nun auch die Urteile der einzelnen beim Tauschverkehre ihrem Inhalte nach in zwei Klassen sich scheiden sollen. Die psychologische Frage kann nur die Erörterung betreffen, in welchem Prozeß bei dem Individuum eine wertschätzende Vergleichung von Waren entsteht: hier aber fragt es sich, ob der Inhalt der so in seinem Entstehungsverlaufe eingesehenen Vorstellung bloß persönliche Gültigkeit hat, oder ob er objektiv berechtigt ist.

Der von MARX dafür vorgebrachte Lösungsversuch — die Herausschälung des Momentes gesellschaftlich notwendiger Arbeit als objektiven Maßstabes für die Wertgröße einer Ware — und die daraus abgeleiteten Konsequenzen[141] berühren uns hier nicht. Wir wollten für jetzt nur an diese Bedeutung der gemachten Erörterung erinnern: daß es sich bei dem MARXschen Wertbegriff um eine wissenschaftliche Durchdringung unserer heutigen Sozialwirtschaft, als der konkreten Ausführung eines bestimmt geregelten Zusammenwirkens handelt, — und nicht um eine allgemeingültige Lehre, die von der Bedingung bestimmter äußerer Regelung unabhängig wäre und auf etwas anderes ginge, als auf die einheitliche Erfassung gleichheitlicher Massenerscheinungen von Rechtsverhältnissen.[142]

45

Eine hiernach ganz besonders interessierende Frage muß nun vor allem in einer Klassifizierung ökonomischer Phänomene und in der erschöpfenden Systematik der sozialwirtschaftlichen Erscheinungen eines bestimmten sozialen Lebens sich erheben. Wir wollen dieser Aufgabe für unsere Sozialwirtschaft und die ihr, der unterliegenden äußeren Regelung nach, grundsätzlich verwandten zunächst lösend näher treten. Da wir in dieser Hinsicht ein gänzlich unbebautes Feld zu bearbeiten in Angriff nehmen, und seither noch niemals in der Literatur diese Frage aufgeworfen oder gestreift worden ist, so wird es sich empfehlen, die Darstellung etwas zahlreicher, als sonst immer von uns für nötig erachtet wurde, mit einzelnen Beispielen zu durchsetzen, um dem Leser die Möglichkeit zu verschaffen, jegliches ihm neu aufstoßende ökonomische Phänomen alsbald in unsere systematische Gliederung einreihen zu können.

Das erste, was sich hier nun darbietet, sind die Massenerscheinungen von gleichartigen Rechtsverhältnissen als solchen; also daß diese rechtlichen Beziehungen jeweils als ganze in Quantitäten zur Erwägung genommen werden, und das unterscheidende Kriterium in dem juristischen Moment liegt, dadurch die Rechtsverhältnisse sich jeweils von einander abgrenzen. Die Menge der Grundeigentümer oder von Personen, die auf Mietwohnungen angewiesen sind; die Zahl von Staatsangehörigen, sowie von Auswanderern, die ihr rechtliches Band zur Heimat lösen (zugleich als Basis für die weiteren Erwägungen, wie das Angebot von Arbeitskräften dadurch verringert wird, also die Möglichkeit von Dienstmietverträgen sich mindert; oder: wie viel Eigentumsobjekte dadurch dem Land entzogen werden; oder: wie dadurch die Industrie und die Warenmasse in den aufnehmenden überseeischen Ländern wächst, die Verkaufsmöglichkeit von einheimischen Produkten gehemmt und niedergedrückt wird; usf.); die Eheschließungen und die Ziffern über eheliche und uneheliche Geburten; dieses alles dürfte genügenden Anhalt für die erste Möglichkeit der Verwertung des Begriffes ökonomischer Phänomene und ihrer systematischen Einteilung bieten.

Im besonderen mache ich nochmals darauf aufmerksam, daß die bloße Menschenstatistik an und für sich nur vorbereitende Tätigkeit ist und sein kann. Die ledigliche Konstatierung: wie viele Personen männlichen oder weiblichen Geschlechtes es gebe, wie zahlreich die Zwillingsgeburten seien, und dergleichen, ist eine natürliche, aber noch gar keine soziale Beobachtung. Sobald jene Ziffern zu dem zuletzt genannten Zwecke führen sollen, müssen sie in eine integrierend dienende Stellung zu bestimmter sozialer Regelung gebracht werden und in dadurch ermöglichte Rechtsverhältnisse sich einreihen; wobei in allererster Linie nun die Frage der Ehe oder des sonst wie sozial geregelten Geschlechtslebens, einschließlich der Rechtsverhältnisse der Kinder zu ihren Eltern, in Berücksichtigung zu nehmen sind. Auch die am schärfsten hier eingreifende römische Gesetzgebung hat in den *leges Julia et Papia Poppaea* (deren Gebot des Verheiratetseins sich ganz von selbst in die eben angestellte Betrachtung einreiht) nicht die Kinderlosigkeit an sich verpönt und das Kinderhaben als solches geboten, sondern immer nur dieses für Eheleute mit dem Präjudiz der *incapacitas* aufgestellt.

In die jetzige Erwägung würden sodann alle Vereinigungen und Verbände zählen, gleichviel, ob Gesellschaften oder Vereine, ob mit oder ohne Rechtsfähigkeit; indem die Masse der sie begründenden und haltenden Rechtsverhältnisse der Mitglieder jeweils in den Vereinen zusammengenommen und diese nun, in der Gleichartigkeit ihres Bestehens, als soziale Massenerscheinungen auftreten können, und solches, wie allbekannt, ja auch ausreichender Weise wirklich tun. Ja, selbst Kongresse und Versammlungen können hierher gezogen werden, in denen sich die Teilnehmer auf Grund rechtlicher Beziehungen, eventuell unter Konventionalregeln, zusammenschließen und dadurch die Möglichkeit schaffen, Konferenz und Kongreß selbst in ihrer Massenhaftigkeit als soziale Phänomene zu nehmen. Selbstverständlich ist jedoch bei allen diesen Zusammenschließungen auch möglich, daß die einzelnen Rechtsverhältnisse der Mitglieder selbst, als einzelne, nach ihrer gleichen Art, geschlossen erwogen werden; wie es namentlich mit der Zugehörigkeit zu bestimmten Religionsgemeinschaften regelmäßig geschieht.

Aber das Besprochene ist nur die einfachste Grundlage für die hier anzustellende Untersuchung. Man kommt damit in dem bewegten Getümmel unseres sozialen Lebens nicht allzu weit. Die Überschau und Beherrschung dieses verlangt eine methodische Gliederung aller möglichen ökonomischen Phänomene. Da gibt es nun zwei Möglichkeiten, eine solche vorzunehmen; von beiden wird tatsächlich Gebrauch gemacht. Man kann klassifizieren:

1. Analytisch — nach gemeinsamen Merkmalen innerhalb gleichartiger Rechtsverhältnisse.

2. Synthetisch — nach ihrer übereinstimmenden Verknüpfung rücksichtlich der in ihnen auftretenden Personen; so daß also die gleichartigen Verbindungen von Rechtsverhältnissen, bezüglich ihrer Subjekte, als Massenerscheinungen und demnach als ökonomische Phänomene genommen werden.

46

Bei der Zerlegung gleichheitlicher Rechtsverhältnisse nach übereinstimmenden Artmerkmalen ergeben sich folgende vier Möglichkeiten einer systematischen Gruppierung:

1. Nach den verschiedenen Eigenschaften der Personen, als Träger und Inhaber jener sozialen Beziehungen.

Man kann hierbei von natürlichen Unterschieden, wie Geschlecht und Alter, zunächst ausgehen und beispielsweise an die Verwendung von Frauen und Kindern als Lohnarbeiter denken. Es ist gestattet, für juristische Personen die Analogie ihrer Verschiedenheit nach ihrer Größe und der Zahl ihrer Mitglieder anzuwenden. Vornehmlich werden jedoch die Unterschiede nach Ethik und Intellekt, die einzigen Differenzen von Menschen von allgemeingültig zu betonender Berechtigung, sich bei dieser Abteilung der sozialen Phänomene von großem Einfluß erweisen. Finden sich doch im Betriebe auch der anscheinend einförmigsten Fabrikarbeit große Unterschiede hinsichtlich der Gewandtheit und technischen Brauchbarkeit der Arbeiter. So ist es bekannt (und neuerdings besonders von Schulze-Gävernitz näher dargelegt worden), daß in der Spinnerei, wo man ursprünglich Weber an den Maschinen beschäftigte, besonders in England ein hoch entwickelter Stand von Arbeitern besteht, indem die Frage, wie viele Spindeln ein jeder beherrschen kann, von der Geschicklichkeit, Ruhe und Übersicht des einzelnen völlig abhängig ist. Und diese Betrachtung einer Fertigkeit, die an und für sich nur von technischer Bedeutung ist, wird sozial sofort schon dadurch interessant, sobald es sich fragt, ob viele ungelernte Lohnarbeiter oder solche mit entwickelter Geschicklichkeit beschäftigt werden.

Bei aller dieser Zerteilung und Beobachtung von ökonomischen Phänomenen nach dem angegebenen Gesichtspunkte kann nochmals darauf acht gegeben werden, wie jede sozialwissenschaftliche Betrachtung in ihrer Eigenart eine bestimmte Regelung des Zusammenwirkens voraussetzt und deshalb ein soziales Phänomen bei der Betrachtung menschlicher Eigenschaften erst dann möglich ist, wenn diese letzteren innerhalb geregelter Beziehungen als relevant erwogen werden.

Der Umstand, daß jemand nicht lesen und schreiben kann, ist an sich sozial ebenso gleichgültig, wie die Frage, ob jemand eine Glatze besitze, ein Perücke trage oder volles Haar habe, und von welcher Farbe dieses sei. Erst dann, wenn der Analphabet in dem Zusammenhange eines sozialen Verbandes betrachtet wird, wenn er soziale Rechte und Pflichten auszuüben hat, also unter Regeln menschlichen Verhaltens zu einander erwogen wird, erst in dieser Eigenschaft als wirklicher oder möglicher Träger von Rechtsverhältnissen gewinnt seine Qualität mangelnder Schulbildung ein soziales Interesse und wird, in Masse auftretend, zu einem bedenklichen sozialen Phänomen.

Nicht minder ist der Wahnsinn eines Menschen als solcher nur von medizinischer Bedeutung. Erst sofern der Geisteskranke als Glied unseres Gemeinwesens in Betracht kommt und als Subjekt von rechtlichen Beziehungen zu erachten ist, erhält die Massenerscheinung geistig abnormer Menschen eine interessierende Bedeutung für die Sozialwissenschaft.[143]

2. Nach der technischen Art und Beschaffenheit der von den Rechtsverbundenen zu machenden Leistungen.

Es liegen gleiche Rechtsverhältnisse vor, als Form des Zusammenwirkens in technisch verschiedenartiger Arbeit. Bäcker- und Maurergesellen; Lohnarbeiter beim Bergbau, in Fabriken verschiedenster Zweige, bei der Landwirtschaft; Befrachtungen von Segel- oder Dampfschiffen; Transportverträge mit Eisenbahnen, Fuhrleuten,

Karawanen, Fußboten. Ferner zählt dahin alle unterschiedliche Benutzung und Verwertung des Grundeigentumes: zum Feldbau aller möglichen Art, zu Wiese, Weide, Wald, Weinberg; als Bauplatz für Villen und Miethäuser, Scheunen, Stallungen, Fabriken, Werkstätten, Straßen und Bahnen. Endlich die verschiedene Güte und Brauchbarkeit zu liefernder Waren und auszuführender Arbeiten.

Alles dieses steht, wie erwähnt, unter der steten Voraussetzung, daß formell gleiche Rechtsverhältnisse vorliegen und die technische Verschiedenheit der Leistungen zu ihrer klassenmäßigen Abteilung herangezogen wird. Es müssen zuerst immer Massenerscheinungen gleicher Rechtsverhältnisse zu dem Begriffe eines ökonomischen Phänomens zusammengezogen werden; und dann kann dieses je nach der genannten technischen Eigentümlichkeit in Einzelphänomene zerteilt und weiterhin untersucht werden. Ständen dagegen rechtliche Beziehungen in Frage, die unter sich, der Form nach, bereits verschieden wären, so könnte die Einheit, in der die einzelnen Erscheinungen zusammengezogen würden, bloß eine technische sein und vermöchte keinen Gegenstand einer besonderen sozialen Betrachtung abzugeben.

Man kann soziale Untersuchungen anstellen über die Lage entweder der Bauern oder der Pächter oder der Tagelöhner, denen ein Stück Land zur Benutzung überwiesen wird; dann müssen zunächst immer die gleichen Rechtsverhältnisse zusammengefaßt und in größerer Menge beobachtet werden. Wollte man hiervon ganz abstrahieren, so bliebe gar nichts übrig, als nur noch die Technik des Ackerbaues auf verschiedenen Grundstücken und in mancherlei Gegenden und Ländern zu betrachten; — wollte man aber dabei vergleichen und zum Beispiel zusehen, ob unter der Bewirtschaftung durch Eigentümer oder durch Pächter oder durch Landarbeiter unter einem Inspektor die Technik der Landwirtschaft eigentümliche Unterschiede nach jenen Klassen aufwiese, so wäre doch vor allem erforderlich, daß man für jede der im Beispiele angeführten drei Möglichkeiten eine Massenbetrachtung anstellte, von jedem der angeführten möglichen Rechtsverhältnisse Massenerscheinungen konkreter Anwendung sammelte und dadurch drei verschiedene ökonomische Phänomene bekäme, welche verschiedenen Objekte einer sozialen Betrachtung nunmehr in den Besonderheiten der technischen Qualität verglichen werden, die bei ihnen hervorgetreten sind. Zu einem einzigen Gegenstande sozialwissenschaftlicher Betrachtung fügen sich diese nach Verschiedenheit der Rechtsverhältnisse gespaltenen Phänomene aber nimmermehr.

Die statistische Untersuchung darüber, wie viele Menschen sich dem Ackerbau und der Landwirtschaft überhaupt widmen, und welche Anzahl in der Industrie oder dem Handwerke beschäftigt ist, die Fragen und Klagen über die Entvölkerung des platten Landes und den Zuzug nach den großen Städten, dieses alles sind nur unabgeschlossene Vorfragen, deren Verfolgung erst dann zur Klarlegung und Feststellung von ökonomischen Phänomenen und damit zu einer sozialwissenschaftlichen Erkenntnis führt, sobald eine Einreihung der rohen Zahlenmengen in Rechtsverhältnisse stattgefunden hat und dargetan ist, welche von diesen letzteren auf dem Lande und im Ackerbau abgelöst, was für welche in der Industrie und dem städtischen Leben geknüpft werden.

3. Von besonderer Bedeutung ist die mögliche Klassifizierung gleichartiger Rechtsverhältnisse nach den quantitativen Momenten in Objekten und Leistungen.

Die Übersicht des Privateigentumes am Grund und Boden in großen, mittleren und kleinen Grundbesitz wird wohl das elementarste Beispiel hierfür abgeben können. Ob man dabei einfach die Größe der Betriebe als Unterlage nimmt oder, wie bei den neueren Erhebungen über die Verschuldung des ländlichen Grundbesitzes, die drei Kategorien der Güter, Bauernhöfe und Bauernstellen, je nach der Einschätzung der Grundstücke zu einem Grundsteuerreinertrag,[144] als Basis benutzt, macht hierbei selbstverständlich keinen Unterschied.

Im allgemeinen verursacht die Anwendung dieses Gedankens keine Schwierigkeit. Ich erwähne nur noch, daß ganz besonders die Erforschung der ökonomischen Phänomene im quantitativen Sinne hinsichtlich der Einzelleistungen in den betreffenden Rechtsverhältnissen hervortritt: in Warenpreisen und Löhnen nicht minder, wie in der Menge der verkäuflichen oder wirklich umgesetzten Waren, letzteres wieder in der Unterabteilung des Importes und des Exportes einfach ausgeführt.[145]

4. Endlich ergibt sich eine besondere mögliche Klasse sozialer Phänomene danach, wie bestehende gleichartige Rechtsverhältnisse in besonders gearteter, jeweils übereinstimmender Weise tatsächlich durchgeführt werden.

Justinian versichert mit Fug, daß in der rechtlichen Lage der Sklaven eine juristische Klassifizierung fürder nicht möglich sei.[146] Und doch ist es bekannt, daß in den Häusern der römischen Großen die stärksten Standesunterschiede unter der Sklavenschaft tatsächlich obgewaltet haben, und eine vollständige Sklavenhierarchie dort praktisch üblich gewesen ist; und vor dem Sezessionskriege war es eine geläufige, nichts weniger als grundlose Formel, daß in den Vereinigten Staaten von Amerika in Kentucky die mildeste Form der Sklaverei herrsche, in Louisiana die schlimmste und verabscheuenswerteste. Hier sind es also Massenerscheinungen der üblichen Ausführung und der Art der Verwirklichung von Rechtsverhältnissen, die als soziales Phänomen auftreten; denen in gleicher Weise jede besondere Art der Benutzung von Eigentumsobjekten zur Seite treten würde, bei der man übereinstimmende Massenbeobachtungen machen könnte; die auch in einer gänzlichen Verwahrlosung von Tieren und Mobilien, in einem Liegenlassen unbebauten Landes zum Vorscheine kommen würden.

Schließlich ist hier auch die Art der Abwicklung rechtlicher Beziehungen — in Güte oder mit Zwang — einzureihen: Die Zahl der Rechtsstreitigkeiten, der gerichtlichen Prozesse und der Schiedssprüche oder der Vergleiche, der Konkurse und Zwangsvollstreckungen vermögen über die Wirklichkeit eines konkreten sozialen Lebens einen eindringlichen Einblick zu gewähren und sind in übereinstimmendem Auftreten als eigene sozialökonomische Phänomene festzuhalten. —

Unter diese vier Gesichtspunkte — Art des Subjektes, technische Qualität der sozialen Einzelarbeit, Quantum der Objekte und Leistungen, Eigenart der Verwirklichung und Durchführung geregelter Beziehungen — muß alle analytische Klassifizierung der ökonomischen Phänomene, als Massenerscheinungen von Rechtsverhältnissen, soweit es zunächst nur auf Erkundigung ihres Bestandes ankommt, sich erschöpfen. Daß dann im einzelnen Falle je nach Bedarf zum Zwecke genauer wissenschaftlicher Einsicht diese Gesichtspunkte sich durchkreuzen und häufen können, ist selbstverständlich. Schon in der einfachen Erwägung „billig und schlecht“ sind die unter 2 und 3 oben erwähnten Gruppierungen enthalten, und so oft der Nationalökonom eine bestimmte „Industrie“ eines Landes und einer Zeit betrachtet, wird er von den verschiedenen Möglichkeiten obiger Klassifizierungen natürlicher Weise beliebigen Gesamtgebrauch machen.

47

Mit den besprochenen Einteilungsmöglichkeiten sind die Sonderarten möglicher ökonomischer Phänomene nicht erschöpft. Es ergibt sich eine von den seither besprochenen Gruppen verschiedene Art von sozialwirtschaftlichen Erscheinungen danach, wie bestimmte Rechtsverhältnisse auf eine und dieselbe Person bezogen werden und darin ihre Einheit finden. Die in einem Subjekte synthetierten Rechtsverhältnisse geben alsdann die Einzeltatsache ab, die, in Gleichartigkeit wiederholt und als Massenerscheinung auftretend, als ein sozialökonomisches Phänomen sich darstellt.

Dabei wiederholen sich nun unsere vier Klassen, die wir oben bei der Zerteilung gleichartiger Rechtsverhältnisse erhielten.

1. Die Qualitäten der Personen, in denen verschiedenartige Rechtsverhältnisse zur Einheit verbunden werden: Gebildete und Ungelehrte, Erwachsene und Kinder, Gesunde und körperlich oder geistig Abnorme, physische und juristische Personen. Aber während oben die Einheit durch die Gleichartigkeit der Rechtsverhältnisse gegeben war, bei denen Gruppen durch die verschiedenen gleichmäßigen Eigentümlichkeiten der in jenen auftretenden Subjekte sich bildeten, so wird nunmehr die Einheit durch die einzelne Person hergestellt, in der, als Brennpunkt, die mannigfachsten und unter einander vielleicht ganz verschiedenen rechtlichen Beziehungen zusammenlaufen. Es werden nicht Massenerscheinungen gleichartiger Rechtsverhältnisse zum Behufe ihrer Klarlegung und Einzelanalysierung nach Verschiedenheit der in ihnen auftretenden Persönlichkeiten zerlegt und gruppiert, sondern die Rechtssubjekte selbst zum Ausgangspunkte genommen, dieselben nach erwähnten Eigenschaften klassifiziert und nach diesen dann Klassen als Massenerscheinung im gesellschaftlichen Dasein und somit als soziales Phänomen aufgestellt, ohne Rücksicht auf die Art der rechtlichen Verhältnisse, die in jenen als Rechtssubjekten sich vereinen.

2. Einteilung nach der Technik der Produktion und des Umsatzes und nach dem technischen Betriebe und Gewerbe; — also daß alle Rechtsverhältnisse, die in der Hand des Inhabers eines sozialen Berufes bei Ausübung dieses zusammenströmen, in der Einheit des Subjektes genommen und mit der Masse der in gleicher Art zusammengezogenen als soziales Phänomen erachtet werden.

3. Von ganz besonderer Wichtigkeit ist auch hier die Erwägung nach der Quantität der in einer und derselben Person zusammenfließenden Rechtsverhältnisse. Dieser Gesichtspunkt kann in doppelter Art auftreten:

Einmal dahin, daß die gleichartigen Rechtsverhältnisse, eventuell nach der Einteilung in die vier Gruppen früherer Ausführung, so, wie sie in einer Person sich vereinigen, summiert werden; und nun, nach den gleichen oder sich nahe kommenden Summen, Klasseneinteilungen vorgenommen werden. Dieses findet statt rücksichtlich des Privateigentumes an Produktionsmitteln oder an umzusetzenden Waren; mit der Zahl der abgeschlossenen Kauf- und Mietverträge; sowie der Menge angenommener Lohnarbeiter; kurz bei allem, was in der vulgären Gegenüberstellung des Groß- und Kleinbetriebes in der Produktion oder dem Handel ununterschieden zusammenläuft. Auf dem Gebiete des Vermögensrechtes wird dieser Gesichtspunkt leicht durchzuführen sein. Der Rentner, als ein Mittelpunkt für Zinsen und Dividenden abwerfende Obligationsverhältnisse, zählt so gut hierher, wie die Bettler, die in übereinstimmender massenhafter Weise den Anstoß zu Schenkungsverträgen abgeben. Aber in gleicher Art läßt sich die angezogene Betrachtung für die Familie verwerten. Wie die *familia* des alten römischen Rechtes alles bedeutete, was der Herrschaft eines *civis Romanus sui iuris* unterworfen war und im engeren Sinne die Gewaltverhältnisse umfaßte, die über freie Menschen in seiner Person sich vereinigten, so sind bei jedem rechtlichen Familienverbande die in der Hand des Hausvaters oder der Eltern zusammenlaufenden Rechtsverhältnisse in ihrer gleichartigen Masse als soziales Phänomen aufzufassen; und es würden beispielsweise kinderreiche und kinderlose Familien in völliger Analogie nach der oben bemerkten Klasseneinteilung nach Vermögensverhältnissen sich scheiden, und zum Exempel das viel besprochene französische Zweikindersystem, als bedeutsame soziale Erscheinung, sich an dieser Stelle unserer Systematisierung einzugliedern haben.

Sodann aber ist es möglich, der Art nach ganz verschiedene Rechtsbeziehungen vermittels eines allgemeinen sozialen Wertmessers jeweilig in das Quantitative zu übersetzen, danach das gesamte Vermögen jemandes als Quantum anderen Vermögen gegenüber zu stellen und die gleich oder annähernd gleich großen Vermögen zu dem ökonomischen Phänomen einer Klasse zusammen zu bringen; — in welchen Vermögensklassen wir das regelmäßig einschneidendste und vor allem für unsere Tage bedeutsamste gesellschaftliche Phänomen haben. Und daß es nicht das einzige mögliche Kriterium für Abteilung von Klassen als sozialer Erscheinungen ist, hat unsere Darstellung genügend dargetan.[147]

4. An vierter Stelle ist noch zu erwähnen, daß die Frage nach der Art tatsächlicher Durchführung auch in dem Zusammenhange auftreten kann, da das einzelne Rechtssubjekt den einheit-

lichen Punkt von Rechtsverhältnissen abgibt. Es kämen dabei alle Möglichkeiten einer besonderen bemerkenswerten Art von Vermögensverwaltung in Betracht; und es wäre dabei zu beobachten, welchen Gebrauch jemand in Übereinstimmung mit anderen von seinem Vermögen macht. Hierhin würde beispielsweise das sozialökonomische Phänomen des Verbrauches von Luxusartikeln gehören; die Klasse der Geizhälse und der Verschwender hat hier ihren Platz einzunehmen, ebenso wie die Erwägung über den Sparsinn einer Bevölkerung, und darüber, ob vermögende Leute ihre Einnahmen völlig wieder zur Ausgabe und zum Verbrauche verwenden oder zu weiterer Vermögensanhäufung.

Zum Schlusse dieses finde die Bemerkung statt, daß die Zusammenziehung verschiedenartiger Rechtsverhältnisse in ihren Subjekten und die besondere Art hierdurch ermöglichter ökonomischer Phänomene auch hinsichtlich der Rechtsganzen und der unabhängigen sozialen Gemeinschaften vorkommen kann; sei es, daß das Ganze eines Rechtsverbandes, vor allem der Staat, als einheitliches Subjekt auftritt, und die Gleichartigkeit, die den Begriff einer sozialen Erscheinung konstituiert, auf einzelne Staaten als juristische Personen Anwendung erhält, — sei es, daß in lediglicher Summierung innerhalb eines Landes und Rechtsganzen man ein danach begrenztes sozialwirtschaftliches Phänomen findet, das gleichen Massenerscheinungen in anderen Staaten gegenübertritt. So sagt man, daß unter den ökonomischen Erscheinungen der letzten Zeit als eine der wichtigsten der industrielle und agrikulturelle Niedergang Englands zu beobachten sei, welcher von dem industriellen Aufschwunge Deutschlands, der Vereinigten Staaten und Indiens, sowie dem agrikulturellen der beiden letzteren begleitet sei; und es ist diese Art der Erwägung, welcher die Untersuchungen über den Nationalwohlstand ihre Berechtigung und Möglichkeit verdanken.

48

Allen seither besprochenen Gruppen sozialökonomischer Phänomene treten nun diejenigen Erscheinungen zur Seite, die ich als negative soziale Phänomene bezeichnen will. Hier handelt es sich um Massenerscheinungen entweder einer Nichtbegründung rechtlich möglicher Beziehungen oder um eine Verletzung der sozialen Regelung durch Übertretung und Zuwiderhandeln.

Ich rechne zu der ersten Art dieser Klasse Massen unverkäuflicher Waren oder leerstehender Mietwohnungen; die Scharen von Arbeitslosen und die industrielle Reservearmee; die Zahl der Hagestolzen und alten Jungfern. Auch die Produktion lediglich für den eigenen Bedarf zählt hierher; denn bei ihrer Besprechung wird das Quantum der im Privateigentume des Haushaltungsvorstandes befindlichen Objekte erwogen, die technische Art und Beschaffenheit dieser Eigentumsgegenstände betrachtet, zumeist noch die Rechtsverhältnisse der Familienglieder, der Sklaven oder Diener zu dem Hausvater und Herrn erörtert und deren einzelne Durchführung *in concreto* untersucht und festgestellt; dann aber tritt die hier relevierende Negative auf, daß über die zur Verfügung stehenden Eigentumsobjekte ein Umsatz und Übereignungsvertrag und Austausch nicht vorgenommen wird. In anderem Betracht sei auch darauf aufmerksam gemacht, daß zuweilen unser negatives Moment zufolge natürlichen Zwanges auftritt, wie es bei der körperlichen Untauglichkeit zur Eingehung des Militärdienstes und ähnlichem sich leicht beobachten läßt.

In der zweiten Gruppe der negativen sozialen Phänomene heben sich zunächst diejenigen gesellschaftlichen Erscheinungen heraus, bei denen der Versuch unternommen wird, geregelte Beziehungen mit Rechten und Pflichten zu begründen, dieses Vorgehen der einzelnen aber nach bestehender Rechtsnorm außerhalb der Grenzen der sogenannten Vertragsfreiheit fällt. Ich beschränke mich auf das Beispiel, welches das bedeutsame soziale Phänomen der Prostitution hier abgibt. Die außereheliche gewerbsmäßige Hingabe eines Frauenzimmers gegen Geld — die Besinnung auf diese Momente, die für jenen Begriff wesentlich sind, zeigt sofort, daß man es dabei lediglich mit einer negativen Seite rechtlicher Einrichtungen zu tun hat. Die sozialistischen Schriftsteller haben nicht unrecht, wenn sie behaupten, daß in dem gedachten sozialistischen Gemeinwesen es eine Prostitution im heutigen Sinne nicht mehr geben könne. Denn Armut in der jetzigen Bedeutung des Wortes ist dann unmöglich, obgleich vielleicht infolge von Unterproduktion ein allgemeiner Mangel eintreten könnte; und wo jede Vereinigung der Geschlechter auf einem beliebigen Privatübereinkommen beruht, dem irgend eine dauernde Bindung im Sinne der monogamischen Ehe gar nicht zukommen würde, ist ein außerehelicher Geschlechtsverkehr natürlicher Weise ganz undenkbar, mag auch vielleicht der dadurch herbeigeführte Gesamtzustand geschlechtlicher Verhältnisse auf ein möglichst tiefes tierisches Niveau gedrückt werden. Indem also die Prostitution nur die Kehrseite bestimmter rechtlicher Einrichtungen ist, so wird sie zu einem negativen sozialen Phänomen recht eigentlich durch das weitere Moment der Entgeltlichkeit weiblicher Hingabe. Wir kennen im heutigen Rechte keine Strafbarkeit des einfachen *stuprum*, aber wir erachten auch den *contractus cum meretrice initus* für *contra bonos mores* und darum rechtlich null und nichtig; die tatsächliche Erfüllung dieser zahlreichen rechtsungültigen Abmachungen ist es, welche die Prostitution zu einem der bedeutsamsten sozialen Phänomene stempelt, dessen Einwirkungen und Folgen genaueste Aufmerksamkeit erheischen und ja auch allezeit auf sich gezogen haben.

Gegenüber der rechtlichen Nichtigkeit tatsächlich getroffener Beredungen und dadurch beabsichtigter Rechtsverhältnisse stehen nun diejenigen sozialen Phänomene, welche sich bei der schlechten und laxen Durchführung der sozialen Regelung, der Pflichtwidrigkeit der gesellschaftlichen Organe, dem feindlichen Einbruche von außen her, dem Verbrechertume im Inneren ergeben. Es gehört zu den bedenklichsten sozialen Erscheinungen, wenn dem Gesetze und dem nach ihm gefällten Richterspruche keine Achtung und Geltung verschafft werden kann und der zu beugende Rechtsunterworfene tatsächlich Mittel und Wege zu finden weiß, der Rechtsherrschaft sich zu entziehen, wie die Geschichte des alten Reiches Beispiele größten Stiles in leidiger Weise liefert. Aber nicht minder verhängnisvoll erweist sich Nachgiebigkeit und Schwäche verwaltender Regierung, welche gar nicht Gesetzmäßigkeit fordert, sondern opportunistische Duldung offenbaren Nichtbefolgungen bestehender Gesetze gegenüber obwalten läßt.[148] Hier ist nur eines Schrittes Weite noch zu den Massenerscheinungen der Verbrecher, welche die für das soziale Zusammenwirken oder für dessen Schutz und Durchführung gesetzten Regeln übertreten.

Wie die negative soziale Erscheinung der Verbrecher weiterhin zu klassifizieren sei, kann den Kriminalisten überlassen bleiben. Es kommen als Kriterien die übertretenen Regeln oder — nach der neueren kriminalpolitischen Richtung — die Leidenschaften und Motive der Verbrecher in Frage. — Dabei sei im Vorbeigehen bemerkt, daß die Bezeichnung des Anarchismus als eine soziale Erscheinung nur sehr eingeschränkt zutrifft. Begreift man darunter die anarchistische Doktrin, wie sie vornehmlich im Anschlusse an Proudhon und Stirner entwickelt worden ist, so ist Anarchismus eine Lehre und an sich kein soziales Phänomen; nimmt man vulgärer Weise für den hier fraglichen Begriff „die Propaganda der Tat", so sind planmäßige und massenhafte Gewalttätigkeiten von Anarchisten selbstverständlich als negatives soziales Phänomen zu behaupten.

Die Erwägung dieser negativen sozialen Erscheinungen ergänzt unsere Lehre ganz notwendig. Denn da die ökonomischen Phänomene in der konkreten Durchführung des sozialen Lebens aufkommen, so müssen auch die störenden, hemmenden oder hindernden Faktoren erwogen werden, die irgendwie hier auf den Plan treten. Und es schließt dieses den Kreis unserer Betrachtungen darin, daß wir zu der Bemerkung im Eingange dieser Untersuchung damit zurückkehren, daß allüberall, auch im schroffsten Versuche eines kommunistischen Gemeinwesens diese Art sozialer Phänomene niemals fehlen würde: — da es sich um Regeln handelt, wenn man die konstituierenden Bedingungen des sozialen Lebens erwägt, so kann niemals die Durchführung derselben in voller ausnahmsloser Sicherheit erwartet werden; die negativen sozialen Phänomene sind ganz und gar unvermeidlich und notwendig, die Beschränkung auf sie freilich *in thesi* nicht undenkbar, aber in der Geschichte nirgendwo gegeben und in aller absehbaren Zukunft und sozialen Erfahrung mit nichten zu erwarten.

49

„Ein deutlicher Begriff kommt mir gerade so vor, wie eine Hafersuppe, worin man Wasser und Grütze, Butter und Salz völlig von einander unterscheiden kann. Aber ein dunkler Begriff ist wie ein Pudding von Miß Samsoe, worin die Masse vortrefflich schmeckt, ohnerachtet man nur eine kleine Vermutung von allen einzelnen Ingredienzen bekommt."

Wer diese praktische Weisheit Justus Mösers zu der seinigen machen und sie allerwege gern realisieren möchte, wird an unserer Analyse wenig Gefallen finden. Aber ohne über den persönlichen Geschmack hierüber streiten zu wollen, so muß doch die Genügsamkeit an einem solchen Puddingbegriff bei jedem verworfen werden, der mit ihm als Baustein eine wissenschaftliche Theorie des sozialen Lebens aufführen und eine Grundlegung der Sozialphilosophie geben wollte. Wer unbesehen den Ausdruck der ökonomischen Phänomene aufnimmt und ohne kritische Überlegung desselben ihn in gleicher Weise verwenden und verwerten will, wie der Naturforscher den der äußeren Phänomene der Natur, wer Methoden der Untersuchung oder gar Einzelgesetze, die für die letztgenannten Phänomene gelten, ungeprüft auf Erscheinungen des gesellschaftlichen Lebens der Menschen überträgt, handelt in allem unberechtigt und wird mit seinem ganzen Lehrgebäude in wissenschaftlicher Unsicherheit bleiben, dem Vorwurfe eines ungegründeten und unbewiesenen Dogmatismus allezeit ausgesetzt.

So hat, um nur einen Wortführer solcher Richtung herauszugreifen, Lafargue in wiederholter Weise die Einsicht in „die Naturgesetze der ökonomischen Phänomene" als letzte Aufgabe der Sozialwissenschaft postuliert; aber indem er die Kollektivierung der Produktionsmittel als das notwendige Ergebnis der kapitalistischen Produktionsweise hinstellt, dieses freilich durch die Erforschung des Ganges der ökonomischen Phänomene zu beschleunigen wünscht, so gibt er doch niemals an — und ebenso wenig ein anderer Anhänger der materialistischen Geschichtsauffassung — was man unter einem ökonomischen Phänomen sich nun vorzustellen habe, und wie denn hiernach die Beobachtung einer Gesetzmäßigkeit der sozialen Entwicklung möglich sei.

Es gibt aber keine andere Möglichkeit, über diese notwendigen Probleme in das Klare zu kommen, als durch Darlegung der Erkenntnisbedingungen einer Sozialökonomie überhaupt und durch systematische Erwägung der hiernach wissenschaftlich feststellbaren und zu beurteilenden Tatsachen des sozialen Lebens. Als jenes erste fanden wir die von Menschen gesetzten Regeln eines auf Bedürfnisbefriedigung gerichteten Zusammenwirkens. Mithin muß auch jede Erscheinung, die den Namen eines ökonomischen Phänomens im sozialen Sinne wird führen können, unter der Bedingung bestimmter äußerer Regelung stehen; wie dieses oben des näheren ausgeführt wurde.

Allerdings hat Lafargue es nur in seltener Weise versucht, eine bewußte Bestimmung einzelner ökonomischer Phänomene dergestalt vorzunehmen, daß man daraus die Unterlage eines im allgemeinen klaren, im einzelnen dennoch wissenschaftlich zu bestimmenden Begriffes einer sozialwirtschaftlichen Erscheinung entnehmen könnte In einer Erörterung über „das Proletariat der Handarbeit und Kopfarbeit" sucht er zu schildern, wie die alten „ökonomischen Einheiten" zerstört worden und andere von ganz verschiedener Art an ihre Stelle getreten sind. Unter jenen versteht er die Familie, die für den eigenen Bedarf nur produzierte, den geschlossenen Hof des Edelmannes und Bauers und die mittelalterliche Stadt. Er sagt mit Recht, daß diese alten ökonomischen Phänomene aus mannigfaltigen Elementen zusammengesetzt waren, aber er verhehlt sich, daß eine soziale Betrachtung dieser Elemente nicht habhaft werden kann, wenn sie selbige nicht als Rechtsbeziehungen verschiedener Art und Klasse faßt. Unter modernen ökonomischen Einheiten begreift Lafargue die einzelnen Industrien. Er unternimmt es nicht, scharf anzugeben, in welcher Einheit das Mannigfaltige des sozialen Lebens hier zum Begriffe eines ökonomischen Phänomens zusammengezogen wird. Geht man dem Gedanken nach, so können nur die im Privateigentum stehenden Fabrikanlagen gemeint sein, die ihre Einheit jeweils in der Person der Eigner finden und nun nach unseren obigen Gesichtspunkten klassifiziert werden können.

Bei solchen Aufgaben ist nun dieses ganz im besonderen in Erinnerung zu behalten, daß die Klassifizierung der ökonomischen Phänomene nach einfachen Merkmalen keineswegs in der Meinung geschehen ist, daß innerhalb der konkreten Ausführung eines sozialen Lebens immer entweder die eine oder die andere mögliche Gruppe auftreten müßte. Innerhalb der tatsächlichen Verwirklichung des gesellschaftlichen Daseins und Zusammenwirkens durchkreuzen sich vielmehr die zur Systematik aufgestellten Gesichtspunkte, und es fügen sich ökonomische Phänomene einfacher Art zu komplizierten Gebilden zusammen. Schon in dem allgemeinen Begriffe z. B. der kapitalistischen Produktionsweise finden sich in gehäufter Art die mannigfachsten Gesichtspunkte einer möglichen Zusammenfassung gleichartiger Massen von Rechtsverhältnissen vor. Und wer über die oberelsässische Baumwollenindustrie und ihre Arbeiter handeln will, wer die Entwicklung des englischen Proletariats schildern oder das Wachstum des Nationalwohlstandes von Deutschland verfolgen möchte, hat vieles aus jenen Elementen unserer Klassen und Unterabteilungen zu mischen und für seinen besonderen Erkenntniszweck zu gruppieren und durchzugehen. Ich will es jetzt einmal offene Frage lassen, ob unser Versuch einer Systematik der ökonomischen Phänomene im einzelnen nicht verbessert werden kann: Aber worauf fest bestanden werden muß, das ist dieses, daß das Zellengewebe jedes gesellschaftlichen Gebildes, als eines eigenen Gegenstandes sozialer Wissenschaft, aus menschlich geregelten Wechselbeziehungen — repräsentativ, in dem geschichtlich bekannten sozialen Leben: aus Rechtsverhältnissen — besteht.

Dagegen erscheint es nicht erforderlich, auf den angeblich durchgreifenden Gegensatz zwischen einer „dialektischen" und einer „metaphysischen" Denkweise des näheren einzugehen, wie er besonders von ENGELS formuliert und ausgeführt worden ist.[149] Er legt dem sogenannten Metaphysiker die Meinung unter, daß „die Dinge und ihre Gedankenabbilder, die Begriffe, vereinzelte, eins nach dem andern zu betrachtende, feste, starre, ein für allemal gegebene Gegenstände der Untersuchung sind". Für solche Leute, die über den einzelnen Dingen deren Zusammenhang, über ihrem Sein ihr Werden und Vergehen, über ihrer Ruhe ihre Bewegung vergessen, hätte es freilich der von ENGELS mehrfach wiederholten Versicherung, daß ihre Philosophie eine „bornierte" sei, nicht bedurft; die Möglichkeit einer derartigen geistig untergeordneten Annahme liefert keinen wirklich interessierenden Gegensatz. Daß man bei wissenschaftlicher Forschung ebensowohl Anlaß hat, Einzelphänomene, ein jedes für sich nach ihrer eigenartigen Beschaffenheit zu untersuchen, als auch dieselben in ihrem Zusammenhange, ihrer Verkettung, ihrer Bewegung, ihrem Entstehen und Vergehen auffassen und begreifen muß, kann unmöglich Gegenstand eines ernsthaften Streites sein. In keinem Falle aber geht es an, eine entwicklungsgeschichtliche Betrachtung ohne systematischen Untergrund anzustellen; und es ist nichts weniger als empfehlenswert, eine Lehre der Bewegung und des Vorschreitens von ökonomischen Phänomenen vorzubringen, ohne zuvor sich klar gemacht zu haben, was dieses Objekt, dessen Geschichte und Schicksale man beschreiben möchte, selber denn eigentlich sei.

Dritte Abteilung.

Entwicklung ökonomischer Phänomene.

50

Es soll nun die Lehre von den sozialwirtschaftlichen Erscheinungen nach drei Richtungen weitergeführt und vollendet werden. Zunächst sind Gründe und Art ihrer Entstehung und Ausbildung im allgemeinen darzulegen; sodann ist die Möglichkeit einer gesetzmäßigen Einsicht in die Entwicklung ökonomischer

Phänomene zu untersuchen; endlich kommt auf Grund dessen die Erwägung der Erkennbarkeit zukünftiger Entwicklung in Betracht.

Während die Frage der geeigneten Zusammenfügung der möglichen Elemente von ökonomischen Phänomenen zu größeren und komplizierteren Sozialerscheinungen für die allgemeine Theorie eine offene bleiben muß und der Einzelarbeit des Fachmannes untersteht, dem doch durch unsere erkenntniskritische Grundlegung wissenschaftliche Exaktheit erst verbürgt wird; so können über die drei beregten Punkte, die neben die Fragen nach begrifflichem Bestande und systematischer Gruppierung der ökonomischen Phänomene ergänzend treten, Untersuchungen allgemeinen Charakters angestellt werden.

Was zunächst Entstehung und Ausbildung sozialökonomischer Phänomene anlangt, so sind zwei Möglichkeiten von Umwandlungen und Neubildungen im sozialen Leben zu unterscheiden: entweder bleibt die regelnde Form, die unerläßliche und grundlegende Bedingung zur Konstituierung des Begriffes sozialwirtschaftlicher Erscheinungen, unverändert; alsdann ist ein Aufkommen und eine Weiterbildung ökonomischer Phänomene nur in quantitativem Betrachte möglich, indem die Massenerscheinungen rechtlicher Beziehungen, darin der Begriff jener aufgeht, in dem Quantum eine relevante Modifizierung erleidet; — oder aber es tritt irgend welche Änderung auf Seite der Rechtsordnung ein, sei es an einem besonderen Punkte unserer eigenen juridischen Organisation, sei es in Normen, die einer anderen Rechtsgemeinschaft angehören, in deren Bereich unser soziales Leben wirkend und beeinflußt hineinreicht.

Die Lehre von den ökonomischen Phänomenen hat es an und für sich nur mit der ersten Frage zu tun. Wir beschränken unsere Erörterung deshalb zuvörderst auf diese eine erwähnte Möglichkeit, auf der sich die Untersuchung der bestimmenden Gründe von Änderungen der rechtlichen Form späterhin aufbaut.

Da wir in denjenigen Fällen, in welchen in direkter Weise dem einzelnen bestimmte Handlungen zwecks Erzielung eines gewissen gesellschaftlichen Zusammenwirkens anbefohlen werden, nur die tatsächliche Befolgung dieser Normen oder aber in Übertretung ihrer bloß negative soziale Phänomene beobachten können, so lassen wir diese Möglichkeit im folgenden um so mehr beiseite, als nach früher Bemerktem dieselbe in den geschichtlichen sozialen Ordnungen nur ausnahmsweise angewandt wird und ihre Hauptstätte der Erörterung in kommunistischen Idealstaaten freier Dichtung suchen muß. In unseren heutigen Gemeinwesen namentlich werden durch die Form des sozialen Lebens, durch die Regelung des Zusammenwirkens, nur Möglichkeiten zu Rechtsbeziehungen einzelner eröffnet, in deren übereinstimmenden Massenerscheinungen wir dann sozialökonomische Phänomene erhalten. Das Recht ist alsdann zwar die unerläßliche Bedingung für alle sozialwirtschaftlichen Erscheinungen; gibt aber keineswegs die unvermittelt bestimmende Ursache für die Entstehung derselben im einzelnen ab. Diese gründen sich vielmehr auf die Initiative der Rechtsunterworfenen und deren tatsächliches Vorgehen innerhalb des geregelten gesellschaftlichen Daseins. Die rechtliche Ordnung benutzt also Menschen und deren empirische Anlagen und Triebe zum Behufe des von ihr zu normierenden Zusammenwirkens und will durch geeignete Beeinflussung jener die ihr eigene Aufgabe eines rechten sozialen Lebens erfüllen, gleichwie der Techniker erkannte Naturgesetze zur Erreichung eines ihm gerade gesteckten Zieles nützt.

Indem nun die Bildung der sozialökonomischen Phänomene mit der konkreten Ausführung des betreffenden sozialen Lebens zusammenfällt, so sind dabei zwei Möglichkeiten einwirkender Gründe zu gewahren, deren Einzelbeobachtung und genaue Feststellung freilich gar vielfach mit schier unlöslichen Schwierigkeiten verknüpft ist.

1. Die Technologie, die besondere Fertigkeit in der Beherrschung der Natur nach Einsicht und praktischem Können. Hier liegen wichtige einschlägige Beispiele in unserem Zeitalter des Dampfes und der Elektrizität so nahe, daß an sich eine nähere Ausführung gespart werden könnte. Nur auf die Art der Einwirkung wird mit einigen Worten einzugehen sein.[150]

Diese Einwirkung ist nämlich keine direkte, sondern auf weitem Umwege vermittelt.

Man nennt den Dampf das revolutionärste Agens der Geschichte; aber seine Bedeutung ist nichts weniger als diejenige eines plötzlichen Umsturzes. Wie jede Erfindung und aller technische Fortschritt, so ordnet auch er sich zunächst in die bestehende rechtliche Ordnung ein. Die Maschine gewährt nur eine bestimmte Möglichkeit zur Verwertung innerhalb der überkommenen sozialen Ordnung, von welcher Gestaltung alsdann ein reicher Gebrauch gemacht wird. In diesem vollzieht sich derjenige sozialwirtschaftliche Vorgang, den man als Zersetzung des Handwerkes zu bezeichnen pflegt, und der sich wiederum in lauter Massenerscheinungen gleichartiger Rechtsverhältnisse als seine, ihn komponierenden Elemente zerlegen läßt.

Die kapitalkräftigen Unternehmer, welche die teuern Maschinen in ihr Privateigentum nehmen und durch Lohnarbeiter bedienen lassen, werfen eine größere Masse billiger Waren auf den Markt, schließen leichter Kaufverträge über sie ab, als der Handwerker, dessen Produktionskosten höher sind, und ziehen dabei stetig größere Absatzgebiete und immer steigende Massen von Lohnarbeitern in ihre Vertragsverhältnisse hinein.

Dieser notwendige Umweg, den alle fortschreitende Technik machen muß, um eine Umgestaltung des Rechtes herbeizuführen, ist bislang ganz übersehen worden. Die Erkenntnis desselben ist aber unentbehrlich für das richtige Verhältnis von Technik und sozialer Ordnung und für die Bedeutung der Technologie in ihrer Einwirkung überhaupt.

„Die Technologie", sagt Marx, „enthüllt das aktive Verhalten des Menschen zur Natur, den unmittelbaren Produktionsprozeß seines Lebens, damit auch seiner gesellschaftlichen Lebensverhältnisse und der ihnen entquellenden geistigen Vorstellungen."[151] Dies ist zu eng zusammengedrängt und in sich mißverständlich. Die Technologie ermöglicht nur die Bildung von ökonomischen Phänomenen, verwirklicht sie aber an sich noch gar nicht. Soll sie in Wirklichkeit übergehen, so muß sie im menschlichen Zusammenwirken angewendet werden, also sich in ein geregeltes soziales Dasein einfügen. Der unmittelbare Produktionsprozeß des einzelnen Menschen, das Verhalten desselben zur Natur, das ist lediglich naturwissenschaftlich zu begreifen; der Mensch dagegen im gesellschaftlichen Zusammenwirken kann nicht anders erwogen werden, als unter äußerlich gesetzten Regeln, die die einzelnen verbinden und den Begriff menschlicher Gesellschaft allererst konstituieren. Und dann betrachtet man gar nicht mehr einen bloßen Naturvorgang und ein Verhalten des Menschen zur äußeren Natur, sondern „gesellschaftliche Lebensverhältnisse", das sind äußerlich geregelte Beziehungen von Menschen zu Menschen, Beziehungen, deren Sonderart und letzte Erkenntnisbedingung eben durch die Besonderheit einer bestimmten Regelung gegeben wird. Natur und Naturbeherrschung (Technologie) bilden ganz selbstverständlich die rohe Unterlage, deren jeweilige Art von Bedeutung ist und sein muß für die Eigenart eines darauf bezogenen sozialen Lebens. Aber dieses letztere würde als soziales gar nicht vorhanden sein, ohne bestimmte menschliche gesetzte Regeln, welche für die sozialwissenschaftliche Erwägung vor allen sonst in Betracht kommenden Momenten die logische Priorität besitzen.

Die Eigentümlichkeit seines Inhaltes ist die Art eines geregelten Zusammenwirkens und nicht die besondere Weise einer Behandlung der Natur an sich; seine praktische Ausführung und konkrete Verwirklichung vollzieht sich in geregelten Wechselbeziehungen, deren gleichartige Massenerscheinungen, verschieden klassifiziert, wir als ökonomische Phänomene im sozialen Sinne kennen lernten. Darum muß zwar die äußere Natur und die jeweilige Möglichkeit ihrer Dienstbarmachung durch den Menschen von Einfluß und Bedeutsamkeit für das soziale Leben sein. Aber diese Bedeutung und Beeinflussung ist eine indirekte, weil von technischen Möglichkeiten die Menschen bei der geregelten Art ihres Zusammenwirkens erst Gebrauch machen müssen; und sie ist eine nicht bedingungslos zwingende im Sinn exakt eingesehener Naturkausalität. Sagt man, daß die Dampfmaschine das Familienleben der Proletarier auflöse, so ist im Bilde gar vieles Inkongruente und sehr lose Verschlungene in eins zusammengepreßt. Die Maschine wirkt nicht lösend, wie Wasser auf den Zucker; sondern man meint mit ihr die besondere Verwendung der Dampfkraft in der Art eines geregelten Zusammenwirkens: Privateigentum an den Dampfmaschinen für den Kapitalisten, Annehmen von Arbeitern im freien Lohnvertrag, geringes Privateigentum der letzteren an kärglichem Hausgerät, Wohnen in „Stuben" als kleinen Mietgelassen in großen Häusern mit der Schwierigkeit eines abgeschlossenen Familienlebens, Abvermietung an Schlafburschen, Sinken der Löhne und notgedrungene Teilnahme der Frau am Erwerbsleben an Stelle bloß häuslicher Tätigkeit, Hinaustreten der Kinder jugendlichen Alters in Lohnarbeit selbständigerweise statt Verbleibens in dem Schutze und der Fürsorge der Familie, und alle diese und andere Massenbeobachtungen bestimmter rechtlicher Beziehungen, die in gewohnheitsmäßigem Vorkommen das anderen sozialen Zuständen eigene Familienleben nicht zum Ausdrucke kommen lassen, — zwischen deren Eingehung ein gewisser Zusammenhang sich nicht verkennen läßt, deren enge Zusammenpressung in der oben erwähnten Formulierung aber leicht irreführt.

Es ist niemals zu vergessen, daß die Gegenstände der sozialwirtschaftlichen Betrachtung, die ökonomischen Phänomene, sich nur in und mit der Ausführung einer bestimmten sozialen Ordnung ergeben und bei der Verwirklichung eines äußerlich geregelten Zusammenwirkens von Menschen entstehen. Der jeweilige Stand der Technologie gibt eine Möglichkeit zu einer gewissen Art der Ausführung einer sozialen Ordnung. Aber um die Ausführung selbst zu erhalten, müssen Menschen tätig sein und in geregelten Beziehungen auftreten. Also genügt es nicht, lediglich auf die Technologie als angeblich ausschließliche Ursache der sozialökonomischen Erscheinungen zu verweisen. Dieselbe ist nur das eine zu beachtende Moment für die Erklärung einer bestimmten Art eines geregelten Zusammenwirkens in wirtschaftlichen Phänomenen sozialen Sinnes; sie bietet eine Möglichkeit, in Wirklichkeit geschaffen wird jene erst durch menschliche Tat. Also gehört zur erkennenden Einsicht in die allgemeinen Möglichkeiten der Bildung sozialökonomischer Phänomene auf der selbstverständlichen Grundlage einer bestimmten gesellschaftlichen Regelung noch weiterhin die Beachtung von

2. Zahl und Beschaffenheit der rechtlich verbundenen Menschen. Es ist nötig, darauf acht zu haben, welche Motive diese bestimmen, in übereinstimmender Weise gleichartige Rechtsverhältnisse zu begründen.

In der seitherigen Literatur hat man sich mehrfach damit begnügt, einige angeborene Triebe zu behaupten. Man schied dabei in ziemlicher Gleichmäßigkeit drei Gebiete der Wirtschaft, des Rechtes und des Staates und lehrte, daß jedes Gebiet „zunächst“ auf einem besonderen, von Natur uns angeborenen Triebe beruhe, „daneben aber zugleich“ auf denjenigen, die je die zwei anderen zunächst beherrschen und bestimmen: das wirtschaftliche auf der Selbstliebe, das rechtliche auf dem Rechtssinn, das politische auf dem Gemeinsinn. Diese Triebe oder Anlagen sind etwas allgemein Menschliches, weil jedes Volk seine bürgerliche Ordnung hat, aber doch national verschieden, weil jedes Volk wieder seine eigentümliche Ordnung hat.“[152] — Das löst die hier bedeutsame Aufgabe aber keineswegs.

Die genauere Beobachtung der konkreten Ausführung eines sozialen Lebens muß uns vielmehr darauf bringen, daß zwar ein jeglicher mit gewissen natürlichen Anlagen und Antrieben in das Dasein eintritt, daß er aber die bedeutsamsten Impulse für sein Wirken und Handeln aus dem sozialen Leben selbst allererst empfängt. Der alte Satz, daß jedermann ein Produkt der sozialen Verhältnisse sei, in denen er sein Dasein vollführt, trifft grundsätzlich das Richtige. Aber er kann andererseits auch nur den Anfang der Untersuchung nach den Arten bestimmender Gründe bilden, und es bleibt die Beschränkung auf ihn auch dann allzu bescheiden, wenn er mit dem Schlagworte des schöpferischen und modelnden „*milieu*“ wiederholt wird.

Geht man von diesem Standpunkte auf die allgemeinen Möglichkeiten der Bestimmungsgründe für soziales Handeln ein, so ergeben sich folgende Gruppen:

a) Bloß natürliche Bestimmungsgründe, die für sich ohne alle Rücksicht auf soziale Regelung auftreten können, jetzt aber selbstverständlich in ihrer Anwendung auf Schaffung und Durchführung äußerlich geregelter Beziehungen erwogen werden.

Dieses umfaßt den allgemeinen Grundtrieb fühlender Lebewesen, die natürliche Selbstliebe, das Streben, sich entweder in seinem Individuum oder doch in seiner Art zu erhalten. Es erstreckt sich aber sodann auf alle besonderen Anlagen und Antriebe, die bei den einzelnen als natürliche Eigenschaften jeweils beobachtet werden können, die ihm in seiner Existenz, an und für sich, anhaften.

Dazu treten solche bestimmende Qualitäten, die aus besonderer Betätigung im Kampfe mit der Natur entspringen, ohne daß es auf eine bestimmte eigenartige Normierung des sozialen Zusammenwirkens dabei ankäme. Harte Arbeit bei Sturm und Wetter machen die Flößer derb in ihren Ausdrücken, wild und ungefügig, gleichviel, ob sie unter kapitalistischer Produktionsweise arbeiten oder in einem sozialistischen Volksstaate leben würden; ebenso zeigt der Seemann ausgeprägte Eigentümlichkeiten, die einfach der natürlichen Art seines Berufes entstammen. Aber von sehr weittragender Bedeutung sind die der Art nach hier beschriebenen Eigenschaften keineswegs; das Schwergewicht liegt auf denjenigen Einflüssen, die aus dem sozialen Leben selbst auf den einzelnen bestimmend einwirken.

b) Zu diesen sozialen Bestimmungsgründen rechne ich alle erzieherischen Einflüsse, die auf den Menschen als Naturwesen bildend, bestimmend, umformend einwirken, und von anderen Menschen, mit denen er in sozialer Gemeinschaft verbunden ist, ausgehen. Und zwar sowohl alle direkte Erziehung und jegliche Maßnahme, die in bewußter Pädagogik vorgeht; als auch die mittelbaren Einflüsse, die dem einzelnen aus seiner sozialen Umgebung her werden.

Man hat in früheren Zeiten hier das Schwergewicht auf den Nationalcharakter, den Volksgeist, die Stammeseigentümlichkeiten gelegt; entsprechend der praktischen sozialen Entwicklung der Neuzeit tritt die Klassenpsychologie mehr und mehr in den Vordergrund. Beides steht prinzipiell auf einer und derselben Linie. Es ist eine ganz richtige Beobachtung, daß die in den gleichen Verbänden und Einheiten, wie wir sie eben nannten, Zusammengefügten in ihrem

Denken und Wollen Gleichartigkeiten in starkem Maße aufweisen; eine sorgfältig beobachtende empirische Psychologie wird hier noch manches leisten können. Aber man muß sich auch vor allzu weitgehender Generalisierung und kritisch nicht begründeter Proklamierung einer zwingenden Kausalität hüten, welcher Versuchung namentlich auch Anhänger der materialistischen Geschichtsauffassung vielfach zum Opfer gefallen sind. Kein Zweifel, daß vornehmlich in unseren Zeiten der einzelne erfahrungsgemäß unter dem oft unwiderstehlichen Einflusse des Klasseninteresses handelt. Aber zu einem „Naturgesetze" läßt sich dieses nicht stempeln.[153] Denn es ist andererseits zweifellos, daß Ausnahmen von jener Beobachtung auftreten. Sobald man dieses aber zugegeben hat — und es ist solches nicht zu bestreiten —, so ist das Recht verwirkt, von mehr als weitgehenden Beobachtungen und übereinstimmenden Massenerscheinungen zu reden: Regeln, die Ausnahmen vertragen, sind keine Gesetze. Es bleibt also immer eine konkrete Einzelfrage, ob man sozialökonomische Phänomene aus beobachteten Eigentümlichkeiten einer sogenannten Klassenpsychologie erklären kann; es muß für sich im besonderen jedesmal beobachtet und als eine einzelne Wahrnehmung durch gesonderte Gründe gerade dieser Sachlage gestützt und bewiesen werden.

Die eigentümlichen Eigenschaften und Antriebe zu sozialem Handeln, die der einzelne in seiner Stellung als Angehöriger einer bestimmten Nation oder Klasse oder sonstiger Zusammenfassung mitbringt, erschöpfen nun keineswegs die hier bedeutsamen Daten. Man muß, um ein vollständiges und verlässiges Bild von der Bewegung eines gesellschaftlichen Daseins und Wirkens zu erhalten, mehr in die Einzelheiten hinabsteigen und den Einfluß beobachten, der auf die einzelnen aus einer konkreten sozialen Lage, in der sie sich befinden, und besonderen gesellschaftlichen Beziehungen, in denen sie verknüpft sind, in wirkungsvoller Weise entspringt. Dabei kommt ebensowohl die Bestimmung der Möglichkeit weiterer Existenz überhaupt in Betracht, wie auch qualitative Einzelwirkung auf das fragliche Subjekt: — Zahl und Beschaffenheit der Rechtsgenossen.

Es gehört selbstverständlich zu den Aufgaben der Sozialwirtschaftskunde, die geschichtlichen ökonomischen Phänomene auf die Bedingungen hin zu untersuchen, unter denen eine Weiterexistenz der Rechtsgenossen möglich ist. Die Kindersterblichkeit ist an sich keine soziale Erscheinung; wohl aber die Sterblichkeit der Kostkinder, der Kinder des Proletariates überhaupt. Denn ein soziales Phänomen tritt überall nur da in unsere Beobachtung, wo nicht der natürliche Verlauf eines Vorganges bloß in der Richtung naturwissenschaftlich erkannter Gesetze in Frage steht, sondern wo es sich um die Ordnung menschlichen Zusammenlebens handelt, und die Einheit, in der vorliegende Wahrnehmungen zusammengezogen werden, von einer bestimmten sozialen Regelung und deren konkreter Ausführung geliefert wird. So können Fälle von Krankheit und Sterblichkeit allerdings sozialwissenschaftlich untersucht werden, sobald man sie eben mit Rücksicht auf bestimmte soziale Phänomene erwägt, die doch nur eine Masse gleichartiger sozial geregelter Verhältnisse unter Menschen bedeuten und auf den einzelnen darin Stehenden von Einfluß sein müssen.

Wie man hiernach die Bedeutung der gesellschaftlichen Lage auf die Setzung der Lebensbedingungen der Menschen beobachten kann und von verschiedener Sterblichkeit je nach sozialen Klassen reden mag (wobei die Frage des Selbstmordes nicht unerwähnt bleiben darf), so hat der praktische sozialwissenschaftliche Forscher sein Augenmerk auch auf diejenigen Einflüsse zu richten, die durch die konkrete Art eines sozial geregelten Zusammenwirkens auf den einzelnen eindringen, um dann natürlich ihrerseits wieder von Bedeutsamkeit für den weiteren Gang der Sozialwirtschaft sich zu erweisen. Auch hier ist alles nur als Einzelarbeit möglich; es gibt wiederum nur empirische Einzelbeobachtungen und Rückschlüsse aus inhaltlich besonderen gleichförmigen Erfahrungen, doch keine allgemeingültigen Gesetze einer genügend exakten wissenschaftlichen Erkenntnis. Welche Erwägung wir mit einigen herausgegriffenen Beispielen beschließen.

Dabei bemerke ich, daß die Bewirkung besonderer körperlicher oder geistiger Beschaffenheit von Individuen, welche gerade auf die Sonderart eines bestimmten sozialen Lebens zurückgeführt wird und als Folge gewisser ökonomischer Phänomene auftritt, mehr oder weniger direkt sich zeigt und in Sicherheit klar gelegt werden kann. Als ein Exempel eines mehr unmittelbaren Zusammenhanges verweise ich auf die Beobachtung, daß in manchen Fabrikbetrieben durch die — besonders in früheren Zeiten übliche — allzu lange Arbeitszeit die Arbeiter stumpf, ja vielfach geradezu vertiert werden; welcher traurige Vorgang natürlich nicht nur von medizinisch-naturwissenschaftlichem Interesse ist, sondern vor allem auch bei den ökonomischen Phänomenen im sozialen Sinne schärfste Beachtung erheischt. —

Oftmals ist es die Gewinnsucht einzelner, die in Ausführung bestimmter sozialer Ordnung mit schädigenden Versuchungen an andere herantritt. Die englischen Kaufleute führen Massen von Opium nach Kanton aus, wo sie diese Ware gegen Tee und Seide eintauschen. Der Handel ist gewinnreich für die Kaufleute beider Nationen. Dagegen behauptet der Gouverneur von Kanton, die Konsumtion von Opium habe eine unbeschreiblich nachteilige Wirkung auf die Moralität, die Intelligenz, das häusliche Glück und die öffentliche Ruhe der Chinesen, und der Genuß des Opiums steige in einem so furchtbaren Grade, daß von diesem Handel die größten Nationalübel zu befürchten seien.[154] — Möglicherweise ist aber der Zusammenhang zwischen Massenerscheinungen bestimmter Qualitäten der Rechtsgenossen, besonders gewisser Krankheiten, und zwischen der Art der konkreten Ausführung einer sozialen Wirtschaft nicht so deutlich und ohne weiteres gegeben und erst in näherer Einzeluntersuchung aufzudecken; wie es neuerdings mehrfach mit den unerfreulichen Massenerscheinungen von Geschlechtskrankheiten und deren verheerenden Wirkungen geschehen ist.

51

Werfen wir auf diese Einzelbetrachtungen einen zusammenfassenden Rückblick, so erhalten wir folgendes als Ergebnis.

Die materialistische Geschichtsauffassung behauptet als Grundlage aller menschlichen Gesellschaft und Kultur „die wirtschaftlichen Verhältnisse". Die These ist unfertig. Es fehlt von vornherein eine klare Besinnung auf den Begriff der sozialen Wirtschaft und der ökonomischen Phänomene, deren als notwendig erkanntes Werden den Schlüssel zur gesetzmäßigen Erklärung der Menschengeschichte liefern soll.

Ökonomische Phänomene sind gleichartige Massenerscheinungen sozial geregelter Beziehungen unter Menschen. Ohne Bezugnahme auf eine bestimmte äußere Regelung menschlichen Zusammenwirkens ist überhaupt keine soziale Erkenntnis möglich, die von bloßer Naturbetrachtung in Eigenart sich grundsätzlich abhöbe. Die sozialwirtschaftlichen Erscheinungen erwachsen in der konkreten Ausführung eines sozialen Lebens. Sie lassen sich nach verschiedenen Gesichtspunkten systematisch zerteilen und klassifizieren und danach in mannigfacher Art zu komplizierten Gebilden zusammenfügen, deren Einzelelemente jedoch allemal auf sozial geregelte Einzelverhältnisse, als unerläßliche Erkenntnisbedingung des sozialen Lebens überhaupt, zurückzuführen sind.

Bei der geschichtlichen Entwicklung eines gewissen gesellschaftlichen Daseins — wobei wir an dieser Stelle nur auf die Innehaltung und Ausführung der sozialen Regeln sehen und die negativen sozialen Phänomene beiseite lassen wollen — ist nun Bewegung, Änderung und Umgestaltung in erster Linie dahin erkennbar, daß die regelnde Form die gleiche bleibt und sich in der konkreten Art des geregelten Zusammenwirkens, der Materie des sozialen Lebens, Verschiebungen und Umwandlungen vollziehen. Von dieser Art der Ausbildung ökonomischer Phänomene ist bislang allein die Rede gewesen.

Wir sahen, daß die technische Fertigkeit und die jeweilige Fähigkeit der Menschen, in bestimmter Weise den Kampf um das Dasein mit Erfolg zu führen und zum Leben nötige oder nützliche oder erfreuende Güter zu beschaffen, auf die Art des geregelten Zusammenwirkens von Einfluß sein muß. Dieses äußert sich in dem Aufkommen der an veränderte Technik sich anschließenden sozialwirtschaftlichen Erscheinungen; welche dadurch sich bilden, daß die Erfindungen und der technische Fortschritt zur Begründung, Ausgestaltung und Vermehrung rechtlicher Beziehungen von Rechtsangehörigen benutzt werden. Folglich ist es zur vollen Erkenntnis der Bildung ökonomischer Phänomene erforderlich, auf die Handlungen und das soziale Wirken der gesellschaftlich gerade verbundenen Menschen zurückzugehen. Das Studium der Technologie liefert nicht den Schlüssel für die Bewegungen des sozialen Lebens, sondern nur das eine wesentlich zu beachtende Moment.

Erst die exakte Erkenntnis der empirischen Bestimmungsgründe für gewisses menschliches Handeln würde eine volle Einsicht in die notwendige Bildung von bestimmten ökonomischen Phänomenen eröffnen.

Denn es muß klar sein, daß alles gesellschaftliche Leben äußerlich geregeltes Zusammenwirken ist, und daß auch die Verhältnisse der Produzenten zu einander und ihr Verkehr und Warenaustausch in der modernen Gesellschaft nur eine konkrete Art der Ausführung bestimmter sozialer Regelung des Zusammenwirkens bedeuten. Die kommunistische Gesellschaftsordnung, welche von vielen als die ursprüngliche in der Menschengeschichte angenommen wird, ist als solche gar nicht in Parallele zu setzen mit der Summe frei produzierender und austauschender Privatpersonen historischer Gemeinwesen. Sondern die beiden Rechtsordnungen bilden zwei verschiedene Möglichkeiten der Regelung des menschlichen Zusammenwirkens auf Bedürfnisbefriedigung, welche unter sich in formal gleicher Bedeutung parallel gehen. Der kommunistische und der individualistische Gesetzgeber stehen sich im Range gleich. Und unter den von ihnen gesetzten Regeln bilden sich im gleichen logischen Verhältnis ökonomische Phänomene. Auf das kommunistische Utopien haben wir in diesem Betracht früher (§ 43) schon verwiesen. Auch dort gibt es Verbrechen als negative soziale Erscheinungen; die Zahl der Staatsbürger und der Angehörigen der einzelnen Kommunen, die Meldungen zur dauernden Beschäftigung in der Landwirtschaft, der freiwillige Orden der Buthoresken und vieles andere mehr bieten eine Fülle interessanter Anlässe zu sozialen Phänomenen. Diese sind es, die der Klassenteilung in geschichtlichen sozialen Verbänden und allen hier möglichen ökonomischen Erscheinungen parallel laufen. Nur im Inhalte der Regeln besteht der praktische Unterschied, daß die kommunistische Ordnung durch direkte Befehle und Anordnungen, durch unmittelbare und möglichst restlos durchgreifende Verfügung über den Rechtsunterworfenen, als Einzelfaktor im sozialen Ernährungsprozeß, das Zusammenwirken normiert, indessen die individualistische Regelung den einzelnen in indirekter Weise, auf der Grundlage überkommener sozialer Zustände, unter Erwägung möglicher äußerer Technik und voraussichtlicher empirischer Bestimmungsgründe der Rechtsgenossen diese zu geeignetem Beitrage zum sozialen Zusammenwirken bestimmen will; so daß unter ihr der Ausbildung einzelner ökonomischer Phänomene ein weit größerer Spielraum und eine viel ausgiebigere Mannigfaltigkeit gewährt ist. Die Aufgabe sozialökonomischer Erkenntnis würde sonach bei beiden Ordnungen formal gleichmäßig auf die wissenschaftliche Feststellung und Erklärung der betreffenden sozialen Phänomene zu richten sein. Und da hierbei vornehmlich festzustellen ist, welche Gründe bestimmend aufgetreten sind, um danach den Umfang der Notwendigkeit jener sozialwirtschaftlichen Erscheinungen klar zu legen, auf welche grundsätzlich weitere Notwendigkeit das wirkliche Geschehen derselben hinweist; da fernerhin sie alle in Handlungen der Rechtsunterworfenen sich vollziehen, — so würde eine exakt erklärende Erkenntnis der Notwendigkeit des Auftretens ökonomischer Phänomene nur dann geliefert sein, wenn man die Kausalität der erwähnten rechtlichen Akte der Gesellschaftsgenossen aufgewiesen hätte.

In der Tat führt alle Erwägung der Gründe sozialökonomischer

Erscheinungen ganz von selbst auf diese Unterlage zurück. Man spricht in laxer Redeweise davon, daß das Kapital das Bedürfnis nach Selbstverwertung und nach der Produktion von Mehrwert habe, daß die Großindustrie das Bestreben zeige, die männlichen geschickten Arbeiter durch Weiber, Kinder und ungelernte Arbeiter zu verdrängen u. a. m.; — und meint damit natürlich die der kapitalistischen Unternehmerklasse angehörigen Personen und deren in leidlicher Regelmäßigkeit beobachtete Gepflogenheiten ihres sozialen Handelns.

Den Begriff des Kapitals erhält MARX von dem Ausgangspunkte der Warenzirkulation her und von dessen letztem Produkt, dem Gelde, das die erste Erscheinungsform des Kapitals abgibt, in welches es sich verwandelt. Dabei unterscheidet er die zwei Formen der Zirkulation: Ware — Geld — Ware, mit dem Zielpunkte der Konsumtion; und als neue Form: Geld — Ware — Geld, kaufen um zu verkaufen. „Geld, das in seiner Bewegung diese letztere Zirkulation beschreibt, verwandelt sich in Kapital, wird Kapital und ist schon seiner Bestimmung nach Kapital.“ Und nun stellt er, als Basis für seine bekannte Lehre vom Mehrwerte, eine Erwägung über die Triebkräfte dieser letztgenannten Bewegung an. „Es ist augenscheinlich, daß der Zirkulationsprozeß G—W—G abgeschmackt und inhaltslos wäre, wollte man vermittelst seines Umweges denselben Geldwert gegen denselben Geldwert austauschen ... Erst 100 Pfund Sterling gegen Baumwolle und dann wieder Baumwolle gegen 100 Pfund Sterling austauschen, also auf einem Umwege Geld gegen Geld, dasselbe gegen dasselbe, scheint eine ebenso zwecklose als abgeschmackte Operation.“ Der Prozeß G — W — G „schuldet seinen Inhalt“ nur der quantitativen Verschiedenheit seiner Extreme. „Die vollständige Form dieses Prozesses ist daher $G - W - G^1$, wo $G^1 = G + \Delta G$, d. h. gleich der ursprünglich vorgeschossenen Geldsumme plus einem Inkrement. Dieses Inkrement oder den Überschuß über den ursprünglichen Wert nenne ich — Mehrwert.“[155]

Es liegt auf der Hand, daß hier als „treibende Kraft“ nicht eine exakt erklärte Kausalität gegeben wird, sondern eine vergleichsweise allgemeine Beobachtung bestimmender Gründe für Menschen in empirisch einzelbedingten sozialen Verhältnissen. Eine genügende wissenschaftliche Begründung auf der Unterlage des Kausalitätsgesetzes liegt um so weniger vor, als beständig mit Zwecken und Zielpunkten für die einzelnen operiert wird. Daß dabei Ausnahmen von dem normalen Verlaufe vorkommen müssen, ist klar. Wenn KAUTSKY diese ignorieren zu dürfen glaubt, weil wir, wie er in anderem Zusammenhange bemerkt, bei Aufstellung des Typus der Säugetiere nicht das eierlegende Schnabeltier in erste Linie setzen werden, so trifft dieser Vergleich nicht zu; denn es handelt sich bei dem Zirkulationsprozeß von Geld und Ware nach der Absicht von MARX um „immanente Gesetze", die als Basis für ein weiteres Gebäude sozialer Erkenntnis in allgemeingültig auftretender Lehre von der kapitalistischen Produktionsweise dienen sollen. Die richtige Analogie für solche Bewegungsgesetze würde daher in der Mechanik als Wissenschaft gegeben sein. Eine derartige exakte Gesetzmäßigkeit würde man also nur haben, wenn die Kausalität der menschlichen Handlungen, die den Tauschverkehr und die Warenzirkulation vollziehen, bereits sicher nachgewiesen wäre. Dies aber ist nicht der Fall und dürfte kaum je geleistet werden.

Die kurze Wendung von MARX, daß „das Ideelle nichts anderes als das im Menschenkopfe umgesetzte und übersetzte Materielle" sei, der Satz, daß „das Sein der Menschen ihre Gedanken bestimme", und andere knapp hingeworfene Ansprüche, auf welche sich hier die sozialen Materialisten beschränken, können nicht genügen. Es käme darauf an, in exakt wissenschaftlicher Aufspürung und Feststellung den Gründen nachzugehen, die die einzelnen treiben, die sozialen Regeln befolgend auszuführen oder sie zu brechen, in affirmativen oder negativen sozialen Phänomenen; und unter den ersteren wieder jeweils im besonderen auf die Motive eines bestimmten sozialwirtschaftlichen Wirkens. Dieses hat die materialistische Geschichtsauffassung so wenig genügend zu tun vermocht, als irgend eine andere Phase des Materialismus vor ihr. Gegen die alte stets sitzende Quart, um mich eines Wortes von LANGE zu bedienen, hat auch sie keine Deckung gefunden. Die Kausalität menschlicher Willensentschließungen entzieht sich nun einmal der exakten wissenschaftlichen Feststellung. Es fehlt die Möglichkeit mathematischer Grundlage, und es versagt das Mittel des Experimentes. Es ist nur der Rückschluß aus tunlichst sicheren und zahlreichen Beobachtungen möglich; und so verbleibt auch der angeführten Lehre von MARX weiter gar nichts, als aus gleichartigen Vorgängen auf entsprechend gleichartige Gründe zu schließen und dieses jeweils an der Hand von Einzelfällen in gehäufter konkreter Erfahrung zu tun.

Dagegen ist die Zusammenziehung der hier auftretenden sozialen Erscheinungen in wenige einheitliche Gesetze allezeit höchst problematisch. Es kann niemandem mit Fug einfallen, ein Bestreiten dessen liefern zu wollen, daß alles soziale Zusammenwirken und die Sonderart der Ausführung und Verwirklichung einer gegebenen Gesellschaftsordnung sich nach dem Kausalitätsgesetze vollzogen hat; oder es mit der Leugnung zu versuchen, daß aus gleichen Erscheinungen mit einem gewissen Rechte auf gleiche Ursachen geschlossen werden könne. Aber woselbst alsdann die Verursachung zu finden sei, daß ist kaum jemals mit wissenschaftlicher Exaktheit darzutun; und ob nicht in dem letzterwähnten Schlusse möglicherweise ein Fehler untergelaufen ist, und das *post hoc propter hoc* seine Rolle gespielt hat, kann nicht immer apodiktisch in Abrede gestellt werden.

Ganz verunglückt muß endlich jeder Versuch sein, eine angeblich exakte Feststellung notwendiger Entwicklung einer sozialen Wirtschaft in ihren einzelnen Phänomenen durch Verweisung auf gewisse Ergebnisse der Naturwissenschaft erschleichen zu wollen.

Das Wesen der naturgesetzlichen Einsicht besteht darin, daß ihre Lehre von allem besonderen Inhalte einer bestimmten Erfahrung unabhängig ist, diese vielmehr mit anderem Erfahrungsinhalte in Einheit zusammenschließt und danach über allem Wechsel empirischer Einzeldaten allgemeingültig dasteht. Eine Allgemeingültigkeit und Notwendigkeit von solcher Art vermag keine Durchforschung einer sozialen Wirtschaft zu liefern. Ich brauche zum Beweise nur kurz an unsere Ergebnisse zu erinnern.

Sozialwirtschaft ist ein geregeltes Zusammenwirken von Menschen. Sie kann als eigener Gegenstand wissenschaftlicher Erkenntnis nur unter der Bedingung einer in inhaltlicher Besonderheit feststehenden äußeren Regelung erwogen werden. Mithin können auch alle Einzelerscheinungen, die als ökonomische Phänomene auftreten, nicht anders, denn als bestimmt geregelte Beziehungen sozialwissenschaftlich begriffen werden. Die Notwendigkeit ihres Auftretens ist bloß eine solche, die sich bei konkreter Ausführung einer besonderen sozialen Ordnung ergibt.

Daher ist es ein Nonsens, von Phänomenen einer sozialen Wirtschaft als von Naturdingen zu sprechen, ihre Existenz als „von Natur“ gegeben und ihre Entwicklung als eine gesetzliche im Sinne der Naturwissenschaft zu proklamieren.

Die Sozialwirtschaft ist kein selbständiges Ding, so daß „über ihr — wie der soziale Materialismus unkritisch sagt — eine Rechtsordnung schwebt“; — sie ist gar nichts anderes, als ein rechtlich bestimmt normiertes Zusammenwirken.

Ökonomische Phänomene sind nichts Selbständiges und von sozialer Regelung Unabhängiges; sind nicht „soziale Naturgebilde“; treten nicht zufolge „elementaren Treibens ökonomischer Mächte“ für sich besonders auf; — sondern es bedeuten alle „sozialen Erscheinungen“ weiter nichts, denn gleichartige Massenerscheinungen von äußerlich bestimmt geregelten Beziehungen unter Menschen.

Darum ist die Lehre Darwins, und was sich an sie entsprechend angeschlossen hat, für die Sozialwirtschaft überhaupt ganz und gar gleichgültig.[156] Denn sie will als gesetzmäßige Erkenntnis von allem besonderen Inhalte einzelner und wechselnder Daten der Erfahrung unabhängig sein und gerade den einheitlichen Gesichtspunkt für diese abgeben; — die sozialökonomische Forschung kann sich immer nur mit der konkreten Ausführung eines besonderen Rechtsinhaltes befassen, einfach deshalb, weil ohne die bedingende Voraussetzung des letzteren soziale Wirtschaft als möglicher Gegenstand wissenschaftlicher Erkenntnis überhaupt nicht existiert. Und wenn jemand die Vorstellung vom Kampfe ums Dasein und die Verdrängung des Schwächeren durch den Stärkeren auf das soziale Leben und dessen innerliches Getriebe übertragen will, so darf er doch nicht übersehen, daß es hier einen „Stärkeren“ nur zufolge konkreter Ausführung einer inhaltlich bestimmten und darin geschichtlich wechselnden Ordnung erst gibt, der von Natur Starke aber sozial jämmerlich schwach sein kann.

Da es überhaupt keine sozialökonomischen Gesetze gibt, die von dem besonderen Inhalte einer bestimmten (rechtlichen) Regelung unabhängig wären, so ist die Feststellung der Notwendigkeit gewisser ökonomischer Phänomene durch Massenbeobachtung das einzige, was sich als gesetzmäßige Unterlage einer lediglich sozialwirtschaftlichen Erkenntnis herausstellt. Allgemeingültige Gesetzmäßigkeit der Sozialwirtschaft für sich zu suchen, ist unvermeidlich fruchtloses Bemühen: Für die Erkenntnis von ökonomischen Phänomenen ist stets nur notwendige Entwicklung in der konkreten Ausführung einer sozialen Ordnung möglich, so daß das Ergebnis dieser Einsicht von dem besonderen Inhalte der betreffenden äußeren Regelung des Zusammenwirkens überhaupt untrennbar bedingt ist. Eine allgemeingültige Gesetzmäßigkeit für das soziale Leben, die von allem besonderen Inhalte einer bestimmten Rechtsordnung unabhängig ist, gibt es nicht für die Sozialwirtschaft, sondern nur für die Form des sozialen Lebens selbst.[157]

52

Die wissenschaftliche Erkenntnis der sozialökonomischen Phänomene hat nach dem Gesagten mit verschiedenen, nicht leicht überwindlichen Schwierigkeiten zu kämpfen. Am einfachsten ist die jeweilige Klarlegung derselben nach ihrem Bestande und Wesen als Massenerscheinungen gleichartiger sozial geregelter Verhältnisse unter Menschen. Auch bei verwickelten und vielfältig zusammengesetzten Erscheinungen des sozialen Lebens wird nach unserer Ausführung die Analyse in jeweilig einzelne Massenerscheinungen gleichartiger Rechtsbeziehungen keine dauernden Schwierigkeiten bereiten. Auf dieser Unterlage hat dann die besondere Durchforschung der verschiedenen einzelnen sozialwirtschaftlichen Erscheinungen einzusetzen; wobei es namentlich auf eine Einsicht in die Bildung und die maßgeblichen Gründe einer notwendigen Entstehung der fraglichen Phänomene ankommt.

Dieses führt schließlich zu der weiteren Beobachtung, daß die einzelnen ökonomischen Phänomene nicht nur zu zusammengesetzten und komplizierten Gebilden sich zusammenschließen, sondern auch die verschiedenen, für sich besonders zu betrachtenden sozialen Erscheinungen unter einander wiederum bedingend und bedingt zusammenhängen und aus der nimmer rastenden Bewegung der ökonomischen Phänomene und ihrer steten Veränderung und Umbildung neue, andere sich ergeben, entstehen, vergehen. Gerade diesen Zusammenhängen nachzugehen, gehört zu den eindringlichsten Aufgaben der politischen Ökonomie.

Man hat sich gewöhnt, auch in dieser Frage unbefangen von Ursachen und Wirkungen zu reden. Schlechte soziale Zustände verursachen danach eine geringere Zunahme der Bevölkerung; es sind Eheschließungen und Geburten von den Preisen der notwendigsten Lebensbedürfnisse, besonders den Getreidepreisen, abhängig, neuerdings von der allgemeinen Lage des Weltmarktes; es wird gleichzeitig eine verhältnismäßige Steigerung der unehelichen Geburten herbeigeführt; und in den Ehen wird (aus Besorgnis mangelnder Möglichkeit einer guten Erziehung, aus Furcht, sich selbst Genüsse entziehen zu müssen usw.) eine Minderung der Kinderzahl bewirkt. — Die Einführung der Spinnmaschinen in den englischen Fabriken war der Hauptgrund der Vermehrung der Negersklaven in den Baumwollplantagen der Vereinigten Staaten von Amerika. — Man spricht von Ursachen der Notlage unserer Landwirtschaft und sieht sie bald in einer Verteuerung unseres Geldes, des Goldes, oder mit mehr Recht in der Umwälzung des Verkehrswesens und den Änderungen insbesondere des Welthandels mit Getreide.

Von besonderem Interesse sind in der Neuzeit auch hier die Beobachtungen gleichartiger Massenerscheinungen innerhalb der Großindustrie, wobei eine Einigung der Nationalökonomen keineswegs stattgefunden hat. Marx behauptet, daß die Maschine die Zahl der beschäftigten Arbeiter im Verhältnis zum angewandten Kapital verringert; und daß ein Wachstum in der Anzahl der Fabrikarbeiter bedingt ist durch proportional viel rascheres Wachstum des in den Fabriken angelegten Gesamtkapitals. — Das Verhältnis von Arbeitslohn und Arbeitszeit zur Ergiebigkeit der Leistungen gibt nach wie vor eine unausgetragene Kontroverse sozialpolitischer Schriftsteller ab. Während Schippel den Lohn nicht im geraden, sondern im umgekehrten Verhältnis zu der Ergiebigkeit der Arbeit behauptet, so daß bei Fortschritten der letzteren der Lohn Rückschritte mache, wird von Brentano das Gegenteil angegeben. — Das Sinken des Profites aus dem Unternehmerkapital scheint die Zahl der Kapitalisten zu verringern, das Vermögen der Großindustriellen aber zu vermehren.

Aber dem strengen Ursachenbegriff der reinen Naturwissenschaft fügen sich diese Beobachtungen ganz und gar nicht. Einmal ganz abgesehen davon, daß mathematische Grundlage und experimentelle Feststellung den Forscher jetzt ganz im Stiche lassen: so sind der ursachlich wirkenden Einzelmomente allzu viele, ihre Verschlingungen zu gedrängt, das Ganze gar zu sehr mit den mannigfaltigsten, hinsichtlich ihrer Verursachung in unkontrollierbaren Komplikationen selbst wieder verlaufenden menschlichen Vorstellungen, Entschlüssen und Handlungen durchsetzt, als daß die schließlich einander gegenüber stehenden Massenerscheinungen kurzerhand in Ursache und Wirkung gefaßt werden dürfen. Es kann also nur ein gewisser abhängiger Zusammenhang zwischen den mehreren sozialökonomischen Phänomenen gemeint sein, für den als solchen die Kategorie der Kausalität nur so lange unbedenklich im Ausdrucke angeführt werden kann, als man nun nicht den Anspruch erhebt, damit zwischen den fraglichen wirtschaftlichen Erscheinungen einen ursachlichen Zusammenhang im Sinne der mathematischen Naturwissenschaft exakt festgestellt zu haben.

Hiernach resümiere ich zunächst:

1. Die Bildung sozialökonomischer Phänomene geschieht durch

das Mittel menschlicher Handlungen. Als bestimmende Gründe wäre mithin die empirische Bewirkung der letzteren klarzulegen. Die kausale Feststellung aber der empirischen Triebfedern in wissenschaftlich exakter Weise bereitet unüberwindliche Schwierigkeiten: Man ist auf Einzelbeobachtungen und Zusammenstellung gleichartiger Verhältnisse und Festhaltung regelmäßiger Wiederholungen angewiesen.

2. Die Beobachtung gleichartiger Erscheinungen in dem Sinne, daß daraus auf gleichmäßige Ursachen in entsprechendem Umfange mit einiger Sicherheit geschlossen werden kann, ist wenig geeignet zur Aufstellung einfacher Gesetze und zur Zusammendrängung der sozialen Erkenntnis auf eine sich stetig verringernde Zahl allgemeingültiger Lehrsätze. Eine zuverlässige Erkenntnis der sozialen Phänomene wird, um sicher zu gehen, stets den Charakter gehäufter Einzelbeobachtungen von vorn wieder wählen müssen.

3. Die Zusammenhänge zwischen verschiedenen sozialökonomischen Phänomenen können nur in geduldeter paralleler Übertragung nach weitherzigem Sprachgebrauche unter das Verhältnis von Ursache und Wirkung gebracht werden. Sie fügen sich der Kategorie der Kausalität nach reiner Naturwissenschaft gar nicht.

Gesicherter können nun die Ergebnisse sozialer Erforschung hinsichtlich der Ausbildung sozialwirtschaftlicher Erscheinungen werden, wenn ein weiterer Zeitraum übersehen werden kann. Eine Gleichartigkeit von sozialen Massenerscheinungen und Übereinstimmung in deren Zusammenhängen gibt eine größere Sicherheit für den Rückschluß auf gleichförmige Ursachen, von dem wir sprachen. Eine andere Art von Notwendigkeit, als sie durch solchen indirekten Schluß geliefert wird, ist freilich auch bei der Überschau über längere Perioden der Entwicklung niemals zu erhalten.

Wohl aber kann die Sicherheit eines Rückschlusses dabei so sehr gesteigert werden, daß nun auf seiner Grundlage sogar eine Aussicht in die Zukunft eröffnet und die voraussichtliche Weiterentwicklung bestimmter sozialer Erscheinungen hervortritt. Hier ist der jetzt übliche Sprachgebrauch der Sozialwissenschaft glücklicher gewesen, als in seiner Anwendung auf die Geschichte; er vermeidet es jetzt, von Ursachen und Wirkungen im Sinne einer exakt erkannten Naturkausalität zu reden, und bedient sich mit mehr Recht des Wortes der Tendenzen.

Eine Tendenz ist die Erkenntnis einer seitherigen gleichförmigen Entwicklung sozialer Phänomene in der Stärke, daß ein entsprechender Fortgang erwartet werden darf.

Wir beobachten etwa, daß in vielen, vielleicht der größten Anzahl produktiver Betriebe die Einzelproduktion durch die Großindustrie langsam verdrängt und aufgesaugt wird, und dann zeigt sich vielleicht die Tendenz, daß dieses innerhalb der schon beobachteten Betriebe in quantitativ verstärkter Weise geschieht, oder auch, daß immer neue in jene Entwicklung einbezogen werden.

Das Mittel zu solchen sehr interessierenden Feststellungen bietet natürlich nur die genaueste Erforschung des geschichtlichen Werdeganges sozialökonomischer Phänomene. Das Ergebnis aber kann immer nur einen Einzelcharakter tragen; unbeschadet selbstverständlich eines etwa aufgewiesenen Zusammenhanges mit weiteren wirtschaftlichen Erscheinungen. Dagegen gibt es für die treibende Entwicklung in Tendenzen sozialökonomischer Phänomene wiederum keine allgemeingültige Gesetzmäßigkeit. Gelegentliche Versuche der Aufstellung einer solchen sind bei allgemeinen Schlagworten des einheitlichen Ganges der Produktion in Entfaltung und Wiederverbindung verblieben.[158] Solange wir bei der Kausalbetrachtung des Aufkommens und der Weiterbildung ökonomischer Phänomene stehen bleiben, treten uns immer nur Einzelerscheinungen entgegen, für die nach dem erwähnten Standpunkte nur eine oszillierende Bewegung möglich erscheint. Die Rede von etwaigen, „mit eherner Notwendigkeit sich durchsetzenden Tendenzen" kann also keinen Bestand haben: Wenn schon für die geschichtlich vorliegende Erfahrung der Beweis einer zwingenden Kausalität in der Bildung sozialökonomischer Erscheinungen nicht mit naturwissenschaftlicher Exaktheit geliefert werden kann, sondern bloß ein gewisser einleuchtender Rückschluß aus gleichartigen Phänomenen zulässig erscheint, so ist die Frage nach der Weiterwirkung solcher, nur indirekt geschlossener, bestimmender Gründe stets mit Vorsicht aufzunehmen und in bewußter Resignation nur zu beantworten. Denn die Bildung sozialökonomischer Phänomene erfolgt in Benutzung bestimmter Kenntnis und Beherrschung der Natur und nach jeweils besonderem Stande der Technik, also in Verwertung technologischer Möglichkeiten, von denen man nicht wissen kann, wie weit und wohin sie uns noch führen werden; und sie vollzieht sich durch konkrete Ausführung eines sozialen Zusammenwirkens, durch menschliche Entschlüsse und Handlungen. Hier aber ist Feststellung unabänderlicher und ausnahmslos wirkender Ursachen nicht möglich. Jede Untersuchung empirischer Bestimmungsgründe verliert sich in einer unverfolgbaren Menge von Einflüssen auf den einzelnen Charakter, und es läßt sich schon hinsichtlich geschehener menschlicher Taten nur weniges in leidlicher Sicherheit als wirkende Gründe beobachten: — wie unerfüllbar muß es daher mit Ausblicken in die Zukunft stehen, falls man hier in strenger Exaktheit eine gesetzmäßige Erkenntnis von ehern notwendiger Kausalität fordert!

Hiernach muß — da man des Ausspähens in kommende Zeiten nicht gern wird entbehren mögen — die dargelegte empirische Beobachtung geschichtlich vorliegender sozialökonomischer Phänomene genügen; indem aus ihrer Erkenntnis und tunlichst gewisser Einsicht in die obwaltenden Gründe ihrer Bildung und Ausgestaltung ein Einzelschluß auf die Tendenz voraussichtlicher Weiterentwicklung gezogen wird.

Nun stehen alle sozialökonomischen Phänomene unter der Erkenntnisbedingung bestimmter sozialer Regelung menschlichen Zusammenwirkens. Von einer Ausgestaltung und Weiterentwicklung derselben kann nur die Rede sein, solange diese äußere Ordnung in denjenigen Normen unverändert bleibt, welche für die gerade in Rede stehenden wirtschaftlichen Erscheinungen von wesentlich bedingender Bedeutung sind. Das sozialökonomische Phänomen des kapitalistischen Fabrikanten und der proletarischen Lohnarbeiter verschwindet selbstverständlich, sobald das Privateigentum des ersteren an den Produktionsmitteln nicht mehr besteht; und so weiter in allen entsprechenden Fragen. Die höhere und ausschlaggebende Frage der sozialen Entwicklung ist mithin diejenige nach der möglichen Umbildung der (rechtlich) regelnden Ordnung.

Dritter Abschnitt.

Der Kreislauf des sozialen Lebens.

Erste Abteilung.

Prinzip einer ursachlichen Erklärung rechtlicher Veränderungen.

53

Es sind wohl viele tausend Jahre her, da ist das Recht auf der Erde erschienen.

Von wannen es kam, und wem es wohl entstammte — die Frage hat die Menschen oft bewegt.

War der erste König ein glücklicher Krieger; schuf das Recht der Siegreiche, der den niedergeworfenen Feind nicht tötete, sondern zu seinem Sklaven erkor? Erstand es in der Familie, als dauernder Verbindung von Mann und Weib und Eltern und Kindern? Hat ein Gott dieses den Menschen verliehen; — folgte es spontan dem instinktmäßigen Zusammenschlusse von Urmenschen als geselliger Tiere, wie in der Affenhorde, zum Schutze gegen gemeinsamen Feind, vielleicht alsbald zu zusammenwirkendem Kampfe mit der leblosen Natur; oder sollen wir eine höhere Form von sozialem Leben in freierem Zusammenfügen entwickelter Individuen als das zeitlich erste Recht annehmen?

Wir wissen es nicht.

So oft es jemanden gelüstete, den undurchdringlichen Schleier zu lüften, der über dem ersten Anfange des sozialen Lebens und damit der Menschengeschichte ausgebreitet liegt: von Erfolg ist keines Bemühung gewesen.

Auch in dem wildesten Zustande, in dem man den Menschen durch Einbildungskraft sich denken mag, wird Begriff und Sprache von ihm nicht völlig loszulösen sein. Dann aber haben wir schon eine konventionale Gemeinschaft für Verständigung unter einander als Hypothese angenommen und ein, wenngleich äußerst primitives und kaum entwickeltes soziales Leben in vielleicht höchst kümmerlichem sich unterstützenden Wirken untergelegt. Wie dann etwa späterhin der rechtliche Zwang und die juridische Organisation menschlicher Gesellschaften dazu gekommen sei, bleibt völlig dunkel und unaufgeklärt.

Aller hypothetisch angenommene Urzustand des Menschengeschlechtes im Sinne einer völligen ungeregelten Isoliertheit der einzelnen ist niemals durch irgend welches Zeugnis dargetan worden. Keine Erinnerung aus späteren Perioden findet je für ihn sich vor, kein Rückschluß aus dem Leben nachmaliger Geschlechter leitet zu einem rohen Einzeldasein von Menschen außerhalb konventionalen oder rechtlichen Befindens hinüber. Und niemals hat man menschliche Bewohner dieser Erde entdeckt, die in einem Zustande gänzlich ungeregelter Wildheit lebten oder auf einen solchen, als ihrer Vorzeit angehörig, zurückwiesen. Die materialistische Naturforschung hat über die von ihr als notwendige Übergangsstufe angenommene Zwischenepoche roher Wildheit nicht mehr aufhellende Erkenntnis verbreiten können, als religiöse Sagen, die aus grauer Zeit auf uns gekommen waren, es getan.

Der erfolglosen Bemühungen geschilderter Art überdrüssig, hat die prähistorische Forschung unseres Zeitalters vielmehr die Epoche der Barbarei, als angeblich zweites Zeitalter in der Entwicklung des Menschengeschlechtes, zum Vorwurfe ihrer Untersuchung genommen und mit besonderer Zuneigung nicht mehr den Übergang aus der Wildheit in die Barbarei, als denjenigen aus der Barbarei in die Zivilisation in das Auge gefaßt. Der allbekannte Streit um das Mutterrecht, um exogame und endogame Stämme, über die Gentilverfassung der Vorzeit und die Entstehung der Familie betrifft schon sozial geregelte Verhältnisse.

Mit welchem Rechte man sie zur Beurteilung späterer Entwicklung und zur Stütze der materialistischen Geschichtsauffassung im ganzen verwendet hat, gehört deshalb jetzt nicht in diese Betrachtung, weil es an dieser Stelle auf den Gegensatz eines gänzlich unsozialen menschlichen Daseins und des zeitlich ersten geregelten Zusammenwirkens von Menschen zu ihrer Bedürfnisbefriedigung ankommt. Hinsichtlich dieses Gegensatzes muß aber behauptet werden, daß er nicht nur tatsächlich verwischt und unaufgeklärt erscheint, sondern daß er für die Frage nach bestimmenden Gründen und

Gesetzmäßigkeit des sozialen Lebens methodisch ganz und gar gleichgültig ist.

Auch wenn wir über die zeitlich allererste Entstehung eines sozialen Lebens irgend welcher Art unter Menschen unterrichtet wären, so würde von der Erörterung hierüber zu der von uns zuletzt angegebenen Frage überhaupt kein Weg führen.

Zwischen bloßem Naturleben und zwischen menschlich geregeltem Zusammenwirken gibt es keine Zwischenstufe und keine Übergänge; es kann immer nur entweder das eine oder das zweite in Frage stehen. Auch für das heutige soziale Leben sind die Erwägungen des Zusammenwirkens vom Standpunkte der Naturwissenschaft und Technik aus und von demjenigen der sozialen Regelung unversöhnliche Gegensätze. Man vermag immer bloß den einen dieser beiden Gesichtspunkte zu verfolgen und hat hierbei jedesmal einen besonderen und eigenartigen Gegenstand der Untersuchung in Arbeit. Durch jenes erste wird die jeweilig wirkliche oder mögliche Beherrschung der Natur durch den Menschen erörtert; bei der sozialen Betrachtung dagegen die Art des geregelten Zusammenwirkens zum Gegenstande der Erforschung gemacht. Hier sind es die geregelten Wechselbeziehungen unter Menschen als Ausfluß bestimmter sozialer Ordnung, welche in ihrem gleichförmigen Auftreten unsere Einzelphänomene abgeben. Für deren wissenschaftliche Untersuchung und die Frage der für sie geltenden Gesetzmäßigkeit ist jedoch das Problem, wie vordem die zeitlich erste soziale Regelung aufgetreten sei, ganz und gar irrelevant. Wir können aus ihm für jene nichts entnehmen und verwerten, so wenig, wie der wissenschaftliche Geburtshelfer unserer Tage seine Theorie und Praxis auf der Untersuchung aufbauen kann: wie seiner Zeit der erste Mensch auf die Erde gekommen sein mag.

In dem Augenblicke, da man soziales Leben der Menschen in das Auge faßt, hat man einen neuen und eigenartigen Gegenstand der Untersuchung vorgelegt. Die wissenschaftliche Erkenntnis seiner Bewegungen und Entwicklung ist von der Frage der ersten Entstehung desselben überhaupt ganz zu trennen; sie kann nur immanent erfaßt und durchgeführt werden.

Man darf nicht einwenden, daß ja die zeitlich erste soziale Ordnung auch schon den eben erwähnten besonderen Gegenstand der Sozialwissenschaft bilde, und deshalb ihre Verursachung aus dem Zustande der Wildheit heraus von Interesse für unsere Disziplin sein könne. Denn bei der Frage nach Bestimmtheit und Gesetzmäßigkeit des sozialen Lebens handelt es sich um die Beeinflussung eines geregelten Zusammenwirkens; dieses ist in der geschichtlichen Erfahrung in besonderer Art gegeben, in ihm finden Bewegungen, Erschütterungen und Umbildungen statt, von deren bestimmenden Gründen und gesetzmäßiger Einheit nun die Rede geht. In dem anderen angeführten Falle würde die Beeinflussung einzelner Menschen, die noch nicht im geregelten Zusammenleben sich befinden, im Hinblick auf die Begründung eines solchen zur Erwägung stehen. Bei jenem ersten müssen alle bestimmenden Gründe mit der Tatsache eines allgemein für die Menschen bestehenden sozialen Lebens rechnen, und sie haben bloß in der Einfügung in dieses gesellschaftliche Dasein, als soziale Gründe, Recht und Bedeutung; bei der zweiten Möglichkeit könnten gerade umgekehrt die wirkenden Umstände nur als solche für isoliert angenommene menschliche Lebewesen auftreten.

Diejenigen Faktoren, welche seiner Zeit die allererste Begründung eines sozialen Lebens bewirkt haben mögen, können darum nicht einfach als diejenigen eingesetzt werden, welche eine Wandlung und Abänderung in einer menschlichen Gesellschaft bestimmen. Jene sind solche, die für einen gänzlich isoliert gedachten Menschen eingetreten wären; diese dagegen treffen einen Inbegriff geregelter Wechselbeziehungen und gehen von diesem unter allen Umständen als notwendige Voraussetzung aus. Die Betrachtungsweisen des als vereinzelt fingierten Menschen und des sozialen Lebens der Menschen sind einander streng ausschließend: man kann nicht beides zu gleicher Zeit in Gedanken haben, nicht von beiden übereinstimmende Lehrsätze entwickeln. Die Ursachen für die zeitlich erste Entstehung eines äußerlich geregelten Zusammenschließens von Menschen sind der Art nach ganz zu trennen von den Gründen, welche eine inhaltliche Veränderung bestehender sozialer Ordnungen bewirken; jene treffen ausschließlich das Einzelwesen, die letzteren erwachsen auf dem Boden des sozialen Zusammenschlusses. Wer den Prozeß der Wandlungen des sozialen Lebens in seinem einheitlichen Charakter durchschauen und erkennen will, der muß von der Betrachtung dieses seines eigenartigen Gegenstandes ausgehen und hat für seinen dermaligen Zweck von den Triebfedern eines durchaus isolierten Lebewesens grundsätzlich Abstand zu nehmen.

Obgleich selbstverständlich alle sozialen Ausführungen und Umänderungen durch menschliche Handlungen sich vollziehen, so wird doch durch den Gegensatz des Naturmenschen zum sozialen Menschen der Betrachtung ein verschiedenartiger Gegenstand dargeboten, von notwendig durchschlagender Bedeutung für die Abgrenzung unserer Aufgabe: Bestimmende Gründe und Gesetzmäßigkeit der Bewegungen und Veränderungen des sozialen Lebens können nur in der Voraussetzung von dessen Bestand überhaupt aufgesucht und müssen für dieses als eigenes selbständiges Objekt wissenschaftlicher Erforschung festgestellt werden. Aus etwaigen Antrieben aber, die den urwüchsigen unsozialen Menschen zum gesellschaftlichen Dasein gebracht haben mögen, könnte für jene Bemühungen sich nichts ergeben, selbst wenn wir von dem vorsozialen Zustande etwas wüßten.

54

Alle Bewegungen des sozialen Lebens vollziehen sich ausnahmslos durch das Medium sozialer Phänomene. Es gibt gar keine Veränderungen in dem gesellschaftlichen Leben der Menschen, die nicht durch das genannte Mittelglied hindurchgingen. Man kann sich durchaus nicht Bewegungen unseres sozialen Daseins denken, die nicht zunächst solche von sozialen Phänomenen wären.

Dieses ist besonders im Auge zu behalten, sobald man den Einfluß natürlicher Bedingungen des gesellschaftlichen Lebens und Wirkens der Menschen auf die regelnde Ordnung des Zusammenwirkens in Betracht zieht oder von dem bestimmenden Auftreten des Standes der Technologie auf die Ausgestaltung des Rechtes handeln will. Zwischen der natürlichen Unterlage und den jeweiligen technischen Fertigkeiten der Menschen einerseits und der ihr soziales Leben normierenden Ordnung anderenteils besteht kein unvermittelter Zusammenhang; dieser wird vielmehr durch das Mittelglied sozialer Phänomene erst geschaffen.

Soziale Betrachtung, als eigene Art einer Erkenntnis von Gegenständen, setzt überhaupt erst ein, sobald die bedingende Vorstellung einer äußeren Regelung gegeben ist. Jede Erwägung von natürlichen Momenten menschlichen Zusammenwirkens kann daher von sozialer Bedeutung nur dadurch werden, daß jene unter der Bedingung bestimmter gesellschaftlicher, im besonderen rechtlicher Normen betrachtet werden. Das kann nicht anders geschehen, als daß die tatsächliche Ausführung des geregelten Zusammenwirkens festgestellt wird; was nun sofort zu besonderen sozialen Erscheinungen hinleitet. Und auch wenn man etwa den kommenden Zustand sich klar machen möchte, so würde man immer sich vorstellen:

welche sozialen Phänomene sich bilden werden. Die Natur in der Besonderheit ihres jeweiligen Auftretens, das Klima, die Bodenbeschaffenheit, die physiologischen Eigentümlichkeiten und was hier sonst aufgeführt zu werden pflegt: sie alle kommen als Faktoren bei der Ausgestaltung und Umgestaltung einer sozialen Ordnung immer nur mittelbar derartig in Betracht, daß unter ihrem Einflusse sich besondere soziale Phänomene bilden, und aus diesen dann die Änderung der sozialen Ordnung entsteht.

Kein Denkender wird also bestreiten, daß die Regelung eines auf Bedürfnisbefriedigung gerichteten Zusammenwirkens von vorgefundenen natürlichen Bedingungen der Menschen und ihrer Umgebung abhängig ist und dadurch wie durch die Technologie in ihrer Eigenart bestimmt wird. Aber die Frage ist gerade; Wie ist jene abhängig; in welcher Art und Weise wird sie bestimmt? Und darauf antworte ich: Nicht in einem sonst ganz unerklärten direkten Zusammenhange, sondern allemal vermittelt durch das Medium von sozialen Phänomenen. Denn da wir bei aller sozialer Betrachtung auf die Bedingung bestimmter äußerer Regelung unausweichlich angewiesen sind, so kann der Einfluß der natürlichen und technischen Unterlagen des Zusammenwirkens auch nur in der Besonderheit der konkreten Ausführung der betreffenden sozialen Ordnung auftreten, — das ist in der Bildung von Einzelerscheinungen des sozialen Lebens, die dann auf eine Umänderung in der Besonderheit des Inhaltes jener Regelung drücken mögen.

Ganz besonders möchte ich dieses noch einmal für die Technologie hervorheben und das Verhältnis dieser zu der sozialen Entwicklung verfolgen. Die erstere, die bestimmte Möglichkeit der Naturbeherrschung kommt für die Entwicklung der menschlichen Gesellschaft stets bedeutsam in Betracht; aber dieses vollzieht sich in der Art, daß die Möglichkeit besserer Technik und aller praktische Gebrauch neuer Erfindungen sich zunächst in die seitherige soziale Regelung einfügt. Es treten dabei vorerst immer nur sozialökonomische Phänomene auf, Änderungen also in der konkreten Ausführung eines sozialen Lebens unter Benutzung jener neuen Technik. Die Dampfmühle erschafft nicht direkt eine Gesellschaft mit industriellen Kapitalisten gegenüber der Sozialwirtschaft mit der Handmühle; sondern die Erfindung jener wurde unter einer bestimmten Rechtsordnung ausgiebig benutzt, wobei Massenerscheinungen bestimmter Rechtsbeziehungen hervortraten, die dann späterhin auf Umgestaltung jener sozialen Ordnung hindrängen konnten. Man hat auf die Erfindung des Schießpulvers aufmerksam gemacht und darauf hingewiesen, wie dadurch eine Neuformation und andere Organisation des Heerwesens notwendig gemacht wurde, und es ließe sich vieles solches aus der Geschichte der Technologie anführen. Aber jedesmal kann man baldigst gewahren, daß es zunächst versucht wird, die neue Erfindung in die überlieferten Normen einzureihen: Vielleicht überzeugt man sich sehr schnell, daß dieses nicht angeht, und eine Änderung dringend not täte, möglicher Weise geschieht jenes sogar ohne weit ausgedehnte praktische Probe, und es sieht jeder auf den ersten Blick, daß die veränderte Technik eine veränderte soziale Normierung bedingt, und die alte Ordnung nicht beibehalten werden kann, — mindestens aber wird die Errungenschaft der neuen Technik in Gedanken in die seither geltende Regelung eingefügt, und dabei dann die Notwendigkeit einer Modifizierung oder weitgehenden Umänderung der letzteren eingesehen.

Die produktiven Organe des Gesellschaftsmenschen sind nicht die Werkzeuge, sondern die geregelten Wechselbeziehungen in ihrer Sonderart. Hand, Hammer und Maschine sind Produktivorgane des Menschen als Naturwesens; sollen sie als Gegenstände der Sozialwissenschaft in Betracht gezogen werden, so muß ihre Verwendung unter äußerer Regelung untersucht und klargelegt werden. Diese Verwendung und Einfügung in die soziale Ordnung vollzieht sich eben als konkrete Ausführung der letzteren in einzelnen sozialen Erscheinungen.

Sonach ist zwischen geänderter und verbesserter Technik und zwischen der Änderung der sozialen Ordnung kein unmittelbarer Zusammenhang, sondern es besteht ein solcher erst durch das Mittel sozialökonomischer Phänomene, in welchen die praktische Nutzanwendung jener ersten zum Ausdrucke kommt. Nicht die Technologie in ihrem jeweiligen Stande als eine bloß mögliche Beherrschung der Natur ist von bestimmendem Einfluß auf die Umgestaltung bestehender Rechtsordnung, sondern die sozial wirklich angewandte Technik. Nur selten liegt die Sache so einfach, daß gleich bei der ersten Überlegung es klar und zweifellos gegeben ist, daß eine Änderung der sozialen Ordnung unumgänglich zu erfolgen hat. Regelmäßig muß diese Notwendigkeit erst in bestimmter Anschauung deutlich und außer Zweifel gebracht werden. Dazu dient dann allein der Hinweis auf soziale Phänomene, die als Massenerscheinungen geschichtlich auftreten und mit konkreten Gründen in ihrer allgemeinen Notwendigkeit aufgewiesen und in der tunlichst gesicherten Tendenz ihrer Weiterentwicklung dargetan sind.

Grundsätzlich ist also zwischen der Wirkung neuer Erfindungen und verbesserter Technik auf das soziale Leben in den mannigfachen Einzelfällen niemals ein wesentlicher Unterschied. Die neue Technik schiebt sich stets zunächst durch das Mittel sozialökonomischer Erscheinungen in die bestehende Gesellschaftsordnung. Eine Verschiedenheit gibt es nur in dem Grade der Schnelligkeit und der Sicherheit, mit der die Notwendigkeit einer Änderung seitheriger Regelung sich aufdrängt; nicht dagegen in der prinzipiellen Art und Weise, in welcher dies geschieht.

Daher also ist die vornehmste Aufgabe, die der Beobachtung sozialer Phänomene in der von uns ausführlich dargelegten Bedeutung zukommt: die bestimmenden Gründe für eine notwendige Änderung rechtlicher Ordnung anzugeben. Aus sicheren sozialen Erscheinungen, die in ihrem Auftreten und in ihrer Entwicklungstendenz feststehen, wird nun ein begründeter Schluß auf die konkreten Einwirkungen der sozialen Ordnung auf die Rechtsunterworfenen gezogen.

Man braucht aber soziale Erscheinungen, weil das Recht als Regel bloß die Form eines sozialen Zusammenwirkens ist, deren Bedeutung also erst aus der konkreten Art dieser Sozialwirtschaft, wofür es, das Recht, verantwortlich ist, erkannt werden kann. Wirkliche oder sicher in Aussicht stehende soziale Phänomene sind daher notwendige bestimmende Gründe zu rechtlichen Änderungen.

Es wird aber das Recht als letzte Instanz mit Fug verantwortlich gemacht, weil es als regelnde Form des sozialen Lebens die bedingende Grundlage für alle möglichen sozialen Erscheinungen abgibt. Als soziale Phänomene würden sie gar nicht da sein, wenn nicht die Bedingung dieser bestimmten sozialen Ordnung es ermöglichte. Dieser verdanken sie ihre Existenz, denn die Regelung des sozialen Lebens geschieht durch Einwirkung auf den einzelnen Gesellschaftsgenossen. Diese Einwirkung kann in direkten Befehlen und unmittelbarer Bestimmung zu gewissem Tun und Verhalten versucht werden oder ganz indirekt unternommen sein, indem der Gesetzgeber in komplizierter Weise die möglichen Einzeleinwirkungen auf die Unterworfenen berechnet und danach, auf Grund der gegebenen sozialen Lage und unter Berücksichtigung möglicher Beherrschung der äußeren Natur, eine konkrete Art sozialen Zusammenwirkens zu erringen strebt.

Daß diese Art der Regelung unseres sozialen Lebens in der Ausführung und einzelnen Durchführung sich unendlich kompliziert, liegt auf der Hand; und es ist gewiß oftmals nicht sowohl schwierig als vielmehr ganz unmöglich, von der Sonderart einer konkreten Gestaltung bestimmten Gesellschaftslebens im voraus sich einen annähernd deutlichen Begriff zu machen, oder gar bei der gewählten Art der sozialen Regelung die kommenden Einzelheiten ihrer Durchführung zu übersehen. Trotzdem wird der eingetretene Erfolg berechtigter Weise allemal auf Rechnung der regelnden Ordnung gesetzt. Denn immer ist dieses sicher, daß, wenn das Recht nicht die und die Regelung unternommen hätte, die nun fraglichen sozialen Erscheinungen nicht möglich gewesen wären; auch die ganz mittelbare Art der Bestimmung der einzelnen zu einem gewissen erstrebten Zusammenwirken bleibt als Einwirkung und ausschlaggebende kausale Bestimmung bestehen. Mag der begangene Rechenfehler noch so nahe gelegen haben oder für menschliche Einsicht geradezu unvermeidlich gewesen sein, so bleibt doch schließlich die gesamte Verantwortung auf der zu grunde liegenden sozialen Ordnung haften.

Dies drängt sich auch im gewöhnlichen Leben unwillkürlich durch. Man spricht allgemein und mit Recht von den Folgen einer bestimmenden Gesetzgebung und fragt nach den Wirkungen, welche im sozialen Sinne diese oder jene Reform ausgeübt.

Sieht man näher zu, so bedeutet solches jedesmal eine Erörterung darüber, welche gesellschaftlichen Phänomene sich unter der jetzigen Regelung des sozialen Zusammenwirkens gebildet haben, ebenso, wie bei der Kritik eines Gesetzesvorschlages geprüft wird, welche Phänomene sich unter ihm wohl notwendig herausstellen werden: in der berechtigten Unterstellung, daß es die Gesetzgebung ist, welcher diese sozialen Erscheinungen in letzter Linie geschuldet werden, da sie das Triebleben der einzelnen, mit dem sie in vorliegender Art rechnen mußte, gerade in dieser und nicht in anderer Art reguliert hat.

Es hat deshalb Comte nicht recht, wenn er sagt, daß man soziale Schäden nicht durch soziale Ordnung heilen könne; schließlich gibt es sogar nichts anderes, da jene in letzter Linie allemal auf Rechnung bestimmter gesellschaftlicher Normierung des Zusammenlebens zu setzen sind. Der indirekte Weg, den die Rechtsordnung eingeschlagen, exkulpiert sie an sich nicht. Es bleibt der Vorwurf in ähnlicher Weise, wie dem Techniker gegenüber, der als Hauserbauer die mehr oder weniger gut behauenen Steine und sonstiges zur Disposition stehendes Material nach der festen Gesetzmäßigkeit der Natur nicht gut benutzt und richtig zusammengefügt hat.

Bei dem Rechte ist es auch nicht etwa darin anders, daß der Gesetzgeber sich auf andere freie Entschließung der Rechtsgenossen berufen könnte, die dem Rechte nicht zu folgen brauchten. Der rechtliche Befehl tritt den Rechtsunterworfenen als bestimmbaren Wesen gegenüber und will auf sie in dieser ihrer Eigenschaft wirken. Darin liegt formal für ihn Sinn und Bedeutung. Sobald ihm die Absicht eines vorgestellten Erfolges gelingt, so steht jener Rechtsbefehl eben in der Kette der Ursachen. Falls sich dagegen soziale Phänomene gegen die Meinung und Absicht des Rechtes herausbilden, so hat dieses eben in einer anderen, nun festgestellten Richtung gewirkt, als es tun sollte. In beiden Fällen wird das Recht mit Fug verantwortlich gemacht — für Bildung falscher oder Nichtbewirkung der rechten sozialen Erscheinungen.

Dabei ist vorausgesetzt, daß eine Notwendigkeit in der Bildung und Tendenz der fraglichen sozialen Phänomene jeweils aufgewiesen ist; auf der Grundlage und nach den Regeln, die wir im vorigen Abschnitt aufgewiesen haben. Es ergibt sich daraus, daß bei unerwünschten und schlechten sozialen Erscheinungen selbstverständlich das Augenmerk eines jeden praktisch Eingreifenden in erster Reihe darauf gerichtet werden muß, ob man unter derselben sozialen Ordnung und mit ihrer Beibehaltung jener Einzelausführung nicht ledig werden könne. Belehrung und tatkräftige Hülfe der Rechtsgenossen haben hier einzusetzen und den übeln Einzelerscheinungen eines sozialen Lebens gegenüber möglichst abändernd und ausmerzend gegenüberzutreten. Kleidet man diesen Gedanken in den häufig gehörten Wunsch (vgl. S. 232), daß bei sozialen Übelständen „nicht gleich" nach dem Eingreifen der Gesetzgebung gerufen werden möge, so ist gegen solche Formel nichts Allgemeines einzuwenden.[159]

Aber eine prinzipielle Grenze gibt es hier nach keiner Richtung hin. Es ist alles Einzelfrage, die nach der Notwendigkeit und Unabänderlichkeit bestimmter sozialer Phänomene untersucht und entschieden werden muß. Wenn diese letztere im einzelnen Falle überzeugend nachgewiesen wird, so ist dadurch allerdings eine entsprechende Abänderung der sozialen Ordnung notwendig bedingt.

55

Wie hat man sich nun den allgemeinen Vorgang bei rechtlichen Änderungen, die sich, wie man sagt, als notwendig herausgestellt haben, des näheren vorzustellen?

Hier lassen sich zwei Grundmeinungen unterscheiden.

1. Dualistische Lehre für das soziale Leben.

Nach ihr sind zwei Arten von Verursachung sozialer Wandlungen anzunehmen, welche Arten grundsätzlich geschieden wären: stoffliche und seelische Ursachen. Diese Lehre ist wiederum in doppelter Hinsicht einzuteilen:

a) Juristischer Spiritualismus. Nach ihm ergeben sich die Änderungen der Rechtsordnung aus psychischen oder „ideellen" Prozessen heraus, während die Wandlungen der Sozialwirtschaft durch „materielle" Momente, also durch die gemeine Kausalität der Naturerkenntnis, geliefert werden.

b) Sozialer Spiritualismus, — dem zufolge psychische Mächte ganz unabhängig von dem empirischen Stoffe als bewegende Ursachen vorkommen. Solche seelischen Kräfte würden in eigener und selbständiger Weise auftreten, als aus einer zweiten Welt her, und nicht durch Ursachen aus der Welt der äußeren Erscheinungen her bedingt. Und sie sollen in gleicher Art bei Veränderungen im Rechte, wie in der sozialen Wirtschaft eingreifen.

2. Monismus des sozialen Lebens.

Diese Theorie sucht die Ursachen und die Wirkungen auf sozialem Gebiete in der Einheit des Ganzen des gesellschaftlichen Lebens der Menschen zu erfassen. Sie nimmt nur eine einzige Erfahrung des sozialen Menschendaseins an und verwirft das Einsetzen von Ursachen, die nicht selbst innerhalb des Ganzen dieser sozialen Erfahrung zu begreifen sind.

Ich gehe im folgenden diesen verschiedenen Lehren nach.

Dabei läßt sich zunächst allgemein aus dem Begriffe des sozialen Lebens dartun, daß jeder Versuch, die Änderungen und Neubildungen rechtlicher Ordnungen überhaupt in eine besondere zweite Kausalreihe zu verlegen oder daraus beeinflussen zu lassen, in sich unzulässig und unrichtig ist.

Das Recht stellt keinen abgeschlossenen Gegenstand derartig dar, daß es eine besondere Existenz nach Art einer Erscheinung im Raume führte. Eine Rechtsordnung ist in Wirklichkeit nichts für sich selbständig und isoliert Bestehendes: Sie ist eine Form, in welcher das Zusammenwirken von Menschen erwogen und bestimmt wird. Recht und Wirtschaft sind nicht zwei getrennte Objekte, die einander gegenüberständen und sich wechselseitig beeinflußten und dabei — gewöhnlich — in einer merkwürdigen Harmonie mit einander lebten. Sondern beide sind Elemente eines und desselben Gegenstandes unserer Erkenntnis, des sozialen Lebens, als geregelten Zusammenwirkens zu menschlicher Bedürfnisbefriedigung; und keines von ihnen — weder die rechtliche Regelung, noch die konkrete Art des geregelten Zusammenwirkens, als soziale Wirtschaft — kommt in Wirklichkeit abgetrennt von dem andern vor. In wie weit man in der theoretischen Abstraktion das eine oder das andere von ihnen einmal gesondert untersuchen kann, wurde früher erörtert, ist aber an dieser Stelle ohne eingreifende Bedeutung.

Es liegt also in jeder rechtlichen Regel ganz von selbst und unvermeidlicher Weise eine Beziehung auf eine durch diese Regelung bestimmte soziale Wirtschaft. Eine Regel ohne geregelten Stoff ist ein Unding. Die Form eines sozialen Lebens mag für sich gesondert durch die Jurisprudenz in Betrachtung gezogen werden; aber ihr Bestehen in der sozialen Wirklichkeit ist unzertrennlich von der Sozialwirtschaft, die durch sie nun gerade in der Erfahrung konstituiert wird.

Darum ist es unmöglich, für die Rechtsbildung eine eigene Art bestimmender Gründe anzunehmen, unterschieden und gegensätzlich zu solchen, die für die Art einer sozialen Wirtschaft maßgeblich wären. Es gibt keine besondere Kausalreihe für die Erzeugung von Recht, in der „eigenartige geistige Kräfte" spielten, während die Wirtschaft, davon geschieden, sich damit begnügen müßte, von der gewöhnlichen Naturkausalität getrieben zu werden. Sondern alle Umänderung rechtlicher Regelung bedeutet notwendig schon in sich eine Neugestaltung der betreffenden Sozialwirtschaft. Jeder Rechtssatz enthält den Gedanken eines bestimmt geregelten Zusammenwirkens bereits in sich, und ein soziales Zusammenwirken besteht nur durch äußere Regelung: so ist es ganz unmöglich, eine rechtliche Ordnung irgendwie anzugreifen und zu verändern, ohne damit ganz von selbst die nur durch jene bestehende soziale Wirtschaft zu alterieren. Ein Dualismus in den bestimmenden Gründen von Recht und Wirtschaft, also daß die letztere durch physische Bedürfnisse und gegebene Bedingungen der äußeren Natur bestimmt würde, jenes dagegen aus einer darüber schwebenden Kette psychischer Faktoren in seiner Genesis zu erklären wäre, ist demnach in sich verkehrt und verwerflich.

Dieses trifft alle Theoreme, die einen besonderen Rechtssinn als mystische Ursache besonderer Rechtsbildung behaupten oder sonstige eigene psychische Gründe für eine Erzeugung von Rechtssätzen aufgestellt haben.

56

Allein es geht auch nicht an, für das soziale Leben, einen in Wirklichkeit immer einheitlichen Gegenstand, dessen Form die (rechtlichen) Regeln, dessen Materie ein menschliches Zusammenwirken ist, in dualistischer Weise die bestimmenden Gründe geschichtlicher Veränderungen anderswoher zu entnehmen, als aus Bewegungen der sozialen Materie her. Statt dessen hat man wohl in dreifach verschiedener Weise nach unabhängigen und unbedingten Ursachen sozialer Wandlungen gesucht.

Die eine Annahme geht dahin, daß die sozialen Bestrebungen, die Wünsche und Ziele und sogenannten „Ideen" im weitesten Sinne des Wortes, aus einer zweiten und selbständigen „Welt des Geistes" herstammten, in der „Kräfte eigener Art spielten". Aus dieser besonderen Kausalreihe her entständen wirkende Gründe für Veränderungen der sozialen Erfahrung. Die bestimmenden Gründe sozialer Wandlungen wären also geistige Bewegungen, die nicht selbst wieder aus der Wirklichkeit des seitherigen gesellschaftlichen Lebens geboren wären, sondern eine davon unabhängige Herkunft besäßen. Trotzdem greifen sie nun in das soziale Dasein ein, für welches sie wohl verursachend, wenngleich nicht selbst dadurch bewirkt, da wären.

Dieses ist jedoch eine sachlich unhaltbare Auffassung. Es gibt keine zweite und selbständige Kausalreihe, welche neben der gewöhnlichen und für die Naturbetrachtung maßgeblichen bestehen könnte. Es ist eine und dieselbe Zeit, in der uns alle Bewegungen und Veränderungen gegeben werden; es ist ein und derselbe Begriff der Kausalität, durch welchen die notwendige Abhängigkeit einer Erscheinung von einer vorausgehenden objektiv bestimmt ist. Niemand besitzt zwei nebeneinander herlaufende Zeitreihen, in denen seine Vorstellungen in getrenntem Auftreten sich einfügen; keiner hat eine doppelte Art von Kausalität, von denen die eine bei Ursachen und Wirkungen in der gewöhnlichen Welt zur Anwendung käme, während die andere in „der Welt des Geistes" einen formalen Ursachenbegriff „eigener Art" abgäbe.

Zum zweiten ist hier die unbedingt freie Bestimmung im Entschließen und Handeln des Menschen aufgetreten. Es ist die Lehre des Indeterminismus, angewandt auf das Setzen des Rechtes. Hier ist nicht eine zweite Kausalreihe postuliert, eine eigene abgeschlossene Welt des Geistes, mit besonders gearteten Ursachen und Wirkungen, die dann auch wieder als notwendig bestimmende Faktoren gedacht werden müßten: sondern es ist hier überhaupt nicht mehr von dem Kausalitätsgesetze die Rede. Der staatliche Gesetzgeber könnte danach frei und aus unbedingter Kraft in das geschichtliche Getriebe des sozialen Lebens eingreifen, und sein *liberum arbitrium* würde die anordnenden Handlungen beliebig bestimmen.

Aber da es sich doch um einzelne Handlungen dreht, die in ihrer Äußerung als wirken wollende Regeln auftreten, so ist es unmöglich, diese Erscheinungen von dem für alle Erscheinungen allgemein geltenden Kausalitätsgesetze auszunehmen. Wer dieses doch tut, beraubt sich grundsätzlich der Möglichkeit, die Veränderungen in der Welt der Erscheinungen in einheitlicher Methode, das ist gesetzmäßig, zu bestimmen. Darum ist hier überall das Wort Kants entsprechend anzuwenden: „Was man sich auch in metaphysischer Absicht für einen Begriff von der Freiheit des Willens machen mag, so sind doch die Erscheinungen desselben, die menschlichen Handlungen, ebensowohl, als jede andere Naturbegebenheit, nach allgemeinen Naturgesetzen bestimmt";[160] — und es werden alle Gegner dessen von dem Vorhalte Savignys getroffen, der ablehnend sagte: „Die einen lehren, daß jedes Zeitalter sein Dasein, seine Welt frei und willkürlich selbst hervorbringe".[161]

Während nun aber nach dem Verwerfen einer willkürlichen Freiheit, als angeblich unbedingter Ursache in der Welt der Erscheinungen, die kritische Philosophie und die darauf gestützte moderne Naturwissenschaft für alle Veränderungen im Reiche der Wahrnehmungen den Grundsatz der Kausalität ohne Ausnahme bewahrte, so nahm die Romantik und die ihr folgende historische Rechtsschule als Ursache sozialer Änderungen den „Volksgeist" an, ein eigenartiges und für sich unbedingt bestehendes psychisches Phänomen. Danach ist das Volk „eine natürliche Einheit, welche durch die einander ablösenden Geschlechter hindurchgeht". Es sei beseelt durch den „in allen einzelnen Gliedern gemeinschaftlich wirkenden Volksgeist". Dieser „erzeugt das positive Recht, das also für das Bewußtsein jedes einzelnen nicht zufällig, sondern notwendig ein und dasselbe Recht ist"; . . . „so ist eine unsichtbare Entstehung des positiven Rechtes anzunehmen. . ."[162]

Allein mit diesem Hinweise auf den „Volksgeist" ist das Prinzip einer ursachlichen Erklärung rechtlicher Veränderungen nicht befriedigend getroffen. Er würde ja die seelische Beschaffenheit eines Naturdinges bedeuten, nämlich eines bestimmten Völkerindividuums, und müßte somit selbst ein begrenztes und endliches Ding sein, das den Gesetzen, die für alle bedingte Erfahrung gelten, doch auch wieder unterstehen müßte.

Dieses um so mehr, als der „Volksgeist" hier ja als wirkende Ursache für Veränderungen des Gesellschaftslebens aufgestellt wird. Der Begriff von Ursache und Wirkung hat aber keinen verständlichen Sinn und keine begründete Anwendung, denn als Vorstellung einer notwendigen Verknüpfung von einer Erscheinung mit einer anderen. Sobald man dagegen in Gedanken außerhalb des einheitlichen Zusammenhanges von sinnlichen Wahrnehmungen tritt, so entfällt jedes Recht, die Kategorie der Kausalität anzuwenden. Wer das letztere will und mit uns das Problem nach der Verursachung des Setzens von bestimmtem Rechtsinhalte aufwirft, kann es nur mit Erscheinungen der Sinnenwelt zu tun haben; zu denen der „Volksgeist" nach der ihn aufstellenden Lehre gerade nicht gehören soll.

Nach alledem erweist sich jeder Versuch eines Dualismus für die genetische Betrachtung sozialer Veränderungen unhaltbar. Es verbleibt als erkenntniskritisch allein begründetes Prinzip die monistische Erwägung des sozialen Lebens. Die Aufgabe ist nun diese: die allgemeingültige methodische Richtung auszuführen, in der die geschichtlichen Wandlungen des Inhaltes von Rechtsordnungen wissenschaftlich betrachtet sein wollen. Die Darlegung dieser Methode kann für sich und restlos geschehen, ohne Rücksicht darauf, ob es überall gelingen mag, sie mit Erfolg im einzelnen Falle durchzusetzen.

Ehe wir jene Darlegung unternehmen, fügen wir eine Erörterung darüber ein, in welchem Sinne sich verständlicherweise von nationalen Charakterzügen und geistiger Eigenart eines Volkes reden läßt.

57

Für eine wissenschaftliche Untersuchung des sozialen Lebens ist es, nach dem seither Ausgeführten, nicht angängig, eine nationale geistige Urkraft zu behaupten, die unwandelbar und in unzerstörbarer Beharrung als selbst unbedingte Ursache die geschichtlichen Ereignisse begleitete. Die Frage nach Ursachen und Wirkungen in den Veränderungen des Gesellschaftslebens will anders erfaßt sein.

Es ist aber jene Annahme auch für die bloße Beschreibung von „nationalen Eigentümlichkeiten" ohne Grund. Denn man kann den nationalen Charakter sehr wohl aufstellen und festhalten, ohne ihn als unveränderliches und unerforschliches Urding außerhalb des Wandels der geschichtlichen Daten zu stellen und außerhalb der Objekte unserer Erkenntnis zu belassen. Es verbleibt die Möglichkeit, eine Reihe übereinstimmend beobachteter Eigentümlichkeiten und Charakterzüge bei Gliedern eines und desselben Volkes als nationale Besonderheit desselben aufzufassen. Will man in solchem Sinne von römischem und germanischem Volksgeiste sprechen, so ist für die Zeit, da diese beiden Staaten und Völkerschaften in Berührung und Reibung miteinander kamen, nichts Erhebliches dagegen einzuwenden, obgleich die Fortsetzung und Festhaltung dieses wie manches anderen derartigen Gegensatzes seine geschichtlichen Bedenken hat, und vor allem für die moderne Zeit die Frage ja nie abzuweisen ist: ob der Deutsche heutigestags mehr innere Verwandtschaft mit dem Germanen der Völkerwanderung und des Mittelalters aufweist, als mit Völkern einer ihm gleichartig entwickelten Kulturstufe der Jetztzeit.

In jedem Falle stehen wir hier auf der Basis einer empirischen Beobachtung, deren berechtigte Aufstellung niemals weiter geht, als die einzelnen Daten sicherer Wahrnehmung reichen. Es ist keine feste, empirisch unerreichbare und unbeeinflußbare Urursache vorgeführt, sondern es sind Momente der geschichtlichen Entwicklung einer sozialen Gemeinschaft, aus ihr abhängig hervorgehend, auf deren Weiterbildung dann aber von Einfluß.

Nationale Eigentümlichkeiten bilden sich aus geschichtlichem sozialen Leben heraus und sind durch historisch gegebene und sich entwickelnde gesellschaftliche Verhältnisse beeinflußt. Denn es handelt sich dabei nicht um lediglich physiologische Betrachtung und Erwägung körperlicher Rassenunterschiede; sondern man meint beim erörterten Thema gewisse gemeinsame Vorstellungen, Meinungen, Urteile, Willensentschlüsse. Derartiges aber bringt niemand bei seiner Geburt mit auf die Welt, er muß es erst erwerben; nur von einer gewissen Anlage und Befähigung zur Erlangung jener könnte die Rede sein. Aber wie stark man sich immer eine Naturanlage zu bestimmten nationalen Eigentümlichkeiten subjektiv vorstellen mag: daß sie unüberwindlich und nicht vielmehr durch eine besondere soziale Lage in ihrer Wirkung beeinflußt sei, dieser Behauptung kann sich mit Fug niemand unterziehen. Bewußte und unbeabsichtigte Erziehung, eindringlicher Einfluß der gesamten sozialen Umgebung wirkt hier vor allem in bestimmender Weise. In der gleichförmigen Art sozialen Zusammenlebens gestaltet sich in meist lange hingezogenen Zeiträumen jene übereinstimmende Denkweise und gleichmäßige Eigentümlichkeit im Meinen und Wollen, im Urteilen und Sichentschließen, die eine spätere Zeit dann als Nationalcharakter bezeichnet. Und wie die nationalen Eigentümlichkeiten auf der Grundlage eines sozialen Lebens erwachsen sind und durch die bestimmte Art geordneten Zusammenwirkens ihre Ausbildung erfahren haben, so machen sie auch allgemach die Wandlungen ihrer sozialen Gemeinschaft in notgedrungener Abhängigkeit mit. Die Erfahrung lehrt, daß der einzelne Auswanderer im Getriebe eines fremden Gemeinwesens nur schwer seine nationale Eigentümlichkeit erhält, und daß sie in den ihm folgenden Generationen mit einer gewissen Sicherheit völlig verschwindet; und die Geschichte kennt ein Aufgehen ganzer Völker in den besonderen Eigentümlichkeiten anderer übermächtiger. In entsprechender Weise kann es auch nicht fehlen, daß die soziale Umgestaltung desselben Volksstammes auf dessen überlieferte Eigenart von umformender Bedeutung sein muß; wie zäh und langwierig der geschichtliche Prozeß sich immer abspielen mag: schließlich ist nach langen Zeiten dieses jetzige soziale Gemeinwesen ein ganz anderes, nach Form und Inhalt, als das ehemalige Volk, — wie sollte da die Gleichförmigkeit und Regelmäßigkeit in übereinstimmenden Ansichten und Bestrebungen, die bei den Gliedern des alten gesellschaftlichen Verbandes aus diesem heraus erwachsen waren, sich gänzlich unverändert erhalten, während die Bedingungen jener Gemeinsamkeit sozialer Anschauungen ganz und gar geschwunden und durch andere ersetzt sind?

Nationalcharakter und nationale Eigentümlichkeiten eines bestimmten menschlichen Verbandes sind hiernach sozial bedingte und geschichtlich wechselnde Daten. Daß dieselben andererseits auf die Entwicklung und die Umänderungen des sozialen Lebens von erheblicher Bedeutung sind, ist unbezweifelbar. Aber es ist ungenau und unzutreffend, die bestimmenden Gründe der Rechtsänderungen lediglich in ihnen zu sehen und die Frage nach diesen Gründen mit dem Zurückgehen auf die nationalen Besonderheiten eines Volkes einfach erledigen zu wollen.

Ich schalte zuvor die Bemerkung ein, daß wir einstweilen ganz außer Betracht lassen wollen, ob man bei der Reformfrage eines rechtlichen Zustandes, beispielsweise auch bei einer durchzuführenden

Kodifikation, überhaupt mit Fug einen sogenannten nationalen Standpunkt der Beurteilung bei dem Entwurfe und der Kritik vorgeschlagener Gesetzgebung einnehmen darf; ob nicht vielmehr es ganz gleichgültig ist, woher man eine Neuregelung des dermaligen sozialen Lebens entnehme, sofern sie nur nach einer allgemeingültigen Gesetzmäßigkeit des gesellschaftlichen Daseins der Menschen in dieser besonderen Lage die rechte sei. Die Erörterung dieses Punktes wird uns in anderem Zusammenhange beschäftigen; für jetzt kommt nur die geschichtliche Erfahrung über die bestimmenden Gründe der Rechtsänderungen in Erwägung.

Da ist es nun zuvörderst doch eine allzu einfache Beobachtung, daß bei den Wandlungen in den Formen sozialer Gemeinschaften neben den besonderen Eigentümlichkeiten dieser, als trennenden Qualitäten anderen gegenüber, in gleicher Weise auch solche Faktoren allezeit aufgetreten sind, die den Völkern und Menschen, oder vielen unter ihnen gemeinsam sind oder jedenfalls von nationalen Charaktereigenschaften gänzlich unabhängig erscheinen. Aus der Rechtsgeschichte kann als besonders bedeutsames Beispiel auf das *ius gentium* verwiesen werden, das die Römer zunächst für den Mischverkehr der mannigfachen Nationalitäten ihres Weltreiches aufstellten, aus dem sie dann aber in steigendem Maße Gedanken und Einrichtungen in das altrömische Stadtrecht herübernahmen. Es entfernte sich das römische Recht von den begrenzten Bedingungen der kleinen latinischen Bauernstadt, in denen es aufgewachsen war, mit denen es nun sich auch änderte, und bildete sich um zu der abstrakt gehaltenen Regelung einer Produktionsweise, die vielleicht der Manufaktur des 18. Jahrhunders am nächsten vergleichbar ist, und eines weiten und freien Verkehrs im Sinne überwiegender Geldwirtschaft. Mit dieser Eigenart ist es dann im wesentlichen erhalten geblieben, trotz der starken sozialen Wandlungen des römischen Reiches seit dem 3. Jahrhundert unserer Zeitrechnung. Und jene Eigenschaften wiederum waren es, die das römiche Privatrecht befähigten, am Ende des Mittelalters und der damals vorwiegenden Naturalwirtschaft die Stelle des einheimischen Rechtes in größtem Maße einzunehmen und als Regelung einer aufkommenden Geldwirtschaft rezipiert zu werden. Wie es kam, daß man in jenen Zeiten von den genannten befähigenden Eigenschaften des römischen Rechtes wirklichen Gebrauch gemacht, und in was für Prozessen sich diese langsame geschichtliche Wandlung vollzog, gehört nicht des näheren hierher: Aber es war eine fremde soziale Wirtschaft, die mit dem ausländischen Handel einzog, und ein fremdes Recht gegenüber der seitherigen, wesentlich nationalen Ordnung des Gemeinwesens, und die Erläuterung SAVIGNYS, daß auch die Rezeption des römischen Rechtes in Deutschland und die versuchte Ausmerzung des überkommenen altdeutschen Rechtes dem nationalen Rechtsbewußtsein entsprungen wäre, weil dieses letztere in die die Rezeption durchsetzenden *doctores iuris* sich zurückgezogen hätte, hat niemals vollauf befriedigen können.[163]

Gerade umgekehrt ist es eine richtige Beobachtung neuerer Schriftsteller, daß, je mehr das soziale Leben der modernen Kulturvölker in übereinstimmender Weise sich gestaltet, desto mehr an die Stelle der nationalen Gegensätze diejenigen der durch die Nationen gleichmäßig hindurchlaufenden sozialen Klassen treten. Es kann allerdings wahrgenommen werden, wie es schon heute fast leichter ist, gleichmäßige Charakterzüge, Ansichten und Bestrebungen nach einer Abteilung in internationale Klassen festzustellen, als nach den älteren nationalen Abgrenzungen. Ein bedenkliches soziales Phänomen unserer Tage besteht in dieser Zerreißung unserer Nation, die auf dem Wege zu einer geistigen Einheit wenig Fortschritte macht: Es ist keine Unwahrheit, daß heutzutage Angehörige derselben Klasse aus verschiedenen Nationen sich vielfach leichter verstehen, als Glieder des einen Volkes, die getrennten Klassen desselben zugehören; mehr Gemeinsames im Wissen und Urteilen, im Wünschen und Wollen bringen jene sich entgegen, als die Kinder unseres Vaterlandes es zu tun vermögen, die der Ständegegensatz gespalten aus einander reißt.

Alle Bewegungen im sozialen Leben haben sich bislang dahin vollzogen, daß zweierlei Art von Bestrebungen bei ihnen wirksam hervorgetreten sind: solche nationalen Charakters auf der einen Seite und national irrelevante oder gar international gemeinsame zum anderen Teile. Der Anteil, den die beiden im einzelnen besessen, ist jeweilig sehr verschieden gewesen; aber vollständig hat die Ergänzung der gerade vorherrschenden Art durch die andere Möglichkeit niemals gefehlt. Weder ist in den primitiven Zeiten der Völker das nationale Element ganz und gar ausschließlich zu konstatieren, noch auch fehlt zum Beispiele der modernen Klassenbewegung ein nationaler Charakterzug überall. Noch ist der Abscheidungsprozeß nach Klassen und Einzelgruppen innerhalb derselben Nation und das Sichsuchen und Zusammenschließen jener über die nationalen Grenzen hinaus in voller Ausschließlichkeit keineswegs durchgeführt. Wie weit die Geschichte uns treiben wird, steht dahin;

für den historischen Rückblick können wir nur die Zwiespältigkeit bewegender Bestrebungen feststellen und müssen es zurückweisen, daß die bestimmenden Gründe der Rechtsänderungen den Charakterzug des Nationalen, dieses Wort auch in einem verständlichen Sinne genommen, allüberall tragen.

Soweit jedoch die Behauptung nationaler Eigentümlichkeit bei Einzelgründen rechtlicher Umformung historisch berechtigt ist, so fehlt mit dieser Angabe noch gänzlich eine genügende Einsicht in die Bedeutung solcher bestimmenden Gründe und in den allgemeinen Entwicklungsprozeß der Rechtsänderungen überhaupt. Denn es käme, in verständlicher Weise ausgedacht, darauf hinaus, daß die geschichtlich erstandenen Eigentümlichkeiten eines Menschenkreises, die man als nationale Besonderheiten bezeichnen darf, nun in dunkler Art auf Änderungen oder Umformungen des sozialen Lebens nach Form und Stoff hindrängten, um nach deren Durchsetzung in Anpassung an die geänderten sozialen Zustände sich allmählich selbst umzugestalten; und nach dieser Metamorphose aufs neue irgendwie einen Druck auf die seitherige rechtliche Ordnung ausübten. — Diese Angabe würde in einer nicht unrichtigen Tendenz sich bewegen, aber zunächst noch ganz unklar und fragwürdig sein.

Selbst vom Standpunkte eines Verehrers der Nationalitätsbetrachtung bedarf die Analyse des Prozesses der Rechtsänderungen um so mehr einer eindringlichen Bearbeitung, als es doch zweifellos ist, daß nationale Eigentümlichkeiten nicht nur bei der Umänderung des Rechtes eine Rolle spielen, sondern schon vorher bei der Art der konkreten Durchführung einer sozialen Ordnung bestimmend in Frage kommen können. Gerade diese Beobachtung, der wir im nun kommenden Zusammenhange noch näher nachgehen wollen, wird dazu anleiten können, daß eine beschränkte Zurückziehung auf den Hinweis nationaler Eigentümlichkeiten und Charaktereigenschaften als bestimmende Gründe von Rechtsänderungen nach jeder Richtung hin ungeeignet und ungenügend ist: Sie gibt über jene Gründe und über deren wirkendes Eingreifen keine Auskunft, und sie verweist für sie auf Faktoren, die auch außerhalb der jetzt gestellten Frage eine — nun gleichfalls noch näher klarzulegende — Bedeutung besitzen.

Zweite Abteilung.

Die bestimmenden Gründe rechtlicher Veränderungen.

58

Die Erörterungen über Nationalcharakter und Volksgeist, die hier angestellt wurden, tragen den Zweck, um dessentwillen wir sie vornahmen, nicht abgeschlossen in sich; sie führen zur Erledigung des höheren und allgemeineren Gesichtspunktes: ob für die bestimmenden Gründe der Rechtsänderungen die monistische Theorie oder die des Dualismus Berechtigung besitze.

Die Terminologie wird altgewohntem Sprachgebrauche entlehnt. Ich verstehe aber unter Monismus des sozialen Lebens nicht nur die Einheitlichkeit des Gegenstandes der sozialen Wissenschaft, — also daß Rechtsordnung und Sozialwirtschaft nur als Form und Materie eines und desselben Objektes zu erachten sind, und nicht als zwei selbständig existierende Dinge, die in irgend welcher Wechselwirkung sich befänden; — sondern fasse darunter auch die Einheit des sozialen Lebens in dem Sinne, daß alle Bewegungen der menschlichen Gesellschaft, demnach auch die bestimmenden Gründe der Rechtsänderungen in ihrem Auftreten und Wirken, in einer und derselben Gesetzmäßigkeit begriffen werden.

Das hat für die besonderen Veränderungen des Gesellschaftslebens die Bedeutung, daß sie alle in ihrer Verursachung aus Bewegungen der Materie des sozialen Lebens zu erklären sind.

Materie des sozialen Lebens ist das auf Bedürfnisbefriedigung gerichtete Zusammenwirken von Menschen, das als soziales nur unter bestimmter menschlich gesetzter Regelung besteht. Für die materiale Seite der Sozialwissenschaft kommt mithin die Besonderheit eines bestimmt geregelten Zusammenwirkens jeweilig in Betracht. Die besondere Art eines gegebenen sozialen Wirtschaftens wird aber bestimmt durch die konkrete Ausführung, in der die Regelung des Zusammenlebens sich vollzieht und das geregelte Zusammenwirken in tatsächliche Wirklichkeit tritt. Die konkrete Realisierung eines sozialen Lebens geschieht in sozialen Phänomenen, deren zusammenschließende Erforschung uns ein Bild der betreffenden sozialen Wirtschaft liefern kann. Also sind es die sozialen Phänomene, aus denen alle Umwandlungen des sozialen Lebens sich erklären, und denen die bestimmenden Gründe der Rechtsänderungen zu entnehmen sind.

Der Vorgang selbst für die Wandlungen und Änderungen des Rechtes ist demnach dieser. Bei der konkreten Verwirklichung eines sozialen Lebens bilden sich soziale Phänomene als Massenerscheinungen rechtlicher Beziehungen nach eigenartiger Zusammenschließung und Klassifizierung. Indem diese anschwellen und in sicherer Tendenz sich weiter entwickeln, drängen sie auf Umänderungen der bestehenden Form des sozialen Lebens, als der konstituierenden Bedingung aller jener Erscheinungen desselben. Die Notwendigkeit einer rechtlichen Änderung gibt sich, genetisch betrachtet, in bestimmten Vorstellungen, Meinungen, Wünschen, Bestrebungen kund die letztlich aus den sozialen Phänomenen erwachsen sind, in deren Erwägung sie eine Erklärung ihrer Entstehungsgründe allein finden können.

Es sind also Ansichten, Urteile, Entschlüsse bei der Bildung sozialer Phänomene zu unterscheiden, indem man die Art und die Bedeutung jener aus den Massenerscheinungen der letzteren beobachtend folgert: und diesen die Bestrebungen gegenüber zu stellen, welche auf Abänderung der sozialen Ordnung gehen. Beide sind aus seitherigem sozialen Leben erwachsen, indem die ersteren als konkrete Verwirklichung eines geregelten Zusammenwirkens sich darstellen und darum mit Fug der sozialen Regelung in letzter Verantwortung zukommen; während aus ihnen nun das Drängen und Wünschen und Streben nach Änderung der Form dieses sozialen Lebens entspringt, unter welcher, falls jene Bestrebungen von Erfolg gekrönt sind, dann aufs neue soziale Einzelphänomene mit der gleichen Bedeutung, wie die der vorhin angenommenen, erstehen.

So bietet die Geschichte des sozialen Lebens der Menschen einen ständigen Kreislauf, in welchem gesellschaftliche Phänomene eine Neugestaltung der sozialen Ordnung hervorrufen und diese nun wiederum andere soziale Phänomene ermöglicht. Eine selbständige, formal gleichförmige Erneuerung, deren methodische Erwägung dem Rechtshistoriker seine Aufgabe scharf vorzeichnet: das Problem, den Kreislauf des sozialen Lebens jeweils im besonderen konkret darzulegen. Die wissenschaftliche Durchführung der Rechtsgeschichte besteht in dem Begreifen der Wandlungen des Rechtes aus vorausgegangenen sozialen Phänomenen her; eine Aufgabe, in deren Verfolg nach rückwärts die soziale Betrachtung grundsätzlich nie an das Ende gelangt, — da die Frage, ob nun soziale Phänomene oder soziale Ordnung als das zeitlich Frühere anzunehmen sei, nicht besser wäre, als die alte Spitzfindigkeit nach der zeitlichen Priorität vom Huhn oder vom Ei.

Die Bearbeiter der Rechtsgeschichte haben es sich dem gegenüber mit der Besinnung auf ihre Aufgabe vielfach sehr leicht gemacht.[164] Sie sprechen davon, daß das Werden des Rechtes anschaulich und verständlich gemacht werden soll, wollen aber dann (wie eine viel gebrauchte Wendung lautet) die Rechtsentwicklung gleichzeitig aus der geistigen und aus der materiellen Bewegung herleiten. — Das ist mißverständlich oder fehlerhaft.

Mit der Hervorhebung des materiellen Momentes könnte in diesem Zusammenhange doch nur die Art der äußeren Existenz, von Essen und Trinken an bis zu luxuriösem Leben, gemeint sein. Das wäre Technik und siegreicher Kampf mit der Natur, sei es in instinktivmäßigem Triebleben oder mit Erkenntnis und wissenschaftlicher Beherrschung der Außenwelt, — Wirtschaft im technischen Sinne des Wortes. Die Rechtsänderungen aber gehen nicht aus dieser technischen Wirtschaft hervor, sondern aus Bewegungen der Sozialwirtschaft. Nicht die Technologie als Möglichkeit zu bestimmter Bedürfnisbefriedigung drängt unvermittelt zu rechtlichen Änderungen; sondern die Einfügung jener in die seitherige Ordnung und die dadurch bewirkte eigentümliche Art eines geregelten Zusammenwirkens vollführt dieses. Denn stets kann soziales Leben nur als bestimmt geregeltes Menschendasein gefaßt werden; soll in der Regelung eine Änderung eintreten, so müssen bestimmte soziale Erscheinungen vorhanden sein, die eine Umänderung der sie konstituierenden Normierung fordern. Die Technologie als solche reicht an die soziale Regelung direkt mit keinem Einflusse heran.

Wenn man sonach die sozialen Einzelerscheinungen studieren muß, um die bestimmenden Gründe für Rechtsänderungen zu verstehen, so ist es unzutreffend, wenn man jene mit einem halb wegwerfenden Ausdruck als „materielle“ Bewegungen abtun möchte. Das soziale Zusammenwirken geschieht im Dienste der Befriedigung menschlicher Bedürfnisse. Daß diese mit niederem Leben anfangen, ist richtig und freilich unabweislich. Aber eine allgemeingültige Grenze nach höheren und niederen Bedürfnissen hin kennt die soziale Wirtschaft nicht. (Vgl. § 26.)

Man kann also nur in dem Sinne einen Unterschied machen, daß man die sozialen Phänomene, das sind die Einzelerscheinungen, die sich bei der konkreten Ausführung eines geregelten Zusammenwirkens zur Befriedigung höherer und niederer Bedürfnisse der Menschen ergeben, in eine Gegenüberstellung bringt zu den aus ihnen hervorgehenden Kämpfen um Abänderung der sozialen Ordnung; so daß die Unterlage aus der Verwirklichung des seitherigen sozialen Lebens unterschieden wird von den daraus entspringenden Ansichten und Lehren, Wünschen und Hoffnungen, Entschlüssen und Bestrebungen, die auf reformierende Umgestaltung oder Einzelbesserung des bestehenden Rechtes gerichtet sind.

Diese empirisch auftretenden Bestrebungen aber als geistige Bewegungen hinzustellen, die selbständig neben den materiellen zu erfassen seien, ist wiederum mißbräuchlich, weil dadurch der Irrtum Nahrung erhält, als ob hier eine zweite Kausalreihe für die Rechtsänderungen einsetze. Dies aber ist, wie oben (§ 56) ausgeführt, mit nichten der Fall.

Wer deshalb eine Geschichte der geistigen Bewegungen nach der Seite ihrer Ursachen und ihrer Wirkungen hin durchgehen will, der kann von den unterliegenden sozialen Verhältnissen nicht abstrahieren und die sozialen Phänomene jener Zeitalter nicht ignorieren, von denen die genannten Bestrebungen ihrer Veranlassung und Entstehung nach abhängig bedingt sind.

Niemand bezweifelt, daß Kunst und Wissenschaft zu ihrem Blühen und Gedeihen gewisse soziale Zustände und eine bestimmte Entwicklung des gesellschaftlichen Daseins der Menschen erfordern. Soweit man auf die Frage nach der konkreten abhängigen Bedingtheit geistiger Erzeugnisse in ihrer Sonderart es abstellt, so treten als bedingende Gründe stets soziale Erscheinungen auf den Plan. Man kann auf diese Frage verzichten; und lediglich auf den Inhalt der Geistesströmungen und dessen Entwicklung das Augenmerk richten, so wie es der Kunsthistoriker oder die theologische Dogmengeschichte tun mag. Aber es wäre eine schiefe Vorstellung, eine geistige Entwicklung nach der Seite der empirischen Bedingtheit ihres Auftretens sich als möglich vorzustellen, wobei man von den sozialen Verhältnissen Abstand nehmen wollte, aus denen die Träger jener Entwicklung hervorgegangen sind. So oft man dieses versuchen wird, so kann man stets gewahren, daß dann eine Verwechslung der beiden Fragen vorliegt: derjenigen nach der Verursachung und abhängigen Bedingtheit der Entstehung eines Geistesproduktes und der davon verschiedenen Frage nach dem Inhalte und der an diesen heranzubringenden Wertschätzung mit dem Maßstabe des Wahren, Guten, Schönen.

59

Wenn nun schon bei dem Thema der bestimmenden Gründe in der Entwicklung des künstlerischen Schaffens, wie der theoretischen Wissenschaft der einzelne niemals isoliert genommen werden kann und das Suchen nach seiner ursachlichen Bedingtheit stets auf die sozialen Verhältnisse zurückführt, aus denen er hervorgegangen ist: so sollte dieses bei der Betrachtung der auf Abänderung einer sozialen Ordnung gerichteten Bestrebungen noch klarer zutage liegen. Wenn nicht Bewegungen der Materie des sozialen Lebens erständen und gewisse sozialwirtschaftliche Phänomene vorhanden wären, so würde kein Anlaß zu einer Änderung der bestehenden formalen Regelung einer Gemeinschaft ersichtlich sein. Es ist zuzugeben, daß der Zusammenhang, in welchem eine geistige Entwicklung von unterliegenden sozialen Phänomenen in Abhängigkeit steht, oftmals nicht ganz leicht aufzudecken ist und mindestens in den einzelnen Kausalübergängen vielfach verschleiert bleibt; und daß auch in entsprechender Weise der Einfluß bestimmter Ausführung einer sozialen Wirtschaft auf zweifellos dann auftretende Bestrebungen zu Rechtsänderungen in manchen Perioden der Geschichte erst mit näherem Zusehen untersucht werden muß. Vor allem wird sich selbstverständlich unsere frühere Betrachtung hier wiederholen, daß eine strikte Naturnotwendigkeit im Sinne exakt erkannter Kausalität für diese Art bedingter Abhängigkeit wohl niemals festgestellt werden kann.

Aber an der Tatsache, daß die genannten Bestrebungen und Wünsche nicht — so zu sagen — aus der Luft auf die einzelnen herabfallen, sondern aus gegebenen sozialen Phänomenen heraus erwachsen, ändert jene Nachgabe nichts. Sobald man geistige Strömungen nationalen oder anationalen Charakters festzustellen in der Lage ist, und es sich nun um ihre Herkunft und geschichtliche Abhängigkeit handelt, so befindet man sich durchaus nicht in einer eigenen Sphäre unerforschter Dimension, in der doch alles dem irdischen Kausalitätsgesetz parallel verlaufen würde; — sondern es sind diese sozialen Bestrebungen mit den betreffenden gesellschaftlichen Phänomenen in einer und derselben sozialen Erfahrung zu begreifen, in welcher sich alsdann für die ersteren rücksichtlich ihrer Erzeugung und Ausbildung ein abhängiger Zusammenhang mit sozialökonomischen Erscheinungen ergibt. Woraus folgt, daß in der Frage nach der konkreten abhängigen Bedingtheit der Rechtsänderungen alle Erscheinungen in einer Einheit sich dahin zusammenschließen, daß die bestimmenden Gründe für Rechtsänderungen in vorausgegangenen sozialen Phänomenen zu suchen sind.

Seit wann die betreffenden sozialen Phänomene schon bestanden haben, ist für das prinzipielle Abhängigkeitsverhältnis sozialer Bestrebungen von jenen ohne Belang. Es ist möglich, daß jene schon geraume Zeit hindurch vorhanden waren und lange hinterher erst das Bewußtsein ihrer sich verbreitet und zu sozialen Wünschen und drängenden Strömungen hinführt. So bestand das Sklavenverhältnis lange Zeiten hindurch in Nordamerika, bis die erkennende Besinnung darauf das Streben nach seiner Abschaffung wirkte. Aber in jedem solchen Falle muß es zurückgewiesen werden, als ob solche soziale Bestrebungen den Massen aus eigenen geistigen Welten, wissenschaftlich unabhängigen Herrschaftsgebietes, zuflögen, und nicht vielmehr durch Einsicht in vorhandene ökonomische Phänomene bestimmt würden, mag auch der kausale Vorgang bei der Entstehung solcher gesellschaftlichen Betrachtung in ganz unaufrollbare Verwicklungen sich verlieren.

Und auch das kann einen grundsätzlichen Unterschied nicht bewirken: ob dabei Rechtsänderungen innerhalb eines sozialen Gemeinwesens in Frage stehen, oder es sich um gewaltsames Hineintragen rechtlicher Umwandlungen von außen her handelt. Das Drängen nach Ausdehnung der Herrschaft, nach Eroberungen oder Kolonialerwerb, ist nicht minder, wie der Wunsch nach friedlicher internationaler Rechtsgründung in der Frage nach den bedingenden Gründen der dabei zutage getretenen Bestrebungen auf soziale Phänomene in dem nach außen tendierenden Rechtsganzen zurückzuführen.

Immer ist freilich dabei festzuhalten, daß es sich unmöglich darum handeln kann, einen Schlüssel zu finden, der für alle einzelnen geschichtlichen Ereignisse, jedes für sich genommen, die erklärenden und bestimmenden Gründe liefert. Wir sprechen von dem Grunde der sozialen Strömungen und der auf Rechtsänderung gerichteten Bestrebungen. Ob es aber dem Geschichtsforscher möglich ist, irgend ein besonderes historisches Vorkommnis aus der sozialen Unterlage abzuleiten und für das Einzelereignis einen Zusammenhang mit dieser herzustellen, ist für die Frage nach der prinzipiellen Auffassung der Gründe von Änderungen in der rechtlichen Ordnung eines Gemeinwesens ohne Belang. Das besondere Faktum mag ruhig für sich genommen und betrachtet werden.

Man braucht die Explosion bei BERTHOLD SCHWARZ, die Geburt GOETHES, den Ausgang der Schlacht bei Waterloo, den frühzeitigen Tod von WILHELM HAUFF oder die Entdeckung des Neptun nicht auf soziale Phänomene zurückzuführen.

Das einzelne Ereignis für sich genommen hat seine eigenen einzelnen Ursachen und kann von „Meinungen“ unmittelbar ganz unabhängig sein. Nicht auf ein isoliertes Faktum und auf eine einzelne Meinung jemandes kann es bei einer methodischen Grundlegung für die Erkenntnis der Menschengeschichte ankommen; sondern auf geistige Gesamtströmungen und vor allem auf durchgreifende soziale Bewegungen. Die Natur geschichtlicher Vorgänge bedingt es auch hier, daß man eine allgemeine Methodenlehre nur für Massenerscheinungen und Phänomene gleichförmiger und regelmäßiger Art entwerfen kann: denn es soll eine prinzipielle Anleitung für die Erwägung der Menschengeschichte sein. Diese aber vollzieht sich in dem sozialen Leben, dessen Durchführung als solches in den Phänomenen eben genannter Art erkennbar wird. Darum werfen wir im Rahmen unserer Untersuchung nur die Frage auf, worauf sich mächtige und erfolgreiche geistige Strömungen und soziale Bestrebungen in allgemeinem Entstehungsprozeß gründen, wovon sie in ihrer Genesis und Entwicklung bedingt abhängen?

Unsere Antwort lautet: Sie erwachsen aus überliefertem gesellschaftlichen Leben und stehen in abhängigem Zusammenhange mit gegebenen sozialen Phänomenen. Dieses soziale Dasein in dem von uns entwickelten Sinne ist es, das die Bestrebungen auf Änderung des Rechtes hervorbringt. Die berechtigte Auffassung in dem Werdegange des sozialen Lebens ist die monistische, die keine eigenartige und selbständige Ursachenreihe für durchgreifende soziale Strömungen und für die bestimmenden Gründe von Rechtsänderungen kennt; sondern diese durch vorausgegangene soziale Erscheinungen selbst genetisch bedingt sein läßt und alle Bewegungen und Wandlungen des gesellschaftlichen Menschendaseins in der unbedingten Einheit sozialer Erfahrung begreifen und erkennen will.

60

Liegen interessierende Veränderungen auf dem Gebiete des Rechtes vor, so hat man, nach dem Gesagten, für eine befriedigende genetische Erklärung allemal auf vorausgegangene soziale Phänomene zurückzugreifen. Es wird niemand daran Anstoß nehmen, daß in gar manchen Fällen ein darauf gerichtetes Bestreben nicht von tatsächlichem Erfolge begleitet ist: wie in der Natur, so entziehen sich in der ursachlich noch komplizierteren Menschengeschichte die Zusammenhänge nur allzu leicht der wissenschaftlichen Erkenntnis des Menschen. Aber daß solche Zusammenhänge von sozialen Phänomenen zu folgenden Umwandlungen einer rechtlichen Ordnung bestehen, ist unerläßliche Bedingung, falls überhaupt Rechtsänderungen in ihren bestimmenden Gründen begriffen werden sollen.

Ich muß mich dabei auch gegen diejenigen wenden, die zwar nicht ein mystisches Walten geistiger Kräfte und eine selbständige Welt der Ideen annehmen, welche „wirkenden Ideen“ Walküren gleich über dem sozialen Getriebe und Kampfesgetümmel des Menschen schwebten und dieses nun fatal lenkten und leiteten; die aber andererseits geneigt sind, einen eigenartigen und selbständigen Einfluß großer und genialer Individuen auf die Geschichte der Menschen und deren soziale Entwicklung und Ausgestaltung zuzulassen. Der mächtige Eroberer und hervorragende Kriegslenker fällt da zunächst in die Augen. Aber ist es möglich, einen Machthaber sich vorzustellen ohne bestimmte soziale Ordnung und ohne ihr entsprungene konkrete Phänomene?

Eine theoretische Einkleidung hat der Gedanke von dem in Eigenart waltenden und regierenden Machthaber in der Lehre von dem Rechte des Stärkeren erhalten, das darum hier eine kurze Einschaltung finden mag.

Es ist interessant, den verzweifelten Versuch HALLERS zu beobachten, der in dem ihm zur Gewissenssache gewordenen Bestreben einer Restauration der Staatswissenschaft das Recht des Stärkeren zu seinem Fundament machte und von einem allgemeingültigen Gesetze ausgehen wollte, wonach der Mächtigere herrscht, der Schwächere abhängig und dienstbar ist. Dieses Gesetz stützt HALLER auf den Hinweis auf die Natur, wo das Größere immer das Kleinere verdränge; auf die Beobachtung der Tierwelt, in der die stärkere Klasse über die schwächere herrsche; endlich auf die Wahrnehmung, daß der Mensch über die Tiere nur gebietet, soweit er seine Überlegenheit bewiesen, und über seinesgleichen nur, sofern er sie irgendwie übertrifft, und andere dieser seiner Kraft zu ihrem Nutzen bedürfen.

Dabei gilt freilich für die Herrschaft und höhere Macht, bezüglich der Art ihrer Ausübung, ein natürliches Pflichtgesetz, welches allen Menschen eingepflanzt ist, und Gerechtigkeit und Liebe zum

Inhalte hat. Und wenn dadurch der Mißbrauch der Gewalt auch nicht unmöglich wird, so gibt es doch Mittel dagegen in erlaubtem selbsthelfenden Widerstande, in Hilfe durch dritte, in Flucht oder Trennung. — Wenn nun jenes unabänderliche Naturgesetz in allen menschlichen Verhältnissen gilt, und der Hausherr über Frau und Kinder herrscht, der Grundherr über Hintersassen und Gesinde usf.: so muß einmal in jedem Verbande bald früher oder später Einer der Oberste und Freieste sein. Und sobald diese Unabhängigkeit sich zeigt, ist ein Staat vorhanden; entweder so, daß ein großer Herr nun keinen mächtigeren Menschen mehr über sich hat (Fürstentum), oder dies bei einer Korporation der Fall ist (Republik). — Diese Unabhängigkeit ist kein angeborenes, sondern ein erworbenes Glücksgut, und zwar das höchste von allen. Dieselbe kann auf verschiedene Weise erworben werden und wieder verloren gehen, — bald rechtmäßig, bald freilich auch unrechtmäßig. Ob sie vorhanden ist, lehrt eben der Erfolg: gleichwie alle Herrschaft auf höherer Macht beruht, so dauert sie auch nicht länger, als diese.[165]

Diese von Laien auch heute noch oft wiederholte Schlußfolgerung ist das Interessanteste, was über das Recht des Stärkeren vorgebracht worden ist.[166] Im besonderen ist in der neueren Zeit von Gumplowicz nur die Meinung zur theoretischen Unterlage genommen worden, daß Staaten dadurch entstehen und bestehen, daß mächtigere Gruppen, Geschlechter und Rassen schwächere Stämme und Klassen unterwerfen und beherrschen. Der Staat sei — wie die Beobachtung als naturnotwendig lehre — die Organisation der Herrschaft einer mächtigen Minderheit über eine weniger starke und darum zum Gehorsam bestimmte Masse. Das Recht sei die Ordnung der Ungleichheit, und es verpflichte, da die herrschende Klasse die stärkere Gewalt in Händen habe, und die Schwächeren dem gegenüber den fruchtlosen Widerstand aufgeben.[167]

Bei den Versuchen, das Recht des Stärkeren irgendwie zu deduzieren, ist jedoch allemal übersehen, daß eine größere Macht innerhalb der menschlichen Gesellschaft auch schon den Begriff einer regelnden Ordnung voraussetzt. Die Kraft des einzelnen ist stets verschwindend gegenüber der Organisation vieler; und diese letztere ist auch mit der „sozialen Macht“ gemeint. Die vaterländische Heldensage mag es besingen, wie Pipin der Kurze seinen Anspruch auf die Königswürde — „war nicht geboren auf dem Thron, doch für den Thron geboren“ — sich dadurch kämpfend behauptet, daß er den Leu und wilden Ur vor erbleichenden Höflingen und erschreckten Rittern fällt: Wenn sein Recht nur so weit gereicht hätte, als seine Muskelstärke und Waffengewandtheit, so wäre es schlimm darum bestellt gewesen; — dessen formale Grundlage blieb der organisierte Gehorsam und die äußerlich geregelte Verbindung vieler unter ihm, dem dadurch nun mächtigen Oberhaupte. Auch bei den Räubern muß es regelnde Normen geben; die „Bande“ und der „Hauptmann“ bestehen als solche nur durch verpflichtende Regeln; ob nun durch solche von konventionaler Art gegenüber rechtlichem Zwange, ist dabei gleichgültig. Ein „Recht des Stärkeren“ kann nicht als Grundlage der sozialen Ordnung dienen; aus größerer Gewalt kann die verbindende Kraft der Rechtsordnung nicht begreiflich gemacht werden. Denn um der „Stärkere“ zu sein, brauchte man schon Recht.

Es ist also in allen Fällen ganz unmöglich, das Recht von der höheren tatsächlichen Macht herzuleiten und seine verbindende Kraft mit dieser letztgenannten begreiflich zu machen: Die Gewalt der Mächtigen dieser Erde besteht nur auf der Grundlage rechtlicher Ordnung; — der Begriff des Rechtes ist die logische Bedingung gegenüber dem der sozialen Macht.[168]

Wenden wir dieses auf die Lehre von den großen Männern und deren Bedeutung in der sozialen Geschichte an, so ergibt sich, daß der politische Machthaber nicht als eine außerhalb des normalen Entwicklungsganges wirkende und treibende Kraft aufgefaßt und dargestellt werden darf. Daß er Machthaber ist, das ist nur durch die betreffende soziale Ordnung gegeben und steht mithin unter der Bedingung gewisser geschichtlicher Regelung, gleichviel auf welchem Wege der Inhalt dieser sozialen Normierung entstanden ist. Welche persönlichen Qualitäten er dabei entfaltet, ist Einzelfrage, die sich in den allgemeinen Gang der sozialen Geschichte ganz normal einfügt. Er kann nicht ein soziales Gebilde aus dem Nichts erschaffen; sind nicht gewisse gesellschaftliche Unterlagen da, kommen ihm nicht bestimmte, daraus erwachsene Bestrebungen entgegen — und seien es auch diejenigen einer bedingungslosen Hingabe unter seine Befehle —, so ist ein Wirken und Gestalten und soziales Umändern seitens eines Machthabers ein Unding. Seine Bedeutung ist also ganz und gar abhängig und bedingt durch soziale Phänomene und ihnen entsprungene Bestrebungen. Er allein könnte niemals eine Umgestaltung und Abänderung der rechtlichen Ordnung vollbringen; er allein vermöchte gar nicht einem einstimmigen Drängen aller Rechtsgenossen auf Rechtsänderung zu widerstehen. Bei jeder Rede von politischer Macht und Gewalt ist stets vorausgesetzt, daß der Befehlende andere Menschen zu seiner sozial geregelten Verfügung hat; die konkrete Art und Weise der Durchführung dieser sozialen Regelung, und im besonderen dann wohl des Verhältnisses der übrigen Rechtsunterworfenen zu dem Herrscher, ergibt aber wieder soziale Phänomene.

Daß die Ausbildung und Entwicklung dieser durch einzelne hervorragende Männer, unter Benutzung des vorgefundenen Materials, außerordentlich beeinflußt und durch Lehre und tatkräftiges Beispiel geradezu geleitet werden kann, steht außer Frage. Hierher gehört nur die Erörterung, daß es nicht zulässig ist, die Gründe für rechtliche Umwandlungen in einer einzigen Persönlichkeit und in einem einzigen begabten Menschen für sich genommen zu suchen. Auch ein Genius von allerhöchster menschlicher Gabe vermag nichts ohne Bezugnahme auf gewisse gesellschaftliche Phänomene, die seiner Stellung und Bedeutung zu grunde liegen und ihn nun zu etwaigen sozialen Umwandlungen allererst befähigen und bestimmen. Der Unterschied aber in der Begabung der Persönlichkeiten, ihr Auseinanderfallen nach Ethik und Intellekt, ihre divergierenden Fertigkeiten im Können nach einzelnen konkreten Richtungen, dieses kommt alles erst unter der Voraussetzung und als besondere Benutzung bestimmter sozialer Erscheinungen in mögliche Erwägung. Von den sozialen Phänomenen, als Massenerscheinungen sozial geregelter Beziehungen, von bestimmter konkreter Eigenart im Bestande wie im Hervorbringen gewisser Gesamtströmungen, kommen wir also bei der Frage nach den bestimmenden Gründen der Rechtsänderung niemals los, auch nicht durch den Hinweis auf große Männer und geniale Individuen.

61

Bei der monistischen Auffassung des sozialen Lebens, die dessen Bewegungen und Umwandlungen ausnahmslos in ihrer Genesis aus bestimmenden Gründen herleitet, die innerhalb der eigenen Erkenntnisbedingungen desselben stehen und in der Einheit einer sozialen Erfahrung enthalten sind, kann es sich schließlich noch fragen: ob unter den letzten bestimmenden Gründen, den ökonomischen Phänomenen, allgemein geltende Rangunterschiede gemacht werden können, also daß in einer hierarchischen Stufenleiter eine Abhängigkeit und ein bedingender Zusammenhang erkennbar ist.

Eine solche Reihenfolge scheint in der Formel der materialistischen Geschichtsauffassung behauptet zu sein, wonach auf Umwandlungen ökonomischer Art solche von politischer Bedeutung notwendig folgten. Es kommt dieses namentlich in der ihrer Zeit zitierten Fassung vor, daß die ökonomische Struktur einer Gesellschaft deren Grundlage sei und ihren Erschütterungen und Bewegungen die Wandlungen auf „rechtlichem und politischem" Gebiete abhängig nachfolgen.[169]

Aber diese ökonomische Struktur bedeutet bereits ein unter äußeren Regeln stehendes Gesellschaftsleben von Menschen. Sie besteht nicht als ein für sich, in Abstraktion von sozialen Normen, zu erfassendes Ding, sondern sie ist gar nichts anderes, als konkret verwirklichte Gesellschaftsordnung; — und nicht über ihr erhebt sich erst ein juristischer Überbau, wiederum als in sich selbständiger Gegenstand, dem die sozialwissenschaftliche Erkenntnis die Rolle einer Pertinenz nun zuzusprechen hätte; vielmehr stellen alle rechtlichen Normen einer menschlichen Gesellschaft die regelnde Form derselben dar, ohne welche das soziale Leben, und in dessen Ausführung seine wirtschaftliche Struktur, in Eigenart überhaupt nicht besteht, als eigenes Objekt menschlicher Erkenntnis gar nicht begriffen werden kann.

Der richtige Gegensatz ist also nicht der: wirtschaftliches Leben oder ökonomische Produktion oder ökonomische Struktur und dergleichen einesteils und rechtliche Ordnung und politischer Überbau auf der anderen Seite, — sondern: Materie des sozialen Lebens und Form desselben, als die beiden Elemente des einen einigen Gegenstandes des gesellschaftlichen Daseins der Menschen. Alles sozialwirtschaftliche Handeln der Menschen besteht überhaupt nur als bestimmt geregeltes, und jede rechtliche Norm geht inhaltlich auf ein gewisses menschliches Zusammenwirken.

Und in diesem einheitlichen sozialen Leben ist die Scheidung in ökonomisches und politisches Moment nur relativ, aber andererseits auch in dieser vergleichsweisen und resignierten Begriffsabteilung notwendig überall zu machen. Ich berufe mich auf meine in § 29 gegebenen Ausführungen. Es ist undenkbar, sagten wir, daß ein geregeltes Zusammenwirken zur Bedürfnisbefriedigung stattfindet, ohne daß eine Fürsorge für die rechte Durchführung der regelnden Normen auftritt, welche Sorge für die formale Aufrechterhaltung und Beschützung, Verwirklichung und Fortbildung der sozialen Regeln wir doch gerade als politische oder öffentliche Tätigkeit zu bezeichnen pflegen.

Es gibt also 1. keine ökonomische Struktur einer menschlichen Gesellschaft als unter äußeren Regeln, 2. kein geregeltes Zusammenwirken ohne sogenanntes öffentliches oder politisches Moment. Das soziale Leben ist immer und notwendig in menschlich gesetzter Weise geregelt, und es bildet eine Einheit, in welcher sich die beiden — nach der konkreten Betätigung des einzelnen Rechtsgenossen — bezüglich unterscheidbaren Momente der ökonomischen und politischen Tätigkeit immer antreffen lassen.

Nach beiden Richtungen erwachsen nun soziale Phänomene in dem uns jetzt bekannten Sinne, in deren Gesamtheit die konkrete Durchführung des betreffenden Gesellschaftslebens gelegen ist. Ihr Aufweis nach Bestand und Entstehung und Weiterentwicklung ist nun wieder eine Einzelfrage. Und das Gleiche gilt von ihren Zusammenhängen und ihrem Einflusse und bestimmenden Einwirken aufeinander (§ 51 a. E.); wie nicht minder von den mannigfachen Strömungen und Bestrebungen, die aus ihnen hervorgehen und sich auf Änderung des geltenden Rechtes richten.

Hieraus ergibt sich nun, daß man keiner Art dieser sozialen Phänomene und der daraus erwachsenden Bestrebungen einen unbedingten Vorrang vor anderen zuschreiben kann, weder den politischen vor den nur ökonomischen, noch auch umgekehrt. Es zieht sich auch diese Erörterung lediglich auf das Gebiet der Einzeluntersuchung zurück. Diese aber hat es dann mit einem verwickelten Durcheinandergehen und mit sehr konkret bedingten Zusammenhängen der sozialen Phänomene zu tun, welche Zusammenhänge sich keineswegs immer einfach in die Formel auflösen: Zuerst soziale Phänomene bei zusammenwirkendem Tun, das verhältnismäßig auf die allernotwendigsten Güter für den Menschen gerichtet ist — sodann das Gleiche in einer Klimax von Objekten zu des Lebens Behaglichkeit dienlich bis zur Beschaffung bloßer Luxusgegenstände — und schließlich erst soziale Phänomene, welche sich auf Schutz und formale Durchführung der Gesellschaftsordnung beziehen. Ein solches Rangverhältnis nach fest abgeschiedenen Klassen sozialer Phänomene ist in allgemeingültiger Notwendigkeit mit wissenschaftlichem Fuge durchaus nicht aufzustellen. Der Spruch des Sancho Pansa, daß die Gedärme das Herz halten und nicht umgekehrt, kann hier in nackter Unvermitteltheit keine Anwendung finden. Alles jenes durchkreuzt sich vielmehr und muß an und für sich ein wirres Durcheinander sozialer Erscheinungen abgeben, in welches wissenschaftliche Einzelforschung nur systematische Richtung und erklärende Erkenntnis jeweils zu bringen hat.

Der Historiker sagt mit Recht, daß wir in Deutschland wegen mangelnder politischer Macht des alten Reiches in den hierfür kritischen Perioden der Verteilung der Erde keine deutschen Kolonien erhalten hätten; und es ist weiterhin eine selbstverständliche Wahrnehmung, daß mit dem Eintritte größerer Sicherheit auf den Straßen und der erstarkenden Macht der Staatsgewalt, geeignet, das Räuberwesen zu unterdrücken und die Untertanen nach außen hin gegen Willkür zu schützen, Handel und Verkehr zum Aufschwunge kommen und dadurch eine Neuentwicklung sozialwirtschaftlicher Phänomene und schließlich eine Umwandlung der Rechtsordnung bewirkt wurde. In diesen und ähnlichen Fällen sind es also soziale Phänomene öffentlichen Charakters, welche als Massenerscheinungen von besonderer Art in der konkreten Durchführung einer sozialen Ordnung den eben angegebenen Einfluß auf die Sonderart des unmittelbar sozialwirtschaftlichen Zusammenwirkens im engeren Sinne ausgeübt haben.

Es können also soziale Phänomene politischer Art nicht nur bestimmende Gründe für Abänderungen des öffentlichen Rechtes in dessen weitester Bedeutung abgeben, ohne daß sie zu ihrer Unterstützung ökonomische Erscheinungen im eigenen Sinne nötig haben; sondern sie vermögen auch einen maßgeblichen Einfluß auf sozialwirtschaftliche Phänomene jener engeren Bedeutung, damit auf die Wandlung der sozialen Wirtschaft und schließlich auf das bestehende Recht auszuüben. Aber ob dieses letztere in Wirklichkeit geschieht, das ist Einzelfrage und nur aus konkreten Besonderheiten einer bestimmten geschichtlichen Sachlage her festzustellen und einzusehen.

Dagegen spricht allerdings eine gewisse Vermutung dafür, daß jede eindringliche Bewegung in den sozialökonomischen Phänomenen engeren Charakters und jede ihr folgende Abänderung der sozialen Wirtschaft über kurz oder lang eine entsprechende Umwandlung auch desjenigen Teiles der betreffenden Rechtsordnung im Gefolge hat, der an sich nur zur formalen Durchführung der Rechtsordnung überhaupt bestimmt war. Polizei und Gerichtswesen, Strafrecht und Prozeß, Verfassung und Verwaltung eines Gemeinwesens können nicht leicht gänzlich unverändert bleiben, sobald die mehr direkt auf die Sozialwirtschaft bezüglichen Phänomene wesentliche Umwandlungen aufweisen oder gar in den sie betreffenden Rechtsregeln eine Änderung durchgesetzt haben.[170] Aber mehr wie diese Wahrscheinlichkeit läßt sich im allgemeinen nicht aussprechen. Ob sie im einzelnen Falle zutrifft, und wie tiefgehend die Umwandlung der gesamten Rechtsordnung dabei erforderlich wird, ist nur in besonderer Erwägung konkreter Tatumstände festzustellen.

62

Endlich läßt sich auch innerhalb derjenigen sozialen Phänomene, die als ökonomische in der genannten relativen Abgrenzung angegeben werden können, ein weiterer Rangunterschied in der Bedeutung für die zu bewirkenden Rechtsänderungen in Allgemeingültigkeit nicht aufstellen. Die Marxisten neigen dazu, die ökonomischen Phänomene in der angegebenen Meinung in die der Produktion und der Konsumtion zu zerlegen. Aber diese Anschauung ist in solcher Allgemeinheit nicht begründet.

Wir setzen dabei als selbstverständlich voraus, daß der Irrtum nun ganz wegbleibt, als ob man ökonomische Produktion und Gesellschaftsordnung einander gegenüber stellen könnte. Es handelt sich vielmehr um sozial geregelte Produktion gegenüber sozial geregeltem Vertriebe und Konsum; beides bildet in der Wirklichkeit des sozialen Lebens keinen tatsächlichen Gegensatz, sondern durchdringt sich in zusammenzufassender Einheit. Die Meinung von dem durchgängigen Primat der jeweiligen Produktionsweise innerhalb des sozialen Lebens müßte also sagen, daß die besondere Regelung des auf Produktion von Gütern gerichteten Zusammenwirkens und die hierbei zutage getretenen sozialökonomischen Phänomene von allgemein notwendig bestimmendem Einflusse auf die übrige Sozialwirtschaft wäre.

Das aber ist nicht der Fall.

Eine bestimmte soziale Regelung der Produktion verträgt sich mit den verschiedensten Systemen geregelter Verteilung, und umgekehrt; wobei wir die Normierung des Zwischenverkehrs der Güter vom Produzenten zum Konsumenten im Anschlusse an Marx einstweilen als Annex der sozialen Produktion annehmen wollen, es auch gar nicht im Sinne haben, die *actio finium regundorum* über das Grenzgebiet von Produktion und Konsumtion anzustellen, da diese Erwägung uns hier gleichgültig sein kann, der Gegensatz in extremen Fällen aber in seinem Bestande keinem Zweifel unterliegt.

Es läßt sich eine kommunistische Produktion mit individuellem Privateigentum an den Konsumtionsgütern und ganz verschiedener Art der Verteilung der letzteren denken; ebenso gut, wie mit einer Kollektivierung der Produktionsmittel ein völlig kommunistisch normiertes Genießen verbunden sein kann. Nicht minder ist gerade umgekehrt individualistische Regelung der Produktion, das heißt solche mit Privateigentum an den Produktionsmitteln, möglich, zugleich mit Ablieferung der Produkte im Magazin der Gemeinschaft und kommunistischem Verbrauche. Daß eine bestimmte Art sozialer Produktion mit ausschließender Notwendigkeit eine entsprechende Art sozialer Verteilung der Güter in sich schließe oder unvermeidlich nach sich ziehe, ist gar nicht einzusehen. Die bloße Tatsache eines auf gewisse Weise geregelten Zusammenwirkens, soweit dasselbe auf Beschaffung von Gütern gerichtet wird, ist für die Frage nach der weiteren Regelung dieses betreffenden sozialen Lebens noch ohne Belang. Soll hier ein kausaler Einfluß in der Nachfolge der letztgenannten Regelung behauptet werden, so ist dieses besonders erst noch zu begründen und für den gerade vorliegenden einzelnen Fall zu beweisen.

Ich wähle zur Einzelauseinandersetzung das von Kautsky besonders fruktifizierte Exempel aus dem Leben der Cheyennes, eines indianischen Jägervolkes, dessen soziales Dasein Dodge des näheren beschrieben hat. In jedem Jahre finden dortselbst die großen Herbstjagden statt, um möglichst viel Wild zu erlegen und einen bedeutenden Fleischvorrat für den Winter einzutun und zu dörren. Diese Jagden werden von dem Stamme gemeinsam abgehalten. Die Büffelherden werden strategisch umzingelt und in gemeinsamem Ansturme niedergemetzelt. „Als noch Bogen und Pfeile allein gebraucht wurden, kannte jeder Krieger seine Pfeile und hatte keine Schwierigkeit, die von ihm getöteten Büffel positiv zu erkennen. Diese waren ganz sein individuelles Eigentum, ausgenommen, daß er um einen gewissen Teil desselben besteuert wurde zum Besten der Witwen oder der Familien, welche keinen Krieger als Versorger für sich hatten. Fanden sich Pfeile von verschiedenen Männern in demselben toten Büffel, so wurden die Eigentumsansprüche nach deren Lage entschieden. Wenn jeder Pfeil eine tödliche Wunde verursachte, so wurde der Büffel geteilt oder nicht selten auch irgend einer Witwe zugeschieden ... Seit aber der allgemeine Gebrauch der Feuerwaffen die Identifizierung der toten Büffel unmöglich gemacht hat, sind die Indianer in ihren Ansichten kommunistischer geworden, und die gesamte Masse von Fleisch und Häuten wird nach irgend einem Maßstabe der gleichen verhältnismäßigen Verteilung nach ihrer eigenen Erfindung ausgeteilt.“[171]

Es ist eigentümlich, wie man diese Beobachtungen für den Satz hat anführen können, daß die Sonderart einer sozialen Produktionsweise für das betreffende gesamte Gesellschaftsleben von ausschlaggebender Bedeutung notwendig sei. Die Art der Produktion war im angeführten Beispiele zweifellos kommunistisch, die Regelung der Zuteilung in der zuerst angeführten Zeit rein individualistisch; es vertrugen sich also diese beiden verschiedenen Systeme einer Regelung innerhalb derselben sozialen Ordnung sehr wohl. Und andererseits ist auch wieder nicht einzusehen, weshalb bei der mangelhaften Technik der Erlegung durch Pfeil und Bogen die Indianer bei der Verteilung und Konsumtion nicht auch hätten kommunistisch sein können: Eine unausweichliche Notwendigkeit für das berichtete Rechtssystem des Privateigentumes an der Beute ist doch nicht ersichtlich.

Nun änderte sich die Technik; die Jäger erhalten Feuergewehre. Aber die soziale Organisation der Produktion bleibt ganz dieselbe; von der technischen Möglichkeit, daß mit der vollkommneren Waffe die Erbeutung und Einbringung des Wildes einer individualistischen Produktion überlassen werden könnte, wird kein Gebrauch gemacht. Wohl aber ändert sich nun, bei sich gleichbleibender sozialer Produktionsweise, allein für sich die Regelung der Verteilung der Beute. Nicht deshalb geschieht dieses, weil „die materiellen Produktionsverhältnisse“ sich geändert hätten, sondern weil die seitherigen Normen der Zuteilung sich für sich nicht mehr zweckmäßig erwiesen. Obgleich die soziale Art der Produktion ganz unverändert geblieben war, so erschien hinsichtlich der Distribution das soziale Phänomen der Unsicherheit über den gebührenden Anteil, und dieses drängte sich baldigst mit solcher Wucht auf, daß ihm folgend eine Umwandlung der sozialen Ordnung hinsichtlich der Zuteilung produzierter Güter für sich allein sich vollzog.

Die soziale Erfahrung lehrt also, daß eine bestimmte Art geregelter Produktionsweise mit verschiedenartiger sonstiger Regelung des sozialen Lebens ganz verträglich ist, und auch Umwandlungen des letzteren aus eigenen sozialen Phänomenen her sich vollziehen, so daß eine grundsätzlich ausschlaggebende Stellung der sozialen Produktionsweise und der gerade bei ihr auftretenden ökonomischen

Phänomene nicht zuzugeben ist. Darum konnte es sehr wohl geschehen, daß in der Schule SAINT-SIMONS der Vorschlag nur auf Abschaffung des Erbrechtes, also auf eine Neuregelung in der Zuteilung sozialer Güter, gerichtet wurde; und man begreift, daß PROUDHON keinen logischen Fehler beging, als er die überlieferte Regelung der Produktion ganz unverändert belassen zu können vermeinte, dagegen nur die Art des Austausches und der Zuteilung der Produkte einer anderen Normierung unterziehen wollte und dieses allein für notwendig erachtete.

Der Grund aber für diese Möglichkeiten ist auch hier die Einheit des sozialen Lebens, in welcher hinsichtlich der einzelnen Phasen des geregelten, auf Bedürfnisbefriedigung gerichteten Zusammenwirkens kein Rangunterschied besteht. Dasselbe einzelne Produkt muß natürlich erst produziert sein, ehe es vertrieben und zum Verbrauche verteilt werden kann; hinsichtlich seiner Beschaffung ist die Produktion der bedingende Akt. Aber für das Ganze des sozialen Arbeitsprozesses trifft dieses nicht zu. Dieses ist nicht eine Reihe selbständiger Produktions- und Konsumtionsprozesse, sondern ein unabgeschlossener Kreislauf, in welchem die Art und Weise der sozialen Produktion nicht minder von der Art und Weise der sozialen Verteilung der Güter abhängt, wie umgekehrt. Die gute Ernte eines Jahres ist freilich von der rechten Aussaat abhängig; aber eine gute Aussaat hat auch zur Vorbedingung eine rechte Art der Verwendung von vorausgegangenen Ernten.

So treten denn in der Tat die wichtigsten sozialökonomischen Phänomene gleichzeitig nach allen Seiten hin, nach der der Produktion, des Vertriebes und der Konsumtion, bedeutsam hervor. Welche Rolle jemandem sozial in der Produktion zugewiesen wird, das bestimmt sich gerade nach der Art der Verteilung früher produzierter Güter und der sozialen Verfügungsmöglichkeit über diese. Wenn der selbständige Handwerker zum proletarischen Lohnarbeiter wird, so heißt das doch nicht nur, daß in der Art des produzierenden Zusammenwirkens eine Änderung vor sich gegangen ist, sondern es enthält jener Satz zugleich auch den Gedanken, daß die Parömie von dem goldenen Boden des Handwerks ihre Wahrheit verloren hat. Und die industriellen Krisen werden gerade nach der Lehre des Marxismus nicht durch die Tatsache, daß zu viel produziert worden ist, an und für sich hervorgerufen, sondern durch die besondere Art der geregelten Konsumtion: daß erst wieder die Waren in Geld umgesetzt werden müssen, ehe sie zu dem Verbrauche gelangen können. Auch hat kein anderer so lebhaft und eindringlich es geschildert, als MARX selbst, daß die Manufaktur und die Fabrik moderner Zeit wesentlich auf dem Kaufmanns- und Handelskapital früherer Perioden sich aufbauten; aber was heißt dieses anders, als daß ökonomische Phänomene der Verteilung und des Umsatzes von Gütern für solche der Sonderart einer späteren sozialen Produktionsweise Quelle und bestimmender Grund geworden sind?

Der Begriff eines geregelten Zusammenwirkens von Menschen, das auf Befriedigung ihrer Bedürfnisse gerichtet ist, umfaßt ganz von selbst und notwendig eine bestimmte Regelung der Verteilung der Güter, des Umsatzes und der Verfügung über die Produkte. Es ist undenkbar, daß eine soziale Ordnung es bloß mit geregelter Art der Beschaffung der Güter zu tun haben könnte, immer ist eine irgend welche Regelung der Distribution, der Art zulässiger Aneignung und Verwendung damit verbunden. Es ist unvollständig, wenn MARX sagt, daß die Menschen sich zusammengetan, „um zu produzieren“; — sie tun sich zusammen, um für jemanden zu produzieren. Man kann sich keine soziale Regelung der Produktion verständigerweise vorstellen, die nicht zugleich eine Normierung des weiteren sozialen Lebens in sich schlösse. Und es ist daher nicht zur Nachahmung empfehlenswert, wenn jemand als das allein Maßgebliche in der Frage rechtlicher Umwandlung die Umgestaltung der sozialen Produktionsweise erachtet, den Maßstab, nach welchem die Produkte zu verteilen seien, dagegen als etwas Nebensächliches erklären will.[172]

Es ist im letzten Grunde die fehlerhafte marxistische Dreiteilung, die hier irre führt: Technologie — materielle Produktionsverhältnisse — juristische Gesetze. Die richtige Systematik lehrt: technische Naturbeherrschung — sozial geregeltes Zusammenwirken; ohne die Möglichkeit eines dritten Mittelgliedes. Materielle Produktionsverhältnisse sind bereits geregelte Beziehungen, die in ganz derselben Art unter sozialer Normierung stehen, wie alles menschliche Zusammenleben. Es mag Mangel an juristischer Schulung gewesen sein, der einen Denker wie MARX es übersehen ließ, daß jedes auf Produktion gerichtete Verhältnis unter Menschen eine bestimmte soziale Regelung zur notwendigen Voraussetzung hat.

MARXS Frage lautet hiergegen: Wessen Kreatur sind die bürgerlichen Institutionen? Und er hält es für eine ausgemachte

Sache, daß die materiellen Produktionsverhältnisse nicht unter der Bedingung bestimmter rechtlicher Einrichtung stehen, sondern daß dieses Verhältnis umgekehrt sei.[173] — Er hätte gerade so gut fragen können: ob die Batterien und Regimenter Ergebnisse der Heeresorganisation sind, und nicht vielmehr einmal der äußeren Feinde und dann der Technik der modernen Bewaffnung.

Soziale Produktionsverhältnisse sind bestimmt geregelte Verhältnisse. Indem sie als sozialökonomische Phänomene heranwachsen und sich ausbilden, ersteht aus ihnen möglicherweise ein bestimmender Grund zur Abänderung und Umwandlung der seitherigen sozialen Ordnung, unter deren Bedingung sie selbst bislang nur bestanden, mit deren Metamorphose sie ihrerseits gleichfalls sofort verschwinden, um neuen Rechtsverhältnissen, in gleichartigen Massenerscheinungen als ökonomischen Phänomenen, Platz zu machen, die für sich ebenso selbstverständlich von der geschaffenen und geltenden sozialen Ordnung bedingt sind, wie sie nun vielleicht auf eine Neugestaltung derselben hindrängen, sich selbst damit wieder vernichtend.

Wir entnehmen hiernach gerne der materialistischen Geschichtsauffassung die Anregung zu einer monistischen Auffassung des sozialen Lebens, die ausnahmslose Gültigkeit hat, so lange nach den tatsächlich bestimmenden Faktoren und den kausal bewegenden Gründen sozialer Wandlung gefragt wird. Dagegen müssen wir es ablehnen, den Produktionsverhältnissen eine eigenartige und bedeutsame Sonderstellung in der Mitte zwischen Technologie und sozialer Ordnung einzuräumen. Produktionsverhältnisse, vom sozialen Beschauer erwogen, stehen notwendig schon unter bestimmter sozialer Regelung, unter der sich das Ganze des auf Bedürfnisbefriedigung gerichteten Zusammenwirkens von Menschen zu einer Einheit zusammenschließt. In ihm hat die Normierung der materiellen Produktion vor den Regeln über zusammenstimmendes Wirken zur Beschaffung höherer und edlerer Güter eben so wenig einen grundsätzlichen formalen Vorzug, als ihn die Regelung der Produktion überhaupt vor den Rechtssätzen über Vertrieb und Austausch, Zuteilung und Verwertung von Gütern besitzt. Das richtige ist, daß Bewegungen der Materie des sozialen Lebens selbst es sein müssen, die auf eine Änderung oder Umgestaltung der dasselbe bedingenden formalen Regelung hindrängen; und daß somit alle Entwicklung der menschlichen Gesellschaft in einem einheitlichen Prozeß sich vollzieht und in einer einzigen sozialen Erfahrung unter gleichen Erkenntnisbedingungen und mit einheitlicher Gesetzmäßigkeit begriffen sein will.

Damit hat die materialistische Geschichtsauffassung ihre erste bedeutsame Korrektur erfahren. Sie ist sogar dadurch ihrem Streben und ihrem letzten Wunsche näher gebracht worden: für die soziale Wissenschaft eine gleich exakte Anschauung zu erhalten, wie der Naturwissenschaft zu Gebote steht. Sie selbst begab sich allzu schnell ihres Allods und gab das Feld der ihr eigenen Forschung der fremden Herrin zu Lehen. Sie fehlte darin, daß sie ökonomische Phänomene als merkwürdige Naturdinge unaufgeklärter Gattung angab, begleitet von den schattenhaften Trabanten abhängiger „Produktionsverhältnisse"; und sie ermangelte der Klarheit, als sie rätselhafte „Produktivkräfte" als selbständige Objekte aufstellte, man weiß nicht, von wannen sie kamen, noch wem sie eigentlich angehörten.

Aber es liegt ihr der sachlich richtige Gedanke wohl auf dem Wege, daß Ideen und Bestrebungen auf Änderungen der bestehenden sozialen Ordnung nicht von außen her unbegreiflicherweise in die menschliche Gesellschaft hineingetragen werden können, in der sie dann unverantwortlich wirkten; sondern daß das Ganze der sozialen Erfahrung eine Einheit darstellt, einen festen, stetig wiederholenden Kreislauf von sozialen Phänomenen durch ihnen erwachsende Bestrebungen zu neuer Ordnung und danach neuen sozialen Erscheinungen mit gleichem Gefolge von Reformbestrebungen und also weiter. Es sind die sozialen Phänomene in dem von uns klar gelegten Sinne, welche als Bewegungen der Materie des sozialen Lebens allein die kausal bestimmenden Gründe von Rechtsänderungen liefern können.

Daß nun diese Bewegungen des sozialen Lebens, die in der Ausbildung, Entwicklung und Einwirkung sozialökonomischer Erscheinungen ihren erkennbaren Ausdruck finden, aus menschlichen Handlungen bestimmter Art hervorgehen, und daß dabei die Technologie als Möglichkeit zu gewisser Weise des Zusammenwirkens eine vornehmliche Rolle spielt, wurde früher geeigneten Ortes dargetan. Aber wenn es richtig steht, daß die bestimmenden Gründe der Rechtsänderungen in den sozialen Phänomenen einer gewissen Periode geliefert werden; wenn hinzugefügt werden muß, daß aus diesen sozialen Erscheinungen heraus Bestrebungen auf Rechtsänderungen erwachsen, und diese Änderungen somit in ihrer Genesis durch die sozialen Phänomene bedingt werden: Ist damit die

Sache für eine philosophische Grundlage der Sozialwissenschaft abgetan?

Hat man mit der Beobachtung und Feststellung des kausalen Werdeganges von sozialem Wollen und Streben der Aufgabe einer gesetzmäßigen Erkenntnis der menschlichen Gesellschaft und ihrer Entwicklung vollständig genügt?

Ist mit jener Darlegung die oberste Einheit, unter der das gesellschaftliche Leben der Menschen erfaßt und begriffen werden kann, wirklich schon angegeben? Gibt es also für die Betätigung einer in ihrem ursachlichen Entstehen vielleicht erkannten sozialen Bewegung und Bestrebung weiter kein Gesetz, als das des rohen Erfolges, der tatsächlichen brutalen Gewalt?

Erster Abschnitt.

Kausalität und Telos.

63

Gesetzmäßigkeit ist grundlegende Einheit.

Wir haben dann einen Gegenstand erkannt, wenn wir in dem Mannigfaltigen der Wahrnehmung Einheit errungen und erhalten haben. Die zur jeweiligen Einheit zusammengeschlossenen regelmäßigen Wiederholungen bestimmter Erscheinungen heißen uns Gesetze. Und alle Einzelgesetze sind nur dadurch möglich, daß eine allgemeingültige Gesetzmäßigkeit der Natur zu grunde liegt; ohne deren Voraussetzung jedes einzelne Naturgesetz in sich ganz haltlos und ohne nachweislichen Erkenntniswert sein würde. Die Eigenschaft der Gesetzmäßigkeit, welche einer bestimmten Erfahrung bei der Aufstellung eines Naturgesetzes beigelegt wird, ist selbstredend nur unter der Bedingung einer obersten allgemeingültigen Einheit der Natureinsicht begreifbar; den Gedanken einer objektiven Notwendigkeit überhaupt kann kein nach Naturgesetzen suchender Forscher entbehren. Der Begriff der einen Erfahrung, der Einheit des empirischen Erkennens ist es, der grundlegend für alle wissenschaftliche Erkenntnis gilt und diese allererst möglich macht.

Es ist eine Unart des modernen Sprachgebrauches, den Begriff der Gesetzmäßigkeit mit demjenigen des Kausalitätsgesetzes zu identifizieren. Gesetzmäßige Erkenntnis heißt gar vielen heutzutage eine kausale Erklärung, eine Ableitung der Ereignisse aus wirkenden Ursachen.

Nun ist hier zunächst schon nicht genügend beachtet, daß der Grundsatz der Kausalität, wonach alle Veränderungen auf Grund einer Bedingung der Zusammengehörigkeit der aufeinander folgenden Zustände geschieht, doch nur eine einzige von den allgemeinen Grundregeln ist, welche das Fundament unserer wissenschaftlichen Erfahrung ausmachen;[174] so daß der Begriff einer einheitlichen Gesetzmäßigkeit der Natur mit dieser einen Bedinguug ihrer Erkenntnis, dem Begriffe der Kausalität, keineswegs identisch ist. Allein es soll hier darauf kein besonderes Gewicht gelegt werden. Denn da das soziale Leben es mit menschlich gesetzten Regeln und dadurch normiertem Zusammenwirken zu tun hat, so ist seine Betrachtung allerdings auf Bewegung und Veränderung, auf Begebenheiten und Geschehnisse angewiesen, und es würde der Grundsatz, daß alle Veränderungen nach dem Gesetze der Verknüpfung der Ursache und Wirkung geschehen, wohl als ausschlaggebender Repräsentant der allgemeinen Gesetzmäßigkeit überhaupt auftreten können. Aber die bedingungslose Hingabe an ihn war für die soziale Wissenschaft vom Übel.

Dem Triumphe und den Erfolgen der Naturwissenschaft wird es geschuldet, wenn auch auf dem Gebiete des sozialen Lebens in den verschiedensten Richtungen von dessen Durchforschung die Art der Gesetzmäßigkeit wissenschaftlicher Naturerkenntnis ausnahmslos untergeschoben wird. Ich spreche hier nicht von Methoden der Untersuchung im einzelnen. Hierbei mochte sich hier und da eine Polemik erheben, indem die Zulässigkeit allzu genauer Übertragung naturwissenschaftlicher Begriffe und Erforschungs- und Darstellungsmethoden in Zweifel und Streit gezogen werde; aber daß als grundlegende Gesetzmäßigkeit für die Sozialwissenschaft die Frage nach Ursache und Wirkung in Geltung stehe, das scheint seither ausnahmslos angenommen zu sein. Freilich konnte man den reinen Ursachenbegriff im Sinne exakter Naturerkenntnis nicht glatt und kurzerhand übernehmen, war genötigt, ihn in vagen Wendungen bei großen Zusammenhängen geschichtlicher Ereignisse mangelhaft zu gebrauchen, — und blieb doch nur in kümmerlicher Nachahmung, die schon als solche durch die in ihr liegende Schwäche und Energielosigkeit sich schlecht genug empfahl. Der souveränen Herrscherin der Wissenschaft von der Natur konnte das gleichgültig sein; sie behielt ihre Sprache und ihren Geist unverfälscht für sich: Mochten die abhängigen Völker, die sich selbst zur Untertänigkeit angetragen hatten, zusehen, wie sie in ihren Ländern mit den übersetzten fremden Hülfsmitteln sich abfanden.

Dem gegenüber gilt es nicht sowohl, an einzelnen Punkten lindernd einzugreifen und diesen oder jenen Übelstand zu beseitigen, der aus der Herübernahme einer gar nicht für dieses Gebiet berechneten Terminologie entstanden ist; sondern es kommt darauf an, das Ganze dieser intellektuellen Fremdherrschaft grundsätzlich auszumerzen. Es ist nötig, sich darauf zu besinnen, daß wir es im sozialen Leben mit menschlichen Handlungen zu tun haben, daß aber das Kausalitätsgesetz nicht die einzige Art einer gesetzmäßigen Erfassung des Handelns der Menschen bedeutet. Wenn man nach Gesetzmäßigkeit forscht, so hat vielmehr stets als erste Frage zu erstehen, welche Art von Gesetzmäßigkeit angenommen werden muß. Die erkenntniskritische Prüfung dieser Frage kann niemandem gespart werden, der von Grundgesetzen handeln will und sich doch nicht in einem dogmatischen Gerede unbegründeter Spekulation verlieren möchte.

Was kommt nun neben der kausalen Erörterung menschlichen Strebens und Handelns noch für eine andere in Betracht? Und was für eine Art von Gesetzmäßigkeit tritt hier auf den Plan?

Ich werde bei der Auflösung dieses Problems in der Weise verfahren, daß ich zuerst von der Gesetzmäßigkeit menschlicher Handlungen im allgemeinen rede, um dann die Ergebnisse dieser Erörterung für den Aufbau einer Gesetzmäßigkeit des sozialen Lebens im besonderen zu verwerten.

Wenn Gesetzmäßigkeit die letzte grundlegende Einheit ist, in der sich eine Fülle von Erkenntnissen und Vorstellungen bewußt zusammenfassen läßt, so würde die Behauptung, daß es nur eine einzige Art von Gesetzmäßigkeit für menschliche Handlungen gebe, welche die Betrachtung nach dem Kausalitätsgesetz sei, dartun müssen, daß alle Vorstellungen von menschlichen Handlungen unter dieser erwähnten Einheit ihrer Verursachung ausschließend ständen. Dies ist nun aber nicht der Fall.

Um darüber in das Klare zu kommen, werden wir also den Inhalt unserer hierher gehörigen Vorstellungen allgemein prüfen müssen und den Gedanken vorzunehmender Handlungen objektiv zu analysieren haben.[175] Um die Tatsachen meines Bewußtseins zu verstehen, zerlege ich den Inhalt in denselben und sehe zu, unter welchen allgemeingültigen Bedingungen derselbe steht, und welche Begriffe diesem Inhalte Einheit und Gesetzmäßigkeit verleihen. So soll nun der Inhalt unserer Vorstellungen, sofern sie sich mit menschlichen Handlungen befassen, klargestellt und der einheitliche Gesichtspunkt in demselben aufgesucht und festgelegt werden.

Da zeigt sich, daß, wenn ich vorzunehmende Handlungen, die von mir ausgehen werden, vorstelle, ich sie auf zweierlei verschiedene Art und Weise vorstellen kann: entweder als kausal bewirktes Geschehnis in der äußeren Natur oder als von mir zu bewirkende. Im ersten Falle habe ich eine sichere naturwissenschaftliche Erkenntnis bestimmter kommender Handlungen als äußerer Vorgänge; ich sehe die letzteren in ihrer konkreten Ausgestaltung als notwendig theoretisch ein. In der zweiten Möglichkeit fehlt die Wissenschaft von der kausalen Notwendigkeit gerade dieser Handlung; dieselbe ist in der Erfahrung möglich, aber an und für sich nicht notwendig; wenn sie wirklich werden soll, so muß ich sie bewirken.

Der Inhalt dieser beiden Klassen von Vorstellungen geht ganz auseinander und fügt sich objektiv in keiner materialen Einheit zusammen. Ich nehme dabei entweder menschliches Tun als Naturereignis und suche lediglich dessen kausales Geschehen und seine ursachliche Bewirkung aufzuhellen und zu erfassen; oder aber, ich stelle mir meine künftige Handlung als meine vor, die ohne mein Zutun nicht schon zufolge lediglicher Naturkausalität eintreten würde.

Und ebenso, wie dieses von künftigen Taten des Vorstellenden selbst möglich ist, so kann selbstredend auch jede kommende Handlung eines dritten Menschen in zweifacher Art vorgestellt werden, — auch wieder als ein in seiner kausalen Notwendigkeit im einzelnen genau und sicher erkanntes Naturereignis, oder als ein von dem Handelnden zu beschaffender Erfolg. Ich kann mich in das Triebleben eines Hungernden und Dürstenden hinein versetzen und einsehen, wie selbiger nach Speise begehrt und Nahrungsmittel, die zur Verfügung stehen, kausal getrieben, zu sich nimmt; oder auch, ich nehme an, daß jemand sich zum Ziele setzt, Reichtümer durch seine Tätigkeit zu erwerben, um sie zur Befriedigung seiner Bedürfnisse zu verwenden.

Die Vorstellung eines zu stillenden menschlichen Hungers kann sich also einmal in der Richtung kausaler Naturerkenntnis bewegen. Hier wird der Vorgang des Einnehmens von Nahrung als kausal notwendig aus instinktivem Triebleben heraus hingestellt; der Mensch — z. B. der Säugling an der Mutterbrust — wird von der Begierde geschoben und gezogen und notwendig bestimmt, wie das Eisen durch den Magnet. Und andererseits ist möglich, daß die vorzunehmende Handlung — etwa die Zurichtung und Erledigung eines feinen Gastmahles — nicht unter dem Gesichtspunkte eines naturnotwendig eintretenden Vorgehens gedacht, sondern als ein Ereignis vorgestellt wird, das durchaus nicht als ein unvermeidlich notwendiges erkannt, sondern erst von dem Handelnden selbst zu bewirken ist.

Die bloße wissenschaftliche Erkenntnis natürlicher Vorgänge, welche die äußeren Ereignisse in ihrer kausalen Bedingtheit zu begreifen sucht, liefert uns die in der zweiten Richtung vorgestellte

Handlung überhaupt nicht; wenn wir uns auf theoretische Einsicht in das notwendige Werden kommender Geschehnisse beschränken, so erhalten wir ein menschliches Tun nach der zweiten Art unserer Betrachtung gar nicht. Der Gedanke von etwas menschlich zu Bewirkendem fügt sich in die Einheit von Wahrnehmungen gar nicht ein. Es besteht also neben der wahrnehmenden Erkenntnis künftiger Ereignisse noch die weitere Möglichkeit, sich solche demnächstige Handlungen vorzustellen, die nicht als kausal unvermeidliche Naturvorgänge theoretisch erkannt sind, welche vielmehr als von Menschen zu bewirkende Taten gedacht werden.

Woher einem diese inhaltlich verschiedenen Gedanken über kommende menschliche Handlungen aufsteigen mögen, wie ihr Entstehungsprozeß und ihre Entwicklung anzunehmen sei, das ist eine Frage ganz für sich. Wir haben es jetzt nicht mit der Genesis unserer Gedanken, sondern mit deren systematischem Inhalte zu tun. Dieser Inhalt des Bewußtseins ist es, der sich bei den Vorstellungen von künftigem Handeln in zwei getrennte Reihen, als verschiedene Richtungen der Gedanken, zerlegen läßt.

Daß man diesen verschiedenartigen Inhalt in Gedanken aber wirklich haben kann, ist zweifellos; daß man sich eine vorzunehmende Handlung als eine von dem Handelnden zu bewirkende vorstellt, ist eine sichere und einfache Tatsache der Erfahrung. Sofern es nun geschieht, liegt eine Zwecksetzung vor. Zweck ist ein zu bewirkendes Objekt. Die Vorstellung von einem Gegenstande als einem zu bewirkenden heißt Wille. Wille ist hiernach nicht eine mystische innere Kraft, irgend ein dunkles Agens, das sich der rollenden Welt der Erfahrung in die Speichen wirft, um sie aufzuhalten oder abseits zu lenken. Er darf nicht als eine rätselhafte „Ursache" gefaßt werden. Wille ist nicht eine Kraft, sondern eine Richtung des Bewußtseins; er ist gegeben, sobald die Vorstellung von einem zukünftigen Erfolge als einem zu bewirkenden vorliegt.

Noch weniger darf in die Begriffsbestimmung des Willens die Frage der Ausführung und des Vollbringens eingemischt werden. Man muß die Erwägung nach der Vollstreckung und der einzelnen praktischen Durchführung eines gesetzten Zweckes zunächst einmal ganz beiseite lassen. Jede psychologische Durchquerung des allgemeinen Willensbegriffes wird ihn verunreinigen und die klare Lösung unseres Problems beeinträchtigen, wo nicht gänzlich verhindern.

Auch wäre es eine Täuschung, wenn jemand meinen wollte, daß dadurch, daß er die Mittel zu einem bestimmten Zwecke wählte und etwa berechnete, was er mit diesem oder jenem Mittel erreichen könnte, man in die lediglich Kausalbetrachtung doch wieder hinein komme.

Denn indem jemand erwägt, welche Mittel er anwenden solle, und welches seine Handlung nun zu sein habe, so stellt er eben den fraglichen Gegenstand als einen von ihm zu schaffenden vor. In dem Inhalte seiner Vorstellung ist wiederum nicht die bloße Kausalität vorhanden, da eine solche seine Vorstellung als die eines zu schaffenden Gegenstandes ganz überflüssig, ja widersprechend machen würde.

Wir beharren also dabei, daß zwischen Erkenntnis eines kausalen Geschehens und zwischen Zwecksetzung ein durchgreifender und grundlegender Unterschied besteht. Aber er ist nicht in der Kraft und Stärke eines wirkenden Faktors oder überhaupt in dessen Eigenart zu suchen, sondern besteht ausschließlich in dem Inhalte des Bewußtseins, das kommende menschliche Handlungen erfaßt.

Die Besinnung darauf, daß es zwei ganz getrennte Arten sind, kommendes Tun sich vorzustellen, ist notwendig, um über den Zweckbegriff und über die ihm gebührende selbständige Bedeutung in das Klare zu kommen. Darum wird beispielsweise der Begriff des Zweckes durch die von Jhering versuchte Bestimmung des Telos ganz verfehlt. Dieser Schriftsteller hat eine alte Unterscheidung wieder aufgegriffen: diejenige der mechanischen Kausalität von der psychologischen Kausalität; und will die letzte unter einer eigenen obersten Gesetzmäßigkeit als „Zweckgesetz“ begreifen. Aber das gibt von vornherein keine klare Distinktion. Wo soll hier die Grenze laufen? Jhering gibt hierüber weiter nichts an, als daß er sagt, man möge nach *ut* und *quia* unterscheiden; ein sachliches Kriterium, nach welchem man die angeführte Unterscheidung vorzunehmen habe, fehlt gänzlich.

Jhering meint, daß der Schwamm sich nach mechanischer Kausalität mit Wasser fülle, daß der Hund aber zu dem Zwecke trinke, um seinen Durst zu löschen. Soll das letztere auch von dem jungen Tiere gelten, das zum erstenmal von der Mutter gesäugt wird? Oder vom Ohnmächtigen, dem der Arzt stärkende Tropfen einflößt? Verpuppt sich die Raupe nach „mechanischer“ oder „psychologischer“ Kausalität? Wohin will er den Schmerzensschrei verweisen, den ein auf die Hühneraugen Getretener ausstößt; oder das Zurückzucken der Hand, welche einer heißen Platte zu nahe gekommen ist, das Schließen des Auges beim plötzlichen Nahen eines fremden Körpers?

Der methodische Fehler, der in der angeführten Meinung verborgen ist, liegt darin, daß zwischen zwei Arten von Kausalität in prinzipieller Weise unterschieden werden soll. Das geht nicht an. Begriff und Bedeutung der Ursache ist einheitlich. Diese Grundregel unserer wissenschaftlichen Erfahrung, welche lautet, daß alles, was geschieht, etwas voraussetzt, worauf es nach einer Regel folgt, gilt allgemein für jede irgend welche Veränderung, mag man sie in relativer und ganz schwankender und flüssiger Weise als mechanische oder psychologische bezeichnen. Wir brauchen daher auf die Unmöglichkeit, in der letztgenannten Hinsicht objektiv einen Unterschied zu machen, an dieser Stelle erschöpfend nicht einzugehen. Denn es ist sicher, daß die JHERING vorschwebende Verschiedenheit nur eine solche der besonderen Anwendung ist, welche man von dem Kausalitätsgesetze macht. Dann aber war es unberechtigt, wenn man für einzelne Fälle, in denen das Gesetz notwendiger Ursachen und Wirkungen konkret angewandt wurde, doch eine davon im Grundsatze angeblich verschiedene Gesetzmäßigkeit in einem sogenannten Zweckgesetze suchte und aufstellen wollte.[176] Sobald man Zweck gleich psychologischer Kausalität nimmt, so bleibt man ausschließlich dem Kausalitätsgesetze unterworfen. Und man kann JHERINGS Motto, daß „der Zweck der Schöpfer des Rechtes“ sei, auch durch den Satz wiedergeben: Die als Recht ergehenden menschlichen Anordnungen haben ihre Ursachen, — ein Satz, der dann freilich ebenso richtig, wie selbstverständlich ist.

Man sieht, daß die Auffassung des Problems sich bei JHERING ganz anders ausnimmt, als in der von uns gegebenen Erwägung. JHERING unterscheidet innerhalb des Kausalitätsgesetzes zwei Möglichkeiten, ohne freilich sicher anzugeben, wo die Grenze zwischen diesen laufen soll. Das faßt die Sache nicht tief genug an. Es kommt darauf an: wie es mit der Möglichkeit einer Zwecksetzung außerhalb der bloß kausalen Erwägung künftiger menschlicher Handlungen sich verhält, — in welchem Sinne dieses behauptet werden muß, und wie es mit dem hierfür maßgeblichen allgemeingültigen Grundgesetze steht. Zweck ist danach nicht eine besondere Art von Ursachen; sondern es ist die Vorstellung von einem Gegenstande, als einem zu bewirkenden, von einem Objekte, dessen

Werden man als unvermeidlich sicher auf Grund der mit dem Kausalitätsgesetz erworbenen Wissenschaft gerade nicht erkennt. Die Zwecksetzung bildet also einen überall scharf abgeschlossenen Gegensatz zu der Wahrnehmung. Den Gegensatz haben wir tatsächlich ganz gewiß, es kommt nur auf die objektive Berechtigung der Unterscheidung an, wovon gleich gehandelt werden soll. Die Unterscheidung selbst aber ist, wie oben ausgeführt, nach dem Inhalte unserer Vorstellungen von künftigem menschlichen Handeln jeweils sicher vorzunehmen.

Dabei kommen die Erkenntnis einer notwendigen Kausalität und das Setzen von Zwecken sachlich niemals zusammen; die durch ihren Inhalt ihnen zugewiesene Scheidung bleibt fest, wie Natorp mit Recht bemerkt, „mag noch so sehr zum Wollen auch ein Erkennen, zum Erkennen auch ein Wollen gehören, eine Erkenntnis nie ohne Willensakt, ein Wille nie ohne einen Akt der Einsicht zu stande kommen". Solange man zukünftiges Geschehen unter dem Gesichtspunkte einer bestimmten Kausalität vorstellt, so bleibt für teleologische Erwägung überhaupt kein Platz: Von diesen beiden möglichen Betrachtungsweisen kommenden menschlichen Handelns ist jeweilig immer bloß die eine gerade möglich. Sobald der Gegenstand als zu schaffender vorgestellt wird, ist im Inhalte dieser Vorstellung von der bloßen Kausalität abstrahiert, und falls ein Objekt als kausal notwendiges bestimmt wird, so kann es doch nicht zugleich als ein zu schaffendes gedacht werden; beides gleichzeitig genommen — Kausalität und Telos — enthält einen unlöslichen inneren Widerspruch; zwischen beiden Möglichkeiten, einen künftigen Gegenstand sich vorzustellen, zwischen der notwendigen Verursachung desselben oder aber zwischen ihm als einem zu schaffenden, ist die unvermeidliche Trennung, die, wiederhole ich, in dem Inhalte der beiden Betrachtungsweisen liegt, durchaus nicht aufzuheben.

Nun wurde oben schon darauf hingewiesen, wie es ganz zweifellos ist, daß der Gedanke der Zwecksetzung besteht und wirklich ist. Wollte jemand noch zweifeln, so braucht er nur den Begriff der Wahl sich zu vergegenwärtigen. Die Vorstellung einer möglichen Wahl haben wir in ungezählten Fällen; der Gedanke des Wählens schließt aber denjenigen einer zwingenden Kausalität notwendig aus. Denn er bedeutet nicht nur eine künftige Möglichkeit an und für sich, sondern setzt diese als von dem Wählenden herbeigeführt, mithin gerade nicht in bloßer Naturkausalität bewirkt. Und so kann es überhaupt keinem Zweifel unterliegen, daß wir inhaltlich in den weitaus meisten Fällen, da wir menschliches Tun als kommend uns vorstellen, den dadurch zu erreichenden Erfolg als einen solchen nehmen, der auch unterbleiben könnte.

64

Da wir zwei Arten von Möglichkeiten haben, zukünftige menschliche Handlungen in ihrem Werden uns vorzustellen, und diese beiden Arten bei jeder Einzelanwendung für unser Bewußtsein in Gleichzeitigkeit unvereinbar sind, inhaltlich sich geradezu stracks widersprechen und in keiner höheren sachlichen Einheit aufgehen, so ist eine Zweifelsfrage nur dahin erlaubt: ob der Gedanke einer zu bewirkenden Handlung, die nicht schon durch den wissenschaftlich sicher erkannten Gang natürlicher Verursachung herbeigeführt würde, nicht vielleicht ein Trug und eine Wahnvorstellung ist. So, wie Traum und Sinnestäuschung und geistige Abnormitäten neben wissenschaftlicher Erkenntnis stehen und in ihrem Inhalte nur einen Irrtum nnd keine Wahrheit bedeuten, so könnte ja vielleicht auch die Vorstellung von etwas, das geschehen soll, eine Täuschung enthalten, für welche neben dem wissenschaftlichen Erkennen mit Hülfe des Kausalitätsgesetzes kein Raum wäre.

Dieser Zweifelsgrund ist an sich formal möglich. Er ist aber auch der einzige, der gegen die Realität des freien Wollens in dem hier gegebenen Sinn erhoben werden kann. Die Tatsache, daß der Wille als Vorstellung eines zu bewirkenden Erfolges unaufhörlich auftritt und sich zeigt, kann nicht bestritten werden.

Wenn nun außer der Erwägung nach dem Kausalitätsgesetze keine andere für eine vorzunehmende menschliche Handlung wissenschaftlich möglich sein sollte, so müßte dieses doch darauf gestützt werden, daß die unter dem Kausalitätsgesetze stehende Erfahrung das All jedes denkbaren gesetzmäßigen Bewußtseinsinhaltes ausfüllt; und daß die zweite Art einer Gedankenreihe von kommendem Handeln, die Setzung von Zwecken, deshalb neben der Kausalbetrachtung nicht zulässig sei, weil außerhalb der Erfahrung, als gesetzmäßiger Einheit von Wahrnehmungen, nichts von ihr Abweichendes in Gesetzmäßigkeit gedacht werden könnte.

Diesen Beweis kann die auf Kausalbetrachtung beschränkte Ansicht nicht erbringen; es ist sogar möglich, den Gegenbeweis zu erfüllen.

Die wissenschaftliche Erfahrung ist eine Erkenntnis von Objekten, deren Erscheinungen uns gegeben sind. In ihr werden Wahrnehmungen verknüpft und dadurch jeweilig ein Gegenstand bestimmt.

Wahrnehmungen aber sind die mit Bewußtheit verknüpften Empfindungsvorstellungen. Erfahrung ist also von Material abhängig, das ihr zwecks Bearbeitung zu wissenschaftlicher Einsicht erst geliefert werden muß. Erfahrung kann demnach niemals die Totalität alles möglichen Bewußtseinsinhaltes bedeuten, nie in der Art abgeschlossen sein, daß in ihr absolut und ausnahmslos alle denkbaren Möglichkeiten kommenden Geschehens enthalten wären. Da nun Erfahrung als Erkenntnis von demjenigen, was da ist, und was nach Kausalgesetzen geschieht, ihrem Charakter nach nicht alle Begebenheiten in unbedingter Vollständigkeit umschließen kann, so bleibt allerdings die Möglichkeit, künftige Geschehnisse als menschliche Handlungen in einer eigenen Art des Vorstellens, außerhalb der Erfahrung von dem, was geschehen ist, zu begreifen, ohne dabei schon an und für sich in einem Widerspruche mit anerkannter Erfahrung gefangen zu sein.

Wenn sich jemand zum Zwecke und Ziele setzt, eine fremde Sprache zu erlernen, eine technische Erfindung zu machen, ein Buch zu schreiben, einen Verein zur Verfolgung bestimmter Bestrebungen zu gründen, so ist unsere Erfahrung nicht so absolut abgeschlossen, daß jenes Ereignis, welches er sich nicht als kausal notwendig geschehendes, sondern als von ihm zu bewirkendes vorstellt, schon von der durch Anwendung des Kausalitätsgesetzes bedingten Erfahrung eingeschlossen wäre. Diese hat an sich noch gar kein Recht auf jene zu bewirkenden Handlungen. Ihr Reich ist nicht allumfassend, noch ihr Beherrscher allwissend. Erfahrung als menschliche Wissenschaft ist abhängig und bedingt von gegebenen Erscheinungen, deren Auftreten und Wahrgenommenwerden als solches den Charakter des Zufälligen ganz unvermeidlich trägt. Soweit empirische Erkenntnis wirklich ist, so kann sie doch niemals behaupten, das unbedingte All menschlicher Einsicht in absoluter Vollständigkeit zu umspannen.

Nun könnte es sein, daß aus gemachten Wahrnehmungen die Erfahrungswissenschaft zu einem bestimmten Gesetze gelangt wäre, aus dem eine gewisse menschliche Handlung sich ebenso im Gange des Kausalitätsgesetzes berechnen ließe, wie etwa eine demnächstige astronomische Erscheinung. Ich will die Möglichkeit solcher Gesetze annehmen, obwohl zur Zeit kein einziges also vorliegt. Aber auch wenn die Naturwissenschaft ein derartiges einzelnes Gesetz aufgestellt hätte, so würde sie deshalb nicht den Gedanken der Zwecksetzung absolut ausschließen können, da ihr selbst der Charakter einer absoluten Wahrheit gar nicht zukommt. Die wissenschaftliche Erkenntnis der Erfahrung ist niemals in der Art abgeschlossen, daß ein von ihr aufgestelltes Gesetz absolut und unwandelbar gelten könnte.

Dies hat seinen Grund nicht nur in dem unendlichen Wechsel der Erscheinungen und der unaufhörlichen Flucht der Wahrnehmungen, deren Neuauftauchen eine Korrektur seitherigen Wissens nötig macht; sondern ist grundsätzlich auch darum unvermeidlich, weil die Erfahrungswissenschaft unter den Formgesetzen unseres Bewußtseins, unter den objektiven Bedingungen unserer Erkenntnis sich befindet. Menschliches Einzelwissen ist an Gesetz und Grenze einer möglichen Erfahrungswissenschaft überhaupt gebunden; ein davon unabhängiger absoluter Wert, eine ewige Wahrheit und unwandelbare Geltung kann ihm nie zukommen.

Das zeigt sich denn auch deutlich in der Idee einer nie abgeschlossenen und stetig zu vervollständigenden Wahrheitserkenntnis, in dem Gedanken eines notwendigen Fortschritts der Wissenschaft. Dieses Fortschreiten besteht aber darin, das früher als wahr Gesetzte zu korrigieren und andere Gesetze dafür bessernd einzubringen; und diesem möglichen Fortschritt unterliegt jede empirische Erkenntnis. Die in Naturgesetzen niedergelegten Ergebnisse der Erfahrung können nie auf unwandelbare und unbedingte, auf ewige und allumfassende Gültigkeit Anspruch erheben; sie sind Formulierungen menschlichen Wissens, das eine absolute Wahrheit niemals beut. Darum liegt in dem Gedanken der Zwecksetzung, in der Vorstellung eines Erfolges als eines zu bewirkenden, in der Abstraktion von der Möglichkeit bloßen kausalen Werdens, keineswegs ein Nonsens, dem aller Erkenntniswert schlankweg abzusprechen wäre. Dies könnte nur geschehen, wenn die unter der Bedingung des Kausalitätsgesetzes stehende Erfahrung absolut wäre, in welchem Falle sie keine andere Art von Gesetzmäßigkeit neben sich dulden würde. Dies aber ist mit nichten begründet.

Nun wird vielleicht zugegeben, daß jedes einzelne Gesetz, welches gewisses menschliches Handeln im voraus mit absoluter Sicherheit in seiner kausalen Bestimmtheit festlegen würde, niemals in solcher unwandelbaren Sicherheit auftreten kann, daß es in bedingungsloser Gewißheit und ewiger Geltung alles mögliche Geschehen ausschließend erledigte. Aber es könnte der Einwand erhoben werden, daß doch das Kausalitätsgesetz, die Notwendigkeit geschehener Wirkungen von vorausgegangenen Ursachen, als solches und formal genommen, in absoluter Reinheit und ausschließender Vollständigkeit gelte. Auch wenn wir, so würde ein hierauf gestützter Einwand lauten, eine einzelne Verursachung nicht einsehen können, so steht doch fest, daß überall in der Welt Ursachen spielen und die Kausalität sich abrollt, auch wo wir ihre Einzelbedeutung jetzt nicht einsehen.

Diese Meinung von der absoluten Geltung des Kausalitätsgesetzes schwebt manchem Naturforscher vor. Für ihn und seine begrenzte Aufgabe der Einzelerkenntnis nach prinzipiell gewiesener Methode ist das auch gleichgültig und unschädlich; versieht er seinen Dienst der Einzelforschung nur in tüchtiger Weise, so braucht seine Ansicht über angeblich weiter tragende und ganz bedingungslose Bedeutung des ihm notwendigen Denkapparates dritte weiter nicht zu kümmern. Aber vom Übel wird es, wenn solche dritte sein Handwerkszeug sich nun borgen und Hammer, Meißel und Kelle, tauglich und nötig zu solider Aufführung menschlicher Wohnungen, als die Instrumente vermeinen, mit denen das Himmelsgewölbe aufgebaut und die Welt in unendlichen Ewigkeiten gezimmert werde.

Es ist ein naiver Gedanke, daß die Gegenstände in dieser Natur von absoluten Ursachen — ich weiß nicht, was für Dingen? — getrieben würden; als ob eine Kausalität in allem ganz von selbst — man weiß nicht, wie? — Wirkungen ausübte und in ihrem unabhängigen Dahinrollen die Objekte anstieße. Worauf dann als angeblich allein mögliche teleologische Betrachtung die untergeschoben wird, als ob man meine, daß nun in dieses zappelnde Gewimmel sich selbst bewegender Naturkausalität der starke Arm eines freien Willens als zauberhafte Ursache eingreifen solle.

Der Fehler zu diesen Mißverständnissen liegt in der nicht seltenen, grundsätzlich falschen Auffassung von der Bedeutung des Ursachenbegriffes; in der manchem zugehörigen Meinung, als ob das in der Naturwissenschaft so glänzend erprobte Kausalitätsgesetz ein allmächtiges, irgendwie für sich bestehendes, Ding oder Unding wäre, dessen absolute Kraft nichts neben sich duldete, das als unumschränkter Selbstherrscher alle zukünftigen Möglichkeiten ausschließlich jetzt schon regierte; also daß kein legitimes Gesetz anders als von ihm erlassen werden könnte, und höchstens usurpierte Gewalt, wissenschaftlich nie zu rechtfertigen, neben ihm als möglich zugegeben sein möchte.

Bei dieser Sachlage können wir es nicht vermeiden, die zweifellose Einsicht an dieser Stelle aufzunehmen, daß das Kausalitätsgesetz nichts ist, als eine Bedingung möglicher Erfahrungswissenschaft.

Erfahrung als Wissenschaft, welche Sätze sucht, die allgemeingültig und notwendig sind, deren Wahrheit also von einer Einzelwahrnehmung unabhängig ist, geht nicht in dem Sammeln von Erscheinungen auf; diese sind nach Formgesetzen unseres Bewußtseins zu verarbeiten, soll gesetzmäßige Erkenntnis der Natur daraus werden. Die Naturgesetze fliegen nicht in der Luft herum, so daß sie, Schmetterlingen gleich, nur eingefangen zu werden brauchen. Gesetze — schon der Name muß darauf hinleiten — sind nicht gegeben, sondern durch unser Bewußtsein geschaffen, gesetzt. „Die Einheit der Objekte wird lediglich durch den Verstand bestimmt, und zwar nach Bedingungen, die in seiner eigenen Natur liegen; und so ist der Verstand der Ursprung der allgemeinen Ordnung der Natur, indem er alle Erscheinungen unter seine eigenen Gesetze faßt, und dadurch allererst Erfahrung (ihrer Form nach) *a priori* — das ist in ihrer von der Einzelwahrnehmung unabhängigen Geltung — zu stande bringt, vermöge deren alles, was nur durch Erfahrung erkannt werden soll, seinen Gesetzen notwendig unterworfen wird.“[177]

Dieses findet bei dem Kausalitätsgesetze seine besonders deutliche Anwendung.

Bei Veränderungen, die wir in dem Flusse der Erscheinungen beobachten, sind in jedem einzelnen Falle zwei Arten von Verbindungen möglich, je nachdem der eine Zustand dem anderen in der Zeitfolge vorausgeht oder umgekehrt. Bei einer kausalen Betrachtung wird nun die eine dieser Zeitfolgen als die richtige angenommen. So werden bei einem heftigen Gewitter, in welchem Blitz und Donnerrollen gemengt sich häufen, unsere Wahrnehmungen so von uns geordnet, daß jedem Donnerschlage ein Blitzeszucken vorausgesetzt wird. Indem solches in der Zeit geschieht, kann es doch an ihr empirisch nicht gemessen und bestimmt werden; denn die Zeit ist selbst kein abgesonderter Gegenstand der äußeren Wahrnehmung, an welchem man, wie an einem Längenmesser, die einzelnen Erscheinungen hintereinander anheften und danach ihre Reihenfolge bestimmen könnte. Zeit ist nur eine allgemeine Form, in der wir unsere Vorstellungen ordnen; dabei aber etwas so Gleichförmiges und hinsichtlich aller besonderen Anschauungen so Unbestimmtes, daß sie zwar die Bedingung der Möglichkeit und Mannigfaltigkeit aller besonderen bestimmbaren Erscheinungen abgibt, deren notwendige Bestimmung selbst aber nicht liefern kann.

Um das objektive Verhältnis zweier einander folgender Erscheinungen zu bestimmen, muß das Verhältnis zwischen den beiden Zuständen so gedacht werden, daß dadurch eine einheitliche Auffassung für alle diese Wahrnehmungen ermöglicht und damit als notwendig bestimmt wird, welcher derselben vorher, welcher nachher und nicht umgekehrt müsse gesetzt werden.[178] Ursache und Wirkung ist also ein reiner Verstandesbegriff; — womit nicht gemeint ist, daß er als magische Kraft auf dem Grunde unserer Seele verborgen sei und daraus zur psychologischen Erklärung von gewissen Vorstellungen und deren Entstehungsprozessen herausgezogen werde, — sondern dieses vielmehr ausgedrückt sein soll, daß er eine allgemeine einheitliche Art ist, mannigfaltige Erscheinungen in Raum und Zeit zu objektiv begründeter Erkenntnis zusammenzuziehen.

Auf diese Bedeutung bleibt nun aber andererseits der Kausalitätsbegriff notwendig beschränkt. Kausalität ist weiter gar nichts, als eine allgemeingültige formale Art und Weise, in welcher wir Erscheinungen, die uns in der Anschauung gegeben werden, zu einheitlicher Auffassung ordnen.

Außerhalb dieser Funktion, eine grundlegende Bedingung möglicher Erfahrungswissenschaft zu sein, bedeutet der Begriff der Verursachung und Dependenz und das Kausalitätsgesetz gar nichts. Kausalität ist ein Denkelement, ein einheitlicher Grundbegriff innerhalb unserer Erkenntnis, der diese als Wissenschaft möglich macht und deshalb, aber auch nur so weit, Geltung und Wahrheitswert besitzt. Die Kausalverknüpfung ist nicht eine Verknüpfung zwischen den Dingen, welche diesen an und für sich, auch ganz außerhalb der Möglichkeit unserer Erkenntnis, zukäme; sondern es ist eine besondere einheitliche Art und Weise, unsere Vorstellungen zu ordnen, eine Verbindung zwischen Wahrnehmungen, die uns in der Anschauung gegeben werden. Wenn wir nicht in der Erfahrung einen Zusammenhang der Erscheinungen konstituierten, das heißt der Vorstellungen, die wir in den Schranken unserer Sinnlichkeit erhalten, so wäre es ganz und gar unbegreiflich, wie ein Ding darum sein sollte, weil ein anderes vorher war. Die Meinung von einer absoluten und an sich rollenden Kausalität ist ebenso unklar wie absurd.

Man kann dies in Rücksicht auf unseren jetzigen Zusammenhang sich auch dahin deutlich machen. Das Gesetz von Ursache und Wirkung bedeutet nur eine formale einheitliche Art, das Mannigfaltige vorkommender Erscheinungen zu ordnen. Sobald man von den letzteren abstrahieren wollte, so würde der Begriff der Kausalität allen verständlichen Sinn verlieren. Damit das Kausalitätsgesetz in Aktion treten kann, ist nötig, daß empirisches Einzelmaterial vorliegt, daß Erscheinungen gegeben sind, welche nunmehr nach jenem Grundsatze notwendiger Verursachung zum Behufe wissenschaftlicher Einsicht geordnet werden können. Woraus sich als sicher ergibt, daß unser Gesetz auf die Vorstellung von künftigen nur möglichen Handlungen und auf den Gedanken einer Wahl zwischen ihnen überhaupt noch keine Anwendung finden kann. Der Inhalt dieser eben genannten Vorstellungen bedeutet das gerade Gegenteil von dem Inhalte derjenigen, den wir als „Wahrnehmungen“ fassen können. Und darum muß er von der Herrschaft des Kausalitätsgesetzes, das ist der in diesem gelegenen eigenartigen Verknüpfung von Wahrnehmungen, ganz unabhängig sein. Menschliche Handlungen unterliegen der Betrachtung nach dem Kausalitätsgesetze erst dann, wenn sie Erscheinungen der Sinnenwelt geworden sind, wenn sie als Stoff einer erkennenden wissenschaftlichen Bearbeitung unentrinnbar vorliegen oder auf Grund anderer gesetzmäßiger Erfahrungseinsicht in sicherem Werden als unvermeidlich berechnet und festgestellt sind. Dieses kann geschehen; aber es ist auch nur eine Möglichkeit, und bloß die eine von zweien. Warum soll die Möglichkeit, künftige menschliche Handlungen nicht als erscheinende, sondern als zu bewirkende vorzustellen, durch einen Grundsatz ausgeschlossen werden, der nur für die objektive Erkenntnis der Erscheinungen gilt?

Hiermit ist bewiesen, daß das Kausalitätsgesetz als solches, die Begriffe von Ursache und Wirkung in ihrer allgemeinen formalen Bedeutung genommen, keineswegs alle kommenden Möglichkeiten derartig umschließt, daß die Vorstellung einer zu bewirkenden Handlung in sich zusammenfallen müßte. Das Kausalitätsgesetz ist nur eine Bedingung möglicher Erfahrungswissenschaft; diese aber ist weder nach Umfang, noch nach Art absolut und bedingungslos endgültig abgeschlossen. Sie bedeutet diejenige Art unserer Vorstellungen, welche zum Inhalte das hat, was da ist und geschieht. Mehr wie den Inbegriff dieser nach einheitlichen Grundsätzen (zum Beispiel dem Kausalitätsgesetze) geordneten Wahrnehmungen vermag Erfahrung nicht abzugeben. So ist sie im Innern schwankend und bedingt, in ihrem tatsächlichen Umfange wechselnd und notwendig unabgeschlossen. Das All möglicher Vorstellungen überhaupt wird durch die Erfahrung, welche die Einheit von Wahrnehmungen bedeutet, nicht erfüllt: neben ihr, die einen unendlich wandelbaren Prozeß und keine absolute Totalität des Gedankeninhaltes darstellt, bleibt berechtigterweise Raum für die Zwecksetzung in der oben angegebenen Art.

Den Gedanken von vorzunehmenden Wahlen, von zu bewirkenden Handlungen haben wir zweifellos im Inhalte unserer Vorstellungen. Weshalb soll dieser Gedankeninhalt eine Wahnvorstellung sein? Mit der Berufung auf die Gesetze der Erfahrung, vor allem auf das Kausalitätsgesetz, kann dieses nicht bewiesen werden. Denn dieses wäre nur schlüssig, wenn man jene Handlungen als Erfahrungstatsachen behauptete, die nicht unter den Grundsätzen möglicher Erfahrung ständen. Davon ist keine Rede. Die beiden oder mehreren Möglichkeiten, zwischen denen ich *in concreto* wählen kann, sind als solche gerade noch keine Tatsachen der Erfahrung. Die Frage, auf welche von ihnen ich meine Gedanken richten soll, betrifft nicht eine kausale Erklärung naturwissenschaftlich zu erkennender Vorgänge. So ist die Frage der rechten Wahl kein Problem der wissenschaftlichen Naturforschung, sondern wird durch die Aufgabe dieser gar nicht berührt. Wie sollte sie daher durch die Grundsätze der Erfahrungswissenschaft ausgeschlossen werden, da doch deren begrenztes Reich an unsere Frage an und für sich gar nicht heranreicht?

Es erwachsen uns danach die zwei Aufgaben: Einmal, zu untersuchen, wie es mit der Gesetzmäßigkeit dieser zweiten Klasse von Vorstellungen, des Wollens, beschaffen ist; wie dieser Inhalt unseres Bewußtseins sich zu Gesetz und Einheit zusammenschließt. Sodann aber anzugeben, wie es sich mit der konkreten Ausführung im Sinne der Zwecksetzung verhält, da diese Ausführung als äußere Begebenheit doch in dem Rahmen der Erfahrung und unter der Herrschaft des Kausalitätsgesetzes zu geschehen hat.

65

Man darf die erste der eben genannten Fragen nicht so formulieren: ob es denn außerhalb der Erfahrung überhaupt noch gesetzmäßige Erkenntnis von Gegenständen gebe? Das ist ganz ausgeschlossen. Eine wissenschaftliche Erkenntnis von Objekten genau in der Art, wie eine solche in der Erfahrungswissenschaft stattfindet, kann bei der Zwecksetzung natürlich nicht auftreten. Wir behaupten vielmehr, daß eine zweite und andere Art von Gesetzmäßigkeit für letztere gilt; daß in der Reihe ihrer Vorstellungen eine eigene Form des Bewußtseins zum Ausdrucke kommt; und daß die Gesetzmäßigkeit wissenschaftlicher Erkenntnis mit derjenigen der Setzung von Zwecken für eine objektive Erwägung des Inhaltes der beiderseitigen Vorstellungen in keiner sachlichen Einheit zusammentrifft.

Die eine Klasse meiner Vorstellungen geht ihrem Inhalte nach auf die Erkenntnis von Gegenständen, und ich habe hier als letzte Gesetzmäßigkeit die grundlegenden Bedingungen, unter denen allein wissenschaftliche Wahrheit möglich ist, unter welchen sich dann auch für die Veränderungen in der Natur das Kausalitätsgesetz findet; die andere Klasse scheidet sich von jener dadurch, daß nicht Gegenstände wissenschaftlich erkannt, sondern daß sie bewirkt werden sollen, und nun frage ich (unter einstweiliger Suspendierung des Zweifels, wie die Umsetzung solcher Vorstellungen in die Wirklichkeit möglich sein wird) nach der Gesetzmäßigkeit solcher Zwecksetzungen. Diese Gesetzmäßigkeit würde wiederum der einheitliche oberste Gesichtspunkt sein, unter dem alle irgend welche einzelnen Zwecksetzungen stehen und in ihrer teleologischen Eigenart begreiflich werden. So wie jede einzelne wissenschaftliche Erfahrung, die wahr sein will, von einem allgemeinen Gesetze einer möglichen Erkenntnis überhaupt abhängt, so muß alles berechtigte Setzen von Einzelzwecken durch ein oberstes Gesetz des Telos bedingt und begreifbar sein, welches oberste Gesetz die letzte und allgemeingültige Einheit für alle Zwecksetzung mithin bedeutet.

Daraus folgt, daß auch in der formalen Art der Feststellung unserer Gesetzmäßigkeit die begonnene Parallele weiter geführt werden kann. Denn ebenso wie es bei der erkenntniskritischen Frage nach dem Gesetze wissenschaftlicher Wahrheitserkenntnis auf eine Selbstbesinnung der Vernunft ankommt, und die Untersuchung dabei auf die oberste, sachlich ursprüngliche und unwandelbare Einheit gerichtet werden muß, worauf sich alle Wissenschaft und Wahrheit gründet: genau so stellt sich nun das Problem in unserem jetzigen Zusammenhange, in der Frage nach der Gesetzmäßigkeit der Zwecksetzung, auf Darlegung und Klarstellung der letzten und allgemeingültigen Einheit, die ebenfalls als sachlich ursprüngliche und objektiv unwandelbare aller möglichen Einzelverfolgung von Zwecken zu grunde liegt und dieser überall Gesetz und Richtung zu liefern hat.

Bei jeder Zwecksetzung wird ein Gegenstand als zu bewirkender vorgestellt, der in die Wirklichkeit eintreten soll und darum für sich als konkreter und bedingter erscheinen muß, und es treten in dem Gedanken des Wählens und der Vorstellung eines Aussuchens mehrere Möglichkeiten jeweilig auf. Das Setzen von Zwecken, die man erreichen will, erwächst also aus empirisch gegebenem Stoffe und aus der besonderen bedingten Lage des Zwecksetzenden; und soweit er sich Ziele steckt, müssen sie in den Rahmen einer möglichen Wirksamkeit fallen, wenn sie nicht irrelevante Träumereien sein sollen. Aber unter diesen Zielen machen wir nun einen Unterschied danach, ob sie berechtigt sind oder nicht; ebenso wie wir unter vorliegenden erkennenden Vorstellungen, Ansichten und Lehren zwischen wahren und falschen unterscheiden. Eine berechtigte Zwecksetzung und eine gerechtfertigte Wahl ist nun aber eine solche, die in ihrem besonderen Fall einem allgemeingültigen Gesetze des Telos entspricht. Zum Nachweise der Berechtigung ist eine unbedingt gültige Art des Verfahrens notwendig, welche die Bedingungen einer gesetzmäßigen Zwecksetzung in formaler Allgemeinheit aufstellt und danach die Eigenschaft objektiver Berechtigung einer einzelnen bestimmten Zielentwerfung verleiht. Wir nennen eine solche Methode des Bestimmens und Richtens konkreter Zweckinhalte mit einem alten, nicht zweifelsfreien Schulausdruck: den „Endzweck".

Der Begriff eines solchen, von allem empirischen Beiwerke abstrahierenden, unbedingten Endzieles liegt also notwendig in dem Gedanken eines berechtigten Wollens, das nur an diesem Ziele gemessen werden kann. Die Aufstellung einer solchen Gesetzmäßigkeit findet ihre Berechtigung in der Möglichkeit, neben dem kausalen Werden kommender Begebenheiten auch menschliche Handlungen als zu bewirkende im Inhalte des Bewußtseins zu haben. Und es findet das Gesetz seine Begründung eben darin, daß es die oberste allgemeingültige Einheit aller möglichen Zweckverfolgungen darstellt und dadurch den Fundamentalunterschied von berechtigten und ungerechtfertigten Zwecken, von gut und böse möglich macht.

Das Wollen, als Vorstellung eines zu bewirkenden Erfolges, setzt seinen Gegenstand außerhalb einer bereits erkannten Erfahrung, außerhalb des Ganges kausal notwendigen Geschehens; so hat es Recht und Pflicht, nun auch der Idee des absoluten, unbedingten

Endzweckes die ausschlaggebende Bedeutung für die Frage nach gesetzmäßigem Wollen zuzubilligen: der eigenen Art des Setzens von Objekten die eigene grundlegende Gesetzmäßigkeit zu wahren.

Wir kommen hiernach zu diesem Schlusse: Derjenige Zweck ist berechtigt, der in der Richtung eines für alle irgend welche Zwecke gültigen Zielpunktes gesetzt wird, der einem einheitlichen Gesichtspunkte im Reiche konkreter Zwecke entspricht. Das kann aber seinem Begriffe nach nur eine unbedingte formale Methode sein, ein Richtpunkt, der von allem besonderen empirischen Beiwerk gänzlich entkleidet ist: Die Idee des Absoluten, des empirisch Unbedingten.

Man kann sich leicht davon auch auf diesem Wege überzeugen, der zu einem, seit der sokratischen Philosophie niemals ganz verloren gegangenen Gedanken leitet. In jeder Zwecksetzung liegt inhaltlich die Vorstellung, daß ein Erfolg unabhängig von kausalem Werden desselben beschafft werden soll. Sieht man ein, daß ein bestimmtes Geschehnis auf Grund erkannter Naturgesetzlichkeit kausal unvermeidlich kommen wird, so ist es widerspruchsvoll und sinnlos, von diesem Ereignis noch zu sagen, daß man es herbeiführen wolle. Es ist zu letzterem notwendig, daß eine sicher erkannte Verursachung fehlt; dann erst ist Raum für die Setzung eines zu erreichenden Zieles, für die Vornahme eines Zweckes, der erfüllt werden soll. Man will also einen bestimmten Erfolg erreichen, man setzt es sich in Gedanken vor. Aber gerade weil man das Ziel sich steckt, als eines, das nicht kausal sicher erkannt sein werde, so ist der kommenden Frage nicht auszuweichen: wozu man solches wolle?

Wie in der Naturerkenntnis das Kausalitätsgesetz von der einen Ursache wieder zurückführt auf eine höhere Ursache, von der die erstere die Wirkung ist, so tritt bei der teleologischen Betrachtung der parallele Mechanismus von Mittel und Zweck auf; wobei freilich der Unterschied bleibt, daß das Kausalitätsgesetz in seiner allein berechtigten Funktion, nämlich wissenschaftliche Erfahrung möglich zu machen, der Idee einer unbedingten Ursache an und für sich nicht braucht, während bei dem Verhältnisse von Mittel und Zweck der in der Naturerkenntnis unbefugten Frage nach einem letzten Darum gar nicht ausgewichen werden kann. Denn die zweite Frage geht auf dasjenige, was geschehen soll, welche Erfolge als Zweck zu bewirken sind. Mit diesem zweiten Gesichtspunkte wird das kritische Forschen nach einem Wozu, das bis zu einem obersten und letzten Zielpunkte fortführt, ganz unvermeidlich. Jeder bedingte Zweck erscheint notwendig als Mittel zu einem anderen Zwecke, und dieser wiederum in gleicher Weise. So liegt in dem Gedanken jedes besonderen Zieles ganz von selbst derjenige eines möglichen Fortschreitens bis zu einem Zweck enthalten, der nicht selbst wieder Mittel zu einem anderen Zwecke ist; bis zu einem Ziele, dessen Erreichung nicht wieder nur eine Möglichkeit zu weiter fortschreitendem höheren Zwecke sein würde. Das ist nun dasselbe, wie die oberste und nicht wandelbare Einheit aller irgend welchen Zwecke, die wir als Grundgesetz des Telos nannten.

Dadurch hebt sich der unbedingte Endzweck als ein in keiner Erfahrung voll zu verwirklichender Begriff heraus. Denn da er als allgemeingültiges Gesetz für jede nur denkbare Zwecksetzung gelten soll, so kann er gar nichts, als ein allgemeingültiges formales Verfahren sein, in dem alle inhaltlich bedingten Zwecke, die in irgend einer besonderen Lage jedes zielsetzenden Menschen nur auftreten mögen, in unbedingt einheitlicher Art bestimmt und gerichtet werden.

Diese Einheit liegt sonach in dem Gedanken einer so gearteten Zielverfolgung, daß bei ihr der Mensch von keinem subjektiven Sonderzwecke, von keiner zufälligen Begierde und keinem konkret persönlichen Wünschen geleitet würde. Dieses Gesetz der Zwecksetzung ist mithin nur eine Idee, der keine Erfahrung jemals zu korrespondieren vermag; die jedoch einen Ziel- und Leitpunkt für die Verfolgung menschlicher Einzelzwecke abzugeben hat, welche in ihr nur zur Einheit und Gesetzmäßigkeit zusammengefaßt werden können; und die hierdurch eine regulative Bedeutung für menschliches Wollen hat.

Frei wollen von aller empirischen Bedingtheit, seine Zwecke so setzen und wählen, daß sie in der Richtlinie des absoluten Endzieles geführt werden, — das ist die Gesetzmäßigkeit des Telos, die wir in unserer Sprache mit Sollen bezeichnen.

Der irrt, der auch hier glaubt, irgend welcher zauberischen Kraft und mystischen Ursache nachspüren zu können. So wenig wie der Wille als eine natürliche oder übernatürliche Kraft etwas Deutliches bezeichnet, sondern mit Fug — nach dem Maßstabe klarer Schärfe des Denkens — als eine besondere Richtung unseres Vorstellens von vorzunehmenden menschlichen Handlungen gefaßt wird: so darf das Sollen — bei Meidung schwerer Unklarheit — nichts anderes heißen als Einheit der Zwecksetzung.

Freiheit kann hiernach nicht heißen: Freiheit von dem Kausalitätsgesetze bei empirisch vorliegenden Begebenheiten, denn eine solche angeblich freie Ursache wäre innerhalb wissenschaftlicher Erkenntnis von Erscheinungen gar nicht begreiflich; sie heißt vielmehr: Freiheit von der Subjektivität der Zwecksetzung.

Freies Wollen — das ist: objektiv gültige Zwecksetzung.

Berechtigt ist danach, können wir wiederholen, eine Zwecksetzung nur dann, wenn sie, dem Gedanken von Mittel und Zweck folgend, zu dem unbedingten Endzwecke des absoluten Zieles menschlichen Wollens sich bewegt. Wer einen Plan zum Betruge eines anderen entwirft, der setzt sich zum Zwecke, einen Irrtum in jenem zu erregen oder zu unterhalten; er tut dieses als Mittel zu dem Zwecke, das Vermögen jenes zu beschädigen, und begeht solches, um sich oder einem dritten einen rechtswidrigen Vermögensvorteil zu verschaffen; — so verliert sish sein Streben in bloß subjektiven Zielen; die Maximen, denen er folgt, gelten nur für ihn persönlich, er handelt gerade nicht allgemeingültig, denn er geht ja gerade gegen des anderen Zwecke vor. So steht es nun mit allem Wollen. Bei der Wahl unter möglichem Vorgehen und dem Wollen eines von mehreren Zielen steht der einzelne am Scheidewege: Der eine Pfad nur führt in ununterbrochener Straße über das nächste Ziel, das zu erreichen ist, zum Throne des absoluten Herrschers Gesetz, die andern gehen als Holz- und Hirtenwege in das Gestrüpp und endigen da, wo einem bedingten subjektiven Zwecke Genüge getan war.

So ergibt sich bei menschlichem Wollen jedesmal die Alternative: ob die Zwecksetzung in einem bedingten konkreten Ziele von nur persönlicher Geltung erstirbt, ob sie bloß für das betreffende Subjekt Gültigkeit haben kann, oder ob die gesteckten besonderen Zwecke und die gerade getroffene Wahl unter dem Gesichtspunkte eines allgemeingültigen Wollens auftreten, so daß der Handelnde nicht nur seinem subjektiven Wünschen und Begehren folgt, sondern objektiv zutreffend wählt, indem jeder andere, der in gleicher Lage, doch irgend sonstwie empirisch bedingt, sich befindet, auch so wollen muß, wenn nicht wiederum dessen Zwecke in bloß individuellen und subjektiven Bestrebungen verlaufen und sich ertöten sollen.

Ich fasse dieses dahin zusammen:

Eine zukünftige menschliche Handlung kann auf zweierlei Weise vorgestellt werden: entweder wird sie in ihrem kausalen

Werden als notwendig erscheinend wissenschaftlich erkannt, oder es ist dieses nicht der Fall, sondern sie wird als eine zu bewirkende gedacht. Aber das erste ist in äußerst geringem Maße — nach Anforderungen exakter Wissenschaft bis jetzt eigentlich noch gar nicht — geliefert; es gibt zurzeit kein einziges sicheres Naturgesetz, wonach die kausale Notwendigkeit kommender menschlicher Taten nach Art etwa des Gesetzes der Schwere eingesehen würde. Aber wie weit dieses immer einmal ausgebessert werden möge, — in absoluter Totalität kann es gar nicht alles demnächstige Tun von Menschen erfüllen, weil die hier vorausgesetzte empirische Erkenntnis ihrem eigenen Charakter nach nicht unbedingt und allumfassend sein kann.

So bleibt der Unterschied zwischen erkennen und wollen. Ein Unterschied, den wir sicher im Bewußtsein tragen; dessen Vorhandensein als eine simple Tatsache jeder beliebigen Selbstbesinnung angenommen werden muß.

In jedem dieser zwei, sachlich immer und notwendig getrennten Gebiete gibt es einen weiteren gleichen Gegensatz: den des Objektiven und des Subjektiven. Bei der Erkenntnis nennen wir das erste die wissenschaftliche Wahrheit, bei der Zwecksetzung dagegen den guten Willen, das objektiv berechtigte Streben.

Eine wahre Erkenntnis liegt dann vor, wenn die einzelne Wahrnehmung unter dem obersten Gesichtspunkte der objektiven Einheit aller Erfahrung, als der grundlegenden Gesetzmäßigkeit der Natur, aufgefaßt wird. Ein berechtigter Zweck ist dann zu behaupten, wenn das empirisch erwachsende Begehren des einzelnen nicht bloß ein subjektiv gültiges Getriebenwerden bleibt, sondern als allgemeingültiges bestimmt, mithin auch wieder in dem Sinne einer für alle grundlegend einheitlichen Art der Zwecksetzung gerichtet wird.

In beiden Fällen ist Irrtum jederzeit möglich und vorhanden. Bei der Erkenntnis der Natur bleibt es stets bei dem Bemühen, das ständig Wechselnde und durcheinander Treibende der Erscheinungen in grundlegend einheitlicher Weise zu erfassen; und das Ergebnis muß immer unter dem Vorbehalte geschehen, daß andere dieses besser machen werden. In den Lehren der Moral ist immer nur ein Versuch zu erblicken, die subjektiv treibende Begier des einzelnen so anzuleiten, daß sie als objektiv berechtigt nun erachtet werden kann; und jede einzelne Lehre kann selbst wieder gerichtet und von einer besseren überholt werden, wenn gezeigt wird, daß die neue Lehre der Forderung der Einheit und der Allgemeingültigkeit in der Zwecksetzung der Menschen besser entspricht.

So ist der Inhalt der Wahrheitserkenntnis und der Morallehre allerdings dem Wechsel und der Besserung unterworfen. Aber was nicht einer Veränderung unterliegen kann, das ist der Gedanke der Wahrheit überhaupt und des Guten überhaupt.

So münden die beiden Gebiete des Erkennens und des Wollens je in eine oberste Spitze aus. Es gibt also zwei oberste Einheiten für menschliche Einsicht: die des erkennenden Bewußtseins und die des Ziele setzenden Wollens. Es sind zwei fundamentale Gesichtspunkte, nach denen der mannigfaltige Inhalt unserer Vorstellungen zusammenzuziehen ist: die objektive Einheit der Wahrheitserkenntnis und die allgemeingültige einheitliche Art der Zweckverfolgung. Durch die Einfügung des rohen Stoffes sinnlicher Wahrnehmungen in die oberste Einheit werden jene gesetzmäßig und zu wissenschaftlicher Erfahrung eingearbeitet; durch die Richtung blinder subjektiver Bestrebungen auf die zweite Einheit hin werden sie zu objektiv gerechtfertigten Zielen. Jene Erkenntnisse sind dann wahr, diese Ziele aber gut.

Diese zwei Richtungen, in denen sich der Inhalt unserer Vorstellungen bewegen kann, stehen ganz gleichberechtigt nebeneinander. Denn eine jede bedeutet gar nichts anderes, als die grundlegend einheitliche Art, den Inhalt unserer Vorstellungen zu ordnen. Wer glaubt, der erkennenden Erfahrungswissenschaft eine andere und bessere Rolle zuschreiben zu dürfen, hat sich selbst getäuscht; — wonach wollte er das auch beweisend bestimmen? Und wer da sagt: Ich erkenne überhaupt nur die eine an, diejenige nämlich, welche auf Einheit in der Natur geht, dem mag man das als subjektive Maxime, die für andere irrelevant ist, ruhig hingehen lassen; aber objektiv hat ein solcher nicht ausgedacht. Daß die Menschen in dem Inhalte ihres Bewußtseins von zukünftigen Handlungen den Gedanken des zu Bewirkenden haben, ist eine nicht wegzubringende Tatsache; dann ist aber auch die Frage nicht zu umgehen: Wie kann in diesen Bewußtseinsinhalt Einheit und Gesetzmäßigkeit gebracht werden?

Das ist nun hier geschehen.

66

Die Klarstellung des Gedankens einer obersten Einheit und letzten Gesetzmäßigkeit bei der Zwecksetzung hat nicht die Bedeutung, daß nun in allen Fällen zweifelnder Wahl und Entschließung ein jeder einzelne unmittelbar auf das Grundgesetz des Telos zurückzugehen habe. Dieses würde wohl den wenigsten möglich sein, und zudem in das ganze Zwecke setzende und Ziele verfolgende Leben eine notgedrungene tiefgehende Schwankung und Unsicherheit im praktischen Durchführen mit sich bringen.

Zur unmittelbaren Anleitung der einzelnen sind die Lehren der Moral da.

Auch bei der Naturbetrachtung wird jemand, der einen bestimmten Vorfall wissenschaftlich erklären und begreifen will, diesen zumeist nicht direkt auf die allgemeine Gesetzmäßigkeit der Natur mittels der obersten objektiven Einheit der Synthesis aller Erscheinungen in Raum und Zeit beziehen; sondern ihn unter bestimmte, bereits erkannte und festgestellte Naturgesetze bringen. Wenn der Arzt Krankheitserscheinungen beobachtet und helfend eingreifen will, so treten ihm zwischen die beobachteten Einzelwahrnehmungen und zwischen den Gedanken einer möglichen objektiven Erkenntnis überhaupt die Lehren wissenschaftlicher Naturforscher. Diese Lehren wendet er dann an; und nicht zahlreich werden diejenigen sein, welche sich ihnen gegenüber gleich in beweisende Negative zu versetzen vermögen, welche nachweisen können, daß andere Erscheinungen mit dem aufgestellten einheitlichen Gesichtspunkte, der Naturgesetz heißt und als solches gelehrt wird, nicht stimmen wollen und daher nach dem letzten Grundgedanken einer objektiven Einheit der Naturbetrachtung eine inhaltlich andere Einsicht als wahr aufgestellt werden müsse.

Aber es ist natürlich gleichgültig, ob einer und wie viele ihrer dazu persönlich im stande sind. In jedem Falle unterliegt jede Aufstellung und Lehre eines Naturgesetzes auch wieder der Kritik; — gemessen eben an dem obersten Grundgedanken einer allgemeingültigen Einheit wissenschaftlicher Erfahrung.

So sind die wissenschaftlichen Lehren der Naturforscher in ihrem Inhalte nach Zeiten und Völkern und sonstwie verschieden und im steten Wechsel begriffen.

Genau so steht es, formal genommen, mit den Lehren der Ethik. Auch hier werden inhaltlich ausgeführte Sätze bereit gestellt, welche dem Zweifelnden und Schwankenden eine Anleitung geben sollen, wie er in konkreter Lage, die an ihn herantreten möchte, seine Zwecke wählen und seine Ziele setzen und verfolgen solle. Sie sind ebensolche Versuche, wie die Naturgesetze für den wissenschaftlich erkennenden Forscher sind: für konkreten Stoff empirisch sich darbietender Bestrebungen die richtige Beziehung auf den obersten Grundgedanken einer letzten und unbedingten Einheit menschlicher Zwecksetzung zu bieten. Nach ihnen richtet sich der einzelne in dem, was man praktisches Leben nennt. Aber ein jeder dieser Moralsätze unterliegt der kritischen Nachprüfung darin, ob er denn auch das leiste, was einer ethischen Lehre mit objektivem Geltungswerte zukommen solle; ob er wirklich die empirisch bedingten Begehrungen der einzelnen in theoretisch korrekter Weise unter den Grundgedanken der obersten Einheit, der Zielsetzung nach unbedingter Allgemeingültigkeit und Abstreifung des subjektiven und darum unfreien Trieblebens einbringe.

So sind die allgemein gebietenden Lehren der Ethik in ihrem Inhalte nach Zeiten und Völkern und sonstwie verschieden und im steten Wechsel begriffen.

Die naturgesetzliche Einsicht und die Sätze der Moral stehen sich in dieser Hinsicht, in ihrem Geltungswerte, formal ganz gleich. Es sind beides Versuche, auftretendes empirisches Material — hier der Wahrnehmung, dort des Begehrens — unter den Gesichtspunkt einer für alles solches Material allgemein gültigen und schlechthin einheitlichen Erwägung zu bringen. So oft dieses versucht wird und nach dem jetzigen Stande der Einsicht als gelungen erachtet werden muß, so liegt ein Gesetz mit objektiver Bedeutung vor, ein Einzelgesetz der Naturwissenschaft oder der Ethik; welches Gesetz deshalb als ein objektives gilt, weil es sich nicht auf die Feststellung einer einzelnen Wahrnehmung oder einer bloß subjektiven Begierde beschränkt. Aber der Begriff der objektiven Geltung ist nicht zu verwechseln mit demjenigen der absoluten Geltung. Absolut ist kein solcher Einzelversuch; keine naturgesetzliche Erkenntnis noch auch irgend eine nach positivem Inhalte ausgezeichnete Morallehre: — absolut ist nur der Gedanke einer obersten und unwandelbaren Einheit selbst, der Gedanke der Möglichkeit einer einheitlichen Naturerkenntnis überhaupt und einer allgemeingültigen Zwecksetzung.

Wenn man sagt, daß die christliche Ethik die tiefste, die beste und erhabenste Morallehre gebe, die jemals aufgestellt worden sei, so wird in diesem sachlich richtigen und objektiv begründeten Satze die genannte ethische Lehre doch nach ihrer Eigenschaft einer guten und richtigen Lehre geschätzt und an einem dafür vorausgesetzten Maßstabe bestimmt. Die Vergleichung mehrerer Moralsysteme auf ihre Güte und innere Berechtigung hin legt ganz von selbst ein unbedingtes Richtmaß zu grunde. Das aber ist der absolute Gedanke, daß bei einer Zwecksetzung ein jeder von seinen nur subjektiven Gelüsten und Wünschen absehen und in einer allgemeingültigen und dadurch objektiv berechtigten Weise Ziel und Wollen sich zu setzen habe. Die christliche Ethik ist es, die dieser Forderung der Allgemeingültigkeit in ihrer inhaltlichen Anweisung für menschliches Wollen Genüge tut; und darum ist sie, in ihrem Sinne als Morallehre genommen, objektiv gerechtfertigt und besitzt den Vorrang vor anderen.

So ist auch in der teleologischen Betrachtung die dreifache Klimax zu beachten: subjektives Begehren — objektiv gerechtfertigtes Einzelziel — Idee einer unbedingten allgemeingültigen Einheit der Zwecksetznng überhaupt. Der letztgenannte Maßstab ist als bloß formaler Gedanke absolut und unwandelbar; und er ist die Bedingung, unter der überhaupt dann ein objektiv gültiges Einzelwollen möglich ist, — eine Zielsetzung, welche empirisch bedingten Inhalt hat, aber die formale Eigenschaft objektiver Berechtigung besitzt.

Wenn freilich einer auf gutes Wollen und rechtes Tun ganz zu verzichten gedächte, so würde die gelieferte Einsicht der Gesetzmäßigkeit des Telos machtlos sein. Wer fragen wollte: Weshalb soll ich sollen? — dem kann eine weitere überzeugende Antwort nicht gegeben werden. Das steht hier wiederum nicht anders, als bei der wissenschaftlichen Erkenntnis. Wem Grundgesetz, Bedingungen und Grenze möglicher Erfahrungswissenschaft aufgedeckt und gelehrt worden sind, dem kann auf die freche Replik, daß er eine wissenschaftliche Wahrheit nicht wolle, keine in logischer Überzeugung zwingende Instanz entgegengehalten werden. So ist es auch bei dem Sollen. Eine höhere Kraft, ein von außen her kommendes Gebot, das die Befolgung des Sollens garantierte, liegt in dem Begriffe desselben und in der Gesetzmäßigkeit des Telos gar nicht.

Ganz scheu sieht es in dieser Hinsicht mit den „natürlichen“ Triebfedern „des Gewissens“ aus. Wenn sie wären, so hätten sie ja von vornherein mit Telos und mit gutem Willen nichts zu schaffen, sondern würden in die Reihe der Instinkte eintreten und zur Kausalbetrachtung gehören. Aber sie sind leider „von selber“ nicht da;

und wenn sie sich finden, oftmals recht unzuverlässig, wie bei jenem Diebe, der tausend Mark gestohlen hatte und nach Bedarf, nämlich je nach stärkeren oder geringeren Gewissensbissen, zehn oder fünfzig oder zwanzig Mark dem Bestohlenen unentdeckt zurückschickte.

Hier hat für die praktische Betätigung die Erziehung einzusetzen und den Enthusiasmus für das Gute in dem dafür doch empfänglichen Menschenherzen zu wecken. Sollen heißt bloß eine wissenschaftliche Einsicht in die mögliche Einheit der Zwecksetzung und den subjektiv unbedingten Endzweck, als das die Gesetzmäßigkeit der einzelnen Zweckvorstellungen konstituierende Moment. In dem Sittengesetze liegt an sich nichts von empirischer Kraft.

Außer den beiden geschilderten Arten mangelhafter Überlegung kann hier noch eine dritte Klasse von Individuen auftreten: Neben dem unbewußt gut Wollenden, der das Gesetz nicht hat, aber sich selbst ein Gesetz ist; und zur Seite des Elenden, der im vorgeblichen gänzlichen Verzichte auf Beachtung des Gesetzes der Zweckverfolgung und auf den Wunsch von objektiv berechtigter Zielsetzung die Menschenwürde von sich stößt, — noch den dritten, welchem an der Einheit des Telos gelegen ist, der den Begriff des Endzweckes und danach objektiv begründeter Zwecke und gegenständlich berechtigter Wahl aufzunehmen sich willig zeigt, der aber dieses in seiner Weise bestimmen will. Das ist nun die zahlreiche Klasse derer, die sagen, mein Endzweck ist meine Lust, mein Wohlleben und Behagen; des Menschen oberstes Ziel liegt in der Beschaffung möglichster Lustempfindung und in der Abwehr von Schmerz.

Diese pflegen gemeinhin die größte Zahl abzugeben. Denn der zweiten, vorhin geschilderten Art kann es in konsequenter Weise mit ihrem Vorgeben niemals recht ernst sein. Wenngleich ein positiver Zwang durch die Erkenntnis einer möglichen Gesetzmäßigkeit menschlichen Wollens ihnen nicht angetan wird, so müssen sie doch, wie die Prozessualisten des Mittelalters sagen, eine *impositio silentii* gewärtigen: Wer alle wissenschaftliche Wahrheit verzichtend leugnen wollte, begäbe sich damit jeder Möglichkeit, in irgend welcher Erörterung mit Gründen mitzusprechen, auch nur den kleinsten Rechnungsfehler im Verkehre mit Fug berichtigend zu rügen; und wenn jemand sich aller Einheit und des Gedankens von objektiv berechtigten Zwecken entziehen und nur von beliebig eintretenden bedingten Zielen sich treiben lassen möchte, der müßte gar bald gewahren, daß er für jeden anderen, der ihn nicht gerade als Mittel gebrauchen wollte, gänzlich irrelevant wäre. So mag es kommen, daß die radikale Gleichgültigkeit gegenüber dem rechten Prinzip bei der Verfolgung von Zwecken sich im großen Publikum nicht allzu häufig und in der philosophischen Literatur gar nicht vorfindet; wobei wir von den blinden Fanatikern der ausschließlichen Kausalbetrachtung natürlich absehen. Wohl aber findet sich nun häufig die schon erwähnte Auffassung, wonach als Endzweck ganz bedingte und endliche Ziele, wie Glück und Lust und Wohlleben einzustellen wären.

Es wird bekannt sein, daß keiner dieses schärfer und konsequenter durchgeführt hat, als Stirner.[179] „Ich hab' Mein' Sach' auf nichts gestellt" — damit beginnt und schließt in richtiger Selbstcharakterisierung sein Buch. Alle Vorstellung von einem idealen Ziele für menschliches Wollen, von der Idee eines subjektiv unbedingten Endzweckes, welche dem Wollen gesetzmäßige Richtung gibt, ist ihm ein Irrwahn. Es ist darum kein Sollen und keine Pflicht anzuerkennen; die Menschen der Erfahrung, genau in den Eigenschaften, die sie gerade empirisch haben, die mögen nur ihre eigenen subjektiven Ziele verfolgen, denn für jeden einzelnen liegt der Endzweck in ihm selbst und seinem persönlichen Ich; das Ideal von einem Menschen, wie er sein sollte, der Gegensatz zu dem, wie jeglicher wirklich ist, das ist gänzlich abzulehnen. Ich vernichte, sagt Stirner, jenen Idealbegriff; ich streiche ihn und verstehe nun unter „Mensch" meine besondere Persönlichkeit, wie sie empirisch vorliegt. Denn Menschen, die wirklich sind, aber keine Menschen wären, weil sie der Aufgabe des Gattungsmenschen nicht entsprechen, wären Gespenster.

„Bleibe Ich auch dann noch ein Unmensch, wenn Ich den Menschen, der nur als mein Ideal, meine Aufgabe, mein Wesen oder Begriff über Mich hinausragte und Mir jenseitig blieb, zu meiner Mir eigenen und inhärenten Eigenschaft herabsetzte, so daß der Mensch nichts anderes ist als meine Menschlichkeit, mein Menschsein, und alles, was Ich tue, gerade darum menschlich ist, weil Ich's tue, nicht aber darum, weil es dem Begriffe „Mensch" entspricht? Ich bin wirklich der Mensch und Unmensch in Einem; denn Ich bin Mensch und bin zugleich mehr als Mensch, d. h. Ich bin das Ich dieser meiner bloßen Eigenschaft."

Und dieses setzt Stirner in der Meinung und Absicht, dadurch ein Ziel für menschliches Wollen und Streben von objektiver Richtigkeit gefunden zu haben, ein Ziel, das als letztes wissenschaftlich beweisbares für die Zwecksetzung zu gelten habe, dem gegenüber alles vom einzelnen empirischen Menschen losgelöste Ideal ein unbewiesenes Vorurteil sein müsse. Es ist ihm nicht darum zu tun, die Verfolgung von Zwecken und das Wollen des Menschen zu leugnen und dieses wegzubringen, er bekämpft den Staat und das Recht, weil sie den einzelnen in der schrankenlosen Verfolgung seiner Ziele hindern, weil sie notwendig gewalttätig und darum unberechtigt seien. Indem die Freiheit von jedem Zwange, von jedem Gebote und aller Norm, das allein Richtige sei, und als Gesetz des Wollens nur die Zwecksetzung des empirischen Ich gelten könne, deshalb sei die rechtliche Organisation ebenso wie Sittengesetz und Religion verwerflich.

Diese Meinung trägt jedoch einen verhängnisvollen Widerspruch in sich.

Das empirische Ich ist eine Zufälligkeit. In der Gestalt, wie es als seiend betrachtet werden kann, ist es geworden unter dem Einflusse der mannigfachsten umgebenden Umstände, die in ihrem Auftreten und Wirken von außen her erwartet werden müssen. Welche das sein werden, läßt sich aber *a priori* nicht im geringsten angeben. Der neugeborene Mensch ist ein ledigliches Naturwesen, bei dem von gesetzmäßiger Zwecksetzung nicht die Rede sein kann; er erlangt die Möglichkeit zu letzterer erst allgemach. Welche Fertigkeiten ihm danach zukommen, in welcher Art und Weise er lernt, sich Ziele und Zwecke zu setzen, das ist für ihn als empirisches Einzelwesen offene Frage, welche von den konkreten Faktoren, die seine Erziehung und Bildung getragen und gelenkt haben, jeweils abhängig ist. Und dieses setzt sich bei ihm fort bis an sein Lebensende: Die einzelnen Zwecke, die er verfolgt, die besonderen Ziele, die er sich steckt, erwachsen alle aus empirisch gegebenen Verhältnissen, aus seinen Erlebnissen und seiner irgend welchen Ausbildung, aus seiner Umgebung und den daraus strahlenden Einflüssen.

Wollte man also die tunlichst genaue Befolgung dieser subjektiv und an sich zufällig auftretenden Einzelzwecke in ihrer Eigenschaft als persönliches Wünschen als das oberste Ziel des Telos angeben, so könnte das nur in der Meinung geschehen, als ob man eine formale Allgemeingültigkeit durch die einem jeden auf jenes erteilte Anweisung erhielte. Das ist eine Täuschung.

Wenn eine Vorstellung objektiv richtig sein soll, also eine erkennende Vorstellung die Eigenschaft der Wahrheit, eine zielsetzende die Qualität gegenständlicher Berechtigung besitzen soll, so muß sie in ihrem Inhalte mit allen nur möglichen gleichartigen Vorstellungen in Einheit zusammenstimmen. Eine gewisse Naturbeobachtung ist nicht deshalb objektiv wahr, weil der Wahrnehmende sie recht fest und eindringlich in sein subjektives Empfinden aufgenommen hat, denn das könnte auch mit der Fata Morgana geschehen; sondern dann besitzt sie die Eigenschaft der Gesetzmäßigkeit, wenn sie mit allen anderen Einzelvorstellungen solcher Art in einer Einheit aufgeht. Es ist die einheitliche Auffassung des Inhaltes von Naturbeobachtungen, die zur Aufstellung und zum Beweise von Naturgesetzen führt. Wenn daher der Begriff der gegenständlichen Berechtigung auf das Gebiet des Ziele setzenden und wählenden Wollens übertragen werden soll, so ist es nötig, daß der Inhalt der konkret auftretenden Zwecke mit allem anderen Zweckinhalte in Einheit sich fassen läßt. Die bloß formale Gleichheit, die in der einem jeden etwa mitgegebenen Anweisung läge: Befördere nur möglichst scharf deine subjektiven Zwecke — kann der gestellten Aufgabe nicht genügen. Denn der Beweis für die Berechtigung einer in empirischer Lage aufgetretenen Wahl geht darauf, daß das Gewählte in seinem besonderen Inhalte gerechtfertigt sei; demnach muß auch der Obersatz, von welchem dieser Einzelfall die Qualität der Berechtigung herzuleiten gedenkt, den besonderen Inhalt aller nur denkbaren konkreten Wahlmöglichkeiten und Zweckverfolgungen umspannen.

Hier bleibt keine weitere Wahl. Entweder gibt einer vor, daß er sich jedes Gedankens an die Rechtfertigung seines Wollens und Tuns entschlage: so ist er für die anderen Menschen nicht besser als ein wildes Tier; — in welche Lage sich hinein zu begeben ihn keine erkenntniskritische Deduktion noch philosophische Beweisführung an und für sich abhalten kann. Oder aber, er will die objektive Berechtigung seines Wählens und Entschließens beweisen, meint aber, dafür auf das Moment technisch vollkommener Befriedigung seiner subjektiven Gelüste zurückgehen zu können: so ist er im inneren Widerspruche befangen; — weil er einen besonderen Inhalt seines Wollens als gegenständlich richtig dartun möchte, so muß er auf ein maßgebliches oberstes Gesetz zurückgehen, welches allen denkbaren Inhalt menschlichen Wollens und Wählens überhaupt umfaßt und dadurch dem Einzelwollen die Qualität des Objektiven eben verleiht. Das Gesetz kann sonach nicht anders lauten, als daß es die Idee des subjektiv Unbedingten ist.

Hiernach schwindet jede Möglichkeit, das Glück als unbedingten

Endzweck für menschliches Wollen, als Gesetzmäßigkeit der Zwecksetzung auszugeben. Glücksgefühl ist etwas bloß Empirisches und subjektiv Bedingtes; es gibt keinen allgemeingültigen, unbedingten Begriff hiervon, keine Idee einer absolut vorzustellenden Glückseligkeit der Menschen. So kann es im einzelnen, von Fall zu Fall, gerechtfertigt sein, nach einem als Glück vorgestellten Zustande zu streben und ein bedingtes Zielen danach für das einzelne Ich zu stecken; aber ob es alsdann wirklich in objektiver Weise berechtigt ist, muß wiederum an dem obersten Gesetze der Zwecke, dem allgemeingültigen Richtmaße des Wollens gemessen und entschieden werden. Lust und Wohlbefinden ist bloß eine zusammenfassende Benennung für einzelne persönliche Gefühle, Glück tritt nur als bestimmtes, besonderes Glück auf; es ist in jeder Lage ausschließlich von subjektiver Gültigkeit und Bedeutung, was es dem einen ist, kann es dem anderen möglicherweise gar nicht sein. Darum ist das Streben nach einem besonderen sogenannten Glück vielleicht in Gemäßheit des allgemeinen Gesetzes des Wollens gerechtfertigt und als konkrete Anwendung des unbedingten Endzweckes zu begreifen, aber es ist nicht das oberste Gesetz der Zwecksetzung selbst.

67

Wie aber ist nun eine Anwendnng der Gesetzmäßigkeit des Telos auf die Wirklichkeit des menschlichen Wollens und Tuns möglich? Scheitert nicht doch wieder die ganze teleologische Erwägung an der Unerbittlichkeit des Kausalitätsgesetzes, welches sie bei der praktischen Ausführung des Wollens als Hirngespinst entlarven und gänzlich beiseite schieben könnte?

Diese Zweifel sind durch unsere seitherige Erörterung noch nicht gelöst. Dort wurde dargetan, daß die Erfahrung das All von möglichem Bewußtseinsinhalte nicht ausfülle und wegen ihrer grundsätzlichen Abhängigkeit von Erscheinungen, die in Raum und Zeit gegeben werden, keine absolute Bedeutung haben könne, so daß für zukünftige Handlungen noch der weitere Gesichtspunkt des Wollens möglich bleibt, dessen objektive Gesetzmäßigkeit wir nun aufgewiesen haben. Jetzt aber handelt es sich um die Bedeutung dieses Gesetzes bei wirklich geschehenden Handlungen und um die praktische Verwertung dessen in einer möglichen Erfahrung. Da wiederholt sich in einem anderen Sinne die Frage: wie neben dem kausalen Geschehen das Telos und sein Gesetz möglich ist.

Würde man nun den Willen als eine eigenartige Kraft annehmen, der in die Welt der Erfahrung Wirkungen hineinbrächte, ohne doch selbst immer kausal bestimmt zu sein, so käme man freilich in unauflöslichen Widersinn. Sobald eine menschliche Handlung als äußeres Geschehnis für sich erwogen wird, ist sie eine natürliche Einzelerscheinung, deren Bewegung ebenso notwendig unter dem Kausalitätsgesetz sich befindet, wie jede andere Veränderung in der Natur.[180] Es gibt keine andere wissenschaftliche Erkenntnis konkreter Erscheinungen und Ereignisse, als unter dem notwendigen Gesetze von Ursache und Wirkung. Die als äußere Erscheinung auftretende Handlung eines Menschen hat jedesmal gleichfalls ihre bestimmenden Ursachen, unter deren Darlegung ihre Genesis allein begriffen werden kann. Und auf diese Ursachen findet nun das Kausalitätsgesetz mit unvermeidlichem Zwange auch wieder Anwendung, sofern eben eine wissenschaftliche Erklärung des Zusammenhanges der fraglichen Erscheinungen gegeben werden soll; so daß also im steten Rückwärtsschreiten eine wirkende Ursache immer wieder als Wirkung einer vorausgegangenen Ursache angesehen werden muß. Daß hierbei von außen her ein *spiritus rector* als unbedingte Ursache eingreifen könnte, ist ein Widerspruch gegen das Kausalitätsgesetz, als unentbehrlichen Grundsatz aller möglichen wissenschaftlichen Erfahrung, und darum für die Erklärung vorliegender Erscheinungen eine ganz unbegreifliche Sache. Freiheit im Vollbringen gibt es nicht. Für die einzelne Handlung als geschichtliches Ereignis bleibt hinsichtlich seiner, im wirklichen Geschehen bestimmenden Gründe nur die Erklärung von notwendig wirkenden und wiederum notwendig bedingten Ursachen. Ein freier Wille bedeutet uns nicht eine unerklärliche Kraft, die unbewirkt und erhaben ob Raum und Zeit in den Kausalzusammenhang irdischer Dinge mit feenhaftem Einflusse wirkend eingriffe; Freiheit in diesem Zusammenhange ist die Unabhängigkeit nicht vom Kausalitätsgesetze, sondern von dem bloß subjektiven Inhalte zu setzender Ziele. Sie ist die Gesetzmäßigkeit des Wollens, ist der Gedanke eines unbedingten Zielpunktes als Richtmaßes der Auswerfung von Zwecken, die Idee des absoluten Endzweckes, welche aller einzelnen Zwecksetzung erst Einheit und Allgemeingültigkeit und danach dem konkret gewählten Zwecke objektive Berechtigung verleiht. — „Du sollst denken, als ob du könntest!“ — das ist die erste praktische Anweisung, welche die Idee der Freiheit ausgibt.

In welcher möglichen Art kann nun diese Idee mit tatsächlichem Handeln in bestimmende Verbindung gebracht werden?

Hier ist so viel klar, daß die ganze Frage der Zwecksetzung praktisch immer nur aus einer gegebenen empirischen Lage sich erhebt. Es handelt sich *in concreto* stets um empirisch gelieferte Möglichkeiten, zwischen denen wählend eine Entscheidung zu treffen ist. Und nun kommt es darauf an, die Wahl unter dem richtigen Gesichtspunkte vorzunehmen, — in letzter Linie also unter dem allgemeinen Gesetze des Wollens, wonach die objektive Berechtigung eines Zweckes allein sich bestimmen lassen kann. Es steht demnach außer allem Zweifel, daß der Ausfall der Willensentscheidung davon abhängt, ob der bestimmende Gesichtspunkt in der Richtlinie des Guten liegt und der Wählende gesetzmäßig erwägt oder nicht.[181]

Ich ziehe zur näheren Erläuterung zunächst die Parallele der Erfahrung heran.

Der wissenschaftlich Gebildete sieht und beobachtet die äußere Natur um ihn ganz anders als der Laie, und es ist seine unterliegende Einsicht von der Gesetzmäßigkeit der Natur von größtem Einflusse darauf, was nun weiterhin von ihm als Naturerkenntnis festgestellt wird. Den Stoff hierzu muß er freilich von außen erwarten; es ist alle gesetzmäßige Erkenntnis der Natur an sinnliche Vorbedingungen, an das Gegebensein von Erscheinungen geknüpft. Aber die Verarbeitung sinnlicher Eindrücke und Wahrnehmungen zu gesetzmäßigem Wissen geschieht mittels allgemeiner Begriffe und Grundsätze, wie vor allem vermöge des Kausalitätsgesetzes. Ob also jemand Begriff und Grundsatz besitzt oder nicht, das ist von ausschlaggebender Bedeutung für den Charakter seiner Beobachtungen und Feststellungen von Naturvorgängen: Wer an den Rübezahl glaubt, wer Dämonen und Götter als waltend annimmt, ihm müssen die gleichen Sinneswahrnehmungen ein ganz anderes Ergebnis bereiten als dem Kenner des Elektromagnetismus; andere Sätze wird der als Wahrheit künden, dem die mechanistische Theorie des Lebens zur Basis dient und die kausale Erklärung der Erscheinungen unvermeidliche Notwendigkeit geworden, als der gläubige Muselmann, der denselben sinnlichen Eindruck empfand wie jener. Nicht die Materie und der empirisch gegebene Stoff ist es, welcher schließlich darüber bestimmt, ob wissenschaftliche Wahrheit vorhanden ist, sondern der Begriff und der Grundsatz. Die Frage, was und wie jemand erkennt, und ob er dabei wissenschaftliche Wahrheit zu erringen vermag, das kommt auf Besitz und Betätigung der Einsicht in die Gesetzmäßigkeit der Natur an.

Handelt es sich dem gegenüber um das Setzen von Zwecken, um das Verfolgen bestimmter Ziele und das Treffen einer Wahl, so kann es ganz analoger Weise nicht anders sein, als daß der Gesichtspunkt, den jemand als allgemeingültigen dazu mitbringt, von bestimmendem Einflusse auf den Ausfall der Wahl ist und für den schließlichen Effekt tatsächlich nicht gleichgültig zu sein vermag. Auch hier haben wir, psychologisch erwogen, die Tatsache eines wilden Drängens und Strebens nach diesem oder jenem Ziele und eines ungezügelten elementaren Wählens zwischen verschiedenen Erfolgen, die ohne Wählen und Streben bloß nach notwendig vorausgesehenem Gange der Natur nicht als unvermeidlich erkannt sind. Woher der Ursprung dieses Drängens und Treibens kommt, soll gleich noch erwogen werden; aber daß in ihm inhaltlich die Verfolgung von Zwecken liegt, und der Inhalt von solchem gefühlsmäßigen und unmittelbaren Streben und Wählen von dem Inhalte einer bloß erkennenden und Kausalzusammenhänge einsehenden Vorstellung ganz verschieden ist, wird nach früherem klar sein. Dieses tumultuarische Streben und Wünschen ist nun zu einem gesetzmäßigen zu gestalten, und der Gesichtspunkt der objektiven Einheit des Wollens durchzuführen.

Es ist möglich; wahre Erkenntnis einen andern zu lehren, und es unterliegt gar keinen prinzipiellen Schwierigkeiten, jemanden zu der Fähigkeit wissenschaftlicher Erfassung der Naturvorgänge heranzubilden. Aber es macht auch nicht mehr Bedenken, daß man andere Menschen zu ethischer Gesinnung erzieht und die Idee des guten Willens ihnen einpflanzt, welche Idee dann von bestimmendem Einflusse für die Richtung, in der sie ihre Ziele verfolgen, sein muß.

Scharf ausgedacht steckt in der gezogenen Parallele dreifach verschiedene Erwägung.

Einmal die Unterscheidung von sinnlichem Stoff und Verstandesbegriff, in welchem jener gefaßt wird; und entsprechend in ein Streben und Triebleben gegenüber dem Gesichtspunkte, unter dem dasselbe zu leiten ist. Wobei die Verschiedenheit deutlich, aber auch für die formale Parallele ohne Belang ist, daß im letzten Falle die sinnlichen Bedingungen nicht im bloßen Gebiete der Empfindung und Vorstellung bleiben, sondern wesentlich mit das gefühlsmäßige Drängen und das daraus allein entsprungene Streben betreffen, das nach dem

Gesagten dem formalen Grundgesetze für die Verfolgung von Zielen als der leitenden Richtschnur jener Materie der Zwecksetzung gegenübersteht.

Zum anderen, der Gegensatz einer von sicheren allgemeinen Begriffen (wie z. B. dem der Kausalität) geleiteten Erkenntnis, der infolge dessen Wahrheitswert objektiv zukommt, zu einer auf unklar begriffener Grundlage verbliebenen subjektiven Wahrnehmung: wissenschaftliche Erkenntnis auf Grund allgemeingültiger Verstandesbegriffe und Grundsätze gegenüber dem bloßen Augenschein, der bei aller einschmeichelnden Überredung, bei noch so eindringlicher Unmittelbarkeit und sicher eingesehener Genesis im Subjekt doch an sich nicht Wahrheit bedeuten kann und der Korrektur der allein eine wahre Erkenntnis verbürgenden Verstandesfunktion allezeit gewärtig sein muß. Parallel dazu das Streben in dunklem Drange, ein Sichhingeben an die subjektiven Impulse des Augenblickes — die Sinnestäuschungen im Gebiete des Wollens —, entgegengesetzt der Zwecksetzung unter allgemeingültiger Gesetzmäßigkeit, die einen notwendigen und sicheren Maßstab für gegenständlich berechtigtes Wollen abgibt.

Und endlich, der verschiedene Lauf, den die Gedanken von empirisch gegebener Lage aus nehmen werden, je nachdem ihr Subjekt das Fundament reiner Begriffe und Grundsätze für alle mögliche Erfahrung inne hat, oder ohne dieses den wechselnden Eindrücken der Sinne folgt; und zur Seite der Einfluß, der für die konkrete Art einer Zwecksetzung und den besonderen Ausfall einer Willensentscheidung aus der verschiedenen Basis erwachsen muß: ob das Zwecke verfolgende Subjekt von der Idee einer unbedingten Gesetzmäßigkeit des Wollens ausgeht oder ohne dieses der Laune nur sich überliefert und von bloß individuell gültigen Triebfedern gelenkt wird.

Daraus ergibt sich die Möglichkeit und Berechtigung eines objektiv richtenden Urteiles über menschliches Tun und Handeln. Unsere kritische Aburteilung hierüber geht auf den Gesichtspunkt, unter dem jemand seine Ziele gesteckt und eine ihm vorliegende Wahl getroffen hat. Die objektive Gesetzmäßigkeit des Wollens gibt hier das leitende Maß und ermöglicht eine gegenständliche Sicherheit darüber, welches in dem gegebenen Falle das berechtigte Wollen, das Gute, ist.

Weiter darf man jedoch in der praktischen Anwendung des Zweckgesetzes nicht gehen. Es ist ein Fehler, wenn nunmehr, wie häufig geschieht, auch nach der Eigenschaft der Gesetzmäßigkeit des Wollens als angeblicher Ursache gefragt wird. Sobald vielmehr die Verursachung menschlicher Handlungen zur Erwägung steht, so sind wir wieder in naturwissenschaftlicher Betrachtung begriffen. „Ursachen“ des Handelns gibt es nur in physiologischer Art. Und schon das Fragen nach „wirkenden Ideen“ oder nach methodischen Anleitungen, die „wirkende Kräfte“ seien und „den Willen in Bewegung setzen“[182], hat etwas Perplexes in sich. — Das Gesetz des Wollens ist eine formale Richtlinie für das Urteil über Richtigkeit und Gesetzmäßigkeit bestimmter Zwecke. Es gehört für sich genommen nicht zu den Erscheinungen, die allein als Ursachen von Veränderungen auftreten können; und kann nicht unmittelbar zu kausal bestimmenden Gründen des Handelns gezählt werden, die hier im Nervensystem liegen.

Dieser Gegensatz von kausalem Bestimmtsein und vom Gesetze der Zwecke ist niemals aufzuheben. Die formalen Bedingungen, unter denen der Inhalt eines Wollens innerlich berechtigt ist, haben nichts von notwendiger Wirkung für das Handeln an sich; — und die Untersuchung des natürlichen Werdens eines bewirkten Erfolges fällt außerhalb der Frage nach richtigen Zwecken. Solcher Zwiespalt ist unabänderliches Menschenlos. Er mag wohl niemals ergreifender, schärfer und eindringlicher gefaßt worden sein, als von Paulus von Tarsus: „Wollen habe ich wohl, aber Vollbringen das Gute finde ich nicht.“

Und doch wäre es andererseits logisch ja ganz unbegründet, wenn man versuchen wollte, die Berechtigung von bestimmten Zwecken nach deren hinterherigem wirklichen Eintreten beurteilen zu wollen. Wer dieses täte, würde ein oberstes Gesetz für menschliche Ziele freilich angenommen haben, nämlich den tatsächlichen Erfolg, das natürliche spätere Erreichen eines Zieles. Aber damit kann der Gedanke einer Gesetzmäßigkeit der Zwecke gerade nicht erfüllt werden: Da die grundlegende Eigenschaft des wollenden Bewußtseinsinhaltes in dem Vorstellen eines zu bewirkenden Gegenstandes besteht, so kann das oberste Gesetz als grundsätzlich richtende Norm für diesen Bewußtseinsinhalt nur in der Art der Zielsetzung im Wollenden gefunden werden.

Wir dürfen dabei von der sicheren Tatsache ausgehen, daß wir den Gedanken des Zweckes, die Vorstellung eines zu bewirkenden Erfolges, der Möglichkeit einer Wahl als inhaltlich gesonderte Klasse von Vorstellungen besitzen; für die sich eine grundlegende

Einheit in der Idee des subjektiv Unbedingten, des absoluten Endzweckes findet; nach welcher obersten allgemein geltenden Gesetzmäßigkeit des Wollens die jeweilige Berechtigung desselben zu bestimmen ist.

Aber woher stammt diese Idee eines letzten Gesetzes des Wollens? Wird sie nicht auf kausal bedingtem Wege zugeführt, so daß schließlich sich doch alles wieder in kausales Getriebe auflöst? Und kann man jemanden dafür verantwortlich machen, wenn die Gesetzmäßigkeit berechtigten Wollens seinem Bewußtsein fehlt?

68

Wer dem Grundgedanken unserer Erörterung gefolgt ist, kann nicht im Zweifel darüber sein, daß der empirische Erwerb der Idee des Guten in Sicherheit von uns angenommen wird. So wenig, wie irgend welche Erkenntnisse, Begriffe und Meinungen, dem Menschen angeboren sind oder in einem mystischen dunkeln Verfahren ihm anfliegen, ebenso wenig kann es mit der Einsicht in ein allgemeines Gesetz des Wollens der Fall sein. Es steckt dieses weder als eine unbegreifliche gespenstische Kraft in uns, noch kommt es in plötzlicher Offenbarung über einem. Es will gelernt und erworben sein; und es kann nur innerhalb der Erfahrung gewonnen werden.[188] Demnach hat das Vorhandensein der Idee des Guten im einzelnen Subjekte bestimmte empirische Bedingungen. Es besteht also allerdings eine Möglichkeit, den Entstehungsursachen der Vorstellung eines Gesetzes der Zwecke nachzuspüren und diese für jedes einzelne Subjekt zu erforschen. Freilich verstrickt sich dieses in unendliche und exakt gar nicht aufzulösende Komplikationen. Es ist, wie früher schon beiläufig bemerkt wurde, keineswegs geglückt, in der gesetzmäßigen Erkenntnis der Erregung von Vorstellungen im Menschen bedeutsame Entdeckungen zu machen; wir sind auf ziemlich geringfügige Generalisationen einzelner Beobachtungen angewiesen, deren allgemeiner Geltungswert durchgängig fraglich und zweifelhaft bleibt. Dazu tritt nun die Wahrnehmung, daß die Zahl der relevant eingreifenden Eindrücke in der Reihe der Erlebnisse in unübersehbarer Zersplitterung auseinandergeht und diese indirekten Bestimmungsgründe einer allgemeingültigen Kontrolle sich beharrlich entziehen; wie nicht minder der bedeutsame Umstand, daß in den Entwicklungsgang der Gesichtspunkte, die für des einzelnen Zwecksetzung sich dann maßgeblich erweisen, ungezählte Einmischungen dritter Personen bestimmend eingreifen, welche dann auch erst wieder auf ihre empirischen Vorbedingungen hin untersucht sein müßten, wenn das Vorhandensein der Idee bei dem einzelnen einer einigermaßen gesicherten Kausalerklärung unterzogen sein soll.

Indessen ist es richtig, daß diese faktischen Schwierigkeiten an der theoretischen Möglichkeit, empirisch bedingte Entstehungsprozesse der Idee des Guten bei Einzelindividuen zu untersuchen, nichts Wesentliches ändert. Wenn wir daher alle empirischen Bedingungen des Vorhandenseins der Idee vollständig übersähen, so wäre es möglich, daß der empirische Effekt — daß dieses und jenes geschieht oder unterbleibt — sich daraus so sicher, wie irgend ein sonstiger Vorgang der Natur, aus den gegebenen Bedingungen herausrechnen lassen würde.

Aber damit wird der freie Wille, als allgemein geltendes Gesetz der Zwecke, nach dem sie ihre objektive Berechtigung darzutun haben, in seiner systematischen Bedeutung mit nichten alteriert.

Auch die Entdeckung des wissenschaftlichen Forschers hat für ihre Entstehung bestimmte empirische Vorbedingungen. Und hierbei wiederholt sich gleichfalls, daß eine vollständige Überschau über diese Vorbedingungen die vorliegende Tat als Produkt empirischer Faktoren auszurechnen erlauben würde. Aber das Urteil darüber, ob der vorgebrachte neue Lehrsatz wahr oder falsch ist, ist von jener genetischen Erklärung ganz und gar unabhängig. Dieses Urteil geht auf die Gesetzmäßigkeit einer Entdeckung; es besitzt darum ganz selbständige Berechtigung: Die Erkenntnis einer möglichen wissenschaftlichen Wahrheit ist in ihrem Geltungswerte ganz unabhängig von der Frage, wie uns diese Erkenntnis geworden ist. Das Kind greift nach dem Spiegelbilde, weil es einen Spielgenossen zur Stelle wähnt, und lernt erst langsam die Wahrheit hierüber kennen; aber die Erforschung des Werdeganges seiner wahren Einsicht ist in der Fragestellung völlig abzutrennen von der systematischen Erwägung, wie es mit der Gesetzmäßigkeit und wissenschaftlichen Wahrheit in Sachen des reflektierenden Spiegels bestellt ist. Und bei diesen zwei Fragen hat die letztere, die systematische, den logischen Vorrang vor jener, der genetischen; die Frage, wie sich bei jemandem die Erkenntnis der Wahrheit entwickele, hätte von vornherein keinen Sinn, wenn nicht systematisch der Gegensatz von wahrer Einsicht und subjektivem Schein zu grunde gelegt ist. Und nicht deshalb ist eine wissenschaftliche Lehre wahr, weil wir den Gang ihrer Entwicklung und Ausbildung kausal zu verstehen vermögen.

Dieses Verhältnis von genetischer Frage und systematischer Betrachtung ist überall festzuhalten und durchzuführen: Alle entwicklungsgeschichtliche Forschung ist nicht nur dem Verfahren nach analytisch, indem sie von der Erkenntnis des Bestehenden in die Vergangenheit zurückgeht; sondern sie setzt auch für die Würdigung ihrer Ergebnisse das Richtmaß eines systematisch begründeten Urteiles voraus. Vor allem gilt dieses für die Einsicht, daß ein letztes allgemeingültiges Grundgesetz für alle mögliche wissenschaftliche Erkenntnis notwendigerweise bestehen müsse. Auch hier kann man zwei Fragen behandeln: die nach dem Erwerbe und den Entstehungsgründen der genannten Einsicht und die davon verschiedene nach seiner Geltung und systematischen Bedeutung. Die letztere aber ist die sachlich bevorzugte und ausschlaggebende und jedenfalls von der zuerst genannten in der Untersuchung zu trennen. Es ist ganz und gar unmöglich, die letzte Gesetzmäßigkeit für eine mögliche wissenschaftliche Erfahrung aus dieser selbst abzuleiten, während doch jeder Versuch irgend welcher Einzeldeduktion und Einzelerkenntnis die allgemeine und einheitliche Möglichkeit einer Erkenntnis überhaupt notgedrungen voraussetzt. Auch die Darlegung, daß es langer Zeiten und vieler Schicksale bedurfte, um die Menschheit zum Begriffe der Wissenschaft und danach zu der Einsicht einer hier zu grunde liegenden Gesetzmäßigkeit wissenschaftlicher Erkenntnis zu bringen, kann niemals die Geltung dieser letzten Gesetzmäßigkeit irgend wie berühren. Auch wenn dargetan wäre, weshalb und wie man notwendigerweise zu einer solchen Einsicht in die Gesetzmäßigkeit der Natur kommen mußte, wogegen andere in anderen empirischen Lagen nicht dazu gelangen konnten, — so würde doch der Geltungswert des Grundgesetzes wahrer Erkenntnis in keine Mitleidenschaft gezogen werden. Denn auch jener Beweis hätte wiederum das Bestehen und die Geltung dieses Grundgesetzes zur notwendigen Unterlage genommen.

Es ist also die Erwägung des kausalen Werdens einer Ansicht und Lehre ganz abzutrennen von der Frage nach ihrer gesetzmäßigen Wahrheit und wissenschaftlichen Berechtigung. Kausal erklärt werden kann jede Vorstellung, der Wahn und Irrtum so gut wie die wissenschaftliche Einsicht; aber ob eine bestimmte Vorstellung Wahrheitswert besitzt, darüber entscheidet nicht das Gelingen der Aufweisung ihrer Entwicklung, sondern das richtende Urteil, ob sie nach Gesetzen möglicher Erfahrung mit anderen in Einheit zusammenstimmt.

Denn auf diesem obersten Gesetze der Verknüpfung der Erscheinungen zu einer Einheit im erkennenden Bewußtsein beruht die objektive Geltung der Naturgesetze, welche sonst überhaupt nicht begreiflich wäre; und zwar sowohl der inhaltlich besonders bestimmten Gesetze, als auch der allgemeinen Grundregeln, wie das Kausalitätsgesetz eine ist, — ein Instrument, dessen berechtigte Geltung an seiner Tauglichkeit und Unentbehrlichkeit im Dienste jenes obersten Gesetzes der Erkenntnis bestimmt ist.

Doch wir wollten diese Erörterung nur so weit heranziehen, als zur Illustrierung der Gesetzmäßigkeit des Wollens wünschenswert sein kann. Hinsichtlich beider Gebiete nun, in der Frage nach dem, was ist, und was sein soll, muß gleichermaßen ein oberstes Gesetz der Einheit gelten, wenn der einzelne Fall gesetzmäßig, wahr und gut, zu sein den Anspruch soll erheben können. Die Gesetzmäßigkeit ist für das richtende Urteil auf beiden Gebieten die notwendige Unterlage und unerläßliche Voraussetzung, das nicht zu entbehrende logische Prius. Sie ist gelegen in demjenigen obersten einheitlichen Grundgedanken, welcher dem Inhalte einer einzelnen Vorstellung die Eigenschaft des objektiv Richtigen — des Wahren oder des Guten — verleiht, sobald dieser konkrete Vorstellungsinhalt in der Richtung jener unbedingten Idee formal kongruent sich bewegt.

Sie selbst — die Gesetzmäßigkeit — tritt freilich nicht innerhalb der konkreten Erscheinungen dessen, was ist und geschieht, als Erscheinung selbst auf; daher sie auch nicht eine Folge oder Wirkung von einzelnen Erscheinungen logisch sein kann, sondern allem, was wirklich geschieht, unabhängig und selbständig gegenübersteht. Die unbedingte Unterscheidungsmöglichkeit von objektiv richtigem und nur subjektiv begründetem Inhalte unserer Vorstellungen, die Eigenschaft des objektiv Berechtigten im Erkennen und im Wollen, diese Qualität der einen Klasse des Inhaltes unserer Urteile ist selbst nicht kausal hervorgebracht und fügt sich dem Begriffe einer konkreten Einzelerkenntnis nicht unter.

Aus diesem Grunde, weil die Gesetzmäßigkeit des Daseins und des Wollens von tatsächlichen Vorgängen unabhängig ist und diesen letzteren erst die rechte Richtung verschafft, ist für ihre Geltung und Bedeutung es namentlich auch gleichgültig: wie viele Menschen sie tatsächlich in ihrer Erkenntnis haben; wie sie von diesen erworben wird; — und besonders auch: ob diese überhaupt in der Lage waren, die Einsicht in das Gesetz und seine mögliche rechte Anwendung zu haben oder nicht.

Wenn zwei sich über die wissenschaftlich begründete Erklärung, also über die gesetzmäßige Erkenntnis eines natürlichen Vorganges, e. g. über die Entstehungsursachen einer Krankheit, streiten, so sind es doch zwei ganz verschiedene Fragen, einmal, wer von ihnen objektiv im Rechte ist, — und zweitens, ob der andere für sich und in seiner besonderen Lage überhaupt die Möglichkeit hatte, seinen Irrtum zu vermeiden oder nicht. Und im Falle es sich fragt, ob jemand in besonderer Lage, e. g. einem kriegsgefangenen Feinde gegenüber, korrekt gehandelt hat und sein Entschluß berechtigt gewesen ist, so muß gleichermaßen unterschieden werden: ob die von ihm getroffene Wahl in ihrem Inhalte objektiv richtig ist, — und daneben, in eigener und selbständiger, doch sekundärer Frage, wie er dazu gekommen ist, und ob überall für ihn eine Möglichkeit vorlag, anstatt des eingeschlagenen Verfahrens es anders und besser zu machen. Wir fällen einerseits und primär ein richtendes Urteil über den Inhalt einer wissenschaftlichen Lehre und eines Ziele setzenden Wollens; und haben davon — und als für jenes durchaus irrelevant — die weitere Frage zu scheiden, welches die Genesis der falschen Ansicht und der unberechtigten Zwecksetzung gewesen. Und wenn wir finden, daß der Beurteilte *in concreto* gar nicht anders lehren oder wählen konnte, so wird dadurch jenes nicht wahr und dieses nicht gut.

Das zeigt sich bei jeder einzelnen gesetzmäßigen Erkenntnis deutlich. Es ist für die Wahrheit der Lehrsätze kosmischer Physik ganz gleichgültig, seit wann sie ein Eigentum menschlicher Erkenntnis abgeben, und in welcher Zahl ihre Besitzer vorhanden sind. Und wenn bei mangelnder Bildung jemand behauptet, daß die Sonne sich um die Erde drehe, so geht unser wissenschaftliches Urteil dahin, daß die Aufstellung jenes nicht wahr sei; und es ist eine zweite und für unser objektives Urteil ganz gleichgültige Frage, ob jener überhaupt in der Lage war, es besser wissen zu können, und welche Umstände ihn zu seinem Irrtum getrieben oder darin belassen haben.

Und so ist auch unser richtendes Urteil über menschliches Begehren und Wollen objektiv möglich nach dem Gesichtspunkte einer allgemeingültigen Einheit eines subjektiv unbedingten Zieles, für die Verfolgung von Zwecken und das Treffen einer Wahl. Ob die Handelnden überhaupt in der Lage waren, von dem rechten Gesichtspunkte für ihr Wollen auszugehen, steht auf einem ganz anderen Blatte. Es ist ein objektives Urteil, daß die Menschenfresserei schlecht und unberechtigt ist, das in seiner gegenständlichen Begründetheit richtig steht, ganz unabhängig von der Erwägung, ob der Karaibe Möglichkeit hatte, es einzusehen oder nicht. Ganz richtig kommt dieser Gedanke auch in der vulgären Redeweise zum Vorschein, wenn man sagt, daß man die Handlungsweise jemandes nicht billigen, aber doch erklärlich finden könne: Jenes geht auf das objektive Urteil nach dem grundlegenden Gesetze des Telos, während dieses letztere die kausale Entstehung der tatsächlich wirkenden Tiebfedern zu erkennen glaubt. Dabei wird man möglicherweise auf andere Personen zurückgewiesen, welche dafür hätten sorgen sollen, daß jenen Beurteilten gesetzmäßiges Wollen nicht fehle; so daß das Unterlassen dieser anderen oder ihr geradezu verführendes Tun wiederum richtend in Erwägung genommen wird. Aber immer bleibt die Zielverfolgung der zuerst Genannten objektiv eine der allgemeinen Gesetzmäßigkeit nicht entsprechende; und an der gegenständlichen Richtigkeit eines solchen Urteiles kann die subjektive Unfähigkeit der Beteiligten, dem Gesetze überhaupt zu entsprechen, gar nichts ändern.

69

Die Ergebnisse der in diesem Abschnitte angestellten Untersuchungen gelten für alles menschliche Wollen. Sie fügen sich einheitlich zu den Grundlagen einer Zweckwissenschaft zusammen, die der Naturwissenschaft in geschlossenem methodischen Aufbau gegenübertritt. Die letztere hat es mit dem Reiche der Wahrnehmungen zu tun, die sie nach festen, allgemeingültigen Grundsätzen zu bezwingen gedenkt, — jene regiert das Reich der Zwecke, dessen Realität wir vorhin dargelegt haben.

Soll dieses zweite Reich wissenschaftlich beherrscht werden, so muß es einer gesicherten letzten Gesetzmäßigkeit unterstehen. Die Gesetzmäßigkeit der Zwecke aber ist die unbedingte und allgemeine Methode, den Inhalt menschlichen Strebens und Zielens in gleichmäßiger Art zu richten und zu bestimmen. In solchem Sinne wurde oben das freie Wollen als ein inhaltlich besonders geartetes Wollen beschrieben. Und wir haben dieses Bild hier vor uns: Der besondere Inhalt von menschlichen

Zwecken entsteht im empirischen Verlaufe des Daseins, nicht anders wie die Wahrnehmungen der Sinne, — aber er ist in einheitlicher formaler Art zu bearbeiten, soll Ordnung der Gedanken bestehen, und eine Wissenschaft der Zwecke statt haben.

Diese letztere selbst zu erschaffen, müssen wir uns vor allem die allgemeinen Möglichkeiten vorstellen, in denen wissenschaftlich zu leitende Zwecke der Menschen überhaupt auftreten können. Es gibt zwei solche Möglichkeiten und danach zwei besondere Aufgaben, in denen das einheitliche Gesetz des Wollens in eigener Richtung sich durchzusetzen hat.

Die eine Aufgabe wird dadurch gestellt, daß der einzelne Mensch danach streben soll, den Inhalt seines Wünschens rein und gesetzmäßig zu haben. Es ist die Leitung der eigenen Gedanken, die Vervollkommnung des Menschen in seinem Innern, die dabei als eine zu bewirkende Aufgabe gestellt wird. Den zu bearbeitenden Stoff, der nach dem Grundgesetze des Wollens gerichtet und bestimmt werden soll, stellen hier mithin die wünschenden Gedanken des einzelnen dar. Es ist ein Wollen für sich, das jetzt in Frage steht. Und die Anweisung zu einer richtigen Bearbeitung jener Gedanken wird durch die Sittenlehre im engen und genauen Sinne des Wortes geliefert: sie zu geben, ist Sache des Lehrers der Moral.

Die zweite Aufgabe ist in dem sozialen Wollen gesetzt. Nun soll das Streben darauf gehen, die Art des Zusammenwirkens gut und gesetzmäßig zu gestalten. Es ist die Läuterung der regelnden Anordnung, welche mehrere zu gemeinsamem Tun, zu harmonischem Verhalten verbindet, die hier als eigene Aufgabe auftritt, die Gesetzmäßigkeit der Zwecke durchzuführen. Der Stoff, an dem dieses zu geschehen hat, ist danach die äußere Regelung eines menschlichen Zusammenwirkens. Es ist ein Wollen für andere, darin die Eigenart des sozialen Wollens sich findet. Und da nach früher Bemerktem als Repräsentant der äußeren Regelung hier die rechtliche Ordnung genommen werden darf, so liegt die Anweisung, die nunmehr nötig ist, in dem Gedanken der Richtigkeit eines Rechtes, der durch den Recht Setzenden zu verfolgen ist.

Wenn man also die Eigenart des sozialen Wollens erfassen will, so darf man nicht von dem einzelnen Menschen ausgehen, der durch jenes Wollen mit anderen zum Zusammenwirken in richtiger Art verbunden werden soll. Von dem Standpunkte des Unterworfenen aus ist das Gebot des Rechtes heteronom: Es tritt von außen her an ihn heran und bedeutet eine bedingte Vorschrift seines Verhaltens. Dagegen wendet sich die zuerst erwähnte Sittenlehre an ihn, den Angeredeten, als autonom Wollenden: Sie will ihm nur helfen, die rechte Gesinnung zu haben, gemessen und bestimmt nach unbedingt geltender Anweisung.

Diese zuletzt angegebene Kennzeichnung des Unterschiedes von Recht und Moral ist seit alter Zeit bekannt und stets hervorgehoben worden. Aber man darf in ihr nur eine einzelne Ausstrahlung einer im innersten Grunde anders zu bestimmenden Unterscheidung erblicken. Das wahrhaft entscheidende Merkmal darf überhaupt nicht in der Person des einzelnen Angeredeten gesucht werden, sondern in dem Inhalte des bestimmenden Wollens, der entweder auf gutes Wünschen oder auf richtiges Zusammenwirken abgestellt ist.

Verfährt man anders und geht prinzipiell von dem einzelnen aus, der einem Willensinhalte unterstellt ist, und der nun einmal der moralischen Lehre und dann wieder der rechtlichen Satzung sich gegenüber sieht, so ist man unvermeidlich an einem toten Punkte angelangt. Nun läßt sich Einheit und Zusammenhang zwischen den beiden Gebieten nimmermehr wieder finden. Denn da die sittliche Lehre auf ein richtiges Wollen für sich geht und zum Beschaffen guter wünschender Gedanken helfen will, die jemand wiederum nicht haben kann, es sei denn mit überzeugter Hingabe an das Richtige und mit inhaltlich freiem Wollen: so hat das Recht hiermit gar nichts zu tun; jenes ist entweder ohne Rücksicht auf das Recht da, oder es ist gar nicht vorhanden, und die heteronome rechtliche Satzung vermag die autonom herrschende sittliche Lehre weder zu begründen noch zu verneinen.

Und indem umgekehrt das Gebot des Rechtes von außen her aufgestellt wird und in seinem Gebieten dem einzelnen gegenüber natürlich nur ein begrenztes und empirisch bedingtes Gesetz sein kann: so ist gar nicht einzusehen, wie diese äußere Satzung, die mit legalem Verhalten zufrieden ist, für den darunter Stehenden zugleich die Funktion des innerlich richtigen Wollens zu erfüllen vermöchte; jene fragt in ihrem Geltungsanspruche nach der Triebfeder und den inneren Wünschen der ihr Unterworfenen keineswegs, und das Gesetz des sittlich reinen Wollens kann weder in die Forderungen rechtlicher Normen sich umschmelzen noch auch durch sie ersetzt werden.

Ausschließlich von dem Standpunkte des einzelnen aus,

der sowohl moralisch als auch rechtlich verpflichtet wird, gibt es mithin zwischen diesen beiden Pflichten nichts als Zwiespältigkeit. Die zwei müßten sich fremd oder feindselig gegenüberstehen, wenn der bezeichnete Gesichtspunkt der Triebfedern des Pflichtigen der in letzter Linie entscheidende und grundlegende wäre; wenn man keinen anderen Ausblick hätte, als von dem Standorte des jenen verschiedenen Geboten Unterstellten. Dann aber würde das Reich der menschlichen Zwecke in unerträglicher Weise zerrissen werden, und jede Bemühung erfolglos sein, die Gebiete des Sittlichen und des Rechtlichen doch wieder in Harmonie miteinander zu sehen.

Diese Harmonie ist jedoch möglich und ist notwendig gefordert, sobald man die grundsätzliche Art der Betrachtung auf den Inhalt des Wollens richtet, der sich über den einzelnen stellt. Nun erscheint die damit freilich sicher gegebene Unterscheidung von Recht und Moral nur als das Entwerfen zweier besonderer Aufgaben unter einer und derselben Gesetzmäßigkeit des Wollens. Sie ergeben sich in grundlegender Weise nach dem oben Ausgeführten: Je nachdem der Inhalt des Wollens auf gutes Sinnen und Wünschen jemandes in dessen Innerem geht, was nur als Lehre und Beihülfe zu eigenem Bewirken möglich ist, — oder aber auf rechtes Zusammenwirken und Verhalten mehrerer verbundener Menschen, so daß im letzten Falle das richtige Wollen nicht ein solches der äußerlich Angeredeten ist, sondern ein Willensinhalt des die äußere Regel Setzenden. Aber da diese inhaltlich verschiedenen Sonderaufgaben unter der Herrschaft des einen einheitlichen Grundgesetzes der Zwecke stehen, so können ihre Lösungen, sofern sie folgerichtig geschehen, sich niemals widersprechen, sondern nur sich ergänzen und vereint dastehen — und vermögen nun auch an den einzelnen in Harmonie und Einmütigkeit gebietend heranzutreten.

Wir wollen die genannten zwei Aufgaben in Kürze noch etwas näher beschreiben.

1. Es ist eine Anleitung nötig, den Inhalt seines Gelüstens und Wünschens rein und gut bei sich zu gestalten. Dieses erwächst elementar, wild und in sich ungezähmt. So brauchen wir eine anleitende sittliche Lehre, die dem einzelnen zeigt, wie er Sinnen und Wünschen bereinigen kann. Sie ist eine Ausführung der einen einzigen Gesetzmäßigkeit des Wollens. Sie wendet sich an den einzelnen Menschen und geht auf den Inhalt eines Gebotes, das für einen jeden für sich gilt.

2. Wir benötigen einer Angabe, den Inhalt der äußeren Rege-

lung, als der formalen Bedingung des sozialen Zusammenwirkens, sachlich begründet und gerecht auszubauen. Dieser Inhalt der äußeren Regelung entsteht in natürlichem Prozeß, getragen von bedingtem Bestreben. Darum würde die Art des gesellschaftlichen Daseins in sich einem wirren und systematisch zufälligen Begehren der Macht überlassen sein, wenn es nicht gelänge, darzutun, wie der Inhalt sozialer Regeln berechtigt und richtig beschaffen sein kann. Auch diese Lehre von der möglichen Richtigkeit eines besonderen geschichtlichen Rechtsinhaltes ist eine Ausführung der einigen Gesetzmäßigkeit des Wollens. Sie wendet sich an den äußere Regeln Setzenden und geht auf den Inhalt von Normen, welche mehrere Menschen wechselseitig verbinden.

Wir hoffen nun scharf genug betont zu haben, daß geläuterte Moral und richtiges Recht nur zwei besondere Ausführungen einer und derselben Gesetzmäßigkeit des menschlichen Wollens sind, — um fürder nicht dem Mißverständnis zu verfallen, als ob die beiden in grundsätzlicher Weise von uns getrennt werden sollten. Beides ist richtiges Wollen, nur an verschiedenem Problem betätigt. Und man muß wohl acht haben, daß man hier nicht etwa in einen bloßen Wortstreit verfalle.[184] Will man die Lehre von dem gesetzmäßigen Inhalte eines Wollens mit dem Ausdrucke der „Moralphilosophie“ bezeichnen oder allgemein „das Sittengesetz“ nennen, so ist es nach dem von uns Gesagten klar, daß auch die Lehre von dem richtigen Rechte nur einen Abschnitt dieser Disziplin bilden würde, — für die wir den abstrakten und genaueren Namen der Zweckwissenschaft vorhin eingesetzt haben.[185]

Andererseits darf über der prinzipiellen Zusammengehörigkeit der beiden Ausführungen richtiger Zwecksetzung doch die Verschiedenheit ihrer besonderen Aufgaben nicht übersehen werden. Der Lehrer der Moral, welcher den zu Unterweisenden in der Wahrhaftigkeit und in der tapferen Hingabe an das Richtige und Gute fördern will, der den Charakter des Belehrten vervollkommnen und ihm zur Reinheit wünschender Gedanken verhelfen möchte: Er braucht eine andere Ausführung des Grundgesetzes der Zwecke, als der rechtliche Gesetzgeber, dessen Wollen dritte Personen in richtiger und innerlich begründeter Art äußerlich binden will. Jener hat für seine Lehre bloß einen einzigen vor sich, der Setzende des Rechtes notwendig ihrer zwei, unter denen abzuwägen ist. So handelt es sich hier um richtiges Wollen des Gesetzgebers, um den Willensinhalt des die äußere Regelung Bestimmenden, der auf mehrere gegenseitig Verbundene in berechtigter Art und Weise einwirken soll.

Dies gilt nun aber für alles soziale Wollen, keineswegs nur für die spezifische Aufgabe der staatlichen Gesetzgebung. Die geläuterte sittliche Lehre mag den einzelnen dazu anhalten, daß er nicht Einzelheiten und Äußerlichkeiten in den Mittelpunkt seines Seins und Wollens stellen dürfe, daß er alles an Kleinigkeiten soll missen können, ohne sich gedrückt und vernichtet zu fühlen; sie, die Predigt erhabener, edler Moral mag als formale Richtlinie guter Gedanken das Beispiel gebrauchen, daß man einem äußerlich Fordernden noch mehr und alles hingebe, ohne sich und sein ganzes Selbst wesentlich daran zu hängen: Aber der gerechte Richter kann bloß mit dieser Lehre und Anweisung für Wunsch und Gemüt und Gesinnung des einzelnen noch nichts anfangen. Er hat zwischen zwei Streitenden und jedenfalls Verschiedenes Begehrenden objektiv begründet zu schlichten und zu bestimmen. Er hat seine Entscheidung, wenn sie innerlich begründet sein soll, natürlich im Einklange mit der obersten Gesetzmäßigkeit menschlicher Zwecke zu halten. Aber immer ist es sein Willensinhalt, und nicht zwei vereinzelte Wünsche der Prozeßparteien, um das es sich jetzt ausschlaggebend handelt, und ihm hilft darum die vorhin erwähnte Mahnung, seinen inneren Frieden nicht an Äußerlichkeiten zu knüpfen, bei diesem jetzigen Ziele eines richtigen sozialen Wollens gar nichts.

Und wenn der Vorstand einer milden Stiftung mit einem Nachbarn über die richtige Ausübung des beiderseitigen Grundeigentumes in Meinungsverschiedenheit gerät, oder der Vormund eines Kindes in Zweifel kommt, ob er richtiger Weise verpflichtet sei, eine gesetzlich zustehende Einrede der Verjährung einer Forderung vorzuschützen, die gegen den Mündel für gelieferte Ware entstanden war, — was will ihnen da die Lehre helfen: Sei wahr vor dir selbst, laß keinen Gegensatz von Sein und Schein in deinem Innern aufkommen!

Nun erstreckt sich freilich die „sittliche“ Lehre im engeren Sinne auch auf die Frage der Beziehung zum Nebenmenschen. Sie lehrt das Vermeiden des Hochmutes und der Empfindung des Hasses, des Neides, der Schadenfreude und bringt dieses und gleich zu Nehmendes in ein System, oder kann es doch tun. Aber immer handelt es sich dabei um innerliche Zwecke. Es steht die Bereinigung wünschender Gedanken in Frage. Mit dem äußerlich geregelten

Zusammenwirken des sozialen Daseins haben wir es dabei noch gar nicht zu tun. Es ist dieses Gegenüberstellen eines doppelten Zieles der „Ethik" im weiteren Sinne, das in der Bergpredigt einen vollendeten Ausdruck gefunden hat, da dem „Töten" das „Zürnen" zur Seite tritt, dem „Ehebrechen" die Warnung „Wer ein Weib ansiehet, ihrer zu begehren, der hat schon mit ihr die Ehe gebrochen in seinem Herzen".

Und es kommt wiederum umgekehrt für unsere systematisch ausbauende Untersuchung der Eigenart des sozialen Wollens keineswegs darauf an, ob etwa der sozial Wollende im besonderen Falle auch als der eine der Verbundenen unter der gemeinschaftlichen Zwecksetzung sich befindet. Wenn beispielsweise in einer Arbeiterbewegung Forderungen aufgestellt werden, die als „berechtigte" behauptet oder angezweifelt sind, so wird nach einer ausgleichenden äußeren Norm gesucht, die einem jeden das Seine nach einer grundsätzlich richtigen Erwägung dieser besonderen Tatumstände zuteilt. Und die Methode des Urteilens und Richtens dieser besonderen Materie muß natürlich ganz die gleiche sein, wie beim Erlassen eines staatlichen Gesetzes. Sie ist es, die das Verhalten des barmherzigen Samariters als sozial richtig erscheinen läßt, und dieses auch lassen würde, falls ein solcher Helfer aus innerlich unlauteren Motiven vorgegangen wäre; und nach der gleichen einheitlichen Methode ist bei dem Austrage rechtlicher Händel von den dabei Beteiligten „nach Treu und Glauben" oder „nach billigem Ermessen" oder aus „wichtigem Grunde" zu verfahren, wie die Lehre von dem richtigen Rechte näher nachzuweisen und auszuführen hat. Ja, wir werden sogar noch sehen, daß auch bei der rechtlichen Gesetzgebung als solcher der grundsätzliche Gedanke des Rechtes es geradezu fordert, daß der es Wollende und Setzende sich selbst wiederum der von ihm erlassenen Norm sich unterstellt (§§ 87; 91).

Wer in Sachen der „Ethik" im weiteren Sinne nichts tun wollte, als die Gesetzmäßigkeit menschlichen Wollens als solche zu erforschen, der würde nicht unrichtig vorgehen, wohl aber ungenügend. Aber genau das Gleiche muß von solchen gelten, die aus jenem Grundgesetze her zwar für den einzelnen Menschen eine rechte sittliche Lehre zu geben gedenken, für das Problem des sozialen Wollens aber auf jene lediglich verweisen möchten.

Es geht auch nicht an, diese kahle Verweisung so zu wenden, daß die äußere Regelung des Zusammenwirkens richtiger Weise so von dem sie Setzenden gewollt werden sollte, als wenn die ihr Unterstellten in sittlicher Vollkommenheit sich wechselseitig eingerichtet hätten. In diesem „als wenn“ liegt gerade die damit unerledigte Aufgabe. Mit ihm ist stillschweigend zugegeben, daß eine neue, zweite und eigene Erwägung einzusetzen hat, um für die Art des sozialen Lebens die dabei selbständigen Gedanken der gegenseitigen Rücksicht und Achtung, sowie des grundsätzlichen Teilnehmens in der Gemeinschaft aus dem obersten Grundgesetze des Wollens her darzulegen und durchzuführen. Denn das Wollen, das auf Herstellen eines richtigen Zusammenwirkens sich richtet, ist seinem wesentlichen Inhalte nach ein besonders geartetes Wollen und bedeutet ein anderes, als ein zweimaliges, so zu sagen addiertes Wollen von richtig wünschenden Gedanken.

Sonach zerfällt das Gebiet der menschlichen Zwecke in zwei Teile. Sie sind nicht etwa nach der sie bedingenden Gesetzmäßigkeit verschieden. Aber sie trennen sich doch unvermeidlich nach inhaltlich eigenen Aufgaben: den innerlichen des einzelnen und den gemeinschaftlichen der Verbundenen. Eine Fortsetzung der Frage: Wie solches nun des näheren durchzuführen und auszubauen sei, liegt außerhalb der Absicht, die uns diese Erwägungen gebracht hat, und soll in anderem Zusammenhange aufgenommen werden. Und die genauere allgemeine Betrachtung, deren wir im vorliegenden Werke bedürfen, hat es nun bloß mit dem einen Teile zu tun: mit dem sozialen Wollen, mit dem Problem der gesetzmäßigen Art des gesellschaftlichen Zusammenwirkens.

Zweiter Abschnitt.

Soziale Konflikte.

70

Indem wir jetzt den Faden der spezifisch sozialen Betrachtung wieder aufnehmen, so müssen wir uns für den weiteren Fortgang der Untersuchung dauernd daran erinnern, daß alle sozialen Veränderungen aus Bewegungen des sozialen Lebens selbst hervorgehen. Wir finden in der geschichtlichen Erfahrung überall soziales Leben als äußerlich geregeltes Zusammenwirken vor; innerhalb seiner, auf Grund der jeweiligen bestimmten Regelung, erwachsen soziale Phänomene mit Bestrebungen, die eine Änderung der seitherigen Form wünschen, eine andere Ordnung des Zusammenlebens fordern. Wonach dann wiederum in neu entstehenden sozialen Erscheinungen bestimmende Anlässe zu weiteren rechtlichen Änderungen gegeben werden. Faßt man die Gruppen mit gleichen Bestrebungen, die aus gegebenen sozialen Verhältnissen herausgewachsen sind, im besonderen unter dem Namen der Klassen zusammen, so ist es kein unrichtiger Ausdruck der materialistischen Geschichtsauffassung, wenn sie sagt, daß alle in der Geschichte beglaubigten und erkannten sozialen Bewegungen — gemeint ist natürlich innerhalb eines bestimmten Gemeinwesens — als Klassenkämpfe gefaßt werden können.

Aber gibt es denn hierbei keinen anderen Gesichtspunkt, als den der Macht und des tatsächlichen Erfolges? Ist die soziale Entwicklung weiter nichts, als ein wirres Gewimmel, in welchem die soziale Stärke in rücksichtsloser Roheit allein den Ausschlag gibt? Besteht für die Menschengeschichte und damit für das soziale Leben kein inhaltliches Gesetz und keine Einheit?

Es könnte ja sein, daß jemandem dieses zu behaupten einfiele. Ich würde mich freilich mit ihm in nichts befassen. Er stände einem Subjekt gleich, welches meinte, daß es in der Natur nichts als wechselnde Sinneseindrücke gebe, die von der physischen Beschaffenheit und persönlichen Lage des Einzelindividuums abhängig seien. Einheit und Gesetz sei dabei Illusion. Was aber für die wissenschaftliche Naturerkenntnis die unmittelbare Sinneswahrnehmung ist, das bedeutet im sozialen Leben das durch keine gesetzmäßige Einsicht geleitete wilde und zügellose Drängen.

Der materialistischen Geschichtsauffassung würde man starkes Unrecht antun, wollte man in ihr diese letztere Tendenz verkörpert finden. Das gerade Gegenteil ist in Wahrheit der Fall. Ihr ganzes Lebenselement ist das Streben nach wissenschaftlicher Erkenntnis, ist der feste Wille, in der wechselnden Flut der Erscheinungen Einheit und Gesetzmäßigkeit zu erhalten. Sie will eine wissenschaftlich begründete Methode bedeuten, nach deren allgemein geltender Anleitung die Einzelphänomene in der Geschichte des sozialen Lebens zu ordnen und zu richten seien.

Das hängt mit ihrem Grundgedanken unauflöslich zusammen. Wenn die Änderungen in einer sozialen Ordnung auf vorausgegangene Änderungen der entsprechenden Sozialwirtschaft und das Auftreten gewisser sozialer Phänomene zurückzuführen sind, und jene Rechtsänderungen durch die genannten anderen Faktoren *notwendig bedingt* sein sollen, so enthält dieses doch ganz von selbst den Gedanken *einer allgemeingültigen Gesetzmäßigkeit* für alle nur möglichen sozialen Metamorphosen. Der Gedanke *der Notwendigkeit* bringt die Voraussetzung einer zu grunde liegenden allgemeinen Gesetzmäßigkeit immer zum Ausdrucke; und so stellt sich nach dem Satze: daß bestimmte sozialökonomische Phänomene eine Änderung der betreffenden rechtlichen Ordnung *notwendig bedingen*, — die unausweichliche Frage ein: *nach welchem allgemeinen Gesetze diese Notwendigkeit vorliegt*.

Die materialistische Geschichtsauffassung hat auf diese Frage eine Antwort in dem, wie sie sagt, *dialektischen Charakter der Geschichte* gesucht: Es vollziehe sich der Fortschritt in der sozialen Entwicklung durch Gegensätze, durch *soziale Konflikte*.

Ein solcher Konflikt im Sinne des Marxismus bedeutet aber nicht einen rohen Kampf um Herrschaft und Wohlleben, sondern einen *inneren Widerspruch*, der innerhalb eines sozialen Organismus auftrete und diesen in seiner Eigenart nun notwendig zu Falle bringe, um einem neuen höheren Platz zu machen. Die äußeren Kämpfe der geschichtlichen Klassen miteinander seien nur das getreue Abbild, eine Rückspiegelung des innerlichen Konfliktes, der naturgesetzlich entstanden sei und auf die Änderung der sozialen Ordnung notwendig hinwirke. So verschwinde der Anschein, als ob die Geschichte der menschlichen Entwicklung ein wirres und unentwirrbares Chaos von Willkür und Schlechtigkeiten der Menschen sei; alle Kämpfer folgen nur einem immanenten Gesetze, das in allgemeiner Gültigkeit für alle sozialen Bewegungen besteht und nur in den einzelnen Epochen der Geschichte, je nach dem in ihnen wechselnd gebotenen Stoff, verschiedene Einzelanwendung findet.

Das Gesetz hat allgemeine Geltung. Möglicherweise, und zwar bis jetzt regelmäßig, ist es den Menschen nicht bekannt; sie glauben, in willkürlicher Freiheit zu handeln, aber sie täuschen sich: ihnen verbleibt — nach der Lehre des sozialen Materialismus — nichts, als die Möglichkeit des bewußten Entschlusses, den erkannten Tendenzen der Entwicklung zu folgen, diese im einzelnen zu begünstigen, helfend und fördernd zur Seite zu stehen.

Der innere Widerspruch, als welcher ein sozialer Konflikt zu fassen ist, findet nach der marxistischen Lehre statt zwischen den jeweiligen Produktivkräften und der überlieferten Gesellschaftsordnung; oder — wie man schärfer und besser sagen würde —: zwischen Materie und Form des sozialen Lebens.

In jeder Wirtschaftsepoche entwickle sich ein Widerspruch zwischen den neuen Produktionskräften und den bestehenden Produktionsformen. Wenn die Materie des sozialen Lebens Änderungen erleidet, so hat die Form notwendig nachzufolgen. Es ist das Recht von der sozialen Wirtschaft abhängig; nach Marx speziell von der gesellschaftlichen Produktion. Es ist in seinem jeweiligen wechselnden Inhalte notwendig bedingt durch diese. Nun entwickeln sich Produktivkräfte, welche auf Ausbreitung, Vergrößerung und Verbesserung der Produktion hindrängen, während die Rechtsordnung noch wesentlich in ihrer alten Verfassung verblieben ist, in der sie auf andere Produktionsweise berechnet war. So entsteht ein sozialer Konflikt; der dadurch seine Lösung zu finden hat, daß das Recht nachgibt und unter Beseitigung des aufgetretenen inneren Widerspruches in entsprechenden Einklang mit den nunmehrigen Produktivkräften gebracht wird. Es schlägt alsdann, wie der Kunstausdruck des Marxismus lautet, an einem gewissen Punkte der Entwicklung der seitherige Zustand in sein Gegenteil um.

In der unbedingten Abhängigkeit der Rechtsordnung von den Produktivkräften liegt nach der materialistischen Geschichtsauffassung die oberste Gesetzmäßigkeit des sozialen Lebens beschlossen. Sie liefert einen einheitlichen Gesichtspunkt für die Menschengeschichte. Und sie ermöglicht es, in konkreter Anwendung jenes Gesetzes einen Blick in die Zukunft zu tun und die Notwendigkeit einer bestimmten Umwandlung der Rechtsordnung im Sinne einer sicher werdenden Konkordanz mit der geänderten sozialen Produktion darzulegen. Die sozialen Konflikte erwachsen naturnotwendig mit der Entwicklung der Produktivkräfte, und sie drängen dann wieder mit Notwendigkeit auf eine bestimmte Lösung; wonach als allein berechtigte Bestrebungen, die auf Rechtsänderungen gerichtet sind, diejenigen erscheinen, welche einer als notwendig erkannten Entwicklung begünstigend und fördernd zu folgen bewußt entschlossen sind, indessen hemmendes Widerstreben unbefugt sein muß.

So gründet sich der moderne Sozialismus auf die materialistische Geschichtsauffassung, als konkrete Anwendung derselben für die jetzige Sozialwirtschaft, wenn er lehrt, daß die heutige Gesellschaftsordnung, welche das Privateigentum an den Produktionsmitteln festgehalten hat, nicht wegen ihrer Ungerechtigkeit durch Gewalt umzustürzen sei; sondern daß sie wegen des inneren Widerspruches, in welchem sich Wirtschaft und Recht jetzt befinden, notwendig zu grunde gehen werde (§§ 10 ff.).

In dieser Weise wird der Grundgedanke des sozialen Materialismus in sachlich unveränderter Weise seit vielen Jahren vorgetragen, übernommen und in politischen Bestrebungen ausgeführt. Eine vorurteilslose kritische Prüfung seiner Wahrheit muß nun unvermeidlich auf zwei Begriffe stoßen, welche in der obigen Entwicklung die ausschlaggebende Verbindung des Gedankenganges abgeben, dabei jedoch keineswegs genügend ausgeführt sind.

Denn es fragt sich einmal: wie man sich die Abhängigkeit des Rechtes von der sozialen Wirtschaft näher zu denken habe. Was heißt also in diesem Zusammenhange „abhängig sein"? — Damit hängt der Begriff des sozialen Konfliktes eng zusammen, der nur durch Klarlegung der besonderen Art der Abhängigkeit in sich deutlich gemacht werden kann.

Sodann erhebt sich die zweite Frage nach der Notwendigkeit bestimmter Lösung eines gegebenen sozialen Konfliktes, als inneren Widerspruches in einer gewissen Gesellschaft. Mit welchem Rechte kann man nach einem allgemeinen Gesetze die Notwendigkeit kommender Umänderungen behaupten? Welcher Sinn, welche Berechtigung, welche Aussicht auf Erfolg kann jeweiligen, auf

Umwandlung einer Gesellschaftsordnung gerichteten Bestrebungen zugesprochen werden?

In der über die materialistische Geschichtsauffassung erwachsenen Literatur finden sich diese Fragen nicht aufgeworfen und auch nicht sachlich gelöst. Selbst MARX und ENGELS setzen die Ausdrücke der notwendigen Bedingtheit, der Naturnotwendigkeit, Natur der Sache, Abhängigkeit, der maßgeblichen Grundlage und andere mehr geeigneten Platzes ein, ohne über die Art und Bedeutung dieser Begriffe nähere Erläuterung zu geben. Indem ich dem sozialen Materialismus die bedeutsamste und tiefste Anregung zu kritischer Begründung einer wissenschaftlichen Sozialphilosophie vindiziere, wird es daher in diesem Zusammenhange geboten sein, zuvörderst einmal zu untersuchen, was verständlicherweise in konsequentem Ausdenken der materialistischen Geschichtsauffassung und in deren unausweichlichem Sinne selbst unter Abhängigkeit des Rechtes von der sozialen Produktions- und Wirtschaftsweise und unter Notwendigkeit bestimmter Lösung sozialer Widersprüche verstanden werden muß.

71

Ich gehe zur Lösung der ersten der eben genannten beiden Fragen über.

Welche Art von Abhängigkeit kann zwischen Recht und Sozialwirtschaft wissenschaftlich begriffen werden?

Es ist möglich, daß in den hier fraglichen Erörterungen an das Verhältnis von Wirkung und Ursache gedacht ist. Aber diese Annahme würde uns nicht zu einem befriedigenden Abschlusse führen.

Von vornherein ist klar, daß eine unmittelbare kausale Verknüpfung zwischen der wirtschaftlichen Produktion und der rechtlichen Ordnung derselben nicht gegeben ist. Das Recht folgt nicht den Möglichkeiten der Technologie, wie das Quecksilber der Temperatur; und es ist auch keineswegs in dieser Art von sozial verwirklichter technischer Produktion in ökonomischen Phänomenen abhängig. Wäre es der Fall, so könnte ja auch von Konflikten gar keine Rede sein. Der Umstand, daß diese stattfinden, wie jede andere einfache Beobachtung des sozialen Lebens — z. B. die seitherige große Zersplitterung des Rechtes in Deutschland bei gleicher Wirtschaft daselbst — überzeugt sofort davon, daß eine direkte Verursachung von rechtlicher Ordnung, die durch Besonderheiten der gesellschaftlichen Produktion und Sozialwirtschaft bewirkt worden wäre, keine Rede sein kann.

Die kausale Entstehung des Inhaltes einer bestimmten Rechtsordnung läßt sich stets nur auf großem Umwege bis zu einem sozial benutzten besonderen Stande der Technik zurückführen. Daß der rechtliche Befehl und die gesamte soziale Ordnung ihre natürlichen Ursachen haben, steht ja außer Zweifel. Wenn MARX sagt, daß „die Menschen in der gesellschaftlichen Produktion ihres Lebens bestimmte, notwendige, von ihrem Willen unabhängige Verhältnisse eingehen", so kann das eine wirksame polemische Spitze nur gegen eine dunkle Meinung kehren, die unter einem freien Willen eine zauberische Kraft verstehen wollte, welche, ohne selbst verursacht zu sein, doch in den sonst untrennbaren Verlauf von Ursachen und Wirkungen in dieser Natur in eigener Willkür kausal eingriffe. Das haben wir oben (§§ 65, 67) scharf und deutlich genug abgelehnt. Und haben im besonderen für die bestimmenden Gründe der Rechtsänderungen solche Bestrebungen gefunden, welche aus seitherigem sozialen Leben in empirischem Werden erwachsen sind.

Ich bestreite also gar nicht, daß die rechtlichen Gebote, welche die Form eines sozialen Lebens ausmachen, als einzelne Erscheinungen betrachtet werden können, und daß sie in die Einheit der Erfahrung eingefügt und in ihrer Genesis auf Grund des Kausalitätsgesetzes untersucht zu werden vermögen. Nur daran konnte ich nicht umhin zu erinnern, daß es mit der Aufdeckung eines derartigen Kausalzusammenhanges im Sinn exakter Wissenschaft seine kaum überwindlichen faktischen Schwierigkeiten hat.

Doch ich unterstelle, daß man einmal damit weiter kommen könnte und die ursächliche Entwicklung von Handlungen, welche auf Regelung des menschlichen Zusammenwirkens und Zusammenlebens gehen, klar darzutun im stande wäre: aber alsdann würde die hier zur Erwägung stehende Frage noch keineswegs erschöpfend aufgelöst sein.

Wenn jemand das Exerzieren von Rekruten, die Einübung der Schützen auf dem Scheibenstande, die Vornahme von Manövern beobachtet: wird er sagen dürfen, daß die Verteidigung des Vaterlandes die Ursache dieser Zurüstungen sei? Ist der Tod des Hasen die Ursache davon, daß der Jäger sich Gewehr und Hunde anschafft; und befriedigt es, wenn man Löschung des Durstes oder fröhliche Gesellschaft als Ursache des Weinkelterns bezeichnet? Gewiß hat die Erfahrung darauf hingeführt, daß zur Erhaltung des Friedens den

Krieg zu rüsten notwendig sei, daß Vergnügen und Ertrag der Jagd durch geeignetes Material bedingt sei, und in den bekannten mancherlei Gründen des Trinkens der Mensch vom edeln Rebensafte in Abhängigkeit verharre; — und vielleicht versucht es jemand, dem Gange kausalen Werdens zu folgen, in welchem diese Vorstellungen entstanden sind und nun die Aussinnung jener Mittel geschaffen haben. Aber das letzte Wort über die Art der Abhängigkeit militärischer Übung von der Abwehr des Feindes würde er damit keineswegs gesprochen, die inhaltlich bestehende Weise der Bedingtheit nicht angegeben haben: denn die ist nicht Wirkung und Ursache, sondern Mittel und Zweck.

Schärfer noch, als in jenen Beispielen, könnte diese Erwägung eigentlich bei dem Rechte und dem auf Bedürfnisbefriedigung gerichteten Zusammenwirken sich aufdrängen. Das soziale Zusammenwirken ist in jedem Falle ein geregeltes und planmäßig geordnetes, wie immer der geschichtlich wechselnde Inhalt des Rechtes beschaffen sein mag. Der rechtlichen Regelung fällt die Aufgabe zu, eine bestimmte Art des Zusammenlebens zu bewirken. So gipfelt die Eigentümlichkeit der rechtlichen Ordnung in der Verfolgung von Zielen, welche ohne das Recht so nicht erreicht werden würden. Und es ergibt sich, daß das Recht ein Mittel im Dienste menschlicher Zwecke ist, das Mittel zu einer rechten Art des auf Bedürfnisbefriedigung gerichteten Zusammenwirkens.

Wenn dagegen jemand mit der Aufspürung von kausalen Bedingungen bei der Entstehung von Rechtssätzen im Sinne einer grundlegenden Theorie des sozialen Lebens sich begnügen wollte, so würde er unvollständig und sogar widerspruchsvoll gedacht haben. Denn den Begriff des Rechtes hat er doch in seine Betrachtung eingebracht. Dieser Begriff führt aber immer und ausnahmslos, wie auch sein wechselnder Inhalt beschaffen sein mag, den Gedanken in sich, daß ein gewisser Zustand menschlichen Zusammenlebens erreicht werden soll. Diesen Gedanken zu ignorieren, hat niemand logische Befugnis, der überhaupt von rechtlicher Regelung und sozialem Leben spricht. Auch derjenige, der einen Entstehungsprozeß einer gewissen rechtlichen Regelung nach dem Kausalitätsgesetze dargetan hätte, muß doch anerkennen, daß in der Vorstellung einer Rechtsordnung ganz unvermeidlich der Gedanke einer zu regelnden und bestimmt zu bewirkenden sozialen Wirtschaft liegt, daß mit anderen Worten das Recht ein Mittel zu menschlichen Zwecken ist. Dann ist aber diesem Gedanken auch nachzugehen und in der danach zu verfolgenden

Richtung die erschöpfende Lösung des Problems von der gesetzmäßigen Abhängigkeit des Rechtes zu suchen. Wer sagen wollte, daß ihm dieses gleichgültig sei, sofern er nur die kausale Abhängigkeit in der Entstehung des Mittels aufgedeckt sehe, gleichviel wie es mit den Zwecken stehe, auf welche dieses Mittel abhängig hinziele, der mag solches als subjektive Maxime mit sich selber ausmachen: Er würde jedoch alles Recht zu der Behauptung verloren haben, daß eine vollständige theoretische Grundlegung des sozialen Lebens von ihm geliefert worden sei. Und umgekehrt: Sobald man eine Abhängigkeit des Rechtes gerade in seiner Eigentümlichkeit in gewisser Weise lehrt, so hat man damit ganz von selbst den Gedanken eines Zweckes eingeführt, dem das Recht zu dienen hat; indem selbiges in allem seinem Inhalte ja nur als Mittel zu menschlichen Zwecken Sinn und Bedeutung und Existenzmöglichkeit besitzt, und die Einführung und Verwendung des Rechtsbegriffes zugleich mit Ignorierung oder gar Leugnung des darin gelegenen Zweckgedankens einen logischen Widersinn abgeben muß.

Die Behauptung der Abhängigkeit des Rechtes von der sozialen Produktion geht notwendig auf die Abhängigkeit, in welcher ein gewisser Rechtsinhalt sich befindet. Denn es ist mit jenem Satze des sozialen Materialismus nicht an das Recht als solches, in farbloser Abstraktion gedacht; sondern selbstredend das gemeint, daß der jeweilige Inhalt rechtlicher Satzung — gerade in ihrer inhaltlichen Besonderheit — von bestimmter sozialer Wirtschaft und Produktionsweise abhängig sei. Jeder Rechtsinhalt hat aber ein bestimmtes zu Bewirkendes, die Verfolgung von Zwecken zum Gegenstande. Dieses liegt in dem Begriffe des Rechtes ganz von selbst. Ob es vielleicht eine Illusion ist, der keine Möglichkeit der Durchsetzung entspricht, steht einstweilen ganz dahin; vielleicht findet sich jemand, der das behauptet, wir werden ihm an geeigneter Stelle Rede stehen. Die materialistische Geschichtsauffassung hat jenes nicht getan. Sie erkennt an, daß die rechtliche Ordnung als eigener Faktor in der sozialen Entwicklung auftritt; nur ihre bedingungslose Abhängigkeit von der gesellschaftlichen Produktion postuliert sie. Mit jenem führt sie das Recht als Mittel ein; in dem letzten gibt sie das oberste Ziel an, in dessen Verfolgung dem Rechte angeblich seine letzte Aufgabe gesteckt sei.

Dazu tritt noch folgende Erwägung. Ein bloß ursächlicher Zusammenhang zwischen Sozialwirtschaft und Rechtsordnung könnte doch natürlich nur hinsichtlich vergangener gesellschaftlicher

Produktion behauptet werden. Nun wird aber von dem sozialen Materialismus gerade eine allgemeine Abhängigkeit des Rechtes von der Wirtschaft auch in der Lage behauptet, da die letztere auf jenes noch gar nicht eingewirkt haben kann. Denn es soll nach jener Lehre ja gerade ein Widerstreit zwischen einer neuen Produktionsweise und dem gebliebenen alten Rechte eintreten, wobei das Recht als das abhängige Element nachgeben müsse. Eine kausale Abhängigkeit von der neuen Art der Sozialwirtschaft könnte aber nicht hinsichtlich des aus alter Zeit erhaltenen Rechtes, sondern nur im Hinblicke auf zukünftiges Recht eingesehen werden. Das ist jedoch nicht die Behauptung der materialistischen Geschichtsauffassung. Diese wendet sich an das jetzt geltende und veraltete Recht und sagt von diesem, daß es von der jetzigen sozialen Produktionsweise in Abhängigkeit sich befinde. Damit hat sie für das aus früherer Zeit herstammende Recht nicht einen ursächlichen Zusammenhang mit der erst jetzt wirkenden Produktionsart behauptet, sondern sie hat behauptet, daß das alte Recht der neuen Sozialwirtschaft schlecht diene. Womit das Recht als abhängiges Mittel, als Instrument im Dienste der gesellschaftlichen Produktion des menschlichen Lebens aufgestellt ist. Man kann den Gedanken, daß die überlieferte Rechtsordnung der neuen Art sozialer Produktion „nicht entspricht", gar nicht fassen, ohne die teleologische Betrachtung eingeführt zu haben.

Diese meine Erörterung bedeutet an sich nur eine Klarstellung des Sinnes des sozialen Materialismus. Es würde meinen Gedanken nicht treffen, wenn jemand glauben wollte, als hätte ich es als Widerlegung und Aufzeigung eines falschen Gedankens gemeint. Es ist vielmehr meine Absicht diese, daß zunächst deutlich werde, welches überhaupt verständlicherweise der genauere Sinn der materialistischen Geschichtsauffassung sein kann, wenn sie ihrem Ziele — eine grundlegende Theorie des sozialen Lebens zu geben — nacheifern will. Die Vertreter der genannten Lehre haben sich damit begnügt, die „Abhängigkeit" des Rechtes von der gesellschaftlichen Produktion als Grundgedanken einer solchen Theorie anzuführen; doch sie unterließen es, über die Art der Abhängigkeit Erwägungen anzustellen. Jetzt haben wir dieses dahin klar gelegt, daß es eine Abhängigkeit im Sinne von Mittel und Zweck ist. Der aufgeklärte Grundgedanke der materialistischen Geschichtsauffassung würde lauten: Die Rechtsordnung ist ein Mittel zur Förderung der Produktion und hat darin ihren letzten Zweck.

72

Hiernach wird nun der Begriff eines sozialen Konfliktes im Sinne eines inneren Widerspruches, der in einem Gemeinwesen aufgetreten ist, klar gemacht werden können. Wobei ich den geneigten Leser wiederum bitte, zunächst einmal bloß mit mir durchzudenken, was mit logischem Fug unter einem sozialen Widerstreite genannter Art verstanden werden darf.

Marx hat dies einer späteren Generation dadurch nicht erleichtert, daß er Hegelsche Terminologie, mit der er nach eigenem Geständnis in seiner Erörterung des Wertbegriffes „kokettiert" hat, auch bei seiner philosophischen Grundlegung verwendet. Den Begriff des sozialen Konfliktes sucht er mit dem Worte der „Negation" deutlich zu machen. Er nennt das kapitalistische Privateigentum die Negation desjenigen der feudalen Produktion, das auf eigene Arbeit sich gründete; die Negation der kapitalistischen Produktionsweise werde von dieser selbst mit der Notwendigkeit eines Naturgesetzes erzeugt; es sei die Negation der Negation.

Und ebenso führt Engels diesen Gedanken des näheren noch dahin aus, wie ein innerer Widerspruch in unserem heutigen sozialen Leben dadurch eingeführt wäre, daß die Produktion ihrem Charakter nach „gesellschaftlich" geworden sei, die Aneignung der Produkte dagegen nach alter und veralteter Ordnung des Privateigentumes geschehe. Ich erinnere an unsere früheren Ausführungen hierüber (§ 10): Im regelmäßigen Betriebe werden dermalen die Produkte durch planmäßig organisierte Arbeit vieler hergestellt; aber trotzdem fährt der Besitzer der Arbeitsmittel fort, sich das Produkt anzueignen, obwohl es nicht mehr sein Produkt ist, sondern das Produkt fremder Arbeit. „Gesellschaftliche Produktion und kapitalistische Aneignung", — darin liege der soziale Konflikt der Gegenwart als innerer Widerspruch begründet. Dieser Widerspruch trete an den Tag als Gegensatz von Proletariat und Bourgeoisie. Und er stelle sich des weiteren dar als Gegensatz zwischen der Organisation der Produktion in der einzelnen Fabrik und der Anarchie der Produktion in der ganzen Gesellschaft.

Der soziale Widerspruch müsse aufgehoben werden. Die Lösung könne nur darin liegen, daß die Produktions-, Aneignungs- und Austauschweise in Einklang gesetzt werden mit dem sogenannten gesellschaftlichen Charakter der Produktionsmittel; was nur dadurch geschehen könne, daß „die Gesellschaft offen und ohne Umwege Besitz ergreift von den jeder anderen Leitung, außer der ihrigen, entwachsenen Produktionskräften".

Was steht nun eigentlich hier in einem Widerspruche? Zwischen welchen Dingen waltet ein Kontrast und Konflikt ob?

Es liegt vor: Eigentumserwerb an Produkten, die vorzugsweise durch eigene Arbeit hergestellt wurden, und Eigentumserwerb an Produkten, die vorzugsweise durch fremde bezahlte Arbeiter angefertigt sind. Aber Eigentum an den Produktionsmitteln ist in beiden Fällen gleichmäßig bei demjenigen vorhanden, dem das Eigentumsrecht am Produkt zugesprochen wird.

Warum widerspricht sich nun obiges? Weshalb ist die zweite genannte Möglichkeit des Eigentumserwerbes „die Negation" der ersten, zeitlich ursprünglicheren?

Ein bloß logischer Gegensatz, wie *A* und *non-A*, ist es doch nicht. In beiden Fällen liegt ganz gleichmäßig Privateigentum und Erwerb desselben vor; und das, was hier vorgestellt wird, ist gerade in seiner formal-begrifflichen Fassung übereinstimmend. Der Widerspruch, der behauptet wird, liegt in der sachlich verschiedenen Unterlage der nach formaler Logik übereinstimmenden und gleichartig auftretenden Akquisitionen des Eigentums. Man wird nicht zu bestreiten gewillt sein, daß das Privateigentum in Begriff und Bestand immer auf eine bestimmte rechtliche Regelung sich zurückführt, und es in Abstraktion von der betreffenden sozialen Ordnung den Begriff eines Eigentumsrechtes gar nicht gibt. Formal beruht alles Eigentum der Privaten auf dem Spruche der Rechtsordnung; und das Privateigentum des Fabrikanten an Waren unterscheidet sich von demjenigen des Handwerkers am selbstgefertigten Produkt, dasjenige an der Ernte des Latifundienbesitzers von dem des Kleinbauern in formaler Hinsicht ganz und gar nicht.

Daraus ergibt sich, daß ein sozialer Konflikt in dem hier gemeinten Sinne nur in einer Inkongruenz von Materie und Form eines bestimmten gesellschaftlichen Daseins und Wirkens gelegen sein kann.

Der maßgebliche Gedankengang ist dieser. Aus der einen Art der gesellschaftlichen Produktion folgt die eine Art rechtlicher Regelung, von einer zweiten verschiedenen Weise der sozialen Wirtschaft aus gelangt man zu der Notwendigkeit anderer Rechtsnormen; trotzdem wird jene Art der rechtlichen Regelung auch für die zweite sozialökonomische Wirklichkeit beibehalten und dadurch ein Konflikt geschaffen. Da für die materialistische Geschichtsauffassung die letzte bestimmende Unterlage der Form des sozialen Lebens die gesellschaftliche Produktion ist, so muß man, um ihren Sinn deutlich zu machen, also sagen: Die Art der sozialen Produktion ist verschieden, die rechtliche Ordnung ist immer noch dieselbe. Man kann auch kurz sagen, ein innerer Konflikt ist in einem Gemeinwesen alsdann vorhanden, wenn die soziale Wirtschaft in ihrer dermaligen Weise mit dem überlieferten Rechte nicht zusammenstimmt und dieses für jene nicht mehr paßt. Sozialer Konflikt ist Widerstreit zwischen Wirtschaft und Recht.

Aber woran wird nun gemessen und bestimmt, ob diese beiden, das soziale Leben konstituierenden Momente im Einklange oder im Gegensatze sich befinden? Wann herrscht Eintracht unter ihnen, und in welchem Falle ist ein Zwiespalt vorhanden? Da es unzulässig ist, für die Entscheidung darüber, ob ein sozialer Konflikt mit Fug anzunehmen sei, auf die unmittelbare Intuition des Beobachters sich zu verlassen, so muß doch ein Obersatz und allgemeiner Maßstab vorhanden sein, mittels dessen allein die eben aufgeworfenen Fragen objektiv beantwortet werden können.

Wenn nun ein sozialer Konflikt wirklich im genannten Sinne möglich sein soll, so kann er nur dadurch gegeben werden, daß der Spruch der Rechtsordnung, so wie er jetzt lautet, es nicht tun sollte. Denn die Rechtsordnung gibt in ihrem jeweiligen Inhalte die Form einer bestimmten Gesellschaft ab; und die Eigenart einer sozialen Wirtschaft muß in letzter Linie immer auf jenes zurückführen. Sofern also in der Tat ein Widerstreit zwischen der von dem bestimmten Rechte in ihrer Sonderart abhängigen gesellschaftlichen Wirtschaft und zwischen jenem Rechte stattfindet, so geschieht dieses notwendig dadurch, daß diese Rechtsordnung ihrer Aufgabe nicht richtig nachkommt. Der Maßstab, welcher für die Entscheidung darüber, ob ein innerer Widerspruch in einem sozialen Leben obwaltet, von allgemeingültiger Bedeutung sich ergibt, ist der Zweck des Rechtes.

Nach der Lehre des sozialen Materialismus nimmt dieses die Formulierung an, daß der Umstand maßgeblich sei, ob durch das überkommene Recht die eigenartige gesellschaftliche Produktion der Jetztzeit eine Hemmung oder eine Förderung erfährt. Dieser Satz kann nicht anders erläutert und bewiesen werden, als wenn man als obersten Zweck und als das in letzter Linie stehende Ziel des Rechtes Unterstützung und Hebung der Produktion setzt. Nur von diesem Obersatze aus hat der Begriff des sozialen Konfliktes, wie ihn die materialistische Geschichtsauffassung hingestellt und verwendet hat, formal klaren Sinn: Mißklang oder Einheit von Wirtschaft und Recht werden danach bestimmt und gerichtet, ob das geltende Recht im Hinblicke auf die dermalige soziale Wirtschaft seiner teleologisch bestimmten Aufgabe Genüge tut oder nicht. Das Recht ist nach der materialistischen Geschichtsauffassung ein Mittel der Menschen zur gedeihlichen Ermöglichung der sozialen Produktion ihres Lebens, ein Diener im Brote der Sozialwirtschaft. Sobald er seiner untertänigen Stellung vergißt und den neuen Wünschen seiner Herrin nicht gleich „folgt", entsteht unvermeidlicherweise ein Konflikt, der dadurch auszutragen ist, daß das Recht, der Diener, nachgibt.

Es treten neue Produktivkräfte auf, neue Möglichkeiten, die soziale Produktion zu heben und zu fördern. Aber die rechtliche Ordnung beharrt bei der seitherigen Regelung, die ihre Existenzberechtigung aus einem früheren Zustande der Sozialwirtschaft herleitete. Das ist es, was man unter einem veralteten Rechte zu verstehen hat: ein Recht, das bei geänderter sozialer Wirtschaft seinen Zweck nicht mehr richtig verfolgt und auf die jetzige gesellschaftliche Produktion seinem eigenen letzten Ziele nach nicht mehr paßt. Alsdann ist es umzugestalten, lehrt die materialistische Geschichtsauffassung, nicht zu einer Utopie, die ein absolut gerechtes und ewig gültiges Rechtssystem phantasievoll entwirft, sondern deshalb, weil die teleologische Abhängigkeit des Rechtes von der wirtschaftlichen Produktion es bedingt. In diesem Sinne verwirft, wie wir wissen, der auf die materialistische Geschichtsauffassung gegründete moderne Sozialismus die überlieferte Eigentumsordnung, — nicht weil das Privateigentum an Produktionsmitteln und Fabrikaten ungerecht wäre; sondern in der Deduktion, daß dasselbe die gesellschaftliche Produktion einenge und hindere.

Von der mittelalterlichen Sozialwirtschaft sagt Engels, daß „das Eigentum am Produkt auf eigener Arbeit beruhte". — Da nun aber das Privateigentum als Rechtseinrichtung formal auf einer bestimmten sozialen Ordnung beruht; andererseits eine natürliche Notwendigkeit, nach der ein Produkt, das jemand durch eigene Arbeit aus eigenem Stoffe angefertigt, in sein Privateigentum fallen müsse, gar nicht einzusehen ist: so kann der angeführte Satz von Engels nur heißen, daß die Zubilligung des Eigentums am Produkt durch die damalige Rechtsordnung teleologisch berechtigt war. Dies könnte bei einem anderen den Verdacht erregen, als ob er einen vernunftrechtlichen Satz behaupten wollte, wonach die Aneignung meines eigenen Produktes *a priori* berechtigt ist, diejenige des Produktes der Arbeit anderer dagegen nicht, auch wenn diese anderen in meinem Dienste Lohnarbeit verrichtet haben. Die materialistische Geschichtsauffassung muß dieses ablehnen. Sie kennt nur geschichtlich wechselnde Berechtigungen. Aber dadurch wird nicht die Notwendigkeit aus der Welt geschafft, nach einem ausschlaggebenden theoretischen Richtmaße die jeweiligen veränderlichen Umstände zu untersuchen und ihre objektive Berechtigung in konkreter geschichtlicher Lage darzutun. Dieser allgemeingültige theoretische Gesichtspunkt ist dann notwendig der Endzweck aller Rechtsordnung überhaupt, als welchen der soziale Materialismus, wie wir angeführt haben, das Ziel möglichster Förderung der gesellschaftlichen Produktion aufstellt. Die Einrichtung des Privateigentumes am selbstgefertigten Produkt „entsprach" den früheren Produktionsmöglichkeiten: das heißt, in Gemäßheit ihrer wurde die Produktion innerhalb der Gemeinschaft so gefördert, als es die damals zur Verfügung stehenden Produktivkräfte zuließen. Darin lag, wie Engels auch unmittelbar sagt, die geschichtliche Berechtigung des seitherigen Privateigentumes an den Produktionsmitteln und den Produkten, wie überhaupt der Einteilung der Gesellschaft in Klassen; das kapitalistische Privateigentum der heutigen sozialen Wirtschaft dagegen soll deshalb einen inneren Widerspruch bedeuten, weil nach ihm die volle Ausnutzung aller möglichen Produktivkräfte nicht möglich ist, während doch die letzte Aufgabe der rechtlichen Institutionen gerade die sei, eine tunlichste Vervollkommnung der Produktion je nach dem Stande der Technologie gesellschaftlich möglich zu machen.

In diesem Sinne nennt Engels die Herstellung eines Produktes durch eigene Arbeit „die Voraussetzung" des Privateigentumes am Produkt; und er sagt, „daß die gesellschaftliche Produktionsweise dieser Aneignungsform unterworfen wird, obwohl sie deren Voraussetzung aufhebt". Auch in dieser Wendung würde es unmöglich sein, einen klaren Sinn zu finden, wenn man nicht „Voraussetzung" als teleologisch gemeint nimmt: Da der Umstand der eigenen Anfertigung eines Produktes weder logisch-formal, noch kausal als Voraussetzung des Eigentumsrechtes an dem betreffenden Produkt ist, von einer naturrechtlichen Behauptung alten Stiles, daß dem Arbeiter die von ihm hergestellte Sache zu Eigentum *a priori* gebühre, nach der materialistischen Geschichtsauffassung gerade keine

Rede sein soll, — so bleibt als einzig verständlicher Sinn der, daß das uns gebliebene Recht gegenüber der jetzigen sozialen Wirtschaft ein ungeeignetes Mittel zur Verfolgung des obersten Zweckes des Rechtes überhaupt geworden sei. „Voraussetzung" heißen hier die zur Wahl eines bestimmten Mittels bewegenden Umstände. Obgleich diese nun im Laufe der Geschichte verschwunden, und andere an ihre Stelle getreten seien, so bediene man sich immer noch jenes Mittels (des Privateigentumes an Produktionsmitteln und Fabrikaten), obgleich man den vorschwebenden Endzweck des Rechtes (tunlichst viele und gute Produktion durch geregeltes Zusammenwirken) damit nicht mehr erreichen könne. Dieser Sinn steckt in dem ENGELSschen Satze unvermeidlich verborgen.

Nachdem nun klar gelegt ist, was ein innerlicher Konflikt im sozialen Leben mit Fug heißen kann — nämlich Widerstreit von Wirtschaft und Recht —, und an welchem allgemeinen Maßstabe er bestimmt und gerichtet werden muß — nämlich an dem obersten Zwecke des Rechtes, nach der materialistischen Geschichtsauffassung an dem Befördern der gesellschaftlichen Produktion —, so fragt es sich drittens und letztens noch: wie ein sozialer Konflikt im einzelnen Falle festzustellen ist.

Nun handelt es sich hier um eine Umwandlung der Sozialwirtschaft; diese aber ist nicht identisch mit Änderung der Technologie und der technischen Möglichkeiten zur Steigerung der wirtschaftlichen Produktion. Vielmehr wiederholt sich auch in dieser Richtung der Betrachtung, daß für die soziale Erwägung nicht die Technologie und die natürlichen Lebensbedingungen zum Objekt dienen können. Nicht eine mögliche Technik ist als solche für Veränderungen einer Gesellschaftsordnung der bestimmende Grund, sondern eine sozial verwirklichte. Eine soziale Verwirklichung bedeutet aber eine Einschaltung in die bestehende Gesellschaftsordnung und eine Ausbildung sozialökonomischer Phänomene. Jede geänderte äußere Technik muß erst in der konkreten Ausführung eines bestimmt geregelten Zusammenwirkens ihre Verwendung gefunden und zu einer Umänderung der sozialen Wirtschaft geführt haben. Es müssen also erst soziale Phänomene in unserem früher näher dargelegten Sinn entweder sich gebildet haben oder in ihrer kommenden Entstehung als sicher vorausgesehen und dargetan werden. An solchen sozialwirtschaftlichen Erscheinungen wird dann klar, ob das Recht sein allgemeines Ziel, und damit seine Berechtigung in diesem seinem besonderen Inhalte, verfehlt und verloren hat. Darum ergibt sich aus der Beobachtung und Verfolgung sozialökonomischer Phänomene, ob im besonderen Falle ein sozialer Konflikt anzunehmen ist, indem dieses bejaht werden muß, wenn die betreffenden sozialen Erscheinungen, sofern sie in ihrer Unvermeidlichkeit sicher erkannt sind, in ihrem Inhalte dem Endziele des das soziale Leben regelnden Rechtes widerstreiten. Hat man dieses eingesehen, so ist es dann auch möglich, die geschichtliche Entstehung dieses Konfliktes an der Hand der Rückverfolgung der fraglichen sozialökonomischen Phänomene deutlich zu machen und in gleichem Sinne die kommende Verschärfung des inneren sozialen Widerspruches im Ausblicke auf die Tendenz der Weiterentwicklung jener wirtschaftlichen Phänomene sich zum Bewußtsein zu bringen.

Ohne das Mittelglied der sozialökonomischen Phänomene aber ist ein dahin gehendes Aburteilen in Sicherheit ganz unmöglich. Zum mindesten muß man bei jeder neuen Erfindung und einer Änderung der Technologie deren Einschaltung in die geltende soziale Ordnung in Gedanken haben und sich dadurch ein Bild gemacht haben, wie sich die Verwertung der neuen Produktivkräfte in der seitherigen Regelung des sozialen Zusammenwirkens in gleichheitlichen Massenerscheinungen geregelter Beziehungen ausnehmen wird. Es sind also die technologischen Möglichkeiten und alle anderen natürlichen Bedingungen menschlichen Daseins nicht schon als solche von bestimmendem Einflusse auf die Gestaltung einer sozialen Ordnung; sondern sie haben erst in dieser Eingang zu erhalten und sind in der betreffenden sozialen Wirtschaft zu verwenden. Und dann sind es die dabei entstehenden einzelnen sozialen Phänomene, deren Auftreten möglicherweise zur Erkenntnis eines innerlichen sozialen Konfliktes führt, und die nun die bestimmenden Gründe rechtlicher Änderungen, wie wir vormals ausführten, abgeben.

Das Resultat dieser Untersuchung würde dahin gehen:

Ein sozialer Konflikt als innerer Widerspruch in einem menschlichen Gemeinwesen ist ein Gegensatz zwischen neuer Sozialwirtschaft und alter Rechtsordnung. Er wird bestimmt und gerichtet nach dem obersten Zwecke des Rechtes; gemäß der materialistischen Geschichtsauffassung nach dem Umstande, ob das Recht die gesellschaftliche Produktion des Lebens hemmt, anstatt sie zu fördern. Sein Vorhandensein im einzelnen Falle ergibt sich aus dahin gehenden notwendigen sozialökonomischen Erscheinungen.

Man kann es auch abstrakt zusammenfassend so ausdrücken:

Ein innerlicher sozialer Konflikt ist dann gegeben, wenn die in einem menschlichen Gemeinwesen entstandenen sozialen Phänomene dem letzten Ziele des sie verantwortenden Rechtes widerstreiten.

73

Welches allgemeine Gesetz gilt nun für die Lösung sozialer Konflikte?

Es müßte dieses eine Norm sein, nach welcher allgemeingültig eine Notwendigkeit bestimmter einheitlicher Auflösung innerer Widersprüche eines sozialen Lebens eingesehen werden kann.

Ich frage also: Was heißt es, daß Änderungen der Materie des sozialen Lebens bestimmte Änderungen der Form desselben notwendig bedingen? Was für eine Notwendigkeit ist gemeint; und wie soll jener Satz bewiesen werden? —

In dem vorigen Paragraphen haben wir eine Wendung mitgeteilt, die Marx gelegentlich dieser Frage gegeben hat. Er spricht von einem sozialen Konflikt als einer in einem gesellschaftlichen Organismus auftretenden Negation, welche ihrerseits naturnotwendig ihre eigene Negation erzeuge, so daß der dialektische Charakter der Entwicklungsgeschichte als Negation einer Negation auftrete.

Ich glaube nicht, daß man diese Formel im Sinne des Marx zu scharf betonen darf. Allerdings scheint es auf den ersten Blick, als ob jene Fassung eine vollständige Herübernahme der Art Hegels enthalte. Thesis, Antithesis, Synthesis: Will man jetzt *A*, so hat es vermutlich Grund; will man darauf *non-A*, so hat es vermutlich ebenfalls Grund; also wird es auch Grund haben, auf höherer Stufe des Bewußtseins das Positive von *A* und *non-A* in der Weise zu vereinigen, wie es ohne Widerspruch vereinbar ist.

Das Privateigentum an den Produkten eigener Arbeit war geschichtlich berechtigt; das kapitalistische Eigentum an Produkten fremder Arbeit soll dem widersprechen, wie *non-A* dem *A*, hat aber auch seine Berechtigung in verschiedenen Errungenschaften der modernen Produktionsweise; also ist es begründet, beides in der höheren Einheit des individuellen Eigentumes, aber auf der Grundlage von Errungenschaften der kapitalistischen Ära zu vereinigen, nämlich in der Kooperation freier Arbeiter und deren Gemeineigentum am Grund und Boden und an den durch die Arbeit selbst produzierten Produktionsmitteln.

Trotz dieser möglichen Kongruenz trage ich beim Fehlen sicherer authentischer Auslegung Bedenken, dieses letzte als Meinung von Marx wirklich anzunehmen. Der sanfte Sinn, den man verständlicherweise allein in der Hegelschen Trichotomie entdecken kann — wir versuchten, ihn vorhin zu formulieren —, vermag da nichts zu helfen, wo Widersprüche selbst real gesetzt sind. Marx konnte das unmöglich entgehen; und so finden wir bei ihm und bei Engels neben Mysterien Hegelscher Ausdrucksweise auch Besprechungen unseres Problems, welche auf allgemein verständliche Begriffe und Grundsätze zurückleiten. Das ist die Angabe von den Produktivkräften, die in einer naturwissenschaftlich zu erforschenden Entwicklung begriffen seien und nun jeweilig auf Abänderung und Umgestaltung des überlieferten Rechtes, mit dem sie in Konflikt geraten sind, in notwendigem Prozeß hindrängen.

Es darf wohl als sicher angenommen werden, daß damit eine notwendige Kausalität gemeint ist. Die neuen Produktivkräfte, im Widerspruche mit dem geltenden Rechte, zwingen dieses zum Untergange und bewirken naturnotwendig eine neue Rechtsordnung. Zwischen bestehendem Rechte und neuer Produktionsweise ist ein innerer Widerspruch eingetreten; die Rechtsordnung versieht ihre oberste Aufgabe einer möglichen Hebung und Förderung der gesellschaftlichen Produktion schlecht; sie hat ihre etwaige geschichtliche Berechtigung verloren. Sie mag sich nun sperren und weigern, — die Umwälzung kommt mit sicherer Naturnotwendigkeit: Die ökonomischen Produktionsbedingungen und die ihnen entquellenden Produktivkräfte erzwingen die Metamorphose der einstweilen noch gebliebenen Form des sozialen Lebens mit der Unfehlbarkeit, welche sicher erkannte Kausalität überhaupt beanspruchen darf.

In diesem Sinne sagt der moderne Sozialismus, in Anwendung dieser Methode der materialistischen Geschichtsauffassung, daß es ein naturnotwendiger Entwicklungsprozeß ist, daß die jetzige Gesellschaftsordnung untergehen und einer sozialistischen Platz machen muß.

Sehen wir einmal zu, wie es sich mit solcher kausaler Notwendigkeit, als allgemeingültigem Gesetze der Lösung sozialer Konflikte, in Wahrheit verhält.

Dabei wird es nötig sein, die von dem sozialen Materialismus hier als maßgeblich verwendeten Begriffe und die damit eingeführten Gedankengänge zuvörderst jeweils im besonderen kurz zu erwägen.

So der von den Marxisten so gerne gebrauchte Terminus der

Produktivkräfte, auf welche jene besser kein großes Gewicht gelegt hätten (vgl. § 49). Wo Kraft sein soll, da muß ein Gegenstand angegeben sein, dem sie zukommt. Im sozialen Leben gibt es dafür aber keine anderen Objekte als die Menschen.

Produktivkraft kann nichts anderes bedeuten, als eine Möglichkeit bestimmter Produktion. Damit diese Möglichkeit real wird, ist erforderlich, daß sie von Menschen ergriffen und durchgeführt wird. Und nicht anders steht es mit dem Gedanken und Ausdrucke von ökonomischen Produktionsbedingungen. Dasjenige, was als wirkende und treibende Kraft angesehen werden darf, ist also eine bestimmte Benutzung natürlicher Bedingungen des menschlichen Lebens und seiner steten Produktion: Es ist die ökonomische Produktionsweise, die von technischen Möglichkeiten schon Gebrauch gemacht hat.

Nun handelt es sich um gesellschaftliche Produktion und um soziales Leben; es soll ein auf Bedürfnisbefriedigung gerichtetes Zusammenwirken sein. Dann aber ist eine bestimmte Regelung unerläßliche Bedingung: Die ökonomische Produktionsweise, die als soziale erkannt und erforscht werden soll, ist ein Zusammenwirken unter bestimmten Regeln.

Diese Notwendigkeit, bei aller sozialer Betrachtung stets die Bedingung einer bestimmten menschlich gesetzten Regelung des Zusammenlebens zu berücksichtigen, schiebt sich als unübersteigliches Hindernis zwischen die wissenschaftliche Erkenntnis des sozialen Lebens und den Wunsch, auf dieses ohne weiteres eine naturwissenschaftliche Erwägung anzuwenden.

Wer Gesetze des sozialen Lebens der Menschen aufstellen will und vor allem über die oberste allgemeingültige Gesetzmäßigkeit desselben sich klar zu werden gedenkt, der kann nicht einfach auf Natur und Technologie als direkt wirkende Faktoren verweisen. Es ist eine sozial benutzte Technik, also ein Gebrauch von ihr auf Grund bestimmter äußerer Regelung. Diese von uns schon in anderem Zusammenhange erwähnte Einschaltung neuer technologischer Möglichkeiten in die bestehende Gesellschaftordnung liefert in einer hier nicht zu wiederholenden Weise sozialökonomische Phänomene. Unter Produktivkräften im sozialen Sinne kann man daher Bestrebungen verstehen, innerhalb der gegeben sozialen Ordnung die Produktion möglichst zu steigern und zu heben. Dadurch werden jedoch immer nur Anschwellungen und Veränderungen von sozialwirtschaftlichen Erscheinungen geschaffen, über deren jeweilige Einzelbeobachtung hinaus, in unmittelbarem Zusammenhange mit der technischen Produktion, nichts festgestellt werden kann. Ob solche Bestrebungen, von bestimmter Technik einen sozialen ausdehnenden Gebrauch zu machen, für sich als naturnotwendig und unvermeidlich dargetan werden können, ist eine lediglich Einzelfrage, die aus den besonderen geschichtlichen Bedingungen konkret darzutun ist. In jedem Falle aber werden damit nur Bewegungen der Materie eines sozialen Lebens, Umänderungen der sozialen Wirtschaft im Sinne des Auftauchens und Wachsens sozialökonomischer Phänomene festgestellt.

Es bleibt ein unvollständiges Bild, wenn die Marxisten sich an den Ausdruck gewöhnt haben, daß die modernen Produktivkräfte „uns über den Kopf wachsen", so daß wir sie nicht mehr zu bändigen vermöchten. Es kann in Klarheit erwogen nur heißen, daß unter ausgiebiger Benutzung der modernen Technologie bei der konkreten Durchführung und Verwirklichung unserer sozialen Ordnung sich ökonomische Phänomene ausgebildet haben und wohl noch weiter entwickeln werden, die unerfreulich sind und zu sozialen Konflikten führen, zu Widersprüchen zwischen dem, was als soziale Erscheinung uns tatsächlich entgegentritt, und zwischen dem, was rechtes soziales Leben unter diesen empirischen Umständen wäre.

Ich wiederhole mich dahin: Unterliegende natürliche Lebensbedingungen und technische Produktionsmöglichkeiten sind an und für sich für die soziale Betrachtung ungeeignet und irrelevant; sie sind — mindestens in Gedanken — erst in eine bestimmte soziale Ordnung verwendet einzuschalten, ehe sie bei der wissenschaftlichen Erforschung des sozialen Lebens eine Rolle spielen können. Unter Produktivkräften im sozialen Sinne können aber Einzelbestrebungen verstanden werden, welche im Rahmen der bestehenden Ordnung die Produktion möglichst auszudehnen beflissen sind. Man kann sie in ihrem Vorhandensein und in ihrer notwendigen Bedingtheit im einzelnen Falle bei dem Studium entsprechender sozialökonomischer Phänomene erkennen, und mag auch wohl eine mehr oder weniger sichere Tendenz für ihr ferneres Bestehen und ihre Weiterentwicklung und Einwirkung in sozialwirtschaftlichen Erscheinungen festzustellen in der Lage sein.

Aber auf solche einflußreiche Bedeutung für die Bildung einzelner sozialökonomischer Phänomene bleibt alle Erwägung von Produktivkräften beschränkt. Bei der Lösung von sozialen Konflikten kommt es jedoch auf die Frage an, nach welchem Gesetze die

Abänderung des überlieferten Rechtes eingesehen und erwartet werden darf. Für dieses Problem liefert das Zurückgehen auf den besprochenen Begriff der Produktivkräfte unmittelbar noch gar nichts.

74

Von den Bestrebungen, die auf Hebung und Steigerung sozial geordneter Produktion gehen, sind nun diejenigen Bestrebungen scharf zu scheiden, welche auf Umänderung der bestehenden Rechtsordnung gerichtet sind. Jene treten innerhalb bestimmter sozialer Regelung auf, haben diese zu ihrer unerläßlichen Bedingung und stellen die konkrete Ausführung derselben dar, — die durch die ordnende Form geregelte Materie. Sie erschaffen und entwickeln die verschiedenen sozialökonomischen Phänomene, in deren gewisser Verfolgung und Klarlegung allein dasjenige gefunden werden kann, was man als „immanente Gesetze" einer bestimmten Produktionsweise bezeichnen mag. Es ist dabei also namentlich auf die konkreten dringlichen Anlässe und wirklich bewegenden Triebfedern der einzelnen handelnden Individuen unter Berücksichtigung von deren empirischer sozialer Lage zu sehen; und es können dann danach, wie früher bemerkt, vergleichsweise sichere Tendenzen der kommenden Entwicklung der sozialwirtschaftlichen Phänomene erschaut werden. Aber immer bewegt sich alles dieses im Rahmen der geltenden Rechtsordnung. Es ist alles Beobachtete nur unter ihrer Bedingung sozial existent, und es führt die Verfolgung dieser Art sozialer Bewegung niemals zu der Umänderung einer rechtlichen Ordnung, als der bedingenden Form dieses betreffenden sozialen Lebens.

Zu diesem letzteren ist nötig, daß außer den im seitherigen sozialen Leben entstandenen sozialen Erscheinungen weitere Bestrebungen, eine zweite von der seitherigen ganz verschiedenen Klasse, auftreten, die nunmehr auf Abänderung oder Umwälzung der überlieferten Gesellschaftsordnung ihre Richtung nehmen; womit sie dann, im Falle sie sich durchzusetzen vermögen, die dermaligen sozialökonomischen Phänomene, denen sie entstammen, aufheben und vernichten. Denn diese Phänomene bestanden ja nur unter der Bedingung der angefeindeten und dann geänderten Rechtsordnung und hatten die nun umgewandelten Normen in ihrer früheren Art zur unerläßlichen Voraussetzung; mit deren Abänderung die auf ihrer seitherigen Bestimmung aufgebauten Einzelerscheinungen des sozialen

Lebens zu den Toten geworfen werden. So beobachtet die politische Ökonomie unserer Tage die unter der kapitalistischen Produktionsweise und dem Privateigentume an den Produktionsmitteln entstandenen und sich weiter entwickelnden sozialökonomischen Phänomene, deren Ausbildung und fernerhin fortschreitende Tendenz unter der ersten, im vorigen Paragraphen besprochenen Art menschlichen Handelns steht. Sie muß aber auch acht haben auf die proletarische Bewegung, als die Bestrebungen, eine Umwandlung der bestehenden Gesellschaftsordnung herbeizuführen; mit welcher Umwandlung dann alle sozialökonomischen Phänomene, die unter unserer heutigen Rechtsordnung erwachsen waren, der Geschichte einverleibt würden, der Vergangenheit allein angehörten.

Diese andere Art von Bestrebungen, die sich als Bewegung auf Umänderung von rechtlicher Ordnung darstellt, verdient in ihrer Eigenart und in ihrer Selbständigkeit eine größere Beachtung, als sie in der philosophischen Grundlegung der Sozialwissenschaft bislang gefunden. Die Geschichtschreibung und die praktische Politik kennen freilich kaum ein Objekt, das ihnen mehr Interesse abzugewinnen vermag, als diese Bewegungen und Bestrebungen auf Umgestaltung des überlieferten Rechtes. Aber die systematische Betrachtung einer allgemeingültigen Theorie des sozialen Lebens ist in diesem Punkte in Klarlegung und durchgreifend geltender Erörterung weit zurück.

Wenn ENGELS in lebhafter Darstellung[186] von dem inneren Widerspruche handelt, der in der heutigen Gesellschaft vorhanden sei, so führt er dieses doch nur bis zu dem Punkte durch, wo es sich nun um die Umwandlung der sozialen Ordnung dreht. Alle Ausführung der Gegensätze der mittelalterlichen Sozialwirtschaft zu der heutigen Produktionsweise, die Schilderung der industriellen und kommerziellen Krisen, die ganze Verfolgung der Entwicklung unserer modernen Art der gesellschaftlichen Produktion neben dem restweise gebliebenen Eigenproduzieren, zum Exempel in bäuerlichen Anwesen, wie nicht minder der Ausblick in die Zukunft hinsichtlich einer möglichen (nach ENGELS ganz sicheren) Weiterentwicklung des industriellen Großbetriebes mit allen seinen Eigentümlichkeiten, — das ist doch nur Erwägung und Darstellung von Bewegungen innerhalb einer bestimmten Rechtsordnung und auf Grund dieser. Es ist diejenige Art von Bewegungen des sozialen Lebens, die in unserer ersten Klasse von menschlichen Bestrebungen gesellschaftlichen Charakters aufgehen. Aber wie immer es mit der Richtigkeit dieser

Beobachtungen und der für die Zukunft gemachten Aufstellungen sich verhalte: in jedem Falle muß einmal eine der Art nach ganz verschiedene soziale Bewegung einsetzen, sobald man die Frage auf die Umwandlung unserer Rechtsordnung abstellt. Es müssen qualitativ andere Bestrebungen auftreten, welche gegenüber den seither angeführten, die nur eine konkrete Realisierung eines bestimmt geregelten Zusammenwirkens bedeuten, gerade auf Abänderung der unterliegenden und bedingenden Form desselben gehen.

Die zweite Klasse von Bestrebungen ist in ihrer Eigenart durchaus nicht zu entbehren. Das soziale Leben stellt sich stets nur als ein bestimmt geregeltes Zusammenleben dar und vollzieht sich unter konkreter Normierung, die an sich nicht als Naturerscheinung im Raume besteht, sondern durch Menschen gesetzt wird. Insoweit steht formal außer Zweifel, daß alles soziale Zusammenschließen menschliche Tat ist, auf menschliche Aktion sich gründet, gleichviel jetzt, woher diese ihren Anlaß und bestimmenden und vielleicht zwingenden Grund nimmt. Sobald daher die Erwägung auf eine Umänderung der sozialen Ordnung sich richtet, so steht menschliches Handeln, Setzen von sozialen Normen, in Frage; und es ist darum für die Vergangenheit wie die Zukunft unerläßlich, in dieser Erwägung gerade auf die Bestrebungen einzugehen, welche auf Setzen anderer Normen, als der seitherigen, gerichtet sind.

In der Literatur über die materialistische Geschichtsauffassung finden sich diese zwei verschiedenen Arten sozialer Bewegung nicht deutlich genug geschieden; sie fließen regelmäßig in einander über. Engels meint an der zitierten Stelle, daß die von ihm geschilderte Bewegung — nämlich die immer stärkere Entwicklung der der kapitalistischen Produktionsweise eigentümlichen Phänomene — in der seitherigen Richtung sicher weitergehen werde. Er nimmt nämlich an, daß der fehlerhafte Zirkel von Überproduktion zu Handelskrisen und von diesen wiederum zur Überproduktion „allmählich sich verengert, daß die Bewegung eine Spirale darstellt und ihr Ende erreichen muß, wie die der Planeten, durch Zusammenstoß mit dem Zentrum."

Hier ist die Analogie einer naturwissenschaftlichen Feststellung zu eng festgehalten. Die Änderungen des Rechtes vollziehen sich nicht lediglich in gesetzmäßigen Verhältnissen äußerer Erscheinungen, sondern finden ganz wesentlich ihre eigenartige Erledigung als menschliche Zwecke. Alles, was Engels schildert, ist, wie bemerkt, eine Bewegung innerhalb bestimmter Gesellschaftsordnung; wenn diese letztere umgewandelt und „gesprengt" werden soll, so ist zur Erreichung dieses Zieles vorher nötig, daß der Art nach andere Bestrebungen aufgetreten sind, als diejenigen, die in der Bildung und Entwicklung sozialwirtschaftlicher Phänomene tätig waren. Nur in dieser zweiten, qualitativ verschiedenen Art von sozialer Bewegung kann sich die Lösung sozialer Konflikte vollziehen, indessen die zuerst geschilderte es gerade mit der Schaffung von etwaigen Widersprüchen zu tun hat.

Nun fügt Engels seiner angeführten Aufstellung allerdings dieses hinzu, daß durch die jetzt herrschende Anarchie der Produktion, die nicht planmäßig von großen Zentren aus nach vorher berechnetem Konsumbedürfnis geleitet ist, die Mehrzahl der Menschen mehr und mehr in Proletarier verwandelt wird, — „und es sind wiederum die Proletariermassen, die schließlich der Produktionsanarchie ein Ende machen werden."

Aber der erste Teil des Satzes bedeutet offensichtlich wieder nur Darlegung eines sozialen Phänomens, von Massenerscheinungen rechtlicher Verhältnisse unter der jetzigen Gesellschaftsordnung. Auf die zweite Klasse sozialer Bewegungen geht nur der Schlußpassus in seinen wenigen Worten ein. Und wer die Stelle bei Engels nachliest, wird finden, daß er nach diesen Worten sich sofort wieder zu einer Ausführung über die notwendige Entwicklung und Vergrößerung des Proletariates unter dem besprochenen Großbetriebe des heutigen sozialen Lebens wendet. Und nur noch einmal wird am Schlusse seiner für die Theorie des modernen Sozialismus grundlegenden Schrift unser zweites Problem gestreift. „Indem die kapitalistische Produktionsweise mehr und mehr die große Mehrzahl der Bevölkerung in Proletarier verwandelt, schafft sie die Macht, die diese Umwälzung, bei Strafe des Unterganges, zu vollziehen genötigt ist. Das Proletariat ergreift die Staatsgewalt usw."

Wir haben es in unserer Untersuchung nicht mit dem Sozialismus, noch mit irgend welcher sonstigen Einzelanwendung der materialistischen Geschichtsauffassung zu tun, sondern mit dieser als grundlegender Sozialphilosophie und allgemeingültiger Methode für die Erforschung des sozialen Lebens und seiner Geschichte. Darum kommt es an dieser Stelle nicht darauf an, ob die Erörterungen, die Engels über die Eigentümlichkeiten der kapitalistischen Produktionsweise und über die Tendenzen der hier auftretenden sozialwirtschaftlichen Erscheinungen angestellt hat, Anspruch auf Richtigkeit erheben können oder nicht. Diese Erörterung interessiert uns vielmehr nur als Einzelanwendung einer allgemeingültigen Gesetzmäßigkeit der sozialen Bewegungen. Indem die materialistische Geschichtsauffassung eine solche anstrebte und dieselbe in einer gesetzmäßig notwendigen Lösung sozialer Konflikte erblickte, verhehlte sie sich aber, daß man zwischen zwei Klassen sozialer Bewegungen einen allgemein durchgreifenden Unterschied machen müsse und für jenen Wunsch nur die zweite Art heranziehen darf, also diejenige Klasse sozialer Bestrebungen, die — aus Bewegungen einer bestimmt geregelten Sozialwirtschaft erwachsen — nun auf das Ziel einer Umänderung der sozialen Ordnung, unter der sie entstanden sind, entschlossen losgehen. Während die erste Art sozialer Bewegung in der konkreten Ausführung eines bestimmten sozialen Lebens sich vollzieht, so unterscheidet sich die zweite Klasse in ihrem Inhalte darin, daß sie das seitherige gesellschaftliche Dasein durch Änderung der es in seiner Sonderart konstituierenden rechtlichen Ordnung selbst umändern will. Ich erwähnte, daß es uns nun auf Gesetz und Einheit, der die zweite Klasse untersteht, anzukommen hat.

Daß die kurzen Bemerkungen von Engels, die oben angeführt wurden, dieser Aufgabe nicht voll entsprechen, ist in sich klar. Aber auch sonst finde ich bei den Vertretern des sozialen Materialismus keine deutliche Scheidung zwischen den inhaltlich zu trennenden zwei Klassen von sozialen Bewegungen, noch auch die Konzentration der jetzt grundlegenden Erwägung auf die Gesetzmäßigkeit der auf Umänderung von Rechtsordnungen gerichteten Bestrebungen. Nur diese zweite Art sozialer Bewegung kommt, wie wir ausführten, für die Lösung sozialer Konflikte in Betracht. Sofern man also ein allgemeingültiges Gesetz sucht, nach welchem diese Lösung innerer Widersprüche in einer Gesellschaft in wissenschaftlicher Sicherheit bestimmt werden kann, so muß dieses identisch sein mit der Gesetzmäßigkeit der auf Abänderung von bestehendem Rechte abzielenden Bestrebungen.

Wenn ich unser Problem zunächst noch einmal kurz formulieren darf, so würde die Frage lauten: Auf Grund welcher allgemeinen Notwendigkeit kann im besonderen Falle diejenige einer bestimmten Rechtsänderung behauptet werden? Unter was für einen einheitlichen Gesichtspunkt können alle irgend welche Bestrebungen auf Umwandlungen gegebener Rechtsordnungen gebracht werden; also daß aus dieser allgemeingültigen Gesetzmäßigkeit sich jede empirisch auftretende Bestrebung in sicherem Schlusse bestimmen und richten läßt?

75

Dieses Problem kann man nun keineswegs damit auflösen, daß man auf die Abhängigkeit solcher sozialer Bestrebungen rücksichtlich ihrer Entstehung hinweist. Die auf eine Abänderung von sozialer Ordnung ausgehenden Bewegungen erwachsen zwar selbstverständlich aus gegebenen sozialen Verhältnissen; und man mag diese rücksichtlich ihrer genetischen Bedingtheit, so genau es möglich ist, zurückverfolgen. Aber eine Gesetzmäßigkeit der sozialen Bewegungen würde damit nicht geliefert sein. Denn diese Gesetzmäßigkeit soll die letzte und unwandelbare einheitliche Art sein, in welcher alle nur denkbaren sozialen Bestrebungen der hier in Rede stehenden Klasse sich zusammenziehen lassen; so daß jede einzelne Bewegung, die dann einmal im gesellschaftlichen Leben in irgend welcher Genesis auftritt, danach sicher beurteilt und bestimmt werden kann. Diese Einheit muß deshalb eine Einheit der sozialen Bewegungen nach ihrem Inhalte sein.

Die beiden Fragen der genetischen Erklärung eines einzelnen Vorkommnisses und der systematischen Beurteilung desselben unter Gesetz und Einheit sind überhaupt gänzlich zu trennen. Sie widersprechen sich gar nicht. Aber man darf nicht die eine durch die andere ersetzen und gänzlich verdrängen wollen. Beide sind zu betreiben, eine jede in ihrer Art: so haben sie getrennt ihren Weg zu nehmen und zu voller Erkenntnis eines Gegenstandes dann erst zusammenzustehen.

Aber ganz verfehlt ist es, sich auf die genetische Erörterung ausschließlich einzulassen. Denn Gesetzmäßigkeit besteht in der einheitlichen Erfassung mannigfaltiger Erscheinungen. Wer weiter nichts tut, als daß er jeder einzelnen Erscheinung nachläuft und deren Auftreten in unserem Vorstellungs- und Begehrungsvermögen im Keimen und Wachsen sich deutlich machen will, der würde überhaupt niemals zu der Einheit, in der die Einzelerscheinungen in sachlicher Art sich zusammenschließen lassen, gelangen. Und wem es glücken würde, einheitliche Entstehungsprozesse unserer Vorstellungen und Bestrebungen ganz klar zu legen, der dürfte — wenn er überhaupt deren Gesetzmäßigkeit einsehen will — doch nicht auf die Frage verzichten: in welcher Einheit die in gleichmäßiger Art entstandenen Vorstellungen nun in ihrem Inhalte zusammenlaufen?

Die materialistische Geschichtsauffassung trägt teilweise selbst die Schuld daran, wenn jemand annehmen würde, daß sie bloß und ausschließlich es mit genetischer Aufhellung sozialer Vorgänge zu tun haben wolle. Ihr letztes Ziel und oberster Gedanke geht freilich nicht darin auf. Sie ist ihrer ganzen Tendenz nach auf Klarlegung des Grundgesetzes des sozialen Lebens gerichtet. Daß dieses soziale Dasein dann im einzelnen als ein in steter Bewegung begriffener Prozeß aufzufassen und zu verstehen ist, und daher die Einzelphänomene in ihrer Genesis, ihrem Werden, Wachsen und Vergehen verfolgt werden müssen, ist ja klar, aber auch selbstverständlich und hier irrelevant. Denn die entscheidende Frage ist diese: wann eine soziale Bestrebung berechtigt, wann ihre Durchsetzung notwendig ist. Daß und wie sie empirisch entstanden und geworden ist, das ist für jene Frage gleichgültig. Auch der Irrtum erwächst aus bestimmenden Einzelgründen, nicht minder wie die falsche und schlechte Bestrebung. Und für die Betrachtung der letzteren hätte sich das um so mehr aufdrängen können, als ja im sozialen Leben durchgängig einander widerstreitende Strömungen und Bestrebungen gegenüberstehen, und nun sich der Zweifel erhebt, welche die richtige, und welcher Realisierung notwendig sei.

Nun ist klar, daß die korrekte Lösung dieser Zweifelsfrage sich nur an der Hand eines allgemeingültigen Grundgesetzes finden läßt, welches für alle denkbaren sozialen Bestrebungen Geltung hat. Dasjenige Streben und Wollen ist berechtigt, und seine Erfüllung notwendig, welches unter besonders gegebenen Verhältnissen mit jenem Grundgesetze übereinstimmt. Also ist nun das letztere vor allem sicher zu finden und festzustellen.

Dieses aber hat in systematischem Verfahren zu geschehen. Man hat danach zu forschen, in welcher obersten Einheit sich alle nur möglichen sozialen Bestrebungen überhaupt zusammenfassen lassen. Und hierfür ist eine objektive Analyse des denkbaren Inhaltes gesellschaftlichen Drängens und Wollens erforderlich; wogegen die Untersuchung nach der Entstehung desselben nach anderer Richtung weiterläuft.

Das oberste Gesetz ist die letzte Einheit, in der sich alle sozialen Abänderungsbestrebungen zusammenfassen lassen; und diese Einheit geht ganz von selbst auf den Inhalt der Bestrebungen. Sie fragt, was sich über den Gehalt sozialer Bewegungen Einheitliches feststellen und aussagen läßt; nicht aber: ob die formale Art der Entstehung bei inhaltlich ganz verschiedenen Bestrebungen übereinstimmt. Denn alsdann hätte ich zwar das Gesetz ihrer Entstehung, aber mit nichten das Gesetz ihrer selbst.

Marx konstatiert eine Abhängigkeit der Wissenschaft von natürlichen Lebensbedingungen und bestimmter Technologie der Menschen und meint, daß die Notwendigkeit, die Perioden der Nilbewegung zu berechnen, die ägyptische Astronomie geschaffen habe. Er hätte auch darauf hinweisen können, wie mit der entwickelten Technik durch die Herstellung optischer Instrumente der Aufschwung jener Wissenschaft genetisch erst ermöglicht wurde. — Aber was hat die Gesetzmäßigkeit im Laufe der Gestirne mit den Nilüberschwemmungen zu tun? Und sind die Lehren der kosmischen Physik deshalb wahr, weil technisch vervollkommnete Teleskope zur Verfügung gelangten?[187]

Hiernach muß doch klar sein, daß zwei verschiedene Fragen vermengt wurden. Etwas anderes ist es, den wirkenden Entstehungsgründen einer Lehre und Geistestat nachzuspüren, etwas anderes aber, das Gesetz ihrer systematischen Beurteilung darzutun und nach ihm zu verfahren. Die Abhängigkeit einer wissenschaftlichen Entdeckung von vorgefundenen natürlichen Lebensbedingungen und unterliegender Technik ist die eine Richtung der Erwägung. Aber die Qualität der Gesetzmäßigkeit einer Lehre ist von ihrer Genesis ganz und gar unabhängig; sie liegt in der Einheit, in welcher der Inhalt mannigfaltiger Vorstellungen synthetisch sich zusammenschließt. Eine wissenschaftliche Lehre ist nicht aus dem Grunde gesetzmäßig und damit als wahr dargetan, weil sie in ihrem Entstehen als abhängig von bestimmten sozialwirtschaftlichen Verhältnissen erkannt ist; sondern sie hat jenen Anspruch dann mit Fug, wenn durch sie in dem Mannigfaltigen der Erscheinungen Einheit hergestellt wird.

Oder sollte vielleicht die materialistische Geschichtsauffassung selbst aus dem Grunde eine fundamentale Gesetzmäßigkeit bieten, weil sie aus geschichtlich gegebenen sozialen Verhältnissen besonderer Art erwachsen und in ihrer genetischen Abhängigkeit davon dargetan ist? Allzu eifrige Anhänger von ihr haben es in der Tat mit dieser Selbstauflösung versucht. Sie schieben die Abstammung ihres Lehrers Marx aus den Rheinlanden ein: Dort, woselbst sich Deutschtum mit französischem Wesen etwas durchdrang, und andererseits eine der englischen ähnliche, entwickelte Industrie mit moderner Produktionsweise schon damals bestand, nur dort konnte, nach der Meinung jener, die besprochene Lehre entstehen.[188] Sehr wohl. Aber das ist doch nicht der Grund, aus dem sie Wahrheitswert beanspruchen kann! Und wenn sie dargetan hätten, daß die materialistische Geschichtsauffassung bei MARX — und in welchem Entwicklungsprozeß seiner Vorstellungen — naturnotwendig entstehen mußte, so würden sie doch damit nicht bewiesen haben, daß dieselbe in dem ihr eigenen Inhalte die grundlegende Gesetzmäßigkeit des sozialen Lebens enthalte. Dieses kann bloß dadurch und nur insoweit behauptet werden, als die materialistische Geschichtsauffassung die allumfassende einheitliche Betrachtung für allen nur denkbaren Inhalt sozialer Bewegungen uns liefern würde.

Wie sie dabei entstanden ist, das ist jetzt gleichgültig: Es kommt nur darauf an, was sie enthält.

Sie muß aber mehr enthalten, als bloß die Angabe über eine gleichmäßige Art der Entstehungsprozesse sozialer Bewegungen. Wir fragen nach der Gesetzmäßigkeit gesellschaftlicher Bestrebungen, nach der Notwendigkeit von deren Durchsetzung. Das ist eine Frage nicht nach der Genesis, sondern nach dem Inhalte derselben. Wer zweifelt, ob eine wissenschaftliche Lehre wahr sei, dem wird nicht gedient durch den Nachweis ihres kausalen Werdens; und wer prüfen will, ob eine soziale Bestrebung berechtigt, und ihre Durchführung notwendig sei, der verlangt nicht zu wissen, in welcher Weise die nun vorhandene Strömung geschichtlich entstanden ist, — er will vielmehr unter allen möglichen sozialen Bestrebungen auf Rechtsänderung, die geschichtlich irgendwie auftreten können, nach ihrem Inhalte zwei Arten unterscheiden. Er verlangt einen Prüfstein, an dem er bestimme, welche von zwei einander widerstreitenden Strömungen die gesetzmäßige und danach notwendige sei.[189]

So braucht man ein Gesetz für allen denkbaren Inhalt von Bewegungen im gesellschaftlichen Menschendasein. Und es ist für die Einsicht in das Grundgesetz des sozialen Lebens die systematische, und nicht die genetische Betrachtungsweise sozialer Bestrebungen durchzuführen.

76

Wir können nun die im § 73 begonnene Erörterung abschließen, indem wir auf der erlangten Grundlage untersuchen, welcher absolut einheitliche Gedanke für irgend welche Bestrebungen, die auf rechtliche Änderungen und Umwandlungen gerichtet sind, überhaupt möglich ist.

Und da es sich um Glattstreichung der in einer Gesellschaft

entstandenen Konflikte genau erörterten Begriffes handelt, so kann man auch fragen: In welchem Sinne, mit welcher Notwendigkeit kann die Lösung eines solchen inneren Widerspruches gesetzmäßig gefordert und erwartet werden?

Hier eröffnen sich zwei Möglichkeiten.

1. Es wird die Lösung eines sozialen Konfliktes in dem Sinne als naturnotwendig behauptet, daß das bei geänderter Sozialwirtschaft seinem Endzwecke untreu gewordene Recht nach unvermeidlich zwingender Kausalität sich ändert und mit seinem obersten Ziele wieder in Übereinstimmung gebracht wird.

2. Oder man nimmt das Nachgeben des geltenden Rechtes, das bei gewandelter gesellschaftlicher Wirtschaft mit seinem obersten Zwecke nicht mehr im Einklange steht, nur als ein Sollen an, und erhebt zwar die Forderung, daß es nach teleologischer Gesetzmäßigkeit umzuändern sei, vermißt sich jedoch nicht, diesen Erfolg als einen unvermeidlich sicheren zu prophezeien.

Die materialistische Geschichtsauffassung hat die erste Behauptung gewählt. Sie nimmt eine naturgesetzlich treibende Entwicklung in der menschlichen Gesellschaft an; und meint, daß der dem inneren Widerspruch korrespondierende Klassenkampf aus sich heraus die rechtlichen Einrichtungen einer höheren Entwicklungsstufe des sozialen Lebens mit unausweichlicher Notwendigkeit erschaffe.

Aber das will mit der Wirklichkeit sozialer Erfahrungen nicht recht stimmen. Es ist nicht richtig, daß in allen Fällen, in denen bei Umänderung des überlieferten Rechtes eine bessere gesellschaftliche Produktion möglich gewesen sein würde, dann auch sofort — im Sinne der Naturnotwendigkeit — Bestrebungen entstanden wären, die auf entsprechende Umwandlung der sozialen Ordnung hingedrängt hätten.

Und vielleicht noch schlimmer sieht es mit der allgemeingültigen Sicherheit aus, mit welcher von der Durchsetzung und dem tatsächlichen Siege derjenigen Bestrebungen als unvermeidlich gesprochen würde, die auf Anpassung des Rechtes an die Aufgabe der Produktionsförderung gerichtet sind. Es ist unmöglich, daß der tatsächliche Erfolg, der Ausweis einer Bestrebung als der faktisch stärkeren auf Grund ihrer Korrespondenz mit einem innerlichen logischen Widerspruche innerhalb eines Gemeinwesens *a priori* bestimmt werden kann. Die Machtfaktoren, die bei jenem auf den Plan treten, entziehen sich einer derartigen allgemeingültigen

Beurteilung und können immer nur im einzelnen Falle auf Grund geschehener Erfahrung mit Sicherheit konstatiert werden.

Nun meint man in der materialistischen Geschichtsauffassung das notwendige wirkliche Eintreten des Erfolges im Sinne rechter Lösung des sozialen Konfliktes auch nicht in unmittelbar notwendigem Eintreten, sondern bedient sich regelmäßig der Wendung, daß „schließlich" diejenige Bestrebung den Sieg davon tragen werde, welche den sozialen Widerspruch im Sinne des Einklanges der Rechtsordnung mit den neuen sozialen Produktivkräften zu lösen gewillt sei. Aber damit wird eine höchst unsichere Instanz eingeführt. Wann soll dieses „schließlich" eintreten? Und wer gibt Sicherheit dafür, daß nicht inzwischen abermals neue Produktivkräfte auftreten, die nun wiederum andere Bewegungen auf Lösung des neuesten sozialen Konfliktes hervorrufen, noch ehe die früheren Bestrebungen ihren „schließlichen" Erfolg erreicht hatten?

Es mag sein, daß man in einer konkreten Sachlage auch im voraus mit einer gewissen Wahrscheinlichkeit behaupten darf, daß bestimmte Bestrebungen breiterer Volksmassen in einer Art von elementarer Gewalt sich fühlbar und bemerklich machen und schließlich wohl durchsetzen werden. Aber eine Gewißheit nach dem strengen Ursachenbegriff und im Sinne mathematischer Naturwissenschaft kann nie behauptet werden. Jedenfalls aber ist es eine Prophetie des einzelnen Falles, die kein so sicheres und allgemein geltendes Gesetz eines notwendig eintretenden Erfolges von sozialen Bestrebungen zur Basis hat, daß daraufhin ein solcher Erfolg jeweils zweifellos bewiesen werden könnte.

Ein Gesetz muß eine allgemeingültige Einheit darstellen, in welcher aller Inhalt irgend welcher nur denkbarer — gewesener, seiender, werdender — Bestrebungen auf Umgestaltung einer sozialen Ordnung zusammengefaßt werden könnte. Ein Gesetz im strengen Sinne verträgt keine Ausnahme. Die Vertröstung auf einen „schließlichen" Erfolg aber enthält eine solche. Denn die betreffende Bewegung ist schon da, die Bestrebungen auf Umgestaltung sind vorhanden und könnten an sich Erfolg haben. Ihr Inhalt und ihre Berechtigung wird dadurch um nichts gesteigert, daß ihre Anhänger etwa eine größere tatsächliche Macht zu entwickeln in der Lage sind; auf die schwankende Machtfrage kann keine soziale Gesetzmäßigkeit gegründet werden. Wenn also inhaltlich gleiche Bestrebungen in dem einen Falle sich durchzusetzen vermögen, in dem anderen nicht, wenn sie namentlich zur Zeit noch keinen Erfolg haben, sondern ihn erst einmal „schließlich" erwarten, so zeigt dieses eben, daß in dem wirklichen Geschehen sozialer Bewegungen eine inhaltliche Einheit, die ihr Gesetz bedeuten würde, nicht festzustellen ist.

Das, was wirklich im sozialen Leben bei der Frage der Beibehaltung oder Abänderung einer Rechtsordnung tatsächlichen Erfolg hat, das sind zu verschiedenen Zeiten inhaltlich verschiedene Bestrebungen; und dasjenige, was sich in inhaltlich übereinstimmender Weise in sozialen Bestrebungen feststellen läßt, hat zu verschiedenen Zeiten verschiedenen Erfolg. Die Erfahrungswissenschaft aber kennt von Tatsachen und Ereignissen der Natur den ausnahmslosen Satz, daß gleiche Ursachen gleiche Wirkungen hervorrufen. In der wissenschaftlichen Mechanik gibt es für festgestellte Gesetze kein Wenn und kein Aber. Das Gesetz der Schwere lautet nicht dahin, daß die Erde die Körper anziehe, wenn sich nicht etwas dazwischen stelle. Sofern die materialistische Geschichtsauffassung meint, daß die auf eine bestimmte Lösung sozialer Konflikte (nämlich im Sinne der Ausgleichung des Rechtes mit den neuen sozialen Produktivkräften) gerichteten Bestrebungen schließlich in unvermeidlicher Notwendigkeit tatsächlichen Erfolg haben werden, daß dieselben also dann wirken werden, wenn ihre Zeit gekommen ist, so hat sie damit ein Gesetz von naturnotwendiger Geltung gar nicht aufgestellt.

Und das gleiche Schicksal wird auch jeder andere Versuch haben, für die sozialen Bewegungen Gesetz und Einheit in demjenigen zu finden, was wirklich als Bestrebung auf soziale Änderung sich durchsetzt und dabei den tatsächlichen Erfolg gehabt hat oder haben kann. Die Zersplitterung in dem faktischen Geschehen und die Verschiedenheit des Erfolges sozialer Bewegungen ist allzu groß, als daß sie sich dahin zusammenfassen ließen: Es sind ausnahmslos in der gesellschaftlichen Entwicklung der Menschheit diejenigen Bestrebungen siegreich, welche das Recht in dem Sinne umgestalten wollen, daß es *in concreto* seinem letzten Ziele entspreche, also — wie die materialistische Geschichtsauffassung meint — die gesellschaftliche Produktion begünstige, hebe, fördere, anstatt sie zu hemmen.

Es ist ein ganz vergebliches Bemühen, eine grundlegende Einheit in einer Gleichmäßigkeit des tatsächlichen Erfolges im sozialen Leben zu erhalten. Wenn daselbst etwas geschieht, so hat es selbstredend seine natürlichen Ursachen. Aber es ist nicht möglich, diese Ursachen und ihre Erfolge inhaltlich unter einen allgemeingültigen

Gesichtspunkt zu bringen. Die bloße formale Geltung des Kausalitätsgesetzes tut aber dem Problem nach der Gesetzmäßigkeit sozialer Abänderungsbestrebungen kein Genüge; denn es erwartet erst wechselnden Stoff, an dem es zur Verwendung zu gelangen hat. Und dann wiederholt sich, daß in den in ihrem Ursprunge natürlich kausal zu erklärenden Bewegungen des sozialen Lebens eine inhaltliche Übereinstimmung und Einheit des wirklichen Geschehens zu entdecken ist.

Der Naturforscher hat für die inhaltlich verschiedenartigsten Wahrnehmungen den einheitlichen Gesichtspunkt der Anziehungskraft der Erde, der soziale Beobachter vermag nicht in analoger Art zu beweisen, daß immer und ausnahmslos die auf den Endzweck der menschlichen Gesellschaft gehende Bestrebung sich wirklich erfolgreich durchsetzen werde; — so kann jener den Einsturz eines baufälligen Hauses mit einer Sicherheit voraussagen, welche dem zweiten in seinem Parallelfalle versagt ist.

Und man hätte sich auch *a priori* sagen können, daß eine mögliche Gesetzmäßigkeit sozialer Abänderungsbestrebungen, die allen denkbaren Inhalt von solchen in unbedingter Einheit umspannen würde, in der bloßen Feststellung und Zusammenfügung wirklicher Ereignisse gar nicht geliefert werden kann. Der Grund hiervon liegt darin, daß zur Durchsetzung der Umänderung einer bestehenden rechtlichen Ordnung es nötig ist, daß Menschen sich dessen annehmen. Die Schöpfung und Setzung des Rechtes und also auch seine Abänderung geschieht durch menschliches Handeln. Dazu aber sind dann immer Bestrebungen und Entschlüsse erforderlich, welche sich eine Rechtsänderung zum Ziele setzen. Mag es als Einwirkung auf den Recht setzenden Gesetzgeber (mich kurz so auszudrücken) gemeint sein oder auch darin gipfeln, daß an Stelle der seither Recht schaffenden Faktoren andere gesetzt werden — was ja nur eine Änderung des bestehenden Rechtes in diesem besonderen Punkte der Gesetzgebungskompetenz ist —: allemal ist es unerläßlich, die auf Änderung einer sozialen Ordnung hindrängende Bewegung als bestimmtes Streben und Wollen von Menschen aufzufassen.

Dieses Streben und Wollen erwächst in seinen konkreten Zielen aus gegebenen sozialen Verhältnissen. Und es ist oben ausreichend ausgeführt worden, daß man jedes besondere soziale Wollen für sich genommen auch als natürliche Erscheinung nehmen kann, deren Entstehung in ihrer kausal notwendigen Bedingtheit zu begreifen ist — als eine Aufgabe, der man, so gut es gehen mag, in naturwissenschaftlicher Methode Genüge tun soll.

Aber die in natürlichem Prozeß entstandenen Vorstellungen zu verfolgender und zu erreichender Ziele, das Begehren und Streben selbst schließt einen eigenen Inhalt in sich: den Gedanken eines zu bewirkenden sozialen Lebens einer gewissen Art, die Vorstellung einer zu bewirkenden Umänderung der bestehenden Rechtsordnung. Was immer der Inhalt einer sozialen Bestrebung im einzelnen sein könne, oder gar, woher er seinen Ursprung und seine Ausbildung erhalten möge, — dieses eine ist allem Inhalte sozialer Bewegungen in ausnahmsloser Allgemeinheit zu eigen: daß sie durch Bestrebungen sich vollziehen, in deren Inhalt neben dem Besonderen dieser konkreten Sachlage das allgemeine Element gedanklich verschmolzen liegt, daß die Erreichung dieses Sonderzieles zu bewirken ist.

Und dieser Gedanke, der den sozialen Bewegungen ihr eigentümliches Charakteristikum verleiht und sie von dem Ereignis der bloßen Naturbetrachtung im Inhalte grundsätzlich abscheidet, er ist in diesem Zusammenhange so wenig chimärisch, als er es für das Wollen und Streben des einzelnen Menschen für sich genommen ist. Auch die soziale Erfahrung ist kein absolutes und total abgeschlossenes Ding, außerhalb dessen nichts anderes gedacht werden könnte. Wer sich auf sie beschränken will, der hat auf den Gedanken der Ziele schwebender sozialer Bewegungen noch gar kein Recht, sondern mag sich bescheiden, die Bewegung als geschichtliche Wahrnehmung zu beobachten, die in ihrem Ergebnis und kausal erklärbaren Verlaufe in die Erfahrung eingeschoben wird. Und die in einer sozialen Bewegung leitenden Bestrebungen müssen zwar rücksichtlich der zu Gebote stehenden Mittel auf gegebene Tatsachen der sozialen Erfahrung Rücksicht nehmen, die selbstverständlicherweise nur in solchen Tatsachen entdeckt und nicht in das Blaue hinein erfunden werden können; aber um ihre grundsätzliche Existenzberechtigung, als Streben und Wollen, braucht es ihnen nimmermehr neben der Möglichkeit sozialer Erfahrung bange zu sein; denn diese letztere kann noch weniger, als die auf Mathematik und Experiment gegründete Naturwissenschaft den Charakter einer absoluten und unbedingten Wahrheit in Anspruch nehmen. Sie kann gar nicht alles ausfüllen, was im Kommenden des sozialen Lebens uns bevorsteht, sie muß notgedrungen Raum belassen für den Gedanken einer zu bewirkenden gesellschaftlichen Ordnung.

Nun ist auch klar, weshalb jeder Versuch, die Gesetzmäßigkeit und Einheit für den Inhalt sozialer Bestrebungen in wirklichem Geschehen zu finden, in sich verfehlt sein muß. Die sozialen Bestrebungen haben ihre Eigentümlichkeit, wie alles menschliche Wollen und Streben, in der Vorstellung zu bewirkender Zustände. Folglich kann die grundlegende Einheit, in der sich das letzte Gesetz für den Inhalt aller sozialen Bewegungen darzustellen hat, auch nur in der Einheit des Zieles gelegen sein. Wenn im sozialen Leben eine Bewegung sich wirklich vollzieht, so untersteht sie in ihrem Werden der Grundregel von Ursache und Wirkung, die nun eine soziale Gesetzmäßigkeit in ihrer Eigenart gar nicht liefern kann; denn wir brauchen einen einheitlichen Gesichtspunkt, nach dem wir die besonderen — selbstverständlich kausal entstandenen — sozialen Bestrebungen in ihrem Inhalte als objektiv richtig oder unberechtigt bestimmen können; so wie wir die besonderen — selbstverständlich kausal entstandenen — Sinneswahrnehmungen von Objekten der äußeren Natur in ihrem Inhalte einheitlich zu bestimmen suchen, um festzustellen, ob wir in ihm gegenständliche Wahrheit oder Sinnestäuschung vor uns haben.

Soweit also soziale Bewegungen in ihrem wirklichen Verlaufe kausal erklärt werden, erhält man kein allgemeines Gesetz, das eine inhaltliche Einheit der hier fraglichen Bestrebungen darstellt, die danach dann erst im einzelnen gesetzmäßig bestimmt werden können; und soweit ein letztes und allgemeingültiges Gesetz als inhaltliche Einheit der sozialen Bewegungen möglich ist, kann es nicht in dem kausalen Gange wirklichen Geschehens gesucht und gefunden werden.

Woraus sich ergibt, daß von den zwei Möglichkeiten, die ich im Eingange dieses Paragraphen aufgeführt habe, die zweite die allein richtige ist. Das Gesetz, woran soziale Bestrebungen auf ihre inhaltliche Berechtigung und Notwendigkeit bestimmt werden können, ist ein Sollen.[190]

Darum wird sich zwar in allgemeingültiger Weise die Richtung angeben lassen, in welcher ein sozialer Konflikt gelöst werden soll; aber es ist wissenschaftlich nicht begründet, diese teleologische Notwendigkeit als eine solche eines kausal notwendigen wirklichen Erfolges auszugeben. Das Gesetz der Lösung innerer Widersprüche in einer Gesellschaft ist ein solches für menschliches Wollen. In einem solchen läßt sich, wie unsere Untersuchung jetzt dartun wird, eine unbedingte Einheit für den Inhalt aller denkbaren sozialen Bestrebungen finden, — in einer Zusammenziehung des möglichen Erfolges jener zur Einheit naturgesetzlichen Geschehens ist das in exakter Erkenntnis nicht möglich. Und ob dem Sollen der sozialen Gesetzmäßigkeit im konkreten Falle der Erfolg nicht fehle, das steht noch ganz dahin.[191]

77

Es ist nicht ohne Interesse, zu gewahren, wie die Lehre der materialistischen Geschichtsauffassung bei dem geringsten Versuche einer Ausführung und näheren Darlegung ihrer Gedanken unwillkürlich, zuweilen sogar gegen ihre Absicht, in die Richtung teleologischer Erwägung und auf die Basis des für die soziale Zweckverfolgung geltenden Grundgesetzes hingedrängt wird.

Schon in dem Satze, daß die Menschen, „um zu produzieren, gesellschaftliche Verhältnisse eingehen", liegt der Zweckgedanke versteckt. Denn zum mindesten würde eine kausale Bewirkung der hier also eingeführten sozialen Ordnung durch die erst noch vorzunehmende gesellschaftliche Produktion nicht behauptet werden können. Aber Marx tritt, ohne es eigentlich zu wollen, in aller Vollständigkeit auf das Gebiet der teleologischen Erwägung darin über, daß er als gerechtfertigte soziale Bestrebungen solche anerkennt, die auf dem festen Entschlusse aufgebaut sind, einer solchen erkannten Entwicklung bewußt zu folgen. Damit meint er immer noch bei einem konsequenten sozialen Materialismus, der nichts als kausale Betrachtung wissenschaftlich anerkennt, stehen geblieben zu sein. Das ist ein Irrtum.

Wenn die soziale Entwicklung ausschließlich in einem einheitlichen Naturprozeß nach kausaler Notwendigkeit bestehen würde, so wäre ja aller bewußte Entschluß, dem Folge zu leisten, ein barer Unsinn. Man könnte gerade so gut die Bestrebung als gerechtfertigt anerkennen, sich in festem Entschlusse mit der Erde um die Sonne zu drehen. Gerade die zwei verschiedenen und einander ausschließend entgegengesetzten Klassen von möglichem Inhalte unserer Vorstellungen werden dabei unklar durcheinander gemengt. Entweder erkenne ich eine Erscheinung und Bewegung in ihrer naturgesetzlichen Notwendigkeit und sehe einen eintretenden Erfolg aus besonderen Gründen als kausal unvermeidlich ein, — dann ist für Wollen und Entschließen hinsichtlich dieses Naturvorganges überhaupt kein Raum mehr. Oder aber, ich habe den festen Entschluß und den Willen, etwas in seinem Erfolge zu bewirken,

— dann liegt darin inhaltlich das Moment, daß das betreffende Ergebnis in unumgänglicher Naturnotwendigkeit gerade noch nicht als zweifellos sicher erkannt ist.

Nun ist es ganz richtig, daß wir Wollen und Entschließen tatsächlich haben; es ist ein sicheres Faktum jeder gewöhnlichen Selbstbesinnung, festgestellt an dem Inhalte unserer Vorstellungen. Und es ist, wie oben bemerkt, außer Zweifel, daß die in solchem Sinne bestehenden sozialen Bestrebungen durch die Möglichkeit der Erkenntnis eines Kausalzusammenhanges unter den Phänomenen der gesellschaftlichen Bewegungen keineswegs als widersprechend und in sich sinnlos erscheinen; denn auch hier wiederholt es sich, daß Erfahrung als wissenschaftliche Erkenntnis weiter nichts ist, als Verknüpfung vorliegender Wahrnehmungen unter einheitlichen Gesichtspunkten, daß aber der Gedanke einer zu treffenden Wahl und eines zu setzenden Zieles in seinem Inhalte von demjenigen solcher Vorstellungen, die Wahrnehmungen sind, vollständig getrennt und nach eigenem Gesetze weiter verfolgt sein will. Sobald man dieses aber wirklich aufnimmt — und wo geschähe dieses nicht im Menschenleben! —, sobald man überhaupt soziale Bestrebungen ihrem Begriffe nach als zulässig anerkennen muß, so ist der Boden der ausschließlichen Kausalbetrachtung verlassen. Die bloße Erkenntnis von kausal begriffenem Geschehen läßt keine Bestrebung zu; und wo Streben und Wollen ist, da wird der in ihm vorgesetzte Erfolg gerade nicht als ein nach dem Kausalitätsgesetz erklärter Tatbestand erfaßt.

Es findet sich einmal bei Marx[192] die Formulierung, daß das Privateigentum in seiner nationalökonomischen Bewegung zu seiner eigenen Auflösung forttreibe, indem es das Proletariat erzeugt. Das würde also nach unserer Erörterung ein unter gegebener Rechtsordnung in seiner Entstehung und Entwicklung beobachtetes sozialökonomisches Phänomen sein, dem alsdann gewisse gesellschaftliche Bestrebungen auf Abänderung jenes Rechtes erwachsen; — „das Proletariat, das seines geistigen Elends sich bewußte Elend, die ihrer Entmenschung bewußte und darum sich selbst aufhebende Entmenschung. Sein Ziel und seine geschichtliche Aktion ist in seiner eigenen Lebenssituation wie in der ganzen Organisation der heutigen Gesellschaft sinnenfällig unwiderruflich vorgezeichnet."

Es geht aber der Streit gar nicht dahin, ob die Ziele, die jemand zu verfolgen hat, ihm aus der Luft oder aus der vierten Dimension oder durch magisch wirkende Ideen zufliegen, oder ob sie aus historisch gegebenen sozialen Verhältnissen ihm erstehen; — denn das letzte ist von uns mit größter Bestimmtheit angenommen und betont worden. Es könnte vielmehr nur dieses kontrovers sein, ob man überhaupt den Begriff zu verfolgender Ziele, zu treffender Wahlen und zu bewirkender Erfolge als bedeutungsvoll einschieben darf. Dieses abzuleugnen, ist nun wieder MARX — mit Fug — gar nicht geneigt. Er kennt den Gedanken der sozialen Bestrebungen und leugnet ihn in dem theoretischen Aufbau seiner Lehre durchaus nicht; und er spricht, wie angeführt, von Zielen und von geschichtlicher Aktion. Dann aber müssen seine Anhänger auch darüber sich klar werden, daß damit ein neuer zweiter Gesichtspunkt für die sozialen Bewegungen neben der ausschließlichen Kausalbetrachtung eingeführt ist: das Wollen, das Verfolgen von Zwecken neben der bloßen Erkenntnis kausal begriffener Zusammenhänge.

Gäbe es gar nichts anderes, als eine solche Erkenntnis von kausal notwendigem Werden, worin alle Aktion der Menschen absolut und unbedingt eingeschlossen wäre, so hätte es überhaupt keinen Sinn, von Bestrebungen, von Wünschen und Wollen zu reden. Aber jenes ist falsch. Denn die Erkenntnis kausaler Zusammenhänge ist bedingt und notwendig beschränkt und keineswegs das All total umfassend; sie beschränkt sich auf die Verknüpfung von Wahrnehmungen, und sie unterliegt dem unaufhörlichen Wechsel und ist nichts weniger als unwandelbar und absolut. Und wer dieses zugibt, ja wer überhaupt nur, auch ohne kritische Begründung, den Gedanken von Streben und Wollen hegt, der hat damit inhaltlich das Gebiet der bloßen Erkenntnis natürlicher Vorgänge verlassen: Er hat den Gedanken des Zweckes, des zu bewirkenden Erfolges aufgestellt — und hat demnach die Gesetzmäßigkeit und Einheit hierfür auch unabhängig von der bloßen Kausalbetrachtung zu suchen.

Es ist ein eigentümlicher Mißgriff der materialistischen Geschichtsauffassung und ihrer praktischen Anwendung, daß sie dieser unerbittlichen Alternative, zwischen kausal begreifender Erkenntnis und zielbewußtem Wollen jeweils ausschließend sich zu entscheiden, dadurch entrinnen wollte, daß sie den naturnotwendigen Gang der sozialen Entwicklung postulierte, dabei aber meinte, ihn begünstigen, befördern, seine Schmerzen lindern zu können. Das war ein arges *quid pro quo!* — Wer erkennt, daß ein bestimmter Erfolg mit unvermeidlicher Naturnotwendigkeit eintreten wird, der kann dieses Resultat nicht mehr begünstigen. In der Vorstellung eines Förderns und Helfens liegt doch der Gedanke, daß so, wie es bei dem begünstigenden Eingriffe geschehen kann, das Vorkommnis als naturnotwendig nicht erkannt ist. Dieser Gegensatz gestattet kein Entweichen: Wenn wissenschaftlich eingesehen wird, daß ein gewisses Ereignis in ganz bestimmter Art in seinem Eintreten notwendig ist, so ist es sinnlos, gerade diese bestimmte Art dieses gewissen Ereignisses auch noch zu wollen oder begünstigen zu wollen. Man kann nicht eine Partei gründen, welche das Kommen und den Eintritt einer exakt berechneten Mondfinsternis „zielbewußt begünstigen" will. Und wenn der Arzt sicher erkannt hat, daß der Kranke im Laufe des Abends sterben wird, so ist es ein unfaßlicher Gedanke, daß dieses Ereignis, soweit es als kausal notwendig erkannt ist, begünstigt wird; denn wenn jener die Leiden des Patienten abkürzen oder dessen Leben tunlichst verlängern möchte, so liegt in dem Gedanken daran die Vorstellung von einem Erfolge, der so — wenn man es nicht bewirkte — noch nicht als kausal notwendig und unvermeidlich erkannt ist.

Was hier irre macht, das ist die Vorstellung von einem Ereignis überhaupt, das im großen und ganzen einmal naturnotwendig eintreten wird. Man scheint dabei zu übersehen, daß bei allem helfenden Eingriffe und bei jedem Begünstigen, Lindern und Fördern gerade der besondere Erfolg, den dieses letztere Bestreben hat, eben in seiner Besonderheit nicht als sicher notwendig erkannt ist, sondern gewollt wird. Dann aber muß die in diesem Sinne aufstehende Bestrebung einer Gesetzmäßigkeit im Ziele, als dem Gegenstande des Wollens, unterliegen und danach wissenschaftlich bestimmt werden. Es muß doch jeder, der eine nur im allgemeinen und vag eingesehene oder als ziemlich wahrscheinlich vermutete Entwicklung begünstigt, angeben können, warum er diese Begünstigung eintreten läßt. Und dann kann er nicht sagen: — weil es doch so kommen muß. Denn das Ergebnis, das gerade aus seinem begünstigenden Eingriffe fließen soll, das muß nicht eintreten und ist in dieser besonderen Weise, wie sie durch die Begünstigung bewirkt werden soll, nicht sicher als kausal notwendig erkannt; oder aber, es wäre als unvermeidlich eingesehen, so hätte es wieder keinen Sinn, dasjenige, was bereits nach zwingender Kausalität gewiß ist, als solches noch zu begünstigen. Der etwaige Hinweis auf ein allgemeines notwendiges Schlußergebnis genügt nicht. Denn es handelt sich bei dem Begünstigen um besondere Ergebnisse, die der Fördernde herbeiführen will und für deren Herbeiführung nun der Grund gefordert wird, der für den Vorsatz eines durch das Begünstigen zu bewirkenden besonderen Erfolges unabhängig von der kausalen Notwendigkeit eines allgemeinen Schlußeffektes gesucht und angegeben werden muß. Daß der Mensch einmal sterben muß, gibt keinen rechtfertigenden Grund für Totschlag oder Selbstmord.

Ein beliebtes Bild von Marx, das in die Adresse des Generalrates der internationalen Arbeiterassoziation von 1871 übergegangen ist, liegt in dem Vergleiche der sozialen Bewegungen, insbesondere der des modernen Sozialismus, mit der Geburt des Menschen. Wie diese, so vollziehen sich jene aus natürlichen Anlässen und in einem kausal erforschbaren Verlaufe. Eine einsichtige soziale Bestrebung könne daher nur darauf gerichtet sein, die Rolle eines Geburtshelfers zu spielen. — Daß der Vergleich darin höchst unglücklich ist, daß bei einer normalen und erwünschten Geburt Mutter und Kind am Leben bleiben, mag ihm nachgesehen werden. Aber was als sachliche Unklarheit nicht gebilligt werden darf, das ist die Meinung, als ob man mit jenem Satze noch bei einer bloßen Erkenntnis kausal begriffener Naturvorgänge stehen geblieben wäre. Die tätige Hülfe bei dem Akt der Geburt eines Menschen bedeutet mehr, als eine wissenschaftliche Einsicht in kausales Geschehen. Sie muß geleitet sein von einem nach bestimmtem Ziele gerichteten Willen. In der Regel mag sich das leicht ergeben und deshalb sein Vorhandensein möglicherweise übersehen werden; zuweilen tritt es bedenklich genug hervor. Wenn nun der Arzt die Wahl hat zwischen Mutter und Kind, zwischen Kaiserschnitt und Perforation? Dann muß eine Entschließung nach maßgeblichem Ziele getroffen werden, und in dem Gedanken des dabei vorgestellten Erfolges, der nun zu bewirken ist, liegt nichts mehr davon, daß es ein Ereignis sei, dessen naturgesetzliche Unvermeidlichkeit man nach dem Gesetze der Kausalität erkannt hätte.

Über den Begriff des Zieles und eines zu erreichenden Zweckes kommt man bei keiner sozialen Bestrebung hinweg. So ist es dem Sinne nach bloß eine terminologische Änderung, wenn abwechselnd mit dem Ausdrucke der Ideale derjenige der Ziele eingesetzt wird. „In den Märztagen des Jahres 1848 — sagt eine sozialistische Besprechung der oben erwähnten Adresse — durchbricht nur in einzelnen hervorragenden Köpfen die damalige revolutionäre Gärung bereits die Grenzen der bürgerlichen Ideale und strebt dem letzten proletarischen

Ziele zu: der sozialistischen Gesellschaft, der Aufhebung des Gegensatzes zwischen Kapital und Arbeit." — Aber warum strebten jene Aufgeklärten dem angegebenen Ziele zu? Weil seine Erreichung naturnotwendig ist und als kausal unvermeidlich eingesehen wird? Dann hätte es ja keinen Sinn, danach zu streben! Dann bliebe nur Stillhalten und Abwarten übrig. Es müßte diese Anwendung der materialistischen Geschichtsauffassung sonst ja geradezu die Formel auf sich nehmen: Es ist eine unvermeidliche Naturnotwendigkeit, daß die sozialistische Gesellschaftsordnung an die Stelle der jetzigen tritt, und unser Ziel ist es, dieses unvermeidliche und von Natur sicher eintretende Ereignis zu verwirklichen! — Oder vielleicht deshalb, weil es durch die jetzige Art der sozialen Wirtschaft geboten ist? Das mag sein. Aber dann muß man fragen, weshalb es geboten ist; und kommt also notwendig zu der Erwägung eines allgemeingültigen Richtmaßes für soziale Bestrebungen zurück, die an Stelle des jetzigen Rechtes ein anderes setzen wollen und sollen.

Daß in diesem Zusammenhange der Zweckgedanke als ausschlaggebende Grundlage zu nehmen ist, wird auch für die Wendungen in materialistischen Erörterungen klar erkennbar bleiben, wonach es nur auf ein Vorbereiten auf die künftig notwendige Umwandlung der jetzigen sozialen Ordnung ankommt. Man würde dann präparatorische Maßnahmen befürworten, für den Fall, daß eine andere Regelung des Zusammenlebens nötig werden würde. Aber in welchem Sinne soll sie notwendig sein? Wiederum nur dahin, daß eine andere Art des gesellschaftlichen Lebens notwendig zu bewirken ist. Denn es handelt sich, auch bei diesem nur zeitlichen Aufschube, allemal um Schaffung von rechtlichen Normen, die eben demnächst — wie man jetzt schon sicher zu erkennen glaubt — geboten sein werden. Die Notwendigkeit für einen zu schaffenden Erfolg ist aber stets eine des Zweckes und nur im Sinne des Telos verständlich.

Wer unter dem sozialen Ideal die Utopie eines allezeit fertigen und inhaltlich absolut gültigen Gesellschaftszustandes versteht, der mag sich dagegen polemisch wenden, wo er will. Unsere Erörterung hat damit nichts zu schaffen. Für uns bedeutet jener Begriff die Frage nach dem einheitlichen Gesichtspunkte, der für alle denkbaren sozialen Bestrebungen Geltung hat, welche einzelnen Bestrebungen in ihrer konkreten Art selbstverständlich aus geschichtlich gegebenen Zuständen empirisch erwachsen. Aber dann, wenn sie als konkret erstandene Bestrebungen vor uns stehen oder auch als solche aus gegebenen Verhältnissen zu entfachen sind: dann sind sie in ihrem rechten Inhalte zu bestimmen und zu richten nach einem festen Gesichtspunkte, der einheitlich für alle sozialen Bestrebungen gilt und es dadurch möglich macht, daß zwei Klassen jener Bestrebungen, als inhaltlich gerechtfertigte oder objektiv unberechtigte, unterschieden werden, und in dem wilden Chaos blinder Triebe, leidenschaftlichen Drängens, roher Gewalttätigkeiten Gesetzmäßigkeit eingesehen und bewirkt werden kann.

In dem Gedanken der materialistischen Geschichtsauffassung steckt als solcher oberste Gesichtspunkt und damit als Endzweck aller sozialen Ordnung die Förderung der gesellschaftlichen Produktion. Ob dieses erschöpfend und richtig angegeben ist, werden wir im folgenden Abschnitte untersuchen. Hier war zu zeigen, daß ihre Ausführung mangelhaft und nicht ausgedacht ist, und daß das eigensinnige Streben, überall im sozialen Leben bloß mit kausaler Betrachtung und mit Erkenntnis wirklichen Geschehens auszukommen, sie mit ihrem eigenen Grundbestreben: eine allgemeingültige Gesetzmäßigkeit und oberste Einheit aller sozialen Bewegungen zu liefern — in unauflöslichen Widerspruch setzen muß.

Engels hat versucht, diesem Widerspruche dadurch zu entgehen, daß er die naturgesetzliche Entwicklung der sozialen Phänomene festhält, aber meint, daß die Menschen davon einen ebensolchen technischen Gebrauch machen könnten, wie sonst von Gesetzen der äußeren Natur. Wie des Feuers Gewalt und des Wassers Toben in ungebändigter Naturwildheit verderblich seien, so müsse man es analog mit der Entwicklung des sozialen Lebens annehmen; und wie der Mensch die Naturkräfte in seinen Dienst gezogen und sie technisch zu seinen Zwecken verwerte, so müsse er es auch mit den treibenden Kräften, insbesondere der modernen kapitalistischen Produktionsweise vornehmen.

Diese Wendung ist von Lafargue und vielen anderen auf dem Boden der materialistischen Geschichtsauffassung stehenden sozialistischen Schriftstellern übernommen worden.

Dabei ist aber zweierlei zu unterscheiden: Die Beobachtung von konkreten sozialen Einzelphänomenen und davon geschieden das allgemeine Grundgesetz, welches jeder Einzelbestimmung die Richtung gibt.

Daß die einzelnen sozialen Phänomene aus Einzelursachen in empirisch bestimmter Weise erwachsen, ist ganz klar. Wenngleich die Kausalität ihres Keimens und Werdens, ihres Wachsens und

Vergehens nicht mit der Sicherheit der mathematischen Mechanik festgestellt werden kann, sondern wir auf vergleichsweise Gewißheit aus möglichst zahlreich übereinstimmenden Beobachtungen angewiesen sind, so unterliegt es doch keinem Zweifel, daß die Entstehung und Entwicklung dessen, was nach unserer früher gegebenen Ausführung unter sozialen Phänomenen zu verstehen ist, nach dem Kausalitätsgesetze, als einem konstitutiven Grundsatze der Erfahrungswissenschaft, zu erforschen ist.

Aber von diesen Einzelphänomenen ist hier gar nicht die Rede, sondern von dem Grundgesetze, welches alle sozialen Erscheinungen und Bewegungen in einer festen unwandelbaren Einheit zu umfassen geeignet ist. Wenn die materialistische Geschichtsauffassung wirklich, wie sie sagt, eine allgemeingültige Methode bedeuten will, nach der die gewesene und die kommende soziale Entwicklung wissenschaftlich zu bestimmen und zu richten ist, so muß sie für diese Methode die grundlegende Gesetzmäßigkeit des sozialen Lebens anführen. Da ergab sich nun, daß sie versuchte, als solches Grundgesetz die Auffassung der sozialen Menschengeschichte, als eines einheitlichen Naturprozesses, einzustellen, in dessen geschlossenem Fortrollen die jeweiligen Produktivkräfte eine ihnen entsprechende Umgestaltung der sozialen Ordnung kausal bewirken.

Wenn jedoch das Ganze der sozialen Entwicklung in voller Ausschließlichkeit ein naturnotwendiges Abrollen darstellen würde, so könnte für Zwecksetzung innerhalb desselben kein Raum mehr sein. Denn wenn weiter gar nichts mehr in sozialen Bewegungen denkbar wäre, als kausales Werden und Vergehen derselben, und dieses das unbedingt allgemeine und absolut geltende Gesetz aller sozialen Bestrebungen wäre, so würde die Möglichkeit einer Zwecksetzung gar nicht eingesehen werden können. Ein unbedingtes Gesetz, daß jede auf soziale Änderung gerichtete Bestrebung nur kausal begriffen zu werden vermöge, müßte jedem Versuche, solche Bestrebungen als zielverfolgende Vorstellungen zu erkennen, alle Möglichkeit des Erfolges rauben.

Wenn also Engels meinen sollte, daß man alle nur denkbaren sozialen Bestrebungen gar nicht anders begreifen könne, denn unter dem Kausalitätsgesetze, so wäre die Sache mit der Verfolgung menschlicher Zwecke, die er nun hineinbringt, freilich abgetan. Und umgekehrt: Wenn er zugibt, daß man die einzelnen sozialökonomischen Phänomene, die man in ihrer konkreten Entstehung und Ausbildung und wo möglich weiteren Tendenz als notwendig erkannt hat, nun im Sinne menschlicher Zwecke leiten könne, so hat er damit unausweichlich gesagt, daß das letzte Grundgesetz für die wissenschaftliche Bestimmung sozialer Bestrebungen nicht ausschließlich in der kausalen Erklärung von deren Genesis gelegen sei.

Sobald nachgegeben ist, daß neben der bloßen Erkenntnis kausal erklärter Ereignisse auch der Wille als Vorstellung zu bewirkender Erfolge Realität hat, so muß auch zugestanden sein, daß diese letzte eigenartige Form des Bewußtseins gerade diejenige ist, welche auch den sozialen Bestrebungen, als dem unerläßlichen Agens der Menschengeschichte, ihre Eigenart verleiht. Also daß die oberste Gesetzmäßigkeit des sozialen Lebens und die grundlegende Einheit, unter der alle Einzelphänomene und gesellschaftlichen Bewegungen zu bestimmen und zu richten sind, die Einheit des sozialen Wollens sein muß. Mithin nicht eine Einheit in demjenigen, was wirklich geschehen ist und geschehen wird — denn eine solche ist schon tatsächlich unmöglich, und würde nicht der Eigenart des sozialen Strebens und Wollens entsprechen —; sondern eine Einheit in dem grundsätzlichen allgemeingültigen Gesichtspunkte dafür, was geschehen soll, in dem formalen Endzwecke der sozialen Ordnung.

Man kann vollständig zugeben, daß je nach der sozialen Lage der einzelnen ihre Meinungen über dasjenige, was sozial wünschenswert sei, tatsächlich sich bestimmen und so innerhalb der Gesellschaftsklassen konkrete Bestrebungen nach Sonderbegehren der Angehörigen der sozialen Gruppen erstehen. Aber bloß deshalb, weil sie da sind, sind sie noch nicht berechtigt und sozial gesetzmäßig; und nur dadurch, daß man sie in ihrem Werden, Wirken und Vergehen nach kausaler Abhängigkeit wirkender Ursachen einsieht, erhält man keine Gesetzmäßigkeit des sozialen Lebens. Wer Gesetz und Einheit in der Natur sucht, darf sich nicht damit begnügen, darauf hinzuweisen: Es kommt eben ein Gegenstand nach dem andern uns vor Augen und Sinn und macht da einen gewissen Eindruck; siehe zu, in welcher Abhängigkeit diese Sinneswahrnehmung jeweils bei dem einzelnen Subjekt kausal entsteht, — das ist die Gesetzmäßigkeit der Natur.

Nein, das ist sie nicht. Es bleibt danach allemal noch offene Frage, ob keine Sinnestäuschung vorliegt, ob der Eindruck, den wir subjektiv empfangen, auch objektiv wahr ist, und wie die einzelne persönliche Wahrnehmung mit anderen inhaltlich in Einheit sich zusammenfügt. Dieses letztere aber ist nicht identisch mit der Einsicht in die kausale Art der Entstehung jenes sinnlichen Eindruckes im Einzelsubjekt.

Und so genügt es auch für die Gesetzmäßigkeit des sozialen Lebens durchaus nicht, wenn man bei jeder einzelnen sozialen Bestrebung ihre besonderen Entstehungsgründe und ihre konkreten Zwecke darlegt; auch nicht, wenn man die allgemein klingende Wendung gebraucht, daß jedes soziale Phänomen auf einer gewissen Stufe der Entwicklung „in sein Gegenteil umschlägt". Denn jede Verfolgung des tatsächlichen Verlaufes einer menschlichen Bestrebung ist ebensowenig Feststellung einer ihr zukommenden Gesetzmäßigkeit, wie die Beobachtung eines natürlichen Sinneseindruckes mit der Konstatierung eines Naturgesetzes identisch ist. So wie der sinnliche Eindruck zwar subjektiv da sein kann, aber deshalb durchaus nicht wahr zu sein braucht, so ist ein tatsächliches Vorhandensein einer Bestrebung möglich, ohne daß sie deshalb berechtigt sein muß. Die sinnliche Einzelwahrnehmung enthält objektive Wahrheit, sofern sie mit anderen in Einheit zusammenstimmt, die subjektive Bestrebung bekommt objektive Berechtigung, wenn sie unter allgemeingültigem Gesichtspunkte für das Wollen bestimmt ist. Dieser einheitliche Gesichtspunkt für menschliche Bestrebungen, für die Vorstellungen zu bewirkender Erfolge kann aber nur das allgemeingültige Ziel des sozialen Lebens überhaupt sein.

Wenn also die materialistische Geschichtsauffassung ihrem Vorsatze, eine innere Gesetzmäßigkeit und allgemeingültige Einheit für die Erkenntnis der sozialen Bewegungen aufzustellen, treu bleiben will, so muß sie die teleologische Betrachtung auch in ihr System aufnehmen. Sie soll und braucht von ihrem einen Grundgedanken, daß alles einzelne soziale Geschehen auf Ursachen aus seitheriger sozialer Wirtschaft genetisch zurückzuführen sei, gar nicht abzulassen. Aber der Begriff der Gesetzmäßigkeit erschöpft sich nicht in dem Gedanken des kausal erkannten Werdeganges der einzelnen Phänomene; sondern soll heißen: den Inhalt bestimmter Vorstellungen, bei all seiner Mannigfaltigkeit im einzelnen, doch unter einer obersten Einheit zu begreifen. Ein solches Grundgesetz, welches als unbedingt einheitlicher Gesichtspunkt für alle denkbaren sozialen Bestrebungen Geltung hätte und die Charakterisierung einzelner als objektiv berechtigte nun ermöglichte, ist ohne begründende Bezugnahme auf die soziale Teleologie nicht zu fassen. Man kann für die wissenschaftliche Begründung sozialer

Bewegungen auf menschliches Streben und Wollen, auf Setzen und Verfolgen von Zielen nicht verzichten; darin liegt vielmehr die wesentliche Eigenart des gesellschaftlichen Daseins der Menschen und seiner Wandlungen begriffen: so kann auch die letzte Einheit für alles soziale Leben nur eine solche des Telos sein.[193]

78

Bevor wir weiter gehen, fasse ich das Ergebnis unserer kritischen Erörterungen über den sozialen Materialismus kurz zusammen.

Die genannte Lehre geht davon aus, daß die ökonomische Produktion und, nächst ihr, der Austausch ihrer Produkte die Grundlage aller Gesellschaftsordnung ist. Wesentliche Änderungen in der naturgesetzlich feststellbaren Entwicklung der ökonomischen Phänomene machen eine entsprechende Änderung des Rechtes notwendig. Die wirtschaftlichen Verhältnisse — die Materie des sozialen Lebens — haben sozial allein Realität; die Gedanken und Ideen der Menschen sind nur ihre Spiegelbilder.

Diese Lehre ist nach allen Seiten hin unfertig und nicht ausgedacht.

1. Sie will die immanente Gesetzmäßigkeit des sozialen Lebens der Menschen ergründen; aber sie richtet niemals den Blick auf die Frage: Was ist dieses soziale Dasein? Das Verhältnis der gesellschaftlichen Wirtschaft zu der sozialen Ordnung bleibt dabei begrifflich unklar. Und unter Produktionsweise wird ohne bewußte Unterscheidung bald die natürliche Technik bei der Naturbeherrschung, bald ein bestimmt geregeltes Zusammenwirken verstanden; so daß bei jenem die besondere Art technischer Arbeit, hier dagegen die Eigentümlichkeit des äußerlich geregelten Schaffens gemeint ist.

Wenn der Mensch als eine Art höchst entwickelten Tieres erwogen und das Zusammenleben mit seinesgleichen von wirtschaftlichen Verhältnissen abhängig gemacht wird, so bleibt infolge der Unklarheit des Grundbegriffes vom sozialen Leben ganz undeutlich, was man unter jenen ökonomischen Verhältnissen zu verstehen habe. Der vage Hinweis auf die notwendig zu beachtende Technologie genügt nicht; denn es handelt sich hier zweifellos nicht um eine theoretisch mögliche, sondern um eine praktisch verwirklichte Beherrschung der Natur in gesellschaftlichem Zusammenwirken. Dann ist aber bei diesem Begriffe von sozialer

Wirtschaft ein bestimmt geregeltes Arbeiten offenbar schon vorausgesetzt: Ökonomische Produktion und Austausch der Produkte geschehen dann also gerade unter der Voraussetzung einer bestimmten Regelung und in Ausführung derselben. Hat man nicht eine bestimmte Regelung des Zusammenwirkens in Gedanken, so entschwindet der Begriff einer gesellschaftlichen Wirtschaft vollständig.

Sagt man, daß der gemeinsame Kampf um das Dasein das Wesen der menschlichen Gesellschaft ausmache, so scheint übersehen, daß das gemeinsame Kämpfen auch schon notwendig eine Vereinigung unter äußeren Regeln darstellt. Sobald man von einem vereinten Tun und Treiben der Menschen spricht, so ist die Bedingung einer äußeren Regelung des Zusammenlebens schon vorausgenommen. Es gibt keine soziale Betrachtung, die von dieser notwendigen Bedingung Abstand nehmen könnte: Alles gesellschaftliche Leben der Menschen ist ein äußerlich geregeltes Zusammenwirken, das auf menschliche Bedürfnisbefriedigung gerichtet ist; wobei es grundsätzlich gleichgültig ist, welcher Art diese Bedürfnisse sind.

Es kann sich für die Sozialwissenschaft in letzter Linie nur fragen, wovon die äußere Regelung abhängig ist, und unter welchem allgemeingültigen Gesetze sie steht?

Wenn nun die materialistische Geschichtsauffassung vorträgt: Die Wirtschaft ist die bedingende Grundlage, die (rechtliche) Form des sozialen Lebens das Abhängige, — so ist zu beachten, daß die soziale Wirtschaft nur die konkrete Ausführung eines bestimmt geregelten Zusammenwirkens sein kann. Es bestehen keine ökonomischen Kategorien, als eine dritte Art hier einschlagender Erkenntnis: Es gibt entweder nur natürlich-technische Wirtschaft oder sozial-geregelte Wirtschaft, aber kein drittes. Für die Wissenschaft von dem sozialen Leben der Menschen, insbesondere für die Frage nach dessen oberster Gesetzmäßigkeit, kommt als Objekt selbstverständlich nur die äußerlich geregelte Wirtschaft in Betracht.

So ergab sich uns der Begriff der sozialökonomischen Phänomene, als gleichheitlicher Massenerscheinungen von äußerlich geregelten Beziehungen unter Menschen. Sieht man von einer bestimmten äußeren Regelung ab, so verschwinden alle ökonomischen Erscheinungen im sozialen Sinne. Eine naturgesetzliche Entwicklung von sozialwirtschaftlichen Phänomenen, die nicht unter der logischen Bedingung bestimmter äußerer Regelung stände, ist ein Unding.

Die materialistische Auffassung des sozialen Lebens, die sich (wie bis jetzt allein geschehen) auf die oben noch einmal vorangestellten Grundsätze beschränkt, ist unfertig und ermangelt der klaren Einsicht in die von ihr verwendeten Grundbegriffe und die damit ausgeführten Lehrsätze. Mit allen seitherigen sozialökonomischen Erörterungen fehlt auch ihr die grundlegende Erkenntnis, daß es überhaupt keine sozialwissenschaftliche Erwägung gibt, die nicht eine solche von äußerlich geregeltem Zusammenwirken von Menschen wäre, und daß kein sozialer Begriff noch Lehrsatz möglich ist, der außerhalb dieser unvermeidlichen sozialwissenschaftlichen Erkenntnisbedingung sich befände. Die von ihr beliebte Bildersprache mit elementaren Produktivkräften und Expansionstendenzen ökonomischer Phänomene u. a. m. kann jenen Mangel nicht aufwiegen.

Wie an Stelle dessen, in Konsequenz unserer Theorie von dem sozialen Leben der Menschen, dessen Bewegung und Entwicklung als monistisch aufzufassender Kreislauf einzusetzen sei, wurde oben genau dargelegt.

2. Der soziale Materialismus ist aber auch sachlich nicht ausgedacht.

Seine wissenschaftliche Tendenz ist löblich. Er will die der sozialen Geschichte eignende Gesetzmäßigkeit aufdecken; sein Streben geht auf Gesetz und Einheit in dem gesellschaftlichen Dasein der Menschen. In dieser Absicht behauptet er als Grundgesetz die notwendige Abhängigkeit der regelnden Form von der Materie des sozialen Lebens, des Rechtes von der gesellschaftlichen Wirtschaft.

Aber er versäumt nicht nur, wie wir zeigten, die hier eingeführten Grundbegriffe der Sozialwissenschaft methodisch zuvor klar zu legen, sondern vergißt auch ganz, die Art der Notwendigkeit die er behauptet, deutlich zu machen.

In welchem Sinne wird durch Umänderungen der sozialen Wirtschaft eine entsprechende Umformung des Rechtes notwendig?

Der Hinweis auf einen sogenannten dialektischen Entwicklungsgang der Menschengeschichte kann nicht genügen. Die Angabe, daß bei konkreter Ausführung eines bestimmten sozialen Lebens sich von selbst dessen Negation erzeuge und dasselbe an einem gewissen Punkte der Entwicklung in sein Gegenteil umschlage, ist in sich nichts, als eine dem Sinne nach undeutliche Redensart. Die Begriffe der Negation und des gegenteiligen Umschlagens, sowie der von jenen abgeleitete der sozialen Konflikte bleiben unklar und unsicher; denn auf einen bloß logischen Gegensatz kommt es bei Untersuchung realer Bewegungen in dem sozialen Leben der Menschen nicht an.

Vor allem aber wird über die gestellte Frage nach der Art der Notwendigkeit einer Abänderung von bestehender sozialer Ordnung durch jene HEGELsche Phraseologie keine Klarheit verbreitet.

Wenn zwei aufeinander folgende Vorkommnisse und Erfolge in ein Verhältnis der Abhängigkeit unter einander gesetzt und durch die Veränderung bei dem einen eine solche für den zweiten als notwendig eingesehen wird, so gibt es nur zwei Möglichkeiten, dieses Abhängigkeitsverhältnis auszudenken: Es ist entweder dasjenige von Wirkung und Ursache oder aber das von Mittel und Zweck.

Nun kann aber eine kausale Abhängigkeit zwischen der sozialen Wirtschaft, als der konkreten Ausführung eines bestimmt geregelten Zusammenwirkens, und zwischen dem bestehenden Rechte nicht behauptet werden. Es schließt sich dieses schon dadurch aus, daß die zu ändernde Rechtsordnung der Zeit nach früher in der Erfahrung gegeben ist, als die neue Wirtschaft, der gegenüber jene veraltet sein soll. Es wird behauptet, daß das alte Recht der jetzigen sozialen Produktion notwendig zu folgen habe, weil es dieser gegenüber abhängig sei. Folglich kann diese Abhängigkeit des aus früherer Zeit überlieferten Rechtes von den zeitlich nach ihm entstandenen ökonomischen Phänomenen nicht eine solche der Wirkung von einer Ursache sein, sondern nur eine im Sinne teleologischer Betrachtung: das Recht als abhängiges Mittel zu dem Zwecke der gesellschaftlichen ökonomischen Produktion.

Ich habe oben des näheren dargetan, wie auch die Vertreter der materialistischen Geschichtsauffassung den Zweckgedanken in ihre Erörterung hineinbringen. Damit setzen sie sich freilich in eine schwere Inkonsequenz gegenüber dem theoretischen Grundgedanken des Materialismus. Insbesondere ist es ein unlöslicher innerer Widerspruch, wenn man versucht, sozialistische Bestrebungen durch eine materialistische Grundauffassung des sozialen Lebens der Menschen rechtfertigen zu können.

Nach der folgerichtigen Lehre des sozialen Materialismus ist für sozialwissenschaftliche Erkenntnis das einzig Reale die Materie des sozialen Daseins, das wirtschaftliche Zusammenwirken von Menschen. Die dabei zutage tretenden ökonomischen Phänomene unterliegen einem naturgesetzlichen Gange der Entwicklung; außer der festen Gesetzmäßigkeit der sozialwirtschaftlichen Erscheinungen gibt es keine objektive Wahrheit in sozialen Dingen. Die Ideen der Menschen, insbesondere ihre Vorstellungen über dasjenige, was sozial sein sollte, sind nur Spiegelbilder von ökonomischen Phänomenen, Reflexwirkungen aus Bewegungen der Materie des sozialen Lebens her. Man mag dieses sogenannte geistige Leben innerhalb einer Menschengemeinschaft für sich betrachten; aber man muß sich — wenn man ein konsequenter sozialer Materialist sein will — immer vorhalten, daß man objektiv nur soziale Phänomene und deren naturgesetzliche Ausbildung und Wirkung erörtert, während man ihre Widerspiegelungen in den Köpfen der Menschen — „das im Menschenkopfe umgesetzte und übersetzte Materielle"[194] — in das Auge faßt.

In dieser logisch stolzen Geschlossenheit tritt die materialistische Geschichtsauffassung zunächst auf den Plann. Aber dann gibt es natürlich weiter gar nichts, was real im sozialen Leben wirken kann, als nur den naturgesetzlich determinierten Gang der ökonomischen Phänomene. Nun wollten jedoch die Vertreter des sozialen Materialismus gern praktisch unter den Menschen tätig sein, agitieren und streben, Parteien gründen und leiten, kurz menschlich gesetzte Ziele verfolgen; so schufen sie sich neben dem Paradeanzug des Materialismus eine — so zu sagen — zweite Garnitur für den Handwerksbetrieb der Tagespolitik.

Hat man den naturgesetzlich sicheren Gang der ökonomischen Phänomene erkannt, so könne man sie — und die jenen entquellenden Ideen und Vorstellungen — zu menschlichen Zwecken leiten und lenken.

Das ist aber nicht mehr die Lehre eines konsequenten sozialen Materialisten.

Wenn wirklich alles gesellschaftliche Denken, Urteilen und Wollen weiter nichts ist, als Reflex wirtschaftlicher Verhältnisse, von deren Nährboden dermaßen abhängig, daß mit ihnen jenes entsteht, wächst und vergeht, ohne alle Selbständigkeit für sich, so ist es ein Unding, von menschlichen Zielen zu handeln, nach denen „man" die unabänderlich treibenden wirtschaftlichen Verhältnisse hinlenken will.

Wenn dagegen der naturgesetzliche Gang der ökonomischen Entwicklung durch Menschen nach ihren Zielen gelenkt und geleitet werden soll, und jemand dieses für möglich hält und es erstrebt, so fällt er von einer folgerichtigen materialistischen Grundauffassung des Menschendaseins völlig ab. Er nimmt neben der Kausalität der Naturerscheinungen den Gedanken des Telos wieder auf.

Das tun in Wirklichkeit fast alle Anhänger der materialistischen Geschichtsauffassung; und daran tun sie recht.[195]

Es ist richtig und notwendig für erschöpfendes Durchdenken der sozialen Betrachtung, wenn diese in ihrer letzten Bedingung auf menschliches Streben und Wollen gegründet wird. Keine menschliche Erfahrung ist jemals absolut und unbedingt. So ist auch die Beobachtung des unter äußeren Regeln auftretenden sozialen Lebens der Menschen immer nur etwas Bedingtes und in ihrer Sicherheit nicht absolut. Das instinktive Getriebenwerden, lediglich erwogen unter dem Kausalitätsgesetz, erfüllt weder im Umfange noch dem Werte nach *alles*, was von der Entwicklung des sozialen Menschendaseins gesagt werden kann. Und daß das Kausalitätsgesetz für sich kein *unbedingtes* riesenstarkes Unding bedeutet, sondern nur eine Bedingung möglicher Erfahrungswissenschaft, ein Instrument für die wissenschaftliche Bearbeitung sinnlicher Eindrücke ist und *außerhalb dieser Funktion überhaupt keine* Bedeutung besitzt, wurde seinerzeit von uns gebührend hervorgehoben.

Für das soziale Leben der Menschen bleibt aber nicht nur eine Möglichkeit, neben der bloßen *Erkenntnis* natürlicher Vorgänge in jenem von der *Verfolgung von Zielen* zu handeln; sondern es besteht für dasselbe geradezu die Notwendigkeit, darauf sich grundlegend zu stützen.[190] Denn sein ganzer Gedanke geht in der Vereinigung zu gemeinsamer Verfolgung von Zwecken auf. Die Vereinigung aber ist begrifflich nur möglich unter der Bedingung von außen her gesetzter Regeln; von Regeln des Zusammenlebens und Zusammenwirkens, welche einen Zustand des Menschendaseins *erschaffen* und *bewirken wollen*, der ohne dieses Eingreifen der Regeln so nicht als kausal schon eintretend erkannt wird. Folglich läuft alle Aufgabe der das soziale Leben bedingenden und bestimmenden äußeren Regelung auf *die Erschaffung* eines *rechten* gesellschaftlichen Zustandes hinaus. Das Wesen des sozialen Daseins der Menschen liegt in dem Wollen und in der Verfolgung von Zwecken und nicht in der Erkenntnis von einem bloß kausalen Getriebenwerden.

Darum ist die Notwendigkeit einer sozialen Umänderung die Notwendigkeit *des Zweckes*. Es ist die Umwandlung einer Rechtseinrichtung in einer bestimmten Richtung dann notwendig, wenn die rechte soziale Zweckverfolgung dieses fordert. Sagt man — um eine typische marxistische Redeweise anzuführen —, daß man nicht Utopien konstruieren dürfe, sondern daß es darauf ankomme, „was der Gang der Entwicklung der Dinge und der Kampf der Interessen notwendig macht,“[196] — so ist das nicht ausgedacht. Denn es gibt nicht an: in welchem Sinn etwas als notwendig hier auftreten soll. Daß man nicht Staatsverfassungen und gesellschaftliche Zustände aus dem Nichts ersinnen und fordern darf, ist freilich gewiß; und daß die Mittel einer notwendigen Besserung überlieferter sozialer Einrichtungen nicht frei nach angeblich eigentümlich wirkenden Ideen zu erfinden sind, sondern aus gegebenen sozialen Phänomenen und diesen entsprungenen Bewegungen entnommen werden müssen, ist selbstverständlich. Aber es genügt umgekehrt nicht, bloß auf einen naturgesetzlichen Gang in der Entwicklung gesellschaftlicher Erscheinungen hinzuweisen; sondern es sind die sozialen Bewegungen richtig zu bestimmen und zu leiten. Der zitierte Passus muß daher mit dem unerläßlichen Zusatz versehen werden, wenn er als sozialwissenschaftlicher klar ausgedacht sein soll: — was notwendig ist oder sein wird, um nicht in der empirisch gegebenen und erkannten Lage von dem Grundgesetze des Gesellschaftslebens, dem Endziele aller sozialen Ordnung abzuweichen.

Die einzelnen Zwecke und konkreten Bestrebungen erwachsen aus geschichtlich überlieferten Zuständen und gegebenen sozialen Erscheinungen heraus. Aber mit dem Nachweise des kausalen Werdeganges ist noch nicht der der „Notwendigkeit“ im Sinne der wissenschaftlichen Begründetheit geführt. Auch der Irrtum erwächst aus gesetzlich wirkenden Ursachen. So ergibt sich hier die Aufgabe, die besonderen sozialen Ziele, die in historischer Bedingtheit als Stoff wissenschaftlicher Bearbeitung erstehen, im Sinne einer einheitlichen Richtung der Gedanken zu ordnen und zu bestimmen.

Die materialistische Geschichtsauffassung gibt in ihrer Darstellung überall selbst zu, daß man die sozialen Phänomene nicht in verderblicher Wildheit walten zu lassen brauche, sondern daß es möglich sei, sie zu menschlichen Zwecken zu leiten und zu verwerten; so wie der Techniker mit Naturkräften zielbewußt verfährt. Dann aber fragt es sich: nach was für einem Gesichtspunkte die soziale Wirtschaft zu leiten, in welchem Sinne das auf Bedürfnisbefriedigung gerichtete Zusammenwirken von Menschen zu regeln sei.

Es gibt zwei Möglichkeiten. Entweder meint man, daß sich das von Fall zu Fall ergebe, daß „Bedürfnisse" es zu bestimmen hätten; dann bleibt nichts, als subjektives Streben, Bedürfnisse zufällig eingeschobener Einzelindividuen, und die Menschengeschichte und das soziale Leben lösen sich in ein wildes Gewirr unzusammenhängender Einzelheiten auf, den unmittelbaren bunten Sinneseindrücken der äußeren Natur vergleichbar. Oder aber, man entscheidet sich dahin, daß in dem Mannigfaltigen gesellschaftlicher Erscheinungen und sozialen Strebens Gesetz und Einheit eingesehen und bewirkt werden soll; also daß ein objektiver Maßstab für soziale Bestrebungen und ein allgemeingültiges formales Ziel, das aller irgend welcher Empirie des Gesellschaftslebens der Menschen gemeinsam unterliegt, zu finden und zu deduzieren ist.

Diese zweite Richtung ist die unsrige. Es steht jedem in gleicher Weise frei, zwischen beidem zu wählen und sich entweder zu der gesetzmäßigen oder zu der wissenschaftlich irrelevanten Partei zu schlagen.

Die materialistische Geschichtsauffassung wollte die allgemein geltende Gesetzmäßigkeit des sozialen Lebens der Menschen aufspüren. Aber sie griff dieses auf falschem Wege an; ihr Vorhaben ist nicht gelungen.

Sie nahm als Unterlage die Auffassung, welche wir die monistische Theorie der menschlichen Gesellschaft nannten; wonach alle Änderungen in dieser empirisch aus Bewegungen des sozialen Lebens selbst zu begreifen sind. Aber sie beschränkte sich gerade hinsichtlich der fundamentalen theoretischen Lehre auf hingeworfene Aphorismen und unausgeführte Sätze mit ungeklärten Begriffen; sie vermied es, über die obersten Kategorien der Sozialwissenschaft zur Klarheit zu gelangen und die Möglichkeit einer sozialen Theorie erkenntniskritisch zu deduzieren.

Dann aber neigte sie zu dem häufigen Fehler des Empirismus, der nicht darin gelegen ist, daß er kein Absolutes setze, sondern daß er die Erfahrung selbst als absolut und unbedingt nimmt. Sie beschränkte sich grundsätzlich auf die Konstatierung dessen, was im sozialen Leben nun wirklich geschieht und tatsächlich erstrebt wird. Das aber kann Gesetz und Einheit im menschlichen Gesellschaftsdasein nimmer liefern. Denn dieses ist auf bestimmte äußere Regelung gegründet; deren eigentümliches Wesen die Zweckverfolgung ausmacht. Es kann keine oberste Gesetzmäßigkeit des sozialen Lebens geben, als eine solche des Endzweckes desselben.

So gewahrten wir denn auch, wie die Vertreter des sozialen Materialismus bei der konkreten Durchführung und praktischen Verwendung ihrer unausgetragenen Lehre immer wieder ganz unwillkürlich auf teleologische Erwägung hingedrängt wurden. Das aber ist gegenüber dem krassen Materialismus eine unausfüllbare Inkonsequenz. Den dogmatischen Materialismus, der nichts kennt, als das angeblich absolut für sich bestehende Kausalitätsgesetz, hat sie mit der Einführung des Zweckgedankens in die soziale Erwägung verlassen; die Lehre von den sozialen Zwecken aber und die hiernach geltende Gesetzmäßigkeit hat sie nicht ausgeführt: so haben diejenigen, die als ihre Anhänger auftreten, in der Tat gar keine sozialphilosophische Basis mehr.[197]

Die materialistische Geschichtsauffassung gibt die beste Anregung, die seither erstanden ist, zum Auffinden und zur Feststellung der allgemeingültigen Gesetzmäßigkeit des sozialen Lebens der Menschen. Sie selbst hat das Problem nicht gelöst: Sie ist unfertig und nicht ausgedacht.

Dritter Abschnitt.

Prinzip der sozialen Gesetzmäßigkeit.

79

Zwei Erwägungen sind es, die aus den Ergebnissen unserer Untersuchung her im jetzigen Zusammenhange vor allem festzuhalten sind.

Erstlich, ein klares Bewußtsein darüber, daß eine grundlegende Gesetzmäßigkeit des sozialen Lebens in einem einheitlichen Gesichtspunkte gesucht werden muß, nach welchem die Form des gesellschaftlichen Daseins der Menschen bestimmt ist. Wenn die regelnde Ordnung es ist, deren Beachtung in ihrer Besonderheit eine eigene soziale Erkenntnis überhaupt erst ermöglicht, so kann diejenige einheitliche Einsicht, welche das Grundgesetz des sozialen Lebens darstellen würde, auch nur in einer Einheit jener regelnden Form beschlossen sein. Die konkreten menschlich gesetzten Regeln, in welchen die Form des gesellschaftlichen Lebens zum jeweiligen Ausdrucke kommt, ermöglichen die eigenartige Betrachtung des betreffenden Zusammenwirkens der ihnen unterstehenden Menschen als eines sozialen; folglich kann es kein soziales Grundgesetz geben, das nicht ein solches der das soziale Leben begrifflich bedingenden regelnden Form desselben wäre.

Die materialistische Geschichtsauffassung ist diesem Gedanken, wenngleich nicht in klarer Fassung, so doch unwillkürlich gleichfalls gefolgt. Indem sie eine oberste Gesetzmäßigkeit des sozialen Lebens erstrebt, proklamiert sie die bedingungslose tatsächliche Abhängigkeit des Rechtes von den Produktivkräften, das ist den jeweiligen Möglichkeiten einer gesellschaftlichen Produktion des Lebens der Menschen. Als Grundgesetz des sozialen Daseins wird sonach die abhängige Bedingtheit angegeben, in welcher die Rechtsordnungen der Völker von den gesellschaftlichen Produktionsbedingungen sich befinden. Die Untersuchung der letzteren allein gibt — wie Marx selbst wiederholt betont hat — niemals eine soziale Erkenntnis, also auch keine Gesetzmäßigkeit des sozialen Lebens der Menschen. Dazu ist nötig, daß menschliches Dasein und Wirken unter dem Gesichtspunkte des Zusammenstehens und des Aneinanderschließens erwogen wird, was eben nur unter bestimmten gesetzten Regeln möglich ist. Ob diese Regelung, welche die soziale Erkenntnis ermöglicht, von diesem oder jenem natürlichen Faktor abhängig ist, ist nun hier ohne Belang, gegenüber der Einsicht, daß es doch ihre Abhängigkeit und damit ihre Gesetzmäßigkeit sein soll, die als letztes Gesetz des gesellschaftlichen Daseins der Menschen behauptet wird.

Der zweite Satz, der sich aus bewußter Festhaltung der Grundgedanken unserer Erörterungen ergeben muß, geht dahin: daß die Gesetzmäßigkeit des sozialen Lebens, die in einem einheitlichen Gesichtspunkte für alle mögliche Form desselben besteht, nur im Telos gefunden werden kann.[198]

Wenn die Frage nach der grundlegenden Gesetzmäßigkeit der sozialen Ordnung aufgeworfen wird, kann man nicht auf eine gleichmäßige Art von deren Entstehung, in Gestalt einer tatsächlichen Abhängigkeit von voraufgegangener sozialer Wirtschaft, verweisen. Indem man von übereinstimmendem Werden und gleichartiger empirischer Bedingtheit von rechtlicher Ordnung spricht, so hat man doch den Begriff des Rechtes und dessen tatsächliche Anwendung als Konstituante des sozialen Lebens in fester Unterlage vorausgesetzt: — wie könnte man sonst von gesetzmäßiger Genesis desselben sprechen? Da nun in der Erforschung der obersten Gesetzmäßigkeit die grundlegende Einheit gesucht wird, die allen hier in Betracht kommenden Erscheinungen zu eigen ist, und in der sie sich in unserer Erkenntnis zusammenziehen und danach bestimmen lassen, so ergibt sich, daß die bloß genetische Erörterung hier nicht genügt. Diese ist nur eine Ergänzung und bringt vielleicht weitere, zusätzliche Aufklärung. Die letzte und grundlegende Einheit, in der wir mannigfaltige Erscheinungen begreifen, muß eine Einheit im Inhalte derselben sein. Also lautet die Frage nach der sozialen Gesetzmäßigkeit: In welcher obersten Einheit läßt sich alle nur denkbare soziale Ordnung zusammenfassen? Nach welchem formal unwandelbaren Prinzip und in was für einem methodisch sicheren Verfahren ist die Form des sozialen Lebens in dem steten Wechsel ihrer Einzelerscheinungen einheitlich zu bestimmen?

Das eigentümliche Wesen dieser Form des gesellschaftlichen

Menschenlebens liegt nun aber in ihrer Eigenschaft als Regelung beschlossen. Die soziale Regelung trägt in sich den unverlierbaren Gedanken, daß ein gewisses Zusammenleben von Menschen zu bewirken ist; daß eine Art von sozialer Wirtschaft geschaffen werden soll, welche ohne das Auftreten dieser sozialen Regelung so nicht sein würde. Wollte man dieses wesentliche Moment ausmerzen, so würde man damit zugleich alle soziale Ordnung in Gedanken gestrichen haben. Wer also überhaupt Gesetzmäßigkeit des sozialen Lebens sucht, muß die Einheit, um die es sich dabei handelt, in den Zielen der formalen Regelung feststellen. Prinzip der sozialen Gesetzmäßigkeit ist der oberste einheitliche Gesichtspunkt, der für alle nur denkbaren Einzelzwecke der sozialen Ordnung Geltung besitzt.

Die Auflösung dieses Problems ist das letzte Ziel der Sozialphilosophie. Die der Philosophie überhaupt eigentümliche Aufgabe ist Entwicklung und Darlegung der besonderen Eigenschaft der Gesetzmäßigkeit, — der Objektivität, der gegenständlichen Wahrheit und Richtigkeit, welche einem Teile der Erkenntnisse und der Zielsetzungen der Menschen zukommt, der dadurch in das Reich der Wissenschaft und in das des rechten Wollens aufgenommen wird. So muß es auch eine Disziplin geben, welche darüber aufklärt, was man eigentlich unter einer allgemeingültigen sozialen Wahrheit zu verstehen hat; worin die Eigenschaft der Gesetzmäßigkeit einer sozialen Bewegung besteht, und unter welcher Bedingung diese Qualität einer gesellschaftlichen Bestrebung anhaften mag. In diesem Sinne kann die philosophische Einsicht in das gesellschaftliche Leben der Menschen auch soziale Nomologie heißen.

Alle sozialen Bewegungen vollziehen sich in menschlichen Bestrebungen, die aus gegebenen Gesellschaftszuständen empirisch erwachsen, und deren Entstehung, sobald sie als Objekte der Erfahrung auftreten, nach Grundsätzen möglicher Erfahrungswissenschaft überhaupt (vor allem auch nach dem Kausalitätsgesetze) in Einzeluntersuchung erforscht werden mag. Die Gesetzmäßigkeit sozialer Bestrebungen aber besteht in dem letzten einheitlichen Gesichtspunkte, unter den sie alle ohne Bedingung und Ausnahme gebracht werden können, durch dessen Anwendung auf sie im einzelnen jedesmal bestimmt werden kann, ob ihnen, wegen ihrer Übereinstimmung mit dem unbedingt obersten Ziele, die Eigenschaft der objektiven Berechtigung zukommt oder, wegen Abweichung von jenem, abgesprochen werden muß.

Diese Gesetzmäßigkeit — darauf leitete die Anregung der materialistischen Geschichtsauffassung hin — wird erprobt an der Ausgleichung und Lösung sozialer Konflikte, als innerer Widersprüche, die in einem bestimmten Gemeinwesen entstanden sind. Sie kommt zur Anwendung in der formal einheitlichen Art, derartigen gesellschaftlichen Widerstreit im Sinne des Endzweckes aller sozialen Ordnung zu lösen.

Der oberste Punkt, an welchen also alle einheitliche Betrachtung in sozialen Dingen anzuheften ist, wird darin zu bestimmen sein, was sich als ein allgemeingültiger und unwandelbarer Gedanke der sozialen Ordnung feststellen läßt. In diesem Endzwecke der Regelung des gesellschaftlichen Daseins der Menschen liegt die Gesetzmäßigkeit des sozialen Lebens beschlossen.

Indem man den Gedanken des sozialen Materialismus kritisch klärend nachgeht, so muß man zu dem Begriffe eines unbedingten Endzieles der sozialen Ordnung, als des einheitlichen Gesichtspunktes für die objektive Bestimmung aller möglichen empirisch auftretenden sozialen Bewegungen, notwendig gelangen. Eine andere letzte Einheit, in der sich die oberste Gesetzmäßigkeit des sozialen Lebens darstellen würde, ist für letzteres, als ein jeweilig geregeltes Zusammenwirken von Menschen, unerfindlich. Alles, was außerdem in einheitlicher Weise beobachtet und festgestellt werden kann, vor allem Entwicklung und Ausbildung von sozialökonomischen Phänomenen innerhalb einer vorausgesetzten sozialen Regelung, wie nicht minder etwa eine übereinstimmende Genesis von verschiedenen sozialen Bestrebungen, erfüllt nicht die Forderung nach einer obersten Einheit, in deren Zusammenschließung man einen unbedingt für das soziale Leben geltenden Gesichtspunkt erhalten will. Die genetische Erklärung einer bestimmten sozialen Ordnung kann ebenso nur eine Einzelerkenntnis bedeuten, wie die Klarlegung des gewesenen und voraussichtlichen Ganges gewisser sozialer Phänomene. Auf das Ganze der sozialen Entwicklung aber darf die ausschließliche Erklärung eines kausalen Werdens nicht angewendet werden, wenn man sich nicht in einen unlöslichen Widerspruch verstricken will (S. 428 ff).

Unser Problem geht auf die Klarlegung einer allgemeingültigen obersten Gesetzmäßigkeit für alles soziale Leben, das eben als ein in ständiger Entwicklung begriffenes aufgefaßt werden muß. Dabei können alle Einzelerscheinungen, jedes konkrete Streben und Wollen, alle besonders auftretenden Ziele jeweils in ihrer empirischen Bedingtheit und nach ihren wirkenden Einzelursachen erforscht werden.

Aber auch bei entschlossenster Anwendung des Kausalbegriffes auf jedes einzelne soziale Phänomen ist dennoch das Ganze der fortschreitenden Entwicklung kausalgesetzlich nicht zu bewältigen.

Denn alle soziale Betrachtung setzt menschliche Regelung eines Zusammenwirkens voraus und hat den Gedanken der Bewirkung einer bestimmten Art des Zusammenlebens — wie sie ohne diese Regelung in solcher Weise nicht vorhanden sein würde — notwendig in sich; und ebenso geht jede Vorstellung einer sozialen Bewegung, die sich in Bestrebungen, in Wünschen und Wollen von Menschen vollziehen muß, in ihrem Inhalte auf einen Erfolg, der so, wie er angestrebt wird, als kausal unerläßlich nicht wissenschaftlich erkannt wird. Wer das Ganze des sozialen Lebens der Menschen unter den ausschließlichen Gesichtspunkt eines kausal zu erkennenden Werdens stellen möchte, der versucht, diesem Gesichtspunkte etwas unterzuordnen, was seiner Eigenart nach gar nicht darunter in vollem Aufgehen eingebracht werden kann. Er übersieht, daß das soziale Leben als solches, seinem ganzen Begriffe und Inhalte nach, nicht gleichwertig in die Reihe äußerer Naturerscheinungen sich einfügt; sondern daß darin ein zweiter und selbständiger Gesichtspunkt — derjenige eines nicht in kausalem Werden erkannten, sondern eines zu bewirkenden Zusammenlebens — untrennbar einbegriffen ist.

Logisch konsequent müßte also der soziale Materialist das soziale Leben in seiner Eigenart einfach leugnen. Er müßte sagen, daß die Vorstellung einer zu regelnden Art des Zusammenwirkens und eines helfenden und begünstigenden Strebens eine Illusion wäre. Die Regel und das Streben nach einem Ziele würden sinnlose Begriffe sein; denn indem sie den Gedanken logisch untrennbar in sich tragen, daß etwas zu bewirken sei, was nach dem Inhalte der betreffenden Regelung oder Bestrebung als kausal notwendig nicht sicher erkannt ist, würden sie nach dem dogmatischen Materialismus einen Gedanken bergen, der pervers wäre, — müßten also einfach gestrichen werden. Womit freilich der Begriff eines sozialen Lebens und einer gesellschaftlichen Bestrebung nach Zielen auch als unreell fallen würde.

Aus unseren früheren Darlegungen hat sich zur Genüge ergeben, weshalb diese Behauptungen unbewiesene und unbeweisbare Aufstellungen sein müssen. Denn sie würden zur Voraussetzung haben, daß die soziale Erfahrung ein in Totalität abgeschlossenes Ganze, und das Kausalitätsgesetz ein absolut geltendes Ding wäre. In der Tat bedeutet es nur eine Grundregel der Erfahrungswissenschaft;

diese aber ist weder nach Art noch Umfang jemals unbedingt. Sie steht unter der Bedingung sinnlicher Wahrnehmungen, und ihre Sätze unterliegen allezeit der Nachprüfung und gelten niemals in Unbedingtheit und Unwandelbarkeit.

Ich möchte mich jedoch in dieser Richtung des Gedankens an der jetzigen Stelle um so weniger wiederholen, als die materialistische Geschichtsauffassung nach der letzterwähnten Seite, nach der sie auch hätte getrieben werden können, in der Tat nicht gegangen ist, noch gehen will. Ihr Streben und Wünschen zielt nicht dahin, den Begriff des sozialen Lebens zu vernichten und als ein logisches Unding aufzuweisen, sondern ist darauf gerichtet, die letzte innere Gesetzmäßigkeit desselben darzutun. In welcher löblichen Tendenz sie nun, wie wir sahen, niemals Glück haben kann, sofern sie nicht dabei auf den Gedanken des Zweckes und des obersten Zieles der sozialen Ordnung überhaupt eingeht.

Welches ist nun aber das oberste Ziel des sozialen Lebens?

Zu welchem allgemeingültigen Endzwecke bedienen sich die Menschen des Instrumentes der sozialen Ordnung; also daß man für jede Sonderart gesellschaftlicher Regelung einen festen Maßstab besitzt, in dessen Anwendung sich ergibt, ob die besondere Normierung in ihrem Inhalte gesetzmäßig ist oder nicht?

Dasjenige, worauf die materialistische Geschichtsauffassung in ihrer Art der Erwägung dabei — mehr unwillkürlich — gestoßen wurde, kann nun freilich zur Auflösung dieses Problems nicht dienen: Denn es würde nach ihr der Endzweck alles sozialen Lebens in der Hebung und Förderung der Produktion gelegen sein. Allerdings findet sich bei Engels einmal eine Stelle, die mit den sonstigen Auslassungen hierüber, sowohl bei ihm, wie in der übrigen wissenschaftlich relevanten Vorführung der materialistischen Geschichtsauffassung, nicht recht stimmen will, indem er nämlich in unvermittelter Weise als Endzweck des gesellschaftlichen Lebens der Menschen die Formel des Thomas Morus, die dieser für die Insel Utopien gelten läßt, kurzer Hand übernimmt.[199] Aber dieses ist vereinzelt geblieben, ohne alle Begründung an geeigneter Stelle von Engels eingeschoben und dann wieder für immer verlassen. Wir werden also die Betrachtung zunächst auf den Gedanken der Produktionsbeförderung als oberstes Ziel, und danach als letzte Gesetzmäßigkeit des sozialen Lebens der Menschen konzentrieren.

80

Die Menschen, als höhere Tiere, schließen sich in geregelten Verbänden zusammen, um besser produzieren und dieses nach Quantität und Qualität fördern zu können: — von diesem Grundgedanken geht erwähnter Weise der soziale Materalismus aus. Danach könnte es in der Tat erscheinen, als ob der soziale Verband und die Regelung des Zusammenwirkens unter dem obersten Gesichtspunkte zu bestimmen und zu richten wären: ob die durch die Vereinigung geschaffene gesellschaftliche Produktion eine Steigerung oder eine Verschlechterung erfahre. Dies ist jedoch ein trügerischer Schein. Auch von dem eben erwähnten Grundgedanken aus kommt man nicht dazu, als letzte Spitze und oberste Einheit für die Richtung sozialer Maßregeln die Beförderung der gesellschaftlichen Produktion nach Maß und Art einzustellen.

Der Grund der Täuschung und ihre Aufhellung liegt in folgendem.

Es handelt sich bei dem sozialen Zusammenschluß um ein geregeltes Leben. Der besondere Charakter einer gewissen Gesellschaft steht unter der Bedingung konkret bestimmter Regeln. Die kritische Erwägung einer sozialen Ordnung betrifft die besondere Art des Zusammenwirkens, und die Frage der allgemeingültigen Gesetzmäßigkeit des sozialen Lebens geht auf den einheitlichen Gesichtspunkt, nach welchem diese Art des sozialen Zusammenwirkens mit wissenschaftlicher Sicherheit bestimmt werden kann. Hält man sich dieses vor, so ist klar, daß der oberste einheitliche Gesichtspunkt für soziales Urteil nicht die Förderung der Produktion der Lebensbedürfnisse um jeden Preis ist; so daß dasjenige Recht das beste wäre, das am besten produzierte.

Es läßt sich denken, daß unter gegebenen technischen Verhältnissen eine rechtliche Ordnung in ausgezeichneter Weise zu der quantitativen und qualitativen Steigerung der gesellschaftlichen Produktion verhülfe und doch ein elendes Recht wäre und der obersten Gesetzmäßigkeit des sozialen Lebens gar nicht entspräche. Man braucht in dieser Hinsicht einstweilen nur an die Möglichkeit der Sklavenhalterei und anderer Behandlung von Menschen als Tiere zu denken. Durch Abänderung einer derartigen Gesellschaftsordnung geht vielleicht die soziale Produktion äußerer Güter erheblich zurück, und doch nähert sich das neue Recht der Idee seines unbedingten Endzieles.

Es geht überhaupt nicht an, einen einzelnen Teil der gesellschaftlichen Regelung herauszugreifen und anderen gegenüber als unbedingten Endzweck und das oberste Gesetz der sozialen Vereinigung aufzustellen. Will man den Gedanken von Mittel und Zweck dabei innerhalb eines sozialen Lebens einführen, so würde doch die Produktion als das Mittel und der Verbrauch als der durch jenes zu verfolgende Zweck erscheinen. Und mit Fug sagen die römischen Juristen, daß die *societas leonina* nicht mehr als Gesellschaftsvertrag aufzufassen sei.

In der Tat kann keiner der technisch zu erreichenden Erfolge das unbedingte Gesetz für das soziale Leben sein. Manche Marxisten haben das Gegenteil so weit getrieben, daß sie beispielsweise als oberstes Gesetz der Pädagogik und damit als Endzweck alles Schulwesens die Ausbildung zu möglichst tüchtiger Produktion aufgestellt haben; womit das letzte Ziel menschheitlicher Bildung unmöglich angegeben sein kann. Für das Ganze der sozialen Betrachtung muß dieses noch deutlicher sein. Das Gesetz muß einheitlich und als letzte Spitze für jede soziale Maßregel gelten; gleichviel, an welchem Punkte des Gesellschaftslebens eine solche eingreift. Innerhalb des sozialen Daseins erwachsen die einzelnen Ziele aus gegebenen Verhältnissen, als empirischen Bedingungen ihrer Entstehung; aber die ihnen entquellenden Bestrebungen sind eine jede in Selbständigkeit nach dem formal für alles soziale Leben unbedingt geltenden Ziele zu bestimmen und zu richten.

Die Erreichung einzelner bestimmter Ziele an und für sich kann niemals das allgemeingültige Gesetz für die menschliche Gesellschaft abgeben. Denn jeder Zweck, der durch soziales Zusammenwirken verfolgt und erfüllt werden soll, besteht immer nur durch Menschen und für Menschen. Das Ziel, als eigenes Ding für sich genommen, ist nur eine Abstraktion, existiert aber für sich, in eigener Selbständigkeit gar nicht: Es gibt immer nur Zwecke von Menschen, durch sie gesetzt, für sie verfolgt. Also kann auch ein einheitliches Ziel für das soziale Zusammenwirken nur in der allgemeingültigen Art der Regelung desselben liegen; nicht aber in dem besonderen Inhalte dieses oder jenes Sonderzweckes.

Ich kann mir denken, sagte einst ein sozialphilosophisch interessierter Jurist, daß zur Erreichung höherer Kulturzwecke eine ungleiche Behandlung der Menschen durch die soziale Ordnung sich nötig macht, und daß es manchem schlecht gehen muß, und andere bevorzugt werden, damit Kunst und Wissenschaft und vollendete

Technik gefördert werden. Und es ist ein altes Aperçu: daß Millionen angestrengt arbeiten, darben und entbehren müssen, auf daß Tausende malen, schriftstellern, forschen können. — Man braucht die technische Richtigkeit dieser Sätze gar nicht zu bezweifeln. Aber man muß doch fragen: welche Tausende und welche Millionen das sein sollen? Wonach sind sie zu bestimmen?

Jedes konkrete Ziel ist an sich ein solches für bestimmte Menschen. Vollendete Werke bildender Kunst, prächtig entworfene Schlösser und schöne Kirchen, hochstehende Literatur und Kunst nach allen Seiten und forschendes Sinnen über die Rätsel der Natur und die Probleme des menschlichen Lebens: sie alle geben nur bedingte Mittel für Zwecke bestimmter Menschen ab. Sie alle sind endlich und von relativer Bedeutung; kein einziges von ihnen kann sagen: Ich bin der Endzweck alles sozialen Wirkens; meine Verfolgung besitzt die Bedeutung, daß ihr bedingungslos alles andere unterzuordnen ist, jedes von diesen hat beiseite zu treten, wenn ich nahe, und nur ich darf ohne alle Rücksicht auf sonstiges gebieten.

Nicht das beschränkte Einzelziel von irgendwie entwickelten menschlichen Fähigkeiten ist für sich gesondert genommen das absolute Endziel; es besteht auch nur für Menschen. So kann die soziale Gesetzmäßigkeit nur gesucht und gefunden werden durch allgemeingültige Bezugnahme auf die sozial Verbundenen und deren Ziele. Die gesetzmäßige Regelung des Zusammenwirkens kann sich nur nach einem unbestimmten Ziele bestimmen, das für die Behandlung der Regelunterworfenen allgemein gilt. Die Regelung der sozial zu verfolgenden Ziele, genauer: des auf sie gerichteten Zusammenwirkens, muß in einer allgemeingültigen Rücksichtnahme auf alle Rechtsunterworfenen ohne Ausnahme bestehen.

Hiernach ergibt sich, daß der Endzweck des sozialen Lebens nur durch einen einheitlichen Gesichtspunkt für die formale Art und Weise bezeichnet werden kann, in der die einzelnen sozial Verbundenen zusammenzuschließen und zu bestimmen sind; durch eine oberste einheitliche Erwägung, die allüberall für Menschengruppen unter sozialer Regelung einzugreifen hat, und der nach unbedingter Geltung zu folgen ist.

So kann es denn auch die Produktion nicht sein, die hier als letzte Einheit mit Fug einträte. Ein möglichst günstiger Erfolg gesellschaftlicher Produktion vermag nicht den unbedingten Endzweck des sozialen Lebens der Menschen abzugeben. Jede

Produktion geschieht selbst nur wieder zum Zwecke von Menschen; sie, die Produktion als solche, gibt keinen letzten und obersten Gesichtspunkt ab. Ein solcher kann nur in der allgemeingültigen Art liegen, in der ihre Vornahme und ihre Verwertung, also das Zusammenwirken und Zusammenleben von Menschen, zu regeln ist: Eine formale Einheit für die Art der Regelung, nicht aber ein inhaltlich bestimmtes Vorhaben in dieser oder jener konkreten Richtung. Es wird immer nur produziert durch Menschen und für Menschen; so ist auch nicht die Produktion, als angeblich eigenes und selbständiges Objekt das grundgesetzliche Ziel des sozialen Lebens, sondern die formale Art der Berücksichtigung der im sozialen Zusammenwirken durch Regeln verbundenen Menschen.

Es ist also kein einzelnes technisches Ziel das unbedingte Gesetz für die soziale Ordnung. Diese hat als ihr letztes Ziel nicht einen bestimmten technischen Erfolg zu erreichen, sondern eine gesetzmäßige Art des auf den Erfolg gerichteten Zusammenwirkens. Vorhandene technische Möglichkeiten zur Befriedigung menschlicher Bedürfnisse sollen benutzt und in geregeltem Zusammenwirken verwertet werden. Die soziale Frage aber ist die nach der formalen Art und Weise des geregelten Zusammenwirkens. Je nach der Besonderheit dieser Regelung bestimmt sich die Eigenart der betreffenden sozialen Wirtschaft; ohne jene würde die letztere überhaupt nicht bestehen können, und erst auf der Grundlage einer bestimmten Regelung kann sich die Sonderart einer sozialen Wirtschaft, als konkreter Ausführung jener ersten, erheben.

Wenn also die Aufgabe der sozialen Ordnung darauf geht, eine bestimmte Art menschlichen Zusammenwirkens zu schaffen, so kann auch ihre Gesetzmäßigkeit nur in einem einheitlichen Gesichtspunkte für alle Sonderart des sozialen Lebens bestehen. Nun geschieht das soziale Zusammenwirken zu menschlichen Zielen und zu Zwecken der Zusammenstehenden; mithin kann sein oberstes Gesetz nicht in dem bloßen technischen Erfolge liegen, der durch das jeweilige tatsächliche Schaffen von sozial verbundenen Menschen erreicht wird, sondern es muß ein festes und unwandelbares Prinzip für die mannigfachen Arten der Regelung wirtschaftlichen Zusammenwirkens sein; und es muß dabei ein einheitlicher Gesichtspunkt für die Art einer zu regelnden sozialen Wirtschaft sich ergeben, der für die im Zusammenwirken zu verfolgenden Ziele der einzelnen Rechtsgenossen allgemeine und unbedingte Geltung hat.

An der Möglichkeit dieses absoluten Prinzips, durch welches

ein Bestimmen und Richten jeder einzelnen sozialen Bewegung mit wissenschaftlicher Sicherheit allererst möglich und berechtigt wird, darf die Beobachtung der tatsächlichen Abhängigkeit des in der Geschichte wirklich auftretenden sozialen Lebens keineswegs irre machen. Hier müssen vielmehr die Begriffe einerseits der einzelnen Phänomene und zum anderen ihrer Einheit und Gesetzmäßigkeit ganz getrennt werden.

Natur und Technologie diktieren den Menschen die empirischen Bedingungen, unter denen sie leben und schaffen können; aber die Sonderart eines sozialen Lebens liegt nicht in diesen äußeren Möglichkeiten des Daseins, sondern in der Eigentümlichkeit der Regelung des Zusammenwirkens. Diese Art der Regelung ist in ihrer Genesis selbstverständlich abhängig von der Besonderheit einer möglichen äußeren Technik, welche in der früher erörterten Weise in ein bestimmtes soziales Leben verwertend aufgenommen wird und dadurch zur Bildung sozialwirtschaftlicher Phänomene beiträgt; aus welchem sich dann soziale Bestrebungen auf Abänderung der bestehenden Rechtsordnung je im einzelnen ergeben. Es ist also ganz richtig, daß alle sozialen Bestrebungen, welche ein konkretes Recht unzweckmäßig finden und deshalb auf Umwandlung drängen, daß jede Zielsetzung auf Abänderung bestehender sozialer Ordnung aus empirisch gegebenen Verhältnissen, aus sozialökonomischen Verhältnissen tatsächlich erwächst, und daß über den Erfolg ein tatsächliches Ringen und Kämpfen stattfindet. Insofern besteht freilich eine Abhängigkeit des Rechtes; aber eine Abhängigkeit nur dem Stoffe nach. Sein Gesetz liegt nicht in dem jeweiligen zufälligen Auftreten dieser oder jener Produktionsmöglichkeit, nicht in deren sozialer Verwertung und dem Auftreten bestimmter gesellschaftlicher Einzelphänomene danach, nicht in dem tatsächlichen Erstehen und wirklichen Durchdringen gewisser empirischer Bestrebungen. Sein Gesetz ist die letzte Einheit in dem Gedanken der sozialen Regelung überhaupt, der einheitliche Gesichtspunkt, der für alle nur irgendwie denkbaren Erscheinungen und Geschehnisse des sozialen Lebens in gleicher Weise Geltung in Anspruch nehmen darf. Soziales Leben ist menschlich geregeltes Zusammenwirken: Gesetz und Einheit liegt in dem letzten obersten Gedanken einer für alle empirischen Fälle gleichheitlich geltenden formalen Art seiner Regelung.

So ist die wissenschaftliche Erkenntnis der Natur von Sinneswahrnehmungen abhängig, die dem Forscher von außen entgegentreten;

doch ihre Gesetzmäßigkeit liegt mit nichten darin beschlossen, daß und welches derartige Wahrnehmen ihm wird. Zur gesetzmäßigen Einsicht wird die Naturbetrachtung nur durch Begriff und Einheit der Erkenntnis. Die Einzelphänomene, die dem Beschauer zur Kenntnis kommen, wollen verarbeitet und in die Einheit wissenschaftlicher Erfahrung eingefügt sein. Und dieses ist möglich auf Grund des Gedankens von der allgemeingültigen Gesetzmäßigkeit der Natur, das ist der objektiven Einheit, in der wir alle möglichen Erscheinungen der Sinne in festem unwandelbaren Gesichtspunkte zusammenziehend begreifen. Diese objektive Einheit des Bewußtseins, durch die alle einzelnen Einheiten der Naturgesetze erst begreiflich und berechtigt werden, ist aber von einem Auftreten gewisser Beobachtungen unabhängig. Die Feststellung einzelner Naturgesetze hängt genetisch von gebotenem Stoffe in Sinneswahrnehmungen ab; das Gesetz, darauf sie ihre Möglichkeit und ihren Geltungswert gründen, tritt nicht selbst in den Wechsel der Erscheinungen ein, noch kann es in seiner objektiven Geltung durch kausales Geschehen begriffen werden, — welche Vorstellung ja schon wieder das Gesetz der Gesetze, die oberste objektive Einheit, die wir nannten, in notwendiger Weise voraussetzt.

Ich beschließe die Parallele.

Das soziale Leben ist, wie alles menschliche Dasein, von Begierden und Leidenschaften beherrscht und von natürlichem Drängen und Treiben bewegt. Aus geschichtlich gegebenen Verhältnissen erwachsen empirisch bedingte Bestrebungen auf soziale Änderungen, die nach ihrer Durchsetzung eine natürlich erwachsene Rechtsordnung ergeben; unter welcher sich dann abermals soziale Phänomene entwickeln, die wiederum in daraus hervorgehenden Bestrebungen in natürlich erforschbarem Prozeß auf Wandlung dieses besonderen gesellschaftlichen Daseins drängen. Die Regelung des sozialen Zusammenwirkens und die Ziele, die sich abändernde oder erhaltende Bestrebungen stecken, erstehen also in Naturprozessen, die nach dem Gesetze der Kausalität wissenschaftlich klar gelegt werden können, soweit es sich nur als möglich und ausführbar erweist.

Aber diese so auftretenden Wünsche und Bestrebungen und Regelungen bedeuten vom Standpunkte des Ziele verfolgenden Wollens aus dasselbe, was die bloße Sinneswahrnehmung dem wissenschaftlichen Naturforscher ist: ein blindes, wildes Gewirr! Soll es gesetzmäßig sein, so muß in ihm Einheit der wechselnden Einzelerscheinungen hergestellt werden. Wie die sinnlichen Erscheinungen, so ist der rohe Stoff unmittelbaren Drängens und Strebens in Einheit zu fassen und unter einem allgemeingültigen Gesetze zu bestimmen und zu richten. Das Einzelurteil über gesetzmäßiges soziales Wollen hängt freilich von gegebenem empirischen Material ab. Das Gesetz selbst, auf Grund dessen überhaupt einheitliche Erwägung des sozialen Lebens und damit ein objektiv begründetes Urteil über eine Einzelbestrebung ermöglicht und gerechtfertigt wird, muß außerhalb der geschichtlichen Sonderbestrebungen stehen und in seiner Geltung von empirisch bedingtem Wollen ganz unabhängig sein; es kann ganz und gar nicht in konkreten Zielen begriffen und durch diese gerechtfertigt werden, — setzt doch dieser Gedanke das Gesetz der Ziele, nach dem jede Begründung irgend einer sozialen Bewegung als einer inhaltlich berechtigten, einer objektiv richtigen überhaupt vorgenommen werden kann, notgedrungenerweise voraus.

81

Wir leugnen also nicht, daß die Wirklichkeit des sozialen Lebens in subjektivem Begehren und Streben sich vollzieht, welches in natürlichem Entstehungsprozeß — obzwar in seinen unendlichen Komplikationen schwer exakt darlegbar — aus gegebenen sozialen Verhältnissen heraus erwächst. Das Recht, und mit ihm die besondere Art eines sozialen Lebens, ist in Wirklichkeit bis jetzt immer als Machtergebnis aufgetreten; und es ist wenig Befugnis verliehen, etwas anderes für die kommenden Perioden zu prophezeien. Die Weltgeschichte hat sich nach unserer Erfahrung allezeit in subjektiv bedingtem Drängen und Streben und in Zielverfolgungen verwirklicht, welche *in ihrer tatsächlichen nackten Wirklichkeit* in Kämpfen und Siegen von Personen, Parteien, Klassen, Völkern *ohne Rest aufgehen*.

Aber es ist nicht zutreffend, daß in dieser Beobachtung *die Gesetzmäßigkeit* des sozialen Lebens und seiner geschichtlichen Entwicklung gegeben ist. Das gerade Gegenteil liegt vor: Es ist nicht anders, als die Behauptung, daß die Sonne sich in Wahrheit um die Erde drehe, *weil* der unmittelbare tatsächliche Augenschein es lehre. So ist auch die persönliche Hingabe an soziale Bewegungen, in der man *ausschließlich* diese in ihrer empirischen Bedingtheit *zu erkennen* bemüht ist, ein Unrecht; und man verbessert dieses nicht dadurch, daß man einfach einer entstandenen Bewegung, *bloß deshalb, weil sie tatsächlich vorhanden* ist, begünstigend folgt. Es ist ganz selbstverständlich, daß der Historiker den wirklichen Motiven und den einzelnen Zielen, die in der geschichtlichen Entwicklung tatsächlich aufgetreten sind, jeweils im einzelnen nachzugehen hat; und es bedarf keines Wortes der Ausführung darüber, daß für den Politiker als erster Anfang seines Planes die Kenntnisnahme der empirisch gegebenen Zustände und faktischen sozialen Bestrebungen benötigt. Was hier in Erörterung steht, das ist die Wahrheit: daß durch ausschließliche Erwägung dessen, was im sozialen Leben jeweilig wirklich geschehen ist und geschieht, die grundlegende Gesetzmäßigkeit des gesellschaftlichen Daseins der Menschen nicht geliefert wird. Wenn eine soziale Gesetzmäßigkeit sein soll, so muß für den Inhalt der Bestrebungen und Zielverfolgungen Einheit, grundlegende Einheit in Gestalt eines festen und unwandelbaren, allgemeingültigen und unbedingten Prinzipes der Betrachtung geleistet sein.

Doch warum soll denn Gesetzmäßigkeit sein? — Ich kann hier ebenso wenig eine absolut zwingende Antwort darauf geben, als es bei der Frage nach der Gesetzmäßigkeit berechtigten Wollens der einzelnen der Fall ist (S. 362). Worauf wollte man die Notwendigkeit, einer absolut letzten Einheit der Ziele zu folgen, noch weiter stützen? Nur soviel läßt sich sagen, daß alsdann ein jeder Versuch aufhören müßte, bestimmte soziale Bestrebungen mit gegenständlichem Interesse zu erörtern, denn hierzu braucht man ja schon wieder Gesetz und Einheit, einen festen Obersatz, an dem ein besonderes Verhalten in objektiver Deduktion erst gemessen und bestimmt werden kann. — Die Angabe aber, daß in der praktischen Politik den Inhalt seines Wünschens und Verlangens „ein jeder auf seine Weise zu motivieren" habe[200] — setzt mit dem Begriffe des „Motivierens" den Gedanken einer formal einheitlichen Art des Vorgehens voraus; denn „motivieren" kann doch nichts anderes heißen, als inhaltlich besondere Ziele vor einer allgemein maßgeblichen Instanz bestehen lassen.

Mit Unrecht behauptet also Bergbohm, daß konkrete politische Ziele in ihrer Berechtigung nicht bewiesen werden könnten. Vielleicht bringen es die betreffenden politischen Parteien nicht immer recht fertig; oder dieser und jener rechtsphilosophische Schriftsteller ist solcher Aufgabe nicht gewachsen. Möglicherweise auch verschließen sich die Angeredeten der besseren Erkenntnis des vorgetragenen und als berechtigt bewiesenen Zieles in eigennützigem Beharren. Aber mit welchem Rechte kann man *a priori* die Unmöglichkeit eines Beweises darüber behaupten, daß nach dem Endzwecke des sozialen Lebens überhaupt in gegebener geschichtlicher Lage ein gewisses Ziel notwendig zu erstreben sei?

Tatsächlich verzichtet ja auch niemand in der politischen Bewegung auf die Darlegung von Gründen für seine Meinung und sein Streben; man sucht allgemein in beweisender Argumentation zu überzeugen. Sobald aber bei der Frage, ob eine geltende Rechtseinrichtung auch Recht bleiben solle, Gründe für oder wider geltend gemacht werden, so geht dieses in notwendiger Konsequenz auf einen obersten Grund und ein letztes formales Ziel für alles Recht zurück; in jedem kleinen Einzelgrunde steckt unabweislich die Ableitung von einem unbedingten allgemeingültigen Gesetze, von dem er seine Kraft und Bedeutung erst erhält; Wer bei einer konkreten Begründung in prinzipieller Isolierung verharrt, der hat nicht ausgedacht. — Weshalb soll es nun eine für immer ausgemachte Wahrheit sein, daß eine wissenschaftliche Untersuchung des gesellschaftlichen Lebens nicht einen einheitlichen Gesichtspunkt als das oberste Ziel der sozialen Ordnung klarlegen könne, durch dessen Anwendung allein ein objektives Bestimmen und Richten sozialer Erscheinungen und Bewegungen möglich sein kann?

Wir können also mit Nutzen nur zu solchen sprechen, die mit uns eine oberste Einheit und allgemeingültige Gesetzmäßigkeit des sozialen Lebens erforschen wollen. Diese dürfen dann konsequenterweise nicht bei demjenigen stehen bleiben, was in sozialen Bestrebungen sich wirklich durchgesetzt hat, und welche Ziele empirisch verfolgt und realisiert worden sind. Das Grundgesetz des sozialen Lebens muß die oberste Einheit für alle denkbaren Zwecke und Ziele sozialen Wollens und Strebens sein. Das aber kann nur ein formales Prinzip, als absolut einheitlich bestimmender und richtender Gesichtspunkt, sein.

Dieses hier neu vorgetragene Prinzip einer möglichen Sozialphilosophie bedeutet mithin keinen Rückfall in die Utopie oder eine unklare Ideologie. Wir meinen gar nicht, daß man ein allgemeingültiges Rechtssystem entwerfen solle, das als vollständig oder doch tunlichst vollkommene soziale Ordnung irgendwo beliebig eingeführt werden könne. Denn die Wirklichkeiten des sozialen Lebens erwachsen aus empirisch gegebenen Bedingungen, von denen sie dem Stoffe nach abhängig sind. Aber bei dem zügellos sich durchsetzenden sozialen Drängen und Streben, wie es sich aus Einzelbedingungen eines geschichtlichen Gesellschaftslebens ergibt, ist nicht stehen zu bleiben. Man kann es; aber es ist unrecht und inkonsequent von demjenigen, der Gesetz und Einheit im Menschendasein und im sozialen Leben sucht. So sind die empirisch auftretenden Ziele und Zwecke sozialer Bestrebungen und Regelungen zu gesetzmäßigen zu gestalten; sie müssen an einem unbedingt einheitlichen Prinzip für alles soziale Wollen bestimmt und gerichtet werden, um dadurch überhaupt an Stelle bloßer subjektiver Zufälligkeit ein objektiv gültiges Urteil zu ermöglichen: welcher allgemeine Gedanke zunächst nicht mehr Schwierigkeiten bietet, als die Aufgabe, den unmittelbar gewordenen Sinneneindruck zu korrigieren und zu richten und im Sinne der objektiven Einheit der Erfahrungswissenschaft zu bestimmen.

Wenn daher ENGELS als Konsequenz der materialistischen Geschichtsauffassung den Satz aufstellt, daß die Mittel zur Beseitigung sozialer Mißstände nicht etwa aus dem Kopfe zu erfinden, sondern vermittelst des Kopfes in den vorliegenden materiellen Tatsachen der Produktion zu entdecken seien,[201] — so kann dieser Satz ruhig stehen bleiben; nur muß er ausgedacht werden. ENGELS spricht von „Mißständen“; — aber woran sind sie zu bestimmen? Er nimmt die Möglichkeit von „beseitigenden Mitteln“ an; aber zu welchen Zwecken? Man kann nicht behaupten, daß eine geäußerte Ansicht und Lehre *falsch* ist, wenn man nicht den Begriff wahrer Erkenntnis überhaupt und die Möglichkeit einer objektiv richtigen Meinung als solche vorausgesetzt hat; und es ist unmöglich, einen sozialen Mißstand als etwas Fehlerhaftes darzutun, wenn man nicht *das wirklich Vorhandene an einem allgemeingültigen formalen Prinzip* gemessen hat, nach welchem vorhandene soziale Zustände gegenständlich *überhaupt* zu bestimmen sind. In dem ganz richtigen Gedanken also, daß man natürlich erwachsene soziale *Mißstände* durch empirisch zur Verfügung stehende *Mittel zu beseitigen habe*, liegt von selbst die notwendige Voraussetzung eines einheitlichen Gesichtspunktes für die Bestimmung des sozialen Lebens überhaupt. Das würde aber kein inhaltlich entworfenes Rechtssystem und kein utopisches Staatswesen darstellen, sondern *eine einheitliche Art und Weise*, nach einem *festen formalen Prinzip* vorgelegtes empirisches Material sozialen Wollens zu richten und zu bestimmen.

82

Ich nehme nun als sicher an, daß als grundlegende Gesetzmäßigkeit des sozialen Lebens ein allgemeingültiges Ziel der Ordnung desselben gesucht werden muß; welches als formales Prinzip zur objektiven Bestimmung und Richtung der empirisch wild einherbrausenden sozialen Bestrebungen einzutreten hat.

Dem gegenüber hat sich nicht nur in der materialistischen Geschichtsauffassung, sondern vielfach auch in der juristischen Literatur ein grundsätzliches Bedenken erhoben, das sich gegen die Möglichkeit einer allgemeingültigen Gesetzmäßigkeit genannter Art richtet. Man weist darauf hin, daß die praktischen Prinzipien nach fester geschichtlicher Erfahrung allezeit wechselnd und wandelbar sich erwiesen haben und meint, daß eine absolut geltende Einheit des Gesichtspunktes hier nicht zu erreichen sei.

Soweit sich derartige Einwürfe gegen die Möglichkeit fertiger Rechtssysteme richten, deren angeblich allgemeingültiger Inhalt in festen Sätzen und Paragraphen auszuarbeiten sei, um dann als ideale Gesellschaftsordnung das richtende Ziel für das jeweilige soziale Leben in der Empirie abzugeben, haben wir ein näheres Eingehen darauf nicht nötig. Es gibt, wie wir an anderer Stelle (§ 32) ausführten, keinen einzigen Rechtssatz, der seinem positiven Inhalte nach *a priori* feststände. Utopien und naturrechtliche Gesetzbücher haben ihre mannigfach anregende und subjektiv interessierende Bedeutung, besitzen aber als solche keinen gegenständlichen Erkenntniswert. Wir sprechen dagegen von einem formalen Gesichtspunkte, der als einheitliches Prinzip für alles denkbare soziale Leben Geltung und bestimmende Bedeutung inne hat; und der für die Richtung des Zieles sozialer Bewegungen eine analoge Stellung einnehmen würde, wie das Kausalitätsgesetz für allen möglichen Stoff sinnlicher Veränderungen, welche nach dem genannten formalen Grundsatz in ihrer Gesetzmäßigkeit erkannt werden. Die Notwendigkeit, für geschichtliche Erkenntnis und für konkrete Ziele im sozialen Leben empirischen Stoff erst abzuwarten, der in naturwüchsigem Drängen und Streben auftritt und sich in solchem wohl auch durchsetzt, entscheidet doch keineswegs darüber, ob für das konkret uns zugeführte soziale Leben ein einheitlicher formaler Gesichtspunkt möglich sei. Der Inhalt der sozialen Ordnungen ist darum immerdar in unvermeidlicher Weise empirisch bedingt und untereinander verschieden; aber dieses präjudiziert mit nichten der Möglichkeit einer formalen Einheit, in der nach allgemeingültigem Prinzip die variabeln sozialen Erscheinungen in übereinstimmender und gleichbleibender gesetzmäßiger Art zu bestimmen sind.

Auch dieses mag noch vorweg genommen werden: Es kann nicht als Gegengrund gegen Realität und Geltungswert des sozialen

Grundgesetzes der Umstand angeführt werden, daß man in der Geschichte wenige oder gar keine Beispiele entdecken könne, in denen jenes Gesetz tatsächlich zur Anwendung gekommen sei und die konkreten Ziele in der von ihm angegebenen Richtung bestimmt habe. Denn die oberste Gesetzmäßigkeit des sozialen Lebens ist ein einheitlicher Gesichtspunkt für soziale Ziele, ein allgemeingültiges Prinzip für soziales Streben und Wollen. Ihr Geltungswert gründet darin, daß durch sie — und nur mittels ihrer — eine einheitliche Betrachtung der in konkreten Bestrebungen sich vollziehenden sozialen Bewegungen überhaupt erst ermöglicht wird. Hierfür ist es aber gleichgültig, ob der einzelne Vorgang, der jedenfalls nach dem allgemeinen Gesetze objektiv beurteilt und wissenschaftlich bestimmt werden kann, sich tatsächlich in der Richtung des allein einheitlichen Zielpunktes für soziales Wollen bewegt und ausgeführt hat. Indem die sozialen Bewegungen auf bestimmte Ziele hingehen und Zwecke verfolgen, die in der nun gesetzten Weise als kausal notwendig eintretende Ereignisse nicht sicher erkannt sind, so kann auch der einheitliche Gesichtspunkt für alle möglichen sozialen Bestrebungen nicht derjenige eines wirklichen Geschehens sein. Diese Einheit muß eine solche der Ziele sein, kann also gar nichts anderes bedeuten, denn ein allgemeingültiges Prinzip, nach dem in formal einheitlicher Weise die konkret auftretenden Ziele und Bestrebungen dahin wissenschaftlich bestimmt werden, wie sie sein sollten. Ob danach dann wirklich gehandelt wird, muß für die Wahrheit jenes Gesetzes ganz und gar irrelevant sein.

Etwas anders, als mit den eben besprochenen Einwürfen, steht es nun mit der Behauptung von der Wandelbarkeit praktischer Grundsätze, als Gegengrund gegenüber der Möglichkeit eines allgemeingültigen Grundgesetzes des sozialen Lebens. Hier wird von den Gegnern der Obersatz eines formal richtenden und bestimmenden Prinzipes zugegeben, dessen Geltungswert auch von seiner tatsächlichen Befolgung im einzelnen Falle unabhängig wäre. Aber das Prinzip selbst wird als empirisch abhängig und historisch wandelbar behauptet.

Genau betrachtet steckt in dieser Behauptung dreierlei verschiedene Betrachtung, die man im Interesse der Klarheit einmal zu sondern gut tun wird. Denn es umfängt jene: 1. den Hinweis darauf, daß die Ansichten darüber, was als oberstes Prinzip des sozialen Lebens anzunehmen sei, nach Zeiten und Völkern oder anderen Menschengruppen vielfach abweichende gewesen sind;

2. die Meinung, daß dieses auch niemals anders sein könne, weil diese Ansichten über das oberste Prinzip der sozialen Regelung in ihrer Entstehung durch empirisch gegebene Verhältnisse der betreffenden geschichtlichen Sozialwirtschaft bedingt seien; 3. endlich die Behauptung, daß ja alle jene Ansichten auch bei jedem einzelnen erst in empirischem Prozeß, also bedingt durch seine subjektive zufällige Lage erworben und festgehalten werden müßten.

Wir werden die eingehende Betrachtung auf den mittleren Punkt konzentrieren.

Am wenigsten Bedeutung hat die in dritter Linie erwähnte Aufstellung. Der Gegensatz von objektiver Wahrheit und subjektivem Scheine, von gegenständlich berechtigtem Wollen und persönlich eigennützigem Begehen verliert dadurch in nichts von seiner Schärfe, daß jeweils beides in empirisch bedingter Weise bei dem einzelnen Individuum zur Entstehung gelangt. Jener Gegensatz betrifft eine objektive Scheidung im Inhalte des Erkennens und des Wollens, welche durch die Besonderheiten subjektiver Entstehungsprozesse nicht berührt wird. Der Hinweis auf natürliche Eigenschaften oder auf subjektive Lage des Erkennenden oder des Wollenden vermag über die gegenständliche Wahrheit oder Berechtigung des Inhaltes seiner Vorstellungen gar nichts auszumachen. Und wenn ein eifriger Materialist sogar auf die Schädelbildung bei Marx mit Interesse hingewiesen hat, so wird er doch damit die objektive Wahrheit der Lehren jenes weder beweisen noch als unmöglich hinstellen wollen.

Etwas näher rückt unserem Problem der erste Hinweis unter den drei vorhin angeführten Möglichkeiten zu Leibe. Die darin betroffene Lehre war bis in die neueste Zeit, besonders auch innerhalb der juristischen Kreise, weit verbreitet. Hiernach gibt man zu, daß man bei kritischem Urteile über positives Recht auf einen obersten Maßstab zur Begründung seiner Ansicht Bezug nehmen müsse; aber ein solches zu grunde gelegtes, als Obersatz verwendetes, ideales Gesetz sei dann selbst wieder eine geschichtliche Erscheinung und im Laufe der Entwicklung wechselnd. Die Ansichten über die soziale Gesetzmäßigkeit schwankten und veränderten sich im Laufe der Geschichte; und die Lehren über dasjenige, was als Prinzip eine soziale Regelung und Bestrebung berechtigt machen könne, seien im Wandel der Zeiten in zweifelloser Verschiedenheit vorhanden. Man müsse solche Aufstellungen daher notwendig als zufällige und subjektive nehmen, ein einheitliches Gesetz als allgemeingültige Wahrheit für das soziale Leben und dessen geschichtliche Entwicklung gebe es nicht.

Aber auch hier bietet die bloße Tatsache des zahlreichen Wechsels der „Ideale" in der Geschichte und ihres Auseinanderfallens bei den mannigfachen Menschengruppen einen ungenügenden Beweis für die Behauptung, daß eine wissenschaftliche Feststellung einer allgemeingültigen Gesetzmäßigkeit des sozialen Lebens, in einem unbedingten Zielpunkte desselben, *a priori* unmöglich sei. Von einander abweichende „Ideale" bedeuten hier nur: verschiedene Ansichten über das oberste Gesetz, unter welchem der rechtliche Gesetzgeber sich befindet. Die tatsächliche Verschiedenheit von Meinungen beweist an sich vielleicht die Schwierigkeit der Entdeckung und beweisenden Feststellung des betreffenden gesuchten Gesetzes, mit nichten aber die grundsätzliche Unmöglichkeit.

Erst die vorhin an zweiter Stelle genannte Meinung nimmt den Versuch eines grundsätzlichen Beweises auf. Weil die besonderen Lehren und Entscheidungen über richtiges Wollen sich auf empirisch bedingte Verhältnisse beziehen und in diesen entstehen, so sei die prinzipielle Aburteilung notwendiger Weise verschieden und wechselnd; und es könne deshalb niemals aufhören, daß der eine dieses für richtig und gerecht halte, und ein anderer jenes.

Allein bei dieser Aufstellung ist eine Verwechslung untergelaufen. Es ist die Gesetzmäßigkeit als solche, die einheitliche Unterscheidung von recht und gut einerseits und ihre Anwendung in einzelnen Urteilen von besonderem Inhalte fehlerhaft vermengt worden. Das führt methodisch auf die Nichtbeachtung der Teilung von Form und Materie (§ 22) zurück.

Die Verweisung einer gewissen, stofflich bedingten Frage in das Gebiet des Richtigen oder ihre Ausmerzung daraus mag in stets wechselnder Subsumtion vorgenommen werden; sie kann auch selbstverständlich — gerade weil sie es mit bedingtem und veränderlichem Stoffe zu tun hat — in keiner Lage den Anspruch einer unbedingt und unveränderlich geltenden Wahrheit erheben. Aber die Abgrenzung und Scheidung der Begriffe richtig und unrichtig, die muß an und für sich scharf vollzogen sein und ein für allemal in Unabänderlichkeit feststehen: Sonst hätte jedes Urteil, das davon sprechen wollte, wie bestimmte Einzelheiten jenen letzten Oberbegriffen unterzuordnen seien, überhaupt keinen Sinn.

Diese notwendige methodische Einsicht kann auch durch die

hier behandelte materialistische Geschichtsauffassung nicht erschüttert werden. Sie stützt ihre Betonung der *unvermeidlichen* Wandelbarkeit praktischer Grundsätze auf deren kausale Abhängigkeit von der sozialen Wirtschaft, und findet den Grund der angezogenen Verschiedenheit darin, daß alle Lehren über gut und böse und alle danach getroffenen Zielsetzungen und sich abrollenden Bestrebungen von unterliegenden sozialökonomischen Faktoren genetisch abhängig sind. Da nun die soziale Wirtschaft und im besonderen die gesellschaftliche Produktionsweise in einem unbestreitbaren Flusse der Entwicklung und in steter Verschiedenheit sich befinden, so sei die Verschiedenheit der davon abhängige praktischen Grundsätze als unausweichlich bewiesen.

Daraus glaubt nun die materialistische Geschichtsauffassung folgern zu müssen, daß es ein einheitliches Prinzip für das praktische Wollen und Handeln der Menschen, und somit auch eine allgemeingültige Gesetzmäßigkeit für soziale Bestrebungen nicht geben könne. Dies aber ist falsch und stellt eine unberechtigte Schlußfolgerung dar.

Es wird sich umgekehrt zeigen lassen, daß die inhaltliche *Verschiedenheit* der Ansichten und Lehren über *das Prinzip der Gesetzmäßigkeit sozialer Bewegungen* mit unserer Lehre von einem *einheitlichen* Endziele alles sozialen Lebens sehr wohl zusammenstimmt.

Denn es wird auch der Vertreter der materialistischen Geschichtsauffassung gewiß zugeben, daß in dem Satze: daß die Meinungen über die Prinzipien sozialer Bewegungen im Laufe der Geschichte und bei verschiedenen Bevölkerungsklassen inhaltlich von einander abweichen, — doch ein einheitlicher Begriff von *sozialer Bewegung* und von *Prinzipien derselben* vorausgesetzt ist. Denn man sagt doch, daß *über denselben Gegenstand* die Ansichten verschieden gewesen seien. Ohne einheitlich eingesetzte Begriffe könnte man deren inhaltlich verschiedenes Auftreten gar nicht miteinander vergleichen.

In allen *inhaltlich* verschieden angenommenen Grundsätzen und Lehren über *dasjenige, was als soziales Ideal* zu gelten habe, steckt doch dieser letztbetonte Begriff *formal* sicher enthalten. So muß es auch möglich sein, von dieser einheitlichen Grundlage und ihren Bedingungen eine *allgemeingültige* Theorie zu geben, die sich gerade von dem wechselnden Stoffe der Geschichte und dem veränderlichen Inhalte der einzelnen Bewegungen und ihrer bedingt leitenden Ziele abhebt.

Die in ihrem Inhalte verschiedenen und wandelbaren *Grund-*

sätze für soziales Streben und Wollen gleichen im Gebiete der Erkenntnis den einzelnen Naturgesetzen, die ja auch in ihrer besonderen Aufstellung einem steten Wechsel, einer immerwährenden Meinungsverschiedenheit, einem unaufhebbaren Schwanken der Lehre unterworfen sind. Es steht außer Zweifel, daß der Stand der Naturwissenschaft von sozialen Bedingungen des erkennenden Einzelindividuums, wie seiner ganzen Gemeinschaft, in ihrer Genesis abhängig ist. Es ist sicher, daß die Anschauungen darüber, was wahre Erkenntnis natürlicher Vorgänge und ihrer ursächlichen Gründe sei, mit Notwendigkeit aus einander fallen, und daß es keiner einzigen wissenschaftlichen Lehre gelungen ist, noch je gelingen kann, auch nur in ihrer besonderen Frage die absolute und unwandelbare Wahrheit zu geben. Ja, es muß betont werden, daß die Meinungsverschiedenheiten über wissenschaftliche Erfassung und Erklärung von natürlichen Erscheinungen und Vorgängen bei weitem zahlreicher, schwerer wiegend und hartnäckiger sind, als diejenigen über die praktischen Grundsätze des menschlichen Wollens und Handelns; über welche in noch so verschiedenen Kulturstufen auch nicht annähernd so viele und so weitgehende Differenzen der Ansichten herrschen, wie über die naturgesetzliche Erkenntnis. Und es ist eigentümlich genug, daß man zumeist nur mit einem gewissen Behagen die Tatsache von der inhaltlichen Verschiedenheit und Wandelbarkeit praktischer Grundsätze breittritt, dagegen ganz zu vergessen scheint, daß die naturgesetzlichen Lehren in prinzipiell gleicher, tatsächlich viel stärkerer Art in stetigem Wechsel und Auseinandergehen der Ansichten begriffen sind.

Aber freilich: Hebt die unabweisliche und unvermeidliche Verschiedenheit im Inhalte naturwissenschaftlicher Erkenntnis den Gedanken einer allgemeingültigen Gesetzmäßigkeit der Natur auf, vernichtet er etwa den Begriff einer wissenschaftlichen Wahrheit überhaupt?

Und wenn nicht: Warum soll die unausweichliche Differenz im Inhalte praktischer Grundsätze für menschliches Zusammenleben den Gedanken einer allgemeingültigen Gesetzmäßigkeit des sozialen Lebens abtun und den Begriff eines sozialen Ideals überhaupt gänzlich tilgen?

Man muß umgekehrt sagen: Wenn die formale Gegenüberstellung von richtig und unrichtig als solche — das ist der Begriff der Gesetzmäßigkeit — ehern und nicht wechselnd gegründet ist, so muß es doch auch möglich sein, über diese Gegenüberstellung, als Bedingung einer jeden gesetzmäßigen Einsicht, im einzelnen systematische Klarheit zu erlangen. Falls die Vernachlässigung des grundlegenden Unterschiedes von Form und Stoff es verhindert hat, das Zwiespältige in der Behauptung einer notwendigen Wandelbarkeit praktischer Grundsätze zu erkennen, so wird die bewußte und entschlossene Einsicht des genannten Unterschiedes das Begründete und das Falsche jener Behauptung beschaffen können. Während es nämlich begründet ist, von einer Wandelbarkeit stofflich gefüllter Einzelsätze, als Anwendungen des vorausgesetzten Begriffes möglicher Gesetzmäßigkeit, zu sprechen, so ist es falsch, von unstetem Wandel der formal bedingenden Methode zu handeln, wodurch vielmehr jeder klare Begriff auch von einem besonderen, dem Wechsel unterworfenen „Richtigen" in Wahrheit vernichtet werden würde. Und wir wiederholen: Daß nach dieser Erwägung nicht der geringste Grund mehr übrig bleibt, der eine völlige Aufhellung der ein für allemal vorausgesetzten und unabänderlich feststehenden formalen Bedingungen objektiv berechtigten Wollens hindern sollte.

Freilich auch nur der formalen Bedingungen als solcher. Man darf nicht fragen: Welche inhaltlichen Ziele und Normen sind gut und gerecht? sondern: Wann besitzt eine besondere Regel die formale Eigenschaft des Richtigen? Und dann kann derselbe Willensinhalt in der einen, bedingten Lage eine solche Qualität haben, in einer anderen dagegen nicht. Aber der Begriff dieser Eigenschaft des Richtigen bleibt immer und notwendig ein und derselbe.

So besteht in der unwandelbaren Einheit formaler Bedingungen der Begriff der Gesetzmäßigkeit — abstrakt für sich betrachtet und losgelöst von aller besonderen Anwendung. Und wie er von allem Wandel der Geschichte unabhängig gedacht sein muß und vielmehr den einzelnen Daten historischer Erwägung Ordnung und einheitliche Bestimmtheit erst möglich macht: so kann er auch weder durch Betrachtung des besonderen Inhaltes geschichtlicher Tatsachen allein gefunden und auch nicht durch solchen besonderen Inhalt widerlegt werden. Seine Klarstellung kann — dieses Frühere schiebt sich notgedrungen hier wieder ein — nur durch kritische Besinnung auf den gegenständlichen Inhalt des erkennenden und wollenden Bewußtseins geschehen. In diesem Sinne ist es wohlbegründet, wenn Lessing schreibt: „Zufällige Geschichtswahrheiten können der Beweis von notwendigen Vernunftwahrheiten nie werden".[202]

83

Wir gelangten zu dem Ergebnis, daß der formale Begriff der sozialen Gesetzmäßigkeit in jedem Gedanken von inhaltlich wechselnden „Idealen“ verschiedener Kulturstufen und Völker, als notwendige Bedingung jenes Gedankens, sicher enthalten ist. Von einheitlich angenommenen Begriffen, die gleichmäßig für stofflich wandelbare Einzeltatsachen zur Anwendung gelangen, muß es doch auch eine allgemeingültige Lehre geben können, die von dem wechselnden Inhalte, auf den jene angewandt werden, unabhängig ist.

Das wird sich nun auch lösend in der einzelnen Auseinandersetzung zeigen lassen.

Tönnies hat, in Aneignung des Grundgedankens der materialistischen Geschichtsauffassung, als Schwerpunkt des Problems die marxistische Frage bezeichnet: Wird das Sein der Menschen durch das Bewußtsein, oder wird das Bewußtsein durch das Sein bestimmt?[203]

Ich antworte:

Wenn man unter Bewußtsein die einzelnen Bewußtseinserscheinungen versteht, so ist es selbstverständlich, daß wir deren wissenschaftliche Bestimmtheit in dem einheitlichen Kausalzusammenhange der Natur zu suchen haben. Denn alles besonders Erscheinende kann zwar — eben als psychische Tatsache — auf ein Bewußtsein bezogen werden, dessen Inhalt es gerade darstellt. Aber es macht diese psychische Einzeltatsache doch nur einen und denselben Gegenstand aus, nur einmal vom Objekt und dann vom Subjekt her angesehen; und es gibt nicht etwa: einmal einen Gegenstand „an sich“ und außerdem noch ein davon getrenntes, besonders daseiendes Ding eines „Bewußtseins“. Soll also der Gegenstand einer einzelnen Bewußtseinserscheinung objektiv erkannt werden, so verbleibt nichts, als die einheitliche Methode der Naturwissenschaft.[204] Und da es sich hier um soziales Meinen und Wollen handelt, so muß die kausale Abhängigkeit der einzelnen, als Tatsachen hervortretenden Bewußtseinsakte von empirisch gegebenen sozialen Phänomenen behauptet werden; obgleich wir bis jetzt nicht in der Lage sind, die naturgesetzliche Verursachung im Sinne streng exakter Wissenschaft erkennend aufzuweisen. In diesem Sinne sind die hergebrachten volkstümlichen Redensarten, daß jeder ein Kind seiner Zeit und seines Volkes sei, daß keiner aus seiner Haut herauskönne, u. a. m. ganz zutreffend, als einfache Beobachtungen die zu ihrem Hervortreten gar nicht erst auf die materialistische

Geschichtsauffassung gewartet haben und sich von dem (geeigneten Platzes von uns schon erwähnten) „*milieu*“ des TAINE grundsätzlich in nichts unterscheiden.

Wenn man dagegen — was für die philosophische Terminologie mehr für sich haben dürfte — unter Bewußtsein die grundlegende Einheit für alles besondere Wahrnehmen und Streben begreift, so ist diese durchaus unabhängig von dem, was TÖNNIES das Sein der Menschen nennt. Alsdann bedeutet der fragliche Ausdruck dasselbe, wie Gesetzmäßigkeit, das ist eben Zusammenstimmen in Einheit. Und diese Eigenschaft einer Lehre wird als Beschaffenheit derselben überhaupt nicht kausal bewirkt. So ist das Auftreten einer wissenschaftlichen Entdeckung in der theoretischen Erkenntnis, durch welche anscheinend widersprechende Erscheinungen in einheitlicher Auffassung sich zusammenfügen, genetisch durch die empirische Lage des betreffenden Forschers bedingt; aber die Qualität als wahre Lehre ist von der Frage des empirisch bedingten Werdeganges ihrer Auffassung und Ausarbeitung völlig abzutrennen, — sie hängt lediglich und ausschließlich von der Frage ab, ob sie Einheit der Erscheinungen bewirke.

Nun kann aber kein wissenschaftlicher Lehrsatz unserer Naturerkenntnis den Anspruch erheben, in absoluter und unumstößlicher Weise eine Einheit in den Erscheinungen bewirkt zu haben. Es gibt einen Fortschritt der Wissenschaft, in welchem die seitherigen Erkenntnisse umgestoßen und andere, mit mehr Anspruch auf Wahrheitswert, an die Stelle gesetzt werden. Aber es ist doch ganz klar, daß die Idee einer absoluten Einheit hier allen einzelnen Erkenntnissen, die in Mannigfaltigem der Anschauung jeweils Einheit bewirken, notwendigerweise zu grunde liegt. Ob wir gleich niemals in Wirklichkeit eine jener Idee vollkommen gemäße Erkenntnis haben können, so ist sie doch das Prinzip aller wissenschaftlichen Wahrheit. Es besteht in der letzten vollendeten Einheit, in der alles Mannigfaltige der Erscheinungen begriffen wäre. Nach ihm, als Ziel, ringt der wissenschaftliche Forscher; und jedem Einzelversuche erkennender Wissenschaft liegt es notwendig zu grunde. An ihm gemessen bestimmt sich der Wahrheitswert jeder konkreten Erkenntnis, festgestellt allemal an der Frage, ob wirklich in der wechselnden Flut der Wahrnehmungen Einheit errungen ist; von seinem Ausspruche hängt die Gesetzmäßigkeit einer jeden erkennenden Theorie ab.

Geschichtliche Lage und menschliche Schwäche bedingen den Irrtum und die Unvollkommenheit unserer Erkenntnis. Die einzelne

Einsicht und jede wissenschaftliche Lehre ist in ihrer Sonderart abhängig „von dem Sein der Menschen“. Aber ihre Eigenschaft als wahre Lehre ist nimmermehr empirisch bedingt, noch ihr Charakter als gesetzmäßige Erkenntnis kausal herbeigeführt. Diese Beschaffenheiten leiten sich bloß von der Frage ab, ob die in ihrem Auftreten empirisch bestimmte Lehre in ihrem Inhalte Einheit der Erscheinungen biete. So ist das Gesetz der Gesetze, die Idee einer absoluten letzten Einheit alles Mannigfaltigen der Anschauungen, und damit die Eigenschaft der Gesetzmäßigkeit in unserer Erkenntnis von allen empirischen Besonderheiten gänzlich unabhängig.

In gleicher Weise löst sich das von vornherein schwierig erscheinende Nebeneinanderstehen von empirischer Bedingtheit und von objektiver Geltung bei den übrigen Formen unseres Bewußtseins, die in mannigfachen geschichtlichen Äußerungen zutage treten: in Moral und Kunst, wie nicht minder in der Religion. Auch für sie behauptet die materialistische Geschichtsauffassung eine lediglich Abhängigkeit von unterliegenden sozialwirtschaftlichen Verhältnissen. Und auch hier wiederholt es sich, daß dieses für die einzelnen verschiedenartigen Äußerungen des menschlichen Bewußtseins zugegeben werden muß; daß aber die Frage nach dem einheitlichen Begriffe und nach der objektiven Gesetzmäßigkeit für die einzelnen Bewußtseinsinhalte damit durchaus nicht erledigt ist.

Es ist merkwürdig, wie die materialistische Geschichtsauffassung es übersehen konnte, daß sie durch ihre Aufstellung einer bedingungslosen Abhängigkeit aller psychischen Äußerungen des Menschenlebens von der Art der gesellschaftlichen Produktion an und für sich ja auch die objektive Geltung der Wissenschaft und damit — sich selbst aufheben würde. (S. 413 f.)

Bei der wissenschaftlichen Naturerkenntnis wird es nicht übersehen werden können, daß ihr Charakter der Wahrheit und Gesetzmäßigkeit an sich von aller empirischen Bedingtheit der einzelnen wissenschaftlichen Lehren und Entdeckungen ganz unabhängig sein muß. Übernimmt man diese Methode des Nachsinnens und macht sich den verstecktermaßen auch von der materialistischen Geschichtsauffassung vorausgesetzten Begriff der Gesetzmäßigkeit und Wahrheit im Inhalte bestimmter Vorstellungen klar, so wird man bald gewahren, daß auch in den drei angeführten Begriffen der Ethik, der Kunst, wie der Religion überall zu unterscheiden sei: einmal der jeweilige feste Begriff, der bei jedem von ihnen in der

Beobachtung geschichtlich verschiedenen und wechselnden Inhaltes in formaler Einheit untergelegt ist, sowie die Gesetzmäßigkeit, die als absolute Einheit für alle denkbaren konkreten Anwendungen jenes Begriffes zu grunde liegt; — und dem gegenüber die geschichtlich wechselnden Versuche, in der Richtung dieses einheitlichen Gesichtspunktes begründete Lehren und Ergebnisse zu schaffen.

Im besonderen erscheint die „Klassenmoral", die von den Vertretern der materialistischen Geschichtsauffassung mit Entschiedenheit betont wird, weiter nichts, als eine Konstatierung bedauerlicher menschlicher Schwäche, die es verschuldet, daß das Streben nach Gesetzmäßigkeit im menschlichen Wollen an einem so enge begrenzten Punkte schon Halt macht. Aber jene Lehre sollte sich dabei auch klar machen: Erstlich, daß diese behauptete und etwa bewiesene Aufstellung von geschichtlich allein vorliegender Klassenmoral nichts anderes bedeutet, als auf dem Gebiete des theoretischen Erkennens die Einsicht, daß alles Wissen Stückwerk sei; zum zweiten, daß durch keines von beiden die Gesetzmäßigkeit im Sinne einer letzten Einheit für alle möglichen Einzelfälle irgendwie nur berührt wird; und endlich, daß es ganz unmöglich ist, nur die eine dieser sogenannten Klassenmoralen als die berechtigte hinzustellen, sofern sie nicht an einem allgemeingültigen Prinzipium aller Moral gerichtet ist und ihre Eigenschaft als die Moral einer empirisch bedingten Klasse gerade abgestreift hat.

Tatsächlich ist wissenschaftliche Erkenntnis und moralische Lehre nach Zeiten und Völkern und nach Klassen der Bevölkerung verschieden. Aber wenn man fragt, ob ihr Inhalt wahr und gut sei, so muß man von ihrem Klassendasein gänzlich abstrahieren.

Ich kann jedoch auf eine nähere Einzelausführung für die drei gestreiften Gebiete in diesem Zusammenhange nicht eingehen. Und wende mich nun zu der Nutzanwendung unserer Methode auf die Gesetzmäßigkeit des sozialen Lebens.

Auch hier sind die Ansichten darüber, ob und wie soziale Bewegungen in Einheit zusammenstimmen, und was als Ideal hier zu behaupten sei, verschieden. Es ist also nicht mehr die Rede von verschiedenartigen Bestrebungen und konkreten Zielen, die naturwüchsig aus seitherigen sozialen Zuständen entquollen sind; sondern von auseinandergehender Lehre darüber: in welcher Einheit soziale Bestrebungen zusammenzuschließen sind. Nach unserer Parallele mit der theoretischen Erkenntnis würde es sich nicht mehr um die

Beobachtung der Verschiedenartigkeit von Wahrnehmungen und Einzelerscheinungen handeln, sondern von Differenzen in der einheitlichen Auffassung derselben die Rede sein.

Es gibt nun, lehrt die materialistische Geschichtsauffassung, für soziales Streben und Wollen erfahrungsgemäß verschiedene einheitliche Gesichtspunkte, die als solche nach Völkern, Stämmen, Klassen differieren, sowie im Laufe der Zeiten wechseln. Insbesondere behauptet sie, daß mit der steigenden Quantität der Angehörigen einer Klasse auch die Qualität ihrer Meinungen eine andere werde, und die Auffassung über die Berechtigung von sozialen Zielen durch solche klassenpsychologische Daten — die in ihrer Genesis auf die Sonderart der betreffenden Sozialwirtschaft zurückführten — empirisch bestimmt seien.

Wir können das im einzelnen ganz offen lassen. Wir brauchen es ebenso wenig zu leugnen, als etwa in Abrede zu stellen, daß jede Lehre der Naturerkenntnis in ihrer Entstehung und in dem Glauben bestimmter Menschen an sie durch empirische Umstände in Abhängigkeit steht.

Aber ich verabrede auf das entschiedenste, daß diese Beobachtung der empirischen Bedingtheit eines wirklich auftretenden sozialen Grundsatzes mit der Frage nach seiner Gesetzmäßigkeit auch nur das geringste zu tun hat.

Prinzip der sozialen Gesetzmäßigkeit ist das Zurückgehen auf die allgemeingültige Einheit für alle denkbaren sozialen Zielsetzungen; so wie Prinzip der Erfahrungswissenschaft die oberste Einheit aller möglichen Erscheinungen ist. Und dieser Gedanke ist von historischen Zufälligkeiten und empirischen Bedingtheiten ebenso unabhängig, wie seine Verfolgung und erkenntniskritische Klarstellung durch die Tatsache, daß ihm in der geschichtlichen Wirklichkeit niemals voll entsprochen werden kann, durchaus nicht auch nur irgendwie berührt wird.

Die Lehren der Ethik, sagt Ihr, sind geschichtlich immer verschieden und von wechselnder Sozialwirtschaft bedingt, — also, meint Ihr, könne es kein allgemeingültiges Moralgesetz geben; und die Ansichten über dasjenige, was sozial gerecht ist, fallen nach Völkern und Klassen der Menschen auseinander, — also, geht Euer Schluß weiter, kann es kein allgemeingültiges Ziel des objektiv Richtigen in sozialen Bestrebungen geben! — Mit gleichem Rechte könnte man sagen: Die Lehren der Naturforscher sind geschichtlich immer verschieden gewesen, notwendig bedingt von der sozialen

Kulturstufe, — also kann es keinen allgemeingültigen Begriff von wahrer Erkenntnis geben; und die Ansichten über dasjenige, was naturgesetzlich wahr ist, fallen nach Zeiten und einzelnen Forschern, nach Völkern, Stämmen, Schulen auseinander, — also kann es überhaupt kein allgemeingültiges Ziel der wissenschaftlichen Erkenntnis von Naturerscheinungen geben!

Beide Schlußfolgerungen sind gleichmäßig unbegründet.

Die einzelne wissenschaftliche Erkenntnis ist bedingt und wandelbar, so gut wie die einzelne Lehre der Moral. Aber die Idee der wissenschaftlichen Wahrheit behält als Ziel und absolut einheitlicher Gesichtspunkt ihr Recht und ihre Geltung, mag man sich die Unvollkommenheit und die Unfähigkeit der Menschen, ihr jemals in Wirklichkeit zu entsprechen, noch so deutlich selbstquälerisch vorhalten. Dann aber ist auch der Versuch gerechtfertigt, über sie in Selbstbesinnung der Vernunft in das Klare zu kommen und ihre Bedeutung für die menschliche Einsicht kritisch sich deutlich zu machen.

So wird auch keine einzelne Lehre für soziale Bestrebungen den Anspruch erheben dürfen, sonder Fehl zu sein und unbedingt gesetzmäßig, aber die Idee einer obersten Einheit, in der sich alle nur denkbaren konkreten Ziele im sozialen Leben zusammenfassen lassen, verliert darum nichts in ihrer notwendigen Berechtigung. Sie bleibt als unbedingtes formales Richtmaß in Geltung, mag einem wühlenden empirischen Zweifel die menschliche Schwäche, vor jenem zu bestehen, in noch so starke Gewißheit sich rücken. Darum ist auch der Versuch unerläßlich geboten, über diese Idee in zerteilendem und aufbauendem Nachsinnen sich Klarheit zu verschaffen, ihr Wesen, ihren Wert, ihre mögliche praktische Bedeutung erkenntniskritisch darzutun.

Dies unternehmen wir nun.

84

Alle Welt spricht von berechtigten sozialen Bestrebungen und Forderungen, und verurteilt andere als ungerechtfertigt. Aber wenn man fragt, woran das gemessen und bestimmt wird, so bleibt eine befriedigende Antwort aus. Wollte sich jemand damit begnügen, daß eine gewisse allgemeine Meinung doch tatsächlich erkennbar sei, so würde er auf subjektivem Standpunkte verharren, könnte gar nicht behaupten, daß er seine Ansicht objektiv bewiesen hätte, — und wäre mithin wissenschaftlich irrelevant.

Objektiv berechtigt ist eine soziale Bestrebung, falls sie in der Richtung der obersten Gesetzmäßigkeit des sozialen Lebens sich bewegt; wenn sie dem unbedingten Grundgedanken der Regelung des gesellschaftlichen Zusammenwirkens der Menschen entspricht. Um das feststellen zu können, muß man eine kritische Erwägung darüber eintreten lassen, was sich als solche oberste Einheit für alle nur denkbaren sozialen Ziele, als gemeinsamer Gesichtspunkt für alles irgend welche soziale Streben und Wollen formen läßt.

Einen anderen Weg, die Berechtigung einer sozialen Bewegung objektiv darzutun, gibt es nicht.

Die materialistische Geschichtsauffassung verliert sich hier ganz in das Ungewisse. Nicht deshalb, weil sie in gewisser Art kausal entstanden sind und sich weiterhin zu entwickeln Tendenz haben, können soziale Bestrebungen und Ziele in ihrem Inhalte als gesetzmäßig und objektiv berechtigt erachtet werden. Die Eigenschaft der Gesetzmäßigkeit einer inhaltlich bestimmten Bewegung ist abhängig von der Übereinstimmung, in der sie sich in ihrem konkreten Drängen und Wollen mit dem formalen allgemeingültigen Endziele des sozialen Lebens überhaupt befindet. Dieses unbedingte Endziel, als oberste Einheit alles denkbaren sozialen Wollens und Strebens, und die davon jeweils abgeleitete Qualität der Gesetzmäßigkeit sind von empirischen Daten und von Besonderheiten der Genesis einer sozialen Bewegung ganz unabhängig. Wenn also die sozialen Materialisten im Grunde wie die Stoiker denken:

Ducunt volentem fata, nolentem trahunt,

so sind sie ihrem ernsten Wunsche nach innerer Gesetzmäßigkeit der sozialen Bewegungen nicht getreu geblieben.

Innere Gesetzmäßigkeit ist der einheitliche Gesichtspunkt für alle denkbaren Einzelfälle. Das soziale Leben besteht als eigener Gegenstand unserer Einsicht durch menschlich gesetzte Regeln, die ein gewisses Zusammenleben bewirken wollen; die sozialen Bewegungen vollziehen sich durch menschliches Streben und Wollen und durch Verfolgung gesteckter Ziele, deren allgemeine formale Berechtigung — als zu bewirkender Objekte — in dem unabgeschlossenen und relativen Charakter der kausal erklärenden Erfahrungswissenschaft gegeben ist (§ 64). Folglich kann eine innere Gesetzmäßigkeit des gesellschaftlichen Daseins der Menschen auch nur ein einheitlicher Gesichtspunkt für allen denkbaren Inhalt sozialer Einzelziele sein. Die oberste Einheit, in der sich alles soziale Leben mit seinen unendlich vielen und verschiedenartigen Erscheinungen und Bewegungen zusammenziehen läßt, ist mithin die Idee eines letzten, unbedingt geltenden Endzieles des menschlichen Gesellschaftslebens.

Dieses sehen wir ein. Ob andere vor oder neben uns es begriffen haben oder nicht, dieser Umstand allein kann nicht gegen die Wahrheit unserer Erkenntnis als sachlich durchschlagende Instanz angeführt werden. Und daß diesem Endziele, welches wir dann formulieren wollen, seither nicht gleichmäßig gefolgt worden ist, und vielleicht, oder voraussichtlich, demnächst nicht nach ihm die Richtung der sozialen Entwicklung genommen wird, ist für die wahre Geltung desselben, als eines letzten Gesetzes der Ziele, wie sie sein sollen, ganz gleichgültig. In diesem seinem objektiv richtenden Urteile ist es durchaus unabhängig von der Frage, ob subjektive Maxime oder sogenannte Klassenmoral die tatsächlich bewegenden Triebfedern sind und wahrscheinlich sein werden. Und während die wissenschaftliche Erfahrung als bedingtes und relatives Lehrgebäude niemals total abgeschlossen, noch eine absolut geltende Erkenntnis ist und darum der Zielsetzung und ihrem obersten Gesetze begreiflichen Spielraum läßt, so kommt es für die unbedingte Geltung des letzten einheitlichen Endzieles alles sozialen Lebens auch nicht darauf an, ob man ein mögliches Befolgen und Nachleben nach ihm in konkreten, empirisch bedingten Zuständen wirklich einsehen kann oder nicht.

85

Die materialistische Geschichtsauffassung ging in der eben besprochenen Frage nicht von falschen Sätzen aus. Der Stand der Bildung und der Moral in einem geschichtlichen Gemeinwesen ist in der Tat in seiner konkreten Erscheinung von unterliegenden sozialökonomischen Phänomenen abhängig; und man kann dann diese empirischen Zustände in ihrer ursächlichen Bedingtheit immer im einzelnen untersuchen, wenngleich dem strengen Sinne des Kausalitätsgesetzes schier unübersteigliche tatsächliche Schwierigkeiten hier entgegenstehen und die Nachforschung wohl allezeit in ziemlich unverfolgbare Komplikationen sich kreuzender Einflüsse sich verlieren wird. Sofern man eine soziale Bestrebung als eine einzelne Erscheinung als gegebene nimmt und in ihrem empirischen Zusammenhange bestimmen will, ist die Behauptung einer kausalen Abhängigkeit von vorliegenden sozialen Phänomenen grundsätzlich allein berechtigt.

Aber was ganz und gar nicht gerechtfertigt ist, das ist die hinzugefügte Behauptung der materialistischen Geschichtsauffassung, daß damit alle weitere gesetzmäßige Einsicht zu Ende sei, und es außer der Erforschung der genetischen Abhängigkeit von hier in Rede stehenden Erscheinungen keine wissenschaftliche Bestimmung derselben in ihrem Inhalte nach systematischer Erwägung gebe.

Das ist nicht ausgedacht. Denn man legt doch einen formal allgemein geltenden Begriff des sozialen Lebens, wie nicht minder von wissenschaftlicher Erkenntnis, moralischem Wollen, künstlerischem Gestalten und endlich von religiösem Empfinden der Erörterung ihrer genetischen Abhängigkeit im einzelnen Falle zu grunde; muß daher auch die allgemeingültigen Erkenntnisbedingungen und die Einheit, unter der jene Begriffe stehen, wissenschaftlich näher bestimmen können, widrigenfalls die ganze Behauptung der konkreten Bedingtheit und inhaltlichen Verschiedenheit des begrifflich gleichen Objektes in das Wanken gerät.

Es war auch inkonsequent. Die materialistische Geschichtsauffassung erstrebte, die innere Gesetzmäßigkeit der sozialen Entwicklung klarzustellen; sie wollte nicht dabei verharren, daß die Menschengeschichte als ein wirrer Knäuel von Willkür und subjektivem Begehren erschiene, sie erhoffte vielmehr, für alle inhaltlich so verschiedenartigen Bewegungen eine formale Einheit zu erhalten, nach der jede einzelne gesellschaftliche Bestrebung dann gesetzmäßig bestimmt und gerichtet werden könnte.

Und da sie eine Einheit von sozialen Bewegungen suchte, mußte sie notgedrungen auf eine Einheit für menschliches Streben und Wollen im sozialen Leben und damit auf ein letztes einheitliches Endziel des gesellschaftlichen Daseins kommen, das ein allgemeingültiges formales Prinzip für jede einzelne soziale Bestrebung im Sinne des Sollens darstellt, dessen Geltung feststeht, ohne alle Rücksicht darauf, ob ihm nun wirklich tatsächlich nachgelebt wird. Völlig konsequenter Weise hätte der soziale Materialismus den Begriff des sozialen Lebens der Menschen, als eines äußerlich geregelten Zusammenwirkens, ausmerzen und an seine Stelle ein bloßes instinktives Triebleben setzen müssen; da er dieses — sachlich mit gutem Grunde — nicht behauptete, verfiel er in die Inkonsequenz, bloß kausal fragende Einsicht als die Gesetzmäßigkeit für den nicht wegzubringenden Gedanken eines menschlich geregelten, das ist eines nicht werdenden, sondern zu bewirkenden Verhaltens der Menschen gegeneinander, anzugeben.

Endlich lag ein Grundfehler jener dogmatisch hingestellten Behauptung der materialistischen Geschichtsauffassung darin beschlossen, daß sie zwischen dem geschichtlichen Stoffe sozialer Erfahrung einerseits und dem allgemeingültigen einheitlichen Gesichtspunkte für jene, als der obersten Gesetzmäßigkeit derselben, nicht unterschied. Diesen Mangel teilt sie freilich mit allen Richtungen der seitherigen Rechtsphilosophie ohne Ausnahme. Immer wieder tritt die Meinung von einer angeblich ausschließenden Alternative auf: entweder nur Erforschung geschichtlicher Vorgänge in ihrer jeweiligen genetischen Bedingtheit, oder dem gegenüber ein ideales Rechtssystem.[205] Keines von beiden enthält das Richtige. Schon oben gebrauchte ich den Vergleich der Sinneswahrnehmungen im Verhältnis zu dem fundamentalen Gedanken einer allgemeingültigen Gesetzmäßigkeit der Natur, wie vor allem dem Kausalitätsgesetze, wonach der rohe Stoff sinnlicher Eindrücke zu verarbeiten und zu richten und in Einheit zu bestimmen ist. So liefert den plumpen Stoff der sozialen Vorgänge die Geschichte und deren Einzelerforschung; aber dieses Material ist — wenn gesetzmäßige Behandlung desselben werden soll — unter dem formalen obersten Gesichtspunkte des sozialen Endzieles zu verarbeiten und zu richten und in Einheit zu bestimmen. Die Einheit im Gedanken des unbedingten Zieles aller sozialen Regelung kann von der Geschichte nicht geliefert werden; sie ist die Bedingung, ohne welche wir die Geschichte im Sinne gesetzmäßiger Erfassung der sozialen Entwicklung als Gegenstand wissenschaftlicher Einsicht gar nicht haben.

So ist die Gesetzmäßigkeit des sozialen Lebens mit nichten wandelbar. Wechselnd ist der Stoff, den dieses darbeut; veränderlich und verbesserbar die Ansicht und Lehre über die rechte Einheit gesellschaftlicher Bewegungen. Aber eine Ausführung des Gedankens von der Einsicht einer allgemeingültigen Einheit sozialer Ziele und Zwecke muß es immer sein, da eine andere Art von letzter Einheit für das soziale Leben, als menschlich geregeltes Zusammenwirken, nicht möglich ist. Jede in ihrer Entstehung empirisch bedingte Lehre und jede wechselnde Meinung über soziale Prinzipien, die als Gesetze der sozialen Bewegungen zu gelten haben, setzt die Idee einer allgemeingültigen absoluten Einheit aller sozialen Regelungen und Bestrebungen voraus. Diese Einheit sucht man in dem ständigen Wechsel des sozialen Lebens herzustellen. Und jeder Versuch einer wissenschaftlich begründeten sozialen Gesetzmäßigkeit wird daran gemessen, ob er vor dieser Idee einer unbedingten

Einheit für alles gesellschaftliche Dasein bestehen kann. Dabei sind Irrtümer möglich; und es kann Fortschritt der Einsicht und Aufstellung anderer und besserer Lehren statthaben. Aber wie wollte man den verschiedenen Inhalt der auf denselben Begriff einer berechtigten sozialen Zielsetzung gehenden Bewegungen überhaupt vergleichend bestimmen, wie gar von dem einen behaupten, daß er vor einem anderen den Vorzug verdiene, — wenn nicht ein fester und unwandelbarer Maßstab in der Idee absoluter Einheit zu grunde läge?

Wünscht man einen kurzen Ausdruck der Anwendung unseres Gedankens auf die materialistische Geschichtsauffassung, so läßt sich sagen, daß sie in ihrer logisch geläuterten und begrifflich klargelegten Gestalt eine geeignete allgemeine Methode zur Beschaffung des Stoffes sozialer Erfahrung liefert. Solange man bloß den wirklichen sozialen Bestrebungen und der Frage nach ihrer tatsächlichen Bedeutung und Wirksamkeit im einzelnen nachspürt, muß man allerdings mit alleinigem Fuge dem von uns dargelegten Monismus des sozialen Lebens nachgehen und die faktische Herleitung jener aus gegebenen sozialen Zuständen, im letzten Grunde aus sozialwirtschaftlichen Erscheinungen, herleiten. Aber dadurch erlangt man immer nur einzelnen Stoff für die sozialwissenschaftliche Bestimmung und keine gesetzmäßige Einsicht.

Um diese zu haben, ist es nötig, daß man das Mannigfaltige sozialer Erscheinungen und Bewegungen auf eine letzte Einheit bewußt erkennend zusammenzieht. Der Glaube der materialistischen Geschichtsauffassung, daß dieses dadurch beschafft werde, daß man in einheitlicher Art und Weise die Genesis sozialer Bewegungen kausal erkläre, ist irrig. Denn soziale Bewegungen vollziehen sich durch Bestrebungen von Menschen und haben ihre Eigenart darin, daß in ihnen Zwecke gesetzt und Ziele verfolgt werden; eine soziale Bewegung ist also das Lossteuern auf ein Ergebnis, das an und für sich — ohne diese soziale Bewegung — gar nicht als kausal notwendig und unvermeidlich eingesehen ist. Liegt das letztere vor, so haben wir eben keine gesellschaftliche Bestrebung und keine Zielverfolgung, also auch keine soziale Bewegung, und umgekehrt. Daß die konkreten sozialen Bewegungen dabei jeweils aus empirisch gegebenen gesellschaftlichen Zuständen erwachsen, ist jetzt gleichgültig: in ihrem Begriffe liegt notwendig der Gedanke zu verfolgender und zu erreichender Ziele, die ohne dieses so nicht verwirklicht werden würden.

Daraus folgt, daß die grundlegende unbedingte Einheit und damit Gesetzmäßigkeit der sozialen Bewegungen nicht die Einheit der Naturerkenntnis ist, sondern die Einheit der sozialen Ziele sein muß: ein absolut geltender einheitlicher Gesichtspunkt für alle denkbaren sozialen Bestrebungen, ein unbedingtes Endziel des sozialen Lebens überhaupt. Durch die *bloße* Anwendung des Kausalitätsgesetzes bei der Betrachtung sozialer Bewegungen wird der Stoff geliefert; der ist nach einer inneren Gesetzmäßigkeit des sozialen Lebens, *das ist* der absoluten Einheit für alle sozialen Erscheinungen und Bewegungen, erst noch *objektiv* zu bestimmen. Die grundlegende unbedingte Einheit aber ist in ihrer Geltung überhaupt von allem empirischen Geschehen und Streben unabhängig und ermöglicht vielmehr erst eine gesetzmäßige Bestimmung dieser letzteren; also daß auch die Eigenschaft der Gesetzmäßigkeit für eine besondere soziale Bewegung von deren empirischen Bestimmungsgründen ganz zu trennen ist.

Welche Konsequenzen sich nun aus diesem Ergebnis für die konkreten Folgerungen und seitherigen Einzelanwendungen der materialistischen Geschichtsauffassung herausstellen, ist leicht einzusehen. Wenn die Methode des sozialen Materialismus nur den Stoff, mit nichten aber die gesetzmäßige Bestimmung desselben nach einem Grundgesetze des sozialen Lebens liefert, so kann auch *auf sie allein* eine in ihrem Inhalte *objektiv berechtigte* soziale Bewegung durchaus nicht gestützt werden. So wenig für wissenschaftliches Begreifen der Natur und die Erkenntnis ihrer Gesetze es zulässig ist, sich mit lediglichen Wahrnehmungen unserer Sinne zu begnügen, vielmehr dieses Material der sinnlichen Eindrücke unter einheitlichen Gesichtspunkt gebracht werden muß, um gesetzmäßige Erkenntnis darzustellen: so geht es auch mit nichten an, im politischen Leben sich einfach einer naturwüchsig entstandenen und an sich zügellos treibenden Bewegung hinzugeben und sie *bloß deshalb* für berechtigt zu erklären und darum zu begünstigen, *weil sie da ist.* Der elementare Stoff einer natürlich erwachsenden und treibenden Bewegung will bearbeitet und unter den obersten einheitlichen Gesichtspunkt für alles soziale Leben gebracht sein, soll anders das im Inhalte der betreffenden Bewegung gelegene Ziel und Streben als *gesetzmäßiges* und *deshalb* als *berechtigtes* eingesehen werden.

Fünftes Buch.

Das Recht des Rechtes.

Das größte Problem für die Menschengattung, zu dessen Auflösung die Natur ihn zwingt, ist die Erreichung einer allgemein das Recht verwaltenden bürgerlichen Gesellschaft.

KANT, Idee zu einer allgemeinen Geschichte in weltbürgerlicher Absicht, (1784), 5ter Satz.

Erster Abschnitt.

Recht und Willkür.

86

Unsere Untersuchung hat gelehrt, daß die Gesetzmäßigkeit des sozialen Lebens in der Form desselben gesucht werden muß. Durch bestimmte, menschlich gesetzte Regelung des Zusammenlebens wird der Begriff des sozialen Daseins in der Erfahrung konstituiert; ohne jene besteht er überhaupt nicht, durch ihre Eigenart wird in letzter Linie diejenige des betreffenden gesellschaftlichen Lebens von Menschen bestimmt. So muß die oberste Einheit, in deren Richtung und Befolgung die Gesetzmäßigkeit eines sozialen Lebens zu erstreben ist, einen grundlegenden einheitlichen Gesichtspunkt für die soziale Regelung des Menschendaseins bedeuten.

Wenn wir nun auf eine Klarstellung und sichere Formulierung dieses einheitlichen Richtpunktes dringen wollen, unter dem der plumpe Stoff urwüchsigen sozialen Befehlens, Drängens nnd Strebens zu beurteilen und zu bestimmen ist, so darf nicht übersehen werden, daß uns zwei formal verschiedene Arten von sozialer Regelung, mithin zwei verschiedenartige Mittel zur Verfolgung und Erreichung sozialer Ziele zur Verfügung stehen: rechtliche Satzung und nur konventionale Regel.

Wir haben den Unterschied der beiden Möglichkeiten in der Form des sozialen Lebens früher genau erörtert (§§ 23—24); und gefunden, daß ein sicherer und deutlicher Gegensatz unter ihnen je nach dem Sinne ihres Geltungsanspruches vorhanden ist: Das Recht will als Zwangsgebot über dem einzelnen gelten, ohne Rücksicht auf dessen Zustimmung und Anerkennung, — die Konventionalregel gilt nach ihrem eigenen Sinne lediglich zufolge der Einwilligung des Unterstellten.

Es fragt sich nun: Ist dieser Unterschied für eine mögliche Gesetzmäßigkeit des sozialen Lebens von Bedeutung?

Ich meine die Frage näher dahin: Kann die Verfolgung des absoluten Endzieles der sozialen Ordnung in allen gegebenen Fällen durch beide Arten der Regelung gleichmäßig geschehen; oder besitzt die eine formale Möglichkeit äußerer Normen einen Vorzug vor der anderen? Steht die Sache nicht so, daß ausschließlich mit der einen Art gesellschaftlicher Regelung das soziale Leben als ein gesetzmäßiges möglich ist, während die ihr entgegengesetzte Möglichkeit der Form desselben zu jenem Endziele absolut unbrauchbar erscheint?

Dies ist die skeptische Frage des Anarchismus. In ihr liegt das Problem der Rechtsphilosophie in seiner formal auf den Rechtszwang gehenden Richtung beschlossen.

Gebt dem Rechte einen Inhalt, welchen Ihr wollt; ordnet und gestaltet es, wie immer es sein mag: stets bleibt in ihm der Rechtszwang zurück, und diese formale Eigenschaft der Rechtsordnung ist es, die eine Gesetzmäßigkeit des sozialen Lebens sicherlich verhindern muß, — — seitdem diese Fehdeansage in klarer Schärfe uns geworden, dem Rechte in seinem formalen Rechte selbst der Krieg auf Tod und Leben verkündet ist, verbleibt nichts, als solcher radikalen Skepsis im Kampfe sich ehrlich zu stellen, — versuchend, ob man sie kritisch überwinden möge oder das Schwert besiegt ihr ausliefern müsse.

Die zweifelnde Frage, die hier nun eintritt, kann um so weniger *a limine* abgewiesen werden, als unter den zwei verschiedenen Möglichkeiten einer sozialen Regelung überhaupt an und für sich der Rechtszwang den Vorzug gar nicht zu verdienen scheint, sondern die an früherer Stelle von mir davon abgegrenzten Konventionalregeln. Der rechtliche Zwang entfernt sich am meisten von der äußeren Freiheit des einzelnen in seiner Zwecksetzung für sich; sein Anspruch auf selbstherrliche Geltung muß als Gewalt sich durchsetzen; und es hat in der Tat etwas Befremdendes, wenn jemand nicht nur unter Regeln gezwungen stehen soll, die er möglicherweise verwirft und überzeugt bekämpfen muß, sondern wenn er sogar infolge dessen gern ausscheiden und auf alle wirklichen oder angeblichen Wohltaten gerade dieser sozialen Gemeinschaft verzichten möchte, er es aber nun — nicht darf. Denn die Rechtsordnung erhebt, wie ich früher ausführte, den Anspruch: daß sie allein bestimme, wer zu ihr gehöre und ihr untertan sei; und sie selbst nur gibt autoritativ an, ob und unter welchen Erlaubnisbedingungen jemand von ihrem gebietenden Anspruche frei und ledig sei. Und diese Prätension des Rechtes wird um so leichter der Anzweiflung verfallen, wenn man sich erinnert, wie das Recht jederzeit möglicherweise ohne Zutun des Unterworfenen geändert werden kann; und wie die geschichtlichen Rechtsgemeinschaften in oft sehr unverständigen Zufälligkeiten entstanden sind und bestehen, welche große Rolle bei ihrer Bildung vielfach Schlechtigkeit und rohe Gewalt gespielt haben.

Die Bildung freier Genossenschaften, bloß unter Konventionalregeln, vermeidet diese Schwierigkeit. Hier untersteht der einzelne ebenfalls einer äußerlich ihm gegenüberstehenden Regel, und zwar einer solchen, die einen ganz außerordentlichen tatsächlichen Einfluß auszuüben pflegt; aber ihr Geltungsanspruch reicht nur so weit, wie seine Zustimmung zu seiner Unterwerfung. Solange er der Vereinigung angehört, unterliegt er jenen Normen; allein ob er dazu gehöre, das beantwortet sich in jedem Augenblicke neu nach seiner eigenen Entschließung.

So sind auch gerade die eindringlichsten Versuche, für das soziale Leben eine mögliche Gesetzmäßigkeit darzulegen, in eine Anlehnung an eine Gesellschaft unter bloßen Konventionalregeln verfallen; und haben dabei den Gedanken zur Unterlage genommen, daß man nur solchen sozialen Normen in objektiv begreiflicher Weise unterworfen sein könne, denen man zugestimmt, welche man selbst über sich gesetzt, die man als verbindlich anerkannt habe und weiter anerkenne.[206]

Sie alle übersehen, daß das Recht seinem Sinne nach den Anspruch erhebt, als Zwangsgebot über den Unterworfenen zu gelten, ganz ohne Rücksicht auf deren Wollen und Zustimmung. Daß dieser Anspruch von Rechts wegen erhoben wird, ist eine geschichtliche Tatsache. Folglich kann das mit dieser Prätension auftretende historische Recht nicht auf die tatsächliche Zustimmung oder Anerkennung gestützt werden; und es kann der Begriff des Rechtes nicht dadurch in seiner Eigentümlichkeit klar gelegt und von demjenigen der willkürlichen Gewalt geschieden werden, daß man das Moment seiner Anerkennung durch die Rechtsunterworfenen heranzieht. Es wird wahrscheinlich ein sachlich besseres Verhältnis abgeben, wenn eine soziale Ordnung der Zustimmung aller oder möglichst vieler ihrer Angehörigen sich erfreut; aber in ihrer Eigenschaft als rechtliche Regelung will sie ganz unabhängig davon gelten, und sie geht in ihrem Geltungsanspruche nicht erst aus der tatsächlichen Zustimmung der von ihr Beherrschten hervor. Es ist ebenso, um mich eines drastischen Vergleiches zu bedienen, wie bei der Einsperrung des bettelnden Vagabunden: Vielleicht paßt es ihm, daß er in rauher Jahreszeit Nahrung und ein warmes Gelaß erhält, — aber er bekommt es nicht deshalb, weil er es sich wünscht; die Bestrafung stützt sich in ihrem Spruche nicht auf seine Zustimmung und leitet ihre Bedeutung nicht von seinem Wunsche und Willen her.

Es ist also scharf zu unterscheiden zwischen solchen gesellschaftlichen Regeln, die bloß deshalb für jemanden gelten wollen, weil und solange er ihnen zustimmt, und zwischen derartigen sozialen Geboten, die als selbstherrliche Normen auftreten und von der Zustimmung des Unterworfenen in ihrem Geltungsanspruche grundsätzlich unabhängig sind. Durch ein Zurückgehen auf tatsächliches Zustimmen und Anerkennen gelangt man ausschließlich zu der Möglichkeit von Konventionalregeln; niemals aber zu dem Rechtsbegriffe, dem das Moment des Geltungsanspruches als Zwangsgebot eignet. Wer Recht nur dann annehmen will, wenn eine Regel auf die tatsächliche Anerkennung der Rechtsunterworfenen sich gründet, der hat den in der Geschichte auftretenden Rechtsbegriff und dessen wirklich erhobenen Anspruch der zwangsmäßigen Geltung als möglich geleugnet, nicht aber ihn logisch bestimmt und begreiflich gemacht.

Da man nun von den wesentlichen Kriterien des Rechtsbegriffes das Moment der faktischen Zustimmung und Anerkennung der Unterworfenen bedingungslos entfernen muß, so ergibt sich eine Schwierigkeit, auf welche die Rechtsphilosophie seither nicht genügend acht gehabt hat: wie sich Recht von Willkür unterscheide.

Wie trennt sich die Rechtsgewalt, die staatliche, kirchliche, die gesetz- und rechtmäßige Gewalt auf der einen Seite, von der willkürlichen Gewalt andernteils?

Es droht ja geradezu der Rechtsbegriff uns unter den Händen zu zerrinnen; da alle soziale Regelung entweder eine konventionale, auf freier Zustimmung beruhende — anscheinend allein objektiv berechtigte — Normierung des Zusammenlebens ist, oder aber als irgend welche Zwangsgewalt von Menschen über andere Menschen erscheinen könnte. Der unbewußt zynische Ausspruch, daß das Recht „die Politik der Gewalt“ sei, käme dann zu einer verhängnisvollen Richtigkeit.

Wir unterscheiden aber doch tatsächlich unter den sozial regelnden Geboten dreierlei verschiedene Möglichkeiten. Wir trennen die unseren sogenannten Gesellschaftsverkehr beherrschenden konventionalen Regeln von den Satzungen des Rechtes ab, und wir machen einen Gegensatz von Recht und Willkür. Jenes erste unterliegt auch keiner Schwierigkeit; Konventionalregel und Rechtssatzung sind nach dem Sinne ihres Geltungsanspruches genügend und unverwischbar geschieden. Aber wo die Grenze zwischen Recht und Willkür läuft, das ist nun von vornherein noch keineswegs deutlich, und es möchte vielleicht scheinen, als ob das seinem Sinne nach als Zwangsregel geltende Recht, das auf Wunsch und Willen und zustimmende Anerkennung seiner Untertanen begrifflich, seiner formalen Geltung nach, nicht den geringsten Wert legt, ohne feste und sichere Abgeschlossenheit in das weite Meer willkürlicher Gewaltbefehle einrage, wie Utgardlokis Horn.

Die Dreiteilung der sozialen Regeln nimmt sich hiernach folgendermaßen aus:

1. Konventionalregeln, — welche dem Sinne ihres Geltungsanspruches nach sich auf Anerkennung und Zustimmung des Regelunterworfenen gründen;

2. Zwangsbefehle, — welche ihrem Sinne nach den einzelnen verpflichten und über ihm gelten wollen, ohne Rücksicht auf dessen formale Zustimmung. Diese Gewaltbefehle, welche von Menschen an andere Menschen ergehen, zerfallen wiederum in:

a) rechtliche Gewalt,

b) willkürliche Gewalt; —

wo läuft nun zwischen a) und b) die Grenze?

Es kommt also darauf an, daß genau geprüft und entschieden werde, ob man zwischen Konventionalregel und willkürlichem Gewaltbefehle die rechtliche Satzung als Mittelglied deutlich abgrenzen könne; so daß sie nicht nur durch das Moment des zwangsmäßigen Geltungsanspruches von den konventionalen Regeln sich abtrenne, sondern in entsprechender Weise von der willkürlichen Gewalt durch ein sicheres Merkmal geschieden sei. Das Kriterium der tatsächlichen Anerkennung — oder gar der allgemeinen — einzusetzen, ist uns für diese letztere Aufgabe verwehrt, weil es sich, wie ausgeführt, um den Geltungsanspruch von Normen handelt, die den Unterworfenen binden wollen, ohne ihn überhaupt um seine tatsächliche Zustimmung zu befragen. Wer soziale Regeln in ihrem Geltungsanspruche darauf gründet, daß ihnen faktische Anerkennung der den

Regeln Unterstellten zu teil wird, der hat von Konventionalnormen geredet, aber nicht von rechtlicher Satzung; denn diese erhebt den Anspruch auf eine von der tatsächlichen Zustimmung der Rechtsgenossen unabhängige Geltung. Welchen Gedanken ich nur wiederhole, um mit allen Versuchen, den Begriff des Rechtes auf irgend welche Art faktischer Anerkennung und wirklicher Zustimmung zu gründen, nun endgültig abgerechnet zu haben: den Sinn des Rechtsgebotes — daß es als Zwangsnorm formal gelten will — können sie gar nicht treffen.

Die Frage kann nur sein, ob sich das in solchem Sinne ergehende rechtliche Zwangsgebot überhaupt noch als eine Besonderheit halten, als ein von willkürlichem Machtbefehl unterschiedener Begriff abgrenzen läßt.

Das aber ist die selbsverständliche und notgedrungene Vorfrage für denjenigen, der die radikale Skepsis an der Berechtigung des Rechtszwanges als solchen aufnehmen und sich hierüber Klarheit verschaffen will. Wo läuft überhaupt die formale Grenze des Rechtszwanges nach der Seite willkürlicher Gewalt hin?

„Noch suchen die Juristen eine Definition zu ihrem Begriffe von Recht" — dieses ironische Wort Kants war bisher nicht veraltet; — soll es für immer dabei sein Bewenden haben?

87

Eine sichere und klare Abgrenzung des Rechtes von der willkürlichen Gewalt kann selbstverständlich nicht dadurch gewonnen werden, daß man auf das seither geltende Recht zurückgeht; und etwa meint, daß eine rechtliche Anordnung, in Setzung und Ausführung sozialer Regeln, dann gegeben sei, wenn sie sich auf bestehendes Recht stütze.

Soweit sich neues Recht auf die für seine Entstehung vorgesehenen Normen einer geltenden Rechtsordnung gründet, so würde doch für dasjenige Recht, worauf sich jenes neue Recht stützen wollte, ein Unterschied von willkürlicher Macht, dadurch es zum „Rechte" wurde, gegeben werden müssen. Wollte sich dieses Recht wieder auf ein vor ihm stehendes gründen, so würde nach diesem gefragt werden müssen, und es ergäbe sich bei diesem Rückschritte eine *probatio diabolica,* der eine befriedigende Lösung nur durch die Beibringung eines begrifflichen Unterschiedes von Rechtsregel und willkürlicher Gewalt verschafft werden kann.

Einmal muß die Sache im begrifflichen Gegensatze ihren Anfang nehmen. Andernfalls würde man ja geradezu sagen: Recht ist ein Zwangsbefehl, der sich auf Recht stützt, was doch nicht angeht. Was ist denn dieses Recht, darauf sich der Befehl begründend zurückbezieht? Welches allgemeingültige formale Kriterium unterscheidet diesen Zwangsbefehl von anderen Zwangsbefehlen?

Diese Frage wird um so unabweislicher, als die Gründung von konkretem Rechte auf eine rechtlich vorgeschriebene Entstehungsweise schon an und für sich den zu begreifenden historischen Tatsachen gar kein Genüge tun würde. Denn es ist zweifellos, daß derartige Regelung, wie wir sie unter dem Namen der rechtlichen zusammenfassen, im Laufe der Geschichte häufig genug durch Rechtsbruch entstanden oder auch sonstwie ohne Stütze auf eine von der seitherigen Rechtsordnung hergeholte Legitimation von Machtfaktoren geschaffen worden ist.

„Das Recht", sagt Brinz,[207] „enthält vor allem Bestimmungen über sich selbst." Es bestimmt, wie, durch welche Faktoren und in welcher Weise, neues Recht entstehen soll. Ja, es ist eine Eigentümlichkeit entwickelter Zustände, daß die Neubildung von Recht möglichst in Gemäßheit und nach den Vorschriften der bestehenden Rechtsordnung erfolge; so daß namentlich eine Abänderung der dieses regelnden Rechtsnormen auch wieder durch einen allgemeinen Rechtssatz vorgesehen ist, der dann nun selbst in Gemäßheit seiner eine Umgestaltung erfahren kann, wie alles am einfachsten durch das Beispiel unserer Staatsverfassungen belegt wird. Aber der Gang der Rechtsgeschichte bindet sich nicht daran und wird es schwerlich jemals ausnahmslos tun; wer die Geschicke der Staaten verfolgt, weiß genug davon zu berichten, wie oftmals Recht geworden ist ohne Rücksicht und im Gegensatze zu der bestehenden Rechtsordnung.

Dahin zählt ein jegliches Eingreifen einer Regeln setzenden Macht, die nicht auf bestehendes Recht sich gründet, jede dahin gehende rohe Gewalt: Empörung und Eroberung, Staatsstreich und Revolution, und was immer im einzelnen mit solchen Begriffen verwandt ist. Aber es gehören hierher auch ursprüngliche, durch die seitherige Rechtsordnung nicht gedeckte Verträge, wie beispielsweise die, so unser Reich begründeten und neue Rechtsgewalten über den seitherigen schufen; vor allem auch die völkerrechtlichen Vertragsschlüsse (sofern man sich nicht darauf beschränkt, sie nur für mehrere, inhaltlich übereinstimmende, Staatsgesetze zu erklären), zum mindesten diejenigen, welche den Anfang des neuzeitlichen Völkerrechtes ausmachten. Und es ist auch hier der Ort, woselbst als schließliches diesmaliges Beispiel auf die Möglichkeit einer Entstehung von Rechtssätzen verwiesen werden kann, welche innerhalb des Rahmens einer einzelnen Rechtsordnung geschieht, jedoch auf Grund einer Tatsache, welche von dem bestehenden Rechte als Rechtsquelle nicht anerkannt oder verboten oder eingeschränkt ist; so besonders auf Entstehung von Gewohnheitsrecht, dessen Bildung die Rechtsordnung untersagt, das aber doch seine Wirkung oftmals geäußert hat.[208]

Die rechtlichen Regeln treten von außen an uns heran; sie gebieten uns und normieren unsere Verhältnisse, noch ehe wir vielleicht etwas davon wissen; sie befehlen formal ohne alle Rücksicht darauf, ob wir damit einverstanden sind; und sie wollen als solche gelten, ohne uns zu fragen, ob wir ihnen zustimmen und sie anerkennen. Dieses alles haben die rechtlichen Anordnungen mit willkürlichen Gewaltmaßregeln gemeinsam; mit denen sie sich im Laufe der Geschichte auch tatsächlich mannigfach durchkreuzen. Es ist oft beobachtet worden, daß neues Recht aus Gewalt und Macht heraus entsteht, durch Rechtsbruch begründet wird; und es kann sein, daß ein rechtlicher Machthaber, bei aller Legitimation zur Rechtssetzung, statt deren willkürliche Anordnungen trifft. Hier muß sich doch ein festes begriffliches Kriterium feststellen lassen, — oder aber wir täuschen uns über den ganzen Unterschied, es gibt keine sichere Grenze zwischen beiden, es besteht überhaupt kein objektiv klar zu legender Begriff von Recht.

Für die Lösung des Problems wird methodische Klarheit über das rechte einzuschlagende Verfahren der Überlegung unerläßlich sein; worauf wir auch an dieser Stelle nicht umhin können, mit besonderem Worte aufmerksam zu machen, da die literargeschichtliche Erfahrung durch Darbietung so vieler verfehlter Versuche eindringlich warnt.

Es ist auch hier die Frage ganz müßig, auf die mutmaßliche erste Entstehung des Rechtes und seiner Ordnungen überhaupt sich einzulassen. Wie immer, scheiden wir jetzt wieder scharf zwischen genetischer und systematischer Frage. Die erste kann uns jetzt nichts nützen. Auch wenn man mit den Hypothesen angeführter Art (§ 53) glücklicher gewesen wäre, als tatsächlich der Fall ist, so würden doch alle Klarlegungen des ersten Ursprunges des Rechtes diesen Begriff systematisch schon vorausgesetzt haben.

Wodurch sich dieser von dem ihm so nahestehenden der willkürlichen Befehle logisch unterscheiden läßt, das zu beantworten ist einer genetisch vordringenden Untersuchung seines Werdeganges ja ganz unmöglich.[209]

Der Begriff des Rechtes, den wir suchen, ist also nach allgemeingültigen formalen Kriterien von demjenigen der rohen Willkür systematisch abzuscheiden. Um da nicht irre zu werden, ist der rechte Sinn einer solchen Möglichkeit allgemeingültiger Erkenntnis nicht zu verfehlen. Die meisten Rechtsphilosophen wollen von einem *a priori* aus in das Recht hinein: von der Moral, von gewissen gesellschaftlichen Zwecken, und anderem mehr; und das so Aufgestellte muß nachher die Probe an dem geschichtlichen Stoffe machen. So sagt DAHN geradezu, daß zu der Rechtsphilosophie nicht nur das Bedürfnis des Juristen nach Ergründung der Prinzipien seiner Wissenschaft führe, sondern auch „das Bedürfnis des Philosophen, sein Prinzip auch an dem in der Geschichte vorgefundenen Rechts- und Staatsgebilde zu erproben".[210] — Aber das gibt weder eine klare Methode, noch eine gewisse Sicherheit für objektiv gültige Erkenntnis des in jenem Satze auch von DAHN ja schon vorausgesetzten Rechtsbegriffes.

Den richtigen Weg hierzu sehe ich in der Umkehrung jenes Verfahrens. Es muß von der Erfahrung ausgegangen werden. Wir müssen fragen, in welcher Erfahrung wir den Gedanken des Rechtes, als eines von willkürlichem Befehle unterschiedenen Gebotes, antreffen. Und dann ist zu prüfen: Ob es nicht gewisse allgemeingültige Bedingungen gibt, unter denen man einen sachlichen Unterschied zwischen zwei Arten äußerlicher, zwangsweise gebietender Befehle zu machen befugt ist. Der Begriff des Rechtes kann und soll nicht *a priori* gefunden werden. Ich gehe vielmehr auf die Erfahrung zurück, in der dasjenige, was sich als Recht ausgibt, deutlich erkennbar auftritt. Und nun fragen wir, ob es konstante Bedingungen gebe, unter deren Gegebensein die scharfe Abgrenzung des seither dunkel empfundenen Begriffes in gegenständlicher und klarer Weise möglich erscheint.

In welcher Synthesis entsteht überhaupt der Begriff des Rechtes; und damit alle Möglichkeit juristischer Begriffsbildung? Welche dabei wesentlichen Kriterien ermöglichen eine allgemeingültige Ausscheidung desselben aus der weiten Flut subjektiver Willkürakte? Was ist das Recht?

In der Verfolgung dieser Methode muß man sich namentlich

noch vor einem hüten: daß man nicht schon etwas von dem möglichen Inhalte sozialer Regelung in die Erörterung einbringt. Es handelt sich nun ausschließlich um die formale Begriffsbestimmung des Rechtes. Und da muß der Blick von allem fern bleiben, was durch das Recht inhaltlich seine Normierung erfahren könnte. Diesen Inhalt kann es mit Konventionalregeln und mit willkürlichen Zwangsmaßnahmen gemeinsam haben; nur in der Abstraktion hiervon kann mithin der von jenen beiden zu unterscheidende, in der Mitte zwischen ihnen stehende Rechtsbegriff an sich klar erkannt werden.

Wenn JHERING das Recht als „die Sicherung der Lebensbedingungen der Gesellschaft in Form des Zwanges" definiert,[211] so ist gegen die angeführten Maximen der Untersuchung überall stark verstoßen. Es ist übersehen, daß „die Gesellschaft" nicht erst vorhanden ist und nun durch das Recht „gesichert" wird; sondern daß „Gesellschaft" hier nichts anderes bedeutet als: rechtlich verbundene Menschen: so daß das Recht hier nicht sowohl sichert, als vielmehr die Gesellschaft in der Erfahrung überhaupt erst konstituiert. Es ist sodann die Angabe der „Form des Zwanges" ungenügend, weil darin keine präzise Abgrenzung des Rechtsbegriffes von den Konventionalregeln einerseits, dem willkürlichen Zwange anderenteils angegeben ist. Und es ist eine in den formalen Begriff des Rechtes noch gar nicht hineingehörende, unzulässige Beifügung, daß das Recht die Lebensbedingungen der Gesellschaft sichere; das könnte bestenfalls als inhaltliches Ziel des Rechtes genommen werden, mit nichten aber zu dem formalen Begriff desselben zu ziehen sein, — dem ein bestimmtes geschichtliches Recht noch sehr wohl kongruent zu sein vermöchte, auch wenn es jener gestellten Aufgabe schlecht oder gar nicht *in concreto* nachkäme.[212]

Bleiben wir dem gegenüber auf dem vorhin beschriebenen Wege, so würde es sich um die Frage handeln, ob es ein sachliches Kriterium gibt, welches uns berechtigen könnte, zwischen zwei verschiedenen Arten von menschlich erlassenen Zwangsbefehlen so zu unterscheiden, daß die einen als Recht, die anderen als Willkür in durchgreifender Verschiedenheit anzunehmen wären. Das Merkmal müßte allgemeingültig für alles nur denkbare Recht sein; es dürfte nichts von geschichtlicher Zufälligkeit an sich tragen, und nicht bloß für einzelne konkrete Rechtsordnungen gelten, für andere dagegen nicht. Und es müßte bloß formal sein und nicht schon inhaltlich einiges über Person und Handlungsweise des juridischen Gesetzgebers (z. B. Mehrheit der erwachsenen männlichen Staatsbürger) enthalten; denn im letzteren Falle würde es nur einen bestimmten Rechtssatz seinem Inhalte nach darstellen, der den formalen Begriff des Rechtes versteckter maßen schon vorausgesetzt hätte.

Überlegt man nun, daß die Schwierigkeit, den Rechtsbegriff klar zu stellen, jetzt noch in der Abgrenzung von willkürlicher Anordnung gelegen ist, so ergibt sich, daß das gesuchte Kriterium nur in dem Gegensatze zu Machtbefehlen von formal bloß subjektiver Bedeutung und zu Ausbrüchen nur persönlicher Laune des Regelsetzenden liegen kann. Willkürliche Gewalt liegt vor, wenn ein Befehl erlassen wird, den der Befehlende selbst gar nicht — dem formalen Sinne nach — als objektiv bindende Regelung menschlicher Verhältnisse erachtet; der vielmehr, seiner eigenen Meinung nach, nur die formale Bedeutung einer Befriedigung subjektiver Gelüste und Wünsche des Gewalthabers durch lediglich Bindung anderer hat, auf den er zurückkommen wird, wenn er wollen wird; der aber jetzt, bei seinem Erlasse, nichts von einer Bindung des Befehlenden an seinen Befehl in sich trägt.

Das Gegenstück ist dann gegeben, wenn der Gebietende an die von ihm erlassene Regel selbst auch gebunden sein will. Es müssen beide an das Gebot gebunden sein. Wenn der Gebietende nicht gebunden ist, so ist es rohe Willkürmacht; es liegt kein unverletzbar geltender Befehl, und damit kein Recht vor. Derjenige, welcher gebietet, muß selber an den Befehl gebunden sein: solange derselbe für den Unterworfenen besteht, soll er auch für den Gebietenden bestehen, — nicht notwendigerweise inhaltlich gleich für beide, aber formal alle zwei Parteien gleich verbindend.

Die Regel hat hier den Sinn, daß der Gebietende, wenn er nicht mehr gebunden sein will, erst es bewirken muß, daß jener Befehl wieder aufgehoben sei. Tut er das nicht, sondern handelt jener Regel entgegen, so ist es willkürlicher Zwang, bloße Willkürgewalt; die freilich tatsächlich jeden Augenblick möglich ist.

Der soziale Machtbefehl ist in seiner formalen Bedeutung entweder für beide Teile verbindend und stellt dadurch eine geregelte Wechselbeziehung zwischen ihnen her, oder er soll nur für den Unterworfenen verpflichtend sein; — eine dritte Möglichkeit gibt es bei einem Zwangsbefehle nicht. Nach jenen beiden aber kann und muß eine Scheidung derselben in zwei, der Art nach verschiedene Klassen geschehen.

Es kommt also auf den Sinn der mit zwingendem Geltungsanspruche (ohne Rücksicht auf die Zustimmung des Unterworfenen) erlassenen Regel an. Will die neu gesetzte Norm den sozialen Machthaber weiter gar nicht verpflichten, ist es ein Befehl, an den der Befehlende sich selbst nicht gebunden erklärt, ein Versprechen „*si voluerit*“, so ist es Willkür desselben; liegt in ihr aber der Sinn, daß sie erst selbst beseitigt werden müsse, ehe ihr zuwider gehandelt werden dürfe, so ist es eine Rechtsregel.

Das ist ein formales Kriterium für das Rechtsgebot gegenüber der willkürlichen Anordnung geschichtlicher Machtfaktoren.[213]

Die Richtigkeit dieser Begriffsbestimmung liegt darin begründet, daß durch das angegebene Merkmal es allein möglich wird, zwischen zwei verschiedenen Arten von Zwangsregelung menschlichen Zusammenlebens sachlich allgemeingültig zu unterscheiden; und damit den sonst mehr geahnten und nur nebelhaft gewahrten Rechtsbegriff in voller Klarheit und logischer Schärfe zu erfassen.

Und hiernach gebe ich, ein Jurist, die Definition zu unserem Begriffe vom Rechte:

Recht ist die ihrem Sinne nach unverletzbar geltende Zwangsregelung menschlichen Zusammenlebens.

Es erhebt den formalen Anspruch, als Zwangsregelung zu gelten, das ist ohne Rücksicht auf des einzelnen Unterworfenen Zustimmung und Anerkennung; es unterscheidet sich damit in Deutlichkeit von der bloßen Konventionalregel.

Und es will unverletzbar gelten in dem Sinne, daß es selbst erst durch anderes Recht beseitigt werden muß, wenn sein Gebot nicht geachtet werden soll. So hat die Rechtsregel die Eigenschaft der Unverletzbarkeit auch dem sozialen Gewalthaber und dem sie schaffenden Gesetzgeber gegenüber; und diese Qualität des von ihr erhobenen Geltungsanspruches trennt die rechtliche Zwangsregel von der willkürlichen Gewalt.

Das Recht kann gebrochen werden, aber es will es nicht; es stirbt, doch es ergibt sich nicht. Und solange es lebt, so eignet ihm auch der Anspruch, der sein Wesen ausmacht und ihm das selbständige Dasein erst erschafft: — der Anspruch der Unverletzbarkeit.

88

Gegen meine Begriffsbestimmung des Rechtes, welche dasselbe von dem willkürlichen Zwangsbefehle nur durch die Unverletzbarkeit während seiner Geltung abgrenzt, könnte man vielleicht einwenden wollen, daß dann gar keine objektive Sicherheit gegenüber beliebiger Abänderung des Rechtes nach dessen Begriff selbst vorhanden wäre.

Ich erwidere darauf, daß es eine solche Sicherheit in der Tat nicht gibt.

Freilich hat man es hier und da mit dem Wunsche versucht, eine unbedingte Bindung und absolut unverletzbare Ordnung durch rechtliche Normen zu erhalten. Aber alle solche Versuche sind schon der Sache nach verfehlt.

In den Eingangsworten der Verfassung unseres Deutschen Reiches heißt es, daß zwischen den Bundesstaaten ein „ewiger" Bund geschlossen werde. Aber der Artikel 78 gibt bekanntermaßen selbst an, daß und wie die Verfassung auf dem Wege Rechtens geändert werden könne. Eine theoretische Grenze für die Zulässigkeit solcher Änderungen gibt es nicht. Zu der Verfassung aber gehört als integrierender Bestandteil die Eingangsformel; so daß auch für diese die Unverletzbarkeit während der unveränderten Geltung der Verfassung garantiert erscheint, aber keineswegs die *a priori* bestehende Unabänderlichkeit für alle Zeiten mit der zweifellosen Möglichkeit der Abänderung der Reichsverfassung vereinbar sein kann. Man kann gewiß nicht anführen, daß der Artikel 78 sich nur auf denjenigen Teil der Verfassung bezöge, der hinter dem in der Eingangsformel gebrauchten Worte „Verfassung" sich befände. Die „Verfassung des Deutschen Reiches" ist als Ganzes durch das Gesetz vom 16. April 1871 ordnungsmäßig publiziert worden und muß daher in ihrem gesamten Bestande den geltenden Rechtsregeln über Zustandekommen neuen Rechtes, und damit auch über Abänderungsmöglichkeit der Verfassung selbst unterliegen. Zudem sind die drei Ziele, welche das Reich selbst als für sich maßgeblich nennt — Schutz des Bundesgebietes und des innerhalb desselben gültigen Rechtes, sowie Pflege der Wohlfahrt des deutschen Volkes[214] — im Sinne der Verfassung selbst nur so zu nehmen, wie sie nachher in den einzelnen Artikeln derselben genauer angegeben sind. Das Bundesgebiet erhält erst seine genaue Abgrenzung in Artikel 1 und ist bekanntlich seit dem Bestehen des Reiches durch Verfassungsänderung erweitert, teilweise auch, bei Grenzregulierungen mit der Schweiz und mit Rußland, verringert worden. Der Schutz des dort gültigen Rechtes hat zweifellos nach näherer Maßgabe der Kompetenz des Reiches zu geschehen, findet also seinen eigentlichen Sinn erst in den einzelnen Artikeln der Verfassung, bei denen an eine „Ewigkeit" in der Geltung ihres Inhaltes nicht zu denken ist. Und die Pflege der Wohlfahrt des deutschen Volkes kann gleichfalls nur ein allgemeines Ziel bedeuten, aus welchem selbst positive Rechtssätze, die Justiz und Verwaltung zu beachten hätten, keineswegs abgeleitet werden können; das vielmehr auch wieder nur im Sinne der jeweiligen wechselnden und veränderlichen Zuständigkeit des Reiches nach den weiteren Einzelbestimmungen der Verfassung Inhalt und Bedeutung gewinnen kann. So zeigt sich, daß auch bei dem Grundgesetze des Deutschen Reiches eine in Ewigkeit unumstößliche Geltung für keinen seiner Sätze behauptet werden kann; mithin auch nicht für die Satzung der Eingangsformel selbst. Daß der Bund, der unser Reich bedeutet, ein ewiger genannt wird, kann dem eigenen Sinne der Verfassung nach nur bedeuten, daß er heilig und unverletzbar sein soll, — solange nicht durch anderes Recht eine Änderung hierüber bewirkt wird. Ein weiter gehender Anspruch würde in sich ungereimt sein. Denn auf welche allgemeine Gesetzmäßigkeit wollte man eine absolute Unabänderlichkeit und Unaufhebbarkeit des Bundes gründen? Daß er durch Gewalt einmal fallen könnte, vermag ja leider von niemandem in Abrede gestellt zu werden; und daß die Bindung an ihn, der von Menschen zu bedingten Zwecken gesetzt worden ist, in dieser seiner besonderen Art ein unbedingtes Gesetz des Sollens sei, wird keiner behaupten wollen. Wenn noch nicht einmal in der reinen Naturwissenschaft und theoretischen Erkenntnis ein aufgestellter Satz der Eigenschaft einer absoluten und ewigen Geltung sich rühmen kann: wie sollte das letztere für eine menschlich gesetzte Regel möglich sein, die unter konkreten, empirisch gegebenen Bedingungen entstanden ist und in ihrem besonderen Inhalte zur Verfolgung bedingter Zwecke bestimmt ist?

Hier liegt vielmehr im besonderen die Notwendigkeit vor, einem berechtigten Gedanken gegenüber älteren rechtsphilosophischen Versuchen Ausdruck zu verschaffen, den wir früher (§ 32) dahin dargetan und formuliert haben, daß es keinen einzigen Rechtssatz gebe, der seinem positiven Inhalte nach *a priori* feststände. Der Inhalt bestimmter Gebote und Regeln ist allezeit empirisch bedingt und notwendig wechselnd. Läßt man diesen besonderen empirischen Inhalt in Gedanken beiseite, um zu dem formalen Begriffe des Rechtes zu gelangen, so zeigt sich, daß nichts übrig bleibt, als eine bestimmte Beschaffenheit dieser besonderen Normen, wonach ihnen die Eigenschaft der rechtlichen Sätze zugesprochen wird. Diese Beschaffenheit wird durch den besonderen Sinn gegeben, in welchem die Regeln erlassen und gesetzt werden. Daß sie nun in alle Ewigkeit absolut zu beobachten seien, das können sie mit verständlichem Fuge nicht verlangen; eben weil sie für sich geschichtliche Produkte und Ergebnisse konkreter Verhältnisse sind, die selbst einem notwendigen Wechsel unterliegen. Wohl aber dürfen sie mit Grund den Anspruch erheben, während ihres Daseins nicht gebrochen zu werden: unverletzbar zu sein, bis sie selbst durch anderes Recht ersetzt sind. Dadurch unterscheiden sie sich genügend von bloßen Willkürbefehlen, an die der Gebietende selbst gar nicht gebunden sein will; — eine weitergehende Forderung auf unbedingt dauernde Belassung ihrer, der empirisch bedingten und abhängigen, können sie in keiner Weise begründen.

Es ist auch ganz unmöglich, derartiges damit durchzusetzen, daß man allgemeingültig fragt: wie überhaupt Recht entstehen könne; in welchen Kreisen; durch wessen Tätigkeit?[215] — Was auch immer in solcher Richtung auftritt, kann nur generalisierende Beobachtung abgeben; und daher stets nur empirische Einzelfeststellung in quantitativ gehäufter Weise bedeuten. Aber alle Rechtssätze, die man so vergleichend zusammenraffen mag, sind wiederum einzelne Normen von bestimmtem Inhalte, konkrete Regeln, die angeben, in welcher Art und Weise und durch welche Personen neues Recht geschaffen werden soll. Die Lehre von den Rechtsquellen unterscheidet sich darin von keinem sonstigen Abschnitte eines geschichtlichen Rechtssystemes. Auch ihre Einzelsätze gehen aus historisch bedingten Zuständen hervor und sind mit diesen dem Wechsel notwendig unterworfen. Der Grundsatz, daß dem positiven Inhalte nach man nicht einen einzigen Rechtssatz mit *a priori* Geltung aufstellen kann, gilt auch für die Rechtsquellenlehre.

Auch in dem privaten Rechtsverkehre versucht man es gelegentlich mit Konstituierung einer absoluten Unabänderlichkeit.

In dem Statut der Goethe-Gesellschaft findet sich die bezeichnende Bestimmung, daß der Paragraph, welcher dem Verbande seinen Sitz in Weimar zuweise, niemals abgeändert werden könne.

Im Frühjahre 1892 hat die Krone Preußen die von dem Großherzoge von Hessen erkauften Salinen Karl- und Theodorshall bei Kreuznach dieser Stadt kostenlos überlassen; wogegen letztere auf ewige Zeiten die Verpflichtung übernimmt, sämtlichen Königlichen Schloßverwaltungen das zum Verbrauche in den Schloßküchen notwendige Kochsalz unentgeltlich und in feinster Güte zu liefern.

In derartigen Fällen wird es keiner weiteren Ausführung bedürfen, daß die sprichwortliche Redensart, wonach man niemals niemals sagen solle, und der ironische Sang von der Seltenheit der Ewigkeiten solche Klauseln, wie die in den genannten Beispielen, aus Privatverträgen besser fern halten sollten. Da sie als rechtliche gemeint sind, so wollen sie freilich unverletzbar sein, solange sie in Geltung stehen; daß jedoch diese Geltung unbegrenzt und unbedingt sein könne, ist eine ganz unbegründete Vorstellung.

Es ist also kein Rechtssatz unbedingt heilig und absolut unverletzbar; sondern er besitzt diese Eigenschaften nur in relativer und bedingter Weise. Er ist unverletzbar, solange er besteht; doch er selbst kann jederzeit durch einen anderen Satz, der die Eigenschaften eines rechtlichen Zwangsbefehles hat, beseitigt werden.

89

Durch das hier eingeführte allgemeine Kriterium des Rechtsbegriffes, dadurch er von dem bloßen Willkürbefehle sich deutlich abgrenzt, löst sich das bis jetzt niemals befriedigend beantwortete Problem, wie aus Rechtsbruch und rechtlich nicht begründetem Eingreifen von Machthabern selbst wieder Recht entstehen könne, vollständig auf.

Rechtsbruch bedeutet hier jede Erlassung eines Zwangsbefehles durch soziale Machthaber, welche nicht in Gemäßheit des geltenden Rechtes erfolgt.[216] Ein jedes derartige Vorgehen mag nun in einer weiteren Bedeutung des Wortes auch schon Willkür heißen; aber unsere Untersuchung hat es mit Willkür in anderem Sinne zu tun. Wir verstehen — wie der Inhalt unserer Erörterung ja schon zweifellos ergeben mußte — unter Willkür nur den einen Teil von Gewaltbefehlen, nämlich denjenigen, welcher nicht selbst Recht wird. Daß dieses möglich ist, steht außer allem historischen Zweifel: Ein Gewaltakt, wie wir ihn am Eingange dieses Absatzes nannten, kann entweder rohe Willkür bleiben oder aber auch selbst wieder neues Recht schaffen. Es kann dieses deshalb der Fall sein, weil ein solcher rechtsbrechender Gewaltbefehl möglicherweise alle Kriterien erfüllt, welche die rechtliche Norm entscheidend von der bloßen Willkür abgrenzen.

Willkür bleibt ein rechtsbrechender Gewaltbefehl notwendigerweise in zwei Fällen:

1. Wenn der Befehlende sich selbst in bewußter Absicht an eine gewalttätige Maßnahme gar nicht binden will. Der einrückende feindliche Befehlshaber, der eine Stadt brandschatzt und ihr Kontributionen und Verpflichtungen auferlegt, in deren Sinn es gar nicht liegt, daß er nun auch an seinen Erlaß gebunden sein will, nimmt zunächst nur gewalttätige Willkürmaßregeln vor; während er rechtliche Pflichten begründet, wenn er für gelieferte Sachen Scheine ausstellt, welche seine Kriegskasse später einlösen soll.

Aber diese Art willkürlicher Maßnahmen ist im Laufe der sozialen Geschichte, vornehmlich der neueren, nicht die bedeutsamste; von größerer und einschneidenderer Wichtigkeit ist die zweite Klasse.

2. Wenn ein sozialer Machthaber das geltende Recht bestehen läßt und es im einzelnen Falle nur nach Willkür nicht befolgt.

Hier ist zu unterscheiden:

a) Es räumt das bestehende Recht bestimmten Staatsorganen geradezu die Befugnis ein, von den allgemein geltenden Satzungen der Rechtsordnung abzugehen. So bei dem römischen Prätor, der zufolge des ihm verliehenen *imperium* während seines Amtsjahres durch seine Edikte von dem weiter geltenden *ius civile* abweichen durfte und, nach dem Ausdrucke der römischen Juristen, *iuris civilis adiuvandi vel supplendi vel corrigendi gratia* da war.[217] In gleicher Art aber auch in der Lehre von den Privilegien, die entweder von dem Inhaber der gesetzgebenden Gewalt für den einzelnen Fall, unter Wahrung der Weiterdauer des allgemeinen Rechtes, geschaffen werden, oder von untergeordneten, gesetzlich bestimmten Organen erteilt werden können. Sofern also in einer absoluten Monarchie, wie dem russischen Reiche, der Kaiser in den Gang der Strafjustiz im einzelnen Falle eingreift, so liegt beim Fehlen eines verfassungsmäßigen, sonst erst aufzuhebenden Verbotes dieses Eingriffes jeweilig ein Privilegium vor, welches das Ganze der Rechtsordnung unberührt läßt. Es ist ein Unterschied, ob der sozial Befehlende sagt: Ich erlasse dieses Gesetz; es sollen aber in bestimmter Richtung davon Ausnahmen gemacht werden dürfen; oder ob er erklärt: Ich befehle das und das und binde mich meinerseits an nichts. Wäre aber das letzte im besonderen Falle einmal wirklich der Sinn eines absoluten Herrschergebotes, so würde eben über diese spezielle Frage allerdings keine rechtliche Normierung zu stande gekommen sein. In den Fällen der Privilegien aber liegt an und für sich eine rechtliche Ordnung vor; diese gilt und kommt zur Anwendung, und es werden nur — gerade in Ausführung und in Gemäßheit des Spruches des Rechtes — Einzelausnahmen möglicherweise vorgenommen.[218]

Es wird sich freilich in der praktischen Ausführung dann einander nähern, wenn die befehlende Person, wie in dem erwähnten Falle der unumschränkten Alleinherrschaft, eine und dieselbe ist. Aber ganz fließt es nicht in einander. Der Sinn des fraglichen Befehles ist in beiden ein verschiedener. In dem Falle gänzlicher Ungebundenheit des Gebietenden schon im Ausdrucke und Sinne seines Gebotes — sofern dieses vollständig denkbar wäre — würde nichts als ein Gewirr von blinden Gewalttätigkeiten vorliegen. Im anderen angeführten Falle aber beruft sich der absolute Kaiser darauf, daß er nach bestehender Rechtsordnung befugt sei, in bestimmter Richtung privilegierend vorzugehen; es besteht eine allgemeine Regel, die auch den Kaiser bindet, von der er nur im einzelnen Ausnahmen zu treffen befugt ist, — nicht weil ihm als rohem Augenblicks-Gewalthaber es so beliebt, sondern in dem Sinne, weil jene Regel die Ausnahme selbst erlaubt.

b) Gerade umgekehrt verhält es sich jedoch alsdann, wenn gegen die Sätze des geltenden Rechtes geordnet und gehandelt wird, ohne daß eine besondere Ermächtigung des Rechtes selbst zu bestimmten Einzelausnahmen vorläge. Wenn beispielsweise durch das Recht die Unverletzlichkeit des Eigentums gewährleistet ist und einem Eigentümer sein Grundstück ohne gesetzmäßige Enteignung und Entschädigung von einem sozialen Machthaber genommen, wenn ein gesetzlich unantastbarer Beamter doch seines Amtes gegen das Recht entsetzt würde, während die Normen über das Eigentum und das Gesetz über die Unantastbarkeit weiter in Geltung blieben, so würde dieses niemals als rechtlicher Akt anerkannt werden können. Ob die betreffenden Opfer jener Willkür tatsächlich vor den Organen des Staates zu ihrem Rechte gekommen wären oder nicht, ist für unsere Erörterung gleichgültig (s. S. 127f.). Aber man kann es hier auch nicht dadurch zu anderem Ergebnis wenden, daß man die Möglichkeit der Bindung jenes selbstherrlichen Herrschers oder rechtsbrechenden Ministers dem genannten Eigentümer oder Beamten gegenüber an das von jenen angeordnete Ergebnis unterschieben würde. Denn ihre Anordnung widerspricht dem von ihnen selbst in seiner weiteren Geltung anerkannten Rechte. Sie ist deshalb als rechtliche nicht möglich. Ein neuer Rechtssatz, der dem geltenden Rechte widerspräche, ohne dasselbe doch aufzuheben, ist ein logischer Nonsens.

Bei einer Dispensation und einem Privilegium überhaupt gründet der es Erlassende seinen Zwangsbefehl gerade auf bestehendes Recht. Es wird deshalb dispensiert (wenn es rechtlich sein soll), weil das Rechtsgesetz es erlaubt. Und es ist der Befehl ein Rechtsbefehl, weil der ihn Erlassende sich an seinen Dispensations- und Privilegierungsakt bindet und dabei mit dem im allgemeinen weiter bestehenden Gesetze deshalb nicht in Widerspruch kommt: da dieses selbst in bestimmter Richtung Einzelausnahmen, wie die vorgenommenen, gestattet. Dagegen kann der Eingriff in bestehendes Recht, der dieses weiter gelten läßt, es aber im einzelnen Falle im Widerspruche mit ihm nicht beachtet, eben dieses Widerspruches halber unter keinen Umständen zu einem rechtlichen Akt werden: Das weiter geltende und darum unverletzbare Recht hindert ihn daran, — er bleibt willkürlicher Akt.

Wohl aber kann es allerdings sein, daß durch rechtsbrechende Gewalt altes Recht umgestoßen und neues an seine Stelle gesetzt wird; zu erklären mit dem oben besprochenen Merkmale des Rechtsbegriffes, dem auch die durch Nichtbeachtung des seitherigen Rechtes gesetzte Norm entsprechen kann.

Die Erwägung dieser Frage geht von feststehenden geschichtlichen Tatbeständen aus. Es steht fest, daß in ungezählten Fällen der historischen Entwicklung neues Recht einfach aus wildem Bruche des bis dahin geltenden, aus Revolution und Staatsstreich, aus Eroberung und Empörung, aus Oktroyierung und freiwilliger Vernichtung seitheriger Souveränität derartig entstanden ist, daß die von da ab geltende soziale Ordnung gegenüber einer im angeblich unbedingt legitimen Geleise sich bewegenden Rechtsordnung gar keinen Unterschied mehr aufweist.

Nach unserer obigen Untersuchung macht dieses keine Schwierigkeiten mehr. Die Gleichheit, welche bei beiden Ordnungen — der durch das Medium der rechtsbrechenden Gewalt und der nach den Bahnen des seitherigen Rechtes entstandenen Satzungen — offenbar vorausgesetzt ist, liegt in demjenigen Merkmale, das überhaupt den Begriff des Rechtes im Gegensatze zur lediglichen Willkür allgemein konstituiert: in der Unverletzbarkeit der Norm während ihrer Geltung. Recht ist, in der hier fraglichen Richtung, die ihrem Sinne nach unverletzbar geltende Ordnung. Es ist ein sozialer Zwangsbefehl, der beide Teile, den Gebietenden und den Unterworfenen, binden will, der von beiden seinem besonderen Inhalte nach gehalten, befolgt und durchgeführt werden soll. Sobald dieses Kriterium erfüllt ist, hat man einen sicheren begrifflichen Unterschied des betreffenden Befehles gegenüber der willkürlichen Maßregel, als einer solchen, der jenes Merkmal fehlt. Woher aber der Befehl tatsächlich gekommen ist, ist für seine begriffliche Charakterisierung gleichgültig.

Und ebenso ist es für die Möglichkeit der originären Begründung des Rechtes ohne alle Bedeutung, zu fragen: ob dadurch ein guter und richtiger Rechtszustand hergestellt wird oder nicht. SAVIGNY gibt zu,[219] daß auf die Bildung von Staaten „Zufall und Willkür großen Einfluß ausüben kann", und verweist auf die Möglichkeit von Eroberung und Zerstücklung von Staatswesen, jedoch mit dem Zusatze, daß alle solche Ereignisse, wie häufig sie auch in der Geschichte vorkommen mögen, doch nur „Anomalien" seien. Es müßten solche fremdartigen historischen Momente „durch die sittliche Kraft und Gesundheit des Volkes" überwunden und verarbeitet werden, sonst werde daraus ein „krankhafter Zustand" hervorgehen. „Auf diese Weise erklärt es sich, wie das, was ursprünglich Gewalt und Unrecht war, allmählich durch die dem Rechtszustande innewohnende Anziehungskraft dergestalt umgebildet werden kann, daß es in denselben als neuer, rechtmäßiger Bestandteil übergeht." — Durch diese Erwägung wird jedoch das Problem: Wie es begreiflich ist, daß durch Rechtsbruch selbst wieder neues „Recht" entstehen kann, keineswegs gelöst. Denn ein „krankhaftes" Recht ist doch auch schon ein „Recht". Eroberung und Zerstücklung und gleichstehende, originär rechtsbegründende Akte bewirken ein Dasein des von Rechts wegen nunmehr bestehenden Zustandes nicht erst von der Zeit an, da eine innerliche und inhaltliche Verschmelzung und Verarbeitung sich allgemach durchgesetzt hat; sondern setzen neues „Recht" als solches, sobald ihre Zwangsnormen dem formalen Begriffe des Rechtes entsprechen.

Daß dieses seither nicht befriedigend gelöst wurde, hängt mit einer prinzipiellen methodischen Frage wesentlich zusammen. Alle seitherige Rechtsphilosophie bemühte sich, auf die drei Fragen nach dem Begriffe des Rechtes, der Berechtigung das Rechtszwanges und dem richtigen Inhalte eines Rechtes mit einer und derselben Formel lösend zu antworten. Welches diese Formel wäre, das wurde sehr verschieden angenommen. Überall aber war — unausgesprochen — vorausgesetzt, daß sie für sich jene dreifache Funktion haben müsse. So meinte man, was im sozialen Leben: der geselligen Natur des Menschen, oder: dem Grundgedanken der Gesellschaft, z. B. der Idee des *contrat social*, oder: dem Geiste eines Volkes als Naturganzen — entspreche, das sei begrifflich „Recht", das gebrauche mit Grund den Zwang, das sei in seinem Inhalte berechtigt. — Es gehört dem gegenüber zu den wesentlichen Lehren der von uns entworfenen Rechtsphilosophie, daß die genannten drei Fragen vor allem getrennt werden und jede für sich behandelt sein will. Insbesondere ist die Frage nach dem Begriffe „des" Rechtes und diejenige nach der Richtigkeit des Inhaltes „eines" Rechtes durchaus zu scheiden. Es gibt auch unrichtiges Recht, — das sind soziale Regeln, die zwar den formalen Bedingungen des Rechtsbegriffes entsprechen, aber den formalen Bedingungen der Richtigkeit eines Rechtes nicht genügen. Klarlegung und systematische Darstellung dieser beiden Arten von formalen Bedingungen haben sonach zwei getrennte Kapitel der Rechtsphilosophie zu bilden. Wir haben für jetzt noch der soeben an erster Stelle genannten Frage in einigem nachzugehen.

Schon oben erinnerten wir daran, daß der Rechtsbruch im Sinne roher Macht und Gewalt nicht die einzige Möglichkeit darstellt, in welcher neues Recht ohne Stütze auf seither bestehendes in das Leben tritt. Ohne die dort (S. 483 f.) gegebenen Beispiele hier wiederholen zu wollen, möchte ich nur erwähnen, daß Binding in überzeugender Weise ausgeführt hat, wie man die Entstehung des Norddeutschen Bundes und dann des Deutschen Reiches durchaus nicht als Ausführung des in den seitherigen souveränen Einzelstaaten geltenden Rechtes auffassen darf. Denn durch jene Gründung wurde eine neue Rechtsquelle über den einzelnen Bundesgliedern geschaffen, die nunmehr, nach der allein berechtigten Auffassung unserer Reichsverfassung, eine souveräne Gesetzgebungsgewalt und eine rechtliche Zentralmacht über den Bundesstaaten bedeutet.[230] Das war eine Neuschöpfung, die nicht eine bloße Befolgung der bis dahin geltenden Gesetzgebung der deutschen Staaten darstellte; so daß die entgegenstehende Meinung mit Fug von Binding als „Gesetzlichkeitsfehler" bezeichnet werden konnte. Aber die Erklärung dieses Autors für die von ihm angenommene Tatsache einer Neuentstehung von

Recht, das sich aus vorhandenem Rechte nicht herleiten kann, erledigt unser Problem nicht ausreichend. Er sagt nämlich, daß durch jene Vorgänge darum Recht entstehen konnte, weil das norddeutsche Volk und die norddeutschen Regierungen die Verfassung des Bundes in der Absicht vereinbarten, von einem bestimmten Tage an sich gemeinsam unter das Gesetz ihres gemeinsamen Willens zu stellen.[221] Nun kann dieser besondere Vorgang durch die zitierte Auskunft nur dann genügend erklärt sein, wenn sie als Einzelanwendung eines allgemeinen Gesetzes über mögliche Rechtsentstehung überhaupt auftritt. Nach welchem allgemeingültigen Obersatze — muß man hiernach weiter fragen — konnte durch jene konkrete Vereinbarung Recht neu geschaffen werden?

Es führen alle Wahrnehmungen, daß auf ganz verschiedenartigem Wege und namentlich auch außerhalb der von dem Rechte selbst für neue Rechtsbildung aufgestellten Regeln Rechtssätze in das Leben treten können, letztlich auf die allgemeine Frage zurück: Woran erkennt man überhaupt, ob etwas Recht ist? — Hierfür muß es doch ein allgemeingültiges Merkmal geben.

In diesem Sinne wurde in der obigen Untersuchung dasjenige Kriterium festgestellt, durch welches allein man zwei Arten von Zwangsnormen allgemein unterscheiden kann, so daß bloß durch dieses ein sicherer Gegensatz von Recht und Willkür möglich wird. Durch das Merkmal relativ bestimmter Unverletzbarkeit wird nun die eben formulierte Frage beantwortet; und damit alle Schwierigkeit über die mögliche Entstehung von Recht aus Rechtsbruch und überhaupt auf originäre Weise dahin aufgelöst: daß die Art der Entstehung für rechtliche Regeln formal überhaupt gleichgültig sei, und es zur Erlangung dieser genannten Eigenschaft nur auf den Sinn der Geltung ankomme.

Bei der originären Entstehung von Recht sind nun zwei Möglichkeiten zu unterscheiden: eine solche der Einigung unter den Recht Setzenden und nun zugleich rechtlich Gebundenen, oder aber eine einseitige Setzung durch einen Machthaber gegen den Willen des Unterworfenen.

Im ersten Falle ist die Anwendung unserer allgemeingültigen Kriterien des Rechtsbegriffes nach den gegebenen Ausführungen in sich deutlich. a) Ein vereinbarter Rechtssatz scheidet sich klar von einer bloßen Konventionalregel dadurch, daß die nun neu gesetzte Norm von jetzt ab im Sinne der Zwangsbindung über den seither Freien steht; und ihr Gebot nicht nur so weit und so lange sich erstreckt, als der ihr Unterstellte selbst es will, sondern in der Art und Stärke, wie die nunmehrige rechtliche Regel ihrem Sinne nach es angibt. b) Er grenzt sich aber auch zweifellos von lediglicher Willkür ab, weil ja im Begriffe der Vereinbarung das Moment sich notwendig erfüllt, welches die rechtliche Setzung von willkürlicher Maßnahme allgemeingültig trennt: das Moment der Unverletzbarkeit während ihrer Geltung. In diesem Sinne setzen sie in Übereinstimmung die Norm nun über sich, ein jeder sich und den anderen bindend. Das Merkmal der beiderseitigen Bindung ist nach Sinn und Bedeutung der neuen Regel gegeben und mit ihm das Kriterium einer unverletzbaren Geltung bis zu entgegenstehender rechtlicher Beseitigung.

Dagegen ist in den Fällen einer einseitigen originären Rechtsentstehung notwendig, daß Gewaltbefehle vorliegen. Wenn ein Privatmann ein Gesetzbuch promulgieren wollte oder von hier aus an den Kaiser von China einen Befehl erließe, so ist durch solche Tatsache ein soziales Problem noch nicht geliefert. Es kommt allemal darauf an, daß durch Macht und Gewalt neue Rechtsnormen begründet werden können, ohne daß dieses sich auf die vom geltenden Rechte gegebenen Vorschriften über Rechtserzeugung stützt.

Ein bestehendes Recht aber bleibt so lange in Geltung, bis es durch neues Recht abgeschafft ist, — entweder durch neues Machtgebot, das nach dem Spruche des seitherigen Rechtes begründet wird, — oder durch neues Recht in Gestalt eines Machtspruches gegen das seitherige Recht, aber mit dem gleichen Kriterium (der Bindung des befehlenden Gewalthabers an seinen Befehl), nach welchem alles Recht überhaupt als eigene und selbständige Art von Zwangsbefehlen in formaler Allgemeingültigkeit abgegrenzt werden kann. Alsdann wird, wie ausgeführt, durch einen derartigen Machtspruch Recht geschaffen, weil darin überhaupt alles Recht (in Abgrenzung nach dieser Seite hin) besteht.

Wenn darum in der Revolution, im Bürgerkriege, bei einem rebellierenden Gegenkaiser, und dergleichen die aufständische und rechtsbrechende Partei noch nicht den Sieg hat erringen können, so ist auch das alte Recht so weit noch nicht aufgehoben. So weit freilich dann als unverletzbar bindende Gewaltbefehle in einzelnen Teilen des Landes im Rechtsbruche schon durchgeführt sind, liegt dort auch gewalttätige Abschaffung des seitherigen Rechtes vor.

Und falls ein Recht alle tatsächliche Macht und Gewalt verlieren würde, ohne daß neues Recht des nun genau erörterten Sinnes an seine Stelle getreten wäre; wenn bloß Zügellosigkeit und Anarchie herrschen würde, so wäre an sich die Geltung des seitherigen Rechtes nicht bezweifelbar. Denn durch neues Recht ist es nicht abgeschafft worden; weder durch solches gemäß seiner, noch durch anderen Machtspruch von unverletzbarer Bedeutung. Und daß es nun an der tatsächlichen Durchführungsmöglichkeit fehlt, das macht hier selbstredend grundsätzlich nicht mehr aus, als es im Zivilrechte beim *frustra excussus* der Fall ist.[222]

90

Der verfassungstreue Politiker hat sich vielleicht in dunklem Drange ein anderes Ergebnis der kritischen Untersuchung des Rechtsbegriffes gewünscht. Wenigstens kann man gar vielfach in dahin gehörigen Erörterungen die Meinung durchklingen hören, als ob in Recht und Verfassung eine *a priori* festliegende Basis gegeben und eine absolute Unverletzbarkeit ihrer behauptet werden könne. Aber derartige Empfindungen sind unklar und nicht begründet.

Wie wollte man eine unbedingte Festigkeit von Verfassung und Staatsgesetz als Tatsache beweisen?

Dem Inhalte eines Rechtsgesetzes nach ist das nicht möglich: denn es ist von vornherein sicher, daß jeder geltende Rechtssatz ohne Ausnahme eine Änderung im Wege des Rechtes erfahren kann; es gibt keine einzige rechtliche Regel, von der man eine absolute Unwandelbarkeit im Laufe der Zeiten zu behaupten vermöchte.

Aber auch der Form nach kann eine absolute Unverletzbarkeit als notwendige Tatsache der Erfahrung nicht behauptet werden: denn es steht fest, daß die Umwandlung des Rechtes durchaus nicht immer in denjenigen Bahnen sich vollzogen hat, welche durch seitheriges Recht ihr gewiesen wurden. Unsere bestehenden Staatswesen sind gar mannigfach durch kriegerische Macht und Eroberung und durch gewalttätige Vernichtung seither geltenden Rechtes von annektierten Provinzen und Ländern zusammengebracht worden; und durch die Geschichte aller Länder ohne Ausnahme zieht sich die Kette rechtlicher Änderungen und Umwandlungen, die keineswegs auf das vorher geltende Recht sich stützen wollten, vielmehr durch Rechtsbruch und illegitime Gewalt in das Leben getreten sind, um von nun ab als Recht zu gelten. Auch handelt es sich, wie früher bemerkt, nicht bloß um Schlechtigkeit und unerfreuliche Erscheinungen hierbei: Wir würden weder unser Deutsches Reich besitzen, noch auch zum Exempel das neuzeitliche Völkerrecht auszubauen in der Lage sein, wenn wir in absoluter Beschränktheit ausschließlich Neuschöpfungen von Rechtszuständen kennten, die aus früherem Rechte herfließen. Und was hilft schließlich das Festhalten an dem geschichtlich gewordenen Rechte in voller Unverbrüchlichkeit, sobald man fragt, worauf denn das ursprünglich doch einmal in originärer Entstehung zu denkende Recht sich gestützt habe?

So wird unser opponierender Politiker seine Einwendungen wohl auch nicht dagegen richten, daß tatsächlich Recht aus Rechtsbruch oder auch aus ursprünglicher Vereinbarung, wie in den Versailler Verträgen, entstanden ist; sondern mehr behaupten, daß dieses nicht geschehen sollte. Es sollte, meint er, bedingungslos bei aller Neusetzung von Recht die nötige Umwandlung in der von diesem selbst bestimmten Art und Weise sich vollziehen.

Hierüber aber lehrt die bis jetzt von uns angestellte Untersuchung noch gar nichts. Sie kann über diese Frage in der Verfolgung und Lösung ihrer besonderen Aufgabe nichts ausmachen. Und derjenige irrt, der glaubt, durch bloße formale Klarstellung des Begriffes vom Rechte eine Beweisführung für das soeben angeführte politische Postulat geben zu können.

Unsere Untersuchung lehrt nur die logische Berechtigung der Unterscheidung von Recht und Willkür. Sie vollzieht dies dadurch, daß sie ein allgemeingültiges Kriterium aufweist, welches eine Zerteilung der sozialen Zwangsnormen in zwei scharf geschiedene Klassen ermöglicht. Dadurch erhält die seither nur in verschwommener Weise erblickte Verschiedenheit von Recht und Willkür, die sich in der geschichtlichen Erfahrung des sozialen Lebens seither schon ausgesprochen, nun ihre exakte Bestimmung und wissenschaftliche Rechtfertigung. Und es ist danach möglich, in Zukunft nicht bloß nach subjektivem Meinen, sondern in wissenschaftlicher Klarheit und objektiver Bestimmung den fraglichen Gegensatz zu handhaben.

Weiteres kann man durch bloße Klarstellung des Begriffes vom Rechte noch nicht haben.

Die Rechtsphilosophie hätte manches unglückliche Gefecht, das sie in der Geschichte der Geisteskämpfe hat liefern müssen, zum Besseren wenden können, wenn sie nicht immer wieder unternommen hätte, aus dem Begriffe des Rechtes heraus eine Deduktion von dessen verbindender Kraft und ein Richtmaß für seine inhaltliche Verwertung zu erhalten. Man wünscht, ein Axiom über die Unverbrüchlichkeit der Rechtsbefolgung, oder auch umgekehrt, eine allgemeine Lehre von einer möglichen Befugnis zum Rechtsbruche und Umsturze zu erhalten. Derartiges läßt sich aus der bloß logischen Analyse des Rechtsbegriffes nach keiner Richtung hin gewinnen.

Die vielfach erörterten Fragen, ob die Rechtsunterworfenen unter bestimmten Voraussetzungen ein Recht zur Revolution oder doch zu passivem Widerstande oder keines von beiden haben, — ob der Monarch, oder ob das souveräne Volk unrecht tun könne oder nicht: lassen sich auf Grund einer allgemeingültigen Bestimmung des Begriffes vom Rechte überhaupt nicht lösend beantworten. Man kann nur auf Grund einer solchen Untersuchung noch gar nichts darüber bestimmen, wem die Souveränität in einem menschlichen Gemeinwesen in empirischer Bedingtheit zukomme, und welche konkreten Personen darum mit Fug die letzte Entscheidung bei der Setzung von Recht abzugeben haben. Ja, es kann noch nicht einmal die Berechtigung der Anwendung von rechtlichem Zwange überhaupt bloß aus dem Begriffe des Rechtes heraus bewiesen werden; geschweige denn eine unbedingte Befolgung des Rechtes durch eine solche Argumentation festgestellt werden.

Für alle diese und verwandte Fragen ist die logische Klarstellung des Rechtsbegriffes die selbstverständliche Voraussetzung befriedigender Erwägung und endgültiger Lösung; aber die Antwort selbst muß, unter bewußter Benutzung jener Vorarbeit, ganz anderswoher geholt werden.

Und vor allem muß nach der bloß logischen Erörterung des Rechtsbegriffes es offene Frage bleiben: ob und in wie weit etwa von originärer Rechtsbegründung befugtermaßen Gebrauch zu machen sei.

Auf Grund der begrifflichen Klarstellung des Unterschiedes von Recht und Willkür läßt sich — ohne die Zuziehung sonstiger Instanzen — nur die Möglichkeit wissenschaftlich begreiflich machen, wie durch gewalttätigen Rechtsbruch und sonst in originärer Weise neues Recht entstehen kann. Über die Tatsache war man lange im klaren. Wissenschaftlich begreiflich wird sie durch den Aufweis des engen Zusammenhanges von Recht und willkürlicher Anordnung, die beide zu demselben Stamme der sozialen Zwangsbefehle zählen, in ihren formalen Gebieten grundsätzlich nicht von der Anerkennung des Unterworfenen bedingt sind, und sich bloß dadurch unterscheiden, daß in dem Sinne des rechtlichen Gebotes das Moment der Unverletzbarkeit bis zu anderweiter rechtlicher Regelung gegeben ist. Eine anderweite rechtliche Regelung ist nun aber wieder jede soziale Zwangsregelung, welche als unverletzbar gelten will; — gleichviel wie es mit ihrer Entstehungsgeschichte sich verhält. Eine stärkere und weitere Unverletzbarkeit kann das Recht als solches, bloß seinem Begriffe nach und ganz auf sich selbst angewiesen, in keinem seiner geschichtlichen Einzelsätze beanspruchen. In dem logischen Begriffe des Rechtes liegt nichts von einer unbedingten Verbindlichkeit und der absoluten Unmöglichkeit, daß diese menschlich gesetzten Regeln nicht auch wieder menschlich — auf legitime oder rechtsbrechende Art — geändert werden könnten, sondern in Ewigkeit wirklich gelten und beobachtet werden müssen.

Daher läßt sich die Möglichkeit der Rechtsentstehung durch rechtsbrechende Gewalt mittels Verweisung auf den Begriff des Rechtes nicht aus der Welt schaffen. Wer den Rechtsbruch verdammt und mit Fug diesem widerstrebt, der muß an eine andere Instanz rekurrieren, als an die formale Bestimmung des Rechtsbegriffes.

Er muß sich klar machen, wenn ihm daran liegt, daß die richtige Bekämpfung des Rechtsbruches die folgende ist: „Es soll nicht die Verfassung gebrochen und eine andere durch Machtspruch an die Stelle gesetzt werden, denn das ist schlecht gehandelt"; — aber nicht: „denn dadurch kann überhaupt kein neues Recht entstehen".

Das erste kann mit Gründen aus Erwägung objektiv berechtigter Zwecksetzung und Zielverfolgung gehalten werden; das zweite — daß dadurch kein neues Recht entstehen könnte — würde grundfalsch sein.

Der Beweis liegt darin:

Tatbestand. Es wird durch Staatsstreich oder Revolution oder ursprünglichen Vertrag oder anderes mehr das geltende Recht gebrochen und nicht beachtet, und eine sozial gebietende Zwangsmacht aufgerichtet, die während ihrer Geltung unverletzbar sein soll.

Frage. Ist hierdurch ein rechtlicher Zustand geschaffen worden?

Supponierte Antwort. Nein; denn er ist nicht in Gemäßheit

und unter Wahrung des seitherigen Rechtes begründet worden; — so ergibt sich doch deutlich, daß der Antwortende als Obersatz die Begriffsbestimmung hat: Recht ist diejenige soziale Zwangsordnung, die sich auf früheres Recht gründet, — ein Quartanerschnitzer, der das zu Bestimmende in die Begriffsbestimmung selbst schon aufnimmt!

Der Begriff des Rechtes will der willkürlichen Norm gegenüber durch ein Merkmal bestimmt sein, das selbständig und unabhängig ist. Und das ist die von uns ausgeführte Unverletzbarkeit bis zu seiner Aufhebung durch anderes Recht; welche bedingte Unverletzbarkeit allerdings durch einen rechtsbrechenden Akt, der seitheriges Recht beseitigt, hergestellt werden kann.

Der rechtsaufhebende Gewaltbefehl, gegen seitheriges Recht erlassen, vermag neues Recht zu schaffen, nämlich dann, wenn der befehlende Machthaber selbst an ihn, bis zu einer Abänderung der Norm durch anderes Recht, gebunden sein will. Es ist zwischen einem solchen Gewaltbefehle und einem verfassungsmäßig erlassenen Gesetze bloß dem formalen Begriffe nach und nur gegenüber dem Begriffe der Willkür erwogen gar kein Unterschied. Sie fallen beide unter den gemeinsamen Begriff vom Rechte. Denn beide stehen gleichmäßig unter dem wesentlichen Merkmale des Rechtsbegriffes: der Unverletzbarkeit der Norm, solange sie nicht durch andere relativ unverletzbare Zwangsnorm ersetzt ist. Dieses ist aber das wesentliche Merkmal, weil nur dadurch eine allgemeingültige formale Scheidung zwischen zwei Klassen von sozialen Zwangsverordnungen ermöglicht wird. Die eine Klasse ist die der rechtlichen Zwangsbefehle. In sie gehören die während ihres Bestehens unverletzbar geltenden Normen alle. Sobald dieses Kriterium relativer Unverletzbarkeit gegeben ist, so ist der Zwangsbefehl, dem es seinem Sinne nach eignet, ein rechtlicher.

Daß man nun zwischen legitim und illegitim entstandenem Rechte unterscheiden kann, ist ganz selbstverständlich und außer Diskussion. Aber es gibt illegitim entstandenes Recht. Und das kann gar nicht anders begriffen werden, als durch ein gemeinsames allgemeingültiges Merkmal, daran man erkennt, was Recht ist.

Wir nannten es. Wer ein anderes weiß, möge es zu sagen versuchen. Bis jetzt liegt nichts vor.

Und ich bestreite, daß es möglich ist, zwischen Recht und Willkür anders zu entscheiden.

91

Als vor längeren Jahren die dritte französische Republik sich zu festigen gedachte und dabei auf die den Machthabern mißliebige Wahrnehmung stieß, daß die gesetzlich unabsetzbaren Inhaber der Richterstellen in der Mehrzahl monarchisch gesinnt waren, so entschloß man sich dazu, die Unabsetzbarkeit der Richter durch ein besonderes Gesetz aufzuheben; der Justizminister nahm eine den Wünschen der Regierung entsprechende persönliche Veränderung in den Gerichten vor; worauf durch ein neues Gesetz die Unabsetzbarkeit für die Magistratur wieder sanktioniert wurde.

Man hat das damals manchmal lächerlich gefunden. Ganz mit Unrecht. Die Absetzung eines orleanistischen Richters durch die Verwaltungsbehörde wäre eine willkürliche Gewaltmaßregel gewesen und geblieben; ein Unrecht, das dem einzig möglichen Begriffe vom Rechte in das Gesicht geschlagen hätte (vgl. ob. S. 494 f.). Die Aufhebung und nachmalige Wiedereinführung der richterlichen Unabsetzbarkeit durch die gesetzgebenden Faktoren wahrte Form und Begriff des Rechtes. Es zeigt auch das Beispiel, daß mehr, als hier geschehen — nämlich Unverletzbarkeit der Regel während ihrer Geltung —, dem formalen Begriffe des Rechtes nach gar nicht gefordert werden konnte; und es illustriert dadurch, daß das genannte Kriterium den Begriff des Rechtes in der Tat vollständig erfüllt.

Etwas mehr, als in den modernen Staatsgebilden mit ihrer Trennung von Gesetzgebung und Verwaltung, verschleiern sich die zu trennenden Begriffe in den absolut regierten Staaten. Hier, wo des Herrschers Wille ebensowohl den Gang der Verwaltung bestimmt, als auch die Gesetze schafft und neues Recht einführt, ist die Möglichkeit einer deutlichen Erkennung des Rechtes von der Willkür im einzelnen Falle wohl erschwert. Aber dem Sinne nach besteht er auch hier bei allen fraglichen Maßnahmen; und klar blickende unumschränkte Herrscher, wie scharf sie auch die Zügel der Staatsgewalt anzuziehen Neigung hatten, sind doch stets auf die sichere Gewißheit darüber, was Recht sei, bedacht gewesen.

Ich kann für die Tatsache, wie sich das grundlegende Kriterium des Rechtes, das wir oben begrifflich bestimmt haben, auch unter unumschränkter Monarchie in unbewußtem Drange durchsetzen mag, kein besseres Beispiel anführen, als den trefflichen Ausspruch jener byzantinischen Kaiser:

Digna vox maiestate regnantis, legibus alligatum se principem profiteri.[223]

Wenn die Glosse diesem Satze gegenüber darin Schwierigkeiten finden wollte, daß die römischen Rechtsbücher allgemein von dem „*princeps legibus solutus est*“[224] ihren Ausgang nähmen, so ist dieses mißverständlich. Die Rechtshistoriker haben dargetan, daß der letzterwähnte Satz noch in der Severischen Zeit nur eine Befreiung des Kaisers von gewissen Formvorschriften bei Adoptionen und Manumissionen, sowie namentlich von der Augusteischen Ehegesetzgebung und den Beschränkungen der *lex Papia Poppaea* bedeutete.[225] Aber als auch im byzantinischen Reiche diese privilegierte Stellung weithin ausgedehnt wurde und in fast allen Rechtsmaterien zum Austrage kam, so bedeutete diese Exemtion etwas ganz anderes, als unsere hier besprochene Meinung eines willkürlichen Abweichens von einem erlassenen Rechtsgesetze, solange dieses noch in Kraft bestand. Die Bindung, welche der Charakter einer rechtlichen Norm gegenüber derjenigen einer willkürlichen Maßregel fordert, ist die formale Pflicht, das Gesetz bei dessen Lebzeiten nicht zu brechen; wes Inhaltes es immer auch sei. Die Frage aber, ob der Prinzeps mit seinem Vermögen und in seinen persönlichen Verhältnissen dem besonderen Inhalte des betreffenden Rechtsgebotes auch unterworfen oder davon privilegiert ausgenommen sei, betrifft jenes formale Merkmal nicht.

Sehr bezeichnend ist in unserer Frage auch die Bestimmung des von Friedrich II. projektierten preußischen Gesetzbuches, welches er „bloß auf die Vernunft und Landes-Verfassung“ zu gründen gedachte: Königliche Reskripte, die gegen das Landrecht verstoßen würden, ohne daß dem Könige dieses bewußt gewesen, sollen keine rechtliche Bedeutung haben.[226] Was der unumschränkte Herrscher befiehlt, gilt als Gesetz; aber es war ein richtiges Gefühl, welches in jenem Ausspruche zu tage trat: daß auch unter dem absoluten Regenten ein deutlicher Unterschied zwischen Recht und Willkür sein muß. Es genügt nicht die einfache bloße Tatsache, daß der Monarch gesprochen und etwas angeordnet hat, was dem früher von ihm erlassenen Gesetze widerstreitet; sondern es muß dieses mit dem Entschlusse der Aufhebung und Beseitigung jenes älteren Rechtes geschehen. Erfolgt es dagegen ohne Bewußtsein davon, daß das jetzige Reskript dem Rechtsgesetze entgegen ist, das der absolute Herrscher als Gesetzgeber früher erlassen, so kann die zweite Verordnung, da sie in den Bahnen jenes Rechtes sich bewegen will, Geltungskraft nicht besitzen.

Diese geschichtlichen Einzelfälle können selbstverständlich die Richtigkeit der von uns gegebenen Begriffsbestimmung des Rechtes nicht beweisen, noch eine Exposition nach unserer obigen Methode ersetzen. Sie vermögen nur *ad colorandum* zu dienen und zu zeigen, wie auch in einem Staatswesen, das unter einem autokratischen Regiment steht, der Gegensatz von Recht und Willkür lebendig und praktisch bedeutsam bleiben kann und sich wohl auch manchmal in unwillkürlichem Emporraffen zum Ausdrucke bringt.

Auch die Despotie kann hiernach immer noch als rechtliche Verfassung auftreten.

Despotismus würde in seiner vollendeten Art eine Rechtsordnung heißen, die nur aus einem einzigen, im voraus allgemein aufgestellten Paragraphen bestände: Die rechtlichen Beziehungen unter den Rechtsunterworfenen werden lediglich nach der konkreten Entscheidung des Herrschers im einzelnen Falle beurteilt und durchgeführt.

Absolutismus bedeutet dagegen eine rechtliche Verfassung, nach der die Rechtsverhältnisse der Untertanen nach im voraus bestimmten Sätzen geregelt sind, deren Abänderung und Ergänzung durch den Willen eines einzigen Menschen geschieht.

Es ist also zwischen beiden bloß ein Unterschied in dem Inhalte und dem ausgearbeiteten Umfange der Rechtsordnung; aber beide sind an sich rechtliche Verfassungen. Auch bei dem Despotismus besteht der angeführte Rechtssatz, und gilt seinem Sinne nach als eine während ihres Bestehens unverletzbare Norm. Es ist nicht bloß eine von Fall zu Fall zufällig sich ereignende Gewalt und Macht; denn sonst würde die jeweilige größere Körperkraft oder der konkrete sich gerade bewährende psychische Einfluß des Despoten allein zur Unterlage genommen. Dem Sinne des despotisch regierten Gemeinwesens aber entspricht es, daß die einzelnen Akte auf jenen angeführten Rechtssatz zurückgehen; und die Ausführung der Befehle durch Organe und Diener des Despoten geschieht daher an sich von Rechts wegen.

Darum ist es sehr wohl auch möglich, daß in der Despotie rechtswidrige Gewalt ausgeübt wird. Es kann dortselbst eine Revolution und Entthronung als Rechtsbruch ebenso auftreten, wie in einer unumschränkten oder konstitutionellen Monarchie; es können Ungehorsam, Bürgerkrieg und Willkürakte vorkommen, die von der Ausübung der durch keine Einzelgesetze im voraus gerichteten unumschränkten Herrschergewalt des Despoten dem Sinne nach sich unterscheiden und der letzteren das Kriterium der rechtlichen Gewalt entscheidend belassen. Und auch im ruhigen Zustande der Despotie kann unterschieden werden, ob der Despot als Herrscher eine durch nichts im voraus sachlich beschränkte Anordnung als Rechtsbefehl erläßt, oder ob er als Mensch sich vergeht, jemanden ermordet, ein Mädchen notzüchtet.

In der hier hypothetisch eingeführten reinen Gestalt kommt der Despotismus nirgends vor. Weder die lange bekannten asiatischen Despotien, noch auch die erst in neuerer Zeit zu unserer Kenntnis gelangten despotischen Negerstaaten Zentralafrikas[227] gewähren in Wirklichkeit das Bild, daß der Despot ausnahmslos von Fall zu Fall neues Recht schüfe, ohne daß irgend welche im allgemeinen geltenden Rechtssätze neben demjenigen der unbeschränkten Kompetenzbestimmung des Häuptlings vorhanden wären. Durchgängig finden sich mächtige, festgeordnete Priesterschaften, zumeist mit großem tatsächlichen Einflusse auch dem Despoten gegenüber; ferner eine Aristokratie, welche durch die vielverzweigten polygamischen Verwandtschaftsbande dem Herrscher näher verknüpft ist. Nicht selten baut sich das despotisch regierte Gemeinwesen in der Zusammenfassung verschiedener kleinerer Stämme oder Dörfer auf, die zunächst ihre eigene rechtliche Ordnung für sich haben. Es bestehen Sätze über Eigentum, über Handel und Verkehr und Verteilung der Beute, die als Rechtssätze unter den Stammesgliedern gelten wollen; die der Despot wohl hier und da in Willkür verachten mag, im allgemeinen dann aber als Rechtssätze bestehen läßt.

Aber auch wo alles dieses im Wegfalle gedacht würde, so bedarf doch jedenfalls der despotische Häuptling einer Anzahl unterwürfiger Diener und Werkzeuge — der „Königsleute“, wie sie in Dahome, der absolutesten Despotie Afrikas, heißen —, welche vornehmlich durch das Mittel der Spionage die bestehende Ordnung aufrecht zu erhalten und überhaupt dann die Befehle des Herrschers zu vollziehen haben. So zeigt sich auch in der am reinsten gedachten Form der Despotie, daß alle soziale Anordnung und Regelung von Menschen an Menschen ergehen muß; gleichviel, ob dafür im voraus eine sichere Richtschnur, entweder von anderen Staatsorganen oder von dem jetzt Gebietenden selbst, festgesetzt ist, sei es auch, daß solche von vornherein im allgemeinen aufgestellte Sätze fehlen. Sobald aber soziale Anordnungen mit Zwangscharakter ergehen, tritt allemal die doppelte Möglichkeit derselben hervor: daß es bloß Dispositionen „*si voluerim*" sind, oder an die betreffende Anordnung bis zu deren Zurücknahme der Befehlende gebunden sein will. Indem eine Anordnung als ein bindender Befehl gemeint ist, für dessen gute Ausführung Belohnung, für seine Verfehlung Strafe dem Diener in Aussicht gestellt ist, so zeigt sich in dem Versprechen von Lohn und Strafe, daß der Despot den Befehl als einen auch ihn bindenden erläßt. Er kann ihn zurücknehmen, wie die moderne Legislation Rechtsänderungen bis zur Umgestaltung der Verfassung vorzunehmen im stande ist; er mag sein Versprechen tatsächlich vielleicht in willkürlicher Gewalt brechen, wie das Recht auch in dem freiesten Gemeinwesen demokratischer Richtung schon gebeugt worden ist: Aber der Sinn des Befehles zur Zeit von dessen Erlassung war ein Gebundensein des Herrschers an denselben. Da er den Knecht mit bestimmter Weisung ausschickte und im Falle schlechter Befolgung Strafe ihm androhte, so zeigte er damit an, daß er bis zu anderer Weisung dem Befehle Lebensdauer verleihe. Es ist also ihrem Sinne nach nicht eine willkürliche Äußerung ohne alle sozial weitertragende Bedeutung; sondern es liegt immerhin der Gedanke eines Bundes und eines bindenden Versprechens auch da vor, wo ein in Schrecken herrschender Despot seinen dienenden Werkzeugen für tüchtige Besorgung erhaltener Befehle Lohn verheißt und im anderen Falle sie mit Übeln bedroht. Denn dieses verleiht dem ergangenen Befehle einen Sinn, der in objektiver Bedeutung jenen von der bloßen Willkürlaune scheidet.

Darum ist die Despotie zwar ein sehr schlechter und elender sozialer Zustand, aber immerhin eine rechtliche Ordnung: weil das Ganze des despotisch regierten Gemeinwesens als ein bleibend geregeltes Zusammenleben gedacht ist. Auch in ihrem reinsten und rohesten Zustande würde die Despotie ihrem Gedanken nach eine bindende Übernahme der Herrschaft durch den Häuptling in sich schließen; und er kann gar nicht umhin, dieses durch Befehle an Untergebene zu betätigen, in deren Sinn seine Bindung bis zur Zurücknahme der Befehle notwendig enthalten ist. Daß dieses dann für den davon Betroffenen im Erfolge leicht auf dasselbe hinauskommt, als wenn in Wirklichkeit gar keine Bindung vorhanden wäre, stempelt das System des Despotismus, wie erwähnt, zu einem äußerst kümmerlichen und niedrigen, inhaltlich schlechten und verwerflichen System; nimmt ihm aber an und für sich noch nicht den Charakter einer rechtlichen Regelung menschlichen Zusammenlebens. Denn für unsere Erörterung kommt es nur darauf an, zwei Möglichkeiten zwangsmäßig gebietender sozialer Anordnungen nach einem formalen allgemeingültigen Kriterium zu unterscheiden. Indem sich als allein mögliches Merkmal dabei dasjenige der Bindung des Gebietenden an sein Gebot, so lange er dieses bestehen läßt, ergibt, so folgt daraus auch die Möglichkeit, eine despotische Verfassung an und für sich als eine Rechtsverfassung zu nehmen und durchzuführen.

Wenn man sich freilich in der Hypothese einmal einen Zustand denken wollte, in welchem jemand nur mit Körperkraft oder eigentümlich psychischem Einflusse — oder sagen wir phantastisch: mit ihm allein bekannter Maschinerie — vielleicht hundert Menschen als Sachen zu beliebigem Gebrauche nach momentaner Laune behandelte, so wäre auch der letzte Rest einer rechtlichen Verfassung abgestreift, und nichts, als ein Gemisch von Willkürakten zurückgeblieben, die sozial in keiner Einheit zusammenflössen.

Denn zwischen Menschen muß rechtliche Regelung bestehen; mag auch durch sie es sich dann ereignen, daß die rechtlich Verbundenen andere Menschen als ledigliche Objekte behandeln. Der abgerichtete Hund, der zum Aufsuchen verlorener Gegenstände ausgeschickt wird, steht freilich in keinem sozialen Verhältnis zu seinem Herrn. Aber der Despot, der seinen Hofdienern, seinen Kriegern und Sklavenwächtern gebeut, ist zum mindesten in einer rechtlichen, weil auch ihn bindenden, Verfassung zu diesen seinen Helfershelfern. Das Versprechen des Polyphem, daß er den Odysseus an letzter Stelle verzehren wolle, stellt keine rechtliche Satzung dar; — das Gebot Geßlers jedoch fügt sich, trotz seines schmählichen Inhaltes, formal dem Rechtsbegriffe, so gut, wie der Paragraph, gegen den der Antimachiavell kämpfte: Jeder meiner Untertanen soll täglich um 12 Uhr den Hut abnehmen und sich mit der rechten Hand am linken Ohrläppchen zupfen.[228]

Der formale Sinn der Bindung des unumschränkten Herrschers oder Despoten an sein Gebot bis zu dessen Zurücknahme deckt sich vollständig mit demjenigen Moment der Unverletzbarkeit, welches wir den modernen Staatsgesetzen und unseren Verfassungsurkunden beilegen. Es wird diese Übereinstimmung zunächst nur durch das äußere Beiwerk verdunkelt, welches in den letztgenannten Fällen den Erlaß rechtlicher Anordnungen umrankt. Alles dieses letztere geht in Wirklichkeit nur auf Versuche, die begrifflich allezeit unterscheidbare Grenze von Recht und Willkür im einzelnen Falle im Interesse des Rechtes möglichst zu sichern. Darum trennt man die Organe der Gesetzgebung von denjenigen der Rechtsausübung, und scheidet die letzteren nach Justiz und Verwaltung. Und man erhebt manche Rechtssätze zu dem Range von Verfassungsnormen, einer Art von Edelleuten unter den juridischen Satzungen, — nach der Meinung der Begründer jener Adelsklasse als bestimmende und leitende Führer des übrigen Rechtes gedacht, aber keineswegs auf die Dauer so abgeschlossen, daß nicht auch eigentümliche Emporkömmlinge gelegentlich unter dem alten Stamme der Edelsten ihrer Art Aufnahme gefunden hätten.

Aber niemals kann irgend eine juristische Einrichtung und irgend welcher Rechtssatz als unbedingt unabänderlicher aufgestellt werden. Die Unverletzbarkeit, welche die rechtliche Norm von dem bloßen Willkürbefehle unterscheidet, ist ausnahmslos eine zeitlich begrenzte; es gibt für jeden Rechtssatz nur eine temporäre Heiligkeit. So wäre es auch ganz verfehlt, den Gegensatz von Recht und Willkür in irgend welcher zeitlichen Dauer der Geltung, im Sinne einer *a priori* festzustellenden Frist der Unverletzbarkeit, zu suchen. Hierfür ist eine allgemeingültige Grenze, nach welcher die genannten Begriffe logisch bestimmt werden könnten, gar nicht zu finden; es sind quantitative Unterschiede in einzelner geschichtlicher Erfahrung, die als Merkmale bei einer formalen Begriffsbestimmung keine Verwertung erhalten können. Zeitgrenzen, an denen man ausschlaggebend zu erkennen vermöchte, ob der in ihnen geltende soziale Befehl von rechtlichem Charakter oder bloßer Willküreigenschaft wäre, gibt es nicht. Es kann in jedem Satze, der geschichtlich als Recht auftritt, so auch bei jedem Verfassungsparagraphen die Möglichkeit einer alsbaldigen Änderung gemeint sein und wohl auch durchgeführt werden; und es wäre denkbar, daß willkürliche Anordnungen während eines längeren Zeitraumes ihre praktische Bedeutung behielten. Nun kann aber doch die begriffliche Grenze zwischen Recht und Willkür unmöglich danach getroffen werden, daß in jedem einzelnen Falle hinterher zugesehen wird, wie lange Zeit hindurch ein sozialer Befehl tatsächlich gegolten hat; was ja die Frage in eine Abhängigkeit von unkontrollierbaren fremden, gar nicht hier hinein gehörigen Faktoren bringen würde.

Wenn vielmehr jemand auf das Moment zeitlicher Geltung zurückgreifen wollte (literarisch ist diese Ansicht meines Wissens nicht vertreten), so müßte er den begrifflichen Unterschied der in Rede stehenden Arten sozialer Anordnungen doch in der Dauer sehen, auf welche die betreffende Norm berechnet ist. Nur der Sinn, in welchem die Regel selbst gelten will, kann von grundsätzlich unterscheidender Bedeutung sein. Geht man hiernach dem angenommenen Gedanken nach, so würde sich finden, daß man in dem rechtlichen Satze eine Regel annehmen müßte, die zwar nicht absolut und unabänderlich sein kann, aber doch zunächst für einige (irgend welche) Zeit gelten will; wogegen die willkürliche Anordnung gar keine Beschränkung, also auch keine zeitliche Schranke, für ihre Geltung anzuerkennen gedenkt. Es liegt daher in der letzteren der Sinn einer absoluten Ungebundenheit des befehlenden Machthabers, während der Rechtssatz auch bei der bloßen Aufmerksamkeit auf die von ihm in das Auge gefaßte Zeit der Geltung eine Bindung des Regelsetzenden enthält. Es langt mithin dieser Weg der Überlegung bei der Konstatierung des von uns für den Rechtsbegriff angegebenen Merkmales — der Unverletzbarkeit bis zu geschehener Aufhebung durch anderes Recht — gleichfalls an.

Dieser Gedanke ist natürlich in aller Erwägung über das Recht und in der Besorgnis vor entgegenstehender Willkür enthalten; es fehlte bis jetzt nur die klare Besinnung auf ihn. Aber man würde gar nicht so gehäufte Kautelen für Innehaltung der Rechtsordnung gegenüber willkürlicher Gewalt fordern und durchführen, wenn nicht die Grenze, welche die theoretische Betrachtung zwar allezeit haarscharf zu ziehen vermag, wegen der Feinheit des begrifflichen Unterschiedes in der konkreten Ausübung leicht verwischt würde.

Ohne dieses leichte Ineinanderspielen von Recht und Willkür, ohne die stete Versuchung, gerade der Unverletzbarkeit des Rechtes während seines Bestehens zu widerstreben und die in jenem gelegene Bindung des Gewalthabers für nichts zu achten, würde die Gerechtigkeit im Laufe der Geschichte nimmermehr als besondere Tugend gepriesen worden sein und mit Fug als *constans et perpetua voluntas ius suum cuique tribuendi* gefeiert werden.

Ja es soll nicht nur des geltenden Rechtes Unverletzbarkeit da überall zum Durchbruche kommen, wo der persönliche Vorteil und Wunsch des Machthabers ihm widerstreitet, und nach des Brutus Beispiel „ohne Ansehen der Person" rechtlich geurteilt werden; sondern es wird als Aufgabe ausübender Gerechtigkeit die Ahndung des Rechtsbruches auch in den Fällen hingestellt, da der rechtlich mißbilligte Akt den Rechtsgenossen ausschließlich Vorteil gebracht und einen Schaden abgewendet hat, der bei Ausführung des Rechtes sie alle würde betroffen haben.

Doch seinen schärfsten Ausdruck findet die Mühsamkeit und

Schwierigkeit der praktischen Durchführung des von der Willkür abgegrenzten Rechtes im Kampfe mit edlem Streben und gutem Willen, so mit der Satzung jenes nicht in Einklang zu bringen sind. Ob solcher Kampf von der anderen Seite unternommen wird, gestützt auf göttliches Recht und Gebot, ob das tragische Schicksal der Antigone Herz und Verstand uns rührt, und der Satz, daß man Gott mehr gehorchen müsse als den Menschen, das Nachdenken herausfordert, oder ob weltliche Lehre von richtigem sozialem Wollen es ist, die einer positiven Rechtsnorm sich nicht fügen kann: Überall tritt der Gedanke hervor, daß, wenn eine von Willkürbefehl deutlich abgegrenzte rechtliche Ordnung da sein soll, sie auch während ihrer Geltung sich als unverletzbare Regelung behaupten muß, — oder sie wird überhaupt nicht eine gegenständlich beachtenswerte Größe sein.

Dem Juristen, als Techniker, dem seine begrenzte Aufgabe der praktischen Durchführung bestimmter Rechtsordnung genau gegeben ist, verbleibt dann nichts, als einfach jener Weisung nach nun durchzugreifen; — dem Juristen, als philosophisch denkendem Manne, geziemt die Frage: ob dies Gebot, das wir jetzt unterstellten, so, wie es ist, denn auch sein sollte? Und da vor allem besonderen Inhalte eines jeden Rechtsgebotes es gerade die Eigenschaft der Zwangsnorm sein muß, die an und für sich jene Konflikte, welche wir zuletzt andeuteten, begründete: der Anspruch, als Zwangsregel zu gelten, es ist, durch den es mit bloßer Willkür in die eine Gruppe sozialer Normen zusammengeschlossen wird und in ihr erst wieder in eigenem Besinnen getrennt werden muß, — so stoßen wir wieder auf die erste und an diesem Punkte tiefste und eindringlichste Frage: ob denn dieser fein erst festzustellende und oftmals mühsam nur ausführbare Begriff einer von subjektiver Willkür geschiedenen Rechtsgewalt sein soll?

Warum eigentlich dieses Mittelding zwischen freier Konvention und willkürlichem Zwange? Weshalb überhaupt den Rechtszwang?

Zweiter Abschnitt.

Begründung des Rechtszwanges.

92

Sobald in den Tagen des alten gemeinrechtlichen Prozesses eine Streitsache vor die obere Instanz gebracht war, um dort entschieden zu werden, so wurde vor allem durch ein dazu berufenes Mitglied des Kollegiums ein ausführliches Gutachten über den *status causae et controversiae* mit Urteilsvorschlag und Begründung ausgearbeitet. Es war ein schleppendes Prozeßverfahren, voll Schwerfälligkeit und Steifheit. Aber es besaß den Vorzug der gründlichen Erwägung und einer klaren Erfassung der Streitpunkte; mochte dieses auch vielfach nur durch pedantische Schemata erreicht werden. Keinem ausgebildeten Juristen jener Zeit wäre es eingefallen, an der fundamentalen Teilung der Frage: Ob dem Appellanten formal das Recht zustehe, vor diesem angegangenen Forum gehört zu werden, — und ob er in der streitigen Sache selbst berechtigt sei? — irre zu werden oder auch nur achtlos vorüber zu schreiten. Die eigene Kunst des Referierens, die er erlernt hatte, schrieb ihm von selbst die Disposition für das Gutachten in seiner Relation vor: Prüfung des erhobenen Rechtsanspruches *quoad formalia — quoad materialia.*

Die Juristen als Rechtsphilosophen haben sich diese Anleitung niemals richtig zu nutze gemacht. Stets verwirrt sich bei ihnen die Frage nach der Begründung des Rechtszwanges mit derjenigen, die auf den erstrebenswerten Inhalt und das sachliche Ziel der sozialen Ordnung hingeht. Selten findet man, daß ein sozialer Denker es in ausdrücklichem Bewußtsein hat, von welcher der beiden Fragen er gerade redet; immer aber stimmt in der Sache alle seitherige Rechtsphilosophie darin überein, daß sie die beiden Probleme sich durchkreuzen läßt und regelmäßig direkt auf die Frage nach einem Maßstabe für gerechtfertigten Inhalt eines Rechtes lossteuert, vermeinend, daß bei Verfolgung ihres Zieles das Recht in seinem Anspruche auch formal ganz von selbst sich begründe.

Das ist nicht anders, als wenn der Gerichtshof sich erst über die sachliche Berechtigung des appellantischen Antrages schlüssig machte und darauf dann die formale Zulässigkeit desselben gründen wollte.

Man darf nicht als das präjudiziell letzte rechtsphilosophische Problem es ansehen, wenn erwogen wird: ob ein Recht berechtigt sei, wenn die Mehrheit der erwachsenen (männlichen) und beschlußfähigen Staatsbürger sich dafür entschieden habe; — oder wenn alle Rechtsgenossen ohne Ausnahme darüber befragt worden seien; — oder wenn es dem nationalen Volksgeist entspreche; u. a. m. Denn bei allen diesen Fragen ist das Bestehen des formalen Rechtszwanges überhaupt schon vorausgesetzt.

Die Lehre von den Rechtsquellen nach positivem Rechte bedeutet selbstverständlich weiter nichts, als rechtliche Normen mit besonderem Inhalte, nimmt also das Bestehen des Rechtszwanges unbeanstandet vorweg. Die Frage, welche Personen nach allgemeiner Erwägung befugtermaßen zur Rechtssetzung berufen seien, nimmt nicht minder als angeblich feste Basis an, daß überhaupt rechtliche Gesetzgebung sein soll.

Das aber entbehrt der wissenschaftlichen Begründung.

Es muß ganz abgetrennt für sich erwogen und entschieden werden, ob das Recht überhaupt Berechtigung habe, vor dem Richterstuhle der Sozialphilosophie gehört zu werden; so daß dabei weder auf dasjenige, was es in geschichtlicher Wirklichkeit normierend aufstellt noch auf ein bestimmtes Ziel, welches ihm für seinen Inhalt gesteckt ist, schon Bezug genommen wird.

Hier ist tiefer zu graben, wenn man ein festes Fundament der Rechtsphilosophie erhalten will. Es muß schlechterdings alles, sonder Bedingung und Ausnahme, entfernt werden, was irgend etwas mit dem Inhalte eines Rechtes zu tun hat. Es darf nichts in Gedanken übrig bleiben, als die bloße Form einer rechtlichen Ordnung überhaupt. Diese ist in ihrer Eigentümlichkeit nach den von uns gegebenen Momenten in das Auge zu fassen; und so der rechtliche Zwang, als formale Beschaffenheit gewisser menschlicher Gebote, für sich in seiner Begründetheit kritisch zu prüfen.

Die Streitlage ist diese. Gegebenes Recht oder konkrete Bestrebungen auf Änderungen und Neuschöpfungen von Recht sollen auf ihre Berechtigung hin an allgemeinem Richtmaße der Gesetzmäßigkeit des sozialen Lebens bestimmt und abgeurteilt werden; aber der Gegner des Rechtes, der skeptische Anarchismus, behauptet die formale Unzulässigkeit dieses Instanzenzuges. Das Recht, erklärt er, könne von vornherein zum Nachweise einer *in concreto* vorhandenen inhaltlichen Übereinstimmung mit dem Grundgesetze des sozialen Lebens gar nicht zugelassen werden, weil es überhaupt kein geeignetes Mittel zur Erzielung eines rechten gesellschaftlichen Daseins der Menschen abgebe. Denn es hafte am Rechte allemal das Moment des Zwanges und der Gewalt, so daß es einer sozialphilosophischen Beurteilung schon an und für sich niemals standhalten könne, man möge ihm Ziel und Inhalt geben, wie man nur wolle.

So haben in beredten Worten die gegnerischen Anwälte ausgeführt. Sie haben damit deutlich die erste Aufgabe gekennzeichnet, die einem unparteiisch abwägenden Urteile zukommt: sichere Antwort auf die Frage, ob und wie sich das Recht in dem ihm eigentümlichen formalen Geltungsanspruche, nämlich als Zwangsmaßregel, in das Problem der Gesetzmäßigkeit des sozialen Lebens überhaupt einfügt?

Ist nicht alles Bemühen, dem Rechte einen besseren und vollkommneren Inhalt zu geben, deshalb in sich sinnlos, weil immer wieder der Rechtszwang dabei unterläuft, und dieser als solcher keine Berechtigung haben kann?

Wenn es von vornherein feststehen sollte, daß das Recht in seinem formalen Geltungsanspruche als Zwangsmaßregel überhaupt nicht geeignet ist, jemals gegenständlich gerechtfertigt werden zu können, so brauchte man sich auch nicht weiter den Kopf darüber zu zerbrechen, wie eine gegebene rechtliche Ordnung unter konkreten Umständen zu gestalten wäre, um objektiv berechtigt zu werden.

Ehe man also eine bestimmte rechtliche Satzung in ihrem konkreten Inhalte kritisch prüfen und vielleicht ihre Abänderung nach gewisser Richtung hin als notwendig aufstellen kann, ist grundsätzlich vorher darzutun, ob der Fehler eines sozialen Zustandes nicht schon in der Eigenschaft jener Norm als einer rechtlichen gelegen war. — Soll denn bloß der Inhalt der Regel geändert werden, oder hat nicht überhaupt ihr formaler Charakter des Rechtszwanges zu fallen?

In dieser Frage tritt doch unverkennbar hervor, daß der Zweifel an der Berechtigung des Rechtszwanges überhaupt das grundlegende Problem abgibt; nach dessen bejahender Erledigung erst die Erwägung nach dem rechten Inhalte eines bestimmten Rechtes Sinn und Bedeutung haben kann.

Dann muß es aber auch möglich sein, den Rechtszwang als formale Eigenschaft sozialer Regeln für sich besonders selbständig zu erwägen und die Frage nach seiner Notwendigkeit in eigener Untersuchung zu erörtern und zu erledigen.

Die fundamentale Frage für alle richtende Kritik in sozialen Dingen ist sonach in erster Linie dahin aufzuwerfen: Welches der beiden formalen Mittel — die Normen mit rechtlichem Zwange oder von bloß freier Konvention — sind überhaupt in Notwendigkeit anzuwenden, — welches besitzt an und für sich notwendige Berechtigung? Und erst hinter dieser Frage kommt die andere: Welcher Inhalt hat der so als notwendig begründeten Form nach allgemeiner sozialer Gesetzmäßigkeit unter empirisch gegebenen geschichtlichen Bedingungen zuzukommen?

Unter den beiden von uns näher dargelegten Möglichkeiten der rechtlichen Satzungen und der konventionalen Regeln bedürfen nun aber in formaler Hinsicht gerade die erstgenannten einer besonderen Deduktion.

Indem die Konventionalregel nur diejenige Geltung beansprucht, die sich aus der Einwilligung des Regelunterstellten selbst ergibt, bereitet sie nach der formalen Seite der Geltung gar keine Schwierigkeit.

Bei dem Rechtszwange ist das anders. Weder Begriff noch Grund der verbindenden Kraft des Rechtes kann man auf Vertrag und Zustimmung und Anerkennung der Rechtsgenossen stützen. Einfach aus dem Grunde nicht, weil damit der von dem Rechte in der Geschichte tatsächlich erhobene Anspruch, auch ohne alle Zustimmung und ohne Rücksicht auf Wunsch und Willen der Unterworfenen zu gelten, durch das Moment der Anerkennung und des Vertrages gerade nicht gedeckt wird. Hier drängt sich unabweisbar die Frage auf: mit welchem Rechte überhaupt der rechtliche Machthaber gebietet, — ganz losgelöst von der Frage, ob er in der Sache Billigenswertes anordnet oder nicht.

Das Recht ist auch nicht als Schutz konventional verbundener Genossen gegen äußeren Eingriff gemeint; auch nicht in der Weise daß die sozial Verbundenen nur eine Abwehr gegen solche Menschen vornähmen, die sie störten oder die von ihnen getroffenen gemeinsamen Einrichtungen ohne Mitgliedschaft benutzten. Denn das bedeutet das Problem des Rechtszwanges gar nicht. Man darf diesen keineswegs so fassen, daß er konventionale Gemeinschaften, oder gar die Mehrheit in einer solchen, sichern und schützen solle. Das Problem des Rechtszwanges liegt vielmehr darin, daß die rechtliche Regel Menschen unter ihre Gewalt zieht, auch wenn sie gar nicht wollen. Der Rechtszwang, wie er historisch gegeben ist und auch heute bei uns und allenthalben auftritt, ist aggressiv. Er wartet gar nicht auf einen Angriff von außen her, um diesen abzuwehren. Er ergreift die Initiative und zwingt Menschen unter seine Herrschaft, auch wenn sie ganz friedlich waren und die Rechtsgemeinschaft gar nicht zu stören, noch zu beeinträchtigen gedachten.

„Mit welchem Rechte unterwerft Ihr mich Eurem Recht, auch wenn ich gar nichts mit Euch zu tun haben will?“ — Das ist die Frage des Anarchisten. „Laßt mich doch mit meinesgleichen, mir gleich Gesinnten, frei vereinigen, und laßt mich in Ruhe, solange ich Euch nichts zufüge!“

„Nein!“ — antwortet darauf unsere Rechtsordnung. — „Wer zu mir gehört und mir untertan ist, das bestimme ich. Und wer sich zu Vereinen zusammenfinden darf, und in welcher Art dieses zulässig ist, das ist an sich nicht frei, darüber entscheidet mein Befinden. — Ob Du ein Störenfried bist oder nicht, ob Du vielleicht auswandern und uns gänzlich verlassen willst, darauf nehme ich an sich gar keine Rücksicht: Nach meiner Regel bist Du mir unterworfen. Du bleibst und fügst Dich, und hast abzuwarten, ob ich Dir das Fortgehen und Ausscheiden vielleicht erlaube, — oder ich brauche Gewalt!“

Das ist der Sinn des rechtlichen Zwanges; dieses die Meinung, in der das Recht nach geschichtlicher Tatsache gelten will.

Kann dieser Geltungsanspruch philosophisch gerechtfertigt werden? Und wie würde seine Notwendigkeit zu deduzieren sein?

An dieser Frage darf keine Erwägung, die eine kritisch begründete Theorie des sozialen Lebens liefern will, achtlos vorübergehen. Es trotzdem getan zu haben, war ein durchschlagender verhängnisvoller Fehler der seitherigen Rechtsphilosophie; der gegenüber nun zweierlei stets festzuhalten ist: Einmal, daß die Frage nach der Art der Form des sozialen Lebens von derjenigen nach dem Inhalte der Regeln getrennt, als die der zweiten präjudizierende behandelt und in eigener Untersuchung erforscht und begründet werde; — sodann, daß zwischen den beiden Arten formaler Möglichkeiten bei der Regelung des sozialen Lebens, zwischen rechtlicher Zwangssatzung und freier Konventionalregel, scharf unterschieden wird.

Über die fundamentale Gegensätzlichkeit der beiden Formen des sozialen Lebens darf auch die Wahrnehmung nicht hinwegtäuschen, daß in der praktischen Ausführung im einzelnen Falle die beiden sich eigentümlich nähern können. Daß die Konventionalregel unter Umständen einen außerordentlich starken und vielleicht mächtigeren Einfluß im konkreten Falle auszuüben vermag, als eine rechtliche Androhung, die ihr möglicherweise gerade zuwiderläuft, ist allbekannt und sicher (vgl. S. 126). Daß dieses aber den grundlegenden Gegensatz für den Sinn des jeweiligen Geltungsanspruches bestehen läßt, bedarf keines weiteren Wortes. Wohl aber könnte vielleicht jemand meinen, daß in einer allgemeingültigen und notwendigen Weise der von Konventionalgemeinschaften ausgehende Druck in ganz gleicher Art, wie der rechtliche Zwang, sich fühlbar machen werde.

Diese Ansicht würde die Möglichkeit einer sozialen Organisation ausschließlich durch Konventionalregeln in das Auge fassen und nun vermeinen, daß das nur hypothetische Gebot der konventionalen Normen notwendigerweise mit demjenigen der jetzigen rechtlichen Ordnung in der Sache zusammenfallen müsse. Wenn der einzelne sich nicht fügt, müßte man alsdann argumentieren, so fällt er außerhalb der Konventionalgemeinschaft; dieses kann man sich für die kleinen konventionalen Gruppen innerhalb einer Rechtsordnung gefallen lassen, weil dadurch die Existenz des einzelnen unangetastet bleibt, der drohende Ausschluß sich mithin nicht direkt als Zwang darstellt. Bei einer rein anarchistischen Organisation würde aber durch Ausschluß aus dem konventionalen Verbande ein Ausstoßen aus der menschlichen Gesellschaft selbst erzielt werden; die Existenzbedingungen des einzelnen würden aufgehoben sein, und so das Prinzip der Ausschließung, welches den Konventionalregeln inhäriert, zum Rechtszwange zurückführen.

Aber derartige Hinweisungen auf praktische Möglichkeiten können unsere grundsätzliche Auseinanderhaltung der beiden sozialen Formen nicht entbehrlich machen.

Wenn ich dem Gedankengange jener folgen darf, so ist es ja keineswegs *a priori* notwendig, daß durch den Ausschluß aus einer Konventionalgemeinschaft, auch bei ausschließlichem Bestehen von solchen, die Existenzbedingungen des einzelnen aufgehoben und gänzlich vernichtet werden: Es ist die Möglichkeit der Aufnahme in eine andere konventional konstituierte Gruppe niemals allgemeingültig auszuschließen, ja sogar die absolute Unmöglichkeit eines Einsiedlerlebens nicht einmal zu behaupten. Bloß unter gewissen empirischen Bedingungen könnte also durch eine grundsätzlich nur konventional geltende Regel ein mächtiger Druck durch Drohung mit Aufhebung aller Existenzbedingungen des Angeredeten ausgeübt werden. Die Möglichkeit, daß die Konventionalregel dem rechtlichen Gebote in der Wirkung ähnlich oder gleich oder überlegen ist, die ist gegeben, die Notwendigkeit hiervon aber nicht.

Es ist also die Frage nach der etwaigen Übereinstimmung beider sozialer Regelungsarten hinsichtlich ihrer praktischen Wirkungen im Einzelfalle gar nicht allgemeingültig im voraus zu entscheiden möglich. Es kann sein, wiederhole ich, daß in einer konkreten Sachlage der Druck der Konventionalregel ebenso auf ein einzelnes Individuum wirken wird, als wenn eine Rechtsnorm mit ihrem Anspruche als Zwangsregel aufträte. — Aber diese Übereinstimmung ist dann eine zufällige und keine notwendige. Jeden Augenblick könnte die Gleichheit in den Wirkungen, nach dem Angeführten, wieder auseinander fallen; die grundsätzliche Verschiedenheit in dem Sinne ihres Geltungsanspruches macht solches unvermeidlich.

Soweit sich aber generell für die voraussichtliche Erfahrung hierüber in der Hypothese etwas aufstellen läßt, so spricht die Wahrscheinlichkeit keineswegs für eine regelmäßige konkrete Gleichgültigkeit des formalen Charakters sozialer Normen. Auch abgesehen von der erwähnten Möglichkeit des freien Übertrittes in eine andere Konventionalgemeinschaft — nicht nach Erlaubnis der seither über ihn gebietenden Rechtsordnung, sondern in eigener Entschließung des einzelnen —, so ist doch der synallagmatische Charakter der sozialen Verbindung in einem nur konventional konstituierten Verbande ganz anders verbürgt, als unter dem Rechtszwange, der ganz notwendig immer von einzelnen Menschen über andere ausgeübt wird und die Möglichkeit des konkreten Gegendruckes von seiten der einzelnen Gesellschafter an sich weit mehr gewährleistet, als es dem zwangsmäßig geltenden Rechte gegenüber sein kann.

Ich kann auf diese Erwägungen natürlich keinen besonderen Nachdruck legen. Das prophetische Hineinsehenwollen in mögliche künftige Zustände, mit Wahrscheinlichkeitsrechnung über verschiedene mögliche Wirkungen, ist eine in ihren Fundamenten allzu ungewisse

Beschäftigung, als daß eine Theorie des sozialen Lebens, der es auf Sätze von Notwendigkeit und Allgemeingültigkeit ankommt, sie in ihr Programm aufnehmen dürfte. Aber ich bin bei einsichtigen Männern, die auf den von mir formulierten und grundsätzlich betonten Gegensatz der Rechtssatzung und der Konventionalregel eingegangen sind, auf das besprochene Bedenken getroffen; so daß ich den hier möglichen Gedanken nicht ganz unverfolgt lassen wollte.

Für die theoretische Sozialwissenschaft ist die prinzipielle begriffliche Auseinandersetzung mit den beiden möglichen Arten der Form des sozialen Daseins der Menschen unerläßlich; und für das grundsätzliche Festhalten und Weiterführen des Gegensatzes ist es ebenso notwendig, wie völlig ausreichend, ein konkretes zufälliges Zusammenfallen der von beiden Seiten auf einen einzelnen ausgeübten Wirkungen zuzugeben, dabei aber die Notwendigkeit solcher Kongruenz in sichere Ableugnung zu nehmen.

Von den beiden Arten der Form des sozialen Lebens bietet nun, wie erwähnt, der Geltungsanspruch der Konventionalregel nicht die geringste Schwierigkeit, derjenige des Rechtsgebotes eine anscheinend sehr große. Indem das Recht als unverletzbare Zwangsnorm sich über dem einzelnen erhebt und doch nur ein Gebot von Menschen an andere Menschen ist, so leuchtet die Berechtigung dieser seiner Eigenart von vornherein noch gar nicht ein.

Wenn eine Regel nur erklärt: Du sollst, wenn Du willst, — so ist ihr Geltungsanspruch deutlich und in seiner formalen Berechtigung sofort einleuchtend; denn er mutet dem Sinne seiner Aufstellung nach dem Angeredeten nichts von fremdartiger Gewalt zu. Wenn gerade umgekehrt, im anderen Extrem, ein Befehl ergeht: Du sollst, denn ich bin groß und Du bist klein, und ich behandle Dich als meine Sache und Naturobjekt, ohne mich selbst an irgend etwas zu binden, — so ist wiederum auf der Stelle eine wünschenswerte formale Klarheit über die Nichtberechtigung eines derartigen Befehls vorhanden; denn der Sinn des Gebotes geht ausschließlich auf subjektive Willkür, die gänzlich darauf verzichtet, den von ihr ausgeübten Zwang irgendwie gegenständlich zu rechtfertigen.

Aber das zwischen Konventionalregel und Willkürgewalt in der Mitte befindliche Recht ist nach keiner Seite jener Erwägungen hin sofort klar erkannt und begründet. Durch das ihm innewohnende Moment zwangsmäßiger Geltung, formal ohne Rücksicht auf Wunsch und Willen der Unterworfenen, nähert es sich in bedenklicher Weise der Willkür; durch das Merkmal eines beiderseitigen Bindens und damit einer unverletzbar geltenden Norm kehrt es jener den Rücken und tritt zur Seite der Konventionalregel. Kann es in dieser seiner Eigenart begreiflich gemacht und gerechtfertigt werden?

Wir werden also jetzt diese Untersuchung für sich besonders stellen und selbständig durchführen und darauf acht haben, daß sie nicht mit derjenigen nach dem richtenden Endziele für den Inhalt der sozialen Regelung ohne weiteres vermengt wird. Es ist der Rechtszwang als solcher, die besondere Eigenschaft der rechtlichen Ordnungen, von der wir in näherer Begriffsbestimmung gehandelt haben, die in ihrer formalen Notwendigkeit aufgezeigt werden muß, — oder aber, es ist alles Recht gleich verwerflich, und weder durch Lockerung noch Verschärfung seines Bandes so lange etwas zu erreichen, als der Rechtszwang an und für sich besteht, und wir nicht von aller rechtlichen Bindung ohne Ausnahme abstrahieren.

Wenn also der Rechtszwang begreiflich gemacht und nach der Seite seiner Berechtigung hin untersucht werden soll, so genügt es nicht, mit der seitherigen Rechtsphilosophie zu sagen: Das Recht verfolgt diesen oder jenen Zweck; dieser Zweck ist ein berechtigtes Ziel; — also ist auch der Geltungsanspruch des Rechtes gerechtfertigt. — Aber nicht die Tauglichkeit und Brauchbarkeit des Mittels kann entscheiden, sondern allein seine Unvermeidlichkeit zur Verfolgung eines notwendigen Zieles. Nicht weil das Recht berechtigte Zwecke des sozialen Zusammenwirkens erreichen kann, würde es allgemeingültig gerechtfertigt sein; sondern nur dann, wenn es dabei gar nicht zu entbehren ist. Wenn vermöge der Konventionalregeln das Gleiche erreicht werden könnte, wie durch Anwendung von rechtlicher Gewalt, so würden doch zweifellos die ersteren den Vorzug verdienen. Denn sie vermeiden in dem Sinne ihres Geltungsanspruches alles, was von subjektiver Willkürgewalt, die einer dem andern antut, hergenommen ist. Das Recht aber bedeutet in dem Zwangscharakter seiner Gebote das Gleiche, wie alle anderen Gewaltmaßregeln und fremdartigen Machtbefehle; indem es dieses unerfreuliche Moment als integrierenden Bestandteil seiner selbst in die Regelung des sozialen Lebens hineinträgt, so muß es in dem Maße seiner Notwendigkeit über die Konventionalregel ein Plus dartun, wenn es anders in dem durch die Theorie des Anarchismus angefachten Streite siegen soll.

Sollte das nicht gelingen, so würde das Recht in seiner Eigenart von der Sozialphilosophie an sich zurückgewiesen werden müssen. Es käme nicht mehr in Frage, solange überhaupt Vernunft und Wissenschaft für das soziale Leben der Menschen urteilend und bestimmend eingreifen sollen; — es könnte nur als subjektive Verirrung erfaßt werden. Für eine nach wissenschaftlicher Einsicht mögliche Gesetzmäßigkeit des gesellschaftlichen Daseins der Menschen, die uns über das wilde Ungefähr roher Bestrebungen von nur subjektiver Gültigkeit erhöbe, bliebe als allein berechtigte Form die Konventionalregel übrig.

Die bestehende rechtliche Ordnung ist auf das äußerste angefeindet. Ihr tatsächlicher Besitz wird als ein rechtmäßiger ihr bestritten. Die persönliche Notwehr von Fall zu Fall kann auf die Dauer unmöglich genügen, noch ein vorläufiges Possessorium die Ruhe und Stetigkeit, die hier not tut, herstellen. So sucht die arg Bedrängte Schutz in ihrem Rechte vor dem höchsten Tribunal, das es gibt: vor dem Richterstuhle der Sozialphilosophie.

Wir nehmen die Sache an. Und wollen dem Rechte sein Recht nun weisen.

Ich werde aber — in Erwägung des Gesagten — in dem Vortrage, den ich in dieser Streitsache dem hohen Kollegium der Rechtsphilosophen zu erstatten habe, meine Begutachtung des von unserem Rechte erhobenen Anspruches in zwei Abschnitte zerlegen. Und wende mich zu dem ersten:

QUOAD FORMALIA.

93

Die ungünstige Gepflogenheit vieler moderner Schriftsteller, wonach sie unter Gesetzmäßigkeit nicht grundlegende Einheit überhaupt, sondern ausschließlich kausale Notwendigkeit verstehen, hat auch in der Frage nach der gesetzmäßigen Berechtigung des rechtlichen Zwanges Verwirrung angerichtet. Wir sind bei dem jetzigen wissenschaftlichen Stande dieser Frage genötigt, auch hier zunächst einige methodische Klärung vorauszuschicken.

Nachdem wir die Form des sozialen Lebens von dessen Materie, der sozialen Wirtschaft, abgetrennt haben und in ihr allein die grundlegende Gesetzmäßigkeit des sozialen Lebens erwarten dürfen, haben wir jetzt den Unterschied von Rechtszwang und freier Konvention als zweier einander entgegengesetzter Möglichkeiten sozialer

Ordnung festzuhalten. Die Zergliederung des Rechtsbegriffes brachte uns seine allgemeingültige Abscheidung von bloßen Willkürbefehlen und vollendete die Eigenart des rechtlichen Zwanges, von dessen gesetzmäßiger Deduktion nun die Rede ist.

Gehen wir daher jetzt weiter und fragen nach der Notwendigkeit des Rechtszwanges, so muß doch vor allem Klarheit darüber herrschen: in welchem Sinne man Notwendigkeit erwartet.

Soll es eine Notwendigkeit im Sinne des Kausalitätsgesetzes oder der teleologischen Betrachtung sein?

Hierüber finden wir in der rechtsphilosophischen Literatur keine bewußte Klarheit. Der Umstand, daß die Probleme nach der Begründung des formalen Rechtszwanges und der materialen Rechtsbestimmungen bis jetzt niemals in aller Schärfe und Konsequenz geschieden und danach durchgeführt worden sind, mag die Hauptschuld daran tragen.

Was aber allerdings in förderlichem Interesse betrachtet werden muß, das sind die beiden entgegengesetzten Standpunkte selbst, die in seitherigen rechtsphilosophischen Versuchen tatsächlich enthalten sind. Man kann danach unterscheiden:

1. Äußerungen, welche eine Notwendigkeit des rechtlichen Zwanges im Sinne kausaler Unvermeidlichkeit zu grunde legen. In verschiedener Weise wird hier der Geltungsanspruch des Rechtes als ein im naturnotwendigen Verlaufe des menschlichen Daseins sich ergebendes Ding behandelt. Ich werde alle diese Versuche als dynamische Begründungen des Rechtszwanges zusammenfassen und demnächst zuerst erörtern.

2. Unternehmungen, den Rechtszwang als alleiniges Mittel zu notwendigem Zwecke darzustellen. Dieses würden die teleologischen Begründungen des Rechtszwanges sein. Dabei laufen sie bis jetzt auf zwei verschiedene Wendungen hinaus, indem das Recht

a) als Mittel zur physischen Erhaltung des Menschengeschlechtes,

b) als Mittel zu möglicher Sittlichkeit der Menschen

behauptet wird. Die sich darunter zersplitternden Varianten werden wir in den folgenden Paragraphen nennen.

Eine dritte Art von Notwendigkeit, außer der dynamischen und der teleologischen, kann für unsere Frage nicht in Betracht kommen. —

Um nun die Bedeutung der dynamischen Begründung des Rechtszwanges sicher zu erfassen, sind zunächst wiederum zwei

Möglichkeiten klar zu stellen, nach deren Richtung hin sich die jetzt fraglichen Meinungen bewegen können und auch bewegt haben.

a) Es ist versucht worden, den Rechtszwang dadurch begreiflich zu machen, daß man nach einer Verursachung der Vorstellung, bestimmten Geboten gehorchen zu müssen, sich umtat. Gewissen Regeln gegenüber erhalten wir die Empfindung, daß wir ihnen zu folgen haben und uns ihrem Befehle nicht entziehen dürfen. Diese Empfindung entstehe bei uns in einem kausal notwendigen Prozeß. Und darin liege die Berechtigung der zwangsmäßigen Geltung des Rechtes begründet.

Welche gewissen Regeln das seien, und wie man sich jenen Vorgang in seiner kausalen Bedingtheit des näheren exakt vorzustellen habe, das freilich ist bis jetzt nirgends dargelegt. Der angeführte Vorschlag ist Programm geblieben.

Die in der materialistischen Geschichtsauffassung dabei zu grunde liegende Meinung, die allerdings mehr unwillkürlich sich darin verbirgt, als daß sie zu bewußt klarem Ausdrucke gelangt wäre, würde zu der Aufstellung neigen, daß der Mensch als soziales Tier durch Instinkte getrieben würde, sich zum Zwecke der vereinten Führung des Kampfes ums Dasein zu unterwerfen. Aber ein solcher Naturtrieb, soweit man ihn in völliger Abstraktion von aller empirischen, geschichtlichen Bedingtheit vorstellen mag, würde doch bloß als Geselligkeitstrieb überhaupt gefaßt werden können. So war das „ζῶον πολιτικόν" des Aristoteles, so der „*appetitus societatis*" des Grotius gemeint. Dem könnte auch durch Konventionalregeln entsprochen werden: aber der Rechtszwang kann in seiner Eigentümlichkeit unmöglich aus allgemeinem Naturtriebe allein hergeleitet werden. Um den tatsächlichen Einfluß auf Menschen, wonach sie dem Rechtszwange scheu sich fügen, *in concreto* zu verstehen, muß man auf geschichtliche Erfahrung zurückgehen.

Nun ist die zwingende Macht, welche der geschichtlich ererbte Bestand des Rechtes überhaupt bei jeder einzelnen neu auftretenden Rechtssatzung auf die ihr Unterworfenen ausübt, wahrlich nie zu verkennen. Ein Gesetz hat eigentümliche Wirkungen, die eine zum Exempel bloß literarisch vertretene Ansicht nicht besitzt, auch wenn sie vielleicht „die öffentliche Meinung" für sich hat. Die bloße Tatsache der öffentlichen Feststellung als Gesetz, das Faktum, daß man auf einen unter normalen Verhältnissen unbesieglichen Widerstand träfe, wollte man sich ihm als einzelner entziehen, wirkt auf jeden Rechtsunterworfenen in mehr oder weniger starker Weise.

Und zwar könnte man eine doppelte Art solcher Wirkung unterscheiden:

α) Unmittelbar, für sich allein, mit physiologischer „Trägheitskraft“: Man wird nicht entgegenhandeln ohne sehr starke anderweitige Antriebe.

β) Mehr mittelbar, „ideell“, d. h. gedanklich vermittelt: — daß nach dem Rechtsgesetze zu verfahren ist, das ist fortan ein fester Punkt in dem System unserer Entschließungen, und wirkt, je nach den gedanklichen Bezügen der Übereinstimmung oder des Widerstreites (unterstützend oder hemmend) auch auf anderes ein.

So lehrt die Erfahrung, daß ein sonst sach- und zeitgemäßes Gesetz, das vielleicht nur nach harten Kämpfen, etwa mit knapper Majorität durchging, sich dennoch regelmäßig bald einbürgert und schon ein Jahr später jedem Angriffe leicht widersteht; nicht bloß, weil es nun Gesetz geworden und als solches seine Macht (mechanisch) geübt hat, sondern auch, weil es durch die Zusammenhänge, in die es sich fügt, weiter gefestigt ist. Und sein Bestand wiederum wird fortan die neue Einführung aller solcher weiterer Gesetze sehr erleichtern, die in gleicher Richtung liegen.

Wenn wir nun solches in der Erfahrung bei einzelnen neu auftretenden Gesetzen regelmäßig beobachten können, so gilt das Gesagte in ungleich höherem Maße von dem rechtlichen Zustande und dem Rechtszwange überhaupt. Die bloße Existenz eines gesetzlichen Zustandes im Rechtssinne, und sei er inhaltlich noch so schlecht, ist eine ungeheure, kaum überwindliche Macht; und sie bildet durch feste Gewohnheit die regelmäßig geglaubte Prämisse, daß eine soziale Ordnung mit Rechtszwang sein müsse.

In dieser Hinsicht ließen sich durch empirische Beobachtung und vergleichende geschichtliche Erfahrung manche interessante Einzelergebnisse erzielen. Man könnte in ausgedehnter Weise einsehen, wie die Vorstellung von einem notwendigen Unterworfensein bei dem einzelnen Gesetze, wie in bezug auf die gesamte soziale Ordnung auf Grund überlieferter Rechtsordnung, deren Bestandes und weiteren Fortschreitens, bei den einzelnen sich entwickelt und nach geschehener Ausbildung weitere Wirkungen nach sich zieht. Diese empirische Gewöhnung und deren psychologische Macht ist es dann, die man in verwerflicher Unklarheit als ein aprioristisch gegebenes „Rechtsbewußtsein“ und als „Rechtsidee“ bezeichnet hat.

Aber eine angeborene Rechtsidee ist ein unbegreifliches Unding. Sie muß empirisch erworben werden. Und für die erworbene gilt dann natürlich wieder die Frage, ob die in ihr liegende Vorstellung von einer notwendigen Unterwerfung an ergangene Rechtsgebote in ihrem Inhalte objektiv berechtigt sei. So wenig, wie sonst irgend wie der selbstverständliche Umstand, daß die Entstehung einzelner Bewußtseinserscheinungen nur kausal bedingt, nach naturwissenschaftlicher Methode, begriffen werden kann, über die Gesetzmäßigkeit ihres Inhaltes entscheidet und darüber, ob sie wahr, gut, schön sind, mit jenem Umstande auch nur das geringste gewonnen ist: so würde auch das besondere Bewußtsein davon, daß man sich unterwerfen soll, doch erst in seiner inhaltlichen Berechtigung dargetan werden müssen.

Würde man aber das Ganze der Rechtsunterworfenen nehmen und nach der vorhin angeführten Meinung eine Berechtigung des Rechtszwanges daraus herleiten wollen, daß eben die Rechtsunterworfenen in tatsächlichem Gehorsam dem Rechte sich fügen und dem auch nach den gegebenen Verhältnissen gar nicht ausweichen können, so würde die hier gesuchte Begründung des Rechtszwanges mit nichten geliefert sein.

Daß das Recht in seinen einzelnen Geboten nicht in kausaler Unausweichlichkeit wirkt, ist eine elementare Tatsache der Erfahrung, die durch jeden Rechtsbruch auf irgend welchem Gebiete des Rechtes unaufhörlich auf das Neue erhärtet wird; — daß der Rechtszwang *in abstracto* geleugnet werden kann, beweist die Lehre des Anarchismus, gegen die nach der Seite der logisch-formalen Möglichkeit gar nichts einzuwenden ist. Es ist also ein tatsächliches Widerstreben gegen das Recht im einzelnen wie im ganzen wirklich vorhanden und immer vorhanden gewesen. Ob dieses Widerstreben durch einen besseren Rechtsinhalt gemindert werden kann, ist hier gleichgültig, da das bedingungslose Wegfallen des Widerstrebens als zweifellose Tatsache nie dargetan werden kann.

Alles Widerstreben gegen das Recht will dieses nun niederzwingen. Wer dem Gebote des Rechtes sich nicht unterwirft, steht nun nicht außerhalb desselben und ist von jetzt ab von dem Gebote frei, sondern wird mit Gewalt angegangen. Der Sinn des Rechtszwanges ist, wie wir sahen, darin gegeben, daß das Recht formal ohne alle Rücksicht auf Zustimmung des Unterworfenen ihn beherrschen will. Wie kann man diesen Anspruch dadurch rechtfertigen, daß man zeigt, wie der Unterworfene im großen und ganzen der tatsächlichen Anerkennung nicht ausweichen kann?

Man sieht, daß alle Versuche, den Rechtszwang auf seiten der

Unterworfenen dynamisch zu begründen, nur auf eine besondere genetische Erklärung eines Momentes hinauslaufen, welches für das Wesen des Rechtszwanges gleichgültig ist. Wenn man fragt, wie die Vorstellung von der Notwendigkeit des Gehorsams auf der Seite der Rechtsunterworfenen entsteht, so hat man nach einem Umstande gefragt, der zu dem Geltungsanspruche des Rechtes als konstitutives Element gar nicht hinzugehört. Es würde allen diesen Unternehmungen immer wieder der versteckte Gedanke zu grunde liegen, daß der Rechtszwang sich auf der tatsächlichen Anerkennung der ihm Unterstellten aufbaue; und daher seine Notwendigkeit durch Darlegung der kausalen Unvermeidlichkeit solcher Anerkennung darzutun sei. Da nun aber der Vordersatz gar nicht richtig ist; da vielmehr das Recht formal ganz ohne Rücksicht auf die tatsächlichen Unterwerfungen der ihm Unterstellten gelten will, und gerade dieser eigentümliche, zwangsmäßige Geltungsanspruch wissenschaftlich begreiflich zu machen ist, so entfällt jede Möglichkeit, durch eine weitere Erforschung von faktischer Anerkennung der Rechtsunterworfenen, etwa auch durch Darlegung der kausal notwendigen Entstehung einer derartigen Anerkennung, eine Begründung des Rechtszwanges in seiner Eigenart überhaupt zu geben.

b) Die dynamischen Theorien in unserer Frage können in zweiter Linie auch rücksichtlich des Recht Setzenden auftreten.

Hier würde gemeint sein, daß der sozial Gebietende durch unwiderstehliche Einflüsse dazu kausal getrieben würde, seinem Befehle gerade die Eigenschaft eines rechtlichen Befehles zu verleihen. Selbstverständlich muß dieses, wenn es eine wissenschaftliche Lehre sein soll, nicht bloß als Summe isolierter Einzelbeobachtungen gegeben, sondern in der Meinung einer allgemeingültigen Theorie aufgestellt werden. Man darf nicht bloß sagen: Soviel wir bis jetzt gesehen haben, sind aus den und den besonderen Verhältnissen heraus soziale Regeln als rechtliche Normen erschaffen worden; sondern muß behaupten, daß in unvermeidlicher Notwendigkeit diejenigen, welche soziale Regeln setzen, dazu bestimmt werden, diese Gebote als Rechtssätze aufzustellen.

Die bloße Bezugnahme auf einige geschichtliche Erfahrung wird zwar häufig in vager Art versucht. Es gehört zu den gewöhnlichsten Argumentationen, daß uns ja alle erkennbare Geschichte den Beweis für die Notwendigkeit des Rechtszwanges liefere, und daß wir es uns in der Erfahrung nicht vorstellen können, wie kein solcher vorhanden wäre.

Aber die lediglich Berufung auf historische Einzeldaten, ohne weitere zusammenfassende und gesetzmäßige Erörterung derselben würde natürlich nicht genügen. Deshalb ist es auch üblich, bei der soeben angedeuteten gegnerischen Ausführung auf eine aus der menschlichen Natur unvermeidlich fließende Notwendigkeit zu rekurrieren. Zufolge der Schwäche der Menschennatur wird es immer wieder notwendig zur Anwendung des Rechtszwanges kommen.

Dies verfehlt die Lösung der gestellten Aufgabe sehr gründlich. Wir können es uns wohl kaum vorstellen, daß es in der sozialen Erfahrung nicht mehr vorkäme, daß geraubt, gestohlen, gemordet, genotzüchtigt wird, daß Eifersucht und Rache ihre Opfer fordern, und Beleidigung oder Mißhandlung unerfreulich auftreten; zum mindesten, daß überhaupt Vergehungen und Missetaten sich ereignen; — aber ist deshalb, weil das Vorkommen solcher menschlicher Handlungen in der Erfahrung unvermeidlich eingesehen wird, dadurch eine Berechtigung derselben dargetan?

Hier tritt ein verborgener Fehler zutage, welcher allen Versuchen einer dynamischen Begründung des Rechtszwanges notwendig innewohnt: die Beschränkung auf bloße Kausalerklärung von Erscheinungen, die nur innerhalb der Zwecksetzung inhaltlich Sinn und Bedeutung haben.

Der rechtliche Befehl geschieht notwendigerweise in der Absicht einer Regelung menschlichen Zusammenlebens. Er wird erlassen, weil dasjenige, was er in sozialen Zuständen herbeigeführt zu sehen wünscht, ohne das Auftreten der betreffenden Rechtsnorm nicht als notwendig kommend wissenschaftlich erkannt ist. Wäre der gewünschte Erfolg als ein kausal sicher eintretender exakt erkannt, so hätte ja das besondere Erlassen einer Rechtsregel, die den kausal sicheren Erfolg bewirken wollte, keinen Sinn mehr. Man kann verständigerweise nicht einen Rechtssatz dahin erlassen, daß jeder Staatsbürger endlich einmal mit Tod abzugehen hätte.

Jede rechtliche Regelung hat also einen Erfolg in Gedanken, der so, wie sie ihn anordnet, gerade nicht in ursächlicher Unvermeidlichkeit zweifellos eingesehen ist. Sie hat in ihrer Eigenschaft als regelnde Norm einen dadurch zu bewirkenden Inhalt. Sie selbst ist Mittel zur Verfolgung menschlicher Zwecke.

Danach kann der Nachweis, in welcher kausal getriebenen Art und Weise ein Befehlender dazu gekommen ist, den von ihm aufgestellten Geboten den Charakter von rechtlichen Normen zu verleihen, überhaupt nicht als eine Lösung dafür auftreten: ob der von ihm verwendete Rechtszwang, als besondere Eigenschaft jener Normen, ein allgemeingültig gerechtfertigtes Mittel ist.

Wenn ich ein Mittel zur Verfolgung von menschlichen Zwecken als berechtigt dartun will, so kann ich das nicht dadurch, daß ich sage: Es ist jemand zu dem Gebrauche dieses Mittels in psychologischem Zwange getrieben worden. Denn ob das Mittel recht und gut ist, das kann man ja nun noch gar nicht wissen.

Es steht jedem frei zu erklären: Mir genügt es, daß der Rechtszwang — neben anderen Arten sozialer Normen — in der Geschichte sich immer gezeigt hat, und daß ich keine Möglichkeit sehe, wie er aus der Erfahrung verschwinde. — Diese beschränkte Aufstellung ist seine subjektive Sache; für die sich andere nicht interessieren werden, mit der er ihnen aber auch nicht lästig fallen darf.

Dies aber tut er — und er überschreitet damit die von ihm in Selbstgenügsamkeit sich vorher gesteckten Schranken —, sobald er behauptet, daß damit objektiv eine wissenschaftliche Begründung des Rechtszwanges geliefert sei. Das ist keineswegs der Fall, denn der Rechtszwang wird angewandt, um gewisse soziale Zustände herbeizuführen. Er verliert allen Sinn, wenn er nicht als ein Mittel zur Erreichung von Zielen genommen wird. Die kausale Erklärung seiner Entstehung betrifft eine ganz andere Erwägung, als den notwendig in ihm liegenden Gedanken, daß durch ihn etwas bewirkt werden soll. In diesem Gedanken, mit dem er steht und fällt, ist er zu rechtfertigen. Und das kann nur durch teleologische Erwägung erreicht werden.

Auch der Umstand, daß man sich einen gänzlichen Verzicht auf den Gebrauch jenes Mittels, als eine Tatsache in der sozialen Erfahrung, nicht recht vorstellen kann, ändert daran gar nichts. Denn es handelt sich, wie erwiesen, um die Berechtigung des Rechtszwanges als derjenigen Art der sozialen Ordnung, die als rechtes Mittel eintreten soll. Das wäre eine Berechtigung, die von dem wirklichen Geschehen ganz unabhängig sein müßte; obgleich das Ergebnis der Nachforschung nach ihr den allergrößten praktischen Einfluß haben würde.

Gesetzt den Fall, wir erhielten als Resultat der Untersuchung dieses, daß die Anwendung des Rechtszwanges in objektiver Berechtigung theoretisch nicht erwiesen werden könnte; daß bloß aus menschlicher Schwäche die sozialen Machthaber, beispielsweise aus subjektivem Eigennutze, darauf verfielen. Dann müßte diese Erkenntnis doch schließlich von weittragender Bedeutung dahin werden, daß man den Gebrauch dieses an sich unbefugten Mittels soviel wie möglich einzuschränken suchte. Wenn wirklich als soziales Ideal der Anarchismus angenommen werden müßte, trotzdem aber aus Schwachheit und Schlechtigkeit der Menschen der Rechtszwang nicht auszurotten wäre, so würde doch die zunehmende Einsicht von jenem Ideal die konkreten Maßnahmen einer rechtlichen Zwangsregelung erheblich alterieren können und jedenfalls für die wissenschaftlich geleiteten sozialen Bestrebungen die regulative Idee abgeben.

Es hat noch niemals in der Welt einen vollkommen tugendhaften Menschen gegeben, und wir können uns nicht recht vorstellen, wie jemals ein solcher sein werde. Will man deshalb den Begriff der Pflicht und des guten Willens für ein Hirngespinst erklären?

Ob der Anarchismus jemals in der Erfahrung eintreten wird, ob wir es uns vorstellen können, daß der Rechtszwang irgend wann einmal in Wirklichkeit nicht dasein mag, das ist jetzt ganz gleichgültig. Es kommt darauf an, ob nach der Erwägung eines gesetzmäßigen sozialen Lebens der Anarchismus den theoretisch allein berechtigten Zustand und das Ideal für die Form der sozialen Regelung darstellt; in welchem Fall er immer als leitender Grundgedanke für den Ausbau des gesellschaftlichen Daseins der Menschen seinen Wert und seine einflußreiche Bedeutung haben würde.

Nicht darin liegt das Problem, ob nach kausaler Möglichkeit der Rechtszwang in kommenden Zeiten einmal gänzlich abgestreift werden kann, oder ob er tatsächlich sich immer wieder zeigen werde; sondern in der Frage, ob er ein dem Ideal eines gesetzmäßigen sozialen Lebens allein entsprechendes formales Mittel ist. Seine kausale Notwendigkeit und geschichtliche Verwirklichung ist hierbei gleichgültig. Es kommt auf seine teleologische Berechtigung an.

94

Indem wir zu dem Problem einer teleologischen Begründung des Rechtszwanges übergehen, wird es geeignet sein, von vornherein manchen Mißverständnissen zu begegnen, wenn wir erklären, daß es sich nicht um eine Begründung der Berechtigung des sozialen Lebens überhaupt handelt. Daß ein hypothetisch in gänzlicher Vereinzelung angenommener Mensch anderen gegenüber nur im Kriegszustande zu denken sei, mag immer zugegeben werden; und daß alles Menschentum in seiner Eigenheit dem Tiere gegenüber erst unter der Voraussetzung eines unter äußeren Regeln stehenden gesellschaftlichen Daseins der Menschen nach aller unserer Erfahrung als möglich erscheint, wurde an anderer Stelle (§§ 19; 21) genau besprochen und kann nun als erledigt angenommen werden.

Wir reden also nicht von dem Gegensatze des Naturzustandes und des sozialen Lebens; sondern handeln ausschließlich von diesem letzteren und seinen zwei Arten: dem Rechtsverbande und der Konventionalgemeinschaft.

Da man auf die Unterscheidung von rechtlicher Satzung und konventionaler Regel seither nicht genügend acht gegeben und deren begriffliche Differenz nicht scharf bestimmt hatte, so war es gekommen, daß man vielfach geradezu Naturzustand und rechtliche Ordnung einander gegenüberstellte. Man nahm diejenige Art des sozialen Lebens, welche sich jedem Beschauer sofort mit hervorragender Stärke und ganz besonderem Bedürfnis nach einer Rechtfertigung ihres Geltungsanspruches aufdrängte, als repräsentativ für das soziale Leben überhaupt. Indem man nun Gründe für die Notwendigkeit des letzteren anführte, vermeinte man ganz durchgängig, damit Gründe für die Notwendigkeit der rechtlichen Ordnung beigebracht zu haben, während diese in der Tat nur die eine Art des sozialen Lebens bedeutet und aus der Begründung des sozialen Lebens als solchen eine Notwendigkeit dieser einen Art desselben noch gar nicht folgt.

Zu diesem ersten Irrtume, der rechtliche Ordnung und soziale Ordnung unzulässigerweise konfundierte, trat nun doch die mißbräuchliche Gewöhnung, von „dem Rechte" als einem außerhalb der Menschen selbst befindlichen Dinge zu reden, welches unter ihnen Ordnung zu halten hätte. Schopenhauer gebraucht einmal den freundlichen Vergleich, daß das Recht die Käfige darstelle, in welche man die Bestien von Menschen einsperre, auf daß sie sich gegenseitig keinen Schaden tun. Es ist übersehen, daß die Hypostasierung des Rechtes als eines selbständig existierenden Dinges unrichtig ist. Wollte man die angefangene Parallele in der Kraftsprache des Pessimisten fortsetzen, so müßte man sagen: Ein Teil der menschlichen Bestien erläßt Gewaltbefehle gegen die anderen, die sie auch gegen deren Willen in dieser Zwangsgewalt festhalten oder doch nur nach eigener Bestimmung der Befehlenden erlaubend entlassen; und zwar gehen die Befehle entweder von herkömmlichen Machthabern oder qualitativ oder quantitativ bestimmten Faktoren aus. Um ohne Bild zu sprechen, so bedeutet Recht nur bestimmt beschaffene menschliche Zwangsmaßregeln gegen andere Menschen, dadurch die eine Art des sozialen Lebens konstituiert wird.

Das Problem, welches wir lösen wollen, geht hiernach, positiv bestimmt, dahin: Welche von den beiden möglichen Arten der sozialen Ordnung hat vor der anderen einen allgemeingültigen Vorzug?

Die Beweislast trägt hierbei die rechtliche Ordnung. Die Konventionalgemeinschaft ist in sich einleuchtend und nach ihrem Geltungsanspruche ohne Schwierigkeit begreiflich. Das Recht will seinem Sinne nach als Zwangsregel gebieten: Es fragt in seinem Geltungsanspruche nicht danach, ob die Unterworfenen es anerkennen und ihm zustimmen; und es befindet souverän darüber, wer ihm untertan sein soll, und wann er ausscheiden darf.

Es ist diese Eigentümlichkeit des rechtlichen Geltungsanspruches, in welcher das Recht allein seine wesentliche Abgrenzung von der Konventionalregel findet, und die von vornherein durchaus nicht einleuchtet, die nicht in sich selbst klar ist und darum besonders gerechtfertigt werden muß.

Gelingt es nicht, hier ein Mehr an Berechtigung über die Einrichtung von Konventionalgemeinschaften hinaus darzutun, so müssen diese letzteren den Vorzug erhalten. Nicht die rechtliche Zwangsordnung, sondern die bloß konventionale Vereinigung wäre als das allein berechtigte Mittel für ein rechtes soziales Leben der Menschen erwiesen.

Eine durchschlagende Begründung des Rechtszwanges muß also nach einer Besonderheit desselben suchen, wonach es sich nicht von der Wildheit des Naturzustandes, sondern von der unter Konventionalregeln stehenden sozialen Ordnung vorteilhaft unterscheidet; so daß die rechtliche Ordnung nicht gegenüher einem wirren und wüsten Durcheinanderlaufen isoliert gedachter Menschen, sondern gegenüber den freien Konventionalgemeinschaften als das allein berechtigte Mittel für ein mit Grund anzustrebendes gesellschaftliches Dasein der Menschen erscheint.

Hiernach erhellt, daß man nicht kurzer hand auf den drohenden Krieg aller gegen alle hinweisen kann, wie ihn in nicht übertroffener Schärfe Hobbes entwickelt hat. Denn dieser Kriegszustand ist ohne weiteres nur als Gegenstück zu einem sozialen Leben überhaupt einzusehen. Daß aber die eine Art des sozialen Daseins, die Regelung des menschlichen Zusammenlebens ohne die Eigentümlichkeit der rechtlichen Zwangsnormen, — daß das geordnete Zusammenwirken in freien Konventionalgemeinschaften notwendigerweise zu einem beständigen Kriegszustande führen müßte, das ist ebensowenig einzusehen, als die Behauptung richtig ist, daß der rechtliche Zwang den Krieg unter den Menschen wirklich beseitigt und mit seiner Eigenart eine friedliche Sicherheit herbeigeführt hat.

Die Eigenschaft einer Regel als eines rechtlichen Zwangsgebotes bewirkt eine äußere Sicherheit des ihr Unterworfenen an und für sich noch gar nicht: da kommt es noch sehr auf den Inhalt jener Regel an. Vielleicht steht es damit so — und die Geschichte weist derartige Fälle genugsam auf —, daß gerade durch die straffe Organisation unter juridischen Normen eine recht starke Unsicherheit der Untertanen unter den Machthabern obwaltet. Auch das Sklavenwesen hat „von Rechts wegen" bestanden, ohne dem alsdann als Objekt behandelten Menschen Schutz von Leben, Familie und Eigentum gewährleistet zu haben; und jeder wird sich historischer Beispiele in Fülle entsinnen, da auch unter den Freien in rechtlich organisierten Gemeinwesen Willkür und Gewalt geherrscht hat und von Sicherheit des einzelnen betreffs der genannten Güter oft nicht annähernd die Rede war.

Aber wie schlimm würden wir alle auch in unseren modernen Verhältnissen daran sein, wenn wir auf die Wirkung des Rechtszwanges allein angewiesen wären. Der Satz des Euripides „*Χρηστὸς τρόπος γ' ἔστ' ἀσφαλέστερος νόμου*" ist auch heute keine verklungene Erfahrung. Die Furcht vor staatlich zu büßender Strafe namentlich gibt kaum den stärksten Impuls zur Befolgung der herrschenden Regeln ab. Es ist gar nicht einzusehen, weshalb der mächtige Antrieb zu geregelter Ordnung hin, wie ihn unsere dermaligen Konventionalregeln auf den einzelnen erfahrungsgmäß bewirken, nicht überhaupt zur Aufrechterhaltung einer geordneten Organisation ausreichen sollte, und der eingreifende Druck, den geschichtlich beobachtete Konventionalgemeinschaften innerhalb der rechtlichen Verbände nach außen hin ausgeübt, nicht allgemein ein friedliches und gesichertes Zusammenleben der Menschen gewährleisten könnte.

Man wird auch nicht sagen dürfen, daß dann die einzelnen frei sich organisierenden Gruppen und Genossenschaften leicht untereinander in Streit kommen könnten, und der Krieg aller nun nicht unter den einzelnen Menschen, aber doch rücksichtlich ihrer Gemeinschaften stattfinden würde. Denn den Krieg hat auch der Rechtszwang zu keiner Zeit verhütet, ihn auch heute nicht beseitigt; nach wie vor besteht die verhängnisvolle „*ultima ratio regum*"; und eine „oberste Instanz", welche man bei der Organisierung der Menschheit in frei gebildeten Gesellschaften vermissen möchte, die hat gerade das Recht weder zu schaffen vermocht, noch verspricht es eine solche in naher Aussicht. Im Gegenteil lehrt die Erfahrung der Geschichte, daß, je straffer und schneidiger ein Staat unter einer Zentralgewalt zusammengefaßt ist, um so leichter und besser er sich zur Kriegführung eignet, während alle freieren und mehr lose zusammenhängenden Gemeinwesen zur Erlangung kriegerischen Lorbeers weit untüchtiger zu sein pflegen.

Das Recht hat den Krieg unter den Menschen nicht beseitigt; es kann nur dem hypothetisch angenommenen Naturzustande gegenüber eine Minderung und Milderung des *bellum omnium contra omnes*, eine Umgießung subjektiver Zwangstaten in geregelten Zwang und — gewissermaßen — eine *specificatio* der Art des Krieges unter den Menschen behaupten. Daß dieses aber nicht auch durch Konventionalgemeinschaften zu erreichen wäre, daß dazu der eigentümliche Zwang des Rechtes, seine selbstherrliche Bestimmung über die Personen der Unterworfenen und ihr Festhalten, auch wenn sie gar nicht mehr wollen und friedlich auszuscheiden wünschen, daß, sage ich, gerade die besonderen Kriterien des Rechtszwanges zur Erzielung jenes Ergebnisses unvermeidlich wären, das ist *a priori* gar nicht zu beweisen. Zum mindesten muß das richtende Urteil bei einem *non liquet* stehen bleiben.

Dann aber verliert das Recht. Die Präsumtion ist gegen es. Die Beweislast darüber, ob es das rechte Mittel der sozialen Regelung sei oder nicht, liegt bei ihm, dem Zwangsgebote und nahen Verwandten der willkürlichen Gewaltbefehle. Seine Fürsprecher werden darum gut tun, auf dieses Beweismittel des angeblich sonst unvermeidlichen *bellum omnium in omnes* nicht als ausschlaggebendes Moment zu rekurrieren, da hierbei mindestens das Gleiche, wie von der rechtlichen Zwangsgewalt, auch von freier konventionaler Vereinigung geleistet werden kann.

Man darf auch nicht sagen, daß der Rechtszwang im Besitzstande wäre und deshalb im Zweifelsfalle praktisch zu verbleiben habe. Denn es stehen jetzt nicht praktische Abänderungsvorschläge in Frage. Man muß sich erinnern, daß es sich dermalen um theoretische Einsicht darüber handelt, welches das allein berechtigte formale Mittel zu rechtem sozialen Leben der Menschen sei. Ob konkrete soziale Machtfaktoren sich entschließen werden oder werden müssen, einer gewonnenen theoretischen Einsicht auf diesem Gebiete zu folgen, das geht uns hier nichts an. Nur wenn jemand nach unmittelbar praktischen Verhaltungsmaßregeln fragt, kann ihm das Moment des wirklichen Vorhandenseins beispielsweise des Rechtszwanges einen nach der einen Seite der Entschließung hindrängenden Grund abgeben. Vom Standpunkte der theoretischen Frage nach dem allgemeingültigen Vorzuge der einen unserer beiden formalen Möglichkeiten sozialer Regelung aus bedeutet der Umstand, welche von ihnen zur Zeit gerade bei uns besteht, überhaupt nichts.

Ich brauche nun auch nicht näher darauf einzugehen, wie durch den Wunsch, in der äußeren Technik, in der Produktion und dem Umsatze von Gütern, sowie in Intelligenz, Kunst und Wissenschaft vorwärts zu kommen, die besondere Eigentümlichkeit des Rechtszwanges selbstredend in keiner Weise begründet und gerechtfertigt werden kann. Die dahin gehende Erwägung könnte wiederum nur den Gegensatz von isoliertem Menschen und Naturzustand einerseits, sowie von sozialer Vereinigung und geregeltem Zusammenwirken anderenteils betreffen. Daß jene konkreten Ziele nur im sozialen Leben mit Erfolg in das Auge gefaßt und realisiert werden können, ist klar; — daß dazu die Besonderheit des Rechtszwanges unumgänglich notwendig sei, läßt sich *a priori* niemals beweisen. Man stößt auf kein Bedenken, wenn man sich die Verfolgung jener Zwecke in einem derartig geregelten sozialen Leben vorstellt, daß aus bestehenden Gemeinschaften jeder frei ausscheiden kann, um sich einer anderen anzuschließen, daß also der einzelne über seine Zugehörigkeit zu einem bestimmten Gemeinwesen entscheidet, und nicht eine ihm fremd gegenüber tretende rechtliche Zwangsgewalt.

Man kommt auf diesem Wege nicht vorwärts. Weder in der Frage der äußeren Sicherung des einzelnen Menschen, noch in derjenigen des Fortschrittes äußerer Kultur vermag die eine Art der sozialen Regelung, diejenige durch Rechtszwang, vor der zweiten Möglichkeit, der sozialen Ordnung bloß unter Konventionalregeln, einen so durchschlagenden Erfolg nachzuweisen, daß dadurch sie allein als befugtes formales Mittel zur Verfolgung eines rechten sozialen Lebens allgemeingültig dargetan werden kann.

Bei der Bezugnahme auf Sicherheit und auf Förderung äußerer Kultur stehen die beiden Arten einer möglichen sozialen Regelung im allgemeinen gleich stark sich gegenüber; und das Recht vermag gegen die Konventionalgemeinschaften in einem auf die genannten

Ziele abgestellten Wettkampfe höchstens ein Remis zu erzielen. Womit es den gesamten Match, aus den vorhin erwähnten Gründen, zu gunsten freier Konventionalgemeinschaften verlieren würde.

95

Auch bei der zweiten seither bemerkbaren Art von teleologischer Begründung des Rechtszwanges, bei denjenigen Versuchen, welche das Recht als notwendige Bedingung zu möglicher Sittlichkeit behaupten, liegt zunächst eine Verwechselung und unzulässige Zusammenwerfung der rechtlichen mit der sozialen Ordnung überhaupt vor.

Das freilich läßt sich leicht aufstellen, daß ohne gesellschaftliches Leben, ohne irgendwie geregeltes Zusammenwirken, ohne Sprache und übereinstimmend verständigte Begriffe ein Menschenleben, das über tierisches Existieren sich erhöbe, nicht wohl denkbar erscheint. Aber von diesem Gegensatze des Naturzustandes und des sozialen Lebens und der Berechtigung dieses letzteren ist ja jetzt gar nicht die Rede. Wir müssen vielmehr wieder fragen, ob es richtig ist, daß die eine Art des sozialen Lebens, die unter rechtlicher Zwangsregelung, im Hinblick auf mögliche Sittlichkeit der Menschen als unvermeidliche Notwendigkeit erscheint und hierbei einen allgemeingültigen Vorzug vor konventionalen Gemeinschaften besitzt.

Das aber läßt sich gar nicht beweisen.

Das Wesen des Rechtes gegenüber der durch Konventionalregeln hergestellten sozialen Ordnung liegt, wie wiederholt ausgeführt, in dem Zwangsmoment, wonach der der Regel Unterworfene ohne Rücksicht auf seine eigene Entschließung in eine soziale Gemeinschaft eingefügt wird. Auch in der freiesten Rechtsgemeinschaft ist das nicht anders; nicht bloß in dem Sinne eines starken tatsächlichen Druckes von oftmals despotisch herrschender Mehrheit, sondern einfach ganz notwendig nach dem Sinne der rechtlichen Verfassung, die vielleicht von jener Entscheidung über die ihr Zugehörigen geringen oder zeitweilig gar keinen Gebrauch macht, prinzipiell aber dieselbe niemals an die Untergebenen als einzelne abtritt.

Das Wesen des Sittlichen liegt in der Zwecksetzung aus gutem Willen, in der Abstreifung alles dessen, was dem inneren Wünschen jeweilig aus subjektiven Triebfedern und zufälligen Begierden sein Ziel geben würde. Es liegt in dem Wollen nicht nach blind getriebenen Motiven von bloß persönlicher Bedeutung, sondern in der Richtung des objektiv geltenden, für jeden anderen auch als Gesetz zu behauptenden Zweckes.

Warum soll nun dieses letztere zu seiner Bedingung das Bestehen des formalen Rechtszwanges nötig haben? Weshalb soll jemand bloß dann ein guter Mensch sein und in objektiv berechtigter Gesinnung wollen können, wenn er nicht selbst über seine Zugehörigkeit zu einer sozialen Menschengemeinschaft bestimmt, sondern die Entscheidung hierüber grundsätzlich von seiner Zustimmung unabhängig und rechtlichen Gewalthabern übertragen ist?

Es ist wahr, zur Sittlichkeit muß der Mensch erzogen werden. Die Einsicht in das Sollen, das ist in den einheitlichen Gesichtspunkt für das Wollen, durch den dieses Gesetz und Einheit und damit objektive Berechtigung erlangt (§ 65), muß erworben werden. Welchen Entwicklungsgang die Menschheit genetisch durchgemacht hat, ehe dieses überhaupt möglich wurde, kann freilich hier beiseite bleiben; aber daß die Aufgabe, die Menschen zu gutem, das heißt einheitlich gesetzmäßigem Wollen zu erziehen, sich stets erneuert, bedarf keiner Ausführung. Die Lösung dieser Aufgabe kann in Abstraktion von geregeltem sozialen Leben überhaupt kaum gedacht werden (§ 19). Aber daraus folgt für eine allgemeingültige Berechtigung der rechtlichen Ordnung gegenüber der Möglichkeit von konventionalen Gemeinschaften noch gar nichts. Erziehung und Anleitung zur Sittlichkeit können in den letzteren ihrem Begriffe nach ebensowohl statthaben, wie in rechtlichen Zwangsverbänden, deren Regeln ohne Rücksicht auf zustimmende Anerkennung des Unterworfenen in formaler Geltung stehen wollen.

Vielleicht könnte man meinen, daß sich bei bloßen Konventionalregeln gerade solche Personen dem sittlichen Einflusse einer ernst gesinnten Konventionalgemeinschaft entziehen würden, denen dieser Einfluß persönlich unerfreulich wäre; und daß man deshalb derartige Menschen mit Zwang in dem betreffenden sozialen Verbande zurückhalten müsse. Obgleich selbstverständlich eine vom Rechte durch Gewalt erzwungene Handlung ja niemals den Charakter einer sittlich guten Tat beanspruchen kann, sondern nur den Rang äußerer Legalität verdient, so würde doch — nach jener Meinung — eine Beförderung der Sittlichkeit durch zwangsweises Festhalten der Menschen in bestimmten Rechtsgemeinschaften erzielt werden.

Allein dieser Einwand würde die unerlaubte Subreption begehen, daß er der rechtlichen Zwangsordnung schon im allgemeinen ein

Einwirken zu gunsten des sittlichen Verhaltens der Menschen zuschriebe, dem zufolge man höchstens Ausnahmen in den Kauf zu nehmen habe. Daß aber die Beförderung der Sittlichkeit durch die Rechtsordnung die Regel und darum das zwangsweise Festhalten der Untertanen in derselben begründet sei, das läßt sich aus dem Begriffe des Rechtszwanges und der Qualität des Rechtes mit seinem selbstherrlichen Geltungsanspruche noch gar nicht ableiten. Da kommt es auf den geschichtlich zufälligen und wechselnden Inhalt rechtlicher Gebote und auf die von ihnen ganz verschieden aufgenommene Frage an, ob diese pädagogisch zur Sittlichkeit erziehend waren und in wie weit sie solche Hemmnisse beseitigten, die dem Menschen das sittlich gute Wünschen und Wollen im einzelnen Falle allzusehr erschwerten. Daß ein nach dieser Richtung hin befriedigender Inhalt die regelmäßige Erscheinung bei den geschichtlichen Rechtsordnungen abgebe, wird sich schwer behaupten lassen; daß derselbe sich aber nur oder bloß vorzugsweise mit rechtlich zwingengenden Regeln verbinden könnte und konventionale Gemeinschaften dessen in wesentlichem Maß entbehren müßten, das entzieht sich aller und jeder Möglichkeit eines sicheren Beweises.

Nun ist aber die ganze eben besprochene Einrede, die zu gunsten des Rechtszwanges und dessen allgemeingültiger Berechtigung gemacht wurde, in der Tat hierfür äußerst bedenklich. Denn wenn man die Berechtigung des Rechtszwanges darauf stützen wollte, daß dadurch leichtfertige Menschen in moralisch erziehenden Gemeinwesen durch Gewalt festgehalten würden, die sich dem sonst entziehen möchten, so ist es klar, daß das Recht des Rechtszwanges nur so weit reichte, als die einzelne rechtliche Ordnung auch wirklich einen Inhalt, wie den eben bezeichneten, in sich aufnähme. Dann hätte also eine Nachprüfung des Rechtszwanges in jedem einzelnen Falle je nach dem Inhalte der betreffenden rechtlichen Normen zu geschehen. Das aber ist nicht die Meinung des Rechtes, noch des von ihm erhobenen Anspruches, zu gelten. Dieser Geltungsanspruch des Rechtes wird als formal gleichmäßiger, ohne Rücksicht auf den besonderen Inhalt der verschiedenen einzelnen juridischen Normen, aufgestellt. Die formale Berechtigung des Rechtszwanges an und für sich kann nicht durch Bezugnahme auf einen dem Rechte vielleicht innewohnenden Inhalt dargetan werden.

Sobald man sich darauf einläßt, den Inhalt bestimmter einzelner Gebote heranzuziehen, verliert man allen festen Halt für deren formale Abscheidung und für ihre Rechtfertigung in ihrer formalen

Qualität. Auch rohe Willkürgewalt und Rechtsbruch, der Nicht-Recht verbleibt, kann ja unter Umständen erzieherisch gut wirken. Aber eine allgemeingültige Rechtfertigung dieser von dem Rechte und den Konventionalregeln abgeschiedenen Willkürbefehle wird daraus niemand entnehmen wollen. Warum sollte es beim Rechte anders sein?

Es ist überhaupt ganz unmöglich, *a priori* festzustellen und überzeugend zu beweisen, wie viel an ethischer Gesinnung und an guter sittlicher Erziehung des Nachwuchses unter dem Rechtszwange mit seinem autokratischen Geltungsanspruche oder in frei gebildeten Konventionalgemeinschaften man einmal wird wahrnehmen können. Sittlichkeit und Unsittlichkeit sind in beiden formal geschiedenen Arten des sozialen Lebens der Menschen möglich, unter dem Rechte so gut, wie innerhalb des nur konventionalen Verbandes.

Ich nehme an, daß niemand sich zu der unbefugten Frage verleiten läßt: ob denn überhaupt die Bildung von Konventionalgemeinschaften als mögliche Unterlage von menschlicher Kultur ersatzweise für den jetzigen Rechtszustand sicher eintreten werde; oder ob nicht vielleicht beim Aufhören des Rechtszwanges nur wilder Naturzustand zu erwarten sei. — Das ist keine Frage der Theorie des sozialen Lebens. Sie gehört überhaupt nicht in diesen Zusammenhang. Das Bestehen von Konventionalgemeinschaften ist an und für sich keinem Zweifel unterworfen; ihre Ausdehnung ist oftmals und mannigfach angestrebt worden (vgl. S. 125); die volle Ausdehnung ausschließlich vorhandener Konventionalregeln auf das gesamte soziale Leben der Menschen begegnet keiner gedanklichen Schwierigkeit. Dann aber ist die erste und grundlegende wissenschaftliche Frage nicht die, ob nun eine praktische Ausführung zu inszenieren sei, und diese vielleicht auf Einzelbedenken und zufällige Schwierigkeiten *in concreto* stoße, — diese empirisch praktische Gier ist klarer und fester Erkenntnis noch niemals von Nutzen gewesen: sondern nun fragt es sich zuvörderst, ob eine der beiden formalen Möglichkeiten zu der Ordnung des sozialen Lebens vor der anderen einen allgemeingültigen Vorzug verdiene. Genauer präzisiert: ob es dem an sich im Nachteile befindlichen und präsumtiv abzulehnenden Rechtszwange gelingen kann, ein Mehr an gesetzmäßiger Berechtigung über die bloße Konventionalregelung darzutun.

Der rechtliche Zwang ist ein Seitenstück zu der willkürlichen Zwangsgewalt von Menschen über andere Menschen; formal durch seine Unverletzbarkeit von dieser abgeschieden. Unser Sprachgebrauch, der von staatlicher Gewalt und rechtlichem Zwange redet, trifft ganz das Richtige. Die konventionale Regel bedarf in ihrem Geltungsanspruche keiner Deduktion; der Rechtszwang hat sie dringend nötig. Wer ihn als berechtigtes Mittel zu einem sozialen Leben, wie es sein sollte, verteidigt, der muß darlegen, daß dem Rechtszwange eine Eigenschaft innewohnt, durch welche er einen allgemeingültigen formalen Vorzug vor der zunächst viel einleuchtenderen Konventionalregel besitzt.

Welches ist diese Eigenschaft?

Die Qualität, größere physische Sicherheit der einzelnen und Fortschritt äußerer Kultur zu erzielen, oder die Sittlichkeit der Menschen zu ermöglichen, — ist es jedenfalls nicht. Der formale Charakter einer sozialen Regel, wonach sie einen selbstherrlichen Geltungsanspruch auch gegen den etwaigen Willen des Unterworfenen erhebt, trägt zu diesen Aufgaben nichts bei. Die Verfolgung dieser Ziele ist in der konventionalen Gemeinschaft ebenso gut möglich. Um einen allgemeingültigen formalen Vorzug des Rechtszwanges vor der Konventionalregel einzusehen, müssen wir von allem möglichen Inhalte, der beiden verliehen werden kann, gänzlich Abstand nehmen.

Ich schicke mich an, das lösende Wort nun zu nennen.

96

Der Leser wird sich erinnern, daß das Prinzip der sozialen Gesetzmäßigkeit in der Feststellung eines einheitlichen obersten Gesichtspunktes für alles soziale Leben besteht. Die Gesetzmäßigkeit einer menschlichen Gesellschaft ist selbst darin begriffen, daß nach diesem Gesichtspunkte jeweils im einzelnen bestimmt und gerichtet wird.

Dasjenige, was in solcher Weise gesetzmäßig werden kann, ist die Art des auf Bedürfnisbefriedigung gerichteten Zusammenwirkens von Menschen; und diese bestimmt sich nach der jeweiligen Regelung, unter der sich das Zusammenwirken, die soziale Wirtschaft vollzieht.

Gesetzmäßig ist ein gewisses soziales Leben also dann, wenn seine Regelung unter dem obersten einheitlichen Gesichtspunkte für alles gesellschaftliche Dasein von Menschen vorgenommen wird. Indem wir die Frage nach näherer Erfassung und sicherer Formulierung dieses einheitlichen Richtpunktes zunächst zurückgestellt haben, setzt hier unser Problem nach der formalen Begründung des

Rechtszwanges ein; ausgehend von der Erkenntnis der von uns vielbesprochenen doppelten Möglichkeit der sozialen Regeln. Es fragt sich, welche von diesen den allgemeinen Vorzug vor der anderen auf Grund der ihnen wesentlich anhängenden Eigenschaften nach dem Sinne ihres Geltungsanspruches besitzt.

Nun kommt es nach dem Obigen bei der Frage nach der Gesetzmäßigkeit des sozialen Lebens darauf hinaus, daß ein letztes und einheitliches Ziel für alles nur denkbare geregelte Zusammenwirken in der Form desselben festgehalten und verfolgt wird. Zur Erzielung eines gesetzmäßigen sozialen Lebens kann darum nur diejenige Art formaler Regelungen geeignet sein, welche zufolge formaler Qualität die Möglichkeit bietet, ohne alle Rücksicht auf empirische Besonderheiten der Personen und des Materiales des sozialen Zusammenwirkens dieses zu normieren. Denn um einem einheitlichen Gesichtspunkte für alles nur denkbare menschliche Zusammenleben folgen zu können, ist es nötig, daß das hierfür vorgeschlagene formale Mittel eine Regelung sei, die *a priori* für alles irgend wann und wo und wie gedachte und gewünschte Zusammenwirken von Menschen rückhaltlos geeignet sei.

Eine weitere Grenze, als diejenige des Zusammenlebens von Menschen, kann in allgemeingültiger Hinsicht nicht eingesehen werden. Was nur irgendwie an menschlichem Zusammenleben unseren Vorstellungen zugänglich ist, muß hier einbezogen werden. Diese Grenze genügt; aber sie muß in voller Innehaltung gefordert werden, — denn innerhalb des Begriffes der Menschheit kann eine allgemeingültige Zerteilung und Klassifizierung *a priori* in überzeugender Weise niemals vorgeschlagen werden.

Allgemein berechtigt kann also nur eine Regelung sein, welche formal die bedingungslose Möglichkeit bietet, alles menschliche Zusammenleben, das wir uns überhaupt nur denken können, in sich aufzunehmen. Denn die Gesetzmäßigkeit des sozialen Lebens verlangt einen absolut obersten Gesichtspunkt, der eben als letzte und unbedingte Einheit jeder nur irgendwie denkbaren sozialen Gemeinschaft Ziel und Richtung zu weisen geeignet ist; folglich kann auch nur diejenige Art von formalen Regelungen der sozialen Gemeinschaften ein allgemein berechtigtes Mittel für jenen Endzweck abgeben, welche jede menschliche Vereinigung, die wir uns überall denken können, in der Erfahrung zu konstituieren die Fähigkeit besitzt.

Das Grundgesetz des sozialen Lebens hat seine Eigentümlichkeit darin, daß es die oberste und unbedingte Einheit darstellt, in der sich alle irgendwie möglichen menschlichen Gesellschaften übereinstimmend zusammenfassen lassen. Wenn also eine beliebige soziale Gemeinschaft bezüglich ihrer formalen Regelung gesetzmäßig sein soll, so darf sie nicht in einer derartigen Form sich konstituieren, die nicht auch für alle anderen überhaupt nur denkbaren menschlichen Vereinigungen eben als Form anwendbar sein würde. Sie darf, mit anderen Worsen, in der Absicht, die von besonderer Einzelerfahrung nicht bedingte Gesetzmäßigkeit des sozialen Lebens zu verfolgen, nicht ein formales Mittel zu ihrem Konstituenten wählen, welches nur empirisch bedingten Charakter trägt und seinem ganzen Wesen nach einer allgemeingültigen und unbedingten Anwendung widerstrebt.

Dieses letzte tut nun aber die Konventionalregel.

Sie ermöglicht frei gebildete Genossenschaften; wobei nach dem ihr eigenen Sinne der Geltung ein jeder über seine Zugehörigkeit zu der Gemeinschaft selbst bestimmen soll. Er gehe frei die Konvention ein und löse sie in eigener Entschließung wieder, — die vertragsmäßige Übereinkunft ist es, nach der er sich zu richten gedenkt, so lange sie besteht, die er allererst eingehen muß und die er in unbedingter Schrankenlosigkeit jederzeit durch neue Willenserklärung außer Kraft setzen kann.

Danach ist deutlich, daß die soziale Form von Konventionalgemeinschaften nur ein gesellschaftliches Dasein von solchen Menschen ermöglicht, die zur vertragsmäßigen Vereinigung mit anderen tatsächliche Fähigkeit besitzen. Die ausschließliche Konventionalorganisation des sozialen Lebens macht dieses nur für bestimmte, empirisch besonders qualifizierte Menschen zugänglich und verschließt es anderen Menschen, denen jene Eigenschaften fehlen.

Die Konventionalregeln sind also ungeeignet, jedes menschliche Zusammenleben, das wir uns denken können, zu umspannen. In ihrem Sinne liegt es, daß nur Menschen, die sich in eigener Entschließung einer Regel unterwerfen können, an der durch solche Regel konstituierten Gemeinschaft teilzunehmen vermögen.

Darum kann die ausschließliche Organisation menschlicher Gesellschaft durch Konventionalregeln niemals ein gesetzmäßiges soziales Leben bewirken, oder auch nur, ihrem Sinne nach, anstreben.

Auch wenn eine konventionale Gemeinschaft im einzelnen Auftreten sich bemühte, dem Inhalte ihrer hypothetisch geltenden

Regeln durch übereinstimmende Anerkennung die Richtung auf das einheitliche Endziel des sozialen Lebens zu geben: so würde der Anspruch, ausschließlich die Form des gesellschaftlichen Daseins der Menschen sein zu dürfen, unheilbar an dem Fehler kranken, daß sie als allein berechtigt diejenige formale Art des sozialen Lebens postuliert, welche nur unter gewissen empirischen Bedingungen Anwendung erfahren kann, unter anderen aber nicht; — daß sie als allgemeingültig eine soziale Form behauptet, welche nur für bestimmt geartete Menschengemeinschaften, nämlich nur für solche von konventionsfähigen Menschen, Geltung hat, bei anderen empirisch vorhandenen und allezeit möglichen jedoch versagt.

Man kann nicht zu gleicher Zeit sagen, daß man einem einheitlichen, für alle nur denkbaren Menschengruppen geltenden obersten Gesichtspunkte nachstrebe, und daneben behaupten, daß die nur für besonders geeigenschaftete Vereinigungen mögliche Form die allein berechtigte sei, ohne einem sinnlosen Widerspruche zu verfallen.

Ausschließlich durch Konventionalgemeinschaften kann Gesetzmäßigkeit des sozialen Lebens nicht bewirkt werden.

Gerade umgekehrt steht es mit den Rechtsgemeinschaften der Menschen. Die rechtlichen Regeln bestimmen selbst in souveräner Selbstherrlichkeit, wer ihnen unterworfen sei und danach dem betreffenden sozialen Verbande angehöre. Auf irgend welche empirischen Eigenschaften der Teilnehmer an dem sozialen Leben kommt es also gar nicht an. Der rechtliche Zwangsbefehl ist mithin ein richtiges Mittel, um alle nur denkbaren menschlichen Vereinigungen konstituieren zu können. Und darin liegt sein Recht begründet.

Wenn eine Gesetzmäßigkeit des sozialen Lebens erreicht werden soll, so ist vor allem nötig, daß eine formale Möglichkeit bestehe, mit der man dem Gedanken eines für alle denkbaren Menschengruppen geltenden einheitlichen Gesichtspunktes nachgehen kann. Die radikale Ableugnung dieser formalen Möglichkeit würde eine Ableugnung der zu verfolgenden sozialen Gesetzmäßigkeit selbst sein. Ein für alle erdenklichen geregelten Verbände geltendes Ziel kann logischerweise nicht von demjenigen verfolgt werden, der nicht bereit ist, ein formales Mittel zuzugestehen, das seinem Sinne und Wesen nach allein geeignet ist, alle irgendwie denkbaren Verbindungen in der Erfahrung zu konstituieren.

Dieses Mittel ist der Rechtszwang. Nur das Recht in seinem

autokratischen Geltungsanspruche abstrahiert von aller subjektiven Besonderheit der sozialen Genossen bei der Bestimmung der formalen Möglichkeit der Teilnahme; es schließt zugleich in seinem besonderen Sinne die Richtung auf allgemeine Geltung seiner Gebote ein.

Willkürliche Befehle sind ihrem Wesen nach ungeeignet, Mittel zur Erzielung eines gesetzmäßigen sozialen Lebens abzugeben; sie binden den Befehlenden überhaupt nicht, stellen darum von vornherein keine allgemeine Ordnung eines menschlichen Zusammenlebens her und gehen sonach an und für sich nicht auf Allgemeingültigkeit und Gesetzmäßigkeit. Die Konventionalregel mag bei einer einzelnen Menschengemeinschaft ausreichen, um in dieser besonderen Vereinigung auf gesetzmäßigen Inhalt der durch einstimmige Anerkennung geltenden Normen hinzuzielen; aber als allgemeines formales Mittel können konventionale Gemeinschaften in der Absicht, soziale Gesetzmäßigkeit herbeizuführen, durchaus nicht begründet werden.

Die ausschließliche Anwendung von Konventionalgemeinschaften kann den Gedanken einer letzten und allgemeingültigen Einheit für alle möglichen Menschengruppen nicht festhalten, weil der konventionale Verband immer nur für bestimmt qualifizierte Menschen, also nur unter besonderen subjektiven Bedingungen, und nicht allgemein für alle erdenklichen Menschenvereinigungen anwendbar ist.

Eine weitere Möglichkeit sozialer Regeln aber gibt es nicht. Und darum ist der Rechtszwang als taugliches Mittel zu möglicher Gesetzmäßigkeit des sozialen Lebens unentbehrlich und allgemeingültig formal gerechtfertigt.

Aus dieser Erwägung kann es gar nicht allgemein und bedingungslos dem einzelnen überlassen bleiben, daß er selbst originär bestimme, ob er einer sozialen Gemeinschaft angehören wolle oder nicht. Sondern es muß grundsätzlich die Entscheidung darüber dem Rechte in objektivem Bestimmen zufallen. Der zwangsmäßige Geltungsanspruch des Rechtes findet darin seine formale Berechtigung, daß er ein notwendiges Mittel für eine gesetzmäßige Bestimmung des sozialen Lebens ist.

Wie der Begriff der Schwerkraft seinen formal berechtigten Gebrauch darin findet, daß durch ihn es möglich wird, in dem Mannigfaltigen verschiedenartiger Erscheinungen Einheit und Gesetzmäßigkeit zu bewirken; so erhält vergleichsweise das Merkmal des Rechtszwanges in sozialen Regeln dadurch seine allgemeingültige Rechtfertigung, daß nur durch dieses sich die Möglichkeit eröffnet, das soziale Leben in gesetzmäßiger Weise zu bestimmen und zu richten.

Die Eigenschaft, in welcher der objektive Rechtszwang einen allgemeingültigen und unbedingten Vorzug vor der Konventionalregel besitzt, ist die der allgemeinen Anwendbarkeit auf alle jeweils nur möglichen Menschengruppen. Die Konventionalregel ist in dieser Hinsicht ihrem eigenen Sinne nach in unverbesserlicher Minderwertigkeit; durch sie allein und unter gänzlichem Ausschlusse des Rechtszwanges ist eine Verfolgung eines für alle erdenklichen Menschengemeinschaften geltenden Endzieles nicht möglich, und der Gedanke einer danach zu vollführenden Gesetzmäßigkeit des sozialen Lebens nicht voll erfüllbar. Sie eröffnet gar nicht die Möglichkeit, alle irgendwie denkbaren Menschenverbindungen in der sozialen Erfahrung zu konstituieren, sondern befähigt nur zu ganz bedingten und subjektiv begrenzten Vereinigungen. Jene Möglichkeit wird ausschließlich durch Anwendung des Rechtszwanges geliefert.

Das Postulat einer Gesetzmäßigkeit des sozialen Lebens, das ist einer Richtung und Bestimmung desselben nach einem einheitlichen Gesichtspunkte, der unbedingt für alle erdenklichen menschlichen Gesellschaften gilt, fordert die Verwendung eines zur Verfügung stehenden Mittels, vermöge dessen eine formal unbeschränkte Möglichkeit zur Konstituierung jeder denkbaren Menschengruppe geboten wird.

Man kann nicht einen einheitlichen Gesichtspunkt für alles mögliche soziale Leben als bestimmend anerkennen und in seiner Richtung sich bewegen wollen und dabei ein im einzelnen mögliches soziales Leben beiseite schieben, — also jenem allgemeingültigen Gesetze gerade nicht unterwerfen.

Dies aber muß diejenige Lehre tun, welche die ausschließliche Berechtigung von Konventionalgemeinschaften behauptet. Die Konventionalregel kann nur einiges gesellschaftliche Leben von Menschen umfassen; sie muß anderes, trotz seiner tatsächlichen Möglichkeit, also trotz der Möglichkeit, es dem allgemeingültigen Grundgesetze des sozialen Lebens zu unterwerfen, als angeblich unberechtigt streichen wollen. Sie setzt sich also mit sich selbst in der angenommenen Anerkennung jenes allgemeingültigen Grundgesetzes in unheilbaren Widerspruch; denn sie müßte ja sagen, daß sie einen einheitlichen Gesichtspunkt für alles mögliche soziale Leben verfolgen wollte, der als letztes Grundgesetz für alle erdenklichen Menschengruppen gelte, aber nur für gewisse, nach subjektiven Qualitäten abgegrenzte soziale Gemeinschaften in Anwendung gebracht werden dürfte.

Nur die Anwendung des Rechtszwanges kann an und für sich dem abhelfen. Das Recht ist die Bedingung, unter der allein alles in der Erfahrung als möglich zu denkende soziale Leben in formaler Unbeschränktheit gefaßt und einer sozialen Gesetzmäßigkeit entgegengeführt werden kann. Es ist das notwendige Mittel zu einer allgemeingültigen Gesetzmäßigkeit des sozialen Lebens der Menschen.

97

Der Nachweis, mit welchem wir den Rechtszwang in seiner formalen Berechtigung begründet haben, steht und fällt mit dem Fundament der sozialen Gesetzmäßigkeit überhaupt. Der autokratische Geltungsanspruch des Rechtes kann seine Rechtfertigung, wie wir sahen, nur dadurch erfahren, daß der rechtliche Zwang als unerläßliche Bedingung zu einer allgemeingültigen Gesetzmäßigkeit des sozialen Lebens aufgewiesen wird; was sich aus der allgemeinen Anwendbarkeit der Rechtsordnung auf alles mögliche soziale Leben ergibt, gegenüber der subjektiv bedingten Anwendbarkeit der bloßen Konventionalgemeinschaft.

Es könnte daher auch hier wieder einer mit dem Einwande kommen, daß ja vielleicht jemand von einer Verfolgung der Gesetzmäßigkeit des sozialen Lebens überhaupt Abstand nehmen möchte. Würde dieses für unsere Deduktion des Rechtszwanges von Einfluß sein? Und wie würde vor allem die radikale Skepsis jedem Ideal gegenüber, wie sie von Stirner durchzuführen versucht worden ist, in unserer Frage beurteilt werden müssen?

Obgleich wir nun früher schon (§ 66) die prinzipielle Schwäche des hier gemeinten Zweifels im allgemeinen erörtert haben, so mag es gestattet sein, bei der Wichtigkeit einer endgültigen methodischen Abfertigung derartiger Einwürfe, dieselben in der besonderen Anwendung dieses Zusammenhanges kurz vorzunehmen.

Wenn jemand die Möglichkeit der allgemeingültigen Gesetzmäßigkeit des sozialen Lebens der Menschen in Abrede stellen will, so kann das entweder in dem Sinne geschehen, daß er für seine Person das Nachforschen nach seinem einheitlichen Grundgesetze für gleichgültig erklärt; oder aber dahin gemeint sein, daß er zwar gerne einen obersten Gesichtspunkt als Prinzip seines richtenden Urteiles hätte, es aber bezweifelt, daß ein solcher feststellbar ist.

Ich erwidere diesem zweiten: Wenn es bloß zweifelnde Bedenken sind, die er in persönlichem Vorurteile einstweilen der Möglichkeit sozialer Gesetzmäßigkeit entgegenbringt, so möge er unserem Vortrage willig folgen; und wird sich dann in der weiteren Erörterung die wahre Einsicht in die oberste Einheit des sozialen Lebens schon ergeben. Falls es jedoch aprioristische Ableugnung dezidierter Art sein sollte, so frage ich, — wie der exklusive Empirist, der nichts als Einzeltatsachen kennt, die absolute Unmöglichkeit einer Einheit in jenen Daten beweisen will?

Vielleicht sinkt er dann auch auf den Standpunkt jenes ersten Subjektivisten hinab, der sich dahin äußern würde, daß er eine objektive Berechtigung überhaupt nicht wünsche noch erstrebe. Mein subjektives Ich, würde er sagen, das fördere und kultiviere ich; einen Beweis, warum das recht sei, gebe ich nicht und verlange ihn auch von anderen nicht, — so verzichte ich auch auf alle gegenständliche Gesetzmäßigkeit des sozialen Lebens.

Für diese Sorte besitzen wir in Gestalt überzeugender Gründe kein wirksames Heilmittel. Wer Gesetz und Einheit gar nicht haben will, kann durch theoretische Deduktionen nimmermehr dazu hingeführt werden. Wenn jemand erklärt, daß es für ihn als Prinzip des sozialen Lebens nur die Pflege seines empirischen Ichs gebe, daß es ihm gleichgültig sei, ob sich soziales Leben unter dem Gesichtspunkte eines formalen einheitlichen Endzieles fassen und gesetzmäßig gestalten lasse, daß er für seine Person nichts gelten lasse, als was ihm gut bekomme, ohne daß er es nötig finde, nach allgemeingültiger Gesetzmäßigkeit des menschlichen Zusammenlebens zu fragen, — so kann man nur achselzuckend entgegnen, daß derartige Meinung, die gar keinen anderen, als bloß persönlichen Wert selbst haben will und auf alle objektive Berechtigung verzichtet, dritte ja unmöglich interessieren kann. Wie kommt der Mann dazu, einem anderen eine Ansicht vorzutragen, von der er selbst nicht behauptet, daß sie richtig sei — denn, wenn sie richtig sein sollte, so wäre ja ein objektives Gesetz, das sie rechtfertige, wieder angenommen. So aber: Was kümmert uns, die anderen alle, sein wertes subjektives Ich? — Fort mit ihm!

Mit Stirner ist es anders bestellt (S. 364 ff.). Wie er als angeblich allgemeingültiges Ziel für jeden einzelnen ausschließlich die Anleitung von dessen empirischem Ich angibt, so setzt er diejenige Art des sozialen Lebens als die allein berechtigte, bei welcher der Mensch zwar in geregelter Gemeinschaft leben, aber doch vollkommen frei bleiben könne.

Dieses ist unter der Herrschaft des Rechtszwanges und in unserem Staate nicht möglich. „Wenn Wir Uns werden entwickeln wollen, kann der Staat uns nur ein Hemmungsmittel sein."

„Darum sind Wir beide, der Staat und Ich, Feinde. Mir, dem Egoisten, liegt das Wohl dieser »menschlichen Gesellschaft« nicht am Herzen, Ich opfere ihr nichts, Ich benutze sie nur; um sie aber vollständig benutzen zu können, verwandle Ich sie vielmehr in mein Eigentum und mein Geschöpf, d. h. Ich vernichte sie und bilde an ihrer Stelle den Verein von Egoisten."

Es ist klar, daß Stirner ein zweifelloses Endziel gesellschaftlichen Daseins der Menschen annimmt, welches er als ausschließlich berechtigt beweisen möchte; er verzichtet nicht auf Klarheit über die theoretisch aufzuhellende Gesetzmäßigkeit des sozialen Lebens, sondern er stellt im Gegenteile in dem eifrigen Streben hiernach eine gewisse Lehre auf, die er mit Gründen stützen will, und für die er objektive Richtigkeit und deshalb allgemeine Anerkennung fordert.

Sein einheitlicher Gesichtspunkt würde lauten: Die soziale Vereinigung von Menschen kann berechtigterweise nur von der Art sein, daß jedem irgend welchen Ich, das in der Empirie in seiner Eigenart auftreten mag, die vollkommen freie Entwicklung seiner selbst, die Erlangung seiner Eigenheit gesichert ist.

Und zur Erreichung dieses Zieles nimmt nun Stirner eine formale Art sozialer Gemeinschaft an, welche, wie oben (§ 96) dargetan wurde, nur für ganz bestimmte Menschen mit zufällig abgegrenzten Qualitäten anwendbar ist!

Der sonst so konsequent vorschreitende Denker verstrickt sich hier in einen unentrinnbaren Widerspruch: Allein berechtigt ist nur ein so geartetes soziales Leben, daß dadurch jedem empirischen Ich ohne Ausnahme die vollkommen freie Ausbildung seiner selbst möglich ist, — und darum schließe ich diejenigen Ichs, welche nicht zufällig die Qualität der Konventionsfähigkeit haben, von der Teilnahme am sozialen Leben aus; mein prinzipielles Ziel ist allgemeingültig und allein berechtigt, es gilt für alle denkbare Gruppierung egoistischer Ichs, — aber es können ihm nur einzelne, subjektiv bestimmte Menschengruppen unterstellt werden!

Den gekennzeichneten Widerspruch bekommt niemand aus der Lehre Stirners heraus. Er stellt die unbedingte und vollkommene Freiheit des Menschen nicht als ein Ziel sozialer Entwicklung auf, dem sie nachzustreben habe, nach welchem sie zu bestimmen und zu richten sei, ob sie es gleich in der stets bedingten Erfahrung nie erreichen wird; sondern er behauptet, daß das empirisch bedingte Ich der unbedingte Endzweck sei, und meint, daß er in der ausschließlichen Berücksichtigung jenes eine absolut vollkommene Form des sozialen Lebens für die wirkliche Erfahrung desselben als realisierbar gefunden habe.

Ohne alle Rücksicht einstweilen darauf, wie das grundgesetzliche Ziel des menschlichen Gesellschaftslebens zu formulieren und zu verwerten sei, sogar ohne besonderen Bezug auf die fehlerhafte Unterlage Stirners, der im empirisch bedingten Ich das unbedingte Gesetz menschlichen Wollens zu sehen glaubt, ist jedenfalls die Meinung dieses Autors von der Alleinberechtigung der angeblich absolut vollkommenen konventionalen Regelung des sozialen Lebens unbegründet und unrichtig. Er, der ein allgemeines Prinzip für alle möglichen Menschengruppen aufstellt, kann konsequenterweise nicht eine Form des sozialen Lebens für die allein gerechtfertigte erklären, welche nur gewisse einzelne Menschengruppen jenem Prinzip unterstellte und andere in sich mögliche Verbindungen, nämlich solche mit nicht konventionsfähigen Menschen, der Fähigkeit, jenem allgemeingültigen Grundgesetze zu folgen, gänzlich beraubte.

So ist der Rechtszwang niemals zu entbehren. Sein Recht baut sich auf seiner allgemeinen Anwendbarkeit auf. Er ist eine notwendige Bedingung zur Ermöglichung der Gesetzmäßigkeit im sozialen Leben. Wie immer man das Grundgesetz und das oberste Ziel des gesellschaftlichen Menschendaseins fassen möge, — jedenfalls muß es Geltung haben für alle erdenklichen Verbindungen unter Menschen. Die berechtigte Form des sozialen Lebens ist mithin diejenige, in welcher überhaupt erst alle möglichen Menschenverbände gefaßt werden können, weil nur unter dieser Voraussetzung die allgemeingültige Bedeutung des obersten sozialen Endzieles durchgeführt zu werden vermag.

98

Die ausschließliche Regelung des sozialen Lebens durch konventionale Normen kann dem soeben geäußerten Gedanken niemals nachkommen. Auch in einfacher konkreter Besinnung läßt sich dieses in Argumenten, die mehr *ad hominem* gerichtet sind, illustrieren und in der Darstellung vervollständigen.

Schon bei STIRNER dringt hier und da die Schwierigkeit hindurch, wie es bei den nach seiner Meinung allein berechtigten „Vereinen von Egoisten" mit der Einfügung der Unmündigen sich verhalte. — Besonders kritisch wird diese Frage in dem modernen kommunistischen Anarchismus. Er nimmt skrupellos an, daß man Kinder und Greise, Kranke und alle irgendwie konventionsunfähigen Menschen kurzerhand in die konventionale Gemeinschaft aufnehme und nach deren Regeln behandle; und schwelgt mit Vorliebe in der Phantasie, wie in einer kommunistisch-anarchistischen Gesellschaft, nach Abstreifung alles Rechtszwanges, alle erdenklichen Institute existieren werden, in denen die heranwachsende Jugend so gut aufgehoben und gepflegt ist, daß es nicht eines Zwanges betreffend Übergabe der Kleinen an solche Etablissements bedarf.[229] Daß aber die Kinder in autokratischer Bestimmung anderer Gesellschaftsmitglieder in die angeblich nur konventionale Gemeinschaft eingereiht werden, ist dem kommunistischen Anarchisten selbstverständlich.

Das ist eine klägliche Inkonsequenz. Der Rechtszwang wird für einen Teil der Genossen beseitigt, für einen anderen Teil aber aufrecht erhalten. Denn es liegt auf der Hand, daß, sobald man beispielsweise den Säugling in die Gemeinschaft ohne weiteres aufnähme und deren Regeln unterwürfe, man ja sofort den Rechtszwang wieder eingeführt und eine Herrschaft über einen Menschen ausgeübt hätte, ohne daß diese regelnden Normen auf dessen Zustimmung in ihrem Geltungsanspruche gegründet wären.

Wenn aber der Rechtszwang überhaupt erst einmal zugelassen ist, und der Regelung des sozialen Lebens ein möglicher selbstherrlicher Geltungsanspruch vindiziert wird, so entscheidet nun grundsätzlich über Unterworfensein oder freie Entschließung des einzelnen für Zugehörigkeit zu der sozialen Gemeinschaft eben die rechtliche Ordnung. Nach jener angeführten Meinung zerfielen die Menschen in zwei Klassen: Die Angehörigen der einen wären einer rechtlichen Regelung des Zusammenlebens in der uns geläufigen zwangsmäßigen Art unterstellt, indessen die zu der anderen Gruppe zählenden Menschen frei über ihre Zugehörigkeit zu der betreffenden Gesellschaft entscheiden dürften. Aber wer bestimmt die Grenze zwischen beiden?

Da die erste Klasse dem Rechte ohne alle Rücksicht auf ihre

Zustimmung unterworfen wird, so ist es klar, daß auch die Frage, wie weit sich diese Klasse erstrecken und wer überhaupt zu ihr gehören soll, von vornherein von besonderer rechtlicher Bestimmung, natürlich wieder mit dem Geltungsanspruche als Zwangsregel, bestimmt wird. Es wird dieses *de facto* um so klarer werden, wenn man sich vorhält, daß ja auch die vage Abgrenzung von konventionsfähigen Menschen, denen es also freigelassen würde, selbst über ihre Zugehörigkeit zu beschließen, erst einer näheren Bestimmung durch eine autokratische Regel bedarf: sowohl die Altersgrenze, bei der die Konventionsfähigkeit einzutreten hat, als auch sonstige mögliche Kriterien, unter denen dieselbe anzunehmen oder zu negieren ist, müssen ja doch selbst erst wieder durch eine objektiv geltende Norm des Rechtes konkret festgestellt werden.

Hiernach ergibt sich, daß in dem Augenblicke, wo der Rechtszwang überhaupt als eine berechtigte Form des sozialen Lebens zugelassen ist, die rechtliche Ordnung allemal die stärkere und vorgesetzte Instanz abgibt, welche nun auch ganz folgerichtig den Anspruch erhebt, über die Zulässigkeit der mit ihr in Berührung oder gar in Streit kommenden Konventionalgemeinschaften zu entscheiden. Denn da die Grenze zwischen selbstherrlich unterworfenen und frei beitretenden Menschen in einem Gemeinwesen von dem Rechte selbst gezogen wird, so kann es dieselbe auch nach der einen Seite hin so ausdehnen, daß es nun alle ihm geeignet erscheinenden Personen, auch solche mit höchst entwickelten Geistesgaben und trefflicher Entschlußfähigkeit, sich zwangsweise unterwirft. Irgend eine begriffliche Grenze gibt es da nicht mehr.

Es geht also nicht an, ein Gemeinwesen so zusammenzusetzen, daß für die eine Hälfte der Teilnehmer der Rechtszwang besteht, während die anderen ausschließlich in freier Konventionalgemeinschaft vereinigt wären. Sobald vielmehr in eine soziale Ordnung das Moment des zwangsmäßigen Geltungsanspruches eingeführt ist, so erstreckt es sich grundsätzlich über das Ganze dieser Regelung. Wenn eine soziale Ordnung den Anspruch erhebt, daß nur sie selbst in letzter Linie bestimmt, wer ihr unterworfen sein soll, so kann nicht dieser Anspruch zugegeben und doch zugleich hinzugefügt werden, daß gewisse Menschen davon ausgenommen seien. Wer den Regeln des Gesellschaftslebens überhaupt die Fähigkeit zuschreibt, Menschen unter ihre Herrschaft zu ziehen, ohne sie um ihre Zustimmung zu befragen, und in grundsätzlich eigener Bestimmung darüber zu befinden, wer ihr untertan sein soll, der vermag doch wahrlich nicht, über derjenigen Autorität, die das letzte Wort in der genannten Frage zu sprechen hat, noch eine weitere und allerletzte freie Entschließung von konventionsfähigen Menschen zu konstatieren.

Stellen wir uns einmal eine Gesellschaft vor, die angeblich auf der Grundlage freier konventionaler Zusammenschließung aufgebaut ist, aber für einzelne, vor allem für die Unmündigen Rechtszwang kennt und diese in die Gemeinschaft einfügt und darin hält, ohne ihre Zustimmung. Nehmen wir an, daß die Gesellschaft dabei das 20. oder 18. oder 16. oder 24. Lebensjahr, oder welches sonst, für das Aufhören des Rechtszwanges festgesetzt hätte; — warum soll dann nicht auch das 40. oder 60. Lebensjahr eingeführt werden, oder von dem 60. ab wieder? Welche formale Grenze kann hier als *a priori* gültig aufgestellt werden?

Aber irgend wann, meint man, müsse doch das Recht die freie Ausscheidung aus seinem Zwange gestatten! — Vielleicht ja; aber unumgänglich notwendig, so daß es sich bei Verweigerung des freien Ausscheidens in einen logischen Widerspruch mit seinem selbst angegebenen autokratischen Geltungsanspruche verwickelte, durchaus nicht. Kranke und Konventionsunfähige sollen auch nach der inhaltlichen Tendenz der hier supponierten Gesellschaftsordnung so wie so unter dem Rechtszwange gehalten werden; aber wer nun zu diesen gehöre, das bestimmt doch auch wieder die rechtliche Satzung selbst, und für die von ihr ausgehende Grenzangabe ist formal gar kein allgemeingültiger Endpunkt einzusehen.

Und es wird, lautet der Einwurf, jener beschränkt angewandte Rechtszwang das freie Ausscheiden endlich einmal — gestatten. Das aber ist gerade der springende Punkt, daß die Frage der Möglichkeit des Austrittes auf die Erlaubnis der Rechtsordnung gestellt werden muß, wie es aus deren selbstherrlichem Geltungsanspruche notwendig folgt. Es dürfen also die Erwachsenen und Dispositionsfähigen, daß heißt die durch das Recht als solche Bestimmten, auch nur ihren Austritt nehmen, weil und so weit das Recht es ihnen erlaubt. Es ist mithin auch bei der konkret begrenzten Verwendung des rechtlichen Zwanges gar nicht mehr ein grundsätzlich freies Ausscheiden; sondern es liegt immer Gestattung der Rechtsordnung vor, welche nun gegen den Austritt eines ihrer Unterworfenen nichts mehr einzuwenden hat. Es ist Erlaubnis des Rechtes, die man erhält: grundsätzlich entscheidet allgemein das einmal eingeführte rechtliche Zwangsgebot.

So ist es nur noch eine Frage der tatsächlichen Anwendung und des wirklichen Gebrauches, die für den prinzipiell einmal eingebrachten Rechtszwang weiterhin erhoben werden kann. Es könnte nun in unserer hypothetisch oben angeführten Gesellschaft ohne inneren Widerspruch geschehen, daß — etwa bei drohenden Einbrüchen äußerer Feinde — das Ausscheiden aus der Gemeinschaft einmal gänzlich für unstatthaft erklärt würde; nachdem einmal der Rechtszwang als solcher überhaupt in gewissem Umfange eingesetzt ist, so könnte die genannte Maßregel hinsichtlich der sozialen Form nur als quantitative Veränderung erachtet werden. Auch wäre es nach grundsätzlicher Betrachtung nun möglich, daß alle sozialen Beziehungen (z. B. Freundschaft, geselliger Familienverkehr usw.) zu rechtlichen Beziehungen von der Gesellschaftsordnung erklärt und als solche geregelt würden. Das Recht würde dabei freilich aller Voraussicht nach auf tatsächliche Hindernisse aus gegebener geschichtlicher Lage stoßen; aber wie weit es mit oder ohne tatsächlichen Erfolg seine Regelung ausdehnt, und wie viele der sozialen Normen mit Rechtszwang begabt werden, — das ist sicher, daß mit der prinzipiellen Einbringung des Rechtszwanges in eine soziale Gemeinschaft eine formale Grenze der Geltung desselben überhaupt nicht mehr besteht. Denn der Rechtszwang bedeutet die Eigenschaft der selbstherrlichen zwangsmäßigen Geltung des rechtlichen Befehls, der in voller Souveränität allein in letzter Linie darüber befinden will, wer ihm untertan ist: — ihn für andere seiner Gemeinschaft annehmen, sich selbst aber davon ausschließen zu wollen, ist eine *contradictio in adiecto.* Denn dieses würde besagen: Als formale Ordnung unserer Gesellschaft haben wir auch diejenige, welche selbst ausschließlich darüber befinden will, wer ihr unterworfen ist, — und wir schreiben ihr vor, wen sie sich unterwerfen darf.

Der methodische Fehler, durch dessen Klarlegung sich auch dieser Widerspruch heben läßt, liegt bei der angeführten Angabe darin, daß man glaubt, immer noch über die zwei entgegengesetzten Formen des sozialen Lebens zu sprechen, während in der Tat unmerklich sich die Frage in diejenige nach dem Inhalte der einen Form, der rechtlichen Ordnung, gewandelt hat. Die angeblich freie Konventionalgemeinschaft von Konventionsfähigen, die sich mit rechtlichem Verbande von Unmündigen zu einem und demselben Gemeinwesen vereinigen soll, ist in Wahrheit nur eine inhaltlich besonders geartete Rechtsordnung. Durch die Einbringung des

Rechtszwanges als integrierende Eigenschaft der betreffenden sozialen Ordnung ist diese grundsätzlich und im ganzen zu einer rechtlichen Ordnung geworden. Dies fordert die Eigenart des Rechtszwanges, als des selbstherrlichen Geltungsanspruches sozialer Regelung, der danach nichts Gleiches oder Übergeordnetes in der Bestimmung der ihm unterworfenen Personen dulden darf, ohne sich selbst zu widersprechen. Und nun steht alles einbezogene soziale Leben unter der rechtlichen Regelung; auch die geschichtlichen Konventionalgemeinschaften, die wir kennen und beispielsweise in unseren rechtlichen Gemeinwesen haben, unterstehen der Billigung und der Raumgewährung der darüber stehenden Rechtsordnung.

Die Konstituante des betreffenden gesellschaftlichen Verbandes ist alsdann ausschließlich das Recht. Nimmermehr kann es sein, daß eine und dieselbe Vereinigung von Menschen gleichzeitig und gleichmäßig durch Recht und Konventionalregel konstituiert wäre, — als grundlegende Form sowohl diejenige mit zwangsweisem, als auch die von gänzlich zwangslosem Geltungsanspruche besäße. Wenn die autokratisch geltende Form des Rechtes vorhanden ist, so unterliegt ihr auch die zweite Möglichkeit. Es kann also sein, daß in einem Rechtsverbande, wie die Erfahrung uns mannigfach lehrt, in rechtlich gerade nicht ergriffenen Wechselbeziehungen Konventionalregeln gelten.

Aber dieses kann immer nur in einem leerstehenden und sonst gerade nicht benutzten Raume des dem Rechte gehörenden Hauses geschehen. Das Recht, als Hausherr, behält sich vor, dortselbst beliebig selbst wieder schalten und walten zu dürfen, und es muß sich Kontrolle und Aufsicht und das letzte bestimmende Wort in allem jederzeit wahren. Diese formale Befugnis kann niemand leugnen, der das Eigentum, das am Hause vorliegt, als solches anerkennt.

Anders freilich liegt die Sache, wenn jemand zweifeln wird, ob der Herr von seiner Befugnis in einem besonderen Falle auch wirklich Gebrauch machen sollte. In diese Fragestellung ist die oben zitierte Meinung unwillkürlich hineingeraten.

Die Forderung, daß das Recht das freie Ausscheiden jedes Dispositionsfähigen aus seinem Verband erlaube, enthält in der Tat weiter nichts, als das Postulat eines diesbezüglichen freiheitlichen Inhaltes der Rechtsordnung.

Die formale Grenze, durch die allein Klarheit und Schärfe in der grundsätzlichen Auffassung des sozialen Lebens verbürgt wird, läuft aber nur zwischen Rechtsverband und Konventionalgemeinschaft.

Lockert das rechtliche Band in der Schärfe dessen, was es bestimmt; verleiht seiner Ordnung einen freiheitlichen Charakter; gebt den einzelnen Rechtsgenossen äußere Freiheit in Tun und Lassen; gewährt es, daß sie selbst über die Art und Weise ihrer Beteiligung am sozialen Zusammenwirken befinden, und erlaubt ihnen die freie Auswanderung, wenn es ihnen hier fürder nicht behagt: — stets bleibt doch der selbstherrliche Geltungsanspruch des Rechtes bestehen und der Rechtszwang über den einzelnen erhalten.

Rechtliche Satzung und Konventionalregel können sich, wie wir wissen, in dem praktischen Effekt im einzelnen Falle sehr nähern. Sie vermögen eine derartig ähnliche Wirkung auszuüben, daß dem Einzelindividuum es in seiner konkreten Lage ziemlich gleichgültig sein kann, ob es der einen, ob der entgegengesetzten Art der sozialen Regelung gegenüber steht. Aber im innersten Wesen sind sie durch den Charakter des Geltungsanspruches als Zwangsregel oder als nur hypothetisch verpflichtende Norm scharf geschieden.

Und dieses ist der einzige Gegensatz von durchgreifender Bedeutung für die Form des sozialen Lebens, die — wie immer — vor einer ersprießlichen Erörterung möglichen Inhaltes prajudiziell erwogen sein will.[230]

Die notwendige Trennung der beiden angeführten Fragen ist weder in der juristischen, noch der sozialwissenschaftlichen Literatur überhaupt seither in bewußter Klarheit erkannt und durchgeführt worden. Ich setze sie noch einmal hierher. Es ist zu trennen: einmal der Gegensatz in der Form des sozialen Lebens und die Gegenüberstellung von Rechtssatzung und Konventionalregel; zum anderen die Unterschiede, die sich im Inhalte der rechtlichen Ordnungen in der sozialen Erfahrung, in Lockerung oder Anziehung des rechtlichen Bandes, beobachten lassen.

Ein Beispiel. Die oben (S. 125) von uns angeführte Aufstellung Sohms, nach welcher der Rechtszwang dem Wesen der Kirche widerstreitet, kommt sachlich zu dem Ergebnis, daß nur freie Konventionalgemeinschaften der im Glauben Verbundenen die berechtigte Form des kirchlichen Lebens abgeben würden. Das hat man nun weithin mißverstanden.

Es ist ganz mißverständlich, wenn ein Rezensent des Sohmschen

Buches diesem entgegenhält,[231] daß das Postulat SOHMS nur strengen und unduldsamen kirchenrechtlichen Satzungen gegenüber Berechtigung habe, aber liberalen Kirchengesetzen gegenüber versage. Denn auch die am weitesten gehende Erlaubnis zum Austritt aus der rechtlich organisierten Gemeinde bleibt doch dabei stehen, daß andere Menschen darüber befinden, ob und wann man zu der Kirchengemeinschaft gehöre; und SOHM könnte darum mit Fug entgegnen, daß dem Begriffe der Kirche als einer Gemeinschaft der in gemeinsamem Glauben Verbundenen durch jenen Anspruch äußerer rechtlicher Bestimmung der Mitgliedschaft ganz und gar nicht entsprochen werde, daß dieses vielmehr — soweit äußere Veranstaltungen und Vereinigungen erforderlich seien — nur auf dem Wege der Konventionalregeln geschehen könne, zwischen welchen Konventionalgemeinschaften und noch so liberalen kirchenrechtlichen Verbänden eine unüberbrückbare Kluft unvermeidlicherweise, immer bestehen muß.[232]

„Die hemmenden Vorschriften des Kirchenrechtes", sagt ein neuerer Jurist,[233] „erstreben einen Gegendruck gegen eine Lähmung der Staatsgewalt durch stärkere widerstrebende Einflüsse der Geistlichkeit, oder einen Schutz der Staatsangehörigen gegen solche kirchliche Einflüsse, die der Staatslenkung nicht erwünscht sind. Die Behauptung SOHMS, daß alles Kirchenrecht dem Wesen der Kirche widerstreitet, würde sich nur für solche Zeiten und Völker rechtfertigen lassen, in denen die erwähnten Schutzbedürfnisse nicht vorhanden sind." — Also erst zwingt das Recht die Menschen in die kirchlichen Gemeinschaften hinein, und dann muß es die so Eingezwungenen gegen Einflüsse der Geistlichkeit schützen; aber weil es die ohne Rücksicht auf ihren Willen in die Kirche Eingebrachten nun schützen muß, deshalb ist die zwangsweise Bestimmung darüber, ob und wann jemand Mitglied einer kirchlichen Gemeinschaft sei, doch keineswegs gerechtfertigt.

Um diese erste Frage dreht es sich: Wer bestimmt über die Mitgliedschaft zur Kirche — die einzelnen Gläubigen, jeder frei für sich, oder aber die selbstherrliche Regel der Kirche, die der Staat anerkennt, formal ohne Rücksicht auf den Willen des Mitgliedes? In der Geschichte und in unserer Gegenwart tritt der Anspruch auf, daß andere, fremde Menschen darüber befinden, ob ich Mitglied der Kirche bin, und grundsätzlich nicht ich selbst; sie erlauben vielleicht, daß man austritt, wenn man will; sie stoßen uns auch etwa gegen unseren Willen aus; — kurz sie, die anderen, entscheiden jene Frage, und nicht wir, die einzelnen Mitglieder, jedes für sich. Das ist der Rechtszwang auf kirchlichem Gebiete, der autokratische Geltungsanspruch des Kirchenrechtes. Alle weitere Ausgestaltung ist dann Einzelfrage und nur notgedrungene Konsequenz jenes ersten.

Der einzig formal klare Gedanke, wie er in der Grundauffassung SOHMS vom Wesen der Kirche allerdings darin steckt, geht auf eine Verwerfung des Anspruches, daß andere Menschen über die Zugehörigkeit zu einer Gemeinschaft des Glaubens befinden, als der davon Betroffene selbst. Daß sich die in gemeinsamem Glauben Verbundenen auch äußerlich zusammenfinden, daß sie Veranstaltungen zur Betätigung ihres Glaubens und zur Erhaltung und weiteren Verbreitung der Lehre treffen, das wird dadurch gar nicht berührt. Nur dürfen sich nach der besprochenen Ansicht die kirchlichen Gemeinden in keiner anderen Form des Gesellschaftslebens organisieren, denn als bloß konventionale Gemeinschaften.

Solange also SOHM seine Auffassung konsequent durchführt, solange er dabei verbleibt, daß eine allgemeine Beteiligung aller Menschen an der kirchlichen Gemeinschaft nach dem Wesen der Kirche gar nicht veranlaßt ist, sondern es genügt, wenn sich solche, die freier Konvention fähig sind, in eigener irgend geleiteter Entschließung mit solchen gleichen Glaubens auch unter äußeren Regeln zusammenfinden, so lange ist formal gegen die von ihm vorgebrachte Leugnung des Kirchenrechtes nichts zu erinnern. Er darf dann selbstverständlich keine Bestimmung in berechtigter Geltung zulassen, welche einen Menschen in die kirchliche Gemeinschaft einfügte, ohne daß dieses auf seinen Willen und auf seine auf Gemeinsamkeit des Glaubens gestützte Entschließung zurückgeht. Er muß vor allem die Aufnahme unzurechnungsfähiger Kinder in die kirchliche Gemeinschaft verwerfen, da er ja anderenfalls einen Ungläubigen in selbstherrlichem Gebieten über ihn, ohne Rücksicht auf dessen erfolgte Zustimmung, dem kirchlichen Verbande einreiht; — wenn aber das Kirchenrecht, also die zwangsweise Hineinziehung jemandes in die Kirchengemeinde, dem Wesen der Kirche widerstrebt und an sich unzulässig ist, so kann es doch nicht in einer einzelnen besonderen Richtung berechtigtermaßen auftreten.

Mit diesen Konsequenzen würde also die Ansicht SOHMS nach der Seite der formalen Klarheit und Folgerichtigkeit nichts zu wünschen lassen. Ob sie nun aber inhaltlich gerechtfertigt ist, das wäre noch besonders zu erkunden. Diese zweite Frage ist durch das Ergebnis unserer seitherigen Untersuchung noch nicht entschieden.

Unsere Ausführungen lehren die Notwendigkeit des rechtlichen Zwanges als unentbehrlichen Mittels zur Verfolgung der Gesetzmäßigkeit des sozialen Lebens. Sie zeigen bis dahin also nur, daß derjenige gegenständlicherweise im Unrechte sich befindet, der den Rechtszwang als solchen in seiner Begründetheit leugnet und bekämpft. Der autokratische Geltungsanspruch des Rechtes ist vollständig niemals zu entbehren, oder der Gedanke der sozialen Gesetzmäßigkeit verschwindet; die ausschließliche Regelung des gesellschaftlichen Daseins der Menschen durch konventionale Normen kann deren Sinne nach, wie wir zeigten, jenem nicht nachgehen.

Der Rechtszwang ist eine notwendige Bedingung für eine mögliche soziale Gesetzmäßigkeit. Seine Anwendung an und für sich bedeutet selbstredend diese Gesetzmäßigkeit noch gar nicht. Es kommt nunmehr auf seine Richtung auf das oberste Endziel des gesellschaftlichen Daseins der Menschen an.

Dritter Abschnitt.

Sozialer Idealismus.

99

Die Rechtsordnung ist ein Mittel im Dienste menschlicher Zwecke. Ihr Sinn ist die Herbeiführung einer gewissen Art des Zusammenwirkens und Verhaltens von Menschen gegen einander. Wie immer ihr besonderer, im Laufe der Geschichte unablässig wechselnder Inhalt sein möge, das ist sicher, daß ihm jederzeit die Meinung eines besonders zu bewirkenden menschlichen Zusammenlebens innewohnt. Das Recht kann nicht als Gegenstand äußerer Sinne, als bloßes Objekt der Natur genommen und ausschließlich unter dem Gesichtspunkte naturwissenschaftlicher Erkenntnis erörtert werden; es verlangt unvermeidlich, daß es als Mittel zu menschlichen Zwecken gewürdigt wird.

Hieraus folgt, daß die Berechtigung einer positiven rechtlichen Einrichtung danach bestimmt werden muß: daß sie in ihrem Inhalte das rechte Mittel zu rechtem Zwecke des sozialen Zusammenlebens der Menschen sei. Welches ist nun dieses objektiv begründete Ziel des menschlichen Gesellschaftslebens?

Keiner der empirisch auftretenden Einzelzwecke des sozialen Zusammenwirkens kann den Anspruch erheben, daß er in unbedingter Rücksichtslosigkeit als oberstes Ziel und absoluter Endzweck des gesellschaftlichen Daseins der Menschen erachtet wird (§ 80). Jeder besondere Zweck, der mit bestimmtem Inhalte im sozialen Leben auftritt, ist immer ein solcher für bestimmte Menschen. Auch mit den sogenannten höheren Kulturgütern, die nur durch verfeinerte Ausbildung menschlicher Kräfte und Fähigkeiten zu erreichen sind, ist dieses nicht anders. Auch sie liegen in ihrem empirischen Auftreten zunächst nur in dem Interessenkreise gewisser einzelner Menschen. Wenn nun jemand behaupten will, daß die von ihm erstrebten Ziele solche seien, daß die übrigen Rechtsunterworfenen sich danach zu richten und jenen anzuschließen hätten, so muß er dartun, daß seine Zwecke objektiv berechtigt seien, daß sie dem letzten Endziele des sozialen Lebens der Menschen wirklich entsprechen. Er hat also notgedrungen nicht das besondere, inhaltlich ausgezeichnete Ziel als den letzten Endzweck der menschlichen Gesellschaft behaupten können, sondern gerade die Berechtigung der intensiven Verfolgung jenes an einem — sei es auch nur unklar empfundenen — festen Obersatze und sozialen Grundgesetze dargetan.

Dasjenige, was einer und die mit ihm zur Partei, zum Stande, zur Klasse Zusammengeschlossenen sozial erstreben, kann in seiner konkreten Eigenart und besonderen Bedingtheit natürlich nicht selbst das eben erwähnte letzte Endziel des sozialen Lebens überhaupt ausmachen. Es ist begrenzt und endlich und hat sich in seinem grundsätzlichen Sinne an dem obersten Gedanken der menschlichen Gesellschaft rechtfertigend auszuweisen.

Es muß daher ein allgemeingültiges Ziel des gesellschaftlichen Daseins der Menschen festgestellt werden, wenn anders man von einem bestimmten Sonderwunsche nach Erhaltnng oder Abänderung der bestehenden sozialen Ordnung will besagen können, daß sie berechtigt oder aber ungerechtfertigt sei. Denn nur in dem Nachweise, daß eine konkrete Bestrebung unter gewissen empirischen Bedingungen mit dem einheitlichen Grundgedanken des sozialen Lebens der Menschen übereinstimme, kann ihre Eigenschaft als einer objektiv berechtigten gefunden werden.

Da nun aber kein einziger inhaltlich bestimmter Sonderzweck mit Fug den Anspruch erheben darf, daß er für sich das absolute Ziel des geregelten menschlichen Zusammenwirkens sei, so kann es sich bei dem letzten Endziele des sozialen Daseins nur um einen formalen Gedanken handeln, der in unbedingter Einheit über allen Einzelzwecken richtend steht, der für sie alle gilt, von dem ein jeglicher in seiner empirischen Sonderart die Qualität eines gesetzmäßigen sozialen Wollens überhaupt nur beziehen kann.

Es gibt also kein inhaltliches *a priori* als Staatszweck. Die Frage nach dem Endziele des sozialen Lebens kann niemals nach irgend einem bestimmten empirischen Erfolge gelöst werden, der durch die rechtliche Regelung zu erreichen wäre. Alle die Zwecke, welche für das soziale Zusammenwirken und gesellschaftliche Miteinanderleben entstehen, sind endlich und bedingt, sie erwachsen aus konkreten Verhältnissen heraus und gehen auf ganz bestimmte und empirisch abgeschlossene Fragen. Aber die Wahl, welche in einer solchen empirisch bedingten Lage zu treffen ist, kann nach doppeltem Gesichtspunkte vorgenommen werden: entweder im Sinne einer bloß subjektiven Gültigkeit, so daß lediglich persönliches Begehren den Ausschlag gibt; oder unter der Erwägung des in solcher Lage objektiv berechtigten Wollens. Der Unterschied der richtigen und gesetzmäßigen Entscheidung von der egoistischen und nur subjektiv geltenden liegt also darin, ob die konkrete Wahl unter dem formalen Gesichtspunkte allgemeingültiger Erwägung getroffen wird oder nicht. So kann auch ein gutes und berechtigtes Staatsgesetz nur ein solches sein, welches unter dem formalen einheitlichen Gedanken der allgemeingültigen Berücksichtigung eines jeden Rechtsunterworfenen in seinem besonderen Inhalte vorgeht.

Man kann die Frage natürlich auch so erhalten und aufwerfen: Da das Recht eine Vereinigung von Menschen in bestimmter Richtung bewirken will, so fragt es sich, in welchem allgemeingültigen Sinne dieses geschehen soll. Nach welchem einheitlichen Zielpunkte sind alle die besonderen Zwecke des sozialen Zusammenwirkens zu richten? In welcher formalen Grundauffassung absolut geltenden Charakters ist die soziale Ordnung einer Gesellschaft aufzunehmen und durchzuführen?

Hiernach ist es für das allgemeingültige Grundgesetz des Rechtes, und damit des sozialen Lebens der Menschen überhaupt, notwendig, daß von allen empirischen Besonderheiten einzelner konkreter sozialer Bestrebungen abgesehen wird. Als oberstes Ziel der Rechtsordnung kann nicht die Verfolgung irgend eines inhaltlich ausgezeichneten Sonderzweckes auftreten, weil ein solcher seinem Begriffe nach die Forderung unbedingter Allgemeingültigkeit nicht zu erfüllen vermag. Das letzte Ziel der rechtlichen Regelung liegt in der durchgängigen Innehaltung eines formal bedingungslos geltenden Gesichtspunktes für das soziale Leben der Menschen überhaupt; es ist die Richtung und Bestimmung der empirischen Sonderbestrebungen im Sinne einer für alle irgend welche Regelung formal gültigen absoluten Einheit.

Nun geht aber alle soziale Regelung auf Behandlung und Bestimmung von Menschen. Wenn sie einen absoluten einheitlichen Grundgedanken haben soll, so muß dieses also ein solcher sein, der für jeden von der Regel Ergriffenen allgemeingültig besteht und die letzte Einheit für alle irgend welche Regelung des Verhaltens von

Menschen darstellt. Die Fundamentalfrage der Sozialwissenschaft ist somit das Problem der formalen Art beim besonderen Vereinigen von Menschen, die nach einem für jedes Zusammenwirken unbedingt geltenden Ziele gerichtet ist.

Das unbedingte Gesetz für den Menschen ist, wie wir zeigten (§ 65), der gute Wille; das ist die Richtung und Bestimmung empirischer Zwecke, die als allgemeingültig auftreten kann, abstrahierend von den subjektiven egoistischen Trieben. Das absolute Ziel, eine Idee, der als regulativem Gesichtspunkte nachzustreben ist, ob sie gleich niemals in der Erfahrung voll verwirklicht werden kann, ist: frei zu sein. Innerliche Freiheit, das ist dasselbe wie Objektivität der Zwecksetzung, Allgemeingültigkeit bei der Verfolgung seiner Ziele.

Dieses ist nun auf das soziale Leben anzuwenden. Dasselbe stellt ein äußerlich geregeltes Zusammenleben und Zusammenwirken dar. Der Wille eines jeden in dieser Vereinigung soll allgemeingültig und unbedingt gerichtet sein. Folglich kann die Gesetzmäßigkeit des sozialen Lebens nur in dem ideellen Richtmaße einer Gesellschaft liegen, deren Regelung im Sinne einer allgemeingültigen Berücksichtigung eines jeden Rechtsunterworfenen geschieht, so daß ein jeglicher so behandelt und bestimmt wird, wie er, als frei gedacht, wollen muß.

Die Gemeinschaft frei wollender Menschen, — das ist das unbedingte Endziel des sozialen Lebens.

Es ist die Idee einer Menschengemeinschaft, in der ein jeder die objektiv berechtigten Zwecke des anderen zu den seinigen macht; einer Regelung des vereinten Daseins und Zusammenwirkens, der jeder Rechtsunterworfene zustimmen muß, sobald er frei von bloß subjektivem Begehren sich entschiede.

Danach ist klar, daß mit dem Ausdrucke „frei“ in unserer Formel nicht gemeint ist: frei vom Kausalitätsgesetz, sondern frei vom bloß subjektiv gefüllten Inhalte des Begehrens. Die Betrachtung, die im freien Wollen liegt, ist gar nicht genetisch, sondern ausschließlich systematisch: für den Inhalt von Zwecken. Hier heißt „frei“: subjektiv unbedingt, unpersönlich.

Allerdings hat das Wort „frei“ noch eine dritte Bedeutung, die in diesem Zusammenhange mißverständlich möglich wäre, das ist im Sinne von staatsbürgerlich frei; genauer, frei von äußerer Bestimmung durch andere, keinem äußeren Gebote unterworfen, dem man nicht selbst zugestimmt hat. Dieser Hinweis auf „freiheitliche“

Einrichtungen bleibt hier vollständig außer Betracht. Denn unsere Absicht geht keineswegs auf den Entwurf irgend einer besonderen Staatsverfassung; sondern auf die Darlegung des formalen Grundgedankens, der für alle denkbaren Äußerungen von sozialem Wollen Geltung hat; der für die Reiche der Römer, der Germanen, der Mongolen paßt und auf den Staat Ludwigs XIV. so gut Anwendung findet, wie auf die kühnste Phantasie eines modernen Anarchisten: freilich nicht so, daß er in einem von ihnen verwirklicht wäre (was *a priori* unmöglich ist), wohl aber im Sinne des einzig festen und allgemeinen Richtmaßes, das allein zum Ausmessen von ihnen allen tauglich ist.[234]

Wir haben es sonach jetzt nur mit der inneren Freiheit zu tun, und zwar mit der von Zwecken. Das ist die tätige Einsicht einer Möglichkeit, jeden einzelnen Inhalt des wollenden Bewußtseins in einen festen, einheitlichen Zusammenhang mit allen denkbaren Zweckinhalten zu bringen. Denn dieser Gedanke ist es ganz allgemein, der uns von den systematischen Zufälligkeiten des gerade in den Weg laufenden Stoffes „frei" macht.

Das Setzen eines solchen richtigen Inhaltes von Zwecken erfolgt aber für das soziale Wollen nicht durch den einzelnen, ihn für sich allein in seinem Innern erwogen, sondern in einer äußeren Regel, welche für mehrere in ihrem Zusammenwirken gilt, und sie dadurch „verbindet", daß sie gemeinsam zu verfolgende Zwecke normiert (§ 69). So kommt durch den Gedanken der Gemeinschaft ein eigenes Moment in der Formel vom sozialen Ideal zum Ausdruck, das die Betrachtung von einem bloßen Nebeneinanderstellen und Zusammenzählen von vereinzelten freien Zweckinhalten entfernt. Nun sind es gar nicht mehr die einzelnen einer Regel Unterstellten, deren inneres Begehren und Wünschen in Frage steht, sondern es ist der Inhalt der über ihnen gemeinsam befindlichen Regel selbst, der im grundsätzlichen Sinne des sozialen Ideales richtig sein soll. Er ist es, der den Gedanken der Gemeinschaft bei der Art des Zusammenwirkens im Auge behalten soll und ihn dahin durchzuführen hat, daß er die also verbundenen Menschen in ihrer Eigenschaft als Selbstzwecke, das ist mit der grundsätzlichen Bestimmung zu freiem Wollen anredet, ihnen gebietet, sie richtet.

Es ist eine traurige Verirrung, wenn der letzte und oberste Zweck der rechtlichen Ordnung als Funktion von Kette und Peitsche gefaßt wird, die den Menschen vor dem schlimmsten der Tiere, vor seinem Nebenmenschen, zu schützen hätte. Bedauerlich genug, daß im empirischen Durchführen des Menschendaseins man der Notwehr anderen gegenüber nicht entraten kann. Aber das darin gelegene bedingte und vorübergehende Einzelziel darf nimmermehr als absolutes Endziel des sozialen Lebens erachtet werden.

Dem Rechte winkt eine höhere Aufgabe. Die Gemeinschaft frei wollender Menschen ist im angegebenen Sinne freilich nur eine Idee. Keine Erfahrung hat sie je aufgewiesen; noch auch wird sie später einmal den Menschen in Wirklichkeit gegeben werden. Doch bildet sie den Leitstern der bedingten Erfahrung.

Sie ist der einzige Gedanke, der für das soziale Leben der Menschen unbedingte Einheit ermöglicht. In ihrer Befolgung kann Gesetzmäßigkeit sozialen Begehrens und Ordnens beschafft werden; indem die geschichtlich besonderen äußeren Regeln des Zusammenwirkens und die empirisch erwachsenden Bestrebungen auf Erhaltung oder auf Abänderung eines bestehenden Zustandes an ihr vergleichend gemessen, abgewogen, gerichtet werden.

So ist die Idee der Gemeinschaft von Menschen das einzige regulative Prinzip, das ein gefestetes Urteil über die objektive Berechtigung einer sozialen Regelung oder Bestrebung möglich macht; und das zugleich dem Gesetzgeber die gesetzmäßige Richtung seines Vorgehens im wilden Getriebe des Einzelbegehrens aufhellend zu zeigen im stande ist.

100

Die gewöhnliche Fassung weicht von unserer Formulierung ab. Sie geht darauf, daß der oberste Endzweck der rechtlichen Verfassung das Glück, die Wohlfahrt, die Zufriedenheit der Menschen sei. Sie trifft darin nicht das Richtige.

Von vornherein ist klar, daß man hier ein Abstraktum sicheren Charakters überhaupt nicht vor sich hat. Sagt man nur dieses, daß menschliche Wohlfahrt das letzte Ziel der sozialen Ordnung sei, so bleibt es noch ganz offen, welcher Menschen Wohlfahrt das dann sein solle. Jener vage Satz verträgt sich auch mit dem Ausspruche: *L'état c'est moi;* menschliche Wohlfahrt, — damit meine ich nur meine Wohlfahrt, die jenem Begriffe doch auch adäquat ist. — So ist der angeführte Satz unbestimmt und für die hier verfolgten Interessen untauglich. Man muß sich erinnern, daß es immer nur Glück und Wohlergehen von jeweils bestimmten Menschen gibt, und daß damit nicht ein Zustand gegeben wird, der von einzelnen empirisch vorliegenden Menschen unabhängig wäre.

Dem ist auch dadurch nicht zu entrinnen, daß man „das öffentliche Wohl“ als angeblich eigene Größe einschiebt. In diesem Sinne ist sogar vielfach ein möglicher Gegensatz zwischen dem „öffentlichen“ oder „allgemeinen“ Wohle und dem Glücke des einzelnen Individuums aufgestellt werden, mit der gewöhnlichen Lehre, daß das Interesse der staatlichen Gesellschaft dem Interesse der einzelnen Untertanen vorzugehen habe.[235]

Für eine klare Analysis der verwendeten Begriffe ist es jedoch schwer verständlich, wie man ruhigen Herzens das Wohl der Allgemeinheit oder des sozialen Ganzen als ein selbständiges Ding hat einführen können. Sagt man, daß der einzelne hinter dem Wohle „des Ganzen“ zurückstehen müsse, so kann es doch in der Tat keinen Augenblick irgend einem Zweifel unterliegen, daß auch „das öffentliche Wohl“ immer nur Wohl von Menschen ist; gutes Befinden von anderen Menschen, für welche jemand nach eingeführtem Obersatze arbeiten und kämpfen, bluten und sterben soll.

Es gibt im menschlichen Gesellschaftsleben kein Wohlergehen, keine Zufriedenheit noch Glück, als solches von bestimmten Menschen. „Die Allgemeinheit“ empfindet als ein selbständiger Körper keine Lust. Nimmt man ihre Wohlfahrt als etwas anderes, denn als einen bequemen Kollektivausdruck, und zieht alsdann, sei es in angeblicher Konkordanz oder in Gegensätzlichkeit zwischen ihr und zwischen den Menschen, die in ihr zusammengefaßt sind, weitergehende Schlüsse, so gerät man in Schlingen der Unklarheit und verfällt bedenklich der Phrase.

So muß ein jeder, der die Wohlfahrt und das Glück als Endzweck des sozialen Lebens einführt, darüber im klaren sein, daß er stets von Empfindungen einzelner Menschen redet. Dem ist man denn auch oft genug entgegengekommen. Unzähligemal ist es zu verschiedenen Zeiten aufgestellt worden, daß der Zweck des Rechtes der Nutzen aller sei, und sein oberstes Ziel darin bestände, das größtmögliche Wohlergehen aller zu sichern. Andere sind etwas bescheidener gewesen und begnügen sich mit dem Glücke und der Zufriedenheit möglichst vieler. Aber selbst ein Denker von dem Range eines FRIEDRICH ALBERT LANGE lehrte, daß die Gesellschaft als oberstes Richtmaß des Rechtes nur das habe, daß sie das Recht den Bedürfnissen aller anpasse.[236]

Prüft man den hier zu grunde liegenden Gedanken nach, so

zeigt sich, daß zweierlei dabei gemeint sein kann. Es ist davon auszugehen, daß man einen allgemeinen formalen Gesichtspunkt feststellen will, der den Gesetzgeber bei seinen in konkreter Lage zu treffenden Maßnahmen leiten soll. Schiebt man nun hierfür die Forderung ein, daß er Glück und Wohlfahrt der Unterworfenen zu fördern habe, so kann dieses bedeuten:

1. daß er die bei jedem einzelnen gerade vorhandenen Wünsche und Bedürfnisse tunlichst zu befriedigen und dem empirisch gegebenen Streben nach Glückseligkeit in seiner jeweiligen subjektiven Sonderart Genüge zu tun habe;

2. oder daß dieses jetzt vorschwebende Ziel der Beglückung aller Rechtsgenossen objektiviert aufzufassen und zu behandeln sei, durch Aufstellung also einer Art von Normalglück.

Das erste gibt keinen einheitlichen Gesichtspunkt und kein allgemeingültiges Ziel für ein gesetzmäßig zu regelndes Gemeinwesen ab.

Ich berufe mich dabei in entscheidender Weise gar nicht so sehr auf die tatsächliche Unmöglichkeit für den Gesetzgeber, der dort genannten Forderung irgend wann einmal befriedigend nachkommen zu können. — Es ist richtig, daß das Glücksgefühl der einzelnen nicht direkt beschafft werden kann. Die rechtliche Gesetzgebung kann nur Bedingungen setzen, unter denen glückliche Empfindungen jemandes möglich sind; und sie kann Hemmnisse dessen wegräumen; — aber beides nur in recht beschränkter Weise. Und dabei zersplittert sich das, was die Glücksempfindung der einzelnen ausmachen könnte, in der Wirklichkeit derartig in das Ungemessene, daß der Begriff „des Glückes“ der Millionen sich kaum noch einheitlich zusammenhalten läßt. Dazu kommt endlich die Erwägung, daß man es im voraus bei niemandem mit voller Sicherheit wissen kann, was ihm nun Glück und Zufriedenheit ausmachen möchte; so daß, falls man die Beschaffung desselben als das letzte und unbedingte Ziel der Gesetzgebung hinstellen wollte, dieser nichts anderes übrig bliebe, als unaufhörlich hinter trüben Erfahrungen herzuspringen, ohne doch irgendwie an einem objektiv feststellbaren Maßstabe eine Sicherheit zu besitzen, ob sie es nun vielleicht besser trifft.

Aber durch diese Erwägungen allein wird das Postulat der Glücksbeförderung durch die staatliche Gesetzgebung als oberstes und letztes Gesetz für diese noch nicht als unhaltbar aufgewiesen. Es könnte trotz jener Bedenken an und für sich doch eine Idee eines objektiv berechtigten Zustandes sein; die zwar niemals in der Wirklichkeit unserer Erfahrung zu erreichen wäre, aber doch bei den innerhalb dieser zu treffenden Maßnahmen die allein gerechtfertigte Richtlinie abgäbe.

Dieses ist jedoch nicht der Fall.

Wenn die Beförderung des subjektiven Glückes der Rechtsgenossen das unbedingte Ziel der sozialen Ordnung sein sollte, so müßte doch vor allem es für den einzelnen selbst das absolute Gesetz seines Wollens darstellen. Man müßte sagen, daß die möglichst vollkommene Befriedigung empirisch sich irgendwie einstellender Bedürfnisse das letzte Gesetz für die Zweckverfolgung des Menschen wäre; und daß die besten Mittel für das konkrete subjektive Heil des Individuums schon in sich eine objektiv gerechtfertigte Zielsetzung bedeuteten. Dem ist nun aber nicht so. Das empirische Ich ist, wie früher (§ 66) ausgeführt, vom Standpunkte der Zweckverfolgung aus etwas ganz Zufälliges. Denn es handelt sich um die Betrachtung derjenigen Erfolge, welche als zu bewirkend vorgestellt werden; und wir fragen danach, unter welcher einheitlichen formalen Bedingung jemand seine Zwecke verfolgen müsse, damit sie objektiv begründet seien. Nach welchem allgemeingültigen Gesichtspunkte haben wir in Fällen auftauchender Wahl uns zu entscheiden, wenn man soll sagen können, daß die getroffene Wahl die richtige ist? Da ist es sicher, daß der gefragte allgemeingültige Gesichtspunkt nicht derjenige des subjektiven Lustgefühles und seiner tunlichsten Befriedigung sein kann. Bloß formal genommen stehen sie vielmehr in dem schärfsten Gegensatze, der sich denken läßt. Die objektive Berechtigung einer getroffenen Wahl und jeder Zwecksetzung muß gerade von der Bestimmung nach rein persönlicher Lustempfindung unabhängig sein. So wie die objektive Wahrheit des Naturgesetzes der bloß subjektiven, täuschenden Sinnenwahrnehmung gegenübersteht, so soll die berechtigte Wahl bei der Verfolgung von Zwecken von nur subjektiven Begierden und Gelüsten in der theoretischen Betrachtung geschieden werden. Die Gesetzmäßigkeit in den menschlich gesteckten Zielen bedeutet gerade die Unabhängigkeit von jeweiligen bloß subjektiven Bedürfnissen; denn nur in der Idee einer solchen unbedingten Unabhängigkeit ist ein einheitlicher Gesichtspunkt für die Zweckverfolgung zu finden.

Wenn es sich nun um den Gedanken eines allgemeingültigen Zieles für die soziale Ordnung unter den Menschen handelt, so muß der für die letzteren dadurch zu erreichende Zustand gerade für sie selbst doch objektiv berechtigt sein. Die Rechtsunterworfenen müssen durch die Ausführung ihres sozialen Lebens in der Lage sich befinden, daß sie in ihrer Zweckverfolgung richtig wollen können. Ihre geregelten Beziehungen zu einander sollen in der Art ihrer Regelung allgemeingültig bestimmt sein; die soziale Regelung kann daher die formale Anleitung, nach der sie sich in letzter Linie richten soll, nicht von subjektivem Begehren der einzelnen und von demjenigen erhalten, was diese gerade als ihr persönliches Glück erstreben und haben möchten.

Die Maxime einer subjektiven Wohlfahrt ist untauglich zu einer allgemeingültigen Anleitung für Verfolgung von Zwecken. Verweist man den Gesetzgeber darauf, die Lust der einzelnen zu pflegen, wie sie nur gerade vorhanden ist, so hat man ihn nicht auf ein Ziel von objektiver Gesetzmäßigkeit geleitet. Die soziale Ordnung ist ein Mittel im Dienste menschlicher Zwecke; für dieses Mittel kann nicht ein anderes ideales Ziel bestehen, als für menschliche Zwecksetzung überhaupt. Und da für die letztere der oberste einheitliche Gesichtspunkt als Grundgesetz des Wollens darin besteht, von bloß subjektiver Maxime Abstand zu nehmen, so kann auch die Rechtsordnung in dem bloßen Abzielen auf Befriedigung nur subjektiver Begierden der Unterworfenen ihre letzte Gesetzmäßigkeit nicht finden.

Wenn jemand ein nur für ihn subjektiv veranlaßtes und begründetes Ziel verfolgt, so kann seine Förderung darin durch einen dritten, so auch durch den staatlichen Gesetzgeber an und für sich auch noch nicht objektiv gerechtfertigt sein. Die Befriedigung fremder Bedürfnisse bloß deshalb, weil sie vorhanden sind, macht die darauf gerichtete fördernde Tätigkeit des dritten noch nicht objektiv berechtigt. Damit sie dieses werde, muß den zu fördernden fremden Zwecken selbst eine objektive Berechtigung zukommen. Die Gesetzmäßigkeit einer sozialen Ordnung kann nicht darin bestehen, daß diese irgend welchen zufällig vorhandenen Bedürfnissen von Menschen genügt, sondern nur dadurch beschafft werden, daß sie berechtigten Zwecken dient.

Die sachliche Gewalt, mit der alles Nachsinnen über diese Frage auf den Gedanken eines notwendigen objektiv begründeten Zieles der sozialen Ordnung getrieben wird, mag es verschuldet haben, daß man so vielfach mit einem Normalglücke hat operieren wollen. Das würde also ein Durchschnittszustand des Wohlergehens sein, den zu verfolgen das oberste Ziel des Rechtes sei. Aber es ist eine Täuschung, zu meinen, daß man hier noch bei dem Glücke, als empirischem Empfinden, im Sinne des Grundgesetzes des sozialen Lebens stehen geblieben wäre. In der Sache hat man die subjektiv eudämonistische Erwägung ganz und gar verlassen und etwas dem substituiert, was sich in dem Worte des menschenwürdigen Daseins der einzelnen, als dem Endzwecke der menschlichen Gesellschaft, versteckt.

Menschenwürdig — das heißt doch wohl nichts anderes als: vernunftwürdig. Es ist dasjenige Wollen und Tun, welches des Menschen würdig ist, nicht in seiner Eigenschaft als kausal getriebenes Lebewesen, sondern in der ihm zukommenden Fähigkeit, objektiv berechtigte Zwecke sich zu setzen.

Daraus ergibt sich, daß nur diejenigen Interessen der einzelnen Genossen durch die Rechtsordnung gesetzmäßigerweise zu befriedigen sind, welche sich vor dem Forum der Idee des Guten für jeden als objektiv gerechtfertigt ausweisen. Es ist mithin der Gedanke, der sich in dem (an sich zumeist wohl nicht ganz klaren) Ausdrucke des menschenwürdigen Daseins aller als oberstem Gesetze der Gesellschaft darstellt, durch die von uns oben gegebene Formel vollauf getroffen und erfüllt. Es ist die Idee eines menschlichen Zusammenlebens unter äußeren Regeln, nach denen sie alle als mögliche Träger objektiv berechtigter Zwecke behandelt werden, einer Menschengemeinschaft, in welcher ein jeder dem Nächsten gegenüber im Sinne gesetzmäßigen Wollens sich verhält, eines auf menschliche Bedürfnisbefriedigung gerichteten Zusammenwirkens, in dessen geregelter Art der eine die objektiv begründeten Zwecke des anderen als die seinigen zu erachten hat.

Es gibt vielleicht kein anderes Beispiel, das die unmittelbar praktische Bedeutung dieses Prinzips so trefflich vergegenwärtigen kann, als der gemeinsame Kampf für den feindlich bedrohten heimischen Herd. Hier muß auch dem blödesten Auge deutlich werden, wie alles bloß subjektive Einzelinteresse zurückzustehen hat, wie ein jeder für das berechtigte Ziel des anderen mit aufzukommen hat, und wie nur eine solche Regelung des gemeinsamen Kampfes die rechte ist, welche einen für alle und alle für einen eintreten läßt. So ist es freilich wahr, daß der Krieg auch seine Ehre hat; wenn er die innerlich in Egoismus zerfallende staatliche Gesellschaft zu der Idee einer Gemeinschaft objektiv wollender Menschen aufrüttelt, die in gegenständlich begründeter Zweckverfolgung zu einander stehen, — und es allerdings dann auch im Kampfe um das Dasein überhaupt tun sollten.

Wie dieses weiter durchzuführen ist, wird gleich nachher folgen. In jedem Falle wird nun klar sein, daß bei der Frage nach der objektiven Berechtigung einer sozialen Maßnahme auf den Umstand subjektiven Wohlbehagens von Rechtsgenossen es in letzter Linie und ausschließlich nicht abgestellt werden kann. Die allgemeine Wehrpflicht ist nicht aus dem Grunde ein objektiv verwerfliches Institut zu schelten, weil sie diesem oder jenem nicht paßt; noch auch wird eine Steuer dadurch unberechtigt, weil ihre Zahlung den Pflichtigen unerfreuliche Empfindungen bereitet. Auch ist das Quantum der subjektiv befriedigten oder schmerzlich berührten Menschen gleichgültig; ob sie alle die Steuern unlustig leisten, ob die Mehrzahl der Bürger bei der Verteidigung des Vaterlandes bluten und leiden muß, auch dieser quantitative Umstand entscheidet hier nicht.

Dieses findet auch nach der Seite hin seine bedeutsame Folge, daß die soziale Ordnung keineswegs das Recht hat, auf das zufällige Auftauchen dieses oder jenes Bedürfnisses zu warten: daß sie vielmehr solche Bedürfnisse in zielbewußter Weise hervorzurufen hat und durch Erziehung, Bildung und Unterricht darauf hinwirken soll, daß der einzelne tunlichst stark und gut in die Lage versetzt wird, bei Verfolgung der ihm erwachsenden Zwecke und beim Treffen notwendiger Wahl im Sinne objektiver Richtigkeit vorzugehen. Auch hierbei bewährt sich die Idee einer solchen sozialen Regelung, der ein jeder Rechtsunterworfene zustimmen kann, sofern er frei, im Sinne objektiv berechtigter Zweckverfolgung, sich entschließt.

Hiernach ergibt sich, daß Glück und Wohlfahrt der Rechtsteilnehmer im Sinne eines menschenwürdigen Daseins derselben das grundgesetzliche Ziel des sozialen Lebens sachlich nicht unrichtig, wenngleich leicht mißverständlich wiedergibt. Es ist zutreffend, sobald man sich erinnert, daß menschenwürdig dasselbe ist, wie vernunftwürdig, wie freies Wollen der einzelnen im Sinne objektiv berechtigten Wählens und Zwecke Setzens durch sie. Es ist mißverständlich, wenn man es auf empirische Lustempfindungen der einzelnen bezieht und dem Streben nach diesen, bloß auf Grund ihres Vorhandenseins, die Eigenschaft des obersten einheitlichen Zielpunktes für das soziale Leben vindiziert. In diesem von uns oben an erster Stelle gebrachten Sinne von Glück und Wohlfahrt der einzelnen ist das allgemeingültige

Grundgesetz des gesellschaftlichen Daseins der Menschen keineswegs angegeben.

Ich sage nicht, daß das Glück und die Wohlfahrt der Rechtsgenossen nicht gepflegt werden soll. Es ist ein des Gesetzgebers würdiger Einzelzweck, wenn er zum Exempel, unter Hervorhebung verschiedener anderer konkreter Zielpunkte, die Pflege der Wohlfahrt des deutschen Volkes nennt. Aber mit einer solchen Angabe dringt man nicht bis zu dem obersten einheitlichen Ziele des sozialen Lebens selbst vor. Man wendet dieses nur an. Man folgt der von ihm angegebenen Richtung in konkreter Lage; indem etwa bei Begründung und Ergreifung besonderer Staatsgewalt den Unterworfenen zugesichert wird, daß der formal nun neu auftretende Rechtszwang nicht im bloßen Interesse bestimmter Familien und Klassen der Bevölkerung, sondern unter allgemeingültiger Berücksichtigung des ganzen Volkes, das ist eines jeden in ihm, geschehen solle. Aber dieses bleibt einmal inhaltlich noch unbestimmt; muß ja doch abgewartet werden, was für Einzelzwecke sich im Verlaufe der sozialen Geschichte ergeben. Und zweitens versteht sich die Pflege der Wohlfahrt des Volkes, welche der Gesetzgeber in Aussicht nimmt, doch nur im Sinne objektiv berechtigter Wohlfahrt. Nicht deshalb, weil einzelne, gleichviel in welcher Menge und Art, ein bestimmtes Gelüste empfinden, ist dann der Gesetzgeber unbedingt zum Entgegenkommen verpflichtet, sondern nur dann, wenn solches Streben nach Lust und Glück als gerechtfertigt bewiesen werden kann. Die Einzelziele, welche im Eingange unserer Reichsverfassung programmatisch aufgezählt sind, muß man notwendigerweise mit dem Zusatze nehmen: „in objektiv berechtigter Art“; — niemand hat bis auf weiteres ein Recht, dem Gesetzgeber zu imputieren, daß er bloß subjektive Interessen und Wünsche als sein oberstes Gesetz zu nehmen entschlossen sei.

Es ist aber die Frage, in welcher Art und Weise dann konkret bestimmten Wohlfahrtsbestrebungen nach objektiver Berechtigung entgegenzukommen ist, mit verständlicher Sicherheit niemals aus dem unfaßbaren Begriffe der Volkswohlfahrt zu nehmen, noch weniger aus einer bloßen Abzählung nur subjektiver Wünsche, sondern immer nur aus der obersten Idee eines rechten sozialen Lebens überhaupt.

Das Glück, die Wohlfahrt, die Interessen, die Bedürfnisse — dieses alles gibt bloß im jeweiligen empirischen Bestande das unbedingte Grundgesetz der sozialen Entwicklung nicht ab.

Sie sind unter diesem und in dessen maßgebender Richtung zu betreiben. Nicht das nur subjektive Glück der einzelnen in seinem unendlich widerstreitenden und unvereinbar auseinanderlaufenden tatsächlichen Auftreten ist das allgemeingültige Ziel des sozialen Lebens, sondern das objektiv berechtigte Glück der Rechtsgenossen. Jeder persönliche Wunsch nach bestimmter Abänderung oder nach Aufrechterhaltung gewisser sozialer Regeln muß sich, wenn er gesetzmäßig sein will, vor dem Richterstuhle des Endzieles unseres sozialen Lebens überhaupt als befugt ausweisen; die Berufung auf sein empirisches Dasein genügt gar nicht. Sein Zweck muß sich in die Einheit der sozialen Zwecke überhaupt zusammenstimmend einfügt. Die volle Erreichung eines idealen sozialen Lebens würde also eine Gemeinschaft darstellen, in der in unbedingter Harmonie die Zwecke aller von allen einheitlich übereinstimmend verfolgt würden: Das ist die Idee einer Gemeinschaft, in der das äußerlich geregelte Zusammenwirken im Sinne der objektiv gerechtfertigten Zweckverfolgung eines jeden einzelnen bestimmt ist — die Gemeinschaft frei wollender Menschen.

So besteht das unbedingte Endziel des sozialen Menschendaseins in dieser unwandelbaren, empirisch nie voll zu erreichenden Idee, welche doch in jedem einzelnen Falle konkret. erwachsender Zwecke und Wahlmöglichkeiten der rechtlichen Regelung die formal allgemeingültige, objektiv berechtigte Richtung zu geben vermag. Auch die Pflege von Glück und Wohlfahrt der Staatsangehörigen kann nur im Sinne der einzelnen Anwendung dieser letzten entscheidenden Richtlinie gesetzmäßigerweise geschehen; — die unbedingte Rücksichtnahme auf sie in ihrem jeweils empirisch bedingten Auftreten und die Erhebung dieses letzteren zu dem allgemeingültigen Grundgesetze der sozialen Ordnung ist verfehlt.

101

Zu der Formulierung des Endzieles unseres sozialen Lebens gebe ich zunächst noch einige Anmerkungen.

Vor allem können nun die in der Literatur vielfach versuchten Erörterungen über Begriff und Möglichkeit sozialer Gesetze abschließend erledigt werden.

Ein soziales Gesetz würde ein einheitlicher Gesichtspunkt für soziale Erscheinungen sein. Nun gibt es aber keinen Begriff sozialer Erscheinungen, als eigenartiger Phänomene, denn gleichheitliche

Massenerscheinungen bestimmt geregelter Beziehungen unter Menschen. Sobald von bestimmter äußerer Regelung — oben genau erörterten Sinnes — abgesehen wird, verbleibt für äußeres Geschehen und Verhalten von Menschen gegen einander nichts als bloße naturwissenschaftliche Erwägung. Die Frage, welche die Sozialwissenschaft mit Fug beschäftigt, zielt aber gerade darauf: Wie sich soziale Gesetzmäßigkeit von derjenigen der Natur in eigenartiger Beschaffenheit unterscheidet?

Naturgesetze sind Einheiten des Mannigfaltigen von Wahrnehmungen, die in der Sinnlichkeit uns werden. Dieser Gedanke läßt sich auf das soziale Leben der Menschen, als ein eigenes Objekt unserer Erkenntnis, nicht kurzer hand übertragen, weil dieses letztere immer unter der Bedingung bestimmter äußerer Regelung steht. Zwischen alles Wollen und Streben, Handeln und äußeres Verhalten der Menschen gegen einander in natürlicher und in sozialer Erwägung schiebt sich allemal eine konkrete äußere Regelung dazwischen. Und nur sofern jenes unter dem Gesichtspunkte einer solchen bestimmten Regelung erwogen wird, ist soziale Untersuchung, als eine von bloßer Naturbetrachtung eigenartig unterschiedene Erkenntnis, möglich. Folglich kann eine eigenartige soziale Gesetzmäßigkeit nur so weit bestehen, als es eine Einheit für die soziale Regelung gibt. Außerdem ist im sozialen Leben eine grundlegende Einsicht nicht mehr möglich, sondern nur eine Einzelbetrachtung sozialer Phänomene, als gleichheitlicher Massenerscheinungen geregelter Verhältnisse unter Menschen.

Die Sozialwissenschaft hat hiernach in dreifacher Richtung ihre Aufgabe:

1. Die wissenschaftliche Untersuchung der Form eines sozialen Lebens, vor allem des Rechtes. Diese technische Rechtswissenschaft ist an geschichtlichen positiven Stoff unlösbar gebunden, aber sie verarbeitet ihn in wissenschaftlichem Verfahren, im Bemühen, in ihm eine einheitliche Auffassung zu erhalten.

2. Die Erforschung der konkreten Ausführung eines unter bestimmter regelnder Form stehenden Gesellschaftslebens. Dieser sozialökonomischen Untersuchung fällt die Erörterung der naturgesetzlichen Ausbildung sozialer Phänomene (des oft von uns angegebenen Begriffes) und die Aufhellung der Tendenzen ihrer weiteren Entwicklung zu.

3. Die Richtung und Bestimmung sozialer Regelung als gesetz-

mäßige, sozialer Bestrebungen auf Erhaltung oder Änderung jener Regelung als objektiv berechtigte.

Für „soziale Gesetze" außerhalb dieser eben genannten Erwägung und Feststellung von einheitlichem sozialen Wollen, das auf die Regelung des menschlichen Gesellschaftslebens geht, ist aber befugtermaßen kein Raum.

Es könnte ja sein, daß jemand einfach die übereinstimmenden Wiederholungen bei der konkreten Ausführung eines sozialen Lebens als die gesuchte Gesetzmäßigkeit im Gesellschaftsleben bezeichnen wollte; also dasjenige schon ein soziales Gesetz nennen möchte, das wir erst als soziales Phänomen bestimmt haben (§ 44). Das wäre jedoch mehr, als eine nur terminologische Abweichung. Denn das notwendige Auftreten einer sozialen Massenerscheinung kann an und für sich nur besagen, daß es unter dieser bestimmten Regelung notwendig war. Die darauf beschränkte Betrachtung liefert also eine der Art nach gleiche Notwendigkeit, wie eine naturgesetzliche Erkenntnis, noch gar nicht. Dazu ist dann nötig, die Erwägung fortzusetzen: Ist denn diese besondere fragliche Regelung des sozialen Daseins notwendig? Erst nach der Beantwortung dieser Frage im Sinne klärender Bejahung kann eine von Einzelbetrachtung unabhängige allgemeingültige soziale Erkenntnis gewonnen sein, welche auf ihrem Gebiete im Range dem allgemein geltenden Naturgesetze gleich steht.

Diese Notwendigkeit der sozialen Regelung geht aber auf ihren Inhalt. und nicht auf den Entstehungsprozeß, in welchem sie geschaffen wird. Die Frage ist: ob der Inhalt einer sozialen Regelung ein objektiv berechtigter ist oder nicht; — ebenso, wie bei der Erkenntnis, daß das Eisen im Wasser notwendig untergeht, man nicht eine Notwendigkeit des Werdens jener Erkenntnis behauptet, sondern eine Notwendigkeit im Inhalte des Erkannten. Man kann also den Zweifel, ob eine bestimmte Rechtsregel notwendig sei, nicht damit zum Schweigen bringen, daß man auf bestimmte Gründe ihrer Entstehung hinweist, sondern nur dadurch, daß ihr Inhalt als objektiv berechtigt dargetan wird.

Nun geht aber aller Inhalt von sozialer Regelung unvermeidlich darauf, ein bestimmtes Zusammenwirken von Menschen herzustellen. Es ist in jedem Falle die äußere Regel der Gesellschaft ein Mittel zu menschlichen Zwecken. Folglich gibt es keine allgemeingültige Gesetzmäßigkeit im sozialen Leben der Menschen, welche derjenigen in der Natur in formaler Gleichberechtigung zur

Seite treten darf, als objektiv berechtigte Zweckverfolgung mittels sozialer Regelung.

Darum ist die Frage nach „sozialen Gesetzen" insoweit innerlich schon verfehlt, als darin versteckt der Wunsch liegt, allgemeingültige einheitliche Gesichtspunkte für das soziale Leben der Menschen bloß durch kausale Erkenntnis zu erhalten. Dieses ist unmöglich, weil alle sozialwissenschaftliche Betrachtung notwendig unter der Bedingung bestimmter äußerer Regelung steht; eine gesetzmäßige Erwägung sozialer Regelung aber, wonach objektiv Richtiges von bloß subjektiv Geltendem getrennt werden soll, unvermeidlicherweise auf den Zweckgedanken stößt und nur in dessen einheitlicher Betätigung gesetzmäßige Regelung zu erhalten vermag.

Man kann dies auch so ausdrücken: „Soziale Gesetze" in reiner Analogie zu Naturgesetzen gibt es nicht. Wohl aber ist es möglich, soziale Regelungen, bestehende wie vorgeschlagene, als gesetzmäßig wissenschaftlich darzutun. Dieses geschieht, indem der konkrete Inhalt äußerer Regeln an der Idee einer Gemeinschaft frei wollender Menschen gemessen wird; nicht anders, wie eine gesetzmäßig begriffene Naturerscheinung nach der Idee einer unbedingten Einheit in den Daten der Erfahrung bestimmt ist. Und nur dieses könnte als Parallele zu einzelnen bestimmten Naturgesetzen auf sozialem Gebiete auftreten: daß für weite Möglichkeiten empirischen Gesellschaftslebens allgemeine Grundsätze aufgestellt würden, welche als politische Lehren gesetzmäßige Anweisung gäben; welche auf fixierten geschichtlichen Stoff das allgemeine Grundgesetz des sozialen Lebens anwendeten und also politische Lehren von objektiver Geltung darstellten, wenngleich ihnen absolute Bedeutung selbstredend nicht zukäme, sondern sie an der Hand des letzten unbedingten Endzieles ebenso revisibel wären, wie jede gesetzmäßige Naturerkenntnis auf ihrem Gebiete es ist. In solchem Sinne ist Politik als Wissenschaft möglich.[237]

Ihre Ausführung ist zu versuchen an gegebenem geschichtlichem Stoffe, an empirisch bedingt auftretenden sozialen Regeln und Bestrebungen. Daß dieser Stoff, der nun nach dem Grundgesetze des sozialen Telos wissenschaftlich zu bearbeiten ist, viel mannigfaltiger, unsteter, zersplitterter und wechselvoller ist, als die in der Parallele analog in das Auge zu fassende Materie der äußeren Sinneswahrnehmungen, die zu gesetzmäßiger Naturerkenntnis zu verarbeiten sind, weiß jeder; ist auch nicht zu ändern, kann höchstens für die

Frage der konkreten Schwierigkeit der Aufgabe des sozialwissenschaftlichen Lehrers in Betracht kommen und ist sachlich im Prinzip ganz gleichgültig. In diesem Sinne gibt es allerdings für eine wissenschaftliche Politik kaum die bescheidensten Ansätze. Den Bann hierüber zu brechen, muß einer praktischen Ausführung vorbehalten bleiben: Die allgemeingültige Theorie des sozialen Lebens und die notwendige Einsicht in die hier mögliche Gesetzmäßigkeit sozialen Wollens und Strebens kann jenes im Rahmen ihrer eigenen Aufgabe nicht leisten.

Wohl aber liefert unsere Erwägung zugleich die Auflösung der Frage nach einer allgemeingültigen Synthesis sozialgeschichtlicher Einzelerkenntnisse in einem einheitlichen obersten Verfahren.

Die Antwort lautet:

1. Jene Synthesis ist auf der Grundlage der monistischen Auffassung des sozialen Lebens vorzunehmen; also daß dieses in einheitlicher Weise als ein bestimmt geregeltes Zusammenwirken begriffen wird, und alle Bestrebungen auf Abänderung eines überlieferten Rechtes aus Bewegungen des bestehenden sozialen Lebens heraus in kausaler Bedingtheit erkannt werden. Alle soziale Zwecksetzung, die in der geltenden Rechtsordnung zutage tritt, erwächst aus sozialen Phänomenen heraus und will aus der konkreten Ausführung des vorhergehenden gesellschaftlichen Lebens erfaßt sein.

2. Die allgemeingültige Synthesis kann im Sinne einer letzten Einheit nur dadurch geschehen, daß die in ihrem kausalen Entstehen begriffenen sozialen Einzelerscheinungen an der absoluten Idee gesetzmäßiger Menschengemeinschaft überhaupt gemessen und gerichtet und danach als objektiv gerechtfertigt oder als unberechtigt bestimmt werden.

102

Vom sozialen Ideal.

Eine Vorlesung.

Lehrsatz.

Das soziale Ideal ist ein einheitlicher formaler Gedanke, der als Richtmaß und Leitstern für alle irgend welche empirisch erwachsenden Bestrebungen im sozialen Leben zu dienen hat; bei dessen Verfolgung konkretes Wollen, das auf Durchführen, auf

Beibehalten oder auf Abändern geltender rechtlicher Satzungen geht, gesetzmäßig und objektiv berechtigt wird; der selbst aber niemals als empirische Tatsache in die Wirklichkeit des gesellschaftlichen Daseins der Menschen tritt noch treten kann.

Erläuterung.

Alle in der Geschichte auftretenden menschlichen Bestrebungen, welche auf Durchführung, auf Änderung oder unberührte Erhaltung einer bestehenden Rechtsordnung gerichtet sind, erwachsen empirisch aus der konkreten Ausführung eines bestimmten gesellschaftlichen Lebens und geregelten Zusammenwirkens. Die Umwandlungen in den sozialen Ordnungen sind nicht das kausal freie Werk vernünftig überlegender Gesetzgeber. Sondern es führen alle rechtlichen Umformungen in ihrem besonderen Inhalte allemal auf empirisch bedingtes Begehren und Streben und Drängen zurück, das aus konkreter geschichtlicher Lage eines bestimmt geregelten gesellschaftlichen Menschendaseins in seiner Entstehung zu begreifen ist. Die Lehre vom Kreislaufe des sozialen Lebens, welche wir oben auf der Grundlage der monistischen Auffassung desselben darlegten, gibt hier den näheren Aufschluß.

Aber wenn wir nun den bestimmten Inhalt von geschichtlicher Rechtsordnung und sozialen Abänderungsbestrebungen Revue passieren lassen, so zeigt sich, daß zwischen zwei Klassen im Inhalte des sozialen Wollens zu unterscheiden ist: objektiv berechtigtes und dem gegenüber unbegründetes Verlangen. So spricht man allgemein von berechtigten Forderungen einzelner Kreise der sozialen Gemeinschaft, von unhaltbaren Zuständen im Staatsleben bestimmter Zeiten, von verhältnismäßig besten Rechtseinrichtungen.

Man darf also nicht in der Weise unterscheiden, daß man einen empirisch bedingten Inhalt von Rechtseinrichtungen einem von geschichtlicher Erfahrung unabhängigen Inhalte sozialen Wollens und Strebens gegenüberstellt; und dann das soziale Ideal als einen Inbegriff von ewigen und unwandelbaren rechtlichen Regeln eines bestimmten Inhaltes angibt. Dieses letztere ist eine Chimäre. Alle Gesellschaftsordnung ist ihrem besonderen Inhalte nach immer und ausnahmslos empirisch bedingt, endlich und der Veränderung unterworfen.

Doch innerhalb des empirisch bedingten Inhaltes von sozialen Ordnungen und Bestrebungen sind zwei der Art nach ganz verschiedene Gruppen zu unterscheiden: objektiv berechtigte und solche von nur subjektiver Bedeutung. Die rechtsphilosophische Literatur ist bis jetzt ausnahmslos bei dem zuerst erwähnten Gegensatze stehen geblieben; während dieser in der Tat doch nur als vorläufige Einführung einer besonderen Erwähnung bedarf. Das Schwergewicht ist vielmehr auf die eben von uns erwähnte Unterscheidung innerhalb des empirisch bedingten Rechtsinhaltes zu legen.

In welchem Sinne läßt sich ein solcher durchgreifender und unbedingter formaler Unterschied machen? Welches ist die sichere Grenze zwischen objektiv begründetem und zwischen nicht berechtigtem sozialen Wollen?

Auch dem einzelnen treten in den verschiedenen Lagen seines Lebens Wahlmöglichkeiten gegenüber; er sieht sich hier und dort am Scheidewege; und hat unablässig Zwecke zu verfolgen und Ziele sich zu stecken, welche durchgängig ihm in empirischem Werden erstehen und aus konkreten, bedingten Verhältnissen heraus erwachsen. Aber im Inhalte dessen, dazwischen er zu wählen hat, unterscheiden wir die eine Entscheidung als die richtige, die entgegengesetzte als nicht gerechtfertigt; und es besteht ein Gegensatz zwischen objektiv begründetem Wollen und einem gegenständlich nicht berechtigten Vorgehen.

Unter welcher Bedingung ist der Inhalt einer Rechtseinrichtung in wissenschaftlich beweisbarer Art gegenständlich begründet, ist der Inhalt einer sozialen Bestrebung objektiv berechtigt? — Das ist das oberste Problem der Rechts- und Sozialphilosophie.

Da alle sozialen Regelungen und Bestrebungen genetisch übereinstimmend aus seitherigem Gesellschaftsleben und dessen konkreter Ausführung heraus erwachsen, so dreht es sich bei unserer Grundfrage um eine formale Eigenschaft des einen Teiles von sozialem Wollen und Anordnen. Diese Qualität muß einheitlich auf alle soziale Regelung anwendbar sein, ohne Rücksicht auf die geschichtliche Besonderheit derselben. Es steht nur eine allgemeingültige formale Beschaffenheit in Frage; die — abstrahierend einmal für sich erwogen — also nur ein idealer Gedanke von einer objektiv berechtigten sozialen Regelung überhaupt ist. Die Idee dieser allgemeingültigen formalen Eigenschaft empirischen sozialen Wollens ist das soziale Ideal.

Es stellt einen empirisch unbedingten Maßstab dar, der zur

Richtung und Bestimmung des in der geschichtlichen Erfahrung auftretenden Materiales in vorhandenen oder erstrebten Rechtseinrichtungen unentbehrlich ist, sollen anders diese als objektiv berechtigt aufgewiesen werden. Und sobald man zwei Rechtsordnungen — sei es desselben Volkes in verschiedenen Zeiten oder verschiedener Völker der gleichen Zeitspanne — miteinander vergleichen und messen und billigend oder schlecht über sie urteilen will, so muß man doch angeben, wonach bestimmt, woran gemessen wird. Dieses Richtmaß liefert uns nun das jetzt genau darzulegende und als richtig zu deduzierende soziale Ideal.

Dasselbe muß außerhalb des besonderen Inhaltes der geschichtlichen oder geschichtlich möglichen Rechtsinstitutionen stehen.

Es entwirft den Feldzugsplan und leitet die Schlacht; aber es tritt nicht selbst als gemeiner Soldat in Reih' und Glied: Es ist kein Krieger von Fleisch und Bein, — es ist das Wissen von der Kunst erfolgreicher Kriegsführung.

Der Gedanke des sozialen Ideales ist notwendig, um die objektive Berechtigung des einen Teiles des sozialen Wollens zu bestimmen und festzustellen, und um dieses von der anderen Gruppe des objektiv unbegründeten Strebens und Begehrens sicher abzugrenzen. Er ist dazu absolut geeignet und tauglich und macht die eben wiederholte allgemeingültige Unterscheidung innerhalb der empirisch bedingten sozialen Strömungen in unbedingter Weise möglich. Er selbst aber kommt als konkrete Einrichtung in der Wirklichkeit des sozialen Lebens nicht vor; er kann es nicht — sonst geht er unter.

Das ist nun zu beweisen.

Deduktion.

Jede soziale Regelung und Bestrebung, welches immer ihr besonderer Inhalt sei, geht darauf: eine bestimmte Art des Zusammenwirkens und des Verhaltens von Menschen zu einander zu schaffen. Wenn sie im einzelnen objektiv berechtigt sein soll, so ist dieses nicht anders möglich als dadurch, daß sie in ihrer Sonderart mit dem letzten Endziele des sozialen Lebens übereinstimmt. Es kommt also in unserer Frage alles grundlegend darauf an: welches dieser unbedingte Endzweck sei?

Nun kann, wie früher (§ 80) dargetan wurde, der oberste und unbedingte Zweck des Staates und Rechtes und sozialen Lebens überhaupt nicht irgend ein empirischer Erfolg sein. Das würde ja dem gesuchten letzten und absoluten Ziele in sich unvereinbar widersprechen. Selbst von der Verteidigung des Vaterlandes und der Förderung von dessen Macht und Wohlergehen hat das zu gelten: Es ist auch dieses immer nur ein bedingter Zweck, ein Ziel, das als recht zu verfolgen in den Lehren einer wissenschaftlichen Politik (§ 101) seinen Platz zu nehmen hat, — das aber in seiner Sonderart nicht selbst das letzte und oberste Ziel des sozialen Lebens überhaupt abgeben kann. Alles soziale Wollen mit einem besonderen, empirisch bedingten Inhalte ist immer und ausnahmslos in der Lage, auf seine objektive Berechtigung hin kritisch geprüft und gerichtet zu werden; der Maßstab, mit dem dies geschieht, muß daher von besonderer geschichtlicher Erfahrung unabhängig sein. Das aber kann nichts anderes sein, als der formale Gedanke, der allein aller irgend welcher sozialen Erfahrung in schrankenloser Einheit gemeinsam zu sein vermag.

Dieser Gedanke wird also von allem absehen müssen, wodurch sich die einzelnen empirischen Regelungen und Bestrebungen im sozialen Gebiete von einander unterscheiden. Er darf nichts in sich bergen, was in nur empirischer Zufälligkeit erwachsen ist und als bedingt abhängig von sozialen Besonderheiten eingesehen wird, welche in ganz bestimmter Weise auftreten und keineswegs über die Völker und Zeiten allgemeingültig hinaus sich erstrecken.

Da nun das soziale Dasein sich als ein äußerlich geregeltes Zusammenleben und Zusammenwirken darstellt, welches sich durch Verhalten und Tun, Wollen und Wirken von regelunterworfenen Menschen vollzieht: so muß der Gedanke einer geregelten Menschengesellschaft, der von empirischen Zufälligkeiten frei sein soll, notwendig ein solches Auftreten von Menschen enthalten, in welchem die der sozialen Ordnung Unterworfenen bei ihrem Tun und Lassen von allen subjektiven und nur aus ihrer zufälligen Lage sich ergebenden Triebfedern abstrahieren. Es würde eine soziale Gemeinschaft sein, in welcher ein jeder Angehörige in seinem gesellschaftlichen Entschließen und Vorgehen nur in objektiv berechtigter Weise verführe, — eine Gemeinschaft frei wollender Menschen.

Die Idee einer solchen Gemeinschaft ist das einzige, was ein für alle nur denkbaren empirischen Gesellschaften unbedingt einheitliches Ziel wiedergibt. Alle anderen sozialen Ziele sind empirisch bedingt, und gelten daher nur für besondere, wechselnde und veränderliche Gesellschaft, — unsere wiederholt jetzt formulierte Gemeinschaft ist es allein, die einen obersten und absolut einheitlichen Gedanken für das soziale Leben der Menschen bietet.

Die soziale Regel ist darauf gerichtet, die einzelnen Unterworfenen zu gewissem Zusammenwirken und Verhalten überhaupt zu bestimmen. Wenn sie so auf dieselben einwirkt, daß diese bedingte Ziele als ihren Endzweck behandeln müssen, so bleibt die betreffende Regelung innerhalb subjektiver Bedingtheit und besonderer Zufälligkeit. Sie folgt nicht einem für alle soziale Ordnung allgemein und unbedingt geltenden Ziele, sondern endigt in einem empirisch bedingten und persönlich abgeschlossenen, in einem Ergebnis, das nicht für irgend welche Regelung, sondern nur für sie als Zweck gilt.

Es gibt aber keine andere Möglichkeit, die Eigenschaft einer objektiv berechtigten sozialen Regel wissenschaftlich nachzuweisen, als dadurch, daß sie die empirisch gerade vorliegenden Einzelfragen im Sinne und Geiste allgemeingültiger Regelung behandelt. Die hier genannte Eigenschaft der allgemeinen Gültigkeit ist jedoch nicht anders zu erfüllen, als im Hinblicke auf denjenigen Gedanken, der eben jeder irgend welchen gesellschaftlichen Ordnung zum Ziele dienen kann; welches das von uns entwickelte soziale Ideal ist.

Umgekehrt: Wenn eine soziale Regel oder Abänderungsbestrebung in jener Gesinnung aufgenommen, bestimmt und gerichtet wird, so daß wir nicht sehen, wie unter dieser bedingten Lage dem grundlegenden einheitlichen Gedanken des sozialen Ideales anders entsprochen werden könnte, so ist jenes soziale Wollen objektiv berechtigt. Denn in der Gesetzmäßigkeit im Inhalt eines Erkennens oder Wollens suchen wir den allgemeingültigen Gegensatz zu dem Inhalte solcher Vorstellungen des Wahrnehmens oder Begehrens, welcher nur subjektive und vereinzelte Bedeutung hat. Und es bezeichnet Gesetzmäßigkeit die *in concreto* geleistete Übereinstimmung mit dem für allen nur denkbaren Inhalt unserer Vorstellungen der Erfahrung und der Zwecksetzung obersten einheitlichen Gedanken.

So gelangen wir zu der Idee einer frei wollenden Menschengemeinschaft, als dem einzigen Gedanken, der in absoluter Einheit für menschliches Gesellschaftsleben zu finden ist. Er macht die Zerteilung des empirisch unaufhörlich wechselnden und unendlich verschiedenen sozialen Wollens in zwei der Art nach verschiedene Gruppen derselben möglich: in objektiv berechtigte Regelung, —

die in ihren geschichtlich gegebenen Besonderheiten den Gedanken des sozialen Ideales zur formalen Richtschnur sich nimmt; und in gegenständlich ungerechtfertigte Regelung geltender oder vorgeschlagener Art, — die nicht im Sinne und Geiste jenes Ideales vorgeht, sondern subjektiven Gelüsten und nur persönlich gültigen Zwecken einzelner Rechtsgenossen in letzter Linie dienen will. In der Ermöglichung, diesen fundamentalen Gegensatz allgemeingültig durchzuführen, liegt die Bedeutung des sozialen Ideales begründet.

Sie ist zugleich darin beschlossen. Das soziale Ideal ist nur ein formaler Gedanke, in dessen Richtung und Geist empirisch erwachsendes und bedingtes soziales Wollen aufzunehmen und zu leiten ist. Das Ideal kann aber selbst niemals empirisch werden. Denn seine Eigenschaft als Ideal, das ist als unwandelbarer unbedingter Richtpunkt, bringt es mit sich, daß in seinem Begriffe von allem Zufälligen der geschichtlichen Erfahrung ausnahmslos abgesehen wird. Das soziale Ideal ist nur ein absolut einheitlicher Gedanke für die soziale Erfahrung. Alles Wollen im Gesellschaftsleben steht aber in seinem Inhalte notwendig unter besonderen empirischen Bedingungen, die gerade nur für dieses, und nicht unbedingt für alles irgend welche soziale Wollen gelten. In diesem seinem besonderen Inhalte kann daher eine empirische Regelung und eine konkrete Bestrebung niemals das Ideal des sozialen Lebens sein; das wäre ein Widerspruch in sich selbst.

So wiederhole ich zum Schlusse: Das soziale Ideal hat nur die Bedeutung, daß dem allezeit empirisch erwachsenden sozialen Wollen die Eigenschaft der objektiven Berechtigung verliehen werden kann; indem dieses soziale Regeln und Streben in seinem besonderen bedingten Inhalte nach dem Gedanken unseres Ideales gerichtet und bestimmt wird. Als nur formaler Gedanke desjenigen, was für alles Gesellschaftsleben der Menschen in unbedingter Einheit und unwandelbarer Allgemeingültigkeit aufgestellt werden kann, ermöglicht er, innerhalb der sozialen Erfahrung zwei Klassen im empirisch bedingten sozialen Wollen zu unterscheiden, gesetzmäßiges und objektiv unbegründetes. Er selbst tritt aber als empirische Einzeltatsache in das soziale Leben nimmermehr ein.

Epimetrum.

Es ist ein üblicher Fehler des Empirismus, die Begriffe „absolut“ und „objektiv richtig“ zu verwechseln oder zusammen zu werfen. Wir sind dem im Laufe der Untersuchung schon gelegentlich begegnet (vgl. bes. § 33) und wollen nun hier eine Beilage für sich anfügen.

Alle unsere Vorstellung, all unser Erkennen und unser Wollen, ist ausnahmslos empirisch bedingt. Wir erhalten Wahrnehmungen von Objekten immer nur unter konkreten Bedingungen, und es erstehen uns Wahlmöglichkeiten und denkbar zu verfolgende Ziele stets nur aus besonderer persönlicher Lage des einzelnen.

Aber in dem Inhalte dieser unvermeidlich und allezeit empirisch bedingten Vorstellungen machen wir einen Unterschied zwischen zwei Klassen in formal unbedingter, allgemeingültiger Weise: Wir unterscheiden zwischen subjektivem Scheine und gegenständlicher Wahrheit, zwischen nur persönlichem Wünschen und objektiv berechtigtem Wollen.

Der unmittelbare Augenschein weist die Drehung der Sonne um die Erde auf, — die wissenschaftliche Erkenntnis lehrt das Entgegengesetzte als wahr; der egoistische Drang nach eigener Selbsterhaltung läßt vielleicht den Soldaten vor der Schlacht desertieren, — das objektiv richtende Urteil brandmarkt sein Tun als pflichtwidrig und unberechtigt.

Und so ist aller empirische Stoff auf den beiden Gebieten des Erkennens und des Wollens unaufhörlich, sonder Ruh' und Rast jeweils nach zweifacher Richtung zu klassifizieren: als bloß subjektiv gültig — als objektiv richtig.

Es ist also klar, daß die so zu bearbeitende und einzuteilende Materie immerdar empirisch bedingt und wechselvoll ist; daß die zwei formalen Begriffe, unter welche jener Stoff zerteilend eingereiht werden soll, für sich unbedingt feststehen.

Und auch das ist sicher, daß die Frage, wie etwas von empirisch bedingtem Inhalte unserer Vorstellungen nun nach jenen als fest angenommenen Begriffen des nur subjektiv Gültigen und des objektiv Richtigen zu bestimmen sei, die Erwägung also, ob jener bedingte Vorstellungsinhalt in die eine oder aber in die andere Klasse gehöre, von verschiedenen verschieden gelöst worden ist, wird, werden wird. Jahrtausende haben das Feststehen der Erde im Weltenraume der zweiten Klasse, der objektiv richtigen, zugewiesen; während wir es in die erste, in den subjektiven Schein, versetzen; — und in überlangen Zeiten mag von den Indianern Skalpieren und Martern am Kriegspfahle, das wir in die erste Klasse versetzen, der zweiten zugewiesen worden sein.

Aber was man hier auch an Wechsel in der Art der

Klassifizierung, in der Anwendung und Durchführung der beiden Klassen für den Inhalt unserer Vorstellungen anführen mag — die unendlich variierenden, stets streitenden und sich wieder umstoßenden Erkenntnisse der Natur, oder die dem Wechsel und der Veränderung viel weniger, als die Lehren der Naturwissenschaft, ausgesetzten Lehren der Moral —: wir würden die Verschiedenheit der Klassifizierung, die Divergenz in der Bearbeitung des empirischen Stoffes gar nicht beobachten können, wenn wir nicht als unumstößlich feststehend bei dieser Betrachtung die Klasseneinteilung in nur subjektiv Gültiges und objektiv Richtiges formal für sich zu grunde legten.

Dieser Gedanke der hier möglichen formal allgemeingültigen Klassifizierung des empirisch bedingten Inhaltes unserer Vorstellungen ist absolut.

Es würde also nicht richtig sein, von einem Gegensatze von „relativen" und „absoluten" Zwecken zu reden, — denn jeder empirisch bedingte Inhalt eines Wollens ist „relativ": aber innerhalb dieses nur relativ gültigen Inhaltes von Zwecken unterscheiden wir dann, ob er objektiv berechtigt ist oder nicht. Und es ist ganz verfehlt, von der notwendigen „Unvollkommenheit" des geschichtlich gegebenen Rechtes zu handeln, dem man vergeblich ein „vollkommenes" in Gedanken gegenüber stellen möchte, — denn jeder besondere Inhalt einer Rechtsordnung ist selbstverständlich „unvollkommen": aber innerhalb des menschlich gesetzten und historisch bedingten und darum unvollkommenen Inhaltes möglichen Rechtes ist zu fragen, ob er objektive Richtigkeit besitze, oder diese formale Eigenschaft ihm fehle.

So beziehen sich die Begriffe „relativ" und „absolut" auf den Gegensatz der bedingten und bestimmbaren Materie eines Bewußtseinsinhaltes auf der einen Seite und seiner bedingenden und reinen Form zum anderen Teile (§ 22); dagegen hat ihre Gegenüberstellung innerhalb der geschichtlichen Erfahrung selbst gar keinen Sinn mehr, denn da ist alles „relativ"; in dieser letzteren kommt ein anderes Geschwisterpaar zu allgemein einteilender Arbeit: die Begriffe des „subjektiven" und des „objektiven". Und ihre Unterscheidung als solche ist absolut: Ihre Abgrenzung zu vollziehen und genau in in ihrer Möglichkeit darzulegen, das ist nun eine rechte Aufgabe der Philosophie.

Die Philosophie hat zu lehren, unter welchen allgemeingültigen Bedingungen eine Erkenntnis gegenständlich wahr, ein Wollen objektiv berechtigt ist. Ihr Untersuchungsobjekt ist menschliches Erkennen und Wollen als solches; ihr Ziel die Klarlegung und Begründung des Begriffes der Gesetzmäßigkeit überhaupt.

Die einzelne Wissenschaft dagegen hat mit Gründen des besonderen Falles beweisend darzutun, daß und weshalb ein empirisch bedingter Inhalt unserer Vorstellungen, sei es des Erkennens oder des Wollens, der Klasse des objektiv Richtigen zu überweisen ist oder in derjenigen des nur subjektiv Gültigen zu verbleiben hat. Sie tut dies in Einzelanwendung des Gedankens von der Gesetzmäßigkeit überhaupt: indem sie das rohe Material sinnlicher Wahrnehmungen und bedingten Wünschens und Drängens unter dem absoluten Gesichtspunkte einer obersten formalen Einheit verarbeitet und dadurch — wenn es gelingt — den systematisch zufälligen Inhalt eines Bewußtseins zu der Eigenschaft eines objektiv richtigen, wenngleich nicht zu derjenigen eines absoluten erhebt. Absolut ist nur der Gedanke der Gesetzmäßigkeit überhaupt, die Idee der unbedingten Einheit. Deren Geltung und richtendes Urteil darum auch unantastbar und unwandelbar weiter besteht, — so daß nun gerade eine spätere und glücklichere Einsicht dasjenige, was andere für objektiv richtig erkannt oder gewollt erachteten, in gebessertem Beweise, eben an der Hand der unbedingten Idee, die wir nannten, korrigiert und neu gesetzt und geordnet werden kann.

Darum folgt aus der zweifellosen geschichtlichen Verschiedenheit sozialen Wollens und Urteilens der Menschen und Völker nicht die Unmöglichkeit einer objektiven Bestimmung von empirisch bedingtem Wünschen und Streben, so weit und so gut nur menschliche Einsicht reicht; — so wenig, wie aus der Tatsache des steten Wandels der naturwissenschaftlichen Lehren eine Unmöglichkeit von objektiver Erkenntnis natürlicher Erscheinungen folgt. Es ist allerdings nicht nur der empirische Stoff, der im Erkennen und im Wollen jeweils gerade zu verarbeiten ist, zufällig und wechselvoll, sondern auch die Erwägung, wie derselbe unseren beiden Klassen des nur Subjektiven und des Objektiven einzureihen ist, oft unsicher und streitig und immer revisibel. So weit nach dem jetzigen Maße der Einsicht es gelingt, jenen Stoff in Einheit zu fassen, so weit ist bis auf weiteres eine objektiv richtige Bestimmung desselben gegeben, obschon keine absolut unumstößliche; da absolut nur der Gedanke einer möglichen

Gesetzmäßigkeit überhaupt, die Idee einer unbedingten Einheit ist.

Wie weit die Menschheit in der gegenständlichen Erkenntnis der Natur und der Fähigkeit zu objektiv rechtem Wollen und Wählen gelangen werde, steht dahin. Die absolute Wahrheit ist uns verschlossen, wie die unbedingte Verwirklichung des Guten, — die Möglichkeit einer gegenständlich richtigen Erkenntnis, wie des objektiv berechtigten Wollens aber vermag sich in nicht begrenztem Fortschritte zu vollziehen.

Welches alles sich nun etwa in dieser Tafel zusammenfassen läßt:

	Empirisch bedingter Inhalt unseres Bewußtseins:		Der absolute Gedanke einer möglichen Gesetzmäßigkeit überhaupt:
	von nur subjektiver Gültigkeit:	objektiv richtig:	
Erkennen:	Die einzelne sinnliche Wahrnehmung.	Lehren der Naturwissenschaft (Naturgesetze): wahre Erkenntnis.	Idee der unbedingten Einheit der Erfahrung im erkennenden Bewußtsein.
Wollen:	Subjektives Begehren und Wünschen; — persönliches Streben und elementare Strömungen im sozialen Wollen.	Reine Gedanken und richtiges Recht: gute Zwecksetzung.	Freies Wollen: Idee der Tugend; — soziales Ideal.

Reservation.

Die Gesetzmäßigkeit des sozialen Lebens besagt also nicht ein Kausalgesetz, welches angäbe, wie sich die Weltgeschichte wirklich vollzieht. Dieses faktische Geschehen entzieht sich von dem Standpunkte sozialer Betrachtung aus in seinem Inhalte der Zusammenschließung zu einer bedingungslosen Einheit; es bildet ein Getümmel von Einzeltatsachen, die jede für sich als natürliche Erscheinung begriffen, aber nach der Tatsächlichkeit des Erfolges durchaus nicht in grundlegender sozialwissenschaftlicher Einheit sich zusammenziehen lassen. Andernfalls würde es den Sinn einer sozialen Gesetzmäßigkeit verfehlen, welche eine solche für menschliche Regelung zur Bewirkung bestimmten Zusammenlebens sein muß (vgl. auch § 76). So kann die Gesetzmäßigkeit des sozialen Lebens nur ein Bestimmen desselben nach einem einheitlichen Gesichtspunkte für alle denkbaren Ziele des menschlichen Gesellschaftslebens sein; mit nichten aber die Annahme einer mystischen „Endursache“ bedeuten.

Darum liegt in unserem Grundgesetze auch nichts von einer Prophezeiung darüber, wie sich die soziale Entwicklung wirklich vollziehen werde. Ja, es ist ein unbedingter Zielpunkt und leitender Stern, aber nicht ein Zustand, der einmal wirklich sein wird. So folgt der Schiffer dem Polarstern, nicht um ihn zu erreichen, sondern in dem Streben nach richtig geleiteter Fahrt. Und wie wir niemals es erhoffen dürfen, daß die Erkenntnis der Natur in unbedingter Vollendetheit vor uns liegen kann — nicht aus menschlicher Schwäche, sondern weil es dem Begriffe der absoluten Einheit aller Erscheinungen im erkennenden Bewußtsein widerspräche: so heißt uns die Gemeinschaft frei wollender Menschen nicht eine Gesellschaft, welche dereinst einmal, sei es auch noch so spät, vollkommen realisiert sein würde. Sie ist der unbedingte Richtpunkt für die Gestaltung des empirischen Materiales des sozialen Wollens.

Und es bleibt offene Frage, ob ihm die Menschen folgen werden. Ich kann auch nicht sagen, daß es sicher sein werde, daß das soziale Wollen, wenn auch nicht absolut vollkommen, so doch objektiv richtig gestaltet sein werde. Wir wissen es nicht und können es nicht wissen. Wenn die Menschheit Kraft und Fähigkeit dazu besitzen wird, gewonnener Einsicht von der möglichen Gesetzmäßigkeit des sozialen Lebens zu folgen, so wird es geschehen; auf Weiteres muß man verzichten.

Das liegt notwendig in dem Begriffe der Gesetzmäßigkeit alles sozialen Wollens, in dem Gedanken des Endzweckes überhaupt. Es ist die unbedingte Einheit für die Verfolgung menschlicher Zwecke, ein absolut einheitlicher Gesichtspunkt beim Treffen möglicher Wahl. Von einem kausalen Muß ist nun gerade keine Rede mehr; es handelt sich jetzt um das Soll.

Wer bloß tatsächliches Geschehen und kausale Gründe desselben sucht, ist auf dem Holzwege und irrt sich, glaubend, daß er damit zu dem Grundgesetze des sozialen Lebens gelangen werde.

Was wirklich geschieht, bildet hier nur den Anfang der Überlegung. Die Gesetzmäßigkeit sozialer Bestrebungen liegt in demjenigen, was den Inhalt ihres Zieles ausmacht. Sagt einer, daß Klassenkämpfe das Gesetz der Geschichte bilden, — so ist das nicht anders, als wenn er meinte, daß Sinneswahrnehmungen und kausal notwendige Sinneseindrücke die Gesetzmäßigkeit der Natur ausmachten.

Die Gesetzmäßigkeit des sozialen Lebens ist die Beobachtung und Befolgung des Endzweckes der menschlichen Gesellschaft.

Postulat.

Nach dem Gesagten stellen wir dem Gesetzgeber nicht die Aufgabe, daß er eine gute und gerechte Ordnung frei erschaffe. Es ist nicht möglich, einen absolut gültigen und unwandelbaren Inhalt einer rechtlichen Verfassung eines Gemeinwesens zu entwerfen und als unbedingt richtig und allgemein anwendbar darzutun. Aller Inhalt von geschichtlichem Rechte steht in seiner konkreten Besonderheit unter empirischen Bedingungen; welche bei der Frage einer notwendigen und berechtigten Reform der sozialen Regelung nicht übersehen oder als einflußlos beiseite geschoben werden dürfen.

Aber andererseits ist es ganz unberechtigt, wenn man nun nichts als kausal notwendiges Werden in Dingen des Rechtes und des sozialen Lebens in kritischer Erwägung zulassen will. Die rechtliche Regelung des Zusammenlebens trägt, wie wir darlegten, den Gedanken zu erreichender Zwecke ganz unvermeidlich und überall in sich. Diese Zwecke des sozialen Lebens erwachsen zwar auch in ihrer inhaltlichen Besonderheit aus vorliegenden geschichtlichen Voraussetzungen und empirisch bedingenden Einzelheiten. Aber darum ist doch die willenlose Hingabe an ein mechanisches Getriebenwerden vollständig unbegründet, weil es dem Gedanken des Zweckes selbst, als eines zu bewirkenden Objektes, unmittelbar widerspricht. Als Zwecke müssen sie, um objektiv berechtigt zu sein, in der Richtung des für alle Einzelzwecke geltenden einheitlichen Endzieles, der Idee eines von allem nur subjektiv gültigen Beiwerke unbedingt freien Willens, sich bewegen.

So erheben wir das Postulat: Idealisierung des empirisch erwachsenden Wollens und Strebens.

Der Stoff rechtlicher Regelungen und sozialer Bestrebungen tritt in empirisch bedingter Weise auf: sie erstehen aus gegebenen Verhältnissen geschichtlicher Erfahrung. Aber dieser empirische Stoff will gerichtet und bestimmt sein. In ihm sind zwei unvereinbar getrennte Arten zu unterscheiden: objektiv berechtigte Bestrebungen und unbegründetes Gelüsten. Zu jenem ersten kann soziales Wollen nur werden, wenn es im formalen Sinne des sozialen Ideales gelenkt und geleitet wird. So gilt es, die Erfahrung von gesellschaftlichem Begehren und Drängen im Dienste und in der

Richtung der Idee frei wollender Menschengemeinschaft verbessernd zu bestimmen.

So wird es auch möglich, den oft vergeblich gesuchten Begriff der Gerechtigkeit exakt zu bestimmen und zutreffend zu definieren. Wir meinen natürlich Gerechtigkeit nicht im Sinne der Anwendung und Durchführung des Rechtes, sondern bei der Neuschaffung und Setzung rechtlicher Normen; gerecht im Sinne der Recht setzenden Faktoren, nicht in dem des Richters und Vollzugsbeamten. Für diesen Begriff erhalten wir nun: Gerechtigkeit ist der feste Wille des Gesetzgebers, seine empirisch bedingten Regeln unter dem obersten Zielpunkte des sozialen Lebens, der Gemeinschaft frei wollender Menschen, zu setzen.

Es ist ganz richtig, daß die Mittel zur Besserung sozialer Zustände nicht aus freier Phantasie erfunden werden dürfen, sondern in vorliegender gesellschaftlicher Erfahrung zu entdecken sind. Aber „Mittel zur Besserung" — das heißt doch: rechte Mittel zu rechtem Ziele! Indem wir das letzte hier vorausstellen wollen und auf die Frage der rechten Mittel für sich späterhin eingehen werden, — so hebe ich nochmals hervor, daß ein objektiv berechtigtes Ziel nur dadurch dargetan werden kann, daß es in seiner empirischen Bedingtheit im formalen Sinne und Geiste des unbedingten Endzieles des sozialen Lebens, jenes formalen Gedankens frei wollender Gemeinschaft, von dem wir sprachen, gerichtet und bestimmt ist.

Soziale Strömungen und Bewegungen entstehen naturgemäß aus geschichtlich bedingten Zuständen einer menschlichen Gesellschaft. Mit ihnen hat der praktische Staatsmann zu rechnen; — zu rechnen, aber in welchem Sinne denn? Er steht doch beispielsweise vor der Wahl, ob er einer keimenden Bewegung gegenüber andere Faktoren und Machtmittel aufrufen, oder ob er jene vielleicht unterstützen und befördern solle. Wonach bestimmt er es? — Es gibt zwei Möglichkeiten: Entweder erwägt er das subjektive Interesse seiner Person oder der ihm nahe stehenden Menschen oder sonstiger einzelner Individuen; oder er geht im Sinne des allgemeingültigen Endzieles der menschlichen Gesellschaft überhaupt vor und entscheidet unter diesem formalen Gesichtspunkte den empirischen Stoff der konkreten Einzelfrage.

Nur im letzten Falle ist es überhaupt möglich, einen objektiv gültigen Beweis für die Berechtigung der getroffenen Maßnahmen zu erbringen. Bei der ersten Alternative verbleibt alles bei nur subjektiv gültigem Wollen, das in seiner vollen Konsequenz alle objektiv überzeugende Deduktion in sozialen Dingen aufheben würde. Nur wenn gezeigt werden kann, daß geschichtlich auftauchende Bestrebungen in ihrem besonderen Inhalte und den konkreten Zielen gerade nicht geeignet sind, unter gegebenen Bedingungen der Idee frei wollender Menschengemeinschaft gerecht zu werden, kann eine Verwerfung und Bekämpfung, im entgegengesetzten Falle eine Förderung und Aufnahme als objektiv begründet deduziert werden.

Das Schlagwort von der Entwicklung, daß die Marxisten so gern im Munde führen, ist auch hier in sich nichtssagend. Es kommt darauf an, wozu sich etwas entwickelt, und ob das Ziel ein berechtigtes ist oder nicht. Es gibt auch eine „Entwicklung" zum Schlechten und zum Untergang. Der kapitalistische Großbetrieb der Antike und vor allem des römischen Weltreiches vollführte eine Entwicklung, die zum Niedergange der damaligen Kultur hinleitete. So ist es eine offene Frage, ob eine stetig sich entwickelnde Strömung und Bewegung gefördert und begünstigt oder aber bekämpft werden soll.

Bloß deshalb, weil „sie sich entwickelt", ist eine soziale Bewegung noch lange nicht objektiv gerechtfertigt. Und wenn man in einer zum Siege gelangten Bestrebung einen Fortschritt im sozialen Leben sehen will, so kann dieser Begriff in sich unmöglich anders bestimmt werden, als daß nunmehr dem letzten Ziele des sozialen Wollens unter den jetzigen empirischen Bedingungen besser entsprochen werde, als es in korrespondierender Weise auf der früheren Stufe der Fall war. Woran sollte sonst ein Fortschritt in objektiver Weise bestimmt werden?

Kein Politiker hat das Recht, zu sagen: Mein Parteiprogramm ist das allein gegenständlich begründete, denn es steht im Einklange mit demjenigen sozialen Begehren, das naturnotwendig entstanden ist und immer weitere Kreise in sich zieht. Wenn seine Behauptung Hand und Fuß haben soll, so muß er meinen: Unsere Betrachtung ist deshalb objektiv begründet, weil sie einer Entwicklung folgt und daraus herstammend Einzelvorschläge macht, welche das empirisch vorliegende soziale Leben gerade in seiner Besonderheit im Sinne der Idee einer Gemeinschaft von objektiv Zwecke setzenden Menschen zu bessern geeignet ist. Ohne dieses ist sein Programm wissenschaftlich unbegründet; die enge Berufung darauf, daß die Bestrebung seiner Partei naturnotwendig verursacht worden sei, ist für die Frage der objektiven Richtigkeit des Inhaltes der Bestrebung gleichgültig. Er könnte gerade so gut sagen, daß der in das Wasser gehaltene Stock wirklich gebrochen sei, — denn es sei der Sinneseindruck davon naturnotwendig verursacht.

Aber es kann auf der anderen Seite der Gesetzgeber sich nicht etwa damit exkulpieren, daß er vorschützt: Es könne auch unter der schlechtesten sozialen Ordnung jemand sittlich gut wollen, ein frommer, braver Mensch sein und seine Wünsche und Gedanken nach objektiv richtigem Gesichtspunkte bestimmen und richten. Mit solchem Quietismus kann er eine bestehende Rechtsordnung nicht als berechtigt begründen, noch auch seine Untätigkeit ihr gegenüber rechtfertigen. Denn wenn es darauf abgesehen ist, so muß er jene Regelung oder seine Maßnahmen an dem sozialen Ideal beweisen. Dieses aber spricht nicht von einer Gemeinschaft, in der irgendwer objektiv begründet will, sondern in welcher der Inhalt des bestimmenden sozialen Wollens gegenständlich richtig ist. Der arme Onkel Tom war freilich ein guter Mensch, voll edeln religiösen Gefühles und praktischer Nächstenliebe und sicher in der Befolgung der erhabenen Ethik christlicher Lehre; aber die, welche ihn zur rechtlich willenlosen Sache machten, zum Mittel bloß für die Zwecke anderer, die es zuließen, daß er von Frau und Kind gerissen, gequält und zu Tode geschlagen wurde, — die boten wahrlich das stärkste Gegenstück zu einer Gemeinschaft frei wollender Menschen, das es nur geben mag. — Deshalb ist auch die neuerdings gelegentlich auftretende Redensart: daß das Christentum an einer bestimmten Wirtschaftsordnung kein Interesse zu nehmen habe, grundfalsch. Das Christentum muß allerdings das lebhafteste Interesse an der besonderen Art der jeweiligen geschichtlichen Wirtschaftsordnung nehmen; und eine andere Möglichkeit gesetzmäßiger Erwägung des sozialen Lebens gibt es überhaupt nicht, wenn man nicht wieder in haltlose Utopien an sich zurückfallen will. Zwar ist das Ziel der christlichen Vervollkommnung des einzelnen Rechtsunterworfenen von der besonderen Rechtsverfassung, unter der jener lebt, unabhängig. Aber keine auf das Gute abzielende Lehre kann interesselos an denjenigen Menschen vorübergehen, deren Wort und Befehl die Gemeinschaft binden und richten will, und deren Anordnungen und Maßnahmen in letzter Linie für die Besonderheit konkreter sozialer Phänomene unvermeidlich verantwortlich sind (§ 54). So ist zwar die logische Darlegung, ob etwas im besonderen Falle ein objektiv richtiges soziales Wollen sei, in der eigenen Methode zu untersuchen, ob es in dieser Lage dem Grundgedanken des sozialen Ideales gemäß sei; aber der feste und immerwährende Wille, das als richtig

Eingesehene auch zu befolgen, muß von dem Einfluß ethischer. Gesinnung erwartet werden: hier mag im harmonischen Gefüge auch des Christentums Lehre eingreifen.

Sonach lautet unser Ergebnis:

Die angeblich ausschließliche Alternative von einem in freier Schöpfung waltenden Gesetzgeber oder von einer nur kausal treibenden Entwicklung im sozialen Leben ist falsch. Ich behaupte und lehre vielmehr: Dem besonderen Inhalte nach ist alles soziale Wollen und Streben empirisch bedingt und aus geschichtlich gegebener Lage erwachsen. Aber in diesem Ergebnis historischen Werdens ist der objektiv berechtigte Inhalt von bloß subjektivem Begehren zu unterscheiden; festzustellen nach der Übereinstimmung des empirischen Materiales mit dem formalen Gedanken des unbedingten sozialen Endzieles. Es ist die edelste Aufgabe der Menschheit, die in empirischer Bedingtheit erwachsenden Zwecke des gesellschaftlichen Lebens in der Richtung des sozialen Ideales zu erfassen und zu verfolgen; und die geschichtlich und konkret abhängigen Bestrebungen und Wünsche — gleichviel, ob sie auf unveränderte Beibehaltung oder auf Abänderung oder Umgestaltung der überlieferten Rechtsordnung gerichtet sind — nach dem formalen Prinzip frei wollender Menschengemeinschaft zu richten und in ihrer Besonderheit nach diesem unwandelbaren Grundgedanken zu bestimmen.

Idealisierung des empirisch erwachsenden sozialen Wollens und Strebens!

Erste Folgerung.

Man darf nicht sagen, daß ein gutes Recht dasjenige sei, welches die Mehrheit oder gar die Einstimmigkeit der Rechtsunterworfenen in seinem besonderen Inhalte tatsächlich für sich habe.

Der Mehrheitsstaat ist selbst nur eine empirisch bedingte Rechtseinrichtung. In ihm kann sich das unbedingte soziale Ideal nicht darstellen; sondern er muß erst wieder an dem Gedanken des absoluten Endzweckes des sozialen Lebens der Menschen überhaupt gemessen und auf seine objektive Berechtigung hin bestimmt werden. Ob der Rechtsetzung durch Majorität eine solche Berechtigung zuzusprechen ist, wird davon abhängen, ob unter gegebenen empirischen Verhältnissen dabei der Gedanke des sozialen Ideales zur Richtschnur genommen wird. Er muß diejenige Einrichtung für die Setzung neuen Rechtes sein, welche in der betreffenden geschichtlichen Lage am meisten von allen anderen Möglichkeiten geeignet ist, die Gesetzgebung im Sinne der Gemeinschaft frei wollender Menschen vorzunehmen. Ob das vorliegt, oder nicht vielleicht eine andere Organisation der Rechtsbildung vor ihm den Verzug verdient, ist eine zunächst noch offene Frage. Die bloße Überweisung der Rechtsgründung an die Mehrheit der Rechtsunterworfenen erledigt an und für sich jenen Zweifel noch gar nicht.

Die Frage nach der Berechtigung sozialer Regeln ist eine solche nach dem Inhalte derselben. Sie ist selbständig für sich zu lösen. Ihr sachliches Kriterium liegt entscheidend darin beschlossen, ob sie der Idee frei wollender Menschengemeinschaft entspricht, so daß eine für sie mögliche Wahl in dem Sinne und unter dem entscheidenden Gesichtspunkte dieses formalen Gedankens getroffen wird. Ob aber die Mehrheit der Rechtsgenossen dieses einsieht, ist hierfür ebenso gleichgültig, wie es für die Wahrheit einer naturwissenschaftlichen Erkenntnis ohne Belang ist, ob sie von der größeren Zahl der gerade Lebenden geteilt wird oder nicht. Das objektiv richtende Urteil hat seinen Geltungswert in der zutreffenden Einbeziehung empirischen Stoffes auf die grundlegende Einheit des sozialen Ideales; diese seine objektive Eigenschaft wird durch die Tatsache, daß sie von sehr vielen, vielleicht den meisten Menschen nicht gekannt wird, nimmermehr berührt.

Es ist also sehr wohl denkbar, und auch in der sozialen Erfahrung oft genug hervorgetreten, daß die Mehrheit anders entscheidet, als im Sinne der Idealisierung des sozialen Wollens gelegen ist. Die bloße Einrichtung einer Abstimmung nach Mehrheit gibt für die objektive Berechtigung des dadurch erzielten Ergebnisses eine unbedingte Gewähr gar nicht; noch weniger stellt sie für sich den Gedanken des absoluten Endzieles des sozialen Lebens dar.

Es läßt sich hier zu einem unveränderlichen Halte *a priori* auch nicht dadurch gelangen, daß man aufstellt: Es sollten alle Rechtsunterworfenen um ihre Ansicht befragt werden, und dann habe die Mehrheit zu entscheiden. Dies war vor allem der Gedanke ROUSSEAUS. Korrekt formuliert er das Problem dahin: Wie soziale Gewalt gesetzmäßig werden könne. Aber in dem Suchen nach der Möglichkeit objektiver Berechtigung im Inhalte rechtlicher Gewaltbefehle verfehlt er den Weg, der ihn zu dem unbedingten Endziele der menschlichen Gesellschaftsordnung führen konnte, und bleibt in empirisch bedingten Zielen hängen, vergeblich sich bemühend, in diesen, die nur objektiv richtig sein können, einen absoluten Halt wieder zu finden. Wenn er „alle" bei jedem Erlasse eines

Gesetzes befragt sehen will, widrigenfalls der erlassene Befehl nicht allgemein rechtmäßig sei, so meint er damit — „alle erwachsenen männlichen Staatsangehörigen"!

Er greift also bestimmte Rechtsangehörige heraus und stellt als rechten Gesetzgeber gewisse Menschen nach empirischen Qualitäten auf; deren Mehrheitswille denjenigen des *corps politique* darstelle. Hierdurch fällt er in Inkonsequenz. Er mengt dem gesuchten allgemeingültigen, absoluten Maßstabe für berechtigte soziale Ordnung empirische Momente bei. Wenn aber gewisse Menschen nach subjektiven Qualitäten zur Rechtsetzung berufen werden, und die äußere Art und Weise ihrer Tätigkeit näher bestimmt wird, so ist man in das Gebiet einzelner besonderer Rechtsnormen schon hineingeraten; deren objektive Begründung, wie oben schon bemerkt wurde, allezeit in Zweifel und Streit gezogen werden kann und dann durch Zurückgehen auf das empirisch unbedingte soziale Ideal zu erhärten ist.

Dieses letztere ist der von uns vertretene Standpunkt. In seinem Sinne sagen wir: Objektivität, nicht Majorität!

Und darf auch niemand daran Anstoß nehmen: Wer denn nun über das Vorhandensein der Objektivität im einzelnen Fall entscheidend bestimmen sollte. — Wer entscheidet denn ausschlaggebend über die gegenständliche Richtigkeit einer als Naturgesetz auftretenden wissenschaftlichen Lehre?

Hier gibt es keinen absoluten Halt, den man in die Erfahrung einzuführen vermöchte. Es kann ihn nicht geben; und es ist ganz unangebracht, darüber etwa in Befremden zu geraten: Eine absolut entscheidende Größe und unbedingte Instanz durch empirisch bedingte Möglichkeiten darstellen und liefern zu wollen, ist in sich unsinnig und verkehrt.

Mit der Forderung der Einstimmigkeit aller Rechtsangehörigen steht es nicht besser.

Sofern die wirkliche Übereinstimmung aller Untertanen als empirische Tatsache in jedem einzelnen Falle einer sozialen Regelung gefordert wird, fällt der Begriff des Rechtes ganz aus, und es verbleibt nur der Gedanke einer konventionalen Gemeinschaft; die nun, wie oben bewiesen wurde, von vornherein die Möglichkeit einer allgemeingültigen Gesetzmäßigkeit des sozialen Lebens der Menschen ausschließt.

Wenn aber die wirkliche Übereinstimmung aller Rechtsunterworfenen als soziales Ideal gemeint ist, dem man sich so viel wie möglich zu nähern habe, und in dessen Richtung nun die einzelnen sozialen Bestrebungen zu leiten seien, so wird übersehen, daß in dem Begriffe der wirklichen Übereinstimmung lauter subjektive und gar nicht allgemeingültige Triebfedern eingesetzt sind. Es wird da auf ein Ergebnis verwiesen, welches das unmittelbare Gegenteil eines einheitlichen Gedankens ist, der für den Inhalt aller in der Erfahrung nur denkbaren sozialen Ordnungen gleichmäßig gelten soll. Da dasjenige, was der einzelne wünscht und begehrt, erst noch dahin zu zerteilen ist, ob es nur subjektives Gelüste oder objektiv berechtigtes Wollen ist, so kann auch für dasjenige, was in gegenständlich richtiger Weise als soziale Regelung auftreten soll, nicht einfach auf das wirkliche Begehren der Rechtsunterworfenen verwiesen werden, sondern auf ihr objektiv begründetes Wollen.

Daher kann als soziales Ideal nicht die wirkliche Zustimmung aller Rechtsangehörigen gelten, gleichviel, ob dieselbe für sich objektiv berechtigt oder ungerechtfertigt ist; sondern jenes kann nur die Idee einer solchen Regelung sein, der jeder Rechtsunterworfene zustimmen muß, wenn er bei seiner Abstimmung in objektiv richtiger Zielsetzung verfährt. Der Satz „*volenti non fit iniuria*“ taugt nicht als soziales Ideal.

So ist die Gemeinschaft frei wollender Menschen als unbedingter Zielpunkt des sozialen Lebens durchaus nicht identisch mit demjenigen, was man gemeinhin ein politisch freies Staatswesen nennt. „Politische Freiheit“ bedeutet eine eigene Art im Inhalt empirisch bedingter Rechtsordnung; und ganz abgesehen davon, daß ihre Grenzen allzu schwankend und wechselnd gezogen sind, so kann sie auch ihrem Begriffe nach immer nur ein besonderes Mittel bedeuten, unter besonderen Umständen gerechtfertigt, — also gemessen und beurteilt an einem darüber stehenden Zielpunkte.

Das begrifflich von der willkürlichen Gewalt geschiedene Recht und der formal gerechtfertigte Rechtszwang soll nicht inhaltlich zum Unrechte werden. Diejenigen, welche die Rechtsbefehle ergehen lassen, bedürfen darum eines einheitlichen leitenden Gedankens, der als übereinstimmendes formales Ziel bei allem inhaltlich so verschiedenen Stoffe des sozialen Wollens und Strebens eintritt. Der führende und richtende Gedanke soll der einzelnen Anordnung die Eigenschaft objektiver Berechtigung verleihen; sie soll gegenständlich gerechtfertigt sein. Das kann nur geschehen, wenn in letzter Linie nicht bloß subjektives Begehren im Sonderinteresse einzelner den Ausschlag gibt. Die allgemeingültige Berücksichtigung der Rechtsunterworfenen hat darum in der Weise zu geschehen, daß nicht schon das wirkliche Begehren ihrer aller als formal leitendes Ziel zu nehmen ist, denn das gibt keinen unbedingt einheitlichen Leitstern für den Inhalt aller nur denkbaren sozialen Ordnungen; sondern daß das objektiv berechtigte Wollen ihrer aller als maßgeblich richtende Idee vorgestellt wird.

Welches dasselbe ist, wie die Formel, in der wir das soziale Ideal zur Darstellung brachten.

Zweite Folgerung.

Das soziale Ideal besteht nicht in einer äußeren und sozusagen quantitativen Gleichheit der Rechtsunterworfenen.[238] Soweit eine solche in ihrer doch immer nur relativen und konventional abzugrenzenden Möglichkeit denkbar wäre, würde sie sogar zweifellos gegen die Idee frei wollender Menschengeweinschaft verstoßen. Denn es käme darauf hinaus, die ungleichen und unter einander verschiedenen Voraussetzungen für das Wollen und Entschließen der einzelnen beiseite zu lassen, um einen äußerlich gleichen Erfolg zu erreichen. Ein einleuchtendes Beispiel wird die Aufgabe der Pädagogik bieten, die der Art nach von Sozialpolitik ja nicht verschieden ist. Es wäre ganz und gar unberechtigt, wollte man jener die Aufgabe zuweisen, daß als Erfolg der Schule bei allen Zöglingen gleiche Kenntnisse und gleiche Fertigkeiten sich ergeben. Das hieße denjenigen Zielen willkürliche Gewalt antun, welche sich bei den einzelnen aus deren empirischen Vorbedingungen als objektiv berechtigt beweisen lassen. Eine Möglichkeit, zu höherem Wissen und Können zu gelangen, würde vielleicht unterdrückt werden; und das nur in dem persönlichen Interesse des anderen weniger Begabten. Dieses aber ist bloß subjektiv und hat keine allgemeingültige Berechtigung. Die Forderung, die namentlich PESTALOZZI vertrat, daß alle Schüler in gleichem Unterrichte beginnen und dann lediglich nach den Differenzen in Ethik und Intellekt und darauf ruhenden Leistungen verschieden aufrücken sollen, daß aber andererseits um den minder Begabten gerade mehr und anders sich bemüht werden soll, als um den Talentvollen, — ist von äußerlicher Gleichheit zwar weit entfernt, entspricht aber allein dem sozialen Ideal. Denn sie fördert einen jeden in objektiv begründeter Weise; nicht nach einem bloß persönlichen Wunsche gerade seiner selbst oder seiner sozial Verbundenen.

Nicht anders steht es jedoch mit dem plumpen Kommunismus, dem eine äußerliche, quantitative Gleichmachung aus dunkler und vager Stimmung heraus vorschwebt. Er ist nicht bloß geschmacklos, wie ihn satirische Ästhetiker oftmals höhnend aufgewiesen haben; er ist vor allem als soziales Ideal nicht zu begründen. Er unterwirft den einen den Sonderzwecken des anderen, anstatt daß einem jeden ermöglicht und freigestellt wird, seine aus empirisch gegebenen Bedingungen ihm erwachsenden Zwecke in objektiv richtender Erwägung zu verfolgen.

Kommunistische Einzelmaßnahmen im Sinne der Verwerfung des Privateigentumes, als der in letzter Linie einem Rechtsgenossen eingeräumten Verfügungsgewalt über bestimmte Rechtsobjekte, können in bestimmten Zeiten der sozialen Geschichte und unter konkreten Bedingungen ein berechtigtes Mittel sein, um eine einzelne soziale Erfahrung im Sinne des Ideales zu richten und zu bessern. Das gehört noch nicht in diese jetzige Erwägung. In jedem Falle steht sicher, daß der nackte Kommunismus im Sinne einer äußeren und quantitativen Gleicheit das soziale Ideal nicht darstellt, ja sogar in empirisch unbedingter Durchführung gedacht demselben widerspricht.

Dritte Folgerung.

Das soziale Ideal ist grundsätzlich zu trennen von den sogenannten Grundlagen einer bestimmten Gesellschaftsordnung.

Der Begriff der Gesellschaftsordnung ist seinem Inhalte nach niemals allgemeingültig nach einem *a priori* feststehenden Kriterium zu bestimmen. Er besagt in sich weiter gar nichts, als die Zusammenfassung der in einem gewissen Augenblicke gerade geltenden Rechtsnormen. Diese ändern sich aber unaufhörlich; so daß das Ganze der sozialen Regelung einem unablässigen Reformprozesse unterliegt.

Nun ist es ja zweifellos, daß gewisse Rechtseinrichtungen von so weitgehender Bedeutung sind, daß bei einer eindringlichen Änderung ihrer so und so viele andere Institute ihren Sinn verlieren und als Dependenzen jenen nachzufolgen haben. Aber welche Rechtseinrichtungen als solche „Grundlagen“ genommen werden sollen, das ist niemals nach einem für alle denkbaren Rechtsordnungen allgemein geltenden Kriterium zu bestimmen. Es kann jenes immer nur in relativer Ansetzung der Wichtigkeit einzelner Institute geschehen: die Art dieser Wichtigkeit ist eine auch in formaler Hinsicht *a priori* nicht feststellbare, sondern lediglich von geschichtlicher

Zufälligkeit: und es münden diese verhältnismäßig bedeutsameren Rechtseinrichtungen für sich durchaus nicht in eine oberste und einheitliche Spitze aus, sondern bleiben als einzelne getrennt.

Es ist eine beliebte Redeweise der Marxisten, daß keine Gesellschaftsordnung sich selbst zum Tode verurteile, und ähnliche Wendungen mehr. Das setzt doch voraus, daß die Gesellschaftsordnung als für sich abgeschlossener Gegenstand zu erachten sei, an dessen Stelle dann ein anderes, inhaltlich verschiedenes Objekt in gleicher Abgeschlossenheit sich setzen könne. Nun ist es aber ganz unzutreffend, wenn man den Verlauf der sozialen Geschichte sich dahin vorstellt, daß „Gesellschaftsordnungen" sich ablösen. Es ist vielmehr ein unablässiges Rinnen im einzelnen. Bald hier, bald dort bröckelt etwas los und wird durch anderes ersetzt, und nur in verhältnismäßiger Weise kann man dann nach einigem Verlaufe dieser allmählichen Reformarbeit von einer Umwandlung des Ganzen einer Rechtsordnung sprechen.

In der Tat ist auch in der gesamten marxistischen Literatur, soviel ich sehe, nicht ein einziges Mal der Versuch unternommen worden, den Begriff der Gesellschaftsordnung als solchen klarzustellen. Er ist auch, nach dem Gesagten, gar nicht als fester allgemeingültiger Begriff zu erfassen. Man kann immer nur in ganz relativer Weise Rechtsordnungen mit diesen oder jenen verhältnismäßig weittragenden Einrichtungen ganz besonderen geschichtlichen Charakters in dem dort vorschwebenden Gegensatze einander gegenüberstellen; aber niemals für diesen Gegensatz ein unbedingtes Merkmal angeben, das nun den Begriff der Gesellschaftsordnung innerhalb des sozialen Lebens der Menschen sicher und allgemeingültig bestimmte. Gehen Argumentationen sozialpolitischer Redner und Schriftsteller trotzdem auf dieser angeblich festen Grundlage vor, so bleiben alle Folgerungen und Ausführungen verschwommen und unklar.

Der Begriff der Gesellschaftsordnung hat seinen festen und bestimmten Gegensatz nur in der Vorstellung von einem gänzlich unsozialen Leben der Menschen. Dagegen können innerhalb des gesellschaftlichen Menschendaseins mehrere inhaltlich verschiedene Gesellschaftsordnungen nach einem formal allgemeingültigen Kriterium keineswegs geschieden werden.

Appendix.

Das soziale Ideal ist der Gedanke einer derartigen äußeren Regelung des Zusammenwirkens und Verhaltens zu einander, daß ihre Ausführung mit den objektiv berechtigten Zwecken und von bloßer Subjektivität freiem Wollen aller Unterworfenen insgesamt übereinstimmt.

Es ist nicht gemeint, daß man die Leute glücklich machen solle, auch gegen ihren Willen; denn dieses gibt überhaupt keine allgemeingültige und unbedingte Einheit für den Inhalt jeder irgend welchen Rechtsordnung ab. Es will auch nicht besagen, daß die Untergebenen zu sittlichem Tun gezwungen werden sollen; denn das liefert eine *contradictio in adiecto*.

Die Idee eines guten, objektiv begründeten Rechtes will bedeuten: eine solche Regelung des sozialen Zusammenwirkens, daß dabei jeder in objektiv berechtigter Weise seine Zwecke verfolgen kann und nicht auf Begehren bloß bedingter Geltung als letztes Ziel seines Wollens angewiesen wird; so daß er bestimmten bedingten Zwecken, wie Beschaffen von Nahrung und Kleidung, in unbedingter Weise alles opfern muß und die Befolgung der betreffenden Rechtsordnung und sein Mittun in deren konkreter Ausführung nur zu bewerkstelligen vermag durch ausschließliche Erfüllung nur bedingter Ziele. Er soll nicht im Zusammenwirken in dem Inhalte seines Wollens der bloßen Willkür anderer und ihrer Laune von nur subjektiver Bedeutung hingegeben und nicht in diesem Sinne beliebig von der Teilnahme an der Gemeinschaft ausgeschlossen werden. Dieses war es, was wir mit dem Ausdrucke der Idee einer Gemeinschaft frei wollender Menschen bezeichnen wollten; — frei heißt auch hier allemal nur: frei von bloß subjektiv begründetem Begehren.

Wenn aber in diesem Sinne der Inhalt der äußeren Regelung des sozialen Lebens derart einzurichten ist, daß er unter gegebenen bedingten Verhältnissen mit den objektiv berechtigten Zwecken des einzelnen Unterworfenen zusammenstimmt, so ist dies nicht gleichbedeutend mit der Abdankung der äußeren Regelung, mit der vollen Beseitigung derselben auch in formaler Hinsicht, mit ihrer Auflösung in lauter Moralregeln und damit der Vernichtung des sozialen Lebens überhaupt.

Die äußere Regelung des gesellschaftlichen Daseins der Menschen hat immer zu verbleiben. Ihre verlangte inhaltliche Übereinstimmung mit objektiv gerechtfertigter Zielsetzung jedes einzelnen in allen seinen sozialen Einzellagen bedeutet nur einen unwandelbaren einheitlichen Gedanken, nach dem sich die in der Erfahrung bedingt entstehenden sozialen Bewegungen zu richten haben. Diese Idee eines absolut einheitlichen Richtpunktes für alles irgend welche soziale Wollen, dadurch dieses die formale Eigenschaft objektiver Berechtigung zu erlangen vermag, ist die unbedingte Einheit für allen möglichen Inhalt der äußeren sozialen Regelung als solcher. Diese erlangt dadurch in Selbständigkeit ein oberstes Endziel und damit die Möglichkeit objektiver Gesetzmäßigkeit in ihrer Einzelausführung. Bei der äußeren Regelung des sozialen Lebens bleibt es immer offene Frage, ob und inwieweit der einzelne von sich aus nun subjektiv freie, objektiv begründete Zweckverfolgung vornehme. Das ist hier ganz gleichgültig. Es kommt gar nicht darauf an, wie es sich mit dem einzelnen Unterworfenen in dieser Hinsicht jeweils wirklich verhält. Die Aufgabe der sozialen Ordnung liegt in der Herstellung eines solchen Zusammenwirkens, daß in dieser geschichtlich gegebenen Lage für einen jeden Unterworfenen eine objektiv begründete Art seiner Zweckverfolgung ermöglicht wird; die soziale Regel soll ein solches Verhalten gegen einander bewirken, wie es ein jeder Rechtsangehörige wollen muß, wenn er in objektiv berechtigter Weise seine Zwecke zu setzen gedenkt.

Die soziale Regelung bleibt hierbei immer als etwas Selbständiges bestehen. Die Idee einer Gemeinschaft frei wollender Menschen gilt als eine unbedingte Einheit für den Inhalt aller irgend welchen äußeren Regelung. Den formalen Bestand der sozialen Ordnung, als einer äußeren, von den Triebfedern des einzelnen grundsätzlich unabhängigen Regelung greift das soziale Ideal nicht an. Es fordert keineswegs Abschaffung der äußeren Regelung des menschlichen Zusammenlebens, das ist — wie früher (§§ 19ff.) bewiesen wurde — Vernichtung des sozialen Daseins der Menschen überhaupt.

Oder in anderer Fassung: Das soziale Ideal bedeutet nicht die Vorstellung eines ungeregelten Nebeneinanderlebens moralisch handelnder Individuen; es ist vielmehr die Idee einer unbedingt gültigen Regelung des Zusammenwirkens und Verhaltens von Menschen zu einander; nach welcher Regelung ein jeder die objektiv berechtigten Zwecke des anderen als die seinigen achtet und behandelt.

Über dem sozialen Ideal dieses Begriffes gibt es ein weiteres nicht mehr. Es ist ganz müßig, zu fragen, ob denn ein inhaltlich zu idealisierendes soziales Leben überhaupt das Richtige sei; ob es nicht viel idealer wäre, wenn jene Bemühung von Menschen gar nicht als Aufgabe gestellt würde? — Das überschreitet alle Grenzen einer erkenntniskritisch zulässigen Fragestellung.

Diese hat sich darauf zu beschränken, die objektiven Bedingungen ausfindig zu machen, unter denen menschliches Erkennen und Wollen gesetzmäßig werden kann; festzustellen, wonach die Unterscheidung des empirisch bedingten Inhaltes unserer Vorstellungen in objektiv gültige und in solche von nur subjektivem Werte gerechtfertigt und bestimmt ist. Glückt dieses, so ist alle lösbare Aufgabe der Erkenntniskritik erledigt.

So kann man nach Bedingungen und Gesetz der wissenschaftlichen Wahrheit forschen. Aber es ist herzlich irrelevant, wenn man hinzufügt: „Eigentlich" wäre es doch viel besser, wenn wir uns gar nicht in forschender Arbeit zu bemühen brauchten; — das Ideal wäre eine volle Einsicht in die Natur ohne menschliche Anstrengung in der Richtung einheitlicher Erkenntnis.

In gleicher Weise haben wir Gesetz und Einheit für den Inhalt der Regelungen des sozialen Lebens erörtert. Da kann die Zusatzfrage nicht weiter von Belang sein: Ob es „an sich" denn nicht erfreulicher wäre, wenn wir überhaupt keine soziale Regelung und kein äußerlich geordnetes Zusammenwirken von Menschen nötig hätten.

Wer so fragt, fragt zu viel.

103

Es verbleibt die Erwägung nach der praktischen Anwendung des sozialen Ideales in der Wirklichkeit gesellschaftlicher Erfahrung. Es ist die Frage nach der Entdeckung der rechten Mittel zur gesetzmäßigen Besserung des sozialen Daseins der Menschen, die wir damit in Angriff nehmen.

Diese Erörterung hat allemal an die konkrete Ausführung eines bestimmten sozialen Lebens anzuknüpfen. Hierbei ergeben sich — nach genauen früheren Ausführungen — soziale Phänomene; aus deren konkreten Eigentümlichkeiten Bestrebungen erwachsen, die entweder auf Beibehaltung oder auf Abänderung der bestehenden sozialen Regelung abzielen. Diese Bestrebungen treten dem Grade nach verschieden, mehr oder weniger deutlich, den Interessenten in das Bewußtsein; und sie kommen mehr oder weniger scharf im Kampfe mit entgegengesetzten Strömungen und Zielen auf. Es ist möglich, daß der Wille auf Beibehaltung der bestehenden Zustände in recht leiser Weise bestimmt erscheint; oder daß der Kampf der Klassen und Stände der Bevölkerung heftig tobt, bis zu seiner schlimmsten und verheerendsten Erscheinung, dem Bürgerkriege. Und zwischen jenen ruhigen Zuständen des gesellschaftlichen Daseins bis zu bitterem Streiten beut die Geschichte ungezählte Spielarten in der Stärke und Art sozialer Bestrebungen dar.

Niemals aber ist irgend eine Zeit davon frei. In allen Perioden, in jeder Phase der Entwicklung ist soziales Wollen und Streben vorhanden. Mit unvermeidlicher Notwendigkeit ist es mit dem gesellschaftlichen Leben der Menschen selbst gegeben. Indem sie unter äußerlichen Regeln zusammenwirken und zusammenleben, ersteht die besondere Gattung sozialer Zwecke, die durch geeignete Art des vereinten Wollens und Handelns zu erledigen sind.

Die einzelnen Zwecke und Ziele erwachsen, wie wir wissen, aus konkret darzulegenden empirischen Bedingungen heraus. Sie entspringen vor allem der eigentümlichen Lage, in der eine Menschengruppe anderen benachbarten gegenüber sich befindet, wie nicht minder der Besonderheit, die aus historisch verschiedenartiger Fähigkeit in der Beherrschung der Natur und den mannigfaltigen Fertigkeiten der Technologie sich ergeben.

Die geeignete Art des vereinten Wollens und Handelns, die formale Richtung, in welcher eine Gesellschaft die empirisch sich erhebenden und unablässig sich erneuernden konkreten Ziele aufnimmt, sie ist es, in der eine Gesetzmäßigkeit des sozialen Lebens geliefert werden kann. Die Eigenschaft des objektiv Berechtigten vermag nicht in dem empirisch bedingten und historisch stetig wechselnden Inhalte konkreter Einzelzwecke zu liegen, sondern in dem allgemeingültigen formalen Prinzip, das als richtender Gesichtspunkt bei der Erledigung der Einzelzwecke innegehalten wird.

So ergeben sich auch einem jeden Hausvater in der Führung seiner Privatwirtschaft beständig verschiedene und bedingte Ziele; und er sieht sich unablässig bald vor diese oder eine weitere Wahl gestellt, hat eine Entscheidung nach der einen oder anderen Seite hin zu treffen. Die Frage, ob er objektiv berechtigt handelt, die liegt dann in dem formalen Gesichtspunkte, den er seiner Entscheidung zu grunde legt; und wer überhaupt seine Handlungsweise mit Gründen beweisend zu rechtfertigen gedenkt, der hat eben darzutun, daß er in empirisch gegebener Lage nach dem allgemeingültigen Prinzip gehandelt, und daß er von nur subjektivem Begehren seinerseits, das für dritte nicht allgemein und unbedingt gilt, gänzlich abgesehen habe.

Es ist also das Material der sozialen Zwecke scharf zu sondern von dem formalen Prinzip, unter dem sie verfolgt werden. Die Fragen der Landesverteidigung, der Produktion, des Umsatzes und der Konsumtion, der Pflege höherer und schwierigerer Bestrebungen in Kunst und Wissenschaft, — alle die Einzelzwecke, welche gerade durch zusammenwirkende Tätigkeit verfolgt werden sollen, und die sich in dem neuzeitlichen Ausdrucke des Kampfes ums Dasein relativ und unbestimmt genug zusammenfassen, sie sind nur in Einzeluntersuchung festzuhalten und klarzulegen. Und die für sie tauglichen Mittel der Erfüllung ergeben sich dann als Wahlmöglichkeiten in konkret bestimmter Weise gleichfalls aus den Besonderheiten der betreffenden geschichtlichen und zufälligen Lage eines Volkes.

Aber in welchem Sinne und Geiste nun jene Wahlmöglichkeiten durch die soziale Regelung ergriffen und erledigt werden, das ist die Frage nach der Gesetzmäßigkeit, nach der objektiven Berechtigung einer solchen Regelung.

In der Erwägung des sozialen Wollens und Strebens treten drei Fragen auf, die sich auf sein Auftauchen, seine Begründetheit und seine Durchsetzung beziehen.

Erste Frage: Woher kommt soziales Wollen und Streben? Und in welchem Umfange verdient es des näheren kritische Erwägung?

Wir entnehmen die Antwort in Kürze unseren früheren Ausführungen. Soziale Bestrebungen entstehen aus sozialen Phänomenen, die sich als gleichheitliche Massenerscheinungen geregelter Beziehungen unter Menschen entwickeln. Indem die äußere Regelung die einzelnen Rechtsunterworfenen bestimmen will, ihr wirklicher Erfolg in exakter Weise nach kausaler Forschung aber nun einmal nicht ermittelt werden kann, so verbleibt nichts, als auf die erwähnten Massenerscheinungen zurückzugehen und aus ihnen als gleichen Folgen auf gleiche ursächliche Gründe der wirkenden sozialen Regelung zu schließen.

Doch gleichviel, in welchem Forschungsprozesse dieses festgestellt wird: In jedem Falle ist für unsere jetzige Frage die Erkenntnis unerläßlich, daß jene besonderen sozialen Erscheinungen die notwendige und unvermeidliche Folge der betreffenden sozialen Ordnung sind. Kann dieses nicht bewiesen werden, so ist das ihnen entsprechende Bestreben und Wünschen nach einer Umgestaltung der unterliegenden sozialen Ordnung unbegründet. Solange eine Möglichkeit da ist, in Gemäßheit der bestehenden Regelung zu anderen sozialen Phänomenen zu gelangen, ist nur aus den bis jetzt entstandenen Erscheinungen des Gesellschaftslebens heraus der Wille auf Änderung jener Regelung gar nicht zu rechtfertigen. Erst, wenn es sicher steht, daß bestimmte Phänomene einer sozialen Gemeinschaft bei der bestehenden äußeren Ordnung derselben in dieser empirischen Lage unvermeidlich sind, besonders aber, wenn diese zu beweisende sozialwissenschaftliche Erkenntnis durch tunlichst sicher einzusehende Tendenzen der weiteren Entwicklung verstärkt werden, — dann ergibt sich die

Zweite Frage: Wann ist soziales Wollen und Streben objektiv begründet?

Auch hier wissen wir die Antwort aus seitherigen Erörterungen dieses Buches. Das elementare Drängen und Begehren, das sich aus nicht vermeidlichen sozialen Phänomenen her entwickelt, kann mit Fug zunächst weiter nichts bedeuten, als was auf dem Gebiete der Naturbetrachtung die unmittelbaren Sinneswahrnehmungen sind, z. B. die Veränderungen im Stande der Sonne. So wie diese im Sinne der unbedingten objektiven Einheit der Erscheinungen zu bestimmen sind, wenn der Inhalt dieser Wahrnehmungen den Anspruch gesetzmäßigen Wissens vom Laufe der Natur soll erheben können, so ist auch elementares soziales Wünschen und Streben im Sinne des sozialen Ideales zu richten und zu bestimmen, soll sein Inhalt als objektiv berechtigte Bestrebung aufrecht erhalten werden.

Dem sozialen Wollen wird dadurch, wie genugsam ausgeführt, ein eigenes ideales Ziel gesteckt; in dessen praktischer Durchführung eine inhaltliche Scheidung jenes in objektiv berechtigtes Streben und nur subjektiv gültiges Fordern ermöglicht wird.

Ob dieses immer leicht und sicher vorzunehmen ist? — Kant bejaht es für Wollen und Entschließen des einzelnen (in der Kritik der praktischen Vernunft); und auch im sozialen Leben wird es viele extreme Fälle geben, in denen die Entscheidung nach dem angegebenen Richtmaße keine besonderen Schwierigkeiten bereiten wird. Aber von einem starken Mittelstande möchte ich es nicht mit gleicher Bestimmtheit aufstellen. Hier eröffnet sich sicherem und starkem Nachdenken das Feld. Soweit ein Vergleich gestattet werden kann, so ist es vielfach schwerer, die objektiv richtige Zwecksetzung und Wahl in besonderer empirischer Lage für soziales Wollen klarzulegen, als eine objektiv richtige Naturerkenntnis.

Und doch geht beides grundsätzlich parallel. Und es verbleibt im Zweifelsfalle nichts, als auf den letzten einheitlichen Gedanken für allen möglichen Inhalt des sozialen Wollens jeweils zurückzugehen.

Eine soziale Bestrebung und Bewegung ist in ihrem Inhalte dann objektiv berechtigt, wenn sie konkrete, empirisch bedingte Ziele der Gesellschaft und die in der Geschichte auftauchenden Wahlmöglichkeiten zwischen verschiedener äußerer Regelung des sozialen Lebens ergreift und verfolgt im Sinne und Geiste der Idee einer Gemeinschaft frei wollender Menschen.

Dritte Frage: In welchem gesetzmäßigen Verfahren sind die rechten Mittel zur Besserung sozialer Zustände zu entdecken?

Das soziale Leben der Menschen hat Wesen und Sinn darin, daß eine bestimmte Art des Zusammenwirkens und dabei des Verhaltens von Menschen gegen einander bewirkt werden soll. Gelangt man daher im besonderen Falle in der Verfolgung unserer beiden ersten eben genannten Fragen zu dem Ergebnis, daß eine objektive Berechtigung bestehender sozialer Ziele nicht nachgewiesen sei, so ist es selbstverständlich, daß man nach Mitteln ausschaut, durch welche dem abgeholfen werden kann. Diese Mittel können aber bei zweifelloser nachgewiesener Notwendigkeit und einer unter dieser Regelung sicheren Unvermeidlichkeit vorhandener sozialer Erscheinungen nur in einer Änderung der betreffenden Regelung des sozialen Lebens bestehen. Sie können daher befugtermaßen gar nichts anderes sein, als klare und bestimmte Vorschläge zu einem neuen und anderen Ordnen der Gesellschaft.

Daraus ergibt sich: Die rechten Mittel zur Besserung der sozialen Lage sind Vorschläge einer solchen Regelung des Gesellschaftslebens, daß dessen unvermeidliche konkrete Ausführung unter den gegebenen empirischen Bedingungen, unter denen diese Menschen leben, mit der Idee einer Gemeinschaft frei wollender Menschen in Einklang bleibt.

Hier hat man sich also die kommenden sozialen Phänomene vorzustellen, welche sich unter der vorgeschlagenen Regelung in notwendig darzulegender Art bilden werden, und zu zeigen, daß diese dann, soviel man nur einsehen kann, dem sozialen Ideal entsprächen. Es darf nicht gefordert werden, daß die rechtliche Regelung sich im Einklange hält mit einem utopisch erträumten und phantasievoll ausgemalten Idealstaate; sondern es ist zu verlangen, daß die empirisch und bedingt erwachsenen sozialen Bestrebungen formal in der Gesinnung geleitet, gerichtet und bestimmt werden, daß ihre Durchführung den einheitlichen Gedanken des sozialen Ideales festhält. Ich habe dieses oben in mehrfacher Wendung ausgeführt und spare eine nochmalige Wiederholung.

Hier setzt nun die ganze Wucht des historischen Rechtes ein. Nicht nur deshalb, weil der Mensch aus Gemeinem gemacht ist und die Gewohnheit seine Amme nennt; auch nicht nach der romantischen Vorliebe für die vergebens gesuchte gute alte Zeit, vergleichbar dem Bedauern des Altertumsfreundes, der malerische Partien alter Städte ungern schwinden sieht, in denen der Hygieniker nur gefährliche Krankheitsherde erschaut. Nein, die Zähigkeit des geltenden Rechtes und seine nicht leicht bezwingliche Position liegt auch vor allem sachlich in der oftmals schier unüberwindlichen Schwierigkeit begründet, einen gefesteten und lückenlosen Beweis für die objektive Berechtigung eines Vorschlages auf Änderung einer sozialen Regelung zu erbringen.

Zu einem solchen Beweise gehört nach unseren Ausführungen dreierlei:

1. Darlegung der unvermeidlichen Notwendigkeit gewisser sozialer Erscheinungen unter dieser Rechtsordnung;

2. Aufweisung von deren objektiver Unbegründetheit, gemessen an dem einheitlichen grundgesetzlichen Gedanken des sozialen Ideales;

3. Beweis der gegenständlichen Richtigkeit gewisser Bestrebungen, die aus jenen Übelständen urwüchsig entstanden sind; dargetan durch (in gleicher Weise wie sub 2 bestimmte) soziale Phänomene, die nach der vorgeschlagenen Regelung unter gegebenen empirischen Bedingungen notwendig zu erwarten seien.

Das letzte Glied der Methodik eines sozialwissenschaftlichen Beweises umfaßt für die zu machenden Vorschläge hinsichtlich der kommenden Zeiten die beiden logisch notwendigen Vorfragen, die ich voranstellte. Es kämpft aber jenen gegenüber mit der besonderen Schwierigkeit, daß die historisch wandelbaren, empirischen Bedingungen, unter denen das kausal notwendige Erwachsen bestimmter sozialer Phänomene erst jeweils festgestellt werden kann, niemals mit gleicher Sicherheit wohl übersehen werden können, wie diejenigen, welche der Vergangenheit und Gegenwart angehören. Im besonderen greift in Zeiten hochstehender wissenschaftlicher Technologie der Fortschritt in Erfindungen für alle Möglichkeiten der Naturbeherrschung leicht alterierend ein. Immerhin wird auch hier im einzelnen eine Sicherheit und ein gefesteter Beweis von notwendigen, das heißt objektiv berechtigten Abänderungsvorschlägen bestehender Regelung, als Mittel zum Zwecke, möglich sein. Es darf die Unmöglichkeit eines wissenschaftlich exakten Beweises für diese Frage des sozialen Wollens so wenig, wie auf einem Gebiete des natürlichen Erkennens behauptet werden. Und es gibt jedenfalls keine andere Möglichkeit, zu Darlegung der Gesetzmäßigkeit des Inhaltes einer sozialen Bestrebung und Bewegung zu gelangen, als auf diesem methodischen Wege, der hier angegeben wurde.

Wer in der sozialen Geschichte weiter nichts sieht, als ein wirres Getümmel streitender Menschengruppen und siegreicher Kämpfe roher Gewalten, der mag sich begnügen, diese Einzelheiten in ihrem besonderen tatsächlichen Verlaufe zu verfolgen. Wer aber eine innere Gesetzmäßigkeit für das gesellschaftliche Menschendasein sucht — wie doch namentlich die materialistische Geschichtsauffassung es erstrebt —, der hat den besonderen Inhalt von sozialem Wollen und Streben zu fassen und zu bestimmen unter einem allgemeingültigen einheitlichen Gesichtspunkte; welcher für allen nur denkbaren Gehalt jenes Strebens kein anderer sein kann, als die Idee, deren Formel sich oben findet.

Nach dem sozialen Ideal ist also die objektive Richtigkeit einer empirisch auftauchenden sozialen Bestrebung zu messen und zu richten. Jenes ist es, nach welchem allein wir die berechtigte Anweisung empfangen können, ob eine keimende oder auch schon mehr ausgebildete Bewegung zu unterstützen und begünstigend zu fördern ist, oder ob ihr entgegengetreten und entgegengewirkt werden soll.

Woher wir die Einsicht in die Möglichkeit der besprochenen Unterscheidung des empirischen Inhaltes von sozialem Wollen in objektiv richtigen und in gegenständlich nicht begründeten psychologisch erhalten mögen, das ist für die systematische Bedeutung des Gegensatzes ganz gleichgültig. Es sind zwei getrennte Fragen, deren Auseinanderfallen ebenso gewiß ist und als sicher eingesehen und behandelt werden muß, wie der Unterschied in der Frage: Ist der Inhalt einer naturwissenschaftlichen Lehre objektiv richtig und gesetzmäßig? — von der zweiten Erwägung: Auf welchem psychologischen Wege ist der Lehrer oder der Schüler zu ihrer Erkenntnis gelangt?

Die Anweisung aber, dem als objektiv richtig erkannten sozialen Wollen zu folgen und es durch Lehre und tatsächliches Beispiel durchzuführen und zu verbreiten, macht wiederum prinzipiell nicht mehr Schwierigkeit, als die Forderung, daß man bei der Naturbeobachtung und dem Bestimmen einzelner Wahrnehmungen wissenschaftlich erkannte Sätze zu grunde legen und die objektiv richtige Erkenntnis der Natur in tätiger Lehre weitergeben solle. Der Kausalzusammenhang aller dieser lehrenden und einwirkenden Vorgänge, der ihnen als Naturerscheinungen zweifellos ja auch zu eigen ist, bleibt uns freilich verschleiert und undeutlich. In dieser Frage nach der naturgesetzlichen Erkenntnis des psychologischen Vorganges bei dem Forscher und Lehrer, dem Redner und Schriftsteller, wie auf der anderen Seite bei dem empfangenden Hörer und Leser, der durch jene Einwirkung kausal bestimmt werden soll und ja auch nach gemeinster Erfahrung bestimmt werden kann, da ist äußerste Vorsicht für wissenschaftliche Behauptungen geboten. Die empirische Beobachtung, daß durch Wort und Schrift eine Wirkung erzeugt werden kann, deren Werden in gänzlicher Abstraktion von jenem gar nicht kausal eingesehen wird, kann und muß hier genügen. Wer möchte auch bei sonstigem Handeln nach Zwecken, bei dem Eingreifen des Arztes, bei der Ausübung jeglicher Technik sich vermessen, daß er den kausal bestimmten Werdegang des zweckmäßigen Vorgehens in exakter Weise wissenschaftlich erschaute? Für die systematische Unterscheidung des gegenständlich Richtigen und des Unbegründeten, die wir besprachen, ist die hier nur nebenher anzuziehende genetische Frage nach dem Erlangen des objektiv berechtigten sozialen Wollens so wie so ohne Belang.

Die erste, die wesentliche und grundlegende Frage ist die: Was **ist** eine gesetzmäßige soziale Bestrebung; sekundär erst tritt die andere auf: Wie **wird** eine soziale Bestrebung gesetzmäßig?

Für die erste Frage besteht die Möglichkeit einer sicheren und objektiv richtigen Entscheidung an der Hand des sozialen Ideales; — betreffs der zweiten liegt leider nicht das geringste exakt wissenschaftliche Ergebnis vor, noch auch besteht eine Aussicht, daß sich das einmal bessern könne.

Dem sachlichen Verhältnis nach behauptet unter diesen beiden, stets scharf zu trennenden Fragen die erste den maßgeblichen Vorrang. Hat man den Begriff einer gesetzmäßigen sozialen Bestrebung überhaupt nicht, so ist das Fragen nach ihrem Werden ohne Sinn. Und umgekehrt: Kann man gleich die zweite Frage gar nicht beantworten, so bleibt die Lösung der ersten in der von uns angezeigten Art, an der Hand des sozialen Ideales, erkenntniskritisch allemal möglich.

So ergeben sich nach der Seite der praktischen Durchführung des sozialen Ideales die folgenden Sätze:

1. Es ist systematisch ein objektiv richtendes Urteil über die inhaltliche Berechtigung von sozialem Wollen und Streben, sei es auf Aufrechterhaltung oder auf Abänderung von Recht, möglich, an der Hand des sozialen Ideales.

2. Der Besitz des Gedankens vom sozialen Ideal und der feste Wille, als bewußte Vorstellung, jenem zu folgen, muß zweifellos von durchschlagender Bedeutung für den Gang des sozialen Wollens sein; — wobei man äußerst resigniert zu sein hat, wenn man nach exakter Feststellung dieses Einflusses fragen wollte; da wissenschaftlich bis jetzt nichts vorliegt, obgleich eine feste allgemeine Beobachtung der hier fraglichen Vorgänge den Gesamterfolg sicher bestätigt.

3. Der Erwerb des soeben genannten Besitzes vom sozialen Ideal kann ohne Schwierigkeit durch Lehre und Beispiel anderen vermittelt werden; — das ist wiederum eine in sich unbezweifelbare Tatsache, wenn schon auch hier exakte Wissenschaft es bis jetzt versagt hat, den Werdegang im einzelnen klarzulegen.

Dieses gibt die theoretische Unterlage und entwirft den Grundriß und Plan einer wissenschaftlich begründeten Politik. Wie solche dann auszuführen ist, bleibt eine lediglich Einzelfrage. Welche Mittel im besonderen einzuführen sind, das hängt von dem geschichtlichen Material ab, von den in empirischer Bedingtheit erwachsenen und den ebenso zu erwartenden sozialen Phänomenen. Unwandelbar fest, ein sicherer Leitstern für die wissenschaftliche Bestimmung, für das objektiv richtende Urteil über soziales Leben und Streben, verbleibt nur der empirisch unbedingte Gedanke des sozialen Ideales.

Aber kann denn überhaupt immer im Sinne des objektiv berechtigten Strebens im sozialen Leben geholfen werden? Wird nicht manche Strömung mit elementarer Kraft sich durchringen, welche wir zwar in ihrem genetischen Werden zu begreifen und mehr oder weniger scharf darzulegen vermögen, der aber das objektiv richtende Urteil die Eigenschaft der Gesetzmäßigkeit versagen muß?

Es ist möglich.

Es kann ebenso gut der Fall sein, wie ein Triumph von Aberglauben und unwissenschaftlicher Tradition im gegebenen Falle die wissenschaftliche Wahrheit zurückdrängen mag. Auch GALILEI unterlag. War darum die Lehre seiner Gegner objektiv richtig?

Das objektiv richtende Urteil über eine soziale Bewegung kann unmöglich mit der Erwägung zusammenfallen, daß dieselbe sich als tatsächlich mächtig und erfolgreich erwiesen hat oder erweisen wird. Um objektive Berechtigung handelt es sich hier aber. Es ist nach der Gesetzmäßigkeit des sozialen Lebens der Menschen und dem folgend nach der einer einzelnen bestimmten Bestrebung gefragt. Da antwortet man nicht recht, wenn man bloß auf den Klassenkampf und auf dessen gewesenen oder mutmaßlich kommenden tatsächlichen Ausgang hinweist.

Ja selbst der Nachweis, daß Entstehen und Vergehen einer sozialen Bewegung in naturnotwendiger Unvermeidlichkeit eingetreten sei und in bestimmter Weise verlaufen werde, genügt nicht, um darzutun, daß der Inhalt dieser Bewegung gesetzmäßig und objektiv begründet ist. Auch eine Sinnestäuschung kann in ihrem Auftreten als naturnotwendig unvermeidlich eingesehen werden; die gegenständlich wahre und gesetzmäßige Naturerkenntnis liegt darum in ihrem Inhalte noch lange nicht. So ist auch das geschichtlich bedingte und kausal gelieferte Aufwallen von einzelnen gegen andere oder von ganzen Gruppen gegen solche zunächst nur ein elementares Begehren; soll sein Inhalt als gesetzmäßig erwiesen werden, so muß er von bloß subjektiver Gültigkeit entfernt und nach dem einheitlichen Endziele des sozialen Lebens überhaupt bestimmt werden.

Die gegenständliche Berechtigung einer sozialen Bestrebung muß sich darin ausweisen, daß die letztere das rechte Mittel sei, die gegebene empirische Lage mit dem unbedingten Endzwecke der menschlichen Gesellschaft überhaupt übereinstimmend zu halten. Dieses absolute Endziel ist aber nicht die wirtschaftliche Produktion als solche, noch irgend ein anderer inhaltlich ausgezeichneter Erfolg des Zusammenwirkens, sondern nur die rechte, formal allgemeingültige Art desselben.

Außer diesem gibt es keinen weiteren unbedingten Maßstab für die objektive Richtigkeit einer sozialen Bestrebung und einer Bewegung, die auf Abänderung einer bestehenden gesellschaftlichen Regelung sich richtet. Namentlich führt die beliebte Berufung auf „die Undurchführbarkeit" sozialer Projekte hier leicht irre.

Denn die Undurchführbarkeit kann nicht einen selbständigen Maßstab bedeuten, der neben dem obersten und unbedingten sozialen Endzwecke noch in Betracht käme. Der Vorschlag zu einem Tun, das über menschliches Können überhaupt hinausgeht, ist freilich leicht und schnell abzutun. Aber das ist nicht der spezifische Sinn, in welchem man von Undurchführbarkeit einer sozialen Anordnung spricht. Man meint damit einen Zustand, in welchem der Gesetzgeber nicht im stande ist, die von ihm erlassenen Befehle auch in Wirklichkeit umzusetzen; er hat die vorhandenen geschichtlichen Bedingungen und die empirischen Qualitäten der Rechtsunterworfenen dabei nicht in dem Maße sicher berechnet, daß er das ihm vorschwebende konkrete Ziel erreicht. Liegt dieses derartig, so hat er eben einfach nicht das richtige Mittel gewählt, um diese betreffende Gesellschaft im Sinne des sozialen Ideales zu regeln. Es wird also mit der Eigenschaft der Undurchführbarkeit nicht ein neues Richtmaß und ein selbständiger Zielpunkt für soziale Regelung eingeführt; sondern ein bestimmtes Mittel als ungeeignet für das eine einzige absolute Endziel des gesellschaftlichen Daseins der Menschen gekennzeichnet.

Danach ist die Frage: Was kann der Gesetzgeber tun? — grundsätzlich in gar nichts verschieden von derjenigen: Was soll er tun? — sobald nur die letztere nicht mehr ausschließlich auf die erkenntniskritische Herausschälung des sozialen Ideales, als des einheitlichen formalen Grundgedankens sich beschränkt, sondern *in concreto* auf inhaltliche Vorschläge an der Hand jenes fundamentalen Endzieles eingeht. Beides heißt dann gleichermaßen: Welches ist in dieser empirischen Lage das gegenständlich richtige Mittel, um diese Gesellschaft im Sinne und Geiste des formalen Endzieles alles sozialen Lebens zu gestalten?

Die Antwort auf diese Frage kann grundsätzlich nur als eine bedingte Einzelerörterung geliefert werden.

Es sei die Anhängung eines Beispieles gestattet. Ich wähle dazu die Frage nach der Erhaltung des kleinen Bauernstandes. Nicht darum — sagen die Anhänger der materialistischen Geschichtsauffassung — handelt es sich, ob der kleine Bauer erhalten werden soll; sondern darum, ob die Tendenz der modernen Produktionsweise dahin geht, ihn wirklich zu erhalten, und zwar kräftig und blühend zu erhalten, oder ihn wirtschaftlich zu ruinieren.[239] — Der hier behauptete Gegensatz ist gar nicht vorhanden. Die als Anwendung der materialistischen Geschichtsauffassung an letzter Stelle erwähnte Erwägung ist die Vorfrage, die erste unserer drei Fragen, die ich oben nannte. Ich nehme nun an, die Marxisten hätten damit recht, daß mit dem völligen Verschwinden der Reste des alten Kommunismus und mit der Besserung der Lebenshaltung der Bauern und der schwindenden seitherigen Ausbeutung von Weib und Kind im kleinbäuerlichen Betriebe der kleine Bauernstand innerhalb der heutigen sozialen Phänomene nicht zu halten sein würde, — so wäre damit die aufgenommene Frage nicht endgültig und erschöpfend gelöst. Die bloße Tatsache der Aufreibung des bäuerlichen Privatvermögens ist nicht ein Schlußpunkt, an welchem die sozialwissenschaftliche Erwägung Halt machen darf. Sie hat zum zweiten mit ihrem objektiv richtenden Urteil einzusetzen, dessen Votum hier nicht schwer abzugeben und an der Hand des sozialen Ideales zu begründen wäre. Und dann würde es sich in dritter Linie darum handeln, diesen unberechtigten sozialen Phänomenen gegenüber rechte Mittel im Sinne des sozialen Ideales für diese bedingten Fragen zu erhalten; wobei man allerdings nicht um die Frage herumkommt, ob eine solche Regelung dieser Gesellschaft, daß das soziale Phänomen des kleinen Bauernstandes (s. S. 236) in früherer Weise fortbestände, das objektiv richtige Mittel in unserem genau angegebenen Sinne sei. — So zeigt sich, daß in den zwei Sätzen, welche die marxistische Darstellung, die ich oben zitierte, als unvereinbare Gegensätze behandelte, gar nichts Ausschließendes und Unversöhnliches liegt. Beide sind zur vollen Erledigung dieser Frage heranzuziehen; die Betrachtung, welche der materialistischen Geschichtsauffassung ganz besonders zu eigen ist, die nach der kausal notwendigen Entwicklung sozialökonomischer Phänomene, ist die Vorfrage, bei der endgültig stehen zu bleiben, eine nicht ausgedachte Halbheit ist. Auf Grund ihrer ist dann vielmehr in der hier dargelegten methodischen Weise im Sinne unserer drei obigen Fragen zu verfahren.

104

Man darf der materialistischen Geschichtsauffassung nicht vorwerfen, daß sie nur „materielle" Bedürfnisse als treibende Faktoren der sozialen Geschichte anerkenne. Denn dieses ist literargeschichtlich durchaus nicht begründet. Sie beschränkt sich in jenem Sinne keineswegs auf die ja immer nur vag und ziemlich willkürlich abzugrenzenden niederen Triebe der Menschen gegenüber höheren, edleren, in diesem Sinne „idealen" Momenten (§ 26). Die materialistische Geschichtsauffassung erkennt sehr wohl an, daß aus bestimmter gesellschaftlicher Produktionsweise sich gewisse ethische und intellektuelle Vorstellungen und Fähigkeiten ergeben, welche nun ihrerseits auf die weitere Entwicklung der Gesellschaft ihren Einfluß ausüben; also daß das Ganze des sozialen Lebens und seines Fortschreitens in einheitlicher Weise zu begreifen ist.

Es ist auch nicht zutreffend, wenn man jene Lehre aus dem Grunde bekämpfen will, daß sie „den Ideen“ keine eigene und selbständige Welt einzuräumen gedenkt, aus der sie in irgend einer wissenschaftlich unbegreiflichen Weise in das Gebiet begreifbarer Erfahrung herüberspielten. Sie hat mit der Ablehnung dieser Mysterien wissenschaftlich vollständig recht. Und es ist nicht zu bezweifeln, daß die einzelnen Vorstellungen über dasjenige, was die Menschen tun sollen, ebenso über dasjenige, was naturgesetzliche Wahrheit ist, im Laufe der Zeiten inhaltlich wechseln und veränderlich sind; und daß diese Art des Wollens, wie der Stand der Erfahrungswissenschaft von dem konkreten Befinden des betreffenden gesellschaftlichen Daseins abhängig und bedingt ist.

Ganz und gar aber ist an der materialistischen Geschichtsauffassung unberechtigt, daß sie in diesen Anfangsgründen richtiger Einsicht das letzte Ende sozialphilosopischer Theorie erreicht zu haben glaubt und sich vermißt, mit jenen knappen Sätzen die innere Gesetzmäßigkeit des sozialen Lebens aufgelöst und dargetan zu haben.

Sie übersieht, daß eine Gesetzmäßigkeit des sozialen Wollens und Begehrens nur in der formal einheitlichen Art desselben, mithin in einem allgemeingültigen unbedingten Gesichtspunkte, als absolutem Endziele, für soziale Bestrebungen liegen kann.

Die sozialen Strömungen, die Klassenkämpfe und alles gesellschaftliche Wünschen und Streben erwächst allerdings in empirisch bedingter Weise aus seitherigem sozialen Dasein heraus. Aber die Verfolgung dieses tatsächlichen Auftauchens in seiner kausalen Abhängigkeit liefert keine Gesetzmäßigkeit für den Inhalt der Bestrebungen; — so wenig, wie die Verfolgung des kausalen Werdens einzelner Sinnereindrücke die Gesetzmäßigkeit der Natur bedeutet.

Mit Sinneswahrnehmungen fängt freilich alle naturwissenschaftliche Betrachtung an; aber ihr Charakter als gesetzmäßige Erkenntnis liegt nicht in der kausalen Erklärung einzelner sinnlicher Eindrücke, — die auch sehr wohl Täuschung und Unwahrheit bedeuten können; sondern in der einheitlichen Auffassung des Inhaltes der Wahrnehmungen. So vollziehen sich die Veränderungen des sozialen Lebens in elementar erwachsendem Begehren. Doch die Eigenschaft der Gesetzmäßigkeit einer Bestrebung wird nicht mit der kausalen

Erklärung des Werdeganges der einzelnen Bestrebungen geliefert, — die sehr wohl auch subjektives Gelüsten und objektiv unbegründetes Wollen sein können; sondern nur durch Richtung und Bestimmung des Inhaltes von sozialem Wollen in grundlegend einheitlichem Sinne und Geist.

Der rohe Stoff sozialen Wollens und Drängens entsteht nur aus geschichtlich bedingter Lage und in jeweilig kausal notwendigem Prozeß. Aber innerhalb des genetisch also bestimmten und bedingten Strebens auf Änderung oder Beibehaltung bestehender Gesellschaftsordnung sind inhaltlich in systematischer Weise zwei Klassen zu unterscheiden: objektiv berechtigtes und nicht begründetes Streben.

Es ist eigentümlich, daß die materialistische Geschichtsauffassung, welche alle geschriebene Geschichte der Menschheit ganz speziell nach der Seite hin zu durchforschen liebt, daß sie die Klassenkämpfe in ihr entdeckt, auf die Notwendigkeit der eben wiederholten Unterscheidung nicht verfallen ist. Von den einander widerstreitenden sozialen Bestrebungen kann doch nur die eine in ihrem besonderen Inhalte der allgemeinen Gesetzmäßigkeit des sozialen Lebens konform sein, während die andere beispielsweise in ihrem Widerstreben gegen eine Umänderung der überlieferten Rechtsordnung objektiv unberechtigt wäre. Welche ist nun die eine und die andere? Doch wohl nicht nur diejenige, welche das Glück und die Macht hat, in brutaler Gewalt sich durchzusetzen! Denn das würde gerade die Betrachtung der sozialen Geschichte eines jeden einheitlichen und allgemeingültigen Gesichtspunktes berauben. Nach der Klarstellung eines solchen strebte aber, wie häufig hervorgehoben, die materialistische Geschichtsauffassung.

Die bloße Angabe, daß „an einem gewissen Punkte der Entwicklung diese in ihr Gegenteil umschlage", ist eine Phrase. Weder ist angegeben, wonach das „Gegenteil" sich bestimme; noch auch klar einzusehen, woran man in einheitlicher Art den „gewissen" Punkt erkennen könne.

Da sie aber auf diesen und ähnliche Sätze sich beschränkt, so hat die materialistische Geschichtsauffassung ihr Ziel, die innere Gesetzmäßigkeit des sozialen Lebens der Menschen darzulegen, nicht erreicht. Sie ist unfertig und nicht ausgedacht geblieben.

Indem ich dieses früher (§ 78) im einzelnen schon näher begründete Ergebnis mit unseren letzten Erörterungen über die Entdeckung der rechten sozialen Mittel vereine, so ergibt sich als Folge diese, daß das Axiom des modernen Sozialismus von der Kollektivierung der Produktionsmittel wissenschaftlich nicht begründet ist.

Der marxistische Sozialismus legt bekanntlich das Schwergewicht der Deduktion seiner angeblichen wissenschaftlichen Berechtigung darauf, daß die soziale Entwicklung notwendig darauf hindränge, daß die Produktionsmittel in das ausschließliche Eigentum der Gesellschaft übergeführt würden. Ein ausgeführtes System, wonach dieses im einzelnen zu verwirklichen und im besonderen der Ertrag der gesellschaftlichen Produktion zu verteilen sei, entwirft er nicht. Er begnügt sich damit, daß er diese notwendige Entwicklung begünstigt und fördert und ihr Ziel möglichst vorbereiten will.

Hier liegt nun, wie in anderem Zusammenhange schon hervorgehoben, eine bedenkliche Unklarheit und Zweideutigkeit zu grunde. Denn es fragt sich: Welche Art von Notwendigkeit ist gemeint? In welchem Sinne führt die Entwicklung unserer sozialökonomischen Phänomene notwendig zu der Überführung der Produktionsmittel in das ausschließliche Eigentum des Rechtsganzen?

Die Vertreter der materialistischen Geschichtsauffassung haben nirgendwo in ihren literarischen Auslassungen diese Frage scharf gestellt; noch auch sich klar darüber ausgesprochen, daß ihnen die ausschließende Alternative entweder der kausalen oder der teleologischen Erwägung für den Begriff der Notwendigkeit bewußt sei.

Eine notwendige menschliche Tat, — das ist entweder: eine notwendige Wirkung einer sicher erkannten Ursache, oder: ein notwendiges Mittel zu einem begründeten Zwecke. Ein drittes aber gibt es nicht. Welches von jenen beiden ist bei der Besitzergreifung der Produktionsmittel durch die — nach der marxistischen Lehre — unter die Herrschaft des Proletariats gebrachte Gesellschaft zu verstehen?

Da die sozialen Materialisten selbst hierüber eine klare Auskunft nicht geben, so wollen wir eines nach dem anderen in seiner Möglichkeit erwägen.

1. Meint man, daß die Kollektivierung der Produktionsmittel und das Verbot des heute geltenden Privateigentumes an ihnen eine kausal notwendige Folge der Entwicklung ökonomischer Phänomene sei, so wäre der Konsequenz ja nicht auszuweichen, daß man dann es einfach erwarten muß. Ein Erfolg, dessen Eintreten in seiner

kausalen Bedingtheit als unvermeidlich sicher wissenschaftlich erkannt ist, der kann in diesem seinem Eintreten nicht begünstigt noch gefördert werden. Sobald das letztere geschehen soll, und der Begriff des helfenden Unterstützens überhaupt Sinn haben soll, so ist eben etwas anderes als möglich vorausgesetzt, denn jener erste, als kausal notwendig angegebene, Erfolg. Daß dem Blitze der Donner folgt, daß das Wasser am Gefrierpunkte zu Eis erstarrt, — das kann man nicht begünstigen, noch fördern, noch helfend unterstützen.

Soweit eine Wirkung als notwendige Folge einer vorausgehenden Ursache wissenschaftlich eingesehen ist, soweit ist menschlicher helfender und begünstigender Einfluß ganz und gar ausgeschlossen.

Der Wunsch, einen kausal notwendigen Erfolg zu fördern, involviert einen lediglichen Nonsens.

Mit dem Vorbereiten und Sicheinrichten auf eine kommende Notwendigkeit steht es nicht anders. Auch hier handelt es sich um teleologische Erwägung: um Verfolgung eines bedingten Zweckes, dessen Erreichung dann wieder als Mittel zum Vorgehen auf ein weiteres Ziel dienen soll. Wer sich auf den vorausgesehenen Winter einrichtet, handelt nach Zwecken; denn der Erfolg seines Vorgehens wird hier nicht als ein kausal notwendiges Ereignis wissenschaftlich erkannt, sondern als ein von ihm zu bewirkendes vorgestellt. Der Inhalt unserer Vorstellung, wonach ein zwischen Holz oder Steinkohlen oder gar keinem Vorrat von Brennmaterial Wählender gedacht wird, bedeutet nicht die naturwissenschaftliche Erkenntnis eines kausal notwendigen Vorganges: Er geht vielmehr in dem Gedanken auf, daß der präparatorisch Tätige den Vorrat an Heizmitteln durch geeignetes Vorgehen zu beschaffen habe.[240]

Wenn der Sozialist sagt: Es ist zuzugeben, daß die Kollektivierung der Produktionsmittel nicht von heute auf morgen unter jetzigen Verhältnissen geschehen kann; wir müssen die Leute erst zu sozialistischer Denkart erziehen: so sollte klar sein, daß er nicht mehr von kausaler Notwendigkeit redet, sondern von Zweckverfolgung; — und es wird sein ganzes Vorhaben unbegründet und unbegreiflich sein, wenn er nicht seine erzieherische Absicht als Mittel zu dem Zwecke dereinstiger Kollektivierung nimmt, welche alsdann auch wieder als notwendiges Mittel zu einem rechten sozialen Leben darzutun wäre. Und wenn er meint, daß er demnächst, wenn die soziale Schwangerschaft, von der er träumt, weit genug vorgerückt sei, die Rolle eines die Wehen mildernden und das Kind belebenden Geburtshelfers spielen möchte, — so heißt doch auch dieses nur, daß er in besonderer empirischer Lage zweckmäßig handeln — in seinem Bilde: zwischen Mutter und Kind wählen — will.

Die materialistische Geschichtsauffassung unterscheidet nur zwischen frei wirkenden Ideen und zwischen empirisch bedingten Aufgaben. Nur die letzteren anzunehmen, ist gewiß das einzig Richtige. Aber nun kommt es darauf an, diesen Gedanken folgerichtig weiter zu führen: — sich vor allem darüber klar zu werden, daß man bei ihm nicht mehr von kausaler Naturerkenntnis handelt, sondern von dem Gedanken der Zweckverfolgung; und sodann, innerhalb dieser empirisch bedingten Aufgabe, eine objektiv berechtigte, eine gesetzmäßige Art, ihr zu genügen, von einer wissenschaftlich unbegründeten scharf zu unterscheiden.

2. Diese Einfügung des Zweckgedankens ist an sich durchaus berechtigt, ja unerläßlich. Die Überführung der Produktionsmittel in das Eigentum der Gesellschaft bedeutet eine bestimmte Art sozialer Regelung. Die Regelung aber trägt, wie wir wissen, ganz notwendig in sich den Gedanken, daß ein gewisses Zusammenwirken hervorzurufen und zu leiten sei; sie ist immer und überall ein Mittel zu menschlichen Zwecken. Wenn also die gedachte Maßnahme notwendig sein soll, so kann sie nur als ein notwendiges Mittel zu einem rechten sozialen Leben behauptet werden, — womit wir in unseren früher ausgeführten Gedankengang einmünden.

Hiernach würde eine soziale Bestrebung, welche auf die Kollektivierung der Produktionsmittel ihre Richtung nimmt, auf Grund der allgemeinen Gesetzmäßigkeit des sozialen Lebens nur dann wissenschaftlich begründet sein, wenn sie deutlich und sicher nachwiese, daß jenes Ziel einer bestimmten sozialen Organisation unter unseren (oder demnächstigen, sicher kommenden) empirischen Verhältnissen das rechte Mittel wäre, um in der genannten konkreten Lage der Idee einer Gemeinschaft frei wollender Menschen gerecht zu werden. (Vgl. S. 437.)

Der Beweis wäre nach der vormals von uns angegebenen Methode zu führen: Klarstellung der unvermeidlichen Notwendigkeit heutiger sozialer Phänomene, verstärkt durch deren genügend eingesehene Entwicklungstendenz; Messung und Richtung derselben am sozialen Ideal; Beweis, daß diese empirisch bedingte Lage mittels sozialer Regelung nicht anders zu benützen und zu leiten sei, um mit der Idee frei wollender Menschengemeinschaft in Einklang zu bleiben, als durch die Kollektivierung der Produktionsmittel.

Ein solcher Beweis ist von den Vertretern der materialistischen Geschichtsauffassung bis jetzt nicht erbracht worden.

Es finden sich wohl hier und da Ansätze dieses Gedankenganges, welche von der schulgerechten Orthodoxie des sozialen Materialismus häretisch abspringen; man trifft sogar gelegentlich (besonders in mündlichen Auslassungen von Anhängern jener Richtung) auf die mehr beiläufige und fast unwillkürliche Bemerkung, daß jenem geforderten Beweise schon genügt sei. Aber das ist ein Irrtum. Es liegt literarisch nichts dafür vor.

Die auf der materialistischen Geschichtsauffassung sich aufbauende sozialistische Parteilehre hat es sogar regelmäßig abgelehnt, auf die oben genannte Deduktion einzugehen, und hat auf die kommende Entwicklung verwiesen. Aber damit wird unsere Frage nur zeitlich etwas hinausgeschoben, sachlich indessen nicht geändert. Denn bei einer solchen Verweisung auf eine vorgeblich sichere Entwicklung stellt man sich das kommende soziale Leben auf der Grundlage bestimmter Entwicklungstendenzen vor und behauptet nun von dort aus, daß die Kollektivierung der Produktionsmittel notwendig sei. Aber dann erhebt sich wieder die Frage: In welchem Sinne sie notwendig sein soll? Wofür nach dem oben Ausgeführten wiederum nichts übrig bleibt, als die Antwort: als ein notwendiges Mittel, um die alsdann vorhanden sein werdenden sozialen Zustände in solche überzuführen, welche unter ihren gegebenen empirischen Bedingungen der Idee einer frei wollenden Menschengemeinschaft entsprechen werden. — Daß dadurch der wissenschaftliche Beweis für die teleologische Notwendigkeit der Umwandlung nicht erleichtert, sondern dermaßen erschwert wird, daß die dahin gehenden Behauptungen sich inhaltlich oft in das Nebelhafte verlieren müssen, liegt auf der Hand.

Vergebens beruft sich der moderne Sozialist darauf, daß er kein ideales Staatswesen frei erschaffen wolle, sondern sich nur der ökonomischen Entwicklung anschließe. Denn diese Entwicklung zielt nach seiner Angabe auf einen kollektivistischen Betrieb der Produktion; und er schließt sich ihr dadurch an, daß er die Notwendigkeit der Überführung der Produktionsmittel in das ausschließliche Gesellschaftseigentum — gleichviel, an welchem Punkte der geschichtlichen Entwicklung — aufstellt. Er kann also niemals dem Zwang entrinnen, diese Notwendigkeit dem Zweifler zu beweisen. Und das geht nicht anders, als daß er dartut, daß an einem gewissen Punkte der von ihm, wie er sagt, naturwissenschaftlich erkannten Entwicklung die genannte Vergesellschaftung der Produktionsmittel das allein zutreffende Mittel sei, um dem formalen

Gedanken des sozialen Ideales unter den vorausgesetzten empirischen Verhältnissen harmonisch Genüge zu tun.

Wollte er aber nur darauf hinweisen, daß bei fortschreitender Entwicklung (die er näher anzugeben sich bemüht) unsere Gesellschaft zu dem Akte der Kollektivierung mit elementarer Gewalt gedrängt werden würde, so hätte er einen Beweis für die Gesetzmäßigkeit jenes Aktes gerade noch nicht erbracht. Denn die Gesetzmäßigkeit einer sozialen Bewegung liegt in der objektiven Richtigkeit ihres Inhaltes. Und diese objektive Richtigkeit ist zu erweisen an der Übereinstimmung der betreffenden Bestrebung mit dem formalen Gedanken des obersten und unbedingten Endzieles des sozialen Lebens überhaupt, angewendet auf die natürlich sich ergebende besondere Lage. Die bloße Tatsache aber, daß eine soziale Bewegung vorhanden ist, daß sie anschwillt und vielleicht in Wirklichkeit zum Siege gelangen muß, sie ist für die Frage, ob dieselbe in ihrem Inhalte objektiv begründet ist, noch ohne allen Belang.

Das ist der Kernpunkt, in welchem die auf Kollektivierung der Produktionsmittel gerichtete soziale Bewegung der Neuzeit die gesuchte wissenschaftliche Begründung ihrer Bestrebung gänzlich verfehlt. Sie glaubt, die objektive Richtigkeit ihres Wollens dadurch deduzieren zu können, daß sie bloß auf die wirkenden Ursachen der Entstehung und der Ausbreitung ihrer Bewegung eingeht.

Gerade so gut könnte ein Physiker die objektive Wahrheit eines von ihm aufgestellten Lehrsatzes dadurch beweisen wollen, daß er uns seine Lebensschicksale vorträgt und einen Einblick dahinein gestattet, wie er in kausaler Notwendigkeit getrieben gerade zu der Aufstellung seiner Lehre kommen mußte!

Wer auf die elementare Durchsetzung der modernen sozialistischen Bewegung alles abstellt, der liefert für die Gesetzmäßigkeit, im Sinne objektiver Berechtigung jener Bewegung, gar keinen Beweis. Wissenschaftlich begründet ist nicht eine Meinung oder Bestrebung, welche mit tatsächlicher Wucht und durch Mehrheitsgewalt sich wirklich durchgesetzt hat oder durchsetzen wird; sondern nur eine solche, deren Inhalt formal mit dem obersten und unbedingten einheitlichen Gesichtspunkte alles sozialen Lebens im Einklange steht.

Dieser Beweis der Gesetzmäßigkeit ist für die auf Kollektivierung der Produktionsmittel gerichtete soziale Bestrebung nirgends geliefert worden; weder für die jetzt bestehenden Zustände, noch für solche, die man unter der Herrschaft des geltenden Rechtes in mutmaßlicher Entwicklungstendenz voraussieht.

MARX und seine Anhänger sagen, daß die herrschende Produktionsweise selbst „die Vorbedingungen" der sozialistischen Gesellschaft erschaffe; — gesetzt den Fall, es stände dieses außer allem Zweifel, so wäre die Unerläßlichkeit, eine dementsprechende Gesellschaftsordnung zu konstituieren, damit doch nicht bewiesen: Die Möglichkeit stände in den Vorbedingungen fest, die Notwendigkeit und objektive Berechtigung, davon Gebrauch zu machen, bis jetzt noch gar nicht.

Wenn jene aber hinzufügen, daß das durch die kapitalistische Produktionsweise geschaffene Proletariat „bei Strafe des Unterganges" dazu gedrängt werde, nach Erlangung der politischen Macht die sozialistische Produktionsweise durch Überführung der Produktionsmittel ausschließlich in das Gesellschaftseigentum zu bewirken, — so ist diese Begründung der letztgenannten Maßnahme in ihrer Eigenart allzu dürftig. Soll etwa physischer Untergang gemeint sein? Wohl schwerlich! Ist also nicht doch etwa Untergang im Sinne der Menschheitsidee gemeint? — so daß verstecktermaßen unser soziales Ideal eingemischt wäre: Unmöglichkeit, in vernunftwürdiger Weise, als objektiv recht wollender Mensch zu existieren?

Wo aber bleibt da der Beweis, daß dem hierbei verborgenen Richtmaße des sozialen Ideales unter vorausgesetzten konkreten Zuständen gerade durch den Gedanken einer nun ausschließlich sozialistischen Produktionsweise entsprochen werden kann?

Selbst wenn das Bild von der Pyramide oder von der Champagnerflasche oder irgend eine andere Vorstellung von zeitlich noch entlegenen sozialen Zuständen zuträfe, auch wenn sich dann später unsere Gesellschaft wirklich in die zwei Klassen der wenigen sehr Reichen und der zahlreichen ganz Besitzlosen geteilt hätte, wie die Marxisten es annehmen, — wer sagt denn, daß alsdann gerade die Kollektivierung der Produktionsmittel das rechte Mittel sei, um die dortigen empirisch bedingten Verhältnisse nach der Idee der Gemeinschaft frei wollender Menschen zu leiten?

Hier fehlen zur Zeit alle Beweise.[241] —

Diese Zeilen unternehmen keine allgemeingültige Widerlegung des spezifisch sozialistischen Zieles der Kollektivierung der Produktionsmittel.

Die Forderung einer solchen Widerlegung enthält in sich schon eine unberechtigte Verschiebung der Beweislast. Es ist ja gerade, als wenn für jene Vergesellschaftung die Präsumtion spräche, die erst durch den Gegenbeweis zu widerlegen wäre, — wozu doch kein Grund vorliegt. Dasjenige, was speziell dem modernen Sozialismus als Ziel zu eigen ist, das ist lediglich und ausschließlich die Kollektivierung der Produktionsmittel. Alle anderen Einzelziele und Programmpunkte desselben sind schon vor ihm und von anderen vertreten und erstrebt worden. In seiner Eigenart bedeutet er also nur die soziale Lehre von einem besonderen Mittel zu rechtem Ziele, entdeckt und aufgestellt auf der Grundlage der heutigen — und der kommenden — sozialen Verhältnisse. Also liegt ihm die Beweislast dafür ob, daß sein Mittel, sein bedingtes Ziel nun auch in der Tat seinem Inhalte nach das objektiv richtige sei. In diesem Sinne hat er bislang nichts bewiesen. Die Frage ist offen.

Aber vielleicht gelingt noch der wissenschaftliche Beweis dafür, daß der Inhalt der auf Kollektivierung der Produktionsmittel gerichteten Bestrebung — sei es jetzt oder an einem gewissen zu bestimmenden Punkte der kommenden Entwicklung — objektiv begründet ist; methodisch durchgeführt und im Sinne der teleologischen Gesetzmäßigkeit des sozialen Lebens gegenständlich überzeugend. Wenn das geschieht, so wird es Pflicht jedes Wahrheitsfreundes sein, dem objektiv begründeten sozialen Wollen zu folgen und es zu dem seinigen zu machen. Bis dahin geschieht letzteres nur in subjektivem Empfinden, in persönlichem gefühlsmäßigen Aufwallen, ohne die Grundlage und Möglichkeit eines exakten Beweises von der Gesetzmäßigkeit jenes parteiischen Strebens.

Vielleicht auch geht die Entwicklung unseres sozialen Lebens dahin weiter, daß empirisch bedingte Verhältnisse einer späteren Zeit, welche unserer Erkenntnis noch gar nicht zugänglich sind, die Kollektivierung der Produktionsmittel als das richtige Einzelziel im Sinne der Gemeinschaft frei wollender Menschen bewiesenermaßen fordern. Eine Ablehnung dieser Möglichkeit *a priori* ist durch nichts gerechtfertigt. Die Frage ist offen.

Und dieses ist nun eine Probe für die Notwendigkeit einer schärferen Selbstbesinnung auf möglichen wissenschaftlichen Beweis der inhaltlichen Gesetzmäßigkeit von sozialen Bestrebungen. Der hier zu Ende gehende Paragraph bewegt sich nicht mehr in den Fundamenten sozialwissenschaftlicher Erkenntniskritik. Er bietet eine einzelne Anwendung. Ihr Ergebnis geht dahin, daß in dem

Satze der Marxisten: es sei diejenige soziale Bewegung, welche auf die Kollektivierung der Produktionsmittel sich richtet, zu begünstigen und zu fördern, weil diese soziale Bewegung in ihrem Inhalte gesetzmäßig bestimmt und objektiv richtig ist, — die begründenden Worte wissenschaftlich nicht bewiesen sind.

105

Zwei Zeitalter sind es, die in der Geschichte des Menschengeschlechtes systematisch sich trennen: einmal, die Periode des unbeholfenen, nur empirischen Tastens — zum zweiten, die Ära des wissenschaftlichen Begreifens, des einheitlichen Erfassens, die Zeit des objektiv Richtigen. Aber für die beiden Gebiete des Erkennens und des Wollens läuft die Grenze zwischen den Epochen verschieden; — jenes ist dem letzteren in der Erreichung der zweiten Periode voraus.

In den ursprünglichen und primitiven Verhältnissen des sozialen Menschendaseins überwuchert, so weit wir nur sehen können, bloßes Triebleben; — es ist ein Treiben und Getriebenwerden ausschließlich von des Lebens Notdurft in lediglich subjektivem Begehren. Aber das hält in Vollständigkeit nicht überall lange stand. Früh entwickelt es sich weiter und bildet sich zu derjenigen Art der sozialen Behandlung, des Aufgreifens und Durchführens von gesellschaftlichem Leben aus, die wir nun im besonderen als erste Periode im Eingange nannten. Es ist die Zeit, in der man versucht, übel empfundene soziale Zustände zu bessern, von Fall zu Fall, probeweise tastend, im Sammeln und Benutzen einzelner geschichtlicher Erfahrungen, für welche der unbedingt einheitliche Gesichtspunkt, die allgemeingültige Betrachtungsweise, welche jenen Einzelmeinungen allein Gesetzmäßigkeit und objektive Richtigkeit hätte verleihen können, überall fehlt. Man verspürt es wohl, daß soziale Erscheinungen und Ordnungen nicht im rechten Zustande sich befinden; man urteilt über sie ab und macht Vorschläge der Besserung: Aber eine wissenschaftliche Erkenntnis desjenigen, was jene Abweichung von einem richtigen Sein bedeutet, die fehlt, — und eine objektive Begründung der rechten Mittel wird vermißt. Es mangelt, kurz es zusammenzunehmen, an der durchdringenden einheitlichen Erfassung des sozialen Lebens der Menschen, die sichere und gewisse Einsicht in dessen mögliche grundlegende Gesetzmäßigkeit.

Und es bleibt dabei; und ist so geblieben bis heute, trotz

mancher Bemühungen von Rechtsphilosophen, denen es doch nicht zu teil wurde, das Ganze des gesellschaftlichen Menschendaseins als Objekt möglicher Gesetzmäßigkeit durchschlagend aufzunehmen. Indem die Geschicke der Menschen sie immer stärker zu dem Wunsche eines festen gedanklichen Haltes drängen müssen, so ist es bei zufällig aufgelesenen Erfahrungen und dem entsprechenden Maßnahmen im allgemeinen und grundsätzlich verblieben. Die Instanz, an der wir den Begriff der sozialen Schäden klar bestimmen könnten, der innere Halt, mit welchem ein Mittel als objektiv richtig nachgewiesen zu werden vermöchte, — die gesetzmäßige Einsicht in das soziale Dasein bis zum letzten Grunde ist noch kein sicherer Besitz. Noch leben wir in der Periode der sozialen Hausmittel. Wollen wir für immer darin verharren?

Es ist wahr, der einzelne, den rheumatische Schmerzen befallen, wird mehr damit zufrieden sein, wenn ein bloß empirisches Mittel in unaufgeklärter Weise ihm Linderung verschafft, als wenn die Wissenschaft achselzuckend erklärt, daß sie bis jetzt die Kausalität der Krankheit exakt nicht durchschaue. So mag es in dem lahmen Vergleiche, der hierbei nur möglich ist, manchem in seiner sozialen Existenz auch ergehen. Und wer sich damit begnügen will, ihm steht es frei.

Ja sogar für das Ganze des Problems wissenschaftlicher Erkenntnis und objektiv richtigen Wollens kann ich eine „absolute" Notwendigkeit nicht angeben. Ich habe dieses im Laufe unserer Untersuchung mehrfach zu betonen Anlaß gehabt (vgl. S. 110, 362, 453, 548). Woher sollte das auch kommen? Zur Existenz des Menschengeschlechtes ist Wissenschaft nicht unumgänglich erforderlich. Lange Zeiten haben die Menschen gelebt, haben Kinder gezeugt und sind gestorben, ohne wissenschaftliche Beherrschung der Natur. Es gab Zauberer und kluge Frauen, und dem Kranken trieb man die bösen Geister aus; — aber man entdeckte auch technisch nützliche Einrichtungen, wenngleich die wissenschaftliche Erkenntnis als Basis fehlte: Wie die Indianer, den Ziegen nachahmend, die wohltätige Kraft der Chinarinde erspähten, und manche sonst barbarisch lebende Völker in ähnlichem nicht unbewandert waren, so zeigt sich die bloß empirisch gebildete Technik auf den mannigfachsten Gebieten menschlicher Fähigkeiten im Laufe unserer benannten ersten Periode.

Es kann also jemand alle Objektivität ablehnen, ohne daß man ihm beweisen könnte, daß dadurch die Existenz des Menschengeschlechtes unmöglich würde. Er kann sich auf seine bloß egoistischen Wünsche und Bedürfnisse zurückziehen und sich mit beliebigen Einzelbeobachtungen und nützlichen Fertigkeiten begnügen, ohne von einer absoluten Notwendigkeit, nach objektiv richtiger Erkenntnis zu streben, in unüberwindlichem Zwange überführt werden zu können. Der Wunsch nach wissenschaftlicher Einsicht steht in letzter Linie unter dem Grundgesetze alles menschlichen Wollens, unter der Idee des unbedingten Endzweckes, den wir in genauer Ausführung (§ 65) nannten. Die Notwendigkeit, diesem unbedingten Endziele zu folgen, die Berechtigung, es im konkreten Wollen zu beobachten, kann selbstredend nicht wieder irgendwie an einer anderen Instanz dargetan werden. Man muß ganz darauf verzichten, das letzte, tiefste Grundgesetz doch wieder an irgendwelchen einzelnen Bestrebungen zu messen. Ob die Verfolgung des Endzweckes des sozialen Lebens die Menschen „glücklicher" machen würde, ist unverständig gefragt und unklar gedacht: Das unbedingte Endziel der menschlichen Gesellschaft kann doch nicht wieder selbst ein Mittel nur zu gewissen bedingten Wünschen sein. — So liefert die Einsicht in das oberste einheitliche Gesetz des menschlichen Wollens nur eine Möglichkeit, dieses letztere in allgemeingültiger Weise objektiv richtig zu gestalten: Eine absolute Notwendigkeit dafür ist jedoch nicht möglich; und ich behaupte sie nicht.

Aber auch im Inhalte des Erkennens und des Wollens muß man sich in der Qualität möglicher Gesetzmäßigkeit bescheiden. Hier gibt es wiederum zwar die Möglichkeit des objektiv Richtigen, jedoch keineswegs diejenige des absolut Gültigen von wissenschaftlichen Lehren oder praktischen Wünschen und sozialen Zielen. Es ist ganz und gar unmöglich, den dunkeln Drang nach absolut unumstößlicher Festigkeit im empirisch bedingten Erkennen und Wollen zu befriedigen; denn hier tritt eine in sich verfehlte Fragestellung unvermeidlich auf: — Es gibt kein Absolutes in dem besonderen Inhalte des Erkennens und des Wollens. Bedingungen und Gesetz einer objektiv richtigen Einsicht im Erkennen und im Wollen, die können wir kritisch beweisend darlegen; und diese Qualität der Gesetzmäßigkeit ist nun eine empirisch unbedingte Idee. Wer aber absolute Richtigkeit im Inhalte wie der Erkenntnis, so im besonderen des sozialen Wollens wünscht, von dem objektiv Richtigen sagend, daß es „zu wenig" sei, — ihm kann durch menschliche Einsicht nicht geholfen werden.

Doch zwischen dem unwürdigen Egoismus im theoretischen

Erkennen wie im Wollen und zwischen dem faustischen Drange nach einer nebelhaft gemeinten, absoluten Gewißheit ist in Festigkeit und Selbständigkeit das Reich der gesetzmäßigen Einsicht gelegen, das Gebiet des objektiv Richtigen. In ihm ist das Mannigfaltige der Wahrnehmungen und das Wechselvolle im Inhalte menschlichen Strebens zur Einheit zusammengeschlossen. Unter der unumschränkten Idee der objektiven Einheit aller Erfahrung, wie des unbedingt einheitlichen Endzieles für menschliches Wollen wird jener Stoff bearbeitet und gefügt, abgeurteilt und bestimmt, — wird er, wenn die Arbeit gelingt, gesetzmäßig.

Das ist das Land der Wissenschaft und seine Verfassung; der Wissenschaft in dem klaren Sinne desjenigen Bewußtseinsinhaltes, der im Sinne einer einheitlichen Grundart geformt ist (s. S. 109). Wissenschaftlich, das heißt: objektiv richtig im Erkennen und im Wollen; nicht im bloßen Auflesen von einzelnen Wahrnehmungen der Natur und Ereignissen der Menschengeschichte, sondern in der Erfassung und Bestimmung derselben zu gegenständlicher Erkenntnis, gerichtet und bestimmt an der Idee des Ganzen, der unbedingten Einheit des Bewußtseins.

In diesem Reiche berechtigter Bürger zu sein, in freudiger Sicherheit nach seinem Grundgesetze arbeitend, das lohnt die ganze Hingebung im Menschenleben: *Vitam impendere vero!*

Wenn aber dem nachgelebt werden soll, so erscheint es unumgänglich, hier einer festen und sicheren Anleitung zu folgen. Dann ist es notwendig, erst einmal stille zu stehen und einen unveränderlichen Grundplan als nunmehr unerschütterliche Voraussetzung jeder gegenständlich begründeten Einzelarbeit zu entwerfen. Es tut nicht gut, alsbald und unvermittelt loszuziehen, ohne vorher sich über die Möglichkeit des Gesetzmäßigen aufgeklärt zu haben und die Aufgabe der Objektivierung unseres Bewußtseins deutlich vor sich zu sehen.

Wohl ist dieses dann eine Einsicht von eigener Bedeutung und anderer Art, als die konkrete Durchforschung von besonderem, buntem Stoffe. Jene verspricht für sich unmittelbar keine Mehrung von positivem Einzelwissen: Wir begannen mit dieser Aussicht unser Werk. Was sie zu liefern vermag, das ist nur die Darlegung der formalen Bedingungen, in deren Einheit der Begriff der Gesetzmäßigkeit besteht. Darum will sie in kritischer Besinnung auf den gegenständlichen Inhalt unserer Gedanken aufgenommen und durch logische Zergliederung und Bestimmung der inneren Erfahrung gewonnen sein und muß sich bescheiden, die festen und allgemeingültigen Voraussetzungen eines richtigen Bewußtseinsinhaltes zu geben, dessen besonderes Beschaffen aber einer zweiten Art von Bemühung zu belassen.

Danach bedeutet die Unterscheidung dieser beiden Aufgaben wahrlich keinen feindlichen und streitenden Gegensatz. Bloß die Ablehnung der bewußten Besinnung auf die Grundbegriffe und das Grundgesetz einer möglichen Objektivität würde unzutreffend sein. Denn das Nachsinnen über besondere gesetzmäßige Bewegungen des sozialen Daseins, das Erforschen von einzelnen sachlich begründeten Änderungen und Wandlungen des Rechtes setzt ja den Begriff „der Gesetzmäßigkeit" voraus und ist doch nur eine bestimmte Bewährung der allgemein möglichen Art systematischer „Begründung". So müssen sich schließlich in der wissenschaftlichen Arbeit die beiden Richtungen — die Erwägung der Form und die Untersuchung von besonderem Stoffe — harmonisch vereinigen; und es bietet die an erster Stelle genannte Einsicht der anderen Bestrebung das Beste und Wichtigste, dessen diese nur bedarf: das Rüstzeug zu einem im einzelnen Falle möglichen wissenschaftlichen Beweis.

Man hat bei einer gelegentlichen Formulierung des sozialen Ideales mir den freundlichen Einwand gegenüber gestellt, daß es sachlich von dem Grundgedanken der christlichen Ethik gar nicht abwiche, mit deren Kernsatze: Liebe Deinen Nächsten, wie Dich selbst — vielmehr in voller Kongruenz stehe.[242]

Aber der Wert, den wir unseren Ausführungen beimessen, gründet sich nicht auf eine etwaige Neuerung hinsichtlich des Materiales; sondern darauf: daß wir die Möglichkeit einer objektiven Richtigkeit im sozialen Wollen und Streben überhaupt aufgewiesen, kritisch dargelegt und systematisch deduziert haben. Die erste Aufgabe einer Sozialphilosophie ist nicht die Entwerfung eines gesellschaftlichen Sittenkodex, der sich vor anderen durch Neuheit und Ungewohntheit seiner einzelnen inhaltlichen Lehren hervortäte: Die Sozialphilosophie hat vielmehr vor allem die grundlegende oberste Gesetzmäßigkeit für das soziale Leben der Menschen zu liefern, woran dann jede einzelne Lehre in ihrer objektiven Begründetheit überhaupt erst wissenschaftlich bestimmt werden kann. Das aber vermag die bloße Verweisung auf den Inhalt der christlichen Lehre nicht zu leisten.

Ich stütze die Geltung des sozialen Ideales nicht auf ein über-

40*

natürliches Eingreifen Gottes, auf eine befehlende Inspiration, die eine bestimmte Gläubigkeit schon voraussetzt, dem religiös Ungläubigen aber nichts mehr bedeutet; sondern nehme als zuständige Instanz bloß logische Deduktion in systematisch geschlossenem Beweisgange einer kritischen Selbstbesinnung auf innere Erfahrung. Ich gründe jenes aber auch nicht auf die unbewiesene und unbeweisbare Hypothese von einer angeborenen oder naturnotwendig sich entwickelnden Gerechtigkeitsidee; vielmehr auf eine objektiv-logische Analyse unseres Bewußtseinsinhaltes in sozialen Dingen. In diesem Verfahren haben wir methodischer Weise diejenigen Denkelemente zergliedernd aufgewiesen, durch welche das soziale Leben als eigener Gegenstand unserer Erkenntnis logisch bestimmt wird; und danach dargelegt, in welcher Art man für den Inhalt alles nur denkbaren gesellschaftlichen Daseins der Menschen zu einer obersten und unbedingten Einheit gelangen könne, zu dem Gedanken des sozialen Ideales, dessen konkrete Anwendung die Eigenschaft der Gesetzmäßigkeit zu verleihen allein zuständig ist.

Vielleicht habe ich auch sonst mit dem Ergebnis, wenigstens in diesem oder jenem Gedanken, manchem nichts durchweg Neues gesagt. Wie wäre das auch anders möglich, da doch der erwogene Stoff vor aller Augen liegt und auf das lebhafteste stets betrachtet wird, nicht minder, wie die vor unseren Blicken sich ausbreitende Natur? Aber in der methodischen Art einer Durchdringung der Zusammenhänge, in der Beweisführung auf dem Grunde der formalen Bedingungen möglicher Einsicht, in dem klaren Durchschauen und Darlegen des Gegenstandes der Betrachtung deutliche und scharfe Ergebnisse zu liefern, das ist die Aufgabe der wissenschaftlichen Untersuchung. Selbst wenn dann ein gewisses Resultat von irgend einem schon geahnt, empfunden oder unbewiesen angenommen worden wäre, so verbleibt jener Untersuchung das Ziel der klärenden und gefesteten Begründung. Eine erkenntniskritische Begründung des sozialen Ideales, wie wir sie jetzt gegeben, habe ich aber in aller seitherigen Literatur nicht finden können.

Sie ist auf die Dauer nicht zu entbehren. Es ist vom Übel, wenn man bei sozialer Kritik und sozialen Vorschlägen und Maßnahmen nach „praktischen Bedürfnissen" sich zu richten gedenkt, sich ausschließlich auf „praktische Erfahrung" beruft: ohne doch angeben zu können, in welchem Sinne die Bedürfnisse aufgenommen und befriedigt werden sollen, und was denn durch soziale Erfahrung eigentlich bewiesen werden kann! Wer aber bloß — wie die Travestie nicht übel sagt — „am grünen Tisch der goldenen Praxis sitzt“, der kann jenen Beweis nicht liefern.

Vor mir liegt die These Massows: „Der Weg, den die soziale Reform zu gehen hat, ist nicht die Erörterung theoretischer Probleme, sondern die von unten herauf beginnende Heilung der vorhandenen Schäden“. — Das ist nun gerade so, als wenn jemand sagte: Wer nach Rom reisen will, hat nicht den Fahrplan zu studieren, sondern muß den Wagen besteigen.

Selbstverständlich ist beides zu betreiben. Der wirklich begründete Gegensatz ist der: entweder nur empirisch darauf losgehendes Drängen und Streben von Fall zu Fall, in beliebig zusammengeraffter Intuition des einzelnen sozialen Kritikers und ohne einheitlichen Grundgedanken und leitenden Halt; — oder Überlegung des objektiv richtigen Vorgehens in konkreter Lage, bestimmt an der Hand des sozialen Ideales. Nicht zwischen Theorie und Praxis ist ein Kontrast mit Fug gelegen; sondern zwischen einer theoretisch begründeten und geleiteten Praxis und zwischen einer lediglich konkret getriebenen, ohne ein unbedingt festes Prinzip, das ihr in ihrer besonderen Lage die rechte Richtung gäbe: — dem gemeinen Matrosen vergleichbar, der den Erfinder des Kompasses gering schätzen möchte, weil dieser vielleicht nicht selbst die Segel zu reffen versteht und auch noch kein absolutes Mittel gegen Schiffbruch überhaupt hat mitteilen können.

Die Möglichkeit einer gesetzmäßig geleiteten Praxis im sozialen Leben haben wir aufgewiesen. Mag ihre Anwendung im einzelnen Falle oft Schwierigkeiten bereiten, mögen auch bei dem festen Willen, jener zu folgen, unüberbrückbare Meinungsverschiedenheiten auftauchen, so hat die Geltung des sozialen Ideales stets zu bestehen und das Streben, ihm nachzutun, nimmer zu erlahmen. Auch bei der objektiven Erkenntnis der Natur will es ja oft genug nicht glücken, zu unbestrittener Sicherheit der Lehre zu gelangen, — wer wird daraus ein Argument gegen ihre grundsätzliche Absicht entnehmen wollen!

Und neben die Schwierigkeit, die jeder Jünger der Lehre von möglicher objektiver Richtigkeit im sozialen Leben mit sich selbst auszumachen hat, zur Seite des Zweifels, ob im besonderen Falle es geglückt sein mag, dem Leitsterne des Ideales richtig gefolgt zu sein, da treten die Hemmnisse von außen her, die Lauheit mancher gegenüber dem Bemühen um Einheit und Gesetzmäßigkeit, das unmittelbare Widerstreben derer, denen jenes aus mancherlei subjektivem

Antriebe unbequem und unsympathisch ist. Ich kenne meinen Schiller gut genug, um die Bedeutung von Hunger und von Liebe für das Getriebe der Menschen nicht zu übersehen und dem philosophischen Zusammenhalten der Welt in seinem wirklichen Eintreten resigniert gegenüber zu stehen: Aber warum soll nicht der Beginn des zweiten Zeitalters, mit dessen Nennung ich diesen Abschluß eröffnete, auch für das soziale Leben allgemach uns werden, sobald wir seine Möglichkeit theoretisch eingesehen haben?

Die soziale Frage kann nicht gelöst werden. Denn das hieße: eine Verwirklichung des sozialen Ideales erschaffen. Die darauf gerichtete Erwartung würde ja erhoffen, daß das Absolute, das empirisch unbedingte Ziel, die Idee frei wollender Menschengemeinschaft in die begrenzte und bedingte Erfahrung eingeführt werde. Aber nicht um Erstrebung eines unbedingt idealen Zustandes handelt es sich im Sinne unserer Bemühung, sondern um diejenige eines objektiv richtigen sozialen Lebens; eines gesellschaftlichen Daseins, das unter seinen besonderen konkreten Bedingungen die formale Eigenschaft eines gesetzmäßigen besitzt. Und diese Möglichkeit ist da, sie kann in Wirklichkeit erscheinen, sobald wir nur wollen: — Gute Gedanken bringen gute Taten!

Hier endet des Theoretikers Aufgabe. Voll bewußt der Schwierigkeiten und Hemmnisse, die der wirklichen Durchführung des Gedankens feindlich auflauern, so muß er nun das Schifflein den schwankenden Wogen überlassen; muß sich bescheiden, die Möglichkeit des rechten Erfolges an unwandelbar sicherem Richtpunkte als gewisses Besitztum dem Steuermanne mitzugeben. Recht und Pflicht hat er, zu dem praktischen Sozialpolitiker nun zu sprechen, wie Dante den Virgil beim Abschied sagen läßt[243]:

Jetzt ist Dein Wille frei, gesund und richtig;
Ihm nicht zu folgen wäre fehlerhaft,
Drum geb' ich über Dich Dir Kron' und Mitra.

Anmerkungen.

[1] [S. 6.] Von dem im Texte gerügten Febler sind auch die besseren Erscheinungen unserer sozialpolitischen Literatur nicht frei. So kommt das im einzelnen anregende Buch von Jentsch, Weder Kommunismus noch Kapitalismus (1893), erst Seite 383, nachdem es auf das ausführlichste die herrschenden Verhältnisse kritisiert und abgeurteilt hat, zu der Frage: welches überhaupt der Prüfstein für die Güte der Staatseinrichtungen sei — um sie sofort wieder zu verlassen. Dieser methodische Mangel ist keine ver einzelte Erscheinung.

[2] [S. 8.] Im Texte ist der Ausdruck „Allgemeine Rechtswissenschaft“ gebraucht: als Lehre von den formalen Bedingungen einer wissenschaftlichen Rechtsbehandlung. — Von empiristischem Standpunkte aus hatte s. Z. A. Merkel eine „allgemeine Rechtslehre“ gefordert, die zweierlei zu erfüllen hätte: die juristischen Teilwissenschaften zu ergänzen durch die Erforschung und Bearbeitung dessen, was den verschiedenen Teilen der Jurisprudenz gemeinsam ist; sodann aber die allgemeinen Gesetze der Entwicklung des Rechtes klar zu stellen. (Merkel in Zeitschrift für das Privat- und öffentliche Recht der Gegenwart 1, 1 ff.; 1, 202 ff. (1874). Vgl. Dens. in Enzyklopädie der Rechtswissenschaft, herausg. v. Holtzendorff, system. Teil, 5. A. (1890) S. 89—91.) Aber das ist lediglich Programm geblieben.

[3] [S. 10.] Typisch ist hier die in ernstem Sinne unternommene Arbeit von Arnold, Kultur und Rechtsleben (1865). Er kennt sieben Faktoren des nationalen Lebens, sieben besondere Gebiete, in denen das geistige Leben eines Volkes sich äußere, und die einmal in Selbständigkeit für sich bestehen, außerdem aber in Wechselwirkung untereinander begriffen seien: Sprache Kunst, Wissenschaft, Sitte, Wirtschaft, Recht und Staat. Für die vorchristliche Zeit fügt er als achtes noch die Religion hinzu, weil Glaube und Kultur die Völker damals schieden, während das Christentum die Völkertrennung nach dieser Richtung aufgehoben und einen Glauben gesetzt hat, der alle Völker zu einer Gemeinschaft verbinden soll.

Über Arnolds Lehre vgl. auch § 32 zu Anm. 104, § 35 zu Anm. 117, § 50 zu Anm. 152.

[4] [S. 27.] Kant, Kritik der reinen Vernunft, 1. A. (1781) S. 110.

[5] [S. 27.] Natorp, Einleitung in die Psychologie (1888) S. 74 f.

[6] [S. 33.] Engels, [Anm. 15] Entwicklung des Sozialismus usw. S. 46, Anti-Dühring 2. A. S. 271. Vgl. dazu jetzt Bernstein, Neue Zeit XVII, 2, 266.

[7] [S. 34.] Über Marx vgl. die knappe, zuverlässige Darlegung im Handwörterbuch der Staatswissenschaften 2. Aufl. V. Bd. (1900) S. 704 ff.: Biographie von Engels, Literatur von Diehl.

[8] [S. 35.] Auch von der „geschichtlichen Rechtsschule" ist die materialistische Geschichtsauffassung unabhängig und in ihrem Auftreten nicht durch jene angeregt werden. Beide Richtungen stellen zwar in ihrer Rechtsphilosophie gleichermaßen die genetische Betrachtung des besonderen Inhaltes geschichtlicher Rechtsordnungen in den Vordergrund; aber Grundlage und Tendenz ist bei ihnen verschieden. Die historische Rechtsschule geht von dem Volksgeiste, als einem selbständig bestehenden Wesen, aus, welches das Recht als „eine gemeinsame Überzeugung der in rechtlicher Gemeinschaft Stehenden" (Puchta, Pandekten § 10) erschaffe (vgl. § 56). Für den sozialen Materialismus dagegen ist das Höchste die Wirtschaft, als die Materie des sozialen Lebens; und er will aus deren Bewegungen her die Veränderungen in einer Gesellschaft gesetzmäßig erkennen. Marx hat selbst in der „Rheinischen Zeitung" in scharfen Ausdrücken sich gegen die geschichtliche Juristenschule erklärt (Beilage zu Nr. 221 v. 9. August 1842: Das philosophische Manifest der historischen Rechtsschule). Der Artikel enthält aber sachlich nichts Bemerkenswertes. — Wertvolle Beiträge zur Entwicklungsgeschichte des Marxismus gibt Struve in Neue Zeit XV, 1, 68 ff. u. 380; vgl. XVI, 1, 353 ff. S. auch Simkhowitsch in Jahrb. f. Nat.-Ök. 3. F. XIX, 406 ff.

[9] [S. 35.] Ein solcher persönlicher Prioritätsstreit ist in gelegentlichen Äußerungen von Anhängern Proudhons erhoben worden, ohne daß die darauf zielenden Behauptungen aus der weiten Flucht unsteter Gedanken Proudhons derart sicher hätten dargelegt werden können, daß die im Texte gekennzeichnete prinzipielle Bedeutung des sozialen Materialismus von Proudhon klar und scharf erkannt worden wäre. — Dasselbe gilt von Lavergne-Peguilhen (s. Webb, Die britische Genossenschaftsbewegung, Vorwort von Brentano (1893) p. V): und nicht minder von Louis Blanc (s. Adler, Die Grundlagen der Marxschen Kritik der bestehenden Volkswirtschaft (1887) S. 214 ff., bes. 220—25); sowie von gleichartigen Gedanken bei Lor. Stein, Sozialismus und Kommunismus des heutigen Frankreich, in der ersten Auflage (1842). — Auch das von Marx selbst gelobte Buch von Wilhelm Schulz, Die Bewegung der Produktion; eine geschichtlich-statistische Abhandlung zur Grundlegung einer neuen Wissenschaft des Staates und der Gesellschaft (1843) liefert nichts Wesentliches; seine Einzelausführung bereitet nach dem Programm der Einleitung eine starke Enttäuschung; (vgl. S. 75: „Die Bewegung der Produktion läßt sich als Entfaltung erkennen"; u. a. m.). — Vgl. noch Staudinger, in Philos. Monatsh. XXIX (1893) S. 40.

[10] [S. 35]. Marx, Zur Kritik der politischen Ökonomie (1859), Vorwort, bes. p. V sqq. Daselbst auch einige Mitteilungen über den Gang seiner „politisch-ökonomischen" Studien. — Ferner eine Notiz über ein Manuskript aus 1845/46, welches die erste Darlegung der materialistischen Geschichtsauffassung enthalten soll, aber nicht veröffentlicht worden ist. Vgl. darüber Engels, Ludwig Feuerbach (1888) p. V sq. Vermutlich wird sich dort auch die später festgehaltene technische Bezeichnung der neuen Lehre zum ersten Male finden.

[11] [S. 35.] „*Misère de la philosophie. Réponse à la philosophie de la misère de* M. Proudhon" (1847); deutsch v. Bernstein u. Kautsky, 2. A. (1892).

[12] [S. 35.] Hier ist vor allem „Das kommunistische Manifest" zu nennen, 1847/48 von Marx und Engels verfaßt; 2. A. 1872, seitdem oft. — Außerdem kommt in Betracht: Briefe an Arnold Ruge in den Deutsch-französischen Jahrbüchern (1844), S. 17 ff., 22 ff., 36 ff. — „Die heilige Familie oder Kritik der kritischen Kritik. Gegen Bruno Bauer und Konsorten" (1845), bes. S. 42 ff. — „Lohnarbeit und Kapital", Sonderabdruck aus der Neuen

Rheinischen Zeitung v. 1849, neu hrsg. 1891. — „Die Klassenkämpfe in Frankreich 1848—1850", gleichfalls aus der Neuen Rheinischen Zeitung v. 1850, neu hrsg. 1895. — „Der achtzehnte Brumaire des Louis Bonaparte", aus der Monatsschrift: Die Revolution v. 1852, 3. Ausg. 1885.

[13] [S. 35.] Andere Beispiele: Das Kapital I. Bd. 4. A., S. 45 Abs. 3; 51; 126 Abs. 3; 132 ob.; 134; 335f.; u. v. a. m. — Vgl. auch Barth, Die Geschichtsphilosophie Hegels usw. (1890) S. 43—47. — Wertho, Marx als Philosoph (1894), bes. S. 24ff.

[14] [S. 36.] Sombart, Fr. Engels (Sonderabdruck aus der „Zukunft", 1895); Handwörterbuch der Staatswissenschaften 2. A. III. Bd. (1900) s. v. Engels S. 614ff.

[15] [S. 36.] Engels, Herrn Eugen Dührings Umwälzung der Wissenschaft (1878, 2. A. 1886, 3. A. 1894; — vgl. dazu Bernstein in Neue Zeit XIII, 1 Nr. 4, 5, 6). — Hieraus drei Kapitel in Sonderausgabe unter dem Titel: Die Entwicklung des Sozialismus von der Utopie zur Wissenschaft, seit 1882 häufig ausgegeben. — S. ferner Engels, Über historischen Materialismus in Neue Zeit XI, 1. Nr. 1 u. 2. — Von seinen sonstigen Schriften gehören namentlich hierher: die oben [Anm. 10] zitierte Abhandlung über Ludwig Feuerbach und das Buch: Der Ursprung der Familie, des Privateigentumes und des Staates (1884, 4. A. 1892).

[16] [S. 36.] Dahin gehören beispielsweise polemische Erörterungen in Neue Zeit XII, 2 Nr. 27, 28, und Nr. 31, 32; — Nr. 36. — Ich verweise auch auf Bonnier, Das Fouriersche Prinzip der Anziehung, wobei er ein harmonisches Zusammenstimmen der „Theorie der universellen Einheit" mit der marxistischen Geschichtsphilosophie darzulegen sucht. — Vgl. auch Jaurès gegen Lafargue in Neue Zeit XIII, 2 S. 545ff; 577ff. — Über die neueren „Revisionisten" s. Anm. 29.

[17] [S. 37.] Wer sich über die im Texte charakterisierte Literatur des sozialen Materialismus zu unterrichten wünscht, findet ein reichhaltiges Material in dem anerkannten Organ des Marxismus: Die Neue Zeit. Revue des geistigen und öffentlichen Lebens. Seit 1882 jährlich 1 Band, seit 1891 jährlich 2 Bände. — Es dürften namentlich folgende Abhandlungen hervorzuheben sein: I, 537ff., Kautsky, Ein materialistischer Historiker (Besprechung von Gumplowicz, Rassenkampf). — III, 485ff., Kautsky, Die Entstehung des Christentumes. — IV, 7ff. — V, 349ff., VI, 128ff., Lafargue, Das Proletariat der Handarbeit und Kopfarbeit. — VIII, 337ff., bes. 344, Lafargue, Die sozialistische Bewegung in Frankreich von 1876—1890. — VIII, 353ff., 404ff., Plechanow, N. G. Tschernischewsky. — X, 2, 198ff., 236ff., 273ff., Plechanow, Zu Hegels sechzigstem Todestage. — XI, 1, 444ff., Beer, Ein Beitrag zur Geschichte des Klassenkampfes im hebräischen Altertume. — XI, 1, 653ff., 684ff., Kautsky, Zukunftsstaaten der Vergangenheit. — XI, 1, 782ff., 819ff., 850ff., Bernstein, Technisch-ökonomischer und sozial-ökonomischer Fortschritt. — XII, 1, 357ff., 396ff., bes. 401, Bernstein, Recht und Gerechtigkeit (Besprechung von Lotmar, Vom Rechte, das mit uns geboren ist. Die Gerechtigkeit). — XII, 2, 549ff., 591ff., Cunow, Soziologie, Ethnologie und materialistische Geschichtsauffassung. — XIV, 2, 652ff., Kautsky, Die materialistische Geschichtsauffassung und der psychologische Antrieb. — XV, 1, 213ff., 228ff., 260ff., Kautsky, Was will und kann die materialistische Geschichtsauffassung leisten. — XV, 2, 301ff., Stern, J., Der ökonomische und der naturphilosophische Materialismus. — XVI, 2, 452ff., Gunter, Die materialistische Geschichtsauffassung und der praktische Idealismus. — XXI, 1, 485ff., Adler, Max, Sombarts historische Sozialtheorie — XXI, 2, 399ff., 498ff., 524ff., Zetterbaum, Zur materialistischen

Geschichtsauffassung. — XXII, 1, 780 ff., 824 ff., LAFARGUE, Marx' historischer Materialismus.

Von selbständig erschienenen Abhandlungen und Büchern sind von Interesse:

LAFARGUE, Der wirtschaftliche Materialismus nach den Anschauungen von Karl Marx (1886).

KAUTSKY, Thomas More und seine Utopie (1888).

STERN, J., Einfluß der sozialen Zustände auf alle Zweige des Kulturlebens. 2. A. (1889).

KRAUSE, G., Die Entwicklung der Geschichtsauffassung bis auf Karl Marx (1891). —

Wichtige Durchführungen des Grundgedankens der materialistischen Geschichtsauffassung in besonderer Richtung mit konkretem historischen Material sind:

LÜTGENAU, Natürliche und soziale Religion (1894).

LORIA, Die wirtschaftlichen Grundlagen der herrschenden Gesellschaftsordnung, — deutsch von Grünberg (1895).

[18] [S. 39.] Vgl. hierzu auch die Äußerungen von LAVELEYE, *le socialisme contemporain* (1881), — deutsch v. Jasper (1895) p. 2.

[19] [S. 39.] Bemerkenswerte Versuche in dieser Richtung namentlich bei DIETZEL, in seinem Buche über Rodbertus (1886) und in Zeitschrift für Literatur und Geschichte der Staatswissenschaften I (1893) S. 1 ff.: Beiträge zur Geschichte des Sozialismus und Kommunismus. — Neuestens BIERMANN [Anm. 113]; DERS. in Zeitschr. f. Sozialwiss. XIII, 224 ff.

[20] [S. 42.] Es liegt außerhalb unserer Aufgabe, den Handelskrisen nach ihrer Art und Verursachung im einzelnen zu folgen. Es kommt in diesem Zusammenhange nur auf die Auffassung an, welche der moderne Sozialist davon hegt. (Vgl. SIMKHOWITSCH [Anm. 29 a. E.] S. 28; neuestens O. BAUER in Neue Zeit 23, 1, 133 ff.) Ich schalte als Note die anschauliche Schilderung von ENGELS, Entwicklung des Sozialismus usw. S. 38 (Anti-Dühring 2. A. S. 262 f.) ein: „Der Verkehr stockt, die Märkte sind überfüllt, die Produkte liegen da, ebenso massenhaft wie unabsetzbar, das bare Geld wird unsichtbar, der Kredit verschwindet, die Fabriken stehen still, die arbeitenden Massen ermangeln der Lebensmittel, weil sie zu viel Lebensmittel produziert haben, Bankerott folgt auf Bankerott, Zwangsverkauf auf Zwangsverkauf. Jahrelang dauert die Stockung, Produktivkräfte wie Produkte werden massenhaft vergeudet und zerstört, bis die aufgehäuften Warenmassen unter größerer oder geringerer Entwertung endlich abfließen, bis Produktion und Austausch allmählich wieder in Gang kommen. Nach und nach beschleunigt sich die Gangart, fällt in Trab, der industrielle Trab geht über in Galopp, und dieser steigert sich wieder bis zur zügellosen Karriere einer vollständigen industriellen, kommerziellen, kreditlichen und spekulativen *Steeple-chase*, um endlich nach den halsbrechendsten Sprüngen wieder anzulangen — im Graben des Kraches."

[21] [S. 45.] Eine anmutende Schilderung aus der neuesten Zeit nach unmittelbar erlebtem Eindrucke bei GÖHRE, Drei Monate Fabrikarbeiter (1891), 3. Kap. S. 40 ff.

[22] [S. 47.] Man sehe z. B. ENGELS, im Vorwort der Übersetzung von „Elend der Philosophie" p. IX sq.: „Marx hat nie seine kommunistische Forderung hierauf [sc. daß der Mehrwert unserem sittlichen Gefühl widerspricht] begründet, sondern auf den notwendigen, sich vor unseren Augen täglich mehr und mehr vollziehenden Zusammenbruch der kapitalistischen Produktionsweise; er sagt nur, daß der Mehrwert aus unbezahlter Arbeit

besteht, was eine einfache Tatsache ist." Und so a. v. O. — Sehr präzis und gut: C. Schmidt, Die Durchschnittsprofitrate auf Grundlage des Marxschen Wertgesetzes (1889) S. 110 f. — Vgl. auch Kautsky in Neue Zeit, III S. 282.

[23] [S. 47.] So in typischer Weise bes. Kunowski, Wird die Sozialdemokratie siegen? (1891), namentlich S. 46; 49 ff.; 55; 61; 250.

[24] [S. 47.] Lange, Die Arbeiterfrage. 5. A. (1894), in den einführenden Kapiteln.

[25] [S. 48.] In gleicher Weise neuestens besonders scharf formuliert von Beer, Der Geschichtsmaterialismus in den Vereinigten Staaten, in Neue Zeit XXI, 2, 612 ff., bes. 618: „Marx sagte den Utopisten: Der Sozialismus hat keinen teleologischen Charakter; er ist nicht die Lehre dessen, was sein soll und was die Sozialisten aufbauen müssen, sondern die Lehre des ökonomischen Werdens und der sozialen Kämpfe der Gegenwart; die Sozialisten haben nur dieses Werden zu erkennen und den Kampf der Arbeiterklasse zu leiten."

[26] [S. 51.] Damit haben sie freilich Schwierigkeiten, weil nun „revolutionär" in zweierlei Bedeutung gebraucht wird:

a) Für gewaltsamen Umsturz einer Rechtsordnung von unten her (im Gegensatz zum Staatsstreich); das ist der hergebrachte Sprachgebrauch.

b) Für Revolutionierung der überkommenen Auffassung vom menschlichen Gesellschaftsleben, für Festsetzung und Betätigung der materialistischen Geschichtsauffassung.

Das gibt nun häufigen Anlaß zu mißverständlichem und unfruchtbarem Wortstreit.

Dazu kommen noch andere originale Bedeutungen des angeführten Wortes bei anderen Schriftstellern. Besonders bemerkenswert Lassalle in seinem Gegensatz von Reform und Revolution: Jene, wenn die Verhältnisse sich inhaltlich überlebt hätten und nun eine notwendige Umänderung ihrer einträte; die letztere, falls ohne jene sachliche Vorbedingung eingegriffen würde. So daß beides sowohl friedlich, als auch blutig geschehen könnte.

[27] [S. 57.] Als Quellen für die Lehre des marxistischen Sozialismus sind alle Schriften und Bücher zu verwerten, die in Anm. 10 bis 17 aufgeführt sind. Außerdem kann namentlich noch verglichen werden:

Neue Zeit IX, 1, 561 ff., Zur Kritik des sozialdemokratischen Parteiprogrammes. Aus dem Nachlasse von Karl Marx. — IX, 2 Nr. 49—52, Der Entwurf des neuen sozialistischen Parteiprogrammes. — IX, 2, 557 f., Bernstein, Anzeige von Lassalles Schriften. — XI, 1, 600; — vgl. auch das. 587 unt., 588. — XI, 2, 516 ff., Kautsky, Die direkte Gesetzgebung durch das Volk und der Klassenkampf. — XIII, 1, 129 ff., Zur Selbstkritik des Sozialismus. (Rezensierende Erörterung von Calwer, Das kommunistische Manifest und die heutige Sozialdemokratie, 1894.)

Berliner Volks-Tribüne. Sozialistisches Wochenblatt. (Wertvoll nur bis 1890, — Redaktion: Schippel, und dann C. Schmidt.)

Dietzgen, Sozialpolitische Vorträge (1886).

Kautsky, K. Marx' ökonomische Lehren (1887). S. namentlich S. 100 f., 242 ff., auch 128 ff., 138 ff.

Schippel, Die wirtschaftlichen Umwälzungen und die Entwicklung der Sozialdemokratie (1889).

Lafargue, Die Entwicklung des Eigentumes. Deutsch v. Bernstein (1890).

Bernstein, Gesellschaftliches und Privateigentum (1891).

Stern, J., Thesen über den Sozialismus. 4. A. (1891).

Kautsky, Das Erfurter Programm in seinem grundsätzlichen Teile (1892).

[28] [S. 57.] Dabei ist ein Rückfall in Projekte utopischen Charakters seltener. In weitem Umfange geschieht es von Bebel, Die Frau und der Sozialismus (1879, seitdem oft aufgelegt); das Buch ist darum für die Erkenntnis der sozialphilosophischen Grundlage des modernen Sozialismus von geringem Werte. — Eigenartig ist: Köhler, Der sozialdemokratische Staat. Grundzüge einer mutmaßlich ersten Form sozialdemokratischer Gesellschafts-Verfassung (1891). Enthält eine so krasse Reaktion zu gunsten der Malerei eines Zukunftstaates, daß selbst Bebel das Buch als nicht schulgerecht ablehnte: Neue Zeit X, 1 S. 87. — Wohl aber finden sich in der modernen sozialistischen Literatur unaufhörlich Argumentationen ethischen Charakters, bei denen in augenfällig dunklem Empfinden auf die soziale Gerechtigkeit, als oberstes entscheidendes Prinzip, hingedeutet wird. Jeder Leser dieser Schriften und Zeitschriften wird auch bei nur gelegentlicher Kenntnisnahme davon Beispiele in reicher Menge finden. Vgl. auch Anm. 195; 241.

Immer aber sind es nur gelegentlich wieder aufgetauchte und mehr unwillkürlich hingeworfene Reminiszenzen. Sobald die besprochene Richtung offiziell zum Worte kommt, wird stets auf den sozialen Materialismus als festen Obersatz zurückgegangen und nur aus diesem her Begründung und Folgerung im einzelnen zugelassen.

[29] [S. 58.] Durch unsere Untersuchungen sind verschiedene Anhänger der materialistischen Geschichtsauffassung zu weiteren Studien angeregt worden. Hierbei sind sie in Streit mit der herrschenden, überlieferten Richtung des Marxismus gekommen, gegenüber welcher sie als „Revisionisten" mehrfach bezeichnet werden. Unter ihnen ist Bernstein literarisch besonders hervorgetreten, der vordem ein orthodoxer Anhänger der von Marx formulierten Lehre war. Zu nennen ist namentlich sein Buch „Die Voraussetzungen des Sozialismus und die Aufgaben der Sozialdemokratie" (1899); sowie viele Artikel und Abhandlungen, gesammelt und neu herausgegeben „Zur Theorie und Geschichte des Sozialismus" (1904); in diese Sammlung nicht aufgenommen, aber für Bernsteins Entwicklung nicht ohne Interesse sind die Aufsätze „Das realistische und das ideologische Moment im Sozialismus" in Neue Zeit XVI, 2, 225 ff. u. 388 ff. Sein Hauptgegner ist Kautsky (in zahlreichen Auslassungen, besonders in der Neuen Zeit und dem Vorwärts, zusammenfassend „Bernstein und das sozialdemokratische Programm" 1899). — Der Streit hat sich erheblich in persönliche Gegnerschaft und vor allem in Einzelheiten verloren, so daß die Kämpfer zuweilen selbst nach einer Bestimmung des Begriffes „Revisionist" in diesem Zusammenhange gesucht haben. Er läßt sich also fassen: Ein Sozialist, der an der materialistischen Geschichtsauffassung als absoluter Wahrheit irre geworden ist. Das ist denn auch offenbar häufig geschehen. Dagegen ist es diesen „Revisionisten" zumeist noch nicht geglückt, den sozialen Materialismus wissenschaftlich zu überwinden und sich eine bessere und richtige andere Grundlage zu erwerben.

Im besonderen begeht Bernstein zwei theoretische Fehler: 1. Mit Recht sagt er, daß beim modernen Sozialismus die reine Lehre von der konkreten Anwendung zu scheiden sei. Aber er zählt zu der ersteren für den Marxismus nicht nur dessen Geschichtstheorie, mit dem besonderen Hinweise auf das allgemeine Vorkommen von Klassenkämpfen in der geschriebenen Geschichte der Menschheit; sondern auch die Lehre vom Mehrwert, von den Eigentümlichkeiten der kapitalistischen Produktionsweise überhaupt und den Tendenzen der jetzigen sozialen Entwicklung. Nun verhehlt sich der genannte Schriftsteller nicht, daß die zuletzt angeführten Punkte in sich bereits konkrete Anwendungen eines übergeordneten und allgemeingültigen Prinzips seien: er meint jedoch, daß sie für „den Marxismus" so wesentlich wären, daß ohne sie er so ziemlich jede Bedeutung als politische Wissenschaft verlöre. — Aber dieses bringt von vornherein eine Befangenheit in die Fragestellung. Das Problem ist doch nicht „der Marxismus". Eine vorurteilsfreie kritische Forschung muß die Frage nach Begriff und Gesetzmäßigkeit des sozialen Lebens aufrollen und an dem so erhaltenen Maßstabe auch „den Marxismus" als besonders ausgeführte Lehre auf seine Berechtigung hin prüfen. — 2. Als Folge dieses ersten methodischen Fehlers begnügt sich Bernstein damit, des näheren zu betonen, daß „die idealen Momente" in der sozialen Geschichte etwas mehr Bedeutung als Einzelgründe besäßen, als Marx und Engels in ihren Darstellungen der materialistischen Geschichtsauffassung zugegeben haben. — Hier ist jede gesunde radikale Fragestellung zu vermissen, die gegenüber einer so tief angelegten Lehre, wie der materialistischen Geschichtsauffassung, allein am Platze ist. Bei ihr gilt es, auf das Ganze zu gehen und den wesentlichen Kern im Auge zu haben: daß die Gesetzmäßigkeit des sozialen Lebens in Bewegungen der Materie desselben, das ist der sozialen Wirtschaft und ihrer Phänomene, bestehe. — 3. Die unerläßliche Voraussetzung für die hier angezeigte Nachprüfung ist die notwendige Einsicht, daß die Zweckbetrachtung die dem sozialen Problem grundlegend allein entsprechende ist. Dies fehlt bei Bernstein vollständig. Noch immer interessieren ihn „die Ideen" nur in ihrer etwaigen Bedeutung als wirkende Ursachen (welche Richtung Marx die „ideologische" genannt hat); er sieht nicht, daß es hierauf gar nicht ankommt, daß die gesetzmäßige Erwägung von sozialen Zwecken keine genetische, sondern eine systematische Aufgabe bedeutet, daß sie eine grundlegende Richtung des sozialen Bewußtseins ist, die in sich ebensowenig nach bestimmten Ursachen forscht, wie etwa die Lehrsätze der Geometrie.

Es ist möglich, daß der sachliche Gegensatz unter den Kämpfern innerhalb des Marxismus schärfer und tiefer ist, als sie selbst es schon übersehen. Zurzeit aber steht in den beiderseitigen Ausführungen auf der einen Seite die ältere und unveränderte Lehre des sozialen Materialismus, auf der anderen Seite jedoch nur der Zweifel an ihr, mit nichten aber eine positiv aufbauende Sozialphilosophie. So ist der Streit eine Bewegung innerhalb „des Marxismus" geblieben und besitzt, wie ein sozialistischer Schriftsteller zutreffend sagte, „mehr ein praktisches, als ein theoretisches Interesse."

Vgl. noch die gute Abhandlung von Simkhowitsch, Die Krisis der Sozialdemokratie (1899, Sonderabdruck a. d. Jahrb. für Nat.-Ök. 3. F. XVII, 6. H.).

80 [S. 58.] Ad. Wagner, Lehr- und Handbuch der politischen Ökonomie, 3. A. (1893) I, S. 11, 14 f. — Derselbe, Das neue sozialdemokratische Programm (1892).

81 [S. 59.] So Liebknecht auf dem sozialistischen Parteitag zu Halle a. S. 1890. — Der Vergleich ist in sich nicht glücklich. Gerade vom marxistischen Standpunkte aus müßte es heißen: Prophezeiung derjenigen technischen Maßnahmen, die man zum Schutze gegen die Unbilden der Witterung dereinst notwendig treffen wird.

82 [S. 59.] Vorwort zu Webb, Britische Genossenschaftsbewegung [Anm. 9] p. V sq.

83 [S. 59.] Bernstein in Neue Zeit XI, 2, 745.

[34] [S. 61.] Die theoretischen Vertreter des wissenschaftlichen Sozialismus betonen zuweilen in verschiedener Weise entweder das Ziel, das Proletariat zu unterrichten und zu seiner künftigen Aufgabe durch aufklärende Lehre zu erziehen, oder den Plan, zu dem gleichen Zwecke in die Klassenkämpfe unterstützend und fördernd einzugreifen. Vgl. z. B. KAUTSKY, über Deville, in Neue Zeit XIV, 2, 774.

[35] [S. 61.] Sehr unvorsichtiger Weise ist von diesem zuwartenden Standpunkte ENGELS, Entwicklung des Sozialismus usw. [Anm. 15] abgegangen: S. 45: „. . die Möglichkeit ist jetzt zum ersten Male da, aber sie ist da". Das war im Jahre 1878! — S. dagegen KAUTSKY in Neue Zeit I, S. 537 ff.: „. . wenn nicht alles trügt, ist diese Stufe [sc. der Herrschaftsorganisation, die Periode des Rassen- oder Klassenkampfes] nahe daran, überschritten zu werden." — BERNSTEIN in Neue Zeit XI, 1 716. — Vgl. auch VOLLMAR in Neue Zeit XI, 1 206 f.

[36] [S. 61.] Der gleiche Gedanke findet sich auch von Vertretern christlich-sozialer Richtung analog gelegentlich ausgeführt. Vgl. z. B. RADE, in Christliche Welt 1891 Nr. 33: „. . Hat der Sozialismus als Wirtschaftsordnung Zukunft, so liegt alles daran, daß die, die ihn in das Leben einführen, Christen sind."

[37] [S. 63.] In den Gesamtdarstellungen der Geschichte der Philosophie wurde die materialistische Geschichtsauffassung, soviel ich sehe, überall mit Stillschweigen übergangen. Ebenso in der Geschichte der Rechtsphilosophie.

Auch F. A. LANGE geht in seiner Geschichte des Materialismus auf den sozialen Materialismus von MARX nicht ein.

Beachtung hatte diese Lehre bis jetzt eigentlich nur in folgenden Büchern und Broschüren gefunden:

ADLER, G., Die Grundlagen der Karl Marxschen Kritik der bestehenden Volkswirtschaft (1887), bes. S. 1—27, 214—225.

JOH. HUBER, Die Philosophie der Sozialdemokratie (1887).

WEISENGRÜN, Die Entwicklungsgesetze der Menschheit (1888), bes. S. 96 ff.

BARTH, Die Geschichtsphilosophie Hegels und der Hegelianer bis auf Marx und Hartmann (1890), S. 40—61.

WEISENGRÜN, Verschiedene Geschichtsauffassungen (1890), S. 27 ff.

OLDENBERG, Die Ziele der deutschen Sozialdemokratie (1891), S. 3 ff.

BERG, Judentum und Sozialdemokratie (1891), bes. S. 25 ff.

HERRMANN, Religion und Sozialdemokratie, in Verhandlungen des zweiten evangelisch-sozialen Kongresses (1891).

GOTTSCHICK, Das Verhältnis des christlichen Glaubens zum modernen Geistesleben, Gießener akademische Rede (1891) S. 10 f.

THIKÖTTER, Die metaphysische Grundlage des hierarchisch-jesuitischen und des sozialdemokratischen Systems (1891).

ARNDT, Die Religion der Sozialdemokratie (1892).

FISCHER, Grundzüge einer Sozialpädagogik und Sozialpolitik (1892).

WAGNER, AD., Das neue sozialdemokratische Programm (1892).

MÜLBERGER, Zur Kenntnis des Marxismus (1894).

WAGNER, AD., Lehr- und Handbuch der politischen Ökonomie, II. Bd. 3. A. (1894) S. 15 f. § 7 und S. 25 § 15.

WERYHO, Marx als Philosoph (1894).

So weit die erste Auflage dieses Werkes (ausgegeben November 1895). Seitdem hat sich die damalige Dürftigkeit an Literatur in einen Überfluß verwandelt. Für die Ziele dieser Untersuchung mag es genügen, auf folgende Zusammenstellungen neuerer Abhandlungen und Bücher zu verweisen: Diehl zu Art. „Marx" und Stammler zu Art. „Materialistische Geschichtsauffassung", beides im Handwörterbuch der Staatswissenschaften 2. A. V. Bd. (1900); Vorländer, Geschichte der Philosophie (1903) II. Bd. 27. Kap.; Herm. Schwarz, Der moderne Materialismus als Weltanschauung und Geschichtsprinzip (1904). Im übrigen habe ich mich bemüht, das Bemerkenswerte an besonderen Stellen des vorliegenden Buches zu verwerten.

[38] [S. 64.] Zitiert in Anm. 37. Dazu noch das Buch „Die Philosophie der Geschichte als Soziologie" (1897), bes. S. 317 ff. — Über Barth s. auch Weisengrün, Der Marxismus und das Wesen der sozialen Frage (1900), S. 73 ff.

[39] [S. 65.] Justus Möser, Patriotische Phantasien (1775), Ausgabe von Reclam S. 74. — Vgl. Kampffmeyer, J. Möser als Geschichtsphilosoph, in Neue Zeit XVII, 1, 516 ff.

[40] [S. 66.] Vgl. zur beispielsweisen Bestätigung Bernstein in Neue Zeit XI, 2, S. 347, XII, 1, S. 401 u. a. m.

[41] [S. 72.] Besonders seitdem sie sich neuerdings gegen die einfache Übertragung von Gedanken des Darwinistischen oder eines anderen naturwissenschaftlichen Systems mit Fug zu wehren mannigfachen Anlaß hatte. S. z. B. Bernstein in Neue Zeit XII, 2 S. 77; Bebel das. XVII, 1, 484; Woltmann, Die Darwinsche Theorie und der Sozialismus (1899).

[42] [S. 74.] Kant, Kritik der reinen Vernunft, 1. A. (1781) S. 747, 2. A. (1787) S. 775.

[43] [S. 77.] Die seit der ersten Aufl. erschienenen, durch sie hervorgerufenen Erörterungen werden, soweit förderlich, an besonderer Stelle genannt werden. Im übrigen dürfte es unnötig sein, den negativen Teil des im Texte ausgesprochenen Satzes durch vollständige Vorführung und Beleuchtung vorhandener literarischer Auslassungen über den Begriff des gesellschaftlichen Lebens der Menschen zu belegen. Ich hebe einige typische Beispiele hervor.

Gothein, Handwörterbuch der Staatswissenschaften s. v. Gesellschaft, 2. A. (1900) hebt als wesentlich hervor, daß Gesellschaft alle möglichen Formen menschlichen Gemeinschaftslebens bezeichne: jede Vereinigung zum Zwecke geistigen oder materiellen Genusses; gute Gesellschaft, feine, gebildete; großstädtische, kleinbürgerliche; bürgerliche = Staatsmitglieder; Gegensatz zum Staate; *societas* des Vermögensrechtes. Von allen Formen des menschlichen Gemeinschaftslebens sei es also nur die Familie, die wir nie mit dem Worte „Gesellschaft" bezeichnen; von ihr sage man im Gegenteil wohl oft, daß sie „die Grundlage der Gesellschaft" sei und daß ihre besondere Gestaltung durch „den Zustand der Gesellschaft" bestimmt sei. Verf. schließt die Begriffsbestimmung mit dem Satze: „Daß die Sprache das Wort Gesellschaft zur Bezeichnung aller irgendwie gearteten Ideen- und Interessengemeinschaften nicht entbehren kann, ist klar"; (vgl. auch 2. A. S. 202 Note 1). — Jhering führt im zweiten Bande seines Werkes „Der Zweck im Recht" aus, daß der Begriff der Gesellschaft auf der gegenseitigen Förderung der Zwecke beruhe; Gesellschaft sei ein Verein mehrerer Personen, welche sich zur Verfolgung eines gemeinsamen Zweckes verbunden haben, von denen jede, indem sie für den Gesellschaftszweck handelt, zugleich für sich handelt.

Man sieht, daß unsere grundlegende Frage umgangen ist. Der Begriff des gesellschaftlichen Lebens der Menschen bleibt nach jenen Autoren unbestimmt. Was ist denn „menschliches Gemeinschaftsleben", das im obigen als unerklärte Voraussetzung des Begriffes Gesellschaft eingesetzt wurde? Und was heißt es denn, daß „mehrere Personen sich verbunden haben"?

Das Problem aber lautet: Was hat alles dieses soziale Leben, jede irgend welche menschliche Gemeinschaft, jegliche Art von Gesellschaft und Genossenschaft für ein gemeinsames Kriterium? Gibt es nicht ein einheitliches Merkmal, welches aller Einsicht von einem gesellschaftlichen Leben von Menschen zu grunde liegt? Besteht nicht ein Begriff, welcher die Bedingung für alle Erkenntnis des sozialen Daseins und des Zusammenlebens der Menschen ist, also daß diese letzten Begriffe durch jenen konstituiert und allererst möglich gemacht werden?

[44] [S. 78.] Spencer, *The principles of sociology* (1876), dtsch. v. Vetter (1887), Bd. II § 212. — Cf. Spencer, *Essays: scientific, political and speculative*, I Nr. X: *The social organism* (1857). — *The study of sociology*, dtsch. v. Marquardsen unter dem Titel: Einleitung in das Studium der Soziologie, in Internat. wissensch. Biblioth., Bd. 14, 15 (1875).

Eine bemerkenswerte Darlegung der philosophischen Grundlagen dieses Autors findet sich in den tüchtigen (Hallenser) Inauguraldissertationen von Busse, Herbert Spencers Philosophie der Geschichte (1894) und Hesse, Der Begriff der Gesellschaft in Spencers Soziologie (1901). — Vgl. auch Vorländer, Geschichte der Philosophie (1903) 2. Bd. S. 439 ff.

[45] [S. 79.] G. Rümelin d. Ä., Reden und Aufsätze, Dritte Folge (1894), S. 248 ff.

[46] [S. 82.] Vgl. auch den Schlußpassus der angezogenen Rede, a. a. O. S. 277: „Die Gesellschaft bietet und umfaßt den gesamten Stoff und Inhalt aller Erscheinungen und Vorgänge des Menschenlebens, vermag ihnen aber die Ordnung, deren dieselben bedürfen, nicht aus eigenen Mitteln zu schaffen; der Staat ist diese ordnende Gewalt, das Recht ist die positive, befehlende Norm, durch welche der Staat sowohl sich selbst als die Gesellschaft ordnet."

[47] [S. 84.] Natorp, Sozialpädagogik, 2. A. (1904) § 10. — Dagegen ist die „Einsamkeit", von der Koigen in Arch. f. system. Philos. VIII 456 ff. handelt, nur eine relative, eine solche innerhalb des sozialen Lebens.

[48] [S. 86.] Es ist bekannt, daß alle gelegentlichen Angaben von Reisenden über rechtlos oder gar überhaupt unsozial lebende Menschen sich stets als Irrtum erwiesen haben; was regelmäßig schon aus ihren eigenen Angaben hervorgeht. Geregelte Familienbeziehungen und Stammeszugehörigkeit, Häuptlinge und Könige, Eigentums-, Nutzungs-, Obligationsverhältnisse, wie auch irgend welches Erbrecht finden sich in gewisser Form überall; sie fehlen auch bei den neu entdeckten Zwergvölkern in Innerafrika nicht (vgl. Schweinfurth, Im Herzen von Afrika, 1874, II S. 131 ff.). Man müßte für das Gegenteil schon gerade mit der Naivität jenes Reisenden vorgehen, der nach seiner Ezzählung auf eine Horde „rechtlos" hausender Menschen gestoßen sein wollte, bei denen, wie er hinzufügt, den größten Einfluß eine alte Frau ausgeübt hätte, der die meisten Rinder „gehört" hätten!

[49] [S. 86.] Vgl. Marx, Kapital I. Bd. 4. A. S. 316; der aber auch auf die äußere Regelung, als Konstituante des sozialen Lebens überhaupt, gar nicht eingeht.

[50] [S. 86.] Od. IX, 112—115.

[51] [S. 88.] Es ist ganz unbegreiflich, wie den klaren Sätzen unseres Textes gegenüber (vgl. auch S. 185, Abs. 3) Kistiakowski, Gesellschaft und Einzelwesen (1899) S. 76 sagen kann: „Der richtige Gegensatz des Stammlerschen Gesellschaftsbegriffes wäre das „äußerlich ungeregelte

Zusammenleben von Menschen". Indem Stammler dieses Merkmal „äußerlich geregelt" bei der negativen Begriffsbestimmung ausfallen läßt, anerkennt er, daß der Begriff der Gesellschaft ohne dasselbe und außer ihm bestehen bleibt." — Freilich ist es derselbe Schriftsteller, der (S. 75) schreibt: „Man kann Stammler fragen: ob Zusammenleben und Wechselwirkung zwischen den Menschen nicht mehr Gesellschaft bildet, wenn sie ohne Normen und Regeln gedacht werden." Ich gestehe, daß ich von selbst nicht auf die Möglichkeit verfallen wäre, daß nach den Ausführungen meines Buches jemand die Frage an mich richten würde. Nachdem es aber von dem genannten Autor getan worden ist, so antworte ich ihm hiermit: Nein!

52 [S. 88.] KAUTSKY, Die sozialen Triebe in der Tierwelt, in Neue Zeit I, S. 20 ff.; vgl. das. S. 67 ff., 241 f. Dort finden sich weitere Literaturangaben. Vgl. auch BARTH, Die Geschichtsphilosophie Hegels usw. [Anm. 37] S. 54 und die von ihm N. 63 Zitierten. Ferner ZIEGLER, Die Naturwissenschaft und die sozialdemokratische Theorie (1893) S. 182 ff.; MARSHALL, Gesellige Tiere (1901); CHAMBERLAIN, Grundlagen des 19. Jahrhunderts, 3. A. (1901) S. 56 ff. — Den ersten Anstoß zu dieser Literaturgattung dürfte wohl REIMARUS, Allgemeine Betrachtungen über die Triebe der Tiere (1760, 4. A. 1778) gegeben haben.

Auch will es schwer fallen, hier nicht die berühmte Schilderung des Bienenstaates einzusetzen:

So tun die Honigbienen, Kreaturen,
Die durch die Regel der Natur uns lehren
Zur Ordnung fügen ein bevölkert Reich.
Sie haben einen König, und Beamte
Von unterschiednem Rang, wovon die einen,
Wie Obrigkeiten, Zucht zu Hause halten,
Wie Kaufleut' auswärts andre Handel treiben,
Noch andre wie Soldaten, mit den Stacheln
Bewehrt, die samtnen Sommerknospen plündern,
Und dann den Raub mit lust'gem Marsch nach Haus
Zum Hauptgezelte ihres Kaisers bringen;
Der, emsig in der Majestät, beachtet,
Wie Maurer singend goldne Dächer baun;
Die stillen Bürger ihren Honig kneten;
Wie sich die armen Tagelöhner drängen
Mit schweren Bürden an dem engen Tor;
Wie, mürrisch summend, der gestrenge Richter
Die gähnende und faule Drohne liefert
In bleicher Henker Hand.

SHAKESPEARE, König Heinrich der Fünfte, I, 2.

53 [S. 89.] SEMON, Im australischen Busch und an den Küsten des Korallenmeeres (1896) S. 503 f., berichtet von ähnlichen Beobachtungen der Bergung kleiner Fische in den Stacheln des Seeigels (*diadema setosum*), sowie von Neuentdeckungen von Symbiose zwischen Wurzelmundqualle oder *Rhizostomide* und einer bestimmten Art von Fischen (*caranx auratus*), wonach die letzteren innerhalb der Meduse sich vor Verfolgern schützen und wiederum durch Stöße gegen die Innenseite des Schirmes der Meduse diese bewegen, einer herannahenden Gefahr aus dem Wege zu gehen. — Über einen eigenen Fall von Symbiose zwischen Elefanten und Giraffen siehe SCHILLINGS, Mit Blitzlicht und Büchse (1905) S. 126, 153.

54 [S. 89.] Hierüber („Über Genossenschaftsleben bei Tieren und Pflanzen") hat nach im Texte benutzten Berichten wissenschaftlicher Blätter

C. Müller am 5. Sept. 1894 im wissenschaftlichen Theater der Urania in Berlin vorgetragen.

[55] [S. 89.] Kautsky, a. a. O. [Anm. 52]. Gegen die Verwendung der Analogie überhaupt, neuerdings Engels, Der Ursprung der Familie usw. [Anm. 15] S. 13ff.

[56] [S. 92.] Nicht übel sagt das alte englische Schauspiel (nach dem Zitate von Walter Scott im „Ivanhoe"):

Gesetze, glaubt mir, braucht jedweder Staat.
Urkunden hat die Stadt, das Königreich Edikte,
Die wilde Räuberhord' im Walde selbst
Zeigt rohe Spur von bürgerlicher Zucht.
Seit Vater Adam trug die Feigenschürze,
Hat ohne enger bindendes Gesetz
Der Mensch zum Menschen niemals sich gesellt.

[57] [S. 93.] Kant, Kritik der Urteilskraft (1790) § 91. (Hartenstein Bd. VI S. 355 f.)

[58] [S. 94.] So mit Recht: G. Rümelin d. Ä., Reden und Aufsätze, Dritte Folge (1894) S. 121.

[59] [S. 105.] Selbst Simmel [Anm. 62] XX, 580 macht den Einwurf: „Damit eine Regelung — im Gegensatz zu der aus dem Innern des Subjekts stammenden — eine „äußere" sei, bedarf es doch schon einer Gesellschaft. Wenn die Regelung nicht von innen kommen soll, so kann sie nur von Subjekten außerhalb des Subjektes ausgehen, mit denen dieses in bindenden Beziehungen steht, d. h. von einer Gesellschaft." — Der Schluß ist nicht zwingend und wird sogar durch die Möglichkeit originärer Rechtsentstehung widerlegt (§ 89). Davon abgesehen zeigen die angeführten Sätze, wie auch ein geübter Denker das logische Prius mit der zeitlichen Reihenfolge einmal verwechseln kann. Die methodische Bedeutung des Gedankens von der äußeren Regelung als solcher, wie sie im Texte dargelegt ist, hat nichts mit der Frage zu tun, wie eine inhaltlich besondere Regelung im Laufe der Geschichte zur Entstehung gelangen mag. Wir sagen nicht, daß die äußere Regelung zeitlich zuerst da sei, und dann hinterher durch sie „die Gesellschaft" tatsächlich geschaffen werde: Der Zeit nach ist weder „die Gesellschaft", noch „die Regelung" zuerst allein für sich da, sondern immer beides gleichzeitig vorhanden und in der geschichtlichen Erfahrung ungetrennt; aber im logischen Rangverhältnis ist die Gedankenrichtung des äußerlich Regelnden, der Art gemeinsamer Zwecke, das bestimmende, abstrahierte Element, das den eigenartigen Begriff des menschlichen Gesellschaftslebens überhaupt erst logisch möglich macht. So gibt diese Vorstellung der äußeren Regelung als solcher uns die formale Methode an, in deren prinzipieller Befolgung der Gedanke des „Sozialen", als ein eigener Gegenstand, allererst begreiflich ist, — während die geschichtliche Entstehung einer inhaltlich bestimmten äußeren Regelung bereits eine konkret ausgeführte „soziale" Vorstellung bietet: deren Eigenart, als einer „sozialen" notwendig unter der logischen Bedingung jener anderen Einsicht steht. Vgl. auch Anm. 120.

[60] [S. 106.] Ed. Meyer, Geschichte des Altertums, I. Bd. (1884) S. 2f.

[61] [S. 107.] In der ersten Aufl. hatte ich ausführlicher die verschiedenen Bedeutungen erörtert, in denen das Wort „sozial" terminologisch sich findet. Und es ist in der Tat nötig, darauf acht zu haben. Zu immer größeren Massen wächst die Literatur der sozialen Wissenschaft heran, — aber was sie nun eigentlich behandelt und zu ihrem besonderen Gegenstande der Erörterung gemacht hat, das ist von keinem der Autoren

angegeben. In den Schriften der Juristen und Nationalökonomen, der Gelehrten und Ungelehrten, der Politiker in Staat und Gemeinde, in den Parlamenten und Zeitungen, öffentlichen Vorträgen und interessierten Dialogen — überall gibt es in unserer Zeit kaum ein zweites Wort, das so unzählige mal wiederkehrt, so unendlich oft hin und her fliegt, als das „sozial"; und kaum eine Schrift oder Rede wird heute über menschliches Leben vernommen, ohne daß der Sprecher es verschmäht hätte, ein paar Hände voll des kräftig klingenden Wörtleins „sozial" schwungvoll über das Ganze zu streuen, — mag es hinfallen, wohin es will! Ja noch mehr. Es ist nichts weniger als selten, daß auf den Ausdruck „sozial" unmittelbare Beweisführungen gestützt werden. Dann redet man von „sozialen" Bedenken wider einen Gesetzesvorschlag, handelt von „sozialen" Gesichtspunkten oder der „sozialen" Bedeutung einer Reform, von der Notwendigkeit einer „sozialen" Fürsorge, von der „sozialen" Aufgabe unserer Zeit, und vieles andere mehr. Und doch findet sich nirgendwo die bedenkende Frage: In welchem Sinne verwendest du eigentlich dieses allgemach zum Schlagworte der Straße herabgewürdigte „sozial"? Was ist denn mit einer „sozialen" Begründung oder Aufgabe, einem „sozialen" Ziel oder Element gemeint?

Die erste Forderung, der hier Genüge getan werden muß, ist die nach methodischer Klarheit über die bedingenden gedanklichen Elemente der sozialen Betrachtung.

Keine wissenschaftliche Forschung und Beweisführung kann ungestraft Sinn und Bedeutung der von ihr grundlegend verwendeten Begriffe ignorieren. Alles, was auf unklar gebliebenen Begriffen, die man unbesorgt für sicher annimmt, sich weiter aufbaut, muß notgedrungen selber schwankend und unsicher verbleiben.

Die Grundbegriffe unserer Wissenschaft dürfen nicht als Schmuck der Fassade unseres Lehrgebäudes behandelt werden, innerhalb dessen man noch behaglich und sicher wohnen könnte, selbst wenn sich jener bloß als undauerhaft gearbeiteter und äußerlich angeklebter Stuck erweisen sollte; sondern sie sind das Fundament des Hauses. Wer in ein solches nur zum Besuche eintreten will, der mag den Keller unbesehen lassen. Doch wenn einer ein Haus zu erbauen sich anbietet und nicht für tief gegründetes solides Fundament die peinliche Sorge trägt, ein solcher handelt fehlerhaft gegen das Gebäude und dessen Bewohner.

Andererseits darf unsere Klarlegung der sozialen Grundbegriffe nicht als eine Bereinigung des Sprachgebrauches als solchen aufgefaßt werden. Sie ist nach sachlichen Erkenntnisbedingungen in kritischer Überlegung zu vollziehen. Darum halte ich dafür, die Beobachtungen über die Bedeutungen des Wortes „sozial" lieber an dieser Stelle in Kürze zusammenzutragen.

Der Ausdruck „sozial" wird in unserer Sprechweise für fünf ververschiedene Begriffe verwendet.

1. Äußerlich geregelt. — Soziale Reform heißt eine solche der äußeren Regelung des Gesellschaftslebens oder doch einzelner geregelter Verhältnisse desselben; soziale Aufgaben sind Forderungen auf eine solche Reform hin. Soziales Zusammenleben ist ein äußerlich geregeltes Zusammenleben der Menschen (gegenüber einem äußerlich ungeregelten, s. § 18 i. A.).

2. Gesetzmäßig äußerlich geregelt. — Hier würden innerhalb der äußeren Regelung zwei Möglichkeiten unterschieden. Einmal diejenige Art, wobei eine bestimmte Gesellschaftsordnung mit dem obersten Grundgesetze alles sozialen Lebens übereinstimmt; sodann eine solche Regelung, die nach der letzten Gesetzmäßigkeit des gesellschaftlichen Daseins der Menschen nicht

41*

berechtigt ist, mit dieser vielmehr in Konflikt steht. Zur Verwendung des Wortes „sozial" für diesen engeren Begriff hat wohl am meisten der auf Napoleon I. zurückgeführte Ausdruck der sozialen Frage beigetragen. Soziale Frage ist das Streben, vorhandene menschliche Gesellschaft der allgemeingültigen Gesetzmäßigkeit des sozialen Lebens, gerade unter ihren besonderen empirischen Bedingungen, tunlichst genau anzupassen; es ist somit die Frage nach der Gesetzmäßigkeit der äußeren Regelung.

3. Direkt befehlend durch planmäßige Zentralregelung. — Hier bildet sozial den Gegensatz zu der freiheitlichen Regelung des menschlichen Zusammenlebens. Während bei der letzteren der Gesetzgeber in indirekter Weise auf den einzelnen, unter Benutzung sonstiger, empirisch beobachteter Triebfedern desselben, einzuwirken sucht und eine leidliche Harmonie unter den Wünschen und Interessen der einzelnen Rechtsgenossen dadurch herzustellen erhofft, daß er in freiem Verkehre sie sich finden, zusammen produzieren und austauschen läßt, — so wird bei der anderen Art dem einzelnen in unmittelbarem Befehle angegeben, wie er sich in dem Zusammenarbeiten und dem Geschäftsverkehre zu verhalten hat. Nach dem ersten System stehen namentlich die Eigentümer in einer relativ freieren und weniger beschränkten Rechtslage einander gegenüber; es ist im allgemeinen der Grundsatz des entwickelten römischen Rechtes. Das zweite drückt in einer vergleichsweise schärferen Art die Gemeinsamkeit der verschiedenen Eigentümer durch und entspricht mehr dem germanischen Rechte, besonders mit seinen Überbleibseln kommunistischer Landwirtschaft. Es ist also die Abgrenzung im Sinne dieser dritten Bedeutung unseres Wortes nicht mehr ein Erwägen der Form des sozialen Lebens, diese für sich betrachtet, sondern geht auf eine Unterscheidung besonderer Mittel der sozialen Regelung, von denen jetzt nur die eine Klasse „sozial" genannt wird (vgl. §§ 40; 43).

Die zwei letzten Bedeutungen von „sozial", die der neuere Sprachgebrauch bei uns allmählich ausgebildet hat, sind:

4. „sozial" gegenüber politisch; — hierüber s. § 29.

5. „sozial" für gesellschaftlichen Verkehr nur konventionaler Art, im Gegensatz also zu rechtlichen Verhältnissen; — vgl. § 23.

In gelegentlichen neueren Wendungen bleibt freilich „sozial" rettungslos unklar; so ist es in „Wirtschafts- und Sozialpolitik" ein sinnloses Flickwort, das doch keineswegs bloß das Gleiche, wie das ganz unbedenkliche „sozialwirtschaftlich" besagen will. (A. M. Reichel in d. Schweiz. Blättern unter jenem Titel 1899, H. 2. S. 9.) — Wogegen die Juristen wiederum in ganz spezialisierter Wendung mit „Sozialgesetzgebung des Deutschen Reiches" eine Reihe von einzelnen bestimmten Reichsgesetzen, besonders über Arbeiterschutz und Arbeiterversicherung, zu bezeichnen pflegen. Soweit hier die Terminologie überhaupt durch allgemeinere Erwägungen bestimmt ist, lehnen sich diese zweifellos an die oben im dritten Sinne gemeinte Bedeutung von „sozial" an.

[62] [S. 108.] Simmel, Zur Methodik der Sozialwissenschaft, in Jahrb. f. Ges. Geb., Verw. u. Volksw. XX, 575 ff. (eine kurze Anzeige der 1. Aufl. des vorliegenden Werkes.) Der nähere Ausbau fehlt. — Wenn Simmel seine Bestimmung des Gesellschaftsbegriffes in gelegentlicher Wendung auf „psychische" Wechselwirkung zu beschränken scheint, so würde das gegenüber unserer im Texte gegebenen Ausführung gleichgültig sein: da es natürlich nur eine einzige Kategorie der Kausalität und ebenso nur einen einzigen Grundbegriff der „Wechselwirkung" geben kann. — Die ausführlichen Werke Simmels, bes. auch „Über soziale Differenzierung (1890, Neudruck 1908), sind von der a. a. O. versuchten Definition von „sozial"

unabhängig ausgeführt und enthalten, soviel ich sehe, überhaupt keine Formulierung dieses Begriffes. — In welcher Weise der Hinweis auf die „Wechselwirkung" zur Einzelerkenntnis des sozialen Lebens dienen soll, bleibt dunkel. Der Begriff des Eigentumes, seine Grenzen und sein richtiger Gebrauch, sein Erwerb etwa durch Auflassung und Eintragung, die Vererbung und die Überleitung des Nachlasses vielleicht auf eine juristische Person, Versilberung und Verteilung des Vermögens durch den Konkursverwalter — in wie fern sollen solche Fragen die grundlegende Richtung der Betrachtung — wonach sie in ihrer Eigenart als „soziale" bestehen — durch die Bezugnahme auf eine „Wechselwirkung" unter den sich tatsächlich vielleicht nie berührenden Einzelsubjekten erhalten? — Und wie soll Grundgedanke und Gesetzmäßigkeit des sozialen Zusammenwirkens an eine etwaige natürliche wechselseitige Einwirkung von Individuen sich anschließen? In was für einer Methode soll ein gerechter Richter im Streite unter Gemeinschaftern aus der „Wechselwirkung" seinen Spruch kritisch begründen? — Solange nicht in ausgeführtem systematischen Aufbau ein einheitlicher Zusammenhang zwischen dem zitierten Bestimmungsversuch des Begriffes Gesellschaft und den Problemen der sozialen Frage dargelegt ist, kann dem mehr im Vorübergehen gesagten Worte von der „Wechselwirkung" für das Wesen der sozialen Wissenschaft ein maßgeblicher Wert nicht zukommen.

[63] [S. 116.] Eine übersichtliche Darstellung bes. bei Eulenburg, Über die Möglichkeit und die Aufgaben einer Sozialpsychologie, in Jahrb. f. Ges. Geb., Verw. und Volksw. XXIV (1900) S. 201 ff.

[64] [S. 117.] So wirklich Spann, Die Lehre Stammlers vom sozialpsychologischen Standpunkt aus betrachtet, in Zeitschr. f. d. ges. Staatsw. 58, 699 ff.; vgl. dens., ebenda 59, 573 ff.; 60, 462 ff. Er glaubt, daß der Gedanke der „Verbindung von Menschen" als „Motivation" bestimmt werden müsse; dadurch falle natürlich die Sonderstellung der äußeren Regelung, und sie könne keinen Formbegriff mehr abgeben, denn die „natürliche" Verbindung und die Verbindung durch äußere Regelung seien ja nun wesensgleich; jede beliebige, innerhalb irgend eines hypothetischen Begriffes des Sozialen liegende Tatsache lasse sich als Regelungstatsache im Sinne eines Imperatives auffassen (s. bes. 58, 706 unt.). — Der Grund dieses Mißverständnisses meiner Lehre liegt in dem Übersehen, daß „Form" dasselbe wie „methodische Betrachtung" ist. (S. Anm. 91).

In ähnlicher Weise wird von Durkheim, *Les règles de la méthode sociologique, Revue philos.* 37, 475 „die soziale Tatsache" dahin definiert: „*Est fait social toute manière de faire, fixée ou non, susceptible d'exercer sur l'individu une contrainte extérieure*", . . „*qui est générale dans l'étendue d'une société* (NB.!) *donnée tout en ayant une existence propre, indépendante de ses manifestations individuelles.*" — Barth [Anm. 38] S. 287 meint, daß die angeführte psychologische Betrachtungsweise ganz die gleiche sei, wie die kritische Methode, das menschliche Zusammenleben als ein äußerlich geregeltes zu erwägen.

Diese Schriftsteller übersehen gleichmäßig, daß hier zwei verschiedene Fragen zur Erwägung stehen können, von denen die eine nicht durch die Beantwortung der zweiten aufgelöst zu werden vermag: 1. In welcher Richtung der Gedanken ist das „soziale" Zusammenwirken von Menschen als Gegenstand einer eigenen wissenschaftlichen Betrachtung möglich? 2. Was läßt sich innerhalb dieses „sozialen" Zusammenwirkens über kausale Einwirkung auf die durch das Setzen gemeinsamer Zwecke verbundenen Menschen sagen? Das erste hat den Begriff

„sozial zusammenwirkende Menschen" grundlegend festzustellen; das zweite kann nur eine zusätzliche Ausführung an logisch zweiter Stelle sein.

[65] [S. 119.] Dem entgegen schreibt Spann [Anm. 64] S. 483: „An dieser Stelle müßte ein vollständiger Gegenbeweis unsererseits der sein: Die soziale Kausalerkenntnis existiert als selbständige (NB.!) theoretische Wissenschaft neben anderen theoretischen Wissenschaften (Naturwissenschaft i. e. S.); denn sie ist gerichtet auf ein seiner eigenartigen kausalen Beschaffenheit noch als selbständig „Gesellschaftliches" zu charakterisierendes Objekt." — Wenn indessen die Betrachtung von tatsächlicher Einwirkung auf gewisse Menschen die einzige methodische Richtlinie für den Inhalt des Bewußtseins hier wäre, wie könnte denn neben dieser „naturwissenschaftlichen" Untersuchung noch eine selbständige „sozialwissenschaftliche" Erwägung bestehen? Hier muß entweder neben der bloß kausalen Forschung noch eine zweite grundsätzliche Richtung der Gedanken — die Erwägung des Zusammenwirkens als ein äußerlich geregeltes, also gemeinsam bezwecktes — als Bedingung einer gesetzmäßigen Einsicht statthaben, — oder aber es ist eine eigene und in sich abgeschlossene Wissenschaft von der menschlichen Gesellschaft gar nicht begreiflich.

Sehr resigniert fügt denn auch Spann seinem zitierten Programm alsbald bei: „Dieser Beweis kann bei dem gegenwärtigen Stande der Soziologie nun allerdings nicht vollständig geführt werden". — Aber wie kann eine Lösung des Problems: Was soziale Wissenschaft überhaupt ist, — von einem besonderen Stande dieser selben „sozialen" Wissenschaft erwartet werden?

[66] [S. 121.] Die im Texte gegebenen Ausführungen lösen auch alle die Bedenken auf, welche Spann [Anm. 64] gegen unsere grundsätzliche Lehre von Form und Stoff erhoben hat. Er findet eine für ihn entscheidende Schwierigkeit darin, daß nach der Gegenüberstellung von Form und Geformtem deren Verhältnis im genannten Sinne wirklich vollzogen werden müsse. Es stehe also ein grundsätzliches Moment des Inhaltes einem grundsätzlichen Moment der Form tatsächlich getrennt gegenüber, ein Geregeltes dem Regelnden; und es habe diese faktische Trennung der Elemente die Bedeutung eines Dualismus, so daß eine inhaltlich mannigfaltige Bedingung und ein ebensolches Bedingtes koordiniert beständen, und für einen Primat der Form kein Grund mehr spräche. Und da die soziale Form eine eigene spezifische Art, gemeinsame menschliche Zwecksetzungen zu betrachten, wäre, so könnten Form und Stoff nach unserer Grundlegung „niemals zusammenkommen", denn „auch methodisch gesehen, müßte der Stoff (seinem Begriffe nach) immer schon geformt sein, um in eine Form eingehen zu können" (60, 492 f.).

Diese Einwendungen sind jedoch durchaus schief und völlig verfehlt.

1. Die Gegenüberstellung von Form und Materie ist erst vom dem Standpunkt einer bereits geschehenen Verbindung im Inhalte unseres Bewußtseins möglich. Die Besinnung auf jene beiden Arten von Elementen bedeutet die Aufklärung einer Methode der Synthesis unserer Gedanken, welche Synthesis dabei allemal schon vollzogen ist. Die Schwierigkeit, „tatsächlich getrennte" Elemente einzufangen und deren Verbindung dann zeitlich hinterher „zu vollziehen", besteht also in Wahrheit keineswegs, weil es solche tatsächlich getrennte Elemente gar nicht gibt (s. auch ob. § 20 S. 101 f.). Das Problem ist vielmehr dieses: sich über den Inhalt seiner Gedanken klar zu werden, und zu sehen, unter welchen bleibenden

Bedingungen (= Form) in jenen Einheit und Ordnung möglich ist, wie sie zum Beispiel in dem Begriffe des „sozialen“ Lebens und in dem Gedanken seiner Gesetzmäßigkeit bereits vorliegt. 2. Wenn alle Bestandteile in dem (in der besonderen Erfahrung stets zusammengesetzten) Inhalte unserer Gedanken im Range „koordiniert“ wären, so wäre es unbegreiflich, daß sie im Sinne einer formalen Einheit gerichtet und bestimmt werden können. Eine solche Möglichkeit, auf der alle unsere objektiv gültige Erörterung fußt, besteht nur dadurch, daß in jedem Begriffe die formale Methode und der in ihr gefaßte Stoff unterschieden sind, und nun in hierarchischem Aufbau — nach dem Bild der Pyramide — die einheitliche Ordnung des Inhaltes des Bewußtseins vollzogen wird, indem jedesmal aus den formalen Bedingungen einer bestimmten Einsicht die höhere bedingende Form bestimmt wird. 3. Für die Durchführung der so gesuchten Klärung gibt es freilich weiter keinen Beweisgang, als die innere Erfahrung in kritischer Besinnung; wer nicht einsieht, wie die Erörterung über Latifundien in einer bestimmten Zeit von dem Begriffe des Eigentums abhängig ist, der Eigentumsbegriff aber von dem Latifundienbegriffe ganz unabhängig ist und deshalb in seiner logischen Funktion vor dem letzteren den Primat besitzt, und wie das ebenso mit dem Begriffe der äußeren Regelung überhaupt gegenüber dem Begriffe des geregelten Zusammenwirkens sich verhält, dem kann ein weiterer Beweisgang auch nicht empfohlen werden. 4. Es ist selbstverständlich, daß es niemals den Gedanken von etwas „Verbundenem“ geben kann, ohne daß die bedingende Form in ihm bestände. Es gibt keine „reine“ Materie, sondern bloß eine reine Form; und wir legten in unserer Untersuchung nur klar, daß jede wissenschaftliche Erörterung logischerweise einmal einen Anfang voraussetze, dagegen keineswegs ein Ende. Nach dieser Seite kennt vielmehr die jeweilige Scheidung von Form und Stoff keine Grenze, sondern wiederholt sich immer wieder, ohne daß dieses in der methodischen Einheit, in der sich die formalen Gedanken in ihrer Zerteilung bis zum Grundgesetze hinauf bestimmen lassen, eine grundsätzliche Schwierigkeit bedeutete. —

Vgl. noch Stammler, Die Lehre von dem richtigen Rechte, S. 241 ff.

[67] [S. 121.] Es gibt in der seitherigen sozialwissenschaftlichen Literatur keinen bezeichnenden Gesamtausdruck für die zweite Klasse sozialer Regeln. Am meisten wird noch „Sitte“ gebraucht. Aber dieses legt die Verwechselung mit Sittlichkeit stets in gefährliche Nähe; und bedeutet sprachlich immer nur Regeln durch gewohnheitsmäßige Übung, was gar nicht notwendig und dem Wesen der Sache nach mit diesen Regeln verbunden zu sein braucht. Man denke beispielsweise an die Etikette des Hofes, an die Satzungen des Duellgesetzbuches usw. Die von mir vorgeschlagene Bezeichnung dürfte dem wesentlichen Sinne, der allen hier fraglichen Regeln gemeinsam ist, vollständig und gut entsprechen.

[68] [S. 121.] Ich benutze im folgenden die Ausführungen, welche ich in anderem Zusammenhange in meiner Schrift: Die Theorie des Anarchismus (1894) S. 21—25 gemacht habe.

[69] [S. 122.] Es ist neuerdings mehrfach auf das verhältnismäßig späte Hervortreten des Wortes und Begriffes „Staat“ im modernen Sinne aufmerksam gemacht worden. So von G. Rümelin d. Ä., Statistik in Schönbergs Handbuch der Volkswirtschaftslehre, 3. A. (1891) III § 2; Lagarde, Deutsche Schriften, II (1881) S. 72 f.; Ders., Programm der konservativen Partei Preußens (1884) S. 7 ff. Jetzt bes. von Loening Art. „Staat“ in Handw. d. Staatswiss., 2. A. VI. Bd. (1901) S. 907 ff.

[70] [S. 122.] Die erschöpfende Lösung dieses nicht leichten Problems

siehe unten: V. Buch, 1. Abschnitt, Recht und Willkür. Zur Durchführung des jetzt im Texte eingeschlagenen Gedankenganges genügt vorerst der feststehende Umstand, daß keine irgend welche Begriffsbestimmung von staatlicher Organisation gegeben werden kann, ohne dabei die Möglichkeit einer rechtlichen Bindung überhaupt zu verwenden. Ein beliebiger Versuch wird dieses jedem sofort bestätigen.

[71] [S. 122.] A. Merkel, Juristische Encyclopädie (1885, 3. Aufl. 1904), § 78.

[72] [S. 123.] Ein interessantes Beispiel für das im Texte Ausgeführte bietet die deutsche Genossenschaft freiwilliger Krankenpfleger im Kriege. Sie war ursprünglich in Friedenszeiten als lose Vereinigung im konventionalen Sinne gedacht; ist aber nach ihrer jetzigen Verfassung eine Gesellschaft bürgerlichen Rechtes. Im Kriegsfalle ändert sich das dahin, daß die alsdann gerade vorhandenen Mitglieder unter die Militärgerichtsbarkeit, die Kriegsgesetze und die Disziplinarverordnung treten. (Satzungen der Gen. freiw. Krankenpfleger § 7, e); Kriegssanitätsordnung v. 10. Januar 1878 § 211, 5.) — Das tatsächliche Verschlungensein und das vielfache Übergehen aus dem einen in das andere wird besonders stark betont von Niemeyer, Recht und Sitte (1902). Er zieht daraus sogar die Folgerung, daß hier ein „Lebensgeheimnis" bestehe, welches „die begriffliche Grenzziehung zwischen dem Recht und der Sitte ausschließt" (S. 13). Aber schon in den weiteren dortigen Sätzen: „Sitte wird allmählich zum Recht und Recht zur Sitte", „das Recht verändert die Sitten", u. a. m. wird ein begrifflicher Unterschied vorausgesetzt und logisch durchgeführt. Es kann also höchstens eine Schwierigkeit für die richtige Einstellung dieser zwei Begriffe in Grenzfällen bestehen. Daß diese Schwierigkeit bis zur Unmöglichkeit zu steigern sei, und die letztere auch für die Klarstellung der tatsächlich vollzogenen begrifflichen Scheidung ein für allemal bestehen müsse, das wird sich wohl nicht beweisen lassen.

[73] [S. 125.] Sohm, Handbuch des Kirchenrechtes Bd. I: Die geschichtlichen Grundlagen (1892). — Die Leitsätze Sohms sind: „Das Wesen der Kirche steht zu dem Wesen des Rechtes im Gegensatz. Das geistliche Wesen der Kirche schließt jegliche Rechtsordnung aus. In Widerspruch mit dem Wesen der Kirche ist es zur Ausbildung von Kirchenrecht gekommen."

[74] [S. 125.] In der juristischen Literatur wird bei Gelegenheit erläuternder Einzelbetrachtung geschichtlicher Rechtsgebilde auf manche Besonderheiten aufmerksam gemacht, die mit dem im Texte erörterten Problem nicht verwechselt werden dürfen. So der Unterschied von *ius* und *lex*, die Frage, in wie weit „die Wissenschaft" zur Förderung unausgesprochenen Rechtsinhaltes schöpferisch einzugreifen habe, die Erwägung nach unverbindlichem Gesetzesinhalt und die Betonung, daß nicht jeder Rechtssatz für sich einen Befehl enthalten müsse (wie z. B. die Erklärung des Alters der Volljährigkeit usw.). Alle diese und ähnliche Fragen technischer Jurisprudenz setzen den Begriff des Rechtes, der in unserer Untersuchung der Konventionalregel gegenüber festgestellt wurde, bereits voraus.

[75] [S. 125.] Im besonderen ist dies auch mit den Bedenken der Fall, welche Bierling in seinem gründlichen Buche „Juristische Prinzipienlehre" 2. Bd. (1898), S. 349 ff. erhoben hat [Anm. 206]. — Vgl. auch Triepel, Völkerrecht und Landesrecht (1899) S. 29.

[76] [S. 128.] Hiernach erledigt sich auch die Kontroverse nach der Qualität des Völkerrechtes als Rechtes. Man sagt bekanntlich häufig, daß

dem Völkerrechte die Eigenschaft des Rechtes deshalb mangele, weil es auf den guten Willen der einzelnen Staaten gestellt wäre und gebrochen werden könnte, ohne Sicherheit dafür, daß seine Satzungen tatsächlich mit sicherer Gewalt durchgesetzt werden könnten. Nach unserer Darlegung im Texte ist das letztere gleichgültig. Es kommt nur darauf an, ob beispielsweise in einem völkerrechtlichen Vertrage die Kontrahenten eine Norm derartig über sich setzen wollten, welche sie nun zwingend binden solle. Bejahendenfalls ist eine äußere Regel rechtlichen Charakters gegeben; welche nun in der tatsächlichen Einzeldurchführung allerdings ebenso gut gebrochen werden kann, wie jede andere Rechtsvorschrift. — Andererseits kann dem Völkerrecht der Rechtscharakter mit Fug nicht deshalb bestritten werden, weil eine „Organisation" zu seiner Verwirklichung fehle. Dieser Einwand beruht auf mangelnder Klarheit über den Begriff der Organisation. An und für sich bedeutet dieser, wie im Texte dieses Paragraphen bemerkt, nur Vereinigung unter äußeren Regeln, hier also unter Rechtsregeln; die Leugnung dessen, daß dieses beim Völkerrechte gegeben sei, würde mithin *petitio principii* sein. Sollte aber mit „Organisation" eine tatsächlich sicher wirkende Gewalt gemeint sein, so würde sich der erhobene Einwurf durch das soeben in dieser Anmerkung Gesagte erledigen.

[77] [S. 128.] Reichs-Gesetz über die Erwerbung und den Verlust der Reichs- und Staatsangehörigkeit, vom 1. Juni 1870 §§ 15—19. Vgl. auch Zusatzkonvention zum Frankfurter Frieden, die Option von Elsaß-Lothringern betr., v. 11. Dezember 1871, Art. 1. — Bloß durch Auswanderung, selbst wenn sie mit dem Erwerbe eines fremden Bürgerrechtes verbunden ist, verliert ein Deutscher die deutsche Staatsangehörigkeit nicht (nicht anzuwenden bei juristischen Personen; vgl. RGer. CivS. 7 Nr. 23); sondern erst durch fortgesetzten zehnjährigen Aufenthalt im Auslande (besondere Verträge mit einzelnen Staaten natürlich vorbehalten). — In jedem Falle also bestimmt unser Recht selbst darüber, ob jemand ihm noch unterworfen sein soll oder nicht.

[78] [S. 128.] Darum ist die im Texte gegebene Unterscheidung ganz zu trennen von derjenigen, die Mayer mit „Rechtsnormen und Kulturnormen" (1903) versucht. Er versteht unter dem zweiten Ausdrucke „die Gesamtheit derjenigen Gebote und Verbote, die als religiöse, moralische, konventionelle, als Forderungen des Verkehrs und des Berufes an das Individuum herantreten". Sie sollen dem gesetzten Rechte die richtige Richtung geben. Vgl. dazu Dohna im Gerichtssaal LXIII, 355 ff.; Gerland in Krit. VJSchr. f. Gesetzg. u. Rwiss. 3. F. X, 417 ff., bes. 453.

[79] [S. 130.] Man darf sich an den Ausdruck „Konventionalgemeinschaft" nicht stoßen; er ist nur der Kürze halber gebraucht. In Wahrheit wird eine konventionale Regelung des Verhaltens dem eigenen Sinne der Regel nach immer nur von Augenblick zu Augenblick hergestellt; und nur ganz weitherzig und uneigentlich kann von einer konventionalen „Gemeinschaft" geredet werden.

[80] [S. 134.] Vgl. hierzu noch Stammler, Die Lehre von dem richtigen Rechte (1902) S. 240 ff., bes. S. 243.

[81] [S. 136.] Zum weiteren Durchdenken dieser Frage ist vor allem Natorp, Sozialpädagogik, 2. Aufl. (1904) S. 151 ff. zu vergleichen. Seine Definition „Möglichkeit, das Tun von Menschen zu gemeinschaftlichem Zwecke zu vereinen" würde an sich mit der von uns gegebenen Bestimmung der sozialen Materie als ein „Zusammenwirken" sachlich wohl übereinstimmen. Aber es legt Natorp Gewicht darauf, daß alsbald hinzugefügt werde: „von Menschen, als bestimmbaren, obgleich willensfähigen

Menschen". Dies scheint mir in das Problem der sozialen „Materie", sofern man in der Abstraktion nach dieser allein einmal fragt, noch nicht hineinzugehören; es betrifft vielmehr die Erwägung der Durchführung einer sozialen Gemeinschaft, wenn man diese wieder als Ganzes — Form und Materie vereint — in das Auge faßt (vgl. unseren § 40: Einwirkung des Rechtes auf die Unterworfenen). Der Gedanke der Bestimmbarkeit von Menschen leitet notwendig schon auf die rechte Art, die zusammenwirkenden Menschen zu bestimmen, bringt also die Frage nach der Form ganz von selbst wieder mit sich und läßt das abstrahierte Denkelement des formal Bestimmten nicht für sich allein übrig. — Und wenn zu der dreifachen Klimax: Trieb, Wille, Vernunftwille — die für die Zielsetzung des einzelnen Menschen gilt — mit Recht eine Parallele in der sozialen Frage angestrebt wird, so darf dieses, gerade der inneren Folgerichtigkeit halber, nicht in der Materie des sozialen Lebens gesucht werden. Es können auch wieder nur Arten der verbindenden Form, des sozialen Wollens, sein: Trieb von vereinigenden Gewalthabern, Setzen technisch bestimmter, gemeinschaftlicher Zwecke, gesetzmäßige Art des Ausbaues sozialer Regelung.

[82] [S. 141.] *L. 1 D. de extraordinariis cognitionibus* (50, 13). Vgl. BGB. § 627.

[83] [S. 141.] Natorp, Religion innerhalb der Grenzen der Humanität (1894) S. 3.

[84] [S. 142.]. Verschieden von dieser Frage: Ob irgend eine Möglichkeit von sozialem Zusammenwirken von der sachlichen Zugehörigkeit zur Sozialwirtschaft = der Materie des sozialen Lebens auszuschließen sei — würde die weitere Erwägung sein: Ob diese soziale Materie Gegenstand nur einer wissenschaftlichen Disziplin sein solle? Zur Lösung dieses Problems sind bis jetzt nur wenige Ansätze bemerkbar. Vgl. besonders F. Schneider, Volkswirtschaftliche Blätter II. (1903) S. 184: a) Die dinglichen Beziehungen der Gesellschaftsglieder (Volkswirtschaftslehre), b) ihre persönlichen Beziehungen in geistiger (Volksbildungslehre) und c) körperlicher Richtung (Bevölkerungslehre). S. auch Dens.: Ist Statistik eine Wissenschaft? (1898) und: Volksbildung und Sozialwissenschaft, in Zeitschr. f. d. ges. Staatswiss. (1905) S. 111 ff.

[85] [S. 144.] Neumann, Grundlagen der Volkswirtschaftslehre, 1. Abt. (1889), S. 3 ff. — Auf einen Wortstreit darf es hier mit Fug nicht hinauslaufen. Wenn jemandem das Wort „Sozialwirtschaft" als kurze Bezeichnung der „Materie des sozialen Lebens" nicht gefällt, der mag ein anderes vorschlagen oder für sich wählen. Von sachlichem Werte ist hier nur die sichere Feststellung: 1. Daß der Stoff des sozialen Lebens als ein geschlossener Begriff, gegenüber der sozialen Form, genommen werden muß; 2. daß der Gedanke dieser sozialen Materie nicht anders, denn als menschliches Zusammenwirken bestimmt werden kann; 3. daß es unmöglich ist, zwischen einem „wirtschaftlichen" Zusammenwirken und einem anderen — bis jetzt noch namenlosen — Zusammenwirken nach einem sachlichen, allgemeingültigen Merkmal derartig zu unterscheiden, daß nur das erste den Stoff des gesellschaftlichen Daseins der Menschen ausmachte, das zweite davon auszuscheiden wäre. Vgl. auch Seite 191.

[86] [S. 149.] Ad. Wagner, [Anm. 30] 3. A. I § 28 S. 80. — Andere Schriftsteller geben als Eigenschaft der „menschlichen Natur" gerade die — Unwirtschaftlichkeit an. S. z. B. Anm. 107.

[87] [S. 156.] Vgl. Anm. 61 Ziff. 4. So, wenn beispielsweise von den

„politischen und sozialen Zuständen" eines bestimmten Landes und Volkes in der Geschichtschreibung gesprochen wird.

[88] [S. 156.] Für den nichtjuristischen Leser bemerke ich, daß der im Texte besprochene Grundgedanke von unserer technischen Jurisprudenz und Gesetzgebung in durchgreifender Art in der Zerteilung alles Rechtsinhaltes in öffentliches und Privatrecht verwendet worden ist. Die Unterscheidung entstammt der römischen Jurisprudenz (l. 1 § 2 D. de J. et J. 1, 1 = § 4 J. eod. 1, 1). Sie ist in der heutigen Rechtswissenschaft an Stelle der veralteten Systematisierungen der mittelalterlichen Universitäten (*ius utrumque = ius civile et canonicum*) und der deutschen Rechtsbücher (Land und Lehnrecht) getreten. Sie wird aber nicht nur im Interesse theoretischer Klarlegung und systematischer Beherrschung unserer Rechtsordnung durchgeführt, sondern ist von der heutigen Gesetzgebung in konkreter Art praktisch verwendet worden: 1. Zwecks Abgrenzung der Zuständigkeit der Reichsgesetzgebung von der Landesgesetzgebung, indem der ersteren die gemeinsame Gesetzgebung über das gesamte bürgerliche Recht zugewiesen ist, während ihr aus dem öffentlichen Recht nur die in der Verfassung besonders aufgeführten Materien zufallen (R.Verf. Art. 2; 4, 13 und R.Ges. v. 20. Dezember 1873). 2. Zur Bestimmung der Zuständigkeit der Gerichte und Verwaltungsbehörden, indem normalerweise den ersteren die Erledigung der bürgerlichen Rechtsstreitigkeiten und Strafsachen, den letzteren die des öffentlichen Rechtes außer dem Strafrechte zufällt (R.G.V.G. § 13, vgl. auch R.Verf. Art. 76). — Woraus sich im einzelnen bei der sauberen Abgrenzung beider Gebiete vielfache Bedenken und Schwierigkeiten herausstellen, die in der jetzigen Erörterung beiseite bleiben können und einer technisch-juristischen Untersuchung vorbehalten werden müssen.

[89] [S. 157.] Vgl. z. B die Schilderung der kommunistischen indischen Dorfgemeinde bei Kautsky, Marx' ökonomische Lehren (1884) S. 9 ff., wobei unwillkürlich und ganz notwendig die „politische" Verfassung in die dort beschriebene soziale Arbeitsteilung integrierend sich einfügt.

[90] [S. 161. — Der Hinweis auf S. 157 ist ein Versehen des Druckes.] S. zu dem Satze des Textes vor allem Kant, Kritik der reinen Vernunft: Transzendentale Logik a. E. — Anhang: Von der Amphibolie der Reflexionsbegriffe durch die Verwechselung des empirischen Verstandesgebrauches mit dem transzendentalen, Nr. 4 und entsprechende Anmerkung. — Vgl. auch die Erläuterungen dazu bei Mellin, Enzyklopädisches Wörterbuch der kritischen Philosophie (1797) IV. 1 s. v. Materie, Nr. 2 u. 8.

[91] [S. 161.] Aus den an sich gar nicht schwierigen Sätzen des Textes nimmt Spann [Anm. 64] 60, 470 f. die haltlose Meinung: Es könnte wegen der notwendigen Bedingtheit der sozialen Betrachtung durch die Form der äußeren Regelung „zur Trennung von Stoff und Form gar nicht fortgeschritten werden. Das Soziale wäre dann nur die Regelung, und die Sozialwissenschaft wäre reine Formwissenschaft. Um dennoch eine soziale Stoffwissenschaft zu ermöglichen, hat Stammler die Form vom alleinigen (!) sozialen Element zum bloß logisch primären „degradiert". Damit hat er einen verhängnisvollen Dualismus (?) eingeführt." — Danach meint Spann, daß der stoffliche Inhalt einer wissenschaftlichen Betrachtung und die Darlegung der formalen Bedingungen jener Betrachtung ein und dasselbe seien.

[92] [S. 166.] Die Hauptstelle findet sich in Ethic. V, 10, woselbst Aristoteles — angeblich grundlegend, aber in sachlich nicht klarer Weise — dem ἁπλῶς δίκαιον das πολιτικὸν δίκαιον gegenüberstellt und das letztere in τὸ φύσικον δίκαιον und τὸ νόμικον δίκαιον einteilt. — Weitere, mehr neben-

sächliche Belegstellen finden sich bei ZELLER, Die Philosophie der Griechen, 3. A. (1879) II, 2 S. 646 N. 1 und 2 zusammengestellt.

Außerdem habe ich die Verwertung von φύσις innerhalb der Ethik und Sozialphilosophie der Griechen nur in schwachem Anklingen an obiges und ohne scharfe Ausprägung des Sprachgebrauches bei DEMOKRIT gefunden. — S. auch L. SCHMIDT, Die Ethik der Griechen (1882) I S. 158.

93 [S. 166.] §§ 1, 2 *J. de iure naturali, gentium et civili* (1, 2); *l.* 4, 5, 6 *D. de J. et J.* (1, 1).

94 [S. 166.] *Pr. J. de iure naturali, gentium et civili* (1, 2) = *l.* 1 § 3 *D. de J. et J.* (1, 1). — S. ob. S. 94. — Eine Rechtfertigung des ULPIAN hat neuerdings PUNTSCHART, Die moderne Theorie des Privatrechtes und ihre grundbegrifflichen Mängel (1893) § 2 bes. S. 26 f. versucht.

95 [S. 166.] § 11 *J. de J. et J.* (1, 1).

96 [S. 166.] Aus dem *Corp. Jur. Canon.* kommen die für die Rechtsphilosophie wie für die allgemeine Lehre von den Rechtsquellen gleich interessanten, zumeist aber wenig beachteten 20 ersten Titel des *decretum Gratiani* in Betracht. — Aus der neueren Literatur sind als höchst beachtenswert vor allem die scharfsinnigen und anregenden Ausführungen HERTLINGS hervorzuheben. S. dessen Schrift: Zur Beantwortung der Göttinger Jubiläumsrede (1887); sodann: Naturrecht und Sozialpolitik (1893); Über Ziel und Methode der Rechtsphilosophie in Philosophisches Jahrbuch 1895, S. 117 ff., 253 ff., 273 ff. Ferner CATHREIN, Recht, Naturrecht und positives Recht (1901).

97 [S. 166.] GROTIUS, *de iure belli ac pacis* (1625), *prol.* 39; 11. — *Cf.* I, 1, 10 § 5: *Est autem ius naturale adeo immutabile, ut ne a Deo quidem mutari queat . . Sicut ergo ut bis duo non sint quatuor ne a Deo quidem potest effici, ita ne hoc quidem, ut quod intrinseca ratione malum est, malum non sit . .*

98 [S. 166.] ROUSSEAU, *contrat social* I. introd. — Cf. I, 1: *L'homme est né libre, et partout il est dans les fers . . . Comment ce changement s'est-il fait? Je l'ignore. Qu'est-ce qui peut le rendre légitime. Je crois pouvoir résoudre cette question.*

99 [S. 166.] Über ROUSSEAU s. jetzt HAYMANN, Rousseaus Sozialphilosophie (1898), u. LIEPMANN, D. Rechtsphilosophie des Rousseau (1898); darüber STAMMLER im Archiv f. system. Philosophie VII (1901) S. 484 ff. — Über das Naturrecht im allgemeinen s. noch STAMMLER, Die Lehre von dem richtigen Rechte (1902) S. 93 ff.; SALEILLES, *école historique et droit naturel:* Revue trimestrielle de droit civil, 1902 p. 1 *et suiv.*

100 [S. 167.] Vgl. hierzu STAMMLER, Die Methode der geschichtlichen Rechtstheorie (1888) S. 28 ff.

101 [S. 168.] BERGBOHM, Jurisprudenz und Rechtsphilosophie (1893), bes. S. 396 ff.

102 [S. 169.] Auch im einzelnen mag das sehr wohl versucht und durchgeführt werden. Von einem Rechte der lenkbaren Luftschiffe spricht z. B. LOTMAR, Vom Rechte das mit uns geboren ist (1893) S. 24.

103 [S. 173.] So BERGBOHM [Anm. 101] S. 416.

104 [S. 173.] ARNOLD [Anm. 3] S. 98.

105 [S. 175.] B.G.B. § 147, 2; vgl. altes H.G.B. Art. 319. — A.L.R. I, 5 §§ 97, 98. — Den Höhepunkt dieser fatalen Art kasuistischer Regelung bildet wohl A.L.R. I, 8 §§ 149—184: Von Zäunen, Planken und Scheidewänden; bes. § 158: Was von Planken verordnet ist, gilt in der Regel auch von Staketen. (!)

106 [S. 176.] Monographische Bearbeitung hat dieser vulgäre Gedanke

gefunden bei SCHÄFER, Die Unvereinbarkeit des sozialistischen Zukunftsstaates mit der menschlichen Natur, 2. A. (1890); SCHUBERT-SOLDERN, Die psychologische Unmöglichkeit des sozialdemokratischen Staates, in Grenzboten L, 3 (1891) S. 193 ff., 241 ff.; DERS., Die Bekämpfung der Sozialdemokratie vom psychologischen Standpunkte, in Grenzboten LI, 1 (1892) S. 1 ff.

[107] [S. 179.] SCHÄFER [Anm. 106] S. 21. — Man beachte, wie auch hier der angeblich natürliche Grundtrieb der Unwirtschaftlichkeit sofort mit dem z. B. von AD. WAGNER ebenso als natürlich behaupteten ökonomischen Prinzip [Anm. 86] in unversöhnlichen Kontrast tritt.

[108] [S. 180.] Dagegen ist es sehr wohl möglich, in der Negative Rechtssätze aufzuweisen, welche *a priori* als unberechtigt bestimmt werden müssen. Das in unserer Untersuchung festzustellende formale Grundgesetz des sozialen Lebens der Menschen weist für die empirisch erwachsenden sozialen Zwecke zwar nur den leitenden Richtpunkt auf; aber es steckt doch zugleich auch die Schranken, innerhalb deren überhaupt nur von objektiv berechtigten Bestrebungen auf Rechtsänderungen geredet werden darf. So können wir zwar im voraus nicht wissen, was an positiver Erkenntnis die Naturforschung uns noch bieten wird: Aber daß es keine Zauberer und Hexen geben werde, diese Negative steht naturwissenschaftlich *a priori* fest. Entsprechend in unserer Frage. Die Behandlung des Menschen als Tier muß unbedingt außerhalb dieser Schranken fallen. Menschenfresserei und Sklaventum können niemals objektiv berechtigt sein. Es ist eine trübe Verirrung, wenn man für das letztere anderer Ansicht gelegentlich gewesen ist, weil, wie angegeben wird, nur dadurch eine höhere Kultur erreicht werden könnte. Es ist nicht Erreichung einer „höheren" Kultur, wenn einzelne Menschen oder Klassen auf eine Stufe gesteigerten geistigen Genusses dadurch gehoben werden, daß andere auf ihre Menschenwürde ganz verzichten sollen!

Das wird Fortgang und Abschluß unserer Untersuchung beweisend darlegen.

[109] [S. 187.] KNIES, Die politische Ökonomie vom geschichtlichen Standpunkte, neue Aufl. (1883) S. 2. Von der positiv rechten Lösung ist freilich KNIES weit entfernt. Daß die Besonderheit der sozialen Betrachtung gegenüber der bloß natürlich-technischen grundlegend durch die Bedingung äußerer Regelung des menschlichen Zusammenwirkens geliefert wird, ist ihm fremd geblieben. — S. auch unt. zu Anm. 114.

[110] [S. 191.] Vgl. dazu STAMMLER, Die Lehre von dem richtigen Rechte (1902) S. 228 ff.

[111] [S. 192.] Insbesondere hat ADOLF WAGNER neuerdings geradezu den Ausspruch getan, daß die Nationalökonomie als Wissenschaft in einer Hinsicht angewandte Psychologie sei. [Anm. 30] 3. A. I § 2 S. 14 f. „. . Es zeigt sich nämlich, daß volkswirtschaftliche Probleme in erster Linie eben überhaupt psychologische Probleme sind und als solche aufgefaßt und behandelt werden müssen . . " Vgl. das. §§ 22 ff., bes. S. 81 ff. (Über WAGNERS Grundauffassung der Ökonomik s. auch unseren Text § 35 S. 202 ff.) Aber worauf sollen denn Lehrsätze der empirischen Psychologie, die hier allein gemeint sein kann, angewandt werden? Doch nicht auf den einzelnen Menschen in gedachter Isoliertheit, sondern auf ihn als Glied menschlicher Gesellschaft. Es wird also der Begriff der letzteren hierbei auch immer schon vorausgesetzt; und es können alle Regeln, die ein beobachtender Psychologe angeben mag, in der von WAGNER gemeinten Richtung nur Wert und Bedeutung haben, sofern sie bei der konkreten Ausführung einer

sozialen Wirtschaft eingreifen sollen. Als Gegenstand der wissenschaftlichen Betrachtung, bei welcher als Hilfsmittel die psychologische Erwägung zugezogen wird, ist auch hierbei von dem Nationalökonomen das Verhalten der Menschen im sozialen Zusammenleben gemeint; Objekt seiner Erforschung bleibt nach wie vor die konkrete Ausführung eines bestimmt geregelten Zusammenwirkens, zu dessen erkennender Durchdringung er dann allerdings das unterstützende Instrument beobachtender Psychologie verwerten kann.

Es tritt nicht eine soziale Regelung als etwas Selbständiges und Äußerliches zu vorher festgestelltem und psychologisch klargelegtem wirtschaftlichem Handeln hinzu; sondern dieses wirtschaftliche Handeln wird jetzt von vornherein als ein solches in einer menschlichen Gemeinschaft erwogen. Und es ist mithin methodisch ganz verkehrt, für eine sozialwissenschaftliche Erkenntnis von dem einzelnen Menschen und dessen angeblich unabhängiger wirtschaftlicher Natur seinen Ausgang zu nehmen. Erst innerhalb bestimmter sozialer Regelung kann man sozialwirtschaftliche Handlungen des Individuums feststellen; in ihrem Vollzuge bilden sich sozialökonomische Phänomene; zu ihrer Erklärung nach der Seite ihrer kausalen Bedingungen ist dann ein Zurückgehen auf die empirischen Bestimmungsgründe der einzelnen erforderlich. Was daraus für notwendige Folgerungen hinsichtlich der sozialen Regelung und zunächst betreffs deren konkreter Ausführung zu ziehen sind, wird sich aus unserer weiteren Erörterung ergeben. Aber als soziale Erscheinungen, als welche wir die menschlichen Handlungen dann zu nehmen haben, sind diese nur da unter der Bedingung bestimmter sozialer Regeln. Sie sind es, welche dem gemeinten Tun und Lassen der Menschen den Charakter von sozialwirtschaftlichen Vorkommnissen erst verleihen und aufprägen: Die empirische Psychologie kann nur Hilfsmittel bei der näheren Untersuchung sein, niemals aber den Begriff einer wirtschaftlichen Handlung im sozialen Sinne logisch bestimmen. Die Betrachtung von menschlichen Naturanlagen und Trieben mag in gänzlicher Abstraktion von bestimmter sozialer Ordnung bestenfalls in die Naturbeschreibung des Menschen geeigneten Ortes sich einreihen; ist aber für sich außer stande, irgendwelchen Begriff oder Lehrsatz sozialwissenschaftlicher Erkenntnis zu liefern. — Der alte Streit über das Selbstinteresse, über die Bedeutung von Egoismus und Altruismus in der Volkswirtschaft, würde sich wohl weniger unfruchtbar zugespitzt haben, wenn man sich immer bewußt vorgehalten hätte, daß es sich nur um eine Anwendung empirischer Motive auf die konkrete Durchführung bestimmt geregelten Zusammenwirkens handeln kann, und daß diese letzte das der Nationalökonomie eigentümliche Objekt ihrer wissenschaftlichen Forschungsaufgabe bietet.

112 [S. 193-] Dann ist zwischen Privatkapital, Genossenschaftskapital, Kollektivkapital usw. zu unterscheiden, wobei für die soziale Betrachtung der Nachdruck auf dem ersten, bestimmenden Teile der Ausdrücke gelegen ist. Vgl. Diehl, in Jahrb. f Nat. Ök. 3. F. XIV, 827. — In seinem neuesten bedeutsamen Werke: Ricardos Grundgesetze der Volkswirtschaft und Besteuerung (1905) führt Diehl als einen *a priori* unabhängigen Begriff der Nationalökonomie die Grundrente an und sagt von ihr, daß ihr Begriff unter „allen denkbaren“ Rechtsordnungen Geltung habe und von deren besonderem Inhalte unabhängig sei; dieser Begriff sei nach Ricardo dahin zu bestimmen: „Grundrente ist der Teil des Erzeugnisses der Erde, welcher dem Grundherrn für die Benutzung der ursprünglichen und unzerstörbaren Kräfte des Bodens bezahlt wird“ (II, 160). Diehl gibt zu, „daß

zur vollständigen Erfassung der Bedeutung der Grundrente für die Volkswirtschaft selbstverständlich die Vorfrage entschieden sein muß, an wen die Grundrente fällt" (II, 246); aber zu ihrem Begriffe sei nur der Begriff des Eigentums überhaupt nötig, nicht seine besondere Ausgestaltung. — Allein hier ist zweierlei zu scheiden: 1. Eine jede denkbare Rechtsordnung hat bestimmte Aufgaben, die als Fragen allgemeingültig auftreten. So die Frage, wer die letzte Verfügungsmacht über die verfügbaren Sachen habe — die Frage des Eigentums. Diese allgemeinen Aufgaben des Rechtes gehören begründetermaßen zu der allgemeinen Rechtswissenschaft. Würde der Begriff der Grundrente wirklich eine so unbedingte, allgemeingültige Frage an das Recht bedeuten, so würde er, als Frage, auch noch gar nicht zu der Volkwirtschaftslehre mit Fug gezählt werden können. Es würde eine so allgemeine Erwägung, die von allem Inhalte der Antwort absähe, in den systematischen Zusammenhang und deshalb unter die Untersuchungsmethode der Wissenschaft von dem Recht, als der Form des sozialen Lebens, fallen. 2. In der Tat setzt die obige Begriffsbestimmung der Grundrente nicht nur die Frage nach dem Eigentum überhaupt voraus, sondern auch die rechtliche Erlaubnis, daß der Eigentümer (wer es immer sei — Ricardo: *the landlord*) das Recht habe, durch freien Vertrag die Benutzung des Bodens einem andern zu überlassen. Und diese bejahende Ermächtigung seitens der Rechtsordnung folgt keineswegs so unmittelbar aus dem Begriffe des Rechtes, daß sie in allen denkbaren Rechtsordnungen unvermeidlich vorkommen müßte; vielmehr enthält sie bereits einen Satz mit bestimmtem Inhalte, von dem nun auch die abstrakteste Fassung des Begriffes der Grundrente abhängig ist.

[113] [S. 196.] Aus der neuesten Literatur erscheint zu dem im Texte Behandelten besonders interessant: Erdberg, J. J. Becher (1896); und Biermann, Staat und Wirtschaft, I. Bd. Die Anschauungen des ökonomischen Individualismus (1905).

[114] [S. 197.] Knies [Anm. 109] S. 133. — Hinsichtlich Roschers schalte ich noch ein, daß dieser Schriftsteller von unserer Kritik (S. 196) in diesem besonderen Punkte nicht direkt getroffen wird. Denn er verwendet das Fischbeispiel (in etwas anderer Fassung) in seinen „Grundlagen der Nationalökonomie" § 189 nicht zur Aufstellung eines Kapitalbegriffes bei einem Einsiedler (s. freilich auch Dens. a. a. O. § 16 N. 2), sondern bei einem Fischervolke, das nackt in Höhlen wohnt und sich von Seefischen nährt, welche, bei der Ebbe in Uferlachen zurückgeblieben, mit bloßer Hand gefangen werden; wobei alle Arbeiter gleich sein mögen und jeder täglich 3 Fische sowohl fängt als verzehrt. „Nun beschränkt ein kluger Mann 100 Tage lang seinen Konsum auf 2 Fische täglich, und benutzt den auf solche Art gesammelten Vorrat von 100 Fischen dazu (!), 50 Tage lang seine ganze Arbeitskraft auf Herstellung eines Bootes und Fischnetzes zu verwenden." Nun fängt der nackte Höhlenfischer 30 Fische täglich (wozu eigentlich?); und vermietet auch sein Boot und Netz, selbstverständlich gegen Entgelt: — „bei einer Verhandlung hierüber achten beide Teile ganz gewiß (!) nicht bloß auf die 50tägige Arbeit, sondern zugleich auf die 150tägige Entbehrung der vollen Speiseration"; denn es würde sonst, wenn bloß die Abnützung des Bootes und der Geräte vergütet würde, „der Darleiher gar keinen Vorteil von seinem Darlehen (sic) haben". Woraus in entsprechend primitiver Weise die aprioristische Notwendigkeit des Zinsnehmens („die Rechtmäßigkeit des Kapitalzinses") gefolgert wird.

[115] [S. 200.] Man vgl. die Anm. 10—13 zitierten Schriften von Marx.

— Die im Texte S. 199 angeführten Stellen finden sich in „Lohnarbeit und Kapital" S. 21 f. — S. bes. auch im „Kapital" II. Bd. S. 82; — I. Bd. Vorrede p. XVI sqq. — Ferner „Elend der Philosophie" p. XXVI sqq.; — u. a. a. O. m. Zum Texte S. 200 vgl. die in Anm. 15—17 genannte Literatur. Bes. ENGELS, Feuerbach S. 60 f.; Anti-Dühring S. 93; 137 ff. — KRAUSE, G., Geschichtsauffassung S. 41. — KAUTSKY, Marx' ökonomische Lehren S. 4, 5, 13, 14 ff., 27 usw. — Neue Zeit IV, 57; IV, 368 (!); V, 49; — s. ob. Anm. 17. — Der sozialistische Akademiker I (1895), S. 14 ff.: Die kommunistischen Richtungen und der freiheitliche Sozialismus, bes. bezeichnend S. 17. — S. auch BERNSTEIN, Naturwissenschaftliche Nationalökonomie in Neue Zeit XIII, 1 S. 772 ff., bes. 779. — Auch die Untersuchungen neuerer Marxisten sind über ihre Lehrmeister nicht hinausgekommen. Hervorzuheben ist jedoch der ernst gemeinte Versuch von KARNER, Die soziale Funktion der Rechtsinstitute, in „Marxstudien" I. (1904) S. 65 ff. Er fußt auf der Kritik der politischen Ökonomie durch MARX und gebraucht terminologisch noch die Wendung von dem „juristischen Überbau". Aber er sagt in der Sache schon, daß „das Recht die Bedingung der Wirtschaft ist" und gibt damit alles zu, was wir grundsätzlich in dieser Richtung gegenüber MARX postuliert haben. Und seine weiteren Ausführungen schließen sich danach an die methodische Untersuchung unseres § 50: „Die Ausbildung ökonomischer Phänomene" vollständig an.

116 [S. 202.] SCHMOLLER in Handwörterbuch der Staatswissenschaften 2. Aufl. (1901) Bd. VII s. v. Volkswirtschaft S. 543. Dazu jetzt DERS. Grundriß der allg. Volkswirtschaftslehre, 4.—6. A. (1901).

117 [S. 202.] ARNOLD [Anm. 3] S. 94 ff.; bes. S. 98, 124 ff., 152 und sonst. (S. auch ob. Anm. 104). — ARNOLDS sieben Faktoren des nationalen Lebens sind in Anm. 3 aufgezählt.

118 [S. 203.] Die hier interessierenden Ausführungen WAGNERS finden sich (in der Reihenfolge unseres Textes) an folgenden Stellen des Handbuches [Anm. 30] 3. A: I § 146 S. 350; I § 299 S. 770 ff.; I § 150 S. 356 ff.; II § 14 S. 23 ff.; — I § 124 S. 309; I § 119 S. 300. — Wenn WAGNER an einer Stelle bemerkt, daß die Nationalökonomie das Bestehen gewisser Rechtseinrichtungen voraussetze, so tut er dieses erst auf S. 788 seiner „Grundlegung" (3. A.); und auch das nur ganz im Vorbeigehen in einer Anmerkung, um es mit der kurzen Notiz alsbald zu verlassen: daß die Bedeutung dieser, wie er sagt, Rechtsbasis für die Volkswirtschaft von deren Lehre durchgängig nicht genügend und nicht richtig beachtet worden sei. — An der einen zitierten Stelle, I § 299 S. 771, rühmt WAGNER den COLBERT und dessen Wirtschaftspolitik als Beweis dafür, „wie sehr bewußte, planvoll durchgeführte Willensakte eine Volkswirtschaft künstlich (im besten Wortsinne!), wenn auch nicht schaffen, wohl aber zur Blüte bringen, erziehen, indem sie aus dem tauschwirtschaftlichen Naturgebilde der Volkswirtschaft ein Kunstprodukt machen". — Aber die alte Tauschwirtschaft war an sich kein Naturgebilde, sondern ebenfalls ein durch Menschen geregeltes Zusammenwirken. Sie ruhte auf bestimmten Rechtseinrichtungen, letztlich auf Privateigentum und Vertragsschluß, und kann begrifflich gar nicht ohne die Voraussetzung dieser Regelung des wirtschaftlichen Zusammenarbeitens gefaßt werden. Eine Regelung war also auch schon vorhanden, und sobald man die Volkswirtschaft als soziales Objekt begreifen und untersuchen will, so muß man ganz unvermeidlich jene betreffende Regelung als Bedingung solcher sozialen Erkenntnis zu grunde legen. Nur um die verschiedene Art und Weise der Regelung sozialer Wirtschaft kann es sich hier gegensätzlich handeln, nicht aber um die Gegenüberstellung von

Naturgebilde und Kunstprodukt überhaupt. — Und wenn andere oft von einem „natürlichen" Preis, z. B. des Getreides, gesprochen haben, der durch „künstliche" Machinationen in die Höhe getrieben oder gedrückt werde, so ist das nicht anders, als wenn der Schachspieler von einem „unnatürlichen" Zug redet. Es ist eine besondere Art der Benutzung und Ausführung einer bestimmten sozialen Regelung; — man streiche diese in Gedanken, und jene ganze „Natürlichkeit" des Preises ist verschwunden.

119 [S. 206.] Dabei werden allerdings sehr verschiedene Zeiten und danach schon verschiedene rechtliche Ordnungen und unter diesen wiederum verschiedenartige konkrete Ausführungen derselben nebeneinander gestellt. Die dreifache Steigerung vom Hause zum Volke zur „Welt" mag dabei geschichtlich verteidigt werden können; aber es wäre dann auch zu beachten, daß in der uns bekannten und uns speziell interessierenden geschichtlichen Entwicklung die drei Stufen schon zweimal zu beobachten waren: im Altertume bis zum vollen Bruche der antiken Kultur und dann bei den davon zunächst unabhängigen Völkern Europas. Vgl. hierüber die ausgezeichnete und überzeugende Darlegung von Eduard Meyer, Die wirtschaftliche Entwicklung des Altertums (1895, — zugleich in Jahrbücher für Nationalökonomie und Statistik Bd. 64).

120 [S. 214.] Seidler, Das juristische Kriterium des Staates (1905) S. 27: „Stammler erblickt in der äußeren Regelung das wesentliche Merkmal der menschlichen Gesellschaft. Hiergegen ist nur zu erinnern, daß die äußere Regelung selbst nur ein Produkt (NB!) der psychischen Wechselwirkung ist". — Man wird sich daran gewöhnen müssen, den Begriff des logischen Prius mitzudenken und zu handhaben; will man das aber nicht, so hat man doch kein Recht, ihn mit dem des kausalen Prius zu identifizieren. Vgl. Anm. 59. — S. auch Schmoller [Anm. 116] S. 48ff.; und dagegen mit Recht Hesse [Anm. 156] S. 15f.

121 [S. 215.] Ward, Soziologie von heute (übers. 1904) führt zwölf Bedeutungen des Wortes „Soziologie" in der neueren Literatur auf. Sie ließen sich noch vermehren.

122 [S. 215.] Barth [Anm. 38]; ferner bei Ward [Anm. 121] S. 31. Vgl. auch Wundt, Logik 2. Aufl. II, 2 S. 496; und dazu Biermann, [Anm. 198].

123 [S. 216.] In diesem negativen Betrachte kann bes. Eleutheropulos, Soziologie (1904) genannt werden. Er versucht eine empirische Soziallehre auf kritisch ungeklärter Grundlage, in der Meinung, diese sozialphilosophisch entbehren zu können. In irriger Angabe sagt er (S. 11), daß meine Ansicht die sei, daß man durch Induktion und Einzeluntersuchungen nicht zur Feststellung von besonderen Naturgesetzen gelangen könne; — während unsere Ausführungen in Wahrheit besagen, daß man durch Erforschen von einzelnen besonderen Gesetzen nicht den Begriff der Gesetzmäßigkeit klar zu stellen vermag. Denn jeder als Gesetz behauptete Lehrsatz ist eben eine Anwendung der Möglichkeit von Gesetzen überhaupt und deshalb im logischen Rangverhältnis von dieser allgemeinen Möglichkeit abhängig. Wer also über die genannte Möglichkeit in das Klare kommen will, muß dieses in eigener wissenschaftlicher Untersuchung tun, die von der wissenschaftlichen Einzelanwendung jener Möglichkeit methodisch sich trennt. Daß jenes erste auch auf Grund vorliegender Erfahrung zu geschehen hat, versteht sich von selbst; daß es nicht im Handumdrehen erledigt werden kann, dürfte auch sicher sein. Eine Verschiedenheit des Planes besteht deshalb vor allem insofern, als Eleutheropulos meint, es sei „alles von vornherein zu ignorieren" und für die soziale Forschung „einfach die Gesetze zu berücksichtigen, die von

jeher (?) als Gesetze (NB!) einer jeglichen (sic) positiv gegebenen Gesellschaft auftreten"; — während wir wünschen, uns noch außerdem über die hier verwendeten Grundbegriffe in das Klare zu bringen und die methodische Möglichkeit solcher „Gesetze" in kritischer Besinnung einzusehen.

124 [S. 216.] Vgl. Ward [Anm. 121] S. 23 ff., 6 ff.

125 [S. 216.] Literaturnachweise bei Ward [Anm. 121]; Lud. Stein, Die soziale Frage im Lichte der Philosophie 2. A. (1903) S. 27 ff., 346 ff.

126 [S. 218.] Der Fortgang unserer Untersuchung wird zeigen, daß man innerhalb der sozialen Betrachtung auch wieder im einzelnen einen Gebrauch von naturwissenschaftlicher Betrachtung machen kann. Das vermag in aller Welt zu geschehen. Man kann das Aufstellen eines mathematischen Lehrsatzes auch vom Standpunkt einer Naturerscheinung betrachten und nach deren natürlichen Ursachen fragen; aber das Wesen der Mathematik als solcher ist von der Entstehung der Lehre unabhängig, und die Wahrheit mathematischer Lehren nicht durch das Kausalitätsgesetz bedingt (vgl. Anm. 187). Nun wäre es sachlich zulässig, solche dynamischen Betrachtungen, die in ein systematisch geschiedenes Gebiet im einzelnen sich etwa bringen lassen, in eigenem Vortrage zusammen zu stellen; denn man bliebe für die Hauptsache auf dem Boden der bestimmenden Grundrichtung. Ob es aber nicht, so zu sagen, pädagogische Bedenken gegen sich hätte, mag hier dahingestellt bleiben. Die genannte, sachlich einwandfreie Klassifizierung ist, wenn ich ihn recht verstehe, auch von Rickert, Die Grenzen der naturwissenschaftlichen Begriffsbildung (1903) S. 294, vgl. 497 f., 575, 590 gemeint.

127 [S. 220.] Laveleye, Das Recht und die Sittenlehre in der Volkswirtschaft, deutsch v. Jacobi (1893) S. 14.

128 [S. 225.] Es sei eine kleine Parallele hier gestattet. Wenn beim Kegelspiele nach den festgesetzten Regeln die Kugel in der Mitte des Brettes zu verbleiben hat, so wird die Geschicklichkeit der Spieler regelmäßig eine andere sein, als wenn die Regel es gestattet, oder, wie zuweilen beim Billardspiel, es fordert, daß die Kugel vor dem Ziel an die Seite anschlägt. Und so wird Gleiches im Ernste des sozialen Lebens überall leicht beobachtet werden können. Vgl. jetzt auch Sombart, Technik und Wirtschaft (1901).

129 [S. 232.] Man ist auch hier gewohnt, davon zu reden, daß durch Zubilligung von Exportprämien sich beispielsweise die Zuckerproduktion hebe. Aber es wäre wiederum verfehlt, diesen Sprachgebrauch im Sinne kausaler Beeinflussung zu nehmen. Jene erwähnte Anordnung ist eben eine bestimmt geregelte Sozialwirtschaft an besonderem Punkte: Indem man den einzelnen durch die Prämien zu beeinflussen sucht, wird die Produktion des Zuckers in dieser Gemeinschaft in bestimmter Weise geregelt. Die Art und Weise der Regelung kann also verschieden sein, und damit ist die soziale Wirtschaft verschieden. Aber es ist nicht eine Beeinflussung der selbständig für sich dastehenden sozialen Wirtschaft — hier: der Zuckerproduktion in einem bestimmten Gemeinwesen sozial erwogen —, sondern diese Sozialwirtschaft besteht ohne irgend welche bestimmte (rechtliche) Regelung überhaupt nicht.

130 [S. 235.] Vgl. beispielsweise Kautsky in Neue Zeit V, 392 ff.: „Die Entstehung der modernen Nationalität". S. auch dens., Marx ökonomische Lehren S. 4, 5 Abs. 4, 13, 14 ff., 75, 121 ff., u. a. a. O. — Die gleiche unkritische Vermengung von technischer und sozialer „Wirtschaft" neuestens wieder bei Cunow, Neue Zeit XVIII, 2, 485 ff.

131 [S. 238.] Roscher, Grundlagen der Nationalökonomie § 58 a. E.

132 [S. 238.] Bücher, Die Entstehung d. Volkswirtschaft (1893) S. 119 ff. 4. Aufl. (1904) S. 329 ff.

133 [S. 241.] Marx, Das Kapital, 4. A. I S. 300 ff.; Elend der Philosophie, 2. A. S. 110 ff.

134 [S. 244.] Engels [Anm. 15.], Anti-Dühring 2. A. S. 253; Entwicklung des Sozialismus usw. S. 28.

135 [S. 248.] Nach dem in den §§ 26 und 29 Bemerkten (s. auch S. 191 Abs. 2) kann dieser schon vielfach eingebürgerte Ausdruck für die Einzelerscheinungen des sozialen Lebens in ihrem im Text alsbald festzustellenden Begriffe ganz unverändert stehen bleiben. Soweit jemand in relativer Art den Ausdruck „ökonomisch" dem „politisch" gegenüber stellen will, oder jenen für manche jener Erscheinungen (z. B. strafrechtlichen Charakters) vermeiden möchte, hindert nichts, den entsprechenden Terminus der „politischen" oder überhaupt „sozialen Phänomene" zu gebrauchen.

Übrigens bemerke ich zur Terminologie noch, daß sich der Ausdruck der ökonomischen Phänomene bereits bei John Stuart Mill findet, der in seinen „*Principles of political economy*" (1848) sagt, daß er als seine Aufgabe betrachte, aber nicht als Aufgabe der von ihm so genannten reinen ökonomischen Theorie „*to exhibit the economical phenomena of society in the relation, in which they stand to the best social ideas of the present time*".

136 [S. 251.] So Bekker, System des heutigen Pandektenrechtes, I. Bd. (1886) § 18 S. 46.

137 [S. 251.] In der juristischen Literatur findet sich zuweilen der unglückliche Gedanke, daß es Rechtsverhältnisse zu Menschen und solche zu Sachen gebe. Aber die Regel, die angibt, wie sich jemand zu einem bestimmten Objekt verhalten darf und soll, hat nur Sinn, sofern sie eine, inhaltlich durch jenes bestimmte, Beziehung von Menschen zu einander ordnet.

138 [S. 251.] Die beste Übersicht über diese Versuche gewährt nach wie vor Windscheid, Lehrbuch des Pandektenrechtes § 37, 8. Aufl. mit guten Zusätzen von Kipp (1900).

139 [S. 252.] Neuerdings hat Puntschart, Die fundamentalen Rechtsverhältnisse des römischen Privatrechtes (1885) und Die moderne Theorie des Privatrechtes und ihre grundbegrifflichen Mängel (1893) es mit besonderem Eifer ausgeführt, daß die nachrömische und so auch noch die heutige Rechtslehre zu einseitig von dem Begriffe des subjektiven Rechtes anstatt demjenigen des Rechtsverhältnisses ausgehe. Aber er wird wohl den Vorgängern — namentlich Savigny, System des heutigen römischen Rechtes I. Bd. (1840) §§ 52 ff. — nicht ganz gerecht, welche zum guten Theile die Priorität des Begriffes Rechtsverhältnis sachlich richtig hervorgehoben haben und sich überhaupt mehr in der äußeren Formulierung, als in der Sache selbst dann von dem auch von uns im Text vertretenen Standpunkte entfernen. — Wenn Puntschart jetzt in dem zweiten angeführten Buche den Ausdruck „Rechtsverhältnis" verwirft und ihn durch „Rechtsverband" ersetzen will (als dem *iuris vinculum* oder *iuris nexus* der römischen Juristen mehr entsprechend), so kommt hierauf nicht viel an. Die beiden Ausdrücke sind übrigens für ganz verschiedene Begriffe seit langem festgefahren — Rechtsverband für Vereinigungen mit gemeinsamem einheitlichen Ziele, Rechtsverhältnis für jede rechtlich geordnete Beziehung unter Menschen überhaupt —, daß eine terminologische Revolte mit sachlich so geringem Anlasse schwerlich Aussicht auf Erfolg haben dürfte.

140 [S. 256.] Eine klare Auseinandersetzung mit der österreichischen

Schule findet sich bei CONRAD SCHMIDT, Die psychologische Richtung in der neueren Nationalökonomie, in Neue Zeit X, 2 S. 421 ff., 459 ff.

[141] [S. 257.] Wohin besonders die Kontroverse über die Durchschnittsprofitrate gehört. Vgl. C. SCHMIDT, Die Durchschnittsprofitrate auf Grundlage des Marxschen Wertgesetzes (1888). Dann die Aufsätze in Neue Zeit XI Nr. 3, 4, 19, 32; XIII Nr. 18; — XII Nr. 42; XIII Nr. 11, 16, 17, 20. — ENGELS im Vorwort zu Marx Kapital III. Bd. — SOMBART in Archiv für soziale Gesetzgebung und Statistik, VII S. 555 ff. — Unter den Gegnern beachte man vor allem OTTO GERLACH, Die Bedingungen wirtschaftlicher Tätigkeit (1890) bes. S. 48 ff.

[142] [S. 257.] Nicht so klar und scharf bestimmt, wie die Frage nach der Auffindung eines objektiven Wertbegriffes, erweist sich die Erörterung der marxistischen Literatur über die praktische Bedeutung desselben. MARX selbst hat eine zweifelsfreie ausdrückliche Aussprache hierüber unterlassen. (Vgl. hierzu bes. SOMBART [Anm. 141] S. 575.) Es findet sich bei ihm nur die allgemeine Grundansicht, daß das Wertgesetz sich schließlich immer und überall durchsetzen werde. Aber wie ist die Notwendigkeit dieses Sichdurchsetzens gemeint? Seine Nachfolger schwanken. Am meisten scheint bei ihnen angenommen zu werden, daß es eine kausale Notwendigkeit sei; und daß das Wertgesetz etwa dieselbe Bedeutung habe, wie das Gesetz der Schwere, welches für jedes Menschen Körper gelte, auch wenn der einzelne ihm nicht folgen wolle. Aber das würde ganz unzutreffend sein. Das objektive Wertgesetz kann nur die Einheit bedeuten, die für alle Gleichsetzung von auszutauschenden Waren möglich ist. Notwendig ist es nicht, daß in jedem einzelnen Falle nach ihm gehandelt wird; es kann auch sein, daß die Privatleute für sich nur subjektiv schätzen und auf eine objektiv richtige Gleichsetzung in ihrem abwägenden Urteile ganz verzichten. Nach dem Wertgesetze würde für jede Ware ein Wert objektiv ausgemittelt werden können, indem man auf das Quantum gesellschaftlich notwendiger Arbeit oder die zur Herstellung eines Gebrauchswertes gesellschaftlich notwendige Arbeitszeit zurückgeht, welche seine Wertgröße bestimmt. Aber dieser Wert ist nicht mit dem Preise zu verwechseln, der vielfach tatsächlich von dem Werte der Ware abweichen kann und oftmals dauernd unter ihrem Werte steht; MARX führt selbst als Beispiele Gold und Diamanten an, die wohl noch nie zu ihrem vollen Werte bezahlt worden seien, sowie die von ihm als Ware bezeichnete Arbeitskraft, die lange Zeiten hindurch dauernd unter ihrem Werte bezahlt worden ist. Man darf zur Erklärung dessen nicht einfach darauf verweisen wollen (so KAUTSKY, Marx ökonomische Lehren S. 26), daß es beim Fallgesetze, wie es scheint, analog stehe, da dieses nur im luftleeren Raume zur Ausführung gelange, während der Widerstand der Luft besondere Ergebnisse hervorrufe. Der Vergleich stimmt nicht. Es wird in der Natur nicht für jeden Körper eine besondere Fallgeschwindigkeit ermittelt, die er im luftleeren Raume hätte, und dann eine solche, die ihm im lufterfüllten Raume zukommt; so wie man für jede Ware einen Wert als geronnene Arbeitszeit ermitteln kann, und dann den Preis, der ihr im sozialen Verkehr zu eigen ist. Und es hat keineswegs jeder Körper ein Gewicht, welches dem Gesetze der Schwere entspricht, und dann wieder ein solches, welches tatsächlich auftrete.

Die Lösung liegt darin, daß das Wertgesetz den einheitlichen Gesichtspunkt für das urteilende Gleichsetzen beim Warenaustausche liefert, eine Objektivität also ermöglicht, aber nicht als kausal unvermeidlich fordert. Der richtige Vergleich des Wertgesetzes ist nicht derjenige mit der Anziehungskraft der Erde, sondern mit der Erkenntnis von der

Anziehungskraft der Erde. Und man hat nicht mehr Gewähr dafür, daß das Wertgesetz *in concreto* sich durchsetzen werde, als man eine solche besitzt, daß die wissenschaftliche Erkenntnis von dem Gesetze der Schwere überall durchdringen werde.

Auch darf man nicht sagen, daß das Wertgesetz unentbehrlich sei, um die sozialökonomischen Phänomene der heutigen Wirtschaft unserem Denken überhaupt zugänglich zu machen; vielmehr ist es eine Bedingung, wenn wir objektiv richtige Gleichsetzung auszutauschender Waren vornehmen wollen. Da die Gleichsetzung der Waren nicht einer diesen an sich zukommenden Qualität entstammt, sondern nur in unserem Urteile besteht: so ist es offene Frage, ob dieses Urteil nur subjektive Gültigkeit hat oder ob es — in Befolgung des Wertgesetzes — objektiv richtig ist, Und nicht von jedem Austauschenden kann man sagen, daß er — sei es auch unbewußt — dem Wertgesetze notwendig folge, sondern nur von demjenigen, welcher bei dem Austausche die betreffenden Waren in gegenständlich begründeter Wertschätzung einander gleichsetzt.

Womit die Bedeutung eines objektiv möglichen Wertgesetzes nicht herabgedrückt, sondern in wissenschaftlich korrekter Weise bestimmt ist. Vgl. Stammler, D. Lehre v. d. richtigen Rechte (1902) S. 294 ff. Nur darf man meine Ausführungen nicht so auffassen, als ob sie die Wertlehre von Marx „auslegen" und nur mit anderen Worten darstellen wollten, was Marx sachlich gemeint habe. Eine solche innere Übereinstimmung nehme ich nicht an. Ich vindiziere für Marx nur das Verdienst, daß er nach einem objektiv richtigen Wertmaßstab bei dem Tauschen, in erkenntniskritischem Sinne, klar und bewußt gefragt hat. — Aus der neuesten Literatur: Max Adler in Marxstudien (1904) XV. bes. S. 377 ff.; Diehl, Ricardo (1905) II, 1 S. 97 ff.; 136 ff.

143 [S. 260.] Würde der Cäsarenwahnsinn als soziales Phänomen zu nehmen sein? — Die Frage wird schwer zu lösen sein. Die Geschichte liefert eine Massenerscheinung von geisteskranken absoluten Herrschern; diese aber zu verstehen und als unter sich zusammenhängend darzutun, dürfte nicht leicht angehen. (So auch Neue Zeit V S. 379.)

144 [S. 262.] Es ist dieses vor allem der Gedanke der preußischen Enquete von 1882. Sie nahm als „Güter" solche Grundstücke, die zu einem Grundsteuerreinertrag von rund 500 Talern und mehr eingeschätzt waren, als „Bauernhöfe" solche mit 100—500, als „Bauernstellen" solche mit 30 bis 100 Talern Grundsteuerreinertrag. Der Parzellenbesitz wurde sonach ausgeschlossen, weil bei ihm der Grundsteuerreinertrag keinen hinreichenden Maßstab mehr bietet. Ferner mußten die Familienfideikommisse und Stammgüter ausgeschieden werden, weil sie nicht in gleicher Weise, wie das freie Eigentum, Hypothekenschulden unterworfen werden können.

145 [S. 262.] Fälle unwillkürlicher Verwertung dieser Klassifikationen finden sich vielfach. Ein besonders deutliches Beispiel gewährt Lafargue, Das ökonomische Phänomen von 1789, in Neue Zeit III S. 246 ff.

146 [S. 262.] § 5 *J. de iure personarum* (1, 3): *In servorum condicione nulla differentia est.*

147 [S. 265.] Ich sehe keinen Grund ein, den von unserer Gesetzgebung gelegentlich verwerteten Begriff der sozialen Klasse in anderer Bedeutung zu nehmen, als nach unserer Begriffsbestimmung im Text geschehen ist. So z. B. St.G.B. § 130: „Wer in einer den öffentlichen Frieden gefährdenden Weise verschiedene Klassen der Bevölkerung zu Gewalttätigkeiten gegeneinander öffentlich anreizt . . ." Klasse der Bevölkerung ist hiernach Inbegriff aller derjenigen, in deren Person nach einem

der vier von uns beschriebenen Kriterien in gleichartiger Weise Rechtsverhältnisse sich vereinigen. Daß sich dieses bei den einzelnen Subjekten durchkreuzen kann, ist von keinem Einflusse. Dagegen erscheint es ganz vag, ja unbestimmbar, wenn unter Klasse der Bevölkerung alle die zusammengefaßt werden sollen, welche „durch gemeinsame Interessen" mit einander verbunden wären, ja sogar solche, die übereinstimmend irgend eine wissenschaftliche, politische, religiöse Ansicht teilten, sofern dies nur „dauernd" vorläge. Material hierzu bei LISZT, Lehrbuch des Strafrechtes, 13 A. (1903) § 174, III, 4. Symptomatisch von Interesse: A. BAUER, *les classes sociales* (1902); darüber Neue Zeit XXII, 2, 62. — Über „Klassen" in der Agrarfrage s. Neue Zeit XVII, 1, 78.

148 [S. 268.] Ein Beispiel hierfür aus der neuesten Zeit. In Frankreich galt bis 1884 das Gesetz vom 17. Juni 1791, wonach die demselben Berufe und Gewerbe Angehörigen sich nicht in festen Vereinen zusammenschließen durften (durch den *code pénal* Art. 291 auf Verbot aller Vereinigungen von mehr als 20 Personen ohne Regierungsgenehmigung ausgedehnt). Trotzdem haben jahrzehntelang Syndikate von Industriellen und Arbeitern bestanden und im März 1884 schätzte der Handelsminister die bestehenden gesetzwidrigen, aber geduldeten Syndikate auf etwa 530! Als nun das Gesetz vom 21. März 1884 die Bildung von Syndikaten seitens Personen, welche denselben Beruf haben, gestattete, so weigerten sich die Arbeiter, den Bedingungen dieses Gesetzes, besonders den darin vorgesehenen Formalitäten, nachzukommen; und die Regierung ignorierte dieses wiederum jahrelang. — Dieses war freilich ein negatives soziales Phänomen von stärkster Tragweite. Denn als nun, nach massenhaften und jahrelangen Vorgängen der Gesetzesverletzung, die Regierung dem Rechte Achtung verschaffen wollte und die Arbeitsbörse in Paris ob des rechtswidrigen Verhaltens der Arbeitersyndikate plötzlich schloß, brachen jene revolutionären Unruhen aus, deren Zeuge wir im Sommer 1893 waren. — Vgl. GERLACH in Schles. Z. 1893 Nr. 484.

149 [S. 272.] ENGELS, Anti-Dühring 2. A. S. 4 ff. — Entwicklung des Sozialismus usw. S. 19 ff.

150 [S. 274.] Material bei WAGNER [Anm. 30] 3. A. II § 14 S. 23 ff.

151 [S. 275.] MARX, Das Kapital I. Bd. 4. A. S. 336.

152 [S. 277.] ARNOLD [Anm. 3] S. 90 ff., und die dort zitierten Schriftsteller, bes. KNIES. — Ungewöhnlich schwach: PÖZL, Über den Rechtssinn (1868).

153 [S. 279.] So sprechen die Marxisten von „dem Gesetze der großen Zahlen" (s. z. B. die Ausführung von KAUTSKY, Marx' ökonomische Lehren S. 121). Die sachliche Bedeutung der unter jenem Ausdrucke zusammengestellten Beobachtungen wird durch das im Texte Bemerkte gegeben.

154 [S. 281.] LIST in Deutsche Vierteljahrsschrift (1840) S. 142 ff. Im gleichen Jahrgange ist der treffliche Aufsatz desselben Autors „Über das Wesen und den Wert der nationalen Erwerbsproduktivkraft" enthalten.

155 [S. 284.] MARX, Das Kapital I. Bd. 4. A. S. 109—113; vgl. ebenda p. XVII. — S. auch die Paraphrase des Gedankens bei KAUTSKY, Marx' ökonomische Lehren S. 58 f., 81.

156 [S. 287.] Im Text hatte ich nur das Verhältnis von Darwinismus zur sozialen Ökonomie herauszuheben Anlaß. Daneben kann noch zweierlei erwähnt werden. 1. Es ist in der neueren Literatur nicht selten versucht worden, den Darwinismus bald gegen, bald für den modernen Sozialismus zu verwerten. Vgl. bes. ZIEGLER, Die Naturwissenschaft und die sozialdemokratische Theorie (1894) [gegen]; FERRI, Sozialismus und moderne

Wissenschaft, deutsch von Kurella (1895) [für]. Sodann: Neue Zeit VIII S. 326 ff.; IX S. 171; XII, 2 S. 68 ff.; XIII 1 S. 709 ff., 779. Vgl. auch ob. Anm. 41. — 2. Man hat allgemeiner gefragt: Was man aus den Prinzipien der Deszendenztheorie für die innere Politik und die Gesetzgebung der Staaten lernen könne? Auf Grund einer in dieser Weise ausgeschriebenen Preisaufgabe liegen nun eine Anzahl von Schriften vor, die gekrönten unter dem Gesamttitel „Natur und Staat". Durch klare Stellung und sichere Aufnahme der notwendigen Vorfrage nach der grundsätzlichen Möglichkeit der Nebeneinanderstellung von Deszendenztheorie und Sozialwissenschaft zeichnet sich das Buch von Hesse, Natur und Gesellschaft (1904) aus. Vgl. hierüber Biermann in Jahrb. f. Nat.-Ök. 3. F. XXVII, 681 ff. — Es ist zweifellos, daß die soziale Betrachtung aus einer selbständigen Aufnahme des Gedankens der Entwicklung sachlichen Nutzen ziehen wird und daher von dem Vorbild, das die Naturwissenschaft in der Verwendung dieses Gedankens überhaupt gegeben hat, lernen mag. Dagegen ist es unmöglich, soziale Lehrsätze mit stofflich besonderem Inhalte kurzerhand aus solchen Sätzen der Entwicklungslehre herüberzunehmen. Siehe Stammler, Die Lehre von dem richtigen Rechte (1902) S. 616 f. (Diesen grundsätzlichen Unterschied zwischen formaler Anregung einerseits und einer Übertragung material ausgebauter Lehrsätze andererseits verkennt Ziegler, Einleitung zu dem vorhin zitierten Sammelwerk „Natur und Staat" S. 13 N. 1.)

157 [S. 287.] Wie oben im § 36 näher dargelegt ist. — Die durch unsere Ausführungen getroffenen unfertigen und unkritischen Wendungen des sozialen Materialismus finden sich in unserer Darstellung desselben namentlich S. 25 Abs. 2, 41, 43 Abs. 2 und 3, 44, 60 Abs. 3.

158 [S. 291.] So z. B. das in Anm. 9 zitierte Buch von Schulz, Die Bewegung der Produktion.

159 [S. 302.] In bester Art sind unsere Ausführungen neuestens für die Fragen der Wohlfahrtspflege verwertet worden. Vgl. hierüber vor allem die treffliche Schrift von Erdberg, Die Wohlfahrtspflege (1903); und dazu die Erörterung zwischen ihm und F. Schneider in Volkswirtschaftl. Blätter II. (1903) S. 30 ff.

160 [S. 306.] Kant, Idee zu einer allgemeinen Geschichte in weltbürgerlicher Absicht (1784) i. Anf. (Hartenstein IV, 293.)

161 [S. 306.] Savigny, Zeitschr. f. geschichtl. Rwiss. (1815) S. 4 ff.

162 [S. 306.] Savigny, System des heutigen römischen Rechtes I (1840) S. 14 ff. — S. auch ob. Anm. 8 u. 100.

163 [S. 311.] Savigny, Vom Beruf unserer Zeit für Gesetzgebung und Rechtswissenschaft (1814, 3. A. 1840) S. 12. — Dagegen schon mit Recht Jhering, Geist des römischen Rechtes I, 2. A. (1866) § 1.

164 [S. 315.] Anders aus der neueren Zeit besonders die treffliche Darstellung von Eugen Huber, System und Geschichte des Schweizerischen Privatrechtes, IV. Bd. (1894). Vgl. bes. S. 4 ff., 210, 300 ff.

165 [S. 321.] Karl Ludwig von Haller, Restauration der Staatswissenschaft oder Theorie des natürlich-geselligen Zustandes der Chimäre des künstlich-bürgerlichen entgegengesetzt, 6 Bde. (1816—1825). Hierher gehört bes. I, 12. bis 19. Kapitel.

166 [S. 321.] Gewöhnlich wird Spinoza, *tract. theolog.-polit.* (1670) c. 16 als besonderer Begründer eines „Rechtes des Stärkeren" angeführt. S. hierüber jetzt Worm, Spinozas Naturrecht, in Arch. f. Gesch. d. Philosophie XVII (1904) S. 500 ff. — Meine Stellung dazu ist diese: 1. Spinoza charakterisiert sich durch zweierlei: a) Er will alle Dinge in ihrer notwendigen Bestimmtheit nehmen und in einer einzigen, naturgesetzlichen Einheit —

der „Substanz" – erfassen. Diese letzte Einheit sucht er jedoch nicht in dem Bewußtsein, sondern projiziert sie nach außen. Die systematische Gegenüberstellung eines Reiches der Wahrnehmungen und eines Reiches der Zwecke als getrennter Grundrichtungen im Inhalte des menschlichen Bewußtseins würde seine Lehre nicht kennen wollen. Zwecke kommen für sie nur als Eigenschaften des Menschen insofern in Betracht, als dieser ein Objekt der Naturbetrachtung ist. b) Seine Darstellung ist ein ständiges Bemühen, die Übereinstimmung aller möglichen Sonderfragen mit jenem Grundgedanken aufzuweisen. Dagegen fehlt die kritische Besinnung auf die Berechtigung jenes Grundgedankens, auf die Möglichkeit einer logisch letzten Einheit und den berechtigten Gebrauch des Substanzbegriffes. — 2. Beides zeigt sich bei dem „Naturrecht" Spinozas. Dieses Wort ist bei ihm gleich „Naturgesetz": Es sind die Regeln, die ein jedes Wesen (auch „die großen Fische") zur Äußerung seiner Eigenart, in Sein und Wirken, bestimmen. In diesem Sinne hat „der Stärkere" recht, aber genau ebenso sind auch die animalischen Funktionen des Menschen natürlichen Rechtens, desgleichen alle kausal getriebenen Lebensäußerungen sonstiger Dinge. So gibt es nach dieser Lehre keine eigenartige „soziale" Betrachtung, die der „Natur" grundlegend gegenüber stände, alles geht in dem einigen Flusse des naturgesetzlichen Waltens der Substanz auf. — 3. Einen kritisch begründeten Beweis hat Spinoza auch für diesen Teil seiner Lehre nicht erbracht. Ein solcher Beweis müßte dartun, daß es absolut unmöglich sei, das menschliche Gesellschaftsleben unter einer anderen und eigenen obersten Einheit zu begreifen, wie die Erscheinungen der Natur. Das liegt nicht vor. Aber es ist zum andern auch inkonsequent und unklar, wenn Spinoza annimmt, daß er nach seiner Methode eine Erklärung der Rechtsordnung geben und die Frage nach dem *optimus rei publicae status* aufwerfen könne. a) Denn wenn er für jenes sagt: Die Menschen unterwerfen sich dem Rechte, weil sie im Staate das kleinere Übel im Vergleiche zur Anarchie sehen, so ist in systematischer Hinsicht (selbstverständlich nicht: in genetischer) der Zweckgedanke eingeführt und nur nicht folgerichtig durchgeführt. Es ist der Gedanke der Wahl als positiv geltend verwendet, der doch bei bloßer Beobachtung natürlicher Äußerungen in Wahrnehmungen keinen logischen Sinn haben würde. b) Allein Spinoza führt sogar aus, daß es recht gut sei, daß wir in der Staatsgemeinschaft zusammengefaßt sind, weil diese ein angemessenes Mittel zur Erreichung der natürlichen Bestimmung der Menschen sei. Sobald jedoch der Gedanke des „Mittels" sich ernsthaft einschiebt, und nicht bloß ein hingeworfenes Wort bedeuten würde: so ist für die Frage der Veränderungen neben der Reihe von Ursachen und Wirkungen eine neue, zweite und selbständige Ordnungsreihe eingeführt, deren kritische Bedeutung wiederum klar gelegt und in ihrem systematischen Sinne unter einer eigenen grundlegenden Einheit begriffen sein will. Und es ist hierbei gleichgültig, wie beschaffen der Zweck sein mag, für den ein bestimmtes Vorhaben ein angemessenes Mittel ist: Auch wenn es bloß ein bedingtes Ziel wäre, das zur Erörterung steht, so daß die Erwägung des Mittels nur ein „hypothetischer" Imperativ ist (so Worm a. a. O. S. 513), so hat man längst die Grenze der Beobachtung von Bewegungen der Substanz im Raume überschritten und ist im „Reiche der Zwecke" mitten darin. — Sofern Spinoza die Frage nach Recht und Staat und sozialem Leben in ihrer selbständigen Möglichkeit verneint, ist seine Aufstellung eine dogmatisch vorgetragene Lehre und kritisch unbewiesen; sofern er eine eigene Erklärung der Rechtsordnung und ein Urteil über ihren Wert mit seiner einzigen naturgesetzlichen Methode liefern möchte, verstrickt er sich in unlöslichen Widerspruch und führt die eingebrachten Gedanken nicht folgerichtig aus.

[167] [S. 321.] GUMPLOWICZ in verschiedenen Schriften, bes. Rechtsstaat und Sozialismus (1881); Grundriß der Soziologie (1885).

[168] [S. 322.] Das Recht des Stärkeren muß also genauer heißen: das Recht des sozial Stärkeren; und da wir in der Geschichte als soziale Ordnung grundsätzlich nur rechtliche Ordnung kennen, so käme man dazu, das Recht des rechtlich Stärkeren zu postulieren!

[169] [S. 324.] Ein hübsches schematisches Beispiel einer äußerlich zerhackenden Darstellungsweise neuestens bei FRANZ, Die ersten 125 Jahre amerikanischer Geschichte, in Neue Zeit XIX, 1, 644 ff.: In vier Perioden (mit den Grenzen von 1789 und 1860 und etwa 1890) eingeteilt, in denen jedesmal erst „ökonomische“ Geschichte und dann „politische“ Geschichte aufeinander folgen.

[170] [S. 327.] In vereinzelter Weise lehrt A. S. SCHULTZE, Privatrecht und Prozeß in ihrer Wechselbeziehung (1883), daß das Grundgesetz der Entwicklung des Prozeßrechtes darin gelegen sei, daß jedes konkrete Prozeßsystem und die Bedeutung und Natur der einzelnen Prozeßakte in demselben in letzter Linie bedingt ist durch die rechtliche Natur der Privatrechtsquellen; so daß jede fundamentale Verschiebung dieser letzteren eine Umgestaltung der Gerichtsverfassung und des Verfahrens notwendig zur Folge hat.

[171] [S. 329.] So DODGE in seinem Buche über die heutigen Indianer des fernen Westens, nach KAUTSKY, Marx' ökonomische Lehren S. 8 f.

[172] [S. 331.] In dieser Weise wird MARX' Lehre des Sozialismus von seinen Anhängern nicht selten formuliert; so z. B. Neue Zeit III, 181. — Besser und korrekter ENGELS, Anti-Düring [Anm. 15] S. 139.

[173] [S. 332.] MARX, Das Kapital I. Bd. 4. A. S. 580.

[174] [S. 338.] Vgl. hierüber die ausgezeichnete Darstellung von STADLER, Die Grundsätze der reinen Erkenntnistheorie in der Kantischen Philosophie (1876); hier bes. § 198.

[175] [S. 339.] Für eine Förderung und Lösung der alten schwierigen Frage nach dem Verhältnis von Freiheit und kausaler Notwendigkeit halte ich das schärfste Festhalten an der Methode kantischer Erkenntniskritik für unerläßlich. KANT selbst stellt die Schwierigkeiten dabei noch zu groß dar. (Vgl. außer der Kritik der praktischen Vernunft (1788) namentlich Kritik der reinen Vernunft (1781) S. 537 ff., 2. A. (1787) 565 ff.; Prolegomena zu einer jeden künftigen Metaphysik, die als Wissenschaft wird auftreten können (1783) S. 151 ff.) — Dagegen findet sich eine treffliche Hervorhebung der grundlegenden Gesichtspunkte bei NATORP, Religion innerhalb der Grenzen der Humanität (1894) S. 36 ff.; ders., Sozialpädagogik, 2. A. (1904) bes. § 6. Vgl. auch neuestens WINDELBAND, Über Willensfreiheit (1904), bes. XI. Vorles.

[176] [S. 343.] Eine sichere Abfertigung hat die Hervorhebung einer bestimmten Art von Kausalität, nämlich der psychologischen Bestimmungsgründe als einen komparativen Begriff von Freiheit bei KANT, Kritik der praktischen Vernunft gefunden; s. das. I. Teil 1. Buch a. E.: Kritische Beleuchtung der Analytik der reinen praktischen Vernunft, bes. (Ausgabe von Hartenstein) IV. S. 212 ff.

[177] [S. 349.] KANT, Prolegomena [Anm. 175] § 38; ein Paragraph, der in mustergültig konziser Art den Grundgedanken des kantischen Kritizismus für die Theorie der Erfahrung darlegt. Man kann sagen, daß wer diesen

§ 38 richtig erfaßt und verstanden hat in dem Studium der „Kritik der reinen Vernunft“ nur noch Einzelschwierigkeiten für sich finden wird. — Vgl. zu der Ausführung im Texte noch Kritik der reinen Vernunft 1. A. 127: „So übertrieben, so widersinnig es also auch lautet, zu sagen: Der Verstand ist selbst der Quell der Gesetze der Natur, und mithin der formalen Einheit der Natur, so richtig und dem Gegenstande nach, nämlich der Erfahrung angemessen ist gleichwohl eine solche Behauptung. Zwar können empirische Gesetze, als solche, ihren Ursprung keineswegs vom reinen Verstande herleiten, so wenig, als die unermeßliche Mannigfaltigkeit der Erscheinungen aus der reinen Form der sinnlichen Anschauung hinlänglich begriffen werden kann. Aber alle empirischen Gesetze sind nur besondere Bestimmungen der reinen Gesetze des Verstandes, unter welchen und nach deren Norm jene allererst möglich sind, und die Erscheinungen eine gesetzliche Form annehmen, sowie auch alle Erscheinungen, unerachtet der Verschiedenheit ihrer empirischen Form, dennoch jederzeit den Bedingungen der reinen Sinnlichkeit gemäß sein müssen.“

[178] [S. 350.] KANT [Anm. 177 a. E.] 2. A. S. 234.

[179] [S. 364.] STIRNER, Der Einzige und sein Eigentum (1845). — Vgl. STAMMLER, Die Theorie des Anarchismus (1894) S. 13 ff.

[180] [S. 368.] BARTH in Vierteljahrsschrift f. wissensch. Philos. 23, 333 faßt meine Lehre so auf, daß „vor der Zukunft die Kette der Kausalität abbräche“, und „die Kausalität für die Natur gilt, aber nicht für menschliche Handlungen“. — Das ist ein lediglich Mißverständnis. Ich habe das Gegenteil des zweiten Satzes gelehrt, den BARTH als meine Lehre berichtet, und verweise wiederholt auf die doch deutlichen Sätze unseres Textes. Aber es entspricht auch nicht meiner Darlegung: daß man bei der doppelten Art, sich künftige Handlungen vorzustellen, von der jetzigen Lage des gerade darüber denkenden Subjektes auszugehen hätte. Es handelt sich vielmehr um die systematische Unterscheidung abstrakter Gedankenreihen; dabei versteht es von sich selbst, daß wir nach Zwecken bei Handlungen fragen können, die längst hinter uns in der Vergangenheit liegen, und nach notwendiger Bewirktheit von Handlungen, die in dem kommenden Jahrhundert erst geschehen werden. Vgl. STAMMLER, Die Lehre von dem richtigen Rechte (1902) S. 186 f.

[181] [S. 369.] Ich erlaube mir, auf diese Sätze der ersten Auflage meines Buches diejenigen wiederholt hinzuweisen, welche eine Schwierigkeit in der Aufgabe gefunden haben: richtiges Wollen im besonderen Falle zu beschaffen. Diese Schwierigkeit hat sich aber, soviel man sieht, mehr für solche gezeigt, die es mit dem sozialen Wollen und dem richtigen Rechte zu tun haben, als für die Lehrer des sittlichen Wollens i. e. S. (s. § 69); und in jenem ersten ist die Frage zumeist innerhalb der Rechtsprechung und sonstigen Verwirklichung von bestehendem Rechte aufgetreten, und weniger für die Betätigung in der Politik und bei dem Setzen neuen Rechtes. Da man nämlich bei der Entscheidung von Rechtsfällen in besonderer Lage empirische Erwägungen als Argumente brauche, so sei bei der Aufgabe, grundsätzlich richtiges Recht zu finden, nicht die Bestimmung auf die formal maßgebenden Grundsätze zu Hilfe zu nehmen, sondern nach den „in einer Rechtsgemeinschaft herrschenden Anschauungen“ zu verfahren (so bes. MAYER [Anm. 182] S. 196). — Über diese Bedenken ist folgendes zu bemerken.

1. Es können sich über häufiger wiederkehrende Fragen eines richtigen sozialen Wollens gewisse subsumierende Urteile bilden, die in weiteren Kreisen von Rechtsunterworfenen übereinstimmen, z. B. über Verwerflich-

keit von geschlechtlichem Mißbrauch; obgleich solche „Normen“ wohl niemals ohne sachlichen Widerspruch geblieben sind und in der Regel sehr vag sich ausnehmen und näherer Begrenzung harren (vgl. für das eben genannte Beispiel die juristischen Erörterungen über Gültigkeit des Verkaufes eines Bordellhauses, neuestens in „Das Recht“ 9, 331). Und dann wäre es ja an und für sich auch möglich, daß ein Gesetzgeber die Parteien eines Rechtsverhältnisses oder den Richter in einem Streite dahin anwiese: lediglich nach solchen Meinungen anderer Personen sich zu richten, ohne weiter sie kritisch zu prüfen; eine solche „Aktenversendung“ an hypothetisch angenommene „herrschende Anschauungen“ würde eben in dem gleichen Sinne zu betrachten sein, wie etwa die Verweisung eines letzten Willens auf einen Testamentsvollstrecker. — Allein es ist nicht bewiesen, daß unsere heutige Gesetzgebung mit der Anordnung, daß nach „billigem Ermessen“ oder nach „Treu und Glauben“ usw. geurteilt werden solle, auf solche schon gefällte Präjudizien „herrschender Anschauungen“ gezielt hätte, die in einem fingierten zweiten Kodex — mit der ungeheuerlichen Annahme einer stofflich absoluten Vollständigkeit — bereit ständen; die gesamte Geschichte der uns interessierenden Rechtsordnungen spricht dagegen. Falls dem aber anders sein sollte, so wäre doch niemals die theoretische Frage zum Schweigen gebracht: Ob derartige, hypothetisch angenommene Normen, die über dem technisch geformten Rechte ständen, selbst wieder sachlich begründet sind und in sich ein grundsätzlich richtiges soziales Wollen bedeuten? Für die Behauptung, daß die in einer besonderen Rechtsgemeinschaft „gerade herrschenden Anschauungen“ unter allen Umständen und notwendiger Weise das in dieser Lage prinzipiell Richtige darstellten und sich niemals darin versehen könnten, ist doch schlechterdings nicht der geringste Grund ersichtlich.

2. Wenn also wirklich festgestellt werden soll, ob ein bestimmtes soziales Wollen die Eigenschaft „richtig“ besitze, so kann dieses gar nicht anders bewiesen werden, als dadurch, daß man fragt: worin der formale Begriff „der Richtigkeit“ eines besonderen geschichtlichen Rechtsinhaltes bestehe, und dann prüft: ob die gegebene Eigenart jenes bestimmten sozialen Wollens mit der allgemeinen Art sozialer Gesetzmäßigkeit zusammenstimme. — Als den gesetzmäßigen Grundgedanken des Rechtes fanden wir den der Gemeinschaft: den Gedanken des gemeinsamen Kampfes um das Dasein, des gemeinschaftlichen Zusammenwirkens. Es ist dann ein rechtliches Ansinnen innerlich begründet, wenn es in der formalen Richtung des Gedankens liegt, daß es den andern doch als Gemeinschafter achtet und teilnehmen läßt, und es wird an dem Punkte grundsätzlich unrichtig, wo sein besonderer Inhalt in einer formalen Art auftritt, die mit der Form des Gemeinschaftsgedankens nicht stimmen will. So strahlen aus der letzteren zwei Arten reiner Methoden aus, welche die Grundsätze des richtigen Rechtes bedeuten: a) des Achtens: Es darf nicht den Inhalt eines Wollen der Willkür eines anderen anheimfallen; jede rechtliche Anforderung darf nur in dem Sinne bestehen, daß der Verpflichtete sich noch der Nächste sein kann; b) des Teilnehmens: Es darf nicht ein rechtlich Verbundener nach Willkür von der Gemeinschaft ausgeschlossen sein; jede rechtlich verliehene Verfügungsmacht darf nur in dem Sinne ausschließend sein, daß der Ausgeschlossene sich noch der Nächste sein kann. — Daß hiermit die Methode des richtigen Rechtes entdeckt ist, unter welcher alles konkrete, stofflich gefüllte soziale Wollen zu richten und zu bestimmen ist, dagegen ist etwas Bemerkenswertes nicht vorgebracht worden.

3. Nun aber ist es ein Mißverständnis, zu meinen: daß die genannten Grundsätze des richtigen Rechtes in konkreten Rechtsfragen selbst schon als Obersätze funktionieren sollten, der zu richtende Rechtsfall als Untersatz, der im Syllogismus einfach unter jene Grundsätze zu subsumieren wäre. Solche Mißverständnisse rühren aus einer mangelnden Vertrautheit mit der methodischen Unterscheidung von „Form“ und „Stoff“ her. Es ist ganz selbstverständlich, daß eine Regel, unter welche — als Obersatz — ein gegebener Tatbestand — als Untersatz — gebracht werden soll, eine Regel von empirisch bedingtem Stoffe sein muß. Aber es besteht der einfache und leicht einzusehende Unterschied, daß einmal diese empirisch bedingte Regel vom Gesetzgeber im voraus schon technisch geformt und zur weiteren, allgemeinen Anwendung bereit gestellt worden ist, — oder aber, daß sie im einzelnen Falle und für diesen erst gefaßt und festgestellt werden soll. Auch in diesem letzten Falle (da nach „Treu und Glauben“, nach „Billigkeit“ usw. zu urteilen ist) besteht die Regel, die nun als Obersatz des Urteiles dienen soll, aus empirisch bedingtem Stoff; er wird dem Urteilenden in dieser besonderen Lage geliefert (s. Nr. 4). Aber die formale Art, in der sich die hier auftretenden Wahlmöglichkeiten bewegen, kann verschieden sein; und dann haben — wenn richtiges Recht sein soll — die obigen Grundsätze einzugreifen. Das, was wir „Grundsätze des richtigen Rechtes“ nennen, sind also an und für sich keine Regeln noch Obersätze für rechtliche Schlußfolgerungen, — sondern methodische Weisen, einen nötigen und geforderten Obersatz erst herzustellen. Die Grundsätze bringen von sich aus nichts hervor (so oft und deutlich betont in meiner „Lehre von dem richtigen Rechte“, — vgl. bes. S. 214 Abs. 3). Sie bedeuten nichts anderes, als eine formale Art von Gedankenrichtung: Irgend eine formale Richtung der Gedanken steckt in jedem Obersatz, eine richtige oder unrichtige; aber der formale Charakter der Regel ist nicht diese selbst, sie für sich ist aus geschichtlichem Stoffe zu bilden.

4. Dieser empirische Stoff ist nun in jeder hier relevanten Frage gegeben. Er wird durch konkrete Bestrebungen und Anforderungen, durch Klagen und Einwendungen geschichtlich geliefert. Wenn er nicht vorliegt, und kein besonderes und bedingtes Streben und Wollen besteht, so haben wir die Aufgabe, im besonderen Falle richtiges Recht herzustellen, überhaupt nicht. So aber bestehen jedesmal die Möglichkeiten verschiedener Wahl zwischen entgegengesetztem Wollen und Beanspruchen, das entweder wirklich erhoben ist oder in Gedanken sich also vorgestellt wird. — Man muß also wohl unterscheiden zwischen dem Erschaffen eines richtigen Wollens dem Stoffe nach und zwischen dem Setzen einer richtigen formalen Richtung für einen gegebenen Stoff. Jenes erste ist überhaupt unmöglich. Die Materie des Wollens, die konkreten stofflich besonderen Zwecke sind nicht durch freie Schöpfung aus dem Nichts zu produzieren; sie erstehen innerhalb der bedingten Erfahrung, sie sind in ihrer formalen Bestimmbarkeit material hier notwendig vorausgesetzt. Und wenn man gesagt hat, der Richter habe beim Urteilen nach richtigen Rechtsgrundsätzen so zu verfahren, wie der Gesetzgeber in diesem Falle getan haben müßte, so kann das ruhig stehen bleiben: Auch der Gesetzgeber bekommt den von ihm zu bearbeitenden Stoff in Forderungen und Bestrebungen geliefert und hat ihn dann in richtiger Art technisch gut zu bearbeiten. — So wird der Stoff des sozialen Wollens überall in Möglichkeiten verschiedener Wahl gegeben. Nun nimmt man jede dieser Möglichkeiten in ihrer empirischen Besonderheit für sich vor und prüft, nach der Methode des

richtigen Rechtes, ob sie es ist, die in ihrer formalen Eigenart in die prinzipielle Weise der sozialen Gesetzmäßigkeit harmonisch sich einfügt oder nicht, und wie es bei der entgegenstehenden Wahlmöglichkeit damit sich verhält. Bei dem Bejahen jener Harmonie erhält man aber erst den Obersatz des aufgegebenen Urteils. Den Untersatz bildet die tatsächliche Feststellung des abzuurteilenden Tatbestandes, nötigenfalls nach der Durchführung eines Beweisverfahrens. Der Schluß ergibt sich alsdann. Und während der Gesetzgeber bei seinen Versuchen, durch technisch geformte Sätze allgemeiner Fassung das Richtige im voraus festzulegen, gar oft inne werden muß, daß sein Versuch da und dort mißglückt ist, so bietet nach dieser Seite hin die Entscheidung von Rechtsfällen nicht die gleiche Besorgnis, da ja hier immer ein bestimmtes Ansinnen in Klage oder Anklage oder Gegenrede vorliegt, über das in abschließender Wahl nach rechter Methode entschieden werden kann. — Mayer sagt a. a. O.: „Es läßt sich also wohl jede richtige (NB.!) Urteilsbegründung, nachdem man sie gefunden hat, auf die Grundsätze des richtigen Rechtes zurückführen, aber diese Grundsätze sind kein Hilfsmittel, die Entscheidung zu finden oder zu begründen". Aber woher soll man wissen, ob eine Urteilsbegründung „richtig" ist, es sei denn durch den Nachweis, daß sie in ihrer formalen Eigenart mit den Grundsätzen des richtigen Rechtes übereinstimme? So kann jener Satz nur den verständlichen Sinn haben: daß man eine richtige Urteilsbegründung nicht allein aus den „Grundsätzen des richtigen Rechtes", als angeblichen Obersätzen, ableiten könne, sondern daß man immer nur ein material bereits gefälltes Urteil in seiner formalen Gedankenrichtung auf seine Konkordanz mit jenen Prinzipien zu prüfen habe. Das ist es gerade, was wir behaupten. Nur braucht dieses auf seine grundlegend formale Richtung hin erwogene Urteil nicht schon von einem Gerichtshofe im Laufe der Geschichte gefällt worden zu sein, so daß richtiges Recht — wie von dritter Seite gegen jenen Rezensenten gut gesagt worden ist — erst in der Berufungsinstanz einzutreten hätte: sondern man fällt in Gedanken die nach dem gegebenen Material verschieden möglichen Urteile und prüft dann ein jedes methodisch, — und bei dem Urteil, das in seiner formalen Art vor den Grundsätzen des richtigen Rechtes bestehen kann, bei dem bleibt man hier stehen.

5. Wenn hiernach zu hoffen ist, daß durch allmähliches schärferes Einsetzen der methodischen Unterscheidung von Form und Stoff über die besprochenen Fragen sich Einverständnis erzielen lassen wird, so bleibt es freilich ein unverbesserlicher, elementarer Fehler, wenn als wesentliche Eigenschaft einer wissenschaftlichen Einsicht und Lehre auch noch gefordert wird, daß sie „motivierende Kraft" besitze, also, daß die von ihr in logischer Geschlossenheit dargelegte Methode nun auch als Ursache ihre Befolgung in unvermeidlicher Notwendigkeit bei dem Hörer oder Leser hervorrufe, und daß sie sonach nicht nur eine objektive Klarheit der Gedanken ermögliche, sondern diese auch in jedem Falle „durch überzeugende Kraft" tatsächlich bewirke [s. Anm. 182]. — Hier gehen zwei grundlegend zu trennende Erwägungen verwirrt durcheinander: die nach dem systematischen Inhalte einer lehrenden Anweisung zu richtigem Wollen einerseits — und die nach kausal bestimmenden Antrieben andererseits. Diese beiden Fragen mit einer einzigen Formel lösen zu wollen, ist ein hoffnungsloses und in sich ganz und gar verfehltes Beginnen. Man kann zu derselben Zeit immer nur entweder den einen oder den anderen der prinzipiell verschiedenen Gesichtspunkte der Betrachtung ein-

nehmen; und die systematische und die genetische „Begründung" ist für ein bestimmtes Wollen notwendig zweierlei und nicht gemeinsam zu leisten. — Durch die Berufung auf die oben erwähnten „herrschenden Anschauungen" wird hier nichts gebessert. Man wäre wohl berechtigt, von einem Verehrer dieser „Anschauungen" auch einmal eine wirkliche Sammlung, zum mindesten in ausreichenden Beispielen, zu erwarten; denn bis dahin steht der Hinweis auf jene, material doch ausgefüllt behaupteten, „Normen" ganz in der Luft. Aber freilich, wenn man von „herrschenden Anschauungen" nichts weiter behaupten kann, als daß sie „herrschen", so ist es mit ihrem Werte als richtige Normen übel bestellt. Und umgekehrt, sofern ich darlege, daß eine bestimmte Regel nach allgemeinen formalen Bedingungen für diesen Fall die richtige ist, so muß die Frage, ob dieses Ergebnis jemanden „herrschend" bestimme, und ob es etwa einen Gerichtshof kausal veranlasse, jene mögliche Richtigkeit in konkreter Lage wirklich zu machen: als eine zweite und hinterher von sich aus angehängte erachtet werden. Und es ist rundweg abzulehnen, daß für einen wissenschaftlichen Beweis neben der Klarstellung der logischen Gesetzmäßigkeit der vorgetragenen Lehre noch außerdem eine „überzeugende Kraft" zu einem Handeln nach jener objektiv bewiesenen Lehre zu liefern sei. Darum verbleibt allerdings die Darlegung in der erstgenannten Richtung doch eine praktische Anweisung, wie man richtiges Recht setzen und sprechen kann; aber: „praktische Anweisung" und „wirkende Bestimmungsgründe" ist nicht ein und dasselbe. Jenes erste steht in unserem Zusammenhange unter der Gesetzmäßigkeit des Telos, das zweite unter der der Kausalität. Wer meint, daß er eine Lehre habe, die zu gleicher Zeit nach den beiden Gesetzmäßigkeiten einheitlich bestimmt sei, und daß er gewisse Sonderaufgaben mit einer einzigen Formel zugleich für wahres Erkennen und für richtiges Wollen lösen könne: der irrt sich gründlich und grundsätzlich.

[182] [S. 372.] So Mayer in Krit. VJSchr. f. GesGeb. u. Rwiss. 3. F. X. Bd. S. 193 u. 196. — S. Anm. 181 u. ob. Anm. 78.

[183] [S. 373.] Gegenüber diesen Sätzen unseres Textes bedeutet es eine sich selbst täuschende Illusion der materialistischen Geschichtsauffassung, wenn es im Kreise ihrer Anhänger z. B. heißt: „Der historische Materialismus widerlegt . . . die bürgerliche Anschauung, daß die Ideen von selbst entstehen (!), zufällig oder (?) die Konsequenzen der ewig-menschlichen Natur seien" (Neue Zeit XXIII, 1, 608). — Die Zweckwissenschaft, die wir neben der Naturwissenschaft aufstellen und gegenüber dem sozialen Materialismus durchführen, bedeutet eine methodische Darlegung des Inhaltes unserer tatsächlich vorliegenden Gedanken; sie will eine systematische Ordnung unseres Bewußtseinsinhaltes liefern und ist nur für den, der sich über seinen geistigen Besitzstand klar werden will und an dieser objektiven Selbstaufklärung Genüge hat. Mit sogenannten „wirkenden Ideen" und einer etwaigen zweiten Art von Kausalität hat es unsere Lehre ganz und gar nicht zu tun. Wer aber mit jener Selbstaufklärung nicht zufrieden ist, sondern gleich nach „praktischer Verwertung" fragt, der hüte sich, daß er nicht alsbald wieder einen kausal unbedingten, empirisch freien Willen als magische Kraft unmerklich zur Voraussetzung nimmt.

[184] [S. 382.] Einem solchen Wortstreite ist Cohen, Ethik des reinen Willens (1904) anheim gefallen. Er sagt (S. 214): „Es darf nicht zugestanden werden, was Stammler unternimmt, das Recht richtig zu machen, ohne den Grund der Richtigkeit in der Ethik festzulegen und festzuhalten . .

Die philosophische, die systematische Ethik kommt nicht hinterher, nachdem die Rechtswissenschaft sich eingerichtet und sich richtig gemacht hätte . . ." — Allein in dem Sinne, in welchem COHEN das Wort „Ethik" gebraucht, habe ich solche Sätze, wie die vorstehenden, nicht aufgestellt. Wenn „die Ethik" die Lehre von dem richtigen Wollen überhaupt ist, so umfaßt sie freilich die Lehre von dem richtigen rechtlichen Wollen auch in sich, und diese gründet auf jener; das ist die eine Bedeutung des Wortes „sittlich" (Anm. 185). Indem aber die Lehre von der Gesetzmäßigkeit des Wollens eine zweifache Betätigung notwendigerweise fordert (wie in unserem Texte erneut ausgeführt ist), so hat der Sprachgebrauch eine zweite Bedeutung von „sittlich" ausgebildet; und erst in dieser zweiten und engeren Bedeutung des Wortes haben wir zwei auszuführende Aufgaben einer und derselben „Ethik" im weiteren Sinne des Ausdruckes unterschieden: die „sittliche" und die „rechtliche".

185 [S. 382.] Wir gebrauchen heute das Wort „sittlich" im wesentlichen in vier Bedeutungen: 1. = gesetzmäßig im Wollen, also alles richtige Zwecksetzen umfassend; 2. = tugendhaft in wünschenden Gedanken, rein und lauter in der Gesinnung; 3. = richtiger Regel des sozialen, mehrere Menschen gemeinsam verbindenden Wollens; 4. = geschlechtlich korrekt. Vgl. STAMMLER, Die Lehre v. d. richtigen Rechte (1902) S. 63f.

186 [S. 407.] ENGELS [Anm. 15], Entwicklung des Sozialismus usw. S. 28 ff., bes. 35, 41; — über den allgemeinen Standpunkt am besten: Anti-Dühring 2. A. S. 124—134.

187 [S. 413.] Entsprechend sagt ENGELS, Anti-Dühring [Anm. 15] 2. A. S. 23: „Wie alle anderen Wissenschaften ist die Mathematik aus den Bedürfnissen der Menschen hervorgegangen: aus der Messung von Land und Gefäßinhalt, aus Zeitrechnung und Mechanik". Aber die Gesetzmäßigkeit der mathematischen Erkenntnis und die Richtigkeit ihrer Lehrsätze ist von jener Bezugnahme auf die Genesis ganz unabhängig.

188 [S. 413.] S. KAUTSKY in Neue Zeit IV S. 14 ff.

189 [S. 414.] Bei der Verwertung der Begriffe des „Notwendigen" und des „Zufälligen" muß man wohl acht haben, daß nicht ein Mißverstehen durch den verschiedenen Standpunkt der im Texte besprochenen Unterscheidung von genetischer und systematischer Betrachtung sich einstellt. Dem Beobachter der Besonderheiten des geschichtlichen Lebens mag es zunächst widerstreben, von etwas historisch Gewordenem sagen zu hören, daß es zufällig und in sich nicht notwendig sei: ist es doch in geschichtlich notwendigem Werden erwachsen. Aber etwas, das in seiner genetischen Notwendigkeit erkannt ist, kann darum systematisch unbegründet und zufällig sein; auch Wahnvorstellungen und Träume und inhaltlich schlechtes Wollen entstehen in historisch notwendigem Prozeß.

190 [S. 420 u. 436.] In anderer Weise meint SOMBART, Einleitende Bemerkungen zu einer Theorie des modernen Kapitalismus (1902) S. 26f., daß wir bei dem Problem der sozialen Gesetzmäßigkeit „zwischen Causa und Telos zu wählen haben: ob wir die Einzelphänomene sozialen Geschehens auf letzte Ursachen zurückführen oder auf letzte Ziele ausrichten wollen". Vgl. dazu STAMMLER, Die Lehre von dem richtigen Rechte (1902) S. 611f.; und MAX ADLER, Sombarts historische Sozialtheorie in Neue Zeit XXI, 1, 487 ff.

191 [S. 421.] Vgl. auch unten § 102: Vom sozialen Ideal — *Reservation.*

192 [S. 422.] MARX, Die heilige Familie [Anm. 12] S. 42 ff.

193 [S. 431.] Einen bemerkenswerten Fortschritt der im Text besprochenenen Auffassung in der Richtung nach einer notwendig zu fordernden Zweckwissenschaft bedeuten die Arbeiten von MAX ADLER, bes. in

Marxstudien (1904) S. 193 ff.: Kausalität und Teleologie im Streite um die Wissenschaft. — Vgl. Anm. 190.

194 [S. 435.] MARX, Das Kapital I. Bd. 4. A. p. XVII.

195 [S. 436.] Von Interesse ist hierfür neuestens KAUTSKY in Neue Zeit XIX, 2, 20 ff.: Tolstoi und Brentano. Er sagt: „Die hervorragendsten Vertreter des modernen Soizalismus wollen einen Zustand herbeiführen (NB!), in dem die großen Städte aufhören . . . sie wollen die Gesellschaft erneuern, . . . durch Reduzierung der notwendigen Arbeit in Landwirtschaft und Industrie auf wenige Stunden im Tage, um dadurch die Zeit für die frei gewählte (sic!) Betätigung der einzelnen in Spiel und Arbeit, in Forschen und Sinnen, kurz die Betätigung als freier Kulturmensch möglichst auszudehnen. Das ist, im Gegensatz zu Tolstoi, das Ideal (NB!) des Sozialismus;" — das ist vor allem der unvereinbare Gegensatz zu einer materialistischen Auffassung des sozialen Lebens, das nach dieser ein naturgesetzlich sich entwickelnder Mechanismus sein sollte; und es ist ein unauflöslicher Widerspruch zu MARX, der da gelehrt hatte: „Die Arbeiterklasse hat keine Ideale zu verwirklichen" (s. ob. S. 55 u. 425). Vgl. auch Anm. 241.

196 [S. 437.] BERNSTEIN in Neue Zeit XIII, 1 S. 779.

197 [S. 439.] Vgl. CONRAD SCHMIDT in Vorwärts v. 16. 1. 97, 2. Beil.: „Wer nicht schon ohnehin (sic) im Sozialismus sein Klassen- und (!) sein Menschheitsideal erblickt, wird durch logisch-moralische Beweisführung wahrlich nicht dazu zu bringen sein." — Aber was wollte „wissenschaftlicher Sozialismus" denn anders sagen, als ein solcher, der auf Grund einer allgemeingültigen Theorie des sozialen Lebens als objektiv richtig bewiesen wäre; — freilich wieder nicht als ein absolutes „Ideal", sondern begründet für empirisch bedingte soziale Zustände!

198 [S. 441.] Vgl. hierzu auch STAMMLER, Die Lehre von dem richtigen Rechte (1902) S. 610 ff. — BIERMANN in Jahrb. f. Nat.-Ök. 3. F. XXV, 50 ff.

199 [S. 445.] THOMAS MORUS, *De optimo rei publicae statu, deque nova insula Utopia (1516), lib. II c. de artificiis: „Quandoquidem eius reipublicae institutio hunc unum scopum inprimis respicit, ut quoad per publicas necessitates licet, quam plurimum temporis ab servitio corporis ad animi libertatem cultumque civibus universis asseratur."* ENGELS, Entwicklung des Sozialismus von der Utopie zur Wissenschaft (1878), S. 45: „Die Möglichkeit, vermittelst der gesellschaftlichen Produktion allen Gesellschaftsgliedern eine Existenz zu sichern, die nicht nur materiell vollkommen ausreichend ist, sondern die ihnen auch die vollständige freie Ausbildung und Betätigung ihrer körperlichen und geistigen Anlagen garantiert, diese Möglichkeit ist jetzt zum ersten Male da."

200 [S. 453.] BERGBOHM [Anm. 101] S. 234 f.

201 [S. 455.] ENGELS, Entwicklung des Sozialismus usw. [Anm. 15] S. 28. — Besser und schärfer ausgedacht ist die Ausführung eines anonymen russischen Schriftstellers in einem Aufsatze über die russischen Arteli und ihre Bedeutung im Kampfe zwischen Arbeit und Kapital, in Neue Zeit IV S. 385.

202 [S. 462.] LESSING, Theologische Streitschriften: Über den Beweis des Geistes und der Kraft (1777).

203 [S. 463.] TÖNNIES, in Archiv für Geschichte der Philosophie, VII S. 506 f.; vgl. auch S. 486.

204 [S. 463.] Vgl. NATORP, Allgemeine Psychologie (1904) §§ 3 ff. und die das. S. 63 zitierten Schriften dess. Verf.

205 [S. 472.] Von Marxisten ist sich nicht mit Unrecht auch auf den

Ausspruch JUSTUS MÖSERS berufen worden [Anm. 39. — Vgl. KAMPFMEYER, Möser als Geschichtsphilosoph in Neue Zeit XVII, 1, 520]: „Eine Gesellschaft von Jägern oder Hirten muß sich unter ganz anderen Bedingungen vereinigen, als eine von Ackerbauern; und es ist ein eitles Spielwerk, Sozialkontrakte für idealische Menschen, die von den Theoretikern unter keine Umstände gesetzt werden, oder die sie doch unmöglich alle übersehen können, auszusinnen.“ — Daß sowohl die Gesellschaft von Hirten und Jägern, als auch die von Ackerbauern sich in zweifacher Art vereinigen kann, nämlich in richtiger und in unrichtiger Regelung des Zusammenwirkens, bleibt hier unberücksichtigt. Und daß jene doppelte Weise nach einem formalen Grundgedanken zu bestimmen ist, und keineswegs nach inhaltlich ausgeführten „Sozialkontrakten“, fehlt dort gänzlich.

[206] [S. 479.] Ich hebe besonders hervor: ROUSSEAU, *contrat social* (1764) l. III chap. XVIII. — KANT, Metaphysik der Sitten, erster Teil: Einl. IV; § 46. — Aus der neueren Zeit: BIERLING, Zur Kritik der juristischen Grundbegriffe, I (1877) bes. S. 39 ff.; wiederholt in Juristische Prinzipienlehre, I (1894) § 3, II (1895) S. 349 ff. — Sehr anregende Ausführungen zum Problem des Rechtsbegriffes, bes. auch gegenüber Konventionalregel und Willkür, finden sich in dem guten Buche von HAYMANN über Rousseau [s. ob. Anm. 99].

[207] [S. 483.] BRINZ, Lehrbuch der Pandekten, I, 2. A. (1873) § 17 S. 87.

[208] [S. 484.] STAMMLER, Über die Methode der geschichtlichen Rechtstheorie (1888) S. 48 ff.

[209] [S. 485.] Durch geschichtliche Erwägung von Rechtszuständen kulturell unentwickelter Zeiten läßt sich der Begriff des Rechtes, abgeschieden von dem willkürlichen Zwangsbefehle, niemals klarlegen. Diese einfache Erwägung sollte immer festgehalten werden. Mögen die rechtlichen Normen und Einrichtungen inhaltlich noch so eigentümlich sein, — den Begriff des Rechtes nehmen auch sie voraus, so gut, wie es in verfeinerten rechtlichen Zuständen geschieht. S. ob. S. 8 f.

[210] [S. 485.] DAHN, in kritische Vierteljahrsschrift für Gesetzgebung und Rechtswissenschaft XII S. 321 f.

[211] [S. 486.] JHERING, Der Zweck im Rechte I (1877) S. 434.

[212] [S. 486.] Denselben Fehler begeht derjenige, der (wie in politischen Erörterungen nicht selten angetroffen werden kann) kurzerhand behauptet: Wo Mehrheit ist, da ist auch Recht. — Was für eine Mehrheit denn? Doch wohl diejenige eines Rechtsganzen. Und die Mehrheit welcher Personen innerhalb dieses? Doch mindestens mit Ausschluß der Unmündigen nach rechtlich festzusetzender Grenze. — Jener Satz kann also nur heißen: daß ein — formal noch näher zu umgrenzender und präzisierender — Mehrheitsbeschluß die Vorbedingung für ein inhaltlich berechtigtes Recht sei; — eine Erwägung, die nicht in unseren jetzigen Zusammenhang gehört. Wir kommen darauf in § 102 S. 593 ff. zurück. — Zu erwähnen ist hier noch das Buch von ZENKER, Der Anarchismus (1895). Der Verfasser richtet (S. 84) die direkte Frage an mich: „Wenn der Rechtsbegriff zugegebenermaßen ebensowenig wie der Gottesbegriff ein absoluter ist, folgt daraus, daß der Rechtszwang praktisch auf dieselbe Stufe zu stellen ist, wie der Gewissenszwang?“ — Meine Antwort lautet: Die Begriffe des Rechtszwanges und des Gewissenszwanges können überhaupt nicht mit Fug in Parallele gesetzt werden. Jener bedeutet eine formale Eigenschaft bestimmter sozialer Regeln, die in der Mitte zwischen bloßen konventionalen Normen und zwischen willkürlichen Befehlen stehen und in ihrer formalen Eigentümlichkeit abzugrenzen und zu bestimmen sind, gleichviel was sie inhaltlich bestimmen mögen; der Begriff des Gewissenszwanges

besagt dagegen einen gewissen Inhalt von einzelnen Zwangsmaßnahmen, welcher Inhalt sich ebenso gut in rechtlichen Satzungen, wie in willkürlichen Akten finden kann.

[213] [S. 488.] In einer grundsätzlich anderen Weise, als in unserem Texte, hat JHERING [Anm. 211] I. Bd. 8. Kap. den Unterschied von Recht und Willkür zu bestimmen gesucht. Für ihn ist „Willkür" eine gesetzliche Bestimmung, bei welcher „der Gesetzgeber nach unserem Dafürhalten sich mit den allgemeinen Prinzipien des Rechtes in Widerspruch gesetzt hat" (S. 351). Das würde also an sich ein in seinem Inhalte unrichtiges „Recht" sein, dem auf der anderen Seite nur der Begriff der Macht gegenüberstände (S. 346). Die „Willkür" in jenem Sinne würde nicht nur in der Einrichtung der Despotie gegeben sein, die mit ihren „nur einseitig verbindenden Normen" doch immer eine „rechtliche" Institution noch darstellt (S. 338), sowie bei „Mißbrauch" der elterlichen Gewalt statthaben (S. 349), sondern sie würde vor allem da vorliegen, wo ein Vorgesetzter, der die Macht hat, unter Mißachtung des Gesetzes Gewalt gebraucht (S. 346 f.). — Aber dieses letztere ist dann doch ein das Recht brechender Akt, von dem ich zunächst nur das eine weiß, daß er nicht gemäß dem geltenden Rechte vor sich geht, — der deshalb auch vor allem einmal in seiner formalen Eigenart gegenüber dem formalen Begriffe des Rechtes überhaupt zu bestimmen ist. Nach der materialen Übereinstimmung mit den allgemeinen Prinzipien des Rechtes kann diese Abgrenzung nicht geschehen, denn es ist ja auch möglich, daß im besonderen Fall gerade der Inhalt des geltenden Rechtes diesen Prinzipien entgegengesetzt war, und umgekehrt der es brechende Akt mit ihnen übereinstimmt; und es würde danach auch unerklärt bleiben, wie es begreiflich ist, daß in jedem Falle — ohne alle Rücksicht auf die inhaltliche Übereinstimmung mit den allgemeinen Prinzipien des Rechtes — ein willkürlicher Rechtsbruch selbst wieder zu einem rechtlichen Zustande hinleitet Vgl. auch S. 496f.

[214] [S. 489.] Es scheint noch nicht bemerkt worden zu sein, daß dieses die drei Zwecke sind, welche das Naturrecht der WOLFschen Schule als die drei Endziele des Staates überhaupt bezeichnet.

„Daher erhellt, daß durch Verträge der Menschen die Staaten entstanden, und die Absicht eines Staates bestehe in der Sicherheit oder der Befreiung von der Furcht vor äußerer Gewalt, in der inneren Ruhe des Staates, d. i. in der Befreiung von der Furcht für Unrecht oder Verletzung seines Rechtes, und in hinlänglichem Lebensunterhalt, d. i. im Überflusse alles dessen, was zur Notdurft, zur Bequemlichkeit und zum Vergnügen des Lebens, auch zur Glückseligkeit der Menschen erfordert wird." CHRISTIAN WOLF, Grundsätze des Natur- und Völkerrechtes (1754) § 972.

[215] [S. 491.] Von Interesse ist hier die Lehre angesehener Schriftsteller über die Notwendigkeit der Rechtsentstehung als Gewohnheitsrecht. Diese Behauptung sollte nicht etwa den Zweifel daran bedeuten, ob ein Verbieten der Rechtsbildung mittels Gewohnheitsrecht zweckmäßig sei, insbesondere, ob der Gesetzgeber einen dahingehenden Rechtssatz faktisch wohl durchführen könne; sondern es ging die Meinung dahin, daß ein verfassungsmäßig zustande gekommenes Gesetz, welches das Gewohnheitsrecht verbiete, gar nicht Recht sei, daß es also einen ewigen und für alle Völker absolut geltenden Rechtssatz gebe: Die Bildung neuen Rechts kann als Gewohnheitsrecht erfolgen. So bes. scharf und bestimmt bei PUCHTA, Vorlesungen über das heutige römische Recht, 5. A. (1862) § 13 u. Beil. I. Vgl. DENS., Gewohnheitsrecht Bd. I (1828) S. 180ff., Bd. II (1837) S. 199ff.

[216] [S. 492.] Der Begriff des Rechtsbruches ist an sich nur formal. Es kann nur verwirren, wenn man damit zuweilen auch inhaltlich zu mißbilligendes Recht bezeichnet, welches ganz in rechtlich gesetzmäßigen Bahnen vorgeht und dabei altes Recht aufhebt. Solche unklaren Wendungen finden sich sogar gelegentlich innerhalb der Gesetzgebung selbst; vgl. z. B. Preußisches Gesetz v. 10. Juni 1854: die „durch Gesetzgebung seit dem 1. Januar 1848 verletzten Rechte und Vorzüge der mittelbar gewordenen deutschen Reichsfürsten und Grafen".

[217] [S. 493.] Das Material bei Krüger, Geschichte der Quellen und Literatur des römischen Rechtes (1888) § 5; über die *lex Cornelia: ne varie praetores ius dicerent sed ex edictis suis perpetuis* — das. Nr. 7; Kipp, Geschichte der Quellen des römischen Rechtes, 2. A. (1903) § 10.

[218] [S. 494.] S. hierüber Stammler, Privilegien und Vorrechte (1903), bes. S. 15 ff.

[219] [S. 496.] Savigny, System des heutigen römischen Rechtes (1840) I S. 31 f.

[220] [S. 497.] Es ist die Umkehrung jenes Vorganges, der durch die Erklärung des Kaisers Franz II. 1806 sich vollzog. Sowie analog durch Abtretung der Souveränität seines Staates durch Heinrich LXXII. von Reuß-Ebersdorf an Reuß-Schleiz 1848.

[221] [S. 498.] Binding, Die Gründung des Norddeutschen Bundes (1889), bes. S. 19 ff.; S. 68 ff. Vgl. Gleitsmann, Vereinbarung und Gesamtakt, Dissert. Halle 1900, bes. S. 35. — Noch mehr gilt von der Meinung namentlich der alten liberalen Schule, wonach die Verfassung des Staates aus einer Vereinbarung zwischen Fürst und Volk ihre verbindende Kraft herleite, daß der Bestand von Recht schon vorausgesetzt ist; so daß auf die hier notwendige letzte Frage gar nicht zurückgegangen ist.

[222] [S. 500.] Vgl. hierzu die anregenden Anmerkungen von Kipp [Anm. 138] § 15 N. 5. Er stimmt dem bei, daß bestehendes Recht nicht dadurch seine Geltung verliere, wenn im einzelnen und besonderen Falle seine Macht nicht zu seiner Durchführung ausreicht; aber er meint, daß geltendes Recht in dieser seiner Eigenschaft nicht nur durch einen als Recht gemeinten Satz beseitigt werden könnte, sondern auch „durch einen Zustand allgemeiner Zügellosigkeit und Anarchie", weil hier überall gleichmäßig „die allgemeine Abwendung von dem alten Recht" vorliege. — Hier bleibt jedoch die doppelte Möglichkeit: daß der neue Zustand als ein solcher einer entschlossenen Rechtlosigkeit gemeint ist, oder nur als ein unfertiger und noch nicht geglückter Versuch, neues Recht zu begründen. Im letzten Falle würde doch in der quantitativen Häufung von Ohnmachtsanfällen des alten Rechtes dessen Tod noch nicht gelegen sein; bis eben aus der Zügellosigkeit heraus ein inhaltlich neuer rechtlicher Zustand erwachsen ist. Und im ersten Falle wird man sich die qualitativ besonders beschaffene „allgemeine Abwendung" nicht anders, denn als rechtlichen Akt vorstellen können, dessen Funktion in dieser Absicht freilich ausschließlich in der Beseitigung des alten Rechtes bestände.

[223] [S. 506.] *L. 4 C. de legibus et constitutionibus principum et edictis (1, 14).*

[224] [S. 506.] *L. 31 D. de legibus etc. (1, 3).* — S. dagegen *l. 10. C. h. t. (1, 14): πάντες κατὰ τοὺς νόμους πολιτευέσθωσαν, κἂν εἰ τῷ θείῳ διαφέροιεν οἴκῳ.*

[225] [S. 506.] Pernice zu Bruns Geschichte der Quellen des römischen Rechtes in Holtzendorffs Encyclopädie der Rechtswissenschaft, 5. A. (1890), 6. A. v. Lenel, (1902) § 45. — Auch dürfen *pragmaticae sanctiones* nicht

gegen das bestehende Recht verstoßen; — Material bei KRÜGER [Anm. 217] § 33 Nr. 62 S. 271; KIPP [Anm. 217] S. 74 ff.

[226] [S. 506.] *Proiect* des *corporis iuris Fridericiani* (1748) *part. I, libr. I, tit. II* § 9: „Es sollen auch keine *Rescripta*, welche wider den klaren Buchstaben dieses Land-Rechts laufen, von den Gerichten *attendi*ret werden, weil Wir bey Ertheilung sothaner *Rescriptorum* allezeit *supponi*ren, daß eines Theils die Vorstellung wahr sey, und alles, was *in facto* angeführet wird, sich in der That also verhalte; andern Theils, daß das *Rescript* diesem unsern Land-Recht conform sey.

Im Fall also jemand auf eine ungerechte Vorstellung ein *Rescript extrahi*ren, oder wider die Verfassung des Land-Rechts etwas darauf verordnet werden solle, so sollen die Gerichte nicht allein nicht darauf *reflecti*ren, sondern schlechterdings nach den Rechten verfahren.

Wie Wir Uns dann hierdurch *declari*ren, daß alles dasjenige, was gegen diese Ordnung *per Rescripta* angegeben werden wird, niemalen einige Kraft Rechtens haben, noch in Ewigkeit gültig seyn solle.

Wann aber aus Unserm *Cabinet* dergleichen *Ordres* ergehen, müssen die Gerichte Vorstellung dagegen thun, und nähere *Ordre* sich ausbitten, auch was alsdann erfolget, zur *Execution* bringen."

Vgl. auch HOMMEL, *rhapsodia quaestionum in foro quotidie obvenientium* (1783), *obs.* 725 und das dort erörterte Reskript von 1750.

[227] [S. 508.] Vgl. ZÖLLER, Die deutschen Besitzungen an der westafrikanischen Küste, 4 Bde. (1885/86).

[228] [S. 510.] S. ANS. FEUERBACH, Anti-Hobbes oder über die Grenzen der höchsten Gewalt und das Zwangsrecht der Bürger gegen den Oberherrn (1798) S. 68 ff., 105 fl.

[229] [S. 551.] Über den Gegensatz des kommunistischen und des individualistischen Anarchismus vgl. STAMMLER [Anm. 68] S. 27 ff. — Zu der im Text zitierten Stelle („Der Sozialist" 1893 Nr. 25) setzt ihr Verfasser unbefangen hinzu, daß man die Eltern zur Übergabe der Kinder an die Gesellschaftsanstalten deshalb nicht zu zwingen brauche, „weil die Einsicht der einzelnen nur in seltenen Fällen beschränkt genug sein wird, dem Nachwuchs die daraus entsprießenden Vorteile vorenthalten zu wollen". Einfach genug! Daß es sich aber vor allem um den Widerspruch handelt, daß „man" die Kinder in eine unbedingt freie Gesellschaft hineinzwingt, hat der Anarchismus bis jetzt ganz übersehen.

[230] [S. 556.] Daß wir ein Kirchenrecht im Sinne unseres Textes heute haben, ist nicht zu bezweifeln. Es sind unter den Verfassungsnormen unserer Kirche zu unterscheiden:

1. Sätze des Staatsrechtes, welche von Staatswegen über die Kirche gelten, — das verwirft SOHM, weil der Staat sich um die Kirche, als Gemeinschaft der in gemeinsamem Glauben Verbundenen, nicht kümmern solle.

2. Sätze des Kirchenrechtes, wobei die Kirche, namentlich die katholische, als Korporation Normen darüber aufstellt, wer zu ihr gehört. Bei der katholischen Kirche ist es nun sofort deutlich, daß es Recht ist; bei der evangelischen aber auch nicht zu bestreiten. Sie hat zwar nicht ausdrücklich die Sätze des staatlichen Kirchenrechtes anerkannt, aber auch ihnen nicht offiziell widersprochen; sondern sie ist damit zufrieden, daß jene gelten, was sich ja auch aus ihrer Geschichte und ihrer Stellung zum Staat ergibt. Also ist auch ihre Verfassung eine rechtliche.

Aber auch die freien Gemeinden Nordamerikas, die auf Grund vollständiger Trennung von Kirche und Staat gebildet sind, würden noch nicht anarchistisch organisiert sein. Denn die dort übernommenen Vertragspflichten, durch welche sich die Gemeinde konstituiert, sind Rechtspflichten; sie können eingeklagt werden, und der Staat zwingt zur Erfüllung derselben, z. B. zur Leistung versprochener Beiträge. Zur Ausfechtung eines Säbelduells, zur Erwiderung eines Höflichkeitsbesuches ist dem Sinne der betreffenden Regel nach niemand gezwungen, der der betreffenden Regel nicht mehr unterworfen sein will.

231 [S. 557.] S. Beilage zur „Allg. Ztg." v. 19. Dezember 1892.

232 [S. 557.] In einer Besprechung früherer Äußerungen von mir über die Begründung des Rechtszwanges sagt Mülberger (Zeitschrift für Literatur und Geschichte der Staatswissenschaften 3, 287 ff.) wörtlich: „Gewiß ist die rechtliche Organisation die einzige, welche unmittelbar allen Menschen offen steht, aber über den konkreten Inhalt dieses oder jenes „Rechtes" haben immer nur einzelne, d. h. wie die Geschichte zeigt, diejenigen, welche die Macht in der Hand haben, zu beschließen." Und er meint, daß deshalb „mein »Recht« um so sicherer der Vorwurf trifft, daß die Zulassung zu ihm zwar für alle gleich, das Maß dieser Zulassung aber nach Quantität und Qualität so sein wird, wie es eben nicht alle, sondern einzelne für gut befinden". „Was aber die eben betonte Exklusivität der bloß »vertragsmäßigen Vereinigung« betrifft, so müßte, um sie zu erhärten, zuvor der Beweis geliefert sein, daß mit der Lockerung (!) des rechtlich-gouvernementalen Bandes auch die sozialen Verbindungen, also in erster Linie die Familie, dann die Gruppe, die Gemeinde und so fort auseinander fließen müssen. Proudhon behauptet das Gegenteil."

Der wohlmeinende Rezensent ist einem doppelten Irrtume verfallen.

1. Er verwechselt in der Eigenschaft der allgemeinen Anwendbarkeit, durch welche das Recht einen fundamentalen Vorzug vor der Konventionalregel erlangt, das allgemeine Mitbeschließen und das allgemeine Unterworfensein. Er faßt meine Begründung des Rechtszwanges irrtümlich so auf, als ob der Rechtszwang deshalb berechtigt sei, weil es dadurch möglich wäre, daß jeder nun zum Mitbeschließen darüber, was Rechtens sein sollte, zugelassen werden könnte. Diese fälschlich supponierte Meinung schilt er dann, nach dem Sprachgebrauche Stirners, einen Spuck und ein Phantom und nennt sie eine *petitio principii*; — viel zu schmeichelhaft: Es scheint ihm entgangen zu sein, daß die von ihm unterstellte Lehre etwas ganz Törichtes enthalten würde. Keine soziale Organisation kann jemals den Säugling dazu bringen, daß er darüber mitbeschließt, was in der Gemeinschaft, in die man ihn einfügt, inhaltlich Rechtens sein soll. Selbstverständlich bestimmen hierüber niemals alle mit, und müssen sich immer so und so viele, die nicht mitbestimmt haben, dem Rechtszwange fügen, — das liegt im Begriffe des Rechtes mit seinem selbstherrlichen Geltungsanspruche. Daraus entsteht gerade das Problematische des Rechtszwanges und der Zweifel an seiner Begründetheit an sich. Das Moment der allgemeinen Zugänglichkeit des Rechtes gegenüber der bloß konventionalen Gemeinschaft besagt also nur seine Anwendbarkeit auf alle denkbaren Verbindungen unter Menschen.

Der wissenschaftliche Fehler Mülbergers liegt hier darin, daß er übersieht, wie man bei der Frage nach den zur rechtlichen Gesetzgebung legitimierten Personen gar nicht mehr von dem formalen Rechtszwange als solchem spricht, sondern bereits mitten in der Erörterung nach dem rechten Inhalte eines bestimmten Rechtes sich befindet. Wer fragt: welche Personen berechtigter Weise die rechtlichen Gesetze machen sollten, hat den Rechtszwang als solchen schon dogmatisch einbezogen, ohne diesen, in seiner formalen Eigenart der konventionalen Regel gegenüber, als mit Fug vorzuziehend kritisch darzutun.

2. Es ist eine fatale Undeutlichkeit, wenn in der Rezension als Grenze des Rechtszwanges gegenüber der Konventionalgemeinschaft der Punkt bezeichnet wird, da „eine Lockerung des rechtlich-gouvernementalen Bandes" stattfindet. Es handelt sich nicht um eine Lockerung der Bande eines geschichtlich überlieferten Rechtes zu gunsten eines freien Rechtes, sondern um die gänzliche Abstreifung alles Rechtszwanges und die ausschließliche Organisation der menschlichen Gesellschaft mittels konventionaler Regeln. Ein Anarchist ist nicht derjenige, der eine freiheitlich ausgestaltete Rechtsordnung erstrebt, sondern der den autokratischen Geltungsanspruch des Rechtes formal, ohne alle Rücksicht auf besonderen rechtlichen Inhalt, als berechtigt bestreitet.

Um in der Sozialwissenschaft zu sicheren Begriffen und Sätzen zu kommen, muß man vor allem über die verschiedenen Möglichkeiten der Form des sozialen Lebens zu durchdringender Klarheit gelangt sein: Es ist die Rechtsnorm (in ihrer Abgrenzung von der Willkür) gegenüber der bloß konventionalen Regel deutlich zu erfassen; und bei jener zwischen der formalen Eigenschaft des Rechtszwanges und der Frage nach gesetzmäßigem Inhalte zu unterscheiden; — die bloße Angabe, daß „das Recht die Gewalt hinter sich habe, die Konventionalregel nicht", ist unzutreffend (s. S. 127), die vage Wendung von „einer Lockerung des rechtlich-gouvernementalen Bandes" aber nicht genügend.

Daß Proudhon in diesen Fragen keine klare Ansicht geäußert habe, gebe ich zu.

233 [S. 557.] Leonhard, Institutionen des römischen Rechtes (1894) § 12, S. 36.

234 [S. 564.] Es ist hiernach ganz unbegründet, wenn in flüchtiger Rezension unseres Buches einmal gesagt worden ist: „daß diese Gemeinschaft frei wollender Menschen auch nichts anderes ist, als das demokratische Ideal (!) von Freiheit, Gleichheit, Brüderlichkeit". — Das Wort „Ideal" ist dort in der verschwommenen Bedeutung von „Ziel" — auch konkreten Charakters — gebraucht und hat den alten Sinn von „Gesetzmäßigkeit" — ausschließlich als absolute Grundrichtung der Gedanken — verloren. Jene „Freiheit" der Demokratie aber ist eine äußere Freiheit, das ist eine solche von fremdem Zwange: — die „Freiheit" unserer Formulierung des sozialen Ideales ist die innere Freiheit, das ist die systematisch bestimmte Freiheit vom bloß Persönlichen im Inhalte eines Zweckes. Jene geht auf Rousseau zurück, der seinen *contrat social* eudämonistisch zu begründen versuchte; der einer methodischen Unterscheidung von formalen und materialen Elementen der Rechtserfahrung ganz entbehrte; dagegen es unternahm, mit einer einzigen Formel zugleich Begriff, Zwang und rechten Inhalt des Rechtes zu bestimmen (vgl. Anm. 236 u. ob. S. 496f.): — die kritische Begründung, die wir der rechten Fassung des sozialen Ideales geben, ist in diesen prinzipiellen Richtungen jener Lehre überall entgegengesetzt. Jene „demokratische" Freiheit kann (eben als äußere) nur eine begrenzte und relative sein, ein verhältnismäßig geringes zwangsweises Anfassen des einzelnen Staatsbürgers durch den rechtlichen Machthaber, niemals aber eine unbedingte, weil die absolute Freiheit des einzelnen der dem Zwange des Rechtes unterworfen wäre, eine *contradictio in adiecto* sein müßte: — der Gedanke einer Gemeinschaft von Menschen, als möglichen Trägern eines inhaltlich freien Wollens, ist eine unbedingt geltende Idee im Sinne einer absolut gültigen Methode. Und dieser Gemeinschafts-

gedanke ist in seinem wesentlichen Kerne, der Verschmelzung und gegenständlichen Auseinandersetzung der Zwecke, von jenem anderen, der äußerlichen Freiheit des Individuums als solchen, vollständig verschieden und, so es mit rechten Dingen zugeht, damit nicht wohl zu verwechseln.

235 [S. 566.] In neuester Zeit besonders scharf und eigenartig formuliert von STEINBACH, Treu und Glauben im Verkehr (1900) S. 52 ff.; vgl. auch DENS., Moral als Schranke des Rechtserwerbes und der Rechtsausübung (1898) S. 100 ff.

236 [S. 566.] F. A. LANGE, Die Arbeiterfrage, 5. A. (1894), S. 277. — Vgl. FRIES, Politik oder philosophische Staatslehre, hrsg. v. E. F. APELT, (1848) S. 101 ff. — Auch im *contrat social* des ROUSSEAU steckt sachlich der (nicht klar dort ausgeführte) Gedanke, daß die Rechtsordnung dem einzelnen, den sie als untrennbares Glied des Ganzen aufnimmt, mehr Vorteile bietet, als der rechtlose Zustand. Also eigentlich auch so, daß ein Rechtssatz nur dann inhaltlich berechtigt ist, wenn er das biete. Daß bei ROUSSEAU das nicht klar herauskam, hat seinen Grund nur darin, daß er zwischen formaler Berechtigung des Rechtszwanges und inhaltlicher Begründung bestimmter rechtlicher Anordnungen keinen grundsätzlichen Unterschied machte. Vgl. Anm. 234 und S. 496 f. unseres Textes.

237 [S. 576.] Der Fragestellung und Methode des Textes stimmt zu CALKER, Politik als Wissenschaft (1898), vgl. auch DENS., Ethische Werte im Strafrecht (1904). Wenn dort jedoch als Prinzip einer wissenschaftlichen Politik die Idee der „Vollkommenheit" angeführt ist, so harrt das noch der näheren Ausführung. Es handelt sich nun ja doch nicht um eine moralische Lehre für das Gewinnen guter Gedanken, die bei Matth. 5, 48 längst erledigend gegeben war; sondern es steht die „Vollkommenheit" des Rechtes und der politischen Handlungen in Frage, — das wäre dasselbe, wie die Gesetzmäßigkeit dieser letzteren, wofür wir nun eine scharfe Formel und genaue Ausführung brauchen. Daß aber die „Vervollkommnung" des einzelnen Menschen in seinem Charakter und seiner Gesinnung einerseits und die „Vervollkommnung" der sozialen Regeln und äußeren Gebote andererseits zwei Aufgaben sind, von denen die letzte nicht einfach durch Verweisung auf das Bestehen der ersteren gelöst werden kann, sollte selbstverständlich sein. Ethische Läuterung eines jeden für sich und gerechte Auseinandersetzung zweier Streitenden wollen jeweils in eigenem Gedankengange erwogen und erledigt sein (vgl. § 69 u. unt. § 102: *Appendix*).

238 [S. 597.] Vgl. hierzu auch STAMMLER, Die Lehre von dem richtigen Rechte (1902), S. 190 f.

239 [S. 612.] Vgl. z. B. Neue Zeit III S. 321.

240 [S. 617.] Die marxistische Darstellung und Beweisführung ist so überreich mit Bildern durchsetzt und gefüllt, daß man nicht selbst noch solche beizufügen brauchte. Wenn ich im Text doch das letztere getan, so geschah es, um marxistische Gedankengänge, die mannigfach und verschiedenartig ausgedrückt sind, einmal knapp zusammenzufassen und zugleich auch hierbei zu zeigen, wie die Vernachlässigung der teleologischen Erwägung notwendig zu entscheidenden Lücken im gesuchten wissenschaftlichen Beweise führen muß. — Das *tertium comparationis* in jenem an marxistische Wendungen angelehnten Vergleiche ist natürlich dieses: daß das Einfahren von Brennmaterial, in Vorsorge für die kommende rauhe Jahreszeit, der ethischen und intellektuellen Hebung des Proletariates zur Seite tritt; der naturnotwendige Eintritt des Winters aber einen häßlichen

sozialen Zustand darstellen würde, unwirtlich und unhaltbar und notwendig anders zu behandeln, als frühere Verhältnisse. Aber die Kollektivierung der Produktionsmittel, die ist nicht dem Kommen der kalten Winterszeit zu vergleichen, sondern — dem Einheizen. Auch sie würde eine menschliche Tat sein, die — selbstverständlich unter konkreten empirischen Bedingungen — das rechte Mittel zu rechtem Zwecke wäre. Ihre Vornahme könnte berechtigter Weise nicht eine kausal, sondern eine teleologisch notwendig veranlaßte sein; ihr Eintritt ist nicht als naturnotwendig, sondern als zweckmäßig zu behaupten und darzutun. Was nur in der im Text genau angegebenen Art, an der leitenden Hand des sozialen Ideales zu geschehen vermag, — von dem marxistischen Sozialismus aber ebensowenig geliefert worden ist, wie von anderen Richtungen.

[241] [S. 621.] Die theoretische Unsicherheit innerhalb des modernen Sozialismus nimmt sogar zu. Ich wähle als Beispiel die letzte prinzipielle Auslassung, die heute hierüber vorliegt. Der Sozialist Calwer erörtert in der Zeitschrift Europa (1905) S. 13 f. den „Lebensnerv des Sozialismus" und findet ihn „in dem Glauben (!) an die Verdrängung aller Produktions- und Betriebsformen durch die jeweilig leistungsfähigste . ." Diesen äußerst schwächlichen „Lebensnerv" sucht er damit leistungsfähig zu machen: „Das Bild der Zukunft modeln wir aber einmal nach den Zwecken, die wir erreichen wollen, dann (sic!) nach unseren Erfahrungen und unserem Wissen der Gegenwart". — Hier ist von der geschlossenen Theorie der materialistischen Geschichtsauffassung eines Marx und Engels herzlich wenig übrig geblieben; die hatten den Begriff eines sozialen Zukunftsbildes ganz anders „gemodelt". Aber Calwer sucht nun das seinige selbständig auszuführen. Indem er auf die Frage, was seine Partei wolle, antwortet, „aus den heutigen Arbeitern Menschen machen, die an den Errungenschaften der Kultur vollen Anteil nehmen können", indem er sich sonach von dem Materialismus ab- und dem Idealismus zuwendet (vgl. auch ob. Anm. 195), so fährt er für sich fort: „Wir suchen nach den Hindernissen (!), die sich diesem Zwecke entgegenstellen". Er sollte zutreffender nach den rechten Mitteln einer möglichen Besserung suchen und beweisen, daß die Kollektivierung der Produktionsmittel in zukünftiger, naturgesetzlich kommender Lage dieses rechte Mittel zu rechtem Zwecke sei. Dies aber will positiv erhärtet sein. Der Nachweis, daß bestimmte rechtliche Einrichtungen üble Folgen haben, genügt logischer Weise noch lange nicht, um die Einführung der ihnen inhaltlich widersprechenden als notwendig, das ist sachlich berechtigt, erscheinen zu lassen. Unter diesen könnte es leicht noch schlimmer werden: Die Frage ist offen.

[242] [S. 627.] Crönert, Christentum und soziale Frage, Sonderabdruck aus den Deutsch-evangelischen Blättern (1895).

[243] [S. 630.] Dante Alighieri, *La divina commedia, purgatorio XXVII, 140—142*:

Libero, sano e dritto è tuo arbitrio,
E fallo fora non fare a suo senno;
Perch' io te sopra te corono e mitrio.

(Übersetzung von Witte.)

Berichtigung. S. 351 Z. 13 lies „die" anstatt „den".

Anhang.

I. Sachregister.

II. Schriftsteller.

Printed in Dunstable, United Kingdom

91222342R00402